中国图书馆年鉴 2021

ZHONGGUO TUSHUGUAN NIANJIAN

中国图书馆学会
国 家 图 书 馆 编

国家图书馆出版社

图书在版编目(CIP)数据

中国图书馆年鉴. 2021 / 中国图书馆学会,国家图书馆编. —北京:国家图书馆出版社,2022.6
ISBN 978－7－5013－7544－8

Ⅰ.①中… Ⅱ.①中… ②国… Ⅲ.①图书馆事业—中国—2021—年鉴 Ⅳ.①G259.2－54

中国版本图书馆 CIP 数据核字(2022)第 124254 号

书 名 中国图书馆年鉴 2021
ZHONGGUO TUSHUGUAN NIANJIAN 2021
著 者 中国图书馆学会 编
国 家 图 书 馆
责任编辑 唐 澈
责任校对 郝 蕾
封面设计 耕者设计工作室

出版发行 国家图书馆出版社(北京市西城区文津街 7 号 100034)
(原书目文献出版社 北京图书馆出版社)
010－66114536 63802249 nlcpress@nlc.cn(邮购)
网 址 http://www.nlcpress.com
排 版 北京金书堂文化发展有限公司
印 装 河北鲁汇荣彩印刷有限公司
版次印次 2022 年 6 月第 1 版 2022 年 6 月第 1 次印刷

开 本 889×1194 1/16
印 张 37.25 彩插 1.5
字 数 1110千字
书 号 ISBN 978－7－5013－7544－8
定 价 450.00 元

编纂说明

1.《中国图书馆年鉴》是反映中国图书馆事业年度发展状况的大型资料工具书。首卷出版于1996年,反映1990年至1995年间的情况。自1999年始,编辑出版周期为隔年一卷,包括1999年卷、2001年卷、2003年卷以及2005年卷。自2006年卷起,改为每年编辑出版一卷。《中国图书馆年鉴》自2007年卷起,由中国图书馆学会、国家图书馆联合主办,编纂工作由国家图书馆研究院《中国图书馆年鉴》编辑部主持。

2.《中国图书馆年鉴2021》反映2020年中国图书馆界的发展状况。《中国图书馆年鉴2021》的动态性信息由全国各省、自治区、直辖市图书馆学会,中国图书馆学会各分支机构及所属各专业组,相关专业机构或教学研究机构提供。年鉴的统计资料来自文化和旅游部、地方文化行政部门、专业协作组织、中国图书馆学会高校图书馆分会以及有关专业机构。年鉴的参考性、指南性资料,由年鉴编辑部组织整理编辑,并得到中国图书馆学会编译出版委员会图书馆学期刊与年鉴编辑出版专业组的指导。全书由图书馆活动图辑、特载、纪事、图书馆事业、学术研究与活动、法律法规与政策性文件、专业文献、统计资料、年度大事记、综合主题索引等几大部分构成。

《中国图书馆年鉴》主办与编纂单位

主　　办　中国图书馆学会　国家图书馆

编　　纂　国家图书馆研究院(业务管理处)《中国图书馆年鉴》编辑部

《中国图书馆年鉴》编纂工作委员会

《中国图书馆年鉴》编辑部

编辑部联系方式：

地　　址：北京中关村南大街33号　国家图书馆研究院（业务管理处）《中国图书馆年鉴》编辑部

邮　　编：100081

电　　话：（010）88544057

电子邮箱：zgtsgnj@ nlc. cn

联 系 人：程　鹏　王旭东

本卷撰稿人（按姓氏笔画排序）

于莉娜　马　骏　马小莹　马兰芳　马丽娜　马晓龙　马祥涛　马婷婷　王　玮
王　波　王　彬　王　颖　王　慧　王　薇　王　璐　王风莲　王文涛　王会娟
王旭东　王丽丽　王秀香　王伯秋　王国强　王昕晗　王璞琳　王鑫磊　韦绍芬
毛晓敏　乌兰格日勒　文　周　文一叶　邓　丹　邓小妩　艾丽娜·波拉提汗
左　菁　左培远　石乃月　龙耀华　卡着才让　卢　佳　申　毅　申晓娟
田　颖　田宏瑞　冯占英　永青拉措　尕藏才让　邢小芳　朱　欢　朱　利
朱　晖　朱本军　朱秀卿　刘　芳　刘　洋　刘江宁　刘明信　刘洁萍　刘晓辉
刘峻明　刘雪平　次旦普赤　闫翠翠　安嘉璐　许　阳　许晓雯　孙　梅
孙小满　孙慧明　严　真　李　丹　李　丽　李　晔　李　倩　李　浩　李　娟
李　梅　李　敏　李文清　李玉红　李苒苒　李国辉　李凯翔　李娜妮　李海瑞
李维杰　李景贤　李赛纳　杨　凡　杨　萍　杨　敏　杨方昕　杨庆怀　杨雨霖
杨荔雯　杨晓娜　吴　荇　吴月香　吴凤玉　吴汉华　吴树建　吴渊源　何杰锋
何国艳　辛元霞　汪　维　宋　欣　宋元明　宋城成　宋姬芳　宋福燕　张　伟
张　军　张　哲　张　莉　张　甜　张　章　张　鹏　张　燕　张小云　张小野
张玉泉　张亚姝　张若冰　张明华　张建荣　张柏林　张贺明　张晓庆　张雪英
张惠君　张瑞娥　张毅宏　陆文静　陈　妮　陈　凌　陈　雪　陈　婧　陈　婵
陈有志　陈建龙　陈敏仪　陈瑞琴　奉湘芝　武　霞　武锦丽　范华秀　罗　欢
罗茹意　罗倩倩　金美丽　金晓明　周　杰　周　健　周　雄　周丽丽　周春霞
庞兴梅　郑江平　郑梦晴　孟青青　赵　闯　赵　楠　赵　燕　赵冬梅　赵永强
赵树宜　胡　欢　胡　萍　胡从启　胡文静　胡咏欣　钟海珍　段蓓虹　保玉芬
侯国柱　施　静　祖培茹　姚伟欣　耿恺悌　索南措　栗璐燕　贾　茹　贾　蔷
贾　睿　钱冰洁　倪海燕　徐　浪　高　源　高　静　高嘉欣　郭桂英　唐　红
唐　璐　唐慧敏　黄　洁　黄维玲　黄雅雅　营晓睿　龚雨璐　常潇潇　崔晓彦
崔海媛　梁　雪　梁　琦　梁福海　彭著君　葛　丽　董　莹　董春花　韩　梅
韩文甲　覃衍海　焦明华　舒　珍　谢　旗　谢佳新　靳　莉　雷兰芳　雷秀花
鲍国葆　廉丽华　蔡金秋　蔡家意　谭文力　谭黎绮珊　潘艳丽　潘雅茵
霍晓焰　霍彩玲　魏海燕

◆ 11 月 13 日，第六批国家珍贵古籍名录和全国古籍重点保护单位名单新闻发布会召开

◆ 11 月 25 日，中国图书馆学会第十次会员代表大会在国家图书馆召开

◆ 1 月 2 日，国家图书馆老馆员在《口述国图》北京首映式上发言

◆ 5月8日，国家图书馆组织开展有序恢复开馆演练

◆ 8月31日，国家图书馆与阅文集团共同召开“珍藏时代经典　悦享网络文学”战略合作发布会，馆长饶权、党委书记魏大威向到场作家代表颁发感谢状

◆ 9月2日，国家图书馆举行纪念中国人民抗日战争胜利75周年暨抗战文献研究整理成果发布会

◆ 9月8日，国家图书馆举行“滋养民族心灵　培育文化自信——习近平总书记给国家图书馆老专家回信一周年暨建馆111周年”活动

◆ 10 月 14 日，《鲁迅手稿全集》专家委员会决策组会议在国家图书馆召开

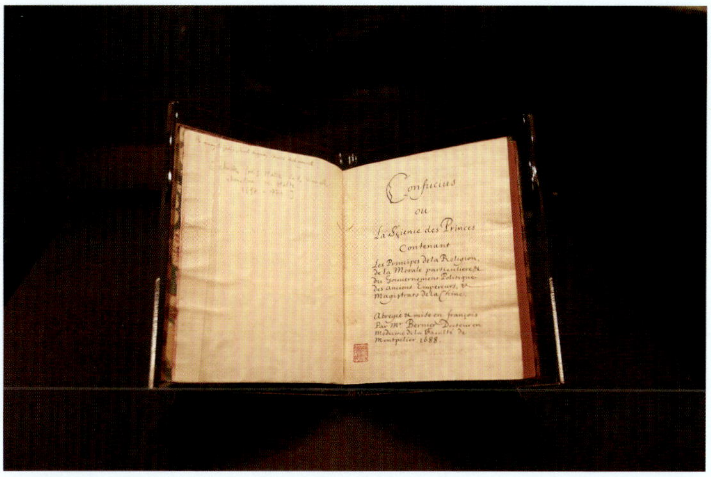

◆ 11 月 4 日，“法文本《论语导读》入藏展”在国家典籍博物馆开展，展出 2019 年中法建交 55 周年之际法国总统马克龙赠送习近平主席的 1688 年法文本《论语导读》

◆ 9 月 25 日，由中国图书馆学会和中国科技馆主办的中国流动科技馆“跨界流动　助力基层”巡展试点首站启动仪式在甘肃省敦煌市图书馆举办

◆ 10 月 23—28 日，文化和旅游公共服务机构功能融合试点工作培训班在浙江湖州举办

◆ 5 月 1 日起，首都图书馆恢复预约取书服务

◆ 9 月 29 日，“百名摄影师聚焦脱贫攻坚”画册首发暨图片全国巡展开幕式在首都图书馆举行

◆ 11 月 19 日，“为爱发声”2020 年北京市诵读大赛名家主题诵读会暨颁奖仪式在首都图书馆举行

◆ 1 月 9 日，北京大运河文化节系列活动——“古琴·运河文化”展在通州区图书馆举行

◆ 2 月 17 日，西城区图书馆向广外医院隔离留观医务人员赠送期刊

◆ 11 月 16 日，海淀区图书馆打造的“三山五园”历史文化主题列车正式在北京地铁西郊线运行

◆ 12 月 10 日，“丝路大 V 参访团”到访东城区角楼图书馆

◆ 8 月 21 日，天津市政协领导和相关单位负责人出席天津市政协委员读书活动推动会，“政协书屋”暨天津图书馆市政协委员履职活动中心分馆正式成立

◆ 9 月，天津市图书馆学会组织各理事单位、各图书馆分批次前往天津市科技馆参观“不忘初心担使命　津门战疫当先锋——天津市科技工作者抗疫风采展”

◆ 11 月 23 日，2020 河北省图书馆学会年会在石家庄召开

◆ 11 月 23 日，第七届服务创新案例竞赛表彰仪式在 2020 河北省图书馆学会年会上举行

◆ 9 月 30 日，石家庄市图书馆新馆试运行

◆ 7月14—16日，山西省图书馆文源讲坛服务基层小分队开展“文化行三晋 讲座走基层——2020年山西省图书馆文源讲坛基层服务项目”（大同站）系列活动

◆ 11月18日，2020年山西省群众文化惠民工程“甜甜姐姐讲故事”第100场全省巡讲活动在太原市大南关小学举行

◆ 11月11日，“2020年‘春雨工程’晋山桂水 共沐书香——山西省文化志愿者广西行”系列活动走进广西壮族自治区三江侗族自治县

◆ 6月29日，太原市图书馆向太原援鄂抗疫医护人员赠送纪念读者证和定制文化礼包

◆ 临汾市图书馆新馆外景

◆ 2020 年 4 月，为缓解隔离人员的焦虑情绪，内蒙古自治区图书馆在提供阅读服务的同时为隔离人员手写寄语，送上来自草原的祝福

◆ 9 月 24 日，内蒙古自治区第二届阅读推广优秀案例经验交流会在巴彦淖尔市召开，与会领导为优秀阅读推广人颁发证书

◆ 5 月 1 日，呼和浩特市图书馆与兴安盟图书馆签署“青城红城手牵手”文献资源共享战略合作协议

◆ 8 月 26—30 日，“京蒙帮扶，文化边疆行”文化志愿者活动在呼伦贝尔地区 8 个文化帮扶点举行

◆ 8 月 14—28 日，辽宁省图书馆“童阅乌托邦”阅读推广下基层活动举行

◆ 12 月 4 日，辽宁省图书馆以线上直播方式开展“阅读点亮城市，好书链接你我——中国阅读·辽宁省图书馆全民读书月启动仪式”

◆ 9 月 11 日，葫芦岛市图书馆在炼化中学举办葫芦岛悦读会“弘扬国粹、诵读经典”进校园专场活动

◆ 8 月 15—16 日，首届鞍山市图书馆奇妙夜活动举行

◆ 1 月 20 日，吉林省图书馆开展“迎新春，送春联”活动

◆ 4 月 11 日，长春市图书馆开展“战疫岁阅·优享书香”阅读服务礼赠英雄活动，为长春市援鄂医疗队成员送上专属阅读服务大礼包

◆ 4 月 23 日，白城市图书馆举行“2020 阅读之光·阅读之梦想——4·23 阅读快闪”活动

◆ 12 月 9 日，北华大学图书馆与解放军某部队开展共建活动

◆ 4 月 23 日，哈尔滨市图书馆阅读推广品牌活动“一书·一城”推出世界读书日特别节目

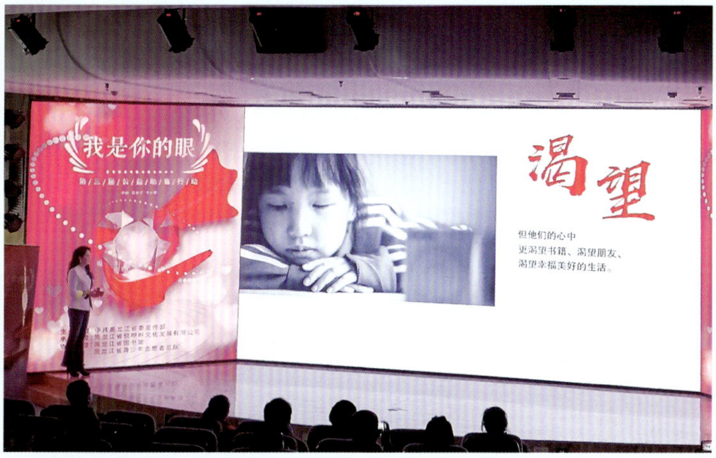

◆ 10 月 18 日，第三届“我是你的眼”公益助盲行动启动仪式在黑龙江省图书馆举行

◆ 10 月，2020“我最喜爱的童书”校园阅读推广活动在黑龙江省全面启动，首站走进哈尔滨市抚顺小学

◆ 12 月 7 日，哈尔滨工业大学科学家精神宣传教育基地在该校图书馆正式揭牌

◆ 2020 年 8 月，南京图书馆推出“百馆荐书　全省共读”阅读推广活动

◆ 6 月 7 日，南京市鼓楼区图书馆新一季“遇见鼓楼”文化行走活动启动

◆ 6 月 27 日，淮安市图书馆主办的“‘疫’起前行——致敬最美抗疫逆行者图文展”开幕

◆ 9—10 月，无锡市图书馆推出“吴水潆洄”大运河文化推广活动

◆ 10 月 10 日，“‘书香金陵’——第二届南京市公共图书馆读者节”开幕式在金陵图书馆举行

◆ 12 月 13 日，南通市图书馆举办“边走边读”之走近张謇活动

◆ 12 月 30 日，连云港市图书馆新馆开馆

◆ 9 月 19 日，2020“天籁浙江·印象诗路”朗诵大会（决赛）暨“云游兰亭”直播阅读推广活动在绍兴兰亭举办

◆ 11 月 7 日，浙江图书馆举办馆藏特色文献展览，庆祝建馆 120 周年，与会领导和嘉宾为展览揭幕

◆ 8 月 6 日，由湖州市图书馆发起的“全国生态文明示范市公共图书馆联合体”成立

◆ 8 月 24 日，杭州图书馆少儿红色书房落成

◆ 9 月 27 日，2020 图书馆总分馆制建设与城乡公共文化空间创新发展论坛暨“全国城市书房合作共享机制”成立仪式在浙江温州举行，与会领导为共享机制发起单位授牌

◆ 10 月 31 日，2020 年“书香城市（区县级）”论坛在浙江宁波召开，会上举行“书香城市（区县级）”发现活动入围城市授牌仪式

◆嘉兴市图书馆二期新馆外景

◆丽水市图书馆新馆内景

◆ 9 月 21 日，长三角地区公共图书馆战略合作年会在安徽马鞍山举行

◆ 10 月 31 日，安徽省公共图书馆联盟 2020 年“江淮读书月”活动启动

◆ 10 月 31 日，安徽省公共图书馆联盟“助力脱贫攻坚　同心共战疫情”朗读大赛全省总决赛及颁奖仪式在安徽省图书馆举行

◆ 10 月 23 日，第十二届海峡论坛子项目——第四届海峡两岸书院论坛在福建省图书馆正谊书院举办

◆ 9 月 20 日，厦门市图书馆举办百年厦图史迹宣传展、陈列展

◆ 11 月 20 日，第 32 届全国十五城市公共图书馆工作研讨会在福建厦门举行，会议主题为“重大突发公共事件与图书馆事业发展”

◆ 4 月，福州市图书馆与福州市农商银行合作建设三坊七巷分馆

◆ 9 月 30 日，“榕图·夜读”阅读推广主场活动在福州市图书馆举行

◆ 10 月 1 日，“悦读拾年·书香晋江”晋江市第十届“悦”读节暨 2020 年全民读书月活动启动仪式在晋江市图书馆举行

◆ 10 月 13 日，国家级古籍修复技艺传习中心厦门大学传习所揭牌暨拜师仪式在厦门大学图书馆举行

◆ 9 月 27 日，江西省图书馆举行新馆开馆仪式

◆ 12 月 8 日，江西省图书馆举办建馆 100 周年庆祝大会

◆ 9 月 27 日，中部六省（湘鄂赣皖晋豫）公共图书馆联盟成立大会在江西南昌举行

◆ 10 月 6 日，九江市图书馆举办大型原创青少年古装话剧《跟着诗词游九江》

◆ 7 月 21 日，山东省首届公共文化机构文创设计大赛在山东出版集团济南国际创新设计产业园启动

◆ 8 月 16 日，山东省图书馆开展第一期孝亲感恩公益活动

◆ 11 月 27 日，山东省图书馆、山东省图书馆学会联合举办首届全省图书馆青年论坛，会上举行颁奖活动

◆ 12 月 25 日，中南大学与湖南图书馆共建图书情报专业硕士实践教学基地授牌仪式在湖南图书馆举行

◆ 12 月 26 日，株洲市第七届“少儿故事大王”大奖赛总决赛颁奖仪式举行

◆ 12 月 27 日，“文脉菁华　悦读华章——长沙市图书馆建馆六十周年活动”正式启动

◆ 7 月 9 日，“滋养心灵　彰显价值——‘读者留言东莞图书馆’一席谈报告会”在广东省立中山图书馆召开，北京大学教授李国新分享“如何彰显图书馆社会价值”

◆ 11 月 12 日，2020 广东公共文化研讨会在广东省立中山图书馆举行

◆ 12 月 1 日，2020 年广东省市公共图书馆馆长联席会议召开，会上启动广东省"粤读通"工程

◆ 2020 年，广东省立中山图书馆建成 3 间"粤书吧"，图为河源巴伐利亚庄园"粤书吧"

◆ 9 月 2 日，由粤港澳大湾区 9+2 城市公共图书馆联合开展的"品读湾区"9+2 城市悦读之旅活动在中山纪念图书馆启动

◆ 11 月，深圳第二十一届读书月期间，深圳图书馆举办"阅在深秋"等系列活动

◆ 12 月 1 日，广州市南沙区图书馆新馆开馆试运行

◆ 12 月 11 日，暨南大学华侨华人历史文化展览馆在该校图书馆开馆

◆ 6 月 9—10 日，广西第十三次全区自治区、市级公共图书馆馆长培训班在三江县举办

◆ 6 月，玉林市图书馆举办端午亲子手工 DIY 活动

◆ 玉林市图书馆新馆外景

◆ 4 月，桂林理工大学图书馆开展“追忆湘江之战，发扬革命精神”主题系列活动

◆ 12 月 23 日，海南省图书馆协会第三次会员代表大会第三次全体会议在海口召开

图书馆活动图辑

◆ 12 月 4 日，第三届“阅读之星”重庆市民诵读大赛总决赛在重庆群星剧院举行

◆ 12 月 15 日，“册府千华——重庆市藏国家珍贵古籍特展”在重庆图书馆开展

◆ 4 月 23 日，2020 书香天府·全民阅读活动启动仪式在四川省图书馆举行

◆ 6 月 22 日，“四川省图书馆、重庆图书馆、成都图书馆合作框架协议签署仪式”在成都举行，成渝地区公共图书馆联盟正式成立

◆ 10 月 15 日，2020 天府书展馆店融合阅读活动启动仪式在四川省图书馆举行

◆ 10 月 28—31 日，川吉苏冀桂五省（区）图书馆学会第十七届学术研讨会暨西南片区（川渝黔滇藏）图书馆学会公共服务研讨会在成都召开

◆ 10 月 30 日，四川省图书馆鹿溪智谷分馆开馆

◆ 11 月 27 日，2020 年成渝地区文化和旅游公共服务及产品采购大会暨成都市第三届文化和旅游公共服务超市活动签约仪式举行

◆ 9 月 11 日，“复旦大学图书馆－云南省图书馆战略合作签约仪式”在上海举行

◆ 9 月 17 日，2020 年中华传统晒书活动——滇南草本论坛在云南省图书馆举办并线上直播

◆ 9 月 30 日，“书香拉萨”亲子朗诵活动决赛在西藏自治区图书馆举行

◆ 5 月 24 日,林芝市图书馆举办 2020 年“看见幸福 ‘阅’出梦想”亲子阅读暨庆祝“六一”活动

◆ 10 月 14 日，2020 年“春雨工程”陕西省图书馆学会志愿者边疆行暨图书馆总分馆制业务培训班在云南省红河州图书馆开班

◆ 12 月 25 日，2020 年陕西高校图书馆对口帮扶基层图书馆馆长论坛在陕西国际商贸学院举办

◆ 11 月 26—27 日，2020 甘肃省图书馆学会年会在兰州召开

◆ 4 月 23 日，华亭市图书馆到市第二人民医院开展“你是人间四月天”· 第 25 个世界读书日图书赠送活动

◆ 1 月 18 日，宁夏回族自治区图书馆 2020 庚子鼠年春节系列活动暨“传统年俗与非遗技艺专题展”正式启动

◆ 4 月 23 日，2020 年宁夏全民阅读活动宣传周暨“4·23 世界读书日”系列活动在宁夏回族自治区图书馆启动

◆ 4 月 23 日，青铜峡市举办“让韶华在战‘疫’和脱贫中闪光”全市干部职工“好读书”演讲比赛

◆ 7 月 28 日，银川市图书馆举办第十八届“暑期荣誉小馆员”开班仪式

◆ 7 月 29 日，吴忠市利通区图书馆开展践行社会主义核心价值观亲子阅读主题活动

◆ 12 月 4 日，宁夏工商职业技术学院“工商朗读者”第 5 期——“宪法伴我成长”宪法诵读活动举办

◆ 1 月 1 日，新疆图书馆举办“2020 丝路风　书香韵　新图情——读者汇”活动

◆ 7 月 10 日，乌鲁木齐市图书馆设立十九大图书专架供读者阅览

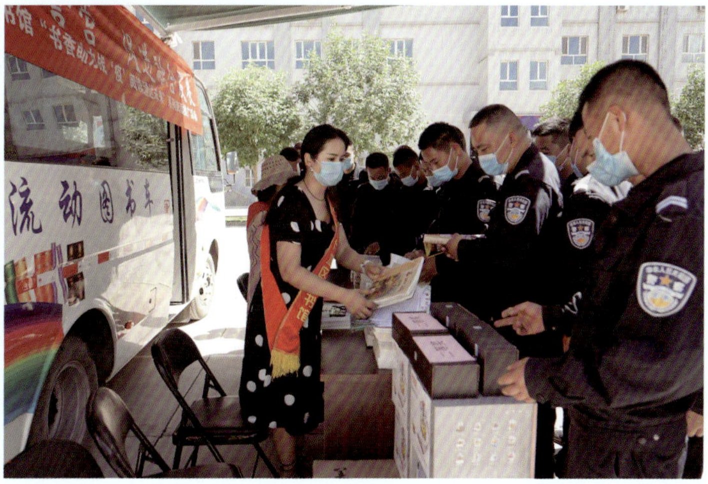

◆ 5 月 28 日，喀什地区图书馆在喀什边境管理支队举办“书香助力战‘疫’　阅读通达未来”系列阅读推广活动

◆ 6 月 1 日，岳普湖县图书馆在县第一小学开展庆祝 2020 年“六一”国际儿童节“送图书进校园”阅读活动

◆ 6 月 21—23 日，阿勒泰地区图书馆开展 2020 年度“访惠聚”文化巡回服务小分队送知识下乡活动

◆ 9 月 8 日，青河县图书馆开展流动图书包进社区活动

◆ 12 月 3 日，中国地质图书馆和中国地质大学（北京）在北京续签合作协议

◆ 11 月 8—12 日，《中华医藏》古籍资源保护与利用培训班在北京举办

China
Library Yearbook

中国图书馆年鉴 2021 目录

特　载

纪　事

图书馆事业

学术研究与活动

法律法规与政策性文件

专业文献

统计资料

年度大事记

特　　载

全国图书馆界积极行动，共同抗“疫”

新型冠状病毒肺炎疫情发生以来，全国各级各类图书馆一方面根据有关部门部署，及时闭馆暂停读者到馆服务，免除闭馆期间读者外借文献逾期费用，另一方面主动作为，充分发挥专业优势，利用网络平台发布防疫主题资讯，推荐抗疫专题书刊，向社会公众普及防疫安全知识，并通过开展在线办证服务，提供远程免费阅读资源，举办互动阅读活动等丰富公众精神文化生活。同时，各馆还通过捐赠疫情防控急需物资等方式助力武汉及湖北其他地区图书馆。

同舟共济　执手迎春
——全国图书馆界积极组织抗“疫”行动

2020年1月，一场突如其来的新冠肺炎疫情席卷中华大地，牵动着全国乃至世界人民的心。党中央、国务院高度重视，习近平总书记亲自部署、亲自指挥，多次召开会议、听取汇报，做出一系列重要指示批示。钟南山、李兰娟等众多医学专家临危受命，无数医务人员奔赴一线，救死扶伤，不辞艰辛，他们用血肉之躯筑起守护人民生命健康的安全防线。人民警察、新闻工作者、建筑工人、外卖小哥、社区工作者……在党中央的坚强领导下，各行各业都投入到这场疫情防控的阻击战中！

疫情面前，全国广大图书馆坚持“闭馆不闭网，服务不打烊”，尤其是武汉及湖北其他地区图书馆同人坚决响应号召，下沉社区，建设方舱图书角，勇挑疫情防控重担。作为我国图书馆界全国性的社会组织，中国图书馆学会充分发挥行业动员和组织协调作用，先后联合国家图书馆及有关机构，组织开展“助力图书馆工作者线上学习行动”和“驰援武汉　共克时艰——全国图书馆界捐赠疫情防控急需物资行动”，全国各级各类图书馆积极响应，守望相助，坚持书香战“疫”，共同守护读书人的精神家园。

书香战“疫”，勠力同心守护读书人的精神家园

新冠肺炎疫情发生以来，为了有效避免人群聚集可能带来的传染风险，国家图书馆及全国各级各类图书馆陆续暂停到馆读者服务和展览、讲座等有关活动。线下服务虽然暂停，但“为人找书、为书找人”的使命却始终挑在肩头，书香战“疫”行动向线上延伸，且更有深度、更具温度。

各馆官网、官微、手机门户网站及有关应用程序和数字资源库正常服务，并密集推送各类资源服务信息、内容提要和使用指南等。国家图书馆推出“抗击新型冠状病毒肺炎疫情资源专题”，普及防疫知识，提供与疫情有关的国内外专业文献资源。国家科技图书文献中心（NSTL）推出“新冠肺炎应急文献信息专栏”，包含外文科技文献约350多万篇，文献类型涵盖外文期刊论文、科技图书、科技报告、专利、标准等。该专栏上线后，及时跟踪报道了世界卫生组织（WHO）以及中国国家卫生健康委员会、中国疾病预防控制中心、美国疾病预防控制中心等20余家政府机构网站公布的防控指南以及《科学》《新英格兰医学杂志》等30余种权威期刊的最新研究成果，内容既包括新型冠状病毒肺炎有关资料，也包括SARS、MERS等相关文献；既有病原生物学、流行病学等基础研究，还包括临床诊治、药物治疗、检验检测、疫苗研究等重要内容。专栏通过NSTL主网站和全国40个服务站提供在线文献检索、信息浏览及原文传递服

务。疫情期间，全国范围内社会大众及科技人员通过“新型肺炎应急文献信息专栏”检索和获取全文文献传递，相应费用由 NSTL 全额补贴。

武汉市及各市辖区图书馆深入方舱医院和援汉医护人员酒店建立图书角 50 余个，湖北省图书馆特别推出“方舱数字文化之窗”，为战“疫”中的人们带来既有温度又有价值的精神食粮。各馆普遍开始执行“因疫情闭馆期间免除外借文献滞纳金”的借阅政策。宁波等地图书馆根据抗击疫情逐步向好的趋势，部分恢复了“天一约书”等借书投递到柜服务，全程无人员接触，确保严控疫情和满足市民读书“两不误”。

太原市图书馆发起“战‘疫’不孤‘读’”读者证抖音视频爱心传递活动，共 471 家图书馆参与，反响热烈。安康市图书馆发起“书香战疫”全国公共图书馆馆员慰问武汉同人书信大赛，短短 10 天收到来稿 886 件。金陵图书馆特书写一封《致英雄的城市：宁汉图图与君“书”》为武汉加油，词句多由相关推荐书目构成，底蕴深厚，感人肺腑。广东省立中山图书馆发起“齐心战‘疫’，有你有我”活动，一颗爱心上写满省内 146 家公共图书馆的名字，共同录制原创视频，客家话、潮汕话、粤语等方言版“武汉加油”温暖人心。长春市少年儿童图书馆举办“儿童战‘疫’，小画手在行动”活动，孩子们拿起手中的笔，通过作品歌颂、鼓励、感谢战斗在疫情防控一线的所有人员。

3 月 5 日晚，上海、湖北、江苏、浙江、安徽四省一市及其他地区共 338 家图书馆共同举办“2020‘我的战疫’阅读马拉松线上快闪赛”，全国乃至世界各地 15545 位读者携手冲线，以时下较流行的方式展示了阅读之美，表达了每一个普通人抗击疫情的决心和在其中的责任与作用。

助力学习，提升全国图书馆工作者专业水平

2 月初，疫情防控进入复杂严峻的关键时期。为满足广大图书馆从业人员在抗击疫情期间的业务学习需求，进一步提升专业能力与服务水平，中国图书馆学会精选了近年来由知名专家授课且深受学员欢迎的 100 余门专业课程，及时通过“会员学习中心”官方网站和应用程序免费开放。课程涵盖了图书馆学基础理论、图书馆与现代技术、图书馆与行业政策、图书馆与社会力量、图书馆与社会公众、图书馆与评估定级、民国时期文献保护、全国县级馆长培训、图书馆员专业培训、“阅读推广人”培育行动、图书馆行业特色项目等 11 个大类，访问量达 337.53 万次。通过“读联体 · 数字共享阅读服务平台”为全国 31 个省（区、市）2693 家图书馆的同人提供线上资源服务，总时长约 75.1 万小时。

随着疫情进入常态化防控阶段，中国图书馆学会以学术交流、工作交流、防疫物资设备展览等方式助力复工复产。开展“书香助力战‘疫’，阅读通达未来——图书馆员业务能力提升”主题活动。该活动于 4 月 23 日“世界图书与版权日”之际启动，为广大图书馆员和相关工作者提供了 12 场线上专业讲座和 1 场线上业务能力知识竞赛，推荐专业文献 57 种，25378 人注册报名参加讲座，14.35 万人次观看讲座，近万人参与竞赛。发布 2020 年全民阅读工作通知，围绕“书香助力战‘疫’，阅读通达未来”主题，策划八大类 54 项活动，号召协调全国各级各类图书馆深入贯彻落实习近平总书记给国家图书馆老专家回信精神，重点采用线上方式，做到“闭馆不闭网，服务不打烊”，坚持书香战“疫”，共同守护读书人的精神家园。发布 2020 年全国少年儿童阅读年系列活动通知，通过形式多样、内容丰富的活动，吸引少年儿童读好书，激发青少年对科学的兴趣，培养青少年的科学思想和科学精神。开展“百名摄影师聚焦 COVID-19”图片巡展、“百名摄影师聚焦脱贫攻坚”图片巡展。“百名摄影师聚焦 COVID-19”图片巡展于 6 月启动，向公众全方位展示中国抗击新冠肺炎疫情的历史瞬间，展现全国人民在党中央坚强领导下，万众一心、众志成城的伟大民族精神。举办防疫物资设备与图书馆服务产品线上博览会，48 家单位 133 款产品参展，产品浏览量达 14.32 万次，促成线下成交额约 119.8 万元，实现图书馆和企业供需双方的有效衔接，助力各图书馆合理选择防疫设备，进而做好疫情防控以便复工开馆。

驰援武汉，发起捐赠疫情防控急需物资行动

2 月 15 日，在得知武汉及湖北其他地区图

书馆同人正在下沉社区，承担把守大门、消毒杀菌、测量体温、为居民送菜、建立方舱图书角等重要职责，但在防疫物品方面有储备不足、购买难度很大的困难后，国家图书馆第一时间向武汉地区所有图书馆员发函致以诚挚的慰问，对他们奋战抗疫一线、坚持线上服务致以崇高的敬意，同时竭尽所能调拨一批防护用品驰援武汉。中国图书馆学会发布《关于为武汉地区图书馆捐赠疫情防控急需物资的倡议书》，号召全国图书馆界通过捐赠物资等方式为抗击疫情提供助力，并紧急购置一批手套和防护服等物资发往武汉。紧接着，各分支机构、各省级图书馆学会和省级图书馆积极响应号召，一场“驰援武汉　共克时艰——全国图书馆界捐赠疫情防控急需物资行动”拉开帷幕。

截至3月5日，全国共有150余家图书馆及相关机构积极参与到此次行动中来，为武汉及湖北其他地区图书馆同人筹集捐赠大量物资，包括各类口罩7万余只，手套近37.8万双，雨衣近3.5万件，鞋套1.5万余双，防护服2000余套，护目镜7000余副，消毒液近5000瓶/桶，时蔬30吨，以及湿巾、洗手液、药皂等其他物资3万余份。一封封慰问函中，一件件防疫物资包装箱上，写着“一方有难　八方支援”“武汉加油　中国加油”“万水千山阻不断　同心战‘疫’爱相连”“同气连枝　共盼春来”“黄河长江同舟济　月季樱花共迎春”等词句，无不饱含着全国图书馆界对武汉及湖北同人的浓浓真情和切切关怀，充分展现我国图书馆人的大局意识、奉献精神与使命担当，以及在党中央坚强领导下打赢这场疫情防控人民战争的坚定信心。（中国图书馆学会网站报道）

积极融入新冠肺炎疫情防控大局，切实创新非常时期服务策略
——全国高校图书馆疫情防控期间服务创新情况调研报告

（节选）

2019—2020年的冬春之交，新冠肺炎疫情突如其来，教育部也先后出台一系列防控措施和部署，做出延迟大中小学校开学的决定，指挥全国各类学校在春季学期开展大规模、成建制的在线教育教学，多次推荐适合开展在线教育教学的网络平台和数字资源。

为了解高校图书馆在疫情防控中的作为，教育部高等学校图书情报工作指导委员会在2月26日发布《关于调研防控新型冠状病毒肺炎疫情期间高校图书馆开展服务情况的通知》，要求既要调研总体防控情况，又要重点了解在精准施策、创新服务方面的突出举措；既要调研疫情防控初、中期的情况，也要了解疫情后期为开学开馆所制订预案的情况。很快收到29个省（自治区、直辖市）高校图工委报送的本地高校图书馆在疫情防控中开展服务情况的报告。这些报告表明，全国高校图书馆坚决响应、紧密配合党中央、国务院、地方政府、所在学校的疫情防控部署，为广大师生提供及时、主动、专业、周到的战“疫”服务。特别是教育部发出“停课不停教、停课不停学”的春季教学要求后，各高校图书馆积极贯彻落实，密切关注、及时满足师生的在线教学需求，在资源保障、技术保障、服务保障上下功夫，细心、贴心、耐心地面向师生做好线上教学保障工作，提升了图书馆在学校的影响力和认可度。

一、快速响应总体部署，主动融入防控大局

面对新冠肺炎疫情蔓延的严峻形势，遵照党中央、地方政府和各高校的战略决策和战“疫”部署，各省高校图书馆高度重视，快速响应，以必胜的坚定信念，积极贯彻落实习近平总书记的重要指示精神——“坚定信心、同舟共济、科学防治、精准施策”“各项工作都要为打赢疫情防控阻击战提供支持”，主动融入防控大局。

（一）迅速行动，积极启动疫情防控应急响应机制

遵循“疫情就是命令，防控就是责任”的行动号令，各馆按照上级领导机构的统一部署，纷纷在第一时间成立新冠肺炎疫情防控工作组，第一时间制订翔实、可操作的疫情防控监督责任实施方案和应急预案。各馆领导班子成员坚决扛起政治责任，思想上高度重视，行动上果断有力，扎实抓好“防风险、护安全、战疫情、保教学、稳科研”等措施的落实。

在来自29个省（自治区、直辖市）的29份高校图书馆的调研报告中，有23份明确说明当地普通高校图书馆成立疫情防控工作组或制订相应的防控工作应急预案。其余6份报告虽未明确说明，但也对应急信息服务数量进行了分析。1月22日起，武汉疫情发展形势严峻。湖北省高校图工委领导高度重视，与湖北省图书馆学会积极协调配合，成立了湖北省图书馆学会抗疫支援微信群和湖北省高校图工委抗疫支援微信群，疏通对口支援渠道，建立对口支援机制，全省高校图书馆携手齐心，群防群策。

（二）加强防控，周密制订疫情防控工作方案

各高校图书馆坚持把打赢疫情防控攻坚战作为当前最重要的政治任务，各级人员深刻认识疫情防控工作的严峻性和复杂性，以高度的责任感，做细、做实、做好各项防控工作。通过疫情防控工作组，负责馆内疫情防控工作，落实学校重大决策部署和重要工作安排，及时科学研判形势，提出防控意见，精准实施防控措施，强化对疫情防控有关工作的协调调度、督促落实。

北京大学图书馆在1月28日召开的学校疫情防控专项工作视频会议之后，党政班子及疫情防控工作组成员决定在肺炎疫情防控工作组下设馆员防控、送书服务、线上服务、宣传引导、后勤保障5个专项小组，分头落实工作。中国传媒大学图书馆建立“馆、部、室”三级工作运行机制，采取轮流在岗的工作方式开展工作。

（三）践行初心，发挥基层党组织和党员先锋模范作用

在疫情防控阻击战中，各高校图书馆基层党组织和广大党员干部充分发挥政治优势、组织优势、密切联系群众优势，坚定地站在前沿做表率，以实际行动践行入党誓词，把初心和使命体现在防控一线和服务保障上，彰显在本职岗位上，凝聚起强大正能量，众志成城，全力以赴，共克时艰。

（四）全面动员，主动融入疫情防控大局

新冠肺炎疫情突如其来，高校图书馆馆员普遍都在休假中，但战“疫”没有假期，高校图书馆人不忘初心，牢记使命，一方面全力做好馆员自身的疫情防控，另一方面着眼于疫情防控期间广大师生的学习和科研需求，从领导、馆员到临聘人员都义不容辞担负起相应工作，以图书馆人应有的方式和努力，加强疫情防控，融入疫情大局，挑起图书馆人的社会责任与担当。

湖北省高校图工委、湖北省图书馆学会在得知武汉市部分方舱医院及隔离点病人的病情相对较轻，对书籍阅读有需求时，及时发出倡议，组织相关高校图书馆捐赠刊物以书香抗疫，以“读”攻“毒”，帮助患者和隔离者舒缓紧张情绪，保持良好精神状态。

二、暂停开放楼内服务，创新外借服务手段

为确保有效防控新冠肺炎疫情，避免人员聚集引发交叉感染，最大限度保障读者和馆员健康，各高校图书馆均于1月下旬起暂停开放室内服务。根据有关要求和疫情发展形势，图书馆统一做出延期开馆、延长图书借期、减免逾期使用费的决定，采取一系列配套措施，多渠道发布读者公告，免除师生后顾之忧。此外，部分高校图书馆创新思路，调整外借服务方式，为读者推出“免接触”借还书服务。

（一）病毒无情，图书传情——新创校内师生送书到楼服务

北京大学图书馆研判疫情防控形势，结合读者需求与图书馆实际情况，及时调整服务方式，创新推出“送书到楼”服务。2月3日至3月20日，累计完成线下送书773单，服务师生302人，送书2840种3069册，共有464人次馆员报名送书志愿服务，其中党员383人次。

（二）提前预约，定点取书——提供无接触借书服务

中国政法大学图书馆采取委托借阅方式为

读者提供借还书服务，根据读者预约信息，提前找出图书，并按序分堆码放。读者到馆后，核验读者信息，引导读者到指定区域获取所借图书。北京语言大学图书馆也推出“预约借书”服务。

（三）足不出户，网上借购——多馆实现送书上门云服务

成都理工大学图书馆面向全校师生推出“您选书，图书馆买单”的“足不出户，图书网上借购服务”，通过借购和快递到家的方式，充分满足广大师生在疫情期间对图书和教材的急迫需求。浙江工业大学图书馆开放“芸悦读”借购服务，确保师生足不出户读新书。浙江工商大学图书馆恢复“云借购”读者荐购服务，实现送书上门云服务。

三、加强数字资源建设，创新在线服务方式

在居家隔离的情况下，高校师生的科研、教学高度依赖网络和数字资源，保证网络稳定，数字资源充足，在线服务顺畅，成为考验高校图书馆的一道大题。全国高校图书馆充分释放20多年来的数字图书馆建设效能，针对疫情期间教学科研的特殊需要，竭尽全力加强数字资源建设，创新在线服务方式，千方百计地以“e”战“疫”。

（一）严密值守，确保网络服务畅通

为全力保障图书馆在线资源访问服务7天×24小时正常运行，高校图书馆积极稳妥地实施网络服务特别保障方案，安排专人每天远程值守，全天候监控网络服务和数字资源运行状态，及时修复排除各类网络故障，通过读者留言、QQ、微信等渠道开展网络保障专题服务咨询。同时，根据疫情防控的不同阶段制订网络服务预案，对网络服务保障工作进行充分的准备和筹划，从硬件系统保障、应用服务保障、资源访问、远程监测、协调配合和网络咨询服务等方面进行周密的人员安排。

（二）广采博收，大力扩充数字资源

除了加强宣传，推送已购数据库，疫情期间，众多数字资源提供商和出版商还向公众限时免费开放部分或全部文献资源，但是相关信息过于碎片化，充斥各个网页及公众号。各高校图书馆积极收集相关信息，整理、通报、推送疫情期间免费的数据库，如维普资讯、万方数据、万方“科慧Sci-Fund”、人大复印报刊资料、超星学术资源、国研网、中华数字书苑（移动端）、国家图书馆数字资源、新东方在线学习库、爱迪科森网上报告厅、全国报刊索引、文泉学堂、中信书院、北大博雅讲坛知名教授讲座视频、Wiley在线期刊、Artlib世界艺术鉴赏库等。各高校图书馆还积极动员一些数据库开放试用。

高校图书馆还大力收集开放获取（OA）资源，扩大这类资源的储备。据各省图工委的调研报告，疫情期间高校图书馆通过收集OA资源和限期免费资源，争取试用资源，扩展的资源达到数百种。

（三）特时特办，开辟校外访问新路

全国共抗疫情的特殊时刻，为了给广大师生远程教学和科研提供有力保障和支撑，各高校图书馆都通过网站加强对读者远程访问数据库的指导和培训，提醒大家及时关注各种数据库的动态。由于采用常用的虚拟专用网络（VPN）和服务器代理访问，在疫情期间会因过量的校外访问或过量下载而造成访问延迟或IP被封等情况，不少高校图书馆加强与校内相关部门（学校教学科研和学生管理部门、网络服务保障部门等）和校外机构（数字资源和数据服务商家、网络服务公司等）的通力合作，积极探索远程利用电子资源的新方式。

在中国教育和科研计算机网联邦认证与资源共享基础设施（CARSI）联盟的支持下，很多高校图书馆火速申请CARSI服务，为师生提供校外直接访问部分电子资源的方法，即CARSI方法。CARSI的资源目录收录了中国知网、EBSCO、Emerald、IEEE、RSC等40多种电子资源。师生可在任意时间、任意地点使用校园网账号访问图书馆已经获得授权的中外学术资源，全程网页操作，无须下载插件或app，无须使用校园网IP地址，无须烦琐设置，可有效避免因大量用户同时接入学校VPN造成学校服务器过载的情况。一段时间的使用表明，CARSI访问模式的速度和稳定性都远远优于VPN访问模式。

高校图书馆不断探索的远程利用资源新方式，大大改善了师生访问数据库的体验，受到读者广泛好评。

（四）转换方式，各类服务“搬家”线上

29份调研报告显示，高校图书馆的很多日常服务不但没有间断，还因为由线上、线下相结合的方式转变为全部线上而变得更加繁忙。例如，文献传递、项目申请科技查新、研究生开题查新，学科评价和人才评价需要的查收查引，专利申请的预检索和综合咨询等，这些工作全部转变为线上，报告盖章后需要扫描发送，缴纳成本费则需要代缴和垫资，图书馆员做了诸多代劳的工作。“拉网式”也成为抗疫期间图书馆工作的高频词，如：为收集教材，图书馆需要对馆藏、出版社进行拉网式调查；为了把资源和重要消息传达给所有读者，图书馆实行拉网式推送；等等。正是通过越来越多的“代劳”和“拉网式”工作，高校图书馆较好地满足了广大师生疫情期间在家开展课题申报、网上教学、论文撰写、考研、看书听书等学术活动和文化生活的需要。

（五）宣传有方，引领信息抗疫

信息抗疫有两个含义：一是发布、推送辅助教学科研的资源和服务信息以及防控知识，克服新冠肺炎疫情的影响；二是搞好舆情管理和引导，帮助公众识别假新闻，提升公众媒介素养，让公众不信谣、不传谣，防控虚假信息泛滥带来的“信息疫情”。在克服新冠肺炎疫情的影响方面，各高校图书馆紧密关注在线教学动态，充分利用网站和微博、微信、微视频等社会化媒体，加强对适用于在线教学的资源和服务的推介。为防控谣言泛滥造成的“信息疫情”，清华大学图书馆、北京师范大学图书馆以实际案例积极宣传国际图书馆协会与机构联合会（IFLA）发布的识别假新闻的8个步骤，努力提升公众的媒体素养，帮助公众远离假新闻，不信谣、不传谣，避免谣言对心理和身体健康造成危害。

（六）以读攻毒，输送精神补给

长时间居家隔离会使人的精神健康状况变差，有可能导致人际关系紧张，产生敏感、焦虑、敌对、恐惧、偏执等不良情绪，因此，图书馆界长期探索的阅读疗法在此刻被广泛应用。许多高校图书馆基于阅读疗法理论，推荐有心理调适作用的书籍，这些活动不约而同地被称为“书香抗疫”“以读攻毒”，很好地起到了疏导师生心理、缓解不必要的恐慌情绪、保障线上教学顺利进行等作用，体现出图书馆在重大突发事件中的特殊价值。此外，各图书馆还给方舱医院和隔离点提供免费的电子书刊、有声读物等网上阅读资源。

四、支撑教学科研，协同服务师生

根据教育部相关通知精神和高校春季学期教学工作安排，为落实“延期不返校、延期不停教、延期不停学、延期不停研”的要求，高校图书馆加强宣传，积极请战，紧急动员，迅速盘点、补充在线教学所需文献资源，担责尽责，全方位、全过程地融入线上教学，在远程教学中体现了专业能力，发挥了不可替代的文献保障作用，有效支撑了高校教学科研的有序进行。

（一）积极请战，融入在线教学

一些高校图书馆积极向学校请战，主动融入在线教学大局，发挥图书馆在文献保障方面的重要作用，体现图书馆的专业能力。各高校图书馆纷纷配合学校安排，和教务处、研究生院等教学管理部门及任课教师直接联系，开展教学所需电子教参的保障工作。

（二）奋力调度，充实教学资源

针对在线教学迫切需要的教材教参服务，高校图书馆纷纷在第一时间与学校教务部门、各个院系联系，登记确切需求，比对图书馆教材教参系统已有资源，穷尽办法加紧补充缺收资源，为线上教学保驾护航，力争提供“神助攻”。

绝大多数高校图书馆都对自建教参数据库、超星数字图书馆、读秀学术搜索、科学文库、京东读书等相关资源的使用进行详细说明，并进行分主题推荐，为线上教学提供支撑服务。

（三）快速行动，升级服务平台

自建教材教参服务平台的高校图书馆不多，据对39家原“985工程”高校图书馆的调研，发现只有11家在服务项目中明确列出教材教参服务，另有清华大学、北京大学、中国人民大学、上海交通大学、厦门大学等9家高校图书馆建有电子教材教参服务平台。疫情中开展在线教学，教材教参服务平台可实现网络环境和人（教师、学生、馆员）及所有教学资源的有机关联，对构建教学生态圈发挥了很大作用。

多数没有教学教参服务平台的高校图书馆

纷纷借用 CALIS 中国高校教学参考书全文数据库、教育部外国教材中心“爱教材”原版外文电子教材集成平台、方正阿帕比高校学科教参资源库、科学文库、Cengage（电子教参数据库）、IGI Global 学术期刊全库、百度文库、京东阅读等作为汇聚教学资源的平台，多渠道服务在线教学。

一些反应快捷的高校图书馆，专门为保障大规模线上教学而迅速开发了新的教学支持平台。如四川大学图书馆的教材在线服务平台于 2 月 16 日正式上线，提供中外文电子教材近 1200 种。

（四）随问随复，打造全能“客服”

在充实了资源、架好了平台的同时，保障信息通畅、咨询服务到位也相当重要。各高校图书馆为做好线上教学支持服务，普遍开展“有担当、有温度、有特色”的信息咨询，利用电子邮件、QQ 群等多种方式为师生提供在线咨询、文献传递、校外远程访问指导、在线科技查新与查收查引服务、在线学科服务与信息素养教育培训等服务。疫情期间正值高校教师申报国家自然科学基金和国家社会科学基金的关键阶段，高校图书馆全力帮助教师申报课题，不间断开展科技查新和查收查引工作。

高校图书馆普遍安排专人值守在线咨询台，通过分学科或分院系建立服务群、主页读者留言、电话、QQ、邮箱、微信和微博留言等多种方式，为师生提供及时高效的综合业务咨询和支持线上教学的专项咨询。有的高校图书馆利用大数据及人工智能学习技术，上线智能咨询服务来辅助人工咨询，实现了 24 小时全天候咨询，体现了科技时代的特色。

（五）定向服务，助力战“疫”研究

许多高校图书馆检索数据库中关于新冠病毒的科研成果，以及国内外知名医学期刊发布的最新研究成果预印本，在图书馆网站上开辟专栏进行发布和推送，以帮助科研人员节省检索相关文献的时间，加快对病毒的研究，早日发挥科技战“疫”的威力。如南方医科大学图书馆在网站开辟“新型冠状病毒肺炎文献专区”，指定专人每日进行新冠肺炎中外文文献检索汇总，截至 2 月 26 日，已收集汇总中文文献 643 篇，英文文献 312 篇，对一批相关网站进行了导航。

（六）在线开讲，直播素养大课

图书馆不但是线上教学的“粮草部”“通讯部”，自身也承担着信息素质教育课程的教学任务。各高校图书馆并未因疫情影响教学进度，而是严格遵守原定教学计划，根据教学大纲、教学内容统筹规划，纷纷应用雨课堂、腾讯会议、企业微信等直播平台，开启在线直播与自主学习相结合的网络教学模式。

（七）全力补贴，卸减师生负担

高校图书馆纷纷延长外借图书归还时间至疫后开学，取消逾期还书惩戒费用。东北师范大学图书馆积极与通信运营商协调，为使用长春联通手机号码的教师和困难学生提供免费流量，对使用钉钉和联通宽带的教师免费升至 300MB 流量。这些都是“暗”的补贴。另外，为使广大师生在疫情防控期间的教学科研不受影响，不少高校图书馆加大文献传递服务的补贴力度，这是“明”的补贴。例如：北京大学图书馆对文献传递实行全额补贴；复旦大学图书馆全额补贴校内读者所需图书馆文献的复制费，并于 2020 年 2 月 20 日起，全部免除师生向 CASHL 提交文献传递申请的费用，直至疫情结束。（教育部高等学校图书情报工作指导委员会网站报道　作者王波　周春霞　陈凌　陈建龙）

纪　事

国家图书馆召开
学习贯彻习近平总书记给国图老专家
回信精神一周年座谈会

2020年9月10日，学习贯彻习近平总书记给国图老专家回信精神一周年座谈会在国家图书馆召开。文化和旅游部党组成员、副部长张旭，文化和旅游部公共服务司一级巡视员陈彬斌，国家图书馆馆领导班子成员出席会议。国家图书馆老专家代表、全国副省级以上图书馆及少年儿童图书馆主要负责人、国家图书馆相关负责人参加会议。座谈会由国家图书馆党委书记、副馆长魏大威主持。

张旭在讲话中充分肯定全国图书馆界一年来贯彻落实习近平总书记回信精神卓有成效的工作。他强调，各级公共图书馆要深入学习贯彻习近平总书记系列重要论述和回信精神，坚守“传承文明、服务社会”的初心，深入推进改革创新，重点做好以下五个方面的工作：一是要坚持正确政治方向，自觉承担起举旗帜、聚民心、育新人、兴文化、展形象的使命任务；二是要传承优秀传统文化，让书写在古籍里的文字活起来；三是要创新服务方式，以改革促进公共图书馆效能提升；四是要建设书香社会，提升群众文化获得感、幸福感；五是要积极谋划“十四五”公共图书馆事业发展，为各项工作顺利实施提供有力保障。国家图书馆馆长饶权从坚持正确政治方向、以明德引领时代风尚，弘扬优秀传统文化、以经典传承培育文化自信，创新服务方式、更好满足人民群众美好生活新期待，推动全民阅读、以书香文韵滋养民族心灵，开放共享、以务实合作推动行业转型发展等五个方面，介绍了国家图书馆一年来深入学习贯彻落实习近平总书记回信精神的主要工作。饶权表示，国家图书馆将根据胡和平部长指示要求，持续推动贯彻落实总书记回信精神各项工作落细落实，不辜负总书记嘱托，不辜负人民群众期待，办好让党放心、让人民满意的国家图书馆。

会上，中央文史研究馆馆员、国家图书馆原常务副馆长陈力，全国古籍保护工作专家委员会主任、国家图书馆研究馆员李致忠代表国图老专家分别发言，吉林省图书馆、浙江图书馆、四川省图书馆、陕西省图书馆、金陵图书馆、武汉图书馆、湖南省少年儿童图书馆等七个图书馆的主要负责人围绕贯彻落实习近平总书记回信精神、推进各方面工作的情况做专题发言。

2020年是“十三五”收官之年，全国图书馆界都在积极谋划“十四五”事业发展。当日下午，饶权做主题为“坚定信心　乘势而上　科学谋划‘十四五’时期事业发展”的专题报告，介绍国家图书馆近期在公共图书馆事业智慧化转型升级、进一步加强古籍保护工作、创新文献借阅服务和推动全民阅读方面的一些初步思路和工作举措。全国副省级以上图书馆及少年儿童图书馆主要负责同志就深入学习贯彻落实习近平总书记回信精神，研究谋划“十四五”时期公共图书馆事业发展开展专题讨论。

饶权在会议总结中表示，本次座谈会时间特殊、意义重大，主题突出、目标明确，会风务实、讨论热烈。就贯彻落实好会议精神，做好下一步工作，饶权提出了三点意见：一是进一步贯彻落实习近平总书记回信精神，勇担使命任务；二是直面机遇挑战，谋深谋实谋细未来发展；三是拓展多元交流与合作，凝聚事业发展合力。

下一步，全国图书馆界将坚持以习近平新时代中国特色社会主义思想为指导，切实把贯彻落实习近平总书记回信精神作为当前和今后一个时期的重大政治任务，共同谋划“十四五”时期全局性合作项目，形成推动全国公共图书馆事业创新转型发展的工作抓手，为促进公共文化事业发展，为建设社会主义文化强国再立新功。（国家图书馆网站报道）

中国图书馆学会第十次全国会员代表大会召开

11月25日，中国图书馆学会第十次会员代表大会在北京召开，来自国家图书馆、中国图书馆学会各有关分支机构和各省、自治区、直辖市图书馆学（协）会的正式代表、列席代表和特邀嘉宾等350余人出席大会。

大会听取并审议通过《守正创新　砥砺前行　推动新时代我国图书馆事业行稳致远——中国图书馆学会第九届理事会工作报告》《中国图书馆学会第九届理事会财务收支情况报告》；审议并表决通过《中国图书馆学会章程》；选举产生由175人组成的第十届理事会，成立由5人组成的第一届监事会。

大会充分肯定中国图书馆学会第九次会员代表大会以来理事会的工作。参会人员一致认为，五年来，第九届理事会坚持以习近平新时代中国特色社会主义思想为指导，深入贯彻落实党的十九大和十九届二中、三中、四中、五中全会精神，全面贯彻落实习近平总书记给国图老专家回信精神，始终坚持正确政治方向，以社会主义核心价值观为引领，增强“四个意识”，坚定“四个自信”，做到“两个维护”，紧紧抓住我国图书馆事业发展的重要机遇，团结带领全体会员和全国广大图书馆工作者，充分发挥行业联络与协调作用，围绕中心，服务大局，守正创新，砥砺前行，为推动我国图书馆学术繁荣和事业发展做出了积极贡献。

大会期间，十届一次理事会召开，选举产生55人组成的常务理事会，饶权当选为理事长，刘小琴、孙坦、陈超、陈锐、陈樱、陈传夫、陈建龙、程焕文当选为副理事长，聘任王雁行为秘书长，聘任邓菊英、刘细文、宋姬芳3人为副秘书长，聘请吴慰慈、彭斐章、詹福瑞3人为顾问，授予马民玉等14人为“第十届理事会名誉理事”；召开一届一次监事会，王余光当选为监事长，李春来当选为副监事长；召开十届理事会党员大会，选举产生10人组成的第十届理事会党委，饶权当选为党委书记，陈樱当选为党委副书记，刘小琴、孙坦、陈超、陈传夫、陈建龙、程焕文、王雁行7人当选为党委委员，李春来当选为纪检委员。

大会号召：让我们携起手来，凝心聚力，坚持以习近平新时代中国特色社会主义思想为指导，深入贯彻落实党的十九大和十九届二中、三中、四中、五中全会精神，全面贯彻落实习近平总书记给国图老专家回信精神，增强“四个意识”，坚定“四个自信”，做到“两个维护”，牢牢把握未来五年的发展机遇期，围绕中心，服务大局，以高质量发展为目标，以改革创新为动力，争取党和政府及社会各界的广泛支持，将中国图书馆学会建成自主发展力、会员凝聚力、学术引领力、行业协调力、社会公信力和国际影响力更强的现代社会组织，为推动我国图书馆学术繁荣和事业发展做出新的更大贡献！为推进国家治理体系和治理能力现代化做出新的更大贡献！为建设社会主义文化强国做出新的更大贡献！（中国图书馆学会网站报道）

第六批《国家珍贵古籍名录》和《全国古籍重点保护单位名单》公布

党的十八大以来，以习近平同志为核心的党中央高度重视传承和弘扬中华优秀传统文化，习近平总书记对古籍保护利用工作高度重视，多次做出重要指示。为深入贯彻落实中央有关精神，加强古籍保护利用，文化和旅游部组织开展了第六批《国家珍贵古籍名录》和全国古籍重点保护单位评选工作。经国务院批准，2020年10月30日，文化和旅游部印发通知，公布了第六批《国家珍贵古籍名录》（752部）和《全国古籍重点保护单位名单》（23个），并就进一步做好古籍保护利用工作提出要求。

自2018年文化和旅游部启动第六批《国家珍贵古籍名录》和全国古籍重点保护单位申报工作以来，国家古籍保护中心共收到全国各级古籍存藏机构的3981部古籍申请入选第六批名录，27家单位申报第六批重点保护单位。2019年初，文化和旅游部召开全国古籍评审工作启动会，对第六批《国家珍贵古籍名录》和全国古籍重点保护单位评审工作进行安排部署。此次评审坚持公开、公平、公正的原则，经过汇总整理、专家评审、现场考察、文化和旅游部网站公示等环节，最终确定推荐名单，经国务院审核批准，正式向社会公布。此次评审评选出一大批我国不同民族、不同时期、不同地域、不同载体形态、不同装帧形式的重要古籍和各系统条件比较好的古籍保护单位，充分体现中华文化博大精深和多元化的特点。

从第六批《国家珍贵古籍名录》入选情况看，主要有以下特点：一是发现了一批珍贵典籍，如孔子博物馆的《乾隆御定石经》，为内府御制墨初拓本，自嘉庆元年赏赐孔府后，保存至今；湖北省图书馆的《大方广佛华严经》，为北宋两浙路海盐县金粟山广惠禅院写金粟山大藏经本，字体敦厚质朴，墨色漆黑发亮，纸张厚实坚韧，并经染潢，弥足珍贵；南京图书馆藏北宋本《礼部韵略》，为海内外现存最早刻本。二是涌现一批名家稿抄校本，如上海图书馆的范钦辑《建安七子集》，卷首题词、小传、目录及书眉所注诗文出处均为天一阁主人范钦手迹，具有重要的文献和文物价值。三是入选一批彩绘本舆图，如国家图书馆的《北京内外城全图》，是一幅绘制精细、内容丰富的京城彩绘大地图。四是收入国内已知有纪年的最早雕版印刷品——五代后唐天成二年刻本《佛说观弥勒菩萨上生兜率天经一卷》，是早期印刷品实物的重要例证。五是少数民族珍贵古籍品种丰富，如藏文《仁普地域志》《般若波罗蜜多八千颂》、蒙文《水浒传》《西游记》《红楼梦》等，其中藏文《般若波罗蜜多八千颂》为首次入选的少数民族文字古籍清铜版印本，蒙文《水浒传》《西游记》《红楼梦》是民族间文化交流互鉴的例证。

从古籍重点保护单位的入选情况来看，主要有以下特点：一是甘肃、内蒙古、云南等民族地区多家古籍收藏单位存藏条件有很大改善，如楚雄彝族文化研究院、西双版纳图书馆分别是目前国内收藏彝文、傣文古籍数量最大，同时也是保存条件最好的机构；二是发现一批藏量符合评选标准的保护单位，如宁波市图书馆、平湖市图书馆通过普查确认善本藏量超过3000册；三是文博系统积极参与古籍保护工作，如国家博物馆古籍藏量丰富，珍善本众多，具备现代化古籍专用库房；四是以评促改，部分收藏单位落实专家评审意见，进一步完善古籍存藏条件。

据文化和旅游部公共服务司和国家古籍保护中心负责人介绍，第六批《国家珍贵古籍名录》和《全国古籍重点保护单位名单》的公布，将指导各级古籍保护中心和古籍收藏单位进一步加大珍贵古籍的保护力度，有计划地对破损珍贵古籍进行修复；促进古籍重点保护单位不断改进存藏条件，完善管理办法，确保珍贵古籍的实体安全；推动各地区各有关单位加强对珍贵古籍的诠释和解读，通过组织开展线上、线下相结合的中华优秀古籍宣传活动，深入挖掘其中的文化内涵，促进古籍保护成果的创造性转化、创新性发展。

自2007年中华古籍保护计划启动实施以来，经过各方面的不懈努力，我国古籍保护工作取得令人瞩目的成就。先后评选并公布了6批《国家珍贵古籍名录》，累计收录古籍13026部；命名了6批共203家全国古籍重点保护单位，各地也逐步建立了本地珍贵古籍名录和重点保护单位评审制度，有力促进了古籍分级分类保护。随着工作深入开展，古籍保护人才队伍日益壮大，古籍修复、保存条件显著改善，相关政策和标准逐步完善，古籍保护工作逐步走上科学化、规范化道路。"十四五"期间，文化和旅游部将以实现古籍更好保护和有效利用为目标，继续实施中华古籍保护计划，推进国家古籍保护工程，充分发挥中华古籍在传承和弘扬中华优秀传统文化方面的重要作用。（文化和旅游部网站报道）

全国图书馆界开展“十四五”规划研究与制订工作

国家图书馆组织开展“十四五”发展战略研究

2020年是“十三五”规划的收官之年，是国家图书馆“规划发展年”。为深入学习贯彻落实习近平总书记给国家图书馆8位老专家的回信精神，推动国家图书馆事业创新发展，做好《国家图书馆“十四五”规划纲要》编制工作，同时回应全国图书馆界对国家图书馆的热切期待，切实发挥好行业示范引领作用，带动全国图书馆界，共同谋划好“十四五”时期事业高质量转型发展新路径，国家图书馆靠前谋划，积极组织开展“十四五”发展战略研究工作。

一、组织馆内外专家、学者共同开展国家图书馆发展战略研究

2019年11月，根据《关于印发〈国家图书馆发展战略研究工作方案〉的通知》（国图研发〔2019〕38号）安排，国家图书馆发展战略研究工作正式启动，研究工作设置了12个研究专题、22个研究课题，涵盖国家图书馆馆藏发展、公共服务、数字化建设、优秀传统文化等重点领域，以及党的建设、发展环境分析、人才科研、国际交流、对外营销与合作、体制机制改革等关系国家图书馆事业长远发展的关键问题，分别由馆领导班子成员和馆外知名专家领衔。馆外3个专家团队以及馆内28个部处的近440名干部职工，共同积极深入开展调查研究工作。

2020年，在完善的工作机制的基础上，各研究团队细化“研究工作建议方案”，克服日常工作任务重、疫情期间沟通交流不便等诸多困难，围绕课题研究任务展开了积极深入的调查研究，通过问卷调查、专家访谈、网络调研、实地考察等多种形式向100余家有关单位开展调研，搜集掌握了大量一手资料数据，对国家图书馆事业发展中的成功经验、困难问题等进行全面系统分析，同时广泛吸收借鉴国内外图书馆及公共文化机构建设、管理、服务经验，对国家图书馆事业未来发展的总体思路、主要目标、发展方向等进行了深入思考，共完成调研报告22份，约150万字，提出73项“十四五”时期重点项目建议及策划实施方案，组织3场国家图书馆发展战略研究馆外专家汇报会。各研究团队就相关主题广泛听取各方面意见建议，并根据有关方面意见对调研报告进行多次修改完善，形成最终研究成果，为《国家图书馆“十四五”规划纲要》科学编制打下了坚实的基础。

二、与中国图书馆学会联合组织开展全国公共图书馆事业发展战略研究

2019年11月，在文化和旅游部公共服务司的支持和指导下，国家图书馆与中国图书馆学会在前期充分调研的基础上，联合编制《全国公共图书馆事业发展战略研究工作方案》，启动全国公共图书馆事业发展战略研究项目，围绕公共图书馆意识形态建设、发展环境趋势、基层图书馆发展路径、文献资源建设、公共文化服务、优秀传统文化传承发展、全民阅读服务、新技术创新应用、空间发展战略，以及公共图书馆跨界合作、营销推广、管理运行机制改革等13个研究专题，分别由15家副省级以上公共图书馆牵头，吸纳部分高校专家学者，以及研究能力和业务实绩比较突出的地市级和基层图书馆参加发展战略研究工作。

2020年，各馆在《全国公共图书馆事业发展战略研究工作方案》的指导下，及时成立研究项目组，细化研究方案，围绕选题研究内容，积极开展文献整理、问卷调查、专家访谈、专题研讨、网络调研、实地考察等工作，搜集掌握了大量一手资料数据，全面总结我国公共图书馆事业的发展经验和问题，明确发展思路，共形成15份调研报告，约122万字，提出49项“十四五”时期重点项目建议，组织召开4场线

上专家视频论证会，广泛征求专家意见。各项目组根据专家意见对调研报告进行修改完善，形成最终研究成果，为有关部门做好“十四五”时期乃至更长一个时期公共图书馆事业发展战略的顶层设计提供了长期可持续的研究支撑。（国家图书馆网站报道）

公共图书馆“十四五”规划学术研讨会在广州图书馆举办

11月18—19日，由中国图书馆学会公共图书馆分会主办，广州图书馆、广州市图书馆学会和广东图书馆学会联合承办的公共图书馆“十四五”规划学术研讨会在广州举办。此次研讨会主题是“规划・全视角　发展・高质量”，来自全国图书馆领域的知名专家、图书馆管理者及广州市内各图书馆的代表在现场参加会议，上万名全国各地图书馆界同人通过网络直播的方式参加会议。

11月18日上午，研讨会在广州图书馆拉开序幕。开幕活动由中国图书馆学会理事、广州图书馆馆长方家忠主持，中国图书馆学会副理事长、公共图书馆分会主任刘小琴，广东图书馆学会理事长、广东省立中山图书馆馆长王惠君，广州市文化广电旅游局副局长欧彩群先后致辞。

研讨会主题演讲环节由国际图书馆协会与机构联合会管理委员会执行委员、中山大学信息管理学院教授程焕文主持，特邀北京大学信息管理系教授李国新和南开大学信息资源管理系教授柯平分别做题为《“十四五”时期公共图书馆高质量发展的思考》《我国公共图书馆事业发展与战略规划》的主题演讲。

在上午的案例分享环节，上海图书馆副馆长刘炜、广东省立中山图书馆副馆长吴昊分别做题为《坚守、转型、颠覆：上海图书馆“十四五”规划制订与发展前瞻》《省立中山图书馆“十四五”规划进展与思考》的报告。下午的案例分享环节由广东省立中山图书馆首席研究馆员刘洪辉主持，深圳图书馆副馆长王冰、太原市图书馆馆长郭欣萍、广州图书馆馆长方家忠分别做题为《深圳图书馆“十四五”发展规划编制实践与思考》《太原市图书馆“十四五”规划编制与实施的思考》《广州图书馆2021—2025年发展规划基本框架》的报告。

在随后的开放讨论环节中，来自上海图书馆、广东省立中山图书馆、广州图书馆、深圳图书馆、太原市图书馆的5位馆长围绕各自图书馆在“十四五”规划中的亮点与重点内容展开讨论，并与参会代表进行互动，现场气氛热烈，交流深入。

11月19日上午的案例分享环节由广东图书馆学会副理事长、广州图书馆党委书记王长庆主持。浙江图书馆馆长褚树青、苏州图书馆馆长曹俊、东莞图书馆副馆长冯玲及同方知网（北京）技术有限公司公共服务事业部总经理成鑫分别以《公共图书馆“十四五”发展的浙江思考》《守望江南之魂》《聚焦重点，注重实施：东莞图书馆“十四五”战略规划案例分享》《面向“十四五”的公共图书馆数字资源建设》为题，和大家进行案例分享。在随后的开放讨论环节中，来自浙江图书馆、广州图书馆、苏州图书馆、东莞图书馆的4位馆长围绕“十四五”时期城市图书馆服务体系建设的议题各抒己见，并与台下嘉宾深入交流。

闭幕活动由广州图书馆馆长方家忠主持，他对此次会议专题演讲与案例分析的重点和亮点进行了总结阐释，并对各支持单位、与会嘉宾和参与代表表示感谢。

此次研讨会是在党的十九届五中全会召开后举办的首场关于图书馆界未来发展的全国性会议，可谓正当其时；会议荟萃了一批学界、业界领军人物，既有学界专家，也有引领图书馆事业发展的先进馆管理者；会议内容兼具理论探讨、案例分享和开放讨论；会议还安排了丰富的互动环节，为专家与馆员面对面交流提供平台。此次研讨会通过线上、线下同步联动，让全国各地的图书馆同人跨越地理界限，共同谋划“十四五”图书馆发展大计，有力推动公共图书馆迈向高质量发展道路。（中国图书馆学会网站报道）

国家图书馆研究提出“全国智慧图书馆体系”建设思路

为迎接“智慧社会”建设的机遇和挑战，2020年，国家图书馆策划提出“全国智慧图书馆体系”建设思路，旨在以我国近20年的数字图书馆建设成果为基础，以5G网络、人工智能、大数据、云计算、区块链等信息技术为支撑，引领带动全国图书馆在资源、空间、设施、服务等领域的全面智慧化转型。

5月，国家图书馆成立专门工作组，推进智慧图书馆有关理论研究。在前期研究的基础上，国家图书馆提出项目初步构想，编制“全国智慧图书馆体系建设项目方案”。在文化和旅游部党组以及财务司、公共服务司等相关司局大力支持下，国家图书馆与国家发改委、财政部等部门深入沟通，积极争取财政资金支持。同时，还与图书馆及相关领域专家学者、头部机构充分交流，不断完善项目思路。8月21日，国家图书馆组织召开智慧图书馆体系建设专家论证会，邀请7名相关领域的专家对项目方案进行了论证。

10月起，国家图书馆馆长饶权及几位馆领导班子成员分别带队到浙江、安徽、广东、四川等多地进行实地调研，充分了解各地图书馆及其他公共文化机构智慧化建设与服务情况，认真听取各馆对图书馆智慧化转型方向、路径等方面的意见建议。同时到阿里巴巴、华为、腾讯、科大讯飞等互联网头部机构进行现场考察，就智慧图书馆建设的技术路线、合作前景等进行深入交流。在充分吸收各方面意见建议的基础上，进一步优化项目建设方案。此外，饶权在上海国际图书馆论坛、河北省图书馆学会年会、广东图书馆学会年会等多个场合，就全国智慧图书馆体系建设的总体思路、内容架构、目标愿景等与业界同行深入交换意见，逐步形成较为广泛的行业共识。

智慧图书馆不只是一种适应技术变革的图书馆新发展形态，同时更是一种面向未来的图书馆新发展理念。归纳起来，“全国智慧图书馆体系”的总体架构为“1+3+N”：

“1”是一个智慧图书馆的云基础设施，是全国智慧图书馆体系运行的基础架构，支撑全国智慧图书馆的高度集成化运行。

“3”是搭载其上的全国智慧图书馆管理系统、全网知识内容集成仓储和多维融合知识服务平台，其中智慧图书馆管理系统是全国智慧图书馆体系的“大脑中枢”，实现图书馆全业务架构和全业务流程的智慧化管理。全网知识内容集成仓储是全国智慧图书馆体系的知识内容仓储中心，支持全网知识内容的生产、组织与保存。多维融合知识服务平台是全国智慧图书馆体系的知识服务汇聚门户，实现多元提供、多域贯通、多媒体融合的知识服务供给。

“N”是指在全国各级图书馆及其基层服务点普遍建立线下智慧服务空间，是全国智慧图书馆体系的“神经末梢”，为读者提供沉浸式智能化阅读场景，为馆员提供智慧化业务工作环境。

为确保全国智慧图书馆体系的科学发展，项目还将建设三个支撑保障体系：一是智慧图书馆评价体系，二是智慧图书馆标准规范体系，三是智慧图书馆研究及人才培养体系。（国家图书馆供稿）

“东莞图书馆农民工留言”引发热议

2020年6月，湖北农民工吴桂春因疫情回乡，临别前在东莞图书馆写下一则感人至深的留言，引来众多重量级的媒体报道和网友刷屏，微博累计阅读总量超过10亿次。该事件让社会大众更加深入地了解公共图书馆，以及公共图书馆所提供的人文关怀、社会教育和平等公益的公共文化服务，彰显图书馆的社会价值。

事件引起社会各界反响。2020年6月26日，央视新闻频道《新闻1+1》推出《一家图书馆、一位读者、一座城市》的报道，评论员白岩松感慨“图书馆让东莞这座城市更有温度”。7月9日，广东图书馆学会、广东省立中山图书馆、东莞图书馆等召开“滋养心灵　彰显价值——‘读者留言东莞图书馆’一席谈”报告会，众多专家、学者、读者围绕“读者留言东莞图书馆”事件，从不同的角度切入，探讨应该如何彰显图书馆社会价值。《图书馆论坛》杂志策划“信·念——‘读者留言东莞图书馆’笔谈”专题，共发表31篇文章，深度探讨公共图书馆的使命与责任、管理和服务。

这则留言的大体内容为：我来东莞已经17年了，其中有12年的时间都是在图书馆看书，书能够使人明事理，对人百益而无一害。受疫情影响，许多产业纷纷关门，这也让很多农民工无事可做，只好回乡。想起在东莞的生活，最喜欢的地方就是图书馆了。虽然现在千万般的不舍，但是生活所迫不得不离开，余生忘不了你，东莞图书馆，愿你越办越兴旺。

留言的主人公，是在东莞打工17年的吴桂春。因为暂时失业，准备回老家。图书馆是他在东莞除了工厂、出租屋，去得最多的地方。

6月25日下午，吴桂春接受《南方日报》记者采访时，这位只读过小学的54岁读者动情地说：“余生永不忘东莞的书香。”

来莞17年，节假日大多在图书馆度过

吴桂春是2003年来到东莞的，工作主要以在工厂打杂工为主。工作之外的生活比较单调，他过着工厂、出租屋两点一线的生活，工作之余就会去地摊上买点书看看。

每逢节假日或者工厂轮休日，吴桂春大多会在图书馆度过，“如果我今天要去图书馆，我早上就会多吃点，这样中午不会饿，可以一直待到晚上闭馆”。

从2008年至今，连续在图书馆读了12年书的吴桂春已经不记得自己读了多少本书，但是那些书对他的影响日渐增强。

“读书对我的性格、心态和眼光都有帮助，我现在不会脾气那么暴躁，不会动不动跟人抬杠，看任何事情都能平常心，不会着急了……”

从小学毕业到博览群书，感恩东莞满城书香

12年读书的经历，不仅使吴桂春认识的字多了，了解的历史故事全了，也让他看到越来越多的东莞人走进图书馆。

从2004年打造“图书馆之城”开始，东莞便以打造“学习型城市”为突破口，系统推进“全民阅读”工程。

据了解，截至2019年底，在东莞市范围内共建立起1个总图书馆、52个分图书馆，400个村（社区）服务点、102个图书流动车服务站。

据统计，2019年东莞地区公共图书馆总流通人次为1353.79万人次，也就是说在东莞平均每天有3.7万人走进图书馆。此外，2019年东莞地区公共图书馆书刊外借册次为679.31万册次，同比上升27%。

而在当当网等统计的图书消费榜上，东莞经常跻身“非直辖城市图书消费十大城市”。

在图书馆度过的时间，吴桂春也见证了城市的变化：图书馆附近的莞太路从小土路变成了柏油马路，鸿福路两侧的荒草区变成了大广场。

希望能继续留在东莞读书，人社部门积极为他介绍工作

吴春桂还记得自己那天在图书馆留言的场景。

6月24日上午11点，他径直走入东莞图书馆的服务台，由于前面有人排队，他便与一旁排队的读者闲聊起来，两人从历史人物聊到读书，聊得很起劲。突然吴桂春说："其实我今天是来退读者证的，以后可能就来不了了。"

一旁的工作人员听到了两人的对话忙问为什么，一番攀谈之后，工作人员了解到，吴桂春是图书馆有12年书龄的老读者了，因为最近没有合适的工作，准备回家，临走前先来图书馆把读者证退了。

听着吴桂春读书的经历，感慨之余，工作人员希望吴桂春能在离开前为图书馆留下一段话。

他没想到，自己的留言被发到互联网上后，各种不舍和祝福的留言刷屏朋友圈。东莞图书馆官方微博也转发了这张留言的照片，表示："感谢，我们一直在，等您再来！"诸多网友被这则离别留言感动，纷纷留言。

"您的言语，给我们带来温暖又让我们充满动力，东莞图书馆等待着与您重逢的一天。"一位网友说。

网友们的呼声也得到东莞政府部门积极回应。记者了解到，东莞市相关部门也介入其中。得知他的情况后，东莞市人社局就业服务部门第一时间与吴桂春取得联系，积极协助他寻找新的工作，目前已经初步匹配到合适岗位，正在进一步对接中。

"我很希望能继续留在东莞读书。"吴桂春说，自己现在已经适应东莞的气候和生活习惯了，也可以说是一名新莞人，留下来后会继续读书。

"我觉得大家都应该多读书，读书会让人礼貌，让社会更和谐。"吴桂春说。（摘编自东莞图书馆网站、《南方日报》）

《数字图书馆资源管理指南》发布

由全国数字图书馆建设与服务联席会议组织研制、中国科学院文献情报中心负责起草的《数字图书馆资源管理指南》，经2019年12月在北京召开的第二十次会议审议通过，并报文化和旅游部公共服务司备案，于2020年1月6日正式发布。

《数字图书馆资源管理指南》从资源建设管理、资源技术管理、资源权益管理、资源资产管理和资源保障效益管理等五个方面对数字图书馆资源管理的内容和核心工作进行了重点阐述，同时也强调了重视资源管理人才队伍建设以及在全国范围内探讨数字图书馆资源的统筹管理、扩大数字资源共享规模与深度的重要性。该指南旨在加强数字图书馆资源管理，规范数字图书馆资源管理工作，确保数字图书馆资源的有效利用、优化配置和合理开发，为全国数字图书馆建设与服务机构开展资源管理规划和实务提供重要参考。

全国数字图书馆建设与服务联席会议制度于2007年建立，主要商讨数字图书馆建设与服务的相关问题，并开展协调与合作。2007年7月，全国数字图书馆建设与服务联席会议第一次会议成功召开，与会单位就建立联席会议制度、定期轮流召开会议、共同推动全国各大系统数字图书馆的整合、实现资源与服务的合作共享等达成共识。全国数字图书馆建设与服务联席会议迄今已召开二十次会议，成员单位包括国家图书馆、文化和旅游部全国公共文化发展中心、上海图书馆、中国科学院文献情报中心、CALIS管理中心（北京大学图书馆）、CADAL项目管理中心（浙江大学图书馆）、中共中央党校（国家行政学院）图书和文化馆、国防大学图书馆和中国社会科学院图书馆等我国数字图书馆建设与服务的主要机构。多年来，联席会议就我国数字图书馆建设与服务的重点和前沿问题不断进行深入研讨，开展了有关项目合作，取得了系列重要成果，先后发布了《数字图书馆服务政策指南》《数字图书馆资源建设指南》《数字图书馆资源建设和服务中的知识产权保护政策指南》《数字图书馆安全管理指南》，出版了《数字图书馆发展趋势研究报告》，对推进我国数字图书馆建设与服务起到了重要作用，在全国图书馆界产生了积极影响。（中国图书馆学会网站报道）

国家图书馆联合全国公共图书馆启动文献共享借阅计划

为深入贯彻落实习近平总书记给国家图书馆老专家回信精神，大力提升基层公共文化资源服务效能，2020年9月，国家图书馆启动文献共享借阅计划。该计划旨在充分发挥国家图书馆的文献资源、专业人才、行业组织和品牌影响优势，以优质图书的阅读和分享为手段，与全国公共图书馆合作建立文献借阅共享机制；整合其他图书馆和社会图书资源，共建全国图书馆公共数据平台；加强对地方图书馆的文献支援，充实其可借阅文献量，实现国家图书馆文献资源在地方馆落地，为倡导、组织、服务大众阅读发挥积极作用，形成良性互动的全民阅读社会氛围。

国家图书馆积极引领　为首批6省馆提供文献72万余册

该计划实施分两阶段开展。第一阶段是国家图书馆通过与地方图书馆合作，充分利用地方馆的总分馆体系优势，按照文献资源利用最大化和资产可追溯原则，将国家图书馆的馆藏复本文献投入其图书借阅流通体系，实现外借服务拓展，最大限度地满足全国读者的阅读需求；第二阶段，结合“十四五”期间的智慧图书馆建设，建立一个全国图书借阅云平台，打通与合作馆间服务平台的连接端口，实现对文献的动态管理。同时，充分吸纳社会各界捐助及个人捐赠资源进入云平台，以建立惠及全民的共建共享借阅体系。

在文献共享借阅计划实施过程中，国家图书馆充分考虑我国东西部及区域间公共文化保障服务发展方面存在的不均衡问题，优先确定与中西部和边疆省份图书馆开展合作，同时发挥行业引领作用，为相关图书馆提供业务指导和技术支持。已启动与黑龙江、江西、西藏、甘肃、湖北、吉林等6个省份的省级图书馆的共享借阅合作。截至2020年12月底，已有72.5万余册文献进入这6个省份的共享借阅体系中，其中图书约占75%，期刊约占25%，图书中还包括精选的少儿、民语、盲文等特殊类型的文献，丰富了近百个市县级公共图书馆藏书，惠及千万人，为共建全民阅读社会迈出重要一步。许多读者表示，“开展共享借阅项目不仅丰富了当地图书馆借阅文献的种类、数量，还让读者借阅到远隔千里的国家图书馆馆藏图书，是非常有意义的一件事”。

各省按需分流　确保文献惠及全民

共享借阅计划推行过程中，各省图书馆积极与当地文化和旅游部门沟通，根据当地实际情况，深入调研，专项对接，统筹安排文献交接、仓储、分类、调配等环节，确保文献发挥最大作用。

“你们抵住了风险，我们送来了精神食粮，确保所有隔离的、防疫的人们，只要想看书，图书馆就送到。”在收到国家图书馆的共享文献后，黑龙江省图书馆第一时间协调统筹，优先支援牡丹江地区边境流动分馆，并向边疆人民，特别是图书馆工作者传递全国图书馆人的慰问和挂念，深切表达了图书馆人“书香有情”的美好心愿。湖北省图书馆充分利用后疫情时机，推动区县级总分馆发展，为经历疫情创伤的群众提供丰富的精神食粮。

各省还根据实际情况，拓展图书服务效能，让共享文献更好地服务文化建设。如湖北省图书馆、黑龙江省图书馆等挑选有关当地历史、地理、旅游方面的文献，助力文旅深度融合。湖北省图书馆充分利用共享借阅文献促进城乡文化均衡发展，充实和兴建乡镇及景区分馆；打造提升城市文化品质的“城市书房”，完善基层文化服务功能；充分利用少儿及教参文献与学校合作，积极推广校园阅读，多种方式促进文献资源有效流通。黑龙江省图书馆创设文旅融合服务自建平台，促进文旅大数据的资源整合。同时，国家图书馆也将把共享文献借阅计划进一步投入到各省图书馆阅读推广品牌中，吸引更多读者加入享受阅读的队伍中来。

黑龙江省图书馆对共享文献做了明晰的分区分类，并将教参类图书按照低幼、小学、初中、高中进行了重新分拣，对不同年级、不同阅读层次的群体，尤其对乡村小学、农村贫困留守儿童、特殊群体等弱势群体给予了倾斜，充分发挥教参类图书利用效率，更好地维护了特殊群体阅读权益。

西藏自治区图书馆对10万册共享借阅文献进行了充分利用，进一步充实街区和寺庙分馆，尤其注重发挥藏文文献和少儿文献在读者借阅中的推广和使用。

江西省图书馆优先考虑经济发展较为落后的革命老区，与国家图书馆沟通后，向赣南地区的5家公共图书馆配置共享文献4万余册，并向坐落于赣南地区的中国科学院稀土研究院配置6000册科技类共享文献，为赣南地区的经济发展和科学研究提供智力支持。

打造云享借阅　创建智慧服务体系

文献共享借阅计划是利用总分馆体系优势，建立图书馆界借阅云平台的一次创新尝试。该计划基于合作馆现有的借阅平台体系，调研确立合作单位，建立健全定期反馈的合作机制，在现有基础上规范文献管理方式，使文献的存藏及使用情况更加明确，实现图书馆外借服务的拓展。在未来工作中，通过打通与合作馆间服务平台的连接端口，实现对文献的动态管理，建立一个全国图书借阅云平台，提高文献资源利用率，惠及全国各地读者。

近日，国家图书馆提出，要推动传统图书馆向智慧图书馆转型，更好满足人民群众多样化、个性化的阅读需求，并提出了建设全国智慧图书馆体系的构想。智慧图书馆转型不是依靠一个图书馆就能实现的目标，需要发挥图书馆总分馆体系的优势，调动各省、市、县级图书馆的积极性。搭建图书借阅云平台正是智慧图书馆建设一个重要组成部分，也是促进读者与图书馆密切交流，实现知识服务的有效尝试。共享借阅的实施将有效缓解边疆及贫困地区购书经费不足的问题，促进图书馆界交流合作，逐步形成服务全国图书馆和读者的共享借阅机制，建立普惠全民的阅读网络体系，更好地满足人民群众的精神文化需求。

接下来，国家图书馆将根据各地区实际情况及需求，调整各类共享文献的数量和结构，因地制宜地利用图书，促进分馆发展；进一步优化文献共享流程，力争实现数据对接的无纸化、透明化和现代化，并根据反馈的文献流通量、读者偏好等数据，加强研究，拓展合作领域及对象，逐步建成知识共享、服务高效、使用便利的全国图书馆图书借阅云平台，为不断推进社会主义文化强国建设贡献力量。（文化和旅游部网站报道）

国内首部图书馆口述史纪录片《口述国图》北京首映

1月2日，由国家图书馆摄制的口述史纪录片《口述国图》在国家图书馆举行北京首映仪式。国家图书馆馆长饶权，副馆长孙一钢、陈樱、汪东波，文化和旅游部公共服务司副司长白雪华，国家图书馆老馆员代表李致忠、孙承鉴、黄润华、李仁年、索奎桓和金志舜等，北京大学信息管理系教授吴慰慈、王子舟，北京电影学院教授谢晓晶、钟大丰，口述历史领域知名学者定宜庄、钟少华，《中国文化报》副主编徐涟，中央人民广播电台文艺之声总监莫晓芳等参加活动。

饶权在致辞中表示，图书馆是民族记忆栖息之地，国家文脉赓续之所。我们要滋养民族心灵，培育文化自信，首先要从我们自身做起，要滋养图书馆员的心灵，培育图书馆员的自信。影片中的老馆员，包括4位致信总书记的老馆员，他们的故事正是新一代图书馆员坚守职业的心灵土壤和自信源泉。《口述国图》讲的是图书馆的故事，该片的公映可以让公众，也是我们的读者，通过默默无闻的文明守望者，更加亲近图书馆，更加了解图书馆的职责和文化使命。

白雪华在致辞中说道，《口述国图》让人了解到图书馆工作是平凡的，但图书馆里蕴含的文化却是深厚的，影片也展现出图书馆人守望文明、甘于奉献的国图精神。

《口述国图》是国家图书馆在建馆110周年之际，制作出品的第一部以亲历者视角回顾国图发展历史的纪录片，也是国内首部记录和展现我国图书馆事业发展的口述史纪录片。国家图书馆于2003年启动老馆员口述史访谈工作，十多年来，共有47位老馆员及其亲属接受口述访问，累积了200余小时、105万字的口述资料。以这些珍贵的影音文献资料为基础，《口述国图》全片共分为“情系国图”“缘起文津街”“善本保卫记”“馆藏的故事”“为读者服务”“艰难中的前行”“新馆的诞生”“站在世界舞台上”“走向现代化”“重返柏林寺”“馆员心声”11部分。影片全面记录几代国图人在面对不同历史机遇与挑战时担负的使命和做出的选择；表现了在民族和国家复兴的恢宏历史画卷中，图书馆人平凡而伟大的坚守和始终秉持的赤子之心。

在2019年国家图书馆读书周期间，《口述国图》面向读者进行了两场点映。影片生动地讲述国家图书馆的人与事，图书馆员的文明守望者形象跃然于屏幕之上，影片获得公众的支持与肯定，在每一位观众心中留下深刻印象，为大家深入了解图书馆、亲近图书馆、走进图书馆发挥积极作用。

国家图书馆近些年来努力开拓新的业务领域，以口述史采访、纪录片收藏等为代表的新类型文献资源建设方兴未艾。2015年，由国家图书馆中国记忆项目中心牵头，国家图书馆与全国图书馆界相关机构共同建设的“中国图书馆界重要人物专题”口述史项目，为抢救、记录、保存图书馆界的重要记忆发挥积极作用。这次《口述国图》展映，也是一次以口述史形式记载历史，以纪录片形式传播文化的新尝试，向公众展示了新时代图书馆的新变化与新发展。

《口述国图》放映结束后，影片所记录的老馆员们、各领域的专家学者以及影片的主创团队，与现场200余位读者朋友进行广泛交流。（国家图书馆网站报道）

武汉大学信息管理学院100周年暨图书情报与数据科学学科发展论坛举行

10月18日，“百年积淀，再启华章——武汉大学信息管理学院100周年暨图书情报与数据科学学科发展论坛”在武汉大学新图书馆报告厅举行。武汉大学校长窦贤康、副校长吴平、党委副书记赵雪梅，中国人民大学原常务副校长、一级教授冯惠玲，宇业集团董事局主席、中珈资本董事长、武汉大学杰出校友周旭洲，北京交通大学党委书记黄泰岩，国家图书馆副馆长汪东波，中央和国家机关保密技术服务中心主任李卫国，武汉大学人文社科资深教授彭斐章、马费成等，以及北京大学、中国人民大学、南京大学、中山大学、吉林大学、南开大学等20余所院校代表，国家图书馆、中国科学技术信息研究所、首都图书馆、湖北省图书馆、中国新闻出版研究院、中华书局等业界代表，宇业集团、深圳华侨城资本投资管理有限公司、湖北省高新产业投资集团、南方出版传媒集团等企业界代表，海内外校友代表，武汉大学相关职能部门及院系负责人、信息管理学院师生代表出席大会。

窦贤康在致辞中对武汉大学信息管理学院（以下简称“信息管理学院”）百年来取得的成就表示热烈的祝贺。他指出，信息管理学院是武汉大学人文社科中的一张靓丽的名片。百年来，信息管理学院敢为人先，追求卓越；励精图治，奋发有为；大师云集，群英荟萃；桃李满园，英才辈出。信息管理学院几代学人薪火相传，谱写了中国图书情报档案学与信息管理教育史上如诗如画的壮丽篇章，始终把握时代发展脉搏，为国家的信息化发展和文化强国战略做出了突出贡献。他希望，信息管理学院能够抢抓重大历史机遇，守正出新，继往开来，在保持传统学科优势的基础上，扎根中国大地，抢抓发展机遇，创新学科范式与人才培养模式，促进学科新发展；秉持经世致用理念，践行“四个服务”，不断增强服务重大战略需求的能力，为国家和社会发展做出新的更大贡献；牢牢把握人才关键要素，加大高端人才和中青年拔尖创新人才的引进和培育力度，打造更加强大的“信管人才方阵”，以人才推动学院教学科研提质量、学科建设上水平、人才培养见实效，推动学院高质量发展。

国际组织和国外院校专家通过视频表示祝贺，感谢信息管理学院在促进国际化办学和国际学术交流中所发挥的积极作用。国际顶级信息学院联盟（iSchool）执行主席、德国洪堡大学教授Michael Seadle在致辞中高度赞扬信息管理学院在国际顶尖信息学院联盟以及国际信息学研究和教育发展过程中的作用，表示期待持续合作，祝愿信息管理学院下一个百年再创辉煌。iSchool主席、英国斯克莱德大学教授Gobinda Chowdhury，美国信息科学与技术学会主席、伊利诺伊大学厄巴纳-香槟分校教授Clara Chu，法国国立宪章学院校长Michelle Bubenicek，美国德雷赛尔大学名誉院长David Enske，都柏林元数据主席、韩国成均馆大学教授Sam Oh，iSchool亚太区域主席、首尔大学教授Joon Lee，美国北卡罗来纳大学教堂山分校院长Gary Machionini，德国洪堡大学院长Vivien Petras，日本筑波大学前院长Shigeo Sugimoto，欧洲科学院院士、荷兰阿姆斯特丹自由大学教授Frank van Harmelen，国际科学计量学和信息计量学会秘书长、比利时鲁汶大学教授Wolfgang Glanzel等国际组织和国外高校代表通过视频方式祝贺信息管理学院100周年以及在国际化办学和国际交流工作中取得的成绩。

冯惠玲高度肯定了信息管理学院在中国图书情报与档案管理研究与教育领域取得的卓越成就，希望该学院能够围绕信息特征，不断拓展学科空间，为国家发展提供数字支撑和数字赋能，力争面向新的百年开启新的宏伟蓝图和历史篇章。

台湾大学图书资讯学系名誉教授胡述兆先生、中华图书资讯学教育学会理事长王梅玲教授携台湾地区各高校图书资讯学系/所负责人和知名学者发来视频，祝贺武汉大学信息管理学院百年华诞。视频回顾两岸图书资讯学界之间的密切交流和深厚友谊，祝福未来两岸之间的图书资讯学合作交流长长久久，再创高峰。

随后，信息管理学院青年教师和学生代表向老教师代表彭斐章、邓铭康、王昌亚、谢灼华、王秀兰、詹德优、胡昌平、张玉峰、马费成、邱均平、张荣山、沈祥兴、李建民、孙更新、傅西平敬献鲜花，表达对老教师们的敬意与感谢。

周旭洲深情回忆了在信息管理学院7年求学的美好时光，感言学校求真务实、知行合一的治学氛围成为影响他一生的宝贵财富，感谢老师们培养了他，营造了影响他一生的武汉大学校友环境。黄泰岩对信息管理学院百年华诞表示热烈祝贺，对学院师生表示衷心问候。他抚今追昔，感恩图书馆学的滋养，感谢武汉大学的培养，欣喜学院的变化。汪东波宣读国家图书馆馆长饶权的贺信。饶权高度肯定武汉大学信息管理学院在引领图书馆现代化、信息化的进程中取得的享誉海内外的成绩和为图书情报机构的繁荣发展做出的贡献。饶权希望能够通过加强与信息管理学院的战略合作，共同为国家文化事业的发展贡献力量。作为院友，汪东波衷心祝愿武汉大学信息管理学院再启华章。北京大学信息管理系主任张久珍作为兄弟院系代表致辞。马费成在致辞中指出，武汉大学信息管理学院走过的100年是不平凡的100年，如今的辉煌和取得的成就是几代信管人筚路蓝缕的结果，值得纪念和祝贺。2020级博士研究生李沐妍作为武汉大学信息管理学院在校生代表发言。信息管理学院院长陆伟致辞。他简要回顾学院的发展历史，表达对长期以来关心和支持学院发展的各级领导和广大院友的感激，对老一辈学者艰苦创业、离退休教师心系学院发展、在职教师奋斗前行的谢意，对莘莘学子只争朝夕、奋力拼搏的鼓励。他表示，当今信息技术发展日新月异与数据的爆发增长，对图书情报与数据科学的教育和人才培养提出了更高的要求，中国特色图书情报与数据科学的发展之路也迎来了全新的机遇。学院有责任、有意愿与学界同行和业界同人一道，携手迈向图书情报与数据科学的新时代。

聚焦学术，共谋发展，围绕武汉大学信息管理学院100周年暨图书情报与数据科学学科发展论坛，信息管理学院于10月17日先后举办研究生科研成果展，彭斐章、邓铭康先生向武汉大学捐赠签约仪式暨《图书馆学家彭斐章九十自述》新书发布会，“文华赋”纪念石揭幕仪式，《韦棣华》专题纪录片首映式，武汉大学与深圳市智慧城市科技发展集团有限公司签署战略合作协议，出版学学科发展研讨会，档案学专业发展硕士博士座谈会和校友座谈会，信息管理科学系专业认知讲座等相关活动。18号下午，举办图书情报与数据科学学术前沿研讨会、图书情报与数据科学人才培养研讨会、院友献智母院发展研讨会、保密人才培养研讨会、电子商务一流学科建设与发展研讨会以及信息管理学院与国家图书馆合作发展交流会等系列活动。（武汉大学信息管理学院网站报道）

国家科技图书文献中心成立二十周年专题研讨会召开

8 月 25 日，国家科技图书文献中心（NSTL）成立二十周年专题研讨会在北京召开。会议以现场与视频相结合的方式举行，出席会议的有 NSTL 理事会理事长、科学技术部原副部长程津培院士、中国科学院副院长张涛院士、科学技术部基础研究司叶玉江司长以及来自财政部科学教育和文化司、科学技术部资源配置与管理司、中国科学院规划战略局等部门的有关领导，NSTL 理事会全体理事、全体工作人员和各工作组成员也参加会议。会议由 NSTL 副主任吴波尔主持。

国家科技图书文献中心是经国务院领导批准，由科技部联合财政部、国家经济贸易委员会、农业部、卫生部和中国科学院于 2000 年 6 月成立的基于网络环境的科技文献信息服务体系，由隶属于不同部门的九家文献信息机构组成，按照“统一采购、规范加工、联合上网、资源共享”的创新运行机制，开展理、工、农、医各学科领域科技文献资源的采集、加工、开发和收藏，面向全国提供公益性、普惠型的科技文献信息服务。二十年来，在科技部、财政部等部门的指导和支持下，在 NSTL 理事会和主任的领导下，NSTL 以创新的机制开拓进取，与各成员单位紧密协同工作，在科技文献信息资源和服务保障体系建设中取得长足发展和显著成效。目前，NSTL 的印本科技文献采集数量和数字资源国家保障规模居国内首位，建成国内最大的科技文献收藏和服务体系，成为国家级的科技文献信息资源保障基地。NSTL 构建了覆盖全国的科技文献信息服务体系，在各省、市、自治区建立 40 个服务站，提升地方科技文献信息保障水平，推动全国范围的科技文献信息共建共享。NSTL 已成为国家创新体系不可或缺的基础条件平台，并被公认为科技信息资源共建共享和普惠服务的成功典范。

会议播放的纪念 NSTL 成立二十周年特别摄制的宣传片——《共建共享，开放融合——国家科技图书文献中心纪实》高度概括 NSTL 二十年的发展历程和取得的重要成绩。接着 NSTL 主任彭以祺做专题报告，简要回顾 NSTL 成立的背景，全面介绍 NSTL 强大的文献保障和服务能力，深入分析当前面临的挑战与机遇，并详细介绍 NSTL “十四五” 发展规划。

参加会议的领导做重要讲话，对 NSTL 成立二十周年表示热烈祝贺，对二十年来取得的成绩给予充分肯定，对相关部门给予的支持和指导、理事会的正确领导和各成员单位的团结协作表示衷心感谢，也对 NSTL 未来创新发展提出了殷切期望。

为对各成员单位为 NSTL 建设和发展勤奋工作、默默奉献的同志表示感谢，与会领导在会上向从事 NSTL 相关工作十五年及以上的同志颁发荣誉证书。

专题研讨会的召开，将进一步鞭策和激励 NSTL 在未来的发展中继续秉承共建共享的理念，发挥创新机制的优势，再接再厉，开拓进取，不断提升科技文献信息保障能力，为我国科技文献事业的发展做出更大贡献，为我国实施创新驱动发展战略提供更强大的科技信息支撑。

（科学技术部网站报道）

2020年中国图书馆界获国际奖项

7月22日，2020年国际图书馆协会与机构联合会（国际图联，IFLA）国际营销奖揭晓，此次公布的获奖名单为2020年IFLA国际营销奖前十名，包括前三名获奖者及七个独特项目。第一名为中国佛山市图书馆“邻里图书馆”（N-Library to Forge a Closer Community of a Shared Future）项目，第二名为加拿大大维多利亚公共图书馆“Change Your Mind”项目，第三名为西班牙穆尔西亚公共图书馆“They Live in BRMU”项目。此外，中国宁波图书馆“天一约书”（Dating a Book in 24 Hours）、武汉大学图书馆“书香大使”（Messenger of Books and Dreams）两个项目入围独特项目。

佛山市图书馆“邻里图书馆”项目荣获2020年IFLA国际营销奖第一名

7月22日，佛山市图书馆“邻里图书馆”项目荣获2020年IFLA国际营销奖第一名。同时，这也是佛山市图书馆在继2018年摘得国际图联“绿色图书馆”桂冠后获得的又一个国际奖项。

IFLA国际营销奖旨在表彰富有创意并以成果为导向的营销项目以及各类倡议活动，依据其营销创意贡献大小选出业内前三名。该奖项自2002年设立，已连续举办17届，每年都有来自世界各地数十个国家的上百个项目参赛。此次比赛共收到了包括美国、中国、加拿大、法国、俄罗斯、德国等29个国家的参赛项目。佛山市图书馆的“邻里图书馆”脱颖而出，成为被国际图联认可的2019年最出色的图书馆营销项目。

2018年起，佛山市图书馆推出“千家万户”阅暖工程——邻里图书馆项目，将公共图书馆资源“搬进”市民家中，帮助家庭建立“微型图书馆”，秉承平等、公益的原则，向社区邻里、亲朋好友开放，以邻里关系为纽带输送阅读服务。佛山市已建成的917家邻里图书馆散落在城市各个角落，成为图书馆深入社区的服务点，以书为媒增进邻里关系，强化图书馆作为连接社区居民纽带的作用，助推社区文化建设及邻里和睦。

目前，佛山市图书馆正联合全市各区级镇街两级图书馆共同推进“邻里图书馆”项目创建省级公共文化服务体系示范项目，目标是到2020年底全市建成1000家邻里图书馆，构建“图书馆+家庭”服务体系，让更多的人认识、了解和利用图书馆，推动全民阅读纵深发展，建设书香社会。（佛山市图书馆网站报道）

宁波图书馆“天一约书”项目入选2020年IFLA国际营销奖前十名

“天一约书”是2017年宁波图书馆推出的全新服务，借助互联网平台和物流网络，线上选书、线下配送，让读者能够随时、随地、零门槛开启“网购式”借阅。“天一约书”的专属闭架书库模式则以读者阅读需求为导向，最大限度地实现了公共图书馆文献服务精准化供给。

为进一步缩短读者与图书馆之间的距离，目前“天一约书”在宁波全市共设有17台可供自助借还的信用借阅柜和12个人工还书点。读者可选择将书投递到借阅柜中，也可选择将图书直接寄到家中，实现“手指点点，邮书到家”。这种便捷、高效、打破时空限制的服务受到市民，特别是年轻读者的欢迎，开通两年多来，累计借还已超过36.3万册次。

2020年疫情防控闭馆期间，“天一约书”坚持服务不打烊。宁波图书馆保留各智能借阅柜的实时借还功能，并在对书库、书本等全方位消毒的基础上，开展“无接触投递到柜”的线上借阅服务，受到读者热烈追捧。疫情期间，新增用户近5000名，借阅图书9万余册，保障了疫情防控期间读者多样化、个性化的阅读需求。（宁波图书馆网站报道）

武汉大学图书馆“书香大使”项目入选2020年IFLA国际营销奖前十名

武汉大学“书香大使”活动由武汉大学图书馆馆长王新才提出，号召学生利用假期回家乡的机会，或个人或团队，策划组织针对少儿的阅读分享活动。2018年寒假推出首届活动。2019年6月暑假，“书香大使”活动再次推出。武汉大学图书馆期望利用一年两次假期，将这个活动办成常规品牌活动。2020年开始，“书香大使”成为图书馆与校团委合办的固定假期实践项目。

截至2020年2月，武汉大学“书香大使”已举办三届，第四届活动正在进行中。前三届活动的报名学生分布在该校4个校区的30个学院，来自安徽、北京、重庆、甘肃等23个省、自治区、直辖市，参与活动人数达1800余人。第四届活动有效报名人数达到870人。

武汉大学“书香大使”活动的开展拓展了图书馆职能，让大学图书馆能积极参与社会服务和文化服务，进一步挖掘图书馆的育人资源和育人要素，充分发挥其“第二课堂”的作用。“书香大使”活动将学生从读者变为“阅读推广人”，这样的公益志愿服务活动增强了大学生的社会服务意识和社会责任感，充分发挥青年人的主观能动性，强化他们的知识自我转化能力和社会实践能力，给他们提供一个自我展示和提升综合能力的平台。同时，活动也让更多的因为各种原因没有条件接触优秀读物或者缺乏良好阅读环境的孩子们享受到阅读带来的快乐，从小培养良好的阅读习惯。（武汉大学图书馆网站报道）

图书馆事业

国家图书馆

综述

2020 年是国家图书馆的“规划发展年”。截至 12 月底，国家图书馆馆藏文献总量达 4107.98 万册 / 件，数字资源存储总量达 2274.50TB，全年接待到馆读者超过 67.23 万人次，解答各类咨询 17.85 万件，为党政军提供咨询服务 2000 余件，文献流通 213 万册次，举办公益讲座培训展览 229 场，网站点击量 9.60 亿次（含手机门户访问量 1.04 亿次）。经复核继续保有“全国文明单位”称号，获“第五届全国未成年人思想道德建设工作先进单位”“全国三八红旗集体”“中央和国家机关模范职工之家”等荣誉，在“根在基层”2020 年文化和旅游部青年干部调研实践活动中获优秀组织奖。

以党的政治建设为统领不断强化党建工作水平。强化政治机关意识，带动全馆党员干部员工树牢“四个意识”，坚定“四个自信”，坚决做到“两个维护”。全面落实部党组巡视整改任务，制订整改工作方案和台账，由分管馆领导牵头，明确整改任务要求及进度安排，确保巡视整改落实落细。严格落实意识形态工作责任制。推进党支部标准化、规范化建设，完善党建工作制度；组织“灯下黑”问题专项整治，开展支部党建专项调研。严格落实党风廉政建设“两个责任”和中央八项规定精神，坚持不懈纠正“四风”。在阅览区设立“习近平谈治国理政”专题图书展示区和“习近平新时代中国特色社会主义思想”学习专区，充分发挥宣传文化阵地作用。

以习近平总书记回信精神为根本遵循，扎实推动事业创新发展。切实推进学习贯彻落实习近平总书记回信精神台账项目落地实施，在业务建设、读者服务、综合治理、行业交流合作等方面实现较大提升。组织全国副省级以上公共图书馆召开深入学习贯彻习近平总书记回信精神一周年座谈会，系统总结全行业经验成果，研究谋划未来发展。根据文化和旅游部印发的《贯彻落实习近平总书记重要批示精神　深入做好公共图书馆改革创新工作的实施方案》要求，制订全馆工作方案，研究部署 17 项专题工作，将学习贯彻落实总书记回信精神不断引向深入。

坚决打赢疫情防控与复工开馆双线战役。坚持把读者、员工生命安全和身体健康放在首位，认真贯彻落实党中央、国务院以及文化和旅游部防疫抗疫统筹部署，第一时间建立新冠肺炎疫情防控的组织领导和协调落实机制，果断决定自 1 月 24 日起临时闭馆，建立健康监测、疫情报备、入馆检查、到岗登记等管理制度，馆内重大决策部署通过在线会议及时推进。联合全国 350 余家图书馆，为武汉等地图书馆紧急筹集大量防疫抗疫急需物资，汇聚全行业守望相助的战“疫”力量。根据疫情形势及时调整应对措施和服务政策，自 5 月 12 日起，按照“预约、限流、错峰”的原则逐步恢复开馆，持续优化预约进馆流程，每日定时对读者服务区域、设备、文献进行清洁消毒，为到馆读者配备必要防疫物资，至 10 月 1 日全馆绝大部分服务区域恢复开放。

有效满足党和国家有关部门及社会各界对疫情防控的信息需求。坚持“闭馆不停工、服务不打烊”，全年围绕公共安全体系建设、提振经济发展、国际疫情应对合作等主题，向全国人大、国务院相关部门提供各类舆情专报 400 余期。为特殊时期全国“两会”提供信息支持，为中国人大网“代表服务专区”制作大会审议专题网页，通过政协委员履职 app 开启信息保障服务。上线部级领导干部历史文化讲座云平台。协商扩大近百个数据库的互联网访问权限，策划发布多个疫情相关移动专题，丰富在线阅读资源；利用微博、微信、抖音等多媒体手段开展线上特色阅读活动，有效满足公众居家阅读学习、心理健康疏导和获取防疫知识的需要。国家数字图书馆应用程序新增访问量突破 20 万次。疫情期间开展的“家庭朗读大赛”“为立法决策机构提供疫情防控决策专题信息参考”两项活动，被国际图书馆协会与机构联合会选为最佳案例。

创新引领全民阅读服务。第十五届“文津图书奖”评出获奖图书 15 种、推荐图书 35 种。“国图公开课”全年发布 187 期，平台年点击量达 8300 余万次。“国图讲坛”“文津读书沙龙”全年举办线上活动 38 场，服务读者 1600 余万人次。开展少儿线上故事会、线上答题、线上展览等活动，举办“关爱夕阳”老年课堂线上培训。经文化和旅游部党组批准，全面优化调整馆区开放时间和开放区域，更好满足公众到馆阅读学习需要。通过多种方式，切实帮助老年人解决应用智能技术获取服务的困难。积极应用 5G、全景视频、全息影像等新技术，建设沉浸式阅读体验空间，提升阅读服务体验。推出文献借阅创新项目，为西藏、湖北、黑龙江等地提供文献 70 余万册。

不断拓展国家典籍博物馆服务。设立珍贵古籍常设展，举办专题展览 13 场，接待参观 10 万人次。建设在线虚拟展厅，推出“云上国图”等线上文化旅游观展项目。联合中国博物馆协会举办典籍保护与利用线上培训班。

有序推进国家文献信息资源总库与总目建设。全年新增各类型文献 75.5 万册 / 件，外购数据库 251 个。入藏法国总统马克龙赠送习近平主席法文本《论语导读》等珍贵文献 5500 多册 / 件。联合全国图书馆启动中国战“疫”记忆库建设项目，征集相关主题资源近 2 万件。依托“中国记忆”项目，采集影像资料近 240 小时，上线展映 48 部非遗纪录片。与新浪微博合作建设抗击新冠肺炎疫情互联网信息专题。在阅文集团设立国家图书馆第二家互联网信息战略保存基地，遴选百部优秀网络文学作品典藏入馆。全年制作书目数据 57.51 万条。文津搜索系统完成 5000 余万条外购资源库新数据入库揭示。打造读者云门户，提供一站式数字阅读服务。编制功勋模范人物资源建设标准规范，上线“图书馆记录下的微博十年”专题资源库。

不断提升国家文献信息典藏保护能力。全年修复各类纸质文献 341 册 / 件，完成缩微拍摄 46.4 万拍。古籍保护科技重点实验室通过文化和旅游部评估，“传统书籍装帧技艺”入选国家级非物质文化遗产代表性项目名录。国家图书馆国家文献战略储备库项目用地围挡修建工程通过验收，专门成立承德文献周转库管理处，近三分之一馆藏文献有序搬迁入库。制订北平图书馆旧址保护规划，有效推进项目前期工作。

深入实施中华古籍保护计划。发布第六批《国家珍贵古籍名录》和《全国古籍重点保护单位名单》。全国 96% 以上古籍收藏单位完成古籍普查登记工作；出版《全国古籍普查登记目录》16 种。发布实施《图书馆古籍虫霉防治指南》，举办古籍保护培训班，推动建立“古籍保护人员名录”。开展中华经典传习项目试点工作。开展“中华古籍普查文化志愿服务行动”，帮助 26 家基层单位整理编目古籍 15.5 万册 / 件。联合全国近 80 家古籍公藏单位举办中华传统晒书活动。

稳步推进革命文献与民国时期文献保护计划。继续开展革命文献与民国时期文献普查，新增书目数据 3930 条，出版《民国时期图书总目 · 自然科学（基础科学）》等。评审立项文献整理项目 38 项，全年出版图书 694 册。发布“日本细菌战资源库”、《侵华日军细菌战档案汇编》等文献整理成果。完成民国时期图书缩微胶片数字化 50 万拍、缩微拍摄近 36.4 万拍。召开“纪念抗日战争胜利 75 周年 · 抗战时期典籍文献抢救保护学术研讨会”，组织线上专题培训。

积极组织珍贵典籍整理出版。“中华传统文化百部经典”全年新出版《陶渊明集》《李白集》等图书 10 部，累计出版 40 种，其中《孙子兵法》入选中宣部“亚洲经典著作互译计划”基础目录，《论语》《孟子》入选全国政协委员读书活动及“网上全国政协书院”。《鲁迅手稿全集》文稿编、日记编、译稿编编校基本完成，书信编、辑校金石编、辑校古籍编和杂编编校即将完成。国家传统文化典籍整理工程两部成果正式出版。

充分发挥全国图书馆业务指导职能。组织文献采访、联合编目、文创开发、参考咨询等业务领域交流与培训。全国联合编目中心新增成员馆 275 家，上传数据 57 万条，下载数据 1080 余万条。支持中国图书馆学会组织召开第十次会员代表大会，完成理事会换届。深入开展文化精准扶贫，为西藏和新疆地区图书馆提供专业指导与技术支持。制定《国家图书馆国家级专业技术人员继续教育基地管理办法》。组织“我们的中国梦——文化进万家”公共数字文化服务小分队下基层活动，在云南、贵州两地举办数字阅读推广活动。

务实推进对外及交流合作。参加“亚洲和大洋洲地区国家图书馆领导者对话”等线上会议 14 场，举办“2020中英图书馆论坛”视频会议，分别与伊朗、新西兰、新加坡等国家图书馆线上交流抗疫经验，推动国际图书馆事业在特殊环境下的共同发展。推进与欧罗巴那数字图书馆等机构的合作。切实履行国际图联保存保护中国中心、国际图联中文语言中心职责。

揭开多领域跨界合作新篇章。与新浪网、阅文集团等互联网内容服务平台合作，推动网民微博记录、网络文学作品等新兴资源更好融入馆藏。与阿里巴巴、华为、腾讯、科大讯飞等头部企业合作研究智慧图书馆建设。与中国社会科学院图书馆、西藏自治区文化厅、北京市公园管理中心、中国科技馆、绍兴市人民政府等达成战略合作。

谋划推动“十四五”时期事业转型发展研究。将谋划“十四五”事业发展作为贯彻落实习近平总书记回信精神的重要举措，稳步推进国家图书馆发展战略研究，联合行业力量开展全国公共图书馆事业发展战略研究，完成37份课题研究报告，提出一系列具备前瞻性、操作性的规划思路和项目建议。组织起草《国家图书馆“十四五”规划纲要》，面向社会各界广泛征集意见建议，由馆领导班子带队分赴各地深入开展实地考察。适应5G、云计算、大数据、区块链、人工智能等新技术发展，紧密结合图书馆转型创新的迫切需要，提出建设“全国智慧图书馆体系”工作思路，与文化和旅游部、财政部等主管部门反复沟通，与图书馆行业、业界专家以及高科技企业深入交流，不断完善项目建设方案。

面向事业发展需求支持推动学术科研活动。获批省部级以上科研项目3项、博士后特别资助项目1项，立项资助馆级科研项目32项、文津出版基金项目6项。依托全国图书馆标准化技术委员会、全国文献影像技术标准化技术委员会，申请立项国家标准和行业标准6项、标准化研究项目2项，制定发布标准8项。受文化和旅游部公共服务司委托，开展《公共图书馆馆藏文献信息处置管理办法》《公共图书馆年度报告编制指南》等法律法规配套制度研制。组织编纂《中国图书馆年鉴》《中国图书馆事业发展报告》，主办《中国图书馆学报》《文献》《国家图书馆学刊》等学术刊物。获评全国文化和旅游系统2019年度二十佳调研报告1项，优秀调研报告1项。

确保安全生产工作平稳有序。适应疫情防控常态化新形势，始终将读者安全、文献安全、职工安全、馆区设施设备安全放在工作首位，建立健全应对公共卫生等突发事件的运行机制，开展安全隐患大排查大整治专项行动，切实提高疫情防控常态化条件下全馆防控事故能力和消防“四个能力”建设水平。制定《国家图书馆网络安全管理办法》，强化网络安全风险评估和隐患排查，定期开展网络风险排查及系统安全加固。全年未发生一起安全责任事故。[国家图书馆研究院（业务管理处）]

年度工作

【开展“我们的中国梦——文化进万家”公共数字文化服务小分队下基层活动】 1月6日、13日，由国家图书馆、文化和旅游部全国公共文化发展中心联合主办的“我们的中国梦——文化进万家”公共数字文化服务小分队下基层活动分别在广西壮族自治区巴马瑶族自治县、河北省康保县举行。两支公共数字文化服务小分队在两地开展一系列线上、线下结合及形式多样的文化惠民活动，丰富基层群众的精神文化生活，增强人民群众的文化获得感、幸福感。活动期间，国家图书馆向巴马瑶族自治县图书馆、康保县图书馆捐赠包括“中华传统文化百部经典”在内的图书累计三万余册，极大地充实了两馆的馆藏；为两馆开通的基层数字图书馆服务平台整合2000册电子图书、200种电子期刊、3000集视频等数字文化资源，内容涵盖农林牧渔、医药健康、创业就业、法律咨询等领域，可以满足不同群体的多方面阅读需求。同时，小分队还举办阅读推广、科学普及等专家讲座，开展“文旅e家助力美好生活”扫码阅读活动，赠送基层图书馆、基层综合文化服务中心资源海报，通过讲座和资源的带动提高基层群众的文化、科学素养。（国家图书馆办公室）

【国家图书馆新浪官方微博发布《国家图书馆（国家典籍博物馆）闭馆公告》】 1月23日22时，国家图书馆新浪官方微博发布《国家图书馆（国家典籍博物馆）闭馆公告》。该公告宣布为全力做好新型冠状病毒感染的肺炎疫情预防控制工作，有效避免因人群聚集可能带来的传染风险，最大限度地保障读者和一线工作人员的身体健康与生命安全，国家图书馆自1月24日起暂停到馆读者服务（含24小时还书服务）和展览、演出、讲座等各项活动，具体开馆时间根据实际情况另行通告。闭馆期间免除外借文献逾期费用，国家数字图书馆等线上服务正常开展。（国家图书馆办公室）

【国家图书馆新浪官方微博发布“官方最新指南来了！服务不打烊，在家免费看！”】 1月28日18时，国家图书馆官方微信和新浪官方微博先后发布《官方最新指南来了！服务不打烊，在家免费看！》一文。文章表示，虽然国家图书馆自1月24日实行闭馆暂停到馆读者服务，但相关的资源和服务没有关闭，同时还为读者提供详细的使用导引，倡导公众春节假期用阅读充实自己。截至30日15时，该文的官方微信阅读量已达十余万次。人民网在题为《宅家“云看展”！多家文博单位线上送新春福利》的综合报道中对此事给予重点关注，《北京日报》客户端、《图书馆报》公众号、《中华儿女》杂志公众号、文旅中国微博、南京文旅微博等转发相关信息。（国家图书馆办公室）

【守望相助　共克时艰——国家图书馆向武汉图书馆捐赠防护物资】 2月15日，国家图书馆在得知武汉及湖北其他地区图书馆同人正在下沉社区，但面临防疫物品储备不足、购买难度很大的困难后，迅速筹集到一批防疫物资，包括一次性口罩、消毒纸巾、防护服、护目镜、一次性手套等，紧急发往武汉图书馆。同时，国家图书馆联合中国图书馆学会，倡议全国各图书馆弘扬业界“一方有难，八方支援”的优良传统，通过捐赠物资或提供可靠采购渠道等方式，为武汉及湖北其他地区图书馆提供助力，共有350余家图书馆联合响应。（国家图书馆办公室）

【国家图书馆馆长会议组织推介中国国家图书馆应对疫情举措】 4月15日，国家图书馆馆长会议组织（Conference of Directors of National Libraries，CDNL）会同国际图联发布《新冠病毒影响分析报告》，汇总分析疫情对各国国家图书馆产生的影响，以及各国为应对疫情所采取的措施。报告中，中国国家图书馆在闭馆期间开展的“家庭朗读大赛”“为立法决策机构提供疫情防控决策专题信息参考”两项活动分别被列为“在线服务最佳实践”“公共卫生相关领域最佳实践”。（国家图书馆办公室）

【国家图书馆举办世界读书日系列全民阅读活动】 4月23日，国家图书馆围绕“全民战‘疫’ 知识共享”主题，开展“4·23”世界读书日系列全民阅读活动。其中，联合北京广播电视台举办的“文心依旧　天雨流芳——文津图书奖15周年特别活动”，全面回顾文津图书奖15年的发展历程，分享部分获奖作品。节目以电话连线和录音采访的方式，邀请获奖及推荐图书作者代表、部分评委专家分享心得感受。联合抖音推出“全民dou阅读”话题活动，邀请各省市图书馆、文化类达人、普通用户共同参与，推荐文津图书奖获奖图书、介绍馆藏资源和馆藏文献、讲述自己的读书故事和收获心得等。发起“种书计划”活动，通过官方微信订阅号连续7天发布7类主题的文津好书“种子”，通过新浪微博发起“我的种书计划”互动话题，邀请网友晒出自己的读书计划和读书心得，介绍对自己影响最大的书、最想推荐的书或是最期待阅读的书等。（国家图书馆办公室）

【国家图书馆启动中国战“疫”记忆库建设项目】 4月23日，国家图书馆启动中国战“疫”记忆库建设项目，通过官方网站、微博、微信公众号、国家图书馆手机门户和app同步发布征集公告，面向全国党政机关、企事业单位、社会团体和社会各界人士，广泛征集抗“疫”过程中形成的具有收藏、研究、展示、纪念价值的代表性主题资源。9月11日，中国战“疫”记忆库专家委员会成立，为项目的整体推进、资源建设、宣传推广等提供咨询意见和智力支持。截至2020年底，收到来自各级政府机关、企事业单位、行业头部企业及知名艺术家近17000件的捐赠意向，资源种类有著作、文章、图片、音频视频等数字资源和手稿、书画、照片等实物。12月，国家图书馆与中国电视艺术家协会、国家卫生健康委员会宣传司联合指导“见证伟大的抗‘疫’精神——中国同心战‘疫’纪实影像主题活动”，结合国家图书馆纪录片馆藏体系建设工作，有重点地主动征集，面向中共中央宣传部、中央广播电视台、新华通讯社等单位征集战“疫”主题纪录片92部（300集）。（国家图书馆办公室）

【国家图书馆有序恢复开馆】 5月12日，国家图书馆有序恢复开馆。开馆实行预约入馆制度。读者到馆前须通过微信公众号“国家图书馆服务号”或拨打电话按服务点分时段、实名预约未来三天的到馆名额，每日限额1200人。入馆时读者须接受体温检测并出示本人预约码与健康码，入馆后须全程规范佩戴口罩，并与他人保持1米以上的安全距离。此前的5月8日，国家图书馆特别组织一次演练，围绕开馆后的读者进馆流程、到馆各种服务情景以及突发情况进行全流程模拟。（国家图书馆办公室）

【国家数字图书馆工程通过验收】 5月22日，国家数字图书馆工程专家验收会在国家图书馆召开，来自北京大学、新浪集团等7家单位的专家和工程建设骨干30余人参会。国家图书馆党委书记、副馆长魏大威介绍国家数字图书馆工程建设整体情况。经过质询和讨论，与会专家一致同意国家数字图书馆工程通过验收。国家数字图书馆工程是我国第一个国家级的数字图书馆工程，项目自启动以来，得到党和政府的高度重视并由文化和旅游部直接领导。国家图书馆紧跟技术发展趋势，把握事业发展需求，经过多年努力，已经建成一个内容丰富、技术先进、覆盖面广、传播快捷的数字图书馆，并带动全国各级各类图书馆的数字图书馆建设与服务，使得我国数字图书馆建设水平居于世界领先地位。（国家图书馆办公室）

【组织开展全国图书馆标准化技术委员会工作】 2020年，全国图书馆标准化技术委员会（以下简称“图标委”）按既定工作计划，组织开展图标委换届、标准征集、评审等多项工作。根据国家标准化管理委员会（以下简称“国家标准委”）的相关要求，图标委于9月完成换届材料的筹备、委员征集等工作。经文化和旅游部审核，第三届图标委组成方案于年底在国家标准委平台向社会公示。

5月，图标委组织开展2020年度标准项目征集及申报论证工作，共提出4项文化行业标准项目和3项文化行业标准化研究项目立项申请，当年共获批立项行业标准制修订项目3项、标准化研究项目3项。全年组织开展6项标准的公开征求意见工作，完成12项标准的审查工作，向主管部门报批8项国家标准及6项行业标准。7月，组织开展在研标准项目中期检查工作，涉及标准化项目20项。其中，向16个延期的标准化工作项目发出《2020年图书馆标准化工作项目中期检查情况通告》，督促其合理规划工作进度。此外，根据国家标准委开展“标准宣贯云课堂”的工作要求，录制《公共图书馆少年儿童服务规范》等6项国家标准的宣传视频，完成“中国标准创新贡献奖标准项目奖”的组织申报。按照《国家标准化管理委员会关于开展2020年全国专业标准化技术委员会考核评估工作的通知》的要求，全面梳理在考核期内图标委的各项工作成果，并顺利通过考核。（全国图书馆标准化技术委员会秘书处　田颖）

【国家典籍博物馆实行错峰限流预约开放】 7月28日，国家典籍博物馆实行错峰限流预约开放。疫情防控期间，国家典籍博物馆暂停人工讲解与导览讲解设备租赁；每个开放的展厅瞬时接待量不超过50人，当人员密度较大时进行分流。开馆当天，推出3个精品展览，包括2个全新展览“诗歌的样子——全国儿童美术作品展”“追梦水云间——白煦的水墨书暨白煦书法作品捐赠展”和2019年开展的“中华传统文化典籍陈列展”。（国家图书馆办公室）

【国家图书馆与中国图书进出口（集团）总公司签署战略合作协议】 8月6日，国家图书馆与中国图书进出口（集团）总公司（以下简称“中图公司”）在北京举行战略合作签约仪式。中国出版协会、中宣部进出口管理局、国家图书馆、中国出版集团、中图公司、华为公司相关负责人出席活动。国家图书馆馆长饶权，中图公司执行董事、党委书记张纪臣作为双方代表签署合作协议。根据协议，中图公司和国家图书馆将在5G新阅读、知识服务、中国学研究、数字资源战略保存、按需印刷等方面开展深入合作。（国家图书馆办公室）

【文化和旅游部党组书记、部长胡和平到国家图书馆调研指导工作】 8月15日，文化和旅游部党组书记、部长胡和平到国家图书馆调研并听取工作汇报。文化和旅游部办公厅、政策法规司主要负责人，国家图书馆领导班子成员参加调研座谈。胡和平参观考察了数字图书馆体验区、《四库全书》书库、外借和阅览服务区、国家典籍博物馆等，并听取国家图书馆主要负责人的工作汇报。胡和平对国家图书馆在学习贯彻落实习近平总书记回信精神、有效发挥公共文化服务窗口作用、传承弘扬中华优秀传统文化等领域取得的工作成绩给予高度赞扬，对国家图书馆干部员工朝气蓬勃的精神面貌给予充分肯定，对国家图书馆事业未来发展的思路和方向给予指导并寄予期望，并就国家图书馆反映的希望部里协调解决的有关问题给予积极回应。（国家图书馆办公室）

【2020年中华传统晒书活动启动】 8月25日，由国家图书馆（国家古籍保护中心）、山东省文化和旅游厅主办，山东省图书馆（山东省古籍保护中心）、曲阜市人民政府、孔子博物馆承办的“传习经典　融古慧今——2020年中华传统晒书活动”启动仪式在孔子博物馆举行。启动仪式上，国家图书馆向孔子博物馆赠送《宋本论语集注》等珍贵典籍的仿真影印本。在随后举行的晒书沙龙上，国家图书馆副馆长张志清、清华大学教授廖名春、江苏师范大学教授陈延斌、山东省图书馆馆长刘显世、孔子研究院院长杨朝明、孔子研究院原副院长孔祥林、孔子博物馆副馆长杨金泉、国家古籍保护中心办公室主任苏品红、“中华传统文化百部经典”编纂工作办公室主任张洁、国家图书馆出版社社长魏崇等专家学者，以传承经典、活化经典为主题，围绕珍贵典籍的传承保护，解读中华传统经典中蕴含的历史智慧和精神价值。在国家古籍保护中心的倡议下，浙江、河南、河北等地陆续举办以“晒国宝”“晒经典”“晒技艺”“晒传统”为主题的晒书活动。（国家图书馆办公室）

【国家图书馆与阅文集团共建互联网信息战略保存基地】 8月31日，国家图书馆与阅文集团共同召开“珍藏时代经典　悦享网络文学”战略合作发布会，双方正式宣布达成战略合作。文化和旅游部党组成员、副部长张旭，中国作家协会党组成员胡邦胜，国家图书馆馆长饶权、党委书记魏大威，阅文集团首席执行官、腾讯集团副总裁兼腾讯影业首席执行官程武，以及文化和旅游部相关司局、中国作家协会、中华文学基金会、中国文化传媒集团、中国对外文化集团、国家图书馆、阅文集团的相关负责人，有关专家及入藏作品作家代表等出席发布会。会上，阅文集团挂牌成为国家图书馆第二家互联网信息战略保存

基地，同时，来自阅文平台的百部网文佳作典藏入馆，饶权、魏大威向到场作家代表颁发感谢状。（国家图书馆办公室）

【“妙手补书书可春——全国古籍修复技艺竞赛暨成果展”在国家图书馆开幕】 9月1日，由国家图书馆（国家古籍保护中心、国家典籍博物馆）联合全国各省级古籍保护中心共同举办的“妙手补书书可春——全国古籍修复技艺竞赛暨成果展”开幕式在国家图书馆举行。国家图书馆馆长、国家古籍保护中心主任、国家典籍博物馆馆长饶权，文化和旅游部非物质文化遗产司一级巡视员王晨阳出席开幕式，来自全国各地的古籍修复专家、参展单位代表等50余人参加活动。展览展出修复竞赛作品和珍贵古籍修复成果共103册/件，以及古籍修复工具设备、古籍修复用纸等实物，通过修复专家视频讲解、修复师现场演示、观众互动体验等方式，立体展示古籍修复技艺。（国家图书馆办公室）

【“纪念抗日战争胜利75周年·抗战时期典籍文献抢救保护学术研讨会”在国家图书馆召开】 9月4日，“纪念抗日战争胜利75周年·抗战时期典籍文献抢救保护学术研讨会”在国家图书馆召开。国家图书馆党委书记魏大威、副馆长张志清出席会议，部分省级古籍保护中心负责人和专家学者、新闻媒体代表等60余人参加研讨会。会上，专家学者讲述日寇炮火下中华典籍饱经战乱的颠簸命运、前辈先贤守护文明的艰辛历程和感人事迹，并介绍当代图书馆界在保存抗战文献、挖掘抗战典籍文献资源等方面所做出的努力。（国家图书馆办公室）

【国家图书馆举办“滋养民族心灵　培育文化自信——习近平总书记给国家图书馆老专家回信一周年暨建馆111周年”特别活动】 9月8日，国家图书馆推出“滋养民族心灵　培育文化自信——习近平总书记给国家图书馆老专家回信一周年暨建馆111周年”特别活动。此次活动分为“不忘初心”“传承文脉”“创新服务”“全民阅读”四个篇章，通过馆长专题报告、老专家朗读、口述史访问、公开课演讲、视频连线、短片播放等多种形式，向广大网友讲述国家图书馆111年发展历程。活动中第十五届文津图书奖社科类、科普类、少儿类15种获奖图书和35种推荐图书正式揭晓。活动通过学习强国学习平台、新华社客户端、央视网、央视新闻app、央视频app、央广网、央广新闻app、光明网、百度app、新浪新闻app、搜狐视频app、快手app、人民政协网、文旅中国、文化和旅游部官网等网络和新媒体平台，以及国家图书馆官方自媒体同步推出，观看总量400余万次。（国家图书馆办公室）

【国家图书馆馆长饶权出席“亚洲和大洋洲地区国家图书馆领导者对话”活动】 9月18日，中国国家图书馆馆长饶权出席“亚洲和大洋洲地区国家图书馆领导者对话”活动，并做题为《新冠肺炎疫情下图书馆的发展》的专题报告。此次对话活动由新加坡国家图书馆管理局（国际图联亚洲和大洋洲地区办公室）组织实施。国际图联主席克里斯汀·麦肯锡，以及新加坡、印度尼西亚、马来西亚、菲律宾、新西兰、英国、澳大利亚、缅甸等国的国家图书馆馆长参与对话活动，并围绕“疫情应对举措”“国家图书馆的定位和发展策略”等会议主题进行研讨。（国家图书馆办公室）

【国家图书馆与北京市公园管理中心签署战略合作协议】 9月25日，国家图书馆与北京市公园管理中心战略合作协议签约仪式在中国园林博物馆举行。北京市委副秘书长孙文锴，国家图书馆馆长饶权、副馆长张军，北京市公园管理中心党委书记、主任张勇，副主任、中国园林博物馆馆长张亚红出席活动。来自北京市委宣传部、故宫博物院、国家博物馆、北京市绿化局、北京市文物局、文物出版社等单位相关负责人参加活动。饶权和张勇作为双方代表签署战略合作协议。根据合作协议，双方将以促进全民阅读、建设“书香北京”为目标，深入挖掘市属公园历史文化内涵，结合国家图书馆文献和文化资源，运用新技术、新机制、新模式，加快推动双方业务创新发展、知识服务创新升级，更好地开展文化阅读活动，宣传、展示、弘扬皇家园林的历史文化价值，打造馆园融合发展多元业态，推动公共文化建设形成新合力。（国家图书馆办公室）

【世界首版《红星照耀中国》斯诺签名本入藏国家图书馆】 10月15日，刘力群先生向国家图书馆捐赠埃德加·斯诺、艾格尼斯·史沫特莱、安娜·路易斯·斯特朗、海伦·斯诺、哈里森·索尔兹伯里等国际友人签名本、书信手稿及相关资料共计30种44册/件，其中包括埃德加·斯诺签名的世界首版《红星照耀中国》。国家图书馆馆长饶权接受捐赠并颁发捐赠证书。中国国际报告文学研究会会长王晓滨等专家学者，刘力群家人，挚友顾品锷、高振东等出席捐赠仪式。国家图书馆副馆长张志清主持捐赠仪式。刘力群还受93岁高龄的埃德加·斯诺资深研究学者舒暲先生委托，向国家图书馆捐赠舒暲先生收藏的英国共产党人大卫·盖斯特签名本《远东前线》（斯诺著）1种1册。（国家图书馆办公室）

【“2021—2030年国家古籍规划编制工作”图书馆界专家咨询论证会在国家图书馆召开】 10月23日，“2021—2030年国家古籍规划编制工作”图书馆界专家咨询论证会在国家图书馆召开。国家图书馆党委书记、副馆长魏大威，国家图书馆副馆长、国家古籍保护中心副主任张志清，中宣部出版局古籍处处长章隆江出席会议。古籍整理与研究相关专家学者，部分省级公共图书馆、高校图书馆、中国社科院图书馆负责人参加会议。会议介绍了2021—2030年国家古籍规划编制工作的相关情况，与会专家重点围绕未来十年应整理但尚未整理的重要古籍项目等进行论证，并对开展国家重大古籍整理出版工程等七个方面工作提出意见建议。（国家图书馆办公室）

【“2020中英图书馆论坛”视频会议举行】 10月27日，中国国家图书馆、中国图书馆学会和英国国家图书馆联合举办“2020中英图书馆论坛”视频会议。中国国家图书馆副馆长、中国图书馆学会副理事长陈樱，英国国家图书馆社会教育部主任杰米·安德鲁斯分别代表中英双方致辞。来自上海图书馆、浙江图书馆、广州图书馆、太原市图书馆等中国国内11家公共图书馆以及英国地方公共图书馆共500余名馆员参会。此次会议围绕“疫情响应——针对挑战提出的解决方案”“如何在后疫情环境中平衡到馆服务和数字服务”等热点问题展开讨论。（国家图书馆办公室）

【国家图书馆获赠4种4函/件少数民族文字珍贵文献】 10月31日，国家图书馆获得浙江奥特莱斯广场有限公司捐赠的唐雕版印刷梵文《陀罗尼经咒》1件、明丽江版藏文《甘珠尔》1函、清康熙刻本藏文《甘珠尔》1函、清末铜版印刷《般若波罗蜜多八千颂》1函等4种4函/件珍贵古籍。在浙江杭州西湖国宾馆举行的捐赠仪式上，国家图书馆馆长饶权接受捐赠并颁发捐赠证书。浙江省委宣传部副部长李杲、中国美术学院副院长沈浩、浙江图书馆馆长褚树青等领导及中国美术学院教授范景中、故宫博物院图书馆研究馆员翁连溪、净慈寺住持戒清法师等专家出席仪式。（国家图书馆办公室）

【国家图书馆举行法文本《论语导读》典藏仪式暨展览开幕式】 11月4日，法文本《论语导读》典藏仪式暨展览开幕式在国家图书馆举行。文化和旅游部党组书记、部长胡和平，法国驻华大使罗梁，文化和旅游部办公厅主任熊远明、国际交流与合作局局长谢金英、公共服务司一级巡视员陈彬斌，外交部欧洲司副司长赵斌，国家图书馆馆长饶权、党委书记魏大威、副馆长张志清、汪东波，以及来自文化和旅游部直属单位、在京部分图书馆等单位相关负责人，部分专家学者代表出席活动。该部法文本《论语导读》是2019年中法建交55周年之际由马克龙总统赠送习近平主席。国家图书馆特别举办专题展览，展出《论语》在日本和朝鲜的刻本，以及17—19世纪的法文、意大利文、德文和英文译本。（国家图书馆办公室）

【黄河文化遗产古籍保护研讨会召开】 11月25日，由国家图书馆（国家古籍保护中心）、甘肃省文化和旅游厅主办，甘肃省图书馆（甘肃省古籍保护中心）承办的黄河文化遗产古籍保护研讨会在兰州市召开。国家图书馆副馆长、国家古籍保护中心副主任张志清，甘肃省文化和旅游厅二级巡视员李长迅，以及来自黄河沿线九省（区）古籍保护中心主要负责人和相关专家参加会议。会上，国家古籍保护中心详细介绍关于“十四五”期间开展黄河流域古籍保护工作的

相关思路和方案，与会专家对工作思路和方案进行研讨。（国家图书馆办公室）

【全国图书馆联合编目中心 2020 年度工作会议在线举办】 11 月 25 日，全国图书馆联合编目中心 2020 年度工作会议首次以线上会议的形式举办。国家图书馆副馆长汪东波出席会议并致辞，全国图书馆联合编目中心主任王洋，副主任刘瑛、槐燕，新华互联电子商务有限责任公司总经理助理唐榕蔚，以及来自全国省级分中心、成员馆的代表参加会议。会议对全国图书馆联合编目中心 2020 年度工作进行整体回顾，并提出下一步的工作计划；同时，对 2019—2020 年度优秀分中心、成员馆和个人进行表彰。（国家图书馆办公室）

【国家图书馆与澳门科技大学图书馆签署合作意向书】 11 月 28 日—12 月 1 日，国家图书馆馆长饶权一行 5 人应澳门科技大学邀请赴澳门访问。访问期间，代表团参加澳门科技大学校庆二十周年系列庆典活动，并赴澳门科技大学图书馆等机构座谈交流。11 月 30 日，在全国政协常委、澳门科技大学校董会主席、校监廖泽云和澳门科技大学校长刘良的见证下，饶权与澳门科技大学图书馆馆长赵洗尘共同签署《中国国家图书馆与澳门科技大学图书馆合作意向书》。根据协议，双方将深化在数字资源服务、粤港澳大湾区文化、数字人文等方面的合作，继续为丰富澳门文献资源、繁荣湾区文化、传承中华文明不断努力。（国家图书馆办公室）

【庆祝“中沙建交 30 周年电子图书月”活动专题网站上线】 12 月 11 日，由文化和旅游部主办、国家图书馆协办的“中沙建交 30 周年电子图书月”活动线上启动。活动专题网站“中阿电子图书月”正式上线，网站开设“电子图书”“文津经典诵读”“国图公开课”“典籍文化展览”等栏目。国家图书馆遴选近 150 册中文、阿拉伯文和英文电子图书，70 余部音视频，10 个线上展览，内容涵盖中国与阿拉伯国家历史文化、文学艺术、风景名胜、非物质文化遗产特色等主题。（国家图书馆办公室）

【获奖战“疫”主题纪录片入藏国家图书馆】 12 月 13 日，在广东省中山市举办的“见证伟大的抗疫精神——中国同心战‘疫’纪实影像主题活动”中，102 部获奖纪录片经作者、版权方授权捐赠给国家图书馆。国家图书馆副馆长汪东波接受捐赠并颁发捐赠证书。这批获奖纪录片是活动组委会从近 400 部作品中评选出的优秀作品，记录了战“疫”进程中的诸多感人瞬间，展现了医务工作者的敬业与坚守，彰显国家面对危机时人民至上的责任与担当，传递中国人民群策群力、迎难而上的民族精神。（国家图书馆办公室）

【国家图书馆联合有关单位举办公共图书馆纪录片典藏体系建设研讨会】 12 月 16 日，由国家图书馆与广州图书馆、首都纪录片发展协会联合主办的“予纪录片以殿堂——公共图书馆纪录片典藏体系建设研讨会”在中国（广州）国际纪录片节上举办。国家广播电视总局宣传司司长马黎，国家图书馆副馆长汪东波，北京市广播电视局二级巡视员卢辉，中国电视艺术家协会电视纪录片学术委员会副主任、首都纪录片发展协会会长陈大立和广州图书馆馆长方家忠，以及来自纪录片界、图书馆界的专家学者等出席研讨会。与会专家就公共图书馆纪录片典藏体系建设工作进行深入探讨和广泛交流。

在此次国际纪录片节上，国家图书馆口述史纪录片《口述国图》荣获“2020 年中国十大纪录片推动者”奖项。（国家图书馆办公室）

公共图书馆

综述

2020年是全面建成小康社会和“十三五”规划的收官之年，也是立足第一个百年奋斗目标，向第二个目标——建成富强、民主、文明、和谐、美丽的社会主义现代化强国奋勇前进的起步之年，同时还是新冠病毒肆虐全球、多重危机交织的一个特殊年份。这一年，全国各公共图书馆坚持以习近平新时代中国特色社会主义思想为指导，深入贯彻落实《中华人民共和国公共文化服务保障法》《中华人民共和国公共图书馆法》和习近平总书记给国家图书馆老专家回信精神，坚决响应“各项工作都要为打赢疫情防控阻击战提供支持”的重要指示精神，有序开展疫情防控和恢复开放工作，积极转变业务发展模式，努力提升公共文化服务水平，稳步推动行业健康、规范、有序发展。

一、同心抗疫、共克时艰，公共图书馆有序开展疫情防控和恢复开放工作，共促事业稳步健康发展

2020年1月，突如其来的新型冠状病毒肺炎疫情让武汉地区成为全国关注焦点，随即国家图书馆与中国图书馆学会联合全国图书馆界开展捐赠疫情防控急需物资行动，截至3月5日，全国共有150余家图书馆及相关机构积极参与该行动，为武汉及湖北其他地区图书馆同人筹集捐赠大量物资。太原市图书馆、朔州市图书馆、盐城市图书馆、昆明市图书馆联合发出倡议，开展制作“共战‘疫’不孤‘读’，为武汉加油！”读者证抖音视频爱心活动，全国500多家图书馆参与此次爱心助力。广东省立中山图书馆推出《战“疫”不孤“读”——广东省立中山图书馆为武汉加油！》《齐心战“疫”，有你有我——广东图书馆人齐声为武汉加油！》等原创视频，倡议全省图书馆为武汉加油。当全国疫情形势变得更加严峻后，各地图书馆积极响应落实各级政府关于疫情防控的政策要求，制订疫情防控期间相关方案，落实“四个责任”，做好综合协调保障和业务处置工作；在疫情有所缓解之后，各地图书馆则根据当地政策以及文化和旅游部发布的《公共图书馆、文化馆（站）恢复开放工作指南》等规范性文件的要求，因地制宜开展恢复开放工作，以疫情防控的具体行动和实际成效践行初心使命，做到“两个维护”。

党和国家对抗击疫情的有效统筹和调度，让公共图书馆在2020年赢得较多的正常发展时间。总建筑面积达9.62万平方米的江西省图书馆新馆建成开放；广西壮族自治区玉林市图书馆新馆，江苏省常州市图书馆新馆、连云港市图书馆新馆，江西省萍乡市图书馆新馆，浙江省丽水市图书馆新馆、嘉兴市图书馆二期工程（古籍善本藏书楼），宁夏回族自治区平罗县图书馆新馆、泾源县图书馆新馆，安徽省固镇县图书馆新馆、怀远县图书馆新馆、蚌埠市龙子湖区新馆和禹会区图书馆新馆等图书馆正式开馆；河北省石家庄市图书馆新馆、广东省广州市南沙区图书馆新馆开馆试运行。此外还有首都图书馆城市副中心馆、上海图书馆（东馆）、山东省聊城市图书馆等数十家图书馆复工建设。

受疫情影响，2020年全国公共图书馆的部分服务效益指标同比2019年有所下降，其中：总流通54145.81万人次，同比下降39.9%；书刊文献外借17466.62万人次、42087.15万册次，分别同比下降34.4%、31.4%；举办各种读者活动150713次、参加9279.33万人次，分别同比下降23.0%、21.3%。但也有一些重要业务指标同比2019年稳步增长，其中：全国共有公共图书馆3212个，同比增加16个；从业人员57980人，同比增加184人；实际使用房屋建筑面积1785.77万平方米，同比增长12.2%；图书总藏量117929.99万册，同比增长6.1%；阅览室座席数126.47万个，同比增长6.2%；计算机226234台，同比增加419台；全国平均每万人公共图书馆建筑面积126.49平方米，同比增加5.09平方米；全国人均图书藏量0.84册，同比增加0.05册；全年公共图书馆发放借书证10251.31万个，同

比增长18.8%。截至2020年底，全国共2397个县（市、区）建成图书馆总分馆制，406个公共图书馆组建理事会[①]。

2020年，地方性立法和标准的研究制定工作取得一定进展。《安徽省公共文化服务保障条例》《温州市城市书房建设与管理办法》印发实施，《四川省公共图书馆条例》修订和《四川省公共文化服务保障条例》制定的相关工作继续推进，《陕西省公共图书馆条例》开展立法调研。文化和旅游部发布《图书馆古籍虫霉防治指南》《公共图书馆总分馆业务规范》《汉文古籍集外字描述规范》《公共图书馆评估指标　第1部分：区域公共图书馆事业发展》《公共图书馆评估指标　第2部分：省、市、县级公共图书馆》《公共图书馆评估指标　第3部分：省、市、县级少年儿童图书馆》等多项文化行业标准。湖南省正式实施《古籍保护与服务规范》，深圳市发布《公共图书馆统一服务业务统计数据规范》，山西省曲沃县正式实施《突发公共卫生事件县级公共图书馆应急防疫管理要求》《县级公共图书馆少年儿童服务质量要求》两项标准。

二、疫情强化图书馆数字服务新形态，“互联网+”开启公共文化服务新模式

疫情期间，各地图书馆实行不同程度的防控措施，暂停到馆读者服务及展览、讲座等各项活动，但闭馆不闭网，各馆线上数字服务的意识和能力大幅增强。一是强化网络安全，广泛利用官网、微信公众号、微博、抖音、移动图书馆app等平台持续开展形式多样的线上资源推送及服务活动。例如：甘肃省图书馆开辟“宅家读书”专栏，馆内20余万册电子图书、有声读物供读者免费下载阅览；青海省湟源县图书馆开辟疫情防控专栏，及时传递官方权威信息，号召市民科学抗击疫情。二是快速整合数字资源，推出小程序等创新阅读平台。例如：广东省立中山图书馆紧急开发上线“广东省立中山图书馆数字阅读平台”微信小程序版，深圳图书馆“数字阅读馆”小程序平台开通上线，湖北省图书馆主导开发“方舱数字文化之窗”，内蒙古自治区图书馆推出“云图公共数字有声图书馆”和“一网读尽数字阅读”小程序等。三是更加重视各类主题数字资源库建设。例如湖南图书馆建设“湖南省中小企业数字图书馆”，湖北省图书馆建设“湖北数字标准馆”，杭州图书馆联合各区、县馆共同建设杭州市公共图书馆家谱数据库。四是创新“云服务”方式，利用新媒体平台，积极开展线上或者以线上为主、线下为辅的各类阅读活动。五是积极开发线上进馆预约、错峰入馆、线上续借、网约书等新服务方式。例如：太原市图书馆举办的“太图飞书”“太图约书”活动，疫情期间借阅量相当于平时的7倍，刷新该馆借阅纪录；四川省达州市图书馆开通微信公众号借书服务，读者关注该馆微信公众号提交借书申请单，工作人员就会及时将图书通过快递送到读者手中。

这些线上服务显著影响了图书馆的效益数据，也将改变图书馆业务发展模式。例如：吉林省图书馆全年接待到馆读者虽然仅65万人次、外借纸质文献30万册次，但通过其网站、微信、微博、手机app、授权访问系统、抖音、快手等方式远程访问读者近5000万人次，外购数字资源全年点击量高达2.8亿次；福建省图书馆全年线上资源访问量逾7968.98万次，其中数字资源点击量6142.98万次，同比2019年增长85.92%；深圳市宝安区图书馆全年开展的活动场次同比2019年增长486%，线上活动参与人次同比增长788%。除读者服务工作外，受疫情影响，图书馆采访、会议培训、信息咨询等业务工作也都呈现出线上发展的趋势。例如：河南省图书馆主办的图书馆云馆配采访工作研讨会以线上方式召开，业界和相关单位代表共同探讨图书馆线上云馆配模式在平台建设、技术等方面实现线上采访工作的作用与意义，以及对未来图书馆采访模式的影响和发展趋势；山西省图书馆积极开展线上数字信息服务，在疫情期间为山西省委、省政府办公厅以及九三学社山西省委员会等提供“抗疫参考信息”“电子政务与大数据管理”“黄河流域高质量发展路径”等系列专题资料。

此外，在疫情之前，山西省图书馆、山东省图书馆、广西壮族自治区图书馆、广西壮族自治区桂林图书馆、沈阳市图书馆、大连市图书馆、长沙市图书馆、衡阳市图书馆、东莞图书馆等图书馆，相继为当地“两会”代表、委员提供编制专题资料、信息咨询、图书借阅等服务。陕西公共图书馆服务联盟协

① 本段数据源自《中华人民共和国文化和旅游部2020年文化和旅游发展统计公报》。

调、指导所属图书馆开展“两会”服务。云南省图书馆受省委宣传部委托定制研发的“云南舆情信息报送处理系统”创新云南舆情信息报送的方式，提升图书馆决策咨询服务水平。厦门市图书馆被厦门市委全面深化改革委员会办公室授予全市首家“全面深化改革智库支持单位”称号，厦门市图书馆协助其建立智库信息资料中心。

三、总分馆制和服务体系建设不断深化，区域图书馆协同发展持续推进

2020年，图书馆总分馆制和服务体系建设工作依然是实现图书馆资源和服务均等化、标准化发展的重要抓手，各地城市书房、特色分馆、一卡通体系建设不断推进。总分馆制方面，湖北省98个县级馆中有75个完成总分馆体系建设；陕西省西安市、宝鸡市、咸阳市、安康市建立起以市图书馆为中心馆，县馆为总馆，乡镇文化站为分馆的“中心馆—总馆—分馆”总分馆体系，统一建设管理平台；内蒙古自治区乌兰察布市图书馆11个旗县区分馆正式成立；宁夏回族自治区贺兰县图书馆深入推进“社区—阅读岛—农家书屋”总分馆体系，实现全县范围内图书通借通还、资源共享；青海省兴海县图书馆推进总分馆建设，采用以兴海县图书馆为总馆，所有经费由总馆统一管理，统一调配，所有图书由总馆统一采购，统一培训，统一配送，通借通还，人员实行一体化管理的运行模式；上海市图书馆行业协会完成全市区级图书馆总分馆制建设验收工作。

城市书房建设方面：江苏省扬州市图书馆建成万达广场城市书房、郊野公园城市书房等6家城市书房，扬州主城区已建立城市书房41家；杭州图书馆第27家主题分馆——杭州图书馆财商主题分馆开馆，这是全国首家财商主题图书馆；辽宁省铁岭市图书馆建立首家24小时城市书房；湖南省株洲市首座“株洲书房”对外开放；福建省漳州市图书馆首个城市书房“霞漳书屋”建立；青海省格尔木市首家城市书房开馆；新疆维吾尔自治区乌鲁木齐市图书馆首个24小时自助图书馆投入使用；“建设20处城市书房”被列入山东省日照市2020年度为民办实事项目。全国城市书房合作共享机制第一届理事会议在浙江温州召开，会议围绕组织架构、合作内容、会议制度、宣传推广、经费保障等内容进行深入讨论交流，并通过《全国城市书房合作共享机制章程》及组织架构。

其他特色阅读空间建设方面：天津图书馆联合国家海洋博物馆共同打造天津图书馆国家海洋博物馆分馆；山西省太原市图书馆和太原市（阳曲）示范性综合实践基地合作共建的营地主题图书馆，成为青少年素质拓展实践基地的一部分，其与杭州国际城市学研究中心共建的“太原书房”，还被纳入浙江图书馆和杭州图书馆通借通还系统；江苏省南通市图书馆与南通市气象局合作建设天文气象分馆“风云书苑”，如皋市图书馆设立江苏省首家退役军人书屋；浙江省首家少儿红色书房在杭州图书馆少儿分馆落成；山东省东营市垦利区着力打造“农家书屋+”服务模式，通过重点发展10个典型示范点带动提升全区农家书屋效能；河南省建立公共文化服务试点“红色书屋”暨“河南省图书馆南太行分馆”；广东省文化和旅游厅发布《关于在旅游行业开展文旅融合“粤书吧”试点工作的通知》，将公共文化设施引入旅游景区，首批确定86家“粤书吧”试点单位；海南省图书馆建立首家由热心读者捐赠图书建成的“书香海岛”全民阅读点，打造共捐共建共享平台；四川省图书馆筠连县扶贫分馆、广安市前锋区扶贫分馆、眉山市彭山区扶贫分馆举行签约授牌仪式，四川省遂宁市民兵图书馆正式开馆；云南省图书馆与昆明博旅书馆合作建设云南省图书馆自然博物分馆。

服务体系建设方面：北京市积极推进全市公共图书馆“一卡通”建设，2020年“一卡通”成员馆达420家，覆盖333个街道（乡镇），建有率达到100%；苏州图书馆联合辖区内公共图书馆联合打造“苏州·书仓”平台并投入运行；浙江省实施全省文献通借通还平台软件开发建设，浙江图书馆与杭州地区13家公共图书馆率先实现流通文献通借通还；广东省佛山市联合图书馆成员馆已发展至349家，建成四级公共图书馆服务网络，实现统一服务形象、统一书目检索平台、一证通借通还、资源共建共享的一体化建设；广西壮族自治区桂林图书馆将当地党校图书馆、职业学校图书馆纳入集群管理，并将“汽车图书馆”作为“一馆三地”总分馆服务格局的延伸和有益补充。

除了总分馆制和服务体系建设，公共图书馆间横向联合也在逐步推进。长三角公共图书馆智库服务联盟、中部六省（湘鄂赣皖晋豫）公共图书馆联盟相继成立；苏州图书馆与上海图书馆签订馆际交

流合作协议，开启沪苏公共图书馆服务“双城记”；浙江省台州市图书馆与当地高校图书馆实现文献通借通还，台州成为浙江省首个公共馆与高校馆互联互通的地区；“全国生态文明示范市公共图书馆联合体”在浙江省湖州市图书馆正式成立；山东省济南市图书馆等七市公共图书馆共同发起成立“省会经济圈城市公共图书馆阅读推广服务联盟”，青岛市图书馆等成立胶东五市公共图书馆联盟；广东省公共图书馆联盟、广东省公共图书馆决策信息开发与服务联盟先后成立；重庆图书馆与四川省图书馆、成都图书馆联合建立公共文化服务建设的协调推进机制，成立“成渝地区公共图书馆联盟”；四川省图书馆、成都图书馆融合服务合作框架协议签约暨融合服务系统开通仪式举行，两馆实现通借通还。

已成立的图书馆联盟里，各项活动积极开展。长三角有声阅读联盟制作完成《听见中国的声音——2020长三角有声阅读联盟诗文朗诵会》视频；“安徽省公共图书馆联盟云”平台建成运行；福建“南三龙”公共图书馆联盟举办“为爱献声——致敬最美逆行者”网络朗读大赛；粤港澳大湾区公共图书馆联盟推出联盟成立后的第一个大型阅读推广活动——“品读湾区”9+2城市悦读之旅；陕西公共图书馆服务联盟累计开通联盟流通成员馆94家；甘肃省讲座展览联盟以漂流巡展的方式推广“战役中的英雄美术作品展”等公益展览。

四、疫情文献收集整理广受重视，特色馆藏开发和利用持续深入

2020年新冠肺炎疫情的爆发成为一次重大公共卫生突发事件，在应对这一事件的过程中，国家和社会各界创造并累积了大量相关文献资料。图书馆作为保存社会记忆的重要文化设施，收集、整理和保存这一时代记忆是职责和使命所在。自2月起，即有河北省图书馆、山东省图书馆、四川省米易县图书馆等众多公共图书馆发出向社会各界征集抗击新冠肺炎疫情文献资料的公告；“4·23”世界读书日当天，国家图书馆正式启动中国战“疫”记忆库项目，联合全国各级各类图书馆全方位收集和保存体现广大人民群众防疫控疫状态下具有历史价值或特殊意义的各类型资料，以及各地区、各机构、各团体所付诸的行动记录。与该类文献资源征集相关的展览和活动普遍开展，比如首都图书馆联合中国图书馆学会、中国日报社、中国画报出版社等单位共同举办“百名摄影师聚焦COVID-19”图片巡展；天津图书馆举办“我的防疫日记”主题有奖征文活动；吉林省长春市图书馆举办“长春记‘疫’ 大爱无疆——长春市图书馆抗‘疫’资料征集成果展”等；江西省赣州市图书馆以线上、线下方式举办“2020书香赣州战疫书画艺术作品展”；广西壮族自治区桂林图书馆举行《庚子大疫之桂林民间记忆》画册捐赠仪式。

地方文献收集整理成果较为丰富。在公共数字文化工程建设的影响下，多地积极推进地方资源建设进度。上海市组织完成2020年核定项目立项申报评审，并按照《关于开展2019年公共数字文化工程地方资源建设项目验收工作的通知》要求，共计推进5个单位8个项目完成建设并提交验收；甘肃省完成“丝绸之路上的甘肃”“华夏文明在甘肃”等15个项目的评审验收，《陇上百工》微纪录片光盘正式出版发行。除了制作和提交线上资源，各馆还积极挖掘地方特色，将其与图书馆业务发展紧密结合。山西省图书馆紧扣“黄河、长城、太行”三大品牌，建设“黄河、长城、太行文化旅游专题文献库”；吉林省图书馆建设吉林省版本图书库，长春市图书馆完成《伪满洲国联合协议会记录档案》出版项目整理工作；福建省启动全省文化和旅游精品图片视频资源征集活动，图片和视频内容包括但不限于反映客家文化、妈祖文化、船政文化、畲族文化、闽都文化等具有福建地方特色的文化事项，活动评出的5000幅/组图片以及总时长不少于600分钟的视频永久入藏福建省图书馆，用于展览、数据库建设、书籍出版等公共文化服务；山东省临沂市图书馆建成山东革命根据地图书资料中心，这是该省第一家全面反映山东革命根据地建设的专题图书资料中心；湖南图书馆编著的《全国地方文献工作与研究》《湖南少数民族文献概论》正式出版发行，并举办“新时代·新技术：文旅融合背景下地方文献工作研讨会”；陕西省图书馆指导全省公共图书馆开展“黄河文化记忆”文献的收集整理工作。

古籍保护工作有序开展。2020年10月，文化和旅游部公布第六批《国家珍贵古籍名录》（752部）和《全国古籍重点保护单位名单》（23个）；作为中华古籍保护计划的重要组成部分，国家古籍保护中心先后评选并公布6批《国家珍贵古籍名录》，累计收录古籍13026部，命名6批共203家“全国古籍

重点保护单位"；各地也逐步建立本地珍贵古籍名录和重点保护单位评审制度，古籍分级分类保护意识得以加强。"2020 中华古籍普查文化志愿服务行动"则吸引天津、山西、黑龙江、江西、四川、云南、西藏、甘肃等省（区、市）参加，共有 210 名大学生和业界、社会志愿者经过培训，分赴 26 个基层存藏单位，帮助整理、登记古籍 15.5 万册 / 件，为基本完成《"十三五"时期全国古籍保护工作规划》确定的古籍普查目标任务做出贡献。

在开展古籍保护活动方面，河北省图书馆、山西省图书馆、云南省图书馆、西藏自治区图书馆等馆先后举办"中华传统晒书"系列活动、传拓修复体验活动、古籍保护知识宣讲与体验进校园活动，通过晒国宝、晒古籍、晒拓片、晒技艺等方式，让更多读者深入了解优秀传统文化。展览方面，"册府千华"系列展览是目前国内最具影响力的专业古籍展览，2020 年，大连图书馆、江西省图书馆、重庆图书馆、云南省迪庆州图书馆先后举办该系列珍贵古籍特展。出版方面，《上海图书馆藏涉园稿抄校本丛书》100 册、《元本资治通鉴》60 册、《上海图书馆藏〈西厢记〉善本丛刊》5 册、《槜李诗文合集》72 册、《上海图书馆藏珍稀家谱丛刊 · 第四辑》48 册，《宁夏回族自治区二十家收藏单位古籍普查登记目录》《三原县图书馆古籍普查登记目录》等古籍整理成果陆续出版。此外，浙江图书馆制定《古籍数字化加工工作流程》《浙江省古籍数字化加工技术要求（试行）》等 5 项操作实施意见；湖南图书馆编纂的（湖南省）《古籍保护与服务规范》正式实施，这是国内第一部有关古籍保护和服务的地方性标准，具有引领示范作用；广西壮族自治区桂林图书馆与桂海碑林博物馆联合申办的"国家级古籍修复技艺传习中心桂林传习所"正式揭牌，这是广西第一家国家级古籍修复技艺传习所，也是目前全国唯一由图书馆与博物馆共同申办的传习所；云南省图书馆与复旦大学图书馆在上海举行战略合作签约仪式，就加强合作、共同做好民族文字古籍的科学保护与研究进行座谈交流；陕西省图书馆修复完成《古今图书集成》。

2020 年，部分图书馆在文创方面有所收获。全国图书馆文化创意产品开发联盟第一家省级分店——江西省图书馆"锦文轩"正式揭牌，来自国家图书馆、江西省图书馆的近 200 种文创产品亮相。南京图书馆文创产品亮相第二届大运河文化旅游博览会；福建省晋江市图书馆举办"创见未来 · 晋尚晋美"文创作品设计大赛；山东省图书馆、山东省图书馆学会实施"全省公共图书馆文创产品开发与推广项目"，启动首届山东省公共文化机构文创大赛；四川省图书馆在首届四川省文创大会上设展，并入选全国文化和旅游创意产品开发信息名录，馆里 · 四川省图书馆鹿溪智谷分馆则入选首批四川文创集市；甘肃省图书馆携文创产品参加首届中国国际文化博览会。

五、阅读推广活动精彩纷呈，特殊群体服务不断进步

2020 年，各地图书馆开展的阅读推广活动非常重视读者线上参与和互动。山西省图书馆以线上快手短视频直播、线下主会场互动的形式开展"游山西 · 读历史——'唱游三晋'站点直播活动"；吉林省长春市图书馆举办"首届长春冰雪阅读季"，共开展 140 项线上、线下多种形式的阅读推广活动；上海图书馆、湖北省图书馆、武汉图书馆、南京图书馆、浙江图书馆、安徽省图书馆及其他地区的 300 多家图书馆共同开展"2020'我的战疫'阅读马拉松线上快闪赛"，15545 名选手以网络为媒，以马拉松快闪的方式来表达普通人抗击新冠肺炎病毒的决心；"2020'天籁浙江 · 印象诗路'朗诵大会（决赛）暨'云游兰亭'直播阅读推广活动"在绍兴兰亭举办，该活动用实景朗诵直播的形式演绎浙江各地经典诗章，并通过央视频移动网、新华社现场云等 12 个平台在线直播，全网观看超过 210 万次；2020 年粤鄂澳"共读半小时"活动首次开启 AR"云共读"；广东省第九届英语电影配音大赛总决赛引入网络直播观赛方式。其他特色活动包括江西省九江市图书馆举办"跟着诗词游九江"话剧表演、湖南省长沙市图书馆"让文字活起来"经典文学读演剧场创新打造"科技 + 文化 + 艺术"相结合的沉浸式阅读体验项目"读演奇妙夜"、株洲市图书馆发起零广告纯阅读元素的阅读公交专车"阅读公交"、广西壮族自治区举办文旅融合品牌"走读广西"首期活动——"走读广西 · 桂林之旅"文化体验自驾活动等。

少儿阅读推广活动方面：山东省图书馆举办"青春少年样样红 · 第二届山东少年马拉松阅读大赛"，还联合全省各市、县级图书馆以云比赛、云评选的形式举办"风雅存诗意　古韵有新声"第三届

全省少儿诗词诵读大赛；青岛市图书馆举办“2020 仲夏星阅夜”系列活动首场线下活动，通过丰富多彩的游戏项目增进亲子感情；湖南省长沙市图书馆以儿童借阅室馆藏精品新书为依托，开展“童书盲盒拆拆乐”活动，为读者打包 600 套精品童书借阅盲盒；重庆图书馆举办第四季“格林童话之夜”大型亲子阅读推广活动，响应“加大力度发展城市夜经济”的号召，特别开放集文化和旅游一体化发展的大型书香集市“格林夜市”；西藏自治区图书馆在乡村设立“少儿阅读推广孵化基地”，培养乡村“故事哥哥”“故事姐姐”。

各地图书馆继续配合全国“盲人数字阅读推广工程”的实施，普遍提供盲人智能听书机外借和无障碍电影助读服务，设立盲文阅读基地。在服务方面，则着重在全国助残日、国际盲人节等特殊时间节点开展品牌活动。黑龙江省图书馆以现场直播的方式开启第三届“我是你的眼”公益助盲行动，广东省举办全省第十届盲人诗歌散文朗诵大赛决赛暨第六届盲人散文创作大赛，云南省图书馆持续开展“我是你的眼　带你看世界”文旅志愿者文化助盲志愿服务系列活动等。在其他特殊群体服务方面，内蒙古自治区通辽市图书馆首次采用全程直播的方式举办“通辽市残疾人歌手大赛”；辽宁省葫芦岛市图书馆举办“爱心妈妈”进校园活动，为留守儿童献爱心、送温暖；云南省图书馆与云南经济日报社联合开展“关爱留守儿童”活动，组织昆明市区 100 余名学生小记者与留守儿童进行结对帮扶；宁夏回族自治区青铜峡市图书馆建立弱势群体服务档案 17 户并为其开展送报刊服务，拓展临时送报服务点 3 个；新疆维吾尔自治区精河县图书馆免费为贫困户学生上门办证，柯坪县图书馆举办“图书传情　文化扶贫”为困难家庭孩子送图书活动等。

六、鼓励社会力量参与图书馆建设，提升专业能力，夯实发展基础

2020 年，公共图书馆界继续多方鼓励各类社会力量参与图书馆建设。法人治理结构改革继续推进，河北省图书馆、广西壮族自治区图书馆、广西壮族自治区桂林图书馆、甘肃省图书馆、青海省图书馆等多个图书馆成立理事会并召开第一届理事会第一次会议，多名来自不同领域、不同行业的专家被聘为理事，就理事会建设和图书馆工作发表意见和建议。

志愿服务广泛普及。北京市西城区第一图书馆文化助盲志愿服务项目在 2019 年度全国宣传推选学雷锋志愿服务“四个 100”先进典型活动中获评“最佳志愿服务项目”；宁夏回族自治区图书馆“书香宁夏　为爱朗读——关爱困境儿童阅读计划”、福建省厦门市图书馆“‘同在一片蓝天下’城市流动儿童阅读推广志愿服务项目”分别获得第五届中国青年志愿服务项目大赛金奖、银奖；天津图书馆经典诵读志愿服务项目、山西省太原市图书馆“书香雅集”文化志愿者服务项目、吉林省图书馆“亲子图书管理员”志愿服务项目、云南省图书馆文化助盲志愿服务项目、贵州省贵阳市图书馆“和小朋友一起阅读”、银川市图书馆“共享阳光　爱心助盲”视障读者阅读推广项目等十余个志愿服务项目在 2020 年全国文化和旅游志愿服务项目线上大赛中获得奖项；获得 2020 年国际图书馆协会与机构联合会国际营销奖第一名的佛山市图书馆“邻里图书馆”项目，则是广泛动员市民在家中建立小型图书馆并对外提供阅读服务，鼓励家庭阅读资源参与社会共享。社会力量的热情奉献和积极参与，极大地推动了我国公共图书馆事业的发展。

公共图书馆时值事业转型发展关键时期，各地公共图书馆也非常注重“修炼内功”，提升能力以应对未来发展。一是深入思考公共图书馆社会价值以指导未来发展。例如，湖北进城务工人员吴桂春因疫情回乡的临别留言，引发社会各界广泛思考公共图书馆的社会价值和使命担当。二是着力学术能力培养和业务技能提升。例如：山西省太原市图书馆开展“馆员年”系列活动，打造研究型、专业型队伍；山西省晋中市图书馆举办首届“长技杯”馆员业务技能比武大赛；内蒙古自治区赤峰市图书馆举办地区业务竞赛；山东省图书馆采用“山东公共文化云”直播形式举办“首届全省图书馆青年论坛”，召开学术成果展示会暨新闻媒体座谈会，展示“馆员文库”系列丛书；湖南图书馆与中南大学共建图书情报专业硕士实践教学基地，以培养满足社会信息化和国民经济建设需要的高层次、应用型、复合型图书情报专门人才；广西壮族自治区图书馆举办广西公共图书馆业务技能大赛；宁夏回族自治区银川市图书馆组织实施“高精尖缺”人才推荐工作和学术技术带头人储备工程建设工作等。三是着力加强人才培训工作。中部六

省（湘鄂赣皖晋豫）馆员基础业务和基本能力培训班、安徽省图书资料专业技术人才高级研修班以及各种公共数字文化建设相关培训、基层图书馆人才培训全面开花。四是高度重视规划研制和业务交流探讨工作。例如：浙江图书馆召开浙江省公共图书馆服务大提升协调推进会和专家研讨会，就全省公共图书馆服务大提升工作的总体进度安排和各项任务、标准规范等问题进行深入探讨；广东省立中山图书馆联合南开大学专业团队启动“十四五”发展战略研究与规划编制；武汉大学专业团队会同深圳地区项目组和国内业界专家共同编制《深圳市“图书馆之城”建设规划（2021—2025）》；广州图书馆等承办以“规划·全视角　发展·高质量”为主题的公共图书馆“十四五”规划学术研讨会，吸引上万名全国各地业界同人通过网络直播参会。五是与时俱进优化各类业务系统和工作模式。例如：辽宁省图书馆独立设计研发的“馆藏条码资源整合揭示系统”获得“计算机软件著作权登记证书”；浙江省继续推动全省公共图书馆加入联机计算机图书馆中心（OCLC）等国际性馆际互借查询平台，加快全省馆际互借和文献传递网上平台建设；广东省立中山图书馆着力推动建设图书采分编智能作业系统。

七、积极行动决胜脱贫攻坚，交流合作彰显文化自信

2020年，多地图书馆奋力决战脱贫攻坚收官之年，切实做好精准扶贫结对帮扶工作。内蒙古自治区呼伦贝尔市图书馆开展“书香内蒙古·脱贫奔小康”2020年呼伦贝尔市图书馆“彩虹阅读”计划系列活动；黑龙江省图书馆组织策划“我的中国梦　文化进万家”文化小分队扶贫扶智主题活动，为海伦市23个乡镇建设数字文化服务网点和7个中心村建立数字文化驿站配置相应设备并捐赠图书；广西壮族自治区桂林图书馆面对农民群众日益增长的电商技术和文化知识需求实施农村电商培训项目，策划“电商培训成果展”，并参加自治区文化和旅游厅主办的“春雨工程”进西吉活动；重庆图书馆聚焦深度贫困地区集中攻坚，通过“书香筑梦乡村行”“巴渝阅读行”等各类文化扶贫公益项目为14个区县捐赠文献8.58万册，同时整合讲座、展览、阅读体验课，输送文化活动近70场次，累计服务贫困地区群众以及特殊群体10万余人次，还完成全市14个国家级贫困县下辖15个乡镇基层文化站点的公共数字文化资源灌装、软件安装及设备升级；云南省图书馆深入扶贫挂联点开展脱贫攻坚回访调研工作，并与河南省少儿图书馆联合在怒江开展2020年“春雨工程”文旅志愿者服务行动；西藏自治区图书馆开展“智慧书包”助力脱贫攻坚文化惠民活动，并举办农牧民进城务工人员文化提升培训班；陕西省图书馆与南京图书馆继续深化苏陕对口协作，加强公共文化服务人才队伍建设，先后举办2期苏陕扶贫协作培训班，选派30人前往江苏开展为期3个月的挂职锻炼学习。这些积极行动充分展现图书馆人在文化扶贫工作中的作为与担当。2020年底，首部全国图书馆参与脱贫攻坚的活动成果《脱贫攻坚与图书馆作为——全国图书馆扶贫案例集》正式出版。

在港澳台交流方面，海峡两岸第七届玄览论坛在南京和台北两地以线上、线下结合的方式举行；第四届海峡两岸书院论坛在福建省图书馆正谊书院举办，分设福建、台湾2个会场，以网络连线、远程互动的“云论坛”形式展开一系列学术研讨。

受疫情影响，图书馆对外交流工作主要通过网络进行。辽宁省图书馆参加2020年中韩古文献学术研讨会线上会议，就馆藏韩国古籍概况及源流、“君山遗品”专藏中的韩国古籍以及馆藏韩国古籍保护现状进行深入交流；辽宁省沈阳市图书馆承办“中日青少年交流促进年——中国沈阳·日本佐世保青少年绘画作品双城交流展沈阳站活动”，采用云视频的方式连线沈阳会场与日本佐世保会场；上海图书馆启动与美国犹他州家谱学会的家谱数字化合作项目，完成对馆藏600余册本地家谱的数字化工作，向读者开放犹他州家谱数据库；此外，“上海之窗”电子书平台推出“抗击新冠疫情，保持健康生活”“阅读点亮未来”两大全新阅读专题，通过技术手段实现疫情期间合作伙伴免认证登录。（公共图书馆分会／首都图书馆　孙慧明）

年度工作

北京市

【概况】 2020年，北京市共有公共图书馆5935个，其中市级图书馆1个、区级图书馆22个、街道级图书馆159个、乡镇级图书馆186个、社区级图书馆2193个、村级图书馆3374个。首都图书馆城市副中心馆、东城区第二图书馆、顺义区图书馆、丰台区图书馆、门头沟区图书馆等新馆正在建设中。区级以上公共图书馆文献总藏量3142.5万册。在新冠肺炎疫情防控常态化下，北京市公共图书馆实施预约限流开放，全年接待读者330万人次，书刊外借288.6万册次。依据北京市统计局2019年常住人口计算，人均文献藏量2.29册，人均到馆0.25次，人均外借文献0.13册。

同心聚力共克疫情，积极开展线上服务。在北京市文化和旅游局的指导下，为阻断新冠肺炎疫情的传播，北京市各级公共图书馆于1月24日闭馆，制订疫情防控期间相关工作方案，落实“四方责任”（属地、部门、单位及个人），做好综合协调保障、业务处置和值班工作。依据北京市疾控中心防控指引规定，对图书馆全面进行防疫消杀工作。利用官方网站、微信、微博等多渠道发布闭馆通告，提示并告知读者闭馆情况，做好读者解释工作。为配合疫情防控，减少人员聚集，《北京市文化和旅游局关于免除新冠肺炎疫情防控闭馆期间外借文献逾期费的通知》发布，免除文献外借的逾期费，尽可能保障读者利益。依据文化和旅游部、北京市文化和旅游局印发的《公共图书馆、文化馆（站）恢复开放工作指南》《公共图书馆、文化馆（站）恢复开放疫情防控措施指南（第二版）》及其第二版《新冠肺炎流行期间北京市图书馆防控指南》等，5月，首都图书馆及19家区图书馆恢复开放，实施预约、限流服务，允许60岁以上的读者持有效身份证或老年证登记入馆，以解决老年读者使用智能技术的困难。9月，各公共图书馆逐步扩大服务面积、延长服务时间、增加预约读者数量。

推进服务体系建设，促进均等化、标准化、数字化发展。首都图书馆牵头城六区图书馆落实完成“重点提升100个街乡社区活动中心任务”，将100个街道（乡镇）图书馆全部建设成为北京市公共图书馆“一卡通”服务体系成员馆，并纳入各区图书馆总分馆体系和各区图书服务资源配送体系。积极推进北京市公共图书馆“一卡通”建设，“一卡通”成员馆达420家，覆盖333个街道（乡镇），建有率达到100%。2020年度办理借书证10.31万个，文献外借385.40万册次、56.02万人次，归还图书390.37万册次，其中通还图书50.37万册次。首都图书馆牵头持续推进基层图书服务资源整合工作，指导各区图书馆做好辖区内基层图书馆（农家书屋）新购文献的统一采购、加工和配送工作，并协调配送防疫宣传册至农家书屋。

深化阅读推广活动，打造特色阅读品牌。2020年，“阅读北京”系列活动积极转型，推出线上服务。全市公共图书馆举办阅读活动9710场，参与读者达到5090.9万人次，其中线上活动7388场，4953.2万人次参与。

推进国家重点文化工程建设。北京市公共数字文化工程依托“首图公共文化云”网站与微信公众号组织开展活动，持续推进北京市地方特色数字资源建设工作。截至2020年底，全市共享数字资源库20余个，各类型数字资源总使用量为3216.8万次，网站点击量达1353.6万次。北京市古籍保护中心进一步开展古籍普查与保护工作，同时持续推进古籍宣传推广工作。

强化职业技能培训，打造专业化队伍。首都图书馆举办全市公共图书馆馆长培训班，79人参加培训。在首都图书馆协调下，各区图书馆在做好馆内员工网络在线培训和继续教育的基础上，坚持开展基层图书馆管理员培训，东城、西城、朝阳等区图书馆相继举办面向基层图书馆管理员的网上继续教育培训。

强化协同共享，京津冀三地公共图书馆携手发展。首都图书馆向河北省的援建点定向捐赠《新型冠状病毒感染防护》读本，并联合中国图书馆学会、中国日报社、中国画报出版社等单位共同举办“百名摄影师聚焦COVID-19”图片巡展。此次巡展的作品在天津图书馆、河北省图书馆、石家庄市图书馆展出。三地图书馆联合举办“迎世界读书日——公开课数字直播”“京津冀——书香战‘疫’”等阅读活动。

完善图书馆志愿团队建设，促进志愿服务精品化发展。2020 年，北京市公共图书馆文化志愿服务总队累计注册志愿者达 2.33 万名，开展文化志愿服务 2514 场，参与志愿者 1.07 万人次，服务总时长 5.68 万小时。“法韵书香”法律文化宣传及“书香援疆”志愿服务项目荣获北京市委宣传部等 10 部门联合颁发的 2019 年首都学雷锋志愿服务“五个 100”最佳志愿服务项目。（首都图书馆）

【首都图书馆概况】 2020 年突发新冠肺炎疫情，首都图书馆上下团结奋战、砥砺前行，全面深入学习贯彻党的十九大和十九届二中、三中、四中、五中全会精神，以习近平新时代中国特色社会主义思想为指导，在北京市委、市政府以及北京市文化和旅游局的领导下，紧扣时代脉搏，统筹推进疫情防控和事业发展，完善基础建设，创新服务方式，有序开展读者服务工作。

截至 2020 年底，馆藏文献总量 925.75 万册 / 件，数字资源总量 691.7TB，数据库共 101 个，新增各类文献 19.34 万册 / 件。总流通 131.1 万人次，文献外借 45.9 万册次，数字资源总使用量 3931.6 万次，解答读者咨询 30 万余条。举办线上、线下阅读活动 592 场，参加读者 4011 万人次。办证 6 万余个，全市累计持证读者 60.7 万人。《北京市十四家区级公共图书馆古籍普查登记目录》正式出版。

2020 年在研科研项目 12 项，其中国家社会科学基金项目 3 项、与国家图书馆合作研究项目 2 项、全国图书馆标准化技术委员会项目 1 项、北京市社科基金项目 2 项、北京市人才资助类项目 4 项。北京市社科基金项目“北京市区域图书馆信息资源共享途径与机制研究”等 2 项结题。

严格落实北京市文化和旅游局的有关部署和要求，狠抓疫情防控，发布《北京市公共图书馆抗击疫情倡议书》。打造全市“云中图书馆”，全方位开展线上服务。2020 年完成全市 333 个街道（乡镇）图书馆“一卡通”服务全覆盖专项建设工作，此专项工作是北京市经济社会“十三五”规划里专项重点工作之一。至此，全市 420 家公共图书馆加入“一卡通”服务体系，其中 388 家图书馆实现通借通还。

根据疫情期间读者服务的需要，全面实行预约入馆制，开通少儿图书和视听文献预约外借服务，启用“二维码读者证”，实现“无接触”借还服务。同时，开启中国工商银行聚合支付功能，读者通过扫描二维码即可完成款项缴纳。

加强资源建设力度，在全国较早发起“非凡抗疫——北京记忆”抗击新型冠状病毒肺炎疫情文献资料征集活动，编制《北京地区防治新冠肺炎文献汇编》。组织建设疫情专题数据库，在微信服务号中建立《防疫专题》专栏。

全年举办各类线下阅读活动 177 场，参加读者 24 万人次。其中组织策划“北京中轴线历史文化主题展”“红楼梦影——《红楼梦》人物图绘暨文献展”，联合北京市摄影家协会举办“京城之脊 · 一脉绵延”北京中轴线申遗主题摄影作品展，联合中国图书馆学会、中国日报社、中国画报出版社等单位举办“百名摄影师聚焦 COVID-19”图片巡展和在线数字展等。

以新媒体平台建设为抓手，拓展线上服务能力，多项品牌活动“触网”“上云”，线上服务效能得到突破性提升。2020 年举办各类线上阅读活动 419 场，参与 3987 万人次。“首图讲坛”推出“诗经里的花”“走近清朝皇室”等系列直播活动 47 场，累计点击量达 3000 多万次；“春明学堂”系列讲座、“妈妈导读师 · 为爱发声”播撒幸福的种子童书诵读会等系列活动，在央视频、腾讯新闻、喜马拉雅、快手、微信微博等多个平台的在线直播和阅读量超过 335 万次；“首都市民音乐厅”近 70 万人次在线收看。

持续开展以“与书香为伴　与经典同行”为主题的“阅读北京——首都市民阅读系列文化活动”，继续深入开展“全市诵读大赛”“阅读伴我成长”“阅读之城”等五大全市性品牌活动。北京市红领巾读书活动以“品传统悟新知　学先锋促成长”为主题，开展第二届“小小科幻家”少年科幻创作征文、第四届“阅读北京　悦享好书”青少年经典导读和第八届“我的藏书票”设计比赛等活动。其中，“阅读北京　悦享好书”青少年经典导读活动被评为北京市新时代文明实践创新案例。

2020 年首都图书馆官方微信发布推文共计 1113 篇，总阅读量 144.9 万次，微信关注读者 31.3 万人；微博发文 1026 条，总浏览量 642.4

万次；抖音、快手短视频平台发布 86 条，总播放量 404.9 万次。

健全北京城市图书馆建设的工作机制，成立建设工作领导小组和专项工作组，对馆舍功能需求、业务布局、设备选型等进行规划设计论证。引入专家咨询合作机制，与北京大学信息管理系签署战略合作协议。协助完成项目建议书（代可研）编制、图纸设计、信息化专项立项工作。落实北京市领导批示精神，扎实履行公共图书馆在文旅融合发展中的职责使命，积极筹建首都图书馆大兴机场分馆，预计 2021 年向公众开放。

加强与北京市委机关图书馆的深度合作，为党政机关提供决策咨询服务。2020 年提供涵盖疫情应急服务和全市重点工作等 20 余项主题的咨询服务，推荐文献近 600 篇。在北京市委图书馆设立“首图专架”和 24 小时智能借阅柜，定制数据库 19 种，并将其纳入“一卡通”服务体系，实现通借通还。

联合北京市扶贫协作和支援合作工作领导小组办公室，完成北京扶贫支援数据库建设任务，举办“百名摄影师聚焦脱贫攻坚”图片全国巡展，编辑出版《大爱北京——聚焦北京扶贫支援》画册。北京市公共图书馆文化志愿服务总队开展志愿服务活动 2514 次，累计时长 5.68 万小时。

积极向国外“阅读北京”落户机构分享疫情防控线上服务经验，持续推荐首都图书馆优秀数字展览资源。与新加坡国家图书馆联合制作同步上线推出“双城往事——新加坡篇”“双城往事——北京篇”。在俄罗斯国家图书馆、斯洛文尼亚卢布尔雅那大学图书馆上线“百名摄影师聚焦脱贫攻坚”图片巡展、“百名摄影师聚焦 COVID-19”图片巡展数字展览。参加欧洲数字图书馆 Pogade 语义国际视频研讨会，开展业务交流。

开启全员继续教育培训新形式，依托“首图市民学习空间”平台设立“馆员继续教育”板块，参与培训总数近 6500 人次，累计学时近 5 万小时。（首都图书馆　贾蔷）

【首都图书馆依据新冠肺炎疫情防控需要及时调整开闭馆政策】 为贯彻落实北京市委市政府关于新型冠状病毒感染的肺炎疫情防控工作部署，全力做好疫情预防控制工作，有效避免因人群聚集可能带来的传染风险，首都图书馆自 1 月 24 日起全面闭馆，暂停到馆读者服务和展览、讲座等各项活动。疫情防控期间，免除外借文献逾期费用。

在北京市文化和旅游局的指导与监督下，首都图书馆严格落实疫情防控措施，制定《首都图书馆新冠肺炎疫情期间有序开馆工作手册》，内容包括《首都图书馆新冠肺炎疫情防控期间有序开馆工作方案》《首都图书馆新冠肺炎疫情防控期间有序开馆应急预案》《首都图书馆新冠肺炎疫情防控期间有序开馆的问与答》等多项工作规范。首都图书馆自 5 月 1 日起有序开馆，实行预约入馆，开放时间为周二至周日 9 时至 17 时。年龄在 60 周岁（含）以上的读者，持有效身份证或老年证可登记入馆。9 月 29 日起全部区域恢复开放服务。（首都图书馆　贾蔷）

【首都图书馆发起“非凡抗疫——北京记忆”抗击新型冠状病毒肺炎疫情文献资料征集活动】 2 月 27 日，首都图书馆发起“非凡抗疫——北京记忆”抗击新型冠状病毒肺炎疫情文献资料征集活动，全面征集抗疫文献和第一手资料，留存历史，留存北京记忆。3 月 20 日，《光明日报》《图书馆报》等 7 家媒体对此次活动予以报道，介绍首都图书馆面向北京市民征集新冠肺炎防疫抗疫文献资料的情况。截至 12 月底，收集、整理完成《北京地区防治新冠肺炎文献汇编》42 册，收集检索条目 6300 条。采集网页图文数据和视频数据，创建“北京 COVID-19 专题数据库”，提供全文检索功能，开辟“政府在行动”“医者施仁心”“全民共参与”等 6 个栏目，采集数据共 10017 条。

首都图书馆积极投身“驰援武汉　共克时艰——全国图书馆界捐赠疫情防控急需物资行动”，通过捐赠方式助力疫区，将节约出来的两批防护物资分别于 2 月 17 日、18 日发往武汉图书馆，包含医用口罩 500 个、空气消毒专用电动喷雾器 1 台、84 消毒液 20 升、次氯酸消毒液 30 升、专用消毒片 1000 片、一次性手套（食品级 PVC）6000 只。（首都图书馆　贾蔷）

【首都图书馆举办“妈妈导读师 · 为爱发声”播撒幸福的种子童书诵读会活动】 由中国

新闻出版传媒集团、首都图书馆主办，北京市图书馆协会、北京市各区图书馆协办的“妈妈导读师·为爱发声”播撒幸福的种子童书诵读会活动启动仪式暨“提高‘阅读力’，规划孩子的阅读人生”直播分享会于4月23日世界读者日举行。当日直播分享会上，嘉宾与网友就亲子阅读深入交流，网友积极参与童书诵读会活动，各平台直播收看人数超过234万人次。童书诵读会活动期间，社会各界人士和各单位先后提交音视频作品近千个。这些音视频作品在腾讯视频、喜马拉雅、学习强国和首都图书馆少年儿童图书馆网站上进行展示及大众投票，最终经专家评选产生优秀音视频作品100个，作品在首都图书馆官方微信号上分期展播。（首都图书馆　贾蔷）

【首都图书馆向5个省、自治区的14家图书馆捐赠书刊】 2020年，首都图书馆依托“互阅书香”图书捐赠与交换文化志愿服务项目，发挥在线捐赠平台的优势，开展图书捐赠的网上募集工作，对接收的捐赠图书严格按照工作流程完成静置与消毒。先后分批次向湖北省、河北省、新疆维吾尔自治区等5个省、自治区的14家图书馆捐赠书刊9600种12900册。其中向湖北省图书馆、湖北省武汉市图书馆、新疆和田地区图书馆、河北省阳原县图书馆等12家图书馆定向专题捐赠《新型冠状病毒感染防护》读本。（首都图书馆　贾蔷）

【首都图书馆联合举办“百名摄影师聚焦COVID-19”图片巡展】 自6月13日起，首都图书馆联合中国图书馆学会、中国日报社、中国画报出版社等多家单位举办“百名摄影师聚焦COVID-19”图片巡展。为讲好中国抗疫故事，展示全国人民万众一心、共克时艰的精神风貌，全方位记录并展示中国抗击新冠肺炎疫情的历史瞬间，此次巡展从《百名摄影师聚焦COVID-19》画册中的356幅作品当中精选出100幅作品组展，分为“生死交锋”“八方驰援”“全民防控”“别样生活”“复工复产”5部分。巡展首发式采用在线直播的形式，直播总观看量达415.3万人次，点赞数达196.7万次。天津图书馆、河北省图书馆参与联合巡展活动。截至12月底，全国共有268家公共图书馆和高校图书馆参与线上、线下联展。（首都图书馆　贾蔷）

【“百名摄影师聚焦脱贫攻坚”图片巡展在首都图书馆举办】 9月29日，为聚焦脱贫攻坚、展示奋进中国，由首都图书馆联合中国日报社、中国画报出版社、中国图书馆学会等多家单位共同举办的《百名摄影师聚焦脱贫攻坚》画册首发暨图片全国巡展开幕式在首都图书馆举行。展览共展出脱贫攻坚主题摄影作品100幅，由全国百名摄影家深入脱贫攻坚第一线，通过镜头聚焦脱贫攻坚新伟大战役，生动讲述扶贫脱贫感人故事，记录下扶贫一线的珍贵历史瞬间，全面展示脱贫攻坚伟大成就。第十三届全国政协常委、中国日报社总编辑周树春，中国外文局局长杜占元等领导出席仪式并观展。开幕式采用线上直播方式举行，线上总观看量达40.4万人次。此次巡展作品还在天津图书馆、河北省图书馆联合展出。截至12月底，该展先后在全国23家公共图书馆和高校图书馆开展线上展出，在30余家公共图书馆和高校图书馆举办线下巡展。（首都图书馆　贾蔷）

【首都图书馆与北京大学信息管理系签署战略合作协议】 11月12日，首都图书馆与北京大学信息管理系在首都图书馆召开交流座谈会，会上双方签署《首都图书馆和北京大学信息管理系战略合作协议》，战略合作以北京城市图书馆建设项目为契机，重点在智慧型图书馆、古籍数字化服务、人才培养等方面开展深度合作。主要内容是围绕大数据驱动的智慧图书馆建设研究，搭建开放式科研平台，共享资源提升科研核心竞争力；围绕数字古籍的处理、存储、组织与分析，创新古籍文献开发与利用；开展高层次应用型人才培养方面的合作。北京大学信息管理系主任、党委书记张久珍和首都图书馆党委书记、代馆长肖维平代表双方签署协议。（首都图书馆　贾蔷）

【首都图书馆正式开通二维码读者证】 12月25日，首都图书馆正式开通二维码读者证，读者可以利用手机在馆内自助设备上完成文献借还操作。读者在支付宝app的“阅读北京”小程序中，进入“我的二维码”，即可获取与实体读者证功能相同的二维码读者证。同时，为配合全市范围内的使用与推广，首都图书馆依据北京市公共图书馆"一卡通"业务管理中各馆持有的唯一编码，编制《北京市公共图书馆二维码读者证生成规则》，从而进一步完善全市公共图书馆读者证统一编码规则与标准。（首都图书馆　贾蔷）

【《北京市十四家区级公共图书馆古籍普查登记目录》正式出版】《北京市十四家区级公共图书馆古籍普查登记目录》由国家图书馆出版社于2020年12月正式出版，共收录北京市14家区级公共图书馆的3954条普查登记古籍数据。该书基于北京市古籍保护中心开展的公共图书馆古籍普查登记工作，历时10年编写而成。该书的出版是对北京地区古籍藏书情况的有效揭示，为更好地保护和利用古籍提供客观记录，标志着北京区级公共图书馆的古籍保护工作取得重要成果。（首都图书馆　贾蔷）

【2020年"阅读北京——首都市民阅读系列文化活动"举办】 2020年"阅读北京"以"与书香为伴　与经典同行"为主题，通过精心谋划"全市诵读大赛""阅读之城""阅读伴我成长""最美书评""十佳优读空间"五大阅读系列文化活动，积极开展线上阅读服务，创新阅读举措。其中，"全市诵读大赛"作为"阅读北京"的标志性活动，2020年以"为爱发声"为主题，邀请18位名家、抗疫一线的医护人员等不同群体的诵读爱好者通过线上诵读会，讲述抗疫故事，传递爱的力量，并在大赛结束后，策划名家诵读会，以声传情，展现全国人民在党的领导下共同抗击疫情的强大力量。"阅读伴我成长"青少年经典导读线上主题活动，累计提供36本书的全书导读视频，965个学校、6741个班级、68652名学生参与其中。2020年"阅读北京"活动微博话题阅读量1634.2万次，微博、微信两个平台文章阅读量346.8万次，视频播放量累计273.0万人次，直播活动观看量达850.4万人次，活动参与和关注度达1171.6万人次。（首都图书馆　贾蔷）

【东城区第一图书馆"阅想书店"合作分馆开馆运营】 12月21日，东城区第一图书馆（以下简称"东一图"）举办"阅想书店"合作分馆开馆仪式。分馆位于东城区青年湖南街，利用化学工业出版社在科普出版方面的优势，以科普阅读及儿童绘本为特色。分馆馆藏图书3000余册，可供外借现刊30种、阅览报纸10种，阅览席位20个，配有读者自助图书借还机、文献检索用机，设有咖啡茶座，营造集休息与知识交流于一体的阅读空间。该馆为东一图在实体书店内开设的第3家分馆，馆店合作模式让书店成为图书馆阅读推广的延伸，也为实体书店发展提供新方向。第十届全国人大常委会副委员长、中国关心下一代工作委员会主任顾秀莲，北京市与东城区关心下一代工作委员会、东城区文化和旅游局、中国出版集团、化学工业出版社、东一图相关领导，以及读者代表等30余人出席仪式。（东城区第一图书馆）

【东城区第二图书馆联合京津冀三地图书馆举办"京津冀——书香战'疫'"阅读活动】 4月23日，第25个世界读书日之际，东城区第二图书馆联合门头沟区图书馆，天津市河西区图书馆、和平区图书馆、红桥区图书馆，以及河北省秦皇岛市图书馆、邢台市图书馆，共同举办"京津冀——书香战'疫'"阅读活动，线上征集疫情期间阅读主题的电子作品。此次活动历时半个月，得到京津冀三地读者的积极响应，共收到读者作品200余件，作品形式包括居家读书照片、朗诵音视频作品、读后感、读书笔记以及阅读心得体会等。（东城区第二图书馆）

【东城区角楼图书馆荣登首届北京网红打卡地榜单】 11月18日，由北京市文化和旅游局、北京市商务局、北京市委网络安全和信息化委员会办公室指导的"夜赏北京文化之美"暨2020首届北京网红打卡地榜单发布会在石景山区举办。东城区角楼图书馆入选2020首届北京网红打卡地推荐榜单（阅读空间类），成为展现首都城市新面貌、古都新风尚、时尚新地标的标志。通过入选"北京网红打卡地"榜单，东城区角楼图书馆将进一步提升知名度、扩大影响范围，促进北京特色文化的国内、国际传播，提升城市文化生活品质，助力全国文化中心建设。（东城区第二图书馆）

【西城区图书馆举办第六届世界读书日主题活动】 4月23日，西城区图书馆联合海棠书斋在万寿公园内共同举办“海棠树下　为您读诗”世界读书日主题活动。活动邀请中国社会科学院美学研究室副研究员何博超、音乐教育工作者梁露以及国际青少年肖邦钢琴大赛秘书长张哲3位老师，围绕春天和复活的主题，以诗歌和音乐相结合的形式，谈论复苏、振作和生命的意义。活动受疫情影响，第一次采取线上网络直播方式举行，共计72万人次观看。（西城区图书馆）

【朝阳区图书馆为集中医学观察点配送图书】 新冠肺炎疫情期间，为满足留置观察人员在疫情期间的精神文化生活需求，按照朝阳区文化和旅游局部署，朝阳区图书馆分批次为区内集中医学观察点配送图书。朝阳区图书馆还向留置观察人员推送“朝图预借”微信公众号，以便他们使用丰富的数字阅读资源。为进一步加强图书使用管理，朝阳区图书馆还要求使用单位对图书及其存放区定期消毒并制定一系列措施防止病毒借图书流通传播。截至3月25日，累计为集中医学观察点配送图书、期刊5次，共计1500册次。（朝阳区图书馆）

【丰台区图书馆长辛店镇分馆开馆运行】 9月9日，丰台区图书馆长辛店镇分馆（辛阅驿站）新馆举行揭牌仪式。分馆位于长辛店镇综合文化中心一层，2019年底被纳入丰台区公共图书馆总分馆服务体系，同时加入北京市公共图书馆“一卡通”系统，实现图书通借通还。馆舍面积约200平方米，馆内设有5个免费开放区域，阅览座席35个，电子阅览座席10个，现有文学、政治、经济、少儿等22大类图书1万余册，各类报刊50余种。分馆预留自助借还、电子书借阅以及读者到馆检测系统等信息化设备点位，计划实现与区总馆的互联互通和资源共享。分馆坚持“开放、平等、公益”的文化服务理念，着重展示长辛店地区历史文化底蕴，并围绕本地区特色开展丰富多彩的适合不同读者群体的全民阅读活动，服务辖区百姓，营造良好文化氛围。（丰台区图书馆）

【石景山区图书馆“图书漂流”活动荣获2019年首都学雷锋志愿服务“五个100”最佳志愿服务项目】 6月22日，北京市委宣传部、首都文明办等10部门联合公布2019年首都学雷锋志愿服务“五个100”先进典型名单，石景山区图书馆“图书漂流”活动荣获最佳志愿服务项目。此活动曾入选2019年“春雨工程”志愿服务项目。石景山区图书馆文化志愿者总分支队体系由9个街道图书分馆的10支文化志愿服务支队组成。“图书漂流”活动是在辖区的志愿服务支队设立图书漂流专区，配备队旗、队章、漂流图书、图书漂流书架、展板以及活动手册等基础物资，并举行不同主题的图书漂流会。活动目的是让家庭闲置图书能够流通起来，让阅读变得更加活泼有趣。（石景山区图书馆）

【海淀区图书馆打造西郊线“三山五园”历史文化主题列车】 11月16日，在颐和园和香山之间往返的“三山五园”历史文化主题列车正式在北京地铁西郊线开始运行。此列车在西郊线上共运行1个月，车内装饰《静宜园二十八景图》《圆明园四十景图》《雍正十二月行乐图》等清代绘画作品，乘客们通过扫描车厢内的二维码可以阅读由海淀区图书馆提供的“三山五园”相关电子书籍。“三山五园”是北京西北郊以清代皇家园林为代表的历史文化遗产的统称，入选我国首批国家文物保护利用示范区创建名单。海淀区正全面推进“三山五园”地区文物合理利用和传承发展，深入挖掘和传播相关历史文化。“三山五园”历史文化主题列车是为2020年海淀区全民阅读活动打造的动态历史文化博物馆和图书馆，是宣传皇家园林文化、展示海淀历史故事的独特载体，是文旅融合、挖掘深厚文脉的有益尝试。（海淀区图书馆）

【门头沟区图书馆开展“书香进军营”文化拥军活动】 8月1日，为丰富部队官兵精神文化生活，强化驻区部队文化阵地建设，门头沟区退役军人事务局、区文化和旅游局到驻区某部队联合开展“书香进军营”文化拥军活动。双方就“红色门头沟”党建引领军地共建发展、加强军地红色文化教育等问题进行深入探讨。门头沟区图书馆为部队官兵送去涵盖哲学、文学、军事、教育等类别图书200册，重点推介军旅题材新书《当个好兵》。“文化拥军”是门头沟区“十进军营”特色拥军活动的一张名片。多年来，门头沟区图书馆定期为驻区部队更新图书、培养图书管理员。同时，驻区部队积极参加“书香门头沟”系列活动，已有多名部队指战员担任了全民阅读推广人。（门头沟区图书馆）

【房山区文化活动中心图书服务部举办2020年房山区“书香飘京城，阅读颂小康”全民阅读工作成果展览】 12月24日，为总结和宣传房山区全民阅读工作，区文化活动中心图书服务部举办为期半个月的2020年房山区“书香飘京城，阅读颂小康”全民阅读工作成果展览，以图片形式回顾了2020年的全年工作。2020年房山区文化活动中心图书服务部坚持“阅读为中心，线上线下共发力”的工作原则，优化基础服务，持续推进以提高服务效能为目标的工作进程。全年，利用线上平台开展品牌特色活动、“五个一”系列文化活动、“书香房山”培训课堂等系列阅读活动，安全有序推进红领巾读书活动、图书交换活动、假日非遗体验、“名家谈阅读”等内容丰富、形式多样的线下系列阅读推广活动，做到疫情防控和读者服务工作两不误，获得“书香北京·北京阅读季”颁发的“金牌阅读推广人”和“书香家庭”等市级全民阅读奖项。（房山区文化活动中心图书服务部）

【“古琴·运河文化展”在通州区图书馆举办】 11月9日，2020北京大运河文化节系列活动——“古琴·运河文化展”在通州区图书馆正式开展。展览由中共北京市通州区委宣传部与通州区文化和旅游局主办，北京古琴文化研究会与浙江省非遗保护协会古琴艺术专业委员会协办，北京盘古御琴文化发展有限公司与通州琴耕书苑共同承办。展览围绕“中国大运河”和“中国古琴”两大主题展开，采用静态与动态相结合的方式，以地域为单元，从典籍文献史料入手，介绍京杭大运河流经地区的琴人、琴事、琴曲，以及制琴等内容，向世人展示中国传统文化之雅、北京城市副中心环境之雅，以及运河两岸人文之雅。展览启动仪式上，北京古琴文化研究会常务副会长韩杰代表协办单位向通州区图书馆赠送古琴典籍《太古遗音》和《五知斋琴谱》各一函，通州区图书馆馆长杨兰英回赠收藏证书。展览向大运河沿线6省（市）古琴团体借展6张不同制式的古琴，结合6省（市）13项非遗工艺，通过听琴、斫琴，以及汉服和香道等体验活动，多维度、全方位地向观众展现大运河与古琴文化。（通州区图书馆）

【顺义区图书馆推出“顺图文化云”有线电视云平台服务】 8月15日，为精准对接市民日益增长的文化需求，助力顺义区创建首都公共文化服务体系示范区，顺义区图书馆不断丰富“菜单式”服务内容，推出“顺图文化云”有线电视云平台服务。“顺图文化云”以歌华有线电视为依托，区内市民只需打开电视，按遥控器“0”键，在首页菜单选择“顺图文化云”，就能免费浏览区图书馆的文化资源，足不出户就能体验数字资源服务。“顺图文化云”下设“顺图资讯”“读者服务”“数字阅读”“文化共享”4个板块，包含该馆精选的100种优质电子图书、300集“名师讲座”，还辟有“线上活动”“读者荐书”“典藏北京”等14个栏目，确保每月更新，将文化传播到顺义城乡各个角落。服务形式的创新与多元化，有效拓展了图书馆的服务范围，提升图书馆的影响力。（顺义区图书馆）

【大兴区图书馆打造“兴舍”城市服务驿站24小时城市书房】 9月30日，大兴区图书馆在区内4家“兴舍”城市服务驿站中打造的24小时城市书房建成使用。“兴舍”是大兴区政府为进一步推动“厕所革命”而开展的便民举措，除了提供干净、智能的如厕环境，还具备便民服务功能集合化、最大化的特点，全方位满足周边居民日常生活所需。新建的4家城市书房，分别位于清源北路、客车五厂、三合庄以及景山新建“兴舍”的二层公共空间中，均配备自助办证机、自助借还书机、还书箱、数字移动借阅机、预约取书柜以及安全门禁等。城市书房结合周边整体环境、属地的实际情况和居民阅读需求，进行不同主题风格的设计，如三合庄城市书房以亲子阅读为主题，客车五厂城市书房以红色教育为主题。个性化、特色化的阅读服务吸引更多读者走进书房，享受书香。（大兴区图书馆）

【怀柔区图书馆少儿阅览室荣获“2020年度影响力绘本馆”】 12月17日，由韬奋基金会、中国书刊发行业协会指导，《图书馆报》主办的“2020年度影响力绘本馆”征集活动公布评选结果，怀柔区图书馆少儿阅览室荣获“2020年度影响力绘本馆”称号。怀柔区图书馆以“童心·绘”“小太阳手工坊”“科普·望远镜”3个品牌活动为抓手，多维度打造未成年人活动品牌，最大限度发挥绘本对少儿阅读的启蒙、奠基作用。作为未成年人阅读推广的重要阵地，怀柔区图书馆常年开展绘本故事讲述活动，注重绘本的选购与入藏，将绘本课送进区内中小学，并积极挖掘、培养绘本讲读人，注重培养孩子的专注力、创造力，持续用爱心和专业知识为未成年人提供优质阅读指导和服务。（怀柔区图书馆）

【平谷区图书馆举办2020年基层图书管理员业务培训】 11月11—13日，平谷区图书馆举办2020年基层图书管理员业务培训。全区18个街道、乡镇分馆及社区、村图书室图书管理员共计300余人参加培训。课程包括“图书馆‘十四五’发展规划”“公共图书馆总分馆制建设的实践与思考”“平谷区图书馆数字资源应用与服务”等。平谷区图书馆工作人员还针对基层图书馆（室）业务工作中的常见问题进行辅导，通过理论与实践相结合的授课方式有效提升了基层图书管理员的整体素质与业务能力，为扎实推进公共图书馆服务的专业化、标准化发展奠定良好基础。（平谷区图书馆）

【古北口镇联合密云区图书馆举办庆祝密云水库建成60周年主题诵读活动】 9月1日，古北口镇联合密云区图书馆诵读培训基地，在北甸子村举办庆祝密云水库建成60周年主题诵读活动。活动以“牢记嘱托·接续奋斗”为主题，旨在贯彻落实习近平总书记在给建设和守护密云水库的乡亲们回信中关于“继续守护好密云水库”的重要指示精神，弘扬密云水库精神。此次活动为密云区打造践行习近平生态文明思想典范之区统一思想，凝聚力量。（密云区图书馆）

天津市

【概况】 2020年，天津市共有市级公共图书馆2个，区级公共图书馆25个，公共图书馆建立分馆525个。市区两级公共图书馆馆舍面积43.5万平方米，阅览座席2.1万个。文献总藏量2175.1万册，其中图书1934.1万册、古籍65.5万册、报刊70.9万件、视听文献29.8万件/套、缩微制品1.3万件/套。开架书刊1102.1万册。拥有电子图书2523.3万册。全年新增文献藏量118.5万册，新增电子图书389.8万册，总流通758.9万人次，书刊文献外借458.9万册次。

2020年，市区两级公共图书馆共举办讲座、展览、培训班等各种活动1717场次，参与63.4万人次。其中：讲座543场，4.0万人次；展览435场，57.7万人次；培训739场，1.7万人次。各馆通过官方网站、微博、微信等方式向读者提供线上服务，总计12036.4万人次。年文献购置费6055.4万元。有志愿者服务队伍93个，5099人。

做好疫情防控工作，持续深化读者服务。疫情防控期间，天津市各公共图书馆按照上级有关部门的要求，做好疫情防控工作，创新工作形式，满足读者阅读需求。天津图书馆（天津市少年儿童图书馆）免费开放数字资源，让广大读者足不出户就可以享受图书馆公益线上文化资源，并主办“我的防疫日记”主题有奖征文活动；武清区图书馆防控应急队积极投身新冠肺炎疫情防控工作，举办“送书传关怀　情暖封控区”活动；河西区图书馆向医学观察隔离点送书，举办“书香助力战‘疫’，阅读通达未来”主题面塑展览；东丽区图书馆举办“后疫情时代的公共卫生安全”公益讲座；中新友好图书馆（中新天津生态城图书档案馆）举办“中新建交30年，携手共同抗疫情”第五届少儿书画节。

完善总分馆服务体系。“政协书屋”暨天津图书馆市政协委员履职活动中心分馆正式成立；天津图书馆国家海洋博物馆分馆挂牌成立；津南区图书馆打造海棠街道分馆，新建9个社区基层服务点；红桥区图书馆新建10个社区基层服务点。

参与文化扶贫工作。天津图书馆（天津市少年儿童图书馆）联合甘肃省图书馆举办“津甘携手脱贫　文化助力梦圆”精准扶智支援帮扶活动；天津图书馆（天津市少年儿童图书馆）联合河北省承德市丰宁满族自治县图书馆、滦平县图书馆共同举办“阅读点亮智慧，书香润泽心灵”微书评大赛活动。（天津市图书馆学会　张雪英）

【天津图书馆免费开放数字资源】 2月3日起，天津图书馆（天津市少年儿童图书馆）携手部分资源供应商为广大读者朋友们免费开放数字资源，包括10多万册畅销电子书、4000多种期刊、50多种报纸、50多万集经典有声读物，以及大量的古典音乐、艺术图片、线上展览、培训视频等，同时还特别推出“新型冠状病毒肺炎”专题，以满足读者的阅读需求。（天津图书馆　王颖）

【天津图书馆举办“我的防疫日记”主题有奖征文活动】 2月26日—4月20日，天津图书馆（天津市少年儿童图书馆）与龙源创新数字传媒（北京）股份有限公司联合主办“我的防疫日记”主题有奖征文活动。此次活动自2020年3月起开始征集作品，得到广大读者的积极响应，收到来自社会各界读者投稿240多篇。活动共评选出特、一、二、三等奖及优秀奖共计100名获奖者。（天津图书馆　王颖）

【天津图书馆举办第十届“牵手残疾人，走进图书馆”线上征集活动】 3月19日—5月20日，天津图书馆（天津市少年儿童图书馆）联合天津市残疾人联合会共同举办第十届“牵手残疾人，走进图书馆”线上征集活动，鼓励残疾人朋友记录抗疫故事、抒发所思所感。活动共征集作品269件，其中征文作品128篇、书画作品141幅，受到社会各界好评。（天津图书馆　王颖）

【“津甘携手脱贫　文化助力梦圆”精准扶智支援帮扶活动举办】 8月3日—9月25日，天津图书馆（天津市少年儿童图书馆）联合甘肃省图书馆举办“津甘携手脱贫　文化助力梦圆”精准扶智支援帮扶活动，向天津市的广大爱心读者征集文具、书籍与寄语，并将其赠予甘肃省陇南市宕昌县车拉乡九年制中学的学生们。此次活动为“津甘千里情　文化助脱贫”系列主题阅读推广活动的一部分，共收到读者捐赠书籍1849册，书包等文化学习用品4031件。在征集期间，读者通过书写寄语卡片表达对甘肃省小朋友的祝福与期望。（天津图书馆　王颖）

【“政协书屋”暨天津图书馆市政协委员履职活动中心分馆正式成立】 8月21日，“政协书屋”暨天津图书馆市政协委员履职活动中心分馆正式成立。当日天津市政协委员读书活动推动会召开，市政协领导和相关单位有关负责人出席活动。天津市政协主席盛茂林和天津市政协副主席高玉葆在讲话中，对天津图书馆在“政协书屋”筹建过程中所做的工作予以充分肯定。（天津图书馆　王颖）

【“阅读点亮智慧，书香润泽心灵”微书评大赛活动完成】 在2020书香天津·读书月期间，天津图书馆（天津市少年儿童图书馆）联合河北省承德市丰宁满族自治县图书馆、滦平县图书馆共同举办“阅读点亮智慧，书香润泽心灵”微书评大赛活动。由评审委员会评选出的40篇作品，通过微信平台进行展示、投票。活动得到社会各界人士的支持与参与。（天津图书馆　王颖）

【武清区图书馆“送书传关怀　情暖封控区”】 2月3日，武清区图书馆为入住在天鹅湖温泉度假村的天津动车客车段封控区内168名留置观察人员送去养生、政治、文学、历史等各类图书1000册。让留置观察人员可以快捷方便地获取健康有益的“精神食粮”，享受阅读快乐，感受到来自图书馆的关爱和温暖，同时也充分彰显武清区图书馆的人文精神和社会责任担当。（武清区图书馆）

【河西区图书馆举办“书香助力战‘疫’，阅读通达未来”主题面塑展览】 11月1日—12月31日，河西区图书馆举办“书香助力战‘疫’，阅读通达未来”主题面塑展览。该展览展出天津“面人赵”非物质文化遗产传承人、76岁高龄的赵连生的作品，包括《盼君早日凯旋》《最美天使》《上战场》等，这些面塑作品大多取材于真实故事。赵连生用面塑艺术重现动人场景，以“艺”战“疫”，歌颂疫情防控过程中涌现的英雄模范人物和感人事迹。（河西区图书馆）

【津南区图书馆完善总分馆服务体系】 2020年，津南区图书馆在海棠街道选址建议分馆，服务海棠街道群众。海棠街道分馆馆藏3000册，阅览座席15个，实现与津南区图书馆的通借通还功能，并能与天津图书馆在内的全市十余家公共图书馆实现通借通还。年内该馆还新建 9 个基层服务点。截至 2020 年底，津南区图书馆共建成 102 个基层服务点，基本实现覆盖津南全区的阅读服务网络。（津南区图书馆）

【红桥区图书馆继续开展总分馆建设工作】 2020 年，红桥区图书馆新建社区基层服务点 10 个，进一步提高辖区内社区基层服务点覆盖度。按照天津市委、市政府关于“飞地”治理的要求和全面落实属地管理的原则，原属于红桥区代管的双环邨街道归北辰区管理，双环邨街道的原红桥区图书馆的 1 个分馆和 7 个基层服务点一并移交给北辰区。截至 2020 年底，红桥区共建有 9 个街道分馆、72 个基层服务点，街道分馆实现 100% 覆盖。（红桥区图书馆　王鑫磊）

【中新友好图书馆举办第五届少儿书画节】 10 月 30 日，中新友好图书馆举办第五届少儿书画节颁奖典礼。此次书画节以“中新建交 30 年，携手共同抗疫情”为主题，共收到参赛作品 528 幅。经滨海新区书法家协会、滨海新区美术家协会专业评委评选，最终确定一、二、三等奖及优秀奖作品共计 60 幅。10 月 30 日—11 月 14 日，60 幅获奖作品在生态城图书档案馆二楼的多功能展厅展出。少儿书画节是中新友好图书馆精心打造的重点活动品牌，旨在为少年儿童搭建展示书画艺术交流的平台，鼓励孩子们通过笔墨寄情、书画言志，传承、发扬积极向上的文化。（中新友好图书馆）

河北省

【概况】 2020 年，河北省公共文化服务体系建设持续发展。全省共有各级公共图书馆 176 个，各级分馆 1122 个。从业人员 2020 人，其中高级职称 241 人，中级职称 615 人。图书总藏量 3432.3 万册 / 件，其中古籍善本 26176 册。全年新增电子图书 1709.1 万册 / 件。总流通 857.23 万人次，书刊文献外借 892.3 万册次。组织各类讲座 1911 次，参加 27.63 万人次。举办展览 988 个，参观 77.17 万人次。举办读者培训班 1151 个，培训 9.25 万人次。实际使用建筑面积 60 余万平方米，阅览室面积 19.9 万平方米，阅览室座席 48494 个。各类志愿者服务队伍 306 个，流动图书车 90 辆。开发文创产品种类 166 个。

基础保障更加完善。河北省委、省政府先后出台《关于加快构建现代公共文化服务体系的实施意见》《河北省基本公共文化服务实施标准》《关于推进基层综合性文化服务中心建设的实施意见》等一系列政策文件。省、市两级成立由政府主管领导任组长的公共文化服务体系建设工作领导小组，负责协调推进公共文化服务重大事项。截至 2020 年底，全省所有市和县（市、区）政府均制定了公共文化服务实施标准或服务目录，123 个县（市、区）成立公共文化服务体系建设领导小组。自 2018 年开始，连续 3 年公共文化服务工程被列入省委、省政府 20 项民心工程，有效推动全省基层文化事业发展。形成政府主导、全社会参与推动公共文化服务体系建设的良好氛围。

基层公共文化设施网络全面建立。以国家和省级公共文化服务体系示范区创建为牵引，全省公共文化设施建设水平有了明显进步。通过组织开展 4 批国家级示范区、2 批省级示范区创建，截至 2020 年底，全省达到国家或省级示范区建设标准的县（市、区）约占总数的 40%，全省公共文化服务体系建设水平实现整体跃升。以推进公共文化领域改革任务为抓手，基层公共文化设施体系建设日趋完善。覆盖城乡的省、市、县、乡、村五级公共文化服务设施网络已基本建成。各级公共文化服务设施服务人次明显增长，服务内容明显丰富。

公共图书馆服务效能明显提升。河北省持续推进各级公共图书馆创新管理和服务方式，159 个县级公共图书馆开展总分馆制建设。唐山市丰南区图书馆作为省内唯一一个县级试点单位，顺利通过全国公共文化机构法人治理结构改革试点工作验收。廊坊市安次区图书馆探索社会化运营模式，取得良好效果。沧州市建成“图书馆 + 城市书吧 + 知识驿站”的图书馆总分馆服务体系，极大提升服务效能。（河北省图书馆学会）

【河北省图书馆“4 · 23”系列阅读推广活动启动】 4 月 23 日，河北省图书馆启动“春暖花开季　阅读正当时”系列线上阅读推广活动，通过广播电台和网络直播深入推进全民阅读。河北省图书馆发布 2019 年度主要服务数据和

2019年度“阅读之星”名单，在线推介河北省图书馆和部分市级图书馆2020年度阅读推广活动。直播现场启动“云阅读”打卡活动，联合各市（含直管市）图书馆、部分高校图书馆，在线推荐经典图书，引导读者每天阅读10分钟。另外推出全民阅读系列活动：官方网站和微信公众号发布首期“共读好书　传递书香——冀图馆员荐读图书活动”；整合馆藏数字资源，在官网开设“4·23世界读者日，与世界一起阅读”专题；通过微信公众号推介系列活动、推广优秀资源；启动面向少儿读者的“会讲故事的地球”绘本创意秀征集评选活动，协办以“书香助力战‘疫’，阅读通达未来”为主题的“2020全国少年儿童阅读年”系列活动。（河北省图书馆）

【“众志成城　共谱新篇——河北记‘疫’捐赠文献展”开展】 8月25日，由河北省图书馆（河北省古籍保护中心）主办的“众志成城　共谱新篇——河北记‘疫’捐赠文献展”在河北省图书馆展出。2月，河北省图书馆（河北省古籍保护中心）面向社会发布征集倡议书，动员社会各界力量征集河北战疫相关的各类文献资料，共征集资料1000余件。这些资料作为河北省图书馆“抗击疫情”文献专藏，被永久保存。河北记“疫”捐赠文献展从中选择部分特色文献展出，内容包括抗“疫”书画、抗“疫”海报、摄影照片、医疗队员肖像照、抗“疫”手稿、抗“疫”报刊以及各类凭证在内的实物和影像资料等，分享全民战“疫”的感人瞬间，通过各种形式的展品呈现真实的抗“疫”故事，直观呈现河北各界人士团结一致、同心抗“疫”的动人画面。（河北省图书馆）

【河北省第二届晒书节暨民间晒宝大会举行】 9月12日，由河北省图书馆（河北省古籍保护中心）、《藏书报》联合举办的河北省第二届晒书节暨民间晒宝大会在河北省图书馆举行。活动包含“晒书展览”“藏书故事分享”等环节，现场通过直播和录播相结合的方式，分享藏书故事，展现古人“晒书”传统和“藏书”情怀，展示古籍魅力。宋平生、周启晋、刘洪金、李希海、张玉坤等藏书家带来特色藏品，其中包括唐代中期敦煌写经、北宋佛经《毗卢藏》、宋刻本《通鉴纪事本末》等36部珍贵古籍。现场播放视频短片《典籍背后有故事》与《藏书家的书式生活》，大型诗经主题歌舞剧《诗经·关雎引》也亮相现场。“藏书主题论坛”上，藏书家刘飞等与读者分享藏书背后的故事，并就河北地方藏书特色、民间藏书专题研究等主题进行研讨。（河北省图书馆）

【河北省图书馆第一届理事会成立】 9月29日，河北省图书馆第一届理事会成立大会暨第一次工作会议在河北省图书馆召开。河北省文化和旅游厅及公共服务处领导，省图书馆第一届理事会理事及省图书馆领导班子成员、中层干部等40余人参加会议。首届理事会通过省文化和旅游厅面向省直机关和社会公众公开招募，按程序严选11名理事。成立大会结束后，理事会召开第一次工作会议，会议选举河北大学教育教学质量评估与教师发展中心主任金胜勇为第一届理事会理事长，选举河北省图书馆馆长李勇为副理事长，并成立秘书处。会议审议并通过《河北省图书馆章程》，讨论并通过《理事会会议制度》《理事会理事遴选产生办法》，明确理事会构成、理事和监事的权利与义务等关系，研究省图书馆未来发展的方向及侧重点，确保省图书馆依法依规运行。（河北省图书馆）

【河北省图书馆策划展出“我们的摄影扶贫日记”】 10月17日—11月17日，由河北省图书馆主办、河北画报社承办的“我们的摄影扶贫日记”摄影展在河北省图书馆展出。河北省委、省政府共派出2.2万余名驻村帮扶干部，在脱贫攻坚战中发挥重要作用。河北省图书馆精选的23名精准扶贫驻村干部拍摄的200余幅照片，集中体现帮扶村脱贫攻坚的创新做法、典型事迹、感人故事、脱贫成果，全景展示贫困村脱贫致富的过程，更体现驻村干部在脱贫攻坚一线的工作、生活状态，激励全省干部群众为夺取脱贫攻坚战全面胜利、全面建成小康社会发挥积极的作用。（河北省图书馆）

【石家庄市图书馆新馆试运行】 9月30日，石家庄市图书馆新馆试运行。该馆坐落于石家庄市正定新区，总建筑面积5.5万平方米，包含地下1层，地上4层。新馆建筑设计理念取自河北名桥赵州桥的“拱”形元素，整个场馆由4

个单体建筑按照功能划分，既相对独立又相互关联，是集数字化、智能化服务于一体的现代化、综合性大型公共文化设施。新馆实行零门槛入馆，全馆无线网络覆盖，场馆设有互通走廊，设置无障碍设施，受到石家庄市民一致好评。（石家庄市图书馆）

【唐山“读万卷书·行万里路”文旅融合主题活动启动】 8月14日，“读万卷书·行万里路”——阅读赢积分·免费游景区文旅融合主题活动启动仪式在唐山市图书馆举行。唐山市图书馆联合5个县区分馆，依托图书馆业务应用系统和唐山市图书馆微信公众号，搭建起阅读赢积分平台。读者可以通过绑定借阅卡，以借阅图书、参与读者活动等方式赢得积分，积分累积到一定数值可以兑换景区门票。活动通过将阅读与旅游巧妙结合的活动方式，激发广大市民的阅读积极性，引导他们走进唐山本地景区，感受地域文化魅力，推动全民阅读、全民旅游的双向发展。（唐山市图书馆）

【邢台市图书馆荣获河北省文明单位荣誉称号】 12月30日，在河北省精神文明建设工作会议暨表彰大会上，邢台市图书馆荣获2018—2020年度河北省文明单位荣誉称号。近年来，邢台市图书馆以习近平新时代中国特色社会主义思想为指导，大力加强精神文明建设，坚持以社会主义核心价值观为引领，正风化人，组织开展丰富多彩的全民阅读活动，在馆内营造浓厚的精神文明创建氛围。积极发挥社会教育功能，着力实施新时代公民道德建设工程，切实抓好培育文明风尚行动，促进广大读者养成文明健康绿色环保的生活方式。积极加强社会信用体系建设，开展“信易阅”读者积分阅读活动。设立学雷锋志愿者服务站，为读者提供便民服务，每月组织馆员开展学雷锋志愿服务活动。以“邢图讲座”“邢图展览”“海豚故事会”“蒲公英读书会”“阅读马拉松”等品牌活动为依托，积极开展社会主义核心价值观教育实践活动，为弘扬中华优秀传统文化，建设书香社会，做出积极贡献。（邢台市图书馆）

山西省

【山西省图书馆概况】 2020年，山西省图书馆服务效能得到提高。全年累计接待读者68.6万人次，办理读者证9252个；文献借阅量79.9万册次，数字资源访问量1237万次，数字资源下载量203.6万次；举办公益讲座、公益展览、读书分享会、少儿故事会等各类线上和线下读者活动857场，参加读者222万人次；编辑《晋图专递》系列信息专刊104期，选编材料1000余篇；省“两会”期间，制作专题资料7期，发放专题资料314套、2198册，解答咨询427次。

做好疫情常态防控，积极推动书香抗疫。2020年，面向社会征集各类纸质抗疫文献资料396件、电子抗疫文献资料411件，并举办相关展览。闭馆期间，坚持“闭馆不闭网，服务不打烊”，依托图书馆成熟的网络平台、丰富的数字资源，积极开展线上服务，推动数字阅读，先后举办“书香助力战‘疫’，阅读通达未来——4·23世界读书日系列活动”“你阅读，我服务——图书馆服务宣传周直播活动”等主题线上阅读推广活动，助力居家抗疫、服务复工复产。

服务文旅强省建设，打造“读游三晋”品牌。建设一系列“游山西·读历史”主题数字资源。2020年，紧扣“黄河、长城、太行”三大品牌建设和“游山西·读历史”品牌建设主题，先后建设“黄河、长城、太行文化旅游专题文献库”，文化专题片《黄河古渡》《山西三宝》等地方特色数字资源，并将文化专题片《山西古长城》《山西古建筑》等加工为适应移动互联网环境下传播的微视频。举办系列“游山西·读历史”阅读推广活动。山西省图书馆在恢复正常开馆后，策划文源讲坛“游山西·读历史”系列讲座、“游山西·读历史”文旅融合阅读推广活动，举办“唱游三晋”站点直播活动、“华夏古文明·山西好风光”文化创意征集大赛，为推动文旅融合、建设文旅强省贡献力量。

龙头引领作用显现，区域合作初见成效。2020年，继续积极推动总分馆制建设，建设山西公共文化云平台，将100余个市、县级图书馆接入体系，为35个贫困县公共图书馆开通数字图书馆互联互通专线，新建山西社会主义学院等2家分馆、山西专业技术人员管理服务中心等7家图书流通服务站，全年各分馆、图书流通服务站图书流通13次，图书借阅量1.41万册次。与中部六省（湘鄂赣皖晋豫）公共图书馆在南昌签署合作协议，成立中部六省（湘鄂赣皖晋豫）公共图书馆联盟。文化志愿服务队一行37人走进广西壮族自治区三江侗族自治县，为当地群众举办“晋山桂水　共沐书香”公益演出、“游山西就是读历史”数字资源展播、“游山西就是读历史”阅读推广讲座等文化活动。

弘扬优秀传统文化，讲好红色历史故事。全年先后举办“中华传统晒书”系列活动、“赏金石拓片，学传拓技艺”读者体验活动、古籍保护知识宣讲与体验进校园活动。山西省图书馆通过晒国宝、晒古籍、晒拓片、晒技艺，让“高大上”的古籍保护工程“飞入寻常百姓家”，以“随风潜入夜，润物细无声”的方式弘扬优秀传统文化。全面完成山西省珍贵地方文献《退想斋日记》的稿本修复、数字扫描、出版准备工作；举办晋商“自诚公记”老账簿线上展览、“穿越时空的记忆——馆藏家谱资源”线上展览、“家谱中的家规家训”线上展览；完成革命文献与民国时期文献整理项目《晋绥、晋察冀、晋冀鲁豫根据地地图集粹》书稿编纂工作。依托自建数字资源《山西红色历史动漫》，举办“红色历史动漫进校园”系列活动，组织广大师生同上红色创新课堂、同看红色动漫展播、同观红色历史展览、同做红色互动游戏。（山西省图书馆　李晔）

【山西省图书馆线上数字信息服务为抗疫护航】 2月3日开始，山西省图书馆开展线上数字信息服务，以支持疫情期间所面临的信息需求。为山西省委、省政府办公厅等领导机构提供“抗疫参考信息”“电子政务与大数据管理”“黄河流域高质量发展路径”等系列专题资料12余项，合计500余篇文章。线上数字信息服务不但保障疫情期间政府部门、馆领导、全馆员工以及读者信息服务的需求，同时也为后疫情时代信息服务工作开辟新的机遇与发展方向。（山西省图书馆　李晔）

【山西省图书馆举办“华夏古文明·山西好风光”文化创意征集大赛】 6月1—30日，山西省图书馆联合各市县图书馆、各高校图书馆及社会力量，面向广大读者举办“华夏古文明·山西好风光”文化创意征集大赛，以此推动山西文旅从“资源时代”迈入“品牌时代”。这次大赛以“华夏古文明·山西好风光”为主题，以“黄河、长城、太行山”为特色，面向广大读者全面征集文化创意作品。在各市县图书馆的大力组织、广大读者的积极参与下，征集活动圆满结束，参赛报名总计400人，全国86家图书馆参与，有效参赛作品249件。（山西省图书馆　李晔）

【山西省图书馆开展“文化行三晋　讲座走基层”大同站系列活动】 7月14—16日，山西省图书馆文源讲坛服务基层小分队追寻习近平总书记考察大同的足迹，开展“文化行三晋　讲座走基层”——2020年山西省图书馆文源讲坛基层服务项目（大同站）系列活动。这次主题活动围绕“云冈石窟”“黄花文化”“研学旅行”等内容，邀请云冈石窟研究院研究员王恒、副研究员赵昆雨等5位专家，分别做题为《中西合璧大云冈》《神圣与世俗的交响——云冈石窟中的音乐图像》《叩响研学旅行之门》《大同地区文物与历史概要》《践行总书记指示，把大同黄花做成全国知名品牌》讲座。（山西省图书馆　李晔）

【山西省图书馆举行“国是千万家　月是故乡明”少儿系列主题活动】 10月1日，山西省图书馆举行“国是千万家　月是故乡明”少儿系列主题活动。山西省文化和旅游厅二级巡视员、山西省图书馆党委书记冀保胜带领孩子们诵读爱国主义诗歌《我骄傲，我是中国人！》。参加活动的30组亲子家庭接力完成由200余块元素面板构成的巨幅拼图。在另一项“中秋打月饼”活动中，馆员通过指导小读者制作月饼，让其感受中秋节的节日意义和氛围。这次活动让少年儿童充分感受到传统文化的魅力，增强他们对传统节日的文化认同感和自豪感。（山西省图书馆　李晔）

【“游山西·读历史——‘唱游三晋’站点直播活动”走进山西省图书馆】 11月8日，由山西省文化和旅游厅、山西广播电视台主办，山西省图书馆承办的“游山西·读历史——‘唱游三晋’站点直播活动”在省图书馆举行。活动采取线上快手短视频直播、线下主会场互动的形式开展，线上参与人数达104万人，近百名读者通过预约服务参与主会场互动。直播活动包括“书海遨游”“表里山河”“YUE览三晋”“山西好风光”四个篇章。在新冠肺炎疫情防控期间，山西省图书馆创新服务模式，积极联合社会力量，在活动策划、活动内容上下功夫，积极拓展线上服务，将“读”与“游”有机融合，凸显图书馆文旅融合功能。线上活动的持续开展惠及不同地区、不同职业的读者，让优质的公共文化产品为更多人共享。（山西省图书馆　李晔）

【“2020 年‘春雨工程’晋山桂水　共沐书香——山西省文化志愿者广西行”系列活动举行】 11 月 11 日，“2020 年‘春雨工程’晋山桂水　共沐书香——山西省文化志愿者广西行”系列活动走进广西壮族自治区三江侗族自治县。山西省图书馆文化志愿服务队一行 37 人，在三江侗族自治县图书馆、江川小学、新华书店、多耶广场等地，举行“游山西就是读历史”阅读推广、“晋山桂水　共沐书香”公益演出等形式多样、内容丰富的文化志愿服务活动。2020 年是脱贫攻坚决战决胜之年，也是全面建成小康社会之年。“春雨工程”聚焦最后一批贫困县，旨在通过文化力量助力脱贫攻坚取得最终胜利。山西省图书馆担当公共图书馆社会责任，坚守“传承文明、服务社会”的初心，发挥志愿服务精神，以文化志愿服务实施文化惠民工程，让更多的边疆群众发现山西、认知山西、爱上山西，为建设社会主义强国立新功。（山西省图书馆　李晔）

【第二届山西省文化创意设计大赛获奖作品及入围作品展举办】 12 月 8 日，由山西省文化和旅游厅主办，山西省文化和旅游发展中心、山西省图书馆、山西文旅云游集团、故宫文创研发交流中心、太原理工大学艺术学院共同承办的第二届山西省文化创意设计大赛获奖作品及入围作品展在山西省图书馆开幕，展览持续至 12 月 15 日。此届大赛 5 月启动征稿，投稿作品 2800 余件，经网络投票和多轮专家严格评审，最终产生入围作品 370 件。这次展览是对近年来山西省文化创意设计领域发展成果较为系统的总结和展示，也为山西省文创专业人士和爱好者提供一个互相学习、交流、研究的平台和机会，有效促进山西省文创产品质量的提升，助推山西省文化旅游业融合化、品牌化发展。（山西省图书馆　李晔）

【山西省图书馆开展首届图书“捐赠之星”评选活动】 山西省图书馆首届图书“捐赠之星”评选活动于 2020 年“4·23”世界读书日启动。12 月 26 日，评选结果揭晓，10 个集体、10 名个人获得“捐赠之星”称号。2018 年 12 月，山西省图书馆发布《山西省图书馆鼓励社会捐赠文献相关规定》，从捐赠文献范围、捐赠文献要求、捐赠文献方式、捐赠受赠权益等方面做出详细说明。2019 年 1 月至 2020 年 11 月，山西省图书馆收到来自各级党委政府、学术机构、社团组织以及社会各界人士捐赠的图书 4089 种 6409 册，其中不乏珍品，这些赠书已成为其馆藏的宝贵资源。（山西省图书馆　李晔）

【太原市图书馆概况】 2020 年，太原市图书馆按照国家、省、市疫情防控有关文件精神及上级主管部门要求，强化疫情防控手段，全年分阶段、有步骤、多举措实施限流入馆、动态管理，顺利恢复正常开馆。

在疫情防控限制接待量的情况下，全年共接待读者 154.3 万人次，文献外借 127.6 万册次；采购图书 40370 种 83838 册，接收捐书 26025 册；新办读者证 27963 张；线上、线下接待读者咨询近 700 万人次；全年数字资源访问量 800.9 万次，下载量 60.7 万次；征集地方文献 5147 种 14755 册。新增太原市图书馆营地主题馆、山西晋阳技工学校服务点、退役军人服务中心分馆。微信平台关注人数 23 万余人，官方微博阅读量达 762.7 万次。创新“云服务”方式，利用新媒体平台，开展以线上服务为主体、线下小型灵活多样式服务为辅助的全民阅读服务。开展“阅三晋　行天下”全民阅读活动，全省联动，百馆参与，万人共读。创办“秒懂经典”“口述战役”“晒馆藏”“网上读书会”“太图直播间”等系列线上阅读推广栏目，全年共开展阅读推广活动 1389 场。为满足读者需求，在防控允许的情况下恢复并开展以网上预约、快递到家为服务方式的“太图飞书”“太图约书”活动，使得疫情期间的借阅量相当于平时的 7 倍，再次刷新太原市图书馆借阅纪录。

开展抗疫相关文献征集工作，收集整理疫情资料共 27087 件，其中电子版 23434 条、实物资料 3653 件，及时、完整、有序地保存了这一非常时期形成的本地文献资料。（太原市图书

馆　张建荣　毛晓敏）

【太原市图书馆发起为湖北疫区图书馆支援倡议】 2020年初，全国上下奋力抗击新冠肺炎疫情期间，朔州市图书馆馆员创建了“全国图书馆抖音联盟”微信群，以此为依托，太原市图书馆、朔州市图书馆、盐城市图书馆、昆明市图书馆联合发出倡议，制作“共战‘疫’不孤‘读’，为武汉加油！”的读者证抖音视频爱心活动。该活动是全国图书馆界自发联动的爱心助力活动。全国471家图书馆参与此次活动。各图书馆官方抖音、微信、微博、网站相继上线，爱心不断得到支持和传播。抖音“战‘疫’不孤‘读’”话题播放量达82.3万次。此外，太原市图书馆积极响应中国图书馆学会的号召，分别为武汉图书馆、湖北恩施土家族苗族自治州图书馆捐赠防疫物资，并向全馆职工发起《关于向湖北恩施州图书馆捐款的倡议书》，踊跃捐助物资及款项，开展业务帮扶及长期文化援助。为恩施州图书馆沙道沟分馆、高罗分馆的“四点半学堂”进行对口捐赠笔记本电脑、数字资源阅读器、蓝牙音箱（含“太图之声”“太图馆员讲故事”等听书资源）等，并使用34013元捐赠款项购买21箱文体用品与学习用具，丰富“四点半学堂”的阅读资源。（太原市图书馆　张建荣　毛晓敏）

【太原市图书馆启动第三届“太图读书节”活动】 4月23日，由太原市文化和旅游局主办，太原市图书馆、太原图书馆学会承办，以“书香助力战‘疫’，阅读通达未来”为主题的第三届“太图读书节”启动。此次读书节举办“十三大阅读推广云矩阵”系列活动，包括：“有声有色”阅读推广秀；创立首档城市人文主题阅读推广品牌——“读城记”影像志；发布以“白衣执甲”为主题的“逆行者”口述战疫栏目；开展帐篷里的阅读马拉松、“纪·疫”资料实物展等。（太原市图书馆　张建荣　毛晓敏）

【太原市图书馆自主研发有声阅读推广平台——“太图之声”听媒体平台】 “太图之声”听媒体平台由太原市图书馆开发团队独立设计、开发。6月初，该平台建设项目进入研发阶段。12月，平台后台管理系统与用户前端子系统Version1.0完成，并进行内部测试与展示。开发团队将原微文听书改版为平台听书，界面设计更友好大方，使用更简便高效，平台支持一站式检索、续播、收藏、回听。“太图之声”平台与太原市图书馆馆藏信息数据库互联互通，可一键查找当前所听图书的馆藏信息，方便读者线下借阅，实现线上、线下高效便捷的智能化阅读服务。（太原市图书馆　张建荣　毛晓敏）

【太原市图书馆马克思书房开展线上、线下红色教育创新活动】 2020年，太原市图书馆马克思书房挖掘马克思主义馆藏，推出一系列红色主题的创新活动。5月5日，太原市图书馆微信公众号以“图文＋音频”通俗易懂的方式，利用马克思书房文献资源，推出红色专藏有声阅读推广专题栏目“秒懂经典”，使得马克思、恩格斯走出政治课本，与读者分享红色经典。7月，在纪念中国共产党99周岁生日之际，在“学习平台”山西频道读书栏目推出“乘风破浪的马克思”特辑，讲述马克思每个阶段的人生经历。此外，还推出“少年公开课”活动，以新时代为背景，以马克思书房珍贵文献为基础，选取学生感兴趣的话题，为其授课。截至12月底“秒懂经典”栏目共上线32期，微信推文点击量上万次；“少年公开课”共举办19场，600余名中小学生参与。（太原市图书馆　张建荣　毛晓敏）

【太原市图书馆在全省组织开展“阅三晋　行天下”全民阅读活动】 “阅三晋　行天下”全民阅读活动是山西省文化和旅游厅推出的2020年山西省群众文化服务品牌，由山西省文化和旅游厅安排部署，山西省图书馆、山西省图书馆学会组织协调，太原市图书馆承办。“阅三晋　行天下”全民阅读活动广泛发动全省各市县（区）图书馆开展荐书和诵读接力，联动全省11个地区112家公共图书馆，累计行程4800余公里，在全省共组织朗诵培训19场，推广案例培训讲演活动14场，组织线下阅读推广人活动展演13场，参加活动700余人次。同时，组织18家图书馆开展诵读接力活动，对20余家图书馆特色空间进行拍摄推广，工作组录制各类视频素材3000余分钟。发表微信推文120余篇，浏览38266次。（太原市图书馆　张建荣　毛晓敏）

【太原市图书馆营地主题馆开馆运行】 10月1日，由太原市图书馆和太原市（阳曲）示范性综合实践基地合作共建的营地主题图书馆正式开馆。该馆是由阳曲县政府向太原市图书馆提出建设，作为青少年素质拓展实践基地的一部分，坐落在阳曲县大盂镇的“营响未来千曲国际教育基地”内。馆内设有少儿阅读区、青少年阅读区、活动区等，设有自助办证机、自助借还书机等图书馆专用设备，经典成人适读图书和青少年儿童类读物16000余册。该馆与太原市图书馆信息互通、资源共享，被纳入全省公共图书馆总分馆体系，可实现“一证通用、通借通还”，能为营地读者提供全自助便捷办证、查询和图书借还服务。（太原市图书馆　张建荣　毛晓敏）

【“太原书房”在杭州揭牌成立】 11月8日，由太原市图书馆与杭州国际城市学研究中心共建的“太原书房”在杭州市“中国城市学年会·2020”暨第五届“两宋论坛”开幕式上揭牌成立。“太原书房”是太原市图书馆与杭州国际城市学研究中心在“优势互补、资源共享、合作共赢、共谋发展”的原则下达成城市文化融合战略合作的重大项目之一，同时双方在重大文化课题研究、城市文化品牌打造、太原文化宣传等方面开展深入全面的交流合作。“太原书房”设立在杭州世界城市博物馆内，存放有太原地方文献563种1965册，其文献借还被纳入浙江图书馆和杭州图书馆通借通还系统，为全面反映太原历史文化、城市风貌，特选取具有代表性的6张照片悬挂于书房内。该书房的设立是太原市图书馆利用文献资源优势、拓展图书馆研究领域的又一次创新。（太原市图书馆　张建荣　毛晓敏）

【晋中市图书馆概况】 晋中市图书馆于2018年12月5日正式开馆。作为新建的市级公共图书馆，晋中市图书馆采用以理事会为核心的法人治理结构改革和政府向社会力量购买公共文化服务的管理创新模式，实行理事会领导下的馆长负责制，形成“理事会决策、图书馆管理、运营商服务”三权分离又相互促进的新型运营管理体制。晋中市图书馆经政府采购由专业化服务公司进行全流程服务，运行良好，社会效益显著。

晋中市图书馆总建筑面积19800平方米，地上5层，地下1层，项目总投资21761.45万元。图书馆设计藏书量约100万册。截至2020年底，馆藏总量达36.95万册，其中普通图书36.19万册，地方文献4111册，声像资料2971盒，视障图书503册；可使用的数字资源量超过40TB。

晋中市图书馆以“读享晋中，阅遍天下”为工作理念，以“籍古鉴今，笃诚博闻”为馆训。坚持以读者为中心，每周开放达70小时，超出国家评估标准14小时，33个服务项目全部免费开放。2020年，共接待读者32.06万人次，外借图书8.02万册次；举办读者活动1080次，参加活动24.55万人次。因疫情影响，控制入馆人数，单日最大接待读者量为2351人次。

作为中心馆，全面开展对11个县（区、市）图书馆的总分馆制调研和基层辅导工作。2020年，累计开展基层辅导14次，超额完成全年工作任务。其中深入县（区、市）图书馆调研11次、集中学习3次。先后赴榆次、太谷、平遥、介休、榆社、左权、和顺、昔阳和寿阳等馆进行总分馆制调研，对各馆馆藏资源、基本服务、人员配置、开放经费、设施建设、总分馆制建设等的开展情况进行深入了解，发现存在问题，提出解决对策并予以相应帮助。在年底前完成各馆的Interlib系统数据迁移工作，实现图书在晋中市范围内的通借通还。已建成晋中市纪委监委分馆、市财政局分馆等16个分馆。

建立以“不忘初心，红色晋中”为主题的专题书院及党性、红色文化教育基地“新时代理论书院”。同时为充分激发图书馆公共文化服务主阵地的职能和优势，深入开展法治宣传教育，建立健全普法机制，助力晋中市普法大格局构建，建设具有社会影响力的公益普法单位，与晋中市司法局合作设立“晋中市青少年法治教育基地”。

自开馆以来共获得奖项荣誉76项，其中国家级48项、省级21项、市级7项，各类锦旗7面。阅读推广服务品牌——“阅读在路上”活动案例，获全国第二届公共图书馆创新创意案例征集推广活动一等奖和2019阅读推广及服务创新案例征集大赛一等奖。此外，晋中市图书馆还被全国妇联命名为第二批100家全国家庭亲

子阅读体验基地，被山西省人力资源和社会保障厅、山西省妇联授予“山西省三八红旗集体称号”。（晋中市图书馆　胡萍）

【晋中市图书馆举办首届图书交换集市】 10月24—25日，由晋中市文化和旅游局主办，晋中市图书馆承办，山西新华书店集团晋中有限公司、中国邮政集团有限公司晋中市分公司协办的“书式生活·交换空间”晋中市图书馆首届图书交换集市在图书馆南门广场举办。此次活动以“留下你的故事，带走我的故事”为主题，分少儿文具刊物交易展示区，新书交易区，收藏品（邮票、纪念品）交易展示区，文创合作、非遗作品、公益团体、教育机构合作洽谈区，公益团体、读者二手书交易展示区5部分。举办此次活动旨在丰富广大市民业余生活，鼓励交换、分享知识理念，提倡节约环保和共享意识，“盘活”家里旧书，增加“免费”新书，增进读者之间的互动，为公众构建出一个文化交流、信息传播、物物置换的全新平台。晋中市图书馆致力于将该活动打造成为图书馆的公益文化服务新品牌。（晋中市图书馆　许阳）

【长治市图书馆概况】 长治市图书馆总建筑面积1万平方米，藏书量近65万册，连续多年被文化和旅游部评为一级图书馆。2020年，完成地方文献数字化加工2万页，新增纸质图书17028册，报纸归档入库2802册，新增单本期刊9226册；新办理读者证1600余张；全年纸质图书借阅量19.03万册次，电子书下载量10681册，共接待到馆读者16.50万人次。开展阅读推广活动70余场，学雷锋文化志愿服务活动10场，服务时长2104小时。微信公众平台发布48次，共计221条信息；图书馆数字门户浏览总量214.20万次。目前，馆藏数字资源平台与山西公共文化云平台已完成对接。图书馆实施“业务总分馆建设+跨行业联盟+流动图书车服务+文化志愿服务”工作模式，进一步构建起图书馆公共文化服务网络，让社会公众享受更加便捷、均等、高效的公共文化服务。（长治市图书馆　胡欢）

【阳泉市图书馆概况】 阳泉市图书馆建筑面积11000平方米。设有现代化功能的图书借阅室、报刊阅览室、少儿阅览室、自修室、电子阅览室、地方文献阅览室等12个服务窗口，阅读座位近千席。实际在岗编制23人，其中研究馆员1人、副研究馆员3人。2020年，馆藏图书41.15万册/件，报纸期刊504种。受新冠肺炎疫情影响，全年各项指标均有所下降，接待读者11.39万人次，书刊流通9.86册次，持证读者69343人，数字资源总量25TB。全年招募公益文化志愿者2期，累计48人。举办各类讲座9场，参与850人次。举办主题、专题展览11个，累计观展读者6000余人次。举办各类培训班24个，培训610人次。开展阅读推广活动40场，累计参与3000余人次。截至2020年底，由阳泉市图书馆编辑出版的《阳泉工人画》《阳泉老镜头》《阳泉文物录》等“共享文丛”系列丛书共计38种，基本形成具有阳泉地方特色的馆藏文献资源。（阳泉市图书馆　李维杰）

【朔州市公共文化事业发展服务中心挂牌成立】 12月10日，由原朔州市图书馆、群艺馆、博物馆合并的朔州市公共文化事业发展服务中心正式挂牌成立，内设办公室、公共图书部、群众文化艺术部、文博部4个部门。这4个部门分别负责该中心的日常运转和综合协调工作，完善文献资源保障体系，策划组织开展公益讲座、培训、展览等社会教育活动，开展群众性文化艺术展演展示及文化艺术培训、征集、收藏、保管、陈列、展示可移动文物并依托其开展相关交流活动。该中心的成立标志着朔州市公共文化事业迈入发展新阶段，体现市委、市政府“文化强市”的坚定信心和决心，将进一步打造具有强大价值引领力、文化传播力、精神推动力的新型公共文化服务平台。（朔州市图书馆　李凯翔）

【临汾市图书馆概况】 10月20日，临汾市图书馆正式开馆，馆舍面积2.88万平方米，地上6层，地下1层，设计藏书110万册，共有27个功能区，室内阅览座席2300多个，室外阶梯座席1000多个，是临汾市的知识信息中心、文献保障中心、古籍保护中心、公共数字文化建设中心、公众休闲阅读中心、专题文献研究中心和大众文化教育活动中心。2020年底，文献总藏量209.7万册，其中图书80.7万册、视听文献129件/套，拥有电子文献资源8TB（电子书49.85万册、音视频资源45万小时、方志资源381种），报刊552种。全年文献购置费2433.9万元，新增文献30.50万册，新增电子图书49.85万册，读者流通25.15万人次，书刊文献外借15.31万册次。全年官网访问量7.94万次，微信公众平台关注量6.93万次。志愿者共计421人。流动图书车服务借阅1.17万人次、6.75万册次。

打造特色阅读空间。临汾市图书馆内部设计按照“起源”“承源”“转元”“合圆”的主题思路，构筑“起承转合”的传统建筑文化脉络，融入临汾独特的地域文化元素。从1层到5层，分别为少儿阅读区、文学艺术图书和社会科学综合图书阅读区、自然科学图书与报刊阅读区、自修区以及红色书房、地方文献、专题文献、特藏文献等阅读研讨区，构成为读者提供借阅学习服务的主要空间；地下1层，为展厅、电影厅、影音鉴赏厅、智慧化教室、录播室等多功能服务区。

着力总分馆制建设。为17个县级公共图书馆开展“图书的分类、编目与排架”的基层业务培训，在市区内建设军分区分馆和交警支队分馆，并为各分馆配送流动图书近2万册。（临汾市图书馆　何国艳）

【晋城市图书馆概况】 截至2020年，晋城市图书馆建筑面积15241平方米，阅览座位1089个；在编工作人员36人，公益岗人员10人，聘任制人员3人。馆藏73万余册，办理读者证12.8万个，年度新增读者证4877个；全年接待读者近百万人次，开展各类公益文化活动近300场次，图书借还74万余册次，设立在该市两区一县的41台“24小时街区自助图书馆”借还29万册次。在中国图书馆学会“我听·我读”——第四届少儿读者主题朗诵作品征集活动中获得“有声阅读示范基地”荣誉称号。（晋城市图书馆　陈妮）

【曲沃县图书馆通过国家级公共文化服务标准化试点项目验收】 9月，受国家标准化管理委员会委托，山西省市场监督管理局邀请专家组成考核评估组，对曲沃县图书馆承担的国家级公共文化服务标准化试点项目进行终期评估。专家组依据“社会管理和公共服务综合标准化评估计分表”等相关要求，从标准化工作基本要求、标准体系、标准实施与改进、建设成效4个方面，对图书馆服务标准体系143项标准覆盖的读者服务部门及图书馆工作全过程进行严格评估。曲沃县图书馆以92分的优异成绩顺利通过此次项目终期评估验收，成为山西省唯一一家国家级公共文化服务标准化县级图书馆。曲沃县图书馆通过制定标准、实施标准、改进标准，在全馆形成学标准、用标准的浓厚氛围，使工作人员养成以标准化引领各项工作的习惯，从而提高全馆的服务效能，标准化创建效果显著。（曲沃县图书馆　邢小芳）

内蒙古自治区

【概况】 截至2020年底，内蒙古自治区有公共图书馆117个，其中自治区级图书馆1个、盟市级图书馆12个、旗县级图书馆104个。实际使用公用房屋建筑面积为43.90万平方米，其中书库面积6.51万平方米，书刊阅览室面积9.87万平方米，电子阅览室面积2.16万平方米。阅览室座席35826个，其中少儿阅览室座席7975个、盲人阅览室座席1077个。总藏量为2049.59万册/件，其中图书1707.61万册、古籍38.96万册、报刊164.35万件、视听文献28.77万件。2020年新增藏量为122.73万册，新增电子图书128.30万册，购买报刊20675种。受疫情影响，读者到馆、图书借还量同比都有一定程度的下降，但线上服务有大幅提升。实际持证读者810997个，总流通743.65万人次，书刊文献外借541.25万册次，线上服务2348.49万人次。组织各类讲座591次，参与读者7.59万人次；举办展览494个，观展读者30.96万人次；举办培训班350个，受训读者2.25万人次。（内蒙古自治区图书馆学会　乌兰格日勒　李文清）

【内蒙古自治区图书馆闭馆期间线上服务不打烊】 1月24日—3月20日闭馆期间，内蒙古自治区图书馆通过官方网站和官方微信平台，为读者提供包括图书、期刊、文章、听书资源等免费电子资源，总数据量800余万条；推出“云图公共数字有声图书馆”，包含有声图书65万余种，月更新量达6000小时；推出“一网读尽数字阅读”小程序，读者可以通过完成每日签到、每日阅读、分享好友等任务，领取书券，兑换实体书籍；联合中国知网、中华优秀传统文化百科知识库、全国报刊索引、博看有声、博看微书屋、博看朗读等专业数据库开放个人用户平台资源；为提升读者信息素养，消除社会恐慌、增强抗击疫情的信心，在平台上线《新型冠状病毒肺炎预防手册》《新型冠状病毒感染防护》等最新疫情类书籍，供广大读者自查自学；推出“4D互动百科全书，宅家乐趣玩不停”线上免费阅读活动、“足不出户，共庆元宵”——线上猜灯谜、“哈尼之声”、“心之声——掌上阅读”、“心之光——为盲人朋友讲电影”、“亲子阅读”、“众志成城　童绘美好”、“内图数字阅读”等诸多线上活动；闭馆期间，内蒙古自治区图书馆官方微信公众号发布信息阅读总量71716次，门户网站访问量940262次，微信关注人数新增2764人。2月，为驰援湖北奋战在抗疫一线的医护人员，送上内含10首精选草原歌曲的音频和视频资源，表达内蒙古人民对抗疫战士的深深敬意和真切祝福；4月，为满足疫情期间在呼和浩特市隔离人员的文化需求，精心挑选介绍内蒙古地区人文地理、历史文化、民俗风情、特色旅游等本土书籍以及畅销书目、热门小说、大众娱乐等书籍共计7000余册，“来自内蒙古大草原的祝福”数字资源阅读服务平台制作整合一批精品草原文化数字资源以及内含2万多册电子图书、3000余部音频资源以及内蒙古旅游与文化等各类宣传展示片，供隔离人员访问浏览。（内蒙古自治区图书馆学会　乌兰格日勒　李文清）

【内蒙古自治区图书馆少儿馆推出读书音频节目“哈尼之声”】 2月，由内蒙古自治区图书馆少儿馆精心策划、撰稿、录制的读书音频节目“哈尼之声”通过图书馆微信公众号及少儿馆微信公众号正式发布。“哈尼”即蒙古语朋友、伴侣的意思，表明不论何时图书馆员都与读者一起同行。“哈尼之声”针对不同年龄层次少年儿童制订分级阅读计划，同时结合地方特色，共分为蒙语故事、红色文化、读行内蒙古、名著导读、绘本赏析、经典解读、共读一本书等7个板块的内容。截至2020年底，共推出130期，线上浏览13362人次。（内蒙古自治区图书馆学会　乌兰格日勒　李文清）

【内蒙古自治区图书馆上线“书香草原·码上悦读”平台】 4月23日，在第25个世界读书日来临之际，内蒙古自治区图书馆为全区图书馆开展系列读书活动提供统一线上平台——“书香草原·码上悦读”，各图书馆注册开通即可定制个性化界面。平台可实现全区运行数据的动态显示，数据收集、数据分析、全区联动测试、阅读资源加工审核发布。活动形式包括讲座直播、视频在线直播等。全区注册开通的图书馆已有96个，其中盟市级图书馆12个、旗县区级图书馆84个。（内蒙古自治区图书馆学会　乌兰格日勒　李文清）

【内蒙古自治区图书馆在阿拉善左旗敖伦布拉格镇图克木嘎查成立首个嘎查牧民图书馆分馆】 10月20日，内蒙古自治区图书馆一行两人赴阿拉善左旗敖伦布拉格镇图克木嘎查参加布仁格日勒图图书馆分馆揭牌仪式暨“书香怡情，民族聚力”文化阅读推广活动。内蒙古自治区图书馆为该分馆精心准备适合基层牧民的法律、经济、文化历史、民俗、文学、艺术等蒙古文图书770册，价值5万多元。（内蒙古自治区图书馆学会　乌兰格日勒　李文清）

【内蒙古自治区图书馆荣获文化和旅游部2020年全国文化和旅游志愿服务项目线上大赛一等奖】 12月5日，内蒙古自治区图书馆“心之光”——视障读者无障碍服务项目荣获文化和旅游部举办的2020年全国文化和旅游志愿服务项目线上大赛一等奖，并参加广东省中山市举办的“文明实践　美好生活”2020年全国文化和旅游志愿服务交流展示活动。“心之光”——视障读者无障碍服务项目的志愿者通过为视障朋友讲述电影，带动内蒙古自治区公共图书馆文化助盲活动的开展。通过“以讲代培”对当地文化志愿者进行口述电影培训后，东起呼伦贝尔草原，西到阿拉善沙漠，内蒙古自治区的12个盟市级图书馆都已开展为视障朋友讲电影的活动。（内蒙古自治区图书馆学会　乌兰格日勒　李文清）

【呼和浩特市图书馆打造特色鸿雁书房】 呼和浩特市图书馆在借鉴先进地区经验的基础上，创新打造具有地区特色的鸿雁书房。4月23

日，呼和浩特市图书馆为如意开发区二中鸿雁书房举行揭牌仪式。随后，蒙西文化大厦24小时鸿雁书房、郦城青城驿站鸿雁书房、蒙鑫国际鸿雁书房也相继启动并对外开放。位于呼和浩特市体育场的鸿雁示范书房也即将完成改造与市民见面。鸿雁书房全部以自助服务为主，市民持有呼和浩特市图书馆读者证即可刷卡进入鸿雁书房，体验自助办证、自助借还服务。同时，鸿雁书房内还设有电子借阅设备，读者可以通过手机实现电子借阅。鸿雁书房通过吸引社会力量参与建设，打造方便快捷、全民共建共享的就近阅读圈，满足市民美好生活新需求、提升市民幸福获得感，为建设书香呼和浩特营造浓厚氛围。（内蒙古自治区图书馆学会　乌兰格日勒　李文清）

【呼伦贝尔市图书馆开展“彩虹阅读”计划系列活动】 呼伦贝尔市图书馆聚焦文化脱贫，推出“书香内蒙古·脱贫奔小康”2020年呼伦贝尔市图书馆“彩虹阅读”计划系列活动。呼伦贝尔市图书馆以扶贫先扶智为突破口，以实地调研数据为依托，开展“三农三牧”领域、易地扶贫搬迁集中安置点的专项文化帮扶工作。全年为鄂伦春自治旗宜里镇诺敏河村、岭南村捐赠各类图书共1000册，为扎兰屯达斡尔乡文化站捐赠图书1000册，为莫力达瓦达斡尔族自治旗塔温敖宝镇党群服务中心捐赠图书600册，为新巴尔虎左旗阿木古郎镇伊博勒社区、新宝力格苏木莫达木吉嘎查送去价值15000元的蒙古文图书。共开展文化脱贫活动21场，参与1857人次。（内蒙古自治区图书馆学会　乌兰格日勒　李文清）

【呼伦贝尔市图书馆创立2家“索伦嘎”草原移动书屋】 呼伦贝尔市鄂温克旗、陈巴尔虎旗、新巴尔虎左旗、新巴尔虎右旗被称为“牧业四旗”，至今仍有部分牧民保留着从夏营地迁徙到冬营地的游牧生活习惯。2020年，为解决游牧迁徙导致的阅读阵地不固定的窘境，呼伦贝尔市图书馆在新巴尔虎左旗甘珠尔苏木乌兰宝力格少儿蒙古语阅览室、陈巴尔虎旗“五彩童年”游牧文化研学基地首创2家“索伦嘎”草原移动书屋。无论时节变化、游牧迁徙，只要有蒙古包在，书屋就在，阅读就在。下一步，“索伦嘎”草原移动书屋模式将逐渐被推广至“牧业四旗”。（内蒙古自治区图书馆学会　乌兰格日勒　李文清）

【2020年度“京蒙帮扶，文化边疆行”文化志愿者活动在呼伦贝尔市举行】 8月26—30日，由呼伦贝尔市文化旅游广电局、北京市门头沟区文化和旅游局、呼和浩特市文化旅游广电局主办，呼伦贝尔市图书馆、北京市门头沟区图书馆、呼和浩特市图书馆承办的2020年度“京蒙帮扶，文化边疆行”文化志愿者活动在呼伦贝尔市举行。“边疆行”团队历时5天，行程1300多公里，深入呼伦贝尔地区边境派出所、偏远农牧区、国营农牧场、基层社区，共走访8个文化帮扶点，开展赠送图书、提供移动智慧阅读平台数字资源、提供京蒙帮扶文化边疆行移动图书馆、举办座谈会等文化志愿活动。（内蒙古自治区图书馆学会　乌兰格日勒　李文清）

【包头市图书馆积极服务特殊群体】 2020年，包头市图书馆开展阅读推广活动，积极服务特殊群体。年内为残障读者播放电影3场，送书、送设备上门4次，举办线上《畅听》栏目10期、“走读”1期、“宅家抗疫　为爱发声”祝福征集、健康防疫线上讲座、线下阅读分享会、视障读者风采展示项目启动仪式等活动。为少年儿童开展“妈妈帮”亲子阅读活动17期，微信转发阅览量达2300多次；“绘本故事会”线上活动10期，参与200余人次；“宝贝计划”2期，流通绘本30册，参与师生130余人次。为老年读者开展“金秋e悦读”包图宅家掌上微课程、电脑培训40期。（内蒙古自治区图书馆学会　乌兰格日勒　李文清）

【通辽市图书馆发起“居家阅读”计划】 1月24日起，通辽市图书馆因新冠肺炎疫情暂时闭馆。闭馆期间，通辽市图书馆发起“居家阅读”计划，期间共推出各类线上阅读推广活动53场，包括优质数字资源推送、未成年读者线上阅读推广、特殊群体阅读推广、传统文化活动等，特别是组织全体职工向武汉图书馆捐赠牛肉干、口罩、手套等物资，并在微信公众号开设专栏，以书信、视频剪辑、原创诗歌、书法艺术等丰富形式，对武汉图书馆同人们进行声援

和祝福。(内蒙古自治区图书馆学会　乌兰格日勒　李文清)

【2020年度赤峰地区图书馆业务竞赛在赤峰市图书馆举办】 12月18—19日，2020年度赤峰地区图书馆业务竞赛在赤峰市图书馆举办。此次大赛分为初赛和复赛两部分，竞赛内容包括图书馆学基础知识、图书分类、编目、读者服务以及国家颁布的有关图书馆的法律法规等。赤峰地区的公共图书馆和高校图书馆共16支代表队、48名选手参赛。12月18日举行初赛，经淘汰剩余12支代表队进入复赛；复赛于12月19日举行，最终宁城县图书馆获得第一名，4人因现场表现突出获得个人风采奖。(内蒙古自治区图书馆学会　乌兰格日勒　李文清)

【锡林郭勒盟图书馆举办2020年暑期“三区人才支持计划”——少儿阅读推广活动】 8月25—27日，锡林郭勒盟图书馆分别联合苏尼特左旗图书馆、镶黄旗图书馆、多伦县图书馆开展2020年暑期“三区人才支持计划”——少儿阅读推广活动。3场活动共赠送900个促进学习、有助成长的阅读大礼包，其中包含书包、儿童图书和数字读书卡。活动鼓励少年儿童走进图书馆，从小养成爱学习、爱读书的好习惯。(内蒙古自治区图书馆学会　乌兰格日勒　李文清)

【乌兰察布市图书馆推进总分馆制建设工作】 10月26日，乌兰察布市公共图书馆“总分馆制”建设推进会暨授牌仪式在乌兰察布市图书馆举行。乌兰察布市文化旅游体育局领导向全市11个旗(县、区)公共图书馆馆长颁发分馆牌匾，至此，乌兰察布市图书馆的11个旗(县、区)分馆正式成立。11月26日，乌兰察布市图书馆召开全市公共图书馆总分馆建设情况座谈会，11个旗(县、区)馆长对所在图书馆的发展现状及总分馆推进情况进行汇报。针对总分馆制建设工作，各馆均构建起总分馆框架，制定完成《总分馆建设实施方案》。(内蒙古自治区图书馆学会　乌兰格日勒　李文清)

【鄂尔多斯市图书馆加强特色文献资源建设】 2020年，鄂尔多斯市图书馆建设完成“鄂尔多斯记忆”之文化专题视频文献数据库。通过遴选鄂尔多斯历史、文化及其他领域的学者、专家、历史见证者、知情者和传承人，以口述访谈和文化专题片的方式，全面、具体、系统保存鄂尔多斯地区历史、文化和有关领域的发展变迁情况。鄂尔多斯市图书馆馆藏15种古籍善本还入选《国家珍贵古籍名录》。(内蒙古自治区图书馆学会　乌兰格日勒　李文清)

【乌海市图书馆举办“大漠湖城书香飘”地方文献展】 2020年9月，乌海市图书馆在红色爱国主义教育基地举办“大漠湖城书香飘”地方文献展。此次展出的文献资料包含乌海地方志等历史沿革及党史、文史资料800多册，侧重反映乌海市经济发展的成就，人与自然、人与社会的和谐关系，以及全市各族群众艰苦奋斗的壮丽诗篇。文献在展出期间，吸引不少市民前来参观。(内蒙古自治区图书馆学会　乌兰格日勒　李文清)

【阿拉善盟图书馆举办4期“阿拉善文化讲堂”】 受疫情影响，2020年阿拉善盟图书馆共举办“阿拉善文化讲堂”4期，主题分别为“访谈的文化内涵及语言技巧”“新冠肺炎疫情倒逼与促进文旅产业十大变革与创新”“从历史的角度看疫情——中国经验的启示”“为孩子播下阅读的种子”，讲座采取线下与线上直播相结合的形式举办，来自媒体、基层书屋等各界读者共计5000余人次聆听。(内蒙古自治区图书馆学会　乌兰格日勒　李文清)

辽宁省

【辽宁省图书馆概况】 2020年是实施“十三五”规划的收官之年，也是辽宁省图书馆统一思想、推陈出新、培元固本、深化改革之年。全年采购图书8.36万种19.54万册；入藏中外文报刊1.43万册，入藏非书资料5404件，订购数据库50个；完成《满族旗袍》满族文化公开课和《本溪湖工业遗址》视频的制作工作，自建数字资源总量达到69.8TB；举办读者活动2143次，参加读者219万人次，新建分馆、流通站4个，编辑出版《图书馆学刊》12期，编辑出版《辽宁图书馆界》12期。

2020年，辽宁省图书馆统一思想，高度重视党风廉政建设，扎实推进和落实党建工作。全年共制定各项党建制度和上报党建工作报告 37 份，召开党委及党委扩大会议 15 次，对“两学一做”教育活动、“三会一课”、党日活动等党建活动进行规范管理。

全年在健康安全防疫基础上，采取预约、测温、健康码相结合的方式，举办“纪念中国人民志愿军抗美援朝出国作战 70 周年图片文献展”“辽图讲坛”等多项线下活动；充分利用新媒体平台，开展辽宁省图书馆第九届全民读书节暨第三届图书馆嘉年华活动、“全民抗战伟大胜利——中国人民抗日战争暨世界反法西斯战争胜利 75 周年”主题活动、“星火燎原照亮前路——2020 年辽宁省中小学读者主题朗诵大赛”、“童阅乌托邦”少儿线上课堂等多项线上读者活动，确保多元线上读者活动有序开展。

盘活古籍资源，大力弘扬中华传统文化。年内扫描古籍 140 部，83932 个筒子叶；修复破损古籍 192 册；利用《喻世明言》《帝鉴图说》《太上感应篇图说》等经典古籍制作防疫宣传画；举办“楮墨菁华内府缥缈：馆藏清代内府刻书展”；开展古籍修复展线上展播活动，向广大读者宣传古籍修复工作。

积极探索公共文化服务模式，自主研发“智慧条码”服务平台，通过数据分析为读者整合并推送馆藏资源、数字资源；通过引入社会力量，开展跨界合作，打造“城市书房”项目、与中国工商银行合作将图书馆服务功能嵌入工商银行“融 e 联”app、与辽宁省文博产业发展交流中心共同举办专题展览等活动，扩大读者群体，提高服务效能；继续开展“辽图约书”“流动图书馆”“志愿服务”等活动，大力推进公共文化服务均等化进程。（辽宁省图书馆学会）

【“e 路书香——全省爱国主义教育数字阅读体验季”系列活动启动】 1 月 16 日，“e 路书香——全省爱国主义教育数字阅读体验季”系列活动在营口市少年儿童图书馆启动。活动由辽宁省图书馆（辽宁省古籍保护中心）发起，省内 14 个地市图书馆、8 个市级少儿图书馆联合主办，采取线上、线下结合的形式，将电子图书、期刊、连环画、有声读物等电子资源进行整合并建立“e 路书香”全省数字阅读推广服务平台，开展爱国主义教育。（辽宁省图书馆学会）

【辽宁省图书馆第九届全民读书节暨第三届图书馆嘉年华活动在线上举办】 4 月 27 日，以“读辽宁　爱辽宁——书香助力战‘疫’，阅读通达未来”为主题的辽宁省图书馆第九届全民读书节暨第三届图书馆嘉年华活动在快手·辽宁读书、辽宁文化云、今日头条、抖音、趣围观直播、ZAKER《辽沈晚报》、北斗融媒体、教育·青少频道等八大平台与读者见面，历时 1 个小时的直播共有 44931 人次观看。（辽宁省图书馆学会）

【辽宁省图书馆发布“辽图约书”首张文旅融合纪念版藏书票】 6 月，辽宁省图书馆携手苏州嘉图软件有限公司共同推出“辽图约书”文旅融合纪念版藏书票，通过艺术的方式介绍辽宁文化。藏书票以辽宁省的 12 处著名景点为素材，首张对外发布的藏书票为“沈阳故宫”。（辽宁省图书馆学会）

【“馆藏条码资源整合揭示系统”获“计算机软件著作权登记证书”】 7 月 27 日，由辽宁省图书馆独立设计、研发的“馆藏条码资源整合揭示系统”（以下简称“智慧条码”）通过中华人民共和国国家版权局的审核，取得“计算机软件著作权登记证书”。“智慧条码”系统整合馆藏资源、网络资源等多种资源，为读者提供扫码即可获取相关电子图书、视频资源、随书光盘、服务大数据等多元化信息的推送服务。（辽宁省图书馆学会）

【辽宁省图书馆举办线上“全民抗战　伟大胜利——中国人民抗日战争暨世界反法西斯战争胜利 75 周年”主题活动】 9 月，辽宁省图书馆举办线上“全民抗战　伟大胜利——中国人民抗日战争暨世界反法西斯战争胜利 75 周年”主题活动。活动通过微信平台举办主题展览、专题讲座和馆藏图书推介，特邀吉林省靖宇县政府顾问、中国铁路郑州局集团有限公司行政监察部部长马继民做题为《弘扬靖宇精神　传承革命家风》的专题讲座。（辽宁省图书馆学会）

【辽宁省图书馆举办“萃升：一条大河的书香”文献展】 11 月 5 日，辽宁省图书馆与辽宁政协文史馆联合举办“萃升：一条大河的书香”

文献展。展览依托辽宁省图书馆丰富的馆藏文献资源，遴选1600余种图书及15部善本再造和仿真品，通过“红山曙光”“辽海文明”“秦汉唐韵”“辽金清史”“历史名人”“红色红典”“辽宁珍藏”等17个专题，全方位展示辽宁地域文化。（辽宁省图书馆学会）

【沈阳市图书馆概况】 2020年，沈阳市图书馆分编加工图书6万余种12万余册，加工非书资料3000余种、6000余盘；上载书目数据5019条，为联编中心审校数据852条；入藏地方文献279种421册，征集地方文献33种111册；开展抗击新冠肺炎疫情相关文献资料征集活动，收集相关资料130余件；古籍编目205条、修改286条，民国文献编目237条、修改460条，古籍修复33册。数字化加工民国文献6.7万页。全年接待读者119.74万人次，书刊文献外借30.79万册次；举办讲座、展览、培训等各项读者活动81场，参与10.7万人次。图书馆网站、微博、微信等年访问量314.92万次。

为分馆送书下乡15000余册次。编辑《市长专报》《决策参考》等专题资料11项321期；创办《疫情专报》《信息速览》（决策参考线上产品）29期；开展重点服务课题40项。为“两会”提供服务，向代表、委员发放《建设品牌城市》《区块链》《文旅融合》《夜经济》等专题资料300份。

在疫情常态化背景下，调整服务方式，积极研究网上服务新模式，连续推出“赏阅阁”“悦享书屋”“阅享盛京”“阅活·悦动”“视听堂”等多项线上活动，并积极探索网上阅读体验新方式，制作推出“盛京书虫”app。（沈阳市图书馆）

【沈阳市图书馆举办建馆112周年“一起爱阅读”系列文化活动】 10月，沈阳市图书馆举办为期1个月的“‘百年沈图，世纪书香’沈阳市图书馆建馆112周年‘一起爱阅读’系列文化活动”。系列活动推出“文化名家讲座”“文化名人学术成就展”“辽宁知名作家有声作品推荐”“精品电影展映”“征文朗读大赛”“阅读达人评选”“趣味打卡游沈阳”“2020青年策展人‘踏浪’计划培训”等一系列文化活动。同时，还举办“沈阳市图书馆历史图片展”“近代图书馆历史杂谈”等活动，与市民共同重温沈阳市图书馆百余年厚重的历史文化和辉煌的发展历程。（沈阳市图书馆）

【“中日青少年交流促进年——中国沈阳·日本佐世保青少年绘画作品双城交流展沈阳站活动”在沈阳市图书馆举办】 11月28日，由沈阳市人民对外友好协会主办，沈阳市图书馆、沈阳市和平区南京街第一小学承办的“中日青少年交流促进年——中国沈阳·日本佐世保青少年绘画作品双城交流展沈阳站活动”在沈阳市图书馆拉开帷幕。活动采用云视频的方式连线沈阳会场与日本佐世保会场，以“和平、友谊、美好、希望”为主题，遴选并展出2个城市108幅孩子们的绘画作品，展期1周。活动旨在为两地青少年搭建交流思想、展示绘画艺术、增进友谊的平台，促进沈阳市民间友好事业发展。（沈阳市图书馆）

【沈阳市少年儿童图书馆概况】 2020年，沈阳市少年儿童图书馆新增文献48228册，接待读者19.96万人次，书刊文献外借55.44万册次；举办讲座、展览、培训等活动310场，参与10.31万人次，其中讲座87场，9378人次；展览22场，49837人次；读者培训51场，5348人次；新建分馆5个，配送图书2.5万余册；流动图书馆全年书刊借阅9.64万人次、29.04万册次。

2020年，以“量馆定制+精准帮扶”为主旨，开展“精准扶智”文化惠民服务，先后走进辽中区潘家堡镇于家台村、于洪区沙岭街道沙坨子村等社区20余次，以分馆建设开展“精准扶智”文化惠民服务，推进公共文化普惠均等进程。

2020年，沈阳市少年儿童图书馆读者服务及阅读活动以线上形式为主。全年开展“会讲故事的地球”绘本创意秀征集评选活动，“亲子打卡21天，与名师相约春天里”等线上公益名家讲座，“爱护环境　从我做起　争做环保小卫士”等线上答题活动，“喜迎国庆　歌颂祖国”等线上诵读活动，“非遗焕新彩　纸艺传文明”（线上、线下）、“童心献祖国，中秋话非遗”等弘扬传统文化活动，“书香沈阳　万家共读”等云阅读活动；利用新媒体平台打造“公益品牌活动+直播”线上活动新模式，4月23日至6月30日，微信公众号访问量16000余次；年网站访问量总计12.48万页/次。各类活动被辽宁日报北国网、《沈阳日报》、辽宁广播电视台、沈阳广播电视台、“学习强国”辽宁学习平台、人民网辽宁频道等主流媒体宣传报道。（沈阳市少年儿童图书馆）

【大连市图书馆概况】 2020年，大连市图书馆采购、验收、移交各类文献7.83万种，11.62万册/盘。全年续订数据库19个，外购数据库累计59个，总量127TB，同比增长18%。年增加电子书9251种、电子期刊565种1775册、图片10万张、报纸30种、视频4100部，新增7000集有声读物、124万条标准专利数据、2万套试题。全馆数字资源总量已达325.89万种711.28万册/集，存储总量累计达285TB，同比增长51%。

大力弘扬传统文化。大连市图书馆依托白云书院“国学义塾”“传统文化讲座”等“白云系列”特色文化品牌，建立经典传习所，这是由国家图书馆（国家古籍保护中心）首批授牌的“中华经典传习所”。国学义塾招生57人，全年在籍学员共计197人，线上、线下授课327课次，受众6889人次。开设“大图市民文化讲座精华”“大图名家讲座精华”两个系列的线上讲座，创新开设“书院话节气”系列线上讲座，全年共举办各类讲座95场，近4000人次参与（含线上阅读量）。

推介经典，倡导阅读。全年通过开展“大连读书月”“世界读书日”“图书馆宣传服务周”等系列主题活动开展全民阅读推广活动，活动以线上为主。全年举办线上、线下讲座，培训，展览及其他读者活动共计816场、33万余人次。多媒体阅览区·音乐图书馆全年举办“数字资源服务站”“旋律漫吧”“特别奉献”“悦读电子书”“视频讲堂”“光影长廊”等特色活动308场，11.93万人次参与（含线上点击量）。

专项服务成果显示。为“两会”提供深层次服务，以“城市现代化治理”为核心制作的“两会”新专刊，为政府决策提供高质量的信息服务。全年完成《工业互联网赋能现代制造业》《自由港——城市开放新格局》《人工智能助力现代治理》3个专题报告。

2020年，大连市图书馆获评中国图书馆学会馆员书评第八季征集活动“组织之星”；被大连市社科联评为“大连市哲学社会科学学术活动基地”。（大连市图书馆　于莉娜）

【大连市图书馆举办系列读书活动】 “4·23” 世界读书日期间，大连市图书馆举办“情满滨城　书香大连”2020年“世界读书日”全市图书馆阅读推广活动。依托新媒体平台，推出“宅”家乐趣玩不停——AR创意摄影抗击疫情主题大赛、大连市图书馆各分馆风采展示、“册府千华”大连地区藏国家珍贵古籍特展暨古籍保护成果展、“阅读让人宁静，书香给人自信”世界读书日·数字展览矩阵活动、第十一届“白云图书奖”评选等10大系列20余项特色线上活动。同期，大连市公共、高校系统各图书馆共举办系列阅读推广活动117场，15万余人次参与。（大连市图书馆）

【大连市少年儿童图书馆承办“与书为伴·共创明天”大型读书系列活动】 4月27日，2019—2020年“与书为伴·共创明天”大型读书系列活动启动大会在大连市少年儿童图书馆举行。活动由大连市公共文化服务中心、大连市教育局、少先队大连市工作委员会、大连市文化和旅游局联合主办，大连市少年儿童图书馆、各区市县图书馆共同承办。活动包括2019全国阅读年“满怀信心·拥抱梦想”庆祝中华人民共和国成立70周年优秀征文网络展示，“书香校园”和“读书小达人”评选，数字资源阅读推广、“成长之路”系列讲座和“你读经典，我买单”等，覆盖全市11个区市县（先导区）、30余所学校，共举办活动132场，51809名读者参与。因在全民阅读工作中成效突出，大连市少年儿童图书馆在中国图书馆学会公布的2019年全民阅读工作有关名单中入选“全民阅读示范基地”名单。（大连市少年儿童图书馆　梁雪）

【鞍山市图书馆概况】 2020年，鞍山市图书馆入藏新书1.69万种，4.26万册（其中少儿图书3585种10114册），馆藏总量达66.28万种，192.3万册。全年共接待读者31.77万人次（其中少儿读者7.84万人次），流通图书30.66

万册次（其中少儿读者21.29万册次），新增办证读者5202人。

举办讲座、展览等读者活动226场，参与读者37.71万人次。其中：讲座70场，1.58万人次参与；展览44场，11.62万人次参与；其他读者活动112场，24.52万人次参与。举办读者培训16场，534人次参与；开展图书馆业务培训及基层培训7场，53人次参与。通过官方网站、微博、微信等方式向读者提供服务，累计阅读量近15万人次；数字图书馆网站读者访问量达10万次；开启抖音宣传推广模式，发布宣传小视频20余条。

示范项目创建工作全面铺开，为海城、台安、岫岩3家县区分馆调配图书近11.5万册，为联合借阅成员馆加工图书数据35万余条。编印并下发《鞍山地区公共图书馆联合借阅规章制度汇编》，实现入网成员馆管理的制度化和标准化。10月，通过省文化和旅游厅专家组的示范项目实地验收及国家专家组示范项目答辩。

一卡通分馆建设取得新进展。全年新建分馆17家，配送图书14800册，实现首个高校图书馆并网。鼓励社会力量参与联合借阅分馆建设，建成响心谷景区分馆，探索文旅融合发展新路径。

开展志愿服务活动10余次，鞍山市图书馆志愿者服务项目被鞍山市精神文明办列为2020年市级志愿服务项目。启动郭明义爱心团队振峰公益分队“鞍山市图书馆志愿服务基地”。（鞍山市图书馆　李艳）

【抚顺市图书馆建立党政机关分馆】 4—6月，为拓展全民阅读活动的载体和形式，通过流动服务为党政机关提供公共文化服务，抚顺市图书馆在抚顺市公安局东洲公安分局、抚顺市大数据应用中心、抚顺市公安局警卫支队3家党政机关单位建立“图书流动服务站”，不定期为流动站更换配送图书和开展各类活动，扩大图书馆的服务范围，让更多的读者享受到阅读的乐趣。（抚顺市图书馆　菅晓睿）

【本溪市图书馆举办“书香伴读、赢精彩人生”读书分享会】 4月23日，本溪市妇女联合会、本溪市图书馆共同主办“书香伴读、赢精彩人生”线上读书分享会。会上，全民阅读品牌创始人贺彩以视频的方式致辞并倡议“让我们一起热爱读书，让阅读快乐起来”。本溪市妇女联合会宣传部部长刘翠丽倡议广大女性养成多读书、读好书、好读书的习惯，并向广大妇女推荐阅读书目。本溪市图书馆副研究馆员丁轶介绍本溪全民读书节系列活动内容，活动通过云端搭建阅读平台、提供阅读资源、开展线上阅读推广活动。（本溪市图书馆　廉丽华）

【丹东市少年儿童图书馆开展丹东市2020年“绿书签行动”系列宣传活动】 6月，丹东市少年儿童图书馆开展2020年“绿书签行动”系列宣传活动。此次活动历时4个月，以线上、线下相结合的方式宣传推广，线下以少儿图书馆一楼大厅为宣传阵地，设置“绿书签”主题展板，利用“主题图＋主题内容＋主题倡议书＋主题签名”的宣传元素，让“绿书签行动”的理念直观地展现在大众面前。线上活动累计推送专题宣传6期、优秀读物26篇，受众500余人次。（丹东市图书馆　刘晓辉）

【丹东市图书馆开展“弘扬英雄城市精神　争做新时代好少年”征文活动】 7—10月，由丹东市关心下一代工作委员会、市精神文明建设指导委员会办公室、市文化旅游和广播电视局、市教育局、共青团丹东市委员会共同主办的，丹东市图书馆承办的“弘扬英雄城市精神　争做新时代好少年”征文活动举行。活动涵盖丹东市内7个赛区255所学校，共计177525名学生参赛。（丹东市图书馆　刘晓辉）

【锦州市图书馆概况】 2020年，锦州市图书馆采购图书4021种4089册，报纸66种93份，期刊322种322份，人大复印报刊资料139种139份，全国报刊索引2种2份；征集并加工地方文献图书195种250册。全年接待读者13万人次，书刊文献外借28万册次。举办读者活动60余次，新建1个馆外流通站，共解答咨询786条，编辑《锦州人文》4期、《诗说锦州》6期。更新网站子网19页，修改链接4项。（锦州市图书馆　陆文静）

【“营口市图书馆海警书屋”成立】 6月4

日，为推动全民阅读，拓展军民融合新领域，提升战士文化素养，营口市图书馆在营口海警局设立“营口市图书馆海警书屋”并举行揭牌仪式。营口市图书馆为海警官兵精选军事、政治、传记、文学等十几种、千余册图书和听书卡等电子资源100份。海警书屋的建立，丰富了官兵的业余精神文化生活，营造了浓厚的警营读书氛围，同时实现了军地需求和资源双向对接、相互支撑和共赢互促。（营口市图书馆　胡文静）

【辽宁省公共数字文化服务推广培训班在营口市举办】 9月28—29日，由辽宁省图书馆主办，营口市公共文化服务中心、营口市图书馆承办的辽宁省公共数字文化服务推广培训班（营口站）在营口市举办。营口、盘锦2市各公共图书馆馆长及公共数字文化工作部门负责人和业务骨干等共70余人参加培训活动。此次培训为全面推进辽宁省公共数字文化推广工作，加强馆际交流，提升图书馆公共数字文化服务效能起到积极的推动作用。（营口市图书馆　胡文静）

【阜新市图书馆开展阅读活动】 2020年世界读书日期间，阜新市图书馆与樊登读书联合开展阅读活动。此次活动为读者提供14天樊登读书的会员听书权限，通过线上、线下两种形式发放会员听书权限。线上通过图书馆微信公众号为读者提供扫码领取会员听书权限，线下在阜新市图书馆现场发放樊登读书会员卡。活动通过收听樊登老师的经典解读，引导读者体验阅读新风尚，感受阅读魅力，丰富读者文化生活。7—8月，阜新市图书馆举办以“书的影响广泛而深远”为主题的“阜新市图书馆（1955—2020）65年历程剪影”展览。展览展出照片253张，向广大读者全方位展示该馆在不同历史背景下服务大众、科技惠民、少儿阅读、全民阅读等公共文化服务工作。（阜新市图书馆学会　李梅）

【“精典图书‘推荐书籍’展示平台”在辽阳市图书馆开放】 6月30日，辽阳市社会科学界联合会与辽阳市图书馆共同建设的“精典图书‘推荐书籍’展示平台”正式向读者开放。“展示平台”设立在辽宁省社会科学普及基地——辽阳市图书馆。平台精选社会主义发展史、改革开放史、党建图书及科普读物等书籍供社会公众学习。（辽阳市图书馆　祁月月）

【铁岭市图书馆成立“24小时城市书房”】 11月，铁岭市图书馆“24小时城市书房”正式成立。书房建筑面积约200平方米，可容纳70人在馆阅读。书房采用电子感应门，读者可刷身份证进入书房。书房内设自助借还书机、自助办证机。为加强疫情防控，阅读还为读者提供自助消毒机对借阅图书进行消毒。（铁岭市图书馆　武霞）

【朝阳市图书馆“建专家志愿服务平台，致脱贫攻坚策略研究”项目被评为辽宁省科协科技志愿服务“智惠行动”重点项目】 2020年8月，朝阳市图书馆向辽宁省科学技术协会申报“建专家志愿服务平台，致脱贫攻坚策略研究”志愿服务“智惠行动”重点项目并获得评审通过，项目资助经费3万元。2014年起，朝阳市图书馆组建由畜牧、养殖、医疗、心理、教育等行业专家组成的志愿服务团队，从“智力扶贫”“健康扶贫”“教育扶贫”入手，开展志愿服务活动。（朝阳市图书馆学会　倪海燕）

【盘锦市图书馆开放“24小时自学空间”】 7月，盘锦市图书馆“24小时自学空间”正式对外开放。盘锦市图书馆将普通的自习室重新设计、装修，为读者提供与“24小时城市书房”配套的“24小时自学空间”，打造“一站式”自习、借阅的公共文化服务场所，实现数字化、智能化、零接触的阅读服务，为社会公众提供全天候、高品质的阅读休闲服务。（盘锦市图书馆　刘莉）

吉林省

【吉林省图书馆概况】 2020年，因疫情防控限流限时开放，吉林省图书馆接待到馆读者65万人次，外借纸质文献30万册次，开展线下活动36项、线上活动312项，网站、微信、微博、app、授权访问系统、抖音、快手等远程访问读者近5000万人次，外购数字资源的总点击量达2.8亿次。荣获吉林省“服务农民、服务基层”文化建设先进集体、吉林省民族团结进步先进集体、事业单位脱贫攻坚专项奖励集体嘉奖、“书香吉林”建设省级示范单位、吉林省未成年人思想道德教育示范基地、2019—2020年公共机构能效领跑者、第六届全国文明单位等多项荣誉称号。《吉林省公共图书馆特殊群体服务工作调研》荣获全国文化和旅游系统2019年度优秀调研报告，“亲子图书管理员”志愿服务项目荣获文化和旅游部2020年全国文化和旅游志愿服务项目线上大赛一等奖。（吉林省图书馆）

【吉林省图书馆建设吉林省版本图书库】 2020年，吉林省图书馆与吉林省新闻出版局合作，推出“吉版精品图书馆”，面向公众集中展示吉林省出版业精品成果，深度挖掘具有文化传承和时代特征的本土精品图书的文化内涵，助力全省社会主义精神文明建设。在此基础上，建成版本图书库，全面收藏省内出版的文献，创新服务理念，打造吉林文化品牌，贯彻落实《吉林省全民阅读促进条例》。（吉林省图书馆）

【吉林省图书馆推出专业古籍展览】 1月，吉林省图书馆典籍博物馆展出“书林明话——吉林省图书馆藏明代版刻专题展”，这是吉林省图书馆筹划的第三次专业古籍展览。共展出馆藏珍贵典籍72部，涉及经史子集全部类目，官刻本、民间刻本中不乏珍本佳椠，全面展示明代版刻的发展和繁荣，引领观众走进传统文化的世界。展馆还设置明代名人书画展区，让读者置身其中感受传统文化的魅力，拓展省级图书馆社会教育新职能。（吉林省图书馆）

【“吉林省文旅百科资源平台”正式上线运行】 8月1日，“吉林省文旅百科资源平台”正式上线试运行。平台由吉林省图书馆与同方知网（北京）技术有限公司合作建设，是集资源展示、学术研究、文化推广等多功能于一体的文旅资源整合平台，开设“信息发布”“畅玩吉林”“游记分享”“文化资源”“文化长廊”“线上征集”6个栏目，全方位、多角度展示吉林省的文化旅游资源、文化艺术活动。截至2020年底，平台登录次数达175万次，拥有机构用户377个。（吉林省图书馆）

【吉林省图书馆完成法人治理结构改革工作】 12月14日，吉林省图书馆举行第一届理事会、监事会成立大会，标志着吉林省图书馆向法人治理结构改革迈出坚实的一步。吉林省图书馆第一届理事会共由13名理事和3名监事组成，吉林省民间文艺家协会主席曹保明任理事会理事长，吉林省文物考古研究所党总支书记吴辉任监事会监事长。理事构成涵盖政府职能部门、业界专家、知名学者、图书馆管理层和职工代表，其中社会代表占理事总数的五分之三，有助于改善监督评估机制，争取更多社会资源。（吉林省图书馆）

【长春市图书馆概况】 2020年，长春市图书馆经费总投入4765.7万元，其中文献购置费1200万元。全年订购中外文图书6.4万种7.5万册，订购中外文报刊4291种。采购数据库45种，试用数据库10种。接受捐赠图书979册。总藏量397万册/件，其中：普通文献335.5万册，电子图书61.5万册；数字资源本地存储总量达到120TB。全年外借各类普通文献52.9万册次，电子图书下载155万册次，网站访问量979万余次，远程数字资源访问量2741万次，移动端访问量1155万次。全年编辑制作市文广旅局国际交流活动信息专刊《H文旅》1期，编辑《立法信息快讯》20期，面向长春市人大、市政府等单位提供课题咨询26项。全国网上联合参考咨询解答课题2万余条。全年接待读者19.3万人次，新办理读者证1.3万余张。媒体报道1400余次。自媒体发文4839篇，总阅读量998万人次，微信公众号积累用户10.6万人。全年编印阅读推广刊物《品读》6期，编印《长图视窗》4期。全年共举办各类型读者活动546场，28万人次参与。完善城市阅读书网实体网点建设，新建标准化示范性分馆3个、阅书房2个。截至2020年底，在全市共建成示范分馆34个、阅书房8个。全年为各分馆配送图书3.4万册，联动分馆开展线上、线下活动96项。对流动图书馆部分服务网点进行调整，全年开展服务193天，新办读者证457张，借还文献2万余册，服务9000人次。2月，长春市图书馆“义务小馆员”志愿服务项目在2019年度全国宣传推选学雷锋志愿服务“四个100”先进典型活动中，被推选为最佳志愿服务项目。（长春市图书馆）

【长春市图书馆开展“战疫岁阅·优享书香”专属阅读服务赠送活动】 4月，长春市图书馆以致敬家乡“最美逆行者”为主题，开展“战疫岁阅·优享书香”专属阅读服务赠送活动，深入长春市人民医院等4家单位，为长春市援鄂医疗队成员送上专属阅读服务大礼包。同时，长春市图书馆还与这4家医院签署共建合作意向书，推动“书香医院”项目建设。（长春市图书馆）

【长春市图书馆开展抗“疫”资料征集活动】 4—9月，为发挥公共图书馆收集、整理、保存和传承地方文献的职能作用，长春市图书馆组织开展“长春记‘疫’ 大爱无疆——长春市图书馆向社会各界征集抗‘疫’资料”活动，面向社会累计征集各类抗击疫情文献资料2400余件。于4月举办“长春记‘疫’ 大爱无疆——长春市图书馆抗‘疫’资料征集成果展”，《长春晚报》设专题《城市记“疫”》对征集活动进行系列报道。（长春市图书馆）

【长春市图书馆承办“‘书香长春 都市风尚’2020长春市民读书节”】 6—10月，长春市图书馆成功承办“2020长春市民读书节”活动。此次读书节由“开幕式”“吾阅吾城”“吾讲吾城”“吾行吾城”“吾爱吾城”5个活动板块组成，自6月30日至10月11日，历时104天，在全市范围内共开展130项阅读推广活动，其中以4场“仲夏夜”换书大集、成立长春市民换书中心、5场“城市热读”夜论坛、“书醒书包——阅读养成接力赛”等活动为亮点，充分展现“立体阅读”的魅力，受到市民的肯定和称赞。（长春市图书馆）

【长春市图书馆完成《伪满洲国联合协议会记录档案》出版项目整理工作】 8月，长春市图书馆申报的《伪满洲国联合协议会记录档案》出版项目通过在国家图书馆召开的2020年革命文献与民国时期文献整理项目专家评审会评审，获准立项。截至本年底，项目已经完成73种书的目录、16000余页扫描文件的整理工作，预计2021年出版图书30册。（长春市图书馆）

【长春市图书馆举办首届“长春冰雪阅读季”活动】 12月，长春市图书馆举办2020年首届“长春冰雪阅读季”。此次阅读季以“都市冰雪 阅美启航”为主题，采取全市各级公共图书馆联动、媒体全程助力的形式，在全市范围策划举办“长春记忆”“冰雪嘉年华”“辛丑迎新”“分众阅读”4大板块、140项线上与线下相结合的阅读推广活动，通过展现“冰雪文化与阅读融合”的魅力，助力首届长春冰雪节。（长春市图书馆）

【白山市图书馆收藏该市作者创作的优秀抗疫歌曲】 2020年，白山市图书馆收藏了由白山市作者陆新桥作词、曹旭作曲的原创抗疫歌曲《好想对你说》，该作品入选中国当代歌曲创作精品工程“听见中国听见你”2020年度优秀歌曲奖，也是吉林省唯一入选的原创作品；另外还收藏了由白山市作者张晓波作词的《我是一只小小的口罩》，刘苏东作词、曹旭作曲的《等你回来》，刘洪成作词、张军作曲的《相信》，王旭恒作词、曹旭作曲的《无名星》，孙媛作词、吴红义作曲的《拉住你们的手》5首作品。这5首作品都是入选吉林省抗击疫情优秀歌曲集《永远在一起》的原创作品；收藏2020年白山市音协举办的“艺起抗疫”优秀原创作品22首。（白山市图书馆）

【农安县图书馆荣获2020年吉林省“服务农民、服务基层”文化建设先进集体】 2020年，农安县图书馆充分发挥“书香农安”品牌文化引领的作用，通过线上、线下举办以时政热点和历史题材为依托的疫情防控、孔子诞辰等宣传教育活动；以中华优秀历史传统为主题的清明、中秋、国庆等相关节日纪念活动；以“我们的中国梦”为创意亮点的文化服务进万家系列活动，以服务农民、服务基层为重点，开展网上农家书屋“阅读助农、冰雪阅读季”民生读本、惠民购书卡发放等特色阅读活动112场，荣获2020年吉林省“服务农民、服务基层”文化建设先进集体。（农安县图书馆 朱利）

【抚松县图书馆概况】 2020年，抚松县图书馆通过不断提升环境设施和服务能力、完善城乡阅读服务网络、持续开展丰富的阅读推广活动、设立多部门联动和表彰激励机制、树立阅读推广服务品牌、积极宣传扩大影响等多项举措，有效发挥图书馆在全民阅读工作中的带动作用，全年实现接待读者 21 万人次、流通图书 12.27 万册次，举办线下阅读活动 75 场次，微信平台发布信息 161 期。抚松县图书馆还在全县范围内建有图书分馆 21 家、农家书屋 129 个、全国文化信息资源共享工程基层服务点 174 个、社区阅读空间 29 个，累计投入图书 29 万册、电子书借阅机 30 台，在县域内形成社会各界共同倡导、共同参与全民阅读的发展态势。10 月，抚松县图书馆被中国图书馆学会评为“2019 年全民阅读先进单位”。（抚松县图书馆　梁福海）

黑龙江省

【概况】 2020 年，黑龙江省共有公共图书馆 103 个。馆舍建筑总面积达 35.06 万平方米，阅读座席 27639 个，总藏量 2356.48 万册；财政拨款 2.79 亿元，专项购书经费 1878.50 万元；新购藏量 70.30 万册，其中报刊 24282 种；从业人员 1535 人，其中专业技术人员 1296 人，包括中级职称 613 人、副高级职称 343 人、正高级职称 106 人；办理借书证 91.78 万个；书刊文献外借 126.88 万人次、288.22 万册次，总流通 396.13 万人次；计算机 5414 台（其中电子阅读室终端 3316 台），图书馆网站访问量达 2537.47 万次；组织各类讲座 537 次，4.92 万人次参与；举办展览 604 个，40.01 万人次参观；举办培训班 914 个，4.65 万人次参与。

拓展阅读活动品牌服务范围。大型公益文化讲座“龙江讲坛”突破现场讲座形式，线上、线下同步开讲，全年举办讲座 29 期，收看约 30 万人次，“科学防疫　健康生活”“文艺家说”“学两会　话民生”等系列讲座既契合时代发展趋势，又贴近百姓民生，极大地增加了公益文化传播力度。在成功创办全省阅读品牌活动“阅读助力人生”诵读比赛的基础上，黑龙江省图书馆联合全省公共图书馆打造线上品牌活动“龙江诵读”，持续推出第二季“为爱发声”诵读比赛、第三季经典古诗词朗诵比赛，累计参赛作品 1267 个，总播放量 14.85 万次。黑龙江省图书馆连续三年举办“童书进校园”馆校合作阅读推广活动，2020 年与 7 家小学合作，进入校园开展阅读推广活动并送去 3000 册精品童书，持续引导、激发少儿阅读。

深入挖掘龙江本土文化基因，催生黑龙江省文化和旅游发展新动能。2020 年，黑龙江省图书馆在黑河市爱辉区、北安市、孙吴县建设完成 5 个文旅融合示范点；拍摄完成《金源文化》《龙江老字号——老鼎丰》《世一堂》《虎林摄影》《阿城版画》《绥棱黑陶》《达斡尔族鲁日格勒舞》《赫哲族伊玛堪》等专题片，以及《龙江留守儿童》1 期、2 期多媒体资源库等共计 16 个项目；上传自建地方特色数据资源《黑龙江流域的自然与文明》《大美龙江》《黑龙江非物质文化遗产》《渤海靺鞨绣》等 21 部共计 238 集专题片至黑龙江公共服务智慧平台——龙江文旅云；举办“黑龙江的诗与远方”文旅融合系列讲座；开发黑龙江省图书馆馆藏珍品纪念币。（黑龙江省图书馆学会秘书处）

【黑龙江省图书馆开展“我的中国梦　文化进万家”文化小分队扶贫扶智主题活动】 1 月 14 日，黑龙江省图书馆组织策划的“我的中国梦　文化进万家”文化小分队扶贫扶智主题活动启动仪式在海伦市图书馆举行，黑龙江省图书馆馆长高文华、副馆长张大尧，海伦市政府副市长陈岩、市文体广电和旅游局局长韦秀梅等领导出席。活动包括：为海伦市 23 个乡镇建设数字文化服务网点和 7 个中心村建立数字文化驿站配置 2020 年贫困地区公共数字文化服务提档升级公共数字文化设备；向海伦市东方红小学捐赠图书 500 册，与该小学开展少儿主题文化活动；向海伦市文体广电和旅游局、市博物馆、市文化馆、市图书馆赠送由黑龙江省图书馆自主拍摄制作的大型文献纪录片《黑龙江流域的自然与文明》；文化服务品牌“龙江讲坛”特邀海伦市老科协秘书长、市老年大学校长谭海学，为 500 多名师生做“海伦地下党的革命斗争”专题报告。（黑龙江省图书馆学会秘书处）

【“2020 年中华古籍普查文化志愿服务行动 · 黑龙江行”启动】 7 月，由中国古籍保护协会主办、黑龙江省古籍保护中心（黑龙江省图书馆）等单位承办的“2020 年中华古籍普查文化志愿服务行动 · 黑龙江行”在黑龙江省图书馆启动，近 40 名志愿者参加，以青年学生和古籍爱好者为主要力量。黑龙江省古籍普查工作得到中国古籍保护协会的大力支持，采用引进、招募志愿者的方式，加快全省古籍普查工作的进度，培训出一批具有实践经验的古籍领域人才。活动历经 3 个月，完成省内 3 家单位的 2000 余种、30000 余册古籍的普查登记。（黑龙江省图书馆学会秘书处）

【佳木斯·同江第六届中俄边境文化季开幕式暨同江市旅游文化展启动仪式在黑龙江省图书馆举行】 7 月 10 日，佳木斯·同江第六届中俄边境文化季开幕式暨同江市旅游文化展启动仪式在黑龙江省图书馆举行。黑龙江省文化和旅游厅、黑龙江省图书馆、佳木斯市文化广电和旅游局、同江市委宣传部、同江市政府等单位相关领导出席启动仪式。同江市旅游文化展旨在深入贯彻中央、省、市关于旅游行业复工复产的号召，加快旅游文化深度融合，向外界集中展示同江优质旅游资源和文化精品。活动包括：同江文化旅游图片展览、文旅宣传片展播、旅游商品文创产品展示、图书画册展示、非遗传承人现场演示制作等内容。活动历时 1 个月。（黑龙江省图书馆学会秘书处）

【黑龙江省图书馆黑河地区文旅融合示范点建设完成】 8 月，黑龙江省图书馆在黑河市爱辉区、北安市、孙吴县建设完成 5 个文旅融合示范点：瑷珲镇外四道沟村“新时代文明实践中心”、瑷珲镇“古镇书房”、小乌斯力村流动分馆、黑龙江省委旧址陈列馆红色文献馆、胜山要塞战争主题图书分馆。根据示范点的实际情况和需求，共投入纸本图书 8000 册、公共文化服务一体机、电脑、中国文化网络互动播放终端、资源服务宝等设备和资源。对示范点工作人员进行 VPN 数字资源平台使用、黑龙江省图书馆数字资源平台使用与更新等内容的培训，保障其完成日常管理及服务。文旅融合示范点的建立极大地提升了旅游景区的文化品位，丰富了游客的文化生活，使中外游客在领略黑龙江壮美自然风光的同时，享受黑龙江良好的公共文化服务，进一步推进黑龙江文化与旅游的深度融合。（黑龙江省图书馆学会秘书处）

【“2020‘我最喜爱的童书’阅读推广活动”正式启动】 10 月，“2020‘我最喜爱的童书’阅读推广活动”在黑龙江省正式启动。黑龙江省图书馆在省内择选哈尔滨市区 3 所小学（哈尔滨抚顺小学、育红小学、台屯小学）、地市 4 所小学（黑河市第五小学、密山市铁路小学、绥化市英俊小学、伊春市金林区第二小学）进行合作。活动覆盖校园书香氛围浓厚的市中心小学、阅读资源相对匮乏的乡村小学等。黑龙江省图书馆为 5000 余名孩子送去近 3000 册榜单童书，使孩子们在学习中享受优质便捷的阅读服务，进一步发挥图书馆“普遍均等并惠及全民”的公共文化服务作用。（黑龙江省图书馆学会秘书处）

【第三届“我是你的眼”公益助盲行动在黑龙江省图书馆启动】 10 月 18 日，由黑龙江省委宣传部主办，黑龙江省悦咿呀文化发展有限公司承办，黑龙江省图书馆、省少年志愿者总队协办的第三届“我是你的眼”公益助盲行动启动仪式在黑龙江省图书馆举行。黑龙江省委宣传部、黑龙江省图书馆相关领导，“我是你的眼”公益助盲行动发起人王晶及 100 余名青少年志愿者参加。活动采用现场直播的方式，黑龙江网、书香龙江官方公众号、悦咿呀官方公众号对活动进行实况转播，9 万余人次线上观看。黑龙江省图书馆期待更多的社会爱心人士共同关注、参与公益助盲阅读推广活动，传播大爱、助力开启美好生活。（黑龙江省图书馆学会秘书处）

【2020 年黑龙江省古籍保护工作培训班在黑龙江省图书馆举办】 11 月 9—12 日，由黑龙江省图书馆、省古籍保护中心主办的“2020 年黑龙江省古籍保护工作培训班”在黑龙江省图书馆举办，全省 30 个古籍存藏单位的 70 余名古籍保护工作业务骨干参加培训。授课老师包括黑龙江省图书馆特藏部主任袁澍宇、副主任金凤，省古籍保护中心工作人员杨帆、张丹玫等。内容包括古籍保护平台的使用、古籍保护平台的著录、古籍保护平台定损著录等课程。全体学员在培训过程中进行计算机实践操作。授课老师通过工作中的大量实例，针对目前古籍保护平台著录过程中遇到的问题和难题提出切实可行的解决办法并完善相关工作标准。（黑龙江省图书馆学会秘书处）

**【哈尔滨市图书馆打造“一书·一城”文化

品牌首次跨界电视栏目】 4月23日，第25个世界读书日当天，哈尔滨市图书馆阅读推广品牌活动“一书・一城”举办世界读书日特别节目，由专家解读《伍连德及东三省防疫资料辑录》一书。此次特别节目由哈尔滨市图书馆和哈尔滨广播电视台联合承办，黑龙江大学历史文化旅游学院副教授高龙彬和伍连德纪念馆研究员程立作为嘉宾走进直播间，通过讲述百年前伍连德在哈尔滨抗击鼠疫事件，回顾哈尔滨那段鲜为人知的、惊心动魄的抗疫历史。《伍连德及东三省防疫资料辑录》一书由哈尔滨市图书馆李冬梅主编，由该馆所藏1949年以前有关伍连德及东三省防疫活动的图书、报纸资料等辑录而成。（黑龙江省图书馆学会秘书处）

【黑龙江省公共图书馆“十四五”规划培训班暨2020年地市图书馆馆长工作会在牡丹江市图书馆召开】 9月25日，黑龙江省公共图书馆“十四五”规划培训班暨2020年地市图书馆馆长工作会在牡丹江市图书馆召开。黑龙江省文化和旅游厅、牡丹江市文化广电和旅游局相关领导，省、市公共图书馆馆长等近40人参加会议。培训分“学术报告”“专题发言”“交流研讨”“考察学习”4部分。学术报告环节，会议由黑龙江省图书馆副馆长王妍主持。黑龙江省图书馆馆长高文华以《谋划新规划　担当新使命　创造新业绩》为题，传达在“学习贯彻习近平总书记给国图老专家回信精神一周年座谈会”上文化和旅游部副部长张旭、国家图书馆馆长饶权的讲话精神，结合国家图书馆在全国层面重点策划的项目与大家探讨研究该省“十四五”时期在公共图书馆智慧化升级转型、古籍保护工程、创新文献借阅服务、深化文旅整合等方面的重点工作。黑龙江省图书馆常务副馆长张大尧以《智慧图书馆与总分馆建设》、副馆长于爱君以《传承弘扬中华优秀文化》为题，就国家政策和全省的相关工作进行详细解读。专题发言环节，哈尔滨市图书馆馆长李冬梅以《学习贯彻习近平总书记给国图老专家回信精神，高质量谋划‘十四五’时期全民阅读事业发展》为题，伊春市图书馆馆长王学文以《“森林书房”迈出伊春文旅融合发展第一步》为题，双鸭山市图书馆馆长李仲倬以《双鸭山市公共文化服务体系建设——图书馆总分馆建设情况汇报》为题，牡丹江市图书馆馆长蒋伟以《图书馆空间再创与阅读推广》为题，和与会代表分享各馆的典型经验和成功做法，为兄弟馆提供借鉴与帮助。交流研讨、考察学习环节，与会代表考察走访了牡丹江市图书馆的西安分馆与恒丰纸业分馆。牡丹江市图书馆积极探索、吸纳社区、企业、学校等社会力量合作建馆的公共文化服务体系之路，为总分馆建设拓展思路。（黑龙江省图书馆学会秘书处）

【黑龙江省优秀抗疫题材剪纸作品展佳木斯地区巡展启动仪式在佳木斯市图书馆举办】 11月26日，由黑龙江省文化和旅游厅主办，黑龙江省非物质文化遗产保护中心、佳木斯市非物质文化遗产保护中心、佳木斯市图书馆联合承办的“我以剪纸为君书”——黑龙江省优秀抗疫题材剪纸作品展佳木斯地区巡展启动仪式在佳木斯市图书馆举行。此次巡展的主题是“抗疫”，展出全省剪纸非物质文化遗产传承人、文化志愿者、爱好者们创作的抗疫主题剪纸作品近100幅。（黑龙江省图书馆学会秘书处）

上海市

【概况】 2020年，上海市图书馆行业各系统图书馆围绕构建新时代中国特色社会主义先进文化的要求，围绕上海国际文化大都市建设、“上海文化”品牌建设和长三角一体化战略等全市中心工作，以常态化疫情防控要求，推动图书馆行业健康、规范、有序地发展。

为贯彻落实文化和旅游部等五部委联合印发的《关于推进县级文化馆图书馆总分馆制建设的指导意见》和上海市文化广播影视管理局等四局委联合印发的《关于推进上海市区级图书馆总分馆制建设的实施意见》，上海市图书馆行业协会完成全市区级图书馆总分馆制建设验收工作，并编辑出版《2019年度公共图书馆行业发展报告》。

2020年，在上海市文明办开展的第三届中国国际进口博览会寻找“最美服务窗口”活动中，上海图书馆总咨询台、视障阅览室，虹口区图书馆总馆服务台，静安区图书馆（新闻路馆）读者服务部入选“最美服务窗口”。“浦东图书馆智慧阅读与创新体验”项目入选上海市文明办

"行业亮点"案例。

2020年是"上海市中心图书馆"建设20周年，中心图书馆体系建设稳步拓展。"一卡通"服务点建设稳中有进，截至2020年底，"一卡通"服务网点数达380个。受疫情影响，"一卡通"业务量回落明显。全年新办"一卡通"读者证7.7万个，同比减少49.3%；"一卡通"持证读者数455万人，同比增加5.26%；"一卡通"文献入藏量达3432.6万册，同比增加4.43%；"一卡通"文献外借1234.4万册次、218.6万人次，分别同比减少56.69%、63.08%。少儿"一卡通"方面，新办读者证1.51万个，同比减少56.41%；少儿"一卡通"持证读者数达205.6万人，同比增加7.5%；"一卡通"少儿图书入藏量452.9万册，同比增加3.12%；"一卡通"少儿图书外借427.1万册次、66.5万人次，分别同比减少59.45%、64.41%。"一卡通"文献物流和分拣数量为59.5万册，同比下降54%。

深入开展上海市公共数字文化工程建设。组织完成2020年核定项目立项申报评审，共计9个承建单位21个项目实施方案提交文化和旅游部全国公共文化发展中心。组织项目承建单位填报《公共数字文化工程2021项目预申报表》，共计12个单位23个项目参与项目预申报。按照《关于开展2019年公共数字文化工程地方资源建设项目验收工作的通知》要求，共计推进5个单位8个项目完成建设并提交验收。完成全年31讲共享工程讲座资源征集。进一步优化完善公共数字资源推广工作，组织开展"文旅e家助力美好生活"新春活动，完成市、区、街镇三级图书馆线上服务调研，向国家中心提供疫情期间数字文化服务数据。完成公共电子阅览室管理系统升级，确保公共电子阅览室功能的正常运行。

上海市古籍保护中心开展一系列古籍保护工作，全市古籍普查取得明显进展。上海图书馆、上海博物馆、上海中医药大学图书馆3家收藏机构的66部善本古籍入选文化和旅游部正式公布的第六批《国家珍贵古籍名录》，其中上海图书馆迄今共有607部古籍榜上有名。上海图书馆完成对《上海图书馆古籍普查登记目录》的修订工作，共计审核修改数据15646条。截至2020年底，提交已完成审核修改数据共计108639条。《上海师范大学图书馆古籍普查登记目录》《中国科学院上海生命科学图书馆古籍普查登记目录》正式出版。组织专家完成对上海辞书出版社、闵行区图书馆上交的11175条古籍数据的审核。上海博物馆敏求图书馆完成普通书库藏古籍及1949年前文献清点工作，并对部分古籍提善。上海地区各家收藏机构在馆藏揭示与利用方面不遗余力，在古籍整理与出版方面硕果累累。如上海图书馆出版《上海图书馆藏涉园稿抄校本丛书》100册、《元本资治通鉴》60册、《上海图书馆藏〈西厢记〉善本丛刊》5册、《槜李诗文合集》72册（与浙江省嘉兴图书馆合作）、《上海图书馆藏珍稀家谱丛刊·第四辑》48册等；《复旦大学图书馆藏古籍稿抄珍本·第一辑》由复旦大学出版社出版；《华东师范大学图书馆藏民国书刊选辑图录》的撰写、汇总、分类、校对及书影制作工作初步完成；《上海师范大学图书馆藏古籍善本书志》编纂工作启动；《上海中医药大学图书馆藏珍本古籍丛刊·第二辑》由复旦大学出版社出版。加强古籍保护工作宣传推广。上海图书馆于11月2—22日举办"文明互鉴：上海图书馆徐家汇藏书楼藏珍稀文献展"，展出以馆藏外文历史文献为主的珍稀文献104件；推出"观止讲堂"系列网上讲座，首批《先行说善本》《仲威讲碑帖》两档节目于9月1日在哔哩哔哩平台正式上线；与万代南梦宫（中国）投资有限公司联合举办"融汇古今，乐创未来——非遗技艺体验课"系列公益活动，学习并体验"古籍修复"和"碑刻传拓及拓片装裱"技艺。华东师范大学图书馆策划举办"妙墨琳琅——馆藏稿抄本展""石上流芳——石印本古籍展览""古书丽影——馆藏古籍装帧形式展"等，并同步发布线上展览。上海社会科学院图书馆举办古籍修复技艺之古籍装帧与印刷体验活动。上海博物馆敏求图书馆举办"春风千里——江南文化艺术展"。金山区图书馆举办"缥缃呈彩"江南藏书文化·金山特展。在国家古籍保护中心举办的首届全国古籍修复技艺竞赛中，上海图书馆选送参赛的4件古籍修复作品分别获得一、二等奖，复旦大学图书馆获得团体二等奖。

"上海之窗"力求讲好中国故事，传播上海精彩。在全球六大洲75个国家和地区的175家机构开设的"上海之窗"累计捐赠纸质图书约13万册、电子图书3万种，并可访问"中华家谱”“上海图书馆开放数据”等多个上海图书馆自建数据库。为了在疫情期间让全球合作伙伴仍能享受到来自“上海之窗”的最新读物，2020年的“上海之窗”电子书平台在原有电子图书保持不变的基础上，推出“抗击新冠疫情，保持健康生活”“阅读点亮未来”两大全新阅读专题，并考虑到全球合作馆的读者疫情期间居家隔离的现状，通过技术手段实现疫情期间免认证登录，以求让合作伙伴方便地阅读来自“上海之窗”的电子书籍。（上海市图书馆学会）

【上海图书馆东馆建设取得阶段性成果】 上海图书馆东馆（以下简称“上图东馆”）计划于2020年12月竣工、2021年底开馆试运营。2020年，上图东馆建设取得阶段性成果，上半年通过优质结构评审，年底基本完成幕墙外立面、精装和机电，消防具备联合调试条件。8月11日，市委书记李强赴上图东馆建设工地调研，强调要深入贯彻落实习近平总书记考察上海重要讲话精神，认真践行“人民城市人民建，人民城市为人民”重要理念，高质量高水平规划好建设好运营好重大文化项目，全力打造城市文化精品工程。全年共召开39次上图东馆推进工作研究会议，基本形成每周工作例会机制，不断优化深化设计，落实服务规划和信息功能需求；召开2次“面向未来的上海图书馆”头脑风暴会，邀请专家学者畅谈未来图书馆构想，为上图东馆的设计规划出谋划策。（上海市图书馆学会）

【陈郁编《嘉树堂精品丛刊》捐赠上海图书馆】 1月14日，陈郁编《嘉树堂精品丛刊》捐赠仪式在上海图书馆举行，上海图书馆副馆长周德明代表上海图书馆接受捐赠。陈郁毕业于北京大学经济学院，曾在上海社会科学院等处从事学术研究工作，现从事金石碑帖的收藏和研究工作。此次捐赠的《嘉树堂精品丛刊》共15部15册，其中《崔敬邕墓志》《天发神谶碑》《元公姬氏墓志》《孔宙碑》《宝印斋印式》《簠斋秦诏陶量残片》《窸斋临嵩洛访碑廿四图》等堪称精善之品，具有相当的版本文献及文物价值。（上海市图书馆学会）

【上海图书馆向武汉图书馆援助防疫物资，线上开通“上图方舱数字图书馆”】 2月，在武汉防疫形势最严峻、防疫物资最紧缺的时刻，上海图书馆党委向全体党员发出《关于援助武汉图书馆的倡议书》，号召全体党员自愿捐款购买防护物资。2月17日，上海图书馆全体员工捐赠的防疫物资（84消毒液、医用PVC手套、上海药皂等），通过中国邮政EMS定点驰援武汉图书馆，为武汉地区的图书馆行业同人提供助力。

2月22日，上海图书馆联手湖北省图书馆向湖北武汉方舱医院的患者和医护人员开通“上图方舱数字图书馆”，通过湖北省图书馆的方舱数字文化之窗的“浦江伴读”频道，把“‘上海书展·阅读的力量’2020特别网聚活动”和包括名家寄语资源包、微阅读资源包、家谱资源包、“上图讲座”资源包及《全国报刊索引》晚清民国期刊全文库等优质数字资源送进武汉方舱医院。（上海市图书馆学会）

【“砥砺前行——2020年各界名家抗疫寄语手稿展”开幕】 “4·23”世界读书日当天，“砥砺前行——2020年各界名家抗疫寄语手稿展”在上海图书馆开幕。读者可通过“上海图书馆”微信公众号在线预约参观。配套图录《砥砺前行——2020年各界名家抗疫寄语手稿集》由上海科技文献出版社出版，同日首发电子版。此次展览展出97件各界名家应邀写赠上海图书馆的抗疫寄语手稿及30件来自抗疫一线工作者和集体捐赠的具有历史文献价值的抗疫实物。抗疫寄语的书写者包括科学家、医学名家、学者、作家、翻译家、书画家、文体界人士等。实物的提供者有奋战在抗疫前线的援鄂医疗队、医护人员、新闻记者和画家等。展览至8月5日结束。（上海市图书馆学会）

【上海图书馆推出“上图之夜——阅读点亮城市”特别直播】 “4·23”世界读书日当天，上海图书馆推出“追梦，读享未来”阅读季之“上图之夜——阅读点亮城市”特别直播。上海图书馆党委书记楼巍打开该馆特别珍藏的老唱机，以一曲老唱片音乐《花好月圆》拉开“上图之夜”序幕。直播中，上海图书馆副馆长周德明与馆员带领读者云逛“砥砺前行——2020年各界名家抗疫寄语手稿展”。镜头还带领读者云逛上海图书馆的多个空间，包括已有170年历史的徐家汇藏书楼、探索未来图书馆设计的创·新空间，还有正在全力建设的上海图书馆东馆。此次直播特别邀请中国作协副主席何建明、敦煌研究院名誉院长樊锦诗、上海图书馆馆长陈超，以“大阅读时代，如何寻找阅读之美？”为主题进行现场对话。上海图书馆副馆长刘炜在直播中发布《上海市公共图书馆 2019 阅读报告》。此次活动还设置了互动环节，为在线观看的读者带来丰富的互动体验。活动通过“学习强国”上海学习平台、东方网、看看新闻、澎湃新闻等 12 家平台联合直播，活动总访问量达到 82.71 万次。（上海市图书馆学会）

【上海图书馆 2020 开放数据竞赛奖项揭晓】 4 月 23 日世界读书日启动的上海图书馆 2020 开放数据竞赛于 9 月 30 日收官。通过评审产生一等奖 1 名、二等奖 2 名、优秀创意奖 1 名、优秀设计奖 1 名、优胜奖 5 名、最佳人气奖 1 名以及人气奖 7 名。2020 年，竞赛全面升级为国际赛事，由上海图书馆与国际科学技术信息理事会联合主办。竞赛以“全媒融合，用 DH（digital humanity，即‘数字人文’）解构历史之美”为主题，开放更加丰富和海量的历史人文数据，面向全球征集优秀移动应用产品原型或服务创意，充分释放历史人文开放数据的应用价值和潜力。竞赛的开放数据内容来自上海图书馆、大学数字图书馆国际合作计划（CADAL）项目管理中心、中国历代人物传记资料库（China Biographical Database，CBDB）、复旦大学图书馆、广州搜韵文化发展有限公司、《全国报刊索引》编辑部和上海市公共数据开放平台。开放数据的资源类型有民国书刊、家谱、古籍循证、人名规范库、老电影、盛宣怀档案、红色文献、红色旅游、上海地名志、上海历史文化事件、诗词、藏印和书信等，数据总量达数千万条。此次竞赛针对上述开放数据资源内容，推荐“海上留声”“尺素传情”“中华老字号”“西学东渐”“民国教育”“市井百态”和“海上名家”等 7 个创意主题供参赛者参考。竞赛吸引海内外众多对历史人文数据感兴趣的高等院校与科研院所的师生以及企业职员和数据爱好者，有来自新加坡和国内 19 个省（自治区、直辖市）的共 188 支团队 495 人报名，相比 2019 年竞赛，报名团队数量和参赛人数分别增长 21.3% 与 12.4%。（上海市图书馆学会）

【《上海市志·图书馆事业卷（1978—2010）》通过审定】 5 月 9 日，上海市地方志办公室在上海图书馆召开《上海市志·图书馆事业卷（1978—2010）》审定会。市地方志办公室党组书记、主任洪民荣，上海图书馆馆长陈超、副馆长周德明及以市地方志办公室原副主任莫建备为组长的审定专家组成员、相关编纂人员等 20 余人参加会议。专家组意见认为：《上海市志·图书馆事业卷（1978—2010）》全面系统地记述了 1978—2010 年上海图书馆事业辉煌的发展历程，展现了图书馆为上海经济、社会发展和满足人民群众日益增长的精神文化需求所做出的贡献，是一本成熟的、高质量的志稿，一致同意通过审定。《上海市志（1978—2010）》规划 143 部分志、分卷，《图书馆事业卷》是第 43 部通过审定的志书。（上海市图书馆学会）

【《长三角“城市阅读一卡通”倡议书》发布】 5 月 25 日，上海图书馆联合南京图书馆、浙江图书馆和安徽省图书馆共同发布《长三角“城市阅读一卡通”倡议书》，号召长三角区域三省一市的公共图书馆通力协作、开放创新，共同实现“借阅办证零门槛，文献传递无边界，个性服务通全域，通借通还重实效”。倡议书发布后得到上海市全部 21 家市、区两级馆，以及江苏省 13 家地市级馆、浙江省 6 家地市级馆、安徽省 16 家地市级馆的响应，这些图书馆表示愿意参加后续的联动活动。（上海市图书馆学会）

【长三角公共图书馆智库服务联盟签约成立】 5 月 26 日，在江苏省溧阳市召开的 2020 年长三角文化和旅游联盟联席会议上，上海图书馆馆长陈超，南京图书馆党委书记韩显红，浙江图书馆馆长褚树青，安徽省图书馆党委书记、馆长林旭东共同签约成立“长三角公共图书馆智库服务联盟”。该联盟的成立，将实现资源共享，优势互补，增强公共图书馆协同创新作用，进一步提升长三角公共文化服务能力，实现“1+1+1+1>4”的效果。通过科学统筹长三角公共图书馆资源配置，携手推进联盟建设任务，建立健全长三角公共图书馆智库服务体系，促进长三角公共图书馆智库服务成果的共建共享，全面提升长三角公共图书馆决策、服务能力，为推动长三角区域经济、社会、文化全面协调高

质量发展贡献更多智慧和力量。（上海市图书馆学会）

【上海宋庆龄研究会与上海图书馆签署战略合作协议】 6月24日，上海宋庆龄研究会与上海图书馆举行战略合作协议签约仪式。上海宋庆龄研究会会长薛潮与上海图书馆（上海科学技术情报研究所）馆（所）长陈超签订《上海宋庆龄研究会　上海图书馆（上海科学技术情报研究所）战略合作协议》及《项目合作协议书》。根据协议，双方将发挥各自优势，用活双方资源，开展4个方面的合作。一是共同打造具有社会影响、体现底蕴、专业、能力、韧劲的宋庆龄文献数据平台；二是开展“宋庆龄与中国共产党”课题研究合作，挖掘专题资源；三是共同开展线上与线下相结合的展览、活动、出版等宣传教育工作；四是深入挖掘上海的红色文化内涵，持续、逐步展开全面合作。合作双方还将通过建立共建共享的互动合作机制，以支部党建共建为载体，将党的建设与业务工作、具体项目紧密结合，实现合作成效“1+1>2”。（上海市图书馆学会）

【上海图书馆开放数据竞赛亮相2020世界人工智能大会】 7月10日，2020世界人工智能大会云端峰会数据智能主题论坛在上海世博中心举行。会上，上海图书馆开放数据竞赛与2020上海开放数据创新应用大赛（SODA大赛）、“慧源共享”全国高校开放数据创新研究大赛、上海市大数据主题专项劳动竞赛等七大赛事共同启动“开放数据赛事联盟倡议仪式”，并组建“开放数据赛事联盟”，共同打造数据共通、赛程共融、专家共享、宣传共鸣和服务共建的合作体系，发挥赛事联盟的联动效应，加速开放数据在文化教育、医疗健康、交通出行和商业服务等领域的创新应用。（上海市图书馆学会）

【2020年“上海图书馆版画日”系列展览举办】 8月17日，2020年“上海图书馆版画日”系列展览在上海图书馆开幕，版画家张嵩祖、邵黎阳作品捐赠仪式也于同日在上海图书馆会展大厅举行，百余位文化界人士参加。仪式由上海图书馆副馆长、中国文化名人手稿馆馆长周德明主持，上海图书馆馆长陈超向两位版画家颁发作品捐赠证书和“妙笔”贡献奖。此次张嵩祖、邵黎阳分别向上海图书馆捐赠《短歌》插图作品一组42件和版画、藏书票系列作品120件。此次系列展览由上海图书馆和上海市美术家协会共同主办，上海图书馆中国文化名人手稿馆承办，包括2020上海版画作品年度精选展、2020上海图书馆版画作品收藏展、“《短歌》插图——张嵩祖木刻作品展”和“锲木纵横——邵黎阳版画藏书票展”。（上海市图书馆学会）

【“2020长三角阅读马拉松大赛”开赛】 9月12日上午10点，近5000位热爱阅读的读书人走进长三角地区111家公共图书馆和公益赛点，“2020长三角阅读马拉松大赛”正式开赛。这项由上海图书馆、南京图书馆、浙江图书馆、安徽省图书馆、阅读马拉松和上海徐汇区虹梅庭公益服务中心联合主办的大型阅读赛事已进入第3个年头。此次大赛原定于4月23日世界读书日举办，受疫情影响延期到9月12日。因疫情防控需要，各个场馆都限制了赛事规模，但近7000人的报名数字，依然展现出阅读者们的热情，部分场馆报名人数甚至超过场馆容量的300%。此次大赛选择的比赛用书是由上海教育出版社出版的《消费者的决策：行走于理性的边缘》。（上海市图书馆学会）

【上海市中心图书馆20周年座谈会召开】 9月16日，“携手同行二十载，初心不改再出发——上海市中心图书馆事业发展座谈会”在上海图书馆召开。中共上海市委宣传部副部长高韵斐、上海市文化和旅游局一级巡视员王玮出席活动并讲话，上海图书馆界专家学者及上海中心图书馆各成员馆代表出席。上海图书馆馆长陈超以《守正创新·行稳致远》为题，回顾总结上海市中心图书馆建设成果，并提出中心图书馆未来发展将着力于技术标准、资源统筹、活动服务、信息服务、培训辅导五大功能的转型升级。与会领导、专家和成员馆代表还参观了中心图书馆20周年“新技术驱动图书馆智慧转型”体验展。（上海市图书馆学会）

【“智慧、开放、包容的第三代智慧图书馆服务平台研讨会”召开】 此次研讨会于9月24日在上海图书馆召开。上海市图书馆行业协会FOLIO技术及应用联盟成员单位、上海行业情报发展联盟成员单位、上海市中心图书馆，以及中国人民大学图书馆、上海交通大学图书馆、深圳大学图书馆、延安大学图书馆4所高校图书馆和首都图书馆、四川省图书馆、重庆图书馆、广西壮族自治区桂林图书馆、山东省图书馆等11家公共图书馆总计50多个图情相关机构约120位代表参加此次研讨会。近2000人次通过会议的2个线上直播平台参加会议。与会代表还参观了上海市中心图书馆20周年“新技术驱动图书馆智慧转型”体验展，亲身试用和感受FOLIO的流通系统、人脸识别、自助办证、无感借阅、智能书架、智能预约及AR和MR的应用等一系列智慧图书馆服务。（上海市图书馆学会）

【《上海图书馆藏唐绍仪中文档案》“上图首发”座谈会举行】 9月27日，由上海人民出版社、上海图书馆共同主办的《上海图书馆藏唐绍仪中文档案》“上图首发”座谈会在上海图书馆举行。上海图书馆副馆长周德明、上海人民出版社社长王为松为座谈会揭幕。该书共含馆藏唐绍仪中文档案文件2000余件，涵盖范围自1868年至1934年，时间跨度60余年。档案种类包括合同、条约、信函、公牍、章程、账册账单、奏折、电报、地图、谕旨、宣言、名帖等凡十余种。与会专家学者从多个角度对唐绍仪档案的价值予以肯定。该书的出版，首次披露了庋藏于上海图书馆60余年的这批文献，是近年来上海图书馆历史文献整理研究的重要成果，对于研究中国近现代政治、外交、经济等具有十分重要的史料价值。（上海市图书馆学会）

【第七届图书馆微服务研讨会于线上举行】 9月29—30日，由上海市图书馆学会、山东省图书馆学会、上海图书馆（上海科学技术情报研究所）、山东省图书馆联合主办的第七届图书馆微服务研讨会在上海图书馆和山东省图书馆双主会场线上召开。此次会议面向全国图书馆界的新媒体微服务馆员，聚焦于“微融合　新常态”的会议主题，围绕新媒体发展趋势，共同探讨图书馆微服务的现状和未来发展趋势。受疫情影响，此次会议首次采用线上视频会议和网络直播相结合的形式举办，共有来自全国133家图书馆的180位图书馆员参会，参与馆数达到历届最高。在新媒体发展趋势报告阶段，山东省文化和旅游厅新媒体负责人姚文璨、山东省图书馆参考咨询部主任于青、北京字节跳动上海公共事务总监张舒菡、上海图书馆馆员冯霄、上海阿法迪智能标签系统技术有限公司产品副总监苏阔，分别做了题为《政务新媒体的“放”与“收”》《公共图书馆“两微”报告》《抖音短视频传播》《在线直播业态现状和图书馆的机遇》《智慧图书馆e站式构建与实践》的报告。在分组讨论阶段，来自全国各级各类图书馆的新媒体编辑按照微博直播组、公共图书馆微信组、高校图书馆微信组、短视频组4个组别依次进行，并首次采用微博直播的形式，让所有参会的编辑都可以学习各组别的优秀案例，互相答疑，共谋新媒体微服务未来的发展方向。此次研讨会面向全国征集新媒体案例56份，案例涵盖线上图书交换平台的构建、分众阅读推广、经典诵读音乐会、跨界合作、创意短视频和创意直播等多种图书馆服务在新媒体端的实践。图书馆微服务研讨会已举办过六届，通过微服务研讨会，挖掘了很多成功经验，并推出一批典型案例，为图书馆界微服务工作发展搭建起良好的交流平台，成为引领图书馆阅读新风尚、推动微服务创新发展的重要引擎。（上海市图书馆学会　山东省图书馆学会）

【“2020数字人文年会”在上海图书馆举行】 10月19—21日，“2020数字人文年会”在上海图书馆举行。此次会议以“积淀与超越：数字人文与中华文化”为主题，采用线上、线下“云交流”对话的形式展开。“积淀与超越：数字人文与中华文化”的会议主题体现出数字人文建设与中华文化传承的密切关联。7个主旨报告从不同层面和角度呼应并深化会议主题，同时聚焦数字环境下传统文献服务创新转型的理念和实践等方面，诠释“数字人文研究”推动“中华文化传承”的重大意义和积极探索。会议设立“数字人文与中华文化”“数字人文研究新锐”“数字人文基础设施建设”3个主题论坛和“数字人文视域下馆藏资源建设与服务”1个分论坛及8场线上研讨会，共包含19个主题报告和10个互动交流会。此次会议线下参会（现场参会）147人，线上参会8757人（包括会议直播平台观看人数和线上研讨会参与人数），累计

直播总时长达 28 个小时。（上海市图书馆学会）

【上海图书馆举办“融汇古今，乐创未来——非遗技艺体验课”系列公益活动】 10 月 20—25 日，上海图书馆联合万代南梦宫（中国）投资有限公司举办“融汇古今，乐创未来——非遗技艺体验课”系列公益活动。碑刻传拓专家、非遗传承人赵嘉福及其传人——上海图书馆历史文献中心文献保护修复部主任张品芳和上海图书馆修复师团队一起，带领体验者在亲身感受、学习“古籍修复”和“碑刻传拓及拓片装裱”两项非遗技艺的过程中体会传统文化的源远流长。此项活动举办 6 场，总计 130 人次参与体验，共有 20 家媒体对活动进行线上、线下报道。（上海市图书馆学会）

【《元本资治通鉴》“上图首发”座谈会召开】 10 月 30 日，由国家图书馆出版社与上海图书馆共同举办的《元本资治通鉴》“上图首发”座谈会在上海图书馆召开。上海图书馆整理方代表在会上对此版本的刊刻细节、流传情况、重要价值做详细介绍，出版方代表则回顾了该书的编辑出版过程。复旦大学教授陈尚君主持此次座谈会的学术研讨会环节，与会者对《元本资治通鉴》一书版本的再发现、编辑出版、重要价值等进行讨论。上海师范大学教授、宋史专家虞云国，华东师范大学教授刘成国及上海图书馆历史文献专家们对这一版本的影印出版给予高度肯定。复旦大学教授仇鹿鸣、唐雯、李猛等结合点校新版《资治通鉴》的工作实践，揭示这一版本的独特价值。此书已成为新点校《资治通鉴》的主要底本之一，具有重大的文献价值。（上海市图书馆学会）

【上海图书馆获批成为世界知识产权组织技术与创新支持中心】 11 月，根据世界知识产权组织（World Intellectual Property Organization，WIPO）和国家知识产权局评估意见，上海图书馆（上海科学技术情报研究所）等 34 家单位作为第三批技术与创新支持中心（Technology and Innovation Support Center，TISC）获同意正式运行并授牌。同时，上海图书馆（上海科学技术情报研究所）递交的《打造“资源 + 专家 + 工具 + 场地”四位一体的创业公益服务模式》案例被国家知识产权局评选为 2020 年全国知识产权信息服务十大优秀案例，并作为中国知识产权信息服务的两个优秀典型案例之一推荐给世界知识产权组织。（上海市图书馆学会）

【“文明互鉴：上海图书馆徐家汇藏书楼藏珍稀文献展”举办】 2020 年上海图书馆馆藏精品文献大展——“文明互鉴：上海图书馆徐家汇藏书楼藏珍稀文献展”于 11 月 2—22 日举办。此次展览通过徐家汇藏书楼收藏的 104 种珍稀文献展示中西文化交流历史与内涵，以“文明互鉴”为视角，展现“文明因多样而交流，因交流而互鉴，因互鉴而发展”的历史进程，体现近代上海在中西文化交流中形成的包容、开放、追求卓越的城市精神底蕴，揭示中国文化走向世界的重要历程。该展览是上海图书馆与上海师范大学联合承担的国家重大社科基金项目“徐家汇藏书楼珍稀文献整理与研究”的阶段性成果，共分“识华观流”“中学西传”“汉学流变”“西学东渐”“融会创新”“格致互通”6 大主题，展品中近 6 成是 1800 年之前出版的西洋善本文献，并有 10 余种展品是首次展出。（上海市图书馆学会）

【上海图书馆参展第三届长三角国际文化产业博览会】 11 月 19—22 日，第三届长三角国际文化产业博览会在国家会展中心（上海）举办，上海图书馆等一大批文化单位参展。此次参展的“上图文创”产品汇聚了 2018 年以来开发的精品，共五大系列近百款产品。除了上一届文博会上广受好评的“缥缃流彩”系列、“精品馆藏”系列、“名人手稿”系列，还展示了 2020 年最新开发的“小校场年画”系列和“徐家汇藏书楼”系列产品。央视文艺报道、上观新闻、第一财经等 20 余家新闻媒体对“上图文创”产品进行了全面报道，上海图书馆展位获组委会颁发的“优秀展示奖”。展会期间，“上图文创”团队还举行“IP 资源暨东馆开馆文创项目发布会”，首次面向社会全面发布馆藏 IP 资源。（上海市图书馆学会）

【“意大利之窗”落成仪式在上海图书馆举行】 11 月 25 日，“意大利之窗”落成仪式在上海图书馆目录大厅举行。意大利驻华大使方澜意（Luca Ferrari）、意大利驻沪总领事馆总领事陈琪（Michele Cecchi）、上海市人民政府外事办公室副主任傅继红、上海图书馆副馆长周德明共同为“意大利之窗”揭牌，来自上海高校的意大利语系学生、部分意大利在沪留学生等 30 余人出席落成仪式。“意大利之窗”落户上海图书馆是希望广大读者通过“意大利之窗”学习意大利语言、文化、历史。（上海市图书馆学会）

【《脱贫攻坚与图书馆作为——全国图书馆扶贫案例集》正式出版】 12 月，国内首部全国图书馆参与脱贫攻坚的活动成果——《脱贫攻坚与图书馆作为——全国图书馆扶贫案例集》正式出版。该书由图书馆杂志社编写，国家图书馆出版社出版。全书汇集全国图书馆在“扶贫服务”中涌现出的可歌、可行、可学的优秀实践案例，从项目背景、主要内容、实施过程、成效与影响、分析与总结、感人事迹等不同维度展现图书馆人在扶贫活动中凝练的经验与举措，具有可示范性和可复制性。全书分为上下两篇。上篇侧重于理论层面的研究与宏观方面的指导，论述“智、志双扶”在扶贫工作中的重要性，探究图书馆扶贫的模式和途径，由饶权、杰拉德·莱特纳、孙坦、陈超、吴建中、任竞等专家学者撰稿；下篇集中呈现图书馆扶贫工作的实践成就，分享各地在“扶贫服务”中的先进经验。（上海市图书馆学会）

【上海图书馆第 6 次发布《国际大都市科技创新能力评价》报告】 12 月，上海图书馆联合科睿唯安共同发布《2020 国际大都市科技创新能力评价》报告，这已是该项研究报告的第 6 次公开发布。在 2019 年 20 座城市的基础上，2020 年度报告将城市科技创新能力综合排名范围扩大至 50 座国际大都市。新入选的城市中既包括香港这样枢纽型的国际大都市，也有亚特兰大、阿姆斯特丹等规模不大但创新特点鲜明的节点型城市。通过将不同类型的城市共同进行排名，既丰富了入选榜单的城市类型，也增强了榜单的全面性和客观性。此届榜单不仅从数量上，更是从类型上覆盖了当今全球主要的科创城市，使此榜单成为全球重要的科创城市排行榜。在排名前 10 位的城市中，上海的排名由 2019 年的第 13 位提升至 2020 年第 7 位，巴黎、洛杉矶和新加坡则跌出前 10 位。北京连续三年位列榜首，东京和深圳分别位列第 2 位和第 3 位。（上海市图书馆学会）

【九三学社与上海图书馆签订合作协议】 12 月 7 日，九三学社上海市委与上海图书馆战略合作框架协议签约暨褚君浩手稿捐赠仪式举行，九三学社上海市委副主任委员周锋，中科院院士、九三学社上海市委原副主任委员褚君浩，上海图书馆副馆长、中国文化名人手稿馆馆长周德明出席活动。周锋、周德明分别代表九三学社上海市委和上海图书馆在双方合作框架协议上签字。周锋还代表九三学社上海市委向上海图书馆捐赠有 4 任主任委员签名的《九三学社上海先贤》（第一、二、三辑）。此次合作旨在依托九三学社上海市委智力密集、人才荟萃的优势，发挥上海图书馆在图书和文稿收藏、整理、宣传方面的专业优势，共同推动科学技术等界别杰出人士手稿的征集和入藏工作，以手稿文献为载体，向广大读者宣传和普及科学技术知识，发扬“科学家精神”，为上海的文化建设贡献力量。（上海市图书馆学会）

【上海图书馆与中国移动通信集团上海有限公司签署战略合作协议】 12 月 9 日，上海图书馆与中国移动通信集团上海有限公司在 5G 全球创新港举行“5G+ 智慧图书馆战略合作框架协议”签约仪式。这是合作双方为全面落实国家信息化战略及中共上海十一届市委十次全会关于城市数字化转型的要求，共同推进 5G 智慧图书馆建设，本着互惠互利、实现双赢的原则，建立长期合作推进机制，成为战略合作伙伴。此次战略合作是双方在“新基建”大背景下，携手共谋“5G+ 智慧图书馆”的创新合作，是对国家“新基建”政策的落实，更是“5G+ 公共文化事业”的首次合作。希望通过双方的强强合作，共同打造“5G+ 智慧图书馆”的龙头示范，领跑 5G 赋能文化产业的新风向标。（上海市图书馆学会）

【“海派文化地图”丛书赠书仪式暨“海派文化地图”IP 众创与推广合作意向书签约仪式举行】 12 月 22 日，“海派文化地图”丛书编委会副主任兼总主编柴俊勇代表丛书编委会向上海图书馆赠送1套共16册的“海派文化地图”丛书，上海图书馆党委书记楼巍回赠以捐赠证书。活动现场还举行了“海派文化地图”IP众创与推广合作意向书签约仪式，丛书执行总主编浦祖康代表“海派文化地图”丛书工作室和主创团队，与上海图书馆会议展览中心、上海市广播影视制作业行业协会微电影专委会、上海市动漫行业协会、上海航海邮局、上海喜马拉雅科技有限公司、上海悦悦图书有限公司负责人，围绕“海派文化地图”IP的主题讲座策划与数字化内容开发、海派文化微电影的拍摄制作发行、海派文化动漫作品的策划设计、海派文化主题文创邮品的创意设计、“海派文化地图”丛书的有声出版及线上、线下推广等签订合作意向书。（上海市图书馆学会）

【“2020静安读书周”系列活动举办】 作为上海书展暨“书香中国”上海周官方合作项目，“2020静安读书周”共举办“人文世界”“阅动静安”“童心童趣”3大主题15场活动，此外还有静安区图书馆各街镇分馆、艺术馆举办的30余场活动。讲座论坛主题多样：“俄罗斯当代文化艺术图景扫描”带领读者感知俄罗斯文化艺术特征和民族特性；作家做客常德公寓千彩书坊，讲述作家张爱玲的传奇人生；律师、法学学者畅谈“初创企业如何获取高价值的知识产权”。8月18日，静安区图书馆官方抖音号jalib上线，诗人、散文家赵丽宏携首部童诗集《天空》与读者见面，分享创作体验。静安区少儿图书馆品牌活动“河畔故事会”走进书展现场，与小读者线下相遇，在“静安理想书房”共度美好阅读时光。（上海市图书馆学会）

【普陀区图书馆开设实体有声图书馆】 9月1日，更新改造后的普陀区图书馆推出“梦想的声音”有声图书馆，向读者呈现“初心和使命”“苏州河书房”“人文历史”“少儿科普”“少儿故事”“喜马讲书”6个模块内容。“梦想的声音”有声图书馆将“文字墙”变为“声音墙”。读者无须下载“喜马拉雅”app，只要微信扫描馆内的二维码，即可链接有声图书馆小程序，实现“扫码即听、想学就学、即时分享”。关注“喜马拉雅耳机森林”公众号，可以登录查看收听有声图书馆的全部分类内容。读者还可以使用墙上的电子触摸屏扫码进入有声图书馆，戴上耳机享受沉浸式的“听书”体验。（上海市图书馆学会）

【杨浦区图书馆举办邹韬奋诞辰125周年纪念展】 11月1—22日，由上海韬奋纪念馆与杨浦区图书馆共同举办的“真诚地为人民服务——邹韬奋诞辰125周年纪念展”在杨浦区图书馆展出。此次展览以邹韬奋的著作、主编过的报刊为主线，结合文献及实物展品，在讲述韬奋生平和文物故事的同时，推荐《韬奋全集》《转到光明方面去》《中国出版家·邹韬奋》《邹韬奋年谱长编》等诸多邹韬奋研究领域佳作，满足读者不同梯度的阅读需求。（上海市图书馆学会）

【嘉定区图书馆开展2020年暑期活动】 2020年暑假期间，嘉定区图书馆共开展线上活动52场、线下活动16场。线上系列活动包括小创客编程营，“绿水青山”少儿诗词线上竞答、“萌娃诵”诗词朗诵线上微课堂，数字讲座“跟着生态学博士走近身边的自然”“开动左右脑，你也是画家”“植物不是你想的那样”等。依托2020年上海市民文化节青少年传统文化知识大赛，嘉定区图书馆还开展9期“绿水青山”少儿诗词线上活动。线下活动包括“小小音乐家”手工音乐盒制作、“小小风扇”制作、“上上下下”升降电梯制作等。（上海市图书馆学会）

【金山区残障人士阅读推广人培育计划正式开课】 6月18日，金山区图书馆联合金山区残疾人联合会开展的“阅读有你——金山区残障人士阅读推广人培育计划”正式开课，通过开展一系列针对残障人士的阅读课程，挖掘并培育一批优秀的残障人士阅读推广人。此次针对残障人士量身定制朗诵及写作两个课程，分别为4期朗诵课程、6期写作课程。邀请专业老师讲课，课程时间安排为6—9月。首期朗诵课程“用爱发声，让梦发光——朗诵基础（一）”于当日开讲，有600余名观众收看直播课程。此外，金山区图书馆还为残障人士组建了阅读微信群。（上海市图书馆学会）

【“书香·奉贤”第10届奉贤区阅读节举

办】1月18日，闭馆维修后的奉贤区图书馆重新开馆，在一楼大厅举办开馆仪式暨“心有所鼠　指上年味”奉贤区“一镇一品”迎新展街镇互动交流活动。2020年，奉贤区图书馆还举办了“书香·奉贤”第10届奉贤区阅读节。阅读节围绕新冠肺炎疫情、传统文化等主题，包含“言子讲坛”“523故事会”“非遗小课堂”“奉图‘贤书汇’”等70场特色品牌阅读活动，以及“暑期青少年阅读节”“2020上海书展分会场”“2020‘东方美谷·诗漫贤城’诗歌节”等30场特色主题阅读活动。全年开展阅读活动180场，线下85126人次参与，线上点击量20万人次。（上海市图书馆学会）

江苏省

【概况】 截至2020年底，江苏省、市、县（市、区）三级共有公共图书馆120个（含独立编制的少儿图书馆9个），其中省级馆1个、市级馆16个、县级馆103个。实际使用总建筑面积为161.09万平方米，其中书库面积19.66万平方米、书刊阅览室面积31.06万平方米、电子阅览室面积3.54万平方米。阅览室座席76682个，其中少儿阅览室座席20167个。实体文献总藏量为1.05亿册/件，其中普通图书9293.88万册、古籍352.70万册、报刊592.11万件、视听文献151.50万件/套、缩微制品4.71件/套。电子图书总量20.15万TB。2020年新增藏量577.85万册/件，新增电子图书465.97万册，购买报刊78407种。财政拨款预算总收入12.81亿元，其中专项购书经费1.45亿元。全省发放有效借书证2848.55万个，总流通9046.66万人次，书刊文献外借336.96万人次、6239.87万册次。组织各类讲座6364次，参加150.03万人次；举办各类展览4374个，观展1559.81万人次；举办各类培训班6769个，培训104.31万人次。共有计算机13957台，电子阅览室终端7772个，图书馆网站总访问量1.02亿页次。流动图书车47辆，流动服务书刊借阅111.19万人次、194.66万册次。共有分馆7469个。文化创意产品295种，文化创意产品销售收入21.50万元。共有从业人员3684人，专业技术人员2384人，其中具有中级职称1068人、副高级职称360人、正高级职称55人。（江苏省图书馆学会　李浩　董莹）

【南京图书馆紧急向武汉图书馆驰援一批防疫物资】 在抗击新型冠状肺炎疫情的关键时期，中国图书馆学会向全国图书馆界发出驰援武汉的倡议。2月18日，南京图书馆克服困难，在自身防疫物资紧张的情况下，弘扬“一方有难，八方支援”的优良传统，千方百计，积极筹备，向急需防疫物资的武汉图书馆捐赠一批防疫物资，有效缓解了当地的燃眉之急，加深了两馆之间的友情。（江苏省图书馆学会　李浩　董莹）

【南京图书馆召开会议贯彻落实文化和旅游部《公共图书馆、文化馆（站）恢复开放工作指南》精神】 2月25日，为落实中央关于统筹推进新冠肺炎疫情防控和经济社会发展工作的有关精神，指导全国公共图书馆、文化馆（站）继续实施疫情防控、稳步做好恢复开放相关工作，文化和旅游部公共服务司印发《公共图书馆、文化馆（站）恢复开放工作指南》（以下简称《指南》）。南京图书馆第一时间召开会议学习贯彻落实相关文件精神，馆党委书记韩显红，馆领导班子成员和馆长办公室、党委办公室、读者服务部、后勤保障部、物业管理部、宣传组相关负责人参加此次会议。会上，与会人员首先全文学习《指南》。各部门负责人根据《指南》内容就开放区域、开放时间、图书消毒、区域环境消杀及开馆物资保障等前期的准备工作进行深入探讨。（江苏省图书馆学会　李浩　董莹）

【南京图书馆组织省内70家图书馆参加“2020‘我的战疫’阅读马拉松线上快闪赛”】 3月5日晚，由上海图书馆、湖北省图书馆、武汉图书馆、南京图书馆、浙江图书馆、安徽省图书馆和阅读马拉松组委会联合主办的“2020‘我的战疫’阅读马拉松线上快闪赛”举行，共有338家图书馆共同参与。南京图书馆组织江苏省68家公共图书馆和2家高校图书馆的2300多名读者参与此次活动，并获得电子证书。19时，此次快闪赛阅读答题通道开启，近15000名报名者一起涌入平台答题。截至22时，10272名参赛选手完成答题。（江苏省图书馆学会　李浩　董莹）

【海峡两岸第七届玄览论坛举行】 10月，海峡两岸第七届玄览论坛在南京和台北两地以线上、线下相结合的方式举行。此届论坛由南京图书馆、台湾汉学研究中心联合主办，同方知网（北京）技术有限公司协办。10月26日，论坛开幕式在南京图书馆举行。江苏省相关部门领导，国家图书馆副馆长张志清、南京图书馆党委书记韩显红等多位代表，江苏省演艺集团李鸿良、孔爱萍、许虹等表演艺术家，以及上海图书馆、同方知网（北京）技术有限公司等单位代表出席。开幕式由南京图书馆副馆长许建业主持，韩显红致欢迎辞。论坛以“气韵天成——中华文学艺术典籍鉴赏与解读”为主题，又分为两个子主题，邀请两岸13位专家学者围绕主题和子主题进行两场主题演讲。（江苏省图书馆学会　李浩　董莹）

【江苏省多部古籍入选第六批《国家珍贵古籍名录》】 10月30日，文化和旅游部发布第六批《国家珍贵古籍名录》，全国共752部古籍入选。经江苏省古籍保护中心组织申报，全省共有9家单位127部古籍在此次评选中榜上有名，占全国总量的16.9%，是全国入选数量最多的省份。南京图书馆有107部古籍入选，成为除了国家图书馆，入选数量最多的古籍收藏单位。南京图书馆入选的古籍不仅数量过百，且版本多样，珍品迭出，包括唐写本、宋刻本、宋刻元明递修本、元刻明修本、明刻本、明抄本、套印本、稿本、南三阁四库全书本、四库底本等。除南京图书馆外，苏州图书馆（5部）、镇江市图书馆（4部）、泰州图书馆（4部）、无锡市图书馆（3部）、南通市图书馆（1部）、南京大学图书馆（1部）、江苏省委党校图书馆（1部）、镇江博物馆（1部）8家古籍收藏单位20部古籍入选，是此次名录中覆盖面最广、涉及单位最多的省份，充分展现了江苏古籍大省的底蕴与风采。在第一至第六批《国家珍贵古籍名录》的评选中，江苏省已有1422部珍贵古籍入选，占全国总量的10.9%。（江苏省图书馆学会　李浩　董莹）

【“‘书香金陵’——第二届南京市公共图书馆读者节”举办】 10月10日，在南京市文化和旅游局指导下，金陵图书馆携13家区馆共同推出“‘书香金陵’——第二届南京市公共图书馆读者节”。读者节围绕“亲爱你我他，阅美幸福家”这一主题，采取线上、线下联动方式，自10月10日至11月8日持续开展创新型、互动性、智能化的各类文化活动120余场，参与读者数万人次；深入南京12个区，走进图书馆、学校、社区、旅游景点，覆盖微信、微博、抖音等新媒体平台；还特邀敦煌市图书馆、马鞍山市图书馆联合举办文化周等；依托“书服到家”全市统一信用网借平台及“南京共享图书馆”阅读网络，将广大市民读者与图书馆融为一体，亲如一家。（金陵图书馆）

【2020“遇见鼓楼十张文化名片”文化行走活动正式开启】 6月7日，南京市鼓楼区图书馆新一季的“遇见鼓楼”文化行走活动再度开启，图书馆工作人员带领读者“行阅”鼓楼的十张文化名片。首张名片就是鼓楼区的“明代航海文化”，在宝船遗址公园，南京师范大学副教授徐正龙从郑和其人、南京宝船厂历史、郑和下西洋与南京、郑和船队等方面入手，带领20余位读者在宝船遗址公园实地行走中感受鼓楼的明代航海文化，并围绕此次活动主题，推荐马欢的《瀛涯胜览》、梁启超的《祖国大航海家郑和传》与贾雷德·戴蒙德的《枪炮、病菌与钢铁》3本图书。（南京市鼓楼区图书馆）

【南京市浦口区“阅读储蓄·智慧人生”阅读积分平台启动】 12月21日，南京市浦口区委宣传部、浦口区文化和旅游局主办，浦口区全民阅读促进会协办，浦口区图书馆承办的“阅读悦美·辞鼠迎牛”阅读嘉年华暨“阅读储蓄·智慧人生”阅读积分平台启动，读者可凭阅读积分在该平台换取学习用品、文创产品等。南京市全面阅读促进会副会长、金陵图书馆馆长焦翔向浦口区图书馆颁发“南京市文学之都图书馆联盟”标牌。现场还表彰了在全区阅读工作中取得突出成绩的暖心馆员、阅读达人、最美基层书屋、基层阅读推广组织以及优秀组织等。此外，浦口区图书馆还为读者朋友们献上配乐诗歌朗诵、器乐表演、舞蹈等节目。（南京市浦口区图书馆）

【常州市图书馆新馆开放】 6月28日，常州市图书馆新馆正式开放。江苏省政协副主席姚晓东，常州市委书记齐家滨，常州市政协主席白云萍，常州市委常委、统战部部长韩九云等参加开幕式。新馆位于常州文化广场，建筑面积2.83万平方米，地上10层，地下2层，设有1200个阅览席位，藏书100万册，拥有超过30TB的数字资源可供读者免费下载使用。（常州市图书馆）

【南通市图书馆天文气象分馆开馆】 11月12日，南通市图书馆天文气象分馆开馆和签约仪式在南通市气象局举办，该分馆被命名为“风云书苑”，以天文、气象类藏书为重点和主要特色，同时兼顾党建、文史和其他各类图书，另外设有气象类期刊专架。既可为机关工作人员提供专业知识，又可丰富他们的精神生活。风云书苑还配备自助借还设备，实现一卡通功能，可与南通市图书馆通借通还，将服务范围扩大到南通市民读者。特色分馆建设是南通市图书馆分馆建设的重要内容，目前已建成9家特色分馆。（南通市图书馆　韩文甲）

【如皋市图书馆助推省首家退役军人阅读书屋设立】 5月13日，如皋市“退役军人阅读书屋”在市退役军人服务中心挂牌成立。书屋面积130平方米，现有涵盖军事、历史、科学等类别图书1000余册，是江苏省首家以退役军人为主要服务对象的公共文化活动场所，也是如皋市图书馆“书香机关悦月读”图书流动服务站点。（如皋市图书馆　吴树建　左菁）

【“风雅总持——纪念文徵明诞辰550周年文献展”举办】 9月26日，“风雅总持——纪念文徵明诞辰550周年文献展”在苏州第二图书馆举办。2020年是文徵明诞辰550周年，中共苏州市相城区委员会、相城区政府、苏州图书馆等联合举办此次文献展，依托苏州图书馆丰富的馆藏古籍资源，展出与文徵明相关的明清刻本、明清拓本等珍贵文献近百种。展览分为“文徵明的家世和成就”“文徵明的交游”“文徵明的影响”三部分，全面展示文徵明的生平和贡献。（苏州图书馆　黄洁）

【苏州图书馆与上海图书馆开启沪苏公共图书馆服务“双城记”】 11月20日，在苏州市委、市政府举办的长三角一体化对接说明会和城市推介会上，作为90个专项合作和项目合作协议之一，苏州图书馆与上海图书馆签订馆际交流合作协议，开启沪苏公共图书馆服务“双城记”。两馆就多维度全面深度合作方向达成共识，致力推动服务共享，建立联合书目数据库共享系统，为沪苏读者提供书刊文献资源网络公共查询，合作编撰《1949年以来中国家谱总目》；推动公共文化联展一站通，分别在两馆联合主办《九如巷三号——张氏四姐妹文献展》；推动公共文化服务一网通，苏州图书馆加入上海市图书馆行业协会FOLIO技术及应用联盟，共同开发FOLIO系统，还将联合开展智慧图书馆学术研究及应用体系建设等。（苏州图书馆　黄洁）

【“苏州·书仓”平台投入运行】 12月21日，由苏州图书馆牵头，苏州市各辖区公共图书馆联合打造的“苏州·书仓”平台正式投入运行。该平台的推出旨在解决各地图书馆借阅平台不兼容问题，盘活各成员馆现有书目和馆藏资源，打破时间和空间的局限，提升馆藏利用率及共享性。“苏州·书仓”项目首期通过构建大平台模式，率先整合苏州图书馆、吴中区图书馆优势资源。读者可通过微信客户端，搜索登录“苏州·书仓”小程序，直接查询成员馆馆藏量，在线借阅所需书籍。该项目分3年实施，计划在2022年底前，苏州下辖各市（县）、区的公共图书馆均加入该平台。（苏州图书馆　黄洁）

【扬州城市书房建设】 2020年，扬州市图书馆建成万达广场城市书房、郊野公园城市书房、花都汇邻里中心城市书房、扬州国网24小时城市书房、维扬经济开发区城市书房、清风城市书房6家城市书房，扬州主城区共建成41家城市书房。4月23日，高邮市图书馆与汪朗、扬州万美置业有限公司在万科美的营销中心签约“汪先生的书房”，这是高邮首家建在小区里的图书馆。9月，央视新闻《夜游美丽中国》栏目走进三湾城市书房，采用互动直播的形式，展现美丽扬州的历史风貌及别具一番江南韵味的璀璨夜色。仪征市图书馆首次引入社会力量参与建成世园书屋城市书房，向各地游客展示仪征悠久的历史文化和风土人情，提升仪征文化的传播力、影响力。（扬州市图书馆学会）

【宿迁市图书馆全民阅读进校园活动】 6月1日，为深入推动全民阅读“六进”活动，宿迁市图书馆联合宿城区图书馆走进南京师范大学附属中学宿迁分校，开展以“传递书香　阅读分享”为主题的全民阅读进校园活动。活动现场，市、区图书馆向同学们发出《“图书漂流”倡议书》，图书馆志愿者向学生代表赠送精美的少儿图书，并带头开展图书漂流活动，学生们表演精彩的红色故事情景剧，志愿者们还为首次走进校园的漂流书亭补充图书300余册。（宿迁市图书馆　陈雪）

【“‘疫起’前行——致敬最美抗疫逆行者图文展”在淮安市图书馆开幕】 6月27日，由淮安市图书馆主办的“‘疫’起前行——致敬最美抗疫逆行者图文展”开幕。淮安市文化广电和旅游局党委委员王贻文出席开幕式并致辞，淮安市文化广电和旅游局党委委员、总工程师寿新浩将书法作品赠送给抗疫英雄代表、淮安市第一人民医院副主任医师惠亮亮，淮安市图书馆馆长郁建伟致辞，并介绍展览筹备情况。此次图文展共分为3个部分：少年儿童绘画作品、全市抗疫征文比赛优秀作品、淮安市74名援鄂医务工作者事迹介绍。该展图文并茂地再现了淮安市各医院的抗疫实录，展示抗疫时期全市医务工作者奔赴一线的英雄风采，带领市民重温抗疫岁月中的感人瞬间。（淮安市图书馆　左培远　唐红）

【连云港市开展2020年红领巾读书征文活动】 红领巾读书征文活动作为连云港市加强未成年人思想道德建设的重要抓手，已发展成一个成熟的、具有相当号召力的读书征文品牌。按照江苏省文化和旅游厅文件精神，主题为“向抗击新冠肺炎疫情的英雄致敬”的2020年红领巾读书征文活动于5月至9月在全市范围全面开展。全市各中小学广泛深入地开展此次活动，通过层层选送，全市共有541篇优秀征文被推荐到连云港市少儿图书馆。对各个县（市、区）图书馆和中小学评选推荐过来的“红读”征文，受主管部门委托，连云港市少儿图书馆组织评选小组，经市级专家、名师团认真评选，优中选精，向省文旅厅推荐报送30篇征文作品。（连云港市少儿图书馆　王慧）

【无锡市图书馆开展“序昭穆　传家风——走进锡图家谱馆”直播活动】 5月28日，无锡市图书馆开展“序昭穆　传家风——走进锡图家谱馆”直播活动。通过智慧无锡“慧直播”、梁溪之声广播在线直播，开展嘉宾访谈、微讲座、名人家谱展示、线装家谱装订演示、古琴演奏、有奖互动问答等活动，带领市民“云”游家谱馆。6月8日，家谱馆正式开放。（无锡市图书馆　蔡金秋）

【江阴市图书馆举办“‘图书馆之夜’2020江阴市民读者节”】 11月至12月，江阴市图书馆举办“图书馆之夜”2020江阴市民读者节。此次活动以“爱读书·读好书·善读书”为主题，共策划胡乐民经典诗文朗诵会、“书适”生活·创意集市、“围炉夜话”读书会系列活动、“阅读之声”钢琴艺术分享会、“国潮汉风”传统文化服饰展等8个主题板块共126项活动，吸引读者10万多人次参与。（江阴市图书馆　谢旗）

浙江省

【概况】 截至2020年底，浙江省共有县（市、区）以上公共图书馆102个，其中省级图书馆1个，市级图书馆12个（其中市级少儿图书馆1个），县（市、区）以上图书馆89个。从业人员3876人，其中专业人员2105人，含正高级职称52人、副高级职称275人、中级职称1034人。全省图书馆馆舍面积131.74万平方米，阅览室座席8.56万个，其中少儿阅览室座席2.23万个，盲人阅览室座席1345个。

全省公共图书馆藏书总量8857.76万册，新增藏量894.23万册，新增电子图书452.71万册。人均拥有公共图书馆藏书量1.37册。实际持证读者数717.63万人，外借文献5546.01万册，图书馆网站访问量30865.08万次，全年总流通0.85亿人次。组织各种讲座5693场次，听众153.73万人次；展览3623次，观展读者558.41万人次；培训7946场次，60.17万人次参加。

注重公共文化服务体系的建设。2020年，浙江省全面启动公共图书馆服务大提升工作，通过全省服务大提升工作协调推进会议，进行工作部署、标准制定与督查促进；实施全省文献通借通还平台软件开发建设，完成全省11家地市级公共图书馆的接口软件安装部署和数据传输工作，实时获取流通服务数据；年底，浙江图书馆与杭州地区13家公共图书馆率先实现流通文献通借通还。7月，温州市人民政府印发《温州市城市书房建设与管理办法》，规范城市书房的建设和运行管理，为推进公共图书馆事业高质量发展提供示范经验。杭州图书馆进一步推进主题图书馆、杭州书房建设，年内建成4家主题分馆。宁波图书馆正式开通社保卡借阅图书功能，为市民利用图书馆资源提供新渠道。台州市图书馆在全省率先实现公共图书馆与高校图书馆的通借通还。

基础设施建设继续加强。4月29日，丽水市图书馆新馆开放运行，总建筑面积3.45万平方米。4月，温岭市图书馆新馆正式开工建设。9月，台州市黄岩区图书馆新馆主体工程竣工。11月28日，嘉兴市图书馆二期工程（古籍善本藏书楼）正式启用。

读者服务模式不断创新。加强"信阅"平台建设和"信用浙图"服务推广，推动全省公共图书馆实体图书借还线上、线下融合互通，快递借还和通借通还，落实无差别、无门槛服务。2020年，浙江图书馆联合舟山、台州、金华地区图书馆以及浙江省新华书店集团和单向空间书店等，推出21个"信阅"书店借阅点，开启"馆店融合""阅读空间+"的良性互动，开辟读者阅读零成本、图书馆服务均等化的新阵地。同时，根据疫情防控需要，各图书馆深入拓展线上、线下服务的新模式、新方法。浙江图书馆首次将全民读书月所有活动转移至线上，超过百万人次参与，专题活动直播点击量达47万人次。推出疫情专题，为读者提供全方位的新冠肺炎防控专题文献信息服务；推出"战疫线上阅读""战疫不停学""防控新冠肺炎知识竞赛"等抗疫线上专题系列活动，以多样的形式开展疫情知识普及教育。温州市图书馆在疫情期间优化升级"书香门递"3.0版本，在原有"图书馆+物流"合作模式下，新增与书店、书商的合作，丰富读者图书来源，同时推出新版"书香门递"PC端页面，在分类、视觉等多方面进行功能调整，为读者带来更好的借阅体验。台州市图书馆加强线上数字服务，宣传推广"无接触借书"服务。绍兴图书馆将读者证与绍兴市电子证对接，推出"越行证"，整合读者身份认证、绿码识别和图书借阅等功能，实现一证通用，一码通行，一证覆盖。

推进全民阅读活动深入开展。浙江省联动长三角300余家公共图书馆共同举办"2020'我的战疫'阅读马拉松线上快闪赛"，其中，浙江省97家公共图书馆组织5400余人参赛；同时联合长三角111家公共图书馆线下开展"2020长三角阅读马拉松大赛"，其中浙江省47家公共图书馆1450名读者参与赛事。举办"2020'天籁浙江·印象诗路'朗诵大会（决赛）暨'云游兰亭'直播阅读推广活动"，通过12个平台在线直播，210万人同时在线观看。嘉兴地区公共图书馆和高校图书馆共同举办"抗疫之声"朗读大赛。绍兴图书馆与绍兴博物馆、绍兴市文化馆共同启动"云上唐诗之路"，开展专题云讲座和直播活动，立体化展示浙东唐诗之路风貌。

继续加强公共数字文化和数字资源建设。浙江图书馆文献采编中心继续推动全省公共图书馆加入联机计算机图书馆中心（OCLC）等国际性馆际互借查询平台，加快全省馆际互借和文献传递网上平台建设，全年新增馆藏记录近23万条，将上年度馆藏数据90234条批量上传至联机计算机图书馆中心书目数据库WorldCat，推动浙江省文献资源的全球共享。浙江图书馆推进全省公共图书馆数字资源共建共享，与各市级公共图书馆联合采购共享数据库累计142个，其中浙江图书馆采购全省读者使用数据库44个，杭州、宁波、温州、嘉兴、绍兴和台州实现地区共享数据库98个。浙江图书馆全年新增数字资源24.34TB，新增元数据173万条；官网年访问量4433.29万次，"浙江网络图书馆"年访问量4653.25万次，文献传递量66.08万次，电子图书阅读量125.61万册，期刊下载量581.53万篇。

古籍和地方文献工作硕果累累。浙江图书馆制定《古籍数字化加工工作流程》《浙江省古籍数字化加工技术要求（试行）》《浙江省古籍元数据规范与著录规则及附录（试行）》《古籍数字化加工安全注意事项》及《浙江图书馆古籍数字化加工各岗位工作职责及注意事项》5项操作实施意见；编制完成《浙江图书馆藏善本缩微品母片目录》《浙江图书馆藏1949年以前期刊缩微品母片目录》《浙江图书馆藏1949年以前期刊缩微品拷贝片目录》等5份1949年以前缩微目录。杭州图书馆联合全市各级公共图书馆推出古籍数字资源库，满足读者线上浏览馆藏古籍、善本、普本和民国线装书等古籍阅读需求；出版《国朝杭郡诗辑汇刊》。温州市图书馆成立地方文献工作委员会，邀请22名温州本地知名专家学者成为第一届委员会委员；出版《温州历史文献集刊（第五辑）》。嘉兴市图书馆《槜李诗文合集》72册正式出版。（浙江省图书馆学会）

【"书香迎新　阅见世界"跨年活动在浙江图书馆举办】 1月1日，由中共浙江省委宣传部指导、《钱江晚报》主办、浙江图书馆承办的"书香迎新　阅见世界"——分享时刻TED（Technology，Entertainment，Design）演讲跨年活动在浙江图书馆举行。活动特邀8位来自各界的学者、作家、媒体人、音乐人、考古人、编剧、摄影师做阅读分享，从各自的经历出发，讲述他们与阅读的故事。跨年活动还举办书香集市，网易蜗牛读书、纯真年代书吧、博库书城、中国美院文创系列、单向空间、咪咕阅读、钱江晚报都在集市中展示了精彩内容。浙江图书馆设计了亲子绘画、雕版印刷、线装书制作、创意涂鸦等读者互动体验活动。（浙江省图书馆学会）

【浙江省公共图书馆服务大提升协调推进会暨专家研讨会在杭州召开】 7月20—21日，浙江省公共图书馆服务大提升协调推进会暨专家研讨会在杭州召开。浙江图书馆领导，全省公共图书馆服务大提升工作协调推进小组、标准化小组和6个专业工作小组成员共80余人参加会议。会上，浙江图书馆馆长褚树青介绍了浙江省公共图书馆服务大提升行动方案的相关背景和起草过程，阐述了行动方案的实施意义。会议就服务大提升工作的总体进度安排和各项目任务标准规范等问题进行讨论。随后，6个专业工作小组全体成员进行分组讨论和组间交叉讨论，研究本项目小组工作方案和进度安排。推进会和研讨会的召开，紧密了省图书馆和各市图书馆之间的合作关系，为服务大提升工作献计献策，在完成工作任务的同时实现自我提升。（浙江省图书馆学会）

【浙江省第十六届未成年人读书节在杭州启动】 8月24日，由浙江省文化和旅游厅主办，浙江图书馆、杭州市文化广电旅游局承办，杭州图书馆执行承办的浙江省第十六届未成年人读书节启动仪式在杭州图书馆少儿分馆举行。浙江省文化和旅游厅副厅长叶菁、浙江图书馆馆长褚树青等参加仪式。此届读书节以"阅读榜样人物　铸就中国力量"为主题，全省11个地区90余家公共图书馆围绕该主题开展讲座、展览、培训、竞赛、社会实践等各类活动5000余场，200多万人次参与。（浙江省图书馆学会）

【浙江省公共数字文化工程图书馆新媒体运营培训班在杭州举行】 9月16—18日，由浙江图书馆主办的浙江省公共数字文化工程图书馆新媒体运营培训班在杭州举行，来自全省11个地区公共图书馆的100余名新媒体负责人和业务骨干参加。此次培训围绕新媒体服务与运营等内容，邀请腾讯·大浙网总裁马小燕、上海图书馆读者服务中心副主任谢影等做主题讲座，浙江图书馆分享该馆在抖音和微信平台上的运营情况。培训探讨了新媒体宣传在内容和方式上的创新与实践，对提升基层运营人员的业务素养与服务能力，助推全省公共图书馆的新媒体运营发展有积极意义。（浙江省图书馆学会）

【"2020'天籁浙江·印象诗路'朗诵大会（决赛）暨'云游兰亭'直播阅读推广活动"在绍兴兰亭举办】 9月19日，由浙江省文化和旅游厅主办，浙江图书馆承办，绍兴图书馆、绍兴市兰亭景区管理有限公司执行承办的"2020'天籁浙江·印象诗路'朗诵大会（决赛）暨'云游兰亭'直播阅读推广活动"在绍兴兰亭举办。此次活动打破常规的舞台表演形式，以兰亭山水为景，以诗路文化为蕴，用实景朗诵直播的形式，呈现来自全省的27组朗诵作品，演绎浙江各地经典诗章。通过央视频移动网、新华社现场云等12个平台在线直播形式，全网观看人数超过210万人次，让阅读回归自然，情景融汇一体，实现了公共文化服务与旅游宣传推广的有机融合。（浙江省图书馆学会）

【浙江图书馆举办“‘数字文化　结伴礼堂’浙江省公共数字文化农村文化礼堂行”系列活动】 10月22日，由浙江图书馆主办，丽水市图书馆、莲都区图书馆、青田县图书馆以及海口镇人民政府共同承办的“‘数字文化　结伴礼堂’——浙江省公共数字文化农村文化礼堂行”启动仪式在青田县海口镇文化礼堂举行，活动设有AR设备体验、向学校赠书以及精彩绝伦的节目会演等环节，为海口镇人民带来一场视听盛宴。次日，还在莲都区老竹镇丽新乡畎岸村文化礼堂开展推广活动。“数字文化进礼堂”是浙江图书馆举办的一项面向农村文化基层服务推广而开展的数字资源服务活动，通过改善乡村公共文化服务，推动基本公共文化服务向乡村延伸，扩大乡村文化惠民工程覆盖面，从而实现农村的文化小康。（浙江省图书馆学会）

【浙江图书馆举办建馆120周年馆庆活动】 为纪念建馆120周年，浙江图书馆举办系列庆祝活动。11月7日，举办馆藏特色文献展览，从文献收藏角度揭示120年的发展历程。此次展览展出大量古籍善本、近现代书刊、当代书刊、名人手札、地方文献、拓片印谱、书法绘画、古旧地图、雕版、盲文图书、数字资源等，反映了浙江图书馆120年来文献收藏的规模和特色，以及历史上社会力量对图书馆发展的哺育，也展示了浙江图书馆在启迪民智、促进社会教育方面的贡献。浙江图书馆还组织百廿浙图之典蕴华章、嘉惠书藏、珍籍丛话、那人那事、云庆浙图等系列纪念专栏和活动庆祝华诞。（浙江省图书馆学会）

【绍兴市阅读联盟成立】 4月23日，由绍兴市委宣传部牵头，以绍兴图书馆为主体，成立绍兴市阅读联盟，并推出“越读越有味·全民读好书”阅读品牌。联盟由树兰读书会、笛扬读书会、越民生义工团等82个单位或民间读书会组成，以绍兴图书馆为主阵地，发挥全市阅读组织纽带作用，凝聚各方阅读力量。年内陆续推出“走进新昌”“全民读好书”主题征文以及“沪绍两地书友走亲交流”等系列活动，其中，“方雨的书架”阅读分享会在凤凰网同步直播，线上观看21万余人次。（浙江省图书馆学会）

【湖州市图书馆发起成立“全国生态文明示范市公共图书馆联合体”】 8月6日，由湖州市图书馆发起的“全国生态文明示范市公共图书馆联合体”宣告成立，首家“两山”理念主题城市书房正式揭牌。来自全国生态文明建设先行示范区的22家地市级图书馆加入合作。“全国生态文明示范市公共图书馆联合体”致力于共同推进生态文明建设成果重要文献信息资源的共建共享，提升全民生态文明素养，创新文旅融合模式，打造新时代美丽中国的图书馆实践样本。（浙江省图书馆学会）

【杭州图书馆第27家主题分馆——财商主题图书馆开馆】 8月18日，财商主题图书馆在杭州正式开馆，标志着杭州图书馆第27家主题分馆的落地。杭州图书馆财商主题分馆面积635平方米，总藏书量超10000册，其中财商主题图书3000多册。该馆位于下城区城北体育公园内，不仅可以为广大市民与读者提供公共交流和休闲空间，也为大家提供了探索财商的体验平台。（浙江省图书馆学会）

【浙江省首家少儿红色书房在杭州图书馆少儿分馆落成】 8月24日，杭州图书馆少儿红色书房落成仪式在杭州图书馆少儿分馆举行，仪式由杭州图书馆馆长刘冬主持。浙江省文化和旅游厅副厅长叶菁、浙江图书馆馆长褚树青、杭州市文化广电旅游局副局长陆小龙出席。作为浙江省首家示范点，少儿红色书房首期投入少儿红色书籍3000余册、数字资源796集；中国少年儿童新闻出版总社、浙江少年儿童出版社两家出版社为该书房捐赠了文献资源，并在此次落成仪式上获颁“馆社合作教育基地”牌匾。该书房面向广大少儿读者开展内容丰富、形式多样的红色主旋律阅读推广活动，引导青少年树立新时代文化自信。（浙江省图书馆学会）

【杭州图书馆馆藏古籍数据库和杭州市公共图书馆家谱数据库建成上线】 9月22日，杭州图书馆馆藏古籍数据库和杭州市公共图书馆家谱数据库建成上线。杭州图书馆馆藏古籍数据库在线发布馆藏古籍影像221部，数据库内容丰富，涵盖稿本、抄本、名家批校题跋本、套印本等诸多特色馆藏。杭州图书馆联合各区（县）图书馆共同搭建杭州市公共图书馆家谱数据库平台，该数据库整合杭州市包括余杭、富阳、萧山、桐庐、建德、淳安等地的各类家谱共400余种，实现特色家谱资源的区域共建共享。（浙江省图书馆学会）

【台州市图书馆在浙江省率先实现公共图书馆与高校图书馆的通借通还】 9月25日，台州市图书馆在浙江省率先实现公共图书馆与高校图书馆之间的文献通借通还，提供了公共图书馆与高校图书馆共享文献的“台州样本”，成为浙江省首个实现馆校图书馆互联互通的地区。截至2020年底，已促成台州学院、台州职业技术学院、台州广播电视大学等校图书馆纳入全市通借通还平台，高校覆盖率达到60%，实现全市图书馆“业务一张网，数据一朵云”。纳入高校图书馆后，新增馆际互借图书307.14万册，服务覆盖读者人群达111万余人，全市图书馆共享服务全面提升。（浙江省图书馆学会）

【全国城市书房合作共享机制第一届理事会议在温州召开】 9月28日，由温州市文化广电旅游局主办的全国城市书房合作共享机制第一届理事会议在温州市图书馆召开。来自北京、上海、杭州、扬州、温州、合肥、南昌、济南、洛阳、郑州等地的文化广电旅游局和图书馆代表共30余人参加会议。为进一步推动城乡公共阅读空间高质量发展，加强城市间文化交流与合作，会议通过《全国城市书房合作共享机制章程》及组织架构，并围绕组织架构、合作内容、会议制度、宣传推广、经费保障等内容进行深入讨论交流。成员单位共同商议要积极推动区域融合，让城市书房服务覆盖城乡；吸纳更多的社会代表加入理事会，打造效能型理事会；发挥研究机构的作用，加强理论研究，为国家出台制度标准提供参考。会议确定上海市浦东新区文化体育和旅游局作为下一届理事会主办方。（浙江省图书馆学会）

【丽水市图书馆新馆开馆】 4月29日，丽水市图书馆新馆正式开放，总建筑面积3.45万平方米，阅览座席1400余个。新馆设有报刊阅览区、儿童借阅区、绘本馆、儿童互动体验区、文献借阅区、地方文献室、古籍阅览室、红色书房、生态馆、文旅照片墙、老馆记忆等各类功能区块20余个，是一个集图书馆、城市绿地公园和城市地下停车场于一体的城市多功能民生综合体。馆内设有自助借还、免证免押自助办证、自助杀菌设备，引进大数据管理、人脸识别等新技术，打通区域限制，推出免押金办理借书证业务，实现市域“一证通”。（浙江省图书馆学会）

【嘉兴市图书馆二期开馆】 11月28日，嘉兴市图书馆二期工程（古籍善本藏书楼）正式启用，“国家公共文化服务体系示范区（项目）文献信息中心”“健心客厅——‘嘉心在线’线下服务站”“‘创之源’沪嘉科技信息服务站”3个项目正式揭牌落户，为嘉兴市图书馆进一步拓展服务注入新能量，开启图书馆跨界合作的新方向。二期总面积1.1万平方米，与原馆舍互联融通，升级和增设科技图书馆、古籍典藏与阅览空间、少年儿童服务部、多元文化主题区等创意空间。嘉兴市图书馆集舒适的阅览空间、海量的阅读资源、丰富的阅读活动于一体，为国内公共文化发展提供智慧化、现代化的嘉兴经验。（浙江省图书馆学会）

安徽省

【概况】 2020年，先有疫情后有洪灾，安徽省公共图书馆联盟（以下简称“联盟”）成员馆在保障读者健康和安全的前提下，创新服务方式，多管齐下提升服务绩效。截至10月底，联盟共接待读者1300万余人次，书刊外借900万册次，数字资源点击量3000余万次。

同心抗疫，助力抗洪救灾。响应中国图书馆学会“驰援武汉　共克时艰”倡议，联盟多方筹措，向武汉地区捐赠KN95口罩、一次性医用口罩、手套、雨衣等物品。安徽省图书馆先后两次组织抗疫捐款。7月，安徽多地发生洪涝灾害，受灾地区图书馆闻“汛”而动，投入到这场抗洪救灾的战斗中。多地图书馆自发捐款捐物，助力抗洪救灾，开展“献爱心、送温暖”志愿服务活动，为防汛救灾一线送去慰问物资。

丰富服务供给，打造“江淮读书月”。截至11月底，全省通过现场举办并利用“两微一端”、抖音等新媒体平台，开展各类线上、线下阅读推广活动15000余场，吸引600余万人次读者参与。春节期间，联盟54家成员馆联合举办“书香盈岁月　新桃换旧符”主题展览；33家成员馆开展公共数字文化工程2020年“文旅e家助力美好生活”服务活动。疫情严峻防控时期，馆舍虽暂闭，但服务不停。联盟组织开展“为爱发声　共同战‘疫’”“战‘疫’无界、阅读无疆之摄影征集——图话战‘疫’”“童心抗疫　从我做起”“2020‘我的战疫’阅读马拉松线上快闪赛”“文献征集——让文献见证疫情防控阻击战”等各类线上活动3000余场次，173.6万余人次参与。9月20日晚，联盟在马鞍山市举办“经典诵读之夜”活动，长三角地区公共图书馆同人参加，国家公共文化云、凤凰网等媒体全程直播，40余万人次观看演出。10月31日，联盟举办的“助力脱贫攻坚　同心共战疫情”朗读大赛全省总决赛，拉开2020年“江淮读书月”系列活动序幕。通过“讲、阅、展、演、赛”+“5+e”模式，在全省营造浓厚的全民阅读氛围。“读书月”活动吸引150余万人次参与。期间，全省各级公共图书馆共计开展各类活动3000余场，其中展览314场、讲座280场、少儿活动645场、特殊群体活动95场、“书香九进”活动315场，收到主题征文2300篇、优秀服务品牌和案例申报100个。

开展业务技能培训，提升从业人员素质。举办安徽省图书资料专业技术人才高级研修班，130多位学员参加培训。在马鞍山市、铜陵市举办2020年度公共数字文化工程建设工作培训班，共计383位馆长和业务骨干参加培训。建设安徽省图书馆省级专业技术人员继续教育基地线上培训平台，首次开展“2020年全省图书资料专业技术人员继续教育”线上培训，690余位学员参加培训。

深化业界合作，对接长三角地区一体化发展。安徽省参与发起的湘鄂赣皖四省公共图书馆联盟，于2020年扩大为中部六省（湘鄂赣皖晋豫）公共图书馆联盟。9月，中部六省（湘鄂赣皖晋豫）公共图书馆联盟在江西南昌成立，会议审议通过《中部六省（湘鄂赣皖晋豫）公共图书馆联盟章程》《中部六省（湘鄂赣皖晋豫）公共图书馆联盟运行机制》等材料，并确定由安徽省图书馆承担六省联盟2020年度轮值馆工作。10月29日至11月1日，中部六省（湘鄂赣皖晋豫）公共图书馆联盟馆员“双基”培训班在安徽省图书馆举办，来自湘鄂赣晋豫五省的50多位基层图书馆员以及安徽省公共图书馆联盟的150多位普通馆员参与交流培训。此外，10月19—23日，安徽省图书馆和安徽省图书馆学会还承办了中国高等教育文献保障系统（CALIS）联机合作编目中心主办的2020年CALIS中文图书编目培训研讨会，来自全国各地的219名学员参加培训。联盟继续加强与长三角地区公共图书馆的战略合作关系，组织联盟成员馆签约长三角公共图书馆智库服务联盟、加入“网上知识导航站”。作为2020年长三角有声阅读联盟轮值馆，安徽省图书馆联合上海图书馆、浙江图书馆、金陵图书馆，完成《听见中国的声音——2020长三角有声阅读联盟诗文朗诵会》视频制作。在5月图书馆服务宣传周期间，陆续进行线上平台的推广。9月12日，安徽省图书馆、上海图书馆、浙江图书馆、南京图书馆和阅读马拉松组委会共同主办的“2020长三角阅读马拉松大赛”在沪苏浙皖同时开赛。其中，安徽省在33个公共图书馆设置赛点，2000人参与比赛。9月20—21日，此次大赛颁奖典礼在安徽省马鞍山市举行；长三角地区公共图书馆信用服务年会、长三角地区公共图书馆战略合作年会也同期举行，与会人员就公共图书馆信用服务建设、长三角地区公共图书馆的战略合作情况及“十四五”规划等议题进行了主旨发言和交流探讨。

加强基础与网络建设，提升服务水平。2020年，固镇县图书馆、怀远县图书馆、蚌埠市龙子湖区和禹会区图书馆新馆建成开馆，阜阳市图书馆新馆工程完工，安庆市图书馆、舒城县图书馆完成新馆设计工作。联盟完成当涂县图书馆、黄山区图书馆等30个县级公共图书馆专线链路网络互联互通项目。“十三五”期间，全省公共图书馆已有47个县级馆实现“互联互通”，完成320多个乡镇文化站和文化驿站的提档升级，为贫困地区配备智能服务，实现公共文化服务网络联通，数字文化惠民作用开始显现。建成“安徽省公共图书馆联盟云”平台。响应中国图书馆学会倡议，组织全体联盟成员馆借助各馆微信公众号，开通“读联体·数字共享阅读服务平台”，为读者提供更全面的线上服务。

推进古籍分级保护，注重文献开发利用。2020年，安徽省图书馆5部珍贵古籍入选第六批《国家珍贵古籍名录》，安庆市图书馆被国务院批准挂牌“全国重点古籍保护单位”。全省共计有282部古籍入选第一至第六批《国家珍贵古籍名录》，有10家古籍收藏单位挂牌“全国重点古籍保护单位”。安徽省古籍保护中心积极履行职能，推进全省馆藏古籍普查登记目录审校进度，编纂《安徽省古籍保护中心古籍普查登记工作报告》初稿；将萧县图书馆纳入新增古籍收藏单位，督导开展古籍普查登记，共完成39部355册线装书的分编整理与普查平台登记工作。桐城市图书馆申报“安庆市桐城文化教育发展基金会”项目获批，争取社会资金用于推进该馆古籍普查、定级、修复、数字化、影印出版等工作。不断推进历史文献的开发和利用。芜湖市图书馆完成5万筒子页古籍文献的数字化加工，古籍文献数字图书馆累计达15万筒子页。无为市图书馆完成无为地方文献《无为州志》（嘉庆）影印出版以及《春秋左传》十五卷、《妙法莲花经》七卷等6部古籍的数字化及仿真加工制作。安徽省图书馆参加国家古籍保护中心发起的中华传统晒书节活动，挖掘古籍《续齐谐记》文献，改编摄制《重阳驱魔记》短片，以现代化的视频拍摄手段讲述历史文献中的故事，让古籍活起来，真正做到“传习经典　融古慧今”。

共享资源信息，促进均等化发展。2020年，联盟继续开展资源共建共享，建设安徽省公共图书馆讲师库，共享展览资源。在多个联盟成员馆间开展“新冠疫情对世界大变局的冲击和影响及中国的对策”“百姓身边的民法典”“中国传统文化的历史意蕴及其时代价值”“让幸福来敲门——女性心理健康”等10个主题的巡讲活动42场；举行“第十五届文津图书奖巡展”“脱贫攻坚奔小康　砥砺奋进谱新章——中国减贫成就展”“传承人类文明　助力文化强省——安徽省公共图书馆事业发展成果展”等全省联展144场。联盟争取20万元专项经费购置图书，支援位于贫困地区和受灾地区的10个公共图书馆。安徽省图书馆联合岳西县图书馆、舒城县图书馆，依托“馆员妈妈讲故事”和“助困爱心一日捐”服务品牌，开展“情系留守儿童、助力脱贫攻坚”“书香伴我成长，让孩子爱上阅读”等主题活动6场；在亳州市观塘镇孙庄小学、阜南县老观乡中心学校、肥东县龙塘学校、旌德县版书镇南关村等地捐建“爱心快乐图书室”4个；组织文化志愿者为乡村学校送去“看不见的世界，看得见的梦想”“雕版印刷”等爱心阳光课程。

加强法制宣传贯彻，推进标准化建设。《中华人民共和国公共文化服务保障法》实施以来，联盟成员馆多渠道开展普法宣传。2020年9月1日，《安徽省公共文化服务保障条例》正式颁布实施后，联盟通过讲座、展览、知识竞答等多种方式宣传。安徽省图书馆、六安市图书馆、铜陵市图书馆、芜湖市湾沚区图书馆等成员馆认真准备，积极迎接全国人大常委会、省人大常委会有关《中华人民共和国公共文化服务保障法》的执法检查，并对检查中提出的建议及时进行整改。2020年，联盟总结省馆及部分市馆的理事会组建经验，协助省文化和旅游厅编制《安徽省公共文化机构法人治理结构改革工作指南》，并协同各级文化主管部门，指导7家市级公共图书馆完成法人治理结构改革；完成《安徽省实施〈中华人民共和国公共图书馆法〉办法（征求意见稿）》初稿起草；组织起草的《城市阅读空间建设指南》《社会力量参与公共图书馆服务工作指南》《公共图书馆阅读推广志愿服务规范》等3个地方标准，经过多轮修改，已完成送审。通过法制宣传贯彻、标准起草，促进全省公共图书馆管理与服务法治化和规范化建设。（安徽省图书馆学会）

【安徽省图书馆少儿阅读体验中心正式开放】 1月1日，全新打造的安徽省图书馆少儿阅读体验中心正式向读者开放。安徽省妇女联合会、安徽省文化和旅游厅代表及社会各界嘉宾等出席当天的开放仪式。“安徽省亲子阅读体验基地”在开放仪式上揭牌，著名儿童文学作家伍美珍的“儿童文学工作室”和“‘阳光姐姐’启智童书馆”也于当天落户安徽省图书馆并正式开放。新的少儿阅读体验中心位于安徽省图书馆东一楼，分为低幼阅览室和少儿借阅室，满足0—14岁不同年龄段孩子的阅读需求。该中心总面积约1100平方米，拥有15万册馆藏、420个阅览座席，另有800多平方米的读者户外休闲活动区，并引入科大讯飞语音机器人提供智能化服务。作为中央补助地方公共文化服务体系建设专项资金重点建设项目，它的开放给

全省少儿读者提供了全新的阅读场所。（安徽省图书馆学会）

【《听见中国的声音——2020长三角有声阅读联盟诗文朗诵会》在线推出】 5月28日，“听见中国的声音——2020长三角有声阅读联盟诗文朗诵会”在安徽省图书馆微信公众号首发。此次活动由安徽省图书馆、上海图书馆、浙江图书馆、金陵图书馆和安徽省朗诵艺术学会、上海市朗诵协会、浙江省朗诵协会、江苏省朗诵协会共同主办。来自长三角地区的朗诵名家们用声音为读者讲述动人的中国故事、赞美无私的中国精神、见证磅礴的中国力量。此次线上朗诵会分为“铭记·传承”“逆行·致敬”“回眸·经典”3个篇章，分别从“近代中国浴血奋战争取民族解放”“当代中国众志成城抗击新冠肺炎疫情”“品读经典感悟华夏厚重文明”3个角度，歌颂中华民族五千年历史中一以贯之的自强不息、不畏艰险的民族精神。此次朗诵会还在上海图书馆、浙江图书馆、金陵图书馆官方平台进行推送。未来，长三角有声阅读联盟将加快有声资源建设，构建有声阅读平台，创新阅读推广模式，满足读者的“听读”需求，助推全民阅读事业取得更快更好的发展。（安徽省图书馆学会）

【“2020长三角阅读马拉松大赛”举办】 9月12日，由安徽省文化和旅游厅指导，安徽省图书馆、上海图书馆、浙江图书馆、南京图书馆和阅读马拉松组委会共同主办的“2020长三角阅读马拉松大赛”在沪苏浙皖同时开赛。此项活动由长三角各省级图书馆轮流承办，2020年由安徽省图书馆负责牵头实施，4945名选手在长三角111家公共图书馆进行比赛。9月20日，在马鞍山市举行大赛颁奖典礼及系列活动。活动现场颁发个人和团体一、二、三等奖，并向部分图书馆授予“优秀组织奖”和“合作伙伴奖”，安徽省3名选手包揽个人前三名。（安徽省图书馆学会）

【安徽省图书馆被授予“安徽省社科普及工作先进单位”】 9月12日，安徽省第十六届社会科学知识普及活动月开幕式在铜陵举行，安徽省图书馆被授予“安徽省社科普及工作先进单位”。近年来，安徽省图书馆充分发挥省级社科普及基地的资源优势，创新社会教育模式，传播社科知识和信息，细分社科普及服务群体，打造“安徽人文讲坛”“新安百姓讲堂”“馆员妈妈讲故事”“少儿假期主题阅读”“残障人士读书文化日”“安图文化研学一日营”等多个品牌活动；同时引领社科普及活动进校园、进社区、进军营、进机关；积极服务立法决策，开展社科扶贫，探索文旅融合。安徽省图书馆通过广泛开展有温度、接地气的社科普及活动，营造良好的社会科学宣传氛围，为社科普及事业的发展和满足人民精神文化需求做出不懈的努力，得到社会各界的充分认可。（安徽省图书馆学会）

【中部六省（湘鄂赣皖晋豫）公共图书馆联盟馆员“双基”培训班举办】 10月29日—11月1日，中部六省（湘鄂赣皖晋豫）公共图书馆联盟馆员基础业务和基本能力培训班在安徽省图书馆举办。此次培训是六省联盟正式成立以来首次举办的大型业务交流与培训活动，来自湘鄂赣晋豫五省及安徽省公共图书馆联盟的200多位馆员参加培训。安徽大学图书馆馆长储节旺、安徽大学社会与政治学院院长吴理财、安徽省旅游学校副校长仇晓岚、安徽省图书馆副馆长王建涛等专家参与授课，培训内容包括图书馆学基础、服务基本礼仪、读者活动策划与组织、图书馆新媒体服务等。（安徽省图书馆学会）

【安徽省公共图书馆联盟举办2020年“江淮读书月”活动】 10月31日，由安徽省公共图书馆联盟主办的2020年“江淮读书月”活动启动仪式在安徽省图书馆举行。“江淮读书月”活动是全省127家公共图书馆共同承办的立体化阅读推广系列活动，2020年的主题是“共享阅读　梦圆小康”。活动旨在发挥安徽省各级公共图书馆在推广阅读方面的作用，推动全民阅读走向深入。读书月活动持续到11月底，内容涵盖展览讲座、演出演讲、征文比赛等。此外，全省各级公共图书馆还在读书月期间创新服务方式，采取网上借阅、信用服务及社保卡借阅等方式，为读者提供便捷的文献借阅服务。

作为2020年“江淮读书月”的首场活动，安徽省公共图书馆联盟“助力脱贫攻坚　同心共战疫情”朗读大赛全省总决赛也于启动日当天在安徽省图书馆完赛。共有94家图书馆选送的1068件作品参赛。合肥市图书馆、蚌埠市图书馆选送的朗诵节目荣获一等奖，黄山区图书馆等8家图书馆选送的作品荣获二等奖，界首市图书馆等10家图书馆选送的作品荣获三等奖。《安徽商报》“现场云”平台对决赛进行了网络直播。（安徽省图书馆学会）

【安徽省图书馆“新安百姓讲堂”服务项目连获殊荣】 2020年，安徽省图书馆“新安百姓讲堂”在第五届安徽青年志愿服务项目大赛和第五届中国青年志愿服务项目大赛中表现优异，分获一等奖和铜奖。“新安百姓讲堂”创办于2006年3月。每周六下午，来自省内各大院校，省市作协、省文史馆和各类专业学会、团体的专家老师们都会利用休息时间登“堂”主讲，倾情奉献他们的专业知识。此外，来自各个高校社团和社会各界的青年志愿者们热情服务，助力讲座顺利、高效地开展。10余年来，“新安百姓讲堂”共举办讲座700余场，直接听众15万余人次，网络听众93万人次，在提高公众素养、满足人民精神文化需求、推动全民阅读、推动经济社会发展等方面发挥积极作用。（安徽省图书馆学会）

【合肥市第27届青少年爱国主义读书教育活动举办】 7月9日，合肥市第27届青少年爱国主义读书教育活动小学生讲故事会和中学生演讲比赛（决赛）在合肥市图书馆举行。活动由合肥市委宣传部、市教育局、团市委、市妇联主办，合肥市图书馆、合肥新华书店有限公司协办。此次比赛以“辉煌七十年　奋进新时代”为主题，旨在激励青少年传承红色基因，发扬革命传统，坚定在新时代为实现中华民族伟大复兴勇挑重担、接力奋斗的责任感和使命感。此次小学生讲故事和中学生演讲比赛各设特等奖3名、一等奖5名、二等奖8名、三等奖14名。（安徽省图书馆学会）

【合肥市图书馆志愿服务团获得安徽省学雷锋志愿者“四个十佳”优秀典型的“十佳组织”称号】 2020年，根据合肥市精神文明建设指导委员会办公室公布的《关于公布2019年合肥市市级及以上新时代文明实践志愿服务优秀典型名单的通知》，合肥市图书馆志愿服务团获得安徽省学雷锋志愿服务“四个十佳”优秀典型的“十佳组织”称号。同时，该志愿服务团还入选全国宣传推选学雷锋志愿服务“四个100”候选典型的“候选全国最佳志愿服务组织”；团长李亮获得合肥市学雷锋志愿服务季度“四个10”优秀典型的二季度“最美志愿者”称号。合肥市图书馆志愿服务团现有志愿者500名，其中包括正式志愿者81名，试用期志愿者63名，另外还有长期合作的5所大学志愿团队的300余名大学生志愿者。（安徽省图书馆学会）

【合肥市第七届“大湖名城、悦读合肥”中华美文诵读比赛（决赛）举行】 11月21日，由合肥市文化和旅游局主办、合肥市图书馆承办的合肥市第七届“大湖名城、悦读合肥”中华美文诵读比赛（决赛）在合肥市图书馆举行。此次活动旨在进一步推动合肥市“大湖名城、悦读合肥”全民阅读活动，着力营造全民读书、终身学习的良好社会氛围，让群众在快乐阅读、诵读中增长知识、提升修养、丰富人生、展示才华。决赛现场，来自全市各县（市）区的28组选手带来《少年说》《武汉的夜》《逆行者》《青春中国》等中华美文精彩诵读。此次比赛分设成人组和少儿组，各设有一等奖1名，二等奖2名，三等奖3名，优秀奖若干名。（安徽省图书馆学会）

【合肥市少儿图书馆“流动服务　情暖童心”项目获安徽省第五届青年志愿服务项目大赛三等奖】 2020年，在安徽团省委、省文明办、省民政厅、省水利厅、省文化和旅游厅、省卫生健康委、省残联等7家单位联合主办的安徽省第五届青年志愿服务项目大赛中，合肥市少儿图书馆申报的“流动服务　情暖童心”项目经初审和终评，荣获三等奖。该项目主要通过流动服务车为服务点未成年人开展服务。流动服务车由中巴车改造而成，载有1000余册中文绘本，车上提供12个阅览座席，车下可提供16个阅览座席。可开展图书借阅、流通点图书更换、阅读推广等常规化的图书馆服务，也可根据服务对象需要开展个性化的定制服务，逐渐形成4个系列主题、5类服务群体、N项服务内容的“4+5+N”模式，即“情暖童心　悦享书香”“‘绘本巴士’进乡村”“文化暖心　阅读推广到你身边”“绘本巴士公益之旅”4个系列主题，覆盖革命老区、学校、医院、社区、留守儿童 5 类服务群体，开展送图书、送讲座、送展览、送电影、捐文体用品等 N 种形式的阅读推广活动。“流动服务　情暖童心”项目深受群众喜爱，被业界广泛认可，《人民日报》、《中国文化报》、《图书馆报》、《安徽日报》、《合肥日报》、《合肥晚报》、“学习强国”学习平台、新华社、人民网、安徽发布、安徽文明网等主流媒体持续关注报道。（安徽省图书馆学会）

【合肥市少儿图书馆童悦绘本馆荣获“2020 年度影响力绘本馆”称号】 12 月 8—10 日，“2020 少儿阅读峰会”在成都举办。在此次峰会上，合肥市少儿图书馆童悦绘本馆获“2020 年度影响力绘本馆”称号，这也是合肥市少儿图书馆继荣获“2018 年度十佳绘本馆”“2019 年度影响力绘本馆”之后再获殊荣。合肥市少儿图书馆童悦绘本馆现有绘本图书 4 万余册，年新增绘本 6000 余册，其中大量的立体、布偶、发声类绘本深受小读者及家长喜爱，同时配备高清电视、3D 海洋馆、AR 动物森林等多媒体设备。合肥市少儿图书馆依托优质而丰富的绘本资源，开展绘本故事会、绘本故事表演、科普小课堂、手工制作等形式多样的阅读推广活动，有力地促进了少年儿童阅读习惯养成和阅读能力提升。（安徽省图书馆学会）

【2020 年马鞍山读书节正式启动】 4 月 23 日，由马鞍山市委宣传部和市文旅局联合主办的 2020 年“马鞍山读书节”在马鞍山市图书馆正式启动。市委有关领导、市图书馆学会成员馆主要负责人、社会阅读组织代表、机关干部、学生等各界代表出席活动。2020 年的读书节采取现场和直播同步的特殊方式，在马鞍山市图书馆主会场开展启动仪式，各县区分会场也同步进行，同时创新云直播、云分享、云视频和云共享等 4 大特色活动来丰富读书节。阅读爱好者代表宣读《马鞍山市全民阅读倡议书》，号召大家继承中华民族热爱阅读的优良传统，共同营造“精阅读、细阅读、勤阅读和善阅读”的良好氛围。仪式最后还现场连线部分县区的“4·23”世界读书日活动现场，通过网络实时了解县区的阅读场面。“马鞍山读书节”自 2013 年开展以来，通过塑造活动品牌，拓展活动影响力，形成城乡联动、全年贯穿、全域覆盖、社会广泛参与的系列活动，已然成为马鞍山市全民阅读活动的重要品牌和载体，也是马鞍山市一张闪亮的文化名片。（安徽省图书馆学会）

【中国减贫成就展在安庆市图书馆举行】 11 月 19 日，由安徽省公共图书馆联盟、安庆市图书馆共同主办的 2020 年“江淮读书月”之“脱贫攻坚奔小康　砥砺奋进谱新章——中国减贫成就展”图片展，在安庆市图书馆一楼大厅和微信公众号线上同步展出。此次展览主要从中国“小康社会”的提出与发展、中国脱贫历程与探索、中国扶贫路径与成就 3 个方面，展现数十年来中国共产党带领人民筚路蓝缕、胼手胝足创造的减贫、脱贫奇迹。展览还介绍了 2013 年 11 月习近平总书记到湖南湘西十八洞村考察时作出的“实事求是、因地制宜、分类指导、精准扶贫”这一重要指示，展示中国扶贫脱贫工作取得的巨大成就。（安徽省图书馆学会）

福建省

【概况】 2020 年，福建省有县级以上公共图书馆 97 个，其中省级馆 2 个，副省级馆 2 个，市级馆 11 个，县级馆 82 个。

全省总藏书量 4606 万册，电子文本、图片文献资源总量 331757TB，有效借书证 230 万个，全年总流通 1677 万人次，书刊外借 2267 万册次。阅览室座席 45603 个，全年组织讲座 1540 次，展览 920 个，图书馆网站访问量 8076 万页次。建成泉州百姓书房 282 家、杭川书房 11 家、莆阳书房 3 家、冠豸书房 5 家、浦城书房 7 家等公共文化服务新空间。

全省公共图书馆齐心协力，抗击疫情，经受住了疫情的大考。元宵线上祈福、馆员下沉社区、驰援武汉、多专题线上服务及至恢复开馆，使读者足不出户畅享“悦”读，展现书香战“疫”的力量。

全省公共图书馆智慧化服务不断加强。74 家图书馆开通微信公众号、5 家图书馆开通抖音短视频、1 家图书馆联合喜马拉雅 app 开展阅读服务，各图书馆也开始积极尝试利用支付宝等平台开展二维码电子借书证、网约书、线上直播、电子阅读、馆员接受在线咨询等服务。

全省公共图书馆服务均等化取得新进展。

402 个基层行政村和 15 个基层图书馆配置智能型“文化一点通”数字文化资源设备。3 家县级图书馆实现与福建省图书馆、国家图书馆的互联互通。94 家公共图书馆共享省馆二次文献《海丝资讯》《乡村振兴》，明溪县瀚仙镇龙湖村和寿宁县大安乡水洋村文化中心帮扶建设常态化开展。

全省公共图书馆全民阅读工作形成“各馆齐心，遍地开花”新格局，第二届“读中华经典　颂时代华章”全省诵读比赛有 73 家单位、1496 组选手参赛，166 万人次观看。（福建省图书馆学会）

【福建省图书馆开展线上服务】 2020 年，根据福建省文化和旅游厅部署，福建省图书馆搭建福建省公共文化供需对接平台并试运行，为市民提供“可听、可看、可学、可互动”的“一站式”“菜单式”“点单式”的智慧文化服务，推出“网上文旅”“网上看戏”“网上讲坛”“网上研学”等 12 个阅读战“疫”栏目，有效聚集网上服务人气。全年线上资源访问量 7968.98 万次，其中数字资源点击量 6142.98 万次。1 月 24 日至 2 月 28 日，福建省图书馆根据疫情防控需求，做到公共文化服务场馆闭馆不闭网，数字资源访问及线上阅读推介点击量总计 1124.60 万次，其中数字资源点击量 689.50 万次，线上阅读推介点击量 435.10 万次；举办线上活动 5 场、线上展览 7 场，推送微信、微博共计 405 篇，新增粉丝逾 5000 人；接待和回复读者咨询 1827 次，完成读者线上续借 13910 人次，做到全民阅读始终在线，为营造“书香八闽”氛围和助力打赢防“疫”攻坚战做出贡献。“4・23”世界读书日期间，福建省图书馆策划 9 项云端“悦”读体验读书活动，以好书共读共听、专题书单推荐、精品展览、小视频等形式，多平台推送文化资源。当天，新媒体端阅读量 402.90 万次。（福建省图书馆）

【福建省图书馆举办第二届全省诵读比赛】 6 月 30 日，由福建省文化和旅游厅、福建省广播影视集团联合主办，福建省图书馆与福建省图书馆学会承办的“第二届福建省‘读中华经典　颂时代华章’——家国情怀赤子心全省诵读比赛”活动启动。比赛历时 3 个月，全省 73 家单位、1496 组选手报名参赛，线上、线下双向互动选拔优秀选手，评选出一等奖 2 组、二等奖 4 组、三等奖 6 组、“声得我心”网络人气奖 5 组，海博 TV、直播福建线上直播决赛暨颁奖典礼，收看观众数逾 166 万人次，超首届近 70 万人次。（福建省图书馆）

【福建省文化和旅游精品图片视频资源征集活动启动】 9 月 25 日—11 月 10 日，由福建省图书馆主办的福建省文化和旅游精品图片视频资源征集活动启动。活动以“福建文化记忆”为主题，向社会公开征集展示福建绚丽多彩的文化和旅游资源、文旅发展成就的图片和视频作品。图片和视频内容包括但不限于福建境内的世界文化遗产、世界自然遗产、世界地质公园、中国历史文化名城名镇名村、中国传统村落、中国历史文化街区、国家 5A 级旅游景区、城市地标性文化建筑、城市建设风貌、美丽乡村，以及具有福建地方特色的海洋文化、红色文化、朱子文化、闽南文化、客家文化、妈祖文化、船政文化、畲族文化、闽都文化等。其中，视频作品主要接收各地（含市、县、区）文化旅游形象宣传片、长纪录片、短纪录片、公益广告片等。经专家评选，5000 幅（组）图片以及总时长不少于 600 分钟的视频永久入藏福建省图书馆，用于展览、数据库建设、书籍出版等公共文化服务。（福建省图书馆）

【金鸡山公园分馆（清新书苑）正式揭牌开馆】 9 月 28 日，福建省图书馆与晋安区政府联手打造的金鸡山公园分馆（清新书苑）正式揭牌开馆。清新书苑位于福州市晋安区金鸡山公园揽城栈道茉莉花厅，总使用面积 1300 平方米，分为成人、少儿、低幼阅读区及图书展示和期刊区、数字资源体验区。金鸡山公园分馆除了能为读者提供 5000 册各类书刊，其电子阅读区还可同步访问省图海量电子资源，并可举办读书分享会、研讨沙龙、专家讲座、阅读推广等活动。金鸡山公园分馆是福建省第二家文旅深度融合的阅读空间“清新书苑”，已成为福州市又一打卡地标。（福建省图书馆）

【“第四届海峡两岸书院论坛”在正谊书院举办】 10 月 23 日，由福建省文化和旅游厅、福建省炎黄文化研究会联合主办，福建省图书馆承办的“第十二届海峡论坛”子项目——“第四届海峡两岸书院论坛”在福建省图书馆正谊书院举办。论坛分设福建、台湾2个会场，以网络连线、远程互动的“云论坛”形式展开一系列学术研讨，来自两岸的书院山长、专家学者近百人参加。福建省文化和旅游厅副厅长林守钦为启动仪式致辞，武夷文化研究院原院长吴邦才、福建行政学院教授林怡、厦门（集美）闽台研学旅行基地主任王珺瑜、台湾阳明书院副院长温明正、奉元书院秘书长熊奔分别做“朱子的书院情怀”“学以致行——书院精神与福州螺洲观澜书院漫谈”“两岸青少年特色书院研学的发展”“青少年特色书院研学发展——书院就是启发式教育”“书院文化与研学旅行”主题演讲。（福建省图书馆）

【福建省少年儿童图书馆开通“云上读书会”】 4月9日，福建省少年儿童图书馆开通“云上读书会”，充实少年儿童疫情期间居家隔离生活，使他们居家享受专业阅读服务。“云上读书会”邀请国家一级作家林焱，福建博物院副院长龚张念，小学语文名师金亮、张小椿，图书编辑段颖婷等专业童书创作、出版、推广工作者主讲，包括英雄故事、福建传统建筑的文化历程、阅读写作技巧等主题。截至2020年底，共举办读书会37期，成立微信群4个，群成员1980余人，共计听众27万余人次。（福建省少年儿童图书馆）

【福州市图书馆与福州市农商银行共建三坊七巷图书分馆】 4月，福州市图书馆与福州市农商银行开展合作，把全民阅读和文化推广服务搬到榕城最负盛名的三坊七巷，通过探索建设“图书馆＋银行”的新模式践行文旅融合发展。分馆内共有在架图书2500册，每三个月更换一次图书，30%以上的在架图书为福州或三坊七巷相关的旅游和历史书籍，让游客能较全面地了解福州的历史文化；福州市农商银行的银行卡可作为读者证使用，读者持银行卡类型的读者证可免押金借阅一本图书；分馆与总馆系统相联，并配备先进的馆员工作站、图书防盗监测仪等设备，图书管理便捷、智能。截至2020年底，分馆借阅量435册次。（福州市图书馆）

【福州市图书馆推出“榕图·夜读”阅读推广活动】 9月30日晚，由福州市文化和旅游局主办、福州市图书馆承办的“榕图·夜读”阅读推广主场活动在福州市图书馆举行。“榕图·夜读”品牌是福州市图书馆继“榕图大讲堂”“一人一世界”等文化活动品牌之后全新推出的阅读活动品牌。活动以“月满榕图夜，读享好时光”为主题，由人气嘉宾对谈“中国传统文化的现代演绎”、古风民谣音乐会、“我们来自星辰”纸上乾坤展3大篇章组成，用文化的魅力点燃榕城新“夜”态。活动采取线上、线下双向发力的方式，现场吸引近300位市民读者参与，线上直播收看观众总量达7.4万人次。（福州市图书馆）

【“全面深化改革智库支持单位”授牌仪式在厦门市图书馆举行】 1月13日，中共厦门市委全面深化改革委员会办公室（以下简称“市委改革办”）授予厦门市图书馆“全面深化改革智库支持单位”的称号。市委改革办与厦门市图书馆签订框架合作协议，共同推进厦门市高端智库建设。该馆精心挑选市情资料、行业分析报告、蓝皮书和城市发展报告等专题文献1000余册，协助市委改革办建立智库信息资料中心；同时组建决策咨询服务团队，根据市委改革办信息需求，编辑《改革创新决策参考》定期送阅。厦门市图书馆是市委改革办授予的首家“全面深化改革智库支持单位”。（厦门市图书馆）

【厦门市图书馆开展“图书馆实时在线，与读者共抗疫情”推广线上活动】 闭馆抗疫期间，厦门市图书馆积极开展线上服务，与读者共同抗疫。2月7日和10日，厦门市图书馆官方微信推出“抗疫”经典共读有奖竞答活动，并倡导沉浸式阅读，首日推出经典读物《瓦尔登湖》，答题有奖活动持续至3月1日。“抗疫”经典共读有奖竞答活动推出前3天访问量达6444次，有2167位读者完成答题。至2月10日，厦门市图书馆官方微信“抗疫共读”栏目共推出“答题赢话费”“宅家读经典”“线上闹元宵”“少儿免费阅读”“QQ阅读”等系列专题，实时在线与读者共读抗疫。推出线上活动6场，微信订阅号推文37篇，微博推文12篇，阅读数逾36.74万次，新增用户3343人，微信用户达 25.8 万人，微博用户达 1.9 万人；推出新冠病毒肺炎疫情防控知识等推文 24 篇，阅读量 20.62 万次。数字资源总点击量 155.22 万次，其中“掌上厦图”访问量 96.52 万次；接待、回复读者咨询 850 次，完成读者线上图书续借 9986 人次。（厦门市图书馆）

【名家零距离，聆听大师说——历史学者、央视常客蒙曼“云作客”厦门直播间】 4 月 24 日晚，由厦门市文化和旅游局主办，厦门市图书馆、厦门市少年儿童图书馆、十点读书联合承办的“阅读之美与诗歌的精神力量”直播活动落幕。活动特邀央视百家讲坛主讲嘉宾蒙曼担任主讲嘉宾，并在十点读书抖音号、厦门网同步直播，直播点击量近 2.4 万次。此次活动是该馆“4·23”世界读书日“书香鹭岛·全城共读”主题系列活动之一。（厦门市图书馆）

【百年厦图史迹宣传展、陈列展开展】 9 月 20 日，为纪念厦门市图书馆开馆 100 周年，厦门市图书馆在文化艺术中心馆区一楼大厅举办“百年厦图史迹宣传展”，在集美新城馆区六楼馆史室举办“百年厦图史迹陈列展”。展览通过“基础保障”“服务成效”“百年人物”“百年荣光”“中山图书馆小史”等 5 部分、近 300 张图片及 20 世纪 70 年代阅读场景复原空间，再现百年来厦门市图书馆服务空间的巨变，以及服务手段和服务理念的创新与发展，观展人数达 10000 余人。（厦门市图书馆）

【厦门市图书馆营造“夜读”空间　书香相伴欢度国庆、中秋“双节”】 2020 年 10 月 1 日国庆节当天适逢中秋节。自 10 月 1 日起，厦门市图书馆集美新城馆区首次尝试夜间开放模式，馆内成人文献借阅区、自助图书馆均延长至晚上十点，为广大热爱“夜读”的读者们提供“悦”读体验空间。10 月 1 日，推出“庆国庆，‘飞鸽传书’下单免费游故宫鼓浪屿外国文物馆”活动，活动点击量达 1928 次，读者飞鸽传书订书 114 单，外借图书 707 册。馆员们精心录制绘本《小星星的大月饼》，以语音的方式将其分享给家长和小朋友们，同时推荐其他馆藏绘本读物以及与中秋佳节相关的诗词、视频短片。“十一”假期期间，厦门市图书馆累计接待读者 44058 人次，累计外借图书 105906 册次，集美新城馆区到馆读者达 21072 人次。（厦门市图书馆）

【厦门市图书馆志愿服务项目获第五届中国青年志愿服务项目大赛银奖】 12 月 4 日，第五届中国青年志愿服务项目大赛结果揭晓，厦门市图书馆“‘同在一片蓝天下’城市流动儿童阅读推广志愿服务项目”获银奖。共有 1000 个项目入围此次大赛的最终评审。此次大赛采用线上、线下相结合的形式，通过线上路演答辩、评委线下集中评审的方式进行。“‘同在一片蓝天下’城市流动儿童阅读推广志愿服务项目”以培养城市流动儿童的阅读习惯，提高阅读水平，从而提升城市人力储备和整体素质为目的。项目主要由志愿者利用寒暑假、“4·23”世界读书日、图书馆服务宣传周及周末等时间组织策划，并在城中村图书馆开展主题阅读活动。活动开展两年来，服务次数近 800 次，服务对象主要为来自安兜、西潘、高殿 3 个城中村的流动儿童约 5600 人，涵盖人群约 4 万人。（厦门市图书馆）

【厦门市少年儿童图书馆“萤火虫爱心帮读”行动】 7 月 11 日，厦门市少年儿童图书馆联合萤火虫盲人读书会策划举办第一期“萤火虫爱心帮读”行动，每周六开展一次，每次时长约 2 小时，每次服务 3 组以上盲人家庭。“萤火虫爱心帮读”行动服务的对象为盲人家长和他们视力正常的孩子，在一定程度上解决盲人家庭中亲子阅读的难题。盲人可以利用图书馆的智能阅读机、盲文图书等丰富的资源进行阅读，并且有志愿者陪同盲人家庭的儿童，引导他们进行亲子阅读和开展简单的手工活动。该活动被厦门当地的多家报社报道，2020 年共举办 20 期，300 人参加。（厦门市少年儿童图书馆）

【中共泉州市委统战部发起“同心捐书”行动】 11 月 24 日，由中共泉州市委统战部发起的“同心捐书”行动捐赠仪式在泉州市图书馆举行，倡议社会各界向泉州市图书馆捐赠图书。留文博、许平、吴鸿岩、泉州市海外联谊会、世界泉州青年联谊会、泉州市新的社会阶层人士联谊会、泉州市留学人员联谊会和民建福建省委、民建泉州市委等单位及个人总计向泉州市图书馆捐赠人民币 100.86 万元和图书 500 册，是泉

州市图书馆建馆以来收到的金额最大的一笔图书捐赠款。(泉州市图书馆)

【泉州市图书馆举办"'心灵的邀约'——中国泉州市与德国诺伊施塔特市缔结友好城市关系25周年青少年摄影作品展暨2020丝路国家青少年国际摄影比赛福建赛区获奖作品展"】 此次展览于12月20日起在泉州市图书馆举办。展览共展出30块展板80多幅作品，内容丰富、风格多元。有泉州与诺伊施塔特市青少年的摄影作品，分成"双塔""巷遇""山海""建筑""民俗""交流"等若干小主题；有2020丝路国家青少年国际摄影比赛福建赛区A、B、C组一等奖作品，获奖青少年用独特视角，表现家庭与校园的日常生活、节日盛典、自然环境、社会事件及自然与文化遗产等内容。2020年有5700人次观展。(泉州市图书馆)

【漳州市图书馆首个城市书房建立】 12月，漳州市图书馆与华蒙书院携手共建的馆外服务点"霞漳书屋"开放。"霞漳书屋"华蒙书院点是该馆建立的第一个城市书房。由华蒙书院提供的馆舍面积达80平方米，内设12个书架、5张阅览桌，阅览座位20个，漳州市图书馆提供图书检测RFID安全门一套、馆员工作站一套(含扫描枪)、电子图书借阅机一台、台式计算机一套。书屋首次投入3300余册图书，实现与市图书馆通借通还，方便周边百姓借书、阅读和学习。(漳州市图书馆)

【三明市图书馆新增馆舍区域有序开放】 1月，三明市人民政府批复"两馆一宫"综合楼B幢11—14层建筑面积4400平方米用于三明市图书馆业务使用，三明市图书馆总建筑面积达到16100平方米。7月15日，新增区域正式对读者开放，增设休闲阅读空间、自然科学体验中心、三明公共图书馆(家·阅读)服务联盟社群空间，共增加阅览座席180个。墨香书社书法培训中心、友好艺术培训部等16个团队入驻三明公共图书馆(家·阅读)服务联盟社群空间。2020年全年三明市图书馆共举办200多场公益阅读推广服务活动。(三明市图书馆)

【晋江市图书馆启动"悦读拾年·书香晋江"全民阅读活动】 10月1日，晋江市图书馆启动"悦读拾年·书香晋江"晋江市第十届"悦"读节暨2020年全民读书月系列活动。晋江市委宣传部市直相关部门以及镇(街道)、经济开发区分管领导，"悦"读进基层活动定点合作单位代表、优秀读者代表等100余人参加活动。活动启动仪式对梅岭街道碧山社区、晋江市第二实验小学等"悦"读进基层活动定点合作单位和10名"悦读拾年"晋江市优秀读者颁发证书，鼓励全民阅读活动继续深入发展。除了在仪式现场开展"悦读拾年"晋江市悦读节成果展、晋江市"护苗2020·绿书签"集中活动、"悦读风尚我引领　移风易俗倡文明"首场推介等活动，晋江市图书馆还在当月开展"读吧！晋江"线上全民朗读、"阅读花开·书香满城"线上答题、"悦读风尚我引领　移风易俗倡文明"进基层活动、"让书回家"取消滞纳金等丰富多彩的活动。(晋江市图书馆)

江西省

【概况】 截至2020年底，江西省共有公共图书馆113个，其中省级1个、市级11个、县(市、区)级101个。馆舍总建筑面积达56.50万平方米，比2019年增加10.58万平方米。阅览室座席49503个，比2019年增加7293个。全年获得财政拨款3.54亿元，其中新增藏量购置费5450.31万元。从业人员1705人，其中在编人员1482人。文献资源(不含电子文献)总藏量3088.55万册/件，纸质图书年入藏量191.66万册，电子文献年入藏量260.73万册/件，数字资源总量达1830.24TB，其中自建数字资源总量348.86TB。全年总流通达8.39亿人次，书刊文献外借8.73亿册次，举办讲座、培训活动共2932场次，展览1863场。

聚力线上"书香战'疫'"。全省图书馆通过官网、微信公众号、微博、抖音、移动图书馆等平台持续开展形式多样的线上资源推送及服务活动。推出防疫专题，向读者普及疫情防控知识；关联中国图书馆学会"读联体·数字共享阅读服务平台"，推送电子书、有声书、视频、期刊、图片等各类型数字资源；开展"为爱发声　共同战'疫'"朗诵活动，为一线战士呐喊助威；开展以"书香助力战'疫'，阅读通达未来"为主题的"书香赣鄱"全民阅读暨第十届"读好书"

活动；开展“金秋悦读赣图领航江西云读达人会”活动，覆盖全省各级各类图书馆89个，近1万人报名参与，累计在线阅读时长达312万分钟。

馆舍面积持续扩大。2020年共6个图书馆新馆建成开馆。其中江西省图书馆新馆于1月1日开始试运行，9月27日正式开放，新馆总建筑面积9.62万平方米，现有藏书418.18万册，设计藏书量1000万册，阅览座位6000余个，日最大接待读者能力达到两万人次；萍乡市图书馆新馆于8月19日正式开放，建筑面积两万平方米。此外，有22个公共图书馆正在建设新馆。

古籍整理开发成果显著。中华古籍普查文化志愿服务行动的志愿者们赴吉安、赣州、上饶等地，完成7个单位7173部68825册古籍的编目工作。10月，文化和旅游部下发《文化和旅游部关于公布第六批国家珍贵古籍名录和第六批全国古籍重点保护单位名单的通知》（文旅公共发〔2020〕73号），江西省有18部234册古籍入选第六批《国家珍贵古籍名录》，其中江西省图书馆入选11部136册。12月，“册府千华——江西省藏国家珍贵古籍特展”在江西省图书馆开幕。该展览以中华古籍发展历史为主线，展品以江西省入选《国家珍贵古籍名录》《江西省珍贵古籍名录》的珍稀古籍为主体，展示全省图书馆古籍保护成果，是全省展出古籍珍本数量最多、价值最高、规模最大的一次展览。

区域合作进一步加强。9月27日，湖南、湖北、江西、安徽、山西、河南六省公共图书馆在江西省图书馆签署合作协议，成立中部六省（湘鄂赣皖晋豫）公共图书馆联盟。10月29日至11月1日，中部六省（湘鄂赣皖晋豫）公共图书馆联盟馆员基础业务和基本能力培训班在安徽省图书馆举办。江西省选派11位学员参加培训。（江西省图书馆学会　谢佳新）

【江西省图书馆新馆举办首批读者体验日活动】 1月1日，江西省图书馆新馆举办首批读者体验日活动。江西省文化和旅游厅党组书记、厅长池红等领导，江西省图书馆领导班子全体成员及现场1000多名读者参加活动，30多家媒体到场采访，1000余名读者分批次进入新馆参观体验。此后，江西省图书馆策划举办新馆体验活动11场，组织读者家庭533组、文化志愿者230名、媒体嘉宾等共计3500余人入馆体验。（江西省图书馆学会　谢佳新）

【江西省公共图书馆工作会议在高安召开】

1月15日，2019年全省公共图书馆工作会议在高安召开。江西省文化和旅游厅一级巡视员谌洪敏出席会议并讲话，会议由江西省文化和旅游厅公共服务处处长周建文主持，各设区市及省直管县文化广电新闻出版旅游局分管领导、全省各级公共图书馆馆长共130余人出席会议。会议向第九届“读好书”活动先进单位、2019年公共数字文化服务先进单位以及2019年江西省古籍保护工作先进单位颁发奖牌。南丰县图书馆馆长李秀华、永新县图书馆副馆长左小婷、广信区图书馆馆长林桂华、章贡区图书馆馆长袁峰、信州区图书馆馆长程辉、高安市图书馆馆长万昱分别就公共图书馆总分馆制建设、全民阅读推广、数字化建设、古籍保护工作、图书馆馆舍建设等方面做工作汇报。（江西省图书馆学会　谢佳新）

【江西省图书馆新馆正式开放】 9月27日，江西省图书馆新馆、江西省博物馆新馆正式开馆。江西省委、省政府有关领导出席开馆仪式，并向抗疫英雄、捐赠者、志愿者、热心读者、建设者等群众代表颁发荣誉馆员证书，共同为江西省图书馆新馆、江西省博物馆新馆开馆启幕。省直有关部门、南昌市有关单位相关负责人，省文化和旅游厅领导班子成员、全体机关干部和厅直单位班子成员，各设区市图书馆、博物馆馆长，建筑设计、施工、监理和代建等单位负责人，群众代表以及省内外新闻媒体记者等300余人参加开馆仪式。开馆仪式上，江西省文化和旅游厅厅长池红致辞，副厅长郎道先介绍两馆建设情况，江西省图书馆和江西省博物馆负责人做新馆推介。开馆仪式由省文化和旅游厅副厅长、省文物局局长丁新权主持。

仪式现场举办由抗疫医护人员、九江消防救援支队的英雄代表、全省图书馆代表、在校学生代表等共同参与的千人诵读活动。开馆后，江西省图书馆举办各类读者活动37场，月均接待到馆读者超10万人次。陆续接待江西省选举的全国人大代表专题调研组、省体育局、省残疾人联合会等17个单位及团体来新馆调研，广西壮族自治区图书馆、东华理工大学等10余家兄弟单位来考察交流。（江西省图书馆学会　谢佳新）

【中部六省（湘鄂赣皖晋豫）公共图书馆联盟在南昌成立】 9月27日，湖南、湖北、江西、安徽、山西、河南六省公共图书馆在南昌签署合作协议，成立中部六省（湘鄂赣皖晋豫）公共图书馆联盟。中国图书馆学会副理事长刘小琴出席签约仪式并为联盟授旗。湘鄂赣皖晋豫六省的省图书馆馆长、分管领导及联盟办公室工作人员20余人参加会议。当天，六省公共图书馆联盟召开第一次工作会议，会议通过《中部六省（湘鄂赣皖晋豫）公共图书馆联盟章程》和《中部六省（湘鄂赣皖晋豫）公共图书馆联盟运行机制》。与会人员还就2021年联盟工作计划展开讨论。（江西省图书馆学会　谢佳新）

【2020年江西省第一期公共数字文化服务志愿者培训班在江西省图书馆开班】 11月15日，由江西省图书馆主办的2020年江西省第一期公共数字文化服务志愿者培训班在江西省图书馆开班。参加此次培训班的志愿者有80余人，这些志愿者既有在校大学生，也有社会各界人士。培训班上，培训老师向志愿者们简单介绍了江西省图书馆概况、志愿者服务内容以及图书馆服务内容，还介绍了科普图书分类法、各类书籍的排放位置和排架规则等理论知识。从宏观层面讲解了公共图书馆志愿者的概念和意义、国内外公共文化志愿者现状以及实际服务等内容。从微观层面就当前我国公共数字文化服务的现状、公共数字文化服务能力提升的具体措施等方面进行详细的阐述。最后，播放公共图书馆志愿者宣传片，号召志愿者共同为图书馆公共数字文化服务事业发展努力奋斗。（江西省图书馆学会　谢佳新）

【2020年江西省第一期公共数字文化建设与服务培训班在抚州举办】 11月16—20日，2020年江西省第一期公共数字文化建设与服务培训班在抚州市举行，江西省图书馆副馆长蔡荣生、抚州文化广电新闻出版旅游局副局长陈高赞等出席开班仪式。来自全省县级以上公共图书馆负责人、业务干部百余人参加培训。此次培训邀请国内公共数字文化服务领域多位重量级专家、学者，他们以《公共数字文化背景下的智慧图书馆微服务建设》《基层公共图书馆的转型发展思考》《多方借力，创新途径巧助“悦”读推广》《ILAS智慧图书馆应用》等为题，从不同角度对当前公共数字文化建设所面临的重难点进行论述和剖析，同时将具体案例与理论相结合，阐述数字文化服务的实践与应用。（江西省图书馆学会　谢佳新）

【江西省古籍保护工作管理人员培训班在婺源县图书馆举办】 11月26日，江西省古籍保护工作管理人员培训班在婺源县图书馆报告厅举行开班仪式。此次培训由江西省古籍保护中心（江西省图书馆）主办，婺源县图书馆承办。各设区市公共图书馆、部分县市图书馆和有关高校图书馆的分管领导及古籍普查工作业务骨干参加培训。培训邀请上海市图书馆陈先行、复旦大学吴格、广陵古籍刻印社陆文彬等古籍专家进行授课。培训内容有古籍普查登记目录审核与江西省古籍联合目录的编纂，图书馆员与文献整理、雕版印刷技艺等。（江西省图书馆学会　谢佳新）

【江西省图书馆举行“百年馆庆”系列活动】 12月8日上午，江西省图书馆举办建馆100周年庆祝大会。江西省委常委、省委宣传部部长施小琳等领导，国家图书馆馆长饶权，中国盲文图书馆馆长朱兵等嘉宾出席大会并为馆龄30年以上的职工代表颁发纪念章。全国副省级以上公共图书馆负责人，“智慧图书馆发展研究”主题研讨班学员，江西省图书馆系统有关机构、合作单位负责人，读者代表，江西省图书馆离退休及在职职工等共计800余人出席大会。会议由省文化和旅游厅党组书记、厅长池红主持。省图书馆馆长陶涛致欢迎辞，省图书馆职工代表、读者代表先后发言。活动当天，饶权和池红为全国图书馆文化创意产品开发联盟第一家省级分店江西省图书馆“锦文轩”揭牌，来自国家图书馆、江西省图书馆的近200种文创产品亮相。（江西省图书馆学会　谢佳新）

【“册府千华——江西省藏国家珍贵古籍特展”在江西省图书馆开展】 12月8日，由国家图书馆（国家古籍保护中心）、江西省文化和旅游厅主办，江西省图书馆（江西省古籍保护中心）承办的“册府千华——江西省藏国家珍贵古籍特展”在江西省图书馆开展。展览以中华古籍发展历史为主线，按经史子集编排为四部分：诗礼传家，儒典辉光；知史明智，经世致用；百家争鸣，匠心独运；文章节义，翰墨华彩。以实物和展板相结合的方式，突出江西特色（包括江西人著作、江西刻印著作等），展出江西省图书馆入选《国家珍贵古籍名录》及《江西省珍贵古籍名录》的馆藏珍贵古籍。其中许多珍本古籍都是首次向公众展示，如南宋庐陵周必大刻《欧阳文忠公集》、明崇祯刻《宋应星四种》、明泥金写本《太上洞玄灵宝无量度人上品妙经》等。展览期间，还举办多场古籍保护体验活动，包括传统雕版印刷、古籍修复和传拓技艺等。（江西省图书馆学会　谢佳新）

【南昌市举办首届“书香洪城”读书节暨“4·23”世界读书日系列活动】 4月23日，由南昌市文化广电新闻出版旅游局、南昌市机关事务管理局、共青团南昌市委、《南昌日报》主办，南昌市图书馆、《南昌晚报》承办的南昌市首届“书香洪城”读书节暨“4·23”世界读书日系列活动正式启动。此次读书节结合新冠肺炎疫情防控实际，以“书香助力战‘疫’，阅读通达未来”为主题，以公共图书馆为主导，省城出版界、新闻媒体、旅游景区、机关单位全城联动，共同营造全民阅读节日氛围，推出线上与线下共28场内容丰富的读书活动。活动分为“阅读推广”“悦读战疫”“分享行动”“阅读挑战”等4大板块，时间从4月下旬持续至6月。（江西省图书馆学会　谢佳新）

【九江市图书馆举办馆藏拓片复制品展览】 5月29日—6月12日，九江市图书馆选取馆藏碑帖拓片100余幅进行复制加工，在馆内一楼“九江记忆主题展厅”集中陈列展出。碑帖拓片是九江市图书馆的特色馆藏，馆内现收藏碑帖拓片703种，多为清代及民国间拓本。其中有著名的张飞《破张郃铭》、怀素草书《秋兴八首》、欧阳询《九成宫醴泉铭》等。其中最有特色的是湖口石钟山系列拓本，包括翁方纲书苏轼《石钟山记》、曾国藩撰并书《敕建湖口楚军水师昭忠祠记》等，系清代所拓，有较高书法艺术和史料价值。（江西省图书馆学会　谢佳新）

【九江市图书馆举办“线上同乐读——书香战‘疫’　为爱发声”朗读比赛颁奖典礼】

5月31日下午，九江市图书馆迎“六一”暨“线上同乐读——书香战‘疫’　为爱发声”朗读比赛颁奖典礼在九江市图书馆寻庐小剧场举行。此次活动采取线上参与的方式，自活动公告发布起就受到社会各界的广泛关注，从4月20日开始报名到投票，再到专业评审，历时一个多月。共征集作品1071篇，网络投票达到487366次，影响力大，受众面广。颁奖现场，部分获奖选手展示了自己的获奖作品，展现各行各业抗疫人的无畏信念和恪尽职守的铁军精神，让孩子们在节日里用自己的方式表达对抗疫人的敬意，过一个不一样的“六一”节。（江西省图书馆学会　谢佳新）

【赣州市召开全市图书馆馆长会议暨2020年三区人才业务工作会】 8月25日，赣州市全市图书馆馆长会议暨2020年三区人才业务工作会在赣州市图书馆召开。市文化广电新闻出版旅游局正处级干部彭玲、市图书馆馆长张伟及全市各级图书馆馆长50余人参加会议。会议改选赣州市图书馆学会新一届常务理事、学术委员会，通过赣州市图书馆学会新理事名单，表彰2019年度赣州市“读好书”活动先进单位和赣州市图书馆学会2019年先进单位，总结回顾2020年上半年工作，部署下半年工作重点和2020年现代公共文化服务体系建设工作，并由赣南师范大学图书馆、于都县图书馆、经开区图书馆做工作经验交流。（江西省图书馆学会　谢佳新）

【“长征之路”图书馆联盟筹建研讨会在赣州市图书馆召开】 11月2日，“长征之路”图书馆联盟筹建暨建党100周年阅读推广活动研讨会在赣州市图书馆召开。赣州市委党史办主任胡日旺，赣州红色文化研究会会长赖章盛，赣州市红色文化研究会副会长、国家一级作家卜利民及上海图书馆、遵义市图书馆、南昌市图书馆、嘉兴图书馆、赣州市图书馆代表10余人参加会议。会议由赣州市图书馆副馆长邱丽红主持。研讨会上，上海图书馆代表先介绍了建党

100周年阅读推广活动和革命（红色）文献服务平台建设情况；赣州市图书馆代表介绍《“长征之路”图书馆联盟章程（草案）》，各联盟馆对章程提出修改意见。胡日旺、赖章盛、卜利民介绍赣州红色文化资源现状。南昌市图书馆、嘉兴图书馆、遵义市图书馆、上海图书馆分别介绍了各馆红色资源建设情况和发展规划，在开发宣传推广红色文化方面的举措和经验分享，讨论和交流成员馆之间的资源共享和交流合作。（江西省图书馆学会　谢佳新）

【萍乡市图书馆新馆开馆】 8月19日上午，位于经济技术开发区玉湖东路3号的江西萍乡市图书馆新馆举行开馆仪式，正式对外开放。该馆总藏书量95万余册，其中电子图书36万册，新馆第二层和第三层各有一个外借室，面积合计达2000平方米。萍乡市图书馆新馆共5层：一层主要包含展览厅、少儿阅览室及配套功能用房，二层是图书馆功能用房，三层主要包含古籍书库、查览区、民国书库、公共阅览室、管理办公用房，四层是城市展览厅，地下一层为车库。开放时间为每天上午8时30分至下午6时，每周五下午闭馆进行设备维护和图书整理。（江西省图书馆学会　谢佳新）

【2020年抚州市图书馆工作会在广昌召开】 12月24日，由抚州市图书馆、抚州市图书馆学会主办的2020年抚州市图书馆工作会、抚州市图书馆年会在广昌召开。全市图书馆工作者代表、相关业界专家学者、新闻媒体记者等50余人参加会议。此次会议分为“主题报告”“表彰先进”“学术交流”“考察分馆建设”4个板块。会议宣读2020年全民阅读先进单位和个人、阅读推广先进单位和个人等表彰决定，并为获奖单位和个人颁奖。会议期间，与会专家以《民法典解读》《助力全民阅读推广——图书馆新技术应用与案例》《ILAS系统使用答疑解惑》为题进行主题报告和业务培训。会后，与会领导和代表共同前往驿前镇参观考察广昌县图书馆分馆建设情况，并提出指导意见。（江西省图书馆学会　谢佳新）

【永新县图书馆举办“2020红色之旅读书会·我是三湾改编精神传承人”系列活动】 7月11—12日，由永新县委宣传部、县文化广电新闻出版旅游局和三湾乡人民政府联合举办，永新县图书馆承办的“2020红色之旅读书会·我是三湾改编精神传承人”系列活动在著名的“三湾改编”所在地——“三湾景区”开展。此次系列活动包括“开营破冰·红色拓展”“2019年度‘江西好人榜’沈根甫老同志红色故事分享”“参观三湾改编纪念馆·重温三湾改编史”“粮仓道德讲堂之经典重现”“粮仓道德讲堂之书写红色家书”“军民融合之体验农村劳动生活”“红色晨读”“团队协作之南水北调”“团队圣塔之结营总结”等。活动以永新“三湾改编”红色圣地为立足点，让大家在重温历史的过程中感受并传承当地的红色文化。（江西省图书馆学会　谢佳新）

山东省

【概况】 2020年，山东省各地公共图书馆坚决贯彻习近平总书记指出的“各项工作都要为打赢疫情防控阻击战提供支持”的重要指示精神，积极响应山东省文化和旅游厅的决策部署，主动履职尽责，勇于担当，毫不懈怠地为疫情防控提供支持和保障。

设施建设稳步推进。截至2020年底，全省共有公共图书馆154个，其中省级图书馆1个、副省级图书馆1个、计划单列市图书馆1个、市级图书馆14个、县（市、区）级图书馆137个。在第六次全国县级以上公共图书馆评估定级中，全省上等级公共图书馆共计142个，其中一级图书馆79个、二级图书馆46个、三级图书馆17个。全省公共图书馆主馆建筑面积达115万平方米，比2019年增长8%。阅览室座席6.5万个，其中少儿阅览室座席1.4万个。聊城市图书馆、济宁市任城区图书馆、梁山县图书馆、威海市环翠区图书馆、日照市东港区图书馆等新馆建设和馆舍改造工作稳步推进。

经费保障保持平稳。全省公共图书馆财政拨款7.3亿元，其中购书经费1.08亿元。纸质图书总藏量7029万册/件，比上年增长6%。电子图书4405万种，各种类型数据库980个。2020年新增图书394万册/件，新增电子图书629万册/件。人员编制共计2802人，实际从业人数3041人，其中高级职称464人、中级职称1065人，分别占从业人数的15.3%和35.0%。

创新读者服务新模式。全省累计有效借书证581万个，比上年增长18.3%。总流通3196万人次，文献外借2261万册次，分别比上年减少40%和28%。疫情之下，各图书馆积极创新服务方式，利用互联网，做好线上图书馆服务，大力推进线上服务项目，共举办读者活动20552次，比上年减少1%，其中讲座6770次、展览2786次。全省公共图书馆共有分馆及其他类型服务点4712个，流动书刊借阅619万册次。

助推区域性图书馆联盟成立。为加强全省公共图书馆之间的交流与合作，由济南、淄博、泰安、聊城、德州、滨州和东营七市公共图书馆共同发起成立“省会经济圈城市公共图书馆阅读推广服务联盟”。青岛、烟台、潍坊、威海、日照五市图书馆共同签署《胶东经济圈一体化发展市级公共图书馆合作框架协议》，成立胶东五市公共图书馆联盟。

着力学术提升和人才培训。省图书馆学会采用线上、线下相结合的方式成功举办首届“全省图书馆青年论坛”活动，活动期间共征文145篇，其中获奖论文78篇；举办“第七届图书馆微服务研讨会”，通过“报告+分组讨论+案例评选”的模式吸引来自全国133家图书馆的180名图书馆员报名参会，参与馆数达到历届最高。

同时，先后举办“全省公共图书馆文创产品开发与推广项目”“全省公共数字文化融合与创新推广项目”“全省公共图书馆数字化评估推广项目”等实体培训，累计参训人员350余人。同时，为了解决疫情期间线下培训活动受限的问题，开展线上培训，先后完成“图林在线——图书馆员职业素养”系列线上培训，共两期8个主题，900人参加培训。（山东省图书馆学会　王玮）

【“全省公共图书馆数字化评估推广项目”在曲阜举办】 1月18—20日，由山东省图书馆、山东省图书馆学会主办，济宁市图书馆、济宁市图书馆学会协办的“全省公共图书馆数字化评估推广项目”在曲阜举办，来自全省市、县级公共图书馆馆长和业务骨干共170余人参加活动。活动中，上海图书馆副馆长周德明通过视频方式结合上海图书馆的业务工作案例对《公共图书馆业务规范》进行解读。南开大学教授柯平总结第六次公共图书馆评估定级的经验，展望第七次公共图书馆评估定级的新特点和新要求。山东省图书馆副馆长李西宁、周玉山分别以《弘扬中华优秀传统文化的山东实践——以尼山书院为例》《特色数字资源建设的流程和规范》为题做报告。此次活动为全省公共图书馆数字化评估推广工作搭建交流的平台，对于明确评估标准、细化评估指标，增强评估工作的准确性和实效性，夯实基础工作具有重大意义。（山东省图书馆学会　王玮）

【山东省图书馆为省胸科医院捐赠书刊助力疫情防控】 3月6日，省文化和旅游厅由一级巡视员李国琳率队，组织部分省直文化和旅游单位女干部、女艺术家、女政协委员和人大代表赴省级新冠肺炎定点医院——山东省胸科医院，走访慰问疫情防控一线医务工作者。山东省图书馆副馆长王玉梅代表该馆向山东省胸科医院捐赠图书305册、报刊210册、医学文献数据库检索卡200张。此次赠送的书刊涵盖文学、心理学等领域，以满足新冠肺炎患者和医护人员的心理需求，缓解紧张情绪和身心压力，促进身体康复与心理疏导，使他们通过阅读汲取精神力量。（山东省图书馆学会　王玮）

【第十五届全省读书朗诵大赛落幕】 5月10日，由山东省文化和旅游厅主办、山东省图书馆承办、各市图书馆协办的以“阅读·与爱同行”为主题的第十五届全省读书朗诵大赛落幕。全省读书朗诵大赛分“儿童组”“少年组”“高校组”“成人业余组”“家庭组”5个组别，历时3个月，覆盖全省16个地市，参赛选手两万余人。其中，成人业余组和家庭组由各地市分赛区组织初赛，选拔后参加全省的决赛。由于受2020年新冠肺炎疫情影响，大赛采用线上读书朗诵形式。大赛的报名、审核、初赛、决赛环节均在“山东公共文化云”线上平台进行，是2005年山东省创办朗诵大赛以来首次实现的线上比赛。（山东省图书馆学会　王玮）

【山东成立“省会经济圈城市公共图书馆阅读推广服务联盟”】 6月，山东省人民政府发布《关于加快省会经济圈一体化发展的指导意见》（以下简称《意见》）。《意见》指出，应促进济南、淄博、泰安、聊城、德州、滨州、东营等7市一体化发展。要在山东省会经济圈打造文明交流互鉴高地，联合开拓文化旅游市场、培育文化消费新业态。《意见》的出台为各公共图书馆提供了新的发展机遇，同时对公共图书馆高质量发展提出了新的课题。为加强省会经济圈城市公共图书馆之间的交流与合作，推动省会经济圈公共图书馆更高质量的一体化发展，在遵循“资源共享、优势互补、服务大众、共谋发展”的原则框架基础上，在济南市文化和旅游局、山东省图书馆、山东省图书馆学会的指导下，7 市公共图书馆共同发起组建“省会经济圈城市公共图书馆阅读推广服务联盟”。随后，“省会经济圈城市公共图书馆阅读推广服务联盟”完成线上交互会签，标志着该联盟正式成立。联盟内成员馆将整合本地阅读推广服务相关高端人才，建立具有各馆特色的智库服务体系，组织、协调省会经济圈城市公共图书馆智库服务成果的共建共享，共同开展决策咨询服务、科研课题服务、舆情信息服务、信息产品开发、联合在线参考咨询、文献传递等多种形式的合作智库服务，推动省会经济圈公共图书馆智库服务工作健康有序开展。（山东省图书馆学会　王玮）

【第三届全省少儿诗词诵读大赛举办】 7—9 月，山东省图书馆、山东省图书馆学会联合全省各市图书馆和县级图书馆共同举办“风雅存诗意　古韵有新声”第三届全省少儿诗词诵读大赛。此次活动面向全省 6—12 岁少年儿童开展，旨在引导全省少年儿童及家庭共享图书馆优质资源，激发其对中华传统文化经典的学习兴趣。大赛分为 6—9 岁、10—12 岁两个组别，以线上展演的形式分组择优竞技。此次大赛以“品读《诗经》”为主要内容，以“风雅弦歌，思接千载”为主题。参赛选手达 4000 多人，除了山东籍选手，还有祖籍在山东的香港选手、意大利选手。此次大赛全程在“山东公共文化云”以云比赛、云评选的形式举办，参赛选手录制视频作品参赛。全省 131 个区县图书馆（总共 137 个县级图书馆）被充分发动，助力此次诵读大赛。（山东省图书馆学会　王玮）

【山东省图书馆开展山东地区百种红色报刊推介活动】 7 月 14 日起，山东省图书馆与“学习强国”山东学习平台联合推出山东地区百种红色报刊推介活动，对馆藏山东地区红色报刊进行百期连载。这既是对馆藏报刊文献的整理研究，也是对 2021 年建党 100 周年的献礼，通过梳理这些红色报刊，传承红色基因，弘扬革命精神。此次推介展示的馆藏红色报刊内容源于实际，来自基层，属于原始记录，具有较强的历史资料性，蕴涵着丰富的革命精神和厚重的历史文化积淀。据不完全统计，山东地区创办的红色报刊达 300 余种，有《大众日报》《群众报》《海涛》等。山东省图书馆馆藏文献中红色报刊数量颇丰，藏有报纸约 50 种，期刊逾百种，是馆藏主要特色之一。（山东省图书馆学会　王玮）

【首届山东省公共文化机构文创大赛启动】
7 月 21 日，2020 年首届山东省公共文化机构文创大赛在山东出版集团济南国际创新设计产业园启动。省文化和旅游厅、大众报业集团、山东出版集团有限公司、山东艺术学院、山东省图书馆、山东省美术家协会等有关单位领导和代表出席启动仪式。首期文创大赛通过举办文创营的方式让营员开展系列专题创作，文创营由济南大学美术与设计学院负责带队，选手于 8 月 1 日开始进行为期一周的集中创作。此次大赛立足全省，鼓励各级公共文化机构从挖掘特色馆藏、创新工作模式、实现跨界融合等方面着手，开发具有鲜明齐鲁特色的文创产品，积极探索公共文化机构文创开发的有效机制，打造文旅融合发展的品牌项目，是推动全省公共文化机构“文化惠民”工作的重要途径。大赛作品征集采取“社会征集 + 文创营专题创作”模式，结合各公共文化机构馆藏资源，围绕但不限于“齐风鲁韵”“红色记忆”“孔孟之乡”“黄河文化”“岱青海蓝”五大主题。同时面向社会各界公开征集文创营协办单位，公开招募文创营营员、导师。作品征集期间还举办精品馆藏展、山东地方传统技艺展、文化创意研讨会、高端论坛、设计师沙龙等系列活动，并通过在各门户网站、电视台、自媒体平台投放宣传片，举办大赛推介会等方式扩大赛事影响力。（山东省图书馆学会　王玮）

【2020 年全省公共图书馆馆长联席会暨抗疫背景下图书馆服务创新座谈会召开】 7 月 30 日，2020 年全省公共图书馆馆长联席会暨抗疫背景下图书馆服务创新座谈会在潍坊市图书馆召开，来自全省 16 个地市图书馆的馆长参加会

议。会议首先对2019年度绩效评价工作总体情况进行通报，为绩效评价优秀单位，包括济南、青岛、烟台等10个市图书馆及章丘、烟台开发区、青岛西海岸新区、诸城、青州等41个县图书馆颁发荣誉证书。会上，山东省图书馆党委书记、馆长刘显世对过去一年多全省公共图书馆的工作进行简要回顾，同时对2020年全省工作进行重要部署。与会各馆进行深入交流，大家聚焦疫情防控背景下的服务创新、新时代图书馆历史使命、"十四五"发展规划、数字化建设、优秀传统文化弘扬等主题进行探讨。（山东省图书馆学会　王玮）

【尼山书院董子公开课备课会在北京召开】 8月9日，由山东省委宣传部、山东省文化和旅游厅主办，山东省图书馆尼山书院承办，上海交通大学哲学系作为教学单位的尼山书院董子公开课备课会在北京召开。山东省图书馆有关领导，北京师范大学哲学学院、浙江省社会科学院哲学所、中国社会科学院哲学所等有关单位的专家学者出席会议。与会学者围绕董仲舒一生的治学经历、不同阶段的思想学说、影响后世的学术著作等内容，就董子公开课的课程设置题目、授课内容、讲授重点、各讲之间的联系与先后顺序等问题进行讨论和交流，对进一步完善和提升董子公开课的实施方案提出建议。最后，会议讨论通过《尼山书院董子公开课课程安排》，确定十二讲的题目、授课基本内容、主讲教师名单及授课时间。尼山书院董子公开课是继孔子公开课、孟子公开课、阳明学公开课、朱子学公开课、荀子公开课之后，尼山书院面向广大干部群众开设的大型中华优秀传统文化公开课，在提升山东省干部治国理政水平，修身立德方面发挥了积极作用。同时，公开课面向公众开放，有助于树立民族文化自信，促进中华优秀传统文化的传承与发展。（山东省图书馆学会　王玮）

【"全省公共图书馆文创产品开发与推广项目"在泰安市组织实施】 8月19—21日，山东省图书馆、山东省图书馆学会在泰安市组织实施"全省公共图书馆文创产品开发与推广项目"，来自全省市、县级公共图书馆分馆领导和业务骨干70余人参加活动。此次活动邀请北京国图创新文化服务有限公司总经理张立朝、河南省图书馆文创中心主任田利、山东管理学院艺术学院教授范振坤等专家，他们围绕文创产品开发政策法规、制度设计、工作机制、资源挖掘、创意设计、推广营销等热点问题，结合国内外文创产品开发案例，进行深入分析和探讨。济南市图书馆、东营市河口区图书馆和青岛市即墨区图书馆的代表介绍了文创产品工作的开展情况，展示各具特色的文创产品，分享实践经验和思路。（山东省图书馆学会　王玮）

【"青春少年样样红·第二届山东少年马拉松阅读大赛"举行】 8月23日，由山东省图书馆、山东教育出版社、鲁网联合主办的"青春少年样样红·第二届山东少年马拉松阅读大赛"总决赛暨颁奖仪式在山东省图书馆举行。"山东少年马拉松阅读大赛"是鲁网与山东省图书馆、山东教育出版社共同打造的活动品牌，此次阅读大赛历时30天。山东省图书馆、中国儿童文学研究会、青岛市作家协会、鲁网等有关单位领导出席颁奖仪式并为获奖选手颁奖。总决赛现场有来自山东省16地市的80余名选手参加比赛。30名选手获得一、二、三等奖。此次大赛用书由山东教育出版社提供，包括《北方草垛》《麦哆传奇》等。山东省16市累计举办比赛51场，1500余名选手报名参与大赛，在全省掀起一场阅读浪潮。（山东省图书馆学会　王玮）

【山东省图书馆举办"文化助盲"数字阅读推广项目中期交流会】 8月28日，山东省图书馆和山东省盲人协会在省图书馆举行"文化助盲"数字阅读推广项目中期交流会。省图书馆副馆长周玉山、省盲人协会秘书长袁守波等参加活动。山东省图书馆与山东省盲人协会合作开展"盲人数字阅读推广项目"以来，持续推进听书机借阅和跟踪回访工作，为山东省听书机借阅提供良好的支持和保障。2020年，在坚持疫情防控不放松的前提下，双方积极履行项目协议，坚持开展线下线上阅读推广工作。双方将在文化助盲方面建立长效联动机制，打造以省图书馆为支撑，省盲人协会为桥梁，特殊教育职业学院为基地的文化助盲新通道。会上，省图书馆为省盲人协会和特殊教育职业学院提供一百余部无障碍电影作为送给全省视障群体的礼物。（山东省图书馆学会　王玮）

【“全省公共数字文化融合与创新推广项目”在临沂举办】 9月23—24日，由山东省图书馆、山东省图书馆学会主办的“全省公共数字文化融合与创新推广项目”在临沂举办。来自全省16市图书馆及部分县区图书馆的业务骨干90余人参加活动。活动中，南京图书馆副馆长许建业、全国公共文化数字工程陕西省分中心常务副主任秦升、山东省图书馆副馆长周玉山等专家分别以《公共数字文化服务创新的实践与思考》《文旅融合智能服务试点工作介绍》《山东公共文化云建设与服务》为题做项目报告。（山东省图书馆学会　王玮）

【山东省图书馆“新时代党建书房”揭牌】 10月30日，山东省委省直机关工委副书记石光亮到山东省图书馆调研党建工作。山东省文化和旅游厅党组书记、厅长王磊，省图书馆党委书记、馆长刘显世等参加调研。石光亮、王磊共同为“新时代党建书房”揭牌，这标志着省图书馆“八个一”党建工作体系已全面建立。自2018年以来，省图书馆立足强化党建顶层设计，围绕中心工作，以党建统领业务发展、业务发展反哺党建、党建和业务双手抓双促进为目标，着力推动“八个一”党建工作体系化建设。“新时代党建书房”作为“八个一”党建工作体系的重要组成部分，是为广大读者、党员干部、基层党组织打造的党建学习、交流的红色阵地，由“主题展览区”“阅读分享区”“交流活动区”三部分组成，提供党建图书、党建电子图书借阅、党建音视频资源查阅、党建资料数据库访问以及红色文化展览等内容的服务。“新时代党建书房”将采取预约方式向社会开放。（山东省图书馆学会　王玮）

【山东省图书馆接受《大众日报》捐赠《发往前线的家书》】 11月13日，在由《大众日报》主办的《发往前线的家书》出版座谈会暨赠书仪式上，大众报业集团（大众日报社）向山东省图书馆赠送《发往前线的家书》，该书作为抗击新冠肺炎疫情文献资料被山东省图书馆永久收藏。自新冠肺炎疫情发生以来，山东省图书馆于2月24日通过网站发出“向社会各界征集抗击新冠肺炎疫情文献资料公告”，在全国省级公共图书馆中是较早开始征集此类文献的图书馆，在此次赠书仪式之前已收到社会各界捐赠的各类实物、文献资料150余册/件，类型有图书、视频资料、志愿者证明、献血证等，其中包括《大众日报》捐赠的《山东战疫》珍藏本10册。（山东省图书馆学会　王玮）

【“首届全省图书馆青年论坛”在山东省图书馆举行】 11月27日，山东省图书馆学会、山东省图书馆主办的“首届全省图书馆青年论坛”在省图书馆开幕。来自全省16个市的市图书馆、图书馆学会代表，此次论坛征文活动的获奖代表，以及山东省图书馆的青年馆员代表共60人参加现场会议。此次论坛是新冠肺炎疫情防控常态化后举办的第一次全省层面上的基于青年馆员人才培养的学术论坛，论坛的召开得到了全省各级各类图书馆的广泛关注和积极参与。部分一等奖获得者分别就各自论文内容、研究方法、思路和技术等进行交流。山东大学管理学院信息管理系主任江三宝进行点评。此次论坛进一步推动了青年馆员在理论研究和实践方面的融合。论坛采用“山东公共文化云”直播形式，全省各级各类图书馆从业者可在线观看直播。（山东省图书馆学会　王玮）

【济宁市图书馆鲁泰控股集团分馆共建签约仪式举行】 3月25日，济宁市图书馆鲁泰控股集团分馆共建签约仪式在集团公司举办，省派“四进”工作组组长、省图书馆党委书记、馆长刘显世，济宁市图书馆馆长马伟、副馆长张华锋等参加签约仪式。签约双方在图书馆分馆建设过程中，充分发挥各自优势，推进全民阅读持续深入开展，进一步提升了企业文化软实力。协议签订后，济宁市图书馆将同鲁泰控股集团一道，在公司办公楼划定专门区域用于图书馆建设，高标准、足量配备图书馆运作所需的物资和办公用品，确保鲁泰控股集团分馆尽快投入运营，为广大职工开展丰富多彩的阅读活动提供服务，最大限度地满足干部职工的阅读需求，积极打造“书香济宁”建设和图书馆进企业的样板工程。（山东省图书馆学会　王玮）

【淄博市全民阅读联盟第一次会议召开】 7月23日，淄博市全民阅读联盟第一次会议在淄博市图书馆举行，淄博市文化和旅游局、淄博市图书馆、山东新华书店集团有限公司淄博分公司、淄博全民阅读促进会等有关单位领导及全民阅读联盟单位代表等30人参加会议。会上，各成员单位代表积极发言，交流阅读活动的开展情况，共同为全民阅读献计献策，汇聚各方力量，集思广益，为以后活动的开展奠定了良好的基础。最后，全体成员共同宣读《淄博全民阅读联盟宣言》。（山东省图书馆学会　王玮）

【枣庄市全民阅读联盟成立】 4月22日，枣庄市第四届书香文化节在鲁南书城门前广场举行启动仪式。在启动仪式上，枣庄市图书馆、枣庄市新华书店、枣庄市作家协会联合组建的枣庄市全民阅读联盟宣告成立，并向阅读联盟的首批阅读推广人颁发聘书。阅读推广人代表宣读《枣庄市全民阅读联盟“魅力阅读精彩无限”倡议书》。活动为枣庄市图书馆薛城区沙沟镇小营学校分馆授牌并捐赠1.1万元的漂流图书。这是市图书馆在2019年启动的文化扶贫项目中，为助力乡村阅读设立的第6个分馆。（山东省图书馆学会　王玮）

【烟台图书馆“一路书香”流动服务车荣获“山东省工人先锋号”称号】 烟台图书馆“一路书香”流动服务车开启5年来，走进社区、军营、学校，在先后获得“烟台市工人先锋号”“先锋创业模范岗”的基础上，于2020年5月被山东省总工会授予“山东省工人先锋号”称号。该流动服务车由车长8.5米的大客车改装而成，车上装载各门类图书2500余册，车内装备有卫星接收系统、自动化遮阳棚、电视、电脑、功放系统及书架、沙发等设备，是一座流动的图书馆。流动服务车采用无线上网技术手段，与烟台图书馆总馆联网，市民在汽车上就能享受到和图书馆同样的免费办理借阅证、借还图书、阅览书刊、信息查询等服务。烟台图书馆“一路书香”流动服务车，以图书馆党员志愿服务队为基础，开展进社区、校园、农村、部队等流动服务，解决离图书馆较远社区读者“看书难”问题。设专人负责，将传统的“等读者上门”变为“开出去，送上门”的服务模式，延伸了图书馆服务触角，扩大了图书馆服务范围，让市民真正享受文化惠民带来的实惠。（山东省图书馆学会　王玮）

【“泉城书房”浙商银行济南分行分馆落成开放】 6月1日，“泉城书房”开馆仪式在浙商银行济南分行举行。“泉城书房”浙商银行济南分行分馆总面积约150平方米，面向全球公开征集公益设计方案，金融领域社会力量参与政府企业共建，实行24小时无人值守。馆内现有藏书一万余册，涵盖政治、经济、法律、文学、艺术、哲学等多个领域。该书房可同时容纳50余人，室内无线网络全覆盖，为读者免费提供无线上网服务，同时配备了自助借阅机、无障碍通道、残疾人阅读专席等便民设施，可实现与济南市图书馆以及全市其余13家“泉城书房”的通借通还，带给市民愉悦的阅读体验。（山东省图书馆学会　王玮）

【东营市垦利区以“农家书屋+”模式助力乡村文化振兴】 2020年，东营市垦利区着力打造“农家书屋+”服务模式，打通全民阅读“最后一公里”，提升农家书屋服务效能，助力乡村文化振兴。一是发展典型示范点，进一步提升农家书屋服务效能。重点发展永安镇惠丰社区和大闸蟹产学研基地等10个典型示范点，通过示范带动提升全区农家书屋效能。二是推进“农家书屋+平台”，延伸农家书屋服务范围。整合农村各类资源，创新发展思路，探索推进“农家书屋+精品民宿”“农家书屋+游客服务中心”“农家书屋+活动”“农家书屋+非遗文化”，将农家书屋与活动、平台相结合，利用平台推广农家书屋，利用活动丰富农家书屋。三是以“农家书屋+活动”开展为契机，推动全民阅读深入开展。按照“按需制单、百姓点单”要求，不断创新农家书屋服务形式和内容，依托农家书屋，组织开展各类读书分享、阅读活动。四是加强宣传和舆论引导工作。各镇街积极利用新闻网络、微信公众号等平台，对活动进行宣传推广，提高群众知晓率，提升农家书屋影响力，推动形成全社会关心农民阅读、共筑农家书香的良好文化环境。（山东省图书馆学会　王玮）

【威海尼山书院联盟变身文化传承驿站】 2020年，威海市图书馆尼山书院举办春、秋季公益课培训400场，课程涵盖传统文化精讲、国学经典诵读、传统乐器、文化体验等，5000余人参与。开展少儿国学冬令营、夏令营120场，240余名青少年参加。将古诗词吟诵、国学经典解读等70场优秀传统文化体验活动送进各企业、社区和中小学，满足不同群体的精神文化需求。端午节、中秋节等传统节日期间，市图书馆尼山书院与环翠区图书馆尼山书院联合开展“端午诗会”“中秋雅集”等传统文化特色展演活动，参与人数达千余人。市图书馆尼山书院还邀请专业老师和知名专家，对文登、荣成、乳山等地开展的传统文化公益课程进行培训指导，提升各区市图书馆尼山书院教师的整体素质，对传承弘扬优秀传统文化起到了积极的促进作用。联合各区市20余家城市书房，开展民俗剪纸、活字印刷等传统文化体验活动20场，吸引近千名读者参与，提高了市民的综合文化素质，满足了市民的精神文化需要，使尼山书院成为传承、弘扬优秀传统文化的主阵地。自2018年10月威海市图书馆尼山书院联盟成立以来，各尼山书院、团体间的信息交流与资源共享进一步加强，全市尼山书院和社区团体资源的利用率得到了提高，充分发挥各自优势，多方协作，取得不错的效果。（山东省图书馆学会　王玮）

【威海市图书馆“精致党课”助力乡村文化振兴】 2020年，威海市图书馆面向全市机关、企事业单位推出“精致党课　常学常新”特色主题党日活动。从7月到11月，市图书馆每季度推出一个分主题，围绕主题制作课件、推荐图书。7月21日，威海市文化和旅游局帮扶村——威海市文登区米山镇郭格庄党支部的11名党员，在驻村第一书记的带领下，走进威海市图书馆，开启了市图书馆2020年“精致党课　常学常新”主题党日的首场活动。这也是自市图书馆开展主题党日活动以来，第一个走进图书馆的乡村基层党支部。（山东省图书馆学会　王玮）

【山东革命根据地图书资料中心在临沂市图书馆揭牌启用】 7月1日，在中国共产党成立99周年之际，山东革命根据地图书资料中心在临沂市图书馆揭牌启用。山东革命根据地图书资料中心是全省第一家全面反映山东革命根据地建设的专题图书资料中心。馆藏文献两万册，涉及反映山东革命根据地历史的党史文献资料、人物传记和研究成果等。图书资料中心以山东革命根据地所辖鲁中、鲁南、滨海、胶东、渤海等革命区为地域区划进行馆藏布局，集中反映中国共产党领导山东军民开辟、巩固和发展山东革命根据地的历史，体现军民“水乳交融，生死与共”铸就沂蒙精神的辉煌历程。（山东省图书馆学会　王玮）

【青岛市图书馆举办“2020仲夏星阅夜”系列活动首场线下活动】 7月26日，青岛市图书馆举办“2020仲夏星阅夜”系列活动首场线下活动。图书馆邀请专业的体能教练与小朋友们互动，通过丰富多彩的游戏项目将阅读乐趣与运动激情相结合，孩子们不仅在游戏中收获快乐，还学会团结协作，在提升体能的同时也开发了大脑。“2020仲夏星阅夜”系列活动是由青岛图书馆近年来全力打造的一个全新的阅读品牌，旨在通过线上、线下丰富多彩的阅读推广活动，来激发少年儿童的天性，吸引更多的小读者走进图书馆、利用图书馆。（山东省图书馆学会　王玮）

【胶东五市公共图书馆联盟正式成立】 12月4日上午，“一体化　大融合　高质量　新格局——胶东五市公共图书馆联盟成立大会”在青岛市图书馆举行。青岛、烟台、潍坊、威海、日照五市图书馆共同签署《胶东经济圈一体化发展市级公共图书馆合作框架协议》，并举办首次“胶东五市市级馆长联席会”，共谋胶东五市公共图书馆一体化发展。山东省图书馆党委书记、馆长刘显世，青岛市文化和旅游局一级调研员苏里，胶东五市公共图书馆馆长，青岛各区市公共图书馆馆长，以及五市图书馆部分专业人员参加联盟成立大会。仪式后，上海图书馆副馆长周德明做“从‘区域合作’到‘跨界合作’”主题讲座。山东省图书馆馆长刘显世做“打造载体多元、分众明确、特色突出的全民阅读推广体系”主题讲座，并与现场人员进行交流。（山东省图书馆学会　王玮）

河南省

【新冠肺炎疫情期间河南省图书馆加强线上服务】 新冠肺炎疫情期间，河南省图书馆切实做到“闭馆不打烊”。一是强化网络安全，确保网站、微信公众号、文化河南app客户端正常运行。二是整合线上服务资源，积极宣传，为读者提供利用数字资源的渠道及方法。除了可使读者利用河南省图书馆网站、微信公众号、文化河南app渠道获取电子书、电子期刊、视频、音频等各类数字资源，还为读者推荐全国公共文化发展中心文旅e家app、国家数字图书馆app、国家图书馆手机图书馆app，以及国家哲学社会科学文献中心、全国图书馆参考咨询联盟等免费获取数字资源的渠道，满足读者多元化的信息需求。同时将整合的海量数字资源，免费提供给返郑河南援鄂医疗队队员。三是积极宣传、推荐优秀数字资源和开展线上直播活动。利用河南省图书馆微信公众号定期向读者推荐自建数字资源和其他优秀数字资源。主要内容包括微视频《戏曲动漫》和《中原姓氏文化探寻》展播，“名师讲坛”、信息素养系列讲座，河南省藏国家珍藏古籍线上展，豫图公开课，豫图朗读时间等线上服务活动。（河南省图书馆学会　刘洋　严真　杨荔雯）

【“图书馆云馆配采访工作研讨会”于线上召开】 4月2日，由河南省图书馆主办，河南省图书馆学会、上海市图书馆学会共同协办的“图书馆云馆配采访工作研讨会”在线上召开。此次研讨会是国内首次由图书馆举办的以“云馆配”为主题的线上直播会议。邀请国内相关领域专家、各图书馆和重点出版社代表，对图书馆线上云馆配模式的作用与意义以及未来图书馆采访模式的影响和发展趋势进行探讨，并与参会采访馆员展开互动。上海市图书馆学会秘书长金晓明主持研讨会，河南省图书馆馆长孔德超致辞，上海图书馆副馆长周德明、重庆大学图书馆馆长杨新涯和郑州大学图书馆副馆长白广思以“线上云馆配模式及发展趋势”为主题，共同探讨图书馆线上云馆配模式在平台建设、技术等方面实现线上采访工作的作用与意义，以及对未来图书馆采访模式的影响和发展趋势。（河南省图书馆学会　刘洋　严真　杨荔雯）

【《河南历代方志集成》入藏河南省图书馆】 7月13日，河南省大型方志文献《河南历代方志集成》捐赠仪式在河南省图书馆举行。河南省地方史志办公室向省图书馆捐赠河南大型方志文献《河南历代方志集成》全一套共计565册。河南省地方史志办公室党组书记、主任管仁富，副主任袁伦中，河南省图书馆馆长孔德超代表捐赠双方出席仪式并致辞，河南省图书馆党委书记赵丽主持仪式。《河南历代方志集成》是由河南省委省政府批准立项、河南省地方史志办公室主持实施的大型方志文献。该书以传承、弘扬中华民族优秀传统文化为宗旨，以现行河南行政区划为边界，分省志卷和18个省辖（管）市卷共19卷565册（另附总目1册），汇编影印现存上启明永乐十一年（1413年）下迄新中国成立（1949年）五百余年间河南历代综合性方志共586种，内容涵盖这一时期河南自然、社会、人文、经济方面的发展变迁，是迄今为止研究河南最真实、权威的文献史料。（河南省图书馆学会　刘洋　严真　杨荔雯）

【公共文化服务试点“红色书屋”暨“河南省图书馆南太行分馆”在南太行国学院揭牌】 7月15日，公共文化服务试点“红色书屋”暨“河南省图书馆南太行分馆”揭牌仪式在南太行国学院举行。该分馆的设立不仅是全省公共文化服务的创新试点，也是社会力量参与公共文化服务的典型代表，对推动公共文化“嵌入式”服务、促进全省文化旅游高质量发展具有重要意义。启动仪式上，全国人大代表、道德模范、南太行国学院爱心团团长买世蕊带领六位中国好人共同朗诵《爱读书的赶考人》，歌颂红色文化的光辉历程，讲述共产党人的初心使命，弘扬红色书屋的时代精神。（河南省图书馆学会　刘洋　严真　杨荔雯）

【河南省图书馆与郑州大学中原历史与文化研究院合作开展“保护传承弘扬黄河文化”系列活动】 7月22日，由河南省文化和旅游厅主办，河南省图书馆、郑州大学中原历史与文化研究院、河南省高等学校图书情报工作委员会、河南省少年儿童图书馆、河南省各地文广旅局及公共图书馆联合承办的“保护传承弘扬黄河文化”系列活动签约仪式及首场讲座直播在河南省图书馆举行。仪式上，河南省文化和旅游厅巡视员康洁、郑州大学副校长韩国河先后致辞。河南省图书馆与郑州大学中原历史与文化研究院签订“保护传承弘扬黄河文化”系列讲座活动协议，表示今后将在文化研究、资源共建、全民阅读等领域开展全面合作。（河南省图书馆学会　刘洋　严真　杨荔雯）

【河南省图书馆举办中华传统晒书活动】 8月25日，由河南省图书馆（河南省古籍保护中心）主办，嵩山少林寺、国家级古籍修复技艺传习中心李仁清传习所、洛阳师范学院图书馆、南阳市图书馆、洛阳市图书馆、武陟县图书馆、唐河县图书馆、卫辉市图书馆、卫辉市博物馆、河南省民间古籍保护协会10家单位协办的“传习经典　融古慧今——中华传统晒书活动（河南·2020）”启动仪式在嵩山少林寺碑廊举行。晒书活动围绕“弘扬黄河文化·石刻与传拓”主题，结合古籍保护和河南地方文化，分为“晒国宝——珍贵碑刻展”“晒珍藏——珍贵拓片展”“晒技艺——石碑传拓体验活动”3大部分。其中“晒国宝——珍贵碑刻展”，向广大游客展示和讲解了少林寺碑廊里保存的唐宋以来的125通著名原始碑刻，这些碑刻不仅记载着寺院的兴衰状况，而且在历史、雕刻、艺术方面都有很高的研究价值。“晒珍藏——珍贵拓片展”，参展单位11家，珍贵拓片（拓本）共计86件/册。河南省图书馆参展的清拓唐颜真卿楷书《八关斋会报德记》、少林寺图书馆参展的少林寺戒牒木版、南阳市图书馆参展的《斜索戏车画像》汉砖拓片、武陟县图书馆参展的北宋米芾《米南宫十七帖》拓片、唐河县图书馆参展的唐颜真卿《多宝塔碑》拓片、洛阳市图书馆参展的清董其昌《秣陵旅舍送会稽章生诗帖》拓片、卫辉市图书馆参展的北齐时期摩崖石刻《华严经》拓片，以及民间收藏的明拓唐《石淙诗序》、明拓《少室山三十六峰赋》等拓片堪称珍品。“晒技艺——石碑传拓体验活动”，由河南省图书馆古籍修复专家和高浮雕传拓技艺省级代表性传承人李仁清团队现场演示与讲解，使参观者近距离地接触传拓技艺，感受传统技艺的魅力。启动仪式由“文化豫约”“文化河南”“百姓文化云”3家平台同步直播，在线收看达到53万人次。（河南省图书馆学会　刘洋　严真　杨荔雯）

【河南省图书馆举办“河南省2020年公共数字文化工程建设与服务培训班（线上）”】 9月7—11日，河南省图书馆举办“河南省2020年公共数字文化工程建设与服务培训班（线上）”，全省500多名图书馆从业人员参加培训。培训班邀请东莞市图书馆馆长李东来、中国索引学会副理事长叶艳鸣、江阴市图书馆馆长宫俊昌等分别就智慧图书馆理论与实践、城市图书馆使命与阅读推广、总分馆建设在江阴的实践、网络信息安全与意识形态等内容进行培训。（河南省图书馆学会　刘洋　严真　杨荔雯）

【河南7部古籍入选第六批《国家珍贵古籍名录》】 10月30日，文化和旅游部发布第六批《国家珍贵古籍名录》，河南省有7部古籍入选。至此，河南省已有229部古籍入选《国家珍贵古籍名录》。此次该省入选的7部古籍，5部藏于省图书馆，分别为明秦榛刻本《泉斋简端录十二卷》、明末毛氏汲古阁抄本《江南野史十卷》、明前期刻本《文公先生小学书解四卷》、明嘉靖刻本《文章辨体五十卷外集五卷总论一卷》、明正德五年（1510年）程启充刻本《南溪笔录群贤诗话》。另两部古籍为武陟县图书馆的明万历刻本《泽州志十八卷》、许昌市图书馆的明嘉靖二十一年（1542年）刻本《南坞集诗八卷文十卷》。（河南省图书馆学会　刘洋　严真　杨荔雯）

【“河南省图书馆济源视障阅览室”揭牌暨设备捐赠仪式在济源市图书馆举行】 11月5日，河南省图书馆副馆长申少春、刘杰带队前往济源市图书馆，向视障阅览室捐赠50台视障读者专用听书机。捐赠仪式由济源示范区文化广电和旅游局副局长李卫东主持，济源职业技术学院副院长张大林出席仪式，济源市图书馆馆长胡国平致辞并向与会嘉宾介绍视障阅览室的建设情况。（河南省图书馆学会　刘洋　严真　杨荔雯）

【“春雨工程”河南省图书馆2020年文旅志愿服务活动走进威宁】 12月中旬，由河南省图书馆、贵州省图书馆联合举办的“春雨工程”河南省图书馆2020年文旅志愿服务活动走进贵州威宁县，河南省图书馆党委书记赵丽、副馆长刘杰出席活动。此次活动包括：向威宁县图书馆捐赠300册有关“豫图讲坛”的讲座文集、400集视频资料、3000册电子图书，举办“威宁基层公共数字文化资源建设与服务业务培训”，走进威宁民族幼儿园开展少儿品牌活动“阅读分享——仓颉造字”等。（河南省图书馆学会　刘

洋　严真　杨荔雯）

【“面向‘十四五’：公共文化高质量发展论坛”召开】 12月25日，由河南省公共文化研究中心举办的“面向‘十四五’：公共文化高质量发展”论坛在洛阳师范学院召开，河南省文化和旅游厅、河南省图书馆以及洛阳、许昌、鹤壁、三门峡等地市的文化广电和旅游局、图书馆相关负责人和河南省公共文化研究中心研究员出席论坛。论坛由河南省公共文化研究中心主任时明德主持。（河南省图书馆学会　刘洋　严真　杨荔雯）

【“河南省公共图书馆少儿数字阅读服务培训”在洛阳举办】 10月11—13日，由河南省少年儿童图书馆主办，洛阳市少年儿童图书馆承办的2020年“河南省公共图书馆少儿数字阅读服务培训”在洛阳举办。河南省文化和旅游厅一级巡视员康洁、公共服务处调研员程建立、洛阳市文化广电和旅游局局长胡大鹏等出席开班仪式，省少年儿童图书馆副馆长王海辉主持。140余名来自全省各公共图书馆的馆长、业务骨干参加此次培训。（河南省图书馆学会　刘洋　严真　杨荔雯）

【河南省公共图书馆未成年人阅读服务联盟第三批成员馆授牌仪式在洛阳举行】 10月12日，河南省公共图书馆未成年人阅读服务联盟第三批成员馆授牌仪式在洛阳举行。河南省文化和旅游厅、洛阳市文化广电和旅游局、中国图书馆学会未成年人图书馆分会、河南省少年儿童图书馆等单位领导为新加入的成员馆授牌。河南省少年儿童图书馆馆长崔喜梅做河南省公共图书馆未成年人阅读服务联盟工作总结。（河南省图书馆学会　刘洋　严真　杨荔雯）

【“2020少儿书香节”暨“童眼看非遗——少儿美术作品巡展”举办】 12月5日，由河南省文化和旅游厅主办，河南省少年儿童图书馆承办的“2020少儿书香节”暨“童眼看非遗——少儿美术作品巡展”开幕仪式在河南省少年儿童图书馆举办，围绕“书香润童年，阅读达未来”主题，举办了17大项、百余场活动。（河南省图书馆学会　刘洋　严真　杨荔雯）

湖北省

【概况】 2020年，湖北省共有省级公共图书馆1个、市级公共图书馆16个、县级公共图书馆100个。实际使用公用房屋建筑面积72.83万平方米，阅览座席5.01万个，供读者使用电子阅览室终端4510台，文献总藏量4416.10万册，其中图书3695.16万册、古籍96.15万册、报刊408.96万册、视听文献67.31万件/套、缩微制品37.56万件/套，电子文本、图片文献资源总量9.43TB。2020年文献购置费7551.20万元，新增文献184.54万册，新增电子图书728万册，读者流通量1292.85万人次，书刊文献外借1211.14万册次，其中通过“楚天云递”服务为读者送书上门1040次1966余册。

2020年，省市县三级公共图书馆为读者举办讲座、展览、培训班等各种活动3061场次，148.69万人次参与。其中：组织各类讲座1305场，63.97万人次参与；举办展览947个，78.92万人次参与；举办培训班809个，5.8万人次参与。各图书馆网站年访问量约5780.59万次。志愿者服务队伍1059个，共计10836人。共有流动图书车96辆，流动图书车书刊借阅69.51万人次，流动图书车书刊借阅103.58万册次。文化创意产品种类69种。

抗击新冠肺炎疫情，履行责任担当。新冠肺炎疫情发生后，湖北省图书馆联动武汉地区市区两级公共图书馆，赴方舱医院建设图书角、方舱书屋，截至3月10日方舱医院全部休舱之时，在方舱医院、援汉医疗队驻地、隔离点等地建立方舱书屋78个，为抗疫贡献“书香力量”。同时，开发上线“方舱数字文化之窗”数字资源平台，接入“中文在线”“中华诗词库”等31家资源，并在方舱医院推介，方便患者获取数字阅读资源。

加强交流合作，促进协同发展。2020年，湖北省图书馆新建通山廉政图书馆分馆、咸宁梓山湖亲子绘本分馆、丹江口沧浪湿地分馆等分馆3个，图书流通点5个。总分馆制建设不断推进，湖北省98个县级馆中的75个图书馆完成总分馆体系建设。组织开展全省公共图书馆线下业务培训班，109名公共图书馆馆长参训。2020年，湖北、湖南、江西、安徽、山西、河南六省公共图书馆在南昌签署合作协议，成立中部六省(湘鄂赣皖晋豫)公共图书馆联盟，推动联盟资源共建共享。

巩固业务建设，着力打造品牌。湖北省图书馆举办“书香战疫，对话楹联”世界读书日主题活动；主办“乐学善思，科学战‘疫’”线上知识竞赛；“长江读书节”联合全省百家公共图书馆举办“六百”系列活动7200余场，参与活动近1200万人次，各级新闻媒体报道200余篇次；“长江讲坛”线上、线下提供28场讲座服务，开通哔哩哔哩和微博平台直播，推出门票预约平台，拓展传播宣传阵地；“e海阅读”推出湖北省首届企业辩论赛、“大众文学讲堂”、“数字惠民服务走基层”等线上、线下活动43场，参与活动585万人次；“童之趣读书节”全省征文1234篇、征画884幅，创历史新高，推出湖北省少年儿童图书馆“成长导师”新平台，展现新亮点。(湖北省图书馆学会　杨萍　罗茹意)

【湖北省图书馆启动“在家阅读，书香战‘疫’”系列线上活动】 湖北省图书馆在疫情发生以后发起“在家阅读·书香战‘疫’”系列线上活动，丰富居家隔离群众的文化阅读体验。1月23日闭馆至4月8日，开展“真人图书馆”“我猜你思”“相约乡读”等线上活动70余场，推送数字资源60余次，征集抗疫主题美术书法摄影作品600余件，举办线上展览23期，活动网站访问518.18万次，微信、微博公众平台访问9413.61万次，移动图书馆app点击量758.01万次，线上数字资源总访问量581.67万次，联动省内各级公共图书馆举办线上活动近千场，线上特色服务效果显著。(湖北省图书馆学会　杨萍　罗茹意)

【武汉地区三级公共图书馆联动，赴方舱医院及隔离点建立“方舱书屋”】 新冠肺炎疫情发生后，湖北省图书馆组织相关部门人员连夜赶制“书香战疫”宣传海报，快速筹措、打捆书刊7000余册，在设武汉体育馆、石牌岭、青山方舱医院等多个方舱医院和隔离点建设书屋13个。湖北省图书馆学会在落实工作的过程中，展现了图书馆人的社会责任与担当。截至3月10日方舱医院全部休舱之时，在方舱医院、援汉医疗队驻地、隔离点等地建立方舱书屋78个，为抗疫贡献“书香力量”。

武汉图书馆组织带领武汉市、区级图书馆和文化单位率先建立8家方舱书屋。同时，在武汉图书馆的呼吁下，中国图书馆学会、国家图书馆联合发起倡议，号召全国图书馆界驰援武汉。共有350多家公共图书馆和文化单位积极响应。武汉大学、华中科技大学、华中师范大学、湖北大学等高校图书馆，援助书刊近1.5万册，在武汉市多个方舱医院与隔离点建立书屋，并提供各种线上、线下服务。(湖北省图书馆学会　杨萍　罗茹意)

【湖北省图书馆主导开发“方舱数字文化之窗”】 湖北省图书馆主导开发“方舱数字文化之窗”，接入“中文在线”“中华诗词库”等31家资源，包含20万册电子书、53万个音频、46143个视频、1080集动漫、10万多条古诗词等丰富资源，包含专业课程及丰富的读书活动、精彩的文博展览、有趣的线上游戏、群众艺术普及教程等数字资源，还设有疫情信息更新、权威辟谣、心理疏导等栏目。该数字平台自2月13日上线以来，迅速覆盖武汉市所有方舱医院和隔离酒店，方便患者获取数字阅读资源，并向居家隔离群众推广。2月22日，湖北省图书馆学会联手上海图书馆增设“浦江伴读”频道，吸纳上海图书馆精选的馆藏优质资源，进一步丰富了平台的资源。至4月8日，该平台注册人数达15.9万人，登录人数达20.2万人，访问次数243万次。(湖北省图书馆学会　杨萍　罗茹意)

【“2020‘我的战疫’阅读马拉松线上快闪赛”举办】 3月5日晚上7点，“2020‘我的战疫’阅读马拉松线上快闪赛”在线上“开跑”。“2020‘我的战疫’阅读马拉松线上快闪赛”由上海图书馆携手湖北省图书馆、武汉图书馆、南京图书馆、浙江图书馆、安徽省图书馆和阅读马拉松组委会主办，全国300多家图书馆积极响应。来自全国的15545名选手以网络为媒介，以马拉松快闪的方式来表达普通人抗击新冠病毒的决心，携手共赴这场特殊的马拉松之约，在推动科学“战疫”的同时，展示阅读与思考的力量，收获最特别的马拉松证书，为“战疫”助力。

这次阅读马拉松线上快闪赛是一次全新的阅读体验活动，参赛选手需要在比赛开始时下载比赛用书、“争分夺秒”地阅览书籍、掌握书中内容，在规定时间内完成答题并提交一句“我的战疫宣言”。相隔千里的读者们通过共同阅读《张文宏教授支招防控新型冠状病毒》这本书，在学习病毒防控相关知识的同时，以阅读马拉松线上快闪赛的方式，坚定战胜新冠病毒的决心，致敬所有正在抗击疫情一线的工作者。（湖北省图书馆学会　杨萍　罗茹意）

【湖北省图书馆举办“湖北第十二届晒谱节”】 9月7日，主题为“英雄城市　英雄谱”的“湖北第十二届晒谱节”在湖北省图书馆举办。此次活动由湖北省图书馆与辛亥革命武昌起义纪念馆共同主办。来自湖北、江西、安徽、河南、湖南各地的谱牒文化专家和谱牒文化爱好者、民间家谱收藏者100余人参加此次活动。此次晒谱节展出谱牒300余件，这是湖北地区辛亥人物家谱首次参与集中展示。辛亥人物家谱展示区展出辛亥人物黄兴的《经铿黄氏家谱》、黎元洪的《黎氏族谱》、吴兆麟的《吴氏宗谱》、唐群英的《治坪唐氏七修族谱》、邓玉麟的《邓氏族谱》、张难先的《张氏族谱》、余祖言七兄弟的《余氏宗谱》等。辛亥人物后裔熊秉坤之孙熊永铸、邓玉麟之孙邓中宪、刘公孙女刘重喜、张难先孙女张铭歌、余祖言之孙余品绶、朱峙三之子胡香生等人展示交流所藏家谱，吸引大批读者关注阅览。在“晒谱节”家谱捐赠仪式现场，邓习章向辛亥革命武昌起义纪念馆捐赠记载邓玉麟将军的《邓氏族谱》。朱经明向湖北省图书馆捐赠《朱氏宗谱》，傅正浩捐赠《楚北傅氏宗谱》等。现场签订捐赠协议并颁发收藏证书。

湖北省图书馆是该省收藏家谱文献最多、保存条件最好的公共文化事业机构。该馆优化收藏形式，采用纸质存档、数字扫描技术存档、缩微胶片存档相结合的方式收藏家谱。针对无法获取纸本的文献，通过提供免费家谱修补服务和租、借家谱等方式，将家谱原件数字化并存档。此举不仅迅速扩充了馆藏，还推动了家谱资源的数字化建设。同时，湖北省图书馆编纂完成首个湖北地区家谱总目《湖北家谱总目》，并开通家谱全文影像数据库，为广大民众寻根问祖和学术研究提供参考，服务于湖北经济和文化建设。（湖北省图书馆学会　杨萍　罗茹意）

【“湖北数字标准馆”正式上线】 11月，湖北数字图书馆联合湖北省标准化与质量研究院开展精准化服务，为社会各界开展标准化工作提供数据及服务支持，“湖北数字标准馆”正式上线运行。该数据库收录国内外标准数据150余万条，收录范围覆盖我国国家、行业、地方标准以及国外重点国家和地区所制定标准，可提供免费标准题录查询、国内标准文本在线预览。为了方便广大读者使用“湖北数字标准馆”资源，湖北省图书馆在官方微信公众号、网站均开设专栏。（湖北省图书馆学会　杨萍　罗茹意）

【湖北省图书馆（湖北省古籍保护中心）举办“湖北省第一期传拓技艺培训班”】 11月2—6日，湖北省图书馆（湖北省古籍保护中心）举办“湖北省第一期传拓技艺培训班”，来自省内各古籍保护单位的20余名古籍修复、文物保护工作人员参加学习。此次培训紧扣主题，以实践教学为主，邀请国家古籍保护中心培训导师、复旦大学中华古籍保护研究院特聘教授赵嘉福，上海图书馆历史文献中心文献保护修复部主任、国家级古籍修复技艺中心湖北传习所导师张品芳亲授技艺。在为期1周的传拓培训中，2位专家为学员进行耐心细致的指导，从碑刻传拓的历史渊源讲起，逐步分解拓包制作过程，亲自演示不同种类器物的传拓技巧，让学员们在面对面的教学、手把手的实践中体会传拓用纸的选择、扫纸入凹的力度、拓包起落的节奏。20余名学员抱着刻苦学习的态度，抓住每一个机会向专家请教，利用休息时间进行传拓练习，较为全面地掌握了以平面碑刻为主，兼及扇骨、汉砖、瓦当、砚台等种类的不同传拓方法，以及传拓材料的选择、工具的制作。（湖北省图书馆学会　杨萍　罗茹意）

湖南省

【概况】 2020年，湖南省共有公共图书馆143个、分馆2042个，建筑面积61.16万平方米，从业人员2066人，专业技术人员1471人，其中正高级职称16人、副高级职称139人、中级职称791人。总馆藏量3922.75万册，有效借书证256.64万个，总流通3117.52万人次，书刊文献外借2150.63万册次。组织各类讲座3277次，举办展览728个，举办各类培训3168

次，培训39.30万人次，开展基层培训辅导4.42万人次。计算机7464台，其中供读者使用电子阅览室终端数4957台，图书馆网站访问量4324.97万次。购书专项经费4.02亿元。阅览室座席45998个。志愿者服务队伍49097人。流动图书车63辆，流动服务书刊借阅58.85万人次，书刊借阅96.23万册次。（湖南图书馆　张贺明）

【湖南图书馆举办线上亲子阅读抗疫活动】 2月28日，湖南图书馆联合樊登小读者湖南省分会举办线上亲子阅读抗疫活动。在疫情防控期间，湖南图书馆提供线上阅读、线上听书、线上直播课等多种类型的服务。据统计，1月14日—2月28日，有近10万读者参加线上阅读活动，阅读平台总点击量达550多万次。（湖南图书馆　蔡家意）

【由湖南图书馆编著的《全国地方文献工作与研究》《湖南少数民族文献概论》正式出版发行】 由湖南图书馆编著、国家图书馆出版社出版的《全国地方文献工作与研究》《湖南少数民族文献概论》分别于2月、5月正式对外发行。《全国地方文献工作与研究》系统梳理了新中国成立以来全国地方文献工作取得的成就及积累的经验，分为上下两篇。上篇为省级公共图书馆、高校图书馆和专业图书馆，以及自1949年以来的地方文献工作建设的整体情况；下篇收录有关地方文献建设的案例与论文24篇，旨在为新时期地方文献工作的进一步发展提供理论指导。《湖南少数民族文献概论》是一部综合研究湖南少数民族文献的专著，首次对湖南少数民族文献发展的概况进行分析总结，并对湖南少数民族主要的文献类型进行梳理，对各类型现存的文献进行大量收集和列举。全书由10章38节组成，把湖南少数民族文献分为专著、专文、方志、族谱、金石文献、音像文献等主要类型，书中收录的部分文献此前从未公开。（湖南图书馆　王彬　杨庆怀）

【湖南正式实施《古籍保护与服务规范》】 7月2日，由湖南图书馆编纂的（湖南省）《古籍保护与服务规范》正式实施，这是一部有关古籍保护和服务的地方性标准。该书主要内容分为前言、引言、范围、规范性引用文件、术语和定义、基本原则与要求、古籍征集、古籍普查登记、古籍分级保护等部分，旨在建立健全古籍的保护和管理制度，规范古籍保护和服务的术语和定义，确定湖南省古籍保护和服务的总则，建立古籍征集、原生性保护、再生性保护、服务资源、服务人员、服务项目、服务效能等方面的原则和标准，以加强对全省古籍行业规范化、标准化、科学化的管理，促进对古籍的保护研究和合理利用。（湖南图书馆　刘雪平）

【湖南图书馆与《郴州通典》编辑部举行签约仪式】 7月9日，湖南图书馆与郴州市文史研究会就《郴州通典》的编纂签订文献服务协议。湖南图书馆将影印复制馆藏中重要的郴州地方文献，为编纂《郴州通典》提供文献支持。《郴州通典》是郴州市一项浩大的文化建设工程，由古代典籍和近现代文献两部分组成：古代典籍整理以经、史、子、集分卷，卷下分辑；近现代文献整理以类分卷，初分政治卷、经济卷、文化卷、社会卷、地理风物卷、军事卷、方志卷、名家卷等。（湖南图书馆　刘雪平）

【湖南图书馆开展庆祝建党99周年纪念活动】 7月20日，湖南图书馆开展庆祝中国共产党成立99周年纪念活动。活动以“弘扬优良家风，诵读最美家书”为主题，从“潇湘家书”中推选出11篇优秀篇目，由党员、入党积极分子进行诵读，以此动员和激励广大党员学习先进、争当先进，更好传承党的优良作风。湖南图书馆党委委员、在职党员、离退休党员代表共计百余人参加活动。（湖南图书馆　徐浪）

【湖南图书馆开展“全国抗击新冠肺炎疫情”主题摄影展】 9月4日，“全国抗击新冠肺炎疫情”主题摄影展在湖南图书馆开展，免费向公众开放。展览以“必胜”为主题，展出近百幅影像作品，分为“生死交锋”“八方驰援”“全民防疫”“别样生活”“复工复产”“我们在行动”6大板块，全面展现一线医护人员、社区工作者、公安干警、基层干部、下沉干部、志愿者、产业工人、快递小哥等无数普通人的付出与坚守。（湖南图书馆　张甜）

【“新时代·新技术：文旅融合背景下地方

文献工作研讨会”在长沙市图书馆召开】 9月23日，“新时代·新技术：文旅融合背景下地方文献工作研讨会”在长沙市图书馆召开。会议由湖南图书馆、湖南省图书馆学会主办，长沙市图书馆、长沙市图书馆学会承办，长沙市望城区文化旅游广电体育局协办，来自北京、甘肃、山东、河南、江西、广东、云南等地的图书馆地方文献研究专家及湖南省各市（州）、县（市、区）公共图书馆馆长、副馆长100余人参加会议。湖南省文史研究馆副馆长李跃龙做题为《地方志文献及其开发利用》的主旨报告。（湖南图书馆　龚雨璐）

【湖南图书馆11部珍贵古籍入选第六批《国家珍贵古籍名录》】 10月30日，文化和旅游部发布《关于公布第六批国家珍贵古籍名录和第六批全国古籍重点保护单位名单的通知》（文旅公共发〔2020〕73号），公布经国务院批准的第六批《国家珍贵古籍名录》和《全国古籍重点保护单位名单》。此次公布的第六批《国家珍贵古籍名录》中共有国家珍贵古籍752部，湖南图书馆有明嘉靖四至六年（1525—1527年）王延喆刻《史记》（一百三十卷）等11部古籍入选。（湖南图书馆　龚雨璐）

【“湖南省中小企业数字图书馆”正式开馆】 11月24日，在湖南省第六届中小企业服务大会上，“湖南省中小企业数字图书馆”正式开馆，标志着湖南图书馆进驻湖南省中小企业公共服务平台，向企业提供数字资源浏览下载、企业决策参考、企业文化建设指导等多种形式的企业信息服务。全省中小企业都可利用图书馆的资源和服务获取自身需要的政策法规、经营管理、标准专利、竞争情报等专业信息。（湖南图书馆　张柏林）

【湖南图书馆启动“藏书于民”活动】 12月15日，湖南图书馆“藏书于民”活动正式启动。湖南图书馆与省人民政府发展研究中心、省住房和城乡建设厅、湘钢一中3家单位现场签约，分别调拨3000册图书，合作建立藏书点。“藏书于民”是湖南图书馆率先在全国范围内开展的一项创新性文化惠民工程。（湖南图书馆　王昕晗）

【湖南图书馆与中南大学共建图书情报专业硕士实践教学基地授牌仪式举行】 12月28日，湖南图书馆与中南大学共建图书情报专业硕士实践教学基地授牌仪式在湖南图书馆举行。实践教学基地的建设，旨在培养满足社会信息化和国民经济建设需要的高层次、应用型、复合型的图书情报专门人才，使之具备综合运用管理、经济、法律、计算机等方面知识解决图书情报工作实际问题的能力以及扎实的图书情报专业知识和实践技能。湖南图书馆已有5位具有丰富工作经验的高级职称专家担任基地兼职导师。（湖南图书馆　杨方昕）

【湖南省少年儿童图书馆举办“童心向党　阅读花开——‘4·23’世界读书日阅读推广活动暨第40届湖南省少年儿童主题读书活动”启动式】 4月24日，由湖南省少年儿童图书馆主办的“童心向党　阅读花开——‘4·23’世界读书日阅读推广活动暨第40届湖南省少年儿童主题读书活动”启动式在省少年儿童图书馆二楼小剧场举行。活动发布2020年湖南省少年儿童图书馆借阅人气榜单，表彰十佳借阅读者，并正式启动第40届湖南省少年儿童主题读书活动，活动在全省各市（州）图书馆、学校广泛开展。（湖南省少年儿童图书馆　黄雅雅）

【《魔术老虎智慧童话系列（第二辑）》新书发布会在湖南省少年儿童图书馆举办】 5月23日，湖南省少年儿童图书馆举办《魔术老虎智慧童话系列（第二辑）》新书发布会暨抗疫主题征文颁奖仪式。活动由湖南省少年儿童图书馆联合湖南省寓言童话文学研究会、湖南少年儿童出版社、湖南人民广播电台潇湘之声等3家单位共同主办。湖南省委、省政协领导，儿童文学作家、画家、学者，以及小读者及家长、老师代表等百余人参加活动。新书发布会上，馆长金铁龙代表湖南省少年儿童图书馆接受赠书并致辞。（湖南省少年儿童图书馆　周丽丽）

【书香长沙·星城科学讲堂——2020年“全国科技工作者日”主题活动举行】 5月30日，书香长沙·星城科学讲堂——2020年“全国科技工作者日”主题活动在长沙市图书馆举行，近38万人观看活动线上直播，50余人现场参与主题讲座。活动特别邀请湖南省援武汉医疗队总指挥、中南大学湘雅二医院支援湖北医疗队前方指挥部指挥长、湘雅二医院副院长徐军美等专家与线上、线下读者进行交流，讲述方舱医院背后的故事，普及新冠肺炎疫情防护等健康知识，弘扬爱国主义与科学志愿精神。（长沙市图书馆　王璐）

【长沙市图书馆“让文字活起来”经典文学读演剧场创新活动】 6月，长沙市图书馆“让文字活起来”经典文学读演剧场引入“剧本杀”，在全国图书馆中率先推出“剧本游戏解谜体验活动”，在原有的“朗读＋表演”形式的基础上，再次创新打造沉浸式文学游戏化体验活动。12月，在馆内新三角创客空间开设“剧本游戏解谜体验馆”，开辟剧本游戏专架，开放免费预约，让所有爱好剧本游戏的读者都能够自由参与体验，共227人次参与。同时，还创新打造“科技＋文化＋艺术”相结合的沉浸式阅读体验项目“读演奇妙夜”，由“经典文学读演剧场”“剧本阅读解谜体验”“VR数字阅读大冒险”三个主题板块组成，吸引1800余人参与表演体验和观演。（长沙市图书馆　龙耀华　魏海燕　罗倩倩）

【长沙市图书馆推出“长图出发　阅见长沙”城市阅读计划】 7月，长沙市图书馆创新推出“长图出发　阅见长沙”城市阅读计划，以馆藏文献为出发点，将城市文旅景点、历史街巷实地走访与地方文献导读相结合，开展包括原始文献导读、线上图文走访、线下实地街巷走访等形式的系列活动，更好地发掘出图书馆在传承地方文化、保存城市记忆中的重要作用。自7月5日启动至年底，共开展5期活动。（长沙市图书馆　卢佳）

【长沙市图书馆“你的BOOK我买单”活动线上、线下同步启动】 8月18日，长沙市图书馆线上、线下同步启动“你的BOOK我买单”活动，读者在活动指定书店挑选图书，由长沙市图书馆买单，读者免费带回家阅读，按期归还图书馆即可。同时，首次开通线上平台，京东网上书城上百万种图书任读者选择，读者足不出户便可在家免费借阅新书。至11月底活动结束，共有6000余名读者参与，借出图书40000余册。（长沙市图书馆　李娟）

【长沙市图书馆举办建馆60周年系列活动】 12月27日，长沙市图书馆建馆60周年系列活动正式启动。湖南省政协、省文化和旅游厅，长沙市委宣传部、市人民政府、市科学技术协会、市文化旅游广电局、市文明办，湖南图书馆以及省图书馆学会等领导出席启动仪式并表示祝贺。湖南省各市（州）图书馆馆长，长沙市各区、县（市）文化旅游广电体育局负责人，长沙市图书馆金牌阅读推广人、优秀读者、退休老馆员、总分馆馆员代表共200多人参加此次活动。活动特邀南开大学教授柯平做题为《公共图书馆高质量发展的十个新主题》的学术报告。（长沙市图书馆　王璐　张军）

【“‘共抗疫情　展望春天’——湘西自治州‘书香盈岁月’线上阅读打卡活动”举办】 6月1日，由湘西土家族苗族自治州文化旅游广电局主办，州图书馆、州图书馆学会承办的“‘共抗疫情　展望春天’——湘西自治州‘书香盈岁月’线上阅读打卡活动”举办。此次线上打卡活动提供“平安书单”“掌上阅读”“QQ阅读”“数字阅读”“懒人听书”等数字资源供广大读者免费阅读，读者也可自行选择其他书籍进行打卡分享。打卡活动结束后，从全州范围内的参与者中评选出3名“阅读打卡达人”、6名“阅读之星”、7名“阅读明星”。（湘西州图书馆　许晓雯）

【株洲读书月系列活动举办】 9月29日，第十三届“株洲读书月”颁奖仪式和“书香集市”在株洲市神农大剧院上演。活动围绕“知识就是力量，阅读改变人生”的主题，举办“书香单位（阅读推广人）”颁奖仪式、“书香集市”展览展示、名家沙龙讲座、株洲特色文献（文创）展等一系列阅读活动。此次读书月邀请《百家讲坛》主讲人、陕西师范大学教授王双怀做“‘一带一路’与唐代文化”主题讲座，讲述丝绸之路对中外经济文化交流产生的重要影响。（株洲市图书馆　张伟）

【“株洲书房”建成开放】 11月，株洲首座

"株洲书房"对外开放。株洲书房坐落在第二工人文化宫二楼，面积约 800 平方米，馆藏图书近 50000 册，阅览座席 100 余个。株洲书房以"花艺绿植"为主题，特色鲜明。开放仅 1 个多月共接待读者近 6000 人，开展各种讲座、花艺课堂、绘本故事会、亲子共读活动共 20 余场，提供舒适的环境和便捷的服务，缩小图书馆的服务半径，成为市民家门口的"读书殿堂，精神家园"。（株洲市图书馆　张伟）

【株洲市"总分馆制"进一步完善】 截至 2020 年底，株洲市共建有公共图书馆 9 个、分馆 27 个、流通点 106 个、24 小时智能书屋 16 个、农家书屋和机关企业图书馆（阅览室）1561 个，总分馆之间基本实现通借通还。其中，年内建成开放的十里春风分馆、消防救援支队分馆等高规格的分馆，进一步有效整合了公共文化资源。（株洲市图书馆　张伟）

【岳阳市图书馆"'4·23'世界读书日暨送书下乡文化活动"启动】 4 月 23 日，岳阳市图书馆第 25 个世界读书日全民阅读活动在郭镇乡枣树村百姓大舞台演播厅启动。活动倡导大家爱读书、读好书、善读书。岳阳市图书馆在枣树村建立爱心图书室，送去涉及种植、农技知识、经典儿童文学等各类图书共 302 册，同时流动服务车还为村民提供各类图书的借阅服务。（岳阳市图书馆　常潇潇）

【"岳童悦读·领读者"（第一期）专题培训班举办】 11 月 2 日，由岳阳市图书馆学会主办、樊登小读者岳阳分会协办的"岳童悦读·领读者"（第一期）专题培训班开班。培训班为期两天，来自全市各级各类图书馆未成年人服务工作者，从事阅读推广相关的科研、教学等企事业单位人员，其他阅读推广事业的社会机构从业人员共计 40 余人参加培训。资深阅读推广人刘丹容围绕如何讲好一个绘本故事，从故事的组织与整理以及故事讲读的表达技巧等方面做讲述。（岳阳市图书馆　常潇潇）

【衡阳市图书馆地方特色古籍数字化项目第一期完成】 10 月，衡阳市图书馆地方特色古籍数字化项目第一期完成，数字资源成品通过国家图书馆验收。数字化整个过程由特色文献部确定专人全程跟进，确保制作周期内底本文献与数字资源的安全管理。此次进行数字化的古籍主要是地方名人著作，其中有清光绪二十九年（1903 年）道县新教育馆代印的周敦颐著作《周子全书》、清光绪三十三年（1907 年）东洲刊的王闿运著作《湘绮楼诗集十四卷》以及《船山公年谱》等古籍。（衡阳市图书馆　胡从启）

广东省

【概况】 截至 2020 年底，广东省共有公共图书馆 146 个，其中县级图书馆 119 个。馆舍总面积 279.7 万平方米。从业人员 5078 人，其中：高级职称 357 人，占比 7.0%；中级职称 1563 人，占比 30.8%。年度购书经费 34046.4 万元，购书 1006.8 万册，总藏量共计 29961.6 万册。计算机总数达 11510 台。全年总流通达到 4972.2 万人次，书刊文献外借 6431.2 万册次，组织各类读者活动 37315 次，3844.1 万人次参加，其中组织各类讲座培训 10678 次，举办展览 2689 个，举办各类阅读推广活动 23948 次。

众志成城，共同战"疫"。全省图书馆从 1 月 24 日起紧急闭馆，取消所有线下读者活动。图书馆全力做好防疫工作，图书馆人作为志愿者奋战于抗疫一线。他们进社区、走乡村，到企业、景区及酒店等各类文化场所进行疫情通知及排查，协助做好湖北籍旅客定点接待酒店的服务指引工作。广泛宣传疫情防控知识，消除盲目的恐慌情绪。如广东省立中山图书馆推出"新型冠状病毒防疫安全公益课"，并推出《战"疫"不孤"读"——广东省立中山图书馆为武汉加油！》《齐心战"疫"，有你有我——广东图书馆人齐声为武汉加油！》原创视频，倡议全省图书馆为武汉加油。全省图书馆界同人积极为武汉地区图书馆捐助防护物品。疫情稳定后，广东省立中山图书馆、广东图书馆学会向全省联合发出广东省公共图书馆恢复开放工作指南。广州图书馆策划"'疫'情绪的艺术药方"系列活动，用艺术疗愈"疫"情绪。

线上服务需求激增。疫情环境下，读者以居家为主，对线上服务的需求激增。2020 年初，广东省立中山图书馆新上线"广东省文化 E 站小程序服务平台"，为读者提供海量的信息资源。疫情防控阶段紧急开发上线"广东省立中山图书馆数字阅读平台”微信小程序版，并在图书馆服务宣传月期间策划“e 服务”“e 资源”“e 活动”“e 风采”四大板块，与读者共享“云”上书香，悦读“e”起精彩。深圳图书馆“数字阅读馆”小程序平台开通上线。“两会”期间，东莞图书馆组织开展“2020 东莞‘两会’云信息服务”。深圳市宝安区图书馆开展线上讲座、线上故事会、线上诗词品鉴等活动。受疫情影响，2020 年读者活动以线上活动为主，线上活动举办次数大幅上升，活动场次比 2019 年增长 486%，线上活动参与人次比 2019 年增长 788%。

新型阅读空间建设不断推进。广州市南沙区图书馆新馆正式开馆试运行。深圳市罗湖区图书馆 3 家“悠・图书馆”齐开放。中山纪念图书馆联合社会力量打造新型公共阅读空间。广东省文化和旅游厅发布《关于在旅游行业开展文旅融合“粤书吧”试点工作的通知》，将公共文化设施引入旅游景区。广东省首批确定 86 家“粤书吧”试点单位。广东省立中山图书馆建成 3 间“粤书吧”，佛山五区建成 6 家独具特色的文旅融合“粤书吧”试点，惠州市首批两间“粤书吧”挂牌揭幕，其他各地市“粤书吧”相继挂牌揭幕。

阅读推广活动深入开展。广州、深圳、佛山等地发布年度阅读报告。2020 年粤鄂澳“共读半小时”活动首次开启 AR“云共读”。“广州公益阅读”助力“2020 南国书香节暨羊城书展”。第 41 届“羊城之夏”青少年暑期系列活动启动仪式通过“新花城”直播平台，观看直播人数达 30 万。深圳少年儿童图书馆举办第三期广东省少儿阅读推广人线上培训班。东莞举办第十六届读书节。“湖北农民工吴桂春东莞图书馆留言事件”网上刷屏。中山启动“品读湾区”9+2 城市悦读之旅活动。佛山市图书馆荣获 2020 年 IFLA 国际营销奖第一名，佛山市多家阅读空间迎来国家级媒体记者采访团。广州市越秀区图书馆举办“阅读之美　心灵之窗”国际盲人节活动。

规章制度和标准规范建设得到加强。广东省立中山图书馆，广州、深圳、东莞等地图书馆着手制订“十四五”发展规划。广东省立中山图书馆参与起草的文化行业标准《图书馆古籍虫霉防治指南》正式发布实施，深圳发布《公共图书馆统一服务业务统计数据规范》，东莞图书馆主持的文化行业标准《公共图书馆读者个人信息集》通过专家审查，佛山市图书馆召开“佛山市公共图书馆管理办法（草案征求意见稿）”专家论证会。

协作协调和资源共享取得突破。广东省公共图书馆联盟成立，广东省立中山图书馆牵头建设“广东省‘粤读通’工程”，提供全省范围内公共图书馆“一证通”服务。广东省公共图书馆决策信息开发与服务联盟启动。惠州市图书馆联盟举办元宵节线上灯谜竞猜活动。（广东省立中山图书馆　何杰锋）

【广州南沙花园酒店“粤书吧”正式试运行】“粤书吧”是广东省文化和旅游厅为推进文化和旅游深度融合发展，推动旅游设施引入公共文化设施的重要举措。通过树立全省统一标识品牌，在旅游景区、酒店和民宿等旅游经营单位，设立当地图书馆分馆或流通点，这是公共服务领域文旅融合的一种创新形态，这一形态可以充分撬动社会资源，拓展新型阅读空间，实现共建共享共赢。广州南沙花园酒店“粤书吧”作为全省首家“粤书吧”，以文旅融合理念为引领，由广东省立中山图书馆提供文献资源支持，不定期开展多种创意性读书分享及主题沙龙活动，同时兼顾书吧、咖啡吧、休闲空间等多种体验功能，以优美的环境吸引着各地游客。该书吧于 1 月 17 日正式试运行，是首个进入旅游行业的公共文化设施试点。1 月 18 日下午，书吧迎来首场主题分享活动。（广东省立中山图书馆）

【广东省第十届盲人诗歌散文朗诵大赛决赛暨第六届盲人散文创作大赛在广州举办】5 月 15 日，在第三十次全国助残日即将到来之际，由广东省文化和旅游厅、广东省残疾人联合会主办的广东省第十届盲人诗歌散文朗诵大赛决赛暨第六届盲人散文创作大赛在广东省立中山图书馆举行。决赛现场播放优秀参赛视频，通过专家现场评审和网络投票的方式，决出优胜者。来自广东省各地市的优秀盲人朗诵者们围绕“声援‘疫’线、逆光前行”这一主题，讴歌抗疫最美逆行者。

此次大赛于 1 月启动，在疫情防控时期，大赛首次采用线上形式组织开展。各地市残疾人联合会、图书馆、特殊教育学校等单位积极组织选拔赛，广泛发动盲人群体参与。大赛组委会精选50首抗“疫”专题诗歌和朗诵技能培训视频等相关资料，助力参赛者备战比赛。经评定，来自19个地市的22个朗诵视频作品脱颖而出，进入此次大赛决赛。来自惠州市的钟瑜娜和佛山市的郭顺友荣获朗诵大赛一等奖，来自湛江市的许碧珊获得最佳人气奖。第六届盲人散文创作大赛同时举行，来自深圳的王朝阳和来自湛江的李雨媚双双荣获散文创作大赛一等奖。大赛组委会评选出此次大赛优秀组织奖20个、优秀指导奖9个。网易直播、广东广播电视台新闻广播直播平台对决赛进行全程直播。（广东省立中山图书馆）

【广东省立中山图书馆启动“十四五”发展战略研究与规划编制工作】 7月15日，广东省立中山图书馆“十四五”规划启动暨战略研讨会以线下线上相结合的方式召开。会议特别邀请中国图书馆学会副理事长刘小琴、国家图书馆研究院院长申晓娟进行指导，广东省立中山图书馆领导班子和相关工作人员、南开大学教授柯平团队全体成员参加会议。

柯平做“关于省级公共图书馆‘十四五’规划编制”专题报告。南开大学柯平团队为做好广东省立中山图书馆“十四五”规划研究工作，组建5个子课题研究团队开展专题研究。广东省立中山图书馆相应成立5个研究小组对接子课题研究团队。在研讨会上，东北师范大学信息管理系主任陈昊琳、福建师范大学图书馆学系副教授洪秋兰、辽宁师范大学特聘教授张文亮、郑州大学图书馆学系主任王平和中山大学资讯管理学院副教授唐琼先后介绍了相关子课题的研究框架，并与研究小组进行充分交流。（广东省立中山图书馆）

【“公共文化建设现场——2020广东公共文化研讨会”在广州举行】 11月12日，由广东省文化和旅游厅主办的“公共文化建设现场——2020广东公共文化研讨会”在广东省立中山图书馆举行。来自省内外的文化和旅游公共服务专家学者、文化和旅游管理部门负责人、公共文化机构、高校和研究机构代表560多人参加。文化和旅游部全国公共文化发展中心主任白雪华、广东省文化和旅游厅副厅长梅其洁出席研讨会并致辞。

与会代表紧紧围绕“理论引领，转型升级：推动‘十四五’时期公共文化高质量发展”这一主题，进行深入探讨和经验交流。10多位省内外专家学者做主题发言并开展理论研讨。会议采取线上、线下相结合的形式，设1个主会场和20个分会场。研讨会以视频形式直观展示广东省公共文化服务体系建设成果，来自全省24个文化和旅游公共服务优秀案例入选《广东省2020年度文化和旅游公共服务体系建设优秀案例集》。现场发布《广东省新型阅读空间发展成果报告》《广东省文化和旅游公共服务体系建设优秀案例总结报告》《广东省旅游公共服务发展报告2020》等3份成果报告，这些报告有效总结了广东省文化和旅游公共服务实践经验。（广东省立中山图书馆）

【广东省公共图书馆决策信息开发与服务联盟启动】 11月13日，广东省公共图书馆决策信息开发与服务联盟启动仪式暨广东省公共图书馆信息开发与服务培训班在广东省立中山图书馆举行，全省各地公共图书馆代表50余人参加。启动仪式由广东省立中山图书馆副馆长倪俊明主持，馆长王惠君致辞。培训班邀请国家图书馆立法决策服务部副研究馆员徐燕讲授“图书馆决策咨询产品设计与服务推广”。广东省立中山图书馆信息部副研究馆员吴敏慧，馆员刘如娣、陈嘉敏、洪爱君、孙笑笑和陈鸣分别讲授“政府决策信息开发与服务”“港澳文化和旅游信息服务”“文化和旅游专题信息服务”“个性化专题信息服务”“面向特定用户的信息服务模式探讨”“图书馆信息开发版权问题探析”等课程。随后，各图书馆代表围绕决策信息开发与服务开展座谈。（广东省立中山图书馆）

【广东省立中山图书馆即将上线图书采分编智能作业系统】 广东省立中山图书馆着力推动建设图书采分编智能作业系统，于11月19日完成一期设备进场安装。该系统是第一次由国内图书馆引领的全球图书馆行业科技创新，采用基于深度学习的人工智能技术，结合工业自动化技术，再造图书馆内部业务流程。该系统将物联网、工业机器人、机器视觉等技术应用于图书采分编环节的新型作业平台，推动图书馆采分编作业由传统人工向自动化、智能化转型升级，创新催生“智能化编目”新业态，为相关技术在图书馆领域的应用提供新的方案。该系统一期设备，包含正在申报的4项发明专利（其中1项已通过初审）、22项实用新型专利，可完成无人值守自动对批量图书进行ISBN号码扫码及信息识别、订单验收、条形码打印粘贴、覆保护膜、RFID电子标签粘贴、翻页及盖馆藏章、RFID标签数据读写等十余项操作，加工效率可达每小时500册。图书在设备上流转一次即可完成传统人工处理的十余项操作，显著提高采分编作业的综合效率。该系统后续将逐步建设智能化图书分类编目模块、典藏加工和分拣模块，利用人工智能图像采集和识别技术完成对图书的精准识别，开发专用的分类编目软件，实现无纸化分类编目、智能化分类编目、智能分拣等，打造全新的图书采分编全流程、一体化的智能作业新模式。（广东省立中山图书馆）

【智慧图书馆建设和“十四五”发展规划编制座谈会在广州召开】 11月20日，国家图书馆党委书记、副馆长魏大威带领调研组到广东省立中山图书馆开展智慧图书馆建设和“十四五”发展规划编制情况调研，并召开专题座谈会。海南省图书馆副馆长张蕊等省内外嘉宾应邀出席。广东省立中心图书馆馆长王惠君、副馆长吴昊接待调研组一行。在座谈会上，与会代表们根据国家图书馆调研主题，分别介绍各馆在数字化、网络化和智能化应用方面的现状以及在管理系统、服务平台、馆藏文献和数字资源建设方面的情况，梳理“十四五”时期发展思路和“十四五”规划情况，并结合目前数字图书馆专业人才队伍建设和经费、政策保障，畅谈对智慧图书馆建设与服务、图书馆空间智能化管理的设想和需求。魏大威做总结发言。调研组和与会代表还实地参观了广东省立中山图书馆即将上线的国内首个图书采分编智能作业系统。（广东省立中山图书馆）

【广东省第九届英语电影配音大赛总决赛在广州举办】 11月29日，2020年广东省第九届英语电影配音大赛总决赛在广东省立中山图书馆举办。来自广州、深圳等10市的20强队伍参赛。大赛于9月15日正式启动，由广东省立中山图书馆与广东图书馆学会共同主办，全省各市公共图书馆联动承办，共吸引429支队伍1455名选手参加。大赛还创新性地引入网络直播观赛方式，至大赛结束，网络直播观看人次达到25万。最终，江门市图书馆选送的“对什么都队”队伍夺得桂冠，广东省立中山图书馆选送的“最强大脑”队与河源市图书馆选送的“啊汤联盟”队获得二等奖，“三剑客”队、“美女二人转”队和“百万菜卷”队获得三等奖。大赛邀请国家二级演员、资深配音演员高全胜，广东省朗诵协会副会长、资深播音员陈波，以及来自中山大学、广东外语外贸大学等高校的专业学者担任评委。佛山市图书馆等5家承办单位获得最佳组织奖，东莞图书馆等6家承办单位获得优秀组织奖。（广东省立中山图书馆）

【“广东省‘粤读通’工程”启动】 12月1日，2020年广东省市公共图书馆馆长联席会议在中山纪念图书馆举行。会上，广东省公共图书馆联盟成立，并就“广东省‘粤读通’工程”建设达成共识。广东省公共图书馆联盟由省内21个地市及其市域内的公共图书馆组成，并向港澳地区有意向的公共图书馆开放。由广东省立中山图书馆牵头建设的“广东省‘粤读通’工程”，依托广东数字政府的“粤省事”平台、广东省身份统一认证平台，联合省内各级图书馆逐步实现用户信息的互联、互通、互认，有效促进馆际公共文化资源的共享与利用，为读者提供在全省范围内享受公共图书馆“一证通”的便利，进一步体现行业开放融合的发展理念，推动省内图书馆服务一体化建设。该工程拟以粤港澳大湾区“9+2”城市为第一批试点，于2021—2022年先行实施，而后逐步推进至全省的公共图书馆。（广东省立中山图书馆）

【广州市黄埔区图书馆率先将非接触式极速掌脉技术应用于图书借还业务】 在“抗击疫情，共克时艰”之际，为进一步促进黄埔区图书馆图书借还业务服务高质量发展，黄埔区图书馆与区内企业合作，共同研究人工智能技术在图书业务中的应用，一款应用于图书借还业务的极速掌脉借还一体机诞生。这是利用非接触式极速掌脉生物识别技术，用手掌代替实体的读者证或身份证，读者借还书时无须携带实体证，只要悬空挥动手掌，一体机即可在 0.3 秒内极速识别读者身份，从而安全、快速、便捷地完成图书的借还书操作。这是全国首个应用非接触式极速掌脉技术借还书的公共图书馆。（广州市黄埔区图书馆）

【2020 年粤鄂澳“共读半小时”活动首次开启 AR“云共读”】 4 月 23 日，第五届“共读半小时”活动正式启动，粤鄂澳三地“云相逢”。这是“共读半小时”活动首次联动湖北，传递对抗疫主战场的湖北人民的祝福和关爱。活动由深圳市文化广电旅游体育局、武汉市文化和旅游局、澳门特别行政区政府文化局、澳门特别行政区政府教育及青年发展局主办。活动设立“1+4+N”多会场阅读模式。其中，“1”代表 AR 线上共读总会场（深圳），“4”代表广州、深圳、武汉、澳门 4 个主会场，“N”代表遍布粤鄂澳各地的图书馆、学校、企业、社区、医院、工业园、餐馆、家庭等所有共读点。同时以“自发自主，一人阅读，不限形式，读出精彩”为口号，呼吁市民于 4 月 23 日世界读书日打开书本，品味书香，享阅读之乐。在深圳图书馆设置的线上共读总会场，多位文化名人与社会各界人士代表以共读的方式“走过”春夏秋冬，凝聚信心和力量，并同步以 AR 技术实现线上共读，超过 53 万人次在线观看直播。此次活动首次引入 AR 技术，以“我愿”为主题。粤鄂澳三地近 150 家图书馆以及超过 430 个共读点参与其中。此次活动采取线上、线下相结合的形式，突破地理限制，带给读者与以往不同的阅读体验。主办方还提供了精选的共读推荐书目，参与读者可以免费扫码阅读。（深圳图书馆）

【“2020 深圳第二十一届读书月”深圳图书馆系列活动举办】 深圳读书月是由深圳市委市政府于 2000 年创立并举办的一项大型综合性群众读书文化活动，时间为每年的 11 月 1 日至 30 日。2020 年 11 月是深圳第二十一届读书月，深圳图书馆策划举办了系列读书月活动，包括第四届“阅在深秋”公共读书活动、深圳文学 40 年研讨会暨《深圳文献 · 深圳人著作目录》（文学卷）新书发布会、“人的历史，全球的历史”高峰对话——“深圳学人 · 南书房夜话”第八季特别策划活动、“书籍的史前史”澳门巡展等。“阅在深秋”公共读书活动由深圳市图书情报学会与深圳图书馆联合全市公共图书馆和高校图书馆于 11 月 28—29 日共同举办。14 家图书馆在深圳图书馆水幕广场精心打造各具特色的阅读区，向广大读者呈现“图书馆之城”系列活动的压轴文化盛宴。它是深圳“图书馆之城”以多馆联动形式面向市民集中开展的大型户外阅读嘉年华。此次“阅在深秋”公共读书活动以“图书馆，让城市更温暖”为主题，围绕“知识服务”“分众阅读”“特色馆藏”“公共空间”“深圳记忆”等关键词，通过丰富的户外阅读文化活动，传递阅读文化的温暖力量，满足市民的精神文化需求。据不完全统计，此次活动期间，参与人数再创新高，累计吸引近 140 万名读者参与活动，其中现场参与人数约 6 万，读特 app 直播观看近 4 万人次，微博相关博文阅读总数达 125 万次。（深圳图书馆）

【《深圳市“图书馆之城”建设规划（2021—2025）》专家论证会在深圳召开】 12 月 4 日，《深圳市“图书馆之城”建设规划（2021—2025）》专家论证会在深圳图书馆召开。国家图书馆馆长饶权等国内近 20 位专家学者齐聚深圳图书馆，深圳图书馆馆长张岩及馆领导班子成员、中层干部及课题组成员参会。张岩介绍了规划的编制情况。此次编制工作邀请武汉大学信息管理学院专业团队，会同深圳地区项目组和国内业界专家共同编制。已完成《深圳市“图书馆之城”建设总体分析报告》《深圳市“图书馆之城”建设规划（2021—2025）（征求意见稿）》。武汉大学教授黄如花从“研制原则与依据”“总体目标及规划”“主要任务”三方面对规划内容进行说明。专家们认为，规划征求意见稿结构完整、目标明确、任务清晰、措施有力，较好地把握了发展方向，同时提出需进一步提高战略定位、对标国际发展、提升关键指标、加大政府投入、引领技术创新等修改建议。（深圳图书馆）

【佛山市联合图书馆十五周年读者嘉年华举行】 11 月 21—22 日，“十五追梦 · 联图献礼——佛山市联合图书馆十五周年读者嘉年华”在佛山市图书馆举行，中山大学国家文化遗产与文化发展研究院院长程焕文，佛山市图书馆学会理事代表和各区图书馆同人、社会力量合作方代表等出席嘉年华启动仪式，与全市读者一起庆祝佛山市联合图书馆成立十五周年。仪式推出“身边的图书馆”“手机转借”两项便民服务。活动由佛山市文化广电旅游体育局主办。佛山市联合图书馆服务体系建设自2005年正式起步，组建覆盖全城、惠及全民的区域图书馆服务联盟。截至10月底，佛山市联合图书馆成员馆已发展至342家，遍布佛山五区，其中普通成员馆80家、智能图书馆259家、馆外新书借阅点3家，建成以市图书馆为中心馆、区图书馆为总馆、街镇图书馆为分馆、（社区）村落图书室、智能图书馆等其他类型图书馆为基层服务点的四级公共图书馆服务网络，实现统一服务形象、统一书目检索平台、一证通借通还、资源共建共享的一体化建设。佛山市读者持证率超过18%，远超全国6.82%的平均水平。启动仪式上对“联图与我的故事”主题征文活动优秀作品进行颁奖。嘉年华设置15个主题展位，举办特色拍照打卡点、耳机森林、VR智能体验、数字阅读、邻里图书馆选书大会等30多场特色读者活动。（佛山市图书馆）

【“品读湾区”9+2城市悦读之旅活动在中山启动】 粤港澳大湾区9+2城市公共图书馆联合开展“品读湾区”9+2城市悦读之旅活动。9月2日，该活动在中山纪念图书馆启动。与会领导和嘉宾共同将代表大湾区先进文化和地方特色的文献书籍“上架”，拉开“9+2”城市悦读之旅的序幕。活动由中山市文化广电旅游局、粤港澳大湾区公共图书馆联盟主办，广东省立中山图书馆、中山纪念图书馆承办，广东图书馆学会与香港中央图书馆等大湾区城市的12家图书馆共同举办。启动仪式上，由粤港澳大湾区12家公共图书馆推荐的多种具有地方特色的文献亮相，开启湾区文化交流、文明互鉴之旅。这些书籍将在粤港澳大湾区城市图书馆上架展示，供读者阅览。“品读湾区”9+2城市悦读之旅活动是粤港澳大湾区公共图书馆联盟成立后联动推出的第一个大型阅读推广活动。按照计划，在启动仪式后，粤港澳大湾区12家公共图书馆在所属地相继开展粤港澳大湾区9+2城市荐书悦读之旅、“21天城市阅读马拉松”、粤港澳大湾区9+2城市悦读之旅摄影作品展等活动，多方面展示湾区城市的阅读风貌，推动粤港澳大湾区全民阅读，培养文化自信。（中山纪念图书馆）

广西壮族自治区

【广西壮族自治区图书馆积极应对新型冠状病毒肺炎疫情】 1月24日起，为应对新型冠状病毒感染的肺炎疫情，避免人员聚集引发交叉感染，广西壮族自治区图书馆实行临时闭馆。1月31日，广西壮族自治区图书馆利用“学习强国”app视频会议系统，召开新型冠状病毒感染的肺炎疫情防控专题视频会议，对疫情防控期间业务工作的开展进行部署安排。2月19日，广西壮族自治区图书馆筹集一批防疫物资捐赠武汉图书馆，这批防疫物资包括一次性PVC手套、一次性优质加厚雨衣、百消净消毒片等。

2月，在全民共同抗击疫情的特殊时期，该馆开展了一系列“阅读抗疫”线上少儿活动，主要包括“防疫知识竞赛”、“乐猜灯谜”、“看图识画”和“乐猜成语”、防疫抗疫电子图书推荐以及少儿系列之“好课在线学”等。2月20日，该馆举办“诵广西佳作为抗疫发声”网络诵读比赛，共有300余人参赛，获得3万余次投票。2月28日—3月5日，通过官方微信公众号举办线上疫情防控知识竞答活动。3月23日—3月27日，开展“书香悦读　智赢战疫”公共数字文化服务推广活动。3月27日，有序恢复开馆，开放区域包括办证处和6个阅览室，并增设图书即走即还区、书刊自助集中归还区和地方民族文献临时阅览区，开放时间为10点至16点。（广西图书馆学会　韦绍芬）

【“走读广西·八桂美圃”展览在广西壮族自治区图书馆举办】 5月29日，“走读广西·八桂美圃”展览在广西壮族自治区图书馆正式展出并举行开幕式。此次展览由自治区文化和旅游厅主办，广西壮族自治区图书馆承办，广西17家市级以上公共图书馆联合参展。自治区文化和旅游厅等相关单位领导以及部分读者、媒体记者共同参加开幕式。此次展览集中展示全区市级以上公共图书馆的馆容馆貌、品牌阅读推广活动、总分馆建设，特别是扶贫阅读点、景区景点阅读站、城市智慧书房等特色分馆建设发展情况。该展览系统、全面地总结广西公共图书馆事业发展取得的成就，展示“文旅融合”

新时代下公共图书馆不忘初心，在“文旅融合”的大潮中焕发出的新活力以及展示出的新魅力。“走读广西 · 八桂美圕”展览启动后，在全区部分公共图书馆同步展出至6月30日。（广西图书馆学会　韦绍芬）

【全区公共图书馆免费开放推进会在钦州市举办】 6月19—21日，由广西壮族自治区文化和旅游厅主办、广西壮族自治区图书馆承办、钦州市图书馆协办的全区公共图书馆免费开放推进会暨“走读广西”品牌建设研讨会在钦州举办，来自各设区市文化和旅游行政管理部门分管公共服务工作负责人、公共服务科负责人，市级以上公共图书馆馆长等120余人参加会议。会议就公共图书馆免费开放服务规范以及如何以实际行动推动文化和旅游深度融合发展、扩大宣传广西本土优秀传统文化、提升“走读广西”活动品牌影响力等方面进行讨论，共同探讨图书馆如何加强阅读推广、为广大读者提供高效优质的免费开放服务新路径。会议代表现场观摩“广西高铁读书驿站（钦州）”揭牌仪式、钦州市高铁旅游集散中心揭牌仪式暨“走读广西　书香旅途”钦州自驾采风活动发车仪式。（广西图书馆学会　韦绍芬）

【2020年广西公共数字文化建设培训班在贺州市举办】 8月19—22日，由广西壮族自治区图书馆和广西壮族自治区桂林图书馆主办、贺州市图书馆协办的2020年广西公共数字文化建设培训班在贺州市举办，广西壮族自治区文化和旅游厅公共服务处、广西壮族自治区图书馆等单位领导及全区县级以上公共图书馆的馆领导、业务骨干共150多人参加培训。此次培训班以“进一步提升全区公共图书馆的数字资源建设能力，推进全区公共数字文化建设创新发展”为主题，通过“专题＋分享＋走读”的学习形式，将课堂授课与现场教学等形式有机结合在一起，内容实用性、针对性强。邀请上海图书馆副馆长刘炜、广西师范大学教授黄伟林、电视台制片人马亮等专家学者分别就“G时代的智慧图书馆服务”“广西文化符号”“公共数字资源运维推广”等专题授课，并在网络上同步进行课程直播，全区县级以上公共图书馆均积极组织人员收看。在以“行走潇贺古道　探寻影像故事”为主题的经验分享会上，贺州市博物馆馆长胡庆生、贺州市摄影家协会副主席黄旭胡、贺州市图书馆馆长刘艳分别就潇贺古道文化、拍摄技巧以及贺州市特色数字资源推广等内容进行分享。随后，学员们还到贺州市富川岔山村屯读书示范点等地进行走读学习交流。（广西图书馆学会　韦绍芬）

【2020年广西文化和旅游志愿者培训班在南宁市举办】 9月2—4日，由广西壮族自治区图书馆主办的2020年广西文化和旅游志愿者培训班在南宁市举办，广西壮族自治区图书馆馆长秦小燕、副馆长李其华出席会议，全区市级以上公共图书馆志愿服务工作人员以及社会各界文化旅游志愿者共66人参加培训。此次培训采取“专题授课＋现场教学”的培训方式。李其华做“公共文化和旅游志愿服务的建设”专题授课。在现场教学中，学员们来到国家级文化和旅游公共服务机构功能融合试点单位——南宁市青秀区图书馆设于青秀山旅游风景区的分馆邕州书院，学习文化和旅游融合的先进经验，加深了对文旅融合的认识和理解。随后，学员们还参加广西壮族自治区图书馆在南宁万象城举办的2020年“广图筋斗云 · 把传统文化带回家”公共数字文化服务推广系列活动，共同探索文旅融合背景下公共数字文化建设的新方向和服务的新模式。（广西图书馆学会　韦绍芬）

【广西壮族自治区图书馆举办2020年广西古籍保护业务培训班】 9月16日，广西壮族自治区图书馆举办2020年广西古籍保护业务培训班。广西壮族自治区图书馆党委书记赵晋凯出席开班仪式并讲话，副馆长李其华主持开班仪式。来自全区公共图书馆、高校图书馆等30多个收藏单位的80余名古籍保护专业技术人员参加培训。开班仪式上，广西壮族自治区图书馆地方民族文献中心主任蓝凌云汇报当前广西古籍普查工作所取得的成果，同时提出古籍普查的下一步工作计划。地方民族文献中心莫争春结合实例进一步讲解古籍普查平台的使用方法，学员们在老师的指导下进行古籍普查平台著录的实操训练，进一步提升自身的实操技能。此次古籍保护业务培训班主要侧重于古籍普查平台著录工作，为今后编纂《中华古籍总目 · 广西卷》和民国时期线装书的著录工作奠定基础，提供切实有效的工作方法，为全区古籍保护事业的持续、健康发展培育新生力量。（广西图书馆学会　韦绍芬）

【2020年广西公共图书馆参考咨询联盟总结表彰暨业务培训班在南宁市举行】 9月17日，2020年广西公共图书馆参考咨询联盟总结表彰暨业务培训班在南宁举行，来自20个联盟馆的分管领导及业务骨干等共计50人参加培训，10个成员馆和19名先进个人受到表彰。来自广西民族大学、广东肇庆市图书馆、同方知网（北京）技术有限公司、北京万方数据股份有限公司的专家分别就“新时代公共图书馆的信息咨询工作”“参考咨询解答思路及网络信息检索技巧”“同方知网数据库使用技巧”“万方数据库使用技巧”等内容进行授课。学员们还对参考咨询工作进行交流讨论，就工作中遇到的实际问题积极发表看法、分享经验并提出建议。（广西图书馆学会　韦绍芬）

【“我和我的祖国”——2020年国际盲人节主题活动在广西壮族自治区图书馆举行】 10月15日是国际盲人节。当天上午，“我和我的祖国”——2020年国际盲人节主题活动在广西壮族自治区图书馆地方民族文献中心报告厅举行。广西壮族自治区图书馆、广西壮族自治区残疾人联合会、广西盲人协会等单位和组织的相关负责人，100多位视障人士及来自广西外国语学院的40余名志愿者出席活动。活动分为技能培训和才艺展示两个环节。广西盲人协会主席陶进与助教为现场视障读者讲授包括定向行走、过马路、乘电梯等盲人定向行走技能，让视障读者收获满满。部分视障读者为现场观众带来独唱、合唱、诗朗诵、双人口技、吉他弹唱等形式多样的才艺展示。（广西图书馆学会　韦绍芬）

【2020年广西公共数字文化服务推广与新媒体应用培训班在玉林市开班】 10月20日，由广西壮族自治区图书馆和广西壮族自治区桂林图书馆联合主办、玉林市图书馆协办的2020年广西公共数字文化服务推广与新媒体应用培训班在玉林市开班。玉林市文化广电体育和旅游局局长梁卫东、广西壮族自治区图书馆馆长秦小燕、广西壮族自治区桂林图书馆馆长钟琼等出席开班仪式，全区县级以上公共图书馆负责人、业务骨干共160多人参加培训。此次培训班以“进一步提升全区公共图书馆的数字文化服务推广与新媒体应用”为主题，通过“专题授课＋实地教学”的形式将专家授课与学员实践有机结合。中国人民大学教授索传军、上海图书馆图书馆杂志社副社长金晓明分别做题为《文献数据化的理论与实践》《“十四五”背景下图书馆新一轮创新转型发展的思考》的专题报告。此次培训课程同时在线直播，全区各级公共图书馆超8500人次通过网络进行学习。专题授课结束后，学员还到北流市新圩镇河村读书示范点、容县博物馆等地参加现场教学活动。（广西图书馆学会　韦绍芬）

【纪念抗美援朝出国作战70周年主题党日活动在广西壮族自治区图书馆举办】 11月23日，“铭记伟大胜利　捍卫和平正义　致敬抗美援朝　争做时代新人”暨纪念抗美援朝出国作战70周年主题党日活动在广西壮族自治区图书馆地方民族文献中心开展。此次活动由自治区文化和旅游厅关心下一代工作委员会和自治区图书馆主办，自治区退役军人事务厅、武警广西总队医院等单位联合自治区图书馆新时代文明实践站共同协办。各相关单位的党员代表共100余人参加此次活动。活动以抗美援朝纪录短片以及习近平总书记在纪念中国人民志愿军抗美援朝出国作战70周年大会上的重要讲话录音片段开场。随后，抗美援朝老兵覃照群、杨兴蓉讲述了他们在抗美援朝战争中浴血奋战、英勇杀敌的感人故事。自治区图书馆党委书记赵晋凯为两位老兵颁发荣誉读者证书。自治区退役军人事务厅的党员代表吴丹、武警广西总队医院的党员代表胡巧娟、广西壮族自治区图书馆的党员代表阳艳玲等先后围绕《抗美援朝战争经典战例》《心胜》《马克思靠谱》《这才是战争》4本图书进行阅读分享。（广西图书馆学会　韦绍芬）

【广西壮族自治区桂林图书馆概况】 截至2020年底，广西壮族自治区桂林图书馆在职员工150人，其中高级职称27人、中级职称47人、初级职称56人。全年新增藏量45906种161464册，馆藏总量346万册。图书馆免费对外开放，全年接待读者388余万人次，借阅书刊385余万册次，微博、微信、抖音访问量达5266余万次；科技查新332项；数字资源总量172.12TB。全年开展各类线上、线下活动565场，298万余人次参与。成功申报“国家级古籍修复技艺传习中心桂林传习所”，古籍修复技艺被评为自治区级、桂林市级非遗项目；获评广西第二批自治区级中小学生研学实践教育基地、桂林市第二批中小学生研学实践教育基地。（广西图书馆学会　韦绍芬）

【广西壮族自治区桂林图书馆多措并举做好疫情防控和读者服务工作】 1月24日，根据疫情防控要求，广西壮族自治区桂林图书馆实行全面闭馆，第一时间成立疫情防控工作领导小组，制订防控应急工作方案。闭馆期间，数字图书馆及各类数字资源线上服务正常开展，积极开展线上咨询、线上推送和线上阅读等多种形式的服务工作，倡议和引导读者抗疫。为医务人员、复工企业、政府单位和读者提供信息服务，科技查新比2019年增长560%。多方调配可靠物资支援武汉图书馆一线同人的基层防疫工作，选派党员下沉社区，深入一线开展疫情防控工作，为奋战在南溪山医院的医护人员以及安新社区疫情防控的工作人员送去医用防护物资和生活物资。随着疫情的逐渐好转，在确保疫情防控工作不放松的前提下，于5月13日起逐步有序开放，向市民提供服务，开辟微信平台网上预约、错峰入馆、不进馆还书等服务，免除闭馆期间到期图书所产生的逾期滞纳金，全面做好馆舍消杀工作，为读者营造安心、卫生、整洁的阅读环境。（广西图书馆学会　韦绍芬）

【三月三系列活动+线上直播活动助力桂林旅游复苏】 2020年广西“壮族三月三”期间，广西壮族自治区桂林图书馆挖掘本馆数字资源，开展“阅读广西　点亮生活”——壮族三月三系列活动，以民俗文化为切入点，以微信公众号、微博为平台，通过民俗答题、线上展览、视频展播、讲民俗故事、手工微课堂、传统文化精品书目推荐等多种活动方式，让广大读者在疫情期间足不出户感受广西民俗文化。随着疫情得到有效控制，各地旅游景区有序复工，该馆于3月29日参加桂林市秀峰区的“历史与未来”京东主题直播活动，通过网络直播的形式，由广西壮族自治区桂林图书馆副馆长曹旻带领观看直播的网友实地回顾图书馆历史脉络，推介图书馆的独特建筑、抗战历史文化、创新服务等，让网友感受桂林厚重的历史文化底蕴，提升桂林城市的知名度和美誉度，助力桂林旅游市场的复苏。直播期间，广西壮族自治区桂林图书馆点位有41万余人次观看。（广西图书馆学会　韦绍芬）

【“走读广西”桂林启动《广西公共文化场馆导览图》首发】 “4·23”世界读书日当天，由广西壮族自治区文化和旅游厅全新打造的文旅融合品牌“走读广西”首期走读活动“走读广西·桂林之旅”文化体验自驾活动在广西壮族自治区桂林图书馆启动，《广西公共文化场馆导览图》正式首发。自治区文化和旅游厅党组副书记、副厅长严霜，桂林市委常委、宣传部部长、副市长韦凤云等出席启动仪式。活动启动后，数十辆文化体验之旅自驾车辆从桂林图书馆出发，前往会仙喀斯特国家湿地公园和雁山梦露营地，开启“走读相思埭”之旅。活动邀请专家在走读过程中解读桂林山水，分享摄影摄像知识，期间还为车友们免费办理读者证。同时对“走读相思埭”活动在线同步直播，与观众进行分享互动，整场直播共收获近100万次的播放量。多家媒体对活动进行宣传报道。2020年，“走读广西·桂林之旅”分别到相思埭、象山公园、灵川古镇熊村、灌阳湘江战役新圩阻击战史实陈列馆、兴安老山界等地开展走读活动，推出自驾游、研学游、户外讲座直播、现场写生、传拓等文旅体验活动，并以微信、微博等新媒体为平台，开展“走读广西·线上之旅”活动，推送文旅资源。（广西图书馆学会　韦绍芬）

【“全民阅读·主播领读”引领全民阅读】 4月23日—5月23日，在广西首个“全民阅读月”里，广西壮族自治区桂林图书馆联合桂林广播电台飞扬883频道启动“全民阅读·主播领读”线上全民阅读推广活动。活动以向广大读者推荐精选图书为主题，由电台主播向大家详细介绍图书作者、创作背景、图书概要等，周一到周五每天分四个时段精选书中段落进行领读。广西壮族自治区桂林图书馆官方微信、微博、抖音平台同步推出主播领读的精选图文简介、主播推书短视频和领读节选段落音频。此外，还增加线上互动环节，向读者送出领读图书。6月又延续推出“全民阅读 · 亲子共读”系列，系列活动收到了良好的社会效益，拍摄制作的短视频被上传到“学习强国”学习平台。（广西图书馆学会　韦绍芬）

【广西壮族自治区桂林图书馆尊神庙馆外服务点正式对读者开放】 7月1日，由广西壮族自治区桂林图书馆与秀峰区委员会统一战线工作部共同建立的秀峰区知行馆广西壮族自治区桂林图书馆尊神庙馆外服务点正式对读者开放。服务点根据尊神庙服务对象阅读需求，以人才服务为主要内容，精心挑选了各类书籍，共计6000册，内容涵盖红色文化、社会科学、文学、经济、少儿读物等，同时配备电子阅览机、自助借还一体机等电子设备。尊神庙馆外服务点是继广西壮族自治区桂林图书馆建立桂林人才公寓服务点之后，又一个以人才服务为主要内容的馆外服务点，旨在延伸馆外阅读服务范围，拓展读者服务领域，为社会各类人才和各界人士搭建学习交流、展示自我、分享阅读的平台。（广西图书馆学会　韦绍芬）

【广西壮族自治区桂林图书馆“汽车图书馆”首次开进社区】 8月3日，广西壮族自治区桂林图书馆“汽车图书馆”首次开进社区，携手桂林市科学技术协会“科普大篷车”在建干北社区开展“阅读在身边　科学进万家”图书科普流动服务进社区活动。活动现场，工作人员为社区居民提供图书借阅、现场办证、读者咨询、图书推荐等活动，并向居民发放科普宣传手册，进行科普知识宣传。“汽车图书馆”内置2000册全新图书，车内配备自助借还一体机、无线网络、多媒体显示屏、空调等服务设施，居民在车上就能享受到免费阅览图书、办理读者证、支付宝免押金借阅图书、信息查询服务、阅读活动等服务，并实现通借通还。“汽车图书馆”是广西壮族自治区桂林图书馆“一馆三地”总分馆服务格局的延伸和有益补充，先后开进广场、社区、军营、学校等处，开展形式多样的流动服务。（广西图书馆学会　韦绍芬）

【“桂图书屋”建成开放】 9月9日，广西壮族自治区桂林图书馆新型服务空间——自助借阅室“桂图书屋”（位于榕湖分馆）正式向广大市民及读者免费开放。“桂图书屋”配备精选图书及自助借阅机、阅览桌椅，利用智能化设备为广大市民提供身份证、读者证（含实体证和电子证、虚拟证）刷卡进馆免费阅览、借还图书等服务，服务形式方便、快捷，阅读环境精致、舒适，是一个集知识共享、信息交流、互动阅读于一体的人文空间。（广西图书馆学会　韦绍芬）

【“春雨工程”文化志愿服务活动走进宁夏西吉】 10月14—16日，广西壮族自治区文化和旅游厅带领广西壮族自治区桂林图书馆文化志愿者共赴宁夏西吉开展2020年“春雨工程”广西壮族自治区文化和旅游志愿服务“文化扶贫　桂沁西吉”系列活动。此次活动由广西壮族自治区文化和旅游厅、宁夏回族自治区文化和旅游厅主办，广西壮族自治区桂林图书馆、宁夏图书馆、西吉县文化旅游广电局承办，西吉县图书馆协办。活动以广西壮族自治区桂林图书馆志愿者队伍为主体，举办广西民风民俗文化展览、数字资源展播、红色历史文化讲座、中华优秀传统文化展示与体验等活动。活动现场推出以地方特色VR资源为主题的VR情景体验活动，精选广西地方特色数字文化资源进行展播。展览期间，志愿者们现场展示米粉文化、油茶文化以及罗汉果茶、五色糯米饭等制作技艺，将广西非遗文化和特色美食文化带给西吉县的基层群众。活动为脱贫攻坚提供精神动力，让宁夏的老百姓进一步加深了对广西文化的了解，共享公共文化服务优秀成果。（广西图书馆学会　韦绍芬）

【广西壮族自治区桂林图书馆举办图书馆员信息素养培训班】 10月27—29日，由广西壮族自治区桂林图书馆主办、桂林图书馆学会协办的图书馆员信息素养培训班在广西壮族自治区桂林图书馆临桂总馆举办。此次培训班为期3天，来自高校图书馆以及桂林、柳州、梧州等6个地市公共图书馆和广西壮族自治区桂林图书馆的学员共170余人参加培训。培训班邀请武汉大学教授黄如花、国家图书馆参考咨询部研究馆员唐晶、武汉大学图书馆研究馆员胡永生、苏州大学社会学院副教授李卓卓4名专家授课，授课内容包括“信息检索的基本方法与技巧”“参考咨询员的信息素养”“图书馆员信息素养实务”“图书馆的信息素养服务设计与概念营销”等，以理论联系实际的学习方式开展教学，同时还组织课堂练习和课程测试，进行信息检索和信息服务营销的实践操作。（广西图书馆学会　韦绍芬）

【国家级古籍修复技艺传习中心桂林传习所揭牌】 12月18日，由广西壮族自治区桂林图书馆与桂海碑林博物馆联合申办的“国家级古籍修复技艺传习中心桂林传习所”在广西壮族自治区桂林图书馆正式揭牌，这是广西第一家国家级古籍修复技艺传习所，也是目前全国唯一一家由图书馆与博物馆共同申办的传习所、全国第四家以传拓技艺为内容的传习所。国家古籍保护中心办公室主任苏品红、国家古籍保护中心办公室研究馆员庄秀芬、广西壮族自治区文化和旅游厅公共服务处副处长熊健厚、广西壮族自治区桂林图书馆馆长钟琼、桂海碑林博物馆馆长曾燕娟出席活动。苏品红代表国家古籍保护中心向自治区级非物质文化遗产石刻传拓技艺传承人韦可祥颁发聘书，聘任其为桂林传习所导师。来自广西壮族自治区公共图书馆、高校图书馆、博物馆的10位有志于从事古籍修复和石刻传拓工作的学员向导师行拜师礼。同期举办桂林传习所第一期传拓培训班。（广西图书馆学会　韦绍芬）

【广西壮族自治区桂林图书馆进一步加强地方特色公共数字文化建设】 广西壮族自治区桂林图书馆稳步建设数字资源项目，进一步加强公共数字文化建设。完成2020年项目的申报和招标工作，逐步推进各项目建设。申报2020年公共数字文化工程建设项目《广西百工（二）》微视频15集、《广西地标》微视频20集、《听遍桂林：山水文学篇（三）》音频2400分钟、数字图书馆专项资源建设项目、全民阅读数字化推广活动项目、“走读广西”文旅融合公共数字资源服务平台（一期）项目、图书馆公共数字文化从业人员培训等项目有序建设，目前已经完成初步验收。继续推进往年资源建设项目，2019年《广西传统村落（二）》15集成片、2018年《广西红色历史动漫》16集、2019年《广西革命历史动漫（二）》15集、2017—2018年《北海历史文化名城》（三、四）8集完成修改审核。继续组织开展2018年《桂林石刻专题资源》、2019年《桂林抗战文化专题资源》、2019—2020年图书馆公开课建设。建设的“听遍桂林音频发布平台”、广西地方特色文献全文数据库均已上线使用。《八桂红遗行》《广西百工》等专题资源已上传“学习强国”学习平台。（广西图书馆学会　韦绍芬）

【玉林市图书馆新馆开馆】 10月20日，玉林市图书馆新馆正式投入使用。新馆地处玉东新区中心地带，与周围的市政府办公大楼、玉林市博物馆、玉东学校等共同构成核心文化景观区。新馆总投资约1.6亿元，建筑层数为地上五层、地下一层，建筑面积22293.61平方米。馆内设置有未成年人借阅区、玉林好人馆等多个不同文化服务体验区，实现藏、借、阅、检、管一体化，设计总藏书量95万册，阅览座位1000个。为了庆祝新馆开馆，该馆举办玉林市图书馆馆史及馆藏展。（玉林市图书馆　陈婧）

海南省

【海南省公共数字文化智能服务“一村一品”培训活动举办】 6月16—29日，由海南省旅游和文化广电体育厅指导、海南省图书馆主办的海南省公共数字文化智能服务“一村一品”培训活动，在保亭县、琼中县、白沙县、临高县及五指山市举办。此次活动邀请刘海清、黄海杰两位海南省农业专家，围绕智慧农业、乡村振兴战略、各地农业种植、防病虫害等方面进行知识讲座，同时开展针对性的文化宣传教育活动，有300余名村民参加。此次活动旨在把精准扶贫和乡村振兴战略相衔接，引导公共数字文化资源向贫困地区聚集，帮助贫困村民获得农业方面所需要的先进知识和技能，让村民充分认识并利用自身优越的自然条件和生态条件，形成符合自身“一村一品”特色的农产品，实现脱贫致富的目标。（海南省图书馆　文一叶）

【“文坛演说家之‘我为加快推进海南自由

贸易港建设作贡献’主题演讲大赛”决赛在海南省图书馆举办】 10月25日，“文坛演说家之‘我为加快推进海南自由贸易港建设作贡献’主题演讲大赛”决赛在海南省图书馆举办，该活动是省图书馆承办的“海南省社科联2020年社科普及项目”之一。此次演讲大赛自9月启动报名，吸引各个年龄阶段的选手参赛。经过预赛、决赛等多轮选拔，最终15位选手入围决赛。决赛中，选手们围绕“我为加快推进海南自由贸易港建设作贡献”这一主题，结合各自的学习、生活，讲述自己和身边人参与建设自由贸易港的平凡故事。评委们从演讲内容、语言表达、形象风度、时间掌控等多个方面对选手进行打分，最终评选出特等奖和一、二、三等奖及优秀奖。比赛结束后，主办方为获奖选手颁发证书及奖品。（海南省图书馆　文一叶）

【海南省图书馆建立首家“书香海岛”全民阅读点】 11月11日上午，海南省图书馆为探索“旅游+文化”服务模式，推进休闲阅读，在海口市骑楼老街“雕刻时光咖啡馆&Wander国际青年旅舍”建立首家“书香海岛”全民阅读点，市民和游客在咖啡香中尽享阅读时光。首家“书香海岛”全民阅读点共有图书2000册，内容涉及科技、文学、历史、人物传记、科普读物等，均为省图书馆热心读者捐赠的图书。省图书馆将陆续在符合条件的公共文化服务机构（场所）、民宿、景区、园区、公共交通枢纽等地建立“书香海岛”全民阅读点，打造共捐、共建、共享的“书香海岛”全民阅读平台，以满足全省居民及游客的文化需求。（海南省图书馆　文一叶）

重庆市

【概况】 2020年，重庆市有县以上公共图书馆43个，馆舍面积合计43.05万平方米，阅览座席31035个，从业人员1372人；年新增藏量（含纸质、视听、缩微文献）108.27万册/件，年新增电子资源藏量103TB；年实体文献藏量购置费3360万元，年数字资源购置费1232万元；到馆读者人次1198.43万人次，书刊文献借阅971.03万册次，累计有效读者证278.16万个。

重庆市公共图书馆继续深入开展通借通还工作。主城九区公共图书馆与重庆图书馆实现互联互通，一卡通云服务平台升级，一卡通文献供应量达到494.29万册，持证读者突破65.75万人，外借198.83万册次、48.38万人次。重庆市公共图书馆讲座展览联盟巡讲、巡展活动举办。全市43个公共图书馆加入该联盟，开展巡讲44场、巡展153场。

全力决胜脱贫攻坚。聚焦深度贫困地区集中攻坚，开展文化扶贫和对口援建工作，逐步实现公共文化服务普遍均等，解决城乡之间文化资源不平衡的问题，保障人民群众的基本文化权益。通过“书香筑梦乡村行”“巴渝阅读行”等各类文化扶贫公益项目，走进酉阳县、丰都县、云阳县、奉节县、万盛经开区等14个区县，向贫困区县图书馆、学校、养老机构等捐赠文献近85800册。整合讲座、展览、阅读体验课，输送文化活动近70场次，累计服务贫困地区群众以及特殊群体10万余人次。在市文化旅游发展委员会公共服务处指导下，完成“2019年度中西部贫困地区公共数字文化服务提档升级项目”，对全市14个国家级贫困县下辖15个乡镇基层文化站点的公共数字文化资源灌装、软件安装及设备升级。

全民阅读持续发力。开展第三届“阅读之星”重庆市民诵读大赛。活动从9月开始，持续3个月，覆盖全市38个区县及市级各机关、单位，共收到20余万条音频素材，7.3万人提交音频报名参赛，音频播放量达150多万次。启动“百本好书送你读”活动。在市委宣传部指导下，重庆图书馆与全民阅读活动办公室、市文化旅游发展委员会、市教育委员会联合主办2020年度“百本好书送你读”大型全民阅读推广活动，适应公众阅读习惯的变化，实现纸电同步推送，通过共荐好书、共读好书、共享好书等环节，依托媒体、图书馆、书店、出版社、文联、作协、院校，以活动带动全社会深耕阅读基础，营造阅读氛围，厚植阅读文化，共创书香之城。重庆各级图书馆在世界读书日、图书馆服务宣传周、科技活动周、文化遗产宣传月、重庆读书月等大型宣传活动及节假日期间，精心组织展览、讲座等形式多样、内容丰富的活动，取得广泛社会影响。全年开展读者活动7740场，参与355万人次。

加大对地方文化资源的开发推广。稳步推

进全市公共数字文化工程资源的建设、指导与验收工作，对全市区县公共图书馆承担的2015—2019年推广工程联建资源项目开展集中清查督办工作，积极推动各项目的收尾结项工作。搭建公共资源联建发布平台，线上推广600GB的项目成果，包括地方报纸数字化成果1万版、图书馆公开课120节、网事典藏采集网站335个。完成国家图书馆开展的基层图书馆数字资源提升活动，为全市28个公共图书馆配送数字资源4TB。按照重庆“一区两群”的区域规划，贯彻文旅融合思路，重新整合地方资源音视频资源，特别策划、推出“玩转重庆”系列推文，每期介绍一个区的旅游、文化资源，目前已完成渝中、江北、南岸等15个区的介绍。配合市文化旅游发展委员会“双晒”活动，完成对全市10个区县的相关文献目录整理。

积极推动成渝合作项目。为贯彻落实成渝双城经济圈建设重大发展战略，在市文化旅游发展委员会的指导下，重庆图书馆与四川省图书馆、成都图书馆联合建立公共文化服务建设的协调推进机制，成立成渝地区公共图书馆联盟，签署框架协议，并通过联盟章程切实发挥公共图书馆在打造巴蜀文化旅游走廊中的积极作用。重庆图书馆主抓的成渝阅读一卡通项目被纳入市委改革办成渝地区双城经济圈建设强化公共服务共建共享改革举措清单（第一批）及市文化旅游发展委员会2020年巴蜀文化旅游走廊重大项目建设计划，完成方案制订，打通图书馆业务系统、社保卡信息系统、成渝两地三馆业务系统，完成硬件设备选型和软件对接，实现基于社保卡的成渝共享阅读服务。全市各区县公共图书馆也先后与四川省地州市图书馆签订战略合作协议，开展合作共建项目，共计47项。（重庆市图书馆学会）

【重庆图书馆概况】 2020年，重庆图书馆共接待到馆读者136万余人次，书刊外借36.2万人次、97万册次。新办读者证4.5万个，累计办证近47万个。共举办讲座展览、读书活动、亲子沙龙等各类全民阅读推广活动千余场。

全力决胜脱贫攻坚。在重庆市文化旅游发展委员会公共服务处指导下，完成“2019年度中西部贫困地区公共数字文化服务提档升级项目”，对全市14个国家级贫困县下辖15个乡镇基层文化站点的公共数字文化资源灌装、软件安装及设备升级。派员参与市文化旅游发展委员会车田乡脱贫攻坚普查及评估工作，协助乡扶贫办收集贫困村信息资料，特别关注“两不愁三保障”中教育、医疗、住房问题，根据调查结果评估扶贫措施。该馆作为中国图书馆学会公共图书馆分会图书馆扶贫工作委员会的挂靠单位，与图书馆杂志社、国家图书馆出版社共同主办“全国图书馆扶贫服务案例征集活动”，参评案例“以书为媒扶贫　以文赋能脱贫”获得奖励。

文化服务不打烊。坚持主动作为，统筹推进疫情防控和公共文化服务两手抓。组织“抗疫进行时，重庆公共图书馆在行动”专题活动，完成视频制作28条。发动市民用文艺作品投入文化“战疫”，召集第二届“阅读之星”优秀选手，共同朗诵本土诗人创作的抗疫诗歌《静待春天》，将其录制成微视频在重庆图书馆微信公众号推出分享，点击量超3.2万人次。联合区县馆开展重庆市公共图书馆“渝康码”和“惠游码”读者线上申领培训168场，12538人参加培训并成功申领，有效推动“渝康码”和“惠游码”在市民中的使用，展现公共图书馆在抗疫中的责任与担当。注重做好疫情防控科学知识普及，及时通过重庆图书馆官方网站、微信公众号推出新型冠状病毒肺炎疫情专题数字资源库、重图线上“微讲座”与“微展览”，通过“重图数字阅读平台”微信小程序推出疫情防控知识电子书。整合平台资源打造“重庆数字图书馆集群服务”，利用互联网、广电网技术手段提供优质的线上公共文化服务，将上百TB的数字图书馆资源、2019年新增的23.04万种电子书通过PC端、手机端（“重图数字阅读平台”微信小程序、官方微信）、双向数字电视（巴渝文旅云）、邮政快递（“重图到家”线上借阅服务）多种方式向读者提供阅读服务。1月24日至3月23日闭馆期间，重庆数字图书馆登录达到19.6万人次。

深度挖掘馆藏特色资源价值。联合四川外国语大学国际关系学院，招募大学生志愿者，完成联合国文献专题整理。启动与美国犹他州家谱学会的家谱数字化合作项目，完成对馆藏600余册本地家谱的数字化工作，向读者开放犹他州家谱数据库，制定电子建档标准、目录提要规范，完成602条目录提要编写工作。稳步推进市古籍保护中心各项工作，撰写完成《重庆市省级〈珍贵古籍名录〉和“古籍重点保护单位”情况的报告》《2019年重庆市古籍保护专项资金建设项目完成情况总结》《重庆图书馆关于古籍工作的建议和意见》等工作报告。组织参加第六批《国家珍贵古籍名录》的申报工作，最终全市共有10部珍贵古籍入选，其中重庆图书馆5部、西南大学图书馆3部、重庆市北碚图书馆2部，至此，重庆图书馆有222部珍贵古籍入选《国家珍贵古籍名录》，在全国省级公共图书馆中位居前列。积极开展古籍保护，修复古籍线装书及其他类文献，完成北碚图书馆藏珍贵古籍《雍正上谕》11册的修复项目，完成重庆市中药研究院藏清刻本《种福堂公选温热论医案四卷》2册的修复及数字化扫描项目。参与重庆红岩联线文化发展管理中心2020年36册纸质文物保护修复项目。开展原创文创产品《重庆抗战时期文献精粹》（经折装）的印刷制作与市场化推广。

加强全民阅读推广。开展第四季“格林童话之夜”大型亲子阅读推广活动，积极响应“加大力度发展城市夜经济”的号召，创新活动形式，在融合书籍、阅读、音乐、表演等元素的既有传统会场基础上，特别开放文化和旅游一体化发展的大型书香集市“格林夜市”，全场吸引7000余名市民参加活动。开展第四届“重庆青少年模拟联合国大会”，活动以“公平全球化：挑战与变革中的青年力量”为主题，聚焦“教育防止暴力极端主义”“对于传染性疾病传播的遏制”等时事议题，旨在提升青少年群体到馆、在线访问率及联合国文献使用率，锻炼青年代表的综合能力，开拓青年学子的国际视野，展现当代山城青年的智慧与担当。开展名人讲座两场。邀请声音表演艺术家、知名配音演员晏积瑄带来讲座“艺术作品诵读技巧”，同步在重庆图书馆微信公众号和图书馆公开课平台直播，共计10万余人次在线观看，极大地扩展了讲座传播面。邀请国家一级演员、国家级非遗代表性传承人吴文开讲“重庆言子儿的艺术赏析”，弘扬巴渝文化。通过名人讲座，充分发挥名家领读作用，增强讲座黏性和吸引力，提升阅读推广效应。（重庆图书馆）

【重庆图书馆举办“4·23”世界读书日系列活动】“4·23”世界读书日期间，重庆图书馆结合疫情防控形势，借助新媒体渠道，链接重庆图书馆线上资源库，推出多样化线上阅读活动。策划“全民‘战疫’，知识共享”微博主题活动，设置馆长荐书、互动问答、文创产品抽奖等环节，阅览量达到80万次。策划“全民dou阅读”抖音主题活动，通过短视频形式推荐好书与分享阅读心得，阅览量达到19万次。策划“23天的阅读计划”微信主题活动，读者在线免费阅读电子书或者收听有声书，倡导市民关注图书、回归阅读。开展“渝城e站——书香渝都”活动，实现全市公共图书馆资源互通共享的强大“共振”，在世界读书日活动期间，读者点击量达到14.2万次，单月数字资源点击量达到上半年的峰值。（重庆图书馆）

【重庆图书馆2020年“巴渝阅读行”全城启动】“巴渝阅读行”是重庆图书馆为了推进公共文化服务均等化，打通全民阅读服务“最后一公里”而开展的送文化进基层活动。重庆图书馆不仅在每个活动地点都精心配置图书，而且根据老人和少年儿童的特点，专门设计了不同主题的文化讲座、文化沙龙以及专题展览等活动，将优质图书和公共文化服务送到民众身边，让民众尽享“一站式”公共文化服务体验。重庆图书馆“‘巴渝阅读行’——重庆市2020年送文化服务进基层活动”陆续走进万州区、云阳县、奉节县和丰都县等20所乡村小学和10个老年护理机构，为老人和小朋友们送去丰富的文化资源和阅读关怀。（重庆图书馆）

【重庆图书馆策划举办《中国神话有意思》原创绘本展等多项展览】 8月8日，《中国神话有意思》绘本展在重庆图书馆开展。该活动实现讲座、展览首次跨界融合，通过展览开启线下沉浸式分享讲座，特邀编著者及作者在展览现场与读者分享中国神话中的东方美学精神，通过嘉宾分享和实境观展，带给读者全新体验。8月22日，邓小平故里管理局和重庆图书馆联合在四川省广安市举办“邓小平主政大西南文献图片展”。展览精选档案文献图片200余幅，分为“解放西南”“建政西南”“建设西南”3个部分9个单元，全方位展现新中国成立初期，邓小平在重庆主政大西南工作时所取得的成绩。10月20日，举办主题为“地标巴渝，图览山城”的地图展，通过呈现重庆古代地图、近代地图和当代地图的变化来展示重庆城的历史变迁和发展新貌，以此为契机，开展地图征集，打造地图特色馆藏。12 月 15 日，由国家图书馆（国家古籍保护中心）、重庆市文化和旅游发展委员会主办，重庆图书馆（重庆市古籍保护中心）承办的“册府千华——重庆市藏国家珍贵古籍特展”在重庆图书馆开幕，展览为期 1 个月。重庆图书馆联合全市全国古籍重点保护单位，完成该展览的选目、撰稿、协调、设计和展览工作，展览得到国家图书馆和国家古籍保护中心领导的高度评价，并得到央视记者的直播专题报道。（重庆图书馆）

【重庆图书馆主办全国图书馆扶贫服务案例征集活动】 8—9 月，重庆图书馆、图书馆杂志社和国家图书馆出版社共同主办，重庆市图书馆学会、上海市图书馆学会阅读推广委员会联合承办全国图书馆扶贫服务案例征集活动。所申报案例由主办方组织专家进行研讨，所有入选案例由国家图书馆出版社结集出版，部分优秀典型案例由图书馆杂志社组织专题发表。此次活动不仅向全国知名专家进行约稿，同时也受到全国各图书馆的积极响应和参与，收到全国各级各类图书馆研讨案例 111 份，该馆参评案例“以书为媒扶贫　以文赋能脱贫”也获得奖励。（重庆市图书馆学会）

【“‘成渝地·巴蜀情’2020 年度成渝两地公共图书馆现代管理研学班”开班】 10 月 27 日，由重庆图书馆、四川省图书馆联合主办，成都图书馆协办的“‘成渝地·巴蜀情’2020 年度成渝两地公共图书馆现代管理研学班”在重庆举办。重庆图书馆领导班子、重庆市的区（县）公共图书馆馆长，四川省图书馆全体班子成员及部分部门负责人，四川省 21 个市（州）公共图书馆馆长和 6 个区（县）公共图书馆馆长共 80 余人参加此次培训。重庆市文化和旅游委员会党委委员、二级巡视员赵明全，四川省图书馆党委书记、馆长何光伦，重庆图书馆馆长任竞及成都图书馆馆长肖平出席培训班开班仪式。开班仪式由肖平主持，任竞与何光伦分别在开班仪式上致辞和讲话，赵明全巡视员宣布正式开班。（重庆图书馆）

【第三届“阅读之星”重庆市民诵读大赛总决赛举办】 12 月 4 日，由中共重庆市委宣传部、中共重庆市委直属机关工作委员会、重庆市教育委员会、重庆市文化和旅游发展委员会主办，重庆图书馆承办的“这就是中国”——第三届“阅读之星”重庆市民诵读大赛总决赛在重庆市群众艺术馆群星剧院举办。第三届“阅读之星”重庆市民诵读大赛自 9 月 10 日启动以来，覆盖重庆市 38 个区县及市级各机关、单位，共吸引 7.3 万人提交音频报名参赛，音频播放量高达 150 多万次，促使越来越多的市民参与全民诵读，参赛者来自各行各业，参赛作品百花齐放，营造重庆城市间浓厚的阅读氛围，市民文化素养得到极大提升。（重庆图书馆）

【重庆图书馆实现采编工作新突破】 重庆图书馆根据采编行业发展趋势，结合工作实际，全面修订《重庆图书馆采编相关规则汇编》。强化采访主导权，探索多渠道采购，加强对文献资源供应商的考评管理，提升馆藏资源的时效性、全面系统性和特色化水平。全年采访中文普通图书 50599 种、100148 册，期刊 3488 种、52999 期 / 册，数字资源库 70 个，完成 2019 年度过刊合订本装订 12834 期 / 册。联编数据上传量再创新高，达到 7083 条。提高地区联合编目平台数据库更新频率，各成员馆年数据下载总量达 11148 条。编目工作得到业界广泛认可，荣获“全国图书馆联合编目中心 2019—2020 年度优秀分中心”和“全国图书馆联合编目中心 2019—2020 年度优秀数据上传机构”两项殊荣。（重庆图书馆）

【“巴蜀·巴渝”地方文献建设与研究座谈会举行】 6 月 12 日，“巴蜀·巴渝”地方文献建设与研究座谈会在重庆市巴南区图书馆举行。此次座谈会由四川省图书馆、重庆图书馆指导，重庆市巴南区图书馆倡议，邓小平图书馆、四川省巴中市图书馆、重庆市北碚图书馆等十家川渝公共、高校图书馆积极响应。会上，四川省图书馆副馆长付玉贞做“四川省馆巴蜀文献的保护与开放略谈”主旨发言，四川古籍保护专家委员会常务副会长王嘉陵介绍四川省“巴蜀”文献建设及研究成果，重庆市古籍保护专家委员会主任王志昆介绍《巴渝文献总目》建设及研究成果，重庆图书馆副馆长王宁远介绍重庆地方文献建设及研究成果，其他参会图书馆相关负责人对本地地方文献的建设概况和研究成果进行了多角度分享，共同缔结《“巴蜀·巴渝”地方文献资源共建共享协议书》。此次会议旨在共同开展图书馆界“巴蜀·巴渝”地方文献保护研究利用工作，共建共享特色地方文献资源，推动成渝地区双城经济圈建设。（重庆市图书馆学会）

【“旅游＋阅读”新模式助力梁平文旅融合纵向发展】 2020年，围绕文旅融合的契机，梁平区图书馆以“全民阅读·全域联动”为理念，探索出“旅游＋阅读”创新模式。依托景区、民宿，建立碗米民宿分馆、百里竹海猎神村分馆、滑石古寨分馆，每周迎来游客读者近万人次，满足游客旅游需求的同时更加注重文化品位体验。在景区分馆建设方面，不是将图书馆简单植入，而是根据各个景区的特色和定位，将阅读融入其中，形成独有的风格。碗米民宿分馆的风格是与民宿周围的稻田风光相呼应的“田园风”，滑石古寨分馆因地处文创苑而自带“非遗范”，梁山驿分馆则因旁边的一条古驿道而颇有“古驿韵”。分馆的整体外形也不再是封闭的隔离体，以碗米民宿分馆为例，分馆由三个室外书亭、两个室外书廊、两个室内阅读书屋构成，书廊和书屋分布在民宿各处，在保留自身功能的前提下最大限度地融入民宿，最大限度保留乡村原有的生活状态和文化气息，带给游客感官、行为、思维和情感体验。（重庆市图书馆学会）

【渝北区图书馆加入全国生态文明示范市公共图书馆联合体】 8月6日，“全国生态文明示范市公共图书馆联合体”在浙江省湖州市图书馆正式成立。文化和旅游部公共服务司、新华社浙江分社、中共湖州市委宣传部、湖州市人民政府、中国图书馆学会相关领导和浙江图书馆馆长、联合体成员馆代表出席成立仪式。渝北区图书馆作为全国文明生态示范市的公共图书馆之一参加成立大会。在联合体筹备会议上，《全国生态文明示范市公共图书馆联合体章程》通过，22个成员馆签署《湖州共识》，发布《生态文明文献资源联合目录》，渝北区图书馆提供的纸质图书目录近1000条入选并编入书中。（重庆市图书馆学会）

【重庆市渝东北公共图书馆与四川省达州市（区县）图书馆开展馆际协作工作交流会】 10月29—30日，重庆市渝东北公共图书馆与四川省达州市（区县）图书馆馆际协作工作交流会在万州区举行。四川省达州市（区县）公共图书馆代表，重庆市渝东北图书馆同人、万州区各镇乡（街道）文化中心专干，共119人参加会议。参会人员就推进川渝公共图书馆事业统筹发展、渝东北图书馆联盟发展、万州区公共图书馆总分馆协同发展等相关议题进行交流。万州区文化和旅游发展委员会主任高子清、四川省图书馆副馆长谭发祥、万州区图书馆馆长马小蓉等领导为参加此次交流会的万州区镇乡（街道）分馆代表授牌。万州区全面挂牌建成镇乡（街道）文化服务中心图书馆分馆52个，实现区图书馆总分馆全覆盖。（重庆市图书馆学会）

四川省

【概况】 截至2020年底，四川省共有县级以上公共图书馆207个（包含2个少儿图书馆）。其中一级馆有55个，占比26.6%；二级馆有46个，占比22.2%；三级馆有42个，占比20.3%。新冠肺炎疫情爆发后，全省公共图书馆系统全年各项工作平稳展开。

基础设施建设不断完善。全省公共图书馆建筑面积为69.8万平方米。阅览室座席6.3万个，比2019年（5.9万个）增长6.8%，其中少儿阅览室座席1.5万个，盲人阅览室座席0.17万个。文献藏量4350.4万册/件，新增藏量200万册/件，同比增长4.8%。其中图书3598.5万册、古籍143.9万册、报刊441万件、视听文献54万件/套、缩微制品5.7万件/套。在文献藏量中，开架书刊2279.6万册、少儿文献464.9万册。计算机终端10840台，供读者使用的终端7357台。

人才队伍结构相对稳定。全省公共图书馆人员整体规模和队伍结构均保持相对稳定，部分地区从业人员数量略有减少。从业人员2365人，其中，专业技术人员1356人，占比57.3%，而专业技术人员中，高级职称134人，占比9.9%，中级职称619人，占比45.6%。2020年，全省基层培训辅导71097人次，组织单位参加培训2203人次，全省公共图书馆馆员业务能力和职业素养全面提升。

服务效能不断提升。全省公共图书馆积极落实延时、错时服务，实行节假日开放和夜间开放。2020 年全省公共图书馆总流通 1744 万人次，书刊文献外借 644 万人次；书刊文献外借量达 1316.6 万册次。在文献借阅服务的基础上，全省公共图书馆不断拓展讲座、展览、培训、阅读推广等服务内容。2020 年受新冠肺炎疫情影响，全年举办读者活动 4574 次，比 2019 年（9344 次）减少 51%，服务读者 213.9 万人次，较 2019 年（1276.6 万人）减少 83.2%。同时，全省公共图书馆还开展延伸服务，共有流动图书车 139 辆，流动服务借阅 46.6 万人次，共 77.8 万册次；分馆数量 1395 个。2020 年全省有 20 个公共图书馆进行文创产品开发，开发种类达 219 个，较去年有所减少。线上服务水平大幅提高，截至 2020 年底，全省公共图书馆网站访问量达 4092.4 万次。同时，越来越多的社会力量参与公共图书馆的建设，全省共有文化志愿者 13831 人，为公共图书馆事业发展注入新动力，有效促进公共图书馆服务效能的提升。

财政拨款经费略有增加。2020 年，全省公共图书馆全年收入合计 6.28 亿元，其中财政拨款 6.22 亿元，占总收入的 99%，比 2019 年财政拨款 6.14 亿元增长约 1%；但专项购书经费 5632 万元，比 2019 年（6657 万元）减少 15.4%。（四川省图书馆　朱欢）

【驰援武汉，四川省图书馆界对口援鄂在行动】 新型冠状病毒感染的肺炎疫情发生以来，四川省图书馆界积极响应中国图书馆学会向全国图书馆界发出的援助倡议，通过捐赠物资或提供可靠采购渠道等方式，为武汉及湖北其他地区图书馆提供助力。2 月 15 日，四川省图书馆、四川省图书馆学会第一时间通过官网、微信群、QQ 群等平台，向全省各系统图书馆、图书馆界同人发起援助倡议。倡议发出后，四川省各系统图书馆和图书馆同人积极响应。截至 3 月底，共有四川省社会科学院文献信息中心、四川省图书馆等 17 家单位以及谷毅宏、赫青、刘旭洁、刘韩萍等个人自发向湖北省图书馆及武汉图书馆捐赠物资，募得 84 消毒液、含氯消毒片、75% 消毒酒精、免洗消毒凝胶、免洗抑菌洗手液、二级防护服、一次性雨衣、一次性手套、护目镜、口罩、医用防护隔离面罩等防疫物资，分多次发往湖北。（四川省图书馆　朱欢）

【2020 年全省公共图书馆馆长座谈会召开】 6 月 15 日，全省公共图书馆馆长座谈会在成都召开。四川省文化和旅游厅公共服务处处长王成平，四川省图书馆党委书记、馆长何光伦出席会议。会议由四川省中心图书馆委员会办公室主任王晓非主持。各市（州）公共图书馆馆长、县级公共图书馆馆长代表、省图书馆相关人员共计 50 余人参加会议。何光伦对 2019 年全省公共图书馆事业发展情况做总结并提出 2020 年工作目标。省图书馆副馆长付玉贞解读 2020 年中央补助地方公共数字文化建设专项资金项目——四川省全民阅读资源建设项目建设标准。大会对 2019 年涌现出的一批先进集体进行表彰，并举行四川省图书馆第一批“扶贫分馆”授牌仪式。（四川省图书馆）

【成渝地区公共图书馆联盟合作座谈会举行】 6 月 22 日，巴蜀文化旅游走廊推进会与成渝地区公共图书馆联盟合作座谈会及合作协议签字仪式在四川省图书馆举行。四川省图书馆党委书记、馆长何光伦，重庆图书馆馆长任竞，成都图书馆馆长肖平出席。会议由何光伦主持。与会人员就《“成渝地 · 巴蜀情”成渝地区公共图书馆联盟章程》进行研讨，提出“统一谋划、一体部署，相互协作、共同实施，优势互补、共建共享”的基本原则和唱好“双城记”、建好“经济圈”，展现大担当、实现新作为的使命愿景。与会人员讨论《成渝地区公共图书馆共建公共文化一体化方案》，就“成渝阅读一卡通项目”“送书到家一线通项目”等 10 余个成渝公共图书馆共建一体化项目提出修改和实施意见。在四川省文化和旅游厅、重庆市文化和旅游发展委员会等单位相关领导的共同见证下，四川省图书馆、重庆图书馆、成都图书馆成立成渝地区公共图书馆联盟，并签署《成渝地区公共图书馆联盟合作框架协议》。（四川省图书馆）

【2020 年四川省老图书馆人研究会年会召开】 7 月 16 日，由四川省图书馆、四川省老图书馆人研究会主办，阿坝州图书馆、若尔盖县文化体育和旅游局、若尔盖县图书馆承办的“2020 年四川省老图书馆人研究会年会”在若尔盖县

召开。此次年会的主题为扶贫扶智，全省老图书馆人研究会助力阿坝州公共文化体系建设。来自四川省各地区的退休图书馆工作者以及阿坝州图书馆和若尔盖县图书馆相关工作人员参加会议。参会人员就如何助力阿坝州公共文化体系建设纷纷建言献策。借会议召开之机，阿坝州图书馆聘请老图书馆人为州图书馆特约顾问。会议同时决定2021年四川省老图书馆人研究会年会在达州市宣汉县举行。会后，参会人员参观四川藏区建成的第一个多功能、综合性书院——达扎书院。（四川省老图书馆人研究会秘书处）

【四川省图书馆扶贫分馆签约授牌仪式举行】 8月5日，四川省图书馆筠连县扶贫分馆、广安市前锋区扶贫分馆、眉山市彭山区扶贫分馆签约授牌仪式在四川省图书馆举行。扶贫分馆建设是四川省图书馆在全省图书馆行业扶贫攻坚工作中发挥龙头带动示范作用的标志，通过专业技能，在智力扶贫、文化扶贫、精准扶贫服务方面为全省打赢脱贫攻坚战，提升建立解决相对贫困长效机制的能力，持续推进脱贫攻坚与乡村振兴有机衔接贡献图书馆力量。

仪式上，四川省图书馆党委书记、馆长何光伦分别向宜宾市筠连县委常委宣传部部长雷敏、广安市前锋区委常委宣传部部长杨情、眉山市彭山区文广旅局副局长李勤颁发四川省图书馆扶贫分馆标牌。此次活动同时也是中共四川省图书馆委员会第四支部学习《习近平谈治国理政》第三卷和习近平总书记在决战决胜脱贫攻坚座谈会上的重要讲话精神，围绕脱贫攻坚工作开展实际工作的专题组织生活。（四川省图书馆）

【四川省图书馆与成都图书馆实现通借通还】 10月26日，四川省图书馆、成都图书馆融合服务合作框架协议签约暨融合服务系统开通仪式在省图书馆举行。四川省图书馆党委书记、馆长何光伦，成都图书馆馆长肖平分别致辞并代表双方签订《四川省图书馆、成都图书馆融合服务合作框架协议》。两馆将从流通阅览服务、信息化建设、文献采编、读者活动、文创开发、人才交流等六个方面全面开展同城融合服务。届时，四川省图书馆与成都图书馆将实现读者互认、馆际互借、通借通还，为广大读者带来更加便捷的借阅体验。此外，省馆还将与成都地区公共图书馆在文献采访编目工作上协同协作，实现区域联合编目与文献揭示、OPAC跨馆检索。同时，双方海量的数字资源也将实现优势互补、资源共享。（四川省图书馆）

【2020年四川省青少年阅读现场经验交流与培训会在筠连县举办】 11月30日—12月2日，由四川省文化和旅游厅指导，四川省图书馆、宜宾市文广旅局、中共筠连县委、筠连县人民政府联合主办的2020年四川省青少年阅读现场经验交流与培训会在宜宾市筠连县举行。四川省文化和旅游厅、四川省图书馆、宜宾市文广旅局、筠连县委等有关领导，全省图书馆负责人、筠连县绘本阅读重点负责人推广单位和乡镇负责人等共计200余人参加会议。会上还举行筠连县少年儿童图书馆揭牌仪式，产生四川省首家县级少年儿童图书馆。为推动筠连县公共文化建设，四川省图书馆向筠连县支持公共数字文化设备33套、图书10000册。同时，为促进筠连县图书馆开展少儿绘本阅读，重庆卡斯达科技发展有限公司捐赠绘本1000册，北京超星数图信息技术有限公司捐赠绘本数据库和绘本学习一体机1台，中铁广州工程局集团深圳工程有限责任公司捐赠绘本1000册，宜宾成杰建设工程有限公司捐赠图书1000册。会议期间还开展四川省青少年阅读推广培训。太原市图书馆社会教育部主任夏亮以《浅谈全民阅读品牌建设——多元化、一站式青少年阅读推广》为题进行授课，筠连县图书馆馆长应元斤做《阅读，从娃娃开始……》主题报告，泸州市图书馆（泸州市少年儿童图书馆）馆长吴铭、自贡市图书馆馆长刘衍河、资阳市图书馆馆长韩晓瑛、内江市图书馆副馆长刘红、巴中市图书馆副馆长张丽川、达州市达川区图书馆馆长王盛红和巴中市通江县图书馆馆长刘弘等分享少儿阅读推广的实践经验。（筠连县图书馆）

【四川省图书馆亮相首届四川省文创大会】 12月7日，由文化和旅游部资源开发司，四川省文化和旅游厅共同主办的全国文化和旅游创意产品开发推进活动暨首届四川省文创大会（以下简称“文创大会”）在成都国际非物质文化遗产博览园举行。此次文创大会以“大文创·新文旅”为主题。四川省图书馆文创产品亮相文创大会，该馆代表四川省文化和旅游创意产业联盟图书馆专委会在四川文创精品馆内设展。此次四川省图书馆携原创品牌“馆里”展出馆藏资源类产品、文化体验类产品、主题空间类产品共8个系列35种75件；古籍再造16种，其中“水浒叶子”陶瓷杯、“书香兰雅”银花丝书签、“人在草木间”茶具等16种文创产品入选参加全国文化和旅游创意产品展。（四川省图书馆）

【遂宁市民兵图书馆正式开馆】 5月13日，经过两个多月的努力，在遂宁市军分区、市委宣传部和市文化广电旅游局的指导下，以服务遂宁18万余民兵为主题的专业图书馆——遂宁民兵图书馆正式建成开放。遂宁市委宣传部副部长魏毅主持开馆仪式，市委常委、宣传部部长涂虹等领导及遂宁军分区官兵、文职人员、职工，市（县、区）人民武装部领导、民兵代表参加开馆仪式。仪式结束后，工作人员为60名民兵代表办理图书借阅卡。

遂宁民兵图书馆是融实体图书馆体验和虚拟图书馆分享、阅读活动于一体的专题性图书馆，是与遂宁市图书馆在管理、资源、人员、活动、服务等方面实现一体化的分馆。现已配置馆藏图书7000册，期刊60余种700余期/册，数字资源20TB，包括100万册电子书、10万集视频和3500种电子期刊。图书自动化集群管理系统、网站、微信、app、专项小程序等管理服务平台按总分馆制运行，实现了纸质图书报刊现场体验、数字资源线上共享等多项功能的有机融合。（遂宁市图书馆）

【达州、万州、开州三地联动办展】 在“4·23”世界读书日期间，四川省达州市图书馆、重庆市万州区图书馆、重庆市开州区图书馆联合举办线上“读万卷书　行万里路”世界读书日优秀读物展活动。三家图书馆利用各自的官方微信公众号推出线上活动，活动从4月23日持续至5月30日，共推出50个线上展板。展板中推荐的书籍不仅有众多国内外文学奖项获奖书籍，还有一些家喻户晓的中外名著。该活动自启动以来，短短几日就吸引了广大市民的关注，达州、万州、开州三地图书馆的线上平台每天有上千人次浏览该展览，受到读者的好评。这次活动是一次三地图书馆在文化方面的联动举措，加深了达州、万州、开州的交流合作，为今后三地联合开展更多文化活动提供重要经验。（达州市图书馆）

【阿坝藏族羌族自治州首个阿来书屋挂牌】 4月20日，阿坝州首个阿来书屋在黑水县达古冰川管理局挂牌。阿来书屋是阿坝州文化体育和旅游局为充分发挥作家阿来文化品牌效应，在征得阿来先生同意后，以他的名字命名的文旅融合特色品牌。达古冰川风景区阿来书屋（阿坝州图书馆黑水县达古冰川风景区分馆）建筑面积约70平方米，投入资金近20万元，拥有藏书1300余册，可使用阅览座位70个。书屋藏书以阿来先生作品为主，此外，还有阿坝州本土作家宁克多吉、庄春辉的作品及阿坝州民俗风情相关书籍，方便游客了解当地人文风情。（阿坝州图书馆）

【甘孜藏族自治州图书馆开展2020年天府书展馆店融合系列活动】 10月16—20日，甘孜州图书馆在康定举办“爱阅读·会生活　扶智扶贫共建小康——2020年天府书展馆店融合”甘孜分会场主题系列活动。系列活动包括：①我心中的一本好书。该活动在线上进行，由甘孜州图书馆馆员向读者推荐“我心中的一本好书”，向读者分享阅读的快乐，分享一本好书带来的知识和意义。②“你选书　我买单”及书展活动。③“I DO　周末”阅读分享会活动。活动邀请甘孜州委党校副校长代文辉做题为《爱阅读　会生活——成就精彩人生》的讲座。（甘孜州图书馆）

贵州省

【概况】 截至2020年底，贵州省共有公共图书馆100个，其中省级公共图书馆1个、地市级公共图书馆10个（含贵阳市少年儿童图书馆）、县市级公共图书馆89个。图书馆从业人员共计1084人，其中高级职称120人、中级职称333人。图书总藏书量1673.59万册。全年总流通705.00万人次，书刊文献借阅534.45万册次。

面对新冠肺炎疫情的爆发，全省各图书馆

积极应对，科学谋划，制订新冠肺炎疫情防控方案、应急预案等。在严格执行疫情防控各项规定的前提下，各馆坚持“闭馆不闭网，服务不打烊”。贵州数字图书馆、贵州数字电视图书馆、移动图书馆“掌上贵图”app、贵州省图书馆微信阅读平台等在线上持续为广大读者服务。2月，贵州数字图书馆全站访问量同比增长约49%，移动图书馆“掌上贵图”点击量同比增长约12%，贵州省图书馆微信阅读平台点击量同比增长约39%。贵州省图书馆采取分区域、分时段逐步开放的方式于3月2日率先开馆，成为全国疫情期间最早开馆的省级公共图书馆。疫情期间，大量学生不能返校，各公共图书馆主动作为，想方设法开辟新自修区域，增加自修座席。一些图书馆积极开展信用网络借阅服务，通过物流送书上门、送书上柜、线上预约、自助借阅等方式，为读者提供安全的借阅服务。在科学防控前提下，各图书馆创新服务方式，在“4·23”世界读书日、图书馆服务宣传周、节假日期间开展以线上为主、线下为辅的系列阅读推广活动。

2020年是中国脱贫攻坚战的收官之年，贵州作为全国脱贫攻坚主战场之一，全省各级图书馆干部群众均投入脱贫攻坚大战。从贵州省图书馆到各市、县级图书馆都派有领导干部和馆员深入农村贫困地区驻村扶贫。各图书馆还多点发力，助力文化扶贫，包括改善乡村旅游环境，建立乡村旅游文化帮扶机制，开展精准扶贫、扶智文化活动，推进易地扶贫搬迁安置点公共文化服务提档升级等。实施“贵州易地搬迁安置点未成年人文化服务试点项目——贵州省布客书屋建设”，在从江县、黎平县、凯里市等地易地扶贫安置点建立布客书屋7个，为建设易地扶贫搬迁安置点现代公共文化服务体系探索路径。（贵州省图书馆学会　钟海珍）

【《贵州省公共图书馆条例》发布】 9月25日，贵州省第十三届人民代表大会常务委员会第十九次会议审议通过《贵州省公共图书馆条例》并正式发布，该条例于2021年1月1日起施行。该条例包括总则、设立、运行、服务、法律责任、附则六章，共计53条。2015年8月，受贵州省文化厅（现贵州省文化和旅游厅）的委托，贵州省图书馆学会、贵州民族大学（图书馆）承担《贵州省公共图书馆条例》立法调研和文本起草工作。2018年完成《贵州省公共图书馆条例（征求意见稿）》。2019年，《贵州省公共图书馆条例》被纳入贵州省人大常委会2020年度自主立法计划。（贵州省图书馆学会　钟海珍）

【贵州省图书馆探索文旅融合新模式】 为探索文旅融合下的新服务模式，贵州省图书馆开展“文化和旅游公共服务机构功能融合试点”项目建设。该项目将图书馆与乡村文化旅游融合、与红色文化旅游融合、与生态文化旅游融合、与民族文化旅游融合4种模式作为建设方向，选择毕节市七星关区图书馆、黔东南州黎平县文化馆、黔南州惠水县好花红综合文化站等7个项目建设点。项目统一采用“文化和旅游公共服务机构功能融合试点”建设模式进行打造，2020年已完成项目设计方案专家验收，进入图书及场地建设招标。（贵州省图书馆学会　舒珍　周雄）

【贵州省图书馆完成南馆（老馆）改造工程】 5月至9月，贵州省图书馆对老馆馆舍一、二楼进行封闭改造。改造后馆内一楼大厅拓宽，增设24小时城市书房、文创展示区、展览区、自助服务区等区域。二楼厅台增加130余个自修座席，进一步满足读者自修需求。贵州省图书馆24小时城市书房面积约200平方米，配有纸质书近万册，为读者提供24小时全时段图书自助阅览、借还及自修服务。（贵州省图书馆学会　舒珍　周雄）

【贵州省易地扶贫搬迁安置点未成年人文化服务试点项目完成】 6月24日，贵州省易地扶贫搬迁安置点未成年人文化服务试点项目完成。此项目是按照贵州省文化和旅游厅的要求和部署，由贵州省图书馆、从江县文体广电旅游局与当地易地扶贫搬迁安置点社区联合建设完成的。贵州省图书馆未成年人服务品牌“布客书屋”被植入从江县贵运社区、银新社区、许家桥社区、黎平县龙形社区、何家庄社区5个易地扶贫搬迁安置点。项目的建成将为易地扶贫搬迁安置点建设现代公共文化服务体系探索路径，积累经验，提供示范。（贵州省图书馆学会　舒珍　周雄）

【"2020年贵州省市、县级公共图书馆公共数字文化服务培训班"举行】 10月9—12日，由贵州省文化和旅游厅主办，贵州省图书馆承办，毕节市文化和旅游局、毕节市图书馆、织金县文体广电旅游局、织金县图书馆协办的"2020年贵州省市、县级公共图书馆公共数字文化服务培训班"在毕节市织金县举行。南开大学商学院教授柯平、上海图书馆副馆长刘炜、浙江图书馆馆长褚树青先后以"后评估时代公共图书馆的创新与发展""5G时代的智慧图书馆建设与服务""国际视野下的浙江图书馆服务大提升"为主题做专题讲座。全体学员还进行公共数字文化工程资源建设相关经验分享、交流和讨论。（贵州省图书馆学会　舒珍　周雄）

【贵州省图书馆举行《文澜阁四库全书》影印本赠书仪式】 10月10日，贵州省图书馆举行《文澜阁四库全书》影印本赠书仪式。浙江图书馆向贵州省图书馆赠送《文澜阁四库全书》影印本一套1559册。贵州省文化和旅游厅党组副书记、副厅长许风伦，浙江图书馆馆长褚树青，贵州省图书馆党委书记张少华及贵州省图书馆全体干部职工参加赠书仪式。赠书仪式结束后，褚树青为贵州省图书馆的全体干部职工做"国际视野下的浙江省公共图书馆服务大提升"的专题讲座。（贵州省图书馆学会　舒珍　周雄）

【贵州省图书馆开展2020年贵州省全民阅读·书香高原系列活动】 2020年，贵州省图书馆与贵州省图书馆学会组织开展全民阅读系列活动。系列活动包括老年读书月、农民读书月、社区读书月。10月25日，贵州省全民阅读·书香高原之老年读书月活动在贵州省图书馆举行。50多名老年人汇聚省图书馆参加"全民阅读　书香贵州"老年读书会成立仪式。11月12日，贵州省全民阅读·书香高原之农民读书月首场活动在贵州铜仁德江县长堡镇举行。贵州省收藏家协会书画院向村民赠送一批图书和书画作品，充实村民读书室。12月3日，贵州省全民阅读·书香高原之社区读书月在全省拉开帷幕，书香贵州市民读书会正式成立，在贵阳市南明区中坝幸福小区和观山湖区长岭街道办事处举行读书活动颁奖礼，颁发"全民阅读　书香贵州——阅读名星"和"全民阅读　书香贵州——书香家庭"等奖项。（贵州省图书馆学会　舒珍　周雄）

【贵州省公共图书馆联盟暨贵州省图书馆参考咨询联盟成立】 11月10—12日，由贵州省图书馆主办、黔南州图书馆承办、惠水县图书馆协办的贵州省公共图书馆联盟暨贵州省图书馆参考咨询联盟成立大会在贵州盛华职业学院召开。全省部分公共图书馆馆长及参考咨询业务骨干等60余人参加会议。大会审议并通过《贵州省公共图书馆联盟章程（征求意见稿）》。与会图书馆代表签订《贵州省图书馆参考咨询联盟馆际互借与文献传递服务协议》。贵州省公共图书馆联盟与贵州省图书馆参考咨询联盟的成立对推进全省公共图书馆业务合作与资源整合，实现全省公共图书馆的优势互补、资源共建共享和互联互通，促进全省公共图书馆管理工作的制度化、规范化和标准化，保障全省各级公共图书馆事业均衡、协调和可持续发展有着重大意义。（贵州省图书馆学会　舒珍　周雄）

【2020年布客书屋文化志愿服务专业培训班暨工作交流会在贵州省从江县举行】 12月3—5日，布客书屋文化志愿服务专业培训班暨工作交流会在贵州省从江县举行。此次培训暨工作交流会由贵州省文化和旅游厅主办，贵州省图书馆、贵州省图书馆学会、黔东南州文化和旅游局承办，从江县文体广电旅游局协办。来自全省各布客书屋的管理人员及文化志愿者共70余人参加此次培训。开班仪式上与会领导为2019年度星级布客书屋颁发牌匾，为2020年贵州省图书馆"拍拍布客书屋"摄影作品大赛优秀组织奖颁发奖牌。此次培训活动采用专题讲座与现场观摩学习的多样化形式，让学员们全方位感受到从理论学习到实践操作的学习体验。（贵州省图书馆学会　舒珍　周雄）

【贵州省图书馆北馆（新馆）和贵阳市少年儿童图书馆开馆】 12月31日，贵州省图书馆异地扩建项目与贵阳市少年儿童图书馆建设项目作为贵州公共文化服务"十三五"收官之作正式竣工，并开馆试运行。贵州省图书馆北馆与贵阳市少年儿童图书馆两馆整体采用"书山＋书院"的设计理念，外观形似堆放的书籍，寓意

"书山有路勤为径"。项目总建筑面积约 7.9 万平方米，其中贵州省图书馆约 5.6 万平方米，贵阳市少年儿童图书馆约 2.3 万平方米。馆舍按照"综合型、开放性、现代化、多功能、标志性"的建设要求，打造面向未来的多元复合型现代图书馆。两馆落成开放后与该区域的贵州省博物馆、贵阳市城乡规划展览馆、贵阳国际会展中心共同形成贵阳市"四馆一中心"的新文化地标。贵州省图书馆北馆共 7 层，其中 6 层为各类型读者服务区，除了常规借阅服务区域，还设有"城市书岛"、数字体验区、音乐视听区、长征文献主题馆、"黔人书苑"等服务区域。（贵州省图书馆学会　舒珍　周雄）

【贵阳市图书馆"阅享易栈"社区图书共享系统】"阅享易栈"社区图书共享系统被贵阳市委、市政府列为"为民办十件实事"项目之一。截至 2020 年底，贵阳市图书馆社区图书共享系统"阅享易栈"栈点达到 116 个，基本搭建起公共图书馆图书借阅网络。"阅享易栈"一般设置在贵阳市的购物中心、超市、公园和社区等人流量较大的区域，方便市民享受公共图书馆服务。注册用户数从 2018 年初建时的 526 人增至 34015 人，年度日均用户活跃量从 13 人增加至 723 人，读者累计分享图书 92050 册次，取（借）图书总数 83832 册次，以每年约 30000 册次递增。（贵州省图书馆学会　舒珍　周雄）

【长征之路图书馆联盟成立暨红色经典阅读推广交流会在遵义举行】 6 月 18 日，"阅读红色经典·百年薪火相传"长征之路图书馆联盟成立暨红色经典阅读推广交流会在遵义市名城大讲堂举行，并在现场进行长征之路图书馆联盟会旗交接。来自红军长征沿线重要节点城市图书馆代表以及全国各地公共图书馆和高校图书馆代表参加会议。遵义市文体旅游局副局长李世军在联盟成立仪式上致辞，上海图书馆副馆长林峻讲话，赣州市图书馆副馆长邱丽红宣读长征之路图书馆联盟章程，贵州省图书馆馆长彭银宣布长征之路图书馆联盟成立。在红色经典阅读推广交流会上，遵义市图书馆、中共桂林市委党史研究室、中共延安市委党史研究室、福建师范大学马克思主义学院、延安大学历史文化学院、遵义市党史学会的专家学者分别做主题交流发言。（贵州省图书馆学会　舒珍　周雄）

【2020 年广州图书馆对口帮扶毕节市公共图书馆举办业务培训班】 8 月 25 日，由广州市文化广电旅游局、毕节市文化广电旅游局主办，广州图书馆、毕节市图书馆承办的"2020 年广州图书馆对口帮扶毕节市公共图书馆业务培训班"在毕节市图书馆举行。广州图书馆儿童与青少年部主任招建平、广州中心图书馆办公室副主任李少鹏、广州图书馆网络服务部副主任魏文晖分别就"少儿活动的策划与组织""图书馆官方微信的运营""社会力量参与图书馆建设"等业务工作进行系统培训。毕节市各县（区）图书馆馆长、业务骨干以及毕节市图书馆全体职工等 80 人参加培训。（贵州省图书馆学会　舒珍　周雄）

【安顺市图书馆开展流动图书服务】 安顺市图书馆不断加强阅读推广基地建设和图书流动点建设，不仅吸引周边中小学、幼儿园、教育机构、公益组织等加入全民阅读活动中，还走进各县区、乡镇、村。通过培育和发展全民阅读推广大使、全民阅读推广志愿者，在阅读资源短缺地区建立图书流动点，延伸全民阅读活动阵地，初步建立"全民参与"的阅读组织体系架构。2020 年，安顺市图书馆新建市老年大学、武警安顺支队一中队、西秀区凤凰社区凤羽居委会、市实验幼儿园、市第二幼儿园 5 个图书流动点。（贵州省图书馆学会　舒珍　周雄）

云南省

【闭馆不停服务——云南图书馆界积极行动共抗疫情】 新型冠状病毒感染的肺炎疫情发生以来，云南图书馆界坚决贯彻落实党中央、国务院、云南省委省政府关于疫情防控工作的决策部署，陆续实行闭馆，暂停对到馆读者的现场服务及展览、讲座等各项活动。闭馆期间，作为全省公共图书馆系统的省级龙头馆，云南省图书馆充分发挥示范引领和龙头带动作用，及时向全省图书馆界传达中国图书馆学会、云南省文化和旅游厅关于公共文化机构疫情防控工作的安排部署，全面掌握全省各级公共图书馆疫情防控工作动向，指导各馆在做好闭馆期间防疫工作的同时，积极开展不同形式的线上服务活动，做到各级图书馆“闭馆不闭网，线上服务不打烊”，充分发挥图书馆的文献信息资源优势，为全省广大人民群众提供形式多样、内容丰富的线上公共文化服务，为全省疫情防控阻击战提供强有力的文献信息支持，发挥图书馆人在非常时期的应有作用。云南省图书馆制定实施《云南省图书馆疫情防控闭馆期间加强读者服务工作的实施方案》，全心全意为广大读者和社会公众服务，组织干部职工立足本职岗位，积极通过官方微信公众号、网站、微博等渠道开展网上数字阅读等读者服务工作，确保广大读者和社会公众“宅”在家中也能随时随地享受到图书馆提供的无边界、无限制、高质量的数字资源阅读服务。面向全体社会公众全面开放16个数据库资源，含电子期刊1.2万种、论文41.2万篇、报纸1000多种、视频12万集、电子书100万册等，容量超过100TB。联合相关图书数据公司共同开展数字阅读服务，向全体社会公众免费开放相关数字资源，通过云南省图书馆微信公众号发布《闭馆不停服务　云南省图书馆全民阅读服务就在您身边》《云图闭馆不闭网　服务信息线上点》等50多篇专题文章，阅读量达5万余次，有力地推动了“书香云南”的建设。积极举办各类形式多样、内容丰富的线上读者活动，比如：在元宵节举办“云南省图书馆邀您宅家闹元宵”网上猜灯谜活动，1185名读者参与活动；与上海图书馆合作开展了5期“众志成城战疫情网络漫画展”网上展览，线上观众达2000余人；闭馆不闭对外联系渠道，始终保持与社会公众和各类机构的畅通联系，每天及时通过官方微信公众号、对外电话、微博等耐心回复读者的各类咨询，日均查询100余人次，真正实现了“网上天天开馆”。

全省16个州市图书馆和部分县级图书馆在闭馆期间也积极开展各种形式的线上服务。西双版纳州图书馆在闭馆期间利用馆藏数字资源和移动数字图书馆，为读者提供线上电子阅读24小时保障公益性服务，内容包括100多万册免费电子图书、视频、有声读物等，并结合疫情防控工作，新增“2020疫情”模块，主要包含疫情重要新闻、科普知识、疫情故事、专家解读等内容。据统计，州图书馆移动图书馆1月23日至3月初，读者使用量为8000余次，下载量400余次。迪庆州图书馆每日通过微信公众号为藏区群众提供精彩的线上阅读服务。玉溪市图书馆根据疫情发展新动态，每日安排专人通过微信公众平台、图书馆网站及本馆电子大屏向广大市民积极宣传新冠肺炎疫情防控知识。红河州屏边县图书馆从2月5日起，与“苗乡屏边”公众号共同推出线上文化服务活动，兑现“闭馆不谢客、服务不打烊”的承诺。玉溪市图书馆为云南省第三强制隔离戒毒所开设图书借阅绿色通道，不仅简化了借阅程序，而且通过及时消毒等手段确保外借图书的安全性。泸西县图书馆积极投身疫情防控阻击战，积极开展“书”送温暖，为疫情集中隔离点配送图书等工作。同期，全省其他州市、县图书馆也纷纷结合当地疫情防控工作部署，立足本馆实际，积极发挥自身资源优势，积极参与本地疫情防控工作，开展各种各样的防疫抗疫知识宣传推广活动，为各地疫情防控工作的整体推进做出贡献。（云南省图书馆学会　金美丽）

【滇鄂同心　共克时艰——云南省图书馆干部职工向湖北省图书馆和武汉图书馆捐赠抗疫生活物资】 2月18日，云南省图书馆党总支委员会向全馆干部职工发起倡议，号召全馆干部职工大力发扬“一方有难，八方支援”的精神，弘扬中华民族优秀传统美德，以捐款购置或赠送新鲜蔬菜的形式，向身处疫区中心的湖北省图书馆、武汉图书馆同人伸出援助的双手，献上一份爱心，以实际行动驰援兄弟省市图书馆。倡议发出后，全馆全体干部职工包括离退休老员工积极响应，踊跃捐款，共计捐款23670元。随后，馆领导统筹协调，在安排大家做好防护工作的同时，迅速带领相关人员分别联系昆明、安宁、晋宁等地蔬菜市场、菜商菜农，用大家的捐款采购时令新鲜蔬菜。在全馆干部职工的共同努力下，共收购采摘到的洋葱、白萝卜、白菜、大葱等各种新鲜蔬菜30吨。2月21日深夜，由云南德胜物流有限公司专门安排一辆大货车连夜启程赶往湖北武汉，为抗疫贡献一份力量。（云南省图书馆学会　金美丽）

【云南省图书馆赴普洱等州（市）调研古籍保护和“国门文化”建设工作】 3月25—29

日，云南省图书馆馆长、省古籍保护中心主任马云川，党总支书记任荣贵率领本馆历史文献部相关人员，深入普洱市、临沧市、保山市、西双版纳州及墨江县、耿马县、凤庆县、昌宁县等地，就古籍保护和“国门文化”建设等工作进行调研。调研组先后来到墨江县图书馆、西双版纳州图书馆、临沧市图书馆、昌宁县图书馆及保山市图书馆，实地详细了解各馆的古籍保护情况。通过此次调研，较为准确地掌握该省相关州（市）、县民族古籍保护工作，特别是区域内少数民族古籍收藏、保护、修复、数字化等方面的具体做法、成果和存在问题，详细了解了相关州（市）、县加强“国门文化”建设的必要性和建设配置需求，为下一步更好地提升边疆民族地区基层图书馆服务效能、推动“国门文化”建设打下了坚实的基础。（云南省图书馆学会　金美丽）

【云南省图书馆有序恢复开馆】 4月2日是新冠肺炎疫情发生后云南省图书馆限制性有序恢复开放的第一天。开馆前两天，按照云南省文化和旅游厅的批复，云南省图书馆已通过官方微信公众号、网站、微博以及相关新闻媒体等渠道，面向社会发布关于恢复开馆的公告，全面公开开放时间、开放区域、暂缓开放区域、入馆须知、注意事项等内容。为扎实做好恢复开馆的各项准备工作，以安全、规范、有序的学习环境迎接广大读者，切实推动全民阅读和书香社会建设，连日来，在馆领导的安排部署和指挥下，全馆各部门精心开展大量卓有成效的准备工作。4月2日一大早，馆领导提前1小时来到馆里，就读者进馆、读者服务等各项工作进行督导巡查，及时提出指导意见。按照馆领导的要求，相关部门工作人员紧锣密鼓抓紧工作，及时整改存在的不足和问题，完成读者进馆前的各项准备工作。截至当天下午4时，接待读者就达到1000人（限制性恢复开馆期间，实行进馆人员总量控制，每日接待人数上限1000人）。云南省图书馆恢复开放工作受到了新闻媒体的广泛关注，云南电视台、昆明电视台、《春城晚报》、《都市时报》、云南网等新闻媒体记者进行了现场采访报道。（云南省图书馆学会　金美丽）

【云南省图书馆举办“世界读书日”系列阅读推广活动】 4月23日是第25个“世界读书日”，云南省图书馆举办以“书香战疫　阅读成就梦想”为主题的世界读书日系列阅读推广活动，特邀云南省中医中药研究院知名专家方路在“普洱茶文化图书馆”讲授“疫病流行中的中医药”并进行现场直播。讲座由云南省图书馆馆长马云川主持。此次讲座由云南省图书馆官方网站、微信公众号等平台进行线上直播，受到社会公众的广泛关注，其中，仅手机直播就累计有2011人次在线观看。（云南省图书馆学会　金美丽）

【2020年云南省公共数字文化建设暨文化惠民服务线上专题培训举行】 7月9—10日，由云南省文化和旅游厅主办，云南省图书馆、省文化馆承办的“2020年云南省公共数字文化建设暨文化惠民服务专题培训班”线上培训举行。全省各州（市）文化和旅游局相关领导、公共服务科负责人以及图书馆、文化馆负责人和相关工作人员等300余人参加培训。全省各级公共图书馆相关人员也通过网络观看了直播。培训期间，来自国家图书馆、浙江大学、云南大学的3位专家学者分别就“公共数字文化工程建设概况及标准规范研究进展”“公共数字文化建设与创新发展”“云南省民族特色数字文化资源建设”进行直播授课。3堂网络直播课累计1237人次观看，评论近800人次，取得良好的培训效果。（云南省图书馆学会　金美丽）

【2020年“中华古籍普查文化志愿服务行动·云南行”举办】 7月27日，由中国古籍保护协会主办，云南省图书馆暨云南省古籍保护中心、云南中医药大学承办的2020年“中华古籍普查文化志愿服务行动·云南行”启动仪式在云南中医药大学图书馆举行，这是云南省图书馆第四次参与此项志愿服务活动。来自云南省图书馆暨云南省古籍保护中心的领导及相关工作人员和云南中医药大学领导、校图书情报工作指导委员会委员、校图书馆教职工、志愿者等80余人参加启动仪式。启动仪式结束后，云南省古籍保护中心副主任计思诚为志愿者做题为《古籍保护与古籍普查》的学术讲座，云南省古籍保护中心老师为志愿者进行古籍普查登记

培训。通过授课、古籍著录实践、古籍书影拍摄学习，志愿者掌握了古籍普查文化志愿服务的基本工作流程及工作技能，为此次古籍普查文化志愿服务行动的顺利实施奠定理论和专业基础。当天，西双版纳州图书馆招募的志愿者也同步启动傣文古籍普查文化志愿服务活动，志愿者们参加了州图书馆举办的古籍数字化培训班。活动中，云南省图书馆暨省古籍保护中心积极与云南中医药大学等高校合作，招募60余名优秀本科生、研究生，22名傣文专家、学者、社会各界古籍保护爱好者作为志愿者，于7月27日—8月21日赴西双版纳傣族自治州图书馆、云南中医药大学图书馆、昆三中呈贡学校（呈贡一中）图书馆、德钦县图书馆、呈贡中峰书画院5家单位开展古籍普查文化志愿服务活动，完成馆藏古籍的整理、分编、登记及书影拍摄上传工作，共普查登记古籍3163部15935册（其中傣文古籍626部681册、西文古籍836部），审校数据31000余条，整理古籍5000余册，拍摄上传书影2457部7189拍，完成傣文古籍数字化加工218册7690页（其中贝叶经184册6330页、棉纸经书34册1360页）。全省47家单位已完成古籍普查登记工作，普查登记古籍3万余部35.30万余册，汉文古籍普查完成率达92%。（云南省图书馆学会　金美丽）

【云南省图书馆举办首次晒书论坛】 云南省图书馆响应国家图书馆、国家古籍保护中心号召，以“传习经典　融古慧今”为主题，举办系列丰富多彩的“晒书”活动。自8月24日农历“七夕”开始，云南省图书馆在官方微博发起“中华传统晒书节”“晒晒家里最老的那本书”双话题活动，组织邀请全省各级图书馆、古籍收藏单位、古籍收藏爱好者和广大读者参与活动，“晒出”自家最老的那本书。为办好此次活动，云南省图书馆结合我国中医药在此次夺取新冠肺炎疫情防控阻击战阶段性胜利中所做出的突出贡献，与云南中医药大学合作，特别选择云南省明代先贤兰茂撰写的《滇南草本》作为此次“晒书”活动的重点进行多个藏本、多个维度的“晒出”展示。9月17日，“《滇南草本》论坛”在云南省图书馆举办，并进行线上直播。国家图书馆（国家古籍保护中心）、云南省文化和旅游厅、云南中医药大学、云南省图书馆（云南省古籍保护中心）的相关领导、专家和云南中医药界的资深医师以及社会各界人士、古籍收藏爱好者、读者代表等300多人参加论坛。此次晒书活动还推出“滇南草本撷英”图书陈列展。（云南省图书馆学会　金美丽）

【云南省图书馆与复旦大学图书馆签署战略合作协议】 9月11日，云南省图书馆与复旦大学图书馆在上海举行战略合作签约仪式。云南省图书馆馆长马云川与复旦大学图书馆馆长陈思和共同签署《复旦大学图书馆－云南省图书馆战略合作协议》。复旦大学图书馆党委书记侯力强、副馆长杨光辉等领导和专家，以及云南省古籍保护中心副主任计思诚、国家级古籍修复专家杨利群等相关人员参加会议。会上，与会双方就加强合作、共同做好民族文字古籍的科学保护与研究进行座谈交流。（云南省图书馆学会　金美丽）

【云南省图书馆召开“学习贯彻习近平总书记给国图老专家回信精神暨全省县级图书馆总分馆制建设考核验收部署会”】 10月12日，“学习贯彻习近平总书记给国图老专家回信精神暨全省县级图书馆总分馆制建设考核验收部署会”在云南省图书馆举行。来自全省各级公共图书馆和高校图书馆的馆长、代表以及本馆职工近300人参加会议。云南省图书馆馆长马云川主持会议。此次会议主要是对全省县级图书馆总分馆制建设验收考核做出全面安排部署。当天下午，举行县级图书馆总分馆制建设考核验收部署以及县级总分馆建设经验交流，来自双柏县、施甸县、武定县、隆阳区、昭阳区、红塔区的6位县级图书馆馆长进行现场经验交流。会议还进行分组讨论，全体参会人员被分成4个小组，围绕“十四五”建设发展规划、县级总分馆建设、创新数字文化建设和阅读服务方式等议题进行热烈的讨论，畅谈各自的意见建议，为全省图书馆事业高质量发展建言献策。（云南省图书馆学会　金美丽）

【2020年“国际盲人节”文化助盲志愿服务活动在云南省图书馆举行】 10月15日是第37个“国际盲人节”，为庆祝盲人节的到来，进一

步丰富盲人群体的文化生活，云南省文化和旅游厅、云南省残疾人联合会于当日在云南省图书馆联合主办2020年“国际盲人节”文化助盲志愿服务活动，并以此次活动作为“我是你的眼　带你看世界”文旅志愿者文化助盲志愿服务系列活动的首场活动。此次活动由云南省图书馆、云南省盲人协会、中国昆明济世之家、昆明市盲人协会联合承办。当天上午，在省图书馆一楼无障碍电影放映厅，云南省文化和旅游厅一级巡视员马迎春、省残疾人联合会副理事长高利生两位文化助盲志愿者共同为到场的300名盲人朋友口述了电影《我和我的祖国》。活动还通过省盲人协会的直播平台，向全省盲人朋友们进行在线直播。（云南省图书馆学会　金美丽）

【云南省图书馆自然博物分馆正式开馆】 云南省图书馆充分挖掘特色资源，与昆明博旅书馆合作建设云南省图书馆自然博物分馆，共同开展以自然博物为主题的阅读活动。10月27日，云南省图书馆馆长马云川与博旅书馆创办人方伟共同为自然博物分馆揭牌，云南省图书馆副馆长朱庆、鲁颖及相关业务部门工作人员和博旅书馆工作人员参加分馆揭牌仪式。自此，位于昆明市盘龙区龙泉路578号长虫山下的约500平方米的云南省图书馆自然博物分馆正式为读者提供服务。

根据自然博物主题分馆建设的要求，云南省图书馆将提供经过专业人员精心挑选的约5000册与自然相关的科学、人文、社会、艺术、文学等主题图书以及电子资源供读者在分馆免费借阅，并提供资源和业务指导培训。合作方博旅书馆负责提供场地、设施及分馆的日常运行管理工作。为突出自然科学主题，提供主题特色鲜明、质量上乘的图书馆特色服务，云南省图书馆自然博物分馆将充分发挥合作对象的社会资源，积极开展大量带动读者参与、以读者体验活动为主的系列活动，打造品牌活动，让更多的读者感受自然之美。（云南省图书馆学会　金美丽）

【云南省图书馆与河南省少儿图书馆联合在怒江开展2020年“春雨工程”文旅志愿者服务行动】 11月3日，2020年“春雨工程”全国文化和旅游志愿者服务行动——“书香浸润，文化惠民服务进乡村”暨“阅读润童心　文化助脱贫”豫滇未成年人阅读服务提升计划，在云南省怒江州兰坪白族普米族自治县金顶镇永兴社区正式启动。河南省文化和旅游厅一级巡视员康洁，云南省图书馆馆长马云川，河南省少儿图书馆馆长崔喜梅和怒江州政府、州文旅局、兰坪县政府相关领导，以及滇豫两省的文化和旅游志愿者、兰坪县各界群众代表参加启动仪式。

此次志愿服务行动由云南省图书馆、河南省少儿图书馆联合举办，两馆精心策划、周密部署，加班加点购置了图书、书架书柜、阅览桌椅、电子资源和数字阅读设备等相关设施设备，并邀请两省著名文化工作者、艺术家、非遗传承人等文化和旅游志愿者深入怒江州兰坪县、福贡县、贡山县的乡村和社区，实地开展“书香浸润，文化惠民服务进乡村”暨“阅读润童心　文化助脱贫”豫滇未成年人阅读服务提升计划系列活动，活动内容不仅有河南省少儿图书馆及该省文旅志愿者带来的“童眼看非遗”——河南少儿美术作品巡展、“悦”读黄河——河南非遗摄影展、“豫”见河南——镜头里的非遗故事讲座、播撒书香——趣味读书会，还有云南省图书馆及省文旅志愿者带来的少数民族文字古籍保护修复传拓技艺展示、“书香伴我成长”专题文化讲座、公共数字文化服务宣传展示、云南省非物质文化遗产剪纸和微雕微书微刻展示，以及云南省滇剧院国家一级演员的滇剧表演等丰富多彩、各具特色的文化和旅游志愿服务项目。此次活动中，云南省图书馆还在兰坪县金顶镇永兴社区和贡山县南大门珠海小区建设“公共文化惠民活动室”暨“文化惠民服务进乡村示范点”。（云南省图书馆学会　金美丽）

【云南省一批珍贵古籍和古籍收藏单位入选第六批《国家珍贵古籍名录》和全国古籍重点保护单位】 11月13日，经国务院批准，文化和旅游部公布第六批《国家珍贵古籍名录》和《全国古籍重点保护单位名单》，并就进一步做好古籍保护利用工作提出要求。云南省有24部珍贵古籍入选第六批《国家珍贵古籍名录》（汉文古籍4部、彝文古籍13部、东巴文古籍2部、傣文古籍5部），3家单位入选第六批全

国古籍重点保护单位。（云南省图书馆学会　金美丽）

【云南省公共图书馆开展“阅读金秋·收获未来”活动】 11月，由云南省图书馆联合全省各级公共图书馆共同开展的“‘阅读金秋·收获未来’争做游读达人”活动结束。此次活动设有“阅读达人奖”“推广大使金奖”“推广大使银奖”“推广大使铜奖”“推广大使优秀奖”“最佳组织奖”等多种奖项，吸引全省众多读者参与。活动采取“线上+线下”模式。线上活动通过各级公共图书馆的微信公众号数字阅读平台，以开展读者线上阅读、听书、看“大滇西环线游”视频、阅读推广分享等方式进行。读者足不出户，即可通过一部手机阅读、视听和分享图书馆海量数字阅读资源。据统计，线上活动有74个公共图书馆参加，报名读者3551人，阅读推广分享18462人，在线阅读时长达425万余分钟。线下活动采取活动期间读者到图书馆借阅图书、撰写读后感和游记的方式进行。据统计，活动期间借阅图书量排名前20名的读者到公共图书馆累计借阅图书904册，其中第一名共借阅图书61册。不少读者还积极撰写读书心得、游记，将读书与旅游有机结合。此次活动是在疫情防控常态化背景下，云南省图书馆联合全省各级公共图书馆创新全民阅读方式，助力数字阅读推广，探索文旅融合新模式，助力“书香云南”和“大滇西旅游环线”建设的有益尝试。（云南省图书馆学会　金美丽）

【云南省图书馆与省人大常委会办公厅共建图书分馆】 12月15日，云南省图书馆与云南省人大常委会办公厅签订合作协议，在省人大挂牌设立“云南省图书馆图书流通分馆”。按照协议，合作双方将合力搭建政务服务和机关服务合作平台，依托省图书馆丰富的图书资源、公共数字文化资源和专业技术力量，积极开展文献借阅、信息咨询等服务工作，并大力举办读书、荐书等丰富多彩的阅读推广活动，同时合作探索更具针对性、实效性的参考资料推送方式，为省人大常委会组成人员履职提供高效、便捷的服务。

近年来，云南省图书馆作为全省文献信息资源保障中心，充分发挥其在全民阅读推广活动中的示范引领作用，大力推进体系化、标准化、均等化、数字化、特色化建设，不断提升公共文化服务效能，在为社会大众提供更多、更好普惠服务的同时，主动加强与各级各类机关和企事业单位的合作，通过设立“图书流通分馆”“您身边的图书馆——书香驿站”“全民阅读示范点”等方式，助推“书香机关”“书香单位”建设，使党员干部“爱读书、读好书、善读书”。（云南省图书馆学会　金美丽）

西藏自治区

【概况】 截至2020年底，西藏自治区有省级公共图书馆1个、地市级公共图书馆5个。其中，西藏自治区图书馆建筑面积1.15万平方米，阅览座席554个。馆藏图书40万册，藏文古籍和藏文文献15000函；电子图书30余万册，电子期刊和报纸3600余种；在线视频3000余部、音频2000余小时，自建和外购数字资源30TB。2020年文献购置费164万元，采购图书3872种11645册，期刊1033种，报纸222种；采购少儿图书646种1292册，少儿期刊66种，少儿报纸12种；采购藏文图书379种1959册。全年共接待读者12.6万人次，文献外借1.4万册次。

西藏自治区图书馆全年举办讲座、展览、培训班等各种活动150场次，参与读者12000人次，其中“西图讲坛”10场、“阿佳讲故事”20场。通过图书馆官方网站、微信等方式向读者提供在线服务，西藏数字文化网藏汉双语版全年访问量630万次。

勠力同心，书香战“疫”。为保障2020年疫情期间广大读者的身体健康，做好疫情防控工作，西藏自治区图书馆第一时间组织成立工作专班，制订应急预案，于1月25日起实施闭馆措施，研究确定“闭馆不停服务”疫情期间工作方针，拟定“书香战‘疫’”系列举措。利用平台优势，通过图书馆官方微信、网站等载体向社会公众普及防疫知识、推介馆藏资源、组织举办线上活动，先后举办“以读攻‘毒’　寻找最美阅读人”“藏汉双语朗诵”“书香阅读　智赢战疫”等活动。同时积极响应由山西省图书馆等多家图书馆倡议的“战‘疫’不孤‘读’——全国百家图书馆为武汉加油行动”和中国图书馆学会发出的为武汉地区图书馆捐赠疫情防控急需物资的倡议，号召全区各级图书馆主动作为，竭尽所能为身处疫情重灾区的图书馆同人捐赠爱心物资，为湖北省图书馆和武汉图书馆捐赠防疫藏药包1500包，发挥党员先锋模范作用，组织党员为疫区捐款5050元。

有序推进特色资源建设。西藏自治区图书馆完成“藏族十明学专题讲座资源库”之医药学系列讲座，《门巴族文化专题片》、《微观藏族饮食文化（二）》微视频、“红色历史文化多媒体资源库建设（下）”、“少数民族语言译制资源建设项目”，《藏族手工技艺大全》之泥塑、锻打文化专题片等2018年度资源建设项目结项；完成2019年度资源建设项目《藏族手工技艺大全》之纺织编织文化专题片的终期验收。深入开展布达拉宫、罗布林卡古籍普查登记工作，加大对古籍的修复力度，公布西藏自治区首批藏文古籍数字化成果并通过藏文阅览室向广大读者开放，切实提高古籍利用率。

关爱特殊群体，拓展服务领域。西藏自治区图书馆面向广大农牧民开展“阿佳讲故事”进基层，面向学生开展“数字文化进校园”，面向盲人读者开展“阅读还你光明”线上朗诵比赛、“体验盲人世界、倡导助残风尚”全国助残日阅读推广等活动，组织视障读者参加由中国盲文图书馆举办的“心手相牵共抗疫情”诵读比赛，相继开展“抒爱国情怀、颂祖国华诞”亲子朗诵比赛、“西图之旅”等阅读推广活动。

强化教育培训功能，凸显阵地作用。西藏自治区图书馆联合山南艾巴仓民族文化传播有限公司，举办农牧民进城务工人员文化提升培训班；另举办2020年“三区”人才培训暨全区基层图书馆业务骨干人员培训班、第二期“基层阅读推广人培训班”、“寒假计算机网络”线上培训等。通过开展各级各类培训活动，更好地履行图书馆的社会教育职能。为提升馆员知识水平和综合素质，举办馆员素质能力提升讲座10期，参与培训280余人次。（西藏自治区图书馆　次旦普赤　雷秀花）

【西藏自治区图书馆开展“4·23”世界读书日系列活动】 4月，西藏自治区图书馆开展以“让阅读成为一种生活方式”为主题的世界读书日系列活动。21日，开展为读者赠书活动。23日，开展书模阅读展示活动，为群众免费赠送图书、发放阅读宣传手册。25日，在线上开展馆藏数字资源推介活动，介绍图书馆数字资源的利用方法，引导读者更好地利用数字资源，在微信公众平台推送“书窗”作家平措扎西谈创作背后的故事、作家陈人杰谈阅读，并推送“西图讲坛”“唐卡”“格萨尔”“铸造”简介视频，发布《雪域宝典——西藏自治区入选国家珍贵古籍名录图录》、西藏自治区图书馆首批珍贵馆藏藏文古籍文献数字化成果、藏汉双语经典图书等阅读二维码，其中藏文古籍基础知识讲解、古籍修复技艺展示点击量均达到2000次以上。一系列公益课堂“云”教学活动，使广大读者足不出户就可在云端大饱眼福。（西藏自治区图书馆　次旦普赤　雷秀花）

【西藏自治区图书馆开展“先进文化进牧家”“‘阿佳讲故事’进帐篷”活动】 6月9日，西藏自治区图书馆联合那曲市班戈县文化局、西藏自治区图书馆沙漠寺庙分馆，在那曲市班戈县门当乡面向当地广大牧民开展“先进文化进牧家”“‘阿佳讲故事’进帐篷”活动。图书馆工作人员现场展示西藏公共数字文化建设与应用成果，发放带有西藏自治区图书馆微信二维码的格萨尔资源库宣传册，为寺庙分馆赠送地方特色资源《格萨尔史诗》光盘100张和藏文图书200余册；同时协同县文化局参加寺庙分馆为保护传承班戈县非遗项目“岭卓舞”组织的民间卓舞队员的扫盲脱盲提升文化知识考试。此次活动借助寺庙分馆载体，面向牧区群众1500余人开展阅读推广服务。牧民通过阅读纸质图书、访问微信公众号倾听格萨尔史诗，观看优秀数字文化资源；牧区儿童通过听“阿佳讲故事”从小与阅读结缘，养成阅读习惯，共同助推“书香西藏”建设。（西藏自治区图书馆　次旦普赤　雷秀花）

【西藏自治区图书馆举办“2020中华古籍普查文化志愿服务行动·西藏行”系列活动】 6月13日，“2020中华古籍普查文化志愿服务行动·西藏行”系列活动在日喀则市康马县朗东庄园正式启动。西藏自治区图书馆和西藏自治区藏医学院图书馆组成的古籍文物普查保护工作队奔赴康马县朗东庄园及朗巴色林寺遗址，开展佛塔出土古籍文献、文物抢救性保护、修复、整理、编目工作。经过5天的连续奋战，整理、分类、登记古籍文献52函（多数为散卷合函），配护籍布60余条、函头标签60余函，缝写编码条53条，抢救性揭开粘连古籍2函（579余叶）；整理、分类、展设擦擦和雕塑残件400余件。此项活动的实施，有效缓解自治区古籍保护中心普查人员人手紧张、普查任务繁重的压力，为集中开展古籍收藏单位的普查任务提供人力资源基础，促进中华优秀文化典籍的利用再开发。（西藏自治区图书馆　次旦普赤　雷秀花）

【西藏自治区图书馆开展“智慧书包”助力脱贫攻坚文化惠民活动】 7月7日，西藏自治区图书馆联合山南市文化局、山南市图书馆在山南市浪卡子县多却乡共同开展“智慧书包”助力脱贫攻坚文化惠民活动，向全市82个乡镇扶贫宣传员和多却乡小学学生配送“智慧书包”。多却乡小学学生、农牧民等共计700余人参与活动。配给乡镇扶贫宣传员的“智慧书包”里备有西藏自治区图书馆数字资源宝U盘，以及《习近平扶贫论述摘编》《藏语文基础知识》等纸质书和电子书共计500余册；配给小学生的“智慧书包”里备有《父与子》《小矮人寻宝记》《孩子最喜爱的经典故事书》等经典儿童图书及学习用具。此次活动是西藏自治区图书馆推动文化扶贫工作的具体举措，为营造“决战决胜脱贫攻坚”舆论氛围，激励引导广大群众投身脱贫攻坚，夺取脱贫攻坚战全面胜利起到积极作用。（西藏自治区图书馆　次旦普赤　雷秀花）

【西藏自治区图书馆举办2020年“三区”人才培训暨全区基层图书馆业务骨干人员培训班】 9月1日，2020年“三区”人才培训暨全区基层图书馆业务骨干人员培训班开班仪式在西藏自治区图书馆举行，全区各地市图书馆、文化馆的34名业务骨干参加培训。此次培训邀请南开大学教授柯平、河北大学管理学院图书馆学系主任赵俊玲等专家学者，分别就公共文化法治化与基层公共文化建设、阅读推广的理念与方法、解读藏文古籍之不同藏文字体流派等内容进行专业培训。通过举办此次培训班，参训人员充分认识“三区”人才支持计划的重要意义，进一步增强作为新时代图书馆人的责任感和使命感，将学到的专业知识运用到基层文化建设的工作实践中，做好文化惠民、服务群众工作，努力为西藏文化事业的繁荣发展做出更大的贡献。（西藏自治区图书馆　次旦普赤　雷秀花）

【西藏自治区图书馆举行中华传统晒书活动】 11月15日，以“传习经典　融古慧今”为主题的中华传统晒书活动在自治区图书馆举行。活动包括以“晒书”为主题的专家讲座、全区古籍普查保护摄影展、藏文古籍文献现场修复展示及全区碑文、石刻拓片展示等内容。活动现场，图书馆古籍专家以西藏自治区图书馆镇馆之宝、元代上都刻本萨迦班智达·衮噶坚赞的因明学著作《量理宝藏》为切入点，从藏文古籍文献学角度，详解《量理宝藏》的版框、开本、字体、扉页画像等文献特点，从这部古籍的著者、版本、时间等各种信息，细数古籍背后民族团结的故事，让读者近距离观赏古籍之美，感受文字背后的历史智慧。2020年，西藏自治区图书馆重点围绕中华传统晒书活动，创新思维，运用新媒体，有序开展各类“晒国宝”“晒经典”“晒技艺”“晒传统”系列活动，用讲座、古籍修复技艺展示等形式，让中华传统文化更加深入大众日常生活，传承和弘扬中华优秀传统文化。（西藏自治区图书馆　次旦普赤　雷秀花）

【西藏自治区图书馆荣获“全国关心下一代先进集体”荣誉称号】 11月，西藏自治区图书馆被中国关心下一代工作委员会、中央精神文明建设指导委员会办公室联合授予“全国关心下一代工作先进集体”荣誉称号。近年来，该馆坚持以正确理论和党的政治建设为统领，把培育和践行社会主义核心价值观贯穿青少年工作始终，将“治国必治边、治边先稳藏”理念融入其中谋划实施，不断发挥公共图书馆在“引导青少年爱读书、爱祖国，成为社会主义接班人”工作中的积极作用。持续开展“小小图书管理员”、青少年藏文书法培训班、诵读中华经典、“阅读还你光明——全区视障读者知识竞赛”等一系列固定活动。利用馆内现有的2万余册少儿图书、72种少儿期刊报纸，专设少儿阅览室。针对视力障碍少儿设视障阅览室，阅览室内有视障少儿明盲对照绘本340余册，视障听书机300余台。同时，在乡村设立“少儿阅读推广孵化基地”，培养乡村“故事哥哥”“故事姐姐”，助推基层少儿阅读。每月定期举办“阿佳讲故事”活动，深入县、乡、村面向农牧区开展“阿佳讲故事”累计120期。（西藏自治区图书馆　次旦普赤　雷秀花）

【西藏自治区图书馆荣获“心手相牵　共抗疫情”视障读者诵读比赛全国优秀组织奖】 12月3日，由中国盲文图书馆、中国盲文出版社主办的“心手相牵　共抗疫情”视障读者诵读比赛决赛在中国盲文图书馆举办。西藏自治区图书馆推荐参赛入围比赛复赛及决赛的2名参赛选手勇夺佳绩，来自咔哒嘎布盲人乐团的边巴顿珠荣获此次诵读比赛全国第二名，来自那曲市特殊教育学校的嘎色拉姆荣获全国第三名；西藏自治区图书馆荣获此次诵读比赛全国优秀组织奖。（西藏自治区图书馆　次旦普赤　雷秀花）

【山南市图书馆概况】 截至2020年底，山南市图书馆馆藏纸质图书达6万余种18万余册、报刊400余种，全年图书流通9000余册次。

以“4·23”世界读书日为契机，山南市图书馆全力打造“书香山南·全民阅读”品牌系列线上、线下阅读推广活动，面向全市干部群众开展“山南文化大讲堂”“童心筑梦盲人阅读推广”“阿布洛卡讲故事”“你读书·我买单”“图书进监所、进校园、进部队、进企业”等品牌活动，深受广大干部群众的喜爱。截至12月底，全市、县（区）公共图书馆已开展线上、线下阅读活动45次，服务6.8万余人次，设立图书流通服务点9个。山南市图书馆连续获得中国图书馆学会授予的“2018年全民阅读优秀组织”“2019年全民阅读先进单位”荣誉称号，为山南市文化事业发展做出积极贡献。

在开展数字服务方面：一是为充分发挥公共图书馆作用，满足广大读者在疫情期间的阅读需求，积极借鉴其他图书馆的先进经验和做法，结合实际馆情，开通“山南市图书馆数字阅读平台”，开展线上活动5次，更新主题书单77条（图书831册），上传数字资源480课时，实现100兆专线宽带免费服务全覆盖，受到广大读者的一致好评；二是高度重视线上信息更新工作，组织召开专门会议安排部署并制定信息更新值班表，截至12月底，图书馆官方微信公众号已更新信息404条，浏览达31652次。（山南市图书馆）

【林芝市图书馆概况】 2020年，林芝市图书馆馆藏规模不断扩大。截至2020年底，馆藏纸质图书97833册，其中新购图书3012册；报纸12种，期刊228种。全年向外捐赠价值5万余元的图书共计5394册。数字资源本地存储量23.78TB，其中新购数字资源7.27TB。2台歌德电子借阅机读者下载总量达2641册次。

读者服务效能持续发挥。林芝市图书馆全年读者总流通10705人次，图书借还5381人次、16881册次，办理读者证248个。在吸引读者走进图书馆的同时，加强与行政单位、企事业单位之间的合作力度，先后在“德觅读书屋”、市税务局、市妇联、市政府办、市医保局、市看守所等单位设立阅览室，为广大读者提供更便捷的借阅服务，为建设“书香林芝”做出贡献。图书馆微信公众平台全年发布馆内各类活动、信息、简报194条，发送信息推文396篇；图书馆官方网站发布各类信息120条。新冠肺炎疫情期间，该馆积极与北京书同文公司协调，开放四部丛刊、十通、历代石刻、中医中药、大明实录、光绪新法令、清代外交史料等百余种数据库供读者在线阅读，同时可利用全文检索工具查询相关信息，以进一步满足不同年龄层读者的阅读需求，做到“文化服务不打烊”，为打赢疫情防控阻击战做出贡献。

图书馆社会职能深入推进，开展基层服务活动，丰富群众文化生活。2020年，林芝市图书馆先后开展2020年文化、科技、卫生、法律和爱国爱教宣传服务“五下乡”集中示范与宣传服务、“文旅e家助力美好生活”春节期间阅读推广、“3·5”学习雷锋服务日活动、“从小听党话　永远跟党走”红色书籍进家庭、“4·23”世界读书日系列活动、“看见幸福　‘阅’出梦想”亲子阅读启动仪式暨庆祝“六一”活动、“七月看好书　赢华为P40！”全区线上数字阅读、“一字一诗一故事，家庭爱廉说”活动、“全民阅读·文化林芝——让‘悦’读遇见你我”读书分享会、第二届“林芝好书”作品编辑馆藏暨“创意·读写实验室”创作评选活动等阅读推广活动。同时向全市发布全民阅读倡议书，并通过林芝市文广局网站“我的图书馆”专栏、林芝市图书馆微信公众平台每周向读者推送图书书目。为促进粤藏两地文博交流，林芝市图书馆还分别邀请广东省东莞图书馆、广东省博物馆的专家来馆做“图书馆读者活动的策划与实施”“背着房子去旅行——贝类动物的世界”专题讲座。

图书馆规章制度不断细化，将《林芝市图书馆规章制度》汇编成册。（林芝市图书馆）

【林芝市图书馆开展“4·23”世界读书日系列活动】 为扎实推进“书香林芝”建设，林芝市图书馆以线上、线下多种形式开展“4·23”世界读书日系列活动。活动包括：策划并完成第六届“超级读者”线下评选活动，为20名获奖读者共计发放8000元购书经费；在线上开展如“当影视遇上图书”等系列有奖答题活动；在市电视台及全市各大电子屏幕播放“4·23”世界读书日相关宣传片及宣传标语；组织特殊教育学校学生开展“阅读还你光明——全区视障读者线上朗诵比赛活动”；倡议全市各中小学校积极参与“笑对生活、阅读延续”征集读后感等一系列线上活动；通过图书馆微信公众平台大力宣传由西藏自治区图书馆制作的《“倡导全民阅读　建设书香西藏”全民阅读倡议书》和电子图书资源推送，推送精选图书31种。（林芝市图书馆）

【林芝市图书馆开展第二届“林芝好书”作品编辑馆藏暨“创意·读写实验室”创作评选活动】 2020年，由中共林芝市委宣传部、林芝市文化广播电视局主办，林芝市图书馆承办的第二届“林芝好书”作品编辑馆藏暨“创意·读写实验室”创作评选活动举办。此次活动历时5个多月，邀请专家、学者对38名参赛者进行“线上+线下”慕课培训、作品指导等，形成电子书参加初赛，最终精选出15部作品进入决赛。经专家评审，《在林芝》获得一等奖，《山谷闲谈》《寻韵记》获得二等奖，《片言碎语》《家·缘》《青春的记忆》获得三等奖，《我的成长史》等9部作品获得优秀奖。此次活动旨在培养广大市民静心阅读，感悟生活，通过自身的创作并动手制作一本漂亮精制的“林芝好书”。（林芝市图书馆）

【那曲市图书馆概况】 截至2020年底，那曲市图书馆有馆藏图书143164册，其中特色藏文图书1000余册（含苯教和藏传佛教甘珠尔、丹珠尔600多部），盲文图书452册；期刊200种，报纸80种。电子阅览室为读者免费提供电子书2万余册。

打造温馨借阅环境。那曲市图书馆以庆祝开馆两周年为契机，建设图书馆文化长廊，旨在提高图书馆文化品位，改善阅读环境。在建设过程中，围绕“励志笃学、读书奋进”的主题，精选“读书三到：心到、口到、眼到”“知识改变命运、学习成就未来”等名言警句，传播读书的方法，传递阅读的乐趣。新增自助售卖机、自助咖啡机，使图书馆服务更加多元化，使得阅读环境明显改善，功能明显增加。此外，还通过延长开放时间、通借通还及阅读推广等方式，推行人性化服务。

加大硬件投入。那曲市图书馆购置一批电子书阅读器，通过网络资源的下载和补充弥补纸质图书覆盖不足等问题，通过实施数字图书馆推广工程硬件平台、数字图书馆资源项目建设，与国家图书馆、西藏自治区图书馆进行资源、数据共享。

践行“服务社会、引导大众”使命。那曲市图书馆加强“书香那曲”品牌建设，联合市内各学校、各公益单位分别开展“阅读进校园”“阅读进公益”活动，另举办“送春联”“猜谜语迎新春”“红色经典电影”等阅读推广活动。全年举办活动30余场，惠及读者5000余人次，逐渐探索出更吸引读者的阅读推广模式，让更多市民走进图书馆、爱上阅读。（那曲市图书馆）

陕西省

【概况】 截至2020年底，陕西省共有公共图书馆117个（含少儿图书馆7个），其中省级馆1个，地、市级馆10个，县、区级馆106个。从业人员共计2056人，其中高级职称111人、中级职称612人。全省各级财政拨付公共图书馆的总经费共计32976.70万元，其中包含专项购书经费共计3451.70万元。全省公共图书馆文献总藏量2155.26万册，其中图书1832.63万册，古籍55.88万册（其中善本6.12万册），报刊180.61万册，视听文献20.47万册、缩微制品0.41万册/件，年新增电子图书73.25万册。实际使用公用房屋建筑面积共计41.31万平方米，其中书库面积9.39万平方米、阅览室面积13.74万平方米。阅览室座席共计32021个，其中少儿阅览室座席7954个。计算机共计6330台，供读者使用的电子阅览室终端4333个。全年读者总流通量为825.21万人次，书刊文献外借330.96万人次、568.74万册次。各图书馆网站访问量共计1908.57万次。组织各类讲座1335次，听众25.36万人次。举办展览1612个，观众102.85万人次。举办培训班1308个，培训学员10.40万人次。开展基层培训辅导3.11万人次。建立分馆841个，并配备流动图书车100辆，流动服务书刊借阅全年共计34.38万人次、42.95万册次。开发文化创意产品共计98个。

多举措做好疫情防控工作，有序推进图书馆开放与服务。2020年上半年，新冠肺炎疫情爆发，陕西省图书馆迅速成立工作领导小组，启动疫情防控应急预案，扎实部署闭馆期间的防疫工作。坚持“线下重防控，线上强服务”的原则，及时转变服务方式。开拓线上渠道，积极开展线上数字资源服务，优化开放“多媒体学习”“移动图书馆”“数字图书馆”等44个数字资源库。积极利用微博、微信等新媒体平台推送优质音视频及讲座资源，开展防疫科普、咨询，发挥文化服务“桥头堡”作用。此外，陕西省图书馆积极号召职工捐款捐物，向武汉图书馆捐赠价值2万余元的防疫物资，向陕西省慈善协会和丹凤县红十字会捐款5.3万元。同时加强与陕西公共图书馆服务联盟各成员馆的组织协调，指导、督促各成员馆做好疫情闭馆期间的场馆通风、消杀等卫生管理工作及线上读者服务，在联盟网站开辟“抗疫”专栏，及时收集、整理并发布各馆开展活动的动态信息，做到全省公共图书馆闭馆不停服务。

继续开展《陕西省公共图书馆条例》立法调研工作。2020年，陕西省图书馆承接由国家图书馆、中国图书馆学会组织的“全国公共图书馆事业发展战略研究项目”，并负责撰写“基层公共图书馆发展策略研究（西部地区）”部分；承接陕西省文化和旅游厅组织的全省公共图书馆“十四五”规划的调研工作任务。全年共组织3次省内实地调研，走访20余家基层公共图书馆，深入了解全省公共图书馆事业发展现状与困难，听取基层的意见建议。与此同时，陕西省图书馆向西部地区190家基层图书馆发放调查问卷，汇总统计数据并进行分析，为下一步工作奠定基础。

发挥公共数字文化工程优势，推进“黄河文化记忆”文献资源建设。陕西省图书馆指导全省公共图书馆开展“黄河文化记忆”文献的收集整理，部分公共图书馆筹备建设专题文献展区与专题文献数据库；完成330余种黄河文化相关文献的信息调研和文献建设方案，启动“陕西沿黄区域‘公共图书馆+’文化共同体建设”项目申报工作；加强与山西、河南、内蒙古等省（区）公共图书馆合作，建立晋陕蒙3省（区）公共图书馆沟通平台。

联合编目步伐加快，地方文献资源建设稳中有升。受疫情影响，全年工作主要集中在6—11月。截至2020年11月底，联合编目成员馆已发展至102家（含省馆），其中安装编目客户端开展联合编目工作的97家，完成回溯建库工作的96家；联合编目数据库新增馆藏数据174789册/件，累计馆藏数据达5523041册/件。地方文献资源建设方面，推进实施2016年“听遍陕西特色音频资源库”（第一期）的上线工作，实施2017年“听遍陕西特色音频资源库”（第二期）、2018年“大秦岭大文化资源库”（第一期）、《武德运口述史》建设工作，配合相关部门跟进2018年“聆听经典：陕北民歌”、2019年“大秦岭大文化资源库”（第二期）项目建设工作，开展“听遍陕西特色音频资源库”（第三期）和“秦娃诗域游记”（诗话陕西动漫）项目前期准备工作；推进“省情文献库”改版工作；征集地方文献519种939册。

陕西公共图书馆服务联盟多元化发展，服务成效逐步显现。联盟流通服务方面，开通联盟流通成员馆94家；各成员馆全年共办证73965张，已累计办证56.56万张；外借图书244.45万册次。数字资源服务方面，共发放数字资源阅览证2396张，开通606张。地方文献服务方面，完成联盟馆图书交换56次，外送图书910种1308册，接收图书446种653册，赠送期刊31册。参考咨询服务方面，协调8家联盟馆汇编“两会”专题资料，指导18家联盟馆为各地“两会”提供服务；为37家联盟馆开通“全国图书馆参考咨询联盟”平台账户，指导各馆通过该平台远程为读者提供文献传递服务340篇；为各联盟馆提供专题服务21项，业务指导61人次，提供文献56篇。在阅读推广服务方面，示范引领各联盟馆参与承办联盟策划的包括“2020年春节文化惠民活动”、“第二十八届科技之春”宣传月活动、“4·23世界读书日暨全民阅读活动”、“第八届陕西省阅读文化节”4项大型主题阅读推广活动。

古籍保护工作取得成效。陕西省古籍保护中心继续补充完善陕西省图书馆古籍普查平台数据1814条21938册，出版《三原县图书馆古籍普查登记目录》。与碑林博物馆合作开展“西安碑林博物馆馆藏珍贵古籍《陈书》《厚乡录》《滹南遗老王先生文集》保护性修复项目”，首次创收13.3万元。

体系化建设不断完善。2020年，西安、宝鸡、咸阳、安康已建立起以市馆为中心馆，县馆为总馆，乡镇文化站为分馆的“中心馆—总馆—分馆”总分馆体系，统一建设管理平台，实现全市范围内的数据共享和统一服务。各成员馆积极打造本地服务网络，各地总分馆基本完成建设任务，城市书房和24小时自助图书馆纷纷投入使用。

2020年3月，陕西省图书馆办证咨询处被中共陕西省委宣传部命名为“2019年度陕西省学雷锋活动示范点”，陕西省图书馆少儿部副主任陈新被授予“2019年度岗位学雷锋标兵”荣誉称号。（陕西省图书馆　祖培茹）

【陕西省图书馆成功修复《古今图书集成》】 8月14日，陕西省图书馆召开馆藏国家一级古籍《古今图书集成》修复保护项目结项会。经过专家的评审，宣告历时5年的保护修复工作圆满结束，这部被誉为古代“中国百科全书”的巨著被成功修复。《古今图书集成》编印工作始于康熙年间，在雍正初年校订刷印成书，全书分六大汇编三十二典六千一百九部共万卷，其内容兼收并蓄，贯通古今，集中华传统文化博大精深之大成，是现存规模最大、资料最丰富的大型类书。由于各种原因，目前全国仅存十一部，其中就包括陕西省图书馆收藏的这一部。2015年，陕西省图书馆启动了对《古今图书集成》的修复保护工作，对这部1027册、4万余页的古籍进行修复保护。（陕西省图书馆　祖培茹）

【“学习习近平总书记重要讲话　弘扬中国抗疫精神”主题展览暨先进事迹报告会在陕西省图书馆举行】 9月29日，由西安交通大学第一附属医院（以下简称“交大一附院”）与陕西省图书馆共同举办的“学习习近平总书记重要讲话　弘扬中国抗疫精神”主题展览暨先进事迹报告会在陕西省图书馆举行。西安交通大学党委常委、宣传部部长成进向陕西省图书馆捐赠抗击新冠疫情书籍《旌旗耀楚秦》、交大一附院抗疫图鉴卷轴和支援武汉医疗队队员隔离服等纪念品，陕西省图书馆党委书记、馆长周云岳接收并回赠收藏证书。交大一附院抗疫队员周博、马佳佳分别做报告，回忆赴武汉抗疫的工作情况。此次主题展览以抗疫最前线拍摄的照片及实物为主，真实记录了抗疫期间医护人员的工作情况和感人事迹，旨在弘扬伟大抗疫精神，并在后疫情时代激发广大人民群众更加了解、支持、关爱医务人员，共同投身常态化疫情防控工作，为构建和谐美好家园而不懈努力。（陕西省图书馆　祖培茹）

【陕西省图书馆与西安工程大学签订战略合作协议书】 11月3日，陕西省图书馆与西安工程大学战略合作协议书签订暨数字资源服务站揭牌仪式在西安工程大学图书馆举行。自2016年起，双方展开合作，陕西省图书馆为西安工程大学毕业生办理数字资源卡200余张；2019年，在西安工程大学助力延长县中小学图书室达标建设项目中，陕西省图书馆与该校合作，共同为当地18所中小学的教师办理数字资源卡近千张，受到当地师生的好评。此次双方签订的《馆校战略合作协议书》涵盖“数字文化资源共享与整合、促进公共文化服务普惠化与精准化”等诸多领域。在西安工程大学设立“数字资源服务站”就是其中一项具体内容，这是陕西省图书馆延伸服务范围、提升服务效能的积极探索，更是倡导全民阅读、建设书香社会的责任；而定期为西安工程大学师生办理数字资源卡，不仅弥补学校人文社会科学方面的资源短板，也为毕业生走向社会和终身学习创造良好条件。（陕西省图书馆　祖培茹）

【2020年陕西省公共数字文化工程文化创意产品开发培训班在西安举办】 11月24日，由文化和旅游部资源开发司、国家图书馆、陕西

省文化和旅游厅指导，陕西省图书馆、陕西省公共图书馆服务联盟、陕西省图书馆学会主办，北京国图创新文化服务有限公司支持的2020年陕西省公共数字文化工程文化创意产品开发培训班在西安开班。原文化部副部长周和平、陕西省文化和旅游厅副厅长郝占延、陕西省图书馆馆长周云岳等领导以及来自全省各市县（区）图书馆、西北五省（区）图书馆的140余名技术骨干、业务能手参加开班仪式。此次培训邀请周和平做题为《发挥文化资源优势　做好文化创意产品开发工作》的讲座，同时邀请来自中共中央党校（国家行政学院）、国家图书馆、国家博物馆、南京博物院等单位的知名专家做专题授课，内容涵盖IP理念挖掘、产品创新开发、营销渠道拓展等不同板块，采用理论讲解、案例分享、互动研讨等多种形式，分享文化创意产品开发工作经验。（陕西省图书馆　祖培茹）

【继续深化苏陕对口协作，加强陕西省公共图书馆人才队伍建设】 2020年，江苏、陕西两省文化和旅游部门继续深入贯彻党的十九大精神和习近平总书记在东西部扶贫协作座谈会上的重要讲话精神，全面落实苏陕《文化交流合作框架协议》。两省在公共文化服务人才队伍建设方面合作不断深化，分别于6月15—17日在安康举办2020年苏陕扶贫协作公共图书馆第一期培训班，9月9—11日在榆林举办第二期培训班。11月，在两省文化和旅游厅，陕西省图书馆、南京图书馆的策划和组织下，在常州举办2020年苏陕公共图书馆馆员挂职培训。陕西选派30名专业技术骨干到南京图书馆、金陵图书馆、无锡市图书馆、苏州图书馆、常州市图书馆、扬州市图书馆进行为期3个月的挂职锻炼学习。（陕西省图书馆　祖培茹）

【关中平原城市群公共图书馆联盟成立并召开第一届联席会议】 12月25日，由西安市文化和旅游局主办，西安图书馆、陕西省图书馆学会、西安市图书馆学会承办，由山西、陕西、甘肃3省12地市的18家公共图书馆共同组成的关中平原城市群公共图书馆联盟在西安图书馆成立，同时召开第一届联席会议。陕西省文化和旅游厅、西安市文化和旅游局相关领导与来自18家公共图书馆的馆长、业务骨干，公共图书馆分馆建设案例获奖者以及西安市各区县图书馆的馆长等80余人参会。在成立大会上，西安图书馆馆长胥文哲向山西临汾、运城，甘肃天水、平凉、庆阳等市图书馆捐赠自建数字资源“诗中游长安”，拉开关中平原城市群图书馆间合作与交流的帷幕。会议还邀请华东师范大学教授金武刚做题为《“十四五”时期公共图书馆高质量发展的基本思路与重点任务》的主旨报告。（陕西省图书馆　祖培茹）

【陕西省首个以“黄河文化记忆”为主题的文献数字资源图书馆建设项目正式启动】 7月31日，府谷县黄河文化文献资源主题图书馆和黄河记忆数字资源主题图书馆建设征询意见会在府谷县图书馆举行，标志着陕西省首个以“黄河文化记忆”为主题的文献数字资源图书馆建设项目正式启动。此项目是按照陕西省文化和旅游厅印发的《2020年陕西省黄河文化保护传承弘扬工作计划》中关于“指导具有一定规模的公共图书馆设立‘黄河文化记忆’文献专架或专题文献展区，组织建设《陕西黄河文化记忆》数字资源”的要求，由府谷县图书馆结合当地加快黄河流域生态保护和高质量发展示范县建设的实际情况落地实施的。该主题图书馆将围绕陕西境内的黄河祖根文化、黄河农耕文化、黄河红色文化、黄河名人文化、黄河治理文化、黄河商业文化、黄河旅游文化等内容进行资源建设；同时收集府谷黄河文化历史文献和照片，以及影视、音乐等数字资源，建设“黄河文化记忆”特色资源数据库，利用互联网技术和多媒体展陈技术进行展示与服务。（陕西省图书馆　祖培茹）

【全国首个“钱学森书屋”在略阳县图书馆揭牌】 10月7日，“钱学森书屋”在略阳县图书馆建成揭牌并对外开放。该书屋由中国航天基金会与略阳县政府共建，除有藏书5000余册，还有各种航天科技模型近20种。这是全国首个以中国航天事业奠基人钱学森命名的航天科普书屋，旨在向广大青少年传播航天科技知识，传承中国航天精神。（陕西省图书馆　祖培茹）

甘肃省

【概况】 2020年初，面对新冠肺炎疫情，甘肃省内各级图书馆坚持“闭馆服务不打烊”，按照“不见面、不接触”的抗“疫”要求，充分利用数字资源，开展线上阅读推广和线上培训等服务，并响应中国图书馆学会号召，踊跃向武汉地区图书馆捐赠抗“疫”物资。截至2020年底，甘肃省共有县及县级以上公共图书馆104个，其中省级馆1个、地市级馆17个、县区馆86个（含少儿图书馆9个）。从业人员1488人，其中专业技术人员917人，包括研究馆员15人、副研究馆员100人、馆员425人。实际使用总建筑面积37.29万平方米，其中书库5.81万平方米、书刊阅览室8.08万平方米、电子阅览室1.45万平方米。阅览室座席33435个，其中少儿阅览室座席8300个、盲人阅览室座席1412个。2020年度财政拨款总经费28639.8万元，比上年增加2144.1万元，增长8.09%，其中：购书专项经费2168.8万元，比上年增加120.8万元，增长5.89%；新增数字资源购置费755.2万元，比上年增加239.8万元，增长46.53%。藏书总量为1813.97万册/件，比上年增加113.65万册/件，其中普通图书1434.62万册、古籍52.11万册（含善本9.73万册）、报刊合订本238.25万册、视听文献12.20万件、缩微文献5.67万件，订购报刊1.53万种。电子图书总量为1945.96万册，比上年增加81.56万册。累计发放有效借书证56.74万个，全年总流通587.86万人次，书刊文献外借373.20万册次。组织各类讲座1258场次，参与人数11.95万人次；举办展览620场次，参观人数52.87万人次；举办各类培训班386个，培训人员2.35万人次。计算机总量为5303台，其中供读者使用的电子阅览室终端3348台。各馆网站年访问总量406.56万页次。全省共有流动图书车57辆，建有图书馆分馆850个，全年流动书刊借阅21.43万人次、30.74万册次。全省共有志愿者服务队伍408个，志愿者3963人。开发文化创意产品84种，比2019年增加18种。

积极抗击疫情，做到线上、线下服务不断档。新冠肺炎疫情爆发后，为减少人员聚集，有效阻断疫情传播，全省各级公共图书馆紧急发布闭馆公告，暂停全部到馆服务及讲座、展览等线下聚集性读者活动。通过各馆微信公众号、官方网站、移动客户端等网络窗口，为读者提供多元线上阅读服务。如甘肃省图书馆开辟“宅家读书”专栏，馆内20余万册电子图书、有声读物供读者免费下载阅览；县级图书馆联合数据资源服务商开通馆外访问权限，提供免费文献检索服务。随着疫情防控向常态化防控转变，各级图书馆在落实疫情防控措施的前提下有序恢复开放，实行预约限流服务。在此基础上，品牌服务推陈出新。如甘肃省图书馆的“周末名家讲坛”、“彩虹花绘本故事会”、“陇右寻珍”西北地方文化推广系列、“阳光工程”等公益文化活动品牌号召力和读者参与度与日俱增；充分发挥甘肃省讲座展览联盟平台作用，以漂流巡展的方式将“战役中的英雄美术作品展”等公益展览推广至庄浪县图书馆、静宁县图书馆等联盟成员馆，合计观展人数约1.03万人次；“陇上文化行”系列活动全年开展经典诵读、知识竞赛、网络征文等线上活动92场、线上培训22场、现场活动9场。

文化信息资源共享工程建设稳步推进。截至2020年底，完成1个省分中心、14个市（州）支中心、86个县级支中心、1227个乡镇基层服务点、16272个村基层服务点的搭建。在地方特色资源建设方面，积极推进19个地方资源项目建设进度，完成“丝绸之路上的甘肃”“华夏文明在甘肃”等15个项目的评审验收，《陇上百工》微纪录片光盘正式出版发行；拍摄完成“周末名家讲坛”22场、书法讲座4场。在公共数字文化工程建设方面，完成数字图书馆推广工程中央转移地方支付项目34个分项目的验收；完成年度公共数字文化建设各项目的申报实施，以及2018、2019年度24个基层图书馆互联互通建设任务，推进陇上文化视界平台和国家公共文化服务云平台甘肃专区功能的优化完善。

中华古籍保护计划有序推进。新增10部古籍、3家单位分别入选第六批《国家珍贵古籍名录》和全国古籍重点保护单位，截至2020年底，全省共有306部古籍入选《国家珍贵古籍名录》，7家单位被命名为“全国古籍重点保护单位”。组织开展“2020中华古籍普查文化志愿服务行动·甘肃行”，完成甘谷县图书馆、泾川县图书馆、甘肃医学院图书馆等6家单位馆藏800余部近1.6万册古籍的普查著录，审校数据500余条，另协助兰州市图书馆完成1000余部未分编古籍的鉴定整理，至此基本完成全省汉文普通古籍的普查任务。甘肃省古籍修复中心暨国家级古籍修复技艺传习中心甘肃传习所重点推进馆藏《河西宝卷》修复及甘肃省博物馆馆藏纸质文物修复项目等工作，共修复古籍57种489册1.8万叶，师带徒传习授课360学时。配合全国古籍保护重点工作项目策划中华传统晒书沙龙、黄河流域古籍保护会议及反映甘肃民间古籍抢救修复的纪录片。文溯阁《四库全书》藏书馆自然灾害治理项目完成地质勘查、项目审批等前期准备工作并正式开工建设。

继续教育培训有序开展。全省共举办图书馆员岗位培训和继续教育培训班386个，培训人员2.35万人次，开展基层培训辅导1.56万人次。其中，甘肃省图书馆依托省图书馆学会、公共文化共享工程省分中心、省古籍保护中心以及专业技术人员继续教育基地等，举办线上、线下各类培训班、研讨班、报告会等20期，培训学员2087人次。（甘肃省图书馆学会）

【甘肃省图书馆文创产品参加首届中国国际文化旅游博览会】 9月16—21日，由中国文化产业协会、中国旅游协会主办，以“促文旅融合　展全面小康”为主题的首届中国国际文化旅游博览会在山东国际会展中心举行，甘肃省图书馆携影印版文溯阁《四库全书》等文创产品受邀参展。“交响丝路　如意甘肃”特色展区布展在沿黄文旅区域，同时参加展会的还有甘肃省内十余家文旅企业。甘肃省图书馆文创工作人员向同行和观众推介了近年来依据特色馆藏所开发的相关文创产品，重点介绍文化瑰宝文溯阁《四库全书》的成书背景、入甘历程与保护现状，从不同角度展示影印版文溯阁《四库全书》的文创价值及取得的社会效益。（甘肃省图书馆学会　张毅宏）

【甘肃省图书馆甘南州图书馆少儿分馆正式揭牌】 11月17日，甘肃省图书馆甘南州图书馆少儿分馆揭牌仪式在甘南州文博大厦举行。甘肃省图书馆馆长肖学智、甘南州文化广电和旅游局局长马文涛为分馆揭牌，并签署《甘肃省图书馆对口帮扶甘南藏族自治州图书馆业务合作协议书》。该馆依托甘肃省图书馆建立，结合甘南州图书馆实际，设有少年图书借阅部、少儿部、幼儿部、辅导部等。甘肃省图书馆将每年为该馆提供少儿图书10000册。（甘肃省图书馆学会　张毅宏）

【甘肃省图书馆第一届理事会正式成立】 12月17日，甘肃省图书馆第一届理事会正式成立。甘肃省文化和旅游厅党组成员、副厅长周奉真，省文化和旅游厅相关处室负责人，省图书馆第一届理事会全体理事、监事出席会议，省图书馆领导班子成员、部门负责人、职工代表及新闻媒体记者等参加会议。会议由甘肃省文化和旅游厅公共服务处处长张万儒主持。周奉真在大会上宣读甘肃省文化和旅游厅《关于同意省图书馆第一届理事会组成人员及章程的批复》，聘任闫永强等17人为省图书馆第一届理事会理事，聘任张万儒、吴新年兼任理事会监事。随后召开第一届理事会第一次会议。经全体理事投票，选举省图书馆馆长肖学智为第一届理事会理事长，张万儒为第一届理事会监事长；会议还审议通过《甘肃省图书馆章程》。（甘肃省图书馆学会　张毅宏）

【兰州市图书馆青少年分馆被命名为“甘肃省家庭教育创新实践基地”】 5月15日，在“家风润陇原——百场万人家庭教育公益巡讲”启动仪式上，兰州市图书馆青少年分馆被甘肃省妇女联合会、甘肃省教育厅命名为“甘肃省家庭教育创新实践基地”并现场授牌。该馆作为青少年学习的第二课堂和重要的阅读场所，一直致力于推广家庭阅读，利用优质的馆藏资源，新型的电子读物，积极与社会各界合作，推出许多精品亲子阅读活动，引领青少年爱上阅读，同时将家风家教建设内容融入阅读活动中，营造积极向上、和谐幸福的家庭氛围。（甘肃省图书馆学会　张毅宏）

【第十六届兰州读书节开幕式暨“琴韵书声”古诗词朗诵会举办】 10月25日下午，由中共兰州市委宣传部、市文明办、市文化和旅游局主办，市图书馆承办的第十六届兰州读书节开幕式暨“琴韵书声”古诗词朗诵会在兰州市图书馆举办，《兰州日报》·ZAKER兰州进行网上全程直播。开幕式由兰州市图书馆馆长王红芳主持，兰州市文化和旅游局副局长杨立强致开幕词。兰州市委宣传部常务副部长王耀宏宣布第十六届兰州读书节开幕。开幕式上举行2019年度优秀读者颁奖仪式。随后举办“琴韵书声”古诗词诵读会，茶艺表演《人生如茶》、古词朗诵《念奴娇·赤壁怀古》、古筝独奏《渔舟唱晚》等18个节目接连上演。最终，伴随着古体诗联诵《我忆兰州好》的琅琅诵读声，全场活动落下帷幕。（甘肃省图书馆学会　张毅宏）

【敦煌市图书馆协办“人文故里·蓉城与敦煌”文化分享会】 7月11日，由敦煌市文体广电和旅游局、文轩BOOKS、成都市成华区委宣传部主办，四川东方印象文化传播有限公司承办，成都图书馆和敦煌市图书馆联合协办的“人文故里·蓉城与敦煌”文化分享会在成都举办。成都市图书馆馆长肖平与敦煌市图书馆副馆长方健荣作为嘉宾，现场分享蜀地文化和敦煌文化的精华，以对话的形式共同探讨两地文化差异及共融；同时邀请四川丝路文化发展基金主任巩强与两位馆长一起，以“数字读屏时代下图书馆与我们的生活态链接以及成都、敦煌的新文创、新文旅路线”为主题开展圆桌对话。此次活动促进成都、敦煌两地的文化交流，也让与会者更加生动地了解、感受成都与敦煌。（甘肃省图书馆学会　张毅宏）

【“跨界流动　助力基层”中国流动科技馆巡展首站试点在敦煌启动】 9月25日，由中国图书馆学会和中国科技馆主办的“跨界流动　助力基层”中国流动科技馆巡展首站试点启动仪式在敦煌市图书馆举办。中国科协党组成员、中国科技馆馆长殷皓，中国图书馆学会副理事长、国家图书馆副馆长陈樱等领导，中国图书馆学会、中国科技馆、酒泉市科学技术协会和敦煌市有关部门负责人，以及敦煌市东街小学部分学生和社会公众代表共300余人参加活动。启动仪式结束后，嘉宾共同参观中国流动科技馆展览。中国科技馆展览教育中心科普老师在图书馆报告厅为学生们带来“云游中科馆”、科学表演等丰富多彩的科普活动。此次巡展在敦煌市图书馆持续展出两个月，同期举办科普报告、文化讲座、科学实验和科普剧等科普教育活动以及“中科馆大讲堂”远程讲座。此次合作既是科普与文化领域的跨界合作，也是公共科普服务与公共文化服务融合发展的有益探索，将进一步拓展基层科普工作的广度和深度，为在全国推进科普资源跨界共建共享，更加深入推进科普工作提供借鉴和示范。（甘肃省图书馆学会　张毅宏）

【张掖市甘州区图书馆荣获“第八届全国服务农民、服务基层文化建设先进集体”】 11月26日，中央电视台《新闻联播》发布“第八届全国服务农民、服务基层文化建设先进集体名单”，中宣部对名单中的全国342家先进集体进行表彰。其中，张掖市甘州区图书馆、张掖市甘州区甘浚镇速展村农家书屋获得表彰。近年来，张掖市甘州区图书馆不断开拓发展思路、延伸服务广度，积极投入文旅融合的时代浪潮中，创新阅读推广模式，如该馆古城分馆的“农家书屋+乡村旅游”模式、甘浚镇速展村的“农家书屋+影视旅游”模式、甘州府城的“农家书屋+文化研学”模式等，既丰富了乡村文化，又成为振兴乡村经济的优秀案例，受到当地基层百姓欢迎。（甘肃省图书馆学会　张毅宏）

青海省

【青海省图书馆举办2020年“书香青海·助力脱贫攻坚”——“4·23”世界读书日暨“书香青海”阅读季新宁广场分会场活动】 4月23日，按照青海省委宣传部、省文化和旅游厅的部署要求，青海省图书馆在西宁市新宁广场举办此次活动。省委宣传部副部长董杰人，青海民族出版社社长祁正贤，省委宣传部新闻出版管理处处长祝萍、副处长裴飞，省文化和旅游厅公共服务处副处长孟彩红及省图书馆相关领导出席活动。分会场现场举办知识竞答活动，参加答题的市民在收获知识的同时，获得图书奖品，体验阅读快乐。（青海省图书馆　朱秀卿）

【青海省图书馆理事会成立大会召开】 7月8日，为加快落实文化体制改革重点任务，青海省图书馆组织召开理事会成立大会，11位来自不同领域、不同行业的专家被聘为青海省图书馆理事会理事。会议审议通过《青海省图书馆章程（草案）》等制度文件及青海省图书馆2020年下半年工作计划、2020年度财务预算等报告，与会理事还就落实图书馆法人自主权，增强活力，提高公共图书馆运行效率等热点话题

展开讨论。理事会的建立，标志着青海省图书馆法人治理结构改革工作迈出第一步。（青海省图书馆　朱秀卿）

【青海省图书馆开展“春雨工程”——馆员小分队服务基层业务活动】 7月13日—8月28日，为切实推动青海省公共文化建设，进一步提高全省基层图书馆馆员业务素质和能力，青海省图书馆馆领导及专业技术人员一行8人，分别赴海南藏族自治州、海北藏族自治州、海西蒙古族藏族自治州、黄南藏族自治州、果洛藏族自治州、玉树藏族自治州、大通县、湟源县等15家基层图书馆，开展“春雨工程”——馆员小分队服务基层业务活动。（青海省图书馆　朱秀卿）

【青海省图书馆入选第六批全国古籍重点保护单位】 10月27日，国务院批复同意第六批《国家珍贵古籍名录》和《全国古籍重点保护单位名单》，青海省图书馆被确定为第六批全国古籍重点保护单位，成为全省唯一入选单位。青海省图书馆收藏古籍1万部13万册，其中善本古籍673部10125册，是青海省古籍藏量最多、最丰富的公共图书馆。近年来，有26部馆藏古籍分别入选第一批至第三批《国家珍贵古籍名录》。（青海省图书馆　朱秀卿）

【西宁市图书馆强化数字图书馆建设】 2020年，西宁市图书馆有4个自建政务信息查询平台、1个河湟文化地方文献特色数据库及11个商业数据库，镜像资源总量达到30TB，其中包括电子图书150万册、电子期刊9000余种、视频讲座25万集、音频听书10万集。建设“西宁市抗‘疫’专题数据库”，收集、处理、加工抗疫数据9000余条；新增试用“西图数字阅读平台”“新型冠状病毒防疫安全公益课”“中国优秀传统文化知识库”等数字资源；建成“信用＋阅读”服务体系，初步实现借阅服务“零门槛”，读者可通过开通青海省社保卡读者证功能在西宁市图书馆各延伸服务站点进行图书免费借阅。（西宁市图书馆　吴月香）

【海北藏族自治州图书馆赴联点扶贫村开展结对帮扶活动】 4月26日，海北藏族自治州图书馆干部职工赴该馆联点扶贫村——门源县浩门镇煤窑沟村走访慰问结对帮扶对象，并开展“4·23世界读书日系列活动之智力扶贫、图书馆先行”文化惠民活动，为在煤窑沟村书屋设立的海北藏族自治州图书馆流动图书站捐赠价值11000元的图书150册、期刊200册以及画板等文化用品。7月17日，该馆干部职工再赴煤窑沟村开展二、三季度扶贫慰问活动，为帮扶贫困户送去米、面、牛奶、鸡蛋等慰问品，并与之促膝长谈，鼓励帮扶对象积极发挥自己特长增加收入渠道，和全国各族人民一道致富奔小康。8月21日，该馆在煤窑沟村举办“书香海北、全民阅读”活动。此次活动以“中华民族一家亲，同心共筑中国梦”和“读好书、齐奋进、奔小康”为主题，包括文章阅读、书画比赛两个活动板块，均设置一、二、三等奖和优秀奖，由评委分别对作品进行评分并颁发奖品。此次活动将全民阅读、精神文明创建和民族团结进步工作结合起来，创新活动形式，丰富活动内容，提高活动覆盖面，使基层群众形成“好读书、读好书、善读书”的文明风尚，为建设“文化煤窑沟”提供精神文化力量。（海北藏族自治州图书馆　马晓龙）

【海北藏族自治州图书馆开展弘扬“两弹一星”精神主题活动】 海北藏族自治州图书馆始建于1964年，其时为原国营二二一厂科技图书馆，馆舍面积2300平方米，是为核武器研究人员提供查阅科研资料的重要场所，馆藏科研资料均被视为国家机密。该馆退役后交由海北藏族自治州政府使用，馆舍被国务院认定为全国重点文物保护单位。1979年海北藏族自治州群艺馆内设图书阅览室，2000年该图书阅览室从群艺馆中分离出来成为独立法人事业单位。

为弘扬“两弹一星”精神，7—9月，海北藏族自治州图书馆在抖音平台举办以“在‘两弹一星’精神高地，你我一起传递阅读的力量”为主题的阅读传递活动，共发布作品49集，参与读者2017人次，访问51855人次，展示了广大读者的读书热情和对“两弹一星”精神的感悟。8月5日，“弘扬‘两弹一星’精神　铸就爱国主义情怀”主题书法展在原国营二二一厂科技图书馆开展。此次展览得到青海省图书馆、海北藏族自治州委宣传部、“两弹一星”理想信念教育学院的高度重视和大力支持。展览展出姜家庆先生无偿捐赠的书法作品116幅，观赏性和感染力兼具，是一次“两弹一星”精神的文化再现，意义深刻，风格匠心。（海北藏族自治州图书馆　马晓龙）

【海南藏族自治州图书馆举办形式多样的亲子系列活动】 6月1日，海南藏族自治州图书馆开展庆“六一”少儿系列活动，利用现有资源优势，在少儿阅览室举办两期“京剧脸谱手工绘制”亲子活动及第一期“书香润童心，阅读伴成长”系列少儿电影展播活动，小读者及家长共24人次参加。6月20—21日，举办“亲子情·粽香飘”包粽子亲子活动及第二期“书香润童心，阅读伴成长”系列少儿电影展播活动，共30人次参与。为进一步增强少年儿童的环保意识，培养其动手能力，激发孩子的创造力和对美的鉴赏力，6月21日—7月31日，海南藏族自治州图书馆举办“亲子种植　伴我成长”盆栽活动，共30人次参赛。历时40天的精心栽培，参赛者展示了精心种植的盆栽作品。通过评比，共评选出一等奖5名、二等奖10名、三等奖15名，并分别对获奖小朋友发放奖品，此次活动受到社会各界一致好评。（海南藏族自治州图书馆　尕藏才让）

【玉树藏族自治州图书馆有序开展数字图书馆服务】 2020年新冠肺炎疫情期间，玉树藏族自治州图书馆闭馆不闭网，在线上邀请读者免费观看新型冠状病毒肺炎防疫安全公益课，在图书馆微信公众号推送与疫情相关的短文共14篇。在第25个“世界读书日”期间，开展线上“打卡14天·与名师相约春天里”活动，精选14位来自同济、清华、复旦等大学名师的精彩讲座，这是自玉树藏族自治州数字图书馆开通以来首次举办的线上读书活动。在“国际博物馆日”和“中国旅游日”期间，在歌德电子书借阅机上进行主题宣传并开展数字阅读推广活动，同时现场发放宣传册80册、宣传单150份。（玉树藏族自治州图书馆　永青拉措）

【黄南藏族自治州图书馆开展“今冬明春”送书下乡活动】 1月13—16日，为丰富黄南藏族自治州各族群众精神文化生活，进一步促进图书馆服务向基层和广大群众延伸，黄南藏族自治州图书馆参加2020年黄南藏族自治州文化科技卫生“三下乡”暨“我们的中国梦——文化进万家”集中示范活动启动仪式，并挑选一批优质图书、报刊，在黄南藏族自治州尖扎县康杨镇政府、同仁县武警中队、牙浪乡政府、加毛村等乡镇、社区、部队开展“今冬明春”送书下乡活动。此次活动赠送藏汉文图书580册，报刊631册，共计1211册，内容包含政治、法律、哲学、宗教、医药、卫生、农业科学、工业技术等，进一步丰富了当地群众和武警官兵的业余生活，受到他们的一致好评。（黄南藏族自治州图书馆　董春花）

【格尔木市首家城市书房开馆】 8月27日，格尔木市首家城市书房建成开馆。书房位于格尔木市文体街C2号，是浙江省温州市的对口援建项目，总面积为240平方米，阅览座席60个，馆内藏书8970册，涵盖文学、教育、经济等领域。采用RFID技术进行业务管理，Wi-Fi网络全覆盖，实现与总馆通借通还，设有自助办证机、自助图书借还机实现读者自助服务。同时安装高清监控摄像头、安全门禁等保障书房安全，市民可以通过身份证或读者证入馆。格尔木市城市书房融合了纸质资源与数字资源、阅读服务与便民服务，是传统阅读阵地的现代延伸和有益补充。（格尔木市图书馆　马兰芳）

【同仁市图书馆助力脱贫攻坚】 2月25日—3月31日，同仁市图书馆开展全员下基层“精准扶贫月”活动，此次活动主题为“下基层、进农户；话政策、听民意；解民忧、帮脱贫”。该馆员工开展入户访谈，面对面讲政策、列清单，提高政策知晓率，重点培养贫困家庭“政策明白人”；教育引导农牧区群众理性举办宗教活动，克服“等靠要”思想，依靠自身勤劳致富；大力宣传脱贫致富先进典型，营造争相脱贫的浓厚氛围；教育引导贫困户听党话、感党恩、跟党走。4月23日，同仁市图书馆在热贡广场与其他单位联合举办以“书香同仁　助力脱贫攻坚”为主题的2020年“4·23”世界读书日宣传活动。活动现场共接待读者480人次，向农牧民群众发放“书香战疫　阅读阅美”2020年“4·23”世界读书日暨全民阅读藏汉双语倡议书330余份；为读者办理借书证18个，借阅图书 145 册，赠送图书 286 册、期刊 320 册；发放《中华人民共和国公共文化服务保障法》《中华人民共和国公共图书馆法》等各种法律法规宣传手册及宣传资料 300 份、移动图书馆全民学习卡 106 张以及科普宣传资料、纪念品等 300 余份。此次活动为精准扶贫、文化扶贫提供精神动力和文化支撑，为丰富人民群众文化生活起到促进作用。（同仁市图书馆　李玉红）

【湟源县图书馆承办“‘一带一路’话河湟”主题文献展】 9 月 25 日，由西宁市文化旅游广电局主办、湟源县图书馆等承办的“‘一带一路’话河湟”主题文献展在西宁市市民中心开展，此次展览旨在以河湟文化的传承创新推动青海黄河文化的繁荣兴盛，进一步展现河湟文化的独特魅力。展览由河湟文史专家专柜、“多彩湟中”湟中专柜、“丹城遗珠”湟源专柜、“花儿之乡”大通专柜 4 个板块、1500 余册河湟文献组成，记录河湟地区独具特色的自然、人文景观，描绘出河湟谷地绚丽多彩的风土人情。其中“丹城遗珠”湟源专柜展示了湟源绚丽多彩的风物文化文献 50 册，集中展现历史上湟源的商贸文化、地域风情、轶闻掌故等。此次展览共举办 14 天，观众 3000 余人次。（湟源县图书馆　保玉芬）

【门源县图书馆设立视障阅览室】 2020 年，门源县图书馆积极谋划，整合利用馆功能室，与县残疾人联合会合作设立视障阅览室。门源县图书馆争取到县残联专项经费 5 万元，购置各类盲文书刊 100 余册、盲人有声读物 200 余张，内容涉及文化、艺术、文学、医学、法律等多个方面，另配置视障电脑 1 台、台式电子助视器 1 台、听书机 2 台等。11 月 6 日，在县残联工作人员的帮扶下，门源县图书馆邀请 10 多位视障人士来馆体验视障阅览设备，享受阅读乐趣。（门源县图书馆　张玉泉）

【兴海县图书馆总分馆制建设】 兴海县图书馆完善公共文化服务网络，积极开展图书馆总分馆制建设。截至 2020 年，部分分馆的流动服务和管理水平等已基本成熟，图书馆资源共享体系基本形成。兴海县图书馆总分馆制的运行模式是以县图书馆为总馆，所有经费由总馆统一管理、调配，所有图书由总馆统一采购、统一配送，实现通借通还，人员实行一体化管理，由总馆统一安排，每个分馆配备骨干工作人员 1 名，由总馆工作人员对各分馆进行业务培训和指导。各分馆馆舍面积约 200 平方米，藏书量达 3000 册以上，每馆配备计算机 5 台、阅览座位约 20 个，馆内设有电子阅览室、图书阅览室，无线网络免费全覆盖。8—9 月，总馆为河卡镇、唐乃亥乡、温泉乡、龙藏乡、中铁乡、曲什安镇、子科滩镇等乡镇分馆配发图书共计 2 万册，同时积极向当地群众推荐各分馆的优秀图书，宣传各分馆的功能，将免费服务送到读者家门口。（兴海县图书馆　卡着才让）

【大通县图书馆举办分馆授牌及业务培训】 “十三五”以来，大通县图书馆积极探索图书馆管理新途径，先后创建 33 个流动图书室、20 个村级服务点、3 个学校分馆、1 个企业分馆、7 个乡镇分馆以及 1 个 24 小时自助图书馆，建立了以县图书馆为总馆、乡镇文化站图书室为分馆、各村农家书屋为村级服务点的总分馆体系。4 月 16 日，大通县图书馆举行分馆授牌暨设备配发仪式。10 月 14 日，大通县图书馆与县委宣传部、县文体旅游局在塔尔镇泉沟村共同举行授牌仪式，向获得“全省示范农家书屋”称号的泉沟村农家书屋及全县 20 个村级服务点颁发牌匾。

5 月 8 日，为进一步提高各分馆、村级服务点管理人员的专业技能，规范图书馆运行管理，提升全县基层公共文化服务效能，大通县图书馆举办 2020 年图书馆分馆、村级服务点管理员培训班，邀请西宁市图书馆副馆长王玥和青海超星信息技术有限公司罗亮授课，来自全县 40 个村级服务点的管理人员、各分馆管理人员共 47 人参加培训。11 月 20 日，举办全县农家书屋、社区图书室管理员及文化志愿者工作培训，邀请青海师范大学教授李继晓授课，来自全县 289 个村的农家书屋管理员、全县各社区图书室管理员及“三区”文化志愿者共 320 人参加培训。（大通县图书馆　辛元霞）

【互助县图书馆开展文化扶贫扶智】 2020 年，互助县图书馆做好基层文化建设，为全县 294 个村级农家书屋增配图书共计 2.52 万册，为 13 个寺庙书屋增配图书共计 858 册，丰富群众业余精神文化生活。加强示范农家书屋建设，互助县威远镇小庄村农家书屋被评为“全国双服务先进集体”；互助县五十镇班彦村农家书屋、丹麻镇拉庄村农家书屋被评为“全省示范农家书屋”，分别奖励3万元和2万元用于村级农家书屋基础设施建设，更好地为读者服务，真正把“农家书屋”建设成为广大群众的“致富屋”。开展文化扶贫扶智，互助县图书馆结合自身行业特点，将流动图书车开进扶贫村，为村民讲解国家各项惠民政策，推荐种养殖业、餐饮类图书，全年开展“家门口”服务8次，受益群众1500余人次，在行业发展中促进文化扶贫。（互助县图书馆　王风莲）

【共和县图书馆以县级总分馆制建设推动区域图书馆均衡发展】 2020年，共和县图书馆加强总分馆制建设，在已有11个乡镇分馆、99个村（社区）综合文化服务中心为服务点的基础上，再建5个社区分馆、1个消防队分馆；向5个试点乡镇分馆配发电子借阅机、电脑（数字化集成管理系统）、人流量统计系统、分馆大数据与统计分析系统等总价值达50万元的设施设备；与5个社区分馆签订图书流动协议，配送各类书籍各200册；在图书流动下乡活动中，对11个乡镇分馆及村级服务点图书管理员图书分类、排架、采编进行辅导共计14次，统一制定全县分馆图书借阅登记、读者登记、图书管理员制度、读者制度、开放时间；逐步实现总馆指导下文献的通借通还，实现全县范围内资源共享。同时，为提高全县图书管理员的业务能力和管理水平，举办共和县图书馆总分馆图书管理员业务培训4期。

3月24日—4月2日，共和县图书馆分别对11个乡镇及99个行政村的分馆（服务点）进行调研和实地巡查，详细了解各地缺失物资情况并汇总其负责人对总分馆制的意见。针对此次调研，评定5个乡镇为总分馆制建设试点，并实行总馆图书管理员与分馆管理员联点管理，加强督导，打造“平台共享、资源互补、区域协同、互联互通、共建共享”的服务体系，开启共和县公共文化事业创新发展的新局面。（共和县图书馆　索南措）

【治多县图书馆推动全民阅读，图书走进乡村】 8月11—13日，治多县图书馆开展图书下乡活动，向牧民推荐图书800余册，其中少儿图书200册、文学类图书200册、藏文图书200册、地方文献200余册，嘎嘉洛文化报刊100多张。读者还可以在现场关注治多县图书馆微信公众号阅读图书。8月16日，在治多县多彩乡举办第二届游牧乡村文化旅游节活动之际，治多县图书馆与县文体广电旅游局联合举办以“书香远扬，历代弥香”为主题的图书资源推广活动，旨在宣传党的文化惠民政策，推广全民阅读，满足不同群体的阅读需求，营造书香治多良好氛围，倡导“把阅读作为一种生活方式”的理念。治多县图书馆利用流动图书车、文化车的优势，在活动现场为广大读者解答咨询、免费办理读者证、借阅图书，同时发放各类宣传资料及宣传品2000余份，打通图书馆与群众的“最后一公里”，做到零距离服务，无缝隙联系。（治多县图书馆　文周）

宁夏回族自治区

【概况】 截至2020年底，宁夏回族自治区共有公共图书馆26个，其中省级公共图书馆1个、市级公共图书馆4个、县（区）级公共图书馆21个。共有从业人员612人，其中专业技术人员363人（正高级职称16人、副高级职称63人、中级职称167人）。馆舍建筑面积13.94万平方米，阅览座席1.5万个。文献总藏量828.34万册/件/套，其中图书690.71万册、古籍4.34万册、报刊67.72万件、视听文献65.45万件/套、微缩制品0.12万件/套；电子图书404.1万册。年度财政拨款总经费10881.74万元，其中购书专项经费942.4万元。全年文献购置费1031.26万元，新增文献29.39万册，新增电子图书84.48万册。累计发放有效借书证32.24万个，全年接待读者364.26万人次，书刊文献外借260.61万册次。拥有计算机2145台，其中供读者使用的电子阅览室终端1430台。各馆通过官方网站、微博、微信等方式向读者提供服务，全年网站访问量375.68万次。为读者举办讲座、展览、培训班等645场，参与人数达21.62万人次。其中讲座259场，参与人数4.66万人次；展览192场，参与人数12.26万人次；读者培训194场，参与人数4.7万人次。共有志愿者服务队伍48个，志愿者1926人。

基础设施继续加强，新增馆舍面积 2.67 万平方米。平罗县图书馆新馆正式启用，总建筑面积 5589.59 平方米，阅览座席 592 个；泾源县图书馆新馆开馆，总建筑面积 3891 平方米，阅览座席 600 个；盐池县图书馆主体建筑结顶，总建筑面积 4500 平方米，预计 2021 年投入使用；固原市图书馆新馆建成，总建筑面积 8230 平方米，预计 2021 年投入使用。此外，青铜峡市图书馆新馆建设项目获批立项，规划建筑面积 4500 平方米，预计 2022 年投入使用；该馆旧馆提升改造项目获批立项，计划于 2021 年 3 月启动，作为分馆继续使用。

积极推进地方特色资源建设。全区各级公共图书馆馆藏规模、结构不断完善，继续强化数字资源建设，挖掘地方特色文化。银川市图书馆搭建“宁夏‘紫色名片’——葡萄酒多媒体资源库”平台，系统整合大量葡萄酒文化相关资源；石嘴山市图书馆搭建石嘴山市“煤城 · 记忆”特色文旅资源数据库平台；吴忠市图书馆围绕“走进吴忠”“红色渊源”等主题搭建“吴忠市红色记忆”多媒体数据库；中卫市图书馆积极筹建枸杞特色文化数据库建设，并征集中卫籍作家著作 5504 册、地方文献 69 册；隆德县图书馆申请专项资金建设“隆德县传统文化全民艺术普及多媒体资源库”；彭阳县图书馆联合县史志办增设“彭阳县地方文献资料室”，彭阳县史志办向县图书馆捐赠《彭阳年鉴》《彭阳县志》等方志、族谱家谱、史志期刊、古籍善本、民间契约等珍贵文献资料百余册。

总分馆制深入推进。宁夏回族自治区图书馆新建服务网点 3 个，开放的分馆和服务网点达 41 个，全年各网点流通达 27184 人次、20319 册次；银川市金凤区图书馆继续推进“金凤悦书房”和街道分馆建设，辐射社区图书流通点 40 个、行政村农家书屋 26 个；银川市西夏区图书馆新建馆外阅读联盟点 3 家；贺兰县图书馆深入推进“社区—阅读岛—农家书屋”总分馆体系，实现全县范围内图书通借通还、资源共享；灵武市图书馆继续巩固提升村（社区）综合文化服务中心（农家书屋）阵地建设，已建立健全乡镇（街道）图书室 8 个、农家书屋 70 个、社区图书室 13 个；石嘴山市大武口区图书馆建成分馆 26 个，全年共配送图书 5556 种 18100 册；平罗县图书馆新建分馆 3 个；吴忠市利通区图书馆建成开放分馆 5 个，全年共配书 10000 余册，配备各种阅览终端 45 台；泾源县图书馆建成村级综合文化服务中心（文化室）96 个，基本搭建起村级分馆建设运行框架；固原市原州区图书馆新建分馆 6 个，编目图书 1.9 万余册；中卫市图书馆建成“城市悦读书房”和沙坡头景区“黄河小院悦读书吧”分馆。

多措并举做好疫情防控和读者线上服务工作。2020 年初，全区各级公共图书馆在新冠肺炎疫情闭馆期间联动战“疫”，充分发挥馆藏电子资源优势，依托公共数字文化共享工程，积极利用官方网站、微信公众号、官方微博等线上平台，推送防疫知识和防疫安全公益课，举办各类线上活动等，切实履行保障公民基本文化权益职责，丰富群众居家生活，助力疫情科学防控。随着疫情防控常态化，各馆有序恢复对外开放，实行读者预约入馆制度，读者进馆须配合查验预约码、健康码和测温，并全程佩戴口罩，各馆基本配有测温仪、图书消毒机、自动消毒净手器等设备，定期对馆区进行全面清洁消毒，读者秩序井然。各馆线上服务精彩纷呈，宁夏回族自治区图书馆全年发布微信推文 283 条，读者阅读量 17.38 万余次；石嘴山市大武口区图书馆利用微信公众平台推送“传承红色基因，争做时代新人”等线上主题教育活动 8 期，线上科普活动 40 次；平罗县图书馆开展“万众一心　阻击疫情”新冠肺炎疫情防控知识线上竞赛等活动，参与读者 600 余人次，浏览量 2000 余次；青铜峡市图书馆基于“书香古峡”微信公众平台，开展“共战‘疫’，不孤‘读’”“闭馆不打烊，线上悦读乐”等线上服务，以读者喜闻乐见的形式展现图书馆的抗“疫”故事，浏览量达 10781 次；同心县图书馆全年开展线上公益讲座 12 场、线上培训 18 场、线上展览 14 场、线上活动 15 次，发布微信推文 73 期；中卫市图书馆基于微信公众平台开展“文旅 e 家　助力美好生活”“阅读无界 · 听书打榜”等数字阅读推广活动 40 次，向全市广泛征集、整理保存抗击疫情相关文献资料，已征集到 38 个单位的纸本文献资料 755 份、图片资料 64 份、光盘 5 张、音视频资料 10 个。

全民阅读活动精彩纷呈，阅读推广服务品牌建设工作持续迈进。宁夏回族自治区图书馆“书香宁夏　为爱朗读——关爱困境儿童阅读计划”公益项目荣获第五届中国青年志愿者服务项目大赛金奖；举办“4·23”世界读书日系列读书活动，“童阅汇”“绘未来——周末故事会”等品牌阅读推广活动53次，参与活动1万人次。银川市图书馆以“书香银川·银川书香”暨“银川读书日”全民阅读推广宣传为主体，以“百姓讲堂”“亲子趣多多”等多项特色文化品牌活动营造浓郁的书香氛围，活动多达123次，受众达8.65万人次。银川市西夏区图书馆以“书香助力战‘疫’，阅读通达未来”为主题，开展“声动宁夏”线上全民诵读大赛、“阅读传承、咏唱经典”诗歌诵读会等系列全民阅读活动。永宁县图书馆联合全县社区、农家书屋、中小学等机构，依托节假日开展读书分享、送文化下乡等阅读活动103场次，受惠群众达6.6万人次。灵武市图书馆连续三年举办“书香灵武　朗诵有你”朗读大赛，组织开展灵武市“新时代乡村阅读季”活动。吴忠市红寺堡区图书馆充分聚集社会力量提升阅读活动品牌影响力，联合教育、工青妇等机构团体举办演讲、诵读等活动，评选年度“阅读推广人”，并促使当地全国人大代表举办的“农民读书社”“泥土读书社”成为引领乡村阅读风尚的重要力量；为领导干部推荐经典读物，开展季度“送书办公桌”活动。隆德县图书馆在全县11个乡镇22个行政村开展“我是小小领读员”系列活动共22场次，参与近千人次，充分发挥农家书屋作为新时代文明实践有效载体的引领作用。西吉县图书馆着力打造“全民阅读·书香西吉”品牌建设，在全县各乡镇、学校、社区开展“我是朗读者”“亲子阅读”“继往圣绝学　传文化经典”等品牌阅读推广活动。中卫市图书馆继续开展品牌阅读活动，基于社科基地平台举办“书香中卫大讲堂”10期，参与读者达1200余人次；举办“书香中卫·朗读有你”活动6期，参与读者达1600余人次。中宁县图书馆充分利用图书馆总分馆、农家书屋等平台，开展“我们的节日”“新时代乡村阅读季”“我的书屋　我的梦”等线下主题活动47场。

关注未成年人，加强特殊群体服务。银川市图书馆长期开展“阳光宝贝”“共享读书乐”“暑期小馆员”等系列阅读推广活动；“共享阳光　爱心助盲”阅读推广志愿服务系列活动坚持举办12年，荣获2020年全国文化和旅游志愿服务项目二等奖。石嘴山市惠农区图书馆联合惠农区残联针对残疾人开展读一本书、看一次电影、游一次园、参观一次展览及参加一次文化活动为主要内容的“五个一”活动。平罗县图书馆联合县残联投资6万元，实施残障阅览室提升项目，铺设盲道，购置盲文图书、有声读物、智能书籍阅读器、智能注视仪等。吴忠市图书馆开展少儿线上朗读比赛、“妙笔生花、绘是你的本事”绘画比赛等少儿系列活动55场，参与小读者4460人次。青铜峡市图书馆重点建立弱势群体服务档案17户，全年共为其递送报刊78次，包括期刊16种552册、报纸11种268份；拓展临时送报服务点3个。盐池县图书馆针对未成年人举办“阅读1小时”“小小图书修补师”等系列阅读推广活动。固原市原州区图书馆新建盲人阅览室，为110名盲人读者发放盲文阅读机。

文化扶贫彰显特色。银川市金凤区图书馆设立专项资金购置图书、电子阅览机等设施设备，用于扶持农民文化大院和基层文化活动中心建设，共为9家村（社区）文化活动中心配备38万元文化设备。银川市兴庆区图书馆开展“文化助扶贫”千册图书进乡村活动，为月牙湖乡的5个移民村补充图书各200册。永宁县图书馆组织志愿者深入闽宁镇等劳务移民小区开展志愿服务活动共计32场次，受惠群众1.9万人次。吴忠市图书馆全年组织全馆干部职工赴同心县河西镇同富村开展扶贫一对一帮扶工作8次；选派馆内专业技术人员赴红寺堡区太阳山镇等地开展现场文化服务活动，培训专业技术人员600余名。青铜峡市图书馆通过流动图书车赴移民村开展各类巡回服务15场次，为农家书屋管理员进行业务指导6次。中宁县图书馆为农家书屋配送图书1.6万余册，围绕管理员培训、农家书屋管理、数字资源宣传等方面开展业务指导；组织分馆、各乡镇文化站开展读书活动60余场次，参与人数达3000余人次。

全面构建全区公共数字文化服务体系。宁夏回族自治区图书馆完成“国家公共文化服务云平台宁夏专区”2018年项目并获得验收；完成2019年“基层公共数字文化服务提档升级”项目中11个乡镇及6个村级文化服务中心的设备下发安装；制作完成“公共数字文化资源——特色文化系列纪录片加工转化项目（2020）”，对

2020年“基层公共数字文化服务提档升级（公共数字文化智能服务）”项目中17个站点进行设备发放和基层站点培训工作；继续做好全区公共电子阅览室管理信息系统维护及宁夏数字文化网、自建资源库、国家公共文化数字支撑平台宁夏分中心平台运维与服务工作；完成全区17家基层图书馆的互联互通项目建设。西吉县图书馆设立智慧文化服务乡村振兴战略“六朵云”三级服务平台。

特藏文献与古籍保护工作有序开展。宁夏古籍保护中心完成全区20家收藏单位古籍普查数据3826种51995册，由国家图书馆出版社正式出版《宁夏回族自治区二十家收藏单位古籍普查登记目录》；开展《中华古籍总目·宁夏卷》编纂工作。宁夏回族自治区图书馆基本完成馆藏民国普通图书普查工作，著录数据18547种31172册；完成馆藏民国期刊创刊号整理工作，在馆藏民国期刊中挑选出创刊号、试刊号、新一号、复刊号等共计1118种，再从中选出有较高学术价值、艺术价值、收藏价值的期刊777种进行提要撰写及关键页的书影扫描，并提交国家图书馆出版社进行审核及出版。

扎实开展文化惠民活动。宁夏回族自治区图书馆“童阅汇——青少年阅读推广计划”开展送文化下乡活动，分别走进隆德县陈靳乡新和村、泾源县香水镇园子村、灵武市城区街道办事处西湖社区，邀请优秀讲师为当地青少年带来经典作品阅读分享；宁夏回族自治区图书馆还与广西壮族自治区桂林图书馆共同开展2020年“春雨工程”广西文化和旅游志愿服务“文化扶贫　桂沁西吉”系列活动，来自桂林图书馆的志愿者赴宁夏西吉举办广西民风民俗文化展览、数字资源展播、红色历史文化讲座、中华优秀传统文化展示与体验等活动。银川市金凤区图书馆全年完成送戏下乡演出100场，送图书下乡4次，送电影下乡50场，送培训下乡3次。西吉县图书馆持续开展“送书下乡”活动，在“十三五”期间开展主题送书活动共计29次，送出有关农林科技、养殖种植、精准扶贫等实用技术资料及农业科技读本14500余册。海原县图书馆全年先后组织开展送图书进基层、进机关、进校园、进军营、进企业、进家庭、进社区活动17次，赠送图书18750册。

加强人才队伍建设。宁夏全区全年共举办公共数字文化工程线上培训3场，参与培训近800人次。银川市图书馆开展业务培训4场，组织干部职工参与各类培训10场；实施“高精尖缺”人才推荐工作和学术技术带头人储备工程建设工作，共推荐5人申报2020年度银川市高精尖缺人才。（宁夏图书馆学会　马丽娜）

【2020年宁夏全民阅读活动宣传周暨“4·23”世界读书日系列活动启动】 4月23日，由宁夏回族自治区党委宣传部、自治区文化和旅游厅等主办，宁夏回族自治区图书馆、银川市文化旅游广电局等承办，西夏区文化旅游体育广电局、宁夏图书馆数字活动中心等协办的2020年宁夏全民阅读活动宣传周暨“4·23”世界读书日系列活动在宁夏回族自治区图书馆启动。此次活动主题为“全民阅读·书香宁夏”和“书香助力战‘疫’，阅读通达未来”，活动内容包括“阅读的力量”主题讲座、图书文创惠民展、古籍传承互动体验、《走出黑眼湾》首发式、行走的图书、数字阅读体验等，并首次推出线上直播，创新全民阅读推广模式，吸引广大市民读者的积极参与。依托30余家电视、广播、报纸和新媒体等线上、线下媒体平台，对系列活动进行百余条现场报道和推广宣传，将此次全民阅读活动推向高潮。（宁夏图书馆学会）

【宁夏回族自治区图书馆“书香宁夏　为爱朗读——关爱困境儿童阅读计划”公益项目连获金奖】 2020年，宁夏回族自治区图书馆“书香宁夏　为爱朗读——关爱困境儿童阅读计划”公益项目先后荣获第五届宁夏志愿服务项目大赛金奖和第五届中国青年志愿服务项目大赛全国赛金奖。该公益项目内容包括主持人、阅读推广人、志愿者定期开展“关爱困境儿童阅读计划”，录制《名家经典》有声读物，开发首款文创产品“2020书香宁夏　为爱朗读”有声台历，搭建“快乐图书室”等。该项目今后将汇集更多社会力量，继续培养困境儿童阅读习惯与兴趣，使他们开阔眼界、增强自信。（宁夏图书馆学会）

【银川市图书馆接受《银川市志（1979—2005）》赠书】 5月20日，《银川市志（1979—2005）》首发暨赠书仪式在银川市档案馆举行。《银川市志（1979—2005）》是银川市第二部社会主义新方志，由银川市地方志研究所组织汇编，记载了1979至2005年27年间，银川市自然、政治、经济、文化、社会等各方面的发展变化、改革开放和现代化建设取得的成果。该书自2005年启动编纂以来，前后历时14载，数易其稿，最终完成四卷本约500万字的记载，于2019年付梓出版。赠书将收入银川市图书馆地方文献馆藏，面向大众免费开放查阅，满足广大市民读者对地方历史的学习研究需要。（宁夏图书馆学会）

【“书香银川——‘月阅相约’读书会启动仪式”暨“情满中秋·共话美好”专题阅读分享会举办】 9月30日，“书香银川——‘月阅相约’读书会启动仪式”暨“情满中秋·共话美好”专题阅读分享会在金凤万达广场举办，该活动也是“美好银川　共奔小康”2020年第三届银川市民文化艺术节活动之一。此次活动由银川市委宣传部、银川市文化旅游广电局主办，银川市图书馆承办，宁夏盛大文化传媒有限公司策划执行，邀请多位嘉宾共同参与。中共银川市委宣传部领导为“月阅相约”读书会组委会颁发读书会会牌，并为读书会阅读推广大使颁发聘书。在专题阅读分享会上，嘉宾以各自工作、生活的感悟为视角，畅谈对阅读的体会。（宁夏图书馆学会）

新疆维吾尔自治区

【概况】 截至2020年底，新疆维吾尔自治区有各级公共图书馆109个，总建筑面积48.56万平方米。年度免费开放资金及本级财政补录6564.43万元，电子资源购置费438.75万元、纸本资源购置费907.22万元。从业人员932人，其中高级职称127人、中级职称360人、初级职称256人。入藏文献资源总量为1051.55万册，其中汉文文献985.78万册、少数民族文字文献65.77万余册；电子资源总量为754.86TB。全年借还文献166.32万册次，流通212.56万人次；建立分馆及流通站1930个。全年举办展览1124场，受众54.2万人次；举办讲座548场，受众9.4万人次；开展线上阅读推广活动1121场，受众135.4万人次；举办其他活动2375场，受众57.5万人次。

读者服务的广度和深度不断加大。结合新冠肺炎疫情防控要求，全自治区各级公共图书馆充分发挥科技创新的支撑作用，因地制宜，线上、线下相结合，为读者提供更优质的阅读资源和形式多样的阅读推广活动，规范、有序地将全民阅读工作推向深入。新疆图书馆全年累计开展各类线上、线下活动69场，参与人数达45万人次。其中，依托“尚书品读”“书香佳苑”等品牌活动，围绕抗“疫”主题，联合社会各界力量开展线上“一屏万卷，送服务进万家”云阅读服务，整合各类数字资源，免费开放学术研究、畅销期刊、考试培训等海量资源，满足社会公众学习和休闲的需要；策划科学防疫知识、心理疏导、复工复产等专题阅读栏目在“两微一站”进行推广；承办自治区文化和旅游厅“涵养党风政风、传承优良家风、制止餐饮浪费”云诵读挑战赛活动，弘扬优秀传统文化，凸显云端背景下图书馆发展新航标。全自治区各州（市）公共图书馆除了开展线下进基层送书、建立分馆流通站、文化宣讲、防疫知识竞答、图片展、主题征文及“巴克图讲坛”、“楼兰大讲堂”、“玉都讲坛”、国学讲座等各地品牌讲座活动，还在疫情形势下迅速调整服务策略，突破传统固有的服务思维定式，充分发挥数字化智能平台先行作用，通过线上展览、培训、朗诵赛、发送推文等活动方式，打造线上特色服务品牌，在不断创新中提升惠民服务水平，使“云端”服务成为民众的刚需，“云端生活”成为常态。乌鲁木齐市图书馆开展“满城书香·经典‘悦’读——2020年全民阅读季活动”。乌鲁木齐市天山区文化和旅游局“天山区文旅艺数字文化馆”上线发布，同时线下聘请首批5位全民阅读推广大使，用不同场景的艺术人生、阅读生活和独特感悟，践行一场场“行走的”阅读。塔城地区图书馆开展“阅读人生·知识相伴”知识发现大赛。和田地区图书馆开展“书香助力战‘疫’，阅读通达未来——听声和田·朗读者”系列活动。博尔塔拉蒙古自治州图书馆举办“书香文化进警营、争做最美读书人”阅读推广活动。昌吉回族自治州图书馆开展“书香助力战‘疫’，阅读通达未来——我见证，中国力量！”赏析优秀中国文学作品活动。克拉玛依市图书馆开展“2020年克拉玛依全民阅读暨城市书屋启动仪式”主题活动。库尔勒市图书馆开展“2020梨城朗读者”活动。吐鲁番市图书馆举办“丝绸之路　魅力新疆——最美吐鲁番”摄影邀请展。克拉玛依市独山子区图书馆开展“邂逅图书馆之美”书法征集活动。阿瓦提县图书馆开展“我们的中国梦”文化进万家——农民画助力疫情宣传活动。各图书馆在创新服务的同时，以实际行动为各族群众献上丰富的精神食粮，扩大全民阅读的声势和社会影响力，为构建学习型城市营造浓厚的氛围，让爱读书、好读书成为风尚。

开展文化下基层活动，发挥图书馆的整体效益，惠及更多群众。2020 年，全自治区各图书馆通过送书下乡、进社区、进学校、进军营等活动，把图书馆的服务送到广大读者的身边，增强人们的读书意识和图书馆意识，营造良好的大众阅读氛围。新疆图书馆为表达对“最美逆行者”的诚挚敬意和温暖关怀，专门为新疆援鄂医疗队送去图书 1290 册、读者证 1500 张、图书馆文创产品 430 套，同时免费推送数字资源。阿勒泰地区图书馆开展“书香浸润乡村 · 阅读助力脱贫”2020 年度“访惠聚”文化巡回服务小分队送知识下乡活动。昌吉回族自治州图书馆开展“文旅融合”优秀图书进景区活动。克孜勒苏柯尔克孜自治州图书馆赴阿扎克乡巴格拉村开展送图书活动。和田地区图书馆推出“图图故事会”进乡村幼儿园、社区活动。博尔塔拉蒙古自治州图书馆赴温泉县“五馆一中心”开展“金秋读书节——走进科技馆”阅读推广活动。和布克赛尔蒙古自治县图书馆以“倡导全民阅读　提升人文素养”为主题，开展优秀图书进军营、农村、社区、学校、企业、工地、家庭“七进”送书活动。富蕴县图书馆举办全民阅读系列活动之“讴歌新时代 · 开启新征程”国家通用语言文字学习成果展示大赛。泽普县图书馆开展“我和国旗合个影”送图书进景区阅读活动。这些活动极大地丰富了全自治区各族人民的精神文化生活，让百姓时刻都能享受到图书馆带去的文化服务。

为进一步使馆藏文献资源利用最大化，全自治区各图书馆在基层设立近 100 个分馆或图书流动站作为读者服务的延伸。新疆图书馆在紫金书房、乐野民宿等地设立分馆，定期更新图书及电子资源。乌鲁木齐市图书馆首个 24 小时自助图书馆在益民大厦正式投入使用。塔城地区图书馆新增陶瓷中心分馆，依托陶瓷文化开展图书阅读推广，“旅游 + 图书 + 陶瓷”文化一体多元，让文旅融合更贴近百姓生活。巴音郭楞蒙古自治州图书馆在和硕县特吾里克镇清水河社区建立馆外服务点。阿克苏地区图书馆在国家税务总局阿克苏地区税务局、阿克苏老年大学、阿依库勒镇吉格代巴格村等 10 个单位建立馆外图书服务流动点，方便民众就近读书。阿勒泰市图书馆流动图书进桦林公园景区，首次在景区设立共享书屋。伊犁哈萨克自治州图书馆与伊犁哈萨克自治州残联共同建立“伊犁州盲文阅读基地”，同时深入推广“万册图书进村居”，以偏远乡村贫困户家庭为单位设立“家庭阅读分享点”。克拉玛依市图书馆“送文化”进社区、机关单位，并建立流动服务网点，让各族群众都能享受到各种文化资源，真正打通图书馆服务“最后一公里”。

关注未成年人，关注弱势群体，图书馆充分发挥其教育引导功能，保障公民的阅读权利。乌鲁木齐市图书馆举办“聆听世界之声，畅享‘读’书之乐——为盲人读者提供智能听书机活动”。昌吉回族自治州图书馆在国际盲人节当天开展“书香战‘疫’　传播希望　共浴阳光”主题系列活动。和田地区图书馆开展“涂鸦海洋馆——给你不一样的眼界，探索海洋奥秘”活动。伊宁市图书馆在伊犁哈萨克自治州盲人培智学校挂牌成立图书服务流动点，免费为盲人提供图书借阅服务。克拉玛依市独山子区图书馆开展“我想对您说——抗‘疫’少儿视频征集活动”。精河县图书馆免费给贫困户学生上门办证，让图书借阅服务“零距离”。柯坪县图书馆举办“图书传情　文化扶贫”为困难家庭孩子送图书活动等，让“文化阳光”普照百姓生活，让弱势群体也能感受到社会的关怀与温暖。（新疆图书馆学会　赵燕）

【新疆图书馆概况】 2020 年，新疆图书馆严格贯彻落实党中央、自治区党委疫情防控有关会议精神，成立疫情防控领导小组，制定疫情防控措施，加强场馆和人员管理，确保各项防疫措施落实到位。在疫情稳定后，参照文化和旅游部《公共图书馆、文化馆（站）恢复开放疫情防控措施指南（第二版）》，制订复工开放阶段疫情防控方案和应急处置预案，在做好场馆防疫消毒的前提下有序恢复开馆，采取在线预约，人员限流的方式进馆，提供借还图书服务。在疫情防控攻坚阶段，针对武汉地区图书馆同人防护物资全面紧缺的严重形势，新疆图书馆、新疆图书馆学会积极响应中国图书馆学会面向全国图书馆界发出的“驰援武汉，共抗疫情”倡议，组织爱心接力，第一时间号召全自治区各级各类图书馆共同筹集专用口罩、防护服、雨衣、隔离服、防护手套、护目镜、消毒片等物资及2万余元款项，以实际行动为打赢这场疫情防控阻击战贡献图书馆人自己的力量。在新疆图书馆微信公众号上，以电子图片展的形式举办“百名摄影师聚焦COVID-19”图片巡展，向广大读者展现抗击疫情中奋战在一线的医护工作者和各行各业人员的“第一现场”。

扩展线上阅读，提供知识与信息服务。受疫情影响，新疆图书馆于1月23日闭馆。基于此，新疆图书馆迅速调整服务策略，积极应用大数据、人工智能、自媒体等新技术手段，丰富数字阅读新体验，培育智慧阅读新业态，引导、推动、服务全民阅读。截至2020年底，新疆图书馆微信公众号累计关注用户69513人，微博用户35275人，微信阅读量135万次，微博阅读量426万次，网站点击量5.6万次，数据库总访问量达590万次。开展“‘一屏万卷，送服务进万家’云阅读”服务，整合各类数字资源，免费开放学术研究、畅销期刊、考试培训等海量资源，满足社会公众学习和休闲的需要。策划阅读栏目，持续推送线上资源，结合疫情的实际情况，策划科学防疫知识、心理疏导、复工复产等主题进行专题推荐，深受读者喜爱和认可。通过直播、在线答题、阅读打卡、诵读比赛、亲子朗诵等形式，为宣传中华传统节日、防疫知识、世界读书日、社会主义核心价值观等开展丰富的线上活动，全年共举办线上活动52场，参与读者达30万人次。

创新活动方式，打造阅读品牌服务。依托“尚书品读”“书香佳苑”等品牌活动，深入挖掘传统文化内涵，弘扬中华优秀传统文化。1月，承办2场传统文化展览：自治区党委宣传部“书写新时代、春联进万家”第二届新疆春联展和自治区文化馆“新时代·新年画·画新年——新疆首届迎春年画展”，展出百余幅优秀春联和年画作品，累计观众5万余人次。恢复正常开馆后，针对不同读者群体举办线下全民阅读活动17场。开展中小学生假期志愿者实践活动，协助馆员整理图书、维护借阅秩序，培养文明的阅读习惯，累计接待10余所学校148名学生参与活动。

因文献采购经费紧张，2020年未采购新书，仅订购汉文、民族语文和海外期刊2184种，报纸385种。同时根据疫情防控情况，灵活调整图书借还方式，延长图书借还期限，在馆外和安检入口设立自助还书机，为读者提供便利。全年图书借还19.3万册次。为提高文献流通和使用效率，便于读者快速准确地查找文献，在闭馆期间安装RFID图书导航系统，并采用图书标识块对少儿图书进行分类整理，共完成借阅大厅33万余册图书细排顺架工作，安装分层架标6376个。进一步规范典藏库文献管理，对66万余册文献和过刊过报进行细排和倒架。做好分馆和图书流通站的图书流通管理，结合读者实际需求，新建3个分馆，为12个分馆和图书流通站调配更新图书共计1.7万册次。

切实履行省级图书馆学术交流及业务培训辅导职能，举办图书馆学术交流研究活动，提升全自治区公共图书馆业务水平。利用“互联网+培训”模式推动优质培训资源向基层延伸，提升馆员专业素质和服务能力，促进图书馆人才队伍建设，助力疫情之后各馆业务工作提档升级。通过中国图书馆学会网站、腾讯会议、“知网在线教学”等平台，选取业界、学界知名讲师的优质课程，组织开展全自治区图书馆员业务能力提升培训6场，内容涉及口述史、基础业务理论与技能、馆藏资源建设、图书馆文化建设与智慧服务等，累计培训2100余人次。在馆内组织各业务部门开展图创Interlib 3系统培训工作，通过学习与考试相结合的方式，进一步规范采编、流通、报刊等业务流程，强化馆员基础业务能力，共计培训120人次。

圆满完成自治区“两会”信息咨询服务，依托馆藏资源，编制8种专题资料汇编共计1200余册，为代表和委员提供科学、深入的决策信息参考。全年完成自治区党委宣传部、文化和旅游厅关于文创产业、安全饮水、特色种植业等10个专题信息咨询，累计检索文献106篇，为科学决策、制定相关政策提供信息支撑和保障。

弘扬优秀传统文化，加强古籍典藏保护。加强古籍科学规范的保护和管理，细化完善古籍保护相关制度，完成古籍再造善本续编的排架与编目工作。新疆古籍保护中心选送的两部修复古籍《南雷文约》《元诗选》入选国家古籍保护中心开展的“古籍修复技艺竞赛暨古籍修复成果展示活动”，并在“全国古籍修复技艺竞赛”中获得优秀奖。与国家图书馆联合举办“从《诗经》到《红楼梦》——那些年我们读过的经典”特藏文献展，展览采用线上、线下相融合的方式，以图文介绍对应馆藏古籍文献，展出《诗经》《离骚》《论语》《史记》《窦娥冤》《三国演义》《红楼梦》等名著以及历代文学巨匠的诗文名篇，使读者受到中华文化的熏陶和洗礼。为提升文献整理与研究能力，完成国家社会科学基金冷门绝学研究专项“新疆文献整理与研究（1872—1949）”课题申报工作。（新疆图书馆　高静）

【新疆图书馆推出“云阅读”服务】 2020年，受疫情闭馆影响，新疆图书馆特推出线上“云阅读”服务，以满足不同读者群体的居家学习需要。为方便广大读者便捷高效地获取丰富的数字资源，分别与QQ阅读、喜马拉雅、维普数据库、懒人听书、读联体·数字共享阅读服务平台开展合作，争取特殊时期的优惠政策，引导读者使用数字资源，持续推送资源共享、疫情防护、有声阅读、少儿阅读、精选书单等内容；举办“寻找C位出道的新疆数字阅读达人”、公益大讲堂“平衡膳食，铸造完美免疫力”专题直播讲座、“会讲故事的地球”绘本创意秀、“品读经典，不负韶光：读书月微书评有礼活动”以及“我见证中国力量”朗诵活动等丰富多彩的“云阅读”活动，推动全民阅读走向深入。全年发送推文600余条，举办线上活动20余场，新疆图书馆微信公众号、微信小程序、新语图书馆、云图有声、懒人听书、QQ阅读等多平台浏览访问总量超过106万次。（新疆图书馆　高静）

【新疆图书馆举办阿克苏地区“三馆一站”文化业务骨干培训班】 4月24日，由阿克苏地区文化体育广播电视和旅游局、新疆图书馆联合主办的此次培训班在阿克苏地区图书馆开班，阿克苏地区各县（市）文化体育广播电视和旅游局局长、图书馆业务骨干和地区图书馆员工共计45人参加培训。新疆图书馆馆长历力等5位专家分别围绕图书馆免费开放经费使用、图书馆总分馆建设与发展、数字资源建设与线上阅读推广、公共图书馆评估标准等主题进行专业解读。交流环节，大家还就图书馆规范化建设进行沟通，互相借鉴，取长补短，以促进阿克苏地区各县（市）公共图书馆事业更好发展。此外，新疆图书馆还于6月18日赴塔城为塔城地区各县（市）图书馆业务骨干近40人开展专题业务培训，通过集中授课、实践操作等方式，确保馆员学有所获，同时为助推塔城地区图书馆业务专业化、规范化奠定坚实基础。（新疆图书馆学会　赵燕）

【新疆图书馆举办新疆地区公共图书馆“口述史”高级研修班】 6月22—30日，新疆图书馆联合新疆大学中国语言文学学院举办新疆地区公共图书馆“口述史”高级研修班。此次培训借助腾讯会议网络平台以线上形式讲授，课程共8讲，主讲嘉宾均为国内研究口述历史领域的专家学者，新疆各地各级公共图书馆馆员500余人参加。通过培训，大家更加充分地认识到口述历史对地方特色资源建设的重要意义，下一步全自治区各图书馆将通过协作协调和共建共享等方式，加强各馆在口述历史建设方面的合作与交流，积极探索现代信息技术环境下地方资源特色化建设道路，开创新疆地区图书馆地方特色资源建设与服务新局面。（新疆图书馆　高静）

【新疆图书馆举办传统文化进校园活动】 6月30日，新疆图书馆（新疆古籍保护中心）为乌鲁木齐市第六十四小学学生带来主题为“走近古籍　感受中华优秀传统文化之美”的古籍知识线上直播课。课程旨在通过普及古籍知识，让小学生直观地了解古籍版本及装帧形式，充分感受中华古籍之美，感受中华文化的力量。此次活动是新疆图书馆（新疆古籍保护中心）开展以小学阶段学生为对象的弘扬中华优秀传统文化活动的重要实践，也是在小学校园加强“五观”和“四个认同”教育的有效方式，助力小学校园成为弘扬中华优秀传统文化、增强文化自信的重要阵地。（新疆图书馆　高静）

【新疆图书馆推出“乌鲁木齐的声音”全民阅读系列公益活动】 8月3日，新疆图书馆特邀知名文艺界人士助力，推出“乌鲁木齐的声音”全民阅读系列公益活动，让文字发声，用阅读战“疫”，为乌鲁木齐加油。活动邀请塔斯肯、斯琴格日乐、拜尔娜·艾尼瓦尔、玉米提、洪启等阅读推荐人为读者推荐精品图书，并结合该馆数字资源制作电子图书二维码，方便读者阅读。此次活动进一步弘扬和传播中华优秀文化，引导社会公众的阅读方向，促进书香社会的建成。（新疆图书馆　高静）

【新疆图书馆举办巴音郭楞蒙古自治州公共图书馆总分馆制建设培训班】 10月20—21日，此次培训班在巴音郭楞蒙古自治州图书馆开班，来自巴音郭楞蒙古自治州各县（市）图书馆馆长及业务骨干近30人参加培训。培训班邀请新疆图书馆馆长历力、来自国家图书馆的文化和旅游部“订单式”援疆人才韩超、和田地区图书馆馆长储鑫授课，他们详细讲解公共图书馆总分馆制建设、数字图书馆资源建设与服务、公共图书馆总分馆建设实践与思考等课程内容，使学员深入了解总分馆制建设的重要性，为加快全自治区数字图书馆建设工作起到积极推动和交流作用。目前，巴音郭楞蒙古自治州公共图书馆总分馆制建设正在推进中，它将建立以县公共图书馆为总馆、以乡镇综合文化站图书室为分馆，以村社区综合性文化服务中心、农家书屋等基层图书室为馆外基层服务点的公共图书馆总分馆制服务体系，面向基层群众提供与总馆水平相当的文化服务，保障城乡群众普遍均等享有国家基本公共文化服务。（新疆图书馆学会　赵燕）

【新疆图书馆“图书转借”服务上线】 11月24日，新疆图书馆创新服务模式，通过官方微信公众号的“图书转借”功能实现图书在读者之间的通借通还，以提高图书的流转率，方便读者之间交流。读者无须到馆还书，就能把所借的书转借给其他读者，实现还书功能。成功对接的两位读者可以自行约定线下见面，通过面对面扫码实现图书转借。此外，读者还可通过“微信转借”平台发布求书信息及可借书信息，实现图书借阅的“供求”信息互通。（新疆图书馆　高静）

【新疆图书馆举办“文化润疆　阅读未来——2020年新疆公共数字文化工程融合创新发展培训班”】 12月8—10日，新疆图书馆、新疆维吾尔自治区文化信息资源共享工程管理中心联合主办“文化润疆　阅读未来——2020年新疆公共数字文化工程融合创新发展培训班”，全自治区各公共图书馆共有240人参加培训。此次培训邀请公共数字文化工程融合创新发展领域的专家线上授课，从公共数字文化工程融合创新发展、智能服务、图书馆转型发展、空间设计、服务创新、馆藏资源信息化建设等方面进行解读，对全自治区各公共图书馆的融合创新发展，加强基层文化队伍建设，提升服务成效具有极强的指导意义。（新疆图书馆　高静）

【乌鲁木齐市图书馆概况】 乌鲁木齐市图书馆馆舍面积8282平方米，阅览座席614个。文献总藏量57.51万册，其中图书50.11万册、古籍（仿本）0.10万册、报刊6.83万册、视听文献0.16万册。2020年文献购置费120万元，新增文献2.12万册，接待读者8.89万人次，书刊文献外借9.57万册次。年内受疫情影响两度闭馆暂停服务。在常态化防控期间，持续为读者提供办证、图书借阅及文化活动服务。

读者服务工作不断深化。以“我们的节日”为主线，各类纪念日为契机，以线上活动为主、线下活动为辅，充分利用中华传统佳节开展群众性文化活动，吸引广大市民关注图书馆，与书为伴。全年举办文化活动38场，参与2300人次。通过官方微信公众号向读者提供服务，年阅读量6.13万次。

立足分馆完善图书通借通还服务。一是利用百信书坊、河滩社区居委会、第三拘留所、水磨沟区看守所等馆外流通点向周边读者提供借阅图书服务，二是加强与米东区图书馆沟通交流，完善图书通借通还服务。

构建完善的图书馆法人治理体系。以法人治理结构改革为推手，制定《乌鲁木齐市图书馆法人治理结构改革试点工作实施方案》，召开法人治理结构改革动员会。

提升读者服务效能。一是实施中央机房升级改造项目，实现全馆网络布线、机房强电改造、旧设备迁移（含网络设备、监控设备、服务器存储等）；二是开展图书馆自助化建设项目，对馆藏30余万册图书进行自助化芯片加工，配置自助借还机、24小时自助图书馆、办证机、消毒机等自助化设备，减少读者等待时间，增强服务便利性，满足不同读者需求。同时，分别在益民大厦服务大厅设立24小时自助图书馆、在市财政局设立24小时自助图书漂流书架，有效提升图书馆的服务能力。（乌鲁木齐市图书馆　马婷婷）

【乌鲁木齐市图书馆开展“4·23”世界读书日系列活动】 4月23日起，乌鲁木齐市图书馆结合疫情防控要求，陆续举办“书香助力战‘疫’，阅读通达未来——‘4·23’世界读书日线上系列活动”，包括“感悟阅读之美，书香飘逸首府”图书漂流、维普“疫”考读书月知识竞赛、“奇妙读书月”趣味文献发现、“寻找C位出道的新疆数字阅读达人”、“百信书坊与您共享阅读的诗和远方”等活动，通过“线上＋线下”的方式双线展开，为各族群众带去更多自主阅读服务，同时将传统阅读模式转变为数字阅读方式。（乌鲁木齐市图书馆　宋福燕）

【喀什地区图书馆建立喀什边境管理支队分馆】 5月28日，分馆揭牌仪式在喀什边境管理支队举行，喀什地区文化广播电视和旅游局副局长者学平，喀什地区图书馆副馆长友力瓦斯·买买提依明，喀什边境管理支队机关及直属单位全体民警、图书馆工作人员共60人参加。揭牌仪式后，举办“我心中的诗和远方”主题朗诵、读书交流、“最强大脑”闯关、流动图书服务车进警营图书展览等阅读推广活动，警民踊跃参加，现场书香氛围浓厚。活动旨在推动“书香喀什”建设，提升民警的整体文化素养。（喀什地区图书馆　陈瑞琴）

【阿勒泰地区图书馆开展2020年度“访惠聚”文化巡回服务小分队送知识下乡活动】 6月下旬，阿勒泰地区图书馆分别走进吉木乃县14个贫困村和布尔津县18个贫困村，开展主题为“书香浸润乡村·阅读助力脱贫”的2020年度“访惠聚”文化巡回服务小分队送知识下乡活动暨“我的中国梦　文化进万家”活动。活动内容包括平安建设有奖知识竞答、捐赠图书、传统文化展览、业务培训及指导、抗“疫”知识宣传等，并为阿克吐别克村等5个村送去图书600册。同时，赴哈巴河县喀拉奥依村等5个村开展“‘读’者益人益己　‘毒’者害人害己——‘6·26’禁毒主题宣传活动”，近1500名各族群众参与。通过赠书、展览、知识培训、有奖问答、发放宣传资料等多种形式，使农牧民全面了解“脱贫攻坚”等各项惠民政策。（阿勒泰地区图书馆　葛丽）

【巴音郭楞蒙古自治州图书馆获评新疆维吾尔自治区社会科学普及基地】 6月22日，“新疆维吾尔自治区社会科学普及基地”命名授牌仪式在巴音郭楞蒙古自治州图书馆举行，巴音郭楞蒙古自治州社会科学界联合会向该馆正式授牌。近年来，巴音郭楞蒙古自治州图书馆依托自身优势，积极开展“4·23”世界读书日、“我们的节日·文化进万家”、“你选书　我买单”、经典诵读、亲子阅读、科普讲座等富有图书馆特色的系列活动，形式多样、内容丰富、内涵深刻，已形成“书香巴州·全民阅读”优质服务活动品牌，推动社科普及活动面向基层、服务群众。经创建申报和综合评定，巴音郭楞蒙古自治州图书馆被评为第五批自治区社会科学普及基地。（巴州图书馆　梁琦）

【哈密市图书馆建立“兵地共建示范图书馆”】 11月6日，哈密市图书馆与新疆生产建设兵团十三师红星图书馆合作共建的“兵地共建示范图书馆”揭牌仪式在十三师文化馆举行。哈密市文化体育广播电视和旅游局党组书记何成军、十三师文化体育广电和旅游局局长袁青峰共同为该馆揭牌。该图书馆集阅读、休闲等功能为一体，馆藏纸质文献2万余册，哈密市图书馆还另为该馆配备图书5000余册，自助借还机1台、馆内宣传设备1台、人员流动监测设备1台、还书箱1个，为兵地读者借阅图书、获取资料提供便利。建立“兵地共建示范图书馆”是哈密市图书馆以文化交融为切入点，与十三师红星图书馆合作的新尝试，促进兵地融合向纵深发展，实现文化普惠、资源共享。（哈密市图书馆　李娜妮）

【哈密市伊州区图书馆举办“不忘初心

铭记历史"馆藏报纸展】 9月29日—10月30日，此次展览在哈密市伊州区图书馆举办。展览共展出1968年至2020年《人民日报》《解放军报》《文汇报》《工人日报》《中国青年报》《新疆日报》《哈密报》等报纸出版的"十一"专刊，向观众展示各个时代人民形式多样的祝福祖国的方式；同时展出一些有见证意义的老报纸和珍贵报纸缩印本，让各族群众重温历史，回顾祖国和哈密日新月异的变化与取得的巨大成就，让更多的人铭记历史、不忘初心、胸怀感恩、热爱祖国。（哈密市伊州区图书馆　奉湘芝）

【玛纳斯县图书馆开展"图书六进"品牌服务活动】 2020年，玛纳斯县图书馆利用自身资源优势将纸本图书、电子图书、讲座、展览等丰富资源通过"图书六进"活动送到乡、镇、村，社区，机关，企业，学校，厂矿，工地等，满足社会各界读者尤其少数民族读者、未成年读者、老年读者、残障读者等特殊群体的阅读需求。特别是移动图书馆、掌上图书馆等给广大读者带来福音，馆藏1000份电子报纸、2000册电子期刊、3000册电子图书极大地满足了特殊群体的需求，实现数字资源云阅读，解决了偏远乡村和贫困地区的读书难问题，将图书馆服务延伸到"最后一公里"。（玛纳斯县图书馆）

高校图书馆

综述

一、2020 年高校图书馆基本统计数据

截至 2020 年底，共有 1278 所高校图书馆在“教育部高校图书馆事实数据库”① 中提交 2020 年基本业务统计数据（2019 年是 1361 所）。为便于分析，笔者分项依照各单列有效数据② 的数据量进行分析，所以下文中分项数据中的高校图书馆数量与提交数据的高校图书馆总量不一致。

（一）文献资源购置费统计分析

提交有效的 2020 年度总经费数据的高校图书馆为 1226 所。平均值③ 为 605.4 万元（2019 年是 591.8 万元），比 2019 年增加 13.6 万元；中位值④ 为 301.1 万元（2019 年是 287.4 万元），比 2019 年增加 13.7 万元；标准差⑤ 为 896.5 万元（2019 年是 918 万元）；极差⑥ 区间变窄，为 11838.1 万元（2019 年是 14271.3 万元）。这些数据表明：我国高校图书馆 2020 年度总经费较 2019 年略有增加，馆际差距较大。表 1 是 2016—2020 年我国高校图书馆年度总经费区间分布状况。

表 1　2016—2020 年高校图书馆年度总经费分布

年度总经费（万元）	2016 年（%）	2017 年（%）	2018 年（%）	2019 年（%）	2020 年（%）
<10	1.4	0.9	1.5	1.6	2.4
10—49.99	6.4	5.9	5.3	6.8	6.4
50—99.99	11.0	11.2	10.9	10.4	9.4
100—149.99	9.2	8.6	9.8	10.4	8.8
150—199.99	9.1	7.6	8.1	7.7	8.1
200—499.99	26.3	27.9	28.7	29.6	31.0
500—999.99	20.0	20.5	17.1	17.6	16.3
1000—1999.9	10.3	10.7	12.1	10.5	11.4
2000 及以上	6.3	6.7	6.5	5.4	6.2

提交有效的 2020 年文献资源购置费的高校图书馆有 1226 所。平均值为 529.5 万元（2019 年为 516.0 万元），较 2019 年有所增加，见图 1（图中数值四舍五入取整，下同）；中位值为 261.5 万元；众值⑦ 为 100 万元（2019 年是 150.0 万元），较 2019 年减少 50 万元；标准差为 791.3 万元（2019 年是 821.3 万元），表明 2020 年馆际文献资源购置费的差距在平稳中缩小。

---

① 文中统计数据均来自“教育部高校图书馆事实数据库”，网址：http：//libdata.scal.edu.cn/Index.action。

② 有效数据指的是剔除极大或极小等显然不合常理、不合常识的错误数据后的数据。

③ 平均值指的是各高校图书馆填报的有效数据之和除以填报有效数据的高校图书馆的数量所得到的值。

④ 中位值指的是将有效数据从高到低排序，排在最中间的高校图书馆所填报的值。

⑤ 标准差指的是各高校图书馆实际填报数据值偏离该列数据平均值距离的总平均数，它描述各高校图书馆填报此项数据集合的离散程度。

⑥ 极差是指在各高校图书馆填报的有效数据中，最大值与最小值之差，也能描述数据离散度。

⑦ 众值指的是各高校图书馆填报的有效数据中，出现频次最高的值。

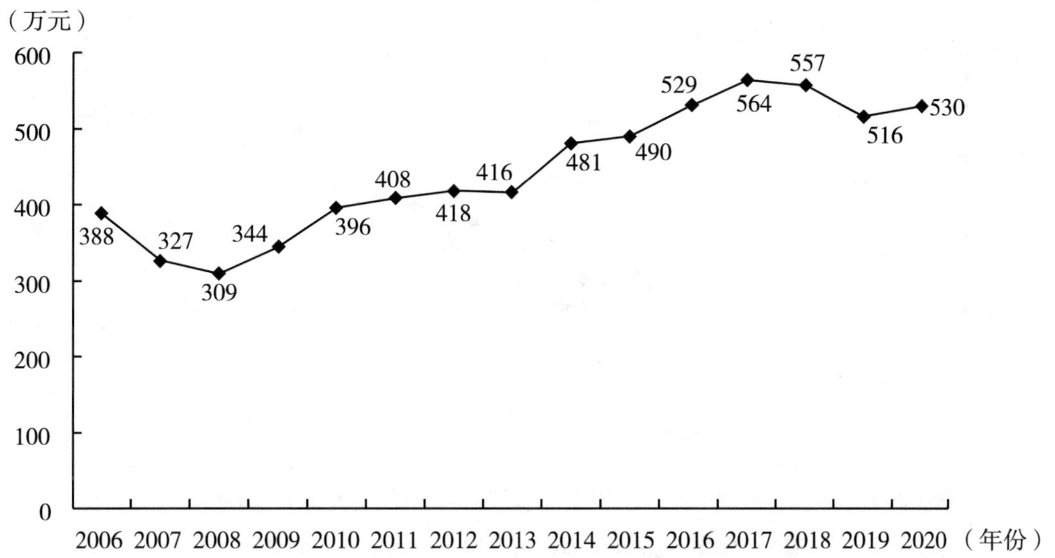

图 1　2006—2020 年高校图书馆馆均文献资源购置费

1. 纸质文献资源购置费

有 1224 所高校图书馆提交 2020 年纸质文献资源购置费，总费用为 25.33 亿元，较 2019 年的 27.51 亿元减少 2.18 亿元。纸质文献资源购置费平均值为 206.90 万元（2019 年是 221 万元），比 2019 年减少 14.10 万元，各年度平均值的分布状况见图 2，近 5 年呈逐步减少趋势。纸质文献资源购置费的中位值为 140.30 万元（2019 年是 144.70 万元）。

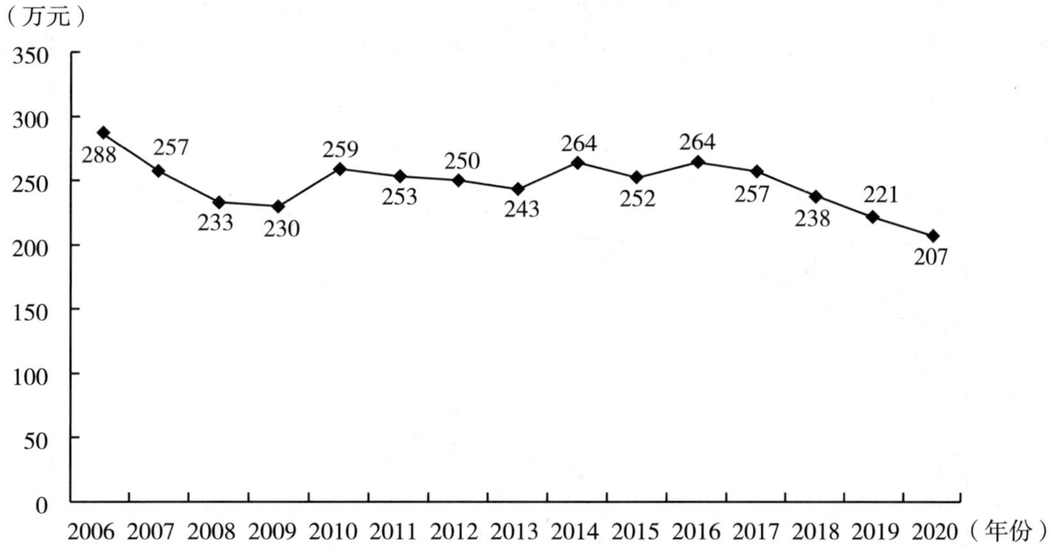

图 2　2006—2020 年高校图书馆馆均纸质文献资源购置费

2. 电子资源购置费

有 1141 所高校图书馆提交 2020 年电子资源购置费。总费用为 39.21 亿元（2019 年是 37.21 亿元）；平均值为 343.60 万元（2019 年是 319.40 万元），占馆均文献资源购置费的 56.8%（2019 年是 54.6%），较 2019 年增长 2.2 个百分点。在文献资源购置费中，电子资源购置费所占比例已经过半，年均值与所占比例自 2006 年以来基本上呈增长趋势，只在 2019 年发生下降，2020 年便恢复增长，表明电子资源的需求相当强劲。高校图书馆近 15 年电子资源购置费的平均值见图 3。电子资源购置费的中位值为 105.38 万元（2019 年是 94 万元）。标准差为 575.80 万元，最小值仅为 42 元，最大值达到 5188.20 万元。这些表明：高校图书馆电子资源购置费的离散程度大，馆际差距逐年增大。

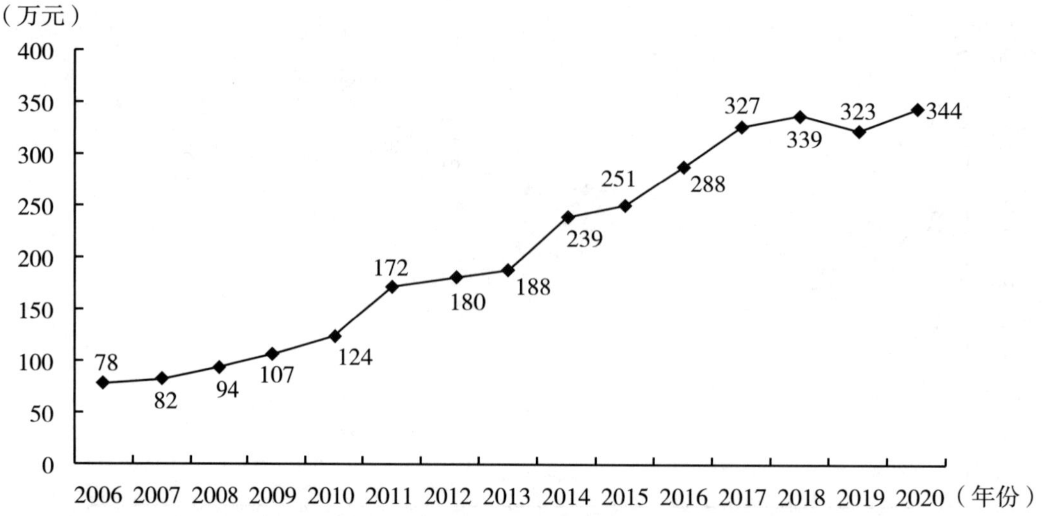

图 3　2006—2020 年高校图书馆馆均电子资源购置费

（二）馆舍面积统计分析

1. 馆舍总面积

有 1115 所高校图书馆提交 2020 年馆舍建筑面积数据。总面积是 2841.7 万平方米（2019 年是 2980.70 万平方米）；平均值为 2.55 万平方米，相较于 2019 年的 2.44 万平方米，有所增加；标准差为 1.83 万平方米，略高于 2019 年的 1.79 万平方米，说明馆舍面积差异继续存在；中位值为 2.20 万平方米，众值是 1.60 万平方米。高校图书馆馆舍平均面积的变动，2006—2010 年、2012—2014 年呈轻微陡峭曲线增长趋势，2011—2012 年呈缓慢增长趋势，2015 年后呈先回落后增长趋势，表明高校图书馆的建筑面积已经从跃进增长期进入平稳增长期。2006 年以来高校图书馆馆舍建筑面积的平均值见图 4。

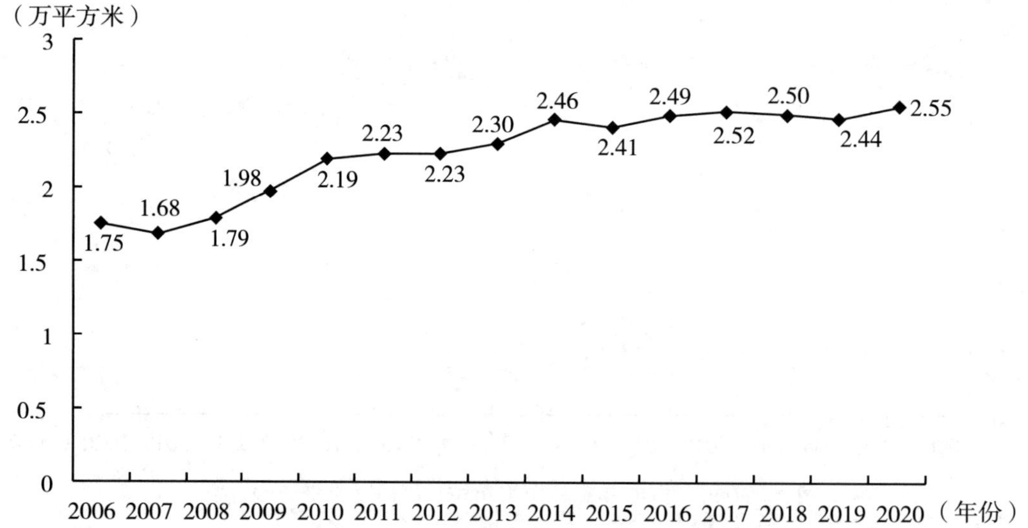

图 4　2006—2020 年高校图书馆馆均建筑面积

2. 在建馆舍建筑面积

有 190 所高校图书馆提供 2020 年在建馆舍建筑面积的有效数据，总面积为 452.70 万平方米（2019 年是 490.20 万平方米），平均值是 2.38 万平方米（2019 年是 2.43 万平方米），标准差是 1.58 万平方米，众值是 2 万平方米，中位值为 2 万平方米。这些表明，高校图书馆的在建馆舍面积呈回落趋势，与前述已建成的高校图书馆馆舍建筑面积数据进行叠加分析，更能说明高校图书馆的馆舍建筑面积趋于稳定。2006—2009 年，高校图书馆在建馆舍建筑面积的平均值呈增长态势。2010 年后，在建馆舍面积呈小范围波动，但基本稳定在 2.19 万—2.50 万平方米之间。2006 年以来高校图书馆在建馆舍建筑面积的分布状况见图 5。

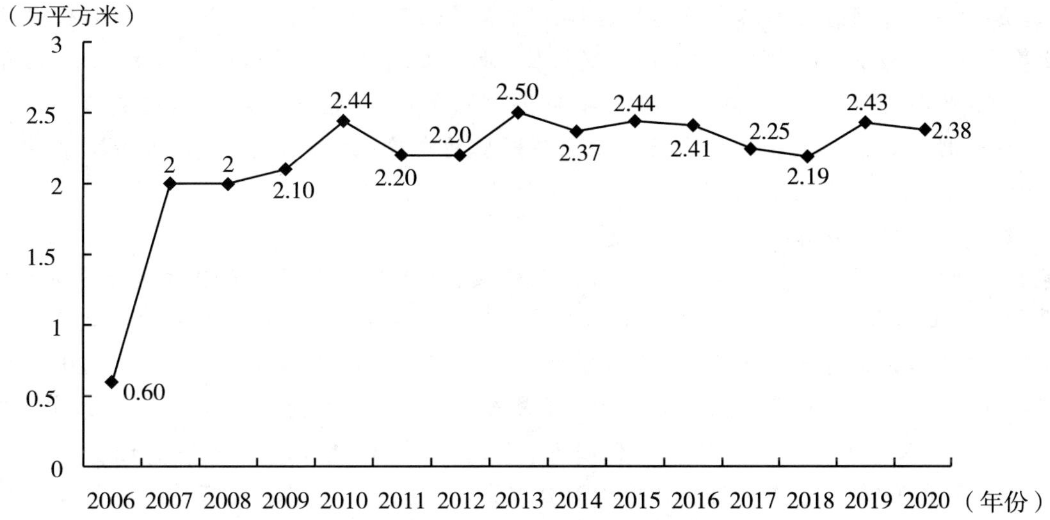

图 5　2006—2020 年高校图书馆馆均在建馆舍建筑面积

（三）人力资源统计分析

高校图书馆的人力资源统计项目包括在编工作人员、合同制职工、临时聘用人员、勤工助学人员等。2020 年的数据继续验证前几年分析数据所得出的结论：高校图书馆的文献资源收藏总量与馆舍面积持续增长，但在编工作人员的馆均人数却持续减少，这表明各高校图书馆的事业编制总人数处在持续缩减状态，在编工作人员的任务逐年加重，图书馆需要聘用更多的合同工或临时工，需要购置更多的智能化设施将图书馆员从日常事务性工作中解放出来。

1. 在编工作人员状况

（1）在编工作人员的宏观数据

共有 1256 所高校图书馆提交有效的 2020 年度在编工作人员数据。在编工作人员的总人数为 40068 人；平均值为 31.8 人（2019 年是 31.5 人），略有回升；中位值为 22 人；众值为 10 人；标准差为 29.9 人。各高校图书馆在编工作人员的数量差异较大。2010—2020 年高校图书馆在编工作人员平均值见图 6。

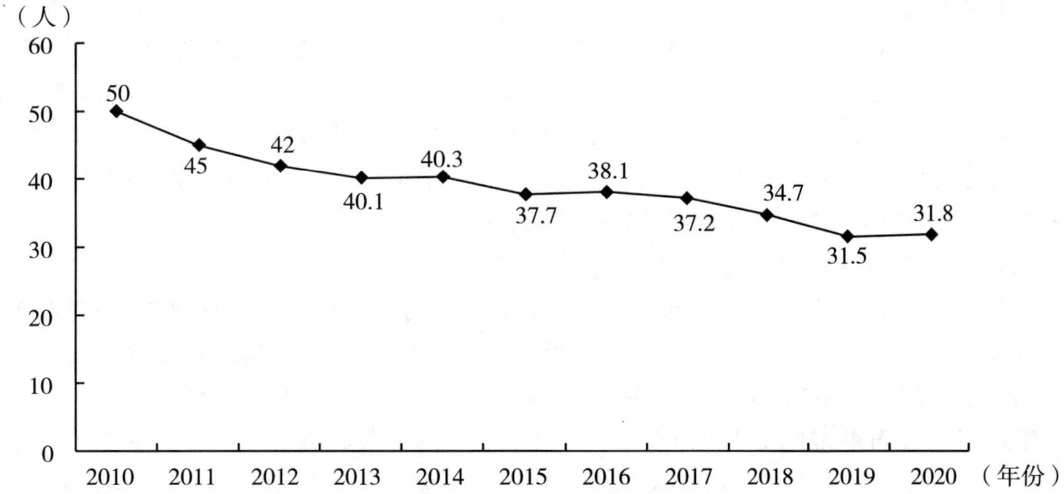

图 6　2010—2020 年高校图书馆馆均在编工作人员

（2）在编工作人员的性别结构

共有 1257 所高校图书馆提交在编工作人员的性别数据。其中，男性在编工作人员共有 13320 人，占在编工作人员总数的 33.1%[①]；平均值是 10.6 人（2019 年为 10.5 人）；中位值和众值分别是 7 人与 3

① 因提交在编工作人员数据的高校图书馆数量与提交性别数据的高校图书馆数量不一致，因此此数据有一定出入，下同。

人；标准差是 10.3 人。通过分析各年度男性在编工作人员的平均值数据，可知高校图书馆男性在编工作人员数量呈逐年减少趋势，但 2020 年却略微增长。女性在编工作人员总量是 26956 人，占在编工作人员总数的 66.9%；平均值是 21.4 人（2019 年为 21.2 人）；中位值是 15 人；众值是 3 人；标准差是 20.8 人。在编女性工作人员的平均值也呈现出止跌探底的态势。总体来说，我国高校图书馆的在编工作人员男女比例进入相对稳定的时期。

（3）在编工作人员受教育状况

共有 1238 所高校图书馆提供博士学位工作人员数据。其中 810 所（2019 年为 886 所）高校图书馆没有博士学位工作人员，表明博士学位工作人员在高校图书馆依然处于稀缺状态；428 所（2019 年为 425 所）高校图书馆拥有博士学位工作人员，总人数为 1383 人（2019 年是 1294 人，2018 年是 1135 人，2017 年是 870 人，2016 年是 834 人，2015 年是 695 人）。在提交数据的高校图书馆中，平均每馆拥有博士学位工作人员 1.12 人（2019 年是 0.99 人，2018 年是 1.09 人，2017 年是 1.07 人，2016 年是 0.97 人，2015 年是 0.95 人），中位值和众值均为 0 人，标准差是 2.64 人。没有博士学位工作人员的图书馆占 65.5%（2019 年是 67.6%，2018 年是 64.6%），有 1 名博士的占 14.3%，有 2 名博士的占 6.5%，有 3—4 名博士的占 7%，有 5 名以上博士的为 6.7%（2019 年为 5.6%）。

共有 1246 所高校图书馆提交在编硕士学位工作人员数据，其中未聘用硕士学位工作人员的有 112 所。在编硕士学位工作人员总计 13062 人（2019 年是 12816 人），平均每馆聘用硕士学位工作人员 10.5 人（2019 年是 9.80 人，2018 年是 10.40 人，2017 年是 10.33 人，2016 年是 10.11 人，2015 年是 9.85 人），中位值是 6 人，众值为 1 人，标准差是 13.4 人。未聘用硕士学位工作人员的图书馆占 9%（2019 年是 10.6%），聘用 1—2 名硕士的占 19.3%（2019 年是 20.1%），聘用 3—5 名硕士的占 19.9%（2019 年是 20%），聘用 6—10 名硕士的占 17.7%（2019 年是 17.8%），聘用 11—16 名硕士的占 14.2%（2019 年是 13.3%），聘用 17 名及以上硕士的占 19.9%（2019 年是 18.2%）。上述数据表明：硕士学位工作人员仍然是高校图书馆人才招聘的主要对象，而且所占比例越来越高，其数量在持续增长，已成为高校图书馆的骨干力量。

共有 1234 所高校图书馆提交本科学历工作人员在编数据，总计 19833 人，是硕士学位工作人员总数的 1.52 倍（2019 年为 1.63 倍，2018 年为 1.68 倍，2017 年为 1.76 倍，2016 年为 1.85 倍，2015 年为 1.87 倍），平均每馆聘用本科学历工作人员 16.1 人（2019 年为 16 人，2018 年为 17.4 人，2017 年为 18.2 人，2016 年为 18.8 人）。由此可知，本科学历工作人员依然是高校图书馆的主力军，但比例正在缩减。提交数据的高校图书馆中，未聘用本科学历工作人员的有 11 所，占 0.9%（2019 年占 1.1%），这类情况一般发生于在编工作人员稀少的图书馆；聘用 1—10 名的占 42.5%（2019 年占 42.3%），聘用 11—20 名的占 29.1%（2019 年占 28.8%），聘用 21—30 名的占 14.6%（2019 年占 15.2%），聘用 31—50 名的占 10.4%（2019 年占 9.8%），聘用 50 名以上的占 2.5%（2019 年占 2.8%）。

共有 1234 所高校图书馆提交在编大专学历工作人员数据，总人数为 4319 人（2019 年是 5039 人）。其中，未聘用大专学历工作人员的有 284 所（2019 年为 278 所），占 23%（2019 年占 21.2%）；聘用 1—2 名的占 33.8%（2019 年占 31.4%），聘用 3—7 名的占 29.7%（2019 年占 32.3%），聘用 8—15 名的占 11.1%（2019 年占 12.1%），聘用超过 15 名的仅占 2.4%（2019 年是 3%）。

共有 1231 所高校图书馆提交学历为大专以下的在编工作人员数据，总人数是 1343 人（2019 年是 1516 人）。其中，未聘用大专以下学历在编工作人员的 745 所（2019 年为 754 所），占 60.5%（2019 年占 57.5%）；聘用 1—5 名的占 35.1%，与 2019 年的 37.9%、2018 年的 54.3%、2017 年的 45% 相比，均呈大幅减少态势。

高校图书馆的人力资源结构正向高学历、多学科与专业化发展，这些特性在入选“双一流”的高校图书馆中表现得较为明显，借助 T 值检验[①]便能发现，“双一流”高校图书馆的在编工作人员，其学历

① T 值检验指的是对不同类型高校图书馆某项数据的平均值差别的显著程度进行比较，如果两类高校图书馆填报数据的总方差相等，则说明两者的平均值区别不显著；如果两类高校图书馆填报数据的总方差不等，则说明两者的平均值有显著差别。

学位层级明显高于非“双一流”的“211工程”高校图书馆或普通高校图书馆。从高校图书馆在编工作人员学历学位的提升速率上看，位于发达城市的重点高校图书馆，其工作人员的学历学位提升速度最快；而欠发达城市的非重点高校图书馆，其工作人员学历学位的提升速度最为缓慢。

2. 非事业编工作人员状况

合同制职工。共有1242所高校图书馆提交合同制职工数据，总人数为8575人（2019年是9071人）。从2020年回溯至2013年，合同制职工的馆平均值依次为6.9人、6.8人、6.5人、7.8人、7.5人、8.1人、7.7人、7人；中位值为3人；众值是0人；标准差是10.5人，标准差大于馆均值，表明合同制职工人数的离散程度很大。

临时工。有1239所高校图书馆提交临时工数据，总人数为5213人（2019年是4872人）。从2020年回溯至2014年，临时工馆平均值依次为4.2人、3.8人、4.5人、4.5人、4.5人、4.8人、5.4人；中位值是0人；众值是0人；标准差为9.5人。高校图书馆各年所聘临时工的平均值低于合同制职工，总体呈减少态势。

勤工助学学生。有1242所高校图书馆提交勤工助学学生的数据，总人数为31032人（2019年是37590人）。从2020年回溯至2017年，勤工助学学生馆平均值依次为25人、28.3人、27.9人、28.9人；中位值是10人；众值是0人；标准差是49人。各高校图书馆勤工助学学生人数相差较大，其中“双一流”高校图书馆吸纳勤工助学学生的人数最多，其次为非“双一流”的“211工程”高校图书馆，而普通高校和高职高专院校图书馆的勤工助学学生人数较少。

（四）资源利用统计

共有1141所高校图书馆提交有效的2020年度书刊外借量数据，书刊外借总量为4645.5万册，馆平均值为40714.2册，中位值是20032册，众值为30000册，标准差为58931.6册。

共有1000所高校图书馆提交有效的2020年度电子资源下载量数据，电子资源下载总量为38.94亿篇，馆平均值为389.40万篇，中位值是78万篇，众值是2万篇，标准差为1325.70万篇。

（五）信息素养教育统计

共有983所高校图书馆提交有效的2020年度信息素养教育听课总人数数据，听课总人数为5617391人，馆平均值为5715人，中位值为4144人，众值是3000人，标准差为8701人。

共有946所高校图书馆提交有效的2020年度信息素养课教师人数数据，教师总人数为10661人，馆平均值为11.3人，中位值为5人，众值为2人，标准差为60.5人。有102所高校图书馆的信息素养教师只有1人。

二、2020年高校图书馆工作

全国高校图书馆的宏观协调和指导工作主要由教育部高等学校图书情报工作指导委员会（以下简称“高校图工委”）和中国图书馆学会高校图书馆分会（以下简称“高校分会”）来开展。高校图工委和高校分会分别在教育部和中国图书馆学会的领导下，紧密依靠每位成员，充分发挥交流信息、推广经验、激发创新、指导发展的桥梁和纽带作用，努力为事业的发展集思广益、探索方向、出谋划策、交流信息、凝聚力量、协同推进。

两大资源共享联盟——中国高等教育文献保障系统（CALIS）和中国高校人文社会科学文献中心（CASHL）则继续承担高校图书馆资源共建共享的枢纽作用，克服各种困难，努力为全国高校提供文献保障。

（一）高校图工委的工作进展

1. 指导高校图书馆积极融入新冠肺炎疫情防控大局，切实创新非常时期服务策略

2020年，新冠病毒引发的疫情突然发生后，高校图工委及时跟进国家防控疫情部署，迅即指导各高校图书馆，一要加强应急管理，做好疫情防控，二要科学应变，创新服务形式，千方百计，全面支撑线上教学。2月26日，高校图工委对疫情防控形势下全国高校图书馆开展服务的情况进行调研，各省、自治区、直辖市图工委都撰写了调研报告，这些调研报告被发布在高校图工委网站，提振了全国高校

图书馆在疫情中坚持服务和创新服务的信心。高校图工委秘书处撰写的《积极融入新冠肺炎疫情防控大局，切实创新非常时期服务策略——全国高校图书馆疫情防控期间服务创新情况调研报告》《多措并举集聚优质电子教参资源，创新服务全面支撑线上教学——全国高校图书馆疫情防控期间电子教参建设支撑线上教学情况调研报告》，也在高校图工委网站发布，同时上报教育部主管部门，并在《大学图书馆学报》2020 年第 2 期发表。这些调研报告，让教育部主管部门了解高校图书馆在应急应变、坚持服务方面的主动性、创造性，便于进一步宏观指导。同时，全国高校图书馆也通过阅读调研报告，充分交流经验，激发更加全面、更加科学的服务创新。高校图书馆在防控疫情、支撑在线教学方面的突出贡献，引起相关媒体的关注，《中华读书报》主动联系高校图工委秘书处，在 4 月 8 日以《特殊时期，各地高校图书馆纷纷创新在线服务》为题、在 4 月 22 日以《全国各地高校图书馆创新服务全面支撑线上教学》为题，对高校图书馆在疫情期间的优秀表现进行报道。

10 月 23—24 日，高校图书馆战“疫”时期服务教学优秀案例展示研讨会在四川大学召开。高校图工委主任委员、北京大学图书馆馆长陈建龙，四川大学副校长姚乐野，北京大学、清华大学、中国人民大学、复旦大学、同济大学、南开大学、中国政法大学、四川大学等 25 所高校代表参加线下案例展示研讨会。来自高校图书馆界的多位专家、同人和相关人员共 4200 余人次参加线上会议，部分高校图书馆组织馆员集体收看会议直播。会议由四川大学图书馆馆长党跃武主持。来自全国 80 余所高校图书馆的 93 个案例中，共 25 个案例获“优秀案例”奖。来自北京大学、清华大学、中国人民大学、复旦大学、同济大学、南开大学、中国政法大学、兰州大学、首都师范大学、四川大学等高校图书馆的 25 位代表在会上做案例分享，内容涉及线上教学资源和电子教参平台的搭建与服务保障、线上直播教学和网络课堂服务、精准教育教学云服务、突发事件图书馆应急服务保障、信息素养网络学堂搭建、信息检索课程教学创新、线上阅读推广的路径探索等。案例全面展示高校图书馆在应对重大公共卫生安全突发事件、面临新挑战时，在快速响应、迅速转型、融合传统和新兴业务、创新服务手段、多元化开展线上教学服务等方面取得的成果。

2. 动员高校图工委委员所在图书馆，向武汉市本科院校图书馆捐赠口罩等防疫物资

为发扬高校图书馆界同业友爱、守望相助的优良传统，体现高校图工委对在武汉同行的关心，共同推动高校图书馆全力为师生的教学科研提供有力支撑，高校图工委于 3 月 23 日向委员所在馆发出《关于向武汉市本科院校图书馆捐赠口罩的倡议》。捐赠活动于 4 月 18 日完成，在不到一个月的时间里，37 个委员馆向 46 所武汉本科院校图书馆捐赠防护口罩 5 万余个，以及手套、测温枪、消毒纸巾、免洗消毒凝胶、消毒片、隔离衣、安全环保布袋等防疫物资。

3. 在常态化疫情防控阶段，精准科学施策，全力推进高校图书馆转型发展

疫情进入常态化防控阶段后，高校图工委及时召开会议，谋划如何发扬改进疫情紧张时期的服务创新，更重要的是带领各高校图书馆，对疫情紧张时期所暴露的资源和服务短板进行深入反思，从战略战术两个层面系统思考高校图书馆的转型发展。

6 月 4 日，高校图工委举办战略规划工作组线上座谈会，与会委员交流了所在馆于疫情期间开展服务的创新性做法，讨论由高校图工委设立科研项目及早日启动《大学图书馆现代化指南针报告》编撰等事宜。

6 月 10 日，高校图工委举办主题为“顾大局、保底线，在常态化疫情防控中全力推进高校图书馆转型发展”的主任、秘书长会议。形成以下共识：一是提高政治站位，服从疫情防控大局；二是兼顾线上、线下服务，提质增效；三是面对经费削减，多法并举应对；四是用好基础设施，共享文献资源；五是加快统计指标、评估指标修订，促进二者有机融合；六是开展多元培训，完善培训体系；七是重新思考馆长负责制，明确馆长的职权责；八是研判发展趋势，指导高校图书馆制订行动纲领、战略规划。

4. 引导高校图书馆与国家规划衔接，融入高等教育大局，科学制订“十四五”发展规划

12 月 14—16 日，2018—2022 年教育部高等学校图书情报工作指导委员会第三次工作会议在北京大学举办，这是北京大学图书馆东楼重启之后主办的第一个大型工作会议。教育部高教司课程教材与

实验室处调研员刘永强莅临会议指导，高校图工委委员及各省、自治区、直辖市图工委主任、秘书长，共60余位专家出席会议。会议的主题是传达、学习党的十九届五中全会精神、《中共中央关于制定国民经济和社会发展第十四个五年规划和二〇三五年远景目标的建议》，传达、学习教育部关于高等教育的新方针、新战略，并在深入领会上述内容的基础上，探讨如何与国家规划衔接，融入高等教育大局，科学制定高校图书馆“十四五”发展规划。在主题报告时段，秘书长陈凌做题为《2018—2022年教育部高等学校图书情报工作指导委员会2020年工作总结与2021年工作设想》的报告。武汉大学图书馆馆长王新才、南京大学图书馆馆长程章灿、西安交通大学图书馆馆长贾申利，分别交流各馆制订“十四五”规划的思路和经验。华中师范大学信息管理学院院长李玉海、西南交通大学公共管理与政法学院书记高凡、美国哥伦比亚大学东亚图书馆中文部负责人王成志，从学理角度，论述如何科学地制订发展规划。与会代表分为4个小组，深入讨论如何制订高校图书馆“十四五”发展规划、“教育部高校图书馆事实数据库”统计指标修订、各工作组下一步的工作思路以及与高校图书馆发展有关的其他议题。

5. 加强秘书处建设，确保运行有力有序

高校图工委秘书处日常做好各类通知的审核、定稿、盖章、分发、发布工作，维护“高校图工委网站和高校图书馆事实数据库”的运营，解答各项关于事实数据填报和高校图书馆发展问题的咨询，为修订数据库指标广泛征求意见，调研高校图书馆对口支援情况，推动、支持各工作组举办各类会议和活动，汇总“教育部高校图书馆事实数据库”中2019年数据，发布各项排行榜，提交的《高校图书馆发展报告（2019年）》被编入《中国图书馆年鉴2020》。

（二）中国高等教育文献保障系统（CALIS）的工作进展

2020年，中国高等教育文献保障系统（CALIS）继续坚持“普遍服务”的原则，在教育部高教司的领导下，在管理中心统一部署管理，全国中心、地区中心、省级中心以及教育部高校图工委、各省级高校图工委的大力支持下，按规定执行2020年度运维预算经费，全力保障与高校图书馆基础业务密切相关、服务面最广的联机合作编目、文献传递与馆际互借、统一认证、资源发现（e读与外文期刊网）、应用软件云服务（SaaS）等主要服务与运维工作，各项服务运行平稳，成员馆数量稳步增加。

2020年，CALIS联合目录数据库书目数据增量为23.73万条，总量达到785.13万条；提供联机下载数据服务778.70万次，月均下载量约为77.87万次[①]；CALIS资源发现系统e读的元数据总量达到3.41亿条，馆际互借与文献传递服务收到文献请求35886件，满足32395件，满足率为90%。CALIS共举办各类线下、线上业务培训与研讨会36场，培训馆员34277人次。2020年度共有113名编目员通过CALIS中外文三级编目员资格认证，总计已有406家成员单位的1616人获此资格证书。

2020年，新冠肺炎疫情防控凸显CALIS价值，CALIS服务充分发挥保障效益，全力支持高校图书馆开展在线业务和读者服务，并克服经费困难，在联机联合目录、馆际互借系统、资源共享、馆员培训等方面均取得重要进展。

1. 疫情期间发挥CALIS基础支撑价值，以合作保障服务，以共建促成发展

2020年，CALIS以365×24小时不间断服务，支持中国高校图书馆开展在线业务和读者服务，凸显保障服务价值。联合目录保障高校图书馆在线编目业务，e读在线检索和馆际互借有效解决高校师生在线学习期间获取学术资源的需求。《CALIS助力复课开馆产品汇编》（一至五辑）报告和“产品汇编体验中心”小程序，为高校图书馆提供支持。秋季开学后，9—12月，馆际互借文献传递量与2019年同期相比，上升25%—29%。

2. 创新型服务取得突破，支持高校图书馆业务和服务转型

2020年，采编一体化系统编目前置模块正式运行，截至年底，已完成中文编目前置数据27728条。疫情危机引发图书馆业务和服务变革，在线业务和服务成为刚性需求。采编一体化系统编目前置模块以创新的基于图书电子印章在线编目模式，改变传统只有实体书到馆后再编目的工作流程，提高工作效率。CALIS近年来一直在推动采编一体化和新一代图书馆系统建设。2020年，这一前瞻性服务发挥

① 按1年10个工作月计算。

作用。

3. 克服经费困难，完成相关服务平台升级

2020年经费削减28.21%，导致业务和服务均受到影响。全年克服经费减少和疫情影响，完成CALIS外文期刊网、馆际互借与文献传递、e读、古籍著录系统、编目员资格认证考试系统、中文名称规范数据库联合检索系统、编目前置编目客户端等软件升级工作。

4. 新版编目员资格认证考试系统正式上线

2020年12月，该系统正式上线。在功能上，系统集成考生报名、模拟考试、正式考试、认证结果查询、资格证书查询和信息发布功能，提供更多元化的管理功能，改善考试流程。在技术上，系统采用分布式部署，可根据考生的数量增减部署节点，数据库采取分离存储并加密，考试过程中的数据传输也加密处理，提升安全性。

5. 支持馆员业务和研究提升新需求，发挥CALIS引领学术价值，建设学术交流新生态

CALIS通过开展研究项目、建设学术会议平台、组织学术会议、推动开放获取等多种方式，推动建设中国高校学术交流新生态。2020年，CALIS与北京大学图书馆共同开发的会议系统正式上线，并正式开放给成员馆使用。

全年共举办36场线下与线上的培训与业务研讨会。除了继续举办中文图书编目、外文书刊RDA编目、引进数据库培训周等常规业务培训，还联合主办NSTL科技文献信息开放服务云论坛暨国家科技文献保障模式研讨会、全国高校第十三届图书馆管理与服务创新论坛等多个大中型学术研讨会，并采取线上形式继续举办2020年全国高职院校信息素养大赛。8—12月，举办29场线上培训，注册院校达715所，竞赛注册人员合计104万余人。12月6日，大赛决赛圆满闭幕。

（三）中国高校人文社会科学文献中心（CASHL）的工作进展

2020年，为支撑疫情下的教学科研，CASHL在农历新年刚过的2月20日（正月廿七）即全面启动“不停研、不停学”和面向非CASHL成员馆的“绿色通道”，对通过CASHL进行的文献申请实行全额补贴，直至疫情结束，并按计划开展“CASHL十六周年全国优惠活动”、世界读书日“CASHL畅读活动”、“CASHL庆祝教师节全国优惠活动”及CASHL名师讲堂。在特殊时期，CASHL项目发挥了体系优势和基础保障作用，显示出项目的战略价值。全年总体发展情况如下：

经费方面，受疫情影响，总预算额度在原预算额度5299万元（其中文专图书项目3299万元、外国期刊项目2000万元）的基础上调减28.21%。

资源建设方面，印本期刊采购，2019年底共发订外文人文社科期刊2115种，因载体变化、停刊、撤订、非卖品等原因，2020年实际执行采购2096种，对10馆16个外文电子资源库的订购实行补贴，外文印本图书发订39811笔，新发订大型特藏文献10种。

文献服务方面，持续对35所服务馆的基础书目数据进行收割。截至2020年底，可服务资源总量在查重合并后，印本图书约336.9万种，电子图书约110万种，印本期刊约6.2万种，电子期刊约13.7万种；服务覆盖面进一步扩大，新增CASHL成员馆8所，总量达882所；CASHL文献服务馆与去年持平，总数达35所；CASHL中心系统新增用户6450人，中心总用户数达154663人；新上线CASHL发现系统和调度系统，对17所中心馆全面实行E-First电子资源优先智能调度，CASHL经费所补贴电子资源（含往年订购）2020年下载量288.7万余次（其中电子期刊262万余次、电子图书26.7万余次）；共处理期刊文章文献传递服务15384笔，印本图书馆际互借6995笔，平均完成时间2.43天，满足率84.06%。

体系建设方面，在全国疫情最为严重的时期（2月20日—7月31日），为130所成员馆高校提供3083笔文献请求，为非成员馆198名新用户提供151笔文献请求；新成立“文专图书编目组”，对当年“文专经费”采购的外文图书进行套录和原编，编目数据通过CALIS联合编目系统向全国高校（不局限于70所文专院校）提供外文编目数据服务；对9个2019年的服务前瞻性研究课题和6个特藏项目进行结项，并新设立11个前瞻性研究课题；CASHL新媒体（开世览文官方微博、微信）服务有序开展，CASHL微信发布推文68条，新增关注用户2000余人；开展CASHL名师讲堂9期，累计收听

9000余次；发布《开世览文阅读报告2019》，全面总结CASHL文献资源信息服务的使用情况和用户需求情况，扩大CASHL服务的影响力；编辑出版《CASHL通讯》2期；完成2020年CASHL全国中心、区域中心软硬件体系建设及2019年CASHL经费的固定资产清理和登记工作；承办、主办CASHL中心馆馆长会议、2020年文专大型特藏评审等多场与CASHL资源建设和服务相关的在线会议及活动。

因为疫情持续，2020年的CASHL文献服务主要通过线上完成，既彰显CASHL信息基础设施建设的优越性，也暴露出部分信息系统在功能、性能和安全性方面的问题与不足，为CASHL进一步夯实资源、服务和体系建设提出更高要求。（教育部高等学校图书情报工作指导委员会秘书处　王波　吴汉华　宋姬芳　崔海媛　朱本军）

年度工作

普通高校图书馆

北京市

【概况】 2020年，突如其来的新冠肺炎疫情为图书馆事业发展带来巨大不确定性和挑战。北京地区各高校图书馆克服春季学期不能线下开馆、毕业生不返校等带来的不利影响，有序开展疫情防控工作，切实维护师生身体健康，主动作为，发挥优势，努力提高线上文献服务水平，通过加强数字资源整合推介、拓展文献资源便捷获取、助力网络教学资源协调等多种技术手段和服务方式，使图书馆闭馆不闭网，使师生停课不停学，秋季学期开学后全力保障正常开馆，筑牢校园文化阵地，为学校教学和科研工作提供坚实的文献保障。各高校图书馆积极推进智慧图书馆建设，构建智慧化、数据化、特色化的公共学习共享场景空间，在服务大学“双一流”建设和国家创新发展的领域不断做出新贡献。

受疫情影响，北京地区高校图书馆文献资源保障体系（简称BALIS）馆际互借管理中心适当顺延馆际互借还书时间，并暂停BALIS馆际互借服务。BALIS培训中心每两年举办一次针对非图情专业馆员的图情基础理论专业知识培训。2020年，采用线上会议的形式，BALIS培训中心联合北京师范大学图书馆举办北京地区高校图书馆图情专业基础知识提升培训班。（首都图书馆　张小野）

【北京大学图书馆开展疫情期间送书到楼服务】 2月3日，“北京大学图书馆送书到楼服务系统”研发上线，并制订详细方案，在确保送书馆员做好个人防护的基础上，将图书通过“无接触”的安全方式及时送到读者手中。北京大学图书馆还同步推出保存本图书及工具书开放外借、读者借书册数无限制、全部图书超期使用费豁免等一系列举措，提升“送书到楼”服务的效力。送书地点覆盖燕园校区各学生宿舍楼、实验楼、办公楼，以及畅春园、中关新园等校园周边园区。（北京大学图书馆）

【北京大学图书馆东楼重启】 12月1日，北京大学图书馆东楼正式重启。东楼布局坚持用户导向、服务至上，东楼和西楼整体统筹考虑，促进服务转型。东楼一层北侧为科学报告厅、展览厅及“可爱的中国书”常设展。一层南侧为新书展阅厅、艺术鉴赏厅。二层为自然科学厅。三层为社会科学厅，以学科为中心组织排架，中外文图书、工具书、期刊等不同类型文献混排。四层北侧为大钊阅览室，南侧为名家阅览室。南侧地下一层开设和声厅多功能室。东楼新增二层、三层综合服务台，东南门、东门咨询台。北京大学图书馆东楼全面维修改造工程于2018年5月启动，该项目共有地上七层地下二层，总建筑面积2.66万平方米，改造范围包括外立面、坡层面、室内拆除加固、精装修、机电安装等。（北京大学图书馆）

【北京大学图书馆珍稀文献展举办】 12月1—31日，北京大学图书馆珍稀文献展在图书馆东楼展厅举办。展品包括馆藏宋元刻本、明清珍本、内府旧藏、敦煌卷子、稿抄校本、革命文献、晚清民国报刊、西文善本以及拓片字画等共计102种。此次展览是北京大学图书馆首次成规模地对外公开展示馆藏古文献和特藏文献，所展文献早起北凉，晚至民国，包括古籍拓片、字画报刊等多种文献类型。开展期间，超过1万人次参观，其中团体参观120余场，个人参观5500多人次，教学实习5次。（北京大学图书馆）

【北京师范大学图书馆举办“宅家战‘疫’，为爱‘声’援”活动】 2月27日—4月30日，北京师范大学图书馆举办“宅家战‘疫’，为爱‘声’援”活动。活动号召师生们因疫情影响居家办公、学习期间，朗读与疫情或“爱”相关主题的文学作品，表现新冠肺炎疫情中有关“爱”的动人故事。最终，“BNU朗读者”评委组根据

作品“点赞”数及质量综合评定，评选出名次。（北京师范大学图书馆）

【北京师范大学图书馆京师文库接受柴念东捐赠珍贵稿本和批校本】 3月16日，北京师范大学图书馆古籍与特藏部工作人员在学校东门外，接受柴念东捐赠的柴德赓稿本《书目答问补正著作姓名录》二册和柴德赓批校的《书目答问补正》二册。这批赠书将入藏北京师范大学图书馆京师文库。《书目答问补正》线装二册，1931年铅印本，目录学家范希曾著，纠正张之洞《书目答问》中的一些错误。在阅读《书目答问补正》的基础上，柴德赓撰写《书目答问补正著作姓名录》，体现柴德赓独到的目录学眼光，具有很高的学术价值。（北京师范大学图书馆）

【北京地区高校图书馆图情专业基础知识提升培训班在线举办】 10月28—29日，北京地区高校图书馆图情专业基础知识提升培训班在线上举办。此次培训班由北京地区高校图书馆文献资源保障体系培训中心联合北京师范大学图书馆共同举办，旨在加强北京地区高校图书馆交流，提升非图情专业馆员的图情专业知识素养，推动各馆进一步提升业务和服务水平。培训班聘请北京大学信息管理系王子舟、清华大学图书馆杨慧、北京师范大学信息管理系黄国彬、北京师范大学图书馆茹海涛4位老师，课程内容涉及对图书馆事业和职业的解读与展望、信息资源描述、信息服务与馆员信息素养、图书馆业务实践与理论等，重点讲授相关领域的基本概念、核心理论、实践经验、服务案例、研究方法、研究热点和发展趋势，较为全面地覆盖图书馆学基础核心课程内容。来自京津地区40家高校图书馆140余名馆员参加此次培训。（首都图书馆　张小野）

【“铸牢中华民族共同体意识——《红楼梦》版本文献展”在中央民族大学图书馆开展】 12月6日，由中央民族大学图书馆主办、中央民族大学文学院《红楼梦》研学基地联办的“铸牢中华民族共同体意识——《红楼梦》版本文献展”在中央民族大学图书馆开展。此次举办的展览除了馆藏《国初钞本原本红楼梦》（1920）、《增评补图石头记》一百二十卷卷首一卷（1834）、《增评加批金玉缘图说》一百二十回首一卷（1906）等珍贵古籍，还有《红楼梦》甲戌本、庚辰本、戚序本、梦稿本（又称杨藏本）、程甲本等古抄本的影印本，以及人民文学出版社1957—2018年出版的众多排印本。同时在文学院资料室加展《红楼梦》之己卯本、舒序本、蒙古王府本和程乙本等古抄本的影印本，还有红学专家曹立波教授自藏的《绣像红楼梦》（程甲本）影印本。此次展览的突出亮点除了展陈上述各种馆藏《红楼梦》汉语版本，还精心遴选《红楼梦》多语种特色译本，包括蒙古文、藏文、维吾尔文等民族语译本以及英、俄等外译本。（中央民族大学图书馆）

【首都经济贸易大学红庙校区图书馆升级改造项目完成】 9月23日，升级改造后的首都经济贸易大学红庙校区图书馆正式开馆。该升级改造项目开始于4月。9月，红庙校区图书馆完成图书回架20万册、期刊上架342种，增加阅览桌椅、期刊架等专业设备并完成专业设备调试等工作。（首都经济贸易大学图书馆　张哲）

天津市

【概况】 截至2020年底，天津市共有各类高等学校59所，其中本科院校19所、高职高专院校25所、独立院校11所、军事院校4所。

天津高等教育文献信息中心（简称TALIS）共订购数据库23个，其中中文库18个、外文库5个。2020年，为支持思想政治教育和“双一流”学科建设发展，TALIS新增中国共产党思想理论资源数据库（人民出版社）、Nature系列刊（服务范围为天津中医药大学和天津工业大学）、美国医学会（AMA）期刊数据库（服务范围为天津医科大学）等数据库。另外，根据经费状况及使用情况，停订ASP音乐数据库、EBSCO电子期刊数据库、IDL期刊数据库、俄罗斯大全数据库、科学引文索引系列数据库、皮书数据库、万方数据库等数据库。

TALIS结合新形势制定和完善《重大事项研判和请示制度》《数字资源建设工作条例》《培训与学术交流工作管理规定》《网络与信息安全管理实施办法（补充）》《TALIS中心资源建设项目实施办法》等各项规章制度8项。

在充分调研、征求意见的前提下，以实现数

字资源的最大化为目标，进行多方面的项目论证，召开多次的项目任务书制定、专家价格谈判会议、学术委员会会议，协调市教委相关部门，通过招标采购等前期准备工作，完成天津市高等教育公共数字资源新冠肺炎疫情期间使用权运维项目的建设工作，专项资金执行 99.84%；完成 2021 年公共数字资源运维和信息系统建设任务规划申报工作；完成 CNKI、Springer、SCI、EBSCO 数据库天津地区采购方案的编制工作及数字资源使用量的统计分析工作。

举办 2020 年全国高职院校信息素养大赛·天津赛区比赛。各参赛学校利用网站、校园广播、微信公众号等开展宣传活动。针对学生组，比赛以网络答题形式考查学生的信息素养基础知识、信息技能、信息道德判断及解决信息问题的综合能力；针对教师组，比赛以录制微课视频形式考查教师的教学设计、课堂表达等综合教学能力。在全国赛阶段，天津交通职业学院学生袁继伟获得学生组全国一等奖，天津现代职业技术学院老师周华旭、天津职业大学老师杨非分别获得教师组全国一、二等奖。（天津市高校图工委　贾睿）

【“2020 书香天津·大学生校园悦读之星”评选活动举办】 12 月 13 日，在天津市委宣传部、市教委指导下，由天津市全民阅读活动办公室、天津市高校图工委主办的“2020 书香天津·大学生校园悦读之星”总决赛在天津科技大学举行，来自天津 43 所高校的师生代表参加此次活动。活动以“新时代·阅读点燃梦想”为主题，旨在深入学习贯彻习近平新时代中国特色社会主义思想和习近平总书记在学校思想政治理论课教师座谈会上的重要讲话精神，引领当代学生在书籍中汲取营养和智慧，保持健康心态，用阅读汇聚青春正能量。43 名选手登台演讲，分享阅读感悟。经过 5 个多小时的激烈比赛，共产生一等奖 8 名、二等奖 16 名、三等奖 19 名。中国民航大学等 14 所院校获得大赛“最佳组织奖”，天津科技大学等获得大赛“优秀团队奖”。（天津市高校图工委　贾睿）

【南开大学图书馆获批“国家级古籍修复技艺传习中心南开大学传习所”】 6 月，南开大学图书馆获批“国家级古籍修复技艺传习中心南开大学传习所”，成为天津地区高校首家古籍修复技艺传习所，也是天津市第二家传习所。传习所成立后，由天津图书馆和南开大学相关学院的专家传授古籍整理技能、古籍修复技艺、文献装帧艺术、文献版本学等相关理论与技艺，馆员、学生可一起参加学习，在培养古籍修复人才的同时，打造传承优秀传统文化基地。（南开大学图书馆　石乃月）

【南开大学图书馆逸夫馆面向师生重新开放】 2020 年，经过两年多修缮改造，南开大学图书馆逸夫馆面向师生重新开放。空间和服务有了全面提升：阅览座位由原来的 300 个增加到 800 个，同时新设 16 个单人学习间和 4 个多人研讨室；丰富区域类型，增设咖啡休闲区、新媒体体验区、多功能展览区、阅读推广角、朗读厅等“悦享”空间；加强文化建设，新设丽泽活动空间、传统文化展区等优质平台；提升读者服务，拥有图书自助借还系统、智能分拣系统和读者自助服务体系等现代化服务功能。（南开大学图书馆　石乃月）

【天津大学图书馆助力脱贫攻坚】 2020 年，天津大学图书馆面向甘肃省宕昌县图书馆及当地中小学，开展以“翰墨书香　守望相助　阅读悦美　点亮智慧”为主题的期刊捐赠活动，共为宕昌县图书馆和宕昌县 10 所中小学校精心挑选、捐赠期刊 295 种 4105 册，内容涵盖天文、地理、科普、艺术、法制、经济、建筑、体育等多方面。同时，号召广大馆员积极争当扶贫的践行者和宣传员，开展以“520 爱心大放送——为扶贫带货”为主题的系列消费扶贫活动，领导班子成员带领馆员主动化身“带货”达人，为扶贫好物代言，助力宕昌县农产品销售，全体馆员也投入到消费扶贫的行动中。天津大学图书馆申报的扶贫案例《翰墨书香　守望相助　凝心聚力　担当有为——天津大学图书馆扶贫工作小记》被收入《脱贫攻坚与图书馆作为：全国图书馆扶贫案例集》（国家图书馆出版社 2020 年 12 月出版）。（天津大学图书馆　唐慧敏）

【天津科技大学图书馆启动图书馆智慧门户建设工作】 2020 年，天津科技大学图书馆启动图书馆智慧门户建设工作，通过引进基于微服务架构的新一代图书馆服务管理平台，对现有图书馆系统进行全面更替改造，实现图书馆线上、线下服务的全网络、全终端、全资源的深度融合。该门户充分体现了学校特色，可实现以师生需求变化为导向的高度自适应，是一个界面友好、布局合理、导航清晰、功能完备的信息服务平台，平台已上线试运行。（天津科技大学图书馆　赵永强）

【天津音乐学院图书馆开展“文化帮扶”特色活动】 6月，天津音乐学院图书馆直属党支部充分发挥资源优势，开展以蓟州区结对帮扶村为服务对象的“文化帮扶”特色活动。此次活动共向蓟州区尤古庄镇大龙卧村、东大许庄村及李善庄村捐赠图书689种2067册。采编部、流通部、参考咨询部等利用一周时间精心挑选书籍，编制目录，整理装箱，所选书籍涵盖文学、艺术、科技等多个方面，丰富了结对帮扶村村民的文化生活。（天津音乐学院图书馆　吴渊源）

【天津外国语大学图书馆持续推进“特别馆藏数字化建设”项目】 2020年，天津外国语大学图书馆持续推进“特别馆藏数字化建设”项目。累计参与数字化加工文献936人次，完成特藏图书扫描266712页；设计并实施工作机群的联网方案，使数字化工作更标准和规范。特藏数字化工作得到新华社天津分社等多家主流媒体报道。（天津外国语大学图书馆　杨晓娜）

【国产商用飞机特藏室在中国民航大学图书馆揭牌成立】 9月21日，中国民航大学与中国商用飞机有限责任公司合作共建的特藏室揭牌仪式在该校社科图书馆举行。中国民航大学副校长吴仁彪为“国产商用飞机特藏室”揭牌。该室藏有100种民航专业教材，15种ARJ-700机型手册，《大飞机》《民用飞机设计与研究》《智汇商飞》等杂志及《大飞机报》等纸型资料。读者可通过特藏室内的21台计算机登录中国商飞网站查询国产商用飞机的信息、机型信息、32部客户培训视频以及“大飞机的机遇与挑战”“民用飞机总体气动设计”等74个电子课件。特藏室还陈列展出全机高速测力风洞模型、泡沫夹层结构雷达罩试验件、C919大型客机首飞机组橙色连体飞行服、飞机模型等多种展品。（中国民航大学图书馆　宋城成）

【天津商业大学建校建馆40周年】 2020年是天津商业大学建校建馆40周年，天津商业大学图书馆组织人力，搜集、整理图书馆40年发展历程以及相关图文资料，编写馆史《卌载春秋，风华正茂（1980—2020）——天津商业大学图书馆》。9月29日开始组织为期21天的“天商云表白”活动，向全校征集选拔近30份文字及图片作品。（天津商业大学图书馆　吴凤玉）

【天津职业大学图书馆新馆开馆】 8—11月，天津职业大学图书馆完成由旧馆向新馆的整体搬迁，包括近80万册图书的搬运、上架及近500组书架的拆运利旧工作，以及16778卷纸质档案和358件实物档案的搬迁工作。11月28日，新馆开馆启用。新馆总占地面积2.5万平方米，根据功能需求划分出图书借阅区、交流活动区、档案馆和办公区，可实现图书自助借还、24小时借还、活动空间预约、智能咨询、智能盘点、大数据分析等智慧化功能。（天津职业大学图书馆　贾茹）

河北省

【第四届“知网杯”河北省高校图书馆服务创新案例大赛举办】 8月10日，由河北省教育厅、河北省高等学校图书情报工作委员会（以下简称“河北省高校图工委”）主办，河北大学图书馆承办的第四届“知网杯”河北省高校图书馆服务创新案例大赛决赛在线上举办，比赛直播吸引3000余人在线观看。此次活动共计收到47个参赛案例，按照综合类、阅读推广类、资源建设与知识服务类分组评比。各参赛选手围绕各自主题，通过PPT、视频等形式对自己的案例做汇报。参赛案例从资源建设、技术创新、学科服务和阅读推广等多个方面展示图书馆在夯实基础业务、创新服务内容、助力教学科研和发挥社会职能等方面的新举措和新成果，展现出疫情防控工作中，河北省高校图书馆员的专业素养和服务精神。经过一天的角逐，大赛评选出特等奖3名、一等奖6名、二等奖9名、三等奖11名。（河北省高校图工委）

【河北省高校图书馆“书香‘语’录，寄给未来”校园系列创作展示活动落幕】 10月26日—12月31日，河北省高校图工委联合e博在线举办河北省高校图书馆“书香‘语’录，寄给未来”校园系列创作展示活动。活动以书信文字、Vlog视频、图画创作3种不同的创作类型开展，期间共征集来自全省46所高校的4926份作品。经过专业、严格的评选，3个赛区共120组参赛选手获得一、二、三等奖及人气奖，10家社团获得优秀社团奖，5所高校获得最佳组织奖，活动还根据各校组织情况评选出优秀指导老师若干名。（河北省高校图工委）

【“万方杯”2020年全国高职院校信息素养大赛河北赛区举办】 12月6日，“万方杯”2020年全国高职院校信息素养大赛决赛线上举办。大赛注册院校达715所，注册人员合计104万余人，来自全国27个省（自治区、直辖市）的126名学生选手相聚云端，同场比拼。河北省代表队在此次大赛中，5名教师获得“先进工作者”称号，5所院校获得“最佳组织奖”。自2020年8月大赛正式启动以来，河北省高校图工委指导成立大赛组委会，广泛动员，精心组织，全省共有10所高职院校近万名师生参加初赛海选，1337名学生和10名教师进入全省复赛。经过激烈角逐，121名学生分获特等奖和一、二、三等奖，10部教师微课作品获奖，比赛还评选出先进工作者、优秀组织奖等奖项，并择优推荐12名学生、2名教师晋级全国选拔赛。（河北省高校图工委）

【2020年河北省高等学校图书情报工作委员会年会暨馆长高峰论坛在保定召开】 12月24日，由河北省高校图工委主办、河北大学图书馆承办的2020年河北省高等学校图书情报工作委员会年会暨馆长高峰论坛在保定召开。来自河北省高校图工委常委和图书馆馆长50余人出席论坛，与会人员围绕“后疫情时代高校图书馆的资源建设”“面向‘十四五’规划的高校图书馆服务”2个议题展开讨论。与会人员结合各馆实际，针对疫情期间读者服务方式、文献资源保障、智慧化图书馆建设等方面进行分享和探讨，对“十四五”规划中图书馆辅助人才培养、科学研究、社会服务、文化传承与创新等方面的职能发挥交换意见，多角度分析和解读河北省高校图书馆发展现状，为“十四五”时期河北省高校图书馆发展方向提出宝贵意见。（河北省高校图工委）

山西省

【2020年山西省高校图书馆年会在山西师范大学图书馆召开】 11月6日，山西省高校图书馆年会在山西师范大学图书馆举办。全省46所高校127位图书馆工作人员共商“十四五”高校图书馆建设发展大计。教育部高校图工委秘书长陈凌、重庆大学图书馆馆长杨新涯、山西大学图书馆馆长肖珑、太原理工大学图书馆馆长弓培林，分别就后信息时代高校图书馆发展思考、“十四五”高校图书馆规划及信息化发展思路等做主旨报告。山西省高校图工委作为此次年会主办方，还派代表做疫情期间山西高校图书馆服务情况报告、山西高校图书馆2019年发展报告并报告2020年下半年工作安排。（山西大学　赵冬梅）

【山西省高校图工委、山西大学图书馆联合举办“毕业论文写作与学术规范”信息素养线上培训班】 疫情期间，为强化全省高校学生学术规范意识，提高检索、利用文献的能力，提升毕业论文写作技能与水平，养成良好的学术习惯，3月20日，山西省高校图工委、山西大学图书馆在全省联合举办“毕业论文写作与学术规范”信息素养线上培训班。培训主要面向全省高校毕业生开展，30所山西省高校的6601名同学预约报名，同时也吸引不少省外高校的学生报名参加，报名总人数达7000余人，开创山西省高校图工委线上培训的先例，效果显著，为今后线上讲座的开办积累丰富的经验。（山西大学　赵冬梅）

【2020年山西高校图书馆信息素养馆员研讨培训会在山西大学召开】 12月9—11日，由山西省高校图工委主办的2020年山西高校图书馆信息素养馆员研讨培训会在山西大学召开。此次研讨培训会邀请山西大学图书馆馆长肖珑、北京大学研究馆员张春红、清华大学副研究馆员王媛全程授课并带班辅导，全省24所高校81位同人参加培训。培训主要涉及信息素养方面

的知识，包括信息素养培养的理念和教学的方法、图书馆如何提高参与度和存在的价值、信息素养型馆员应具备的教学和培训能力等内容。此次培训对于校园文化建设及图书馆的可持续发展起到了重要的作用。（山西大学　赵冬梅）

【山西大学云冈学研究院暨北京大学—山西大学云冈学研究中心在山西大学图书馆揭牌成立】 10月23日，山西大学云冈学研究院暨北京大学—山西大学云冈学研究中心揭牌仪式举行，中国科学院院士韩启德、山西大学党委书记王邦维共同为“山西大学云冈学研究院”揭牌。该研究院位于太原市图书馆3层，依托山西省丰富的文化遗产资源，聚焦民族融合、佛教考古等重大课题，联合北京大学等校内外优势科研力量，采取多学科交叉的研究方法，推动云冈学研究向纵深发展。为此，山西大学图书馆成立云冈学文献中心，作为服务机构隶属于山西大学云冈学研究院和山西大学图书馆特藏部，重点收藏云冈石窟和北魏平城时代的相关研究资料，为山西的文化遗产保护和传承做出应有贡献。（山西大学　赵冬梅）

【山西财经大学图书馆新馆投入使用】 3月16日，山西财经大学正式启动新图书馆搬迁工作，历时6个月，截至8月31日完成全部图书资料、核心机房、办公和阅览家具的搬迁。新馆馆舍面积33919.03平方米，设计座位3690个、藏书230万册。9月开始，分批启用部分阅览区域试运行。12月底，经过半年的运行与完善，山西财经大学图书馆新馆全面开放服务。新图书馆的搬迁完成和投入使用，标志着山西财经大学校园基础设施建设水平进一步提高，教学服务环境与办学条件进一步改善。山西财经大学图书馆已建设成为集丰富的馆藏文献资源服务、多维度的空间资源服务、体系化的用户综合素养提升服务与信息化、智能化新兴技术高度融合的现代化高校专业信息资源服务机构。（山西财经大学　孙梅）

【太原科技大学图书馆助力学校工程学进入ESI前1%学科】 太原科技大学图书馆积极推进学科服务，定期推送《太原科技大学ESI学科表现分析报告》，为了解学校学科发展现状，发现重点学科、潜力学科，优化学科布局提供事实依据。2020年7月，学校工程学首次进入ESI前1%学科，实现学校ESI学科零的突破。同时，图书馆为提升学校师生发文质量，面对ESI学科、优势学科定期推送ESI期刊列表。（太原科技大学　张燕　杨敏）

【太原理工大学图书馆获批成为“高校国家知识产权信息服务中心”】 2020年，太原理工大学图书馆获批成为“高校国家知识产权信息服务中心”。太原理工大学图书馆完成学校ESI学科快报6份，以及近5年本校专利分析报告、近5年论文产出全景分析报告。全面推进“学科服务进学院”，组织开展线上专利培训，利用星期五讲座在全校范围内开展信息素养提升计划讲座7场，高度重视与政府企业合作，与灵石县委、人大、政府共同开展灵石县能源产业调研，与政府、企业签订知识产权服务合同4份。（太原理工大学　李丽）

【山西工程技术学院图书馆新馆启用】 2020年10月，山西工程技术学院图书馆新馆启用。新馆馆舍总面积为2.4万平方米，共6层，馆藏纸质图书91.2万册，电子图书32.8万册，数字资源库15个，各类型阅览座席2600余个，供读者使用的计算机数量200余台，开放时间为早7点至晚10点。图书馆采用大开间、无障碍、联通式空间布局，竭诚为广大读者打造“一步一景、一景一境”的舒适环境。实现自助图书馆系统和无线网络全覆盖，可提供“藏借阅咨检”一体化服务，文献查询、数字阅览、自助借还和图书3D导航等智能化服务，以及参考咨询、信息开发、远程阅读、教育培训、休闲交流等全方位服务。山西工程技术学院图书馆在馆舍建筑、管理服务和现代化建设等方面都有所提升，已建成为集学习研究、信息发现、知识创新与休闲体验于一体的校园学术文化中心。（山西工程技术学院　张亚姝）

内蒙古自治区

【内蒙古民族大学图书馆“蒙古族非物质文化遗产系列阅读推广”屡获殊荣】 8月24日，在内蒙古自治区第二届阅读推广优秀案例评选活动中，内蒙古民族大学图书馆提交的“蒙古族非物质文化遗产系列阅读推广”“品牌期刊溯源展”“角色换位体验挑战赛”分别荣获一等奖、三等奖和优秀奖，研究馆员包金花被评为“优秀阅读推广人”。“蒙古族非物质文化遗产系列阅读推广”通过线上+线下、主题图书推荐、文化讲座、素质教育课程等方式，全方位、立体推广蒙古族非物质文化遗产，目前已完成蒙古族长调民歌、科尔沁民歌（诗歌）、蒙古族刺绣、英雄史诗《格萨（斯）尔》等推广活动。12月28日，中国图书馆学会公布2020年高校图书馆阅读推广案例风采展示活动评审结果，“蒙古族非物质文化遗产系列阅读推广”“品牌期刊溯源展”分别荣获金榜案例和创新案例奖。（内蒙古自治区图书馆学会　乌兰格日勒　李文清）

【内蒙古农业大学“高校国家知识产权信息服务中心”正式授牌】 9月25日，由国家知识产权局主办的技术与创新支持中心（TISC）及高校国家知识产权信息服务中心交流研讨活动在山东济南举行，内蒙古农业大学被正式授牌“高校国家知识产权信息服务中心”，内蒙古农业大学图书馆馆长付学良代表知识产权信息服务中心接受授牌。内蒙古农业大学知识产权信息服务中心于2019年成立，是全区第一家高校知识产权信息服务中心。（内蒙古自治区图书馆学会　乌兰格日勒　李文清）

【内蒙古科技大学举办知识产权服务中竞争情报分析高级研修班】 10月12—17日，知识产权服务中竞争情报分析高级研修班在国家知识产权局与内蒙古自治区人力资源和社会保障厅的大力支持下，在内蒙古科技大学举办。此次研修班邀请国内知识产权业界知名专家、学者做专题报告，在全国上百位报名者中遴选出学员70人。专家们的报告囊括知识产权价值评估、专利技术转化、竞争情报分析等多方面的重大前沿问题，涉及数据处理和专利分析多种研究方法，以课堂教学、实操训练、分组讨论等多种方式开展培训，并对学员学习效果进行严格考核后，为合格学员颁发结业证书。（内蒙古自治区图书馆学会　乌兰格日勒　李文清）

【内蒙古师范大学图书馆举办“师说·书韵”奶茶学术沙龙系列讲座】 11月3日，内蒙古师范大学图书馆在盛乐校区图书馆学术报告厅举办首期“师说·书韵”奶茶学术沙龙讲座，首期讲座题目为“茶说——从奶茶谈起”，主讲嘉宾王来喜。来自学校科技处、民族学人类学学院的专家担任点评嘉宾，150余名学生参与活动。11月23日，举办第二期讲座，题目为“以师为范——新时代教师素养与能力”，邀请第三届、第五届全国高校青年教师教学竞赛的4位获奖老师及相关专家，与同学们分享教学成长的心路历程、竞赛心得、教学趣闻，共同探讨新时代教师发展的内涵，参与学生200余名。12月3日，举办第三期讲座，题目为“文化融通下的民族团结、共同体意识的音乐见证：从漫瀚调说起——中华民族共同体意识的文化底蕴”，由内蒙古新闻联播主播张浩主讲，参与师生近千名。（内蒙古自治区图书馆学会　乌兰格日勒　李文清）

【内蒙古医科大学图书馆开展传统医学“真人图书馆”活动】 11月，内蒙古医科大学图书馆传统医学文献信息部开展传统医学“真人图书馆”活动。活动围绕“知识改变命运，培育家国情怀，报效祖国”主题开展，邀请蒙医药传承人松林，蒙医药老专家布仁达来、乌仁图雅，中医医史文献学专家孟永亮等人，讲述知识改变命运的人生故事，分享读书治学的经验体会。（内蒙古自治区图书馆学会　乌兰格日勒　李文清）

【2020内蒙古自治区高校信息素养教育研讨会暨“桃李杯”信息素养大赛颁奖典礼在内蒙古大学召开】 12月18日，由内蒙古自治区高等学校图书馆工作委员会主办、内蒙古大学图书馆承办的2020内蒙古自治区高校信息素养教育研讨会暨“桃李杯”信息素养大赛颁奖典礼在内蒙古大学召开。研讨会由自治区高等学校图书馆工作委员会主任、内蒙古大学图书馆馆长刘实主持，主讲嘉宾为教育部高等学校图书情报工作指导委员会副主任兼信息文化建设组组长崔波，自治区教育厅领导、自治区各高校图书馆馆长、信息素养教育教师、大赛优秀组织者、大赛优秀指导教师、高职高专微课赛优秀教师、高职高专区赛最佳辅导教师、大赛获奖学生代表等出席。此次大会对包含内蒙古大学

图书馆在内的多家图书馆和老师进行奖励，分别授予优秀组织奖、优秀指导教师等荣誉称号。（内蒙古自治区图书馆学会　乌兰格日勒　李文清）

辽宁省

【辽宁省高校图书馆“十四五”规划专题研讨会（线上会议）举行】 7月15日，由辽宁省高等学校图书情报工作委员会主办、辽宁省高等学校图书情报工作委员会战略规划研究组承办、同方知网（北京）技术有限公司辽宁分公司协办的辽宁省高校图书馆“十四五”规划专题研讨会（线上）召开。作为战略规划研究组的组长单位，辽宁师范大学图书馆全程策划组织了此次云端会议。开幕式由辽宁师范大学图书馆馆长杨春宇主持，辽宁省图书馆学会副理事长、辽宁省图书馆副馆长杜希林，辽宁省高校图工委秘书长刘盛强，同方知网（北京）技术有限公司辽宁分公司总经理乔洪海分别致辞。北京大学图书馆馆长陈建龙、中国科学院文献情报中心期刊出版运营总监初景利、华中师范大学教授李玉海、上海师范大学研究馆员蔡迎春分别以《“十四五”规划中高校图书馆的战略问题》《学术图书馆“十四五”规划的若干关键问题》《四维视角的高校图书馆“十四五”规划》《高校图书馆“十四五”规划发展环境扫描》为题做报告。大连医科大学王虹菲、辽宁大学查志强、中国医科大学郭继军等十几位省内高校图书馆馆长，结合自身从事图书馆战略规划工作的实践经验和各馆实际，分别就图书馆战略规划的责任、使命等诸多问题进行广泛而深入的研讨。省内各高校同人500余人同时在线参加专题研讨会。（辽宁师范大学图书馆　李海瑞）

吉林省

【东北师范大学图书馆积极抗疫，多项举措服务教学】 3月，东北师范大学图书馆按照教育部“停课不停学、停课不停教”在线教学、辅导、考试全部网上进行的指导思想，积极应对疫情变化，及时调整服务方式以满足在线教学需求，实施多项举措支持教学工作的顺利开展。在图书馆自建课程平台Blackboard（简称Bb）平台新建2748门课程，对Bb平台进行功能升级和扩容，确保使用高峰时所有课程正常运行；开设“Bb建课入门”课程，制作《战“疫”线上教学指南》《应急版Bb平台教师手册》《手把手教你用Bb（学生版）》，帮助师生快速上手使用Bb平台；通过多轮调研和测试，向教师推荐“钉钉在线课堂”作为备用在线教学平台，协调中国联通作为钉钉服务商提供全程服务，与Bb平台一起构建“云课堂”；组建专业教师团队，提供7×24小时在线实时指导和问题咨询；在图书馆官方新媒体平台上开设“研学战疫”专栏，汇总校内外资源免费访问方式；与中国教育和科研计算机网合作开通“统一认证和资源共享”，使师生可以不通过VPN直接访问学校电子资源等。（东北师范大学图书馆）

【东北师范大学图书馆获批成为“国家中小企业公共服务示范平台”】 12月，东北师范大学图书馆获批成为2020年度“国家中小企业公共服务示范平台”。该平台由工业和信息化部组织评审，经省级主管部门推荐、专家评审和公示等程序，全国共有214家单位获批，其中仅有2所高校。东北师范大学图书馆2017年获批成为“国家专利文献信息服务网点”，2019年获批成为全国首批“高校国家知识产权信息服务中心”，同年被评为“吉林省中小企业公共服务示范平台”。（东北师范大学图书馆）

【白城医学高等专科学校图书馆新馆投入使用】 9月10日，白城医学高等专科学校图书馆新馆正式投入使用。新馆建筑面积21605平方米，共有6层，地下1层地上5层，设有阅览座位2000多个。全馆采用“全开放、大空间”的建筑格局。1层为校史长廊、人体生命科学馆、中医药文化馆，2层至5层为图书阅览区。馆内设有自助借还书系统设备，互联网终端配备充足，馆内实现无线网络全覆盖；设有电子阅览区、多功能放映厅等。馆藏图书73.1万种101万册。经过60多年的建设发展，白城医学高等专科学校图书馆逐步形成以医学专业图书为主，人文社科书籍为辅的藏书体系和“尊重读者，服务教研”的办馆理念。（白城医学高等专科学校图书馆　耿恺悌）

【长春工程学院图书馆荣获中国图书馆学会全民阅读示范基地】 2020年，长春工程学院图书馆荣获中国图书馆学会“全民阅读示范基地”称号。2019年，长春工程学院图书馆将阅读推广活动贯穿全年，以“读书季”“毕业季”“迎新季”“收获季”阅读为主线，全年开展“经典诵读”“讲书堂”“真人图书馆”“阅读推广大使评选”等阅读推广系列主题活动30余项，营造了浓厚的阅读氛围，受到师生的欢迎。（长春工程学院图书馆　赵闯）

【长春建筑学院图书馆开展“书香战疫·共克时艰·助力教学研”服务】 2020年，面对新冠肺炎疫情，长春建筑学院图书馆建立“疫情应急服务机制”，通过“线上＋线下”的服务模式，借助数字资源和网络技术，发挥图书馆在信息服务和资源保障方面的作用，为全校广大师生提供海量的线上资源，搜集整理81个资源平台，其中包括102个数据库、14个出版社及知名大学图书馆学习平台、5个视听资源平台、39个学术网站、中英文论文链接4000余万篇、免费电子书540余万种和全球免费电子图书馆及在线参考工具。截至4月，图书馆微信公众号发布各类型资源及文件总计279篇，读者阅读量为23590人次，资源使用量3502246次。（长春建筑学院图书馆）

【吉林农业科技学院第五届“文化月”系列活动开启】 10月19日，吉林农业科技学院第五届“文化月”系列活动正式开启。此届“文化月”系列活动，充分利用图书馆新建成的多功能空间，包括利用影音欣赏空间，开展影视作品欣赏、演讲比赛、讲座等活动，播放国内外优秀影视作品、红色电影，利用传统文化共享空间，开展“汉风华裳”汉服文化交流活动、传统文化讲座等，利用书画拓展空间，开展师生的书法、国画讲座和交流活动等。（吉林农业科技学院图书馆　高源）

黑龙江省

【概况】 2020年，黑龙江省有高校图书馆81所，其中本科院校图书馆39所（含民办12所）、高职高专院校图书馆42所（含民办6所）。各馆均保持每周90小时以上对校园读者开放，并积极响应国家全民阅读的新风尚，推进校园文化建设，开展丰富多彩、形式多样的阅读推广线上活动。借鉴其他省、市经验，完善自身的运行机制、合作模式和服务方式。发挥组织机构和学术团体的双重功能，促进和完善黑龙江省高等学校图书情报工作委员会（以下简称“黑龙江省高校图工委”）和CALIS省中心职能融合共建。黑龙江省高校图工委持续传承特色发展、内涵发展、共同发展的价值取向和使命担当，联合省内各个高校图书馆，共同推进黑龙江省高校图书馆事业繁荣发展。（黑龙江省图书馆学会秘书处）

【2020年度“中科杯·勇往职前·大学生就业技能与知识竞赛”开展】 4月16日—5月16日，由黑龙江省高校图工委主办、东北林业大学图书馆协办、中科软股教育科技（北京）股份有限公司承办的“中科杯·勇往职前·大学生就业技能与知识竞赛”在黑龙江地区全面开展，来自57所图书馆的近11000名同学参与。参赛学子以竞赛为契机，切实掌握求职技巧、就业常识与职场规则，提高对学校图书馆馆藏数字资源的重视程度和利用效率，了解和使用中科JobLib就业创业知识总库，充分利用丰富的学习资源与实用功能提升自身的综合能力。经过角逐，此次竞赛共评出特等奖1名、一等奖10名、二等奖15名、三等奖40名、优秀奖200名，最佳组织奖和优秀组织奖各10名。（黑龙江省图书馆学会秘书处）

【“以爱［A.I.］之名，品阅留声”黑龙江高校图书馆2020年度“外研讯飞”杯英文诵读大赛线上举办】 4月20日—5月20日，由黑龙江省高校图工委、北京外研讯飞教育科技有限公司联合举办的此次英文诵读大赛在线上举办。该活动旨在以赛促学，通过在线赛事展示当代大学生青春向上的精神风貌，同时推动大学英语教学信息化建设与学习方式变革，全面激发高校教与学活力。经过评委会评选，最终确定特等奖2名、一等奖5名、二等奖10名、三等奖20名，5所院校图书馆获最佳组织奖。（黑龙江省图书馆学会秘书处）

【黑龙江省高校图工委第九届四次副主任扩大会议暨哈尔滨工业大学图书馆改造升级开馆交流会召开】 10月23日，黑龙江省高校图工委第九届四次副主任扩大会议暨哈尔滨工业大学图书馆改造升级开馆交流会在哈尔滨工业大学图书馆召开，来自黑龙江大学、东北农业大学、哈尔滨商业大学等高校图书馆的25名代表出席。会议通报根据国家精神开展的2020年度业务与学术工作；根据黑龙江省工作需求召开的会议及开展的系列读者活动；落实CALIS中心、黑龙江省图书馆学会、中国图书馆学会上级部门布置的工作任务；重点强调资源共享和融合共建工作，汇报成立专业委员会后的一系列推进工作，为促进黑龙江省高校图书馆事业发展提供重要的理论和实践指导。（黑龙江省图书馆学会秘书处）

【哈尔滨工业大学科学家精神宣传教育基地揭牌仪式举行】 12月7日，哈尔滨工业大学科学家精神宣传教育基地揭牌仪式在该校图书馆举行，校党委宣传部、博物馆、档案馆、图书馆有关领导出席活动。此基地是由哈尔滨工业大学图书馆申请，通过中国科学技术协会审批立项的2020年度学风建设资助计划项目，基地通过开办线上、线下主题图片展览和主题图书展等形式，带领师生重温“哈工大八百壮士”精神，学习了解中国杰出科学家以及老一代航天人的先进事迹，弘扬科学家精神，为国育百年良才。（黑龙江省图书馆学会秘书处）

上海市

【概况】 2020年，上海市普通高等学校共64所（本科院校32所、高职高专及民办本科32所）。高校图书馆文献资源购置费投入逐年增加，文献资源累积量稳步增加，其中电子资源的购置经费比例呈现上升趋势，电子资源下载量大幅提升。部分院校图书馆的馆舍面积、读者座位略有增加。上海市高等学校图书与情报工作委员会（以下简称“上海市高校图工委”）联合开展数字资源建设，组织开展上海地区数字资源单一来源采购论证，为上海各高校图书馆数字资源建设提供专业保障。组织开展数据库联合采购谈判，最终6个数据库联采成功，为上海各高校图书馆节省了资源建设经费。继续推广使用长三角地区高校图书馆联盟订购的电子资源，促进区域共享。2020年，组织开展全市范围高校图书馆学术研讨等活动。举办“馆配数据服务云培训”“高校图书馆战略发展与‘十四五’规划暨2020年长三角地区高校图书馆馆员职业能力线上培训”“‘十四五’上海和长三角地区高校图书馆协同发展专家咨询会”。组织参加“第十三届服务创新论坛”，联合举办“第三届高校知识产权信息服务中心联盟年会暨培训研讨班”。开展上海市高校图书馆2018—2020年度评选先进活动，以表彰为上海市高校图书馆事业做出优异成绩的集体及个人，并对2020年度在抗击新冠肺炎疫情期间为保障教学科研做出突出贡献的典型事例加以宣传推广。编制发布《2019上海市高校图书馆发展报告》。（上海市图书馆学会）

【高校图书馆战略发展与“十四五”规划暨2020年长三角地区高校图书馆馆员职业能力线上培训举办】 7月29日，由长三角高校图书馆联盟与上海市高校图工委共同主办、上海大学图书馆承办的此次培训在线上正式举办。培训主要围绕长三角地区一体化发展战略，聚焦高校图书馆“十四五”规划战略制订、图书馆知识服务改革、智慧图书馆建设等热点问题展开。来自长三角地区202所高校和单位的531位学员参加。（上海市图书馆学会）

【“十四五”上海和长三角地区高校图书馆协同发展专家咨询会举行】 9月29日，“十四五”上海和长三角地区高校图书馆协同发展专家咨询会在上海交通大学徐汇校区举行。来自14所上海市高校图工委常委馆的16位专家，就“十四五”期间上海地区与长三角地区的协同发展议题，结合图书馆发展实际和未来发展需求，提出包括在长三角一体化示范区建立密集书库、制订电子资源存档和分布存储计划、发布图书馆行业报告、设立智慧图书馆研究课题、协同推动科研数据目录建设、与上海市财政局联合发布数据库单一来源论证报告等多项切实建议。（上海市图书馆学会）

【2020年上海市高校图工委年终总结大会举办】 12月11日，由上海市高校图工委主办、上海大学图书馆承办的2020年上海市高校图工委年终总结大会在上海大学举办，来自上海市42所高校图书馆的领导、馆员代表近100人

参会。会议发布《2019 年上海高校图书馆发展报告》。会上还举行上海高校图书馆 2018—2020 年度评优颁奖仪式，此次共评选出先进集体 10 个、先进馆长 10 人、先进个人“服务之星”20 人、先进个人“学术之星”5 人、先进个人“杰出成就”5 人、先进案例“创新实践”类 20 例、先进案例“抗疫先进”类 10 例。（上海市图书馆学会）

【2020 年智慧图书馆建设学术研讨会在复旦大学召开】 2020 年智慧图书馆建设学术研讨会于 11 月 13 日在复旦大学进行，并在线上平台同步直播。来自全国各地高校图书馆、公共图书馆和图书馆行业优秀企业的线下 50 余位代表、线上 4000 余位参会人员出席会议。复旦大学副校长陈志敏，上海市图书馆学会理事长、上海图书馆副馆长周德明，上海市高校图工委主任、上海交通大学图书馆馆长李新碗等专家领导出席会议并致辞。会议现场举行“复旦—阿法迪共建智慧图书馆学研究中心”揭牌及授证仪式，复旦大学图书馆馆长、研究中心主任陈思和，上海阿法迪智能标签系统技术有限公司联席董事长罗会云分别发言。（上海市图书馆学会）

【沈自尹中西医结合展厅在复旦大学图书馆揭幕】 12 月 16 日，沈自尹中西医结合展厅在复旦大学图书馆医科馆揭幕，复旦大学党委书记焦扬出席揭幕仪式并向沈自尹院士家属颁发捐赠证书。沈自尹是中国科学院院士、复旦大学附属华山医院终身教授，1952 年 7 月毕业于原上海第一医学院。2019 年，沈自尹之女沈蔚代表家人将院士史料悉数捐赠给复旦大学图书馆医科馆收藏、展览，以激励后辈医学同人，并向大众普及中西医结合事业，沈自尹中西医结合展厅因此而建。复旦大学先后数次分批接收沈自尹家属捐赠的奖状、证书、手稿与其生前使用过的实物史料共 975 件，其中有程十发和赵朴初赠送给沈自尹的 2 幅书画作品，弥足珍贵。（上海市图书馆学会）

【上海交通大学图书馆举办“4 · 23”世界读书日系列活动】 4 月 23 日，上海交通大学图书馆以“书香暖心，汲取知识的力量”为主题，发布读者年度及疫情期间阅读报告。图书馆主馆大厅阅读空间建成并正式开放使用，含瀑布流电子借阅系统、智能书法体验设备、钢琴等设施，集阅读、学习、休闲、交流、互动体验等功能于一体。与上海交通大学出版社合作设立无人值守的诚信书店“菊生书苑”，为师生读者提供涵养身心、舒缓情绪的文化阅读空间。启动首期上海交通大学信璞耕读奖学金，以鼓励热爱阅读和独立思考的在校优秀学生。（上海市图书馆学会）

【上海交通大学举办学习习近平用典大赛】 9—10 月，上海交通大学宣传部、工会、图书馆按照“‘践行新思想，奋进新时代’思想政治引领活动”的要求，面向全校职工举办“赛经典名句，促‘四史’学习——上海交通大学学习习近平用典大赛”活动。经各单位初赛选拔，共有 27 家单位的 77 名选手入围复赛，30 名选手进入决赛。此次比赛集经典性、创新性于一体，影响力大且辐射面广，教师参与度高，促学效果明显，从参赛选手开始，扩展到整个校园，掀起一股学经典、用经典，推动“四史”学习教育的热潮。大赛被人民网、新华网、央广网等主流媒体报道，获得广泛好评。（上海市图书馆学会）

【同济大学德文图书馆推出“同济与德国的百年故事”系列活动】 2020 年秋季学期新生入学之际，同济大学德文图书馆与中德校园、中德学部、中德人文交流研究中心、德国研究中心联合推出“同济与德国的百年故事”系列活动，包括举办“中德合作　共塑未来”——同济大学与德国的合作交流展览、“早期同济大学历史与德国的渊源”、“德国历史漫谈”、“德国学者在同济”等主题系列讲座 4 场，“一键解锁同济对德机构　做一名乘风破浪的大学生”“同济校友在德国”主题沙龙 2 场。活动以线上、线下同步开展的形式，介绍同济大学与德国之间深厚的文化交流渊源，讲述同济人在百年合作交流中的故事，突显“同心同德同舟楫　济人济事济天下”的同济精神内涵。（上海市图书馆学会）

【同济大学图书馆文権堂揭牌】 11 月 1 日，同济大学图书馆文権堂揭牌。文権堂以“传统博雅、山河筑梦、国际融合、科艺同源、芥舟济艺”为主要内容，通过专题展览、讲座沙龙、文艺鉴赏、实践体验等方式丰富同济师生的文化生活和文化实践，以推广中华优秀传统文化、革命文化和社会主义先进文化，推广学科文化及海派文化，传承同济精神，围绕立德树人根本任务开展一系列文化育人工作。2020年，文榷堂获“上海市高等学校图书情报工作委员会2018—2020年先进案例——创新实践奖”，被新华社、《光明日报》、学习强国、上海教育电视台等校外媒体报道14次，其中新华社报道累计阅读超过69万次。（上海市图书馆学会）

【华东师范大学图书馆新发现钱锺书英伦藏书4种】 8月，华东师范大学图书馆新发现钱锺书英伦藏书4种，其中有签名、钤印，以及大量未刊批注。这4种西文藏书内容为西方文学研究，购买时间为1935—1938年钱锺书与杨绛旅欧时期，与《钱锺书手稿集·外文笔记》中笔记记录时间重合，是钱锺书西洋文学知识积累的重要阶段。其中3种为19世纪末版本，1种为1930年精装版本。4种书上有钱杨二人的存藏印记。藏书印2种，分别为钱杨二人共有的“海天鹣鲽”和钱锺书的“中書君”，还有钱杨二人的手书花体签名，并注有购买时间与地点。（上海市图书馆学会）

【华东师范大学图书馆向云南寻甸捐赠图书】 自2019年底起，华东师范大学图书馆发起向云南省寻甸县捐赠图书行动，得到全校师生的积极响应，收到许多师生的爱心捐赠。同时，在图书馆举办的“新春人人书写春联”活动中，特别增设春联义卖环节，义卖所得钱款全部由图书馆采购相关图书捐赠给寻甸县。截至2020年4月底，图书馆募集图书、期刊共计1590册。5月6日，华东师范大学党委书记梅兵、副校长孙真荣一行赴寻甸县开展扶贫调研，并将这批图书连同学校其他物资一起捐赠当地政府。（上海市图书馆学会）

【厄瓜多尔驻上海总领事向华东师范大学图书馆捐赠出版物】 11月10日，厄瓜多尔驻上海总领事馆总领事Franklin Gustavo Chávez Pareja等访问华东师范大学，并代表厄瓜多尔驻华使馆向华东师范大学图书馆捐赠西班牙语书籍、CD出版物共计194件，旨在推动中国高校师生对厄瓜多尔文学、艺术等领域的了解，助推联合科研合作，并为华东师范大学与厄瓜多尔高校及机构的合作牵线搭桥。（上海市图书馆学会）

【“上海·党的诞生地巡展”在上海大学图书馆举行】 9月18日—10月15日，由中共上海市委宣传部指导，中共上海市市级机关工作委员会、中共上海市委党史研究室、上海大学联合主办，上海大学组织人事部、党委宣传部（文明办）、图书馆联合承办的“‘初心之地　红色之城’——上海·党的诞生地巡展”在上海大学校本部图书馆举行，传递红色记忆，彰显中国共产党的信仰之力、理想之光、使命之艰、担当之要。（上海市图书馆学会）

【上海对外经贸大学古北图书馆全新开馆】 上海对外经贸大学古北图书馆经全新改建于9月正式开馆，总面积2400平方米，藏书量20万册，阅览座位400余个，拥有电子图书近219万册、电子期刊6.5万种、中外文数据库近百个。古北图书馆设计功能多样，空间布局简约大方，是一个全开架、自助式的多功能现代化图书馆，集“藏、借、阅、咨”多功能于一体，拥有便捷的智能化管理系统，一站式自由出入，精细化座位管理系统支持读者在线座位预约，家具等设施的设计人性化，可满足读者多元需求，多功能空间全方位支持读者个性化需求，多类型自助化设备设施充分提升服务效率，图书借阅支持与松江主馆通借通还。（上海市图书馆学会）

【范祖德向上海杉达学院图书馆捐赠珍藏图书】 11月20日，上海交通大学原副校长范祖德向上海杉达学院图书馆捐赠《钱学森年谱》等51册珍藏图书。上海杉达学院校长助理、嘉善光彪学院常务副院长陈春峰，图书馆馆长陈少川，嘉善光彪学院副院长龚发志、党总支书记刘婷婷等出席此次“情系教育，传递书香”图书捐赠仪式。图书馆将设置专柜珍藏这些图书并做好对外借阅工作。（上海市图书馆学会）

【上海工商职业技术学院图书馆举办“图画战疫主题征集活动”】 4月23日，上海工商职业技术学院图书馆举办“图画战疫主题征集活动”，让每一位师生在读书活动中学习抗疫榜样，感受抗疫过程中的点滴爱心与感动。此次征集活动为期1个月，共征集作品16件，投稿作品包括普及疫情防控科学知识、对一线人员的敬仰感谢、快乐“蜗居”生活、疫情防控点滴小事、疫情期间的日常等主题。每份作品都表现该校师生在疫情期间做出的努力与贡献，体现全校师生对抗疫一线人员的支持与敬意。（上海工商职业技术学院图书馆）

江苏省

【概况】 2020年，自新冠肺炎疫情爆发以来，江苏省各高校图书馆高度重视，深入学习贯彻党中央关于加强党的领导、打赢疫情防控阻击战的有关精神，坚决贯彻落实关于疫情防控的系列决策部署，严格按照党中央、国务院、江苏省委省政府及各学校要求，依靠全体馆员的力量，建立健全疫情联防联控机制，严格执行疫情防控相关预案，严格落实宣传教育、值班值守、信息报告等制度，做到众志成城、严防死守，坚决打赢这场新冠肺炎疫情防控阻击战。河海大学、南京师范大学、常州信息职业技术学院、西交利物浦大学、江苏经贸职业技术学院、中国矿业大学、连云港师范高等专科学校、南京工业职业技术学院、苏州大学、无锡职业技术学院、中国药科大学、南京农业大学、南京信息工程大学等高校图书馆多渠道发布图书馆数字资源远程获取方案，帮助师生获取更多的增值服务和免费资源。南京医科大学图书馆积极为附属医院开展信息服务，成立“新冠肺炎文献服务突击队”，通过QQ群、电话等形式为图书馆联盟成员提供信息服务，尽力满足附属医院提出的各类问题，传递各类文献近1000篇；南京中医药大学图书馆及时整理国内外48种与新冠病毒研究相关的电子资源，定期集成发布，并有针对性地申请开放世界传统药物专利数据库，以便校内外专家学者及时掌握国内外新冠病毒相关研发信息。（江苏省图书馆学会　李浩　董莹）

【江苏省高校数字图书馆（JALIS）管理中心办公会议在南京大学图书馆召开】 8月20日，江苏省高校数字图书馆（简称JALIS）管理中心办公会议在南京大学图书馆召开，JALIS管理中心领导小组在南京成员参会。会议由JALIS管理中心主任、南京大学图书馆馆长程章灿主持。程章灿通报江苏省教育厅相关工作部署及中心近期主要工作。JALIS管理中心副主任、南京大学图书馆副馆长罗钧通报中心近年相关JALIS项目及经费的实施和运营情况。全体成员讨论中心2019年度经费实施计划、2020年度经费申请预算，部署中心项目审核、验收的方式方法。（江苏省图书馆学会　李浩　董莹）

【江苏省多所高校获得“高校国家知识产权信息服务中心”授牌】 9月25日，由国家知识产权局主办的技术与创新支持中心（TISC）及高校国家知识产权信息服务中心交流研讨活动在山东济南举行。在江苏省高等学校图书情报工作委员会（以下简称“江苏省高校图工委”）的积极支持、协助下，南京大学、东南大学、南京农业大学、江南大学、中国矿业大学、江苏科技大学等6所江苏省高校在此次活动中被正式授牌“高校国家知识产权信息服务中心”。连同第一批入选的南京工业大学，以及先后获得技术与创新支持中心授牌的江苏大学、南京理工大学，全省共有9所高校成为“高校国家知识产权信息服务中心”。（江苏省图书馆学会　李浩　董莹）

【2020图书情报与档案管理青年学者论坛在南京大学召开】 11月2日，2020图书情报与档案管理青年学者论坛在南京大学南大国际会议中心召开。此次论坛由南京大学信息管理学院、图情档39青年学者沙龙、武汉大学信息管理学院、中国人民大学信息资源管理学院和北京大学信息管理系联合主办，主题为“学科理论与实践的对话”。论坛开幕式由南京大学信息管理学院院长孙建军主持，北京大学、武汉大学、南开大学、中山大学等20多所大学的院系主任和学科带头人到会，围绕图书情报与档案管理的理论及前沿、学科发展、人才培养、行业实践需求展开充分交流和讨论。会议采用线上与线下结合的方式，共有150余人线下参会和8353人次线上参会，是国内图情档青年学者相互学习与交流的盛会。下一届图书情报与档案管理青年学者论坛将在北京大学举办。（江苏省

图书馆学会　李浩　董莹）

【江苏省高校图工委情报咨询专业委员会2020年学术年会在扬州大学召开】 11月7—8日，江苏省高校图工委情报咨询专业委员会2020年学术年会暨情报咨询成果交流会在扬州大学召开。会议以“疫情防控下的情报咨询发展”为主题，会议内容包括专题报告、成果交流、个人表彰等。来自江苏省50多所高校图书馆的专家、业务代表近150人出席大会。此次年会由河海大学图书馆主办，扬州大学图书馆承办。扬州大学校党委常委、组织部部长薛小平，江苏省高校图工委副主任、东南大学图书馆馆长李爱国致开幕词。江苏省高校图工委情报咨询专委会主任、河海大学图书馆馆长余达淮做情报咨询专委会工作报告。开幕式由扬州大学图书馆馆长蒋鸿青主持。（江苏省图书馆学会　李浩　董莹）

【江苏省独立学院、民办高校图书馆2020年馆长联席扩大会议在南通大学杏林学院召开】 11月12—14日，江苏省独立学院、民办高校图书馆2020年馆长联席扩大会议在南通大学杏林学院召开。此次会议由江苏省高校图工委独立学院图书馆协作组主办，南通大学杏林学院图书馆承办。来自全省22所独立学院、民办本科高校图书馆的馆长、馆员代表以及8家合作机构代表共计30余人参会。南京大学图书馆副馆长史梅、南京大学金陵学院图书馆任亚肃、南通大学杏林学院图书馆羌志明、东南大学成贤学院图书馆封晓倩，分别做题为《文化引领，守正创新——南京大学图书馆文化营销的实践》《江苏省独立、民办学院协作组工作报告》《杏林学院智慧图书馆建设实践》《独立民办院校图书馆资源建设及协作组电子资源联采思路》的报告。与会代表围绕“独立学院转设下的图书馆发展”的会议主题，就独立学院、民办高校图书馆转设发展中的问题、对策和举措展开讨论。（江苏省图书馆学会　李浩　董莹）

【江苏省高校图书馆“十四五”规划研讨会在镇江召开】 12月12日，江苏省高校图书馆“十四五”规划研讨会在镇江召开。会议聚焦图书馆发展前沿，构建高层次交流平台，谋划图书馆未来发展路径，研究科学决策。会议由江苏省高校图工委战略规划与空间建设专业委员会主办，江苏大学图书馆承办。来自省内50余所高校的图书馆馆长及代表等60余人参加会议。江苏大学副校长张济建、江苏省高校图工委主任程章灿在会上致辞。开幕式由江苏大学图书馆馆长符永宏主持。大会分为主旨报告和分组研讨两部分。（江苏省图书馆学会　李浩　董莹）

【南通开放大学北郭“智慧书屋”揭牌】 5月29日，南通开放大学向崇川区城东街道北郭社区捐赠价值5700余元的书籍，包括习近平著作以及时政、养生、儿童、文学等方面书籍。在此次捐赠活动上，双方签订共建协议书，并进行“智慧书屋”铜牌揭牌仪式。这次活动是在以往捐建社区书屋的基础上，社区居民通过多媒体客户端就可以足不出户享受到优质的阅读资源，为社区书屋的信息化建设提档升级，使得居民开展阅读活动变得更加便捷。（南通开放大学图书馆　孟青青）

【江苏科技大学图书馆举办开馆仪式】 10月26日，江苏科技大学图书馆举办第四届“悦读·起航”读书节活动启动暨图书馆开馆仪式，邀请江苏省内外高校图书馆70余位嘉宾同人出席活动并召开专家报告会，扩大图书馆知名度和美誉度。打造“梦溪读书会”“长山读书会”两个阅读文化品牌并常态化运营，开展书画摄影作品展览、“阅读马拉松”“书海拾遗，为君朗读”“初春荏苒　致语图书馆”等线上、线下系列阅读推广活动。（江苏省图书馆学会　李浩　董莹）

【南京理工大学泰州科技学院“云”开展第十一届读书节】 2020年4月，南京理工大学泰州科技学院举办“‘疫’路有你，‘e’起阅读”第十一届读书节活动。此次读书节以线上活动为主，共开展“云阅读——‘硝烟’未散尽，书香已先来”“云学习——直播有约云课堂，‘疫’起学习共成长”“云讲座——名师千里e线牵，一人一书一世界”“云品书——‘云’上相逢无纸笔，凭‘书’传语报平安”“云竞赛——齐约线上享资源，有奖竞赛战役情”等5大模块15项活动。（江苏省图书馆学会　李浩　董莹）

浙江省

【概况】 2020年，浙江省高校图书馆事业继续稳步推进。馆舍面积持续扩大，有8所高校图书馆正在建设新馆。根据72所高校图书馆填报的数据，全年总经费达4.08亿元，其中纸质文献购置费约1.62亿元、电子资源购置费约1.96亿元，相比2019年，年平均总经费、年平均纸质文献购置费略有下降，年平均电子资源购置费稳中有升。

人才队伍素质进一步获得结构性提升，高学历人数持续增长。72所高校图书馆有正式在编工作人员1945人，馆均27人，比上年减少1人。在编职工中，本科及以上学历者占92.18%，比上年略降。其中，博士48人、硕士750人、第二学士学位9人、本科986人、大专及以下152人，正高级职称63人、副高级职称385人、中级职称1088人、初级职称278人。

文献资源建设稳步发展。各高校图书馆根据学校发展与学科建设新要求，在加强纸电文献资源协同发展的同时，开始重新重视纸质文献资源的建设。根据72所高校图书馆填报的数据，全年新增中文纸质图书约300.76万册、外文纸质图书7.87万余册，中文纸质图书的馆均册数比上年增长显著；中文电子图书2653.42万余册，馆均册数比上年下降16.75%；外文电子图书81.49万余册，馆均册数比上年略有下降。截至2020年底，72所高校图书馆文献资源累积总量约3.17余亿册。

读者服务工作正常有序开展，大部分高校图书馆保持每周98小时对外开放，部分高校图书馆实行部分阅览室一天24小时开放制度；网络数字化资源7×24小时对读者开放。在为“双一流”建设和“双高”建设服务方面，许多高校图书馆开展学科评估、情报分析、专利成果咨询等服务工作，取得很好的成效。文化建设方面，各馆依托浙江省高等学校图书情报工作委员会（以下简称“浙江省高校图工委”）打造的“中华文明高校行”品牌活动，持续开展形式多样的主题展进高校系列活动，将高校图书馆打造成为学校的文化地标。高校图书馆还利用自身资源优势积极为地方经济建设和社会发展服务。

浙江省高校图工委积极发挥组织、协调和指导作用。定期召开全省高校图书馆馆长工作会议；契合全省高校图书馆的现实需求，举办选题新颖、形式多样的学术研讨活动，为馆员专业技能提升及图书馆事业稳步发展搭建平台；举行2020年全国高职院校信息素养大赛浙江省选拔赛；组织开展科研立项的申报与评审工作；出版刊物《浙江高校图书情报工作》2期。（浙江省高校图工委）

【浙江省高校图工委撰写《浙江省高校图书馆抗击新冠肺炎疫情服务情况调研报告》】 2020年新冠肺炎疫情期间，按照教育部高等学校图书情报工作指导委员会的指示和要求，浙江省高校图工委秘书处调研收集全省29家高校图书馆在疫情防控期间的服务开展情况及新学期应对预案，撰写4万余字的《共克时艰，浙里图书馆与您在一起——浙江省高校图书馆抗击新冠肺炎疫情服务情况调研报告》。报告全面反映浙江省高校图书馆在打赢疫情防控阻击战中，推出的丰富多彩而又各具特色的信息资源保障与在线支持服务，描绘图书馆馆员们以饱满的热情、全力以赴助力师生在疫情防控期间的教学、科研工作和抗疫生活的生动画卷。报告得到教育部高等学校图书情报工作指导委员会的肯定与好评。（浙江省高校图工委）

【浙江省高校图工委学术委员会召开科研项目评审工作会议】 6月15—16日，浙江省高校图工委学术委员会工作会议在金华举行。会上讨论评审58个浙江省高校图工委科研立项项目，共评选出31个立项项目，其中16个立项资助项目、15个立项不资助项目。会议通过2013—2018年14个立项课题的结题评审，其中13个同意结题，1个项目不予通过，待补充新发表成果后再行评审。会议还就《浙江省高等学校图书情报工作委员会科研项目管理暂行办法（草案）》进行了讨论。（浙江省高校图工委）

【智慧图书馆建设研讨会在杭州举行】 7月19日，由浙江省高校图工委网络数字化专业委员会、浙江省图书馆学会智慧图书馆建设分委会主办，超星集团浙江分公司承办的智慧图书馆建设研讨会在杭州举行。会议由浙江省高校图工委网络数字化专业委员会主任刘翔主持，各高校、公共图书馆相关技术人员参加此次研讨会。会上，超星集团智慧图书馆产品总监介绍超星集团在智慧图书馆建设领域的探索和实践，以及超星新一代图书馆服务系统。与会人员就微服务的技术架构、如何利用大数据思维应对资源建设危机、重塑高效资源采购流程、构建多元化的读者阅读体验等智慧图书馆建设的核心内容交流探讨。（浙江省高校图工委）

【2020 年浙江省高校图书馆馆长工作会议召开】 12 月 3—4 日，由浙江省高校图工委主办、衢州职业技术学院图书馆承办的 2020 年浙江省高校图书馆馆长工作会议在衢州市召开。全省各高校图书馆馆长、浙江省高校图工委各分委会和专委会主任等共计 130 余位代表参加会议。浙江省教育厅高教处副处长王国银出席会议并对高校图书馆支撑浙江省高等教育发展提出 6 方面的要求。此次会议是一次换届大会。会上，王国银宣读《关于成立 2020—2025 年浙江省高等学校图书情报工作委员会常务委员会的通知》，标志着浙江省高校图工委新一任常务委员会的正式产生。浙江省高校图工委副主任兼秘书长吴晨做“应对变化　把握未来——浙江省高等学校图书情报工作委员会第八届工作报告”，对高校图工委第八届委员会 7 年来在全省高校图书馆整体化建设、学术研究与交流、人才培养、文化育人、刊物出版等方面取得的工作成果进行全面梳理、总结回顾，并提出新一任常务委员会未来的工作规划。学术委员会主任赵继海、信息咨询与用户教育专委会主任舒炎祥、期刊专委会主任陈益君、网络数字化专委会主任刘翔、读者服务工作专委会主任郎杰斌、高职高专院校图书馆分委会主任胡朝德，分别汇报 7 年来各分委会和专委会的工作成就，并提出下一阶段的工作思路与目标。

此次会议同时又是一场学术性会议。会议专门邀请浙江大学计算机科学与技术学院副教授金小刚、同济大学图书馆馆长陈欣分别做题为《解码人工智能　展望教育未来》《加强调研　共谋发展——同济大学图书馆“十四五”规划编制》的专题报告。浙江大学图书馆资源发展总监张军以“中国历代绘画大系”工程为主题做“馆藏之美”的报告。浙江省高校图工委副主任战洪飞做会议总结。（浙江省高校图工委）

【浙江省高校图书馆非图书情报类专业新职工培训班举办】 12 月 15—18 日，浙江省高校图书馆非图书情报类专业新职工培训班在绍兴举办。来自全省 38 所高校图书馆的 60 多位新馆员参加此次培训。开幕式上，全体新馆员举行入职宣誓仪式。此次培训邀请从事图书馆工作多年的资深馆员作为授课专家，采用长三角高校图书馆联盟统一制定的教材大纲进行培训。浙江大学图书馆副研究馆员郑江平、浙江大学宁波理工学院图书馆馆长赵继海、浙江海洋大学图书馆研究馆员方胜华、中国计量大学图书馆研究馆员郎杰斌、绍兴文理学院图书馆馆长舒炎祥、湖州师范学院图书馆馆长龚景兴，分别从图书馆法与规程、图书馆学术研究与论文写作、高校图书馆的资源建设、读者服务、学科服务、图书馆员的职业与道德等 6 个方面，讲授作为一个高校图书馆员所需具备的职业素养和业务知识。培训结束后，舒炎祥为每位参加培训的馆员颁发结业证书。（浙江省高校图工委）

安徽省

【概况】 2020 年，安徽省高等学校图书情报工作委员会（以下简称“安徽省高校图工委”）及时总结安徽省各高校图书馆抗疫经验和成就，向全国图情界进行宣传推广。新冠肺炎疫情发生以来，安徽省各高校图书馆认真落实党中央，国务院，教育部，安徽省委、省政府、省教育厅及各高校所在地市相关要求，把疫情防控工作作为当时最重要的工作来抓，科学应对，精准施策。根据教育部高等学校图书情报工作指导委员会《关于调研抗击新型冠状病毒肺炎疫情高校图书馆开展服务情况的通知》要求，对全省 32 所高校图书馆抗击新冠肺炎疫情服务情况进行调研，其中本科院校 19 所、高职高专院校 13 所。通过梳理总结，形成《宅家战“疫”服务助力——安徽省高校图书馆抗击新型冠状病毒肺炎疫情服务情况调研报告》，并于 3 月 10 日在《大学图书情报学刊》上刊发，彰显安徽省高校图书馆人的责任和担当，展示其应对突发事件的能力，为将来应对类似危机提供宝贵经验。

继续寻找创新服务生长点，开展一系列卓有成效的工作。2020 年，各高校图书馆积极参加安徽省高校图工委组织主办的各类活动。主要有：①“书香江淮”安徽省高校第六届“品读经典　对话信仰　弘扬社会主义核心价值观”互联网阅读活动，该活动共收到各类征稿 12427 篇，经专家评审，评出征文获奖者 70 名、最美阅读摄影奖 10 名、Logo 最佳设计 7 名，评出“经典在我心中”主题朗诵单元一等奖 1 名、二等奖 2 名、三等奖 4 名，6 所学校图书馆获评特别贡献单位，5 所学校图书馆获评最佳组织单位。②第四届“e 博在线杯”“诵读经典，飞扬青春”校园诵读创作展示活动，参加人数达 9868 人次，比上届多 600 多人次。③“2020，我们的芳华”安徽省校园读书创作系列展示活动，全省 75 所高校近 5000 名师生参与，其中“阅读打卡”活动共有 3069 名师生参与，活动期间累计阅读时长超过 10 万小时，525 名师生完成“连续 21 天以上”阅读打卡，在“个人创作”的 7 项系列活动中，共征集各类型作品 2940 幅。④第三届“ProQuest 杯”外文文献信息检索答题大赛，参赛选手数量达到 12045 人次。⑤ 2020 年“讯飞杯”全国高校英语口语大赛安徽赛区活动，其中本科组参赛 4565 人，高职高专组参赛 553 人，本科组 2 名同学、高职高专组 1 名同学荣获全国巅峰对决赛参赛资格。⑥“万方杯”2020 年全国高职院校信息素养大赛安徽省赛，30 所学校、2930 余名学生报名注册，经过竞争和专家评审，最后有 32 名优秀学生及 6 名优秀教师代表安徽参加全国决赛。

致力于打造适应智慧图书馆建设需要的馆员队伍。在大数据时代和智慧图书馆建设的时代背景下，安徽省高校图书馆馆员队伍素质实现整体提升，中青年馆员基本具备硕士及以上学历。安徽省高校图工委为提升馆员核心能力做出积极努力，一是举办安徽省图书馆员线上培训，主要针对新进馆员进行基础业务培训，参加培训 131 人次，这是培训方式的一次新尝试，得到学员的普遍认可。二是培养馆员学术能力，为全面提升馆员服务教学科研的能力，省高校图工委依托研究基金项目，自 2013 年开始，已经开展 5 次基金项目申报评比工作，严把申报、立项、结项工作，切实起到以项目促科研，以项目推动图书馆工作发展的作用。经过专家评审，2020 年度省高校图工委基金项目立项 63 项，其中包括重大选题 3 项、重点项目 10 项、一般项目 50 项，同时对 2016、2018 年度 40 项基金项目开展结项评审工作，准许结项项目共发表论文 96 篇、专著 2 部。

开展全省高校图书馆理论创作成果总结活动。多年以来，全省高校图书馆积累丰硕的研究成果。为提升馆员从事图书馆学理论研究的积极性，对在 2014—2019 年间取得的有关图书馆学、情报学、文献学等学术成果进行奖励与表彰。此次学术成果奖评选共收到论文类申报材料 54 个、著作类申报材料 9 个、其他类 6 个。经专家评审，共评出论文类一等奖 10 个，二等奖 15 个，三等奖 20 个，著作类一等奖 3 个，二等奖 4 个，三等奖 2 个，实用专利、计算机软件、系统程序、软件程序一等奖各 1 个，微课视频、应用程序二等奖各 1 个。（安徽省图书馆学会）

【安徽省高校数字图书馆“十四五”发展研讨会召开】 8 月 13 日，安徽省高校数字图书馆“十四五”发展研讨会在中国科学技术大学东区图书馆召开。省教育厅高教处相关领导、安徽省高校数字图书馆总馆及各分中心馆负责人、中国科技大学图书馆数图工作团队参加会议。安徽省高校数字图书馆于 2009 年正式启动，是依托中国科技大学图书馆为总馆、安徽大学图书馆等 9 个图书馆为分中心的全省高校数字文献资源共建共享项目，在省教育厅、财政厅的领导下，历经十余年建设，在文献资源共建共享、应用系统平台建设、网络课程学习中心、馆员读者服务推广四个方面取得显著成效，已经成为校地共建、合作共赢的品牌项目。（安徽省图书馆学会）

【安徽农业大学文化品牌“青禾悦读”入选全省“十佳阅读推广活动”】 2020 年，经安徽省委教育工委推荐，安徽农业大学文化品牌“青禾悦读”在书香安徽全民阅读活动组委会办公室主办的 2019 年“书香安徽”全民阅读系列推荐活动中获“十佳阅读推广活动”荣誉称号。“青禾悦读”是由安徽农业大学党委宣传部、图书馆、工会、研究生学院、学生处、团委、人文社会科学学院主办，图书馆、人文社会科学学院负责具体承办，由图书馆新媒体、学生服务中心、微传媒、“青禾悦读”等 4 个阅读推广团队以及大学生新闻中心负责协办的一个文化品牌。“青禾悦读”下设5个核心品牌：校园读书创作会、诗词歌咏会、诵读辩论会、读书分享会、书画摄影会。这5个核心品牌常态化地举办系列阅读推广活动。2017年3月10日启动第一届阅读推广活动，2020年是第四届。4年来，广泛开展形式多样的阅读活动，精心组织读书创作活动，积极推动系列特色活动。（安徽省图书馆学会）

福建省

【概况】 截至2020年底，福建省共有各类高等学校图书馆92个，其中普通本科高校图书馆38个、独立学院5个、专科院校图书馆52个、成人教育院校图书馆2个。在编人员1700人。

全年图书馆服务水平、经费投入保持稳定，网络化、数字化设施全面普及，福建省高校数字图书馆（FULink）的建设成效突出。2020年，FULink累计文献传递量241.66万次。其中文献提供系统文献申请量20.89万次，文献提供量20.96万次；移动FULink客户端安装量1687次，读者登录次数401.21万次，总点击量1.49亿次，文献传递量173.64万次，图书下载量222.75万次；随书光盘图书访问量319.02万次，光盘访问量96.07万次，光盘下载量47.06万次。搭建材料科学与工程、化学、计算机科学与技术、农业科学、经济与管理、马克思主义哲学6个福建省高峰高原学科的知识服务学科门户。为推进高校优势特色学科建设，打造“双一流”建设核心竞争力提供优质服务。厦门大学、福州大学、福建农林大学、福建省中医药大学等为近200个单位完成科技查新报告580项。通过调研座谈，与宁夏回族自治区8所高校定下合作事宜，推动“互联网＋教育”闽宁合作项目进展。开展参考咨询与学科服务，进行成员馆高校发文分析和专利分析，全年提交分析报告40多份，如《福建省高校数字图书馆成员馆高校ESI学科总体情况分析》《福建省高校数字图书馆成员馆高校Web of Science文情况分析》《福建省高校专利运营情况》等报告。（福建省高校数字图书馆秘书处）

【中国索引学会第六届第5次常务理事会暨地方联络站工作会议在福建师范大学图书馆举行】 1月15日，中国索引学会第六届第5次常务理事会暨地方联络站工作会议在福建师范大学图书馆举行。来自北京、上海、江苏、湖北、广东、四川等地40余位常务理事出席会议，为中国索引学会2020年的工作和发展献计献策。开幕式上，理事长刘承功和福建师范大学副校长赖海榕共同为设在福建师范大学图书馆的中国索引学会福建联络站揭牌，这是中国索引学会在地方设置的第15个联络站，将全面负责福建省内会员发展、业务培训、科普推广等工作。与会常务理事就2020年中国索引学会年会主题和承办单位、索引标准起草和推广、索引编纂项目等工作内容展开讨论。（福建师范大学图书馆）

【“国家级古籍修复技艺传习中心厦门大学传习所”获批并正式成立】 6月，经国家古籍保护中心批准，厦门大学依托图书馆古籍修复中心成立“国家级古籍修复技艺传习中心厦门大学传习所”，聘请国家级非物质文化遗产项目古籍修复技艺代表性传承人杜伟生为传习导师，开展修复实践与教学，为探索高校古籍保护、实践教学与科学研究进行有益探索。10月13日上午，国家级古籍修复技艺传习中心厦门大学传习所揭牌暨拜师仪式在图书馆举行。厦门大学副校长邓朝晖和国家古籍保护中心办公室主任苏品红共同为传习所揭牌。（厦门大学图书馆）

【厦门大学入选“世界知识产权组织在华技术与创新支持中心”筹建机构】 9月，经国家知识产权局批准，厦门大学入选世界知识产权组织（WIPO）在华技术与创新支持中心（TISC）筹建机构。厦门大学将以挂靠于图书馆的校知识产权信息服务中心为主导来筹建、运行TISC，充分发挥信息资源、人才队伍和TISC全球网络的优势，为政府、高校和企业提供高质量技术和创新支持服务。（厦门大学图书馆）

【《厦门大学图书馆古籍普查登记目录》正式出版】 12月，《厦门大学图书馆古籍普查登记目录》由国家图书馆出版社正式出版发行。该目录收录厦门大学图书馆、南洋研究院资料室所藏刊印、抄写于1912年以前的古籍5479部，计 72452 册。该目录的登记款目包括古籍普查登记编号、索书号、题名卷数、撰著者、版本、册数和存缺卷数诸项，揭示厦门大学图书馆所藏古籍的基本状况，是厦门大学图书馆第一部收录馆藏古籍书目数据较为完备且公开出版发行的古籍目录。（厦门大学图书馆）

【集美大学陈嘉庚研究院华侨华人资料中心揭牌暨陈嘉庚生平事迹展开幕】 10 月 20 日，集美大学陈嘉庚研究院华侨华人资料中心揭牌暨陈嘉庚生平事迹展开幕仪式在集美大学陈延奎图书馆举行。活动由集美大学文学院、陈嘉庚研究院、图书馆联合主办，集美大学党委副书记、校长李清彪，党委副书记洪文建等校领导为华侨华人资料中心揭牌，而后参观资料中心和陈嘉庚生平事迹展。集美大学华侨华人资料中心是集美大学陈嘉庚研究院下属机构之一，收到中国华侨历史博物馆捐赠的侨史文献资料 3000 多册。资料中心秉承“但求所用，不求拥有”的原则，将以多种形式典藏侨史侨迹资料，构建学术交流平台。（集美大学图书馆）

【闽南师范大学图书馆举办福建省高校数字图书馆（FULink）新媒体工作组成立大会暨新媒体服务业务研讨会线上会议】 11 月 27 日，由闽南师范大学图书馆和福建省高校数字图书馆（FULink）共同主办的 FULink 新媒体工作组成立大会暨新媒体服务业务研讨会通过线上直播的方式召开。会议由闽南师范大学图书馆馆长欧阳红红主持，闽南师范大学党委常委、副校长何绍福致辞，FULink 工作委员会副主任、福州大学图书馆馆长刘敏榕代表 FULink 致辞并宣布新媒体工作组正式成立。会议邀请南京大学图书馆、厦门大学图书馆、福州大学图书馆、集美大学图书馆和漳州卫生职业学院图书馆的 6 位老师分享新媒体工作经验和优秀案例，来自省内 60 多所高校的 260 余名图书馆老师通过线上参会的方式共同见证 FULink 新媒体工作组的成立，并就新形势下的图书馆新媒体服务工作进行业务研讨。（闽南师范大学图书馆）

江西省

【概况】 2020 年，江西省高校图书馆各项基础性工作稳步推进，得到持续发展。根据“教育部高校图书馆事实数据库”，共计 84 所高校图书馆填报年度经费情况有效数据，全年总经费约 3.51 亿元；94 所高校图书馆填报纸质资源购置费有效数据，共计 1.69 亿元；87 所高校图书馆填报电子资源购置费有效数据，共计 1.49 亿元。相比 2019 年，总经费、纸质资源购置费、电子资源购置费总体略有上升。

人力资源建设方面进一步提升。根据 65 所高校图书馆填报的数据，在编职工总数为 1505 人。其中博士 20 人、硕士 404 人、第二学位学士 13 人、本科 795 人、大专 241 人；正高级职称 37 人、副高级职称 297 人、中级职称 706 人、初级职称 270 人。相比往年，研究生学历馆员的比例持续升高，各高校图书馆在编职工人数稳步增长。

文献资源建设持续发展。63 所高校图书馆填报购置中文纸质图书册数有效数据，全年新增 93.36 万册；15 所高校图书馆填报购置外文纸质图书册数有效数据，全年减少 1.6 万册；47 所高校图书馆填报购置中文电子图书册数有效数据，全年新增 403.82 万册；13 所高校图书馆填报购置外文电子图书册数有效数据，全年减少 29.87 万册。76 所高校图书馆填报文献资源累计量有效数据，共计 2.23 亿册。

2020 年，江西省高等学校图书情报工作委员会（以下简称“江西省高校图工委”）稳步推进各项基础性工作，疫情期间坚持引导全省高校图书馆“停工不停学”，采取各种措施保证线上信息服务和有序线下读者服务。积极参加由中国图书馆学会、江西省图书馆学会举办的各类活动。组织全省高职高专院校参加“万方杯”全国高职院校信息素养大赛、2020 年高校图书馆知识服务与创新应用高级研修班等活动。举办“2020 年微服务架构下的智慧图书馆创新发展论坛”、江西省高校首届“万方・智信杯”信息素养挑战赛、江西省高校图书馆超星杯“执手书香季　相伴花开时　致敬抗疫英雄”作品征集等活动。协助教育部高等学校图书情报工作指导委员会组织全省高校图书馆填写“教育部高校图书馆事实数据库”，为撰写《高校图书馆发展蓝皮书 2019》提供数据，并在此基础上编写《2019 年江西省高校图书馆发展报告》。此外，2020 年全年，江西省高校数字图书馆平台共收到各高校师生读者文献请求量 192653 篇 / 册，

其中，中、外文期刊94690篇，中、外文学位论文31267篇，读者的请求满足率达100%。（江西省高校图工委）

【第二届江西省高校图书馆超星杯“执手书香季　相伴花开时　致敬抗疫英雄”作品征集活动举行】 3月27日，江西省高校图工委举办第二届江西省高校图书馆超星杯“执手书香季　相伴花开时　致敬抗疫英雄”作品征集活动，通过文章、朗诵和绘画等形式，向那些在疫情中舍己为人的英雄们表达自己的敬意。此次活动中，参赛学校55所，校级比赛征集时长15天，共征集有效作品数量12355个，其中文章作品7151篇、朗诵作品2141个、绘画作品3063幅。省级比赛征集时长7天，由各参赛高校在三种形式作品中各评选出一件提交省级比赛，共征集有效作品148个，其中文章作品52篇、朗诵作品47个、绘画作品49幅。最终，从三类作品中各评选出一等奖1名、二等奖3名、三等奖5名，评选出组织奖6所高校，最佳指导老师6名。（江西省图书馆学会　谢佳新）

【江西省高校首届“万方·智信杯”信息素养挑战赛举行】 4月15日，江西省高校图工委举办江西省高校首届“万方·智信杯”信息素养挑战赛，此次活动由江西农业大学图书馆承办，北京万方数据股份有限公司、北京智信数图科技有限公司协办。此次比赛历经36天，共计参赛高校46所，参与答题39422次，答题人数12805人，经过角逐，本科组和高职组共选出一等奖12名、二等奖24名、三等奖60名、纪念奖120名、优秀组织单位10家，并评选出优秀指导老师158名。（江西省图书馆学会　谢佳新）

【“微服务架构下的智慧图书馆创新发展”论坛在井冈山大学举行】 9月7—8日，2020年“微服务架构下的智慧图书馆创新发展”论坛在井冈山大学举行。此次论坛由江西省高校图工委主办，井冈山大学图书馆承办。全省70余所高校的分管校领导、图书馆馆长及相关人员共130余人参加。此次论坛以“微服务架构下的智慧图书馆创新发展”为主题，从科技和人文的视角出发，围绕智慧图书馆建设的前沿技术与动态、微服务架构下的智慧图书馆建设、智慧图书馆与学习革命、图书馆服务学校人才培养等方面的理论与实践展开研讨和交流。同时，面对不断变化的信息环境和用户需求，与会代表广泛深入地探讨图书馆的创新转型和可持续发展策略，提出未来几年江西省高校智慧图书馆建设的基本思路，并就共同促进高校图书馆事业的繁荣与发展，为师生读者打造环境优良的学习空间凝聚共识。（江西省图书馆学会　谢佳新）

【江西师范大学图书馆举行80周年馆庆征文活动颁奖仪式】 10月22日，江西师范大学图书馆“墨香雅韵——我与图书馆的不了情”馆庆80周年征文活动颁奖仪式在校图文信息中心五楼会议室举行。江西师范大学图书馆馆长许婕、支部书记姜辉、副馆长史良军及部分获奖师生代表出席。大会由姜辉主持，许婕做总结发言。姜辉对此次征文活动做简要介绍，并宣读获奖名单。此次征文活动共收到参赛作品64篇，作者来源广泛，文章质量上乘，内容积极向上。评审专家秉承“公平、公正、公开”原则，最终评选出一等奖作品2篇、二等奖作品4篇、三等奖作品6篇，以及优秀奖作品若干篇。（江西省图书馆学会　谢佳新）

【2020年度江西省高校图书馆馆长年会暨三届二次全体委员会议在南昌召开】 12月9日，由江西省高校图工委主办、江西师范大学图书馆承办的2020年江西省高校图书馆馆长年会暨三届二次全体委员会议在南昌召开。此次会议主题为“智慧融合　以本为本：规划与路径”。江西省教育厅高教处副处长朱程红，江西省图书馆副馆长、江西省图书馆学会秘书长黄俊出席会议并致辞，来自全省74所高校图书馆的80余位代表参加会议。会上表彰2020年度省高校图书馆系统全民阅读工作先进单位和先进个人、创新案例、先进工作者、信息素养挑战赛等活动获奖单位和个人。南京大学图书馆副馆长邵波做“超融合环境下发展趋向：现状、困境与发展规划”专题报告。江西省高校图工委6个专业工作组分别就各专业委员会的工作进行汇报总结。秘书长许婕做“2020年江西省高校图书馆发展现状”和“2020年江西省高校图工委工作报告”的汇报。江西财经大学图书馆馆长贺三宝、江西理工大学图书馆馆长蔡福瑞、南昌工学院图

书馆馆长俞蓉华分别分享各自图书馆在智慧融合、以本为本、阅读推广等方面的创新思路和成功做法。（江西省图书馆学会　谢佳新）

河南省

【河南省高校图书馆 2020 年世界读书日“师生共读，书香战‘疫’”阅读推广工作会议召开】 4 月 21 日，由河南省高等学校图书情报工作委员会（以下简称“河南省高校图工委”）主办，河南省高校图工委阅读推广专业委员会、河南新永源电子科技有限公司承办的河南省高校图书馆 2020 年世界读书日“师生共读，书香战‘疫’”阅读推广工作会议通过在线视频的形式召开。河南省文化和旅游厅巡视员康洁，教育部高等学校图书情报工作指导委员会副秘书长、《大学图书馆学报》副主编王波，河南省高校图工委主任崔慕岳，副主任、秘书长崔波，副主任张怀涛、李景文、姚武，河南新永源电子科技有限公司总经理张先玲及部分河南省高校图书馆馆长和从事阅读推广工作的馆员共计 140 余人参加此次会议。（河南省图书馆学会　刘洋　严真　杨荔雯）

【“砥砺前行 20 载、助力科研大发展”2020 年数字图书馆新服务应用线上研讨会在郑州举办】 5 月 26 日，“砥砺前行 20 载、助力科研大发展”2020 年数字图书馆新服务应用线上研讨会在郑州举办。此次会议由万方数据股份有限公司承办，河南省高校图工委主任崔慕岳，副主任、秘书长崔波，副主任张怀涛、李景文、姚武等参加会议。会上河南中医药大学图书馆馆长雷天峰、郑州大学信息管理学院图书馆学系主任王平、南方万方数据常务副总经理刘勇做学术报告。参与的图书馆界同人达到 6700 多人次，直播间互动达 700 余次。李景文主持整场活动，张怀涛做此次会议的总结。（河南省图书馆学会　刘洋　严真　杨荔雯）

【河南省高校图书馆“悦读·新知·致敬”主题朗读比赛云颁奖直播活动在郑州大学举行】 6 月 30 日，由河南省高校图工委主办、河南新永源电子科技有限公司承办的“悦读·新知·致敬”主题朗读比赛云颁奖直播活动在郑州大学举行。郑州大学、河南省文化和旅游厅、教育部高等学校图书情报工作指导委员会、河南省高校图工委等有关领导，各高校师生代表 13.95 万人通过线上参加此次活动。（河南省图书馆学会　刘洋　严真　杨荔雯）

【河南省高校图书馆工作暨新任馆长培训会召开】 7 月 29 日，由河南省教育厅高教处主办，河南省高校图工委、新乡学院承办的河南省高校图书馆工作暨新任馆长培训会议在新乡学院举行。会议邀请国内、省内知名专家做专题报告，新任馆长代表交流发言。高校图书馆馆长代表 40 余人参加现场会议，全省高校图书馆馆长、图书馆员 500 余人线上参会。（河南省图书馆学会　刘洋　严真　杨荔雯）

【2020 年河南省高职院校信息素养大赛教师组微课赛评审工作结束】 根据河南省高校图工委《关于举办 2020 年河南高职院校信息素养大赛的通知》（豫高校图工委〔2020〕07 号）文件精神，河南省大赛组委会于 10 月 31 日在郑州召开教师组微课赛评审工作会议。省赛评审组成员及评审专家 10 余人参加会议。省赛组委会主任、评审组组长，河南省高校图工委副主任、秘书长崔波对此次大赛的意义进行充分肯定，对评审工作做出安排，提出详细要求；省赛领导委员会副主任、评审组副组长、省赛承办单位河南农业职业学院副院长窦瑞木介绍此次省赛教师参赛、评委选聘等工作的基本情况；会议由省赛承办单位河南农业职业学院图书馆馆长陈会丽主持。（河南省图书馆学会　刘洋　严真　杨荔雯）

【2020 年河南省高职院校信息素养大赛学生赛举办】 11 月 1—5 日，由河南省高校图工委高职高专院校分委会主办、河南农业职业学院承办、北京智信数图科技有限公司协办的 2020 年河南省高职院校信息素养大赛举办。此次大赛全省共有 26 所高职院校 1499 名学生参加，评选出学生赛一等奖 5 名、二等奖 15 名、三等奖 50 名，河南农业职业学院、河南水利与环境职业学院、河南工业职业技术学院、商丘医学高等专科学校、河南测绘职业学院、黄河水利职业技术学院、河南机电职业学院、漯河职业技术学院、焦作师范高等专科学校、信阳职业技术

学院等10所院校获得学生赛组织奖。（河南省图书馆学会　刘洋　严真　杨荔雯）

【河南省本科院校信息素养挑战赛及信息素养公益大讲堂讲座举办】 12月5日，由河南省高校图工委主办、北京智信数图科技有限公司协办的河南省本科院校信息素养挑战赛及信息素养公益大讲堂落下帷幕，全省共有42所本科院校的5261名学生参加比赛，采取线上、线下相结合的办法进行挑战赛评奖，表彰获奖的同学。全年举办信息素养公益大讲堂公益直播活动19场，武汉大学教授黄如花、清华大学图书馆研究馆员林佳、河南大学图书馆副研究馆员于兆君、河南城建学院图书馆副研究馆员樊瑜参与讲授。（河南省图书馆学会　刘洋　严真　杨荔雯）

【河南省部分高校智慧图书馆建设与服务创新研讨会在南阳理工学院召开】 12月18日，河南省部分高校智慧图书馆建设与服务创新研讨会在南阳理工学院召开。来自郑州大学、郑州轻工业大学、河南师范大学等全省30多所高校近70位图书馆领导及专业人员与会。南阳理工学院副校长张爱红出席开幕式并致辞，图书馆馆长安新华主持会议。河南省高校图工委副主任姚武参加会议，郑州大学研究馆员白广思做《郑州大学图书馆“十四五”主要建设项目》的报告。会议得到北京超星公司的支持。（河南省图书馆学会　刘洋　严真　杨荔雯）

湖南省

【湖南省高等学校图书情报工作委员会组织“书香战疫”视频打卡暨“抗疫”知识竞赛】 4月23日—5月23日，湖南省高等学校图书情报工作委员会（以下简称“湖南省高校图工委”）在全省普通高校范围内组织“书香战疫”视频打卡暨“抗疫”知识竞赛，精选《免疫系统：人体内的“军警系统”》《人类与疾病的战争》等31个视频。湖南省41所普通高校师生以及55所高职高专师生参与，打卡参与人数达62700余人，打卡满31天的师生有10647人，31天内共有19683名师生参与知识答题活动。（湖南大学　陈有志）

【湖南省高校图工委组织“一校一书”——立德树人视频打卡活动】 10月19日—11月18日，湖南省高校图工委组织“一校一书”——立德树人视频打卡活动，活动精选《陶行知：生活即教育》《大学之道在明明德》等30个视频，全省42所普通高校师生及53所高职高专师生参与，活动参与人数共计72200余人，学习打卡满31天的共计12022人。（湖南大学　陈有志）

【湖南省高校图工委与部分数据库商开展数字资源价格与服务协商】 11月20日，湖南省高校图工委组成协商代表团与27家数据库商进行价格与服务协商。其中，有23家数据库商承诺，在湖南省所有普通高校范围内，以2020年价格为基准，3年内公司数字资源不涨价或者不以任何变相方式涨价。其间，公司提供的服务不打折、不变样，根据各图书馆的需要，一如既往地免费提供各类增值服务，缓解高校图书馆文献购置费减少与日益增长的文献资源价格之间的矛盾，确保图书馆文献信息资源建设。（湖南大学　陈有志）

广东省

【中山大学深圳校区图书馆对师生开放】 8月24日，中山大学图书馆在深圳校区图书馆教学阅览区举行开馆仪式，深圳校区图书馆正式向师生开放。中山大学党委宣传部、深圳校区管委会等有关单位领导，图书馆馆长何文平、常务副馆长林明及深圳校区图书馆全体馆员出席开馆仪式。深圳校区图书馆教学阅览区设有六个书库、一个报刊阅览室、一个电子阅览室，配备有自动借还书机、检索机、预约书柜等设备。图书馆充分利用教学楼的现有空间布局，将书库和阅读区融为一体，营造良好阅读氛围。为了确保图书馆如期开放，图书馆全体员工利用暑假，集中力量加班加点完成图书验收46万余册，上架30万册。深圳校区图书馆教学阅览区有外文图书近2万册、各类期刊1560种、报纸100余种。深圳校区师生还可以通过图书文献通借通还、馆内传递方式，借阅全校各校区图书馆图书，可以通过互通共享，使用图书馆所有数据库、各类电子资源。（中山大学图书馆）

【深圳大学高校国家知识产权信息服务中心

正式授牌】 9月25日，技术与创新支持中心（TISC）及高校国家知识产权信息服务中心交流研讨活动在山东济南召开。此次研讨会上，深圳大学被正式授牌“高校国家知识产权信息服务中心”，成为深圳市第一所、广东省四所之一的入选高校。深圳大学图书馆馆长陈大庆与博士庞弘燊参加此次研讨会，并在大会上作为12家高校代表之一做题为《面向湾区及地方经济社会发展的知识产权信息服务探索》的讲座。深圳大学知识产权信息服务中心于2018年6月成立，中心挂靠图书馆，同年成为全国“高校知识产权信息服务中心联盟”首批22家理事单位之一。（深圳大学图书馆）

【2020深圳职业技术学院读书季暨知识产权文化宣传活动启动】 11月18日，深圳职业技术学院2020读书季正式启动，同时开展知识产权文化宣传活动。中国（深圳）知识产权保护中心主任宋洋莅临主讲知识产权大讲堂，启动仪式由深圳职业技术学院图书馆馆长刘兰平主持。仪式与讲座同步线上直播，校内外数十名读者在云上观看。深圳职业技术学院知识产权信息服务中心成立于2019年6月27日，是国内高职院校首家挂牌成立的高校知识产权信息服务中心。中心挂靠图书馆，联系科研处、经济学院、创新创业学院，率先建设先行示范高职院校知识产权信息服务体系。中心一直致力于提升全校师生的知识产权文化素养，并精心打造两个服务品牌：“知识产权系列微课”和“知识产权大讲堂”。2020年疫情期间，同步开启云端大讲堂，探索知识产权素养教育的新路径。（深圳职业技术学院图书馆）

【暨南大学“华侨华人历史文化展览馆”开馆】 暨南大学世界华侨华人文献馆启动2.0升级，设立“华侨华人历史文化展览馆”。12月11日，暨南大学“华侨华人历史文化展览馆”开馆暨“益海嘉里文化展览馆”揭牌仪式在广州石牌校区图书馆世界华侨华人文献馆举行。益海嘉里集团捐资3000万设立暨南大学“世界华侨华人文献馆建设基金”。活动受到《人民日报》、新华网等10余家境内外媒体的报道或转载。揭牌仪式后，“华侨华人文献建设与文化推广”专题座谈会举行，涉侨学科专家代表、益海嘉里代表、学校宣传部及对外联络处领导等进行一场跨界研讨，为世界华侨华人文献馆的未来发展献计献策。（暨南大学图书馆）

【数字学术背景下粤港澳大湾区资源建设与学科服务交流研讨会在华南理工大学举行】 1月15日，数字学术背景下粤港澳大湾区资源建设与学科服务研讨会在华南理工大学举行。广东省科技厅、广东省高等学校图书情报工作委员会（以下简称“广东省高校图工委”）、广东图书馆学会以及清华大学图书馆等全国有关单位负责人及专家学者共70多人参会。会议由华南理工大学图书馆承办。华南理工大学副校长朱敏致欢迎辞。研讨会上，学校图书馆负责人汇报“粤港澳大湾区图书馆科技文献协作联盟”2019年工作情况，通过面向湾区企事业单位开展重大专项知识产权评议服务与第三方成果评价工作，开展文化科技融合讲座、举办大湾区馆员培训、发布大湾区专利盘点智库研究报告等，促进大湾区图书馆的合作共建，融合发展。未来，联盟将以“校地共建”广州科技图书馆为契机，织好“文献资源”一条纽带，转活“科普科研”两个轮子，做精“讲座、展览、竞赛”三件事情，为大湾区科技创新与社会融合发展提供服务。联盟工作获得广东省科技厅及与会代表一致肯定。来自清华大学、上海交通大学、华中科技大学等高校图书馆以及广东省科技图书馆、广州图书馆等单位的专家学者，围绕“数字人文”“湾区建设及产业发展信息服务”等进行深度交流探讨。（华南理工大学图书馆）

【华南师范大学高标准打造“党员学习空间”】 华南师范大学“党员学习空间”坐落于石牌校区图书馆三楼，面积约200平方米，作为创建“全国党建工作示范高校”的重要载体和推动高校党建网络化、信息化、智慧化的主要阵地，在引导师生自觉学习贯彻习近平新时代中国特色社会主义思想、全面展示党建成果、强化党员教育、推动党建融入师生日常学习生活等方面，取得明显成效。一是技术“高大上”，内容“全覆盖”。强化科技先行，强化华师特色，主要设置党建工作、习近平治国理政文库、华师爱国爱党教育3大板块。二是空间“有个性”，阵地“聚人气”。着眼于增强学习实效，探索建立“课堂＋基地”教学模式，开辟思政课堂新阵地，把学校和各二级党组织的思政课程、品牌活动搬进“党员学习空间”。三是学习“发展史”，弘扬“爱国情”。“党员学习空间”聚焦党史、校史，用数字图片说话、让故事人物叙事。聚焦华师人、华师事，通过浸入式教学体验，让广大师生既能切身感受学校发展历史，又能在学习中受教育、有收获。（华南师范大学图书馆）

广西壮族自治区

【广西壮族自治区高等学校图书情报工作委员会举办系列文化活动提高在校大学生综合文化素养】 4月起，广西壮族自治区高等学校图书情报工作委员会（以下简称“广西高校图工委”）通过线上和线下相结合的方式先后组织广西高校图书馆“勇往职前·大学生就业技能与知识竞赛”、2020年广西高校图书馆“学问杯”影评大赛、“抗疫·‘语’大爱同行”第二届广西高校图书馆朗读大赛、4·23世界读书日——诗书记“疫”，“你我同行”读书月活动，从多方面综合提升在校大学生的综合文化素养。（广西大学图书馆　覃衍海）

【广西高校图工委、广西高等教育学会图书馆专业委员会组织召开广西高校图书馆“十四五”规划编制与提质增效研讨会】 11月13—14日，广西高校图书馆“十四五”规划编制与提质增效研讨会在北部湾大学图书馆召开。共有来自全区各大高校图书馆的80位代表参会。研讨会邀请电子科技大学图书馆馆长杜丽等5位专家为大会做“十四五”规划编制相关专题报告，为全区图书馆人共同谋划高校图书馆事业“十四五”规划发展蓝图及如何实现图书馆工作的提质增效提供一个良好、优质的学习交流平台。（广西大学图书馆　覃衍海）

重庆市

【重庆市高校图书馆在新冠肺炎疫情防控中积极开展线上服务工作】 自新冠病毒肺炎疫情发生以来，重庆市各高校图书馆积极响应党中央号召，按照重庆市政府及各高校应对新型冠状病毒肺炎疫情防控指挥部的要求，积极响应，迅速行动，全面加强疫情防控工作。各馆均制订周密的方案，以最严格的科学防控措施，维护读者及馆员的健康安全。截至3月5日，全市各高校图书馆通过图书馆主页、微博、微信公众号等形式，共发文1100余篇，其中通知问候类360余篇、阅读推荐类260余篇、服务与资源介绍类近300篇、应急信息服务类150篇、其他类别50篇。为保障疫情期间的读者需要，各馆及时开展线上“零距离”服务。数字资源24小时开放，并安排专人通过网络、电话等方式全力做好线上资源的服务工作，确保数字资源不断线、服务不掉线，保障图书馆数字资源正常远程访问。（重庆市图书馆学会）

【成渝地区双城经济圈高校知识产权信息服务联盟成立暨研讨会召开】 11月27日，成渝地区双城经济圈高校知识产权信息服务联盟成立暨研讨会在电子科技大学召开，标志着成渝两地高校知识产权信息服务工作将迎来全方位的深入合作。电子科技大学、电子科技大学图书馆及知识产权信息服务中心、重庆大学图书馆、重庆市知识产权局等相关单位领导，以及两地11所高校代表30余人参加会议。电子科技大学知识产权信息服务中心主任杜丽通报联盟筹备情况，对联盟章程草案进行充分的研讨，并选举确定联盟组织架构。四川省知识产权服务促进中心服务业促进处处长卢志红、重庆市知识产权局公共服务处副处长蒋其全、电子科技大学知识产权信息服务中心主任杜丽、重庆大学图书馆党支部书记王雨共同为“成渝地区双城经济圈高校知识产权服务联盟”揭牌。（重庆市图书馆学会）

【西南大学图书馆编著出版《民国乡村建设文献丛刊》】 西南大学图书馆根据馆藏特色文献，经过3年的研究整理影印出版《民国乡村建设文献丛刊》，对于已经规划到21世纪中叶的以当代乡村振兴战略为内涵的“中国故事”，既有现实意义，又有重要的历史意义与文献价值。本着为学术服务的宗旨，该书在选取史料方面，力求全面、精准、真实。全书共收录以西南大学图书馆馆藏为主体、国家图书馆馆藏为补充的有关民国乡村建设文献88种，分为乡村调查报告、乡村建设实施、乡村自治、乡村合作组织、乡村建设专著、乡村建设期刊6部分65册。（重庆市图书馆学会）

【西南大学知识产权信息服务中心成立揭牌仪式暨知识产权信息素养教育工作会举办】 12月25日，西南大学知识产权信息服务中心成立揭牌仪式暨知识产权信息素养教育工作会举办。此次活动由西南大学图书馆、科学技术处、产业技术研究院联合举办，云南大学副校长崔延强，重庆市知识产权局公共服务处处长周建超等领导，重庆部分高校、企业、服务机构代表，以及学校党政办公室、宣传部、社会科学处、科学技术处、产业技术研究院、图书馆和有关学院（中心）负责人、创新团队领衔专家、科研骨干、硕博士研究生等百余人参加此次活动。（重庆市图书馆学会）

四川省

【概况】 四川省共有普通高等学校126所，其中本科院校52所（含社会力量办学17所）、高职（专科）院校74所（含社会力量办学29所）。根据对2020年四川省79所主要高校图书馆的统计，馆舍面积212.23万平方米（其中在建面积35.51万平方米），读者座位22.04万个。文献资源购置费3.78亿元，其中，电子资源购置费2.18亿元。文献累积总量4.01亿册，2020年购置中文纸质图书447.24万册，购置外文纸质图书1.29万册，购置中文纸质报刊6.02万份，购置外文纸质报刊2648份，购置中文电子图书8092.77万册，购置外文电子图书744.23万册，购置中文电子报刊2654.62万份，购置外文电子报刊70.62万份。外借纸本书刊272.44万册次，电子资源下载量2.1亿篇次。全省高校图书馆正式职工2002人，其中博士58人、硕士592人，本科以上学历的比例约为81%，中高级职称比例达66%。

疫情期间，全省高校图书馆高度重视，加强领导，统筹协调，全面落实疫情防控各项要求。全省60余所高校图书馆根据疫情不断发展变化以及学校各阶段工作安排，及时制订并实施分阶段的《图书馆关于新型冠状病毒肺炎疫情的防控工作方案》，同时做到精准施策，因地制宜，提供特色化多样化战“疫”服务。各高校图书馆配合四川省高等学校图书情报工作委员会（以下简称“四川省高校图工委”）及时完成调研、发布四川省高校图书馆抗击新冠肺炎疫情工作情况和服务线上教学情况，并形成报告《打赢严防严控疫情阻击战　推进高校图书馆事业新发展——四川省高校图书馆在行动：四川省高校图书馆抗击新冠肺炎疫情工作调研报告》《高校图书馆抗击新冠疫情开展线上教学服务情况简报》。

全省高校图书馆充分发挥“文化战‘疫’”的作用，以“书香助力战‘疫’，阅读通达未来”为主题，联合举办第三届“悦读新时代：四川高校阅读文化节”。全省100余所高校图书馆紧密联系各高校实际，举办各类活动超过600项，参与人数超过26万人次，让广大师生在特殊时期丰富生活、舒缓压力，营造浓厚的校园文化和公共文化氛围。

配合教育部高等学校图书情报工作指导委员会本科教育支持组开展各项工作，3月启动高校图书馆战“疫”时期服务教学优秀案例征集活动，活动共征集到来自全国高校80余所图书馆的93个案例。并于10月23—24日，以“统筹疫情防控常态化和高校图书馆发展，全面支持服务学校教育教学”为主题，召开高校图书馆战“疫”时期服务教学优秀案例展示研讨会。

各高校图书馆积极配合教育厅开展四川省普通高等学校图书情报工作指导委员会换届筹备工作，完成高校推荐，主任委员单位申报，主任委员、副主任委员遴选，委员及行业委员推选等工作。

四川省高校图工委持续推进全省高校图书馆专业队伍建设，提升馆员业务素养及科研能力，举办学科馆员线上培训会等交流培训会议。在抗“疫”期间，组织完成《四川图书馆学报》（高校专辑）征稿、专家评审、作者返修及与编辑部协调等工作，2020年度专辑共收稿55篇，发表20篇。积极组织高校图书馆申报第十九次四川省哲学社会科学优秀成果评奖，全省高校图书馆、公共图书馆共申报成果53项。

四川省高校图工委收集“十四五”规划相关信息并及时转发全省高校图书馆，组织各高校图书馆“十四五”规划研讨编制工作，并举办“2020年‘双一流’大学图书馆建设川大论坛”等相关会议。

继续加强本科院校分委员会、高职高专分委员会、社会力量办学院校分委员会和现代化技术、文献资源建设等专业委员会工作，成立成渝地区双城经济圈高校知识产权信息服务联盟，并举办2020全国高职院校信息素养大赛四川赛区选拔赛等形式多样的比赛和工作经验交流活动。

高校图书馆积极开展四川省图书馆学会组织开展的2019年全民阅读工作有关名单的申报。四川旅游学院等3个图书馆荣获“全民阅读示范基地”，达州职业技术学院图书馆荣获“2019年全民阅读优秀组织”，成都理工大学等9个图书馆荣获“2019年全民阅读先进单位”，电子科技大学等6个图书馆的申报项目荣获“2019年全民阅读优秀项目”。经评选推荐，四川师范大学图书馆荣获中国图书馆学会评选的“2019年全民阅读先进单位”，四川大学图书馆的申报项目荣获中国图书馆学会评选的“2019年全民阅读优秀项目”。（四川省高校图工委）

【四川大学、华中农业大学和武汉纺织大学外经贸学院三校图书馆联合举办抗疫心理辅导讲座】 4月2日，四川大学图书馆结对华中农业大学图书馆和武汉纺织大学外经贸学院图书馆，特邀中央电视台《挑战不可能》之“读声神探”、四川大学心理健康教育中心副主任王英梅举办线上“明远大学堂·心理辅导讲座”，讲座题目是“换挡期的心理重建——如何尽快回归正常工作、生活状态”。四川大学图书馆馆长党跃武、华中农业大学图书馆馆长甘霖、武汉纺织大学外经贸学院图书馆馆长徐冉和其他高校图书馆380多位馆员相聚云端，共同参加此次讲座培训活动。（四川省高校图工委）

【开展“阅读战‘疫’——探索科技与生命的意义共读活动”】 5—7月，由四川省高校图工委主办，电子科技大学图书馆、西南交通大学图书馆承办的第三届“悦读新时代：四川高校阅读文化节”之“阅读战‘疫’——探索科技与生命的意义共读活动”举行。此次共读活动持续50天，有来自省内52所高校的19844名师生共同参与，合计打卡次数达42.50万次，阅读分享达26.66万条，围绕共读内容，活动包含106个主题讨论，讨论次数达15.03万次。活动期间，电子科技大学马克思主义学院副院长商继政、西南交通大学副教授崔罡还分别举办“云”讲座，在线导读《习近平用典》《中国哲学简史》两本经典著作。（四川省高校图工委）

【四川、陕西、上海和湖南四省市高校图书情报工作委员会联合举办抗疫期间高校图书馆服务线上教学交流会】 5月27日，为贯彻落实习近平总书记关于打赢疫情防控阻击战，统筹推进疫情防控和经济社会发展工作的重要指示精神，针对新型冠状病毒感染的肺炎疫情对高校教学和管理的影响，各高校图书馆认真贯彻落实教育部“停课不停教、停课不停学”的要求，主动和教务处、研究生院等教学管理部门、任课教师紧密联系，在校内外管理部门和服务机构的支持下，全面开展教学所需电子教材及教参的服务工作，成效显著。由四川省高校图工委、陕西省高校图工委、上海市高校图工委、湖南省高校图工委共同主办的“抗疫期间高校图书馆服务线上教学活动交流会”，进行线上直播，来自全国高校图书馆界同人16000余人次参加此次会议。（四川省高校图工委）

【第三届“悦读新时代：四川高校阅读文化节”总结交流会】 6月24日，第三届“悦读新时代：四川高校阅读文化节”总结交流会在线上召开。此次活动由四川省高校图工委主办，四川大学图书馆承办，会议采用线上方式通过超星学习平台进行直播。四川省文化和旅游厅副厅长赵红川，四川省教育厅高教处副处长罗亦凡，四川大学党委常委、副校长梁斌和四川省各高校图书馆馆领导通过线上方式参加会议，全省高校图书馆终端在线参会1000余人。据不完全统计，在抗击新冠肺炎疫情特殊时期开展的第三届四川省阅读文化节期间，全省高校图书馆除了组织7项全省性活动，还紧密联系各高校实际，举办阅读打卡、经典共读、抗“疫”科普、诵读大赛、图书荐评、专题展览、知识竞赛、真人图书、学术讲座等各类子活动超过600项，直接参与人数超过20万人次，让广大师生在特殊时期丰富了生活、开阔了视野、舒缓了压力，营造了浓厚的校园文化和公共文化氛围。（四川省高校图工委）

【2020年高校图书馆学科馆员线上培训会】 7月6—8日，由四川省高校图工委、重庆市高校图工委主办，川渝高校情报工作研究会、电子科技大学图书馆承办，智慧图书馆协同创新联盟协办的2020年高校图书馆学科馆员线

上培训会举行。培训以“深化知识服务，全面支持双一流建设”为主题，通过网络直播的方式开展。此次活动得到全国高校图书馆的响应，共有19个省市的203个高校图书馆、3400余名学员参加培训，在线直播实时观看人数3日均值为2298人，峰值为3483人，累计观看达1.19万人次。（四川省高校图工委）

【成渝地区双城经济圈高校知识产权信息服务联盟正式成立】 11月27日，成渝地区双城经济圈高校知识产权信息服务联盟成立暨研讨会在电子科技大学举办，标志着成渝两地高校知识产权信息服务工作将迎来全方位的深入合作。成渝两地知识产权主管部门相关领导以及11所高校代表30余人参加会议。会议选举理事长、常务理事和理事等联盟组织机构，电子科技大学、重庆大学当选为理事长和副理事长单位。会议还举行“成渝地区双城经济圈高校知识产权服务联盟”揭牌仪式。（四川省高校图工委）

【2020年“双一流”大学图书馆建设川大论坛召开】 12月11日，由四川省高校图工委主办、四川大学图书馆、公共管理学院承办，四川省图书馆学会高校分会、四川省文献影像技术协会协办的2020年“双一流”大学图书馆建设川大论坛在四川大学召开。此次论坛采用多地连线直播的形式，聚焦“双一流”背景下大学图书馆建设。中国科学院大学教授初景利、四川大学副校长姚乐野分别在北京、成都两地参加此次论坛的线上直播。共有来自高校图书馆的专家、同人逾千人参加线上论坛。（四川省高校图工委）

贵州省

【概况】 截至2020年底，贵州省高等学校图书馆工作指导委员会（以下简称“贵州省高校图工委”）共有成员单位23个，其中普通本科高校图书馆20个、高职高专图书馆3个。各成员馆投入使用的馆舍总量40个，馆舍总面积67.72万平方米，馆藏文献总量2941.8万册。拥有阅览座位69221个，在编人员701人。周服务时间为60—106.5小时。

12月27日，“2020—2024年贵州省高等学校图书馆工作指导委员会成立大会暨2020年工作会”在贵州民族大学召开。贵州民族大学图书馆成为新一届秘书长单位。新一届贵州省高校图工委委员由全省17个高校图书馆及贵州省图书馆的20位专家组成。7月，贵州医科大学图书馆获教育部第二批“高校国家知识产权信息服务中心”。9月，贵州中医药大学图书馆获第六届全国悦读中医活动“优秀成员单位”称号。10月，贵州大学图书馆获中国图书馆学会“2019年全民阅读先进单位”；贵州民族大学图书馆“‘黔籍播芳’贵州典籍文化推广活动”获中国图书馆学会“2019年阅读推广优秀项目”。11月，贵州商学院图书馆获第三届“乐研杯”全国财经高校大学生信息素养大赛全国总决赛组织奖。贵阳学院图书馆选送作品《当时我们选择了这座城市》获得中国图书馆学会阅读推广专业委员会主办的“品国学·诵经典·传承中华文化”第二届全国大学生中华经典美文诵读大赛银星奖。贵阳学院图书馆获评“星级组织单位”。（贵州省高校图工委秘书处）

【贵州省普通高校图书馆在防控疫情期间开展形式多样的服务】 新冠肺炎疫情发生以来，各高校图书馆认真贯彻落实党中央、贵州省委、省教育厅等对疫情防控工作的部署。各高校图书馆成立新冠肺炎防控工作组，制订、落实本馆疫情防控工作方案，开展疫情防控宣传教育，配合学校做好“疫情”监测和摸底排查。通过图书馆网站、QQ群、微信公众号等信息平台，向师生宣传疫情时期图书馆开展的各项服务。

为确保闭馆期间服务不中断，各高校图书馆采取多种方式保障师生文献信息需求。为教师线上教学提供文献保障，拓宽免费学术资源信息源，提升文献资源保障率。开展丰富多彩的线上阅读推广服务，尽量减小因疫情对师生造成的影响。全省多个高校图书馆积极组织师生参与由贵州省全民阅读活动领导小组办公室组织的战“‘疫’斗‘贫’奔跑前行：2020多彩贵州全民阅读马拉松快闪赛”活动。贵州民族大学图书馆携手贵州广播电视台公共频道，在4月22日举办第六届“校园读书月”暨第25个“世界读书日”特别讲座“阅读与担当”，特邀贵州省著名学者顾久主讲，讲座共吸引4万多人次在线观看。贵州大学图书馆开通“预防新型冠状病毒知识库”，向校外免费开放。贵州师范大学图书馆、贵州财经大学图书馆、贵州医科大学图书馆、遵义医科大学图书馆、贵州理工学院图书馆、贵州开放大学（贵州职业技术学院）图书馆、遵义师范学院图书馆、安顺学院图书馆等多个高校图书馆均开展形式多样、类型丰富的线上活动。

各高校图书馆党员、干部先锋模范作用突显。各馆党员带头捐款，职工积极响应。据不完全统计，有21所高校图书馆参加捐款，合计约5.4万元。（贵州省高校图工委秘书处）

【贵州民族大学图书馆开展社会服务】 由贵州民族大学图书馆与贵州省图书馆学会大力推动的《贵州省公共图书馆条例》于2020年9月25日贵州省第十三届人民代表大会常务委员会第十九次会议通过，自2021年1月1日起施行。8月14日，“民族地区古籍保护与文化传承研讨会”在贵州民族大学图书馆举行。会议由贵州民族大学图书馆与复旦大学中华古籍保护研究院共同主办。复旦大学原校长、中华古籍保护研究院院长、中国科学院院士杨玉良，贵州民族大学副校长黄其松，复旦大学图书馆副馆长、中华古籍保护研究院常务副院长杨光辉出席会议。复旦大学中华古籍保护研究院以及贵州民族大学相关部门人员参加会议。10月26—30日，“贵州省少数民族古籍管理人员综合素质提升培训班”在贵州民族大学举办。来自全省各地民族宗教事务委员会、民族古籍整理办公室、民族研究所的50名学员参加。12月10—11日，贵州民族大学图书馆协办的2020年贵州省图书馆学会学术年会暨首届贵州图书馆创新发展论坛在黔西南州兴义市召开，17所贵州高校图书馆近30位代表参会。来自北京大学、重庆大学图书馆、贵州民族大学图书馆的3位专家应邀出席并做报告。（贵州民族大学图书馆）

【六盘水师范学院与钟山区人民政府共建的经纬图书馆（六盘水市钟山区图书馆）正式开馆】 8月17日，六盘水师范学院与钟山区人民政府共建的经纬图书馆（六盘水市钟山区图书馆）正式开馆。六盘水师范学院经纬图书馆（六盘水市钟山区图书馆）以创建国家公共文化服务体系示范区为契机，立足实际，按照公益性、基本性、均等性、便利性的原则，致力“校地共建”探索图书馆共建共享服务新模式。经纬图书馆共有3层，采用RFID自助借阅管理系统进行管理，按照各门类和实际阅读需求设置有期刊阅览室、儿童阅览室、会议室、新书展示区、自修室等多个分区，提供阅读座椅共600个，开馆时间为每天上午8点至晚上10点（节假日除外）。（六盘水师范学院图书馆）

云南省

【2020年云南高校图书馆馆长工作会暨“后疫情”时代图书馆的创新服务研讨会举办】 8月13—14日，云南省高等学校图书情报工作指导委员会（以下简称“云南省高校图工委”）联合同方知网（北京）技术有限公司云南分公司举办2020年云南高校图书馆馆长工作会暨“后疫情”时代图书馆的创新服务研讨会。全省高校图书馆共有464人次在线参加会议。云南省高校图工委主任委员兼秘书长、云南师范大学图书馆馆长殷国聪做《云南省高校图工委、图书馆联盟工作报告》，总结2019年、2020年上半年图工委和图书馆联盟的工作，并指出2020年下半年重点工作。云南高校图工委副主任委员、云南财经大学图书馆馆长赵越，云南大学图书馆书记樊泳雪，云南中医药大学图书馆馆长吕峰，云南师范大学图书馆副馆长张扬围绕“‘后疫情’时代图书馆的创新服务”等主题做专题报告。（云南省图书馆学会　金美丽）

【云南省高校图书馆“十四五”规划与创新发展（在线）研讨会在昆明召开】 9月11日，由云南省高校图工委主办、北京方正阿帕比技术有限公司协办、图书情报工作杂志社提供学术支持的“云南省高校图书馆‘十四五’规划与创新发展（在线）研讨会”在线举办。来自云南省及其他省市的高校图书馆代表共464人次参加会议。云南省高校图工委主任委员兼秘书长、云南师范大学图书馆馆长殷国聪在开幕式上致辞。此次会议的主题为“高校图书馆‘十四五’规划与创新发展”，共有8位业内知名专家围绕主题做报告。上午，图书情报工作杂志社社长初景利、北京师范大学图书馆馆长王琼、上海交通大学图书馆副馆长郭晶、四川大学图书馆馆长党跃武先后做专题报告。会议由云南大学图书馆馆长杨毅主持。下午，重庆大学图书馆馆长杨新涯、南京大学图书馆副馆长邵波、沈阳师范大学图书馆党总支书记王宇、云南师范大学图书馆馆长助理赵益民做专题报告。会议由昆明理工大学图书馆馆长廖寅主持。此次研讨会的召开，进一步打开各高校图书馆的发展思路，为各高校图书馆“十四五”规划制订与创新发展打下良好的基础，开启图书馆服务与创新的新格局。（云南省图书馆学会　金美丽）

【云南高校图书馆馆员学科服务研修班举办】 11月30日，为促进云南省高校科研人员和广大师生在疫情期间高效地开展科研工作，进一步加强各校图书馆在学科服务等方面的交流与沟通，云南省高校图工委联合科睿唯安信息服务（北京）有限公司在昆明举办云南高校图书馆馆员学科服务研修班，省内高校图书馆60余位从事学科服务、信息咨询等相关工作的馆员参加培训。此次研修班由云南省高校图工委副主任委员、昆明理工大学图书馆馆长廖寅主持。云南省高校图工委主任委员兼秘书长、云南师范大学图书馆馆长殷国聪出席研修班并致辞。来自昆明理工大学图书馆的代表及科睿唯安学术研究事业部的专家围绕 InCites 中常用的定量分析指标分别在研讨会上做主题发言。此次研修班为图书馆工作人员开展学科服务工作奠定学科分析涉及的理论基础并使其熟悉相关分析工具。（云南省图书馆学会　金美丽）

陕西省

【概况】 截至2020年底，陕西省共有各类高等教育学校110所，其中普通高校96所，包括普通本科院校57所、高职（专科）院校39所。以下信息来自74所普通高校图书馆的统计数据。

馆舍条件。74所图书馆馆舍面积合计181.71万平方米，馆均2.46万平方米。在建馆舍设计建筑面积合计146.2万平方米。读者座位合计188.6万个，馆均2548个。

人员结构。74所图书馆在编职工合计2223人，馆均30人。在编职工中，本科及以上学历者占81.82%，比上年的80.13%增加1.69%。其中：博士65人，占2.92%；硕士及第二学士学位683人，占30.72%；本科1077人，占48.45%。在编职工中，中级及以上职称者占74.63%，比上年的70.6%增加4.03%。其中：正高级职称95人，占4.27%；副高级职称456人，占20.51%；中级职称1108人，占49.84%。

经费投入。74所图书馆年度经费合计3.68亿元，馆均497.88万元。文献资源购置费合计3.23亿元，馆均435.89万元。其中，纸质资源购置费合计1.33亿元，占文献资源购置费的41.08%；电子资源购置费合计1.89亿元，占58.84%。

资源建设。74所图书馆全年购置中文纸质图书合计256.50万册，馆均36127册；26所图书馆全年购置外文纸质图书合计25767册，馆均991册。74所图书馆馆藏中文纸质图书合计9137.66万册，馆均123.48万册；55所图书馆馆藏外文纸质图书合计356.52万册，馆均64822册。

服务状况。73所图书馆办证读者合计135.84万人，馆均18608人。全年外借书刊合计350.09万册次，馆均47957册次。74所图书馆主要阅览室每周开放时间合计6716.25小时，馆均90.80小时，其中最长周开放时间为114.50小时。截至2020年底，陕西省高等学校图书情报工作委员会（以下简称“陕西省高校图工委”）累计向全省各类图书馆发放馆际互借通用借书证1590个。（陕西省高校图工委　张惠君　安嘉璐）

【陕西省高校图书馆与县级图书馆开展结对帮扶工作】 1月3日，陕西省高校图书馆与县级图书馆结对帮扶工作阶段总结暨经验交流会在陕西师范大学长安校区图书馆召开。会议总结前一阶段帮扶工作，表彰结对帮扶先进单位，交流结对帮扶工作经验。在此次会议前期筹备阶段，陕西省高校图工委在省内高校图书馆中进行了新一轮结对帮扶意向调查，最终促成11家高校图书馆与17家县级公共图书馆结成帮扶对子，并在此次会议上签署帮扶协议书。（陕西

省高校图工委　张惠君　安嘉璐）

【陕西省高校图书馆抗击 COVID-19 疫情创新服务工作交流研讨会举行】 4 月 10 日，陕西省高校图书馆抗击 COVID-19 疫情创新服务工作交流研讨会在线上举行，来自陕西省部分高校图书馆的馆长 30 余人参加会议，省教育厅高教处领导应邀出席。会议由陕西省高校图工委副主任委员、西安交通大学图书馆馆长贾申利主持。西安交通大学图书馆常务副馆长邵晶、西北工业大学图书馆副馆长李辉、西安电子科技大学图书馆副馆长黄小强、陕西师范大学图书馆副馆长孙茜、西安工程大学图书馆馆长谷秀洁、陕西省高校图工委秘书长张惠君，分别做题为《图书馆竭尽所能为学校教、学、研保驾护航——西安交通大学图书馆战“疫”回顾》《网络与现实结合——疫情期间图书馆“不见面”“零距离”“一键式”暖心服务》《疫情期间图书馆服务工作的开展和思考》《重大公共卫生事件背景下高校图书馆特色管理与服务实践——以陕西师范大学图书馆应对新冠肺炎疫情为例》《“宅”家抗疫五步曲　在线服务立新功——西安工程大学图书馆汇报交流材料》《疫情期间高校图书馆服务案例精选分享》的专题报告。（陕西省高校图工委　张惠君　安嘉璐）

【陕西省高校图书馆“十四五”规划编制暨后疫情时期服务创新研讨会召开】 9 月 3 日，陕西省高校图书馆“十四五”规划编制暨后疫情时期服务创新研讨会在线上召开，来自陕西省 50 余家高校图书馆的近 120 名馆领导及图书馆同人与会。会议由陕西省高校图工委副主任委员、西安交通大学图书馆馆长贾申利主持。西安交通大学图书馆常务副馆长邵晶、西安电子科技大学图书馆副馆长黄小强、陕西师范大学图书馆副馆长田向阳、西安建筑科技大学图书馆馆长王燕平，分别做题为《西安交通大学图书馆“十四五”发展规划编制架构》《关于“十四五”规划中的文献资源建设》《高校图书馆“十四五”规划编制的环境因素及现实任务》《高校图书馆的本我、自我和超我——“十四五”规划视域的高校图书馆的自我审视》的专题报告。（陕西省高校图工委　张惠君　安嘉璐）

【“新系统、新技术、新应用”专题研讨会召开】 11 月 27 日，“新系统、新技术、新应用”专题研讨会在西安外事学院召开，来自全省 60 家高校图书馆的 130 余名代表参加会议。会议由陕西省高校图工委主办、西安外事学院图书馆承办。西安外事学院党委书记闵小平、陕西省高校图工委秘书长张惠君分别致辞。西北工业大学图书馆副馆长李辉、西安电子科技大学图书馆副馆长黄小强主持会议。陕西师范大学图书馆袁申、西安欧亚学院图文信息中心罗征、西安外事学院图书馆杨勇岩、陕西国际商贸学院图书馆程新刚分别做大会交流发言。陕西省高校图工委副主任委员、西安电子科技大学图书馆馆长卢朝阳做大会总结。（陕西省高校图工委　张惠君　安嘉璐）

【陕西省高校图书馆完成史料编纂工作】 7 月，陕西省高校图书馆完成《陕西省普通高等学校 2019 年度图书馆基本情况统计汇总》，以排行榜的形式展示 79 家陕西省高校图书馆的馆舍面积、年度经费、文献资源购置费、在编职工、读者座位、开放时间、书刊外借量等图书馆建设和服务指标。11 月，完成《2019 年陕西高校图书馆发展报告》，从发展概况、基本统计数据分析、科研与成果、管理和服务工作亮点、图工委年度工作计划实施等方面，全面反映陕西省高校图书馆的发展状况。12 月，完成《平凡的事业　不平凡的坚守——陕西高校图书馆抗疫服务纪事》。其中：《陕西高校图书馆抗击新冠肺炎疫情期间服务情况调研报告》汇总 2020 年 2 月疫情初期 48 家高校图书馆在文献资源保障、远程访问技术方法、信息素养教育与馆员培训等方面的应急举措和创新服务；《陕西高校图书馆抗疫服务大事记》以图文并茂的方式记录了陕西省各高校图书馆在疫情防控期间为保证服务质量开展的各项工作。（陕西省高校图工委　张惠君　安嘉璐）

【2020 年度陕西省普通本科高等学校图书情报工作会议召开】 11 月 14 日，2020 年度陕西省普通本科高等学校图书情报工作会议在线上召开，来自全省 41 家本科高校图书馆的馆领导、馆员代表在线参加会议。陕西省高校图工委副主任委员、西安电子科技大学图书馆馆长卢

朝阳，陕西师范大学图书馆馆长李永明分别主持会议。教育部高等学校图书情报工作指导委员会主任委员、北京大学图书馆馆长陈建龙应邀参会并做题为《斯文在兹　道隐无名——高校图书馆信息文化的创新发展》的学术报告，介绍北京大学图书馆信息文化建设的探索与实践经验。教育部高等学校图书情报工作指导委员会委员、陕西省高校图工委副主任委员、西安交通大学图书馆馆长贾申利做“陕西省高校图工委 2020 年度工作报告”，对陕西省高校图工委 2020 年工作进行回顾总结，对 2021 年工作进行展望，传达 2018—2022 年教育部高等学校图书情报工作指导委员会第三次工作会议精神。3 位陕西省高校图工委副主任委员——西北工业大学图书馆馆长李勇、西北农林科技大学图书馆馆长赵善廷、西安欧亚学院图文信息中心主任罗征，分别做题为《新时代高校图书馆的发展与思考》《建设全国涉农知识产权孵化与交易平台，助力我国农业现代化》《西安欧亚学院图书馆“十四五”发展规划思考与创新》的专题报告。（陕西省高校图工委　张惠君　安嘉璐）

【陕西省普通本科高等学校图书情报工作委员会换届工作完成】 11 月 23 日，陕西省教育厅办公室印发《陕西省教育厅办公室关于陕西省普通本科高等学校图书情报工作委员会换届的通知》（陕教高办〔2020〕28 号），决定成立新一届陕西省普通本科高等学校图书情报工作委员会。12 月 17 日，新一届陕西省普通本科高等学校图书情报工作委员会成立暨第一次常委会议在西安交通大学召开，省教育厅高教处领导出席会议并宣读换届文件，新受聘的 19 名常务委员及秘书长出席会议。（陕西省高校图工委　张惠君　安嘉璐）

甘肃省

【概况】 截至 2020 年底，甘肃省内普通本科院校图书馆、独立院校图书馆以及高职高专院校图书馆共计 46 所。在编员工 766 人，其中专业技术人员 611 人，包括研究馆员 37 人、副研究馆员 206 人、馆员 305 人、助理馆员 63 人。实际使用总建筑面积约 69.98 万平方米，拥有计算机 4234 台、服务器 323 台。

文献资源建设不断加强，馆藏资源多元化水平得到提升。截至 2020 年底，全省高校图书馆纸质文献藏书总量为 3381.50 万册 / 件，比上年增加 209.50 万册 / 件，其中普通图书 3321.68 万册、古籍 38.25 万册，电子图书 2282.71 万册、电子期刊 725.37 万册。自建数据库 32 个，数字资源总量达到 12265.80GB。纸质图书藏书总量稳中有升，数字资源建设快速跟进，资源内容不断丰富，纸电融合趋势明显。古籍文献、特色文献收藏显现价值。全省 3 所高校图书馆入选全国古籍重点保护单位，85 种馆藏古籍入选《国家珍贵古籍名录》；建有特色资源包括兰州大学西北边疆文献、兰大文库，西北师大文库，兰州理工大学机构知识库，甘肃农业大学的甘肃农耕文化专题数据库、甘肃农业大学专家学者库，西北民族大学的馆藏于右任旧藏金石拓片数据库、民族研究文献题录数据库，甘肃政法大学的陇籍法学家资料馆，兰州文理学院敦煌文献资源中心文献，甘肃民族师范学院的河洮岷地方文献室等。

创新用户服务的方式和内容，提质增效。各馆全年服务持证读者 37.02 万余人次。在基础信息服务方面，书刊文献外借 562.12 万册次，馆际互借 2092 册次，文献传递 33.50 万册次，举办读书月（日）等活动 659 次。在数字化信息服务方面，兰州大学图书馆网站主页访问量总量达 543.92 万次，陇南师范高等专科学校图书馆信息导航总量达 2073.77 万条，兰州财经大学图书馆新书通报总量达 31.90 万册。在图书馆个性化信息服务方面，省内有 4 所高校开展科技查新服务，其中兰州大学开展查新 878 次。另外，兰州大学图书馆、兰州文理学院图书馆等还依托读者微信服务群，为读者提供参考咨询服务。

信息化建设发展水平得到大幅提升。截至 2020 年底，各馆网络基础设施得到大幅改善，21 所图书馆已使用基于 RFID 技术的智能借还书服务。基于移动互联的网络应用得到快速发展，兰州大学图书馆、西北师范大学图书馆等已配置智慧图书馆管理系统，提供座位预约管理等服务。数字资源的建设和利用进一步广泛，基于大数据理念的图书馆运行数据挖掘、数字资源的开发利用和服务业务普遍展开，信息化建设在读者服务以及图书馆支持学校教学科研方面的作用越加明显，兰州大学图书馆因此获得CALIS联合目录中文数据库建设先进单位等6项荣誉。

推动信息素养教育不断深化。2020年，全省有12所高校开设信息素养/文献信息检索课程，多数高校图书馆还通过开展新生入馆教育以及信息素养教育讲座培训、举办信息素养教育大赛等形式加强学生信息素养。例如：兰州大学开设“网络信息检索与利用（综合类）”及“网络信息检索与利用（医学类）”2门课程，参与培训120人次；进行新生入馆培训27场，参与培训4600人次；举办相关线下讲座168次、信息素养教育大赛2次，获得“施普林格·自然新学期文献检索大赛”优秀组织奖以及“IEEE杯图书馆远程服务创意大赛”积极分享奖。

图书馆学、信息科学和信息技术等相关学科的理论研究与实践能力不断增强。例如：兰州大学图书馆有在研项目3项，其中国家社会科学基金项目1项、甘肃省哲学社会科学规划项目1项、甘肃省知识产权计划项目1项；西北民族大学图书馆有在研项目6项，其中国家社会科学基金项目3项、国家自然科学基金项目1项、甘肃省教育科学“十三五”规划项目1项、甘肃省高等学校科研项目1项，授权实用新型专利1项；甘肃中医药大学图书馆有在研项目3项，其中敦煌医学与转化教育部重点实验室年度开放课题2项、甘肃省教育科学“十三五”规划项目1项；甘肃农业大学图书馆有授权实用新型专利4项；甘肃医学院图书馆有授权实用新型专利1项。（甘肃省图书馆学会）

【甘肃省高校图书馆新冠肺炎防控知识竞赛举办】 由甘肃省高等学校图书情报工作委员会（以下简称“甘肃省高校图工委”）主办，兰州资源环境职业技术学院图书馆、同方知网（北京）技术有限公司甘肃分公司共同承办的甘肃省高校图书馆新冠肺炎防控知识竞赛于3月举办。此次知识竞赛共有55所高校的10390名师生参与（含省外院校40人），参赛人数排名前三的分别是兰州资源环境职业技术学院（3135人）、甘肃医学院（2523人）、甘肃省中医药大学（1248人）。经过激烈角逐，产生一等奖6名、二等奖10名、三等奖20名、优秀奖30名，4所院校获优秀组织奖。（甘肃省图书馆学会　张毅宏）

【2020年“万方杯”甘肃省高职院校信息素养大赛举办】 10月25日，2020年“万方杯”甘肃省高职院校信息素养大赛开幕式在兰州资源环境职业技术学院举行。甘肃省电化教育中心、甘肃省高校图工委等有关单位领导及有关高职院校图书馆馆长出席开幕式，省内18所职业院校参赛师生参加开赛式。开幕式由甘肃省高校图工委副秘书长、兰州大学图书馆副馆长王勇主持。CALIS管理中心主任助理、事业发展中心主任许长城远程做题为《高职高专信息素养教育的探索与实践》的远程视频报告。此次大赛分为教师组和学生组进行。在教师组微课视频评审会上，8位专家评委对18位教师的课件进行现场评价；在学生组比赛中，有14所院校的154名学生参加现场比赛，另外4所院校组织29名学生参加线上比赛。在同日召开的高校图书馆“十四五”发展规划资源建设研讨会上，兰州大学图书馆副馆长宋戈、重庆维普资讯有限公司副总经理戴勇分别做题为《“十四五”规划背景下的高校文献资源建设使命与路径——以兰州大学图书馆为例》和《“十四五”发展思考与规划》的主题报告。（甘肃省图书馆学会　张毅宏）

青海省

【青海大学图书馆概况】 截至2020年底，青海大学图书馆馆藏纸质文献175万余册，结合该校学科发展需要，分工科类、农牧类、藏医药类、农牧类、经管类、计算机类等几大类图书资料，其中工科类图书在青海省内收藏较为齐全。拥有国内外著名数据库77个，电子图书101万种，电子期刊近4.8万种。新图书馆大楼于2016年9月投入运营，馆舍面积31000平方米，阅览座位近4000个，全天开馆时间约13小时。主要开展的业务有图书借阅、数据资源用户培训、论文查收查引、影音欣赏、研修室预约、电子阅览、阅读推介、英语在线学习等。2020年由于受新冠肺炎疫情影响，学校于4月才正式开学，图书馆同期开馆。截至10月底，读者流通128万人次，比去年同期的106万人次增长20.8%，文献借阅2.3万册次，与去年同期基本持平。

完善疫情防控工作，努力提高服务水平。2020年新冠肺炎疫情期间，全馆干部职工通过网络会议及时学习习近平总书记关于新冠肺炎疫情防控工作的重要讲话精神及各级党组织疫情防控的决策部署和具体要求。同时根据学校疫情防控的部署和要求，结合实际情况，积极做好图书馆的疫情防控工作。一是成立疫情防控工作领导小组。二是加大疫情防控宣传力度，利用电子大屏、微信公众号、读者服务群、口袋书等多种形式，向读者介绍疫情防控科学知识，并进一步加强馆员疫情防控知识的教育和学习，正确引导、科学预防和应对疫情防控，共同维护校园公共秩序。三是开展数字资源线上服务工作，确保师生通过学校 VPN、CARSI 访问馆藏中外文资源通道的畅通；积极收集、整理、优化疫情期间其他免费的数字资源，通过学校 OA 以及该馆网站、微信公众号、教师服务微信群、学生读者服务 QQ 群等渠道推送，先后为学校师生提供免费数字资源 32 个；同时利用图书馆微信公众号、读者服务群等平台，不间断为广大师生提供文献信息资源传递服务。四是启动座位预约系统，为疫情期间图书馆有序开展现场服务提供保障。五是深入学习抗击疫情过程中涌现的典型人物和英雄事迹，将其理论精华应用于今后的工作实践，全年累计召开理论学习会 42 次、全体党员大会 3 次，举办“践行初心使命，坚决战胜疫情”主题党日活动一次、“疫情下的制度优越性体现”专题党课 1 次。六是数据留痕，全面检测入馆人员信息、体温，加强人员摸排和管控工作，强化图书馆值班制度和要求。

营文化氛围，造阅读空间。2020 年是图书馆文化氛围三期建设关键之年，为了将此项工作做得更好，建设之初图书馆专门成立领导机构并制订详细的实施方案，主要内容包括：①建立马克思主义学科文献阅览专区，为马克思主义学科博士点的申报提供文献支撑。项目投入资金 160 万元，购置马克思主义学科专业文献 1.5 万册以及影像、视频等专业资料，进一步整合图书馆馆藏文献，助力学校学科建设。②打造特色馆藏室。青海大学图书馆是国家重点文化工程“中华再造善本工程”的青海省指定馆藏馆，拥有近 600 多种 3000 余册中华再造善本，以及其他古籍线装书，文化价值巨大，还拥有地方特色文献近 2.5 万册，其中青海省地方文献 3000 余册。现阶段这些中华再造善本和特色文献与普通图书混放在一起，没能发挥其应有的价值。同时，在学校领导的大力推动下，青海省非物质文化遗产保护协会和青海省花儿研究会青海大学工作站也于 2019 年设在青海大学图书馆，并获赠有关青海省非物质文化遗产和花儿研究的图书、期刊 500 余册，以后还会有陆续捐赠。为此，青海大学图书馆打造特色馆藏室势在必行。已初步完成中华再造善本和地方特色文献馆藏室的建设，在 12 月底面向读者开放，为广大师生提供古籍文献服务的同时，提升图书馆的文化积淀和历史内涵。

打造品牌文化活动。青海大学图书馆着力营造良好的文化氛围，打造品牌文化活动。如坚持“读好书、好读书”的阅读推广理念，于每年 4 月、9 月定期举办“世界读书月”和“新生入馆教育”两个品牌活动，参与大学生每年均在 4000 人次以上。另外，每年不定期举办知识讲座和活动，如“诗歌朗诵”“我爱阅读”等活动，这些活动均受到师生的一致好评。2020 年，青海大学图书馆先后举办“运用科研工具开拓视野，展示科研能力”“一流大学教学科研发现的大数据思维与学术资源价值”等 36 场专题讲座，3500 人次参加；举办“知网杯”大学生书法比赛，并依托书法比赛作品营造图书馆书法展示区，受到全校师生的一致欢迎。

建设知识产权信息服务中心。2020 年，第三届校党委常委会会议审议通过成立青海大学知识产权信息服务中心。新成立的知识产权信息服务中心将根据学校的发展目标和教学、科研的需要，结合图书馆作为学校信息服务中心的定位，立足本校，面向生态、高原医学、农牧业、机械、建工等行业，服务青海地方经济建设，为学校的“双一流”建设目标以及青海省创新驱动发展提供坚实的知识产权信息服务保障。11 月，2 名馆员顺利通过教育部科技查新人员资格考试，为后续开展工作奠定了人才基础。（青海大学图书馆）

【青海交通职业技术学院图书馆开展社会公众服务】 2020 年，青海交通职业技术学院图书馆充分发挥大学图书馆文献信息资源优势和专业服务优势，面向学校周边社区和青海交通运输职业教育集团各成员单位，免费提供文献信息查询、借阅，开放阅览室、自习室等公共空间设施场地，为社会公众服务，满足社区居民终身教育的需求，在地方经济发展和文化建设中发挥应有的作用。活动自开展以来，吸引众多附近社区居民前来参观、阅览、学习。（青海交通职业技术学院　李赛纳）

【青海卫生职业技术学院“书香卫院”项目荣获青海省“终身学习品牌项目”】 11月9日，由青海省教育厅和西宁市教育局联合主办的全省2020年全民终身学习活动周启动仪式在青海交通职业技术学院举行，全省教育界代表、社区代表、行业企业代表及社区居民代表等共计300余人参加启动仪式。此次活动周主题为“全民智学，助力‘双战双赢’”。会上表彰17个国家级、省级2020年“百姓学习之星”和“终身学习品牌项目”。青海卫生职业技术学院申报的“书香卫院”项目荣获青海省“终身学习品牌项目”，该院教师季芙红获评青海省“百姓学习之星”。为不断提高师生读者的思想理论水平和综合能力素养，营造“爱读书、读好书、善读书”的学习氛围，青海卫生职业技术学院图书馆组织开展“书香卫院”读书活动，引导广大读者与经典为友、与知识为伴，在阅读中寻找灵感，在交流中启迪智慧，养成人人爱读书，人人读好书的良好习惯。（青海卫生职业技术学院图书馆　马小莹）

宁夏回族自治区

【概况】 2020年，宁夏全区高校图书馆事业稳步发展。根据11所高校图书馆填报的数据，馆舍面积20.83万平方米，阅览座席1.96万个，文献总藏量1963.72万册/件，其中图书1008.41万册、古籍3.79万册、报刊153.69万件、视听文献0.30万件/套、电子图书797.53万册，全年文献购置费5033.75万元，新增文献218.95万册、电子图书182.72万册。

人才队伍结构逐步优化。人才队伍素质进一步提升，高学历人数持续增加，11所高校图书馆从业人员294人，其中博士3人、硕士38人、本科198人、专科55人。专业技术人员272人，其中中级职称93人、副高级职称91人、正高级职称23人。

加强基础设施建设。为优化服务空间、改善阅读体验，全区部分高校图书馆实施基础设施提升项目。宁夏医科大学图书馆完成对雁湖校区馆舍空间的改造和馆藏调整；北方民族大学图书馆流通书库增至9个，新增自主学习空间9个；中共宁夏回族自治区委员会党校（宁夏行政学院）图书馆完成空间布局改造，新增2个密集书库、8个教研咨询部门活动室；宁夏工商职业技术学院图书馆进行系列基础设施改善、文化建设与环境改造，新增“阅读岛”，增强读者阅读体验。

进一步推进文献资源建设，加强特色文献资源建设。宁夏各高校图书馆克服新冠肺炎疫情带来的不利情况，根据学校发展与学科建设新要求基本按时完成2020年图书和数字资源的采购任务。宁夏大学图书馆发布线上书会链接邀请师生参与并选购图书，通过“文献资源建设学院联系”微信群征集推荐书目；北方民族大学图书馆深入开展对重点学科、优势学科的文献采集，积极推进特色文献建设，加强对民族学博士学位建设的文献保障，挂牌成立民族学文献中心；中共宁夏回族自治区委员会党校（宁夏行政学院）图书馆重点采购马列、哲学、政治类文献，自主建设“习近平新时代中国特色社会主义思想研究”“黄河流域生态保护和高质量发展”“宁夏区情”“不到长城非好汉——宁夏党史”等数据库；宁夏师范学院图书馆增设“四史”专题和“习近平新时代中国特色社会主义思想”图书专区；宁夏职业技术学院（宁夏开放大学）图书馆设立“红色经典书屋”，集中展示马克思主义经典作家的理论著作等和邓小平理论、科学发展观的重要著述以及习近平新时代中国特色社会主义理论的重要论述和相关学习辅导材料，宣传展示党和国家在政治、经济、文化、军事和民生等方面的理论成果，为全校师生搭建一个“读原著、学原文、悟原理”的教育阵地。

加强学科服务。全区各高校图书馆积极推进学科服务，支持重点学科建设。宁夏大学图书馆针对农学院、生命科学学院的学科服务需求，以协议方式提供分析报告、数据分析等，参与学位点建设工作及咨询服务；北方民族大学图书馆为学校先后提供“2020年最新自然指数综合排名民委部属院校排名、区内高校排名结果”“学校高被引论文”“2020年软科排名”等，协助土木工程学院、数学与信息科学学院、生命科学与工程学院等完成人才引进、申博论文引证等相关工作。

深化读者服务。新冠肺炎疫情期间，全区各高校图书馆及时调整服务模式，充分利用线上平台满足师生的文献信息需求。宁夏大学图书馆通过微信平台发布推文166篇，全年阅读量达91495次，分享数据库使用、学术及科研论文类、专利类讲座与培训13场，举办或推送活动21场。宁夏医科大学图书馆通过微信平台发布资源推介、疫情防控知识、信息服务等推文95篇，阅读量达14172次；利用QQ群（4个）、微信群（7个）为近5000名师生传递中外文文献152119篇次，文献保障率90.14%；完成新技术新业务查新158份，查收查引服务22人次、63篇次，科技处委托文献检索服务1项；培训读者5场次、700余人次。全区各高校图书馆有序恢复开馆后，大部分高校图书馆保持每周98小时对外开放（个别馆长达105小时），网络化数字资源7×24小时对读者开放。

加大阅读推广力度。2020年，全区各高校图书馆开展了形式多样、内容丰富的阅读推广活动。宁夏大学图书馆举办“4·23”世界读书日“新冠肺炎抗‘疫’系列”特别活动，包括线上抗‘疫’主题图书展、线上读书沙龙、“同舟共济、同心抗‘疫’”征文比赛（即第六届“书香校园”征文比赛）等；宁夏医科大学图书馆依托知行读书会开展阅读推广活动，提交的阅读推广案例荣获西北五省（区）图书馆第十五次科学讨论会业务案例二等奖；北方民族大学图书馆举办“阅读相伴，共抗疫情”线上、线下“4·23”世界读书日系列活动，包括评选年度“悦读之星”“书香志愿者”、发布“阅读相伴、共抗疫情”荐读书单等；宁夏财经职业技术学院图书馆利用微型电视演播室，不断加强“好书品读”电视栏目制作与宣传，邀请学院教学名师、骨干教师、青年教师分享推荐图书并录制短片12部，内容涉及人生哲理、专业知识、读书感悟等；宁夏警官职业学院图书馆设立“警院晨读”团队，宣传警院文化，并荣获第四届全民悦读朗读大会宁夏选区总决选大奖；银川能源学院图书馆针对新生开展“扣好正确合理使用图书馆的第一粒扣子”活动，对2020级新生85个班进行44个教学学时的新生入馆教育培训；宁夏工商职业技术学院图书馆通过官方微信服务平台推介资源，对近4000名新生开展入馆教育、观影、信息素养讲座等迎新系列活动，组织成立书香使者团；宁夏理工学院图书馆依托“沙枣花文学社”组织开展“沙枣花杯”校园文学写作大赛、读书交流沙龙、沙枣花文学墙系列活动。

古籍保护工作取得新突破。宁夏大学图书馆馆藏《河东先生集十五卷》（附录一卷）入选第六批《国家珍贵古籍名录》，该馆目前致力于古籍部的建设，积极开展馆藏古籍的保护、整理和科学利用工作。（宁夏图书馆学会　马丽娜）

【宁夏大学图书馆举办第六届“书香校园”征文比赛】 11月4日，2020年宁夏大学图书馆第六届“书香校园”征文比赛颁奖会在逸夫图书馆举办。此次征文比赛主题为“同舟共济、同心抗‘疫’”，同时也是宁夏回族自治区文学艺术界联合会、宁夏文艺评论家协会、中国校园文学杂志社联合举办的“2020·青春与使命”主题征文选题之一，此次征文比赛还是宁夏大学图书馆“4·23”世界读书日“新冠肺炎抗‘疫’系列”特别活动之一。比赛面向全校师生，共计收到征文374篇，征文数量创历届最高纪录。经专业评委会层层筛选，宁夏文艺评论家协会专家终审，最终产生26位获奖者。（宁夏图书馆学会）

【宁夏大学图书馆举办《中华文化　民族共筑——百年来历史社会民情的全景记录暨文史民族学科发展》研讨会】 11月16日，由宁夏高等学校图书情报工作委员会、宁夏大学图书馆、宁夏大学民族学与文化旅游产业研究院（以下简称“研究院”）主办，北京智诚阅品文化传播有限公司、甘肃中道教育科技文化有限公司承办的“中华文化　民族共筑——百年来历史社会民情的全景记录暨文史民族学科发展”研讨会在宁夏大学召开。研讨会上，宁夏大学民族学与文化旅游产业研究院院长杜建录做题为《铸牢中华民族共同体意识下的历史民族学科发展研究及数字文献的建设实践》的学术报告，与会专家就近代以来的百年报纸进行全景式的回顾与总结。与会者认为，无论是基于通识教育或是馆藏价值，还是人文研究或学科智库建设，都可在历史回顾和呈现中提炼萃取智慧。（宁夏图书馆学会）

【宁夏医科大学图书馆举办图书馆知行读书

会新成员见面会暨图书馆资源推荐会】 10月30日和11月2日，由宁夏医科大学图书馆举办的图书馆知行读书会新成员见面会暨图书馆资源推荐会在双怡校区图书馆和雁湖校区创新创业园分别举行。此次见面会旨在为读书会新成员搭建沟通平台，促进联络交流、提升图书馆利用能力、熟悉图书馆各类资源。资源推荐会上，王丽霞、王健两位老师向与会人员介绍了图书馆的资源，并与之进行沟通和交流。（宁夏图书馆学会）

【宁夏工商职业技术学院图书馆举办“工商领读人”“工商朗读者”品牌系列活动】 2020年，宁夏工商职业技术学院图书馆通过官方网站、微信平台组织开展“工商领读人”23期，合计46位教师开展共读活动为学生推荐好书，活动点击量达1.4万余次；组织全校朗读活动3期，包括“工商朗读者”第3期“我见证　中国力量”、第4期“我与祖国共成长”、第5期“宪法伴我成长”诵读活动，将爱国主义教育、阅读经典、宪法精神等嵌入读者活动，进一步发挥图书馆文化育人功能。（宁夏图书馆学会）

新疆维吾尔自治区

【新疆大学图书馆概况】 截至2020年底，新疆大学图书馆纸质资源总量为178万余册，其中当年新增1.3万余册（含图书、合订本期刊及其他）。全年共接待到馆读者44万余人次，图书借还1.7万余册次；电子文献下载1259.2万次；图书馆微信服务号用户达2.8万余人。电子资源建设方面，订购数据库59个，其中中文数据库24个、外文数据库35个，文献类型包括电子图书、电子期刊、文摘索引、学位论文、会议论文、专利、成果、多媒体等，基本涵盖学校全部学科。新冠肺炎疫情期间，新疆大学图书馆汇总超星数字图书馆、读秀、百链、大英百科全书、Springer电子图书等订购的中外文电子图书数据库，图书多达350多万种，让师生足不出户就能获取资源，助力学校教师开展线上教学与学生专业知识学习。

全年开展数据库推介讲座24场，受众达3000余人次，内容涵盖图书馆资源利用、移动数字图书馆、文献管理软件、专利数据库检索、可视化分析工具等。同时为各类科研人员提供信息检索服务，共完成68份查新报告、2357篇SCI等单篇收录证明、23份收录引用报告、3389篇论文认定、3403篇相似性检测，完成《新疆大学学科表现度第三方评价报告》《新疆大学人文社科学科分析报告》《新疆大学ESI学科科研产出与影响力分析报告》等系列学科分析报告，为学校优势学科和潜力学科提供数据支持，在推进学校“双一流”学科建设中发挥积极作用。

自治区专利信息中心设立在新疆大学图书馆，该馆同时作为技术与创新支持中心（TISC）建设单位，服务高校与政府机构、企业，开展创新项目的技术转移及科研成果转化服务。全年面向高校、企业、社会公众开展知识产权保护主题在线培训、讲座5场，培训学员2000余人次。通过专利检索分析平台梳理新疆大学可转化专利信息，并推荐第一批专利综合价值评估较高的36件专利在自治区知识产权公共服务平台专利运营模块在线推介；配合自治区知识产权管理部门，承担第四届自治区专利奖项目及2020年自治区专利实施项目申报前的专利法律状态检索工作，分别为企业、科研机构、高校累计检索专利233件，并出具法律状态检索报告。全年完成《兖矿新疆煤化工有限公司专利分析报告》、《新疆大学专利状况分析报告》（2010—2019）、《新疆大学专利代理检索分析报告》等，并作为自治区“十四五”知识产权发展规划编制工作领导小组成员，完成《自治区“十三五”知识产权（专利）发展规划》实施评估工作及《自治区“十四五”知识产权发展规划》中专利部分的撰写。此外，开展中国专利周、世界知识产权日系列宣传活动，如举办知识产权话题创意抖音大赛、知识产权沙龙活动等，提升公众知识产权保护意识。9月，根据世界知识产权组织（WIPO）和国家知识产权局TISC评估意见，新疆大学作为新疆唯一一家第三批技术与创新支持中心正式授牌运行。（新疆大学图书馆　艾丽娜·波拉提汗）

【新疆大学图书馆创新在线学科服务模式】 2月1日，为克服新冠肺炎疫情带来的不利影响，新疆大学图书馆学科服务团队建立7个学科服务微信群（500人/群，分为理工1组、理工2组、人文社科组），为3000余人提供

7×24 小时线上服务。该团队面向全校 22 个学院提供馆藏文献资源校外授权访问咨询服务、SCIE/SSCI/EI 等收录检索服务、学术文献资源的推荐及传递服务、科技查新、学科专题文献检索咨询服务、期刊选刊指导、知网期刊论文相似性检测服务、本科毕业设计文献检索及指导服务等，文献类型为期刊、图书、学位论文、报纸资源等。（新疆大学图书馆　艾丽娜·波拉提汗）

【新疆大学图书馆开展 2020 年读书月系列活动】 4 月 23 日，新疆大学图书馆启动以“书香盈满人生路　同心战役谱芳华”为主题的“云读”特色读书月系列活动。新疆大学图书馆结合疫情防控形势，充分发挥图书馆阅读推广、文化育人主阵地作用，创新活动方式，丰富活动内容，集知识性、互动性、趣味性于一体，推出云平台朗读比赛、好书推荐、线上书评征集、微视频比赛、中华优秀传统文化知识竞赛、诗词大会知识竞赛、知识产权线上讲座等 10 余项阅读推广活动，在全校营造人人阅读的良好书香氛围。

3 月 5 日—5 月 8 日，新疆大学图书馆通过腾讯会议线上平台，特邀数据库培训师，举办 6 期读书月数据库专题培训，全校师生共 1000 余人参加。培训围绕如何使用数据库、追踪学科前沿、文献管理技巧、论文写作及投稿注意事项、如何快速获取参考文献信息等方面来开展，不仅提高读者的信息素质和文献检索能力，还进一步加深其对图书馆信息咨询、校外访问、文献传递等其他各项服务的了解，从而获得并提升文献信息的利用能力。（新疆大学图书馆　艾丽娜·波拉提汗）

【新疆大学图书馆组织召开“‘防疫’期间高校图书馆如何更好为读者提供服务”在线研讨会】 5 月 13 日，新疆大学图书馆组织开展此次在线研讨会，来自全自治区 10 余所高校图书馆的馆长和馆员 200 余人参加。会议特邀中国矿业大学图书馆馆长宋迎法，中国索引学会副理事长、超星集团副总裁叶艳鸣和北京政法职业学院图书馆馆长张会芝，重点围绕防疫期间高校图书馆服务创新与大家进行交流和研讨，进一步提高图书馆干部职工业务素质和读者服务水平。（新疆大学图书馆　艾丽娜·波拉提汗）

【新疆师范大学图书馆概况】 新疆师范大学图书馆总面积 5.8 万平方米，阅览座位 1800 余个。正式在编员工 65 人，其中高级职称 14 人、中级职称 47 人。截至 2020 年底，馆藏纸质图书总量为 172 万余册；订购数据库 36 个，其中中文数据库 23 个、外文数据库 13 个，文献类型包括电子图书、电子期刊、文摘索引、学位论文、会议论文、专利、成果、多媒体等，基本涵盖全校所有学科。全年接待到馆读者 58.7 万人次，图书借还 14 万册次，每个月更新 200 本新书。

新冠肺炎疫情期间，为满足各类读者的不同需求，图书馆改进服务模式，延长开放时间，每周 7 日每日 13 个小时开放。采用大开间、全开架、借阅藏一体的管理模式，并实现各校区图书的通借通还。

参与学校新生教育工作，为新生开展多种形式的导读活动，契合学校教育理念，现已纳入学校教育体系。利用现代化服务手段，为全自治区师生提供代查代检、文献传递、论文查重、科技成果认定和教师职称论文认定等服务。自 2013 年以来，已累计为全自治区各大学、大专、中专、初高中、小学、幼儿园教师进行职称论文认定和查重 11650 篇。（新疆师范大学图书馆　刘江宁）

【新疆医科大学图书馆概况】 6 月 8 日，新疆医科大学雪莲山校区图书馆正式投入使用，新老两校区图书馆总建筑面积为 5.9 万平方米。其中，雪莲山校区新馆总建筑面积约 4.8 万平方米，阅览座位 4000 余个，初步形成集深厚文化底蕴、强大资源实力、智慧服务功能于一体的现代化图书馆。截至 2020 年底，馆藏纸质文献总量为 170.6 万余册，中外文电子图书 70.4 万余册、中外文电子期刊 61.6 万册，订购中外文数据库 38 个（中、外文各 19 个）。

全年接待到馆读者 86.3 万人次，高峰期达 8626 人次 / 天；图书馆门户网站访问量 63.8 万次；微信用户 2.1 万人，比 2019 年增加 23.8%。开展各类数据库推介讲座 12 场，受众 1100 余人次。完成各类查新报告 112 份，SCI 报告 968

份 1351 篇，收录引用报告 21 份 370 篇，论文认定 4321 篇、相似性检测 1266 篇。积极向学科服务转变，完成学校高质量内涵式发展数据分析报告，助力学校《新疆医科大学高质量内涵式发展及能力提升规划》（框架草案）制定，为学校学科建设、“十四五”规划提供数据支撑和决策依据，发挥图书馆信息决策服务功能。

11 月，完成职能机构调整，共设置综合办公室、资源建设部、信息服务部、技术服务部、文献服务部、读者服务部 6 个部门，结合工作实际，提升读者服务工作质量。（新疆医科大学图书馆　郑梦晴）

【新疆医科大学图书馆初步形成智慧服务体系】 2020 年，新疆医科大学图书馆依托新馆建设，努力打造智慧图书馆。通过部署 RFID 智能图书馆管理系统，开通 3D 图书定位、人脸识别借还、自助委托预约等智慧借阅服务；通过自助设备平台开辟多样化的功能空间，引入空间预约系统的自习座位和研修间预约等智慧空间服务；通过提供远程访问系统、朗读亭、3D 打印、云桌面高清视听设备等，为读者提供畅享智慧体验服务。至此，新疆医科大学图书馆初步形成智慧服务体系，踏上智慧化服务新征程。（新疆医科大学图书馆　郑梦晴）

【石河子大学图书馆举办“兵团好儿女　最美逆行人”线上“真人图书馆”主题讲座】 4 月 28 日，石河子大学图书馆举办以“兵团好儿女　最美逆行人”为主题的线上“真人图书馆”主题讲座。此次讲座特邀石河子大学医学院第一附属医院医务部副主任刘克坚作为“真人图书”做客腾讯会议直播间，以《方舱医院　兵团那一抹红》为题向师生读者分享兵团援鄂医疗队的战疫事迹，图书馆全体馆员及石河子大学师生近 300 人在线参加此项活动。石河子大学图书馆后续将把“真人图书馆”作为一项常规服务长期开展下去，不断用更多优秀的“真人图书”丰富师生读者的“阅读”体验，为培养爱国、爱疆、爱兵团的建设人才贡献图书馆人的力量。（石河子大学图书馆　张瑞娥）

【石河子大学获批成为高校国家知识产权信息服务中心】 6 月 23 日，石河子大学经自主申报、初步筛选、专家初评、现场答辩、名单公示等环节，成功入选国家知识产权局和教育部联合认定的高校国家知识产权信息服务中心，成为新疆首家国家级高校知识产权信息服务中心。9 月 25 日，国家知识产权局在山东济南举办技术与创新支持中心（TISC）及高校国家知识产权信息服务中心交流研讨活动，该校图书馆馆长李忠荣代表学校国家知识产权信息服务中心在此次活动中接受授牌。中心的设立将增强学校在知识产权创造、保护、运用、管理和服务全链条的信息公共服务能力，更好地服务学校“双一流”建设，助推兵团和新疆经济社会向高质量发展。（石河子大学图书馆　张瑞娥）

党校图书馆

【概况】 2020 年，在中共中央党校（国家行政学院）校（院）委的领导下，图书和文化馆以习近平新时代中国特色社会主义思想为指导，深入学习贯彻十九届四中、五中全会精神，坚持党校姓党根本原则，对标对表政治机关、政治学校建设职责定位，聚焦聚力“四个建成”奋斗目标，统筹疫情防控与业务工作，兼顾队伍建设和党校（行政学院）系统协同，图书和文化事业迈出高质量发展新步伐。

读者服务再上新台阶。中共中央党校（国家行政学院）图书和文化馆新购图书 5009 种 8866 册，编目外文图书 1.6 万余种，开放数据库 111 个，校外可访问数据库总量由 58 个增加至 64 个；采取预约借还、上门借还、通借通还等方式提供图书借阅服务；通过“好书共享群”“读者服务群”，为读者提供 24 小时一站式答疑服务；编制、推介《习近平新时代中国特色社会主义思想研究文献分析报告（2019 年度）》《全球抗疫与国际秩序文献分析报告》《“一带一路”研究中文文献大数据分析报告》等报告，提供专业化知识服务；首次面向研究生开设“文献资源利用与信息素养提升”系列课程。这些举措有力保障了常态化疫情防控期间的读者服务。中共中央党校（国家行政学院）图书和文化馆是此次新冠肺炎疫情期间北京市最早恢复送报送刊的图书馆之一，4 月初即跟进湖北三新书店图书采访工作，以实际行动支援武汉图书出版业复工复产，产生积极的社会影响。北京市委党校（行政学院）图书馆组织人员编辑地区疫情防控专题资料汇编并通过线上发布，供相关研究人员参考。上海市委党校（行政学院）图书馆开通微信疫情防控智能问答服务，为读者提供专业、准确和快速的新冠肺炎防疫知识解答，同时利用读者在线交流群进行资源推广，培育读者信息素养。

阅读推广实现新作为。2020 年，全国党校（行政学院）系统图书馆进一步加强阅读推广，用读书积蓄能量，以书香助力战“疫”。中共中央党校（国家行政学院）图书和文化馆推出“悦读·育美——第 25 个世界读书日线上系列活动”“不忘初心、弘扬优良家风——庆‘七一’主题诵读活动”。铁道党校图书馆利用网络资源精选馆藏图书，组织“每天读书一小时”网上读书分享活动，向全校教职工推送电子图书。武汉市委党校（行政学院）图书馆党支部下沉社区，帮扶战“疫”，还与校（院）机关党委共同开展线上“爱的坚守·书的馨香——市委党校对口下沉社区读书荐书”活动。

古籍整理与保护取得新进展。中共中央党校（国家行政学院）图书和文化馆开启“古籍保护十年计划”第一年工作，共修复书画 6 幅、线装书 3600 页、其他书籍 30 余部；对馆藏善本方志中的 32 部乡土志进行数字化加工，着手编辑《馆藏古籍钤印汇编》；为国家古籍整理出版专项经费资助项目《宋荦全集》和湖北省重大文化工程《荆楚文库》提供馆藏稿本，充分发挥馆藏资源优势。江苏省委党校（行政学院）图书馆收藏的古籍善本《附释音礼记注疏六十三卷》元刻明修本入选 2020 年 11 月正式公布的第六批《国家珍贵古籍名录》。湖南省委党校（行政学院）图书和文化馆修复馆藏古旧残损书画 19 幅；同时在微信公众号“特色馆藏”栏目推送特藏珍品介绍，促进古籍活化利用。

特色文化交流展现新担当。2020 年秋季学期，围绕学习贯彻十九届五中全会精神和弘扬伟大抗疫精神等重大主题，中共中央党校（国家行政学院）图书和文化馆组织包括“百名摄影师聚焦 COVID-19”图片巡展暨“抗疫英雄人物肖像画展”联展、抗疫题材话剧《鸽子》等 13 场面向学员的文艺演出和文化展览。江苏省委党校（行政学院）图书馆组织“不忘初心、牢记使命——江苏红色资源绘画汇报巡回展”“抗疫英雄——林琨摄影、丁小文绘画主题展”“中国共产党党史人物肖像暨文献展”等展览。文化展演活动的全面恢复，传递了疫情防控和日常工作“两手都要抓、两手都要硬、两手都要赢”的坚强决心。

数字图书馆工程建设描绘新蓝图。中共中央党校（国家行政学院）图书和文化馆重新启动数字图书馆工程建设工作，通过线上、线下相结合的方式开展大量调研，确定建设目标。数字图书馆的建设目标是以资源建设为核心、软件建设为重点、硬件建设为基础，建成支持教学科研、支撑高端智库研究、促进党校（行政学院）系统数字资源共建共享、服务政党外交的智慧图书和文化馆。

对地方党校（行政学院）图书馆业务指导实现新进步。图书馆馆长培训班和业务培训班是落实中央关于加强对地方党校（行政学院）业务指导精神的重要举措。2020 年，中共中央党校（国家行政学院）图书和文化馆推动副省级以上党校（行政学院）图书馆馆长培训班正式列入中共中央党校（国家行政学院）主体班次教学计划，为全国党校（行政学院）系统图书馆整体功能的发挥及图书和文化事业的发展打下良好基础。

为脱贫攻坚做出实际贡献。中共中央党校（国家行政学院）图书和文化馆协调中共党史出版社等单位，向全国副省级以上党校（行政学院）图书馆，新疆生产建设兵团、铁道党校图书馆及校（院）定点扶贫县图书馆共 52 家单位捐赠图书 7400 余册；与国家图书馆联合，向校（院）定点扶贫县调拨图书 5000 册。组织脱贫攻坚报告剧《宾弄赛嗨》到中共中央党校（国家行政学院）演出，向全体学员汇报云南普洱脱贫攻坚工作成果。［中共中央党校（国家行政学院）图书和文化馆　栗璐燕］

【中共中央党校（国家行政学院）图书和文化馆组织开展庆“七一”主题诵读活动】 6 月 19 日—7 月 1 日，中共中央党校（国家行政学院）图书和文化馆与校（院）妇女工作委员会联合举办线上“不忘初心、弘扬优良家风——庆‘七一’主题诵读活动”。此次活动共收到来自校（院）24 个直属单位的 151 件作品，网络投票共计 1333182 票，根据网络票和各单位的参与情况，主办方分别评选出个人参与奖、丽泽奖（仅限女教职工）以及优秀组织奖。通过主题诵读，校（院）教职工再次感受到中华民族“家国天下”的情怀、共产党人的坚定信仰和使命担当，在诵读一份份感人至深的家书中，滋养初心，淬炼灵魂，为党的99岁生日献上一份特别的礼物。［中共中央党校（国家行政学院）图书和文化馆　闫翠翠］

【上海市委党校（行政学院）图书馆概况】 截至2020年底，上海市委党校（行政学院）图书馆有1个主馆、2个校区分馆（梅陇校区分馆、虹漕南路123号分馆），总面积9078平方米，藏书55.8万册，期刊963种，报纸155种。馆藏资源以哲学社会科学文献为主，以马克思主义理论、党史党建、公共管理、社会学等学科为馆藏特色。2020年，该馆克服疫情带来的影响，保持每周对外开放58.5小时，数字图书馆资源7×24小时对上海市党校系统读者开放，提供120本电子书阅读本、20台听书机、10台电子书阅读器和8台电子书报借阅机的数字阅读服务，推介图书500种，编写教研参考资料80期，发布网络信息538条，比2019年增长40%。纸质图书借阅量同比下降36%，数字资源访问量同比增长51%。加强红色经典等特色资源开发和数据库建设研究，“晋绥日报”“上海与中国共产党创建”等特色资源库建设初见成果。探索智慧图书馆综合服务，启动“新一代图书馆”系统一期项目建设。

4月23日—5月30日，结合疫情防控形势和要求，上海市委党校（行政学院）图书馆举办“零接触　新阅读　共担当——中共上海市委党校第七届校院读书月”活动，包括以线上形式开展开幕主题论坛、战“疫”素材征集、寄语情怀·留声战“疫”、网上图书荐购、“书香助力战‘疫’，阅读通达未来”系列活动、年度优秀读者评选、闭幕颁奖等7项活动。在开幕主题论坛上，邀请6位专家做专题报告，线上累计观看800多人次。战“疫”素材征集活动共收到80余条抗疫报道和300余张珍贵照片。［上海市委党校（行政学院）图书馆　李敏］

【湖南省委党校（行政学院）图书和文化馆概况】 湖南省委党校（行政学院）图书馆总面积约11000平方米，设有多功能阅览室、藏阅一体综合阅览室、学术报告厅等。截至2020年底，该馆馆藏各类文献资源65万册。其中，中文图书41万册，西文等图书近1.7万册，电子书10万册，古籍1.8万册，历年报刊合订本9.5万册。开展馆藏红色文献整理工作，共梳理出42种214册红色文献。

全年举办“麓山求是讲堂”6期，包括：湖南省京剧保护传承中心国家一级演员张璇主讲“传统戏曲文化创新”，湖南省毛泽东思想研究会会长张志初主讲“毛泽东和韶山精神”，中南大学公共管理学院教授高恒天主讲“道德与人的幸福”，湖南省中医药研究院附属医院大心血管科主任肖长江主讲“健康从‘心’开始”，上海资深国学名师谢伦波主讲“国学与管理之道”，国防科技大学教授唐九阳主讲“系统思维（兼谈量子科技）”。同时，每期制作微视频并进行网络发布，扩大受众面。麓山求是讲堂的开办丰富了校园文化生活，实现与高校、科研机构、社会各界的良性互动，提升党校文化软实力和社会影响力。［湖南省委党校（行政学院）图书和文化馆］

【广东省委党校（行政学院）图书馆概况】 2020年，广东省委党校（行政学院）图书馆在资源建设、专题研究和文化建设等方面统筹规划、有序推进、成果丰硕。截至年底，该馆已收录校（院）379位在职和退离休人员发表的科研成果10026项；录入主体班学员论文、研究报告等数据200余条；完成《教研信息》《台港澳文摘》各12期的数字化和数据入库；完成“广东自贸区制度创新专题数据库”“广东原中央苏区历史文献数据库”平台搭建；“党校校园文化建设”获得校（院）重大委托调研课题立项，“群际互动视域下粤港澳大湾区文化融合研究”获校（院）一般课题立项；举办“‘疫’路书香·不负春光”朗读活动、“黄华园读书会”、“迎新春贺佳节”书画艺术家创作笔会等文化活动。

着手创建“习近平广东重要批示指示精神数据库”。该数据库计划将习近平总书记历年来对广东所做出的重要指示批示精神进行梳理，同时将广东省委、广东各级政府的相关落实措施，以及专家学者对各项政策措施的理解和建议进行归纳总结，形成专业数据库。2020年底，已完成数据库框架搭建。［广东省委党校（行政学院）图书馆］

【四川省委党校（行政学院）图书馆联合市县级党校共建"长征精神数据库"】 四川省委党校（行政学院）图书馆联合市县级党校共建"长征精神数据库"，不断深化全省党校（行政学院）系统数字资源共建共享工作。2020 年，完成数据库建设方案及框架体系方案的顶层设计；完成数据库建设公开资源采集项目验收工作，包括中文图书和电子书 2500 余册、学术期刊文章 28000 余篇、学位论文 160 余篇、报纸文章 80000 余篇、音视频 1500 余个；完成州（市）、县（区）党校项目资料接收、项目评审、结项文件制作等工作，合计 102 项。"长征精神数据库"是弘扬长征精神的重要载体，其建设是传承红色基因的重要工程，该数据库预计 2021 年 6 月上线使用。[四川省委党校（行政学院）图书馆　施静]

【武汉市委党校（行政学院）图书馆开展为下沉社区干部在线荐书活动】 2020 年，受新冠肺炎疫情影响，武汉市委党校（行政学院）开学推迟，部分教职工下沉社区，坚守在抗疫一线。4 月 23 日，校（院）机关党委与图书馆联合开展线上"爱的坚守 · 书的馨香——市委党校对口下沉社区读书荐书"活动。校（院）20 个党支部积极荐书，内容涵盖政治、历史、社会、心理、纪实文学等方面。[武汉市委党校（武汉行政学院）图书馆　陈婵]

专业图书馆

年度工作

科研院所图书馆

国家科技图书文献中心

【概况】 2020年，国家科技图书文献中心（National Science and Technology Library，简称NSTL）持续优化印本资源结构，不断强化数字资源保障力度。重点加强基础研究领域、前沿尖端领域、前瞻探索领域以及关键核心技术文献的采集储备，适当增加高新技术及中东、东欧国家优势学科的技术报告、产业报告、市场报告、咨询报告等文献采集，适量增加所需俄罗斯、日本、德国、法国、韩国、朝鲜、波兰、丹麦等国家本土语言文字的文献订购。全年发订印本外文期刊16653种、会议录等文献8431种。不断强化数字资源保障力度，回溯期刊引进数量进一步增加。以“国家许可”方式新增引进JAMA、De Gruyter 2个出版社回溯期刊，扩充回溯期刊45种，目前回溯数据库23个，回溯期刊总量达到3075种。面向全国开通网络版期刊现刊515种，事实型数据库3个。支持中国科学院和中国高等教育文献保障系统等联合采购网络版外文期刊632种，支持中国科学院、中国农业科学院、中国医学科学院、中国计量科学研究院等单位为科研用户群体订购外文网络版全文数据库66个。支持成员单位订购事实型、数值型、文摘型等数据库71个，中外文学位论文数据库2个，中外文标准数据库11个，专利文献数据库1个，中文电子期刊1.4万种，Apabi中文电子图书总量达26万册。继续强化开放资源获取与组织管理力度，加强OA资源采集，实施OA资源全文本土保存。深入推动数据加工方式创新变革，全年加工外文文献文摘数据336万条、中文文献文摘数据1018万条、外文文献引文数据3322万条，各类数据累计达6.1亿余条。

不断完善全国服务体系，进一步做好文献信息普惠服务和专项服务。2020年，面对突如其来的新冠肺炎疫情，NSTL各成员单位克服困难，坚守岗位，迅速恢复原文传递、参考咨询等服务，保持7×24小时100%满足率和100%时效性。以全文传递、代查代借、馆际互借、馆内复制等方式提供全文148万篇，网络版全文数据库用户全文浏览和下载7644万篇。开展面向政府的决策支撑服务，打造服务国家重大科技战略的情报产品——《NSTL科技洞察》，面向国家科技决策部门和科技决策咨询机构服务。完成《中国与世界主要国家研发投入比较研究》《全球研发投入的主要特征及态势分析》等报告，为香山科学会议提供会议主题研究报告，得到与会科学家的高度评价和积极反馈。扎实推进援疆援藏信息支援服务，更新、维护4个专题数据库数据627万余条，援疆援藏服务向西藏山南、昌都、那曲等5个地区延伸。大力开展面向重大战略、重大需求的专题信息服务，完成重大战略、重点研发领域动态信息简报134期，分析报告24份。主动为粤港澳大湾区、长三角一体化、黄河流域生态保护国家战略提供文献信息服务。加强重点领域信息门户建设和服务，16个重点领域信息门户共计新增信息源89个，网络科技信息48万条，编制动态简报241期。积极拓展深化面向企业的创新服务，新增重点产业专题数据库3个，维护专题产业数据库22个，为企业提供数据加工、信息检索、原文提供和定制报告服务。

完成NSTL城域网安全体系建设和计算机网络系统基础设施改造，完善数据中心安全管理，更新优化基础设施，加强计算和存储、带宽、安全监控等能力建设。持续深化NSTL资源发现系统功能，探索回溯全文数据深度服务模式，网络服务系统二次文献浏览量达到9895万次，比2019年增长292%。

完成“十四五”发展规划研究和编制工作，

提出未来五年的主要任务、重点工作。积极参加科技部组织的面向2035年国家创新平台布局及条件建设专题战略研究，牵头组织2021—2035年国家中长期科技文献分专题，完成国家创新平台布局及条件建设专题战略研究研究报告。举办NSTL成立二十周年纪念活动，拍摄制作以“共建共享，开放融合”为主题的宣传片，编辑出版《国家科技图书文献中心成立二十周年文集》，召开国家科技图书文献中心成立二十周年专题研讨会。进一步加强NSTL体制机制建设，完成信息资源专家委员会和计算机网络服务系统专家委员会换届，为NSTL战略规划和业务发展提供咨询指导。继续开展专业人才培养和专业技术培训，在线举办前沿趋势系列培训报告会3期，完成专业知识与能力高级培训2期，开展NSTL在线培训平台建设。（国家科技图书文献中心　周杰　崔晓彦）

【推动我国开放获取运动】 NSTL组织开展推进我国开放获取（OA）运动的政策措施研究和实施路径设计，进行OA的实践探索。2014年，NSTL经科技部批准代表我国参加SCOAP3联盟（Sponsoring Consortium for Open Access Publishing in Particle Physics，高能物理开放出版资助联盟），支持全球高能物理学术成果的开放获取。2020年，NSTL完成SCOAP3中国工作组承担的各项任务，组织参加SCOAP3理事会会议，参与SCOAP3四期招投标方案的分析、研究和优选方案的论证，完成对SCOAP3资助OA发表的HEP论文的定期获取和存储。持续推进OA工作与相关行动，跟踪OA国际发展动态和进展。积极开展推动OA的学术交流和培训，举办首期专员培训营，在2020中国开放获取推介周上介绍OA方面的研究和实践。推进期刊订阅向OA出版转换取得重要突破，签署首个OA转换协议。（国家科技图书文献中心　周杰　崔晓彦）

【开展国家数字资源长期保存体系建设】 2013年7月，经科技部批准，由NSTL牵头，正式启动国家数字科技文献资源长期保存体系（National Digital Preservation Program，简称NDPP）建设，现已建成中国科学院文献情报中心、中国科技信息研究所、北京大学图书馆3个保存节点。2020年，NDPP完成“十三五”规划目标，建成规范化的管理体系，保存资源已覆盖Springer-Nature、Wiley、Elsevier、Taylor & Francis四大综合学术出版社和主要学（协）会出版社的68个全文文献数据库。保存外文期刊11939种，中文期刊22062种，外文图书13.82万种，外文学位论文83.4万篇，预印本文献180多万篇。持续优化数字资源长期保存系统功能，开展长期保存新技术平台研发的前期调研，对新型保存系统的发展现状与趋势、新型保存技术和数据平台技术发展等开展技术调研。国家数字资源长期保存系统建设受到国际同行的高度肯定和赞赏。（国家科技图书文献中心　周杰　崔晓彦）

【建立“新冠肺炎应急文献服务专栏”】 2020年，面对突如其来的新冠肺炎疫情，NSTL紧急组织“新冠肺炎应急文献服务专栏”建设，形成超过350万篇与冠状病毒相关的专题文献数据库，于2月3日正式上线服务。与此同时，NSTL对新冠病毒的最新研究、新闻动态进行追踪，提供新冠主题编译报道、快报简报等情报产品，向国务院、科技部等报送疫情相关专题研究报告。NSTL推出“致敬最美逆行人”活动，向援鄂医疗战士提供免费文献服务。主动联系武汉市中心医院、华中科技大学同济医学院附属同济医院等重点一线抗“疫”机构，开展文献宣传推广和文献提供服务。该专栏一上线就取得非常好的社会效益，经《科技日报》、中国科技网、《齐鲁晚报》、中国西藏网、和讯网等数十家媒体报道，被中华医学会、武汉大学、北京市科委、青岛市科技局等机构推荐。截至12月底，专栏累计访问量近570万次。（国家科技图书文献中心　周杰　崔晓彦）

【印发《国家科技图书文献中心“十四五”发展规划》】 NSTL在前期研究的基础上，于2019年7月启动《国家科技图书文献中心“十四五”发展规划》的制订工作。2020年初，经过多次调研、讨论、趋势分析，形成征求意见稿，向NSTL各位理事、发展战略组专家、成员单位征求意见。之后又经过多轮征求意见和修改完善，2020年12月，NSTL理事会审议通过规划，予以印发。该规划总结了NSTL成立近二十年科技文献信息保障体系的建设现状与保障效果，分析了国家科技文献资源保障面临的机遇与挑战，提出 NSTL“十四五”期间的发展思路、发展目标、重点任务，为 NSTL 未来发展明确方向和重点。（国家科技图书文献中心　周杰　崔晓彦）

中国科学院文献情报中心

【概况】 2020 年，中国科学院文献情报中心（以下简称“中科院文献中心”）立足中国科学院、面向全国，主要为自然科学、边缘交叉科学和高技术领域的科技自主创新提供文献信息保障、战略情报研究服务、公共信息服务平台支撑和科学交流与传播服务，同时通过国家科技文献平台和开展共建共享为国家创新体系其他领域的科研机构提供信息服务。

截至 2020 年底，中科院文献中心共有在职职工 356 人。其中科技人员 49 人、科技支撑人员 248 人，包括正高级专业技术人员 38 人、副高级专业技术人员 77 人。国家技术发明奖二等奖获得者 1 人，中国科学院“百人计划”入选者 1 人，中国科学院文献情报领域引进优秀人才择优支持 1 人。中科院文献中心设有图书馆学、情报学 2 个专业一级学科博士研究生培养点，图书馆学、情报学 2 个专业一级学科硕士研究生培养点，在学研究生 193 人（其中硕士生 99 人、博士生 94 人）；设有图书情报与档案管理专业一级学科博士后流动站，在站博士后 6 人。

2020 年，面对突如其来的新冠肺炎疫情，中科院文献中心启动关于突发公共卫生事件应对的情报研究工作，及时、高质量完成若干份对上决策建议，并为相关研究所提供关键技术的情报服务。同时积极为科研人员整理可公开获取的科技信息资源，建设开通新型冠状病毒知识服务与科研攻关交流平台，提供科技大数据专题服务，支撑中国科学院新冠病毒科研攻关组信息共享与交流。为有效解决疫情期间数万名研究人员居家办公访问文献数据库受限的问题，迅速推出多种支持远程获取数字学术资源的方式。中科院文献中心面向全院相关研究所可共享的电子全文资源（现刊）达到 3.3 万余种；中文图书 35.6 万余种、中文期刊 1.8 万余种，中文学位论文 497.9 万余篇。12 月 17 日，Springer Nature 和中科院文献中心正式签署 Springer Materials 数据库在中国进行长期保存的协议。

基于科技大数据计算基础支撑平台与“慧”系列知识服务成效显著。建成基于文献情报“数据湖”的大数据服务体系管理数据；构建机器智能知识计算引擎，实现文献情报服务向数据智能服务转型升级；构建系列工具平台集，增强数据治理与数据产品研发能力；完成中科院文献中心主页升级与文献情报主应用服务集成；学术贡献循证评价工具 CiteOpinion 与智能化自动科技查新工具 innoFinder 投入应用；发布期刊分区表 2020 年版本，继续保持国内影响力广泛的期刊评价体系地位；持续夯实网络信息安全服务能力建设，保障文献中心网络信息的规范性、安全性、稳定性与高效性。

面向中国科学院以及相关国家部委等决策一线，开展专业情报研究与服务，报送咨询建议 90 份，完成专题研究报告 144 份，持续推出监测类情报产品 24 个系列，有力支撑决策咨询工作。针对 C 类先导专项、集成电路产业链、高分子材料等开展体系化、个性化、定制化的专题情报服务；面向区域与产业一线，开展区域 / 产业情报研究与服务。开展上海推进科技创新中心建设办公室“全球科技前沿动态跟踪研究”、中关村科技园区管理委员会“国际创新战略与政策”、长江经济带 11 省（市）绿色增长态势监测与评估、雄安新区干细胞产业规划、轨道交通行业情报咨询等项目推进工作。

持续推进所级文献情报服务能力进一步提升。2020 年服务研究所 56 家、科研人员 200 余人，全方位满足科研人员各项基础服务需求，包括数据库与文献管理工具使用答疑、数据库资源和培训推介等，完成研究所各类情报分析报告 60 余项。支持中国科学院 STS 网络区域科技创新，服务区域其他重点机构。“中科院科研信息素养讲堂”通过直播方式推出培训百余场，受众近 23 万人次。

知识产权运营管理中心开展全院授权三年待转化专利集中运营调研，对全院 106 家研究所三年未转化专利进行检索、统计、汇总。共 67 家同意委托知识产权运营管理，涉及 4653 件专利。

阵地服务平衡疫情防控要求，逐步有序开放外借、到馆等各项服务。全年到馆读者 2 万余人次，图书借阅 1 万余册次；馆藏新增新刊、新书、特刊及学位论文共计 5 万余册；咨询服务 11 万余人次，提书服务 1000 余人次。全年文献传递总量为 6 万余篇，馆际互借总量为 317 份；完成引证检索报告 1884 个，比 2019 年下降较多；完成科技查新报告 1790 个，比 2019 年增长 23%。推出线上科普阅读与科学教育服务，举办“世界读书日”暨“2020 年中国科学院文献情报中心读书文化月”、“2020 年中国科学院科学公众日”等活动，借助中国科讯、抖音等直播渠道，开展“云”阅读推荐、“云”科普图书导读和展览、讲座直播等多项活动，共有 7000 余人次线上参与。中科院文献中心还获得由中国图书馆学会评选的“2019 阅读推广星级单位”称号，这是继入选“2017 年全民阅读先进单位”后又一次获得图书馆阅读推广荣誉称号。

开发建设中国科学院监督与审计局“科研诚信信息管理系统”；继续建设全球撤稿论文数据库；为中国科学院科研道德委员会办公室提供工作季报 4 份，提供撤稿等数据统计报告。在中国科学院大学开设“科研诚信与科研伦理”“学术道德与论文写作规范”课程。

期刊完成全年出版任务，总体学术质量达到历史新高。10 种期刊中有 7 种在国内评价机构中位于同学科领域的 Q1 区。《图书情报工作》获评“2020 中国最具国际影响力学术期刊”，《化学进展》获评“2020 中国最具影响力优秀学术期刊”，《中国科技期刊研究》获评中国期刊协会“2020 年中国精品期刊”。2 种期刊被国际知名数据库收录，实现期刊的重大突破，其中 *Data Intelligence*（《数据智能》）被 INSPEC 数据库和 DOAJ 数据库收录，《数据分析与知识发现》被全球规模最大的文摘和引文数据库 SCOPUS 收录。期刊研究会牵头完成《2020 年中国科学院期刊审读工作方案》，协调专家组成专项内容审读小组、辅以各编辑部配合，采取人机协同和专家人工审读相结合的方式推进完成全院期刊审读工作。

科学文化传播工作取得长足进展。举办中国科学院创新成果展、“地球大数据科学工程”专题展、中国科学院院史展等系列常设展览；参加“2020 年全国科技活动周”“2020 年全国科普日”主场活动等国家级重大科普展览展示活动，以及中国科学院科技创新 2020 年度巡展、2020 年“科学人生・百年”院士风采展等。“科学人讲坛”全年举办科普报告 21 场，全网点击观看近 10 万次，受到多方关注和好评。

2020 年，中科院文献中心共有在研项目 606 项（包括新增项目 242 项）。在情报学和图书馆学的基础理论方法研究方面，产出一系列有影响力的科研成果。在国内外核心期刊上发表论文 178 篇，核心会议论文 5 篇，获得软件著作权 1 项。全年出国（境）（含成都及武汉 2 个中心与 3 个挂靠单位）执行 9 批次 12 人次，其中：参加国际会议 1 批次 1 人次；赴澳门学术交流访问 1 批次 4 人次；“群星计划”专题研究 7 批次 7 人次。中科院文献中心以会员身份加入的国际组织包括国际图联（IFLA）、国际电子资源联盟（EIFL）、开放获取知识库联盟（COAR）、国际科技信息理事会（ICSTI）。

中科院文献中心同时是中国科学院档案馆、中国科学院现代化研究中心、全国科学技术名词审定委员会事务中心、知识产权信息服务中心、知识产权运营管理中心的挂靠单位；挂靠社团包括中国图书馆学会专业图书馆分会和中国科学院自然科学期刊编辑研究会。（中国科学院文献情报中心　刘峻明　汪维）

【中科院文献中心举办“第八届中国机构知识库学术研讨会”线上会议】 11 月 25—26 日，由中科院文献中心主办的“第八届中国机构知识库学术研讨会”通过线上会议召开。此次会议主题为“新形势下的开放仓储与服务”，近 300 位同人参会，共同研讨国内外机构知识库的政策、发展趋势、数据及其仓储服务，分享知识库基础设施案例。（中国科学院文献情报中心　刘峻明　汪维）

【中科院文献中心承办“NSTL 支撑国家重大战略信息服务成果研讨暨发布会”】 12 月 11 日，由 NSTL 主办、中科院文献中心承办的“NSTL 支撑国家重大战略信息服务成果研讨暨发布会”在北京举行，NSTL 主任彭以祺、中科院文献中心主任刘会洲，以及中国生态文明研究与促进会、中国科学院地理科学与资源研究所、中国科学技术发展战略研究院、中国科学院科技战略研究院、武汉大学中国发展战略与规划研究院、北京林业大学生态文明研究院的领导和专家出席会议，共同探讨面向国家重大发展战略的信息和情报服务需求与实践。会上，NSTL 和中科院文献中心联合发布报告《长江经济带与黄河生态经济带科研表现对比分析》，揭示长江经济带、黄河生态经济带及其各省份在中国基础科学研究版图中的地位与影响。（中国科学院文献情报中心　刘峻明　汪维）

【图书情报前沿热点与创新发展学术研讨会暨中国科学院文献情报中心成立七十周年主题论坛举行】 12 月 16 日，图书情报前沿热点与创新发展学术研讨会暨中国科学院文献情报中心成立七十周年主题论坛在北京举行，中科院文献中心主任刘会洲，党委书记、副主任何林出席会议。刘会洲做题为《传承服务使命　开拓创新发展　谱写历史新篇》的主旨报告。会议邀请国家图书馆研究院院长申晓娟、北京大学图书馆馆长陈建龙，分别做题为《智慧化转型发展——国家图书馆“十四五”事业发展的初步思考》和《价值引领，道隐无名——北京大学图书馆的现在和未来》的专家主题报告。8 位与会代表做专题汇报，展示中科院文献中心各业务领域最新研究进展与成果。《图书情报工作》2020 年第 24 期还出版“纪念中国科学院文献情报中心成立 70 周年”专辑。（中国科学院文献情报中心　刘峻明　汪维）

【中国科学院成都文献情报中心概况】 截至 2020 年底，中国科学院成都文献情报中心（以下简称“成都中心”）在职职工 98 人，其中高级职称 41 人；在读中国科学院大学图书馆学和情报学硕士、博士研究生总计 40 人，博士生导师 3 人、硕士生导师 15 人。已开通使用数字文献数据库 108 个，包含 3.2 万余种中外文全文电子期刊、41.5 万篇外文学位论文、215 万篇中文学位论文以及大量的网络版工具书、专利文献等，并通过网络共享 NSTL 丰富的科技文献资源；印本文献总量为 220 万册 / 件，较完整地收藏了国际著名的会议文献 SPIE、IEEE、LNCS 等。全年获中共中央宣传部宣传思想文化青年英才计划 1 项；中国科学院政策调研课题 2 项，中国科学院战略研究与决策支持系统建设专项 2 项，中国科学院 STS 专项项目 1 项、区域重点项目 2 项；获得四川省委政策研究室委托项目 2 项，四川省新型智库项目 1 项，四川省科技厅科技计划项目 15 项（含重点项目 2 项），成都市科技计划项目 3 项。全年被省部级各类决策咨询快报刊物采纳的对上决策咨询建议报告 43 个；完成科技领域研究报告等 30 余个及各类科技专题分析材料 30 余份，总计近 300 万字；发表论文 83 篇，独立和合作出版专编译著 6 部；获得软件著作权 6 件；申请发明专利 1 项；申请行业标准和企业标准各 1 项。编辑出版《网信战略前沿》《网络安全与信息化动态》《战略生物资源发展观察》《知识产权动态》等 8 种科技决策咨询快报。

在战略情报研究咨询方面，2020 年是中心“十三五”发展收官之年，是加强专业型科技智库建设、强化专业型科技智库特色的关键一年。成都中心科技战略情报研究咨询服务成效持续提升，完成多个情报研究报告和决策咨询建议报告。信息科技领域团队高质量完成中央网信办课题、有力支撑院战略先导项目，研究成果报告获院领导、领域专家高度认可；为国家发改委创新和高技术发展司数字经济处、中国科学院办公厅信息化工作领导小组等机构和部门提供战略研究成果与决策咨询建议。生物科技领域参与中国科学院、科技部、国家微生物科学数据中心各项研究任务，在国家和中国科学院生物资源与安全领域创新发展方面发挥重要情报支撑作用；面向科技部、国家发改委、四川省发改委等单位战略研究任务需求，围绕后疫情时代及“十四五”时期生物技术产业和生物经济发展，提供领域趋势观察分析和战略决策支持；公开发布《2020 中国生物资源创新发展报告》《中国生物工业投资分析报告 2020》等。知识产权领域保质保量发展，持续为中国科学院科技成果转移转化专项行动提供优质高效的决策支撑与管理保障；通过国家知识产权局与世界知识产权组织考核，正式入选世界知识产权组织在华技术与创新支持中心机构，影响力和创新力持续提升。科技创新政策研究领域持续深化决策咨询服务能力，深度参与中国科学院、四川省的科技规划编制工作，围绕科技与经济社会热点问题完成一系列咨询建议报告。

在学科咨询与区域发展咨询方面，创新并发展面向研究所的学科服务与面向地方的区域产业咨询服务。学科服务聚焦科研创新一线，服务国家任务（科技部专项等）、中国科学院重点项目（先导专项等），支撑中国科学院领导科教融合改革决策，支撑研究所“十四五”规划等重大学科布局，加强对上决策咨询，有力提升学科服务在院、所的影响力，有力地支撑研究所科研创新，全力保障重点科研团队在武汉抗疫期间信息需求，引导服务方向与国家要求一致。区域与产业发展决策咨询服务成效显著提升。围绕成渝双城经济圈建设、粤港澳大湾区建设等区域重大创新战略布局，承担四川省决策咨询委员会、四川省新型智库发展促进中心、四川省科技厅、四川省科学技术协会等的区域发展战略研究任务；发挥咨询优势，全面参与四川省、西藏自治区等地方“十四五”科技发展规划编制工作。

在文献服务与科学传播方面，积极应对新冠肺炎疫情，转变服务理念与方式。NSTL 服务站工作全部转为线上，同时开展专题服务。全年采取预约、限流等方式，有序开展图书借还、证件办理等读者服务工作。通过 CSDL、NSTL 系统为用户传递文献上万篇，完成上千项科技查新与收引检索。开展多样化科普工作，联合所在地区的中学与大学，制作科普教学课件及专题科普微视频，探索在腾讯视频、中国科普博览官网及各微信公众号上以科普视频点播和科普课程录播的形式进行科普宣传。参与承办“中国科学院第三届科学节（成都）——走进天府新区”活动。成都中心获成都市科普教育基地联合会“2020 年度成都市科普工作先进集体”和中国科学院科学传播局“2020 年中国科学院科普讲解大赛暨全国科普讲解大赛选拔赛优秀组织奖”。持续推进《天然产物研究与开发》和《世界科技研究与发展》两种学术期刊的升级发展。两刊影响因子均大幅提升，分别被《中国学术期刊评价研究报告》评为权威期刊（A+）、核心期刊（A-），在知网《2020 中国学术期刊影响因子年报（自然科学与工程技术版）》中均位于各自学科的 Q1 区。

在大数据信息平台建设与知识发现研究方面，以“干细胞知识发现平台”“专业科技领域知识服务云平台”“中国科学院知识产权网”等平台为抓手，持续推进数据支撑工作，积极开展业务布局和发展建构。“干细胞知识发现平台”探索知识图谱、大数据、人工智能结合的“智能＋学科”知识发现范式，面向干细胞科研活动与科技管理开展一系列学科知识发现的实际应用研究，促进数据驱动型学科领域知识发现范式的变革，“干细胞知识发现平台”成为国家重点研发计划项目“成渝城市群综合科技服务平台研发与应用示范”“珠三角城市群典型产业综合科技服务应用示范”的核心示范平台，同时被评为“2019 年度中国科学院信息化优秀案例”，其建设经验和成果入选《中国科研信息化蓝皮书 2020》。“中国科学院知识产权网”面向全院及社会用户提供院知识产权信息服务，全年访问近千万人次，页面访问量突破 1 亿次，取得良好的社会影响。大数据知识资源集成团队与 4 家单位持续推进科技部国家重点研发计划项目“专业内容知识服务众智平台与应用示范”，其主服务门户“智荟网”于 11 月上线服务。“全球专利大数据分析监测平台”于 7 月完成验收并正式上线运行，通过西南高校知识产权交易中心开展服务。成都中心持续发挥中国科技网成都分中心、中国科学数据中心成都分中心的技术和网络条件保障作用，强化技术支撑和运行维护工作，确保全中心信息化基础设施可靠运行，提供高质量技术支撑服务。（中国科学院成都文献情报中心　唐璐）

【中国科学院西北生态环境资源研究院文献情报中心概况】 中国科学院西北生态环境资源研究院文献情报中心（甘肃省科技图书馆）即原中国科学院兰州文献情报中心（以下简称“兰州中心”）。兰州中心下设战略情报研究部、区域发展研究部等 7 个部门，先后建成西部资源环境与区域发展智库、知识计算与决策支持实验室、学术大数据云服务中心、科技查新与评估中心、知识产权分析评议中心、科学文化传播中心、资源环境战略研究中心、环境与发展政策研究中心、政策规划监测评估中心、海洋战略情报研究中心、中国全球变化研究信息中心、西部区域发展研究中心、产业技术情报分析中心、数字出版研究中心，以及资源环境科技期刊集群、资源环境科技情报协作网络等。截至 2020 年底，兰州中心在职职工 120 人，其中，专业技术人员 104 人（正高级 10 人、副高级 30 人），35 岁以下人员占近 38.3%，硕博士学位人员占65%。

面向宏观战略决策的情报研究与咨询服务成效显著。组织撰写深度观点和决策咨询建议30余份，其中，28份分别被中国科学院《专报信息》《领导参阅材料》《网络舆情信息》采用，另有9份分别被中央办公厅、中央国家安全委员会办公室相关内刊和中共甘肃省委《甘肃信息》及《甘肃信息决策参考》采用，1份分析报告被《科技发展战略研究简报》刊登。承担中国科学院资源环境领域中长期规划和"十四五"规划研究的情报支撑工作，配合专家组完成"中国科学院中长期规划纲要科技战略重点与前瞻部署方向""中国科学院'十四五'规划纲要重大突破与重点培育方向"专家评分表和反馈意见汇总等工作。

面向区域创新发展的战略决策咨询与产业情报服务能力不断增强。承担甘肃省发改委委托的咨询项目"甘肃省祁连山地区生态保护治理与经济社会长期发展研究"，完成总研究报告1个、专题分报告10余个、决策咨询建议19份；编制《肃南县生态补偿试点实施方案》，在国家发改委评审中综合打分位列甘肃省第一；协助肃南县和甘州区起草并签署《黑河流域肃南、甘州水生态补偿协议》——我国首个内陆河流域水生态补偿案例；承担兰州市科技局委托的"兰州市'十四五'创新驱动发展研究""兰州市'十四五'科技创新与发展规划"2个项目；承担定西市科技局委托的"定西生态科技创新城科技创新专项规划"的研究与编制项目；完成《兰州综合性国家科学中心建设方案》编制，得到甘肃省副省长张世珍的批示；与陕西省国资委、兰石集团能源装备工程研究院有限责任公司、酒钢集团技术中心、金川集团科技发展部等协同完成相关产业发展的调研报告。

面向科研创新的学科情报研究与科技咨询服务持续深化。承担中国科学院A类先导专项专题及子课题研究3项及B类先导专项子课题研究1项并完成年度任务；完成中国工程院重大咨询项目课题1项；积极为国家自然科学基金委员会－中国科学院联合研究项目"中国学科及前沿领域发展战略研究(2021—2035)"、"2021—2035地球科学发展战略研究"和"2021—2035海洋科学发展战略研究"等提供情报支撑；承担中国科学院战略研究与决策支持系统建设专项重大任务1项；承担国家自然科学基金应急管理项目2项，完成并提供多个研究报告和咨询建议；承担中国地质调查局发展研究中心、"一带一路"国际科学组织联盟项目各1项；组织撰写《第四次气候变化国家评估报告·数据集》；作为第二责任单位参与完成《国家海洋创新指数报告2019》。

知识产权分析评议和科技评估咨询服务取得良好反响。2020年，通过国家知识产权局与世界知识产权组织的评估，获批建设世界知识产权组织技术与创新支持中心。组织完成甘肃省知识产权局委托的《甘肃省绿色专利赋能绿色发展研究与甘肃省知识产权保护重点产业专利分析项目》，编写报告2个；承担甘肃省知识产权局资助的项目2项；完成国家知识产权局西部省区专利信息特色应用项目1项，被《中国知识产权报》专题报道；完成行业相关专题报告5个。在科研竞争力评价咨询服务方面，相继完成中国科学院西北生态环境资源研究院、中国科学院青藏高原研究所、中国科学院大气物理研究所和中国科学院烟台海岸带研究所等4个研究所共9个方向的国际评估和2个方向的国内评估报告；配合完成中国科学院沙漠与沙漠化重点实验室、科技部黄土高原土壤侵蚀与旱地农业国家重点实验室、固体润滑国家重点实验室的评估；配合相关研究所开展"十四五"发展规划研究与编制，完成报告11个；完成青岛海洋科学技术国家实验室委托的系统分析任务；配合山东大学(威海)开展"双一流"评估，完成多个分析报告。

支撑核心业务发展的综合知识资源体系建设和工具系统平台开发不断推进。建立人机交互式的资源环境领域科技信息组织及领域发展态势分析系统，实现资源环境领域重要科技信息的自动识别、跟踪及有效管理与利用；开发建设中国科学院资源环境领域科研机构综合竞争力分析平台，在平台支持下升级改造中国科学院资源环境领域科研机构论文与引文统计分析工作；开发建设全球变化专题领域的知识资源集成、知识产品加工和知识内容服务的一站式平台系统——气候变化科学数据知识集成共享平台，实现主题模型的快速构建、监测源的自动发现、资源权威性与相关性的智能判断等；开发建设文献综合集成平台，并推进建设基于协同众包的开放科研平台，支持科研工作。

新型科学出版传播与学术交流能力建设得到提升。以西北研究院主办的学术期刊和LoRES集群平台为依托，建立专门用于支撑期刊论文与关联数据融合出版的资源环境领域科学数据仓储，并建立规范的数据引用、权益界定、更新存储等标准体系，完善同行评议和传播共享机制，全面推动期刊论文数据出版存储，以及与期刊集群平台之间的数据关联交换和共享合作。建成的数据仓储现已有18个出版数据集，涉及10个资源环境领域相关学科，平台访问量近2000次。

获奖情况：兰州中心开展的“走近保护区、感受大西北”主题研学活动被甘肃省科协评为2019—2020年度科普活动“优秀案例”；NSTL兰州服务站荣获2019年度“优秀服务二等奖”和“宣传创新奖”，这是该站连续第9年获得NSTL优秀服务奖。（甘肃省图书馆学会）

【中国科学院所属上海地区科研院所图书馆概况】 2020年，中国科学院在上海地区所属共10个研究所图书馆及1个高校图书馆（上海科技大学图书馆）。作为覆盖全国的分布式数字图书馆体系组成部分，目前可访问的数字文献资源包括中外文数据库100多个，其中中文电子图书18万种、电子期刊11000种、硕博士论文150万篇，外文电子图书39000种、电子期刊15180种、硕博士论文34万篇，已初步形成满足科研一线需求的数字资源保障体系。其中，上海科技大学图书馆克服新冠肺炎疫情带来的不利影响，为学校开展在线教学提供网上教学准备与培训、课件录制保障、网络授课保障、学习与科研文献保障等全方位的信息化技术和资源保障支撑。在资源保障体系变革和发展方面，各馆持续保持以数字资源保障为主、纸本资源保障为辅的方式开展资源建设，中国科学院上海生命科学信息中心/上海生命科学图书馆、中国科学院上海有机化学研究所图书馆、中国科学院上海药物研究所图书馆、中国科学院上海高等研究院图书馆以及上海科技大学图书馆的数字资源建设经费占总资源建设经费比例均超过90%。在情报智库建设方面，各馆在不断融入研究所学科发展及战略决策过程中，积极发挥决策参考咨询作用。在中国科学院发布的2020年院所协同项目中，上海生命科学图书馆组织相关研究所共同申报，共有“学科知识服务中心建设”（脑科学与智能技术领域学科知识服务中心服务方案编制和示范项目）、“上海中心科研知识服务及领域专题情报网络建设”（全院文献情报服务体系个性化服务优化与示范项目）、“上海中心科研创新信息素质教育培训服务体系建设”（全院文献情报服务体系个性化服务优化与示范项目）3个项目入选并获得院所协同项目支持。（上海市图书馆学会）

【中国科学院上海生命科学信息中心召开“大数据与知识服务”专家研讨会暨2020年中科院长三角地区研究所文献情报交流会】 此次会议于11月2日召开，旨在推动中国科学院长三角地区研究所文献情报一体化发展，搭建中科院长三角地区研究所文献情报人员学习交流平台。来自15家单位的近30位专家、学者参会。中国农业科学院农业信息研究所国家农业图书馆事业部主任鲜国建，南京大学商学院、南京大学长三角文化产业发展研究院院长顾江，上海研发公共服务平台管理中心副主任朱悦，华东师范大学经济与管理学部信息管理系副教授王仁武分别就大数据与知识服务前沿发展做主旨报告。中国科学院上海光学精密机械研究所信息管理中心主任沈力、中国科学院上海药物研究所信息中心情报研究部主任毛艳艳、中国科学院合肥物质研究院文献情报与期刊中心副研究馆员张甫、中国科学院南京紫金山天文台副研究馆员宋谊分别就各自研究所开展的文献情报实践工作做专题交流。与会人员围绕大数据时代的挑战和机遇，新时期知识服务建设的功能导向、责任使命、发展策略、具体技术方法等主题展开学术讨论。（上海市图书馆学会）

【中国科学院新疆分院文献信息中心概况】 2020年，中国科学院新疆分院文献信息中心投入文献资源建设经费总计143万元。新增印本图书60余册，订购外文期刊24种，中文报刊12种；订购开通中外文数据库18个，共享数据库16个。受疫情和中心维修改造影响，全年接待读者、参观者1000余人次，书刊借还2200余册次。根据科研团队、新入职员工及研究生等群体需求组织专题性讲座，包括信息检索和工具使用培训、信息资源利用培训、科学知识图谱工具 CiteSpace 和 VOSviewer 培训、信息素养培训等，成效显著。完成网络、镜像资源更新与维护，迁移与更新数据库共计约 3.6TB；完成中心网络防火墙系统、行为管理系统、无线网络系统、“数字图书馆”软件、门户系统的维护。

全年获得中国科学院文献情报中心相关项目、新疆维吾尔自治区科技厅创新环境（人才、基地）建设专项、西部青年学者项目等项目经费 81 万元。实施新疆“十三五”科技产出统计、《新疆 2019 年科技论文专利统计分析》等自治区科技厅软科学项目；开展中亚科技文献信息收集与分析、《中亚及俄罗斯科技信息监测快报》12 期编译、情报调研任务等中国科学院中亚生态中心项目；开展《塔里木河流域生态环境领域科技产出现状及管理策略研究》西部青年学者项目；完成生态环境部“上海合作组织环保信息共享平台资料收集”项目相关任务、《国际科技要情》周报项目、“咸海地区水土植被资源情况调研及中亚盐生植物数据库建设”国家重点研发项目；完成 NSTL 支持国家三大战略信息服务计划、研究所领域专题情报建设等院文献情报中心项目及中亚、俄罗斯原文科技文献资源集成共享系统人员交流资助项目；协助承担中国科学院新疆生态与地理研究所《科研组织知识产权管理规范》的内审、管理评审和认证审核工作，成为新疆首个通过《科研组织知识产权管理规范》国家标准认证的科研机构。

紧密结合研究所、新疆科研及决策需求，完成一批情报调研项目，包括新疆生态与地理研究所 2018—2019 年 SCI、EI、ISTP、CSCD 论文及专利产出统计分析，咸海问题研究，中亚研究历史情况调研等。在科技查新项目及代理成果申报的数量和质量上均取得较大进展，完成查新项目 800 余项、收录与引用报告 223 项。科技服务项目辐射到国内 17 个省、直辖市的高校、科研院所和企事业单位，与四川、云南、河北等地的科研单位建立科技查新合作。

围绕研究所中亚生态环境研究，完成文字编、审、译共计 2 万余字，包括：中亚野外台站气象资料、科研处国际合作文件；审校咸海会议行动计划、ANSO 简介等翻译文件。1 人承担“咸海生态修复与综合治理国际研讨会”中俄同声传译工作、中乌咸海盐碱地植被建植技术联合研究中心建设工作会交流翻译、日常与留学生交流翻译等。

全年发表学术论文 5 篇，其中 SCI 第一作者论文 1 篇、CSCD 第一作者论文 2 篇。参加科研组织知识产权管理规范联络员培训班、科研组织知识产权管理规范贯标工作经验交流会、IncoPat 专利分析平台培训、中国科学院知识产权在线分析系统培训、亚信生物多样性保护经验交流研讨会（线上）；资源环境科技情报协作网 2020 年度工作研讨会；2020 年大数据环境中数字资源知识产权管理研讨会、“咸海生态修复与综合治理国际研讨会”等学术交流及培训 10 余次，参训人员 51 人次。（中科院新疆分院文献信息中心　张小云）

【广东省科技图书馆承担的“高校科研机构专利转化运用平台建设”项目和“广东省科技文献共享平台建设（2016—2018）”项目通过验收】 1 月 7 日，广东省市场监督管理局组织召开知识产权促进类项目现场验收评审会，广东省科技图书馆（广东省科技信息与发展战略研究所）（以下简称“粤科图”）承担的“高校科研机构专利转化运用平台建设”项目参加验收评审并获得通过。评审会上，项目负责人魏东原代表项目组汇报项目研究完成情况及取得的研究成果。粤科图以广东省科学院与南方报业传媒集团联手打造的科技成果转移转化交易平台“南方双创汇”为依托，建立广东省科学院专利转化运用网络平台，并通过专业团队运作积极推进科研机构与企业合作、提供精准化的专利转化服务。该项目的实施推动专利技术转化率的提升，助力广东创新驱动发展及引领型知识产权强省建设。

1 月 9 日，粤科图承担的“广东省科技文献共享平台建设（2016—2018）”项目在广东省科技厅组织的项目验收会上通过验收。该项目是广东省科技厅组织“广东省科技图书文献中心”的核心建设内容，通过实施该项目，粤科图增加了文献资源存量、加强了文献资源整合和服务系统升级，有效地提升了文献资源的保障与可获取能力。（广东省科技图书馆）

【广东省科技图书馆召开“粤港澳大湾区高校和科研机构创新创业环境推动力效应研究”

项目暨粤澳联合专利信息服务研讨会】 8月28日，“粤港澳大湾区高校和科研机构创新创业环境推动力效应研究”项目暨粤澳联合专利信息服务研讨会采用“线下＋线上”的视频会议形式召开，此次研讨会主会场设在粤科图，分会场设在澳门大学图书馆。广东省科学院对外合作部主任范清、副主任郑新，以及粤科图馆（所）长魏东原、澳门大学图书馆助理馆长梁德海等12人参加。范清在致辞中希望通过开展相关研究，促进广东省科学院在大湾区科技创新创业中更好地发挥作用。“粤港澳大湾区高校和科研机构创新创业环境推动力效应研究”项目负责人魏东原对科研机构和高校共同推动创新创业环境的总体思路及政策建议进行介绍，并简要介绍开展粤澳联合专利信息服务的情况。梁德海总结澳门大学图书馆团队的项目进展，希望针对港澳青年创新创业方向开展更深入的研究。在交流互动环节，粤科图与澳门大学图书馆共同讨论了粤澳联合专利信息服务站点的工作计划，“粤港澳大湾区高校和科研机构创新创业环境推动力效应研究”项目是该站点承担的首个广东省科技计划项目。（广东省科技图书馆）

中国社会科学院图书馆

【概况】 2020年，中国社会科学院图书馆在中国社会科学院党组的正确领导下，始终以习近平新时代中国特色社会主义思想为指导，深入贯彻习近平总书记“5·17”重要讲话精神和三次致中国社会科学院贺信精神，深入贯彻落实中国社会科学院党组部署要求，不断加强党的建设和图书馆管理。馆领导积极谋划，身体力行，全体干部职工团结一致，做好图书馆新冠肺炎疫情防控工作，探索新冠肺炎疫情防控常态化背景下图书馆的管理和服务模式创新，确保图书馆各项工作有序开展。

1. 新冠肺炎疫情防控和图书馆服务保障

2020年，中国社会科学院图书馆贯彻落实习近平总书记关于新冠肺炎疫情防控工作重要指示精神，按照党中央、国务院和中国社会科学院关于做好新冠肺炎疫情防控工作的部署要求，制定《图书馆关于做好新冠肺炎疫情防控的工作方案》，通过一系列有效工作措施，切实做好图书馆新冠肺炎疫情防控工作。积极探索新冠肺炎疫情防控常态化背景下图书馆管理和服务模式创新，为全院科研人员提供持续、高效的文献信息服务。如：专门开辟纸本图书预约借还处，并在节假日期间正常服务，确保科研人员的纸本文献借阅；以邮寄方式接收中国社会科学院大学毕业生归还所借阅的图书，确保毕业生顺利完成毕业手续；加强数字资源网上宣传和咨询服务，强化数字资源远程访问系统支撑能力，确保科研人员对文献资源的使用需求得以保障；加强对网络系统的值守监控和运维保障，确保全院网络正常运行，为科研人员居家办公提供网络支持。

由中国社会科学院图书馆承建的国家哲学社会科学文献中心秉承开放共享、方便快捷的信息服务理念，在服务保障科研用户文献信息需求方面发挥积极作用，中文期刊论文下载量与2019年上半年同比增长49%，与2019年全年相比增长20%。收到联合国总部图书馆、美国图书馆协会、北美东亚图书馆协会等19家海外机构，中共武汉市委党校等10家国内机构来信来函表示感谢。此外，中国社会科学院图书馆充分利用机构微信公众号做好抗疫宣传，传播抗疫正能量。

2. 建设国家哲学社会科学文献中心

2020年全年新增上线文献130万篇，个人注册用户近62万人、机构用户2.4万家，访问量1.4亿余次，下载量2200余万次。已累计上线文献近2000万篇，其中中文期刊2117种、论文近1130万篇，外文期刊10000多种、论文830多万篇，古籍7700多册、图像60多万拍；用户涉及183个国家和地区，访问量超过8亿次，下载量超过5400万篇。

2020年，国家哲学社会科学文献中心进一步加强意识形态把关，强化数据上线入库审核，成立专门的数据审验小组，对发布的各类数据内容进行审核。启动国家哲学社会科学文献中心升级改造项目。召开《国家哲学社会科学文献中心学术期刊数据库用户关注度分析报告（2019年度）》线上发布会，新华网、《人民日报（海外版）》、“学习强国”学习平台、光明网、央广网、《中国社会科学报》、今日头条等102家媒体原创或转载发布会相关新闻。其中，新华网阅读量达到31.6万次，“学习强国”平台阅读量近30万次；点赞量超过1万次。

3. 建设“习近平新时代中国特色社会主义思想文库”

2020 年，中国社会科学院图书馆持续推进文库建设。优化馆藏布局，设置新冠肺炎疫情防控等专题的展陈专区；继续收集相关文献，新增 3000 余件，累计超过 1.6 万件；接待调研参观 33 批 176 人次，累计 136 批 1500 多人次，成为党政机构的党建活动基地和宣传习近平新时代中国特色社会主义思想的重要阵地。此外，中国社会科学院图书馆与习近平新时代中国特色社会主义思想研究中心建立合作，持续优化完善文库数据库，该数据库即将正式上线。

4. 图书馆纸本资源建设与服务

中国社会科学院图书馆纸本馆藏量超过 200 余万册，涵盖图书、期刊、古籍等各类型资源。每年订购中文报刊 2000 种、外文报刊 920 种，中外文工具书 3 万余册、学位论文 30 万篇。2020 年，中国社会科学院图书馆进一步完善纸本资源采选流程，修订《书报刊采购管理规定》《学位论文收集与管理规定》《文献捐赠管理规定》《书刊交流交换管理规定》《图书编目管理规定》等相关规定；完善落实专家选书、荐书政策，采选各类图书 8.8 万余种；不断加强学位论文、方志、近代图书报刊等特藏建设，完成近代中文报纸普查登记、学位论文清点统计和排架整理 35 万册，启动学位论文和方志回溯。

随着新冠肺炎疫情防控工作进入常态化阶段，中国社会科学院图书馆不断创新服务方式，开辟纸质图书预约借还处，开放各个书库和阅览室，并配备疫情防控用品，持续为全院科研人员提供安全的到馆服务，全年接待读者 7000 余人。推进全院图书馆系统内纸本资源的通借通还，由中国社会科学院图书馆起草的《全院图书馆开放阅览服务实施方案》正式实施，规定从 2020 年 12 月 1 日起全院各个所级图书馆面向全院科研人员提供开放阅览服务。持续推进书库和阅览环境的改善，完成现有全部阅览室和书库 9000 平方米空间的升级改造，形成“一个中心、两个文库、三个特藏库、四类文献阅览室”的格局，空间更加宽敞，环境更加宜人，所有阅览室和书库在工作日全天开放，配有自助复印、自助扫描等设备，并提供无线上网服务。

5. 图书馆数字资源建设与服务

中国社会科学院图书馆继续加强数字资源建设力度，按照“所里提需求—馆里下订单—人文公司去采购”的工作流程，所有资源引进均经由中国社会科学院图书馆办公会研究批准，业务部门严格审核数据库报价单、订单、付款委托书、交接单、资产单，落实“先批后办、先验后收”等管理规定，科学合理地引进数字资源。截至 2020 年底，引进中外文数据库 168 个，整合国际组织开放资源 111 个，涵盖期刊论文、电子图书、数值数据、工具书、报纸、年鉴、古籍、研究报告等各种类型的数字资源，基本囊括国内外目前重要的学术出版物和专题信息资源，为中国特色哲学社会科学学科体系、学术体系和话语体系建设以及高端智库建设提供文献保障。

不断提升数字资源服务能力和水平，做好新冠肺炎疫情期间全院数字资源的服务保障工作。通过 QQ 群、微信、邮件、电话等多种渠道，开展数字资源咨询服务，及时解答科研人员的需求，通过网站、微信公众号等进行资源推介，用户可通过手机端及时获取资源的最新信息。目前，中国社会科学院图书馆微信公众号的订阅数已超过 1 万人，全年阅览量超过 10 万次。开展“资源到所、服务到人”的资源使用培训工作，编制《数字资源使用手册 2020 版》、专题数据库《使用指南》等，组织在线培训 5 次，服务范围覆盖全院 50 家科研院所。不断优化远程访问系统，支持居家科研，资源访问超过 2500 余万次；数字资源全文下载 1035.71 万篇次，较 2019 年增长 21%。

6. 建设中国社会科学院学者文库

2020 年 11 月 24 日，由中国社会科学院图书馆筹建的中国社会科学院学者文库正式揭牌并对外提供服务。文库建设旨在集中收藏、长期保存以及全面展示中国社会科学院产出的学术成果，传承学术精神以及推动学术交流，服务于中国特色哲学社会科学学科体系、学术体系和话语体系建设。截至 2020 年底，文库共收藏中国社会科学院第一届至第十届优秀科研成果、中国社会科学院创新工程重大成果、院学部委员（荣誉学部委员）研究专著以及各学部专家学者的学术成果，此外，文库中还包括“皮书系列”图书、智库报告以及中国社会科学院主办的 90 余种 3600 余册期刊和不同时期的报纸、各类学术成果近 2.4 万件。

7. 中国社会科学院古籍清理核实和年度古籍数字化项目

中国社会科学院是古籍文献收藏重镇，院属各单位收藏古籍十万余种、百万余册，位居全国前列，做好中国社会科学院古籍管理是图书馆的一项重要工作。2020 年，中国社会科学院图书馆完成中国社会科学院古籍清理核实工作的收尾工作，建设中国社会科学院古籍清理核实档案数据库，做好数据的审核及入库工作，并召开全院古籍清理核实工作总结表彰大会。该项工作摸清中国社会科学院研究 11.13 万种 106.27 万册古籍，1.35 万种 13.19 万册善本古籍的基本情况，对全院古籍收藏数量和分布情况有翔实了解，为进一步做好古籍保护和开发利用工作提供可靠数据支持。此外，还完成古籍数字化加工方案，完成 794 种 5376 册 40.57 万拍古籍的图像数据扫描加工工作，为后续中国社会科学院开展全院古籍数字化工作积累经验。

8. 中国社会科学院信息化基础设施、网络安全和网站建设

中国社会科学院图书馆负责中国社会科学院信息化基础设施建设、网络安全防护和网站建设。2020 年，中国社会科学院图书馆继续加强机房管理，为全院 700 多台信息化设备提供安全可靠的存放空间。进一步优化全院网络和带宽，完成邮件系统安全加固和卫星电视系统更新，确保全院网络通畅。完善网络安全机制，完成重大活动及重要节假日和新冠肺炎疫情期间的网络安全保障。加强网络安全宣传，开展以“网络安全为人民、网络安全靠人民”为主题的安全宣传周活动，全院科研人员整体安全意识得到明显提升。加强对全院各单位的技术指导和支持，促进全院网络安全和信息化基础设施建设水平不断提高。

继续加强网站平台管理运维，为中国社会科学网的正常运行提供坚强保障，并做好图书馆网站建设。持续做好网站平台日常运维、安全监测及优化，及时做好网站平台故障处理和应急响应，完成“两会”及新冠肺炎疫情期间网站重点保障，完成平台设备更新和年度网络安全等级保护测评，配合上级单位完成网络安全检查，及时为全院各单位网站建设提供支持，全年累计提供服务 260 多次。加强图书馆网站建设，完成网站改版，修订网站管理规定，确立信息员机制，全年更新发布信息 300 余次。

9. 加强图书情报学术研究和学术平台建设

中国社会科学院图书馆重视学科建设与学术研究能力，在做好图书馆基础业务同时，不断强化研究能力建设。加强图书馆重点学科建设，2020 年完成学科名称变更，扩大学科研究队伍，为图书馆的各项业务开展提供研究支撑。探索开展舆情监测与分析服务，开展日常监测和重大突发事件舆情服务保障，并形成系列舆情研究报告。全年共形成各类舆情研究报告 112 期、57 万余字，受到中国社会科学院领导和相关研究单位肯定。

中国社会科学院图书馆主办的专业学术期刊《文献与数据学报》自 2019 年 3 月创刊以来，始终坚持以习近平新时代中国特色社会主义思想为指导，把握正确的政治方向、学术导向和价值取向，刊登图书情报与数据领域理论研究、技术方法、前沿动态等方面的学术研究成果，为广大专家学者和从业人员提供学术交流平台。2020 年继续完善编辑部规章制度，加大选稿用稿力度，全年共出版 4 期，刊出文字 80 万字，受到业内学者初步认可。（中国社会科学院图书馆）

【中国社会科学情报学会第九次会员代表大会召开】 12 月 29 日，中国社会科学情报学会第九次会员代表大会在济南召开。此次会议由中国社会科学情报学会主办，山东社会科学院承办。来自全国社科院系统、高校系统、党校系统等会员机构的 70 余位大会代表出席会议。中国社会科学院图书馆党委书记、馆长王岚代表学会及代管单位致辞，山东社会科学院党委副书记、院长袁红英代表承办单位致辞。大会听取并审议通过《中国社会科学情报学会第八届理事会工作报告》《中国社会科学情报学会第八届理事会财务报告》，审议表决通过《中国社会科学情报学会章程》，选举产生由 100 人组成的第九届理事会。大会期间，召开九届一次理事会，选举产生 31 人组成的常务理事会。中国社会科学院图书馆党委书记、馆长王岚当选为理事长，武汉大学人文社会科学研究院院长方卿等 10 人当选为副理事长，中国社会科学院图书馆副馆长张大伟当选为秘书长。中国社会科学院图书馆党委委员、党办主任、人事处长赵慧和中国社

会科学院图书馆文献中心建设部副主任、《文献与数据学报》编辑部副主任赵以安等6人担任副秘书长。学会法定代表人由理事长王岚担任，学会秘书处和财务室设在中国社会科学院图书馆。（中国社会科学院图书馆）

【四川省社会科学院文献信息中心概况】 2020年，四川省社会科学院文献信息中心全年接待读者3000余人次，借还书700余册次，新办借阅证228个。购买新书3376册，获得赠书673册（含旧书）；根据学科建设和教学科研需要，在多方征求意见的基础上完成2021年81种报纸、815种期刊的征订工作。微信公众号“四川省社会科学院文献信息中心”推出7期“新书推荐”，受到职工、研究生的普遍好评。完成线装书库的搬迁整理和部分线装书库卡片目录的整理工作。全年编辑推出内刊《参阅资料》36期、《社会科学研究参考资料》12期、《廉政建设研究》24期，共计82万字，同时在“社科在线”网站上持续更新“社科文论选摘”栏目。

完成局域网络故障维护，网络设备策略配置等网络管理工作，实现全年正常运行。配合完成推进政务信息系统整合、省级政务云迁移的实施、省级数据目录清单的编制填报、信息系统等级保护测评、2019年政务信息系统整合共享的自查审计等工作。协助开展研究生学院新区图书馆及网络建设工作，完成研究生学院局域网络接入认证更新。完成院局域网机房及线路升级改造、院政务外网的线路改造、院户外多媒体信息播报系统数据链接光纤工程。加强网络信息安全，落实网络意识形态工作责任制，加强和规范全院网站及政务新媒体等网络平台的使用工作，组织开展网络安全宣传周活动。完成“四川省社会科学院（含英文站点）”“四川社会科学在线”站点软硬件日常维护、监管、数据备份以及信息编辑、管理、协调工作，确保网站信息及时更新，全年组织协调发布信息10000余条，翻译稿件60余篇；配合社会热点、院重大科研活动、专题会议宣传，制作更新“学习贯彻党的十九届五中全会精神”“深度融入成渝地区双城经济圈建设”“防控新型冠状病毒肺炎　四川省社会科学院在行动”等专题9个。

加强社科专题咨询检索服务，参与编辑报送资料汇编；根据科研和教学需要，逐步探索以课题服务、定题服务和个性化服务等为重点的信息咨询服务；进一步关注个性化信息推送系统和网络数据库整合检索系统等咨询服务的相关信息；加强电子资源建设、用户培训及数据库建设，完成远程访问系统政务云迁移和等级保护定级、数据库续订以及超星百链采购工作。

2020年，四川省社会科学院文献信息中心作为四川省图书馆学会常务理事单位参与学会换届改选工作，推荐常务理事和理事，推荐学会评优；筹备省社科情报学会换届改选工作。全年组织调研组到重庆社会科学院、重庆图书馆等单位交流调研，多人次到四川省图书馆参加“数字资源使用培训CNKI专题”“民法典”等专业培训。员工在公开刊物上发表学术论文13篇，主持课题2项，参与课题10余项。（四川省社会科学院文献信息中心　杨雨霖）

中国医学科学院医学信息研究所（中国医学科学院图书馆）

【概况】 2020年，中国医学科学院医学信息研究所（中国医学科学院图书馆）坚持以习近平新时代中国特色社会主义思想为指导，深入学习领会党的十九届五中全会精神，一手抓疫情防控，一手抓业务发展，各项工作取得很大成效。全年订购外文印本期刊3472种（含独家刊2264种），外文印本非刊文献337套，外文印本图书414种，中文印本期刊1100种，中文印本图书1069种。订购数据库94个，其中54个完成价格谈判、确定续订方案和付款存档工作。进一步规范资源采购流程管理，积极开通数据库试用38个，对65个数据库从多维度开展续订评估，编制《中国医学科学院医学信息研究所图书馆文献资源管理办法》。全年接待到馆读者1.4万人次。克服新冠肺炎疫情影响，完成原文传递服务25.6万篇，委托检索185项，定题跟踪服务5项，相关服务咨询2000余人次。完成成果评奖及课题申报等委托科技查新284项，委托文献收录与引用检索证明809项，专题文献检索等信息咨询服务50项。针对传染病防控需求，完成重点领域与学科监测简报/动态信息简报服务128期。打造“新发突发疾病（新型冠状病毒肺炎）”专题信息门户，遴选6大热点主题开展信息跟踪监测，保证每日更新资源，累计提供新冠肺炎信息编译报道1189条，总点击量近30万次，单篇最高点击量近5000次。完成专项情报服务《干细胞与转化研究》《精准医疗前沿》《慢性病防控研究动态》等18期报告，共计14余万字。继续面向院校医、教、研等用户开展公益性的个性化医学信息服务，搜集汇总《医学与养生整合》中养生领域相关循证医学研究证据。继续为医学分子生物学国家重点实验室、心血管疾病国家重点实验室等提供“2019年医学分子生物学国家重点实验室发表论文检索与分析”“2020年医学心血管疾病国家重点实验室发表论文检索”“阜外医院发表论文数据采集加工”等服务项目。持续开展援疆援藏，积极推进对西藏人民医院信息中心建设的援助，与新疆医科大学图书馆建立深度业务合作。加工各类文献文摘数据65万条，引文数据1841万余条，数字化馆藏资源2.5万册。推进北区新馆空间布局与深化设计，梳理业务工作流，致力于建设智慧型国家医学图书馆。

医学信息研究与情报调研、卫生政策研究与决策咨询工作取得新进展。承担“国家中长期科技发展规划纲要（2006—2020年）实施评估（人口健康领域）”、国家医学科技创新“十四五”规划预研等研究。聚焦人口健康、重大疾病防治、医疗器械与药物、公共卫生等，提供咨询报告200余个。发布2019年度中国医学重大进展，多主体评价与多元化计量相结合，推进2020年度研究工作。出版《中国医学科技发展报告（2019）》，系统总结我国医学科技投入产出等。完成“新药创制”和“传染病防治”重大专项评估，形成《重大新药创制专项》和《传染病防治科技重大专项》蓝皮书。

科研教育、国家合作、编辑出版工作不断发展。全年共获得国家卫健委、科技部、世界卫生组织等各级各类科研项目和课题118项，其中国家科技创新2030重大项目1项（牵头）、国家社会科学基金项目1项、国家科技基础资源调查专项项目课题1项（牵头）、国家重点研发计划课题1项（参与）。以第一作者/通讯作者发表期刊论文198篇，其中SCI/SSCI收录期刊论文27篇；出版著作8部；形成研究/咨询报告357个。2020年硕士研究生毕业21名，录取21名，在读研究生62名。新增研究生导师10人，主持开设“卫生管理学”“医学信息学”“医学信息检索”等14门课程。（中国医学科学院医学信息研究所/图书馆）

【开通生物医学文献服务系统SinoMed免费公共账号】 面对突如其来的新冠肺炎疫情，为共同应对疫情防控科研攻关和工作学习需要，中国医学科学院医学信息研究所图书馆自2020年1月31日起开通生物医学文献服务系统SinoMed免费公共账号，面向全国开放文献检索、开放全文链接、中文全文下载等服务。截至7月5日，累计完成检索请求282.5万次，全文下载62.1万篇，用户服务涵盖全国31个省份，在疫情防控期间切实高效保障了医学信息服务。为快速报道最新科研成果，SinoMed特别设立“新冠肺炎”专题文献，汇聚MedRxiv、BioRxiv等预印本平台、中华医学会杂志社“新型冠状病毒肺炎防控和诊治”专栏、中国知网“新型冠状病毒肺炎专题研究成果网络首发平台（OA）”发布的最新学术资源题录及全文链接信息，持续每日更新。截至12月11日，共收录相关文献90973篇，其中中文文献14861篇、西文文献76112篇。（中国医学科学院医学信息研究所/图书馆）

中国中医科学院中医药信息研究所（中国中医科学院图书馆）

【概况】 中国中医科学院中医药信息研究所（以下简称“信息所”）与中国中医科学院图书馆（以下简称“图书馆”）是馆所合一的央属科研单位。2020年，继续全面稳步推进国家中医药（数字）图书馆建设工作，完成中医药古籍数字化扫描100种、缩微制作60种，民国中医药文献数字化573种2088册242548页、文本化115种253册35044页，现代外文文献数字化图书503种177705页、期刊50种20019页，现代医案图书数字化2534册入库并标引。中医古籍数字图书馆平台“国医典藏”新增中医古籍300余种，“民国医粹”新增民国中医图书1000余种2200余册，中医传承研究平台“古今医案云平台”上线网站版并新增12223则期刊医案，“中医药知识服务平台”采集数据172377条、文献题录及全文74301篇，“中国中医药数据库检索系统”的中医药期刊文献库新增题录数据68899条，推进“海外中医古籍数字资源数据库”“民国中医药文献数字资源服务平台”“中医养生保健功法平台”等数字资源平台建设，“中国中医科学院智慧图书馆一站式检索平台及原文传递平台”进入内测阶段。信息所于12月获批建立“国家科技图书文献中心中医药服务站”。

资源建设及服务能力拓展明显提升。全年采购中医古籍11种（其中孤本7种、稀见传本2种、清刻本善本1种、清刻本名家批校本1种），采购民国纸本文献111册、民国电子版文献1635册，收集整理德国、日本海外藏数字中医古籍资源270种；采购图书1566种4411册，完成电子资源续购并新增1种，试用资源23种；编辑《中医药国际参考》12期。提供读者到馆服务300余人次，为8家单位提供阅览并复制古籍123种，开展电子资源使用线上培训，电子资源检索3281.75万次、下载122.35万次；完成查新229项（含加急175项）、引文报告60项（含加急46项）、检索证明46项；上线“中国中医科学院信息所”微信公众号并发布文章25期93篇，“中国中医科学院图书馆”微信号发布有关图书馆资源情况介绍54期，中医药短视频app“中医视界”V1.0上线iOS系统并发布专家视频108个；便民服务“方剂识别助手”提供免费下载使用，用户达6335人，较2019年新增2000余人；建立中国中医科学院图书馆文献传递微信群，传递文献1万余件。

巩固中医药情报服务和统计分析成果。完善“中医药国际交流合作信息平台”“中医药战略决策知识库服务平台”相关数据。编制《2019年度全国中医药统计摘编》，撰写《2019年中医药事业发展统计提要报告》。完成《中医药季度统计资料》2019年度数据及2020年度一、二、三季度数据的编辑和报送。信息所与中华中医药学会医院管理分会联合开展“基于中医药特色优势和科技影响力的中医医院排名”工作，2020年底由《中国中医药报》及其官方微信同步发布《权威中医药学术机构首次评估基于中医特色优势与科技影响力评价100所中医医院》；与中华中医药学会合作，完成肿瘤、心血管疾病、眼科以及儿科等19个学科的学术评价与排名。

中医药学术语系统建设稳步推进。中医药学主题词表加工系统基本稳定，主题词8479条，入口词13000条，新增系统用户519个。发布中医临床术语系统2020版，新增用户70个，收集整理“ICD-11-传统医学部分”相关数据500条并进行映射规则研究。发布中医药学语言系统2020版，导入“中药成方制剂”“ICD-11-传统医学部分”等概念及术语约25000条，覆盖国际标准的“中医药学语言系统语义网络框架”全部语义类型。

行业中心建设成效显著。全国中医行业古籍保护中心开展馆藏中医古籍清库工作，已完成至“午”类，共核实书目5707条，增补数据5707条，修正数据约2500条，版本升降245种；推进行业内中医古籍共建共享工作，与天津中医药大学、浙江省中医药研究院共同开展中医古籍数字资源建设与数据库共享，完成53种古籍加工并在天津中医药大学上线服务。作为国家级古籍修复中心，全年修复古籍13函50册3258叶，装订99函285册。国家人口健康科学数据中心（中医药分中心）整合更新“中医药科学数据中心”数据32411条，2020年总访问量162.49万次、服务17.26万人次。中国工程院中国工程科技知识中心中医分中心新建及维护特色资源176173条，更新知识组织资源（中医药知识图谱）10000条；完成3个特色元数据标准规范编制；提供9期知识推送，完成4个战略咨询课题相关的64期信息参考及2项数据服务、2项深度报告。国家中医药管理局中国中医药科技文献检索中心积极推进《中医药科技查新技术规范》的实际应用，建立并实施查新报告双人审核签字制度，提升查新报告质量；更新完善中医药科技查新管理系统功能；完成2019年科技评价指标数据更新；开展“中国中医科学院2015—2019年最具影响力优秀中文学术论文”定量评选等评价实践；上线“中医药统计挖掘与评价综合信息平台”。

开展标准研制工作。2020年发布2项，即《中药饮片处方临床文档规范》（*ISO/TS 23030：2020 Traditional Chinese Medicine-Clinical Document Specification for Prescription of TCM Decoction Pieces*）和中国中医药信息学会团体标准“《中医医院管理信息基本数据集分类》（T/CIATCM 089—2020）”；获得批准立项2项，即《针刺语义分类结构：第6部分针刺效应》（*ISO 16843-6 Health Informatics-Categorial structures for representation of acupuncture-Part 6 : Acupuncture effect*）和中华中医药学会“中医药数据资源共享元数据规范”团体标准。

继续夯实中医药信息学学科建设力量。2020年招收录取硕士研究生12人（含港澳台硕士1人）、博士研究生5人，招生率较2019年提高41%。全年举办硕士研究生毕业答辩6人（含同等学力1人），硕博士研究生开题答辩会9人，博士研究生中期汇报5人，博士后出站答辩和中期考核3人。中医药信息资源管理教研室及中医药信息基础教研室通过网络形式完成年度教学任务，并获中国中医科学院2020年度教研室考评优秀。

按期完成《中国中医药信息杂志》《国际中医中药杂志》《中国中医药图书情报杂志》3种杂志的组稿及出版工作，学术影响力均较2019年有所提升；《中国中医药信息杂志》实现网络首发，《国际中医中药杂志》《中国中医药图书情报杂志》正式加入开放科学计划OSID；3种杂志全年共计发表新冠肺炎相关论文14篇；从8月17日起，《国际中医中药杂志》通过TrendMD进行期刊论文的海外精准推送，跨平台引流国际读者586人次。（中国中医科学院中医药信息研究所/中国中医科学院图书馆　潘艳丽）

【继续推进《中华医藏》编纂项目】 中国中医科学院中医药信息研究所（中国中医科学院图书馆）作为《中华医藏》编纂项目管理办公室单位，受国家中医药管理局科技司委托，于2020年组织《中华医藏》提要编纂专家工作组论证二、三编类目任务分工，并承办《中华医藏》项目推进暨二、三编类目负责人遴选咨询论证会，10月确定《中华医藏》二、三编任务负责人并启动二、三编工作；与《中华医藏》一、四编类目承担单位签订2020年度任务书并拨付相关研究经费；通过商洽确定国家图书馆出版社为《中华医藏》出版承担单位。完成《中华医藏》初选目录中74种养生类医籍调研、提要撰写及医籍底本复制与授权工作，完成领域专家审稿。11月，在北京举办《中华医藏》中医古籍与利用培训，来自全国的300余名中青年骨干线上、线下同步参加。（中国中医科学院中医药信息研究所/中国中医科学院图书馆　潘艳丽）

【开展新冠肺炎疫情防控信息情报服务】 2020年，信息所/图书馆为中国中医科学院应急公关项目提供《新型冠状病毒临床与基础研究进展报告》67期、《“新型冠状病毒”涉外舆情》339期、《新型冠状病毒舆情信息》6期，新型冠状病毒感染的肺炎中医分型治疗相关中成药整理以及相关中英文文献原文提供2000余篇；为中国中医科学院国际合作处等上级部门提供国外疫情相关资料收集2项；为国家中医药管理局科技司、中国中医科学院科研管理处提供中医药防治新冠肺炎相关中英文文献检索与分析4项。（中国中医科学院中医药信息研究所/中国中医科学院图书馆　潘艳丽）

【举办中国中医科学院中医药信息研究所第一届学术周】 11月16—20日，中国中医科学院中医药信息研究所第一届学术周——“大数据时代中医药信息学领域的前沿与热点”研讨会举行。此次会议以国家级继续教育项目为依托，采取“线上+线下”的参会模式进行。31位专家做专题报告，累计在线参会7759人次，培训人员来自北京、湖北、上海、天津、四川等26个省、自治区、直辖市。（中国中医科学院中医药信息研究所/中国中医科学院图书馆　潘艳丽）

中国农业科学院农业信息研究所（国家农业图书馆）

【概况】 2020年，中国农业科学院农业信息研究所（国家农业图书馆）扎实推进农业科技信息保障、基础性、公益性支撑服务和各类创新性工作。国家农业图书馆事业部作为中国农业科学院农业信息研究所五大事业部之一，下设数字图书馆部、资源建设部、文献信息咨询服务部（新合并）和文献大数据研究部；在图书馆事业部的精心组织下，相关业务部门齐心协力，积极开展文献资源建设、文献数据加工、网络系统运维、文献信息咨询服务和各专项工作，以丰硕的科研成果作为支撑，不断提升国家农业图书馆的核心竞争力。

1. 资源建设

印本文献资源建设方面，完成编目8032册，验收登到21132册；共采集印本文献9103种，包括外文期刊2075种，外文图书2110种，中文期刊39种，中文图书3873种，中文学位论文 1006 种；积极拓展图书捐赠渠道，全年共收到中外文图书 3500 余册，通过初筛、查重、整理，共 3056 册入藏（含农文协日文赠书 1175 种、学位论文 1006 种、外文书评图书 140 种、中文赠书 678 册）。设计推出外文图书“精品评介”和到馆外文图书的“新书速递”栏目，旨在从学科专家、学科馆员的视角对印本资源进行宣传和介绍，通过国家农业图书馆公众号、智慧农科等渠道定期进行资源推送服务。

电子文献资源建设方面，全年完成 79 种全文型 / 文摘 / 数值型数据库的正常续订和开通服务，国外文献保障率提升至 90% 以上，文献需求总体满意度达到 97%，共建服务满意度达到 100%。全年电子全文下载量持续增长，年度下载电子全文超过 661 万篇，较 2019 年 645 万篇增长 2.5%。分析工具型数据库检索量超过 73 万次，较 2019 年检索量 58 万次增长 27%。电子资源共建方面，共有 36 个直属机构涉及 29 个数据库参与共建，研究所共建达到 681 所次，较 2019 年 674 所次增加 1%。牵头农科联盟（非高校）外文电子资源集团采购，截至 2020 年 12 月，共有 24 家单位（省院）80 个馆次完成 7 个全文数据库、3 个文摘型数据库的集团采购。

外文文献数字化加工方面，外文文摘加工总量已达到 193027 条，包括期刊文摘数据 181935 条，外文会议数据 1610 条，文集汇编数据 1874 条，科技丛书数据 6695 条，中文学位论文数据 913 条；外文引文数据加工并提交 2170859 条。承担 NSTL 外文数据质检与监控预警专项。E-only 电子期刊数据本地保存方面，订购 E-only 期刊 237 种，全年共完成本地保存期刊文章 11178 篇。

特色资源建设方面：（1）在开放资源建设方面，全年共新增遴选开放资源 2733 种 / 册（OA 期刊 95 种、OA 图书 2331 种，会议 307 册）；采集和加工开放资源元数据和全文数据近 19 万篇；完成 OA 数据的核查与补缺 19369 篇。（2）在海外农业信息资源建设方面，资源规模总量突破 1 亿条，针对重要的经济统计数值型资源进行重点建设，搭建数值型数据“碎片化”加工管理平台，同时对农业对外合作公共信息服务平台的多个栏目进行改版升级，推出新的服务产品，并建设平台连云港分站。（3）在中国农业科学院信息化基础数据建设方面，已向科研人事财务一体化系统提交当年新增科研产出数据约 12 万条，包括 11502 条科研成果题录数据，95203 条作者机构数据，包含 300 余个描述项，约 65 万条的数据值，108306 页的原文文件；2020 年度数据采集、加工和入库周期缩短，基本实现当年新增数据每 2 个月更新入库一次。（4）在术语资源建设方面，管理与维护《农业科学叙词表》，已采集术语 25 万条；编制《农业领域汉语主题词表》，建立农业领域主题词表编制规则；维护《STKOS 英文超级科技词表：农业领域》，对农学领域更新概念进行质量控制，包括歧义术语、大小写歧义、单复数歧义、翻译相同概念的检查和修正，完成 3176 个存疑概念的审核；维护 AGROVOC 叙词表中文内容。

2. 系统平台建设

农业科技大数据仓储建设方面，进行农业大数据资源建设，农业科技大数据仓储资源类型达 24 类，总量超过 1 亿条，包括文献资源类数据达 8031.9 万余篇、工具事实类资源达 1313.6 万余条、特色资源类达 1072.5 个（包括数据集等）、其他资源数量近 67 万条；研建农业科技大数据治理平台，实现对不同类型数据资源的统一规范管理，重点实现对数据仓储、数据更新、数据增长的实时监控，以及对数据仓储各类资源的精准统计与可视化展示。

知识服务关键技术研发方面，在有序化、关联化、知识化的农业科技大数据仓储建设体系基础上，发布 SCI-WATCH 发现系统 2.0 版本；同时，通过对用户行为数据的精细采集、挖掘分析，构建用户画像，以精准洞察用户需求，为海量资源的高效利用和精准服务提供支撑。

多层次知识服务平台建设与运营方面，主要包括中国农业科技文献与信息服务平台（简称“NAIS 平台”）、国家农业科技创新联盟农业科技信息资源共建共享平台（以下简称“农科联盟平台”）、农业专业知识服务系统以及机构知识库等。（1）完成农科联盟平台新版发布；截至 2020 年 12 月，农科联盟平台文献资源仓储各类资源共 4011.2 万篇，其中外文期刊 1583.6 万篇，中文期刊 2094.4 万篇，会议论文 176.2 万篇，OA 期刊 157 万篇。联合山东省农科院、北京市农林科学院及湖南省农业科学院，上线发布小麦遗传、蔬菜育种及杂交水稻 3 项知识共享专题，累计发布知识专题 147

期；平台新增外文期刊文献 88.06 万篇、中文期刊文献 56.70 万篇、会议文献 6.01 万篇；与福建省农业科学院合作，上线并发布该省院特色资源台湾期刊数据资源 6.32 万篇；设计情境敏感知识库建设与维护流程，为 19 家成员单位更新 2020 年中外文订购资源知识库，总计 22.8 万余条记录。（2）4 月底，农业专业知识服务系统 4.0 版上线服务，努力打造“农知搜索 + 知识应用 + 农业专题 + 情报服务 + 数据服务 + 开放平台”六位一体的服务模式，满足用户从获取数据到分析到应用等全方位线上、线下综合服务。在 2020 年中国工程院工程知识中心分中心评价中获得排名第一，且为唯一优秀单位。首个分中心——热带农业分中心和首个服务站——广西服务站，分别在中国热带农业科学院和广西农业科学院正式揭牌。为减少疫情带来的不便，重点打造新媒体运维服务工作，借助微信、微博、快手、“农知播”等移动终端，完成在线直播 19 期，观看总人数达到近 24 万人，粉丝总量超 1.5 万人；编辑快手宣传小视频 82 条，共近 30 万次浏览量，单条浏览量最高 10 万次。疫情防控期间，依托知识自动抽取与智能重构技术全新构建农知战“疫”专题，包括生猪生产、脱贫攻坚、春耕备耕、蝗虫防治；采用深度学习技术构建病虫害智能诊断模型，构建了果树病虫害诊断知识应用，为用户提供苹果锈病、苹果花叶病、梨黑斑病、梨锈病的在线智能诊断服务；以嵌入式在线服务的形式，实现在线科学计算模型算法工具集成，为科研人员提供可视化、交互式和免编程的科学计算服务。农业专业知识服务系统全年在线用户访问量达 133.15 万次，同比增长 35%；资源下载量 30844 个，同比增长 64%；文献传递 10589 篇，同比增长 65%；新增注册用户 2101 个，累计服务 40351 人次。（3）农科机构知识库联盟新增辽宁省农业科学院和新疆畜牧科学院两家用户；平台持续增加资源，全年新增专家学者 68 名、中文期刊 4.14 余万篇，英文期刊 1.46 余万篇，专利 128 项，总计 5.7 万余篇；截至 2020 年 12 月，平台累计收录农业领域专家学者 5255 名，各类资源 59.7 万余篇。中国农业科学院机构知识库新版上线，积极推进中国农业科学院机构知识库与 ARP 集成，实现机构知识库科研产出、团队人员组织结构变更实现与 ARP 同步更新。

开展农业农村信息速调平台（Agri-watch）系统研发。持续开展中国农业期刊集成服务平台期刊、论文等数据的周期性导入与更新；该平台已收录全国范围内农业及相关领域期刊 628 种、出版总期数 111578 期、出版文献总量 4147961 篇论文题目、摘要等元数据展示；完成水稻、小麦、苹果、马铃薯四种农产品的虚拟研究合辑，论文总量达 25 万余篇。国家农业科学数据中心农业科技基础分中心完成分中心资源建设和系统运维相关任务，数据服务方面，依托已有资源，面向数据用户提供线上主动推送和线下数据抽取服务。

3. 文献信息咨询服务与支撑服务

信息服务方面，国家农业图书馆于 7 月 27 日起恢复有序开放到馆服务，读者采取预约方式进馆，并根据疫情状态随时调整进馆人数，对读者进行登记和统计。开馆期间，预约进馆读者 7300 人次，借还图书 5226 册，装订和验收入库图书 15391 册，上架回架图书 25880 册；完成 4 批次古籍阅览室参观讲解、农科院图书馆开放日视频讲解；讲授研究生院检索课程并接待研究生到馆实习。完成科技查新报告 590 个，检索报告 859 个，完成各种定题报告 14 个。原文传递服务方面，截至 2020 年 12 月 31 日，农科联盟平台累计注册用户 3.09 万多人，累计访问量 132.53 万次，访客数 19.96 万人；平台文献请求量（含代查代借）34.05 万篇，完成传递量 33.76 万篇，申请满足率 99.1%。其中 2020 年新增用户 820 人，访问量 25.64 万次，访客数 4.55 万人；平台文献请求量 7.48 万篇，完成传递量 7.45 万篇，申请满足率 99.6%。完成服务日报 227 期，服务周报 47 期。先后与 22 家联盟成员单位签订《农业科技文献信息资源共建共享》技术服务合同。通过 NSTL 文献服务系统完成原文传递 19968 篇 168708 页，代查代借 251 篇 2207 页。援疆援藏服务方面，牵头组织中科、农科、医科、标准、计量以及兰州服务站等多家单位共同开展 2020 年援疆援藏服务工作；对援疆援藏专题服务平台进行 2.0 版本的功能升级改造，出版《新疆 / 西藏专题简报》10 期，《马铃薯专题动态简报》6 期；开展交流培训；农科联盟平台助力提升援疆援藏服务质量，与 NSTL 文献传递系统形成互补，全年新增用户 47 人，平台用户访问次数 2.2 万余次，服务申请量 1.20

万余篇，完成申请量 1.19 万余篇，申请满足率 99.63%。

学科知识服务方面，先后完成《上海市农业科学院“十三五”学科发展评价与分析》《叶尖小翼在风力发电领域的应用——全球专利态势分析》《科技文献信息研究与服务》《“乡村振兴”领域研究热点评价与分析》《中国秸秆乙醇关键技术研发进展分析》等 48 份服务报告。完成《COVID-19 疫情期间全球粮食保障应对策略》和《新冠疫情下中国进口水产品供应链的问题与对策分析》两篇深度分析报告，获得中国农业科学院领导的肯定性亲笔批示。农业规划咨询服务，完成《桐乡市都市型智慧农业发展规划》编制和评审工作，完成《雄安新区智慧农业发展专题研究报告》编写。

支撑服务方面：（1）形成特需报告定制、研究报告在线发布、简报定期推送、趋势报告快速生成的三大农业情报分析服务模式。根据用户需求，完成领域态势定制分析报告 12 个；累计在线发布农业领域研究报告 1.13 余万个；面向中国工程院 14 位农业领域院士和 5 个国家重大专项课题组以及中国农业科学院和新疆西藏地区科研机构等开展专题简报编制及推送、代查代借、数据支撑等服务，累计推送信息 5038 条，发布快报 630 期、专题月刊 12 册、院士年刊 14 册，帮助用户及时了解国际研究前沿、国家战略走向和学科领域发展。（2）有效拓展数据服务，形成数据集市、数据工厂、数据管家三种数据服务形式，支持数据发布与共享服务、数据委托建设服务、数据托管与运营服务。其中，数据集市服务方面，通过多方努力与合作，已形成以农业资源区划数据、作物病虫害数据、农业草地数据等为代表的 15 个数据集的发布与共享服务，数据总量达 19.75 万条。（3）积极拓展产业知识服务，通过专题构建、产品打造、省院对接等形式推进构建农业产业知识服务圈。（4）积极利用研制的农业科技大数据知识仓储、知识服务关键技术、模型及工具，面向行业和产业用户进行推广应用，全年共完成平台开发、数据服务等成果转化项目 21 项。

4. 宣传推广与培训

电子资源宣传与培训方面，推出中国农业科学院电子资源在线培训周，组织全国农业科研系统第十一届电子资源培训会，联合中国农业科学院研究生院共同举办电子资源培训，举办 IEEE 数据库相关培训。面向农科联盟平台新用户、中国农业科学院研究生院硕博士新生等用户群体累计开展宣传推广活动 6 场次。编制《2020 年电子文献资源指南》，新增免费资源推荐，共计 6.4 万字，发放近 3500 册；发布《以“读”攻毒　海量资源免费用》第一辑和第二辑共 85 种平台的免费资源提供服务。通过“国家农业图书馆”“农业知库”“农科发现”“农业咨询服务”等微信公众号开展宣传推广活动。

5. 科研产出与学术交流

国家农业图书馆事业部全年共发表学术论文 24 篇，出版著作 7 部，软件著作权登记 13 件，申请专利受理 3 项，实用新型专利 1 项，获得中国科学技术情报学会 2019 年度情报科学奖优秀情报工程项目奖和中国商业联合会 2019 年度科学技术奖三等奖。承担国家社会科学自然基金项目“融合多种知识组织体系的认知搜索模式研究”“科技论文全景式摘要知识图谱构建与应用研究”，农业农村部重大信息平台运行维护专项，中国工程科技知识中心建设项目农业专业知识服务系统，NSTL“下一代开放知识服务平台总体设计及关键技术研发”“援疆援藏科技信息服务专项服务”“产业技术经济数值型资源建设策略研究”“面向国家重点研发计划和重点产业方向专题情报服务”“NSTL 领域精品资源评价知识库建设”“NSTL 重点领域信息门户建设与服务”等专项任务。举办“中国农业科学院电子资源在线培训周”“农业大数据与信息服务联盟学术研讨会暨联盟工作座谈会”“2020 中国农学会图书情报分会学术年会暨图书情报前沿技术与知识服务研讨会”等线上 / 线下会议。国际合作交流方面，受疫情影响，主要采用线上形式进行，包括与联合国粮食及农业组织（Food and Agriculture Organization of the United Nations，FAO）进行视频会议，交流 CAAS 阶段进展及双方深度合作模式；与 FAO 方交流 FAO–AGRIS 进展及中文数据资源合作模式；参加 FAO 主办的第三届多语种叙词表 AGROVOC 编辑工作会议；参加 GODAN 线上会议；与日本农山渔村文化协会进行沟通合作，就该协会图书赠送事宜达成共识。（中国农业科学院农业信息研究所）

【举办国家粮食和物资储备局科学研究院加盟国家农业科技创新联盟暨农业科技信息资源共建共享平台培训会】 1月6日下午，中国农业科学院农业信息研究所文献信息咨询服务部研究员魏虹一行3人应《粮油食品科技》编辑部邀请，来到国家粮食和物资储备局科学研究院开展宣传培训交流活动。在国家粮食和物资储备局科学研究院本部粮科大厦与昌平基地、大兴基地，以一院三地视频会议形式，组织召开农科联盟平台使用培训会。培训主题包括“支撑农业科技创新活动的信息咨询服务”和介绍“国家农业科技创新联盟农业科技信息资源共建共享平台”功能与操作，并现场演示平台功能的使用。60多名与会人员和专家互动，探讨平台面向研究团队、科研项目的信息推送服务等“大数据支撑+技术驱动+人的智慧”服务。多终端登录、面向管理和科研人员提供跨越时空限制的科技信息资源“一站式”检索与获取服务的模式，解决了该院科研人员出差、业余时间查阅科技文献的需求。从2019年12月25日开通服务到2020年12月31日，累计注册203人，总请求文献3070余篇。（中国农业科学院农业信息研究所）

【举办中国农业科学院电子资源在线培训周】 2020年2月，为了提高防疫期间科研人员居家办公电子文献使用效率、丰富研究生居家学习内容，中国农业科学院农业信息研究所在疫情期间推出以在线视频课程为主要方式的“图书馆电子资源在线培训周”。依据全院电子资源订购情况并结合历年培训的经验，遴选出12个优质资源及培训内容，快速收集整理了最新版培训素材，仅用一周时间就制作完成所有视频培训课程，生成“微课程”链接并配合相关资源介绍。最终通过中国农业科学院院网、NAIS平台、国家农业图书馆公众号、农科发现公众号等多渠道同时进行发布，并定向推送给中国农业科学院电子资源建设专家咨询委员会、中国农业科学院信息化工作联络员、在读研究生等群体。（中国农业科学院农业信息研究所）

【召开2020农业大数据与信息服务联盟学术研讨会暨联盟工作座谈会】 10月21—23日，2020农业大数据与信息服务联盟学术研讨会暨联盟工作座谈会在福建省福州市永泰县召开，会议主题为“数据驱动、智能导航、产业引领”，旨在加强农业大数据与信息服务联盟成员单位资源共建共享、技术协同创新等各项业务的深度合作，促进联盟成员单位学术研讨和工作交流。会议围绕农业大数据、智慧农业、数字农业、智能管控、资源共建共享、知识图谱等方面的内容进行学术研讨与交流，并就联盟“十四五”发展、学科建设等工作进行座谈交流。会议强调，要进一步优化成员单位结构，强化与关联企业的合作并积极吸纳其加入联盟；梳理、明确联盟重点领域和主要任务，形成一系列相对紧密的合作板块；系统整理成员单位优势、产品和需求并开展对接合作，通过集聚优势、共建共享、协同创新，共同推进联盟各项工作持续健康发展。来自全国各省份33家成员单位的领导、专家、学科馆员等130多人参加此次会议。（中国农业科学院农业信息研究所）

【举办2020全国图书情报青年学术论坛暨全国农业科研系统第十一届电子资源培训会】 11月5—6日，由中国农业科学院农业信息研究所主办，国家农业大数据与信息服务联盟、《农业图书情报学报》编辑部承办的2020全国图书情报青年学术论坛暨全国农业科研系统第十一届电子资源培训会采用线下、线上结合方式召开。中国农业科学院副院长、《农业图书情报学报》主编孙坦致开幕词，来自京内外多所高校、科研机构的专家学者以及数据库商代表参加会议，共吸引3500余人次参加。此次会议是“全国农业科研系统电子资源培训”与“全国图书情报青年学术论坛”首次探索联合办会模式，从而搭建图书情报领域产、学、研三方专家学者交流学习的平台，为多方合作提供机遇。同时，提高农科联盟（非高校）电子资源培训的影响力，对全国农业科研系统电子资源集团采购的顺利开展、电子资源建设的稳步发展以及国家农业大数据与信息服务联盟工作的持续推动都具有十分重要的意义。（中国农业科学院农业信息研究所）

【召开2020中国农学会图书情报分会学术年会暨图书情报前沿技术与知识服务研讨会】 11月26日，由中国农学会图书情报分会主办、中国热带农业科学院科技信息研究所承办的2020中国农学会图书情报分会学术年会暨图书情报前沿技术与知识服务研讨会在海南省澄迈县召开，NSTL主任彭以祺，中国农业科学院农业信息研究所副所长、图书情报分会主任委员赵瑞雪，中国热带农业科学院科技信息研究所所长黄贵修，中国农业科学院农业信息研究所所长助理王川等出席会议并讲话，研讨会由中国农学会图书情报分会原副主任委员孟宪学主持。来自全国31个省（区、市）农业科研单位、高等院校等单位的220多位代表参加了此次学术研讨会。研讨会上，彭以祺、中国科学院文献情报中心研究馆员吴鸣、四川省农业科学院农业信息与农村经济研究所研究员李晓等领导、专家、学者分享12个高水平的学术报告，就科技情报工作形势、面向国家重大战略需求的情报服务、成渝现代高效特色农业带建设路径研究（智库报告）、数智化背景下知识服务范式、热带农业科技资源共享、农业知识产权交易平台建设与信息服务、科技情报或科技智库助力农业产业和区域高质量发展等方面进行工作交流和学术研讨。会议期间，分会召开常务委员会，就组织建设和“十四五”发展进行了座谈交流，与会代表在资源共享、创新协同、项目合作、成果转化、人才培育、青年人成长等方面提出许多建设性的意见和建议。（中国农业科学院农业信息研究所）

中国林业科学研究院图书馆

【概况】 2020年，为应对突如其来的新冠肺炎疫情，中国林业科学研究院图书馆（以下简称“图书馆”）严格执行中国林业科学研究院（以下简称“中国林科院”）及各级疫情防控管理措施，在前3季度一直处于关闭状态，至10月底逐渐恢复正常开馆。在全面实行防疫管理的条件下，为做到防疫、科研两不误，图书馆在资源建设方面，保证纸质及数字资源的正常引进与更新。承担的中国工程院大数据项目——林业专业知识服务系统建设任务，新建木材和竹材产量、三北防护林工程、动植物保护工程、牧草种植与草种生产、中国草原资源等林业特色资源数据资源库，完善林业专业知识服务系统的平台服务功能。在信息服务方面，图书馆院士推送服务在疫情期间仍无间断，坚持按期为所服务的林业院士及院士牵头的林业重大项目提供信息服务。为最大限度地减小疫情对科研工作的影响，闭馆期间，图书馆在做好疫情防控和人员管理的同时，服务工作主要围绕网络展开，在供应商的配合下，保障线上数字资源服务不间断，确保科研人员及研究生在线办公、学习可以正常使用图书馆数字资源，做到足不出户，科研学习两不误。图书馆还利用微信平台开展馆藏资源宣传推广与使用培训以及新生入馆教育；为配合宣传世界读书日，在微信平台上开展“送我一颗种子，还你整片森林”好书推荐活动，受到广大读者的欢迎，在很大程度上提升图书馆微信平台的影响力。图书馆主持开展的院科研业务专项资金重点项目“图书馆数字资源建设与服务功能完善”（三年期）于年内通过验收，该项目在丰富图书馆现有数字资源内容、提高资源利用率、开拓服务方式等方面都具有实用性和可操作性，并将在图书馆今后的信息服务中发挥促进作用。（中国林业科学研究院图书馆　孙小满）

【完善林业专业知识服务系统】 2020年，图书馆承担的中国工程院大数据项目——林业专业知识服务系统建设任务，面向院士和广大科技工作者提供全面、便捷、智能的多维度林业专业知识服务。完善该系统的平台服务功能，进一步优化林业搜索、用户行为分析与个性化推荐功能模块，提高用户体验；开发林业学术趋势分析功能模块，以系统、丰富的林业数据资源为基础，采用知识挖掘、数值分析、聚类分析、文献计量学模型等方法，分析林业学科、主题等学术发展态势和机构、学者的科研竞争力，用户通过自定义配置可以在线生成分析报告，为广大科研人员提供战略情报分析服务。（中国林业科学研究院图书馆　孙小满）

【开展林业知识产权研究】 2020年，图书馆开展林业重点领域知识产权预警机制研究，引导林业企业公平参与国际竞争。开展兰花育种、草业领域、废旧木材处理技术、森林采伐技术的专利分析研究并提供成果网上共享。重点开展木浆行业核心专利识别研究、木地板锁扣技术专利分析研究、主要经济林树种文献与专利分析研究，正式出版《木浆行业核心专利分析与汇编》

和《木地板锁扣技术专利分析报告(2019)》。(中国林业科学研究院图书馆　孙小满)

中国科学技术信息研究所国家工程技术图书馆

【概况】 中国科学技术信息研究所国家工程技术图书馆(以下简称“图书馆”)现有馆藏印本资源660万余册,每年订购国内外全文数据库、文摘数据库、事实型数据库和分析工具40多种,在工程技术领域基本满足用户需求。开展多层次信息服务体系,基于传统开展原文传递和代查代借等普惠服务,并开展各类专题情报服务,每年公开出版《中国高被引分析报告》,不断提升信息服务能力,拓展服务深度和广度。近年来先后承担数十项国家科技支撑计划、国家重点研发计划、国家自然科学基金、国家社会科学基金、国家博士后基金等国家级课题,省部级及其他课题近百项。该馆还是ISO/TC46全国标准化组织——全国信息与文献标准化技术委员会(SAC/TC4)的秘书处单位,已制定并颁布数十项国家标准。

2020年,图书馆采购国外工程技术领域科技期刊4389种;采集外文会议录等文献1984册,馆藏总量达到29万册;采集外文学位论文5.4万份,馆藏总量达到82.5份;采集中文会议文献2349册,馆藏总量达到8.3万册以上;采集中文学位论文31.8万册,馆藏总量达到485万册;订购和开通国内外文献数据库40多个。开展国家科技计划项目档案管理工作,加强科技档案收集与加工,扩展科技档案来源渠道,全年收集国家科技计划项目档案16342盒,整理加工24112卷;修改完善《国家科技重大专项项目文件归档与档案管理规范》和《国家科技重大专项项目档案元数据元素集》两项标准送审稿,不断优化档案数据采集系统,固化科技档案加工流程。完善馆藏文献文摘数据库和引文数据库,全年加工文摘数据644万条,文摘数据累计达到1.58亿条,全文数据累计达到9854.11万篇;加工引文数据2730万条,累计达到3.28亿条。全年提供全文传递服务29万次,同比增长45%。完成文献代查代借3559篇,继续开展收录引证服务,完成服务1438项。在国家工程技术数字图书馆网站建立新冠肺炎应急文献专题,遴选国内外医药、卫生和生物科学相关文献约1000万篇,面向用户尤其是医务工作者免费开放全文,服务疫情防控。加强公益性基础文献服务和知识化服务,联合高校、科研院所等单位开展多种形式的宣传推广活动,承办NSTL科技文献信息开放服务周云论坛暨国家科技文献保障模式研讨会,召开电子材料及元器件领域科技文献需求座谈会、NSTL日文科技文献资源培训会、NSTL资源与服务培训宣传推广活动。大力开展面向重大战略、重大需求的专题信息服务,加强重点领域信息门户建设和服务,积极拓展深化面向企业的创新服务。加强学术研究和学科建设,申请博士后科学基金项目1项,发表期刊论文28篇,申请软件著作权28项,指导培养硕士研究生12名,博士后8名。继续开展知识组织系统建设,《汉语主题词表》编制工作持续稳步推进。坚持办好《数字图书馆论坛》,规范审稿流程,严把质量关,全年出版期刊12期,刊登稿件119篇。组织召开第十一届全国知识组织与知识链接学术交流会,收效良好。(中国科学技术信息研究所国家工程技术图书馆)

【国家工程技术数字图书馆网站建设】 国家工程技术数字图书馆网站(http://www.istic.ac.cn)是中国科学技术信息研究所适应网络化、数字化时代发展需求,面向全国开展科技文献信息支撑和保障服务的主要窗口。网站新系统于2019年5月1日上线。2020年,图书馆不断优化网站功能,增加文摘页标题、摘要文本的嵌入式翻译功能,引进全文PDF的翻译接口。网站既可以采用IP开通或API接口服务,即嵌入中小图书馆提供发现服务;又可以采用ID开通,即以手机号开通,实现即时下载或传递服务。既可以实现自身文献的传递,还可以开放链接将用户指引到其他馆藏或资源。全年累计新增个人用户24258个,系统访问达253万人次,点击量达8811万次,文献检索量达396万次,原文传递62万篇,在线下载全文183万篇。(中国科学技术信息研究所国家工程技术图书馆)

【院士著作馆建设】 2020年,在院士著作馆因新冠肺炎疫情而不能举办院士报告会的情况下,图书馆不断完善院士著作馆网站建设,补充院士信息,新增院士论文5万余篇。做好院士著作馆爱国主义教育基地和科普基地两个基地的建设工作，接待中国农业大学、首都医科大学、中国林业大学、对外经济贸易大学等 11 个单位 290 余人参观。（中国科学技术信息研究所国家工程技术图书馆）

【外文开放获取学术资源建设】 在 NSTL 的支持下，图书馆继续作为牵头单位，与中科院文献情报中心、农科院信息研究所、医科院信息研究所一同开展“外文开放获取学术资源”建设。建设工作从开放资源元数据标准制定、遴选规范、数据采集流程方法、版权评估及风险等多个方面进行研究，并负责开放资源工作整体管理与运营，针对开放资源建设工作特点陆续设计开发开放会议录、开放学位论文、开放课件、开放图书、开放科技报告等采集管理系统，数据转换与质检工具，从而有效规范 NSTL 开放资源建设流程，提高工作效率。2020 年，采集开放期刊 1245 种 125667 篇，开放会议录 458 册 53009 篇，开放学位论文 2000 篇。（中国科学技术信息研究所国家工程技术图书馆）

【国家科技期刊开放平台建设】 国家科技期刊开放平台是在科技部科技创新战略委托项目“科技精品期刊发展战略研究”指导下由中国科学技术信息研究所自主建设的期刊开放平台。作为我国科技期刊集中开放获取平台，以公益普惠、开放共享、权威精品为定位，以开放整合国内科技期刊为途径，着力加大我国期刊论文的传播面、利用率，提升我国期刊国际影响力，建立至今受到国内广大期刊编辑部、学者的持续关注。2020 年，图书馆进一步推动该平台建设，举办网上期刊开放出版学术论坛，新增开放期刊 30 余种，完成平台升级改造工作并正式上线。目前，平台汇聚国内学术期刊 1202 种（其中核心期刊 868 种），收录论文超过 500 万篇；充分依托中国科学技术信息研究所资源，实现论文引文全融合，统计分析多角度展示，面向科技人员提供即时的一站式获取服务，全面促进我国科技论文的传播利用。（中国科学技术信息研究所国家工程技术图书馆）

【《汉语主题词表》编研工作】 2020 年，图书馆开展《汉语主题词表》（生物、医学、农业卷）编研工作，制订词表编研方案，启动叙词表编制平台招标和设计开发，研究制定“术语资源采集加工汇交规范”“《汉语主题词表》（生物、医学、农业卷）编制规则”“《汉语主题词表》知识表达元数据方案”“《汉语主题词表》形式分类表”。继续开展 STKOS 超级科技词表建设工作，对“NSTL 超级英文科技词表”工程技术领域的概念进一步规范。开展基于科技文本大数据的 STKOS 术语知识库构建，研究基于英文文本的术语语义关系识别技术，设计开发语义关系识别软件工具。开发建设新一代的叙词表编制平台，包括元数据模型管理、基础词库管理、集成词表管理、词表编制管理、词表审核和词表发布等功能模块。（中国科学技术信息研究所国家工程技术图书馆）

【全国信息与文献标准化技术委员会工作】 2020 年，全国信息与文献标准化技术委员会（SAC/TC4）积极应对国际标准突发事件，维护国家主权和利益。开展档案（文件）管理分会筹建工作，上报国家标准化管理委员会等待批准的标准共 7 项，处于制（修）订进程中的标准 18 项，完成 4 项计划项目专家评审。积极参加国际标准化活动，代表中国完成对 ISO/TC46 归口管理的现行国际标准复审和国际标准制（修）订草案投票 61 项次，主导修订发布国际标准 1 项，参加 2020 年 ISO/TC46 第 46 届在线视频年会。（中国科学技术信息研究所国家工程技术图书馆）

【2020 年全国知识组织与知识链接学术交流会召开】 12 月 15 日，由中国科学技术信息研究所、国家图书馆、国家科技图书文献中心、中国科学技术情报学会主办的 2020 年全国知识组织与知识链接学术交流会在北京召开。会议主题为探讨智能环境下图书馆的知识组织与关联的新理念、新思路、新方法，推动知识组织体系与新兴信息技术融合发展，促进智慧图书馆和计算型情报分析的实施与服务。会议采用线上直播形式，全天累计点击量达 1.1 万余次。（中国科学技术信息研究所国家工程技术图书馆）

中国地质图书馆
（中国地质调查局地学文献中心）

【概况】 2020年，中国地质图书馆（中国地质调查局地学文献中心）馆藏文献852569册/卷。在文献资源建设与读者服务方面，全年支出采购经费1137万元，采购纸本中外文图书2919种3538册（中文图书2267种2886册，外文图书652种652册），中外文期刊912种6293册（国内出版期刊472种3816册，国外期刊440种2477册）；采购中外文商业数据库16个；获取捐赠等图书2361册；与全球43个国家和地区的163个机构建立国际文献交换关系，获取多语种文献（含期刊57种249册）；与中国地质科学院、中国地质大学（北京）等达成硕博士学位论文、博士后出站报告的收藏协议；与国家哲学社会科学文献中心、北京地区高校图书馆文献资源保障体系管理中心等多家学术机构签订资源共建共享协议。

学科服务方面，面向国家需求，围绕地质调查重点任务，开展自然资源、碳中和等重大专题科技情报跟踪、分析与研究，开发地质调查专题情报监测与分析系统，完成内部刊物104期，专题研究报告10余份。编制《国外地质调查管理》内部刊物24期和《2019年亚太地区自然灾害报告——风险规避》等专题报告3个，报道国际地质调查机构发展战略、国际地学科技战略动向、新冠疫情对矿业的影响、矿产品供应风险方面等；围绕矿业转型发展"三服务一促进"目标，形成矿业科技专题内刊15期和《矿业科技发展态势分析与展望》《全球铍矿资源调查与开发动态》专题研究报告并在中国矿业报上开辟矿业科技专栏；承担青海干热岩勘查开发科技攻坚战信息情报组任务，形成地热专题内部刊物18期；形成水合物专题内刊10期及《有关水合物产业化进程中面临的能源、法律和政策挑战及未来工作部署》专题研究报告；围绕海洋战略规划、海洋矿产、海底采矿、海岸带地质调查等方面形成内部刊物13期，编写《有关海岸/海洋灾害及资源未来10年战略规划》专题研究报告；编写《基于人工智能的滑坡预测专题情报跟踪成果》《国外国际地质调查机构三维地质填图与建模进展》等专题研究报告；编译《基于自然的解决方案全球标准》《标准使用指南》《生态保护修复国际理念及经验》等多项专题报告，为国土空间用途管制和生态保护修复提供情报支撑。

数字图书馆建设方面，推进文献服务系统与地质云平台深度融合。依托研发的地学文献智能搜索1.0系统，在地质云平台上线地学文献信息服务。该服务整合多种地球科学领域文献数据，提供智能搜索、在线阅读和全文获取服务。突出以搜索和导航为主的文献信息获取入口，用户可通过一站式搜索和结果筛选获取其感兴趣的文献信息，有效提升用户的文献获取体验，服务集群效益初显。智能化建设与服务。开发的地质术语等地质领域基础知识库建设进展顺利，为地质云的智能搜索工作提供支撑；地学文献服务专题自动生成方面，优化仓储系统的检索导出功能。地质专业知识服务系统3.0版研发上线，提升资源体量、搜索易用性和系统便捷性；地质云文献订阅推送工具的开发并在地质云平台上线服务，实现针对特定群体的邮件推送功能；中国地质图书馆名师讲堂视频平台等5件软件著作权申请上线使用。

开展科普活动方面，围绕海域天然气水合物试采、珠峰测量重大成果，撰写制作数篇科普文章和3部视频。为中国地质调查局（以下简称"地调局"）科普管理工作提供支撑服务，举办地质调查科普培训会（线上）、承办"李四光地质科普讲坛"等活动，围绕地球日等主题日开展线上、线下活动，出版《赏石系列科普丛书》等图书多部。

出版发行《中国地质调查》6期、《自然资源科普与文化》4期。据中国知网数据，《中国地质调查》复合影响因子在地学统计源期刊中的排名已由2017年的83名上升到33名，影响力指数（CI）由7.674提高到131.180。《自然资源科普与文化》被知网精品科普库收录。完成《中国地质文化》创刊，组稿发行6期，刊物办得有特色。征集出版《传承奉献精神　弘扬地质文化——地球科学与文化文集（2020）》，提供行业文化研究平台。

成果管理方面，围绕地质调查中心工作，开展地质科技成果统计与研究，为中国地质调查局科技成果管理与评价提供信息支持。以专利视角，开展有关中国地质调查局专利数量、质量等对比分析，编制《有关国家地质调查局专利情况对比和分析报告》，编写《天然气水合物技术专利分析报告》《非常规储层水压裂技术专利分析报告》；以科技论文视角，运用文献计量学方法，编制《中国地质调查局局属单位论文评价报告（2020）》《中国地质矿产评价项目资助论文统计报告（2020）》；以期刊的视角，对局属单位主办的27种期刊办刊质量进行指标分析。完成地调局地质科技奖评审，支撑国土资源科技奖申报与评审。

人才培养方面，健全党管人才的工作体制，形成党委统一领导、人事处牵头抓总、相关处室配合的人才工作体系；加强人才工作制度建设，出台《工作人员奖励实施办法（试行）》，修订《人事管理规定》和《人才引进暂行办法》等；创新人才引进工作方式，对应届博士毕业生招聘采取校园面谈、网络面试等新型手段，对地调局系统内职工采取选调的方式，全年引进3名应届毕业生和1名在职人员。（中国地质图书馆 李苒苒）

中国计量科学研究院文献馆

【概况】 2020年，中国计量科学研究院文献馆（以下简称“文献馆”）拥有计量科技图书、期刊、会议录、科研成果等50万余册，以及1972年以来我国公开发行的所有计量检定规程、技术规范等国家计量技术法规。面对突如其来的新冠肺炎疫情、面对国外科技文献受限和断供风险，文献馆围绕国家科技文献战略保障的长期性、基础性、公益性、安全性定位，围绕国家《质量发展纲要（2011—2020）》、《计量发展规划（2013—2020年）》及《2006—2020年国家信息化发展战略》等，全员坚守岗位，克服困难，在夯实基础的同时，持续加大数字资源建设力度，采用先进科学技术方法，数据加工质量及服务能力都得到一定提升。依托NSTL网络服务平台，继续实现7天不间断24小时原文传递服务，受到读者的普遍好评。同时建立相应的服务保障机制，为院士、计量重大科研团队、新疆、西藏等西部地区，以及全军提供高质量的计量科技文献信息服务。全年为读者提供国内外文献30余万篇次，文献馆网站访问量50余万次。

面对信息环境的变化和读者需求的变化，文献馆在新常态下，稳步推进服务模式有效转型，在计量科技信息、计量经济效益等方面开展多项国家层面的调研分析研究工作，搭建知识服务技术平台，为科技发展、政策制定等提供极具价值的大数据分析信息，持续为市场监管科技创新能力的跃升和稳步发展提供更强有力的科技文献信息资源保障支撑。（中国计量科学研究院文献馆）

【全力做好疫情期间文献服务，助力新冠病毒科研攻关】 疫情期间，为满足疫情防控对文献信息服务的应急需求，文献馆迅速响应并快速组建了一支专业素养高、业务能力强的应急服务团队，团队成员克服困难，积极投入疫情防控阻击战，持续提供每日不间断COVID-19科技文献网络原文传递服务，为新冠病毒核酸、抗原抗体检测急需标准物质研制团队及时提供最新的国际计量科技文献，助力新冠病毒标准物质研制。同时，面对科学与新冠病毒的竞赛，作为NSTL成员单位的中国计量院文献馆积极参与NSTL新冠肺炎应急文献服务专栏建设，紧急组织文献服务团队收集陈薇院士的学术成果、遴选专题文献资源。该专栏影响面大，社会效益好，受到《科技日报》等多家媒体报道。（中国计量科学研究院文献馆）

【主动应对国家科技文献信息安全风险，探索卡脖子技术保障服务方式】 针对当今世界之大变局，面对中美之间的摩擦，为主动应对国家科技文献信息安全风险，2020年，文献馆承担科技部专项课题《“卡脖子”国外科技文献保障研究与实施》，系统地对标分析美国出口管制的实体清单和技术清单及限制政策、限制措施、限制案例，并通过文本挖掘等技术手段，匹配技术、项目、人才，对受限技术数量和相关技术领域、学科范畴及保障情况等方面进行深度分析，并形成出口管制政策的本底情报、专题情报等高价值分析报告。该研究成果已报科技部等部委，得到有关领导的高度肯定和重视，为国家管理层面的战略决策提供精准支撑。（中国计量科学研究院文献馆）

【推进情报深度分析研究，为计量决策提供精准服务】 2020年，针对国际计量领域发展趋势，文献馆利用知识组织与信息挖掘等技术，基于大数据模型，以NSTL国际科学引文数据库和馆藏科技文献资源等为数据源，聚焦先进国家计量机构（NIST、PTB、NPL等）的产出规模、领域分布、国际合作、发展规划等计量科技发展态势，梳理各国总体计量科研表现力和技术创新能力情况，发布《知己知彼方略》报告。同时，按照中国计量院的学科分布，有针对性地选取先进国家计量机构（NIST、PTB、NPL等）的相关学科，分析其相对产出、学科影响力、学科布局等学科发展现状等，从多个维度揭示中国计量院在先进国家计量科技竞争格局中的优势和面临的挑战，发布《国际计量科技发展情报研究》报告，持续为规划未来计量科学战略发展及国家层面质量保证政策的制定提供精准情报信息服务，得到中国计量科学研究院领导的高度认可和评价。（中国计量科学研究院文献馆）

【举办“国际期刊论文写作与投稿策略”系列讲座】 2020年，受疫情影响，文献馆开拓新思路，在实践中探索疫情及后疫情时代宣传推广新模式，拓宽多种宣传推广模式与渠道，通过线上、线下结合方式，借助学术、行业会议及主题活动等多种机会和场合，满足社会各界对计量科技文献的需求，取得很好效果。11月19—26日，举办“国际期刊论文写作与投稿策略”系列讲座。特邀SCI、EI、Nature高级学术专家分别以《SCI文献大数据及工具助力科学研究》、《EI数据库在工程文献调研中的应用》、“How to Get Your Work Published”为题，以在线讲座的形式面向中国计量院“时间频率计量基准重点实验室”“电学量子计量基准重点实验室”等国家重点实验室的计量科研骨干，讲授论文如何更好地被国际相关重要期刊收录及发表。此次系列讲座有效帮助计量科研人员发表高质量、有影响力的国际期刊论文，更好地将科研成果展现在国际学术舞台上。11月19日，文献馆馆长李丽还以《科技文献信息检索与利用》为题，为青年科研人员举办一场NSTL科技文献信息资源应用培训，对NSTL更好地服务于计量科研起到积极的推动作用。（中国计量科学研究院文献馆）

民族文化宫图书馆（中国民族图书馆）

【概况】 2020年，民族文化宫图书馆（中国民族图书馆）坚持公益性少数民族专业中心图书馆的发展主线，在做好疫情防控的同时，有序推动复工复产；以铸牢中华民族共同体意识为主线，把思想和行动统一到党中央决策部署上来，在事业发展中取得了显著的成果。全馆在编人员27人，包括汉族、蒙古族、藏族、维吾尔族、朝鲜族、哈萨克族、回族、水族、土家族等9个民族，少数民族职工人数占62.9%。研究馆员3人，副研究馆员12人，馆员7人，助理馆员5人。研究生及以上学历13人，本科学历10人，大专学历4人，全馆本科及以上学历占总人数的85.1%。以“读者至上，服务为本”的服务理念，想读者所想，谋读者所求，“走出图书馆”，走进读者身边，提供专业化、人性化、多样化的服务。通过一年扎扎实实的努力，为促进民族专业图书馆事业的发展贡献了应有的力量。

基础业务工作方面，深入贯彻落实《中华人民共和国公共文化服务保障法》《中华人民共和国公共图书馆法》，以为读者提供更优质的服务为出发点，全年（除新冠肺炎疫情期间闭馆外）向社会公众开放，提供阅览和文献借阅服务。全年共接待读者3734余人次，提供参考咨询服务300余人次，借出书刊600余册，借阅古籍600余册。以建设各民族共有精神家园为目标，克服新冠疫情的不利影响，通过多种渠道持续加强文献信息资源建设。全年新增纸质图书2303种4485册，合计金额57.49万元。其中年度采购图书526种933册，码洋14.14万元；利用项目经费采购图书1197种2597册，码洋31.50万元；接收捐赠图书580种955册，码洋11.86万元。年内借助承办专题文献暨书法作品展览等契机，积极争取到西藏自治区书法家协会副主席兼秘书长江村、内蒙古自治区蒙古文书法家协会副主席图雅等35位民族书法家捐赠的用汉文、蒙古文、藏文、柯尔克孜文、彝文、维吾尔文、哈萨克文、东巴文、哥巴文、傣文、壮文、苗文等12种民族文字书写的书法作品66幅。新增报纸8509份，期刊5414册。完成编目数据3265条，入库图书3991册。

数字资源与网络建设方面，12月底完成馆

官网改版升级并成功上线运行。新版网站对图书馆已有资源进行有效整合，满足读者便捷访问本地及在线资源的需要。加强图书馆数字化建设，建成“少数民族法律法规数据库”，收集新中国成立以来正式颁布施行的与少数民族有关的法律法规、司法解释等法条 8000 余条，充分展示新中国成立 70 多年来少数民族法律保障体系建设的丰硕成果。

全年发布微信、微博 94 条，共制作推荐馆藏人口较少民族文献、馆藏蒙古文图书、馆藏藏传佛教文献系列、馆藏民族史文献系列、馆藏中华民族英雄史诗文献、图书馆影印文献、图书馆出版成果等多个专题系列的微信；微信访问 14096 次，微博浏览量约 3 万次；微信关注人数达到 1203 人，增长 23%。

古籍保护与开发利用方面，完成民国时期汉文文献普查数据 609 条，666 函 706 册，上传书影 2603 张。继续完成藏文古籍普查数据 1412 条，834 条子目，69635 叶，拍摄古籍书影 4774 张。完成民国时期汉文图书整理、贴签 1242 种。馆藏 7 部藏文古籍入选 2020 年公布的第六批《国家珍贵古籍名录》。与政协内蒙古西乌珠穆沁旗委员会合作，馆藏藏文古籍《汉区佛教源流记》入编《衮布扎布文集（第五卷）》。

科研工作方面，科研工作稳中有进，新获准立项项目 4 项，其中国家社科基金 1 项，国家民委中青年英才项目 2 项，国家民委委托项目 1 项；完成国家民委项目 2 项：“少数民族法律法规保障体系舆情监测调查研究”“新疆历史上各民族‘交往交流交融’史料研究”。馆员出版学术专著 1 部，在刊物上公开发表学术论文 8 篇。1 人获国家民委社会科学调研报告奖优秀奖；10 人在“第十六次全国民族地区图书馆学术研讨会”论文评奖中获奖，其中一等奖 3 篇，二等奖 3 篇，三等奖 4 篇。

少数民族文献展览与宣传方面，按照民族文化宫党委的统一部署，克服疫情影响，积极履行图书馆的社会教育职能，充分利用馆藏文献资源举办专题展览，积极开展民族文化进社区和进校园活动，共举办“中华民族英雄史诗文献暨书法作品展”“中国民族典籍文化展”“铸牢中华民族共同体意识——中华民族英雄史诗文献展”3 个展览，取得良好的社会效果。

支援民族地区图书馆文献资源建设方面，6 月，向内蒙古自治区巴林右旗图书馆捐赠图书 240 种 637 册，价值 28391.98 元；向广西壮族自治区德保县图书馆捐赠图书 280 种 362 册，价值 28036.1 元。合计捐赠图书价值 56428.08 元，有力助推两地文化资源建设，提升两地的公共文化服务水平，为两旗县全面打赢脱贫攻坚战、全面建成小康社会提供智力支持。

学会工作方面，充分发挥中国图书馆学会学术研究委员会少数民族图书馆专业委员会的平台作用，举办学术会议、开展业务交流，共同促进民族图书馆事业发展。组织“第十六次全国民族地区图书馆学术研讨会”征文。此次征文共收到论文 182 篇，经初审有 155 篇进入二审，二审后有 131 篇进入评奖范围。经专家小组匿名研议，最终推荐一等论文 13 篇（10%）、二等论文 20 篇（15%）、三等论文 26 篇（20%），共计 59 篇。中国图书馆学会学术研究委员会少数民族图书馆专业委员会积极组织申报“2020 年中国图书馆学会年会”分主题征文，征文的主题是“图书馆的使命——弘扬优秀民族文化　铸牢中华民族共同体意识”，获得批准征文。此次征文共收到论文 29 篇，并组织专家对分主题论文进行研讨、评奖。[民族文化宫图书馆（中国民族图书馆）　申毅]

【召开疫情防控及业务工作在线部署会】 3 月 2 日，利用 QQ 群平台，召开在线工作部署会，馆长吴贵飙主持会议。会议要求全体馆员严格贯彻落实党中央、国家民委党组、民族文化宫党委及北京市关于疫情防控决策部署，做好疫情防控工作。会议对近期重要工作进行了安排。一是为“2020 年中国图书馆年会”征文提出征文分主题：“图书馆的使命——弘扬优秀民族文化　铸牢中华民族共同体意识”。二是进一步做好“中华民族英雄史诗文献暨书法作品展”筹备工作，按时完成三大少数民族史诗《格萨尔》《玛纳斯》《江格尔》文字资料撰写和联系展品征集工作。三是撰写《第十六次全国民族地区图书馆学术研讨会征文通知》，报中国图书馆学会审批并发布。四是利用现有条件，探索在闭馆期间开展读者服务和在线宣传工作。五是贯彻落实好民族文化宫领导要求全体馆员居家工作期间撰写论文、课题申报等科研工作，为图书馆早日复工复产打下良好基础。[民族文化宫图书馆

（中国民族图书馆） 申毅］

【开通"读联体·数字资源共享阅读服务平台"，免费为读者在线阅读服务】 3月5日，为在疫情防控及闭馆期间更好地为广大读者提供良好阅读服务，正式开通"读联体·数字资源共享阅读服务平台"（以下简称"读联体平台"）。广大读者只需扫描或长按识别民族文化宫图书馆（中国民族图书馆）专属平台二维码，进入"读联体平台"，通过授权信息和手机号，即可畅享实时在线的优质数字资源服务。"读联体平台"是中国图书馆学会联合全国有关图书馆及数字资源提供商，向学会广大会员、图书馆工作者和读者免费推送各类型学习资源的数字阅读共享平台。该平台涵盖电子书、有声书、视频、期刊、图片等各类型数字资源。2020年底，平台资源量约3000种，存储总量约10TB，资源内容和数据将持续更新。中国图书馆学会专门在平台上开设"学会专栏"，免费推送学习资源。［民族文化宫图书馆（中国民族图书馆） 申毅］

【"中华民族英雄史诗文献暨书法作品展"开展】 5月21日，"中华民族英雄史诗文献暨书法作品展"在北京民族文化宫开展。展览由民族文化宫主办，民族文化宫图书馆（中国民族图书馆）、民族文化宫展览馆承办。展览内容以藏族、蒙古族等民族英雄史诗《格萨（斯）尔》、柯尔克孜族英雄史诗《玛纳斯》及蒙古族英雄史诗《江格尔》三大英雄史诗为主，同时展出维吾尔族《乌古斯传》、哈萨克族《苏鲁拜巴特尔》、彝族《支格阿鲁》、苗族《亚鲁王》、壮族《莫一大王》、纳西族《黑白战争》、傣族《厘俸》、羌族《羌戈大战》等多部英雄史诗。展览从馆藏文献中遴选出汉文、蒙古文、藏文、柯尔克孜文、维吾尔文、哈萨克文、彝文、傣文、东巴文、苗文等古籍、图书100余种，汉文、蒙古文、托忒蒙古文、藏文、柯尔克孜文、维吾尔文、哈萨克文、彝文、傣文、东巴文、哥巴文、壮文、苗文等书法作品40余幅，唐卡1幅，并配有图文并茂的展板和视频，使观众近距离感受中华民族博大精深的中华文明，切实提高全社会对中华优秀传统文化保护传承的意识。展览持续到12月31日，展览期间免费开放。［民族文化宫图书馆（中国民族图书馆） 申毅］

【"中国民族典籍文化展"走进北京京畿道社区】 8月3—31日，"中国民族典籍文化展"在北京市西城区金融街街道京畿道社区开展。展览由民族文化宫图书馆（中国民族图书馆）、北京市民族古籍整理出版规划小组办公室、北京市西城区金融街街道京畿道社区联合主办，旨在让社区居民更加深入地了解各民族灿烂的文化，增进民族团结，铸牢中华民族共同体意识。展览内容包括三个单元。第一个单元：各文种古籍展示，包括汉文、佉卢文、焉耆－龟兹文、突厥文、于阗文等20多个民族文字的古籍，集中反映了各民族在不同历史时期古籍书写、印刷及装帧形式等。第二个单元：介绍部分国内在民族文字古籍研究方面做出突出贡献的专家学者，是他们的不懈努力使得书写在古籍里的文字都活起来。第三个单元：展示国家级非物质文化遗产——汉族和少数民族造纸技艺。［民族文化宫图书馆（中国民族图书馆） 申毅］

【民族文化宫向中国共产党历史展览馆调拨少数民族文字版马克思著作文献】 11月25日，按照国家民委文化宣传司和民族文化宫党委的部署要求，民族文化宫图书馆（中国民族图书馆）向中国共产党历史展览馆调拨蒙古文、藏文、维吾尔文、哈萨克文、朝鲜文、彝文、壮文等7种少数民族文字的马克思著作文献7种10册。这些图书计划于2021年中国共产党成立100周年时在中国共产党历史展览馆展出。［民族文化宫图书馆（中国民族图书馆） 申毅］

医学图书馆

【军事科学院图书馆推出网上新冠肺炎信息专题平台】 1月29日，为满足疫情防控一线工作者的文献资源需求，军事科学院图书馆完成新冠肺炎信息专题平台运行环境搭建及平台部署工作，并在互联网和军综网同步推出。该平台通过汇集新冠肺炎疫情预防控制、疾病治疗等国内外相关专业文献，及时跟踪权威机构科研进展和学术资料，为疫情防控一线科研人员和军内外科研人员提供及时、有效的应急信息资源服务保障。（军事科学院图书馆 宋欣）

【军事科学院图书馆举办第25届世界读书日系列活动】 4月23日，军事科学院图书馆举办第25届世界读书日系列活动。此次活动由4大主题、多项子活动组成。4大主题分别是“新军科著作展”“你选书，我买单”“电子资源线上培训月”“文献传递推广”，子活动包括“阅读之星”评选、“跟习总书记学国学”、“约读·阅读·悦读”、“聆听最美声音”等。（军事科学院图书馆　张明华）

【吉林大学第一医院图书馆组织起草的地方标准《医院图书馆管理规范》获得批准】 为规范吉林省医院图书馆的建设与管理，在省图书馆学会医学图书馆分会的倡导下，由吉林大学第一医院图书馆组织起草的《医院图书馆管理规范》经省市场监督管理厅批准为吉林省地方标准，标准编号DB22/T 3106—2020，发布日期2020年3月16日，实施日期2020年3月30日。该标准的制定，对吉林省各二、三级医院图书馆的建设与管理起到指导作用。该标准是国内首个医院图书馆管理标准，为进一步制定医院图书馆相关国家标准提供参考。（吉林省图书馆学会医学图书馆分会）

【复旦大学图书馆医科馆举办抗疫实物展览】 5月27日，由复旦大学党委宣传部、医学宣传部、图书馆、档案馆等部门联合策划的“待到山花烂漫时——复旦大学抗击新冠肺炎疫情专题展”在医科馆开幕。该展览展出来自武汉的500余件抗“疫”实物和上海新冠肺炎定点医院及上海医生外援其他地区时的抗“疫”实物史料、图片展板等共计800余件，以此讲述惊心动魄的武汉抗“疫”故事，传达复旦大学抗“疫”英雄不忘初心、勇担使命的抗“疫”精神。校友韩启德等16位院士和多位社会名人专门为展览挥毫泼墨。展览开幕当天吸引30多家主流媒体争相报道，大量社会媒体纷纷转载。截至12月底，展览参观者络绎不绝，除本校师生自发参观以外，还接待200余批3000余人的参观团队。参观嘉宾包括湖北省政府代表团、上海市等各级政府领导和社会各界重要人士等。该展览在2020年上海市高校图工委年终总结大会上获得抗“疫”先进奖。（复旦大学图书馆　宋元明）

【山东省医院图书馆委员会通过信息资讯共享提升会员业务能力】 2020年5月，山东省医院图书馆委员会（以下简称“医图委”）利用医图委微信群，积极号召会员参加中国图书馆学会组织的“书香助力战‘疫’，阅读通达未来——图书馆员业务能力提升”线上主题讲座，根据直播日程转发讲座链接，助力各位会员提升自身业务能力。4月7日—5月21日、6月2日—7月23日，医图委秘书处所在单位——山东大学齐鲁医院图书馆分别举办2020年数字资源使用系列讲座和2020年医学科技论文写作与投稿系列线上讲座，共计24场，利用直播平台实现会员单位间共享，深化会员单位间的交流与学习。7月，根据科睿唯安发布的2020年期刊引证报告，医图委整理出“备受山东省医院投稿者关注的前10期刊和医学、生物学领域影响因子前100期刊的影响因子及其变化情况”和“2020年度JCR报告中新增与镇压期刊”，通过医图委微信群分享给各会员，打造重要资讯共享服务。（山东省医院图书馆委员会秘书处　庞兴梅　李倩）

【聊城市人民医院图书馆开展2020年度医学信息专题培训】 9月，聊城市人民医院图书馆在院内开展2020年度医学信息专题培训，邀请四川省卫生健康政策与医学情报研究所专家刘德齐教授前来授课，培训内容包括临床科研思维、医学信息素养、利用文献查找临床问题等。此次培训是在广泛征集临床科研人员需求基础上有针对性地进行的专题培训，有助于提高医护人员的学术水平和信息素养。培训采取大讲堂及小组讨论相结合的方式，线上、线下同步进行，总培训人数达5000余人次。（聊城市人民医院　刘明信　王璞琳）

【烟台毓璜顶医院图书馆承办中国百年名医院领导者研讨会暨新时代百年医院文化传承与创新发展论坛】 9月4—6日，由中国医院杂志社、中国百年名医院联谊会主办，烟台毓璜顶医院图书馆承办的中国百年名医院领导者研讨会暨新时代百年医院文化传承与创新发展论坛在山东烟台举办。来自全国16个省的50余家单位参会。研讨会主题讲座与烟台毓璜顶医院院庆庆典活动无缝对接，采取线下召开、线上直播的模式，扩大研讨会的覆盖范围，1.2 万余人线上观看。图书馆还接待院庆邀请嘉宾和各分会场专家参观 8 批次 300 余人，古典与现代相结合的图书馆空间建设展现了医院的文化底蕴，得到参观者的一致好评。（烟台毓璜顶医院图书馆　王丽丽）

【四川省医院图书馆委员会举办“2020 年中国知网助力医学科研创新、献礼中国医师节系列线上活动”】 7—8 月，四川省医院图书馆委员会联合中国知网四川分公司，面向四川省和西藏自治区各医疗卫生机构，举办“2020 年中国知网助力医学科研创新、献礼中国医师节系列线上活动”，内容包括：助力医学科研创新系列公益线上讲座，“世界医卫知识大数据”平台免费试用，优秀检索案例有奖征集等。四川省医院图书馆委员会主任委员田鲲、副主任委员何林、常委魏巍分别受邀做相关主题的公益讲座。四川省人民医院图书馆在优秀检索案例有奖征集活动中荣获优秀组织奖。（四川省医院图书馆委员会秘书处）

香港特别行政区

公共图书馆

【概况】 香港公共图书馆提供图书馆和信息服务，以满足市民在知识、信息、研究和消闲方面的需求，并借以支持终身学习。此外，香港公共图书馆还致力于推广阅读风气和文学艺术，为不同年龄人士举办图书馆推广活动。多年来，香港公共图书馆积极应用信息科技，加强服务、提升设施和丰富馆藏，旨在实现把公共图书馆发展为信息枢纽及“无墙图书馆”的目标，并根据《联合国教育、科学及文化组织公共图书馆宣言》中所载的信念，扮演开启知识门户的角色，致力于提供终身学习、独立思考、文化发展的环境，以满足社会各界人士对信息、知识、终身学习、研究及消闲的需求；同时作为社会的文化中心，推广阅读风气、文学艺术及相关研究。

香港公共图书馆系统内共有82个图书馆，包括70个固定的图书馆及12个流动图书馆（车）。按图书馆的规模和服务性质，分别以中央图书馆、主要图书馆、分区图书馆、小型图书馆和流动图书馆5层架构组成香港公共图书馆体系。截至2020年底，全港的公共图书馆藏有书籍及多媒体数据共计1509万项，登记读者近471万人，外借书籍及其他图书馆数据超过2385万项。2020—2021年度香港特别行政区政府公共图书馆的修订财政拨款为14.57亿港元，较2019—2020年度的修订预算增加1.10亿港元。（香港公共图书馆　李景贤）

【推广活动与提倡阅读和文学艺术的工作】 2020年，康乐及文化事务署（以下简称“康文署”）继续推广阅读风气和鼓励市民使用图书馆馆藏。鉴于公共图书馆因新冠肺炎疫情而暂时关闭，康文署加强推广电子阅读和网上活动，包括“十五分钟的约会”“沙画说故事”“故事·起动”“喜阅亲子 Voice & Move”，鼓励市民在家中阅读。4月1日，康文署启动“推广本地出版书籍及阅读文化先导计划”，为期3年，推动出版业就本地出版书籍建立1个全新的电子书目数据库。有关网页已经推出，展示精选的本地出版书籍，提供更丰富的书目数据使市民检索到优质书籍。举办一年一度的“4·23世界阅读日创作比赛”，并且在网上展出得奖作品，更邀请本地作家在宣传短片中拆解“喜阅”的密码。康文署还把“夏日阅缤纷”多项活动和香港中央图书馆多个专题讲座录制成影片上传到网站上，让市民能够在家中享受阅读的乐趣并扩阔知识。10—11月，香港图书馆节举行，提供网上和现场活动，为市民带来多重阅读体验。为推广公共图书馆的电子书馆藏，康文署举办“e阅读小站”活动，提供精选电子书供市民随时下载阅览。

为推广文学艺术，康文署在2020年继续举办“中文文学创作奖”和“全港诗词创作比赛”。“第十三届香港文学节”其中3个系列的活动已于当年7月以网上及现场形式举行，其余系列活动则改期于2021年初举行。（香港公共图书馆　李景贤）

【香港公共图书馆在社区开展多种阅读推广活动】 在2019—2020年度，香港公共图书馆继续就地区图书馆服务事宜与区议会合作，并举办各项活动，推广阅读文化，并推行多项计划，优化图书馆设施和阅读环境，协力满足区内民众的需要。年内，香港公共图书馆运用区议会的财政资助，举办逾3200项定期推广活动和大型阅读活动，包括深水埗区的“暑期阅读推广——海洋世界”、西贡区的“夏日剧场：亲子时空之旅”、南区的“‘开心读书人’巡演”和“喜阅共享在观塘”、葵青区的“图书馆床边小故事派对”以及离岛区的“FUN游东涌公共图书馆”等。

为提高公众对本地历史及文化的兴趣，香港公共图书馆亦与小区组织合办多项推广活动，例如观塘区历史系列讲座和图片展览、“情怀油尖旺系列：港故事·港手艺”工作坊和展览，以及元朗区的“厦村古迹文化风景”系列讲座及导赏游等。

2020 年，香港公共图书馆获区议会资助的优化工程项目包括：提升和更换图书馆闭路电视系统、投影机、主电缆及自动梯部件；设置图书除菌机；更换壁画和书架；为新流动图书馆服务站安装电箱。（香港公共图书馆　李景贤）

【扩展公共图书馆服务网络】 香港公共图书馆与非营利地区组织携手合作，推行“便利图书站－小区图书馆伙伴计划”，提供以小区为本的图书馆服务。香港公共图书馆为有关组织提供集体借阅服务，并就这些组织为其服务对象设立小区图书馆的事宜提供专业意见。在 2019—2020 年度，共有超过 200 个小区图书馆提供服务。（香港公共图书馆　李景贤）

【提升参考和信息服务】 香港为市民提供参考和信息服务的图书馆，包括香港中央图书馆和其他 6 个主要图书馆（大会堂公共图书馆、九龙公共图书馆、屏山天水围公共图书馆、沙田公共图书馆、荃湾公共图书馆和屯门公共图书馆）。香港中央图书馆的参考图书馆设有 6 个专科参考部门，并提供各类电子资源，以满足用户对参考、自修及终身学习的需要。此外，参考图书馆不断丰富馆藏的参考数据，并通过定期的文献征集活动征集文献资料；该馆还收存了 9 个国际组织特藏。

香港中央图书馆的艺术资源中心、香港文学数据室和地图图书馆，以及大会堂公共图书馆的工商业图书馆、创造力及创新资源中心和基本法图书馆，均为市民提供专科参考服务；九龙公共图书馆的教育资源中心提供教育专科资源和服务；沙田公共图书馆设有“运动与健体”特藏并负责相关网页；屯门公共图书馆设有“食物与营养”特藏；荃湾公共图书馆的“现代生活”特藏则提供环保、健康和时尚生活方面的信息。香港公共图书馆与教育局、学术界人士和相关范畴的非政府机构合作，通过工作坊、图书馆参观活动和专题讲座向市民推广多元化的参考数据及专题资源。香港中央图书馆还设有转介服务，已登记的用户可以阅览香港大学图书馆的馆藏。

香港公共图书馆备有 77 个电子数据库和超过 33 万册电子书。登记读者可经互联网使用全部 11 个电子书馆藏和其中 28 个电子数据库，其余 49 个电子数据库可于图书馆的开放时间内在指定图书馆使用。（香港公共图书馆　李景贤）

【信息科技新措施和数码图书馆服务】 香港公共图书馆负责运营新世代综合图书馆系统。该系统支持图书馆各项运作，24 小时提供网上服务。自 2019 年 4 月起，香港公共图书馆推出新的网上读者登记服务，让读者在网上申请电子账户，无须使用图书证或亲自前往图书馆便可方便地阅览电子书及使用香港公共图书馆的其他各类电子资源。

“多媒体信息系统”是香港公共图书馆的数码图书馆系统，用户可以 24 小时一站式检索，搜寻超过 600 万页数码化资料，包括香港旧报纸、照片、表演艺术的场刊和海报、地图和手稿以及约 1 万小时的数码化视听数据。使用者可经由互联网使用香港中央图书馆和其余 69 个固定图书馆逾 1400 个工作站，浏览多媒体信息系统。

“香港记忆”网站是一个多媒体网站，为读者整合不同来源的本地历史和文化遗产资料，包括文献、照片、海报、录音、电影及录像，再编制成 35 项特藏、20 项虚拟展览和逾 100 个口述历史档案，供公众浏览。

2020 年，香港公共图书馆相关网站或网上服务的浏览数量全年超过 2440 万次。（香港公共图书馆　李景贤）

【书刊注册组】 书刊注册组为香港本地印制的书刊注册，并监察国际标准书号系统的应用。该组每季在《政府宪报》刊登《香港印刷书刊目录》，市民也可上网浏览有关目录。在 2019—2020 年度，该组共处理 13788 册书籍和 6070 份期刊的登记数据，以及 994 个国际标准书号的出版社识别代号。（香港公共图书馆　李景贤）

学术图书馆

【概况】 学术图书馆在 2020 年经历了非常艰难的一年。基于新冠肺炎疫情，不同的高校图书馆响应母机构和政府建议有不同的应对措施。许多图书馆自 1 月下旬部分或间歇性地开放，有些跟随校园设施关闭。例如，一些高校图书馆自农历新年就暂时关闭至 5 月底或更久；有些开放总图书馆但关闭分馆；有些保持建筑物关闭但提供书籍检索 / 取书服务。

不同学校有不同的访问控制政策，影响了不同图书馆的服务规模。一些机构只允许提供紧急 / 基本服务的员工进入校园，而其他员工则在家工作。在一些机构中，学校和部门需要填写一份校园登记表，列出需要返回校园的工作人员。被授权返回校园的员工必须填写行程和健康申报表，并在校园检查站进行体温检测。

并非所有图书馆在疫情期间都关闭了，那些开门提供服务的图书馆必须根据政府的建议和大学的决定采取特殊措施才能重新开放和提供服务。例如，一些图书馆可能会将工作人员列入值勤表，以减少办公室的人数。几乎所有入馆人员都需要在入口处进行温度检查、旅行和健康申报。图书馆大多提供口罩、手套、消毒材料，硬件设施则经常清洁。

为保证图书馆内教职员和学生的安全，采取的一般性措施包括：要求所有人进入图书馆时测量体温，图书馆内所有用户必须佩戴口罩，移除和间隔开椅子来减少座位数量，为图书馆员工和学生提供口罩，经常消毒和清洁公共区域的设施，在服务柜台提供消毒洗手液以及在图书馆员工办公室提供消毒洗手液等。同时，各高校图书馆在关闭期间也采取不同的特殊措施，例如延长图书请求服务的到期日、图书无限次续订以及豁免逾期罚款等。综合来说，学术图书馆需要时刻保持警惕，根据政府建议和所属机构的决定采取各种预防措施以便能够快速响应，根据疫情防控需要及时调整服务水平。（香港大学图书馆　鲍国葆）

学校图书馆

【国际学校图书馆协会暨香港学校图书馆主任协会学校图书馆主任卓越成就奖】 8 月 15 日，该奖项在香港学校图书馆主任协会周年大会上颁发。奖项由国际学校图书馆协会（IASL）及香港学校图书馆主任协会（HKTLA）设立，旨在每两年一次表彰学校图书馆老师在香港学校图书馆发展上的贡献。刘镇东、伦雅文和陈笑芳 3 名获奖老师分别来自中学、小学和特殊学校。（香港图书馆协会　谭黎绮珊）

【国际学校图书馆协会（IASL）年会】 第 49 届国际学校图书馆学协会（IASL）年会和第 24 届国际学校图书馆学研究论坛原定于 2020 年 7 月在美国得克萨斯州举行。由于新冠肺炎疫情，国际学校图书馆协会董事会和执行委员会与国际学校图书馆协会 2021 年会议委员会合作，宣布国际学校图书馆协会 2021 年年度会议将于 2021 年 7 月 12—16 日举行。会议的主题是“丰富多彩的全球实践和研究”（A Rich Tapestry of Practice and Research around the World）。（香港图书馆协会　谭黎绮珊）

专业图书馆

【概况】 2020 年是非常特殊的一年，疫情彻底改变了人们的生活方式。因为疫情防控需要，专业图书馆馆员的年度交流聚会活动无法举行。大家彼此通过社交媒体小组及电子邮件进行专业交流并相互分享业内信息。

2020 年度香港图书馆教育及职业论坛邀请到香港海事博物馆教育部主管朱文燕担任专业图书馆部分的演讲者。在 15 分钟的演讲中，她介绍了香港海事博物馆的特别收藏和地图收藏，档案馆、博物馆和图书馆的简要比较以及该博物馆的职能。（香港图书馆协会　高嘉欣）

图书馆协会

【概况】 2020 年对香港图书馆协会来说是充满挑战的一年。在新冠病毒大流行期间，例行活动无法像往常一样继续。委员会必须在此过程中快速做出改变，重新确定优先级别并调整工作方向，以确保协会能够继续进行下去。

截至 10 月 31 日，香港图书馆协会会员总数为 395 人，比 2019 年的 445 人减少 11%。超过 71% 的会员为学生和专业会员，与 2019 年相比，学术图书馆（教资会资助和非教资会资助）继续在会员图书馆类型中占最大比例，公共图书馆和学校图书馆的会员比例有所增加。

年初首度推出电子会员卡，淘汰纸本会员卡。这是协会历史上的一个新里程碑，新举措显著缩短新会员申请和续订会籍所需的时间。

4 月，应国际图书馆协会与机构联合会（以下简称“国际图联”）的要求，香港图书馆协会分享了新冠疫情爆发期间香港学术图书馆组织管理、重新开放服务及保持安全和卫生的经验。协会调查了本地学术图书馆关于重新开放的计划和准备情况，并在国际图联的“新冠病毒和全球图书馆界”（COVID-19 and the Global Library Field）门户网站公布调查结果。

8 月，香港图书馆协会与香港生产力促进局的知创空间（Inno Space）等合作，为协会会员举办 Zoom 在线的“在图书馆员工作中使用编码”研讨会，得到会员热烈欢迎，注册座位全部爆满。另外，香港图书馆协会和香港高校图书馆咨询委员会（JULAC）下辖的书目服务委员会（Bibliographic Services Committee）合作，与国家图书馆和澳门图书馆暨资讯管理协会携手，于 10 月将《中文人名编目规范指南》（*Names of Persons-Chinese Names*）2020 年新版本提交给国际图联并在其网站发布，参见：https：//www.ifla.org/node/4953。（香港图书馆协会　谭文力）

【2020 香港图书馆教育和职业论坛】 7 月，香港图书馆协会与香港公共图书馆合办“2020 香港图书馆教育和职业论坛”。受疫情影响，该活动由实体会议改为视频录制。分享演讲的嘉宾包括香港大学教育学院讲师 Peter Warning、香港大学专业进修学院讲师张文翰、岭南大学信息科技总监及图书馆馆长林美珍、香港公共图书馆高级馆员（南区）朱淑美、香港教师图书馆协会会长黄毅娟及香港海事博物馆教育部主管朱文燕。（香港图书馆协会　陈敏仪）

【香港图书馆协会奖项】 为照顾会员在专业发展上的追求，肯定他们的业内贡献，香港图书馆协会为会员设立“香港图书馆协会双年奖”及“海伦 · 林顿助学金”（Heleni Linton Bursary）。评审团由协会副主席关丽嫦、教育及培训主任陈敏仪和学术图书馆联络主任鲍国葆组成。经评审团仔细考虑申请人的数据，一致决定此次“海伦 · 林顿助学金”空缺，“香港图书馆协会双年奖”则因没有收到申请而空缺。（香港图书馆协会　陈敏仪）

（特别鸣谢香港图书馆协会秘书胡咏欣将香港部分英文原稿翻译成中文）

澳门特别行政区

【概况】 2020年新冠肺炎疫情形势严峻，全球图书馆界调整并创新服务以应对疫情的不确定性，谋求新的发展模式及契机，完善图书馆在公共卫生突发事件中的危机管理机制。澳门图书馆界亦不断创新并提升资讯服务能力，保障本地市民及学生适时且便利地获取图书资源。

2020年，澳门共有图书馆322个，其中公共图书馆及阅书报室96个、高校与专科学校图书馆39个、学校图书馆106个、专门图书馆81个。整体藏书近300万册，图书馆面积约27万平方米，阅览座位约10000个。

公共图书馆方面，主要由澳门文化局、教育及青年发展局、市政署，及其他（包括其他政府部门、教会、私人机构及社团）所开办。96个图书馆及阅书报室依其主管部门可分类为：政府开办50个，社团开办28个，教会开办17个，私人机构开办1个。其中大部分重点向市民提供阅览服务，小部分只是以母体机构服务职能为主，附设图书馆服务而已。澳门公共图书馆的特色是以社区图书馆及阅览室、公园图书馆为主，部分图书馆馆舍设计相当有特色，讲求空间及阅读气氛的营造，藏书约120万册。

高校与专科学校图书馆及阅览室共39个，由政府及私人图书馆所组成，部分可以颁授学位的机构并没有成立图书馆，亦有部分是澳门大学的学院及书院图书馆。目前高校图书馆藏书约120万册，纸本期刊合计约13000多种。从业人员有120人，超过半数具有图书馆专业学位，是澳门各类型图书馆中专业比例最高的一类。

学校图书馆（指非高等教育阶段的正规学校）有106个。总面积约为8700多平方米，阅览座位2256个，可供上网电脑327部。平均每馆面积80余平方米。目前，澳门共有全职学校的图书馆员及阅读推广人员80多人，兼职人员40多人。藏书50多万册，期刊1600多种，报纸130多种，视听资料8000多种。其中，妇联学校（新校部）图书馆、培正中学图书馆、圣德兰学校、广大中学中学部、鲍思高粤华小学图书馆均为对社区开放的学校图书馆。

专门图书馆有81个，主要为政府机关图书馆、医学图书馆、法律图书馆、经济图书馆、博物馆图书馆、工程图书馆、治安部门图书馆、宗教图书馆、私人会所及专业社团图书馆等。

2020年度新成立、计划兴建、搬迁或修缮的公共图书馆有：（1）为优化及整合文化局公共图书馆书库之存放空间，原位于澳门提督马路通利工业大厦的中央书库，已搬迁至位于氹仔北安〇一地段的多功能政府大楼。6月8日，该书库新址正式启用，恢复其图书及影音资料预约调阅服务，市民可于图书馆网站或手机应用程序上进行预约，到选定的取书地点借取图书资料。（2）9月10日，澳门文化局宣布，新中央图书馆选址在旧爱都酒店地段，建筑面积可达1万平方米以上，将是全澳面积最大的公共图书馆。目前已邀请荷兰、芬兰、爱尔兰、瑞士的设计团队提出4个方案，方案特点包括标志性的外观设计、保留原有壁画、着重与塔石广场的互动关系、呼应原有旧立面的格子风格元素，充分利用现时新花园泳池的功能和景观。（3）市政署正在进行纪念孙中山市政公园优化设计工程招标的前期准备工作，计划于2021年开展招标程序。纪念孙中山市政公园黄营均图书馆分为“新馆”和“旧馆”2个区域，新馆提供对外图书馆服务，市政署拟利用旧馆作为公园内其他配套设施，使公园设施更加多元化。

学校图书馆方面，新成立的有石排湾公立学校图书馆；搬迁新馆的有劳校中学小学部图书馆及蔡高中学图书馆；兴建中的有慈幼中学图书馆及青洲学校新校舍附设中小学图书馆。

高校及专科学校图书馆方面，澳门理工学院于9月15日举行新图书馆及办公大楼动工典礼，楼高15层连地库停车场，教研大楼设计参照国际标准，设有研究生教研设施、图书馆、多功能演讲厅、语言教室、教研及行政办公设施，预计于2024年落成并投入使用。

专门图书馆方面，行政暨公职局于离岛综合服务大楼成立公务员活动中心，内设图书阅览室；新闻局将于北安成立资料存放库。（澳门图书馆暨资讯管理协会 潘雅茵 王国强）

【图书馆利用情况】 根据《澳门统计年鉴2021》中的表6.2“向公众开放的图书馆及阅书报室”的主要指标分析，2020年主要图书馆有77个。馆藏书籍有2253712册，较2019年减少106438册（–4.51%）。期刊杂志有13302份，较2019年减少369份（–2.70%）。多媒体资料（含电子书刊）有2909883套，较2019年增加57530套（2.02%），其中：电子书籍有2377993册，年减少65579册（–2.68%）；电子期刊杂志有420452种，年增加112356种（36.47%），增幅较高。2020年总计有图书资源5176897册/种/套，较2019年减少49277册/种/套。

2020年，主要受疫情而闭馆所致，向公众开放的图书馆及阅报室共接待3424972人次，年减少2868715人次，减幅达45.58%。借书509295册次，较2019年减少346160册次（–40.47%）。全澳门对外开放的图书馆面积增至884538平方呎，较2019年增加6504平方呎（0.74%）。阅览座位为9880个，较2019年减少176个（–1.75%）。提供可上网的电脑有892台；电脑使用191238人次，较2019年减少205068人次（–51.74%）。图书馆的购书经费为92446000澳门元，较2019年减少1213000澳门元（–1.30%）。工作人员则为336人，较2019年增加6人。（澳门图书馆暨资讯管理协会 潘雅茵 王国强）

表1 2018—2020年澳门图书馆主要统计指标

项目	2018年	2019年	2020年	2020年较2019年变化
图书馆及阅书报室（个）	78	78	77	–1.28%
总面积（平方呎）	845314	878034	884538	0.74%
工作人员（人）	335	330	336	1.82%
座位数目（个）	9213	10056	9880	–1.75%
购书总支出（千澳门元）	114920	93659	92446	–1.30%
藏书籍（册）	2222880	2360150	2253712	–4.51%
期刊杂志（份）	13398	13671	13302	–2.70%
多媒体资料（套）	2772588	2852353	2909883	2.02%
电子书籍（册）	2342656	2443572	2377993	–2.68%
电子期刊杂志（种）	333904	308096	420452	36.47%
可供公众上网的电脑设备（台）	953	923	892	–3.36%
接待读者（人次）	5671839	6293687	3424972	–45.58%
借书（册次）	836754	855455	509295	–40.47%
电脑使用（人次）	519061	396306	191238	–51.74%

资料来源：《澳门统计年鉴2021》。

【图书馆技术服务概况】 澳门各类型图书馆采用的图书馆自动化系统主要有 SLS、LIB、VLIB、Ex libris Aleph、HyLib、Millennium（INNOPAC）、CEO、Koha、Sirsi Symphony、Destiny Library Manager 及宏达资讯系统等；其他的服务系统还包括自助借还书系统、防盗系统、线上导览系统、RFID、网页及网上目录等；使用的分类法主要有《中国图书分类法》《中国图书馆分类法》《杜威十进分类法》《美国国会图书馆分类法》《国际十进分类法》等。（澳门图书馆暨资讯管理协会　潘雅茵　王国强）

【电子化服务及馆藏发展】 2020 年疫情期间，澳门文化局所属公共图书馆各馆着力向居民推广预约借阅及电子资源全民网上阅读平台，2 月及 3 月使用率均大幅度攀升，反映亲子居家时主动善用网上资源，实现亲子共读。为便利视障或弱视人士使用图书馆藏书，澳门中央图书馆、沙梨头图书馆、青洲图书馆及凼仔图书馆增设视障阅读机，读者通过机器扫描读物，即可将文字转变为语音收听。各公共图书馆还推出全新流动应用程序“我家图书馆”，功能涵盖图书预约及续借、查询馆藏目录、电子读者证等，吸引市民使用图书馆资源及服务，推广阅读风气。

因疫情持续，澳门各高等院校推动并实行“停课不停学”，让身在澳门的所有大学生可在家中使用澳门高校图书馆联盟采购的电子资源。联盟及各院校图书馆亦提供信息素养支持，例如网络研讨会、数据库使用、在线培训、论文咨询、技术支持、指导视频，以及通过电话和电子邮件提供的参考服务。澳门大学图书馆自 5 月起正式使用 Ex Libris 公司的 Alma 新一代图书馆系统；此外，自 9 月起，该馆读者可通过 WhatsApp Messenger 或微信向图书馆员申请查询服务，主要是进行快速简单查询；9 月 28 日，该馆利用 AlmaD 的平台开通“中国龙文化研究资料库”，这是首个与历史人文学者合作的数字人文项目。澳门科技大学图书馆编制整合各类学科阅读清单，为大学云系统 WeMust 上的讲座、教材、作业提供解决方案；另制作一本手册，以便于采用 WeMust，90% 的讲师参与其 19 个视频剪辑和 7 个在线培训模块。澳门理工学院图书馆为 SARS-CoV-2 研究资源设立一个在线空间，以供快速研究参考。

电子馆藏方面，澳门的公共图书馆 2020 年度购置约 25 个资料库及 6 个线上互动学习课程，并自建有“澳门出版物数据库”“中葡关系四百五十年数据库”等 5 个特藏及 3 个数码化馆藏资料库。澳门科学馆建立了电子图书馆系统，让有兴趣的市民可以免费登录，按自己的喜好、习惯观赏科普读物。9 月 21 日，澳门高校图书馆联盟主办“澳门文献港服务平台”发布仪式，标志着澳门各高校图书馆的合作进入新阶段。该平台由澳门高等教育基金资助建成，能为使用者提供一站式检索本地各高校图书馆记录，以及可通过平台提供的馆际互借与文献传递服务，同时平台与中国高等教育文献保障系统对接，既可扩大文献资源的使用范围，又可提高各馆资源的使用率，达成双赢局面。

9 所高校图书馆在其官网发布的资料库共计 900 多个（参见表 2），以澳门大学图书馆、澳门科技大学图书馆、澳门理工学院图书馆及澳门城市大学图书馆资源为最多。而由澳门高等教育局支持的澳门高校图书馆联盟 2020 年度共购置全文资料库 15 个（其中新增 3 个），新购科研及专利资料库 3 个。联盟成员亦利用这些科研及专利库撰写有关的分析报告书。（澳门图书馆暨资讯管理协会　潘雅茵　王国强）

表 2　2020 年澳门高校图书馆电子馆藏统计表

院校	馆购资料库
澳门大学	260 个（含约 40 个自建库及网上免费资源）
澳门科技大学	283 个（含 7 个自建库及 75 个网上免费资源）
澳门理工学院	113 个
澳门旅游学院	58 个（含 10 多个网上免费资源）

续表

院校	馆购资料库
澳门圣若瑟大学	50 多个
澳门镜湖护理学院	46 个
澳门城市大学	90 个
澳门管理专业学院	18 个
澳门保安部队高等学校	18 个

【赠书活动】 1月8日，澳门文化局、澳门大学、澳门理工学院、澳门旅游学院、澳门科技大学、澳门城市大学等代表接受社会科学文献出版社的《澳门蓝皮书2019》赠书。5月12日，澳门大学中文系教授郑德华指导的中国龙文化研究小组向澳门大学图书馆捐赠一批中国龙文化研究资料，该馆将其制作成学术资料库。7月19日，澳门城市大学图书馆的世界记忆学术中心与澳门文献信息学会合作，收藏由社会人士郑国强捐赠的一批题为“言为心声寄厚望——澳门讲场回归十年民众之声实录”的录音资料共约800盒。11月13日，永利关爱基金会与国情教育协会联合出品丛书“全景图解中国历史”，赠予全澳大中小学图书馆。11月26日，“中国新文化百年史丛书”（共14卷）举行新书发布，该书由澳门大学中国历史文化中心主任朱寿桐主持编撰，并赠予澳门公共图书馆及高校图书馆。11月29日，国家图书馆馆长饶权一行访问澳门大学，并向该馆赠送《赵松雪书太上玄元道德经》珍藏版。12月9日，澳门大学中国历史文化中心与该校图书馆联合举办“诗歌与人生——傅天虹汉语新诗藏馆捐赠仪式暨博雅讲座”，傅天虹教授将其收藏的书籍和档案赠予该馆，建立汉语新诗馆藏。（澳门图书馆暨资讯管理协会　潘雅茵　王国强）

【社会义务】 11月7—8日，明爱图书馆在南湾湖水上活动中心举办的第51届慈善园游会中举行图书义卖活动。12月8日，澳门公务人员专业协会向云南省临沧市凤庆县郭大寨乡澳门回归希望小学赞助助学金127200元，并捐赠图书、饼干、音响设备、衣服和书画等生活用品。该会之前还资助50万元为希望小学建造逾200平方米的图书馆，为学生打开阅读课外图书的大门。

文化局公共图书馆因疫情而实施人流管制安排。进馆市民必须佩戴自备口罩，接受体温探测，出示有效的个人健康码，并配合现场的人流控制措施。每馆均设书籍消毒机，凡借出书籍会经专人消毒。

5月26日起，澳门大学图书馆为师生提供学术论文引文引证服务，通过 Web of Science、Scopus 或 Google Scholar，为需要查证论文引用或收录情况的研究人员以及研究生提供查证报告。6月17日，该馆设立“澳大人文库”，汇集历年来所收藏师生及校友的学术著作3000多册。

8月，国际图书馆协会与机构联合会发布了一份有关全球图书馆界抗击新冠病毒的调查报告（https：//www.ifla.org/covid-19-and-libraries）。报告列举全球图书馆界在抗疫中取得的各种最佳实践与成功故事，其中9次提到澳门，并2次具体介绍澳门大学图书馆的做法。

10月16日，国际图联发布《中文人名编目规范指南》（*Names of Persons-Chinese Names*），该指南由国家图书馆、香港高校图书馆咨询委员会、香港图书馆协会、澳门大学图书馆、澳门图书馆暨资讯管理协会联合编制。自1996年起，国际图联已发布超过100个国家（或语言）的人名编目规范指南，供全球图书馆及相关专业领域交流利用。此次发布的指南是首次由多家机构联合发布的文本，向全球非华语的图书馆及相关领域的从业人员介绍中文人名的结构及编目规则。详情可查阅以下网址 https：//www.ifla.org/node/4953。

旅游局于12月发布：将推出澳门土生菜资料库，并将收集到的土生菜书籍以及手稿影印件存放于旅游学院图书馆的专题室。

澳门公共图书馆于12月推出图书递送服务，服务对象包括康复服务范畴的社会福利机构、非营利机构团体、学校等，开展更便于行动不便人士的借还图书服务。

12月13日，澳门图书馆暨资讯管理协会成立25年，当日举行第十一届领导层改选。新一届理监事将全力在澳门推动阅读教育的工作，鼓励业界与大湾区图书馆的交流，开拓本地人员的区域视野，提升澳门图书馆从业者的形象。（澳门图书馆暨资讯管理协会　潘雅茵　王国强）

【阅读推广活动】 2020年的阅读推广活动由于疫情原因，较去年在形式及数量上有所减少。活动主要包括书展、阅读比赛、演讲、利用教育、故事会、义工服务、参观交流等。

春季书香文化节。由澳门出版协会和澳门理工学院主办、星光书店承办的2020年春季书香文化节由于疫情原因取消。

2020澳门图书馆周。鉴于疫情发展，取消2020澳门图书馆周及其配套活动。然而，文化局与教育及青年发展局合办、澳门大学及澳门图书馆暨资讯管理协会协办了2020年“4·23全城共读”线上活动，通过线上方式向市民发放读物推介资讯，以“自发自主，一人阅读！不限形式，读出精彩！”为口号，呼吁市民于4月23日“世界读书日”当天打开书本，享受阅读。

书市嘉年华。7月10—19日，由澳门阅读写作促进会和澳门理工学院合办的第二十三届澳门书市嘉年华在澳门理工学院体育馆举行，主题是“多维阅读·读出我们的未来”。

秋季书香文化节。11月7—15日，由澳门出版协会主办，体育局、图书馆暨资讯管理协会协办的2020年秋季书香文化节在塔石体育馆举行。文化节期间，举办本地新书及签书会、讲座等活动近30场，为历届之冠。

此外，2020年澳门图书馆界还举办“第四届学校阅读推手奖励计划”“第十六届青少年科普书籍阅读奖励”“粤港澳‘4·23’世界阅读日创作比赛”等公开比赛活动4次；举办《中国龙文化研究——以澳门舞醉龙及其他个案为中心》新书发布会及讲座等面向公众的普及课程与讲座48次；举办“故事天地”等读书会/故事会及其他阅读推广活动100场；举办“阅读包豪斯书展”等公开展览13次。（澳门图书馆暨资讯管理协会　潘雅茵　王国强）

【专业人才培养及学术活动】 在图书馆专业人才培养方面，2020年在读本科课程的有辅仁大学6人、淡江大学7人、中山大学2人、台湾大学及武汉大学各1人，共17人；本科毕业的有淡江大学2人，武汉大学、中山大学及台湾大学各1人，共5人；在读研究生课程的有台湾大学1人、政治大学1人、淡江大学1人及武汉大学（澳门班）30多人。

2020年，澳门图书馆暨资讯管理协会与澳门大学持续进修中心合办“图书馆专业技术文凭/系列证书课程”（共5个单科）。12月1日，澳门科技大学图书馆与中国科学院文献情报中心在澳门科技大学图书馆举办专题学术报告会，中科院文献情报中心咨询服务部主任赵亚娟、文献服务部主任赵艳分别做题为《支撑科研，服务创新构建科技情报服务体系》《中国科学院文献情报中心文献资源建设与服务概况》的报告。

此外，2020年度出版的书刊有澳门图书馆暨资讯管理协会的《澳门图书馆调查与研究（四）》《澳门新中央图书馆概念设计方案意见书》，澳门科技大学唐廷枢研究中心的《唐廷枢史料丛刊》。（澳门图书馆暨资讯管理协会　潘雅茵　王国强）

【区域合作与交流】 1月7日，武汉大学信息管理学院副院长黄如花到访澳门大学图书馆，获该校图书馆馆长吴建中、副馆长王国强及助理馆长梁德海接待，双方就图书馆业务的合作及科研深入探讨。

5月15日，澳门大学图书馆事务主管潘雅茵代表该馆受邀参与美国韦恩州立大学图书馆关于新冠肺炎疫情的网上分享会，与该校数十位图书馆员分享疫情期间的应对经验及重新开放图书馆的相关准备工作。

6月13日，为推动家长阅读风气，粤华中学家长教师会由图书馆安排义工家长，访问刚刚完成空间改造的澳门老书店——澳门文化广场。

8月1—5日，第27届美国计算机协会（ACM）/电气与电子工程师学会（IEEE）数字图书馆联合会议在武汉举行，澳门大学图书馆助理馆长梁德海作为受邀演讲者提交题为“How to Implement Information Literacy Education in University of Macau”的论文。

8月21—25日、9月26—30日，广州的南国书香节暨羊城书展和北京的第二十七届北京国际图书博览会分别举行，两个书展均设“澳门馆”，获澳门特区政府文化产业基金、澳门中联办宣传文化部支持，由澳门文化公所与澳门文化广场联合主办，澳门启元出版社、澳门出版协会、澳门笔会、澳门文教出版协会、澳门图书馆暨资讯管理协会协办。

11月17日，深圳市文化广电旅游体育局一行访问澳门大学图书馆，双方探讨了图书馆建筑、服务创新、技术开发及大湾区阅读互动等项目。

11月27日，粤港澳高校图书馆联盟2020年青年学者论坛于线上召开，主题报告有澳门大学图书馆潘雅茵的“从资讯资源服务变革与创新文献综述的角度分析图书馆的未来”、李仲明的“以澳大图书馆学者库建设的经验为例分享如何灵活运用学术研究的产出”，澳门科技大学图书馆杨迅凌的“澳门科技大学图书馆的转型与服务创新”。

11月30日，澳门科技大学图书馆分别与国家图书馆、中国科学院文献情报中心签署合作协议，今后将深化在数字资源服务、粤港澳大湾区文化、数字人文等方面的合作，继续为丰富澳门文献资源、繁荣湾区文化、传承中华文明不断努力。（澳门图书馆暨资讯管理协会　潘雅茵　王国强）

（本文鸣谢澳门公共图书馆管理厅、教育及青年发展局、明爱图书馆、澳门科技大学图书馆、澳门城市大学图书馆、澳门理工学院图书馆、澳门旅游学院图书馆、澳门镜湖护理学院图书馆、澳门圣若瑟大学、澳门大学图书馆，澳门各学校及专门图书馆等单位提供资料。）

图书馆学会组织

中国图书馆学会

【概况】2020年是脱贫攻坚决战决胜之年，我国全面建成小康社会，实现第一个百年奋斗目标。在党中央的坚强领导下，全国各族人民坚定信心、同舟共济，付出巨大努力，取得抗击新冠肺炎疫情斗争重大战略成果。一年来，中国图书馆学会坚持以习近平新时代中国特色社会主义思想为指导，全面贯彻落实党的十九大和十九届二中、三中、四中、五中全会精神，深入贯彻落实习近平总书记给国图老专家回信精神，认真对标中国科协“三轮”驱动、“三化”联动、“三维”聚力工作要求，依据《中国图书馆学会2020年工作要点》，守正创新，主动作为，努力克服新冠肺炎疫情带来的不利影响，统筹推进各项事业实现高质量发展。

一、党建和思想政治工作

1. 按照上级党组织统一部署和要求，深入学习贯彻落实习近平新时代中国特色社会主义思想，组织学习习近平总书记《习近平关于“不忘初心、牢记使命”重要论述选编》《在全国抗击新冠肺炎疫情表彰大会上的讲话》《在教育文化卫生体育领域专家代表座谈会上的讲话》等重要论述精神；开展“不忘初心、弘扬优良家风”主题党日活动，分享《周恩来同志的家风》《习仲勋同志的家风》等家风故事，重点学习习近平总书记关于家庭家教家风建设的重要论述；安排“落实习近平总书记给国家图书馆老专家回信精神，推进事业发展”主题党课；党支部年轻干部理论学习小组开展“学习强国”打卡晒分活动，引导督促年轻干部重视和加强理论学习。

2. 申报并获准开展中国科协科技社团党委2020年“党建强会计划”项目，搭建“书香助力战‘疫’，阅读通达未来——图书馆员业务能力提升”和“防疫物资设备与图书馆服务产品线上博览会”等线上服务平台，充分满足疫情防控期间各地图书馆人才培养和复工开馆需求。

3. 召开7次中国图书馆学会党委会，审议通过《中国图书馆学会党委工作规则（试行）》等，主动参与学会换届重要文件和人选等“三重一大”事项前置审议，充分发挥政治引领、思想引领和组织保障的重要作用。积极参与中国科协科技社团党委组织的学会理事会党委职责任务分类试点工作。

二、学术交流与编辑出版工作

1. 组织开展2020年中国图书馆学会学术论文和业务案例征集活动，主题为“滋养民族心灵　培育文化自信”，共设38个分主题，分两个大类组织实施，结集出版《中国图书馆学会年会论文集（2020年卷）》。同时，协调指导相关分支机构做好专题交流活动的征集组织实施工作。

2. 采取线上、线下等多种形式举办生态文明示范区域图书馆建设与服务论坛暨生态文明示范市建设成果摄影展、2020北京出版高峰会议、2020图书馆总分馆制建设与城乡公共文化空间创新发展论坛等学术活动。协调和指导各有关机构开展2020公私藏书与经典阅读论坛、“十四五”公共图书馆发展战略研究专题论坛、医学图书馆分会第28届学术研讨会暨2020年学术年会、第32届全国十五城市公共图书馆工作研讨会、第二届全国工会院校文献资源保障体系建设暨创新图书馆核心服务能力学术研讨会、专业图书馆分会2020年学术年会等活动。

3. 编辑出版“阅读推广人系列教材”第三辑至第五辑，包括《读书会运营与阅读推广》《高校图书馆阅读推广理论与方法》《中小学图书馆建设与阅读推广》《图书馆空间设计与阅读推广》等18部主题著作，为广大阅读推广工作者提供理论指导与实践参考。

4. 编辑、出版、发行《中国图书馆学报》2020年1—6期和2019年英文年刊。跟踪热点和前沿问题，举办“选题策划会暨‘道大无外——图书馆与社会’学术研讨会”。

三、组织建设与人才举荐工作

1.11 月 25 日，中国图书馆学会第十次会员代表大会在国家图书馆召开，选举产生 175 人组成的第十届理事会，55 人组成的常务理事会，5 人组成的第一届监事会；同时，选举产生第十届理事会党委。

2. 召开 5 次学会负责人工作会议和 4 次常务理事会，审议通过有关分支机构和省级图书馆学会变更理事、常务理事及分支机构委员等申请事项；审议通过第十次会员代表大会代表及第十届理事会理事、常务理事候选人组成原则、名额分配及推选办法等文件，就学会章程草案、理事会工作报告、会议主要议程、重要人选名单等相关文件征求意见。

3. 开展个人会员和单位会员的组织发展、会费收缴和证书颁发等工作。截至 2020 年底，中国图书馆学会发展个人会员 25547 名，单位会员 879 家。开展学会年检工作和中国科协交办的改革发展、综合统计、学术交流、科学普及、决策咨询和调研宣传等工作，荣获“2019 年度科协系统统计调查工作优秀单位”。

4. 开展 2020 年“书香城市（区县级）”发现活动，经材料审读和专家研讨等程序，北京市石景山区等 14 个区县进入 2020 年“书香城市（区县级）”发现活动名单。开展全民阅读示范基地推荐工作，经研议，21 家单位进入全民阅读示范基地名单。

5. 开展“韦棣华助学金”“李炳穆交流合作资助项目”申报和研讨工作。组织召开专项资助项目验收评审会，“图书馆著作权服务手册编制”等 6 个项目符合结项要求，通过验收。开展 2020 年阅读推广课题申报及立项工作，96 项课题经研讨批准立项，其中重点课题 10 项、一般课题 86 项。

四、承接政府转移职能与行业协调工作

1.9 月 9 日，协助国家图书馆组织召开学习贯彻习近平总书记给国图老专家回信精神一周年座谈会，回顾总结全国图书馆界学习贯彻落实情况，研讨谋划“十四五”时期公共图书馆事业发展思路。组织开展全国图书馆界为 10 家建馆 111 周年的图书馆寄语祝福活动。

2. 积极关注和参与国家立法决策咨询，重点参与《中华人民共和国数据安全法（草案）》等有关法律法规征求意见，充分发出图书馆界的声音。

3. 承接文化和旅游部公共服务司“2020 年基层文化和旅游公共服务队伍线上培训项目”和“文化和旅游公共服务机构功能融合试点工作培训班”：10—11 月，先后在线举办两期公共图书馆创新发展系列培训班，1087 人参训；10 月 24—28 日，在浙江湖州举办试点工作培训班，来自全国文化和旅游系统的 100 余人参加培训。

4. 承接文化和旅游部公共服务司“公共图书馆评估定级服务效能监测”项目，规划提出全国公共图书馆效能监测及动态评估试点工作方案和试点单位建议，组织相关单位推进全国公共图书馆效能监测系统研发工作；承接文化和旅游部公共服务司“全国公共图书馆事业发展战略研究”项目。开展中国科协科普部引导性补助项目“科普志愿者管理规范研究”研究工作。

5. 开展“驰援武汉　共克时艰——全国图书馆界捐赠疫情防控急需物资行动”。开展助力图书馆工作者线上学习行动，举办防疫物资设备与图书馆服务产品线上博览会，助力各图书馆疫情防控和复工开馆。

6. 开展 2020“全国图书馆未成年人服务提升计划”，10 月 26 日至 11 月 9 日在线举办培训，全国 712 名未成年人图书馆服务工作者参加。开展“革命文献与民国时期文献保护计划”线上专题培训，9—10 月在线举办培训，全国 469 名民国文献整理与保护从业人员参加。

7.12 月 7—11 日，在江西南昌举办“智慧图书馆发展研究”主题研讨班，近 300 人参加。12 月 18 日，在北京召开全国数字图书馆建设与服务联席会议第二十一次会议，近 30 人参加。组织开展“古籍与文创”主题系列线上培训——图书馆文创开发研修班，课程浏览量 20735 次。

8. 开展 2020 庚子鼠年春节主题活动。此次活动覆盖全国 31 个省份 1000 余家图书馆及有关单位，惠及公众超过 1000 万人次。

五、科普与阅读工作

1. 发布 2020 年全民阅读工作通知，围绕“书香助力战‘疫’，阅读通达未来”主题，策划

八大类 54 项活动，号召协调全国各级各类图书馆做到“闭馆不闭网，服务不打烊”，坚持书香战“疫”，共同守护读书人的精神家园。发布 2020 年全国少年儿童阅读年系列活动通知，通过形式多样、内容丰富的活动，吸引少年儿童读好书，激发青少年对科学的兴趣，培养青少年的科学思想和科学精神。

2. 举办 2020 年“书香城市（区县级）”论坛、全民信息素养教育公益大讲堂，开展“中国阅读”2019 年度图书推荐榜系列活动。联合中国科技馆实施中国流动科技馆“跨界流动 · 助力基层”巡展项目。4 月 23 日“世界图书与版权日”之际，开展“书香助力战‘疫’，阅读通达未来——图书馆员业务能力提升”主题活动。

3. 开展“阅读推广人”培育行动。8 月 17—24 日，在线举办“阅读推广人”培育行动（第十六期），主题为“阅读推广活动与品牌建设”，吉林省 389 名“阅读推广人”参加。

4. 开展文津图书奖获奖图书宣传推广活动，依托第十五届文津图书奖获奖图书，通过展览、讲座等形式，向公众推介优质图书资源。开展“百名摄影师聚焦 COVID-19”图片巡展、“百名摄影师聚焦脱贫攻坚”图片巡展。

5. 开展“我听 · 我读——第四届少儿读者主题朗诵作品征集活动”，主题为“听见童话之声”，包括阅读学习、作品征集和成果展播等环节，152 家单位注册报名，上传作品 8118 部。开展“图书馆故事”短视频作品征集活动，主题为“让图书馆为美好生活赋能”，收到投稿作品 244 部。开展“声采飞扬”青少年英语口语风采展示活动，全国 1500 多所学校注册报名，涵盖小学、中学、大学 3 个学段，52641 人参与。

六、国际合作与交流工作

1. 10 月 27 日，与中国国家图书馆、英国国家图书馆联合举办“2020 中英图书馆论坛”视频会议。中英双方共同邀请专家围绕“疫情响应——针对挑战提出的解决方案”“如何在后疫情环境中平衡到馆服务和数字服务”等热点问题进行主题演讲。

2. 11 月 5 日，国际图联在荷兰海牙举行全体会员大会，审议国际图联工作文件并就诸多事项进行表决。根据要求，学会向国际图联提交 2020 年国际图联全体会员大会代理委托书文件，委托国际图联（全体会员大会主席）就相关动议代为行使投票权。（中国图书馆学会秘书处）

【实施“跨界流动 · 助力基层”巡展项目】 2020 年，为加强行业间资源的共建共享，促进更多优质科普资源走进基层图书馆，进一步丰富和完善县域公共图书馆的服务内容和活动形式，同时促进科学技术知识在基层广泛普及，提升县域公众科学文化素质，中国图书馆学会联合中国科技馆实施中国流动科技馆“跨界流动 · 助力基层”巡展项目。项目以“中国流动科技馆”巡展为主要活动载体，融合实体科技馆、流动科技馆和数字科技馆优质展教资源，采用展览巡展、专题讲座、线上资源共享及科普读物推介等形式开展活动。2020 年，分别在甘肃敦煌、浙江德清、江西樟树等地开展试点活动，总观展人数达 5.5 万余人次。项目实施双方达成战略合作意向，拟于“十四五”期间将巡展活动覆盖到不少于 200 家县级公共图书馆。（中国图书馆学会秘书处）

公共图书馆分会

【概况】 2020 年，中国图书馆学会公共图书馆分会克服疫情影响，创新工作方法，完成以下几项重要工作：

落实中国图书馆学会各项要求，积极参加其组织的 2020 年年会论文和案例征集、评选推优等活动。参与组织“图书馆文化扶贫实践与研究”“图书馆促进优秀传统文化创造性转化实践研究”“‘十四五’期间公共图书馆发展战略研究”等案例和论文征集活动，共征集到相关论文和案例 146 篇，5—10 月陆续完成研讨评议工作，12 月完成全部的结果公示和证书发放工作。参与 2019 年全民阅读相关称号推荐工作，其中山东省青岛市市南区图书馆“青云图”和辽宁省图书馆（辽宁省古籍保护中心）“聊影说书”2 个项目获评 2019 年阅读推广优秀项目。

完成第二届公共图书馆创新创意征集活动预定计划，以线上直播会议方式召开第四次新时代公共图书馆服务与建设创新研讨会，主会场设在首都图书馆，同时在北京、重庆、上海、内蒙古、广东、辽宁、天津、湖北、山东、湖南、福建、江苏、山西等多地设立直播点，约 8800

人次在直播中参与交流学习，浏览量超过1.5万次。

继续推进文化扶贫工作，注重挖掘和推动打赢脱贫攻坚战中涌现出的最佳实践案例与经验做法，举办全国图书馆扶贫服务案例征集活动，挑选优秀案例由国家图书馆出版社结集出版。开展“巴渝阅读行”、“资源服务共享　文化巡回下乡”送资源下乡等扶贫援建活动。与新疆维吾尔自治区和田地区、湖北省十堰市、海南省临高县等贫困地区对接，依托当地图书馆开展文化志愿服务精准扶贫活动。

重视法律政策和行业发展研究，与有关研究机构和专家团队合作取得大量成果。《公共图书馆馆藏文献信息处置管理办法（征求意见稿）》面向社会公开征求意见，《公共图书馆年度报告编制指南》通过专家评审，“全国公共图书馆事业发展战略研究”得到同行支持并积极推进，《公共图书馆评估指标》《公共数字文化绩效评估指标》《图书馆公共安全应急管理规范》《图书馆民国时期文献特藏书库基本要求》《社区综合文化服务中心建设指南》等行业标准研究开始起草。

以城市图书馆研究合作伙伴为主要依托，持续开展城市图书馆发展研究。持续搜集城市图书馆服务基础数据，加强城市图书馆事业发展研究，推动信息公开，为城市图书馆年度报告制度建设和年度报告编制提供规范与指引。以服务效能数据为基础，编制《城市图书馆2019年度报告》，发现效能突出的优秀实践案例，加强城市图书馆之间的交流学习。

谋划未来发展，召开系列“十四五”规划工作研讨和学术交流会议。11月11—12日，在辽宁省图书馆举办“十四五”公共图书馆发展战略研究专题论坛，该活动是分会相关主题案例征集活动的配套交流研讨会，210人参会。11月17—19日，在广州图书馆以线上、线下相结合的方式召开公共图书馆“十四五”规划学术研讨会，线下参与约300人，线上直播参与1.8万人次。（公共图书馆分会）

【举办“十四五”公共图书馆发展战略研究专题论坛】 11月11—12日，由中国图书馆学会公共图书馆分会主办、辽宁省图书馆学会承办的“十四五”公共图书馆发展战略研究专题论坛在沈阳召开，辽宁省图书馆学会2020年学术年会同步召开。来自全国各地的图书馆界同人210人参加此次会议。中国图书馆学会副理事长、公共图书馆分会主任刘小琴，辽宁省社会科学界联合会党组成员、副主席金虎，辽宁省文化和旅游厅公共文化处处长舒晓燕先后致辞。开幕活动由辽宁省图书馆学会副理事长、辽宁省图书馆馆长杜希林主持。中国图书馆学会阅读推广委员会主任、东莞图书馆馆长李东来以《制定注重战略实施的“十四五”规划》为题，中国科学院文献情报中心期刊出版运营总监、中国科学院大学图书情报与档案管理系主任初景利以《智慧图书馆建设的若干关键问题》为题，国家图书馆社会教育部主任王志庚以《儿童阅读与传统文化教育》为题，沈阳师范大学党总支书记王宇以《主题图书馆——新时代图书馆发展新探索》为题，辽宁省图书馆文献借阅中心主任赫英鹏以《转型与发展——辽宁省图书馆文献借阅服务探索与实践》为题，分别做专家报告。同时，会议精选“十四五”公共图书馆发展战略研究专题征文入选论文作者程贇徽、辽宁省图书馆学会2020年学术年会征文入选论文作者吴凡，分别结合所提交的论文《“十四五”期间公共图书馆发展战略研究——公共图书馆利用新媒体传承弘扬中华优秀传统文化研究的问题与对策》《图像识别技术在智慧图书馆服务中的应用研究》进行分享交流。会议还邀请中科软股教育科技（北京）股份有限公司、博看期刊数据库（武汉鼎森电子科技有限公司）、北京世纪超星信息技术发展有限责任公司代表，分别介绍其与图书馆开展跨界合作的服务模式和实践案例。（公共图书馆分会）

高等学校图书馆分会

【概况】 2020年是全国高校图书馆经历的不平凡的一年，新冠肺炎疫情对高校图书馆而言也是一次“大考”。一考高校图书馆应对突发公共卫生安全事件的应急能力，作为公共空间，能否确保读者和职工身体健康，不发生群体聚集性感染。二考高校图书馆20多年来的数字图书馆建设成效，主要是数字资源、网络平台、馆员队伍、保障体系等方面的服务效能，检验其能否满足大规模在线教育教学的需要，能否经受住庞大在线需求的考验，服务体系不垮塌。三考居家隔离的情况下，高校师生能否一如既往地、无障碍地利用图书馆的各类文献资源，保证科研工作不停滞，在应对疫情的科研方面，得到图书馆的有力支撑。中国图书馆学会高等学校图书馆分会（以下简称“高校分会”）积极迎战疫情，与教育部高等学校图书情报工作指导委员会（以下简称“教育部高校图工委”）一起倡导高校图书馆开展“积极融入新冠肺炎疫情防控大局，切实创新非常时期服务策略”的各项服务活动。全国高校图书馆响应号召，积极配合党中央、国务院、地方政府、所在学校的疫情防控部署，为广大师生提供及时、主动、专业、周到的战“疫”服务。特别是教育部发出“停课不停教、停课不停学”的春季教学要求后，各馆积极落实，密切关注、及时满足师生的在线教学需求，在资源保障、技术保障、服务保障上下功夫，细心、贴心、耐心地面向师生做好线上教学保障工作，提升图书馆在学校的影响力和认可度。

完成中国图书馆学会布置的工作。配合学会组织各高校开展推荐2019年阅读推广星级单位活动，推荐产生高校图书馆系统的“2019阅读推广星级单位”；配合学会组织各高校开展2020年全民阅读活动，并组织推选2019年高校分会系统内的全民阅读活动“优秀组织”“先进单位”“阅读推广优秀项目”“全民阅读示范基地”等奖项。按照学会要求，通过第九届理事会理事会议、主任委员会议表决、学会审批等程序，完成中国图书馆学会第十次会员代表大会代表及第十届理事会理事和常务理事的推选工作，共推选代表16名，第十届理事会理事13名、常务理事7名。

筹备2020中国高校图书馆发展论坛。此次论坛原定于6月11—12日在黑龙江省哈尔滨市举行，由中国高等教育文献保障系统管理中心、高校分会和北京大学图书馆联合主办，哈尔滨工业大学图书馆承办。此次会议研讨的主题为“高校图书馆的初心使命与现代化发展”，下设若干分主题。因疫情原因，论坛未能如期举办，但前期各项组织工作全部完成。

加强与专业图书馆分会和其他单位的合作，共同开展相关领域问题研究。全年与专业图书馆分会合作开展两项学术交流活动：10月20—21日，共同协办由中国科学院文献情报中心主办的2020中国开放获取推荐周（线上）；11月25—26日，共同协办由中国科学院文献情报中心等主办的第八届中国机构知识库学术研讨会（线上）。（高等学校图书馆分会）

专业图书馆分会

【概况】 2020年，中国图书馆学会专业图书馆分会（以下简称“专业分会”）围绕专业图书馆“十四五”规划发展战略与知识服务新赋能宗旨开展各项活动。由于受新冠肺炎疫情影响，专业分会及时调整活动方式，本着整合、高效、安全的原则，尽最大努力组织多种线上、线下活动，以满足疫情期间会员和专业图书馆员的需要。全年活动特点表现为：关注“十四五”国家科技发展新形势下专业图书馆发展战略思考，关注未来五年普及和落实落地的知识服务实践，关注图书馆知识服务新赋能拓展及知识服务新技能、新素养提升。在学术活动方面，举办专业图书馆分会2020年学术年会（线下）、第12届中国图书馆馆长与国际出版社高层对话论坛（线上、线下同步）；参与组织2020中国开放获取推介周（线上、线下同步）、第八届中国机构知识库学术研讨会（线上）。在培训方面，围绕机器学习、新一代机构知识库建设、科研数据管理、企业信息服务主题举办培训活动，组织举办中国科学院文献情报系统、省级科学院、新疆“两校一院”2020年交换馆员培训班（线上）和“后疫情时代科技情报助力产业、企业转型升级”研讨班（线上）；组织完成国家科技图书文献中心（NSTL）专业知识与能力培训专项，举办NSTL在线培训平台建设、前沿趋势报告会3期。通过多种形式的学术、培训活动，分享变革和创新发展的经验，探索专业图书馆文献情报服务能力转型发展的途径，活跃学术气氛，促进图书馆员专业能力提升。（专业图书馆分会秘书处　赵树宜　姚伟欣）

【举办中国科学院文献情报系统、省级科学院、新疆“两校一院”2020年交换馆员培训班】 该培训班于10月12—23日举办，历时两周。受疫情影响，培训全程采取线上形式开展。培训由“前沿趋势”、2个“专项技能提升”以及“实践探索”4个模块组成，邀请中科院文献情报中心、中国科技信息研究所、南京大学、武汉大学、大连理工大学、中国科学院软件研究所以及美国雪城大学、肯特大学的27位业界专家和资深老师在线授课，课程突出在人工智能和大数据环境下，图书馆员开展新型知识服务、情报服务新赋能拓展。累计12000余人次在线参加培训。（专业图书馆分会秘书处　赵树宜　姚伟欣）

医学图书馆分会

【概况】 2020年，中国图书馆学会医学图书馆分会（以下简称“医学分会”）遵循“搭建平台、促进交流、资源共建、信息共享”的宗旨，积极应对新冠肺炎疫情给图书馆工作带来的影响，利用医学图书馆自身的资源优势，为一线科研和临床工作者提供资料与信息支撑，为战胜疫情做出应有的贡献。通过在线举办2020年学术年会以及QQ、微信和邮件等途径，组织开展线上学术活动、网上资源共享、信息发布等。组织开展医学分会科研资助项目，促进各省（区、市）医学图书馆科研工作。

学术交流方面，举办中国图书馆学会医学图书馆分会第28届学术研讨会暨2020年学术年会。年会于11月12—13日在线召开。11日下午首先召开医学分会第六届委员会第八次会议，传达上级学会的文件精神，总结2019—2020年度工作，研讨并制订下一年度的重点工作计划。12日年会正式开幕，主题为“医学图书馆服务创新：传承与发展，守正与创新”。大会由特邀报告、馆长论坛、青年论坛、新技术研发与应用、论文交流等板块组成。此次年会共征集论文56篇，经评委研议，推选一等论文6篇，二等论文8篇，三等论文10篇。全国医学（院）图书馆和医学信息机构的同人、图书馆学专家学者约5600人次参会或在线观看会议直播。

各省级医学（院）图书馆委员会（分会）［以下简称“省级医图委（省级医图分会）”］除了积极参加医学分会、各省级图书馆学会组织的学术活动，还组织召开省级医图委（省级医图分会）2020年度学术年会及各类专题研讨会，促进学术交流。其中，上海、天津、广东、辽宁、浙江、湖南、湖北、四川、黑龙江、山西、山东和吉林等地分别围绕“医院图书馆的资源建设、服务创新与发展”“疫情期间的信息服务”“新冠疫情下医院图书馆工作创新”“后疫情时代服务创新”等主题，召开学术年会或学术研讨会，研讨交流学科领域的新进展、新实践和技术发展新趋势，累计参会人数3600余人次。

业务培训与宣传交流方面，吉林省医图分会举办“医学文献及专利资源开发与利用”系列讲座，将主题和专题内容向科研意识培养的深层次渗透；在疫情期间采用线上、线下相结合的方式，共举办信息素养讲座12场；编著吉林省地方标准《医院图书馆管理规范》，这是国内首个医院图书馆管理标准。湖南省医图分会组织开展“湘悦读·工力量——职工读书分享会”“读书会”“朗读者”“书语润心”等阅读推广活动，提高医护人员及医院患者的阅读能力与阅读效率，向患者推荐科普读物以缓解他们的负面情绪。四川省医图委面向四川和西藏各医疗卫生机构举办“2020年中国知网助力医学科研创新、献礼中国医师节系列线上活动”，内容包括助力医学科研创新系列公益线上讲座、“世界医卫知识大数据”平台免费试用等。浙江省医图分会举办“医学信息素养教育与科研创新能力培养”继续教育学习班，50余名学员参加培训并通过考试；为加强省内医院图书馆馆员之间的业务交流，2020年，该分会采用全省医院图书馆轮流方式，由各医院图书馆业务骨干组成小组，对“浙江医图”微信公众号进行维护，全年共推送信息38条。各省级医图委（省级医图分会）所属会员单位全年举办专题研讨会、培训、专题讲座、知识竞赛、读书沙龙等各类活动60余次，累计2600余人次参加。有的图书馆还开展新服务项目，如辽宁省的盛京医院图书馆为读者提供免费论文查重、“你买书我付款”、翻译润色和课题或成果检索等服务；山西省汾阳医院图书馆送书、送春联到定点扶贫点，并为村民发放健康资料和全民阅读推荐书目等。

配合中国图书馆学会开展各类活动。医学分会响应《中国图书馆学会关于组织动员全国图书馆联合开展2020庚子鼠年春节系列活动的通知》号召，克服疫情带来的影响，广泛、积极动员各会员单位，采用线上展览、线上讲座等形式，充分利用国家图书馆专题数字资源，通过各图书馆网站、微信、微博等媒体，为广大读者提供多元、优质服务。其中，军事科学院图书馆、山西省汾阳医院图书馆等会员单位举办楹联展、

“国图公开课”等春节主题活动，活跃了春节气氛、宣传了春节习俗文化，受到广大读者的关注和欢迎，医学分会获评此次系列活动优秀组织单位。落实《中国图书馆学会关于开展2019年全民阅读相关称号推荐工作的通知》要求，推荐5家会员单位参与评选，其中重庆医科大学附属第一医院图书馆获评“全民阅读示范基地”，山西省汾阳医院图书馆获评“2019年全民阅读先进单位”，军事科学院图书馆“‘阅读·创新·强军’读书日系列主题活动”和烟台毓璜顶医院图书馆“‘百年传承　书香毓医’医学人文阅读推广项目”获评“2019年阅读推广优秀项目”；“‘百年传承　书香毓医’医学人文阅读推广项目”还获评中国医院协会“医院图书馆创新服务优秀案例”。响应《中国图书馆学会关于号召全国图书馆界为国家图书馆等10家建馆111周年的图书馆寄语祝福的通知》，号召各省（区、市）医学（院）图书馆撰写寄语45篇。

助力疫情防控。医学分会响应《中国图书馆学会关于举办“书香助力战‘疫’，阅读通达未来——图书馆员业务能力提升”主题活动的通知》号召，以邮件、微信和电话的形式向各省级医图委（省级医图分会）广泛宣传；转载和发布馆员业务能力提升专题讲座12期；举办“图书馆故事短视频作品征集活动”“学习不息，battle不止”等馆员业务能力提升知识竞赛；在微信群和QQ群推送疫情防控知识等。山西省汾阳医院图书馆、军事科学院图书馆、临沂市人民医院图书馆等参加此次活动。各省（区、市）医学（院）图书馆在疫情期间闭馆，却未停止服务，开展了与本地区、本医院密切相关的各类活动，为一线防疫人员提供疫情防护培训、疫情文献提供等信息支持和物资捐赠。许多图书馆采取网上推送服务方式，向一线医务工作者提供新冠病毒肺炎的诊断和国内外的治疗进展等信息资源。广东省广州市妇女儿童医院图书馆等单位结合疫情的实际情况，将新型冠状病毒肺炎的国内外诊治标准与指南发到医护工作者的微信群和科室工作微信群，让医护人员及时掌握国内外的诊断及治疗方案。湖北武汉是2020年抗击新冠肺炎疫情的主战场，湖北省医图委积极组织力量，派出得力人员参与抗击疫情第一线；通过网络、电话热线、微信平台推送等方式提供有关新冠病毒的免费资源，建立QQ群和微信群方便用户随时获取外文文献等资源。山西省医图委发挥前沿信息整合功能，倡议各医院图书馆利用微信公众号及时推送国家卫健委、中国疾控中心等官方网站发布的新冠肺炎最新诊疗规范、指南、专家共识，及时摘译并推送世界卫生组织的相关规范、指南、共识等；整合汇聚13家优秀出版社较新的科学防疫抗疫书籍，通过微信公众号、图书馆网站等媒介向读者发布，内容包括识疫、防疫、控疫、治疫等专业知识，同时涵盖在社区、居家、外出等日常生活场景的科学防护措施，为全民防疫抗疫起到积极作用。复旦大学图书馆医科馆举办“待到山花烂漫时——复旦大学抗击新冠肺炎疫情专题展”，展出来自抗疫一线的实物史料800余件，多家主流媒体予以报道。军事科学院图书馆、河北省医图委等为疫区捐赠抗疫防护物资。

在11月24—26日举行的中国图书馆学会第十次会员代表大会上，医学分会主任委员陈锐当选为中国图书馆学会第十届理事会副理事长，医学分会副主任委员仇晓春、邢美园当选为理事。

（医学图书馆分会　冯占英　张明华　王伯秋）

党校图书馆分会

【概况】 2020年是深入贯彻落实《中国共产党党校（行政学院）工作条例》，在新起点上推动全国党校（行政学院）事业发展的重要一年，也是全国党校（行政学院）系统图书馆数字资源建设“十三五”规划收官之年。中共中央党校（国家行政学院）图书和文化馆全面深化对地方党校（行政学院）图书馆的业务指导，充分调动系统积极性，中国图书馆学会党校图书馆分会（以下简称“党校分会”）各项工作迈向新阶段。

强化业务指导，促进全国党校（行政学院）图书馆和文化事业协同发展。“十三五”期间，党校分会共组织举办3次图书馆业务培训班，围绕新时代党校（行政学院）图书馆使命担当和发展方向展开深入探讨。2020年，推动副省级以上党校（行政学院）图书馆馆长培训班正式列入中共中央党校（国家行政学院）主体班次教学计划，为全国党校（行政学院）系统图书馆整体功能发挥和党校分会建设打下良好基础。

发挥牵引作用，深化“四大专题数据库”建

设。对照《全国党校系统图书馆数字资源建设规划（2016—2020年）》要求，数字资源建设完成阶段性目标。一是中共中央党校（国家行政学院）图书和文化馆“四大专题数据库”建设任务全部完成。2020年，更新“习近平新时代中国特色社会主义思想”专题数据库数据1.26万条，“马克思主义理论教育”专题数据库数据1.9万条，“新型高端智库建设”专题数据库数据415条，“领导干部党性修养”专题数据库数据1370条，初步构建起具有党校特色的“党”字号、“马”字号资源丰富的专题数据库群，基本满足校（院）教学科研需求。二是指导地方党校（行政学院）进行专题数据库建设。2020年，47家地方党校（行政学院）的83个子库项目、34家地方党校（行政学院）的63个子课题项目进展顺利。其中，“习近平新时代中国特色社会主义思想”专题数据库中的“习近平在正定”“习近平与上海”“习近平在浙江”“习近平在梁家河”，“马克思主义理论教育”专题数据库中的“李大钊与中国共产党的思想传统”“党和国家领导人文献库”，“新型高端智库建设”专题数据库中的“京津冀协同发展专题数据库”“长江经济带智库”“粤港澳大湾区发展研究数据库”，“领导干部党性修养”专题数据库中的“太行精神”“东北抗联精神”“领导干部党性修养之反腐倡廉专题数据库”等数据库彰显党校特色、人文特点、地方特征，有效充实“四大专题数据库”建设内容。受新冠肺炎疫情影响，结项工作预计2021年完成。

加强对外合作，为全国2502家党校（行政学院）免费开通使用“国家哲学社会科学期刊库”（NSSD）。NSSD汇聚精品学术期刊2000余种、论文1000余万篇、国家社科基金重点资助期刊187种、中国社会科学院主管主办期刊80余种、三大评价体系（中国社会科学院、北京大学、南京大学）收录的核心期刊600余种，回溯创刊号期刊700余种（最早回溯到1920年），收录101余万位学者、2.1万家研究机构的相关信息。中共中央党校（国家行政学院）图书和文化馆与中国社会科学院图书馆联合，为地方党校（行政学院）免费开通使用NSSD数据库，其中包括很多经费比较紧张的市、县级地方党校（行政学院），受到广泛欢迎与好评。[中共中央党校（国家行政学院）图书和文化馆　栗璐燕]

各省、自治区、直辖市图书馆学会

北京市

【概况】 2020年，北京市图书馆协会努力克服新冠肺炎疫情不利影响，在北京市文化和旅游局、北京市社会科学界联合会及中国图书馆学会的支持和指导下，积极开展各项工作，尽最大可能为读者提供服务。带领会员深入学习贯彻党的十九大精神、习近平总书记关于新冠肺炎疫情防控的重要讲话精神，在北京市社会团体管理办公室的指导下，进一步明确社团组织在新时期的发展方向，组织“流动联合党支部”参与抗击疫情和公共文化服务方面的支部活动。疫情爆发初期，按上级指示停止一切线下活动，尽可能减少人员聚集，并发布《北京市公共图书馆抗击疫情倡议书》，号召协会成员单位积极参与抗击疫情活动，呼吁全市各级各类公共图书馆积极响应疫情防控工作，集合行业优势，共同战“疫”，取得良好社会反响。建立官方微信公众号“北京市图书馆协会”，于4月23日正式上线，主要发布图书馆界学术资讯与动态信息，截至年底共发文190篇。大力发展会员，夯实自身组织基础，现有单位会员23个，个人会员841人。严格遵守国家法律法规，遵照上级主管单位对协会工作的要求，不断完善、健全各项规章制度，完成协会的法人变更手续，通过北京市民政局的年度检查，并组织召开六届一次理事会。督导会员正确、合理参加与开展各项学术研究活动，组织会员单位举办面向读者的各具特色的阅读推广活动。（北京市图书馆协会）

【开展学术培训与研究活动】 北京市图书馆协会着眼地区图书馆事业发展，策划、组织和实施图书馆从业人员继续教育。5月，举办第一届“青年论坛”征文活动，在全市公共图书馆范围内开展工作方案与学术论文征集。12月14—16日，协会与首都图书馆共同承办以“提升创新能力实现高质量发展”为主题的第四次新时代公共图书馆服务与建设创新研讨会。上海社会科学院信息研究所研究员王世伟、南开大学商学院信息资源管理系教授柯平、清华大学图书馆馆长王有强做专家报告，来自山东、湖北、广东、内蒙古等地的8位公共图书馆馆员及同方知网（北京）技术有限公司代表做创新案例分享，6位省级公共图书馆馆长做案例点评。研讨会线上观看量近1.5万次。协会根据需要，组织会员馆工作人员到首都图书馆业务部门进行学习和实习，促进各会员馆之间的业务合作与交流。组织会员参加中国图书馆学会及其各专业委员会的学术征文活动。在2020年中国图书馆学会学术论文和业务案例征集活动中，协会会员积极投稿，最终入选一等论文3篇、二等论文4篇、三等论文11篇。（北京市图书馆协会）

【组织开展阅读推广活动】 北京市图书馆协会以“阅读北京——首都市民阅读系列文化活动”为重要抓手，组织会员单位开展讲座、展览、送书、诵读等阅读活动。2020年“阅读北京”以“以书香为伴　与经典同行”为主题，依托北京市公共图书馆四级服务网络，开展“全市诵读大赛”“阅读之城——市民读书计划”“最美书评”“十佳优读空间——百姓身边的基层图书室推优活动”“阅读伴我成长”5大活动，吸引数百万人次市民参与。在图书馆服务宣传周、世界读书日、科技周、社会科学普及周以及节假日期间，各会员单位广泛开展阅读体验活动，普及科学知识，全年举办各类阅读活动9710场，参与读者达到5090.9万人次，其中线上活动7388场、4953.2万人次参与。在中国图书馆学会2020年公布的2019年全民阅读工作有关名单中，协会推荐的大兴区图书馆获评“2019年全民阅读先进单位”，东城区第一图书馆“书海听涛”阅读推广项目获评“2019年阅读推广优秀项目”；石景山区进入2020年“书香城市（区县级）”发现活动名单。（北京市图书馆协会）

【举办“2020年阅读北京·十佳优读空间——百姓身边的基层图书室推优活动”】 北京市图书馆协会于6月起参与举办“2020年阅读北京·十佳优读空间——百姓身边的基层图书室推优活动”。由12家区级图书馆推荐的21家基层图书馆参选。经过申报材料审核和实地考察，21家参选馆全部进入网络展示与读者投票阶段，共获得40846票。10月13日，专家评审会召开，评审专家依据评选标准，结合各参选馆的建设与服务情况，以及读者投票数，最终推选出东城区北新桥街道图书馆、西城区图书馆大栅栏街道分馆益民书屋、朝阳城市书屋·建投书局馆、石景山区金顶街街道图书分馆、海淀区温泉镇图书馆、门头沟区图书馆大峪街道分馆、房山区燕山迎风街道图书馆、顺义区图书馆旺泉街道分馆、怀柔区喇叭沟门乡帽山村图书室和平谷区图书馆平谷镇分馆共10家优秀基层阅读空间。（北京市图书馆协会）

天津市

【概况】 2020年，天津市图书馆学会新发展天津市图书馆学会个人会员14人，发展中国图书馆学会个人会员79人。截至2020年底，天津市图书馆学会共有个人会员959人。

组织参与中国图书馆学会活动。组织动员全市联合开展2020庚子鼠年春节系列活动；组织全市图书馆联合启动“书香助力战‘疫’，阅读通达未来——图书馆员业务能力提升”主题活动；组织参加“2020年基层文化和旅游公共服务队伍线上培训——公共图书馆创新发展系列培训班”；组织全市参加“规划·全视角　发展·高质量——公共图书馆‘十四五’规划学术研讨会”。

开展相关荣誉称号的推荐评选。组织推荐天津市“2019阅读推广星级单位”，天津图书馆（天津市少年儿童图书馆）等5个图书馆入选，天津市图书馆学会被评为“2019阅读推广星级组织”；组织完成中国图书馆学会2019年全民阅读相关称号天津市的申报汇总和推荐工作，南开大学图书馆、天津市滨海新区图书馆分别进入“2019年全民阅读先进单位”“2019年阅读推广优秀项目”名单；组织全市图书馆申报2020年“书香城市（区县级）”发现活动，天津市和平区图书馆进入活动名单。

抓好党建工作。根据天津市科学技术协会印发的《关于开展2019年度市科协所属市级学会党建工作标准化建设考评工作的通知》要求，学会党组织严格对照考评表开展自查自评，完成党建考评工作；学会党组织组织各理事单位、各图书馆分批次前往天津市科技馆参观“不忘

初心担使命　津门战疫当先锋——天津市科技工作者抗疫风采展”。

做好编辑出版与宣传。天津市图书馆学会与天津图书馆（天津市少年儿童图书馆）联合主办的期刊《图书馆工作与研究》全年收文2977篇，刊发218篇，并出版1期增刊，入编《中文核心期刊要目总览》2020年版（即第9版）之图书馆事业、信息事业类核心期刊。完成《中国图书馆年鉴2020》天津部分的编纂工作，向全市各公共图书馆、高校图书馆、科研院所图书馆发布通知，征集材料并进行加工整理，围绕天津市图书馆事业、天津市图书馆学会工作、天津市高校图书馆工作3个主题概述2019年的大事要事，8月完成1.4万字的撰稿工作，提供照片10张。（天津市图书馆学会　张雪英）

【组织参加“书香助力战‘疫’，阅读通达未来——图书馆员业务能力提升”主题活动】 4月20日，由中国图书馆学会主办，全国各级各类图书馆及有关单位承办的“书香助力战‘疫’，阅读通达未来——图书馆员业务能力提升”主题活动正式启动，天津市图书馆学会作为承办单位联合全市图书馆及会员单位积极组织员工观看讲座，参与竞赛。主题活动包含12期馆员业务能力提升专题讲座、专家“荐读”以及馆员业务能力提升知识竞赛三大板块。12位业界专家学者和图书馆管理者围绕图书馆业务领域的热点、难点问题授课，旨在全面提升馆员业务能力，助力疫情之后各馆服务水平再上新台阶。（天津市图书馆学会　张雪英）

【组织参观天津市科技工作者抗疫风采展】 7—9月，天津市图书馆学会根据天津市科学技术协会印发的《关于组织参观天津市科技工作者抗疫风采展活动的通知》要求，组织各理事单位、各图书馆分批次前往天津市科技馆参观“不忘初心担使命　津门战疫当先锋——天津市科技工作者抗疫风采展”。各理事单位、各图书馆积极参加，截至9月10日，参观人数达120余人。通过参观展览，广大党员同志深受教育和鼓励，在向科技工作者致以崇高敬意的同时，增强了爱国主义情感和民族自豪感，坚定了听党话、跟党走的信念，也汲取了不断奋勇前进的内生动力。（天津市图书馆学会　张雪英）

【组织参加“2020年基层文化和旅游公共服务队伍线上培训——公共图书馆创新发展系列培训班”】 9月27日，根据中国图书馆学会下发的《关于举办2020年基层文化和旅游公共服务队伍线上培训——公共图书馆创新发展系列培训班的通知》的要求，天津市图书馆学会第一时间向全市图书馆及会员单位转发通知，并通过学会微信公众号发布消息，积极组织全市图书馆及会员单位参加线上培训。此次培训班开设两期，共15门课程，旨在提升图书馆员能力，加强基层文化和旅游公共服务队伍建设。（天津市图书馆学会　张雪英）

【完善会员管理，建设网络平台】 天津市图书馆学会始终将积极发展会员、扩大会员队伍作为重点工作，2020年共收到187个入会申请，并建立会员数据库。此外，完成79位中国图书馆学会个人会员申请工作。学会微信公众号于2019年底正式开通运营，一年来已推送消息43条，关注人数135人。（天津市图书馆学会　张雪英）

河北省

【概况】 2020年，在中国图书馆学会举办的2019年全民阅读相关称号评选表彰活动中，河北省图书馆学会选送的唐山市图书馆学会被授予“全民阅读先进单位”荣誉称号，河北省图书馆“冀晋/晋冀文化行系列讲座”、沧州市图书馆“话剧时空——引领3D阅读新潮流”、秦皇岛图书馆“探索文旅融合新途径，让‘诗和远方’愈精彩”等项目被评为阅读推广优秀项目，展现河北省图书馆界的创新活力。与四省（区）学会联合举办川吉苏冀桂五省（区）图书馆学会第十七届学术研讨会暨西南片区（川渝黔滇藏）图书馆学会公共服务研讨会，组织主题学术征文，并邀请获奖作者赴成都做会上交流发言。组织开展“悦享好书　走向我们的小康生活”第十七届（2020）燕赵少年读书系列活动；举办第七届河北省图书馆服务创新案例竞赛；组织会员单位参加“春暖花开季阅读正当时”河北省图书馆“4·23”系列活动，开展全省全民阅读表彰奖励。发挥社会组织职能，承办河北省文化和旅游厅内刊《河北文化》，彰显学会社会影响力。（河北省图书馆学会）

【2020年河北省图书馆公共数字文化服务网络培训班举办】 7月1日，2020年河北省图书馆公共数字文化服务网络培训班正式启动。培训班由河北省图书馆和河北省图书馆学会联合主办。受疫情影响，按照疫情防控和业务工作两不误的要求，此次年度培训采取网络培训形式，利用信息化网络系统，依托"云端+终端+培训"模式，以直播（录播）形式，开展线上业务培训。网络培训课程共计25讲，培训内容涵盖图书馆馆长讲坛、业内专家讲座、多媒体应用技术、优秀数字资源案例展播、优秀青年代表专题发言等。共有730余名从业人员参训。（河北省图书馆学会）

【"悦享好书　走向我们的小康生活"第十七届（2020）燕赵少年读书系列活动举办】 9月29日，由河北省文化和旅游厅、河北省教育厅、共青团河北省委联合主办，河北省图书馆学会、河北省图书馆，全省各市文广新局、教育局、团委，各市、县图书馆学会和图书馆共同承办的"悦享好书　走向我们的小康生活"第十七届（2020）燕赵少年读书系列活动正式启动。此届活动围绕主题策划"悦读·成长"主题征文、"悦书·创想"图书馆海报创意设计、"悦心·分享"视频征集、"书香燕赵拼图——特色读书活动"案例征集等项目；还开展荐读书目导读活动，印发《燕赵少年读书系列活动荐读书目精选》，供各单位组织导读活动、小读者们自行阅读。系列活动吸引10余万名中小学生参加，各地共收到"悦读·成长"主题征文25114篇、"悦书·创想"图书馆海报创意设计19651幅、"悦心·分享"视频7314个、"书香燕赵拼图——特色读书活动"案例45个。燕赵少年读书系列活动已经连续开展17年，成为河北省公共文化服务体系建设中的一个重要文化品牌。（河北省图书馆学会）

【2020年度河北省、市公共图书馆馆长联席会议举办】 10月13日，2020年度河北省、市公共图书馆馆长联席会议在张家口市举办。河北省文化和旅游厅，张家口市委宣传部、市文化广电和旅游局领导出席会议，河北省图书馆以及省内各市和直管县图书馆馆长参加会议。会议传达学习国家图书馆"学习贯彻习近平总书记给国家图书馆老专家回信精神一周年座谈会"精神，重点交流一年来贯彻落实习近平总书记回信精神相关工作，集思广益谋划"十四五"期间全省公共图书馆事业发展，研究制定河北省公共图书馆读者工作中特殊事件处置指导意见等事宜。会议间隙，与会代表参观考察张家口市图书馆新馆。此次会议是连续举办的第二十八届馆长联席会议，近30年来，每年一度的馆长联席会议已成为全省公共图书馆交流业务、分享经验、破解难题、谋划发展的重要平台。（河北省图书馆学会）

【2020公私藏书与经典阅读会议举办】 10月22日，由中国图书馆学会阅读推广委员会主办，河北省图书馆学会等单位共同承办的2020公私藏书与经典阅读会议在沧州图书馆举办。此次会议采取"线上+线下"的形式，利用多个平台对会议进行全程直播。全国各地图书馆界、藏书界、出版界、学术界的知名专家学者等180余人出席现场活动。此次活动以"新媒体时代公私藏书融合利用与多元化经典阅读推广"为主题，分为学术论坛及典藏展2个部分。学术论坛包括主题为"经典阅读与人文精神"的主旨报告，以及以"新媒体时代如何促进公私藏书融合利用""基于大运河文化带建设的公私藏书体系构建与传承利用""新媒体时代多元化经典阅读推广实践"为主题的3场分论坛；典藏展包括"中国大运河沿线城市运河印记图文展"和"大运河沿线地区民间珍藏文献资料展"。（河北省图书馆学会）

【2020河北省图书馆学会年会召开】 11月23—24日，河北省图书馆学会和河北省图书馆联合召开以"开放·创新·构建发展新格局"为主题的2020河北省图书馆学会年会。会议采取"线下主会场+线上直播"形式，全省各级各类图书馆工作者2258人参会。年会主要内容包括学术报告、分会场交流、表彰奖励、展览展示、总结谋划等。国家图书馆馆长、中国图书馆学会理事长饶权做题为《把握时代发展机遇　推进智慧图书馆建设》的主旨报告。全国图书馆文创产品开发联盟秘书长张立朝做题为《让书写在古籍里的文字活起来——谈图书馆文创开发》的专题报告。年会以"第七届河北省服务创

新大赛案例交流分享”、“高校图书馆职能定位的坚守与突破”、“图书馆在中华优秀传统文化传承中的使命与担当”和“智慧图书馆与智慧服务”为主题设4个分会场，参会人员分别进行业务与学术交流。会议发布2021年度重点工作，对第七届河北省图书馆服务创新案例竞赛和全省2020年度全民阅读先进单位进行表彰，在线举办“图书馆文创产品展”和“第七届河北省图书馆服务创新案例展”，推广成功经验，促进事业发展。此届年会主题紧扣时代脉搏，在会议形式和会议规模上均有突破，参与广泛、交流充分，在推动全省图书馆事业创新、协调、可持续发展方面发挥积极作用。（河北省图书馆学会）

山西省

【概况】 2020年，山西省图书馆学会秘书处根据山西省科协《关于深化学会改革进一步加强和规范学会治理的通知》精神，建立科学、严格、规范的内部治理机制，制定和完善组织管理办法、财务管理办法、资产管理办法及山西省图书馆学会意识形态工作制度、山西省图书馆学会重大学术活动管理制度等多项管理制度，明确学会在治理改革发展中必备的组织体系和规章制度，促进学会健康有序发展。加强会员管理与服务平台建设，拓展会员服务内容，完善会员服务方式。截至2020年底，有个人会员1504人，单位会员89家，基本形成省市县三级业务活动联动机制，各项活动开展顺利。

持续深入学习贯彻习近平总书记给国图老专家回信精神，发布通知号召业界深入领会、认真提出落实措施，得到积极响应。号召广大会员积极参加由中国科协组织的“不忘初心 牢记使命”——党的十九大精神知识竞答活动，充分发挥党组织在全省图书馆业务活动中的带动作用。

2020年初，新冠肺炎疫情突发，公共图书馆作为文献信息资源中心，在启动重大突发公共卫生事件一级响应的情况下，学会号召全省各级图书馆开拓工作思路，转变工作方式，充分利用图书馆学习平台和网络资源，“闭馆不闭网”，在线为读者提供电子图书和数字资源，做好新型冠状病毒感染的肺炎疫情应急科普工作。借助各种传播渠道，加大科普宣传力度，为公众提供正确的防疫知识，保持动态响应，满足公众需求，做到“疫情不解除，科普不掉线”，打造网络清朗空间，让真实的舆论信息占领传播阵地。

夯实全省图书馆专业人才知识更新培育体系，根据行业发展重点和热点，丰富继续教育内容。组织全省图书馆员积极参加由中国图书馆学会举办的线上业务培训，同时在全省图书馆界营造出浓郁的学术研究氛围，培养挖掘能力突出的青年馆员，为图书馆事业发展做好人才梯队建设。

全年深入贯彻落实习近平总书记关于全民阅读的重要指示，联合全省各级图书馆在开展“书香助力战‘疫’，阅读通达未来”世界读书日主题活动、科普宣传主题活动、世界遗产日主题活动、“华夏古文明·山西好风光”文化创意征集大赛、“阅读推广达人”等活动的同时，不断探索工作机制，搭建活动平台，培育专业人才，发布年度全民阅读工作通知，积极引导、协调和组织全省各级各类图书馆开展形式多样、内容丰富的阅读推广活动，形成山西省图书馆界全民阅读工作“各馆齐心、遍地开花”的格局。2020年全省公共图书馆共开展线上、线下全民阅读推广活动3859场次，累计服务读者513.44万人次。（山西省图书馆学会 武锦丽）

【全省联动向湖北当地图书馆捐赠防疫物资】 2月15日，山西省图书馆学会联合山西省图书馆、太原市图书馆、朔州市图书馆、阳泉市图书馆、长治市图书馆、晋城市图书馆、介休市图书馆、静乐县图书馆、小店区图书馆、尧都区图书馆、榆次区图书馆等众多公共图书馆，在防疫物资紧缺的情况下，筹集防护手套、防护口罩、消毒液、医用护目镜、消毒湿巾、指定药品（麝香牛黄丸）、杀菌免洗手液、防护服以及电子体温计等物资，及时驰援武汉、仙桃、天门、潜江等疫区图书馆同人。（山西省图书馆学会 张晓庆）

【山西省图书馆学会和山西高校图工委联合举办“华夏古文明·山西好风光”文化创意征集大赛】 4—6月，为叫响山西“黄河、长城、太行”三大品牌，助力文化和旅游业发展，山西省图书馆学会、山西省高等学校图书情报工作委员会联合开展“华夏古文明·山西好风光”文化创意征集大赛。全国近百家图书馆参与，400余名读者提交作品328件，经大赛组委会初选以及专家评选，最终确认最佳方案1件，优秀方案10件，入选方案52件，优秀组织单位15家。通过活动，加深人们对山西地方文化的理解与认识，充分展现图书馆文化传承的重要职能。（山西省图书馆学会　张晓庆）

【“穿越千年的凝眸——云冈石窟艺术线上展”在全省开启】 6月13日“文化和自然遗产日”之际，山西省图书馆学会、山西省图书馆联合全省各级图书馆举办“穿越千年的凝眸——云冈石窟艺术线上展”。此次活动按照全省联动的形式，通过各图书馆官网、官微、抖音平台，向全省图书馆界及广大读者进行文化与自然遗产理念普及和宣传推广。此次活动的开展是践行习近平总书记关于云冈石窟保护工作重要指示的举措，各承办馆创新工作思路，开启“线上展”“云旅游”“品经典”等活动，让读者足不出户、身临其境体验中华优秀文化。（山西省图书馆学会　张晓庆）

【“全省图书馆员业务素养展示——馆员直播课堂”开播】 6月29日至7月7日，由山西省图书馆学会主办的“全省图书馆员业务素养展示——馆员直播课堂”，以网络直播的形式在在线教学服务平台上亮相，通过省内一线馆员分享，吸引同行进入直播间共同学习。参加线上授课的13位老师分别由山西省图书馆、太原科技大学图书馆、太原市图书馆、大同市图书馆、阳泉市图书馆、长治市图书馆、晋城市图书馆以及晋中市图书馆推选。13场讲座内容丰富，实践性强，涵盖理论研究、工作实践、创新思考等多方面内容。来自全国28个省份及地区的2084名业界同人通过知网在线教学服务平台实名注册参加培训，其中省外报名参与学习人数为837人。讲座播放量为29907次，活动官网点击量150327次。山西省文旅厅官网、《山西日报》、《山西晚报》、山西新闻网、新浪网以及《太原日报》客户端都对这次馆员直播课堂进行实时报道。（山西省图书馆学会　武锦丽）

【“诗画山西——行走阅读，寻找山西阅读推广达人”活动举办】 9月1—30日，山西省图书馆学会联合全省77家公共图书馆举办“诗画山西——行走阅读，寻找山西阅读推广达人”活动。通过图书馆数字阅读平台，在全省开展读者线上阅读、听书、观看视频和推广分享竞赛活动。此次活动通过移动互联网的裂变式运营方式，实现图书馆线上读者爆发式的增长。报名读者4851人，总推广人数12413人，全省读者累计在线阅读时长达289万余分钟。（山西省图书馆学会　武锦丽）

【2020年山西省群众文化惠民工程之“甜甜姐姐讲故事”百场巡讲活动启动】 9月6日，按照山西省文旅厅关于《山西省群众文化惠民工程实施方案》文件精神的要求，山西省图书馆学会在全省启动“甜甜姐姐讲故事”百场巡讲活动。“甜甜姐姐讲故事”是隰县图书馆2015年创办的少儿阅读推广品牌，2018年入选中国图书馆学会“中国图书馆最美故事”系列风采展示活动之优秀服务名单，2020年入选2020年山西省群众文化服务品牌打造选树项目。巡讲团队奔赴全省各级图书馆、小学、幼儿园，行程6040多公里，为3000多位小读者送去百场少儿阅读推广活动，对促进和带领全省少儿阅读活动的开展进行有益探索。（山西省图书馆学会　武锦丽）

内蒙古自治区

【概况】 2020年，内蒙古自治区图书馆学会认真贯彻落实习近平总书记给国家图书馆老专家回信精神，充分发挥桥梁纽带作用，深入开展交流合作，通过线上、线下相结合的方式举办研讨会、座谈会等，引导和组织广大会员开展学术交流及培训竞赛活动，努力克服新冠肺炎疫情带来的不利影响。年内开展“众志成城　抗击疫情——图书馆在行动”征稿活动、“书香助力战‘疫’，阅读通达未来——图书馆员业务能力提升”专题培训，举办内蒙古自治区第二届阅读推广优秀案例经验交流会、内蒙古自治区图书馆年鉴编辑出版暨区域记忆与文化传承研讨会。完成内部资料《内蒙古图书馆工作》第1、2期的组稿、编辑和出版工作；完成《中国图书馆年鉴2020》内蒙古自治区部分稿件的撰写工作。（内蒙古自治区图书馆学会　乌兰格日勒　李文清）

【组织开展“众志成城　抗击疫情——图书馆在行动”征稿活动】 2月9日—3月27日，为配合打赢疫情防控阻击战、广泛积极开展图书馆服务，内蒙古自治区图书馆学会以“众志成城　抗击疫情——图书馆在行动”为主题向全区各图书馆征集稿件。活动期间共收到稿件67篇、图片200余张，内容主要聚焦在全区各级各类图书馆在疫情期间开展的一系列服务，包括党员职工主动参与防控工作等；图文并茂，体裁多样，有通讯稿、散文、小小说、诗歌、综述报告等，优秀稿件均已登载在《内蒙古图书馆工作》2020年第1期上。（内蒙古自治区图书馆学会　乌兰格日勒　李文清）

【组织开展“书香助力战‘疫’，阅读通达未来——图书馆员业务能力提升”专题培训】 5月21日—7月31日，为积极响应中国图书馆学会号召，引导全区各级各类图书馆持续做好线上服务，全面提升馆员业务能力，内蒙古自治区图书馆学会组织全区各馆参加“书香助力战‘疫’，阅读通达未来——图书馆员业务能力提升”专题培训与知识竞赛。全区各级各类图书馆共794人参加，并在竞赛中取得平均77.7分的优异成绩。（内蒙古自治区图书馆学会　乌兰格日勒　李文清）

【举办内蒙古自治区第二届阅读推广优秀案例经验交流会案例征集活动】 4月23日—8月6日，内蒙古自治区图书馆学会以“阅读滋养心灵，书香助力战‘疫’”为主题，举办内蒙古自治区第二届阅读推广优秀案例经验交流会案例征集活动，共征集全区各级各类图书馆案例45例。8月24日，在呼伦贝尔市召开评审会，对提交案例进行评选。9月24日，在巴彦淖尔市召开优秀案例经验交流会。自治区社科联社团管理与社科评奖部副部长苏日娜、自治区图书馆党总支书记何亚睿、巴彦淖尔市文旅广电局副局长姜兰等领导出席会议并致辞，全区各级各类图书馆代表共160人参会。会议邀请业界专家做专题讲座，并为获奖案例代表和优秀阅读推广人颁发证书。来自7家图书馆的代表先后做案例介绍，同与会代表分享他们的阅读推广优秀案例，探讨阅读推广活动的先进经验。（内蒙古自治区图书馆学会　乌兰格日勒　李文清）

【召开内蒙古自治区图书馆年鉴编辑出版暨区域记忆与文化传承研讨会】 12月21—23日，由内蒙古自治区图书馆学会主办的“内蒙古自治区图书馆年鉴编辑出版暨区域记忆与文化传承研讨会”在赤峰市图书馆召开。会议邀请赤峰市委党校教授宫学芬、北京大学教授李国新、中国古籍保护协会秘书长汤更生等专家做主题报告，同时探讨全区图书馆年鉴编辑出版相关事宜。来自全区各高校图书馆、盟市图书馆的60多位代表参加此次会议。（内蒙古自治区图书馆学会　乌兰格日勒　李文清）

辽宁省

【组织全省各级各类图书馆开展防疫物资捐赠活动】 2020年2月，辽宁省图书馆学会响应中国图书馆学会为湖北地区图书馆捐赠防疫物资的倡议，组织省内各级各类图书馆向襄阳市图书馆、武汉市少年儿童图书馆、武汉市蔡甸区图书馆捐赠医用口罩、医用手套、消毒湿巾、一次性雨衣、护目镜、84消毒液等防疫物资。（辽宁省图书馆学会）

【开展“全国科技工作者日”系列活动】 5—6月，由辽宁省图书馆学会主办、省内各级各类图书馆承办的“全国科技工作者日”系列活动有序开展。活动共分4大板块：一是通过微信公众号和微博等新媒体平台播放“全国科技工作者日”公益宣传视频，开展线上宣传活动，致敬科技工作者；二是举办“美丽的太空家园——中国航天成就展”专题展览，宣传科技成就；三是在线播放“互联网大脑如何影响科技未来”等专题讲座，普及科学知识；四是举办馆员朗读活动，提升馆员素质。（辽宁省图书馆学会）

【开展科研课题研究工作】 5—6月，辽宁省图书馆学会面向全省征集科研立项课题选题并发布科研课题选题指南，开展科研课题立项申报工作。省内各级各类图书馆工作者向省学会提交105项申报课题。经专家委员会研议，省学会批准立项42项，其中重点课题7项，一般课题25项，青年课题10项。（辽宁省图书馆学会）

【“习近平新时代中国特色社会主义思想宣讲报告会”于线上举办】 9月8日，由辽宁省图书馆学会主办、省内各级各类图书馆承办，北京世纪超星信息技术发展责任有限公司协办的线上“习近平新时代中国特色社会主义思想宣讲报告会”正式开播，省内各系统图书馆工作者1000余人参加学习活动。报告会由辽宁省图书馆学会副理事长、沈阳师范大学图书馆党总支书记王宇主持，辽宁社会科学院副院长梁启东主讲。（辽宁省图书馆学会）

【“古籍保护系列讲座”线上直播】 10月20日—11月27日，辽宁省图书馆学会、辽宁省高等学校图书情报工作委员会共同主办“古籍保护系列讲座”线上直播活动。活动邀请天津师范大学古籍保护研究院常务副院长姚伯岳等6人组成的专家团队进行授课，授课内容包括“我国古籍保护政策法规体系概谈”等。此次专题讲座历时6周，每周1讲，共有来自省内各系统图书馆工作者1200余人次参加学习。（辽宁省图书馆学会）

吉林省

【开展吉林省图书馆学会第一届优秀学术成果评奖】 1月，为繁荣吉林省图书馆界学术研究，依据《吉林省图书馆学会荣誉表彰实施办法》，吉林省图书馆学会组织开展第一届优秀学术成果评奖工作。组织专家对47个会员单位推荐的310项著作、课题、论文进行评审，评选出一等奖16项、二等奖45项、三等奖96项，优秀组织单位8个。（吉林省图书馆学会）

【组织全省图书馆界开展防疫物资捐赠活动】 2月，新冠肺炎疫情爆发后，吉林省图书馆学会第一时间响应中国图书馆学会“驰援武汉　共克时艰——全国图书馆界援助倡议”，组织全省多个图书馆迅速行动，联系湖北省、武汉市各图书馆，了解当地最紧迫的需求，克服防疫物资紧缺困难，为当地图书馆同人捐赠N95口罩、一次性医用口罩、医用PVC手套、一次性雨衣以及消毒液等防疫物资，助力武汉共克时艰。（吉林省图书馆学会）

【多次组织全民阅读奖项评奖工作】 3月，省学会推荐的吉林省5个单位获得中国图书馆学会“2019阅读推广星级单位”；5月，推荐的4个单位分别获得中国图书馆学会全民阅读先进单位、示范基地、阅读推广优秀项目；7月，组织开展全省2019年度全民阅读奖项评选工作，评选出全民阅读先进单位10个、最佳服务品牌5个、最佳阅读推广人8名。（吉林省图书馆学会）

【完成2020年吉林省图书馆学、情报与文献学科研课题立项及结项工作】 6月，省学会启动2020年吉林省图书馆学、情报与文献学科研课题申报工作，对18个单位申报的56项课题进行评审，完成立项33项，其中重点课题2项、一般课题14项、自筹经费课题17项。7月，进行2018年度课题结题工作，收到结题材料15项，经评审，完成结题13项，暂缓结题2项，并于12月完成课题经费拨付。（吉林省图书馆学会）

【组织召开吉林省总分馆制建设工作座谈会】 10月15日，受吉林省文化和旅游厅委托，吉林省图书馆学会组织召开吉林省县级文化馆图书馆总分馆制建设暨“十四五”规划座谈会。全省各市（州）、县（市、区）文广旅局分管局长，省、市（州）图书馆、文化馆馆长100余人参会。安图县文化馆、乾安县图书馆相关负责人做总分馆制建设交流发言。吉林省图书馆馆长赵瑞军介绍发挥全省公共图书馆业务建设龙头作用的先进做法。文化和旅游部公共服务司司长李宏出席会议并讲话。（吉林省图书馆学会）

【组织举办多期馆员业务能力培训班】 2020年，受新冠肺炎疫情防控的总体考量，吉林省图书馆学会、吉林省图书馆在培训形式上多次采用线上方式，于7—11月先后举办吉林省公共图书馆馆员能力提升培训班、吉林省高校图书馆馆员能力提升培训班、2020年全省图书馆馆员能力提升培训班等4期吉林省馆员线上业务培训，培训公共、高校及各系统图书馆馆员2929人次，100余个会员单位参加。这是吉林省图书馆学会、吉林省图书馆面临新形势、新环境而采取的积极举措，也是不断加强图书馆人才队伍建设，积极推进全省图书馆事业稳步前进的重要实践。组织吉林省 405 名馆员参加中国图书馆学会“书香助力战‘疫’，阅读通达未来——图书馆员业务能力提升”主题活动，41 人获得“业务之星”证书。12 月，组织吉林省 85 名馆员参加中国盲文图书馆举办的视障文化服务业务培训班并获证书。（吉林省图书馆学会）

黑龙江省

【概况】 2020 年，黑龙江省图书馆学会获中国图书馆学会“2020 庚子鼠年春节主题活动”优秀组织单位表彰，“我听　我读——2019 年少儿读者主题朗诵作品征集活动”获星级组织单位表彰。齐齐哈尔市图书馆入选“2019 年全民阅读先进单位”名单，哈尔滨工业大学图书馆入选“2019 年全民阅读优秀组织”名单，黑龙江省图书馆的“万卷音画”影音阅读推广活动入选“2019 年阅读推广优秀项目”。（黑龙江省图书馆学会秘书处）

【组织开展 2020 庚子鼠年春节系列活动】 1 月 13 日，黑龙江省图书馆学会贯彻《中国图书馆学会关于组织动员全国图书馆联合开展 2020 庚子鼠年春节系列活动的通知》精神，组织全省开展丰富多彩的春节主题活动。受新冠肺炎疫情的影响，全省各级各类图书馆闭馆，但各馆积极利用“互联网 +”开启公共文化服务新模式，充分利用网站、微信、微博及相关直播平台等开展线上活动，共有 43 家公共图书馆组织相关活动，参与人数约 20 万人次。（黑龙江省图书馆学会秘书处）

【召开 2020 年黑龙江省图书馆业务辅导暨学会秘书长工作会议】 9 月 25 日，2020 年黑龙江省图书馆业务辅导暨学会秘书长工作会议在牡丹江市图书馆召开，黑龙江省图书馆学会、分学会秘书长、地市图书馆辅导部主任 14 人参加。会议从学会组织建设、学术活动、培训活动、阅读推广及科普宣传活动 5 个方面总结省学会 2019、2020 年的工作情况，部署近期工作任务。会上，各地市图书馆代表分别交流工作心得，总结工作经验，并对 2020 年工作部署给予积极响应。（黑龙江省图书馆学会秘书处）

江苏省

【概况】 2020 年，江苏省图书馆学会（以下简称“省学会”）在省文化和旅游厅的领导下，在中国图书馆学会、省社科联、省民政厅的指导和关心下，面对突如其来的新冠肺炎疫情，调整工作思路，按照《江苏省图书馆学会章程》，不断凝聚全省图书馆同人的智慧和力量，通过线上、线下相结合的方式，立足岗位，勇战疫情，大力组织学术研究，开展江苏和陕西两省图书馆界的协作交流。新发展省学会个人会员 279 人、单位会员 12 家。截至 2020 年底，全省共有省学会个人会员 2229 人、单位会员 162 家，共有中国图书馆学会个人会员 2176 人。

积极应对新冠肺炎疫情，开展一系列线上活动，先后举办学术活动 7 项。为了给疫情期间不能到馆的读者朋友奉上文化大餐，省学会在网站上持续推送系列活动资源，在线共享中国年俗文化活动等资源礼包。为贯彻落实习近平总书记在统筹推进新冠肺炎疫情防控和经济社会发展工作部署会议上的重要讲话精神，落实文化和旅游部公共服务司《公共图书馆、文化馆（站）恢复开放工作指南》要求，中国图书馆学会积极响应号召，引导各级各类图书馆逐步恢复场馆服务并持续做好线上服务，为群众提供优质公共数字文化服务。省学会秘书处认真贯彻落实并积极开展宣传发动工作，提醒组织收看。

承办中国图书馆学会举办的活动，获得优异成绩。省学会在“我听・我读——第四届少儿读者主题朗诵作品征集活动”中入选“星级组织单位”名单。昆山市和宿迁市宿城区入选 2020 年“书香城市（区县级）”发现活动名单。江苏省 3 个单位和 4 个项目获得中国图书馆学会 2019 年全民阅读工作相关荣誉。在 2020 年区域协作与图书馆智慧服务专题征文活动中，省学会积极发动、组织全省图书馆工作者踊跃投稿，共有 2 篇论文获二等奖，3 篇论文获三等奖，省学会荣获优秀组织奖。（江苏省图书馆学会　李浩　董莹）

【号召组织全省图书馆向武汉捐赠抗疫物资】 在全国上下全力抗击新型冠状病毒的非常时期，江苏省图书馆学会号召组织全省各级各类图书馆向武汉捐赠抗疫物资。截至3月9日，南京图书馆、金陵图书馆、苏州图书馆、无锡市图书馆、镇江市图书馆、盐城市图书馆、盐城市亭湖区图书馆、盐城市建湖县图书馆、盐城市大丰区图书馆、扬州市图书馆、扬州市江都区图书馆、扬州市少年儿童图书馆、仪征市图书馆、昆山市图书馆、宝应县图书馆、金湖县图书馆16家图书馆捐赠口罩、手套、雨衣、鞋套、防护服、护目镜、消毒液以及湿巾、洗手液、药皂等各类防疫物资。（江苏省图书馆学会　李浩　董莹）

【举办“品读汪曾祺”征文、书画评选活动】 4月22日，在汪曾祺先生100周年诞辰之际，江苏省图书馆学会阅读推广委员会、云南省高等学校图书情报工作指导委员会主办，南京艺术学院图书馆、南京图书馆、南京邮电大学图书馆、扬州图书馆、云南师范大学图书馆、中央戏剧学院图书馆等单位共同承办“品读汪曾祺”征文、书画评选活动。最终评出征文一等奖6名，二等奖10名，三等奖22名；书画一等奖2名，二等奖4名，三等奖6名。（江苏省图书馆学会　李浩　董莹）

【开展川、吉、苏、冀、桂五省（区）图书馆学会第十七届学术研讨会征文】 5月，江苏省图书馆学会下发《川、吉、苏、冀、桂五省（区）图书馆学会第十七届学术研讨会征文通知》（省图学〔2020〕6号），省高校图工委、各市图书馆学会以及各级各类图书馆进行宣传发动，广大会员积极投稿，共收到征文108篇。经过初审、复审和终审会，按全省征文数量10%、15%、25%的比例，共评出一等奖11篇、二等奖16篇、三等奖28篇；同时，根据征文的数量，评出优秀组织奖8个。（江苏省图书馆学会　李浩　董莹）

【举办2020年苏陕扶贫协作公共图书馆馆员培训】 6月15—17日，由江苏省图书馆学会具体对接协调落实的2020年苏陕扶贫协作公共图书馆第一期培训班在陕西省安康市举办。南京图书馆副馆长许建业带队、江苏省图书馆学会秘书长李浩等一行5人参加。许建业在开幕式上致辞并做学术报告，苏州图书馆副馆长许晓霞、连云港市图书馆原馆长沈军军、张家港市图书馆原馆长缪建新、江苏省图书馆学会秘书长李浩分别做学术研讨和工作交流。11月6日，2020年苏陕公共图书馆馆员挂职集中动员培训在常州市图书馆启动。陕西省文化和旅游厅公共服务处处长谭佳峰，陕西省图书馆党委书记、馆长周云岳，南京图书馆副馆长许建业，常州市文化广电和旅游局副局长严旭华等领导以及来自南京、无锡、苏州、常州、扬州各地图书馆的馆长及相关负责人出席启动仪式。来自陕西省各级公共图书馆的30名专业技术人员随后分别到南京图书馆、金陵图书馆、苏州图书馆等馆进行为期3个月的挂职培训。（江苏省图书馆学会　李浩　董莹）

【2020年江苏省图书馆学会课题立项结果公布】 7月20日，江苏省图书馆学会下发《关于公布2020年江苏省图书馆学会课题立项名单的通知》（省图学〔2020〕7号）。此次共收到申报课题109个，是历次课题申报中最多的一次。从课题负责人上看，高级职称申报42个，占38.5%；中级职称及以下申报67个，占61.5%。从参与范围上看，高校图书馆申报73个，占67%；公共图书馆申报34个，占31.2%；科研院所图书馆申报2个，占1.8%。为最大限度地调动全省图书馆从业人员的学术研究积极性，培养青年馆员，激发研究兴趣，提高学术研究能力，省学会决定将立项比例扩大到55%，最终确定“创新江苏智慧图书馆发展机制研究”等60项课题为2020年江苏省图书馆学会课题立项项目，其中重点课题4项、一般课题56项。（江苏省图书馆学会　李浩　董莹）

【召开2020“书香江苏行动”暨常态化疫情防控下的图书馆读者服务创新研讨会】 11月4—7日，由江苏省图书馆学会、常熟市文体广电和旅游局、常熟市古里镇人民政府主办，省学会阅读推广委员会、未成年人服务专委会，中国图书馆学会图书评论与阅读推广专委会，常熟市图书馆等承办的2020“书香江苏行动”暨常态化疫情防控下的图书馆读者服务创新研讨会在常熟举办。开幕式由常熟市图书馆馆长王忠良主持，常熟市文体广电和旅游局党委委员、副局长王洪良，省学会常务副理事长、南京图书馆副馆长全勤，省学会阅读推广委员会主任、南京邮电大学图书馆、档案馆党总支书记钱军先后致辞。北京大学信息管理系教授王余光，省学会未成年人服务专委会主任、南京图书馆副馆长吴政，中国图书馆学会阅读推广委员会副主任邱冠华，中国图书馆学会阅读推广委员会副主任、南京大学信息管理学院教授徐雁，分别就图书馆读者服务创新做主题发言及交流。（江苏省图书馆学会　李浩　董莹）

【举行江苏省图书馆学会学术委员会2020年工作会议】 12月23—25日，江苏省图书馆学会学术委员会联合江苏省高等学校图书情报工作委员会学术研究与继续教育专委会（以下简称“专委会”），在江苏师范大学召开2020年工作年会。来自全省60余名专家学者参会。江苏师范大学副校长钱进出席大会开幕式并致辞。南京大学教授郑建明做江苏省图书馆学会学术委员会2020年工作及2021年工作计划报告，南京工业大学信息服务部部长、图书馆馆长赵乃瑄做专委会2020年工作总结及2021年工作计划报告。南京大学图书馆副馆长罗钧做题为《“四大资源”建设实践与展望——以南京大学图书馆“十四五”规划为例》的专题报告。江苏师范大学图书馆馆长薛深做题为《关于图书馆人才队伍建设》的报告。南京中医药大学图书馆馆长李文林、淮阴工学院图书馆馆长薛建明主持大会报告会。在大会的研讨环节，参会代表结合专委会2021年工作计划等议题，就“双一流”背景下高校图书馆发展态势、服务创新对管理机制的要求以及当前图书馆员能力提升的途径等问题进行深入探讨。（江苏省图书馆学会　李浩　董莹）

浙江省

【2020图书馆总分馆制建设与城乡公共文化空间创新发展论坛暨“全国城市书房合作共享机制”成立仪式在温州举行】 9月27日，由温州市人民政府和中国图书馆学会主办、温州市文化广电旅游局承办的2020图书馆总分馆制建设与城乡公共文化空间创新发展论坛暨“全国城市书房合作共享机制”成立仪式在温州举行。文化和旅游部公共服务司事业发展处处长王晓松等单位领导，北京大学信息管理系教授李国新等10余位国内知名专家、学者，以及来自北京、上海、扬州、温州、合肥、南昌、济南、洛阳、郑州等地文化广电旅游局代表、图书馆代表等80余人参加。会上宣布“全国城市书房合作共享机制”成立，并为10家发起单位授牌，同时为北京师范大学“国家公共文化发展研究中心创新实践基地”授牌。随后召开2020图书馆总分馆制建设与城乡公共文化空间创新发展论坛，温州市、上海市嘉定区、扬州市、洛阳市4地相关负责人分别介绍各地公共文化空间创新及城市书房建设经验，与会成员围绕该主题进行交流，进一步深化图书馆总分馆制改革，总结和分享各地创新发展公共文化空间建设经验。（浙江省图书馆学会）

【浙江省公共图书馆“提升服务效能研讨会”在丽水召开】 10月15—17日，由浙江省社会科学联合会主办，浙江省图书馆学会、浙江图书馆承办的浙江省公共图书馆“提升服务效能研讨会”在丽水召开。全省各市图书馆馆长和部分县区图书馆馆长、浙江省图书馆学会专家咨询委员会和学术委员会专家等共80余人参加。会议围绕“提升服务效能　助力重要窗口建设”这一主题，通过学术报告、工作交流、座谈讨论等形式展开。特邀杭州市卫生健康委员会副主任应旭旻、华东师范大学教授金武刚和南京图书馆副馆长许建业3位专家，从不同视角探讨服务效能提升的有关问题、分享服务效能提升的经验和做法。浙江省11个地级市图书馆针对服务大提升工作进展情况进行交流，对服务效能提出新思考和新要求。此次研讨会促进全省公共图书馆服务进一步提升，助力重要窗口建设。（浙江省图书馆学会）

【文化和旅游公共服务机构功能融合试点工作培训班在湖州举办】 10月24—28日，由文化和旅游部公共服务司主办，中国图书馆学会、湖州市文化广电旅游局承办，浙江省图书馆学会、湖州市图书馆协办的文化和旅游公共服务机构功能融合试点工作培训班在湖州举办，全国各省（区、市）文化和旅游厅（局）及新疆生产建设兵团文化体育广电和旅游局公共服务处相关工作负责人，文化和旅游公共服务机构功能融合试点单位负责人等100余人参加。此次培训邀请文化和旅游行业权威专家，就“居游共享的机遇与挑战”“新型公共文化空间”“文旅融合背景下的现代公共文化服务体系建设”等主题进行授课。江西省文化和旅游厅、绍兴市文化广电旅游局等分享开展文旅融合工作的先进经验和成功案例。培训班现场组织学员实地观摩湖州市公共服务机构文旅融合开展情况。此次培训对文旅融合背景下的公共文化服务体系建设有重要的指导意义和借鉴作用。（浙江省图书馆学会）

【2020年“书香城市（区县级）”论坛在宁波举行】 10月31日，由中国图书馆学会主办，中国图书馆学会阅读推广委员会、宁波图书馆承办的2020年“书香城市（区县级）”论坛在宁波举行。中国图书馆学会副理事长刘小琴，浙江图书馆党委副书记、浙江省图书馆学会副理事长徐洁，中国图书馆学会阅读推广委员会顾问吴晞，中国图书馆学会阅读推广委员会副主任邱冠华、徐雁等领导和专家及来自全国各地区文化主管单位负责人、图书馆馆长等100余人参加论坛。5月，中国图书馆学会启动2020年“书香城市（区县级）”发现活动，全国有37个区县申报，经审读材料和专家评议等程序，共有14个区县进入2020年“书香城市（区县级）”发现活动名单，并在此次论坛开幕式上进行授牌。（浙江省图书馆学会）

【浙东运河流域刻书、藏书与佛教文献对外传播研讨会在萧山召开】 12月1日，由浙江省图书馆学会、杭州市萧山区文旅局主办的“来新夏学术论坛：浙东运河流域刻书、藏书与佛教文献对外传播研讨会”在萧山举办。研讨会上，专家学者们围绕“浙东运河流域刻书、藏书与佛教文献对外传播”主题进行学术交流，深入探讨浙东运河在中外文化交流与传播中的角色及作用。研讨会的召开，对进一步挖掘浙东运河流域的文化内涵，强化浙东运河与中华文明对外传播的关系，打造以浙东运河为主体的文化名片，助力传播大运河文化具有重要意义。（浙江省图书馆学会）

安徽省

【概况】 2020年，安徽省图书馆学会主要完成以下工作：

一是地方标准制定。参与《城市阅读空间建设指南》《社会力量参与公共图书馆服务》两项省级地方标准的起草、修订、编写工作。

二是课题申报及相关调研报告撰写。2020年度共组织申报国家社科基金课题1项、安徽省社会科学创新发展攻关项目2项、文化和旅游部项目信息化发展专项1项。其中，省社科创新发展研究项目2项获准立项。

三是基层调研。本年度开展专题调研1次，撰写《安徽省基层公共图书馆“十三五”时期存在的主要问题及建议调研报告》和《安徽省图书馆“十三五”时期哲学社会科学发展调研报告》各1篇。

四是开展教育培训。（1）全省图书资料专业技术人员继续教育网络培训。8月初，为了不影响业界继续教育工作的正常开展，结合全省疫情防控工作现状，学会及时调整培训策略，积极搭建一站式智能继续教育平台，快速启动线上网络培训模式。截至11月30日，网上培训667人。（2）承办2020年中国高等教育文献保障系统中文图书编目培训研讨会，来自全国各地高校图书馆的219人参加培训，此次研讨会是中国高等教育文献保障系统管理中心与公共图书馆的首次合作。（3）组织实施安徽省图书资料专业技术人才高级研修班培训工作。为更新图书资料专业高级技术人员知识结构，培养一批具有新发展理念、适应信息技术和人工智能技术潮流、胜任新时代图书馆事业发展的图书资料高级专业人才队伍，2月，学会秘书处申报的安徽省专业技术人才知识更新工程2020年高级研修班项目成功入选并获得省级财政资助。11月30日—12月3日，学会承办安徽省图书资料专业技术人才高级研修班，来自全省各系统图书馆的130余名业务骨干及管理人员参加培训。

五是组织落实中国图书馆学会各项活动。（1）组织、发动全省公共图书馆联盟成员馆参与中图学会2020庚子鼠年春节系列活动，下载“传统年俗与非遗技艺专题展”电子资源向全省公共图书馆联盟成员馆推送，共有58个成员馆参加此次活动。（2）响应中图学会倡议，组织业界捐赠防疫物品驰援武汉。截至2月18日，安徽省图书馆及全省公共图书馆联盟成员馆共有10余家图书馆先后向武汉市图书馆、武汉市江岸区和新洲区图书馆捐赠防护服、KN95口罩、医用口罩、一次性手套、一次性雨衣、一次性鞋套、84 消毒液等防疫物品。（3）完成安徽省 2019 年全民阅读相关称号的组织推荐工作。根据中国图书馆学会全民阅读工作通知精神，学会秘书处发动全省各系统图书馆参与 2019 年度全民阅读相关称号申评活动并认真组织申报。经中图学会组织专家评定，全椒县图书馆荣获全民阅读示范基地称号，凤阳县图书馆、安徽师范大学图书馆荣获 2019 年度全民阅读先进单位称号，蚌埠市图书馆“萤火照亮天使屋”志愿服务项目荣获阅读推广优秀项目。（4）完成“2019 阅读推广星级单位”组织推荐。根据中国图书馆学会通知精神，结合全省各系统图书馆 2019 年度开展“读经典　学新知　链接美好生活”主题知识竞赛活动及得分情况，学会秘书处在广泛听取省学会常务理事意见和建议的基础上认真组织推荐，最终安徽省图书馆、宿州市图书馆、马鞍山市图书馆、太湖县图书馆、凤阳县图书馆、安徽科技学院图书馆、安庆医学高等专科学校图书馆被评为“2019 阅读推广星级单位”，省学会被评为“2019 阅读推广星级组织”。（5）开展县级公图书馆科普教育活动承接能力调研。根据中国图书馆学会关于开展全国县级公共图书馆科普教育活动承接能力调研的通知要求，积极动员安徽省各县级公共图书馆参与，共有 31 个县级馆发来申办表。根据申办情况及场馆综合评估，经中国图书馆学会联系确认，最终砀山、凤台、寿县、无为、含山、芜湖市繁昌区、芜湖市湾芷区共 7 个县（区）图书馆将参加 2021 年中国流动科技馆“跨界流动·助力基层”巡展活动。（6）完成“书香城市（区县级）”发现活动的组织推荐。根据中国图书馆学会通知要求，组织上报 2020 年“书香城市（区县级）”发现活动申报材料。最终，宿州市砀山县成为全国 14 个入选区县之一，也是安徽省唯一入选的区县。

六是搭建安徽省图书馆学会信息化综合管理平台。为提高省学会信息化建设水平，提升工作效率，更好地为会员服务，2020 年度启动并完成省学会信息化综合管理平台建设及招标工作。（安徽省图书馆学会）

【2020 年 CALIS 中文图书编目培训研讨会在安徽省图书馆举办】 10 月 19—23 日，由 CALIS 联机合作编目中心主办，安徽省图书馆学会、安徽省图书馆承办的 2020 年 CALIS 中文图书编目培训研讨会在安徽省图书馆举办，共有来自全国各地的 219 名学员参加培训。培训研讨会由 CALIS 联机编目中心主任喻爽爽，华东师范大学图书馆研究馆员、CALIS 联合目录中文质量控制组组长张期民等担任授课教师。培训内容包括 ISBD 著录标准、CNMARC 格式、题名著录、分类主题标引、名称标目要点、编制记录和修改记录实例、联机编目操作等。此次培训研讨会是 CALIS 管理中心与安徽省图书馆的首次合作，也是 CALIS 管理中心与公共图书馆的首次合作，为今后高校图书馆与公共图书馆在编目标准规范、编目质量控制以及相关业务的合作奠定良好基础。（安徽省图书馆学会）

【安徽省图书资料专业技术人才高级研修班在安徽省图书馆举办】 11 月 30 日—12 月 3 日，由安徽省人力资源和社会保障厅、安徽省文化和旅游厅主办，安徽省图书馆学会、安徽省图书馆承办的安徽省图书资料专业技术人才高级研修班在安徽省图书馆举办，来自全省各系统图书馆的 130 余名业务骨干及管理人员参加此次培训。此次研修班是安徽省人力资源和社会保障厅专业技术人才知识更新工程 2020 年省级高级研修项目。专门邀请北京大学信息管理系教授刘兹恒、王余光，武汉大学信息管理学院教授肖希明，安徽大学图书馆馆长储节旺，安徽省图书馆副馆长王建涛等国内知名图书馆学专家授课。内容包括新媒体环境下图书馆的新发展、智慧图书馆的柔韧管理模式、图书馆经典阅读推广、信息资源组织、“十三五”回望与“十四五”前瞻。（安徽省图书馆学会）

福建省

【福建省公共图书馆开展“元宵祈福”系列活动】 2 月 8—12 日，福建省图书馆、福建省图书馆学会组织全省公共图书馆在微信公众号上联动开展“元宵祈福”系列活动。活动由福建省图书馆学会、福建省图书馆主办，市县级公共图书馆承办，以“人间因您而团‘元’，今‘宵’为您祈万福”为主题，分为“网上元宵留言”“元宵猜谜”“战疫答题”3 个子活动，倡议广大读者共同为奋战在抗疫一线的勇士们祈福。80 个公共图书馆负责人参与亲笔手书祝福，67

个公共图书馆组织读者留言活动，1200多位读者参与留言，阅读关注达2万多次。活动还收集展示全省54家公共图书馆微信公众号二维码，充实读者"宅"家生活。（福建省图书馆学会）

【"我寄爱心与武汉，随君直到曙光来"——福建各图书馆捐赠防疫物资驰援武汉】 2月15日，中国图书馆学会向全国图书馆界发出捐助倡议，为武汉图书馆及所属区图书馆提供助力。福建省图书馆学会、福建省图书馆接到倡议后，第一时间响应中国图书馆学会的号召，积极动员全省各级各类图书馆用实际行动驰援武汉。在全省防疫物资紧缺的现状下，各公共图书馆克服困难，筹措防疫物资运往武汉，为武汉地区图书馆略尽绵薄之力，捐赠一次性手套、医用橡胶检查手套、鞋套、雨衣、一次性医用口罩、KN系列口罩、抑菌免洗洗手液、医院级消毒粉、杀菌卫生湿巾、护目镜等防疫物资。（福建省图书馆学会）

江西省

【概况】 截至2020年底，江西省图书馆学会共有团体会员162个，其中公共图书馆113个、高校图书馆43个，新发展团体会员6个，会员队伍不断壮大。为规范会员管理，学会上线会员管理平台。全年按照上级部门的工作部署，进一步加强学会组织建设、推动全民阅读、深化交流合作、凝聚行业力量、加强人才培养，引领全省图书馆事业高质量发展。

开展系列活动，推动全民阅读。组织全省开展线上书香战"疫"活动。组织全省开展江西省第十届"读好书"活动。举办"红七月·不忘初心铸党魂"——建党99周年主题图书云展活动。开展"决胜全面小康，践行科技为民"主题科普活动。收集整理2019年全民阅读称号申报材料，并按要求向中国图书馆学会阅读推广委员会报送。其中，九江市图书馆获得"全民阅读示范基地"称号，宜春市图书馆、婺源县图书馆获得"2019年全民阅读先进单位"称号，南昌市图书馆全民阅读"好书计划"入选"2019年阅读推广优秀项目"。

搭建交流平台，扩大学会影响力。召开2019年、2020年江西图书馆年会。召开江西省公共图书馆高质量发展座谈会。承接中国图书馆学会活动，举办"方言·图书馆"创意短视频、"图书馆故事"短视频作品征集活动。开展第二届"图书馆杯"主题图像创意设计征集。开展2020年"书香城市（区县级）"发现活动及"书香助力战'疫'，阅读通达未来——图书馆员业务能力提升"主题活动等。

组织培训会议，引导业务研究，促进学术发展。举办图书馆线上服务及学会会员管理平台实践操作流程培训班。举办全省图书馆馆长培训班。组织代表参加中国图书馆学会第十次全国会员代表大会和江西省第九次社会科学工作者代表大会。承办"智慧图书馆发展研究"主题研讨班。开展学术征文活动，共征集到论文67篇，评选出一等奖3篇，二等奖6篇，三等奖12篇，优秀奖15篇。向省文化艺术规划办公室提交课题9项，立项4项。向省社联报送2020年社科规划课题4项，立项2项。为会员办理课题结项5项。

深入行业调研，服务政府与会员。承担《江西省公共图书馆高质量发展指导意见》《公共图书馆条例》《江西省公共图书馆"十四五"规划》起草工作，完成一期调研报告。完成《中国图书馆年鉴2020》江西部分的编纂工作。编辑《2019年江西省公共图书馆数据概览》、编辑《江西图书馆动态》4期，编辑《江西省图书馆学会年会征文2020卷》。（江西省图书馆学会 谢佳新）

【江西省公共图书馆高质量发展座谈会召开】 1月15日，由江西省文化和旅游厅主办、江西省图书馆学会承办的江西省公共图书馆高质量发展座谈会在高安召开，省文化和旅游厅公共服务处有关负责人、省图书馆馆长陶涛、省图书馆党委书记程春焱、省图书馆学会有关负责人、各地文广新旅局分管副局长、公共服务（社文）科科长及市县两级公共图书馆馆长参与座谈，座谈会由省文化和旅游厅公共服务处处长周建文主持。会上，省、市、县公共图书馆的9位馆长、4位文广新旅局分管副局长围绕全省公共图书馆高质量发展主题，就推动全省全民阅读、建立图书馆专家人才库、推进公共图书馆法人治理结构、出台《中华人民共和国公共图书馆法》配套实施细则、加强主题图书馆建设、吸纳社会力量参与公共图书馆建设等多方面展开深入

交流。（江西省图书馆学会　谢佳新）

【开展“全民阅读，向抗疫一线英雄致敬”活动】 4月13日，江西省图书馆学会联合全省各图书馆及阅读推广有关单位，以“全民阅读，向抗疫一线英雄致敬”为主题，通过朗读优秀抗疫作品的形式开展全民阅读活动。活动历时7个月，分为线下作品征集、线上活动展示、评审、颁奖4个阶段。活动共收到全省36所公共图书馆报送的214个朗诵视频及13所高校图书馆报送的75个朗诵视频，遴选出44个优秀作品在凤凰网江西频道“全民阅读，向抗疫英雄致敬”网络专栏进行线上展示。经专家评审，最终评选出景德镇市图书馆等5家图书馆为优秀组织单位，吉安市图书馆推送的《春天的誓言》等10个作品被评为优秀作品。（江西省图书馆学会　谢佳新）

【“红七月·不忘初心铸党魂”——建党99周年主题图书云展启动仪式在南昌举行】

7月1日上午，由江西省图书馆学会主办、江西人民出版社承办的“红七月·不忘初心铸党魂”——建党99周年主题图书云展启动仪式在南昌举行。嘉宾及部分图书馆馆长代表20余人参加活动。此次主题图书展会首次采用线上直播和线下展览相结合的方式，央视频移动网、江西网络广播电视手机江西台对活动进行现场直播，110余万观众观看活动网络直播。云展图书包括人民出版社等30余家出版社出版的数百种重点主题图书，集中呈现中国共产党近百年来取得的辉煌成就和丰硕成果，展现文化产业在建设富裕、美丽、幸福、现代化江西的过程中做出的积极贡献。此外，全省各级各类图书馆设立“四史”学习书单、“不忘初心，牢记使命”主题教育图书等专架陈列，营造建党99周年主题图书学习氛围。（江西省图书馆学会　谢佳新）

【全省图书馆馆长培训班在南昌开班】 9月26—28日，江西省图书馆学会在江西省图书馆新馆举办全省图书馆馆长培训班。各设区市图书馆、县级图书馆、高校图书馆馆长160余人参加培训。此次培训由江西省图书馆党委书记程春焱主持。特邀中国图书馆学会副理事长刘小琴以《图书馆发展的机遇与挑战》为题进行授课。培训期间恰逢江西省图书馆新馆开馆，江西省图书馆学会组织参训馆长分批参观江西省图书馆新馆，馆长们围绕馆舍布局、智能化建设、服务方式创新等方面展开交流与讨论。（江西省图书馆学会　谢佳新）

【2020江西图书馆年会在南昌召开】 12月8日，由江西省图书馆学会举办的2020江西图书馆年会在江西省图书馆新馆召开。此次年会以“滋养民族心灵　培育文化自信”为主题，分为“表彰先进”“学术交流”“主题报告”等板块。省社联、省文化和旅游厅、省科学技术协会学会部等单位相关领导及嘉宾出席会议，省图书馆学会第六届理事会理事以及来自全省图书情报界的代表、学会会员、论文作者共200多人参加会议。会上宣读全省最美图书馆、全省最美图书馆人、全民阅读先进单位和个人、年会征文获奖单位及个人、创新案例、《江西图书馆动态》优秀通讯员等表彰决定，并为部分获奖单位及个人代表颁奖。会上，广东省立中山图书馆首席研究馆员刘洪辉、国家古籍保护中心办公室主任苏品红分别以《图书馆总分馆制建设——广东路径及创新案例》和《新时期古籍保护工作》为题做主题报告。会议还安排年会征文一等奖获得者结合所提交的论文《江西省图书馆学研究40年回顾：研究规模、质量与力量的发展变迁》《〈图书馆研究〉2013—2019年学术论文刊载及影响力分析》与参会代表进行分享交流。（江西省图书馆学会　谢佳新）

【“智慧图书馆发展研究”主题研讨班在江西省图书馆举办】 12月8—10日，由中国图书馆学会、江西省文化和旅游厅主办，江西省图书馆、江西省图书馆学会承办的“智慧图书馆发展研究”主题研讨班在南昌举办。全国各级各类图书馆馆长、信息技术等有关部门主任及业务骨干近300人参加研讨。此次研讨班邀请上海图书馆副馆长刘炜、中国人民大学图书馆常务副馆长宋姬芳、中国科学院文献情报中心副主任张智雄、南京大学图书馆副馆长邵波、浙江大学图书馆副馆长黄晨等专家分别围绕“智慧图书馆标准规范及服务平台建设”“智慧图书馆馆员素质能力及其提升策略”“利用文献资源库提升图书馆智慧服务能力”“智慧图书馆认知、实践与展望”“基于数据的服务与研究”等主题进行授课。江西省图书馆、太原市图书馆等单位的代表分享各自在智慧图书馆建设与服务工作中的成果和经验。（江西省图书馆学会　谢佳新）

【2020年全省公共图书馆工作会议在南昌召开】 12月9日，2020年全省公共图书馆工作会议在南昌召开。省文化和旅游厅、省图书馆相关单位领导，来自全省各地文广新旅局分管副局长、公共服务科科长，省直管县文广新旅局分管局长和全省公共图书馆馆长160余人参加会议。会议对第十届“读好书”活动进行总结，表彰第十届“读好书”活动先进单位、2020年公共数字文化服务先进单位和先进个人、古籍保护工作先进单位和先进个人等荣誉，并号召全省图书馆工作者向获奖单位及个人学习。江西中医药大学、赣州市、吉安县、莲花县、崇仁县、吉水县、广丰区等图书馆分别就古籍保护、数字公共文化服务、少儿阅读、新馆建设、总分馆建设、品牌活动、“图书馆+”等方面进行工作经验交流。（江西省图书馆学会　谢佳新）

山东省

【概况】 2020年，山东省图书馆学会（以下简称“省学会”）发展中图学会单位会员6家，总数已达36家，其中公共馆15家、高校馆18家、企业会员1家、党校馆2家。总计发展个人会员350人（含单位会员），发展省学会会员52人。

坚持党建引领，提高政治站位。省学会第六届理事会带头深入学习贯彻习近平新时代中国特色社会主义思想，丰富学习形式，理论联系实际，提高政治站位，进一步转变作风，积极参与行政主管单位、业务主管单位组织开展的各项党建和主题教育活动，推进党务工作扎实开展。完成省民政厅2019年度省管社会组织党建工作报告。组织部分理事、常务理事参加“山东省科协学会集群党课活动”“省级学会党组织学习贯彻党的十九届五中全会精神座谈会”等线上同步会议。省学会2位副理事长分别参加省科协“全省科技界学习贯彻党的十九届五中全会精神座谈会”和省文旅厅组织的“山东省直文化和旅游系统党组织书记和党务干部能力素质提升培训班”。推荐5名学会党员代表候选人参加省文旅厅业务主管社会组织第一次党员代表大会。

完善组织架构，着力加强队伍建设。一是根据《山东省图书馆学会章程》规定，按期召开常务理事会。在济南召开六届五次常务理事会暨专业委员会工作会。听取山东省图书馆学会2019年工作总结及2020年工作计划，山东省图书馆学会第七次会员代表大会筹备工作介绍及《山东省图书馆学会会费收支管理办法（修订草案）》意见征集，研讨山东省图书馆学会2020年学术年会筹备工作要点以及山东省图书馆学会专业委员会有关工作汇报等。二是发挥微服务平台信息交流作用。及时把有关省文旅厅、省民政厅、省社科联、省科协等业务主管机构的各种工作、会议、活动类通知和讯息，通过常务理事群、秘书长群、微信公众号等传达和发布。微信公众号全年共发布信息680余条，实现组织工作的灵活性和高效性。三是做好会员发展工作。

面对突发疫情，精心组织，同频共振。疫情期间，省学会积极响应中国图书馆学会的援助倡议，在最短时间内通过网站、自媒体、电话等多种手段发动省内各级各类图书馆开展援助捐赠工作。其中，仅山东省图书馆就发动干部职工捐款达5.73万元，随后又协同济南市图书馆、青岛市图书馆、临沂市图书馆、东营市图书馆以及山东师范大学图书馆等省内10余家图书馆全力筹集防疫物资援助武汉图书馆界。累计捐赠总价值9万余元的物资，包括防护口罩面罩、医用手套、防护服、消毒液等。同时，山东省图书馆学会副理事长江三宝从自身专业优势出发，关注疫情期间民众健康信息获取渠道不畅通、不完善等问题，在与省学会秘书处反复沟通后，形成《山东省图书馆学会关于图书馆应开展全民信息素养教育工作建议书》提交省学会理事长办公会（通讯方式）同意后，上报中国图书馆学会，获得中国图书馆学会秘书处的赞扬与感谢。

发挥统筹协作能力，推进融合发展。一是上下联动，激发组织活力。全年转发中国图书馆学会各类活动通知23件，并根据通知要求积极开展宣传、组织、动员及汇总上报等工作。在“学术论文和业务案例征集”、“全国联动2020庚子鼠年春节系列活动”、2019年“中国阅读——图书推荐榜”活动、“国家图书馆等10家建馆111周年图书馆寄语祝福”等重点活动中，省学会通过多种手段发挥组织协调优势，在全省各级各类图书馆的支持下，以活动动员数量和完成质量均名列行业前茅的成绩，在全国图书馆界展示山东形象，获得中国图书馆学会的表彰。完成中国图书馆学会第十次全国会员代表大会有关代表、理事候选人、常务理事候选人的推荐与登记整理、上报等工作。二是拓展申报渠道，扩大评优成果。在2020年度中国图书馆学会开展的有关全民阅读推广与服务评优评先系列活动中，省学会积极开展候选单位的审查与推荐工作。通过多渠道先后推荐22家图书馆参与“2019年全民阅读相关称号评选”，7家图书馆参加“2019阅读推广星级单位”评选，3个区县参加2020年“书香城市（区县级）”发现活动评选等。经过中国图书馆学会评审，该会推荐的参评单位最终有17家图书馆获6项奖项。三是认真履职尽责，落实上级部署。完成省民政厅社会组织年报、党建工作年报的统计、填报工作，以及省科协的综合统计数据填报等，为2020年全年工作的制定与开展提供数据支持和决策依据。完成省社科联交办的“2020年度山东省人文社会科学课题”的组织与申报、全省社科普及周主题活动汇总等工作，参与《山东社会科学年鉴2020》《山东省科学技术协会年鉴2020》词条撰写、山东省社科普及志愿服务专家库人员推荐等。超额完成“山东省新时代文明实践社科普及志愿服务行动”2020年度目标。四是发挥学会优势，助力全民阅读。2020年，省学会联合省馆先后主办“讲好山东故事　传承优秀文化”第二届全省青少年读书故事会、“带一本好书回家过年读书征文汇”活动、第十五届全省读书朗诵大赛、全省少儿诗词诵读大赛、“发现图书馆之美”摄影大赛、新春线上书海灯谜会活动等。充分利用手机app、微信等微服务平台以及“山东公共文化云”等融媒体资源，以线上、线下联动模式开展全民阅读活动，极大丰富疫情期间公众的休闲娱乐生活。其中“全省少儿诗词诵读大赛”因极高的社会影响力与参与度被省委宣传部评为优秀阅读推广项目。此外，省学会汇集优势资源，为各级各类图书馆提供咨询服务和发展指导。先后协助济南、淄博等7家图书馆成立“省会经济圈城市公共图书馆阅读推广服务联盟”，协助青岛、烟台等5家市图书馆成立胶东五市公共图书馆联盟等。

多措并举，致力学术提升。学术活动是学术类社会组织的重要组成部分。近几年，省学会通过精心策划与打造，结合该省图书馆事业发展与学术建设的需求，逐步形成每年举办“科学讨论会”和交替举办“图书馆学情报学学术成果评定”“全省图书馆青年论坛”等较为系统、完整的学术活动格局。同时配合开展一系列业务培训、继续教育活动，使学术研究与业务实践协同发展、交互并进，以夯实人才队伍建设为基础整体推进图书馆事业矩阵式发展。2020年相继开展“第二十七次科学讨论会征文活动”“首届全省图书馆青年论坛”，与上海图书馆学会联合举办“第七届图书馆微服务研讨会”。先后举办“全省公共图书馆文创产品开发与推广项目”“全省公共数字文化融合与创新推广项目”“全省公共图书馆数字化评估推广项目”等实体培训，累计参训人员350余人。完成“图林在线——图书馆员职业素养”系列线上培训共2期8个主题。

开展绩效考核，以评促管，提质增效。5月，省学会开展的全省市、县（市、区）级公共图书馆绩效评价工作完成预定任务。全省共有151个市、县（市、区）级公共图书馆参与并完成绩效评价工作。最终确定全省51个公共图书馆为2019年全年省市、县（市、区）级公共图书馆绩效评价优秀单位（其中副省级2个、市级8个、县级41个）。此次绩效评价工作是在全国县级以上公共图书馆评估定级工作基础上的一项常态化工作。（山东省图书馆学会　王玮）

【山东省图书馆学会六届五次常务理事会暨专业委员会工作会召开】 1月9日，山东省图书馆学会六届五次常务理事会暨专业委员会工作会在山东省图书馆召开。会上对省学会2019年工作进行总结回顾。就山东省图书馆学会第七次会员代表大会筹备工作情况做简要介绍，并对《山东省图书馆学会会费收支管理办法（修订草案）》进行二次意见征集。与会常务理事、专业委员会代表就2020年学术年会运作机制、学术年会板块组成以及年会分论坛承办等主要问题进行讨论和交流。随后，山东省图书馆学会

9 个专业委员会的主任委员、副主任委员及委员代表就各委员会 2019 年工作总结与 2020 年工作计划向常务理事会做工作汇报。（山东省图书馆学会　王玮）

【举办“图林在线——图书馆员职业素养”系列培训】 5—12 月，山东省图书馆学会先后举办 2 期“图林在线——图书馆员职业素养”系列培训。此次培训坚持针对性和前瞻性相结合的原则，立足新冠疫情防控，展望新时代图书馆业务建设。先后邀请南开大学教授柯平、上海图书馆副馆长周德明、安徽大学图书馆馆长储节旺、华为公司孙长森、北京大学研究员袁晓如等专家以录播形式授课，分别从“图书馆在公共卫生安全突发事件中的十个工作领域”“重大传染病疫情背景下图书馆服务的‘危’与‘机’”“数据治理让数据真正可用”“智能大数据可视分析”“公共图书馆的后评估时代”“公共图书馆业务规范”“疫情防控的隐性力量：公众安全素养和能力分析”“大数据人工智能驱动图书馆知识服务和学科建设”等多视角、多领域进行分析讲解。此次线上系列培训借助省图书馆学会微信公众号改版契机，在微信公众号开设“图林学苑”“图林在线”模块，为学员开通公众号观看、扫码观看、网页观看 3 种途径。各市图书馆学会积极宣传、发动，因地制宜，采用集体学习和自发学习相结合的方式，提高参与度，2000 多名学员参加培训。（山东省图书馆学会　王玮）

河南省

【组织参加“书香助力战‘疫’，阅读通达未来——图书馆员业务能力提升”线上主题活动】 5 月 6—21 日，河南省图书馆学会积极组织全省图书馆界馆员参加由中国图书馆学会举办的“书香助力战‘疫’，阅读通达未来——图书馆员业务能力提升”线上主题活动。此次活动包含 3 部分：馆员业务能力提升专题讲座、专家“荐读”活动、馆员业务能力提升知识竞赛。其中馆员业务能力提升专题讲座邀请到业界专家学者和图书馆管理者，学员们聆听了 12 位专家的精彩报告。（河南省图书馆学会　刘洋　严真　杨荔雯）

湖北省

【2020 年粤鄂澳“共读半小时”活动】 4 月 23 日世界读书日当天，2020 年粤鄂澳“共读半小时”活动举办，全国近 150 个图书馆、超过 430 个共读点参加活动。湖北省图书馆学会联动组织全省各级各类公共图书馆积极参与该活动，湖北省共有 3 个省级馆、11 个地市级馆、21 个县级馆、140 余个共读点报名参与。活动引入 AR 技术，实现“云共读”，并通过新华社、网易云、今日头条等进行直播，在线观看超过 53 万人次。（湖北省图书馆学会　杨萍　罗茹意）

【第十期图书馆参考咨询业务培训班举办】 11 月 3 日，湖北省图书馆学会与上海市图书馆学会联合举办第十期图书馆参考咨询业务培训班。受疫情防控的影响，该期培训班通过线上与线下同步、网络会议与多平台直播相结合的形式开展，旨在进一步发挥图书馆参考咨询服务的作用，共享图书馆行业在疫情防控中的公共文化服务经验，进一步深化多省区图书馆同人之间的交流与合作，加强人才培养，推动行业理论创新，不断提升服务效能，助力公共图书馆事业更高质量持续发展。培训班共有来自全国各省（区、市）的各级各类图书馆员工 1707 人报名参加，在线听课人数峰值超过 6000 人次。（湖北省图书馆学会　杨萍　罗茹意）

湖南省

【举办 2020 年湖南省图书馆业务培训班】 5 月 25—29 日，由湖南省图书馆学会主办、同方知网（北京）技术有限公司湖南分公司提供技术支持的 2020 年湖南省图书馆业务培训班以线上授课形式开展，全省 14 个市（州）各系统图书馆近百家单位共 1500 余名从业人员报名参加。培训班为期 5 天，邀请中南大学教授李后卿、湖南图书馆馆长贺美华、同方知网（北京）技术有限公司公共服务事业本部总经理成鑫、长沙市图书馆馆长王自洋、国防科技大学研究馆员敬卿等专家学者和图书馆管理者授课。培训累计在线听课 9000 余人次，培训网页总浏览次数 4 万余次。（湖南省图书馆学会　彭著君）

【湖南省5家图书馆荣获2019年全民阅读工作相关奖项】 10月，中国图书馆学会公布了2019年全民阅读工作有关名单，湖南省共有5个单位及项目喜获殊荣。长沙县图书馆荣获“全民阅读示范基地”，国防科技大学图书馆、湖南理工学院图书馆荣获“2019年全民阅读先进单位”，湖南图书馆“湘图汉语角”项目、株洲市图书馆“株洲市阅读联合会”项目荣获“2019年阅读推广优秀项目”。（湖南省图书馆学会　彭著君）

【公布2020年湖南省“书香社区”发现活动名单】 12月1日，湖南省图书馆学会公布2020年湖南省“书香社区”发现活动名单。活动吸引全省51个社区申报，其中，符合申报条件的社区有19个，覆盖全省8个市（州）。经审读材料和专家评议等程序，长沙市岳麓区梅溪湖街道阳明山庄社区等8个社区进入2020年湖南省“书香社区”发现活动名单。（湖南省图书馆学会　段蓓虹）

【召开湖南省图书馆学会十届三次理事大会】 12月14日，湖南省图书馆学会十届三次理事大会在湖南图书馆召开。来自全省各系统、各类型图书馆的112名理事参加大会，中国图书馆学会常务理事、湖南图书馆馆长贺美华作为特邀嘉宾出席大会。湖南省图书馆学会副理事长郑章飞主持会议并致开幕词，湖南省图书馆学会理事长邹序明向大会做2019—2020年度工作报告。大会进行湖南省图书馆学会第十届部分副理事长及理事选举更换、增补工作，会议特邀武汉大学教授黄如花做题为《关于图书馆智慧服务的思考》的专题讲座。（湖南省图书馆学会　段蓓虹）

【举办“十四五”时期公共图书馆高质量发展论坛】 12月27—28日，由湖南省图书馆学会主办，湖南省图书馆学会图书馆公共文化服务工作专业委员会、长沙市图书馆学会、长沙市图书馆承办的“新时代·新机遇·新发展——‘十四五’时期公共图书馆高质量发展论坛”在长沙市图书馆召开，南开大学教授柯平、湖南图书馆馆长贺美华、湖南省图书馆学会理事长邹序明等人受邀出席，湖南省图书馆学会理事会成员、湖南省图书馆学会图书馆公共文化服务工作专业委员会委员、长沙市图书馆学会理事、长沙图书馆总分馆代表等近200人参加活动。此次论坛共3项议程。第一项议程“湖南省首届‘书香　社区’发现活动表彰暨长沙市图书馆建馆60周年系列活动”启动仪式。第二项议程“新时代·新机遇·新发展——‘十四五’时期公共图书馆融合发展研讨会”，贺美华、邹序明及理事会其他成员、全省各地市（州）公共图书馆馆长、代表等出席研讨会，与会代表共同探讨全省公共图书馆“十四五”时期融合发展的工作思路、工作设想及当前所面临的一些困难。第三项议程是专题讲座，由柯平做题为《公共图书馆高质量发展的十个新主题》的学术报告。（湖南省图书馆学会　彭著君）

广东省

【“粤鄂同心，守护相望”——广东图书馆人为湖北和武汉加油】 2020年初，广东图书馆人紧急行动起来，用各种方式援助武汉，援助湖北。广东图书馆学会及时发出倡议书，号召全省会员单位及广大会员，贯彻落实习近平总书记关于防控新型冠状病毒感染的肺炎疫情的重要指示精神，共同打赢疫情防控阻击战。

广东省立中山图书馆发挥全省龙头作用，倡议全省各公共图书馆，加入全国图书馆共同参与的战“‘疫’不孤‘读’”活动，通过整合各图书馆和武汉图书馆的读者证的照片拼接和抖音视频制作，与全国图书馆一起为武汉加油；同时在省内图书馆发起“齐心战‘疫’，有你有我”活动，与全省各图书馆一起录制原创视频，齐声为武汉加油，为中国加油。广州少年儿童图书馆特别制作《武汉加油，广少图支持你！》视频，为武汉同行加油，还发布公益歌曲《口罩超人》，号召全国的小朋友戴好口罩保护自己，同时向奋战在疫情防控阻击战一线的医护人员致敬。广东图书馆界同人还积极响应中国图书馆学会倡议，为湖北省图书馆和武汉地区图书馆捐款捐物，捐助防护物品。广州市海珠区图书馆、增城区图书馆、湛江市霞山区图书馆、河源市源城区图书馆等为滞留在当地的湖北籍旅客、定点酒店隔离旅客送书上门，做好社会公众心理维稳工作。（广东图书馆学会）

【“滋养心灵　彰显价值——‘读者留言东莞图书馆’一席谈”报告会在广州举办】 7月9日，由广东图书馆学会、广东省立中山图书馆、东莞图书馆等联合举办的“滋养心灵　彰显价值——‘读者留言东莞图书馆’一席谈”报告会在广东省立中山图书馆召开。此次报告会采取线上平台直播方式，同步在互联网开放。全省100多位图书馆人、读者和媒体人现场参加，网上直播点击量超过13.6万次。

广东省文化和旅游厅党组成员、副厅长赵红致辞。东莞图书馆读者服务中心主任莫启仪讲述湖北农民工吴桂春读者留言东莞图书馆事件。会议围绕3个主题展开讨论。主题一为“滋养心灵，彰显价值”，北京大学信息管理学系教授李国新、中山大学文献与文化遗产管理部主任程焕文、广东省立中山图书馆馆长王惠君、东莞图书馆馆长李东来等，围绕图书馆价值进行开放式讨论。主题二为“服务大众，平等均等”，南开大学教授柯平、浙江图书馆馆长褚树青、上海图书馆原馆长吴建中、广东省立中山图书馆首席研究馆员刘洪辉、广州图书馆馆长方家忠等进行研讨。主题三为“图书馆与读者情缘”，邀请来自新兴县、南雄市、英德市的留守儿童和视障读者到场分享他们在图书馆的帮助下、在质朴平凡的生活中，通过读书点亮梦想的故事。（广东省立中山图书馆）

【图书馆“十四五”规划专题研讨会暨2020年广东公共图书馆业务培训班在肇庆市举办】 9月15—18日，广东省立中山图书馆、广东图书馆学会与肇庆市图书馆学会联合举办的图书馆“十四五”规划专题研讨会暨2020年广东公共图书馆业务培训班在肇庆市举办。16日，上海图书馆副馆长周德明、广东省立中山图书馆馆长王惠君、华为云解决方案高级架构师黄玲、华为鲲鹏解决方案架构师邵海东与广东省文化和旅游厅公共服务处主任科员张炜嘉分别从图书馆的管理、实践与新技术的应用、高质量发展等角度启发学员对制定图书馆“十四五”规划的思考。17日，南开大学教授柯平、广东图书馆学会秘书长陈卫东、中山大学资讯管理学院副教授唐琼以“图书馆发展规划的制定”“广东最新图书馆发展情况”“图书馆阅读空间建设”等为主题进行授课。案例分享会分别邀请广东省立中山图书馆、肇庆市图书馆、佛山市图书馆等分享“粤书吧”建设案例，分享的案例包括酒店、旅游景区、房车营地、特色民宿等多种形态的“粤书吧”。（广东省立中山图书馆）

【2020年未成年人图书馆服务体系业务培训班举办】 10月29日，由广州少年儿童图书馆和广州市图书馆学会未成年人服务专业委员会共同主办、南沙图书馆协办的2020年未成年人图书馆服务体系业务培训班在广州市南沙区举办。来自广州市各级公共图书馆和基层服务点、清远市图书馆的负责人及代表共137人参加。佛山市图书馆原馆长屈义华以《佛山市邻里图书馆项目：缘起、路径与成效以及思考》为题做专题讲座，介绍广东省公共文化服务体系示范项目佛山市邻里图书馆建设经验。专题讲座后，参训人员实地感受环廊式开放阅读空间、阶梯式阅览自修区、多个新中式风格功能室、亲子阅读区、音乐馆以及“广州购书中心·南沙咖啡书吧”等区域的设计，并在报告厅集中观看新馆宣传视频。工作人员现场讲解演示刷脸办证借还业务、AR眼镜个性化服务模式、资源导航系统、机器人自助分拣系统、石墨烯材料电子纸架标等五大创新技术应用成果。（广州市图书馆学会未成年人服务专业委员会、广州少年儿童图书馆）

【2020年广东图书馆学会－广东省高校图工委联合学术年会在中山市举办】 12月1—3日，以“讲好图书馆广东故事　引领新时代创新发展”为主题的2020年广东图书馆学会－广东省高校图工委联合学术年会在中山市召开。此次会议由广东图书馆学会、广东省高校图工委主办。国家图书馆、广东省文化和旅游厅、广东省教育厅、中山市政府等有关领导、21家文旅企业代表和全省300多名图书馆代表参会。

1日，学会第十三届三次理事会议暨年会预备会、第十三届二次会员代表大会召开，最终审议通过《广东图书馆学会章程（修订版）》《广东图书馆学会监事选举办法》、2020年学术年会各项议程，选举产生广东图书馆学会第一届监事会等。当天，还举行2020年广东省市公共图书馆馆长联席会议，会上成立广东省公共图书馆联盟，并就“广东省‘粤读通’工程”建设取得共识，为读者提供在全省范围内享受公共图书馆“一证通”的便利。

2 日，2020 年广东图书馆学会－广东省高校图工委联合学术年会开幕。广东省文化和旅游厅、广东省教育厅、中山市政府等相关领导致辞。国家图书馆馆长、中国图书馆学会理事长饶权出席会议并做题为《把握时代发展机遇　推进智慧图书馆建设》的主旨报告，提出全国智慧图书馆体系建设思路。开幕式上，启动“广东省‘粤读通’工程”，发布《广东省高校图书馆发展报告（2014—2018 年）》。随后，中山大学国家文化遗产与文化发展研究院院长、中国图书馆学会副理事长程焕文做《图书馆的发展趋势》，深圳图书馆馆长张岩做《核心竞争力与文化自信——新时代公共图书馆价值的再思考》等主题报告。举行 4 个分会场会议，主题分别为“高校图书馆的发展方向”“粤港澳大湾区公共图书馆联盟建设论坛”“智能应用与智慧引领”“广东图书馆故事与图书馆影响力”。以“未来图书馆的模样——无限可能？”为主题的第三届图书馆发展岭南论坛同时举办，知名学者、专家先后就未来图书馆走向展开研讨。2020 年广东图书馆学会学术年会征文一等奖获奖者和获得“品读湾区”9+2 城市悦读之旅活动组织奖的先进单位受到表彰。（广东图书馆学会）

广西壮族自治区

【广西图书馆学会参加 2020 庚子鼠年春节系列活动】 广西图书馆学会积极响应中国图书馆学会 2020 庚子鼠年春节系列活动，发动全区图书馆参与活动，最终共有 54 家各级各类图书馆参加此次活动。由于组织得力，广西图书馆学会获评优秀组织单位，被通报表扬。（广西图书馆学会　韦绍芬）

【广西图书馆学会支援武汉图书馆】 2 月 19 日，广西图书馆学会积极响应中国图书馆学会向全国图书馆发出的“驰援武汉　共克时艰——全国图书馆界捐赠疫情防控急需物资行动”倡议，筹集到一次性 PVC 手套、一次性优质加厚雨衣、百消净消毒片等防疫物资，对口支援武汉图书馆。（广西图书馆学会　韦绍芬）

【第十三次全区自治区、市级公共图书馆馆长培训班】 6 月 9—10 日，第十三次全区自治区、市级公共图书馆馆长培训班暨“走读广西・阅览三江”活动在三江侗族自治县举办。培训班由广西壮族自治区图书馆、广西桂林图书馆主办，柳州市图书馆承办，自治区文化和旅游厅公共服务处处长何晓萍、广西壮族自治区图书馆馆长秦小燕、广西桂林图书馆馆长钟琼，以及全区 14 个市级公共图书馆、三江侗族自治县图书馆馆长和相关人员 30 余人参加培训。秦小燕做 2019 年全区公共图书馆事业发展情况分析，同时提出 2020 年全区公共图书馆工作展望。何晓萍对各馆为科学防控疫情提供支持和保障的担当与作为进行了充分肯定，同时对广西各级公共图书馆的下一步工作提出要求。在研讨环节，各市级公共图书馆馆长先后围绕公共图书馆重大公共安全突发事件与服务能力建设、文旅融合背景下“走读广西”的品牌建设等议题发言，引发参会人员的积极讨论。在“走读广西・阅览三江”活动中，学员们参观了文化和旅游公共服务机构功能融合国家级试点单位——三江侗族自治县旅游集散中心“侗乡会客厅”和全国重点文物保护单位——程阳八寨风雨桥，亲身体验“走读广西”的魅力，也为今后各级公共图书馆开展相关活动提供了经验借鉴。（广西图书馆学会　韦绍芬）

海南省

【海南省图书馆协会第三次会员代表大会第三次全体会议召开】 12 月 23 日，海南省图书馆协会第三次会员代表大会第三次全体会议在海口市召开。海南省图书馆协会领导、理事、常务理事以及来自省图协会各有关分支机构和全省各公共图书馆、高校图书馆、党校图书馆、中小学图书馆、科研院所图书馆、企业的正式会员代表等 130 人参加会议。会议审议通过《海南省图书馆协会 2019 年至 2020 年工作报告》；审议并表决通过《海南省图书馆协会章程》及《海南省图书馆协会会员会费标准及管理办法》。会议期间，召开会长扩大会议，商讨 2021 年海南省图书馆协会重点工作。会议同时邀请中共海南省委党校陈明雄、省高校图书情报工作委员会顾问安邦建及超星集团副总经理叶艳明分别做“学习十九届五中全会精神，开启全面建设社会主义现代化国家新征程”、“职称制度改革与专业技术资格申报”及“新时代、新思想、新发展——智慧时代图书馆发展新思路”专题报告。（海南省图书馆　文一叶）

重庆市

【概况】 重庆市图书馆学会成员单位涪陵区图书馆、沙坪坝区图书馆、丰都县图书馆分别荣获中国图书馆学会2019年全民阅读先进单位、优秀组织、示范项目相关称号，合川区图书馆荣获“书香社区”荣誉称号，重庆图书馆、巴南区图书馆、涪陵区图书馆荣获中国图书馆学会2019年星级阅读推广单位。重庆图书馆在“我听·我读”——第四届少儿读者主题朗诵作品征集活动中，获评“星级组织单位”。在第二届“图书馆杯”主题图像创意设计征集活动中获评“星级组织单位”。在2020庚子鼠年春节主题活动中，获评优秀组织单位。作为中国图书馆学会扶贫委员会挂靠单位，重庆图书馆“巴渝阅读行”扶贫活动先后走进万州区、丰都县、云阳县、奉节县4个区县的15所乡村小学，共赠送图书10000册，开展快乐阅读体验课以及插画展各15场，助力乡村文化振兴。重庆市图书馆学会与上海市图书馆学会共同承办“脱贫攻坚与图书馆作为”全国图书馆扶贫服务案例征集活动，收到全国各级各类图书馆案例111份。与重庆市高校图书情报工作委员会联合主办重庆市图书馆学会2020年学术年会暨第九届学术研讨会。学会刊物《重庆图情》全年出刊3期，平均每期收录通讯、论文80余篇。出版2018年第八届学术研讨会论文集《守正创新笔力劲——重庆市图书馆学会学术研讨论文集》。（重庆市图书馆学会）

【组织开展抗疫行动，携手共战疫情】 2020年初，重庆市图书馆学会积极响应中国图书馆学会号召，在得知武汉地区图书馆疫情防控物资紧缺的情况后，第一时间积极响应，向全市行业内各单位发出援鄂倡议，参加中国图书馆学会组织的向武汉图书馆募捐防疫物资的活动。分别完成3批防疫物资，包括一次性医用手套、84消毒液、防护面罩的募集，并积极协调特殊时期物资运输工作。援助工作得到武汉图书馆的好评，并致以感谢信。（重庆市图书馆学会）

【2020年重庆市文化旅游公共服务工作推进会、公共图书馆馆长工作会举办】 7月26—28日，由重庆市文化和旅游发展委员会主办，重庆图书馆、大足区文化和旅游发展委员会、大足区图书馆承办的2020年重庆市文化旅游公共服务工作推进会、公共图书馆馆长工作会暨公共数字文化建设与创新服务培训班在大足区举办。重庆市文化和旅游发展委员会、大足区委、重庆图书馆馆长、重庆市群众艺术馆、重庆市少年儿童图书馆等单位领导，市文化旅游委公共服务处，重庆图书馆、市群众艺术馆、市少儿图书馆领导班子成员及相关人员，各区县（自治县）文化旅游委、两江新区社发局、重庆高新区公共服务局、万盛经开区文化和旅游发展局分管领导、文化科长、公共图书馆馆长、文化馆馆长及相关人员近300人参加培训。（重庆市图书馆学会）

【重庆市图书馆学会第九届学术研讨会征文活动举办】 5—9月，为进一步推动重庆市各公共图书馆和高校图书馆理论研究和图书馆管理的实践探索，促进新时代图书馆事业的科学发展，重庆市图书馆学会、重庆市高校图工委联合开展第九届学术研讨会论文征集活动。此次征文经过专家2轮评审，共评出一等奖5篇、二等奖7篇、三等奖14篇。此次征文涌现出一些很好的选题，比如对农村留守儿童阅读状况的研究等。通过征文活动的举办，学会今后将提高组织讲座或培训的频率，就学术研究如何选题、如何选择研究方法、如何获得相应的数据、如何对数据进行处理、如何撰写研究报告等进行辅导，帮助年轻员工学习如何撰写学术论文。（重庆市图书馆学会）

【重庆市图书馆学会2020年学术年会暨第九届学术研讨会召开】 12月11日，由重庆市图书馆学会和重庆市高校图书情报工作委员会联合主办的重庆市图书馆学会2020年学术年会暨第九届学术研讨会在重庆大学召开。此次年会吸引来自全市高校图书馆、公共图书馆及中小学图书馆的馆长、业务骨干及获奖作者代表共计150余人参会。浙江大学公共管理学院副教授李超平、重庆大学图书馆馆长杨新涯、西南大学计算机与信息科学学院教授韩毅分别做题为《阅读推广：问题与策略》《面向“十四五”的智慧服务》《科研项目的申请与实施》的主题报告；第九届学术研讨会征文一等奖5位作者做交流分享；陆军军医大学研究馆员李彭元对此次征文情况进行点评；重庆市图书馆学会理事长任竞对2020年市学会工作进行总结。（重庆市图书馆学会）

【重庆市图书馆学会2020年度科研课题申报活动启动】 为繁荣图书馆学理论研究，培养更多的学术研究骨干，提高图书馆管理与服务水平，推进重庆市图书馆事业的发展，重庆市图书馆学会制定《重庆市图书馆学会科研课题管理办法》，并经学会理事长办公会审议，11月正式启动2020年度科研课题申报工作，课题申报活动将持续一年。课题内容涵盖基层公共图书馆高质量发展研究、区县公共图书馆服务体系优化研究、面向乡村振兴的公共图书馆建设与服务等24个方向。作为学会首个启动的科研课题活动，受到各公共图书馆和高校图书馆的积极响应，也弥补了市学会科研课题工作的空白，更好地发挥学会“活跃学术思想”的重要职责。（重庆市图书馆学会）

四川省

【概况】 截至2020年底，四川省图书馆学会拥有团体会员79个，个人会员1495人，分别来自全省各市（州）、区（县）公共图书馆，各高校图书馆，各科研系统、党校系统、医院系统图书馆。

开展学术研究和交流。完成四川省文化和旅游厅（以下简称“文旅厅”）“图书情报学与文献学规划项目”2018—2020年项目结项评审、文旅厅审核等工作；完成2020—2022年项目立项申报、专家评审、文旅厅审核、立项结果公示等工作；完成“四川省文化和旅游厅2020年度科研项目”申报工作（四川省图书馆申报了4个项目）；组织川吉苏冀桂五省（区）图书馆学会第十七届学术研讨会征文活动，并召开川吉苏冀桂五省（区）图书馆学会第十七届学术研讨会暨西南片区（川渝黔滇藏）图书馆学会公共服务研讨会，有9个省（区）160多人参加会议；组织全省代表参加中国图书馆学会会员代表大会，推荐四川省各系统代表参加中国图书馆学会会员代表大会中理事、常务理事的选举工作，并组织全省会员参加中图学会的征文活动等；组织四川各系统图书馆，完成《中国图书馆年鉴2020》四川省部分的撰写、编辑和审校工作；完成《2020全省公共图书馆馆长座谈会交流材料汇编》编审、校对工作；完成《四川省图书馆2019年年报》编纂及审校工作。博士后创新实践基地建设方面，建立、完善博士后创新实践基地组织机构及各项制度，按照与四川大学签署的联合培养博士后协议和四川大学历史文化学院签署的战略合作协议精神，完成博士后导师聘任，积极推进博士后创新实践基地工作，2020年招收博士后1人，并完成签约工作。

重视职业教育和人才培养。8月31日—9月4日，在南充市高坪区举办四川省2020年“三区”人才计划资源整合及阅读推广能力培训班，来自全省各系统图书馆的馆员60余人参加培训。9月9—12日，在阿坝州九寨沟县召开四川省2020年汉藏文化交流“三区”人才计划培训班，来自阿坝州各县的文旅局长、文化专干、图书馆员120余人参加培训。为提高本部门人员专业素质和业务能力，根据工作需要，组织四川省图书馆学会工作人员10人参加中国图书馆学会组织的“2020年基层文化和旅游公共服务队伍线上培训——公共图书馆创新发展系列培训班”，7人参加全国宣传干部学院远程继续教育培训，2人参加四川省宣传部组织的出版专业培训。

组织全省图书馆参加各种活动。动员全省各级图书馆参加中图学会组织的2020年春节主题活动；响应中国图书馆学会倡议，组织全省各系统图书馆给湖北新冠肺炎疫情灾区捐赠抗疫物资，四川省包括公共馆、高校馆、省社科院文献中心等10家图书馆和部分个人捐赠抗疫物资。四川省图书馆、四川省图书馆学会收到物资后，第一时间发往灾区，并收到灾区和中国图书馆学会的感谢；组织全省各级图书馆参加中国图书馆学会和四川省图书馆学会举办的2019年全民阅读评选活动，全省有1个馆获得中国图书馆学会“全民阅读示范基地”称号，2个馆获“全民阅读先进单位”称号，1个项目获“阅读推广优秀项目”称号；6个馆获省级“全民阅读示范基地”称号，9个馆获“全民阅读优秀组织”称号，26个馆获“全民阅读先进单位”称号，10个项目被评为“阅读推广优秀项目”；组织开展四川省第十九次社会科学优秀成果评选工作，作为图书情报专业的初评单位，四川省图书馆学会收到成果53项；组织开展“四川省2018—2019年度图书馆、情报与文献学优秀学术成果奖”的评选工作；组织省内区县级图书馆参加中国图书馆学会开展的2020年“书香城市（区县级）”发现活动，四川省达州市达川区榜上有名；参加中国图书馆学会组织的“阅天下·邂逅图书馆之美”游学活动；组织全省各系统图书馆参加中国图书馆学会和四川省“4·23”世界读书日活动，参与“阅读之星——优秀读者推荐表彰”活动、线上推荐“我心中的一本好书”活动等。

重视学会刊物建设。《四川图书馆学报》严格落实“三审”制度，完成论文审稿工作。通过在线投稿系统共收到论文1105篇。其中，完成初审1105篇，复审1105篇，终审220篇，在编辑部工作量大、人员基本兼职且人手紧张的情况下，完成审稿任务，审稿周期逐步缩短。严格落实“三校”制度，平稳完成编辑、出版任务。以习近平新时代中国特色社会主义思想为指引，提高政治站位，严把政治方向，严格遵守国家新闻出版的相关规定规范，对稿件编辑采取“多于三校”的措施，保证论文质量，严格控制差错率，全年共发文130篇左右。努力拓宽发行渠道，完成全年发行工作。除了与中国邮政集团公司四川省报刊发行分公司合作开展传统邮发工作，还充分发挥社会力量，与专业公司合作开展发行工作，先后与北京人天书店有限公司第九分公司、北京海天华教文化传播有限公司、北京华教快捷期刊经销中心签订2020年期刊发行合作协议，每期发行460册，全年共发行2760册，进一步提高刊物影响力。

强化学会事务管理。完成省学会2020年财务审计工作和年检工作；组织召开四川省图书馆学会第八届五次常务理事会，通报2019年学会工作报告和2020年下半年工作重点，通过学会部分单位更换理事、常务理事事宜，通过2020年召开会员代表大会的决议，筹备12月换届大会等工作计划；完成学会LOGO征集活动，面向全国征集作品90余个，经专家评审，5个作品入围，其中1个作品选为学会LOGO；筹备四川省图书馆学会第九届会员代表大会，向民政厅、文旅厅、省科协提出召开换届大会的请示，并获准召开。完成学会章程修改的说明报告，完成会员代表的推选工作，完成优秀会员、优秀学会工作者、优秀通讯员的推选，完成换届审计工作、会议议程及会议相关文件的筹备工作；完成《川图导报》改版工作，从旧版4版改为新版12版，改版后的导报不仅扩充栏目和内容，也在版式风格上有很大的变化。

加强党建与扶贫工作。根据四川省委组织部《关于集中推动全省性社会组织党的组织和工作覆盖有关事项的通知》精神，按照省文旅厅社会组织联合党委统一部署要求，四川省图书馆学会积极参加联合党委举办的各类党的活动和培训。在扶贫工作方面，学会结合自身平台优势，主动规划脱贫攻坚工作，将扶贫工作与培训、讲座、学术交流等形式相结合，实现教育扶贫、健康扶贫、学术扶贫。（四川省图书馆学会秘书处）

【四川省图书馆学会第八届五次常务理事会召开】 6月14日，四川省图书馆学会第八届五次常务理事会在成都召开。四川省图书馆学会理事长，四川省图书馆党委书记、馆长何光伦；四川省中科院成都文献情报中心主任张志强；学会副理事长，四川大学图书馆馆长党跃武；学会副理事长，成都图书馆馆长肖平出席。来自全省各系统图书馆的30余位常务理事参加会议。会议由省图书馆学会秘书长王嘉陵主持。会议听取何光伦所做的2019年四川省图书馆学会工作报告。党跃武主持商议并通过《四川省图书馆学会第九次会员代表大会议程》；王嘉陵主持商议并通过《四川省图书馆学会第九届理事会及学术委员会构成》；肖平主持商议并通过《四川省图书馆学会会费标准及管理办法》；四川省图书馆副馆长、常务理事谭发祥通报学会部分理事变更事宜；副秘书长赫青通报2020年学会重点工作。（四川省图书馆学会秘书处）

【川吉苏冀桂五省（区）图书馆学会第十七届学术研讨会暨西南片区（川渝黔滇藏）图书馆学会公共服务研讨会召开】 10月28—31日，

由四川省图书馆、四川省图书馆学会承办的川吉苏冀桂五省（区）图书馆学会第十七届学术研讨会暨西南片区（川渝黔滇藏）图书馆学会公共服务研讨会在四川省图书馆召开。九省（区）图书馆学会、图书馆相关领导，专家学者，获奖论文代表，征文优秀组织奖获奖单位代表等共计200余人参加研讨会。研讨会开幕式上，四川省文化和旅游厅公共服务处处长王成平，四川省图书馆党委书记、馆长何光伦分别致辞并向获奖论文作者代表颁奖。此届研讨会专家评选出获奖论文230篇，其中一等奖34篇，二等奖101篇；评出优秀组织单位28个。研讨会上，国家图书馆原常务副馆长陈力和湖北省图书馆馆长刘伟成分别以《公共服务中的图书馆服务》《各级联动书香战"疫"，担当作为不负使命——湖北省公共图书馆战"疫"纪实分享》为题做主题报告。研讨会还进行会议专题交流发言。（四川省图书馆学会秘书处）

【四川省2020年"三区"人才计划资源整合及阅读推广能力提升培训班举办】 8月31日—9月4日，由四川省图书馆、四川省图书馆学会主办，南充市图书馆、高坪区文化广播电视和旅游局承办的四川省2020年"三区"人才计划资源整合及阅读推广能力培训班在南充市举办。来自全省公共图书馆的80余名从业人员参加培训。开班仪式由四川省图书馆学会副秘书长赫青主持。四川省图书馆副馆长付玉贞、湖南图书馆副馆长王旭明、四川省图书馆王启春、重庆图书馆李锋、成都市龙泉驿区图书馆副馆长周晓红、西南交通大学图书馆阅读与写作中心主任刘云、成都市成华区图书馆馆长黄静以及四川省图书馆副馆长谭发祥，分别就"图书馆的资源采购与管理""图书馆服务品牌建设""后疫情时代下的地方文献资源的建设与服务思考""新媒体环境下重庆图书馆数字资源的建设与服务""县级公共图书馆的总分馆建设比较研究""全媒体时代图书馆阅读推广""图书馆未成年人阅读推广""公共图书馆的法定职责和创新服务"8个方面的内容为学员们授课。学员们就如何建设图书馆品牌，如何提高文献资源的采购水平，如何有效进行地方文献的搜集、体现地方文献资源的特色等方面提出问题。除了课堂授课，培训主办、承办单位还组织学员参观南充市高坪区图书馆，进行现场业务交流。（四川省图书馆学会秘书处）

【四川省2020年汉藏文化交流"三区"人才计划培训班在九寨沟县举办】 9月9—12日，由四川省图书馆、四川省图书馆学会主办，阿坝藏族羌族自治州文化体育和旅游局、阿坝藏族羌族自治州图书馆、九寨沟县图书馆承办的四川省2020年汉藏文化交流"三区"人才计划培训班在九寨沟县举办。重庆市区域性公共图书馆联盟成员馆负责人，阿坝州13个县文体旅游局副局长、图书馆馆长，部分乡镇文化站专干参加了此次培训。培训特别邀请西南交通大学图书馆阅读与写作中心主任刘云，成都市成华区图书馆馆长黄静，原甘孜州政协副主席、康定民族师专藏语言文学专业教授噶玛降村，成都市龙泉驿区图书馆副馆长周晓红，分别从《全媒体背景下图书馆阅读推广》《图书馆未成年人阅读推广》《浅析藏文典籍文献整理与利用》《公共图书馆总分馆制构建模式比较研究》等方面做专题讲座。（四川省图书馆学会秘书处）

贵州省

【概况】 截至2020年底，贵州省图书馆学会共有单位会员120家，个人会员1206人，中国图书馆学会会员353人。根据《贵州省图书馆学会章程》的规定和工作需要，全年共召开1次全体理事会和2次常务理事扩大会议。组织全省图书馆认真学习贯彻习近平总书记给国家图书馆老专家的回信精神。完成贵州省科协承接政府转移职能与科技公共服务工程项目——《贵州省公共图书馆条例》立法调研及文本起草。向贵州省科学技术协会申报"党建强会助力从江县文化精准扶贫项目""大数据在图书馆管理与服务中的应用研讨会"，获得资助经费，项目完成。完成"贵州省社科联2020年贵州省社科宣传普及周活动项目"。组织全省图书馆参加中国图书馆学会主办的2020庚子鼠年春节年俗展，获中国图书馆学会"2020庚子鼠年春节主题活动优秀组织单位"称号。新冠肺炎疫情期间，积极响应中国图书馆学会开展的"驰援武汉　共克时艰——全国图书馆界捐赠疫情防控急需物资行动"，组织向武汉图书馆捐赠防疫物资。为满足会员在新冠肺炎疫情防控期间的培训需求，组织会员参与中国图书馆学会开展的线上培训，充分利用互联网和信息化平台，为会员提供全新的培训体验。完成中国图书馆学会2019年阅读推广星级单位的推荐工作，贵州省图书馆、贵州民族大学图书馆、毕节市图书馆、贵阳幼儿师范高等专科学校图书馆、乌当区图书馆荣获阅读推广星级单位称号。完成中国图书馆学会开展的2019年全民阅读称号推荐工作，贵阳市南明区图书馆、贵州大学图书馆获全民阅读优秀组织奖；毕节市图书馆、贵州民族大学图书馆获优秀项目奖。完成业务主管单位贵州省科学技术协会2020年目标考核工作，获评2020年度贵州省优秀学会。（贵州省图书馆学会　钟海珍）

【“党建强会”助力从江县文化精准扶贫项目】 9月24日，由贵州省图书馆学会、从江县文体广电旅游局共同主办，从江县图书馆承办的“党建强会”助力从江县文化精准扶贫系列活动在从江县图书馆启动。从江县是贵州省国家级深度贫困县，贫困发生率高，脱贫攻坚难度大。8月，学会组织专家到从江县进行实地考察调研，在调研基础上做了精心策划和部署。活动充分调动学会的广大党员、资深专家、企业单位会员、文化志愿者的积极性，免费为从江县图书馆、乡镇文化站、异地移民安置点社区图书室等提供各种数字文献信息资源，包括农事指南、健康科普、疾病预防等视频。针对从江县图书馆在2017年第六次县级以上公共图书馆评估定级中未上等级的实际情况，组织专家对照评估定级标准各项指标，分析存在的问题，提出解决的对策和措施。根据从江县图书馆购书经费紧缺、新增图书匮乏情况，组织动员学会企业理事单位和会员单位百万庄图书大厦有限公司、人天书店有限公司、三新图书发行有限公司共同向从江县图书馆捐赠共计3万元的图书。组织向从江县八仙桥社区、广龙社区及贵运社区移民安置点社区图书室、县图书馆、乡镇文化站等配送书立、文具等。该项目的开展，得到贵州省科学技术协会的大力支持，在提高从江县脱贫人口的信息素养和科学文化素质方面发挥积极作用。（贵州省图书馆学会　钟海珍）

【图书馆大数据应用研讨会暨“数字空间与社会治理智库联盟年会”召开】 10月29日，由贵州省科学技术协会指导，贵州省图书馆学会主办，贵州省图书馆学会大数据战略与图书馆信息技术应用委员会，贵州财经大学图书馆承办的图书馆大数据应用研讨会暨“数字空间与社会治理智库联盟年会”在贵州财经大学召开。会议围绕“图书馆大数据应用主题报告会”“图书情报领域专利大数据服务”“图书馆大数据应用研讨沙龙”展开。会议采用现场实时报告与在线直播相结合的方式进行，国内众多专家学者共同探讨和分享图书馆大数据研究领域最新的技术、理念及研究成果。会议旨在提升贵州图书馆界学术活动质量和水平，促进大数据技术发展及创新成果向图书馆建设方面的转化应用，助力贵州省图书馆事业高质量发展，提高学科建设和人才培养水平。（贵州省图书馆学会　舒珍　周雄）

【2020年贵州省图书馆学会学术年会暨首届贵州图书馆创新发展论坛召开】 12月10—11日，2020年贵州省图书馆学会学术年会暨首届贵州图书馆创新发展论坛在黔西南州兴义市召开。此次会议由贵州省科学技术协会指导，贵州省图书馆学会、黔西南州文化广电旅游局主办，贵州省图书馆、贵州省图书馆学会学术研究委员会承办，黔西南州图书馆、兴义市图书馆、贵州民族大学图书馆协办。此次会议的主题为“新起点·新使命·新作为——贵州图书馆创新发展与治理能力现代化”。北京大学教授李国新、上海图书馆副馆长周德明、东莞市图书馆馆长李东来、重庆大学图书馆馆长杨新涯、四川省图书馆学会秘书长王嘉陵、贵州民族大学图书馆馆长卢云辉分别做主题报告。学会理事、各分支机构和专委会负责人、会员代表等110余人现场参会；同时通过网络实时直播，省内外近500人在线“云参会”，线上、线下广大业界同人跨越地域界限，共同探讨交流贵州图书馆事业最新成果、热点及发展趋势。（贵州省图书馆学会　舒珍　周雄）

陕西省

【概况】 2020年，陕西省图书馆学会并未因疫情放慢脚步，在常规工作按计划推进的同时，组织协调多项培训、会议、帮扶活动，并积极参与中国图书馆学会主办、倡议的各项活动。在引领行业发展的同时，不断加强对外交流，拓宽合作领域，为推动陕西省图书馆事业的进一步发展做出贡献。

疫情之初，陕西省图书馆学会积极响应中国图书馆学会向全国图书馆界发出的“大爱无疆　驰援武汉”活动倡议，号召全省图书馆界向武汉地区图书馆同人捐赠防疫物资，一场“四海一心伸援手，阴霾去，现祥云——陕西省图书馆界捐赠疫情防控急需物资行动”拉开帷幕。陕西省图书馆、西安图书馆、安康市图书馆、汉中市图书馆等图书馆积极响应，紧急筹备，分别捐赠医用酒精、一次性医用手套、护目镜、防护服、医用口罩等防疫物资。

召开陕西省图书馆学会八届二次理事会议。6月10日，以线上形式召开此次会议。与会理事分别听取理事长周云岳“关于学会2019年的工作报告”和秘书长解虹“关于学会2019年度的财务报告”，原则通过常务副秘书长霍彩玲及各委员会主任强自立、段小虎、陈碧红、李永明所做2020年工作计划（草案）；听取副理事长李勇所做“2019年学会理事建议案落实情况汇报”以及副理事长陈斌就“2020年理事建议案”收集情况的说明和点评，审议通过关于开展“古籍保护传统技艺展示与体验”和“图书馆与中华文化传承”业务知识竞赛活动建议案；副理事长杨九龙最后就更换常务理事和理事的情况进行通报。

参与中国图书馆学会举办的活动。1月，中国图书馆学会组织动员全国各级各类图书馆及有关单位联合开展2020庚子鼠年春节主题活动。为此，陕西省图书馆学会动员全省各级各类图书馆克服疫情带来的影响，通过QQ群、微信群、电话、邮件等多种渠道进行宣传、动员、督促和指导各参与单位采用线上展览、线上讲座等形式，充分利用国家图书馆专题数字资源，通过各图书馆网站、微信、微博等媒体，为广大读者提供多元、优质服务。白水县图书馆等6家图书馆积极响应和参与，发挥阅读推广和文化宣传的职能作用。中国图书馆学会对包括陕西省图书馆学会在内的16家优秀组织单位进行通报表扬。3月，省学会参与中国图书馆学会开展的“公共图书馆数字化阅读服务能力汇总统计”工作，在第一时间发出通知并得到全省各级公共图书馆的及时配合，上报馆数占全省各级公共图书馆的43.5%，圆满完成此项工作。

举办跨省合作培训。6月、9月，分别在陕西省安康市、榆林市举办2020年苏陕扶贫协作公共图书馆第一、二期培训班。10月，在云南省红河州举办2020年“春雨工程”陕西省图书馆学会志愿者边疆行暨图书馆总分馆制业务培训班，向当地基层图书馆、文化站工作者传授文化知识并传递志愿者精神。

开展扶贫慰问等活动。丹凤县竹林关镇是陕西省图书馆包村扶贫点阳河村的所在地。1月，为充分发挥文化在脱贫攻坚中的精神引领作用，陕西省图书馆、陕西省图书馆学会在竹林关镇举办“文化进万家　情满竹林关”新春扶贫慰问活动。在省馆馆长、省学会理事长周云岳的带领下，省馆中层干部20余人分为6组，对搬迁移民到竹林关镇居住的126户阳河村贫困户进行走访慰问，针对扶贫工作中出现的新情况、新问题及时做出研判并向馆党委反馈，确保在包村扶贫工作中“不掉队、不缺位”，如期完成“县摘帽、村出列、户脱贫”的整体目标；同时，在竹林关镇政府广场举办慰问演出活动，当地干部群众千余人观看演出。10月，第八届陕西省阅读文化节少儿阅读推广活动项目之“布偶贴故事线下讲读活动”暨陕西省图书馆学会“扶贫攻坚项目”扶贫活动在丹凤县竹林关镇中心幼儿园举行，陕西省图书馆少儿馆阅读推广人徐灵霞为60多名小朋友讲读“布偶贴小剧场”《红黄绿身体棒》并进行现场互动，受到小朋友的热烈欢迎。（陕西省图书馆学会　霍彩玲　霍晓焰）

【召开2018年学会课题结题及2019年学会课题立项评审会议】 2020年1月7日，由陕西省图书馆学会副理事长、副秘书长、学术委员会主任及委员、编辑出版委员会主任及委员组成的7人专家小组，在陕西省图书馆召开2018年学会课题结题评审及2019年学会课题立项评审会议。秘书处首先就2016年和2018年课题结题情况及2019年课题申报情况做汇报。经专家组审阅、论证，最终对2016年1项延期结题课题、2018年14项课题全部准予结题，并对其中

5项课题分别给予不同等级的奖励经费。2019年，学会共收到29家单位申报的A类课题32项，14家单位申报的B类课题21项。经专家组评审，会议准予立项的A类课题22项（含B类课题升为A类课题2项），准予立项的B类课题31项（含A类课题转为B类课题12项）。（陕西省图书馆学会　霍彩玲　霍晓焰）

【举办2020年苏陕扶贫协作公共图书馆培训班】 6月15—17日，由陕西省文化和旅游厅主办，陕西省图书馆、陕西省图书馆学会承办，江苏省图书馆学会、安康市文化旅游广电局协办的2020年苏陕扶贫协作公共图书馆第一期培训班在陕西省安康市举办，来自全省部分贫困地区和革命老区的市、县级文化和旅游局负责人，公共图书馆馆长和业务骨干150余人参加培训。南京图书馆副馆长许建业、苏州图书馆副馆长许晓霞、连云港市图书馆馆长沈军军、原张家港市图书馆馆长缪建新、江苏省图书馆学会秘书长李浩等5位来自江苏的专家，分别就“公共图书馆服务体系建设的江苏实践与系统思考”“苏州图书馆服务体系建设实践”“公共图书馆重塑路径之空间再造”“农家书屋与24小时图书馆”“江苏省公共图书馆阅读推广的若干案例与思考”5个主题进行讲授并与学员交流互动。

9月9—11日，由陕西省文化和旅游厅主办，陕西省图书馆、陕西省图书馆学会承办，榆林市文化和旅游局、江苏省图书馆学会协办的2020年苏陕扶贫协作公共图书馆第二期培训班在陕西省榆林市举办，162人参加培训。南京图书馆副馆长全勤、金陵图书馆常务副馆长焦翔、无锡市图书馆副馆长殷洪、扬州市少儿图书馆馆长华斌、淮安市金湖县图书馆馆长陈祥龙等5位来自江苏的专家，分别就“我国图书馆信息资源建设发展的历史时期与特点”“别样总分馆　共享图书馆——南京市公共图书馆共建共享服务体系建设案例分享”“古籍保护与历史文献开发——以无锡市图书馆为例”“从读知识到读文化再到读人生信念——以书为媒培养小读者成长成才的三重境界”“县级图书馆总分馆制及‘看看书吧’建设的实践与思考”5个主题进行讲授和交流。（陕西省图书馆学会　霍彩玲　霍晓焰）

【举办“2020年陕西省图书馆‘三区’人才支持计划专项培训暨陕西省图书馆学会志愿行（略阳）培训班”】 7月14—16日，由陕西省图书馆、陕西省图书馆学会、略阳县文化和旅游局主办，略阳县图书馆承办的此次培训班在略阳县图书馆举办。来自各镇办分管文化工作的领导、综合文化站站长和文化专干，部分村农家书屋管理员、“三区”文化志愿者，县文旅局机关及图书馆、文化馆干部职工共80余人参加培训。原汉中市汉台区龙江文化站站长闫克元，陕西省图书馆发展研究部主任万行明、教育培训部主任马月丽，陕西省图书馆学会常务副秘书长霍彩玲分别讲授“农村文化服务活动的开展与管理”“乡镇社区图书馆管理暨县域公共图书馆总分馆制构建”“新时代文化工作者职业素养提升”“文旅融合背景下的公共文化发展新思路”。此次培训内容丰富，切合实际，有效推动当地基层公共文化管理工作的开展。（陕西省图书馆学会　霍彩玲　霍晓焰）

【开展帮扶业务指导和调研等活动】 9月3日，在陕西省图书馆学会协作协调委员会（以下简称“协作协调委员会”）的组织与协调下，该委员会副主任、西安科技大学图书馆副馆长冯永财，西安科技大学图书馆馆长赵晓光一行8人赴铜川市王益区文化和旅游局，就分馆服务点建设、技术应用、服务拓展等进行业务指导。王益区文化和旅游局党组书记、局长段胜利，副局长韩彬等参加座谈会。双方就高校开展基层图书馆帮扶活动概况、校地合作促进基层公共文化服务提升等内容进行交流。座谈会后，西安科技大学图书馆向王益区文化和旅游局捐赠图书150余册。随后，双方实地参观了军台岭红色书屋和正在建设的王益城市书房，对城市书房下一步的功能划分、内容展示、服务特点、文化体现、理念贯彻等方面进行沟通。

10月21日，在年初结对帮扶阶段总结会后，为促进结对帮扶活动的有效持续开展，协作协调委员会主任、陕西师范大学图书馆副馆长田向阳，富平县结对帮扶对口单位、西安财经大学图书馆馆长王恩让等一行7人赴富平县图书馆进行实地调研。富平县图书馆党委书记葛海玲等接待来访并陪同参观。在随后的座谈交流会上，双方就富平县图书馆的具体需求、参观过程中发现的古籍藏储环境问题以及该馆新馆建设等问题进行深入交流。

12月2日，为增进会员之间的沟通与联系，拓展会员对不同类型图书馆服务理念和实践的认识，协作协调委员会由该委员会副主任、西安科技大学图书馆副馆长冯永财带队，组织15家来自各级各类图书馆的近40名会员赴西安市鄠邑区图书馆参观学习。鄠邑区图书馆馆长张杰向来访者简要介绍该馆的发展历程和业务开展情况，随后陪同大家一起参观各个服务窗口，双方在参观过程中探讨交流了该馆在引领全民阅读、打造特色品牌、创建国家一级馆、建设“书香鄠邑”等方面的思考和实践。（陕西省图书馆学会　霍彩玲　霍晓焰）

【2020年“春雨工程”陕西省图书馆学会志愿者边疆行暨图书馆总分馆制业务培训班在云南省红河州举办】 由陕西省文化和旅游厅、云南省红河州文化和旅游局主办，陕西省图书馆学会、云南省红河州图书馆学会指导，红河州图书馆承办的2020年“春雨工程”陕西省图书馆学会志愿者边疆行暨图书馆总分馆制业务培训班于10月14—18日举办。红河州文旅局三级调研员朱丽红，陕西省图书馆副馆长张海翔，陕西省图书馆学会志愿团队及来自红河州13个县级图书馆、文化站的工作者和媒体记者90人参加开班仪式。培训期间，陕西省图书馆学会常务副秘书长霍彩玲、陕西省图书馆数字资源部主任胡竹林、云南省图书馆参考咨询部主任李纯、陕西省图书馆教育培训部主任马月丽、神木市图书馆读者服务部主任许婷、云南财经大学图书馆馆长赵越，分别讲授“文旅融合背景下公共文化发展新思路”“图书馆数字阅读推广”“图书馆视障服务”“新时代文化工作者职业素养提升”“阅读慢滋养——绘本知道怎么办”“区块链：过去　现在　未来”等方面内容，同时与当地业务骨干进行座谈交流，积极搭建陕西与云南边疆民族地区文化帮扶和交流的平台，相互取长补短，促进两地图书馆事业的整体发展。（陕西省图书馆学会　霍彩玲　霍晓焰）

【“图书馆与中华文化传承”业务知识竞赛】 根据陕西省图书馆学会八届二次理事会相关建议案，学会秘书处与清华同方公司陕西省分公司进行协商，利用其数据库资源，联合举办“图书馆与中华文化传承”业务知识竞赛。9月1日—10月15日，参赛人数2477人，其中通过馆员通道参赛的图书馆馆员1102人，通过读者通道参赛的各类读者1375人；参与单位133家，其中公共图书馆66家、高校图书馆67家。此次竞赛满分获得者28人，95分以上者53人。陕西师范大学张佳以满分成绩获得馆员通道第一名。（陕西省图书馆学会　霍彩玲　霍晓焰）

【举办2020年陕西高校图书馆对口帮扶基层图书馆馆长论坛】 12月25日，2020年陕西高校图书馆对口帮扶基层图书馆馆长论坛在陕西国际商贸学院南校区举行。陕西国际商贸学院副校长梁季仓，陕西省图书馆学会理事长、陕西省图书馆馆长周云岳出席会议。部分高校图书馆与基层图书馆馆长代表20余人参加会议。此次会议总结“十三五”时期陕西高校图书馆对口帮扶基层图书馆取得的成绩与成功经验，科学谋划“十四五”结对帮扶工作。协作协调委员会主任、陕西师范大学图书馆副馆长田向阳就“十三五”期间结对帮扶活动在基层图书馆空间设计、文献资源建设、馆员培训、技术支持等方面的十年帮扶工作及帮扶过程中存在的现实困境（捐赠资产管理问题、帮扶精准问题、调研经费问题等）做详细总结。协作协调委员会副主任、西安科技大学图书馆副馆长冯永财做题为《十年帮扶路，情暖基层馆——西安科技大学帮扶基层图书馆经验介绍》的报告，对今后的结对帮扶工作给予启示。西安外国语大学图书馆馆长高建斌、铜川市王益区文化和旅游文物局文化旅游项目办公室主任梁增奎分别代表高校图书馆和基层图书馆做交流发言，部分代表现场对帮扶工作提出建议。周云岳最后做会议总结，希望全省图书馆界开启“扶智”“培智”“育智”的大文化培育战略思路，切实促进基层图书馆提质增效，更好地服务地方经济建设与社会发展。（陕西省图书馆学会　霍彩玲　霍晓焰）

甘肃省

【概况】 截至2020年底，甘肃省图书馆学会（以下简称“省学会”）有个人会员806人，单位会员64家，理事102人，常务理事31人；有中国图书馆学会个人会员412人。省学会现有8个分支机构，分别挂靠在甘肃省图书馆、兰州大学图书馆、中科院兰州文献情报中心等单位开展工作。召开甘肃省图书馆学会2019年度理事会议（七届十三次理事会议），审议并表决通过省学会2019年工作报告、2020年工作要点、2019年度财务工作报告以及更换、增补部分副会长、常务理事、理事的决定；各分支机构通报2019年工作总结和2020年工作计划。在11月召开的中国图书馆学会第十次会员代表大会上，由省学会推荐的甘肃省图书馆馆长肖学智、兰州大学图书馆馆长田中禾、中国科学院西北生态环境资源研究院文献情报中心主任吴新年当选为中国图书馆学会第十届理事会理事，肖学智同时当选为第十届常务理事会常务理事。

2020年，省学会利用网站、QQ群、微信群等媒介，及时将中国图书馆学会的有关抗“疫”宣传活动、组织开展的各类线上阅读推广活动、线上专业培训等通知转发给全省各图书情报单位，并做好各种活动的组织和落实工作。与此同时，积极响应中国图书馆学会的号召，发动全省图书馆踊跃向武汉图书馆捐赠抗“疫”物资。随着疫情防控形势持续向好，在落实疫情防控工作常态化的前提下，省学会在学术交流、工作交流、教育培训、行业协调、编辑出版和网络宣传等工作方面持续推进。

在学术交流方面，轮值承办西北五省（区）图书馆第十五次科学讨论会，现场参会120余人，以视频方式远程参会990余人；召开2020甘肃省图书馆学会年会，现场参会160余人，以视频方式远程参会830余人。配合省文旅厅开展“甘肃省第五届图书馆学情报学学术成果评奖”的组织评审工作，共收到申报成果90项，其中论文78篇、专著9部、课题3项，经过专家初评和终评，共评选出获奖成果45项，其中一等奖9项、二等奖13项、三等奖23项。

在工作交流方面，轮值承办西北五省（区）图书馆馆长、学会理事长、秘书长2020年度联席会议，来自陕西、甘肃、青海、宁夏四省（区）公共、高校、科研图书馆的馆长，学会理事长、副理事长、秘书长及副秘书长共20位代表现场参会，新疆的8位代表通过远程视频方式参会。会议通报西北五省（区）图书馆第十五次科学讨论会筹备情况，讨论并通过会议议程；确定西北五省（区）图书馆第十六次科学讨论会于2022年在陕西省召开，由陕西省图书馆、陕西省图书馆学会轮值承办。与会代表还就继续推进《敦煌共识》及拓展合作项目达成一致。

在教育培训方面，组织全省各级各类图书馆参加中国图书馆学会组织主办的“书香助力战‘疫’，阅读通达未来——图书馆员业务能力提升主题活动”，共有393人参与竞赛，参与人数居全国第8位；组织举办全省县级图书馆总分馆制建设网络培训班，共计537人在线参加培训；赴武威、漳县和金昌等多地进行辅导培训。

在行业协调方面，配合中国图书馆学会开展“2020庚子鼠年春节系列活动”，并被评为“优秀组织单位”。做好中国图书馆学会第十次会员代表大会甘肃省参会代表的组织工作。组织开展2020年度全民阅读活动，继续做好活动总结和表彰引导等工作，平凉市图书馆等3家单位获颁“全民阅读示范基地”奖牌，华亭市图书馆等4家单位被评为全民阅读“先进单位”，陈文等13人被评为全民阅读“先进个人”；同时向中国图书馆学会推荐相关名单，参与全国的评选表彰，其中甘肃省图书馆的“陇上文化行”获评“2019年阅读推广优秀项目”，西北民族大学图书馆被命名为“全民阅读示范基地”，天水市图书馆获评“2019年全民阅读先进单位”。完成“甘肃省第十六次哲学社会科学优秀成果奖评奖”的组织申报工作，共收到申报成果19项，向省社科联推荐上报8项参加复评。

在编辑出版和网络宣传方面，编辑西北五省（区）图书馆第十五次科学讨论会会议论文集《新时代西北地区图书馆创新与发展研究》，入编获奖论文55篇，41.7万字，由甘肃人民出版社出版；内部交流刊物《甘肃图书馆工作》全年编发6期，邮发刊函2000余封；更新、维护学会网站，发布省内各图书馆报送信息，制作“全民阅读活动”等宣传专栏，实行“三审”制度，落实意识形态工作责任制。（甘肃省图书馆学会）

【举办全省图书馆总分馆制建设网络培训班】 6月23—24日，甘肃省图书馆和甘肃省图书馆学会在兰州联合举办全省图书馆总分馆制建设网络培训班。开班仪式由甘肃省图书馆副馆长、甘肃省图书馆学会副会长许新龙主持，甘肃省文化和旅游厅公共文化处主任李江华做培训动员。全省14个市（州）各级公共图书馆和分馆537人在线注册，通过手机端或PC端收看培训讲座。此次培训是结合当前疫情防控情况和复工复产工作实际，为落实省文化和旅游厅关于推进县级图书馆总分馆制建设工作任务的要求，采用新媒体手段，依托"知网在线教学服务平台"和"甘肃省图书馆公开课直播平台"开展的线上培训。分别邀请甘肃省社会科学院副院长王俊莲讲授"图书馆总分馆制建设的理论与实践研究"，甘肃省图书馆研究辅导部主任、省图书馆学会秘书长董隽讲授"总分馆制建设的背景、意义与路径"，兰州市西固区图书馆馆长魏玲莉讲授"城乡同建全民共享——兰州市西固区图书馆总分馆制建设"，景泰县图书馆馆长卢昱洁讲授"景泰县图书馆总分馆建设与乡村'飞阅'计划的实施"。各位授课老师围绕图书馆总分馆制建设政策法规解读、制约甘肃省总分馆制建设方面的重点与难点问题及县级图书馆总分馆制建设典型经验等方面与学员交流分享。此次培训共有1123人通过"知网在线教学服务平台"学习全部课程，观看次数3999次。（甘肃省图书馆学会　张毅宏）

【召开2020甘肃省图书馆学会年会】 11月26—27日，2020甘肃省图书馆学会年会在兰州召开，会议主题为"均衡融合发展：新时代甘肃图书馆创新与发展"。省文化和旅游厅二级巡视员李长讯，省图书馆馆长肖学智、党委书记李素平，中国科学院西北生态环境资源研究院副院长曲建升，兰州大学图书馆馆长田中禾，省科技情报研究所所长杜英等领导出席开幕式，全省公共、高校、科研图书馆的工作者、企业代表、新闻媒体记者等共160余人参加现场会议，14个市州、甘肃矿区、兰州新区图书馆的830余人通过视频方式远程参加会议。会议特别邀请南开大学教授柯平以在线视频的形式做题为《战略新思维与图书馆"十四五"规划》的学术报告。在学术交流环节，7位代表结合所在馆（公司）业务工作，从不同侧面与角度，阐述各自的研究成果、学术创新、工作思路和发展设想。在工作交流环节，6位代表围绕全民阅读工作，分享各馆在阅读推广方面的新思路、新做法和新经验。此次年会收到学术征文169篇、业务案例9个。经评选，评出一等奖论文18篇、案例3个，二等奖论文33篇、案例3个，三等奖论文70篇、案例3个；甘肃省图书馆等9家单位在年会征文过程中，组织工作突出，被授予"优秀组织奖"。（甘肃省图书馆学会　张毅宏）

宁夏回族自治区

【概况】 2020年，宁夏图书馆学会（以下简称"学会"）有会员单位44个，常务理事单位18个，理事单位18个，个人会员800人。学会本着活跃学术研究、推动学术交流、促进学科发展的宗旨，紧密结合图书馆事业发展的实际，有针对性地组织策划各类学术研究和业务活动。宁夏图书馆学会主办的《图书馆理论与实践》认真贯彻执行中共中央宣传部发布的《报刊出版单位社会效益评价考核试行办法》，并结合刊物业务需要组织举办语言文字规范与编校技能提高培训班，全面提升编辑人员的职业素养。

开展协作协调、宣传推广活动，进一步拓展学会行业协调与指导的职能，开展跨地区、跨部门、跨系统、跨行业的协作协调。疫情期间，联动全区图书馆参与"全国图书馆抖音联盟"微信群发起的"共战'疫'，不孤'读'"的爱心传递活动；组织全区公共图书馆在线学习"书香助力战'疫'，阅读通达未来——图书馆员业务能力提升"专题讲座。组织召开宁夏图书馆学会理事长联席会、2020年宁夏图书馆学会年会暨宁夏图书馆学会七届二次理事会。全年在《图书馆理论与实践》上刊发全区图书馆工作动态13篇。完成学会的年检工作以及中国图书馆学会，自治区文化和旅游厅、新闻出版局、民间管理局和挂靠单位委托、交办的各项工作。

组织参与中国图书馆学会主办的相关活动。与宁夏回族自治区图书馆联合举办2020庚子鼠年春节系列活动，主要包括"书香盈岁月　新桃换旧符"年俗文化展、传统年俗与非遗技艺专题展、"文旅e家助力美好生活"公共数字文化推广、为残障人士送书、老年书画展等活动，同时组织全区公共图书馆共同开展此项活动；在活动启动前期，还在宁夏警官职业学院图书馆、灵武市图书馆、青铜峡市瞿靖县开展3场“书法名家送春联”的文化惠民活动。在全区推广“穿越千年的凝眸——云冈石窟艺术线上展”；在学会微信平台推出3期“画影相伴·致敬英雄”线上书画作品集摄影展。

由于在2020庚子鼠年春节系列活动的组织动员工作中表现突出，学会被中国图书馆学会评为优秀组织单位。在西北五省（区）图书馆第十五次科学讨论会学术征文和业务案例征集活动中，学会被授予优秀组织奖；学会推荐的“银川市城市阅读岛”“共读　共品　共荐——宁夏医科大学图书馆‘双十’读书计划阅读推广案例”入选此次科学讨论会优秀案例展播名单。在中国图书馆学会开展的2019年全民阅读工作有关名单研议活动中，学会和学会推选的永宁县图书馆分别入选“2019年全民阅读优秀组织”名单，学会推选的银川市图书馆“共享阳光　爱心助盲”视障读者阅读推广项目入选“2019年阅读推广优秀项目”名单。（宁夏图书馆学会　张莉）

【举办语言文字规范与编校技能提高培训班】 8月26日，由宁夏图书馆学会、《图书馆理论与实践》编辑部主办的语言文字规范与编校技能提高培训班在宁夏回族自治区图书馆举行，来自全区各级各类图书馆及相关单位的80余名学员参加培训。此次培训特别邀请前宁夏人民出版社社长、编审吴月霞讲解书刊出版的基本概念、编辑人员的职业素养和编辑技能的提升手段等方面内容，对《期刊质量管理规定》进行细致解读。（宁夏图书馆学会　张莉）

【召开2020年宁夏图书馆学会年会暨宁夏图书馆学会七届二次理事会】 12月17—18日，由宁夏图书馆学会主办，宁夏回族自治区图书馆、吴忠市图书馆承办的2020年宁夏图书馆学会年会暨宁夏图书馆学会七届二次理事会在吴忠市图书馆召开。此次年会以“新起点　新使命　新担当——面向‘十四五’时期的图书馆事业发展”为主题，总结“十三五”实绩，规划“十四五”蓝图，共同聚力推动宁夏地区的图书馆事业发展。会议内容包括开闭幕式、学术会议、馆员朗诵会、全区各级各类图书馆工作交流等，充分展现当下宁夏全区图书馆界的整体风貌与辉煌成就。同期召开宁夏图书馆学会七届二次理事会，特别邀请吴忠市委党校常务副校长、吴忠市行政学院院长杨存葆做题为《“新征程的号角　新阶段的指南”——党的十九届五中全会精神领读》的专题讲座；会议还就监事会组成人员，《宁夏图书馆学会章程》修正案，增补和变更的理事、常务理事、副理事长进行表决，并予以通过。（宁夏图书馆学会　张莉）

新疆维吾尔自治区

【概况】 2020年，新疆维吾尔自治区图书馆学会（以下简称“学会”）继续发挥桥梁和纽带作用，在全民阅读、业务培训、学术交流和行业协调等方面取得新进展。现有会员592人，理事单位49个，常务理事单位20个。

学术交流与研讨方面呈现良好发展态势。学会积极组织会员参加每年的中国图书馆年会征文活动，其中2篇论文获三等奖；征集西北五省（区）图书馆第十五次科学讨论会学术论文和案例43篇，其中24篇论文获奖。此外，组织举办“文化润疆背景下新疆图书馆的建设与发展——2020年新疆图书馆青年馆员学术论坛”，20名青年馆员结合工作实际与业务研究方向，深度思考、认真总结，涵盖图书馆业务的各个环节，既有理论高度又有实践指导意义，为打造文化润疆中图书馆服务阵地献计献策。

展览方面，辐射面扩大，惠及大众。学会配合新疆图书馆承办自治区党委宣传部主办的“书写新时代、春联进万家”第二届新疆春联展和自治区文化馆主办的“新时代·新年画·画新年——新疆首届迎春年画展”，展出百余幅优秀春联和年画作品，累计参观5万余人次；配合做好新疆图书馆与国家图书馆联合举办的“从《诗经》到《红楼梦》——那些年我们读过的经典”展览工作。同时，为基层图书馆开办讲座、展览提供支持，全年向各地州、县（市）图书馆提供讲座3场、展览10余场次。

业务培训方面，结合疫情防控工作实际，利用中国图书馆学会网站、“腾讯会议”、“知网在线教学”等平台，组织会员报名参加由中国图书馆学会、上海市图书馆学会和新疆维吾尔自治区图书馆学会等开展的各类线上研讨班及学术交流会，如“书香助力战‘疫’，阅读通达未来——图书馆员业务能力提升”主题活动、2020年“古籍与文创”主题系列线上培训——图书馆文创开发研修班、2020年基层文化和旅游公共服务队伍线上培训——公共图书馆创新发展系列培训班、“智慧图书馆发展研究”主题研讨班等6场次，参与人员达3000余人次，有效助力全自治区图书馆馆员能力整体提升，推动新环境下新疆图书馆事业创新发展，为疫情结束后各馆顺利复工奠定坚实基础。同时根据会员单位需求，选派12名业务骨干赴阿克苏、塔城、巴州等地开展业务培训和基层辅导3次，受众达260余人，着力体现学会基层帮扶助力职能。

加强学会组织建设，为开展学会工作提供有力保障。编纂完成《2016至2019年新疆维吾尔自治区图书馆学会汇编材料》，做好学会日常会费收缴，组织召开学会理事会2次，交流讨论公共、高校和科研图书馆合作共建思路。

行业协调与服务方面，组织开展2020年全民阅读活动，积极打造“书香新疆·全民阅读”品牌，做好活动总结表彰和推荐工作。学会全年共收到全自治区范围内80个单位的“全民阅读”评审材料，最终评定39个单位为2020年度新疆地区公共图书馆“书香新疆·全民阅读”活动优秀单位，29人为先进个人，15项阅读活动为“2020年度新疆地区全民阅读优秀案例”。同时，经中国图书馆学会对全国各级图书馆开展2019年全民阅读工作的各项评审，新疆图书馆、和田地区图书馆、库尔勒市图书馆被评为“2019阅读推广星级单位”，和田地区图书馆被评为“2019年全民阅读优秀组织”，伊犁哈萨克自治州图书馆被评为“2019年全民阅读先进单位”，克拉玛依市图书馆被评为“全民阅读示范基地”。积极配合自治区文化和旅游厅、自治区科协、自治区社科联等社团管理部门工作，完成武汉疫情捐赠、社团年检、年鉴、综合年报、科技周项目、“三区”文化工作者专项、脱贫攻坚等各类文件报送100余项；配合“口述史”成果转化，编辑文稿6万余字；配合完成自治区科协关于2020年全自治区学会的评估工作，学会理事长历力被授予“2020年度自治区学会工作先进个人”荣誉称号。（新疆维吾尔自治区图书馆学会　赵燕）

【召开新疆维吾尔自治区图书馆学会第六届理事会第二次常务理事会】 7月16日，会议在新疆图书馆二楼会议室召开，来自高校图书馆、科研院所图书馆、公共图书馆的11位常务理事及馆长参加。学会理事长历力主持会议。考虑到部分常务理事因工作变动、退休等原因无法继续从事学会工作，会议就第六届常务理事提名增补人员名单等进行投票表决并通过。座谈交流环节，与会者就学会职能发挥、全民阅读推广、深化资源共建共享、促进学术繁荣创新、如何更好地为地州（市）馆建设提供技术、信息、服务等多方面支持相关议题进行讨论，研究各馆间加强协作、协调的新途径、新模式和新方法，对推动全区图书馆服务体系建设，更好地满足人民群众日益增长的精神文化需求，努力创造全区图书馆事业发展新局面具有重要意义。（新疆维吾尔自治区图书馆学会　赵燕）

【举办“书香致远　助力战‘疫’——2020年新疆地区公共图书馆线上业务培训班”】 为深入贯彻落实习近平总书记在统筹推进新冠肺炎疫情防控和经济社会发展工作部署会议上的重要讲话精神和习近平总书记给国家图书馆老专家的回信精神，加强疫情期间馆员业务学习，提升其业务能力和服务水平，8月1—20日，学会面向全自治区及自治区外图书馆工作者组织开展此次线上业务培训班。培训精选国内图书馆业界专家、学者和图书馆管理者的讲座内容，涵盖图书馆基础业务理论与技巧、图书馆馆藏资源建设、图书馆阅读推广与读者服务、图书馆文化建设与智慧服务等相关主题，为图书馆同人疫情期间居家学习提供一个良好的平台。共538个疆内外图书馆员参与此次培训，完成全部线上课程的学员经申请获取学会颁发的电子结业证书。（新疆维吾尔自治区图书馆学会　赵燕）

【举行“文化润疆背景下新疆图书馆的建设与发展——2020年新疆图书馆青年馆员学术论坛”】 12月21日，此次论坛在新疆图书馆一楼报告厅举行。论坛特别邀请中科院新疆文献情报中心图书馆馆长张小云、新疆医科大学图书馆副馆长哈斯也提·亚森、原新疆教育学院图书馆馆长李双玲，以及来自国家图书馆的文化和旅游部“订单式”援疆人才韩超、任旭明等5人作为专家评委出席会议。20名青年馆员结合工作实际与业务研究方向，深入思考、精心准备，围绕“文化润疆”背景下新疆图书馆如何建设与发展、在自助化环境下如何建设智慧图书馆、在疫情防控常态化背景下如何创新发展“云阅读”等方面进行阐述，内容涵盖优化借阅服务、创新线上阅读推广、提供知识信息服务、加强古籍文化传承等图书馆业务的各个环节，既有理论高度又有实践指导意义，充分展现青年馆员积极向上、爱岗敬业、勇挑重担的精神风貌和高素质创新型馆员良好的职业素养。（新疆维吾尔自治区图书馆学会　赵燕）

学术研究与活动

NSTL 科技文献信息开放服务云论坛暨国家科技文献保障模式研讨会

为了更好地满足全国教育科研人员的科技文献信息需求，提高知识服务智能服务能力，增强普通大众科技文献获取的信息素养，7 月22—24 日，NSTL 科技文献信息开放服务云论坛暨国家科技文献保障模式研讨会召开。作为国家科技图书文献中心（NSTL）和国家图书馆、中国高等教育文献保障系统联合举办的一次文献情报领域的大型学术“云”论坛，本次会议汇聚了我国专业图书馆、高校图书馆、公共图书馆三大系统专家学者和相关读者，线上视频直播观看人数一度突破 11 万人次，参与互动的观众遍布全国 31 个省、自治区、直辖市，遍及高校、科研院所、企业等相关机构。会议在中央广播电视台“央视频”、北京广播电视台“北京时间”、爱奇艺、西瓜视频等主流视频平台同步直播，中国科技网、光明网、中华网、环球网、新浪网等网络媒体以及业内多个微信公众号均对会议进行报道。会议召开期间，北京电视台新闻栏目《北京您早》对 NSTL 主任彭以祺进行了专门采访。本次会议探索了疫情常态化背景下图书情报研讨交流的新模式。

会议开幕式由 NSTL 副主任吴波尔主持。NSTL 主任彭以祺，国家图书馆馆长饶权，北京大学图书馆馆长、CALIS 管理中心副主任陈建龙分别致辞。

在学术报告环节，会议特邀来自国家图书馆、中国科学院文献情报中心、中国科学技术信息研究所、中国农业科学院、北京大学图书馆、清华大学图书馆、澳门大学图书馆等机构的 12 位知名学术专家和 7 位国内外著名文献数据库高管齐聚云端，分别就当下广为关注的“科技文献保障模式”“开放获取”“知识服务”“疫情应对”“数据生态”等议题进行深入研讨，直击我国科技文献领域最前沿、最受关注的话题。研讨主题既有战略层面，剖析解读当前国际、国内环境下科技文献保障面临的风险与挑战，也有实操层面，诸如突发公共卫生事件的情报服务，为与会者提供了诸多建设性、指导性的建议，反响热烈。

在培训环节，会议设置了 26 场信息技能培训课程，涉及 20 个国内外著名科技文献服务机构，既有 NSTL 和中国高等教育文献保障系统的资深专家对我国的国外科技文献保障现状、特色资源、服务方式等进行详细介绍，还邀请了包括 Elsevier、Springer Nature、Wiley、Taylor & Francis、Clarivate Analytics 在内的国外著名出版社、信息服务机构的资深讲师进行教学培训，内容涵盖 20 余个常用工具及服务平台，既满足大众所需又兼顾个性应用，让参会者足不出户就能免费学习到国内外最新的科技文献知识，深受与会者欢迎。

在闭幕式上，中国科学技术信息研究所所长戴国强做大会总结。（摘编自国家科技图书文献中心网站）

2020 北京出版高峰会议

2020 北京出版高峰会议首次采用“云端”参会、线上直播的形式分两期举办。

8 月 28 日，2020 北京出版高峰会议第一期举行，主题为“智慧图书馆的馆藏与服务”。本次会议由中国图书馆学会指导，北京国际图书博览会组委会主办，中国图书进出口（集团）有限公司承办，华为技术有限公司协办。中国图书馆学会理事长、国家图书馆馆长饶权，中国图书进出口（集团）有限公司执行董事、党委书记张纪臣出席会议并致辞。会议由中国图书馆学会副理事长刘小琴主持，来自国内外图书馆界及相关业界 9000 余名从业人员线上观看直播。饶权指出，图书馆行业与出版行业是推动全民阅读、建设学习大国的主体力量；张纪臣表示，新时代下，特别是在疫情冲击下，“云端”成为“刚需”，“云端生活”成为常态。在随后的主题演讲环节，上海图书馆副馆长周德明、美国普林斯顿大学葛思德图书馆馆长何义壮、清华大学图书馆副馆长邵敏、加拿大多伦多大学东亚图书馆中文部主任乔晓勤、华为公司数字政府行业解决方案总工朱洪波等专家学者聚焦5G如何赋能图书馆业务，就图书馆数字化和在线化运营、打造智慧服务平台等话题发表演讲，展开深入分享与交流。

9月28日，2020北京出版高峰会议第二期在线举办。会议以“融合发展　智慧共赢”为主题，邀请国内外出版传媒行业的翘楚，围绕数字时代出版业融合发展、智慧创新等内容进行交流与讨论。中宣部进出口管理局局长王志成做主旨演讲，中国出版集团有限公司董事、总经理、党组副书记黄志坚，圣智出版集团执行副总裁、国际业务总裁亚力山大·布罗赫（Alexander Broich），北京出版集团有限责任公司党委书记、董事长康伟，泰勒－弗朗西斯出版集团高级副总裁胡昌杰（Jason Hu）等发表演讲。会议由张纪臣主持。（摘编自中国图书馆学会网站、中国出版集团公司网站）

纪念中国人民抗日战争胜利75周年暨抗战文献研究整理成果发布会

9月2日，国家图书馆举行“纪念中国人民抗日战争胜利75周年暨抗战文献研究整理成果发布会”，发布“日本细菌战资源库”、《侵华日军细菌战档案汇编》等重要文献整理成果，有力配合党中央开展的相关抗战纪念活动，形成上下互动、同频共振，新闻媒体竞相报道转发，引起社会各界强烈反响。据不完全统计，截至9月6日，相关媒体原发报道80余篇，网络转载报道300余篇。新浪微博相关话题登上热搜榜，阅读量累计1.8亿次，有1.3万人次参与讨论。《人民日报》等7家机构官方微博发布的博文，共获得7000余条转发、14万余人次点赞、4600余条评论，相关舆情信息达万余条。

国家图书馆馆长饶权、全国哲学社会科学工作办公室副主任徐春生、中国社会科学院历史研究院副院长李国强、光明日报文艺部副主任邓凯出席活动并致辞，发布会由国家图书馆副馆长张志清主持。饶权表示，此次研究整理成果发布会体现国家图书馆以实际行动履行文献收藏与保护，为党和国家机关、社会各界及公众提供文献服务等方面的重要职责，也是以实际行动贯彻落实习近平总书记重要指示精神，切实扛起“传承文明、服务社会”“滋养民族心灵、培育文化自信”社会责任和历史使命的重要体现。国家图书馆将继续坚持正确的政治方向，弘扬优秀传统文化，做好包括抗战史料在内的文献征集整理、抢救保护和知识服务工作，开放史料获取，创新服务方式，更好满足人民精神文化需求，为建设社会主义文化强国再立新功。徐春生、李国强、邓凯在讲话中高度肯定国家图书馆在抗战文献征集、整理、研究、专题资源库建设等方面取得的丰硕成果，指出“日本细菌战资源库”提供公众免费使用，对于帮助专家学者开展相关领域研究、面向全社会开展爱国主义教育、捍卫相关历史问题的话语权都具有重要意义。希望未来与国家图书馆加强交流与合作，为国家文化事业更好更快发展添砖加瓦，为实现中华民族伟大复兴的中国梦，为构建人类命运共同体做出应有贡献。

“日本细菌战资源库”以国家图书馆从海外征集的日本细菌战档案为基本素材，对原始文件进行逐页整理标引后建成。内容包括日本细菌武器研究与试验、日本对华实施细菌战、日本使用活人进行人体试验、日军针对战俘及平民的暴行、盟军对日本涉细菌战科研人员和军人进行调查、盟军关于组织战争罪行审判等，共有史料一万余页。档案还系统揭示远东国际军事法庭审判期间，美国为获取日本有关细菌战的所谓“研究成果”，阻碍司法公正，牺牲中国人民追究日本细菌战罪责的权利，与日本达成秘密交易的内幕，是研究日本细菌战罪行重要的一手史料。数据库下设日本细菌战档案、人物索引、地名索引、机构索引、疾病索引、相关报告、伯力审判庭审记录、相关历史事件 8 个子库，并为每份档案撰写中文提要，实现原始档案页级深度标引和全库知识点精准定位。数据库面向全社会提供免费公益使用，展示史实史证，助力学术研究，“让历史说话，用史实发言”。（摘编自国家图书馆网站）

第 12 届中国图书馆馆长与国际出版社高层对话论坛

9 月 16 日，由中国图书进出口（集团）有限公司、中国图书馆学会专业图书馆分会、中国图书馆学会高校图书馆分会以及国家科技图书文献中心共同主办的第 12 届中国图书馆馆长与国际出版社高层对话论坛以线上、线下相结合的方式在北京举办，此次论坛的主题为“AI 在学术出版和图书馆服务中的应用”。中国图书馆学会专业图书馆分会、中国图书馆学会高校图书馆分会、国家科技图书文献中心领导，以及国内各类图书馆馆长、国外出版社代表数十人现场参会，线上参与人数达 3 万人。

中国出版集团公司副总经理庞莉莉在致辞中从服务高校和专业图书馆馆藏建设的角度，阐述当前国内外数字出版的发展新趋势以及学术出版和图书馆服务升级的必要性与紧迫性。围绕论坛主题，NSTL 主任彭以祺、Elsevier 产品副总裁 Rose L’Huillier、中国科学院文献情报中心主任刘会洲、Springer Nature 大中华区总裁 Arnout Jacobs、重庆大学图书馆馆长杨新涯、SAGE 出版集团亚太区总裁 Rosalia Da Garcia 等 6 位中外专家分别做主旨发言，从不同角度解读图书馆与出版社在智能科技发展背景下的新定位与创新实践。（摘编自中国出版集团公司网站）

西北五省（区）图书馆第十五次科学讨论会

9 月 23—24 日，西北五省（区）图书馆第十五次科学讨论会在兰州召开。会议由西北五省（区）图书馆和五省（区）图书馆学会联合主办，甘肃省图书馆和甘肃省图书馆学会轮值承办，主题为“均衡　融合　发展：新时代西北地区图书馆创新与发展”。来自陕西、甘肃、青海、宁夏图书馆界的专家学者、图书馆工作者、企业代表等 120 余人参加现场会议，新疆图书馆代表和西北地区其他图书馆同人共 990 余人通过视频方式远程参加会议。

会议期间举行图书馆优秀服务案例视频展播，集中展示各省（区）图书馆学会推荐的“安康阅读起跑线——西安科技大学图书馆对口帮扶培训项目”“文化助盲，点亮心灯——甘肃省图书馆视障人群服务”等 8 个案例。通过典型示范带动作用，不断提升公共文化服务效能，让广大人民群众能够享受优质的图书馆服务，增强感受书香社会和美好生活的获得感、幸福感。

会议还特别邀请华东师范大学教授范并思做题为《防疫常态化背景下的图书馆阅读推广》的学术报告。陕西省图书馆常务副馆长李振杰、甘肃省图书馆馆长肖学智、宁夏回族自治区图书馆馆长韩彬、青海大学昆仑学院图书馆馆长王红霞、同方知网（北京）技术有限公司甘肃分公司副总经理王萍、北京世纪超星信息技术发展有限责任公司技术总监宋瑞等 6 位代表做工作交流，4 位获奖论文作者代表做学术交流，围绕会议主题，分别从不同角度做阐释。此次讨论会共收到学术征文 242 篇、业务案例 37 个。经评选，169 篇论文和 23 个案例分别获得一、二、三等奖。会议论文集《新时代西北地区图书馆创新与发展研究》由甘肃人民出版社出版，收录获奖论文 56 篇。

“西北五省（区）图书馆科学讨论会”始创于 1984 年，经过 30 多年的坚守，已发展成为西北五省（区）图书馆之间交流学术、互鉴工作、共谋发展不可或缺的平台，在推动与引领西北地区图书馆事业高质量发展中发挥着越来越重要的作用。（摘编自甘肃省图书馆网站）

第十届上海国际图书馆论坛（SILF 2020）

10月15—16日，以“图书馆新时代：坚守、转型、颠覆”为主题的第十届上海国际图书馆论坛（SILF 2020）在上海图书馆召开。受全球新冠肺炎疫情影响，本届论坛首次通过线上与线下研讨互动、网络会议与多平台直播相结合的形式召开，与不能到会的专家、同人在“云中”相聚，共襄盛会。来自10余个国家和地区的近百位代表出席本届论坛，20余位国内外专家和代表做学术分享，超过1.8万人次在线参与。

论坛开幕式由上海图书馆副馆长何毅主持。4个主旨报告从不同层面和角度呼应并深化论坛主题，同时从后疫情时代图书馆创新转型的理念和实践等角度，深度诠释对未来发展的思考。

“图书馆服务与管理创新”和“新一代图书馆建设”两个主题论坛设15个主题报告和1场现场嘉宾交流。10月15日的“图书馆服务与管理创新”主题论坛上安排了9个报告，由澳门大学图书馆馆长吴建中主持。会上，意大利米兰公共图书馆馆长Stefano Parise、美国纽约皇后公共图书馆馆长Nick Buron、美国卡内基梅隆大学图书馆馆长Keith Webster、美国佛罗里达州布劳沃德县图书馆馆长Kelvin Watson、英国国家图书馆文化与学习部主任Jamie Andrews与数字学习项目主制作人Anna Lobbenberg、美国加利福尼亚大学洛杉矶校区图书馆研究馆员程洪、瑞典查尔姆斯理工大学图书馆馆员Lisa Sjogren、德国知识解锁公司Amir Kahana以及河北省图书馆副馆长丁若虹先后围绕疫情下的图书馆服务创新、图书馆未来发展、新一代FOLIO平台、开放获取以及阅读空间改造等方面阐述观点与看法。

10月16日的“新一代图书馆建设”主题论坛设6个报告和现场互动环节，由国际图联图书馆建筑与设备委员会常务委员张甲主持。澳门大学图书馆馆长吴建中，丹麦SHL建筑事务所合伙人、设计总监Chris Hardie，丹麦奥胡斯公共图书馆馆长Marie Oestergaard，挪威奥斯陆德希曼公共图书馆馆长Knut Skansen，国际图联图书馆建筑与设备委员会委员Tonia Arahova，欧洲研究图书馆协会建筑分会委员Karen Latimer和澳大利亚悉尼大学图书馆馆长Philip Kent分别以《未完成的空间——新一代图书馆设计的亮点与难点》《转型中的图书馆：SHL的图书馆建筑》《丹麦奥胡斯公共图书馆——再造空间与视野》《新图书馆建设项目是内外部变革的难得机会》《图书馆建筑新趋势和社区新思考——以希腊国家图书馆新馆为例》《英国和爱尔兰图书馆空间规划趋势》为题做现场报告。（摘编自上海图书馆网站）

2020中国开放获取推介周

10月20—21日，2020中国开放获取推介周在中国科学院文献情报中心（以下简称“文献中心”）报告厅及腾讯会议平台召开。本次会议由文献中心主办，中国图书馆学会专业图书馆分会、中国图书馆学会高等学校图书馆分会、中国科学院自然期刊编辑研究会、中国机构知识库联盟、中国arXiv服务工作组协办，并得到《中国图书馆学报》、《图书情报工作》、*Data Intelligence*等多家媒体支持。

本届会议聚焦“开放科学付诸实践并融入社会”，分线上和线下两种形式进行，共有200余名同人参会，研讨开放获取在实践中的进展，着力解决更深层的开放科学的实践问题。

本届会议开幕式由文献中心副主任刘细文主持，文献中心主任刘会洲首先代表会议主办方致欢迎辞。刘会洲表示，开放获取周见证了我国开放获取事业的发展历程。随着我国开放获取运动在摸索中不断前进，开放获取周聚焦问题的广度与深度也在不断拓展，直面我国开放获取面临的新问题与新挑战，多方探讨，深入剖析，凝聚共识，助力我国开放学术交流体系构建。国家科技图书文献中心主任彭以祺为大会致开幕词。彭以祺从开放获取工作的重要性、疫情对文献情报工作的影响及推动开放获取工作的建议三个方面，指出开放获取正在走向开放科学，必须充分认识开放获取激发科技创新的重大意义，加大宣传推广，提高政策研究支持力度和机构重视程度，推动我国开放科学事业和经济社会发展。

本届会议设置 4 个研讨议题，涵盖开放科学理念与价值、开放获取与开放数据、开放科学基础设施和开放科学进程中的焦点问题，邀请来自科技界、教育界、出版界、图书馆界的 29 位国内外专家，分别就各议题展开详细介绍。

第一个议题“开放科学的理念与价值”由文献中心副主任刘细文主持，并开启首个会议报告。他指出，开放是科学的本质属性，开放科学是科学发展的必然趋势。全球各国开放科学政策实践发展程度不同，开放科学政策框架的搭建需要做充分的准备。上海市经济和信息化委员会信息推进处的薛威介绍上海市公共数据开放的发展历程、工作重点及实践案例。中国农业科学院农业信息研究所副所长赵瑞雪介绍科研第四范式的发展历程、发展特点、发展模式，并详细阐述中国农业科学院在开放获取运动方面所做的实践内容及成果。文献中心副主任张智雄指出开放学术交流变革的趋势，即研究者共识、学术交流模式变化、学术交流主体回归、科研人员成果发布方式、学术评估方式等。开放科学中心中国大使、德国莱布尼茨心理韧性研究中心博士后胡传鹏从用户的角度，围绕基础设施、元科学和社群等三个方面介绍开放科学中心的建设情况及取得的阶段性进展。

第二个议题围绕“开放获取和开放数据的实践与发展”，由文献中心资源建设部主任黄金霞主持。来自文献中心的赵昆华介绍开放获取在中国及中国科学院的实践进展与创新突破。国家科技图书文献中心专项任务部主任郑建程介绍在面向开放获取推动过程中国际科技图书文献中心的实践进展及成果。文献中心副研究馆员王昉分享当前国际开放获取运动中关于发展模式问题的迫切需求，并就重新审视开放获取对中国的价值及发展目标的趋势进行了说明。文献中心资源建设部主任黄金霞分享在全球开放获取期刊迅速发展的背景下如何在开放出版中进行数据监测的办法。Springer Nature 副总裁崔晓莹及 Digital Science 中国区业务发展总监白洁分别介绍 Springer Nature 在实现开放出版过程中的愿景、资助措施、转型策略及系列开放科学工具和数据共享平台。*Data Intelligence* 编辑部主任刘凤红围绕数据、软件、材料和方法等四个要素介绍研究要素出版的发展现状及现实价值，并基于 FAIR 原则及出版框架提出对出版模式的设想。Elsevier 学术关系总监康晓伶分享对研究数据进行有效管理的方法，包括标准、平台、工具、专业人员和协作机制等。文献中心副研究员李宜展介绍数据开放共享作为新范式下驱动科技创新的国际通行经验及对国家安全、个人隐私、知识产权、科研伦理等带来的新问题和挑战。

第三个交流主题为“开放科学基础设施的建设与应用”，由文献中心业务处处长韩涛主持。清华大学图书馆副馆长窦天芳介绍清华大学图书馆的开放获取的实践及开放科学支持计划。中国科学院西北生态环境资源研究院研究馆员马建玲介绍开放数据仓储库发展面临的挑战与机遇及下一代仓储库的核心功能及技术架构。中国科学院计算机网络信息中心大数据知识工程实验室主任杜一对国家自然科学基金大数据知识管理服务平台项目的相关工作及应用进行详细介绍。中国科学院高能物理研究所研究员刘鹏针对同步辐射光源的处理、管理、挖掘、存储和使用等工作进行介绍，引出下一步开放共享应解决的问题。中国科学院计算机网络信息中心高级工程师张丽丽介绍中国科技云的建设进展及与国际伙伴的合作活动，并分析面向未来的全球开放科学云建设重点。文献中心副研究馆员肖曼介绍开放科学环境下科研基础设施的建设现状及未来发展重点。SAGE出版集团亚太区总裁Rosalia Da Garcia介绍出版集团的开放获取实践特点及促进开放科学发展的理念。De Gruyter出版集团全球期刊出版总监、亚太出版合作伙伴关系副总裁Lyndsey Dixonr介绍De Gruyter出版社的开放获取实践及面向可操作开放获取期刊的标准与协议。

第四个议题聚焦"开放科学进程中的焦点问题"，由文献中心研究馆员赵艳主持。剑桥大学莎特沃兹基金会研究员Jenny Molloy指出，硬件是科学研究的重要组成部分，但目前的供应链限制许多人的使用从而阻碍创造和科学研究。《中国科学》杂志社总编辑任胜利重点介绍巨型期刊的发展情况及与我国本土期刊结合的可能性探讨。中国人民大学社会与人口学院教授、中国科学技术发展战略研究院研究员赵延东介绍利用科技政策回溯分析和文本政策比较分析方法对开放获取政策实践的内容进行分析的过程。文献中心研究员顾立平对国际出版集团的开放科学实践进行概括性阐述，并指出我国未来科技期刊可关注的重点。文献中心副研究馆员曾燕指出，Altmetrics借助开放科学数据的环境可发挥更大的价值，但需要深入研究其背后的复杂性。文献中心的刘静羽介绍开放科学中主要的知识产权问题及当前的应对策略。文献中心的邵曾婷介绍国内外开放获取周活动主题与内容，并对其关注焦点与演变过程进行总结分析。

会议最后由文献中心研究馆员赵艳做会议总结。她表示，本次会议的28场报告涉及从开放获取到开放科学各方面的主题，并探讨了许多该领域发展前沿以及重要的实践和理论问题。疫情的困难并未打消多方参与的热情，经过线上、线下两天的交流讨论，2020年中国开放获取推介周圆满落下帷幕。本次会议展示了各界在开放获取领域的丰富实践，也提出在开放科学背景下进一步深化开放获取运动的针对性建议，对我国开放共享事业发展起到重要指导意义。（摘编自中国科学院文献情报中心网站）

高校图书馆战"疫"时期服务教学优秀案例展示研讨会

10月23—24日，高校图书馆战"疫"时期服务教学优秀案例展示研讨会在四川大学召开。教育部高等学校图书情报工作指导委员会主任委员、北京大学图书馆馆长陈建龙，四川大学副校长姚乐野，北京大学、清华大学、中国人民大学、复旦大学、同济大学、南开大学、中国政法大学、四川大学等25所高校代表参加线下案例展示研讨会。来自高校图书馆界的多位专家、同人和相关人员共4200余人次参加线上会议，部分高校图书馆组织馆员集体收看会议直播。

会议由四川大学图书馆馆长党跃武主持。姚乐野致辞之后，举行高校图书馆战"疫"时期服务教学优秀案例证书颁发仪式。出席线下会议的领导和嘉宾为获得优秀案例的代表颁发荣誉证书。此次活动以探索、总结新形势下高校图书馆在应对国家重大突发事件时采取的应急管理和服务教育教学的方法、路径为目标，面向全国高校图书馆征集服务教学创新案例。活动共征集到来自全国高校80余所图书馆的93个案例，最终评选出"优秀案例"25项。颁奖仪式后，陈建龙做题为《电子资源服务教学：问题特征与服务创新》的主旨报告，他以北京大学图书馆新版"电子教参服务系统"为例，介绍在电子资源服务教学实践过程中所涉及的系统设计、内容建设、形式创新、版权保护等方面的创新经验，并提出"助人、精进、融洽、通变"的信息服务创新核心价值观。

此次研讨会的优秀案例展示环节由电子科技大学图书馆馆长杜丽主持。哈尔滨工业大学图书馆在案例中展示图书馆依托互联网平台和智能化工具环境，通过在线真人图书多元化活动，嵌入辅助服务教学活动，实现学习环境、资源、方式的融合，最终有效促进教与学过程的实践经验和成果。西北工业大学图书馆展示在重大突发公共事件下，图书馆开启以"助学"推动线上教研工作顺利开展，以"强心"带领学生通过阅读推广保持心理健康，以"笃行"倡导学生学有所践行等服务线上教学科研的有力举措和有效检验教学科研成果的创新手段及方式，并对图书馆提升资源保障能力、应急服务和管理能力等方面实践做经验总结。天津大学图书馆以《创新文化服务模式，助力战“疫”线上教学》为题，重点介绍图书馆积极拓展线上服务模式，搭建虚拟展览、利用网络直播开展线上真人图书馆活动、建设视频直播点播平台助力战“疫”期间的居家教学与学习的全过程。四川大学图书馆从“专业保障”“主动出击”“精准服务”三方面，分享图书馆战“疫”期间搭建线上教材教参服务平台、战“疫”专项服务平台，充分利用“两站两微两端”的融媒体平台，精准服务线上教学科研的过程和取得的经验与成果。西南科技大学城市学院图书馆通过案例展示本馆以网络为基础，以资源、技术、服务为依托，基于高校线上教学对学习资源、教学场所、知识传递等方面的需求创新构建的“六一四促”服务教学模式和通过线上教学活动对该模式进行的实践过程，并对图书馆在服务线上教学方面如何建立有效的保障机制做出思考。

23 日下午，在分会场举行了关于本次获奖案例中创新服务教学优秀案例和线上教学改革优秀案例的研讨，会议分别由四川师范大学图书馆馆长曹成建和西南交通大学图书馆馆长张祖涛主持。来自北京大学、清华大学、中国人民大学、复旦大学等高校图书馆的 20 位代表做案例分享。内容涉及线上教学资源和电子教参平台的搭建与服务保障、线上直播教学和网络课堂服务、精准教育教学云服务、突发事件图书馆应急服务保障、信息素养网络学堂搭建、信息检索课程教学创新、线上阅读推广的路径探索等。案例全面展示高校图书馆在应对重大公共卫生安全突发事件、面临新挑战时的应急管理能力、资源建设策略和创新服务成果。

2020 年突发的新冠肺炎疫情既是危机，也是机遇。全国高校为疫情防控而开展的在线教育教学，对运用信息化手段推进教育教学改革具有重大意义。在新冠肺炎疫情背景下开展的线上教学服务、信息资源建设和远程服务管理等是高校图书馆积极应对外部环境变化、创新服务教学方式的一次实践经历，对全国高校图书馆在未来创新线上教学服务，探索保障高校教学科研、学科建设、人才培养的新路径、新体系具有重要价值。（摘编自教育部高等学校图书情报工作指导委员会网站）

第十三届图书馆管理与服务创新论坛

10 月 29—30 日，第十三届图书馆管理与服务创新论坛在徐州举行。此论坛由教育部高等学校图书情报工作指导委员会及上海交通大学图书馆等单位联合主办，中国矿业大学图书馆承办，主题为“数据、服务、管理：规划与突破——畅想 Lib2035”。论坛采用线上为主、线下为辅的形式进行。来自全国各地的 1000 余名代表参与线上会议，北京大学、清华大学等 20 余所知名高校与研究机构的专家学者现场参会并做主题报告。

论坛聚焦“十四五”规划和 2035 年远景目标，围绕数据与资源、系统与管理、用户与服务、战略与规划等四个方面开展交流研讨，广泛深入地探讨图书馆在新时代背景下的创新转型和可持续发展策略。在主旨报告环节，北京大学图书馆馆长陈建龙，清华大学图书馆馆长王有强，中山大学文献与文化遗产管理部主任、国家文化遗产与文化发展研究院院长程焕文，中科院文献情报中心教授初景利，四川大学图书馆馆长党跃武等专家，分别做题为《大学图书馆 2035》《清华大学图书馆“十四五”发展规划：目标、思路与任务》《挑战与回应：中国高校图书馆的发展方向》《全球开放获取发展态势与中国高校图书馆应对路径》《高校图书馆“十四五”发展规划的若干关键词》的主旨报告。专题报告阶段分别以“数据与资源：开放驱动创新”“系统与管理：智慧催生效能”“用户与服务：柔性提升精准”“战略与规划：蓝图擘画未来”为主题，由来自东北师范大学、北京大学、西安交通大学、南京大学、重庆大学、澳门科技大学、大连理工大学、安徽大学、南京大学、南开大学、西南交通大学等高校图书馆和上海图书馆的 13 位专家分享最新研究成果与观点。（摘编自上海交通大学网站）

第 32 届全国十五城市公共图书馆工作研讨会

11 月 20 日，由中国图书馆学会主办，厦门市图书馆和厦门市图书馆学会承办的第 32 届全国十五城市公共图书馆工作研讨会在厦门举行，主题为“重大突发公共事件与图书馆事业发展”。受新冠肺炎疫情的影响，今年首次采取视频会议的形式，并通过直播平台向十五城市公共图书馆同人开放，在线观看及回看达 3293 人次。

研讨会现场连线南开大学教授柯平、上海图书馆副馆长周德明、武汉图书馆馆长李静霞、中国索引学会副理事长叶艳鸣，4 位专家围绕主题做线上主旨报告，分别就城市公共图书馆的高质量发展、疫情背景下线上与线下结合的服务与创新、新时代图书馆专业性的追问与思考、后疫情时代智慧图书馆的发展等内容，为大家带来专业性的指导，启发大家对疫情防控常态化背景下未来图书馆事业的发展进行思考。与会嘉宾围绕会议主题开展线上工作交流。各馆针对疫情期间的抗疫实践、疫情背景下线上与线下相结合的服务创新等相关问题，分享各自的做法和经验。会议紧密联系当前社会背景，探讨重大突发公共事件下图书馆的社会作用和价值以及图书馆人的使命和担当，展望未来公共图书馆的发展。（摘编自中国图书馆学会网站）

第二届中国高校智慧图书馆（馆长）论坛

11 月 26 日，由北京地区高校图书馆工作委员会、北京地区高校图书馆文献资源保障体系、中国传媒大学等单位共同主办的第二届中国高校智慧图书馆（馆长）论坛在中国传媒大学举行，主题为“展望‘十四五’，促进智慧图书馆大发展”。此次论坛采取线下主会场和线上分会场相结合的形式，全程现场直播，北京地区部分高校图书馆馆长、副馆长等 60 余人参加现场论坛，线上观看达 60 万人次。

国家图书馆馆长、中国图书馆学会理事长饶权，教育部教育装备研究与发展中心副主任赵宪志，中国传媒大学党委副书记姜绪范、校长助理王志、党委宣传部部长杨懿等领导嘉宾出席论坛开幕式。中国传媒大学图书馆、传媒博物馆、校史馆馆长潘力主持开幕式，姜绪范、赵宪志、饶权分别致辞。论坛主旨报告环节由杨懿主持。教育部教育装备研究与发展中心文科教育装备处处长张瑜、中国高等教育文献保障系统管理中心副主任陈凌、武汉大学数字图书馆研究所所长黄如花、北京大学信息管理系教授刘兹恒和上海图书馆副馆长刘炜分别做主旨报告。清华大学图书馆副馆长邵敏和中国农业大学图书馆馆长周志强分别主持主题环节，北京师范大学图书馆馆长王琼、上海交通大学图书馆馆长李新碗、重庆大学图书馆馆长杨新涯、中国人民大学图书馆副馆长张丹东、中国索引学会副理事长叶艳鸣、首都师范大学图书馆副馆长熊丽、中国农业大学图书馆副馆长韩明杰、中国传媒大学图书馆副馆长章振兰、同方知网大数据中心副总经理夏晨曦等先后发言。围绕“展望‘十四五’，促进智慧图书馆大发展”的主题，与会嘉宾从资源建设、信息服务、图书馆空间再造等不同角度和层面探讨智慧图书馆建设当前面临的挑战和未来的发展方向。（摘编自中国传媒大学网站）

中国图书馆学会专业图书馆分会 2020 年学术年会

12 月 8 日，由中国科学院文献情报中心承办的中国图书馆学会专业图书馆分会 2020 年学术年会在北京举办。此次年会正值国家“十三五”收官、“十四五”谋划起始之年，年会继续坚守“知识服务”这一时代主题，围绕“聚焦科技创新新战略，拓展知识服务新技能”的主题，重点交流、探讨专业图书情报机构面向“十四五”及未来发展的战略定位、发展目标、核心任务和发展路线，交流探讨专业图书情报机构可持续发展的核心能力建设。鉴于疫情防控要求，来自北京地区近 60 家专业、高校、公共图书馆以及各类型图情机构的 150 多名同人参加会议。

会上，中国科学院文献情报中心副主任张智雄报告由 NSTL 和中国科学院支持的 AI 引擎的建设成果，NSTL 主任彭以祺和中国科学院文献情报中心副主任刘细文宣布“科技文献知识人工智能引擎”正式发布。随后，大会报告分两部分展开。第一部分围绕“图书馆‘十四五’规划及中长期发展思考”，国家图书馆研究院院长申晓娟、中国科学技术信息研究所（国家工程技术图书馆）信息资源中心主任曾建勋、上海图书馆副馆长刘炜、中国社会科学院图书馆副馆长张大伟分别发言。第二部分“文献情报发展的新挑战、新业态、新赋能、新实践”，由专业图书馆分会副主任、中国航空工业发展研究中心专务张魁清研究员主持，中国科学技术发展战略研究院丁明磊、国家农业图书馆副馆长赵瑞雪、中国医学科学院医学信息研究所副所长唐小利、中国科学院战略咨询研究院党委副书记刘清、科睿唯安学术研究事业部马亚鹏、清华大学图书馆副馆长邵敏、中国科学院文献情报中心业务管理处处长韩涛先后发言。（摘编自中国图书馆学会专业图书馆分会网站）

2018—2022 年教育部高等学校图书情报工作指导委员会第三次工作会议

12 月 14—16 日，2018—2022 年教育部高等学校图书情报工作指导委员会第三次工作会议在北京大学举办。教育部高教司课程教材与实验室处调研员刘永强莅临指导，教育部高等学校图书情报工作指导委员会（以下简称“高校图工委”）主任委员、副主任委员和委员，教育部高职高专院校分委员会主任、副主任、秘书长，各省（自治区、直辖市）高等学校图书情报工作委员会主任、秘书长，共 60 余位专家出席会议。此外，会议采用线上直播的方式，保障因受疫情影响而无法参会的嘉宾方便、安全地参会。

会议的主题是传达、学习党的十九届五中全会精神、《中共中央关于制定国民经济和社会发展第十四个五年规划和二〇三五年远景目标的建议》，传达、学习教育部关于高等教育的新方针、新战略，并在深入领会上述内容的基础上，探讨如何与国家规划衔接，融入高等教育大局，科学制定高校图书馆“十四五”发展规划。

高校图工委主任委员、北京大学图书馆馆长陈建龙主持会议开幕式，并以北京大学校务委员会副主任的身份，代表北京大学致辞，对于在 2020 年新冠肺炎疫情肆虐的严峻形势下，高校图工委团结、带领各高校图书馆科学探索新型服务模式，迎难而上取得的成绩给予赞许。

主题报告分别由高校图工委副主任委员程焕文、陈进、崔波主持。秘书长陈凌做题为《2018—2022 年教育部高等学校图书情报工作指导委员会 2020 年工作总结与 2021 年工作设想》的报告，他回顾 2019 年高校图工委年会计划开展的各项工作，如加强对高校图书馆真实情况的调查研究，要站在新时代高等教育、高校图书馆的全局高度，对各级各类高校图书馆的发展提出方向性、纲领性的建议或指南等，继而提纲挈领地总结了2020年高校图工委的四项重点工作的开展情况，介绍了疫情突发情况下高校图工委开展服务的情况，如：编制《全国高校图书馆疫情防控期间服务创新情况调研报告》《全国高校图书馆疫情防控期间电子教参建设支撑线上教学情况调研报告》；向高校图工委委员所在图书馆发起《关于向武汉市本科院校图书馆捐赠口罩的倡议》，共捐赠5万余只防护口罩、1万余双防护手套以及其他防护物品；举办“顾大局、保底线，在常态化疫情防控中全力推进高校图书馆转型发展”线上研讨会；撰写《高校图书馆发展报告（2019）》；举办第十三届图书馆管理与服务创新论坛；继续开展边防书屋建设等。陈凌在报告的最后提出2021年高校图工委的工作设想。武汉大学图书馆馆长王新才做题为《明确目标、集思广益、务实创新——武汉大学图书馆“十四五”规划编制的经验与思考》的报告，从6个方面分享了武汉大学图书馆在编制“十四五”规划时的思考，如在资源建设上凸显内涵、注重特色；在服务上围绕中心服务大局，不断提升服务水平；强化引领拓展功能，努力推进智慧图书馆建设；立德树人创新驱动，大力加强图书馆文化建设；注重深入挖掘特色资源，积极开展特藏和古籍保护工作；积极探索统筹规划，努力开展人才队伍建设。南京大学图书馆馆长程章灿做题为《“四大资源”建设实践与展望——以南京大学图书馆“十四五”规划为例》的主题报告，围绕图书馆人才资源、文献资源、智慧资源、文化资源等四大资源，介绍南京大学图书馆在进行“十四五”规划时的定位与思考，提出“四中心一平台”的战略构想。西安交通大学图书馆馆长贾申利在题为《西安交通大学图书馆“十四五”规划编制框架》的报告中强调，大学图书馆在编制“十四五”规划时，一定要积极融入学校发展的大格局。华中师范大学信息管理学院院长李玉海在《服务“双新全金”的高校图书馆“十四五”规划探析》的报告中，汇总2017年以来高等教育改革发展的各项重要文件，总结建设高质量教育体系的图书馆视角，围绕“双一流”“新工科、新文科”“全方位育人”“金课”，提出“十四五”规划中的三要素，即格局要素、资源要素、服务要素。

下午的两个主题报告采用视频报告的形式。西南交通大学公共管理与政法学院党委书记高凡做题为《高校图书馆战略规划编制中的几个问题》的报告，向参会代表分享编制图书馆“十四五”规划的注意事项。美国哥伦比亚大学东亚图书馆中文部的负责人王成志做题为《哥伦比亚大学图书馆的战略方向和方法流程》的报告，分享美国一流大学图书馆在编制战略规划时的方法和流程。

下午的分组讨论和报告分别由高校图工委副主任李洪渠和刘万国主持。与会代表分为4个小组进行讨论。各组代表结合高教司领导讲话，讨论如何领会和落实；基于主题报告带来的启发，讨论如何制定高校图书馆“十四五”发展规划；结合高校图工委年度工作总结，讨论如何扬长补短；审议修订的“教育部高校图书馆事实数据库”统计指标、各工作组下一步的工作思路以及与高校图书馆发展有关的其他议题。各小组选出的代表在总结环节分享、交流了各小组的集体思考和工作计划，对于一些共性的问题提出富有建设性的意见和建议，比如对于统计标准、规范制定的建议，对于高校图工委如何加强对上和对下的沟通与协调从而发挥好纽带与桥梁的作用，高校图工委如何从整体性和系统性上帮助各高校图书馆提升在学校的不可或缺性等。

中国教育图书进出口有限公司作为长期服务于高校图书馆的文献资源进出口企业，是高校图书馆的重要合作伙伴。王建新总经理做题为《数字化环境下的文献引进和服务》的报告，介绍中国教育图书进出口有限公司在数字化环境下不断创新服务方式、深化服务内容的各项举措。与会代表对该公司一直以来提供的优质服务表示赞赏，并对公司未来进一步提升综合服务水平提出更高期望。

陈建龙在会议总结中号召各高校图书馆通过此次会议的学习和交流，努力提升“十四五”发展规划的编制水平，使高校图书馆根植校园、承续因缘，为大学创造独特价值；实现人才济济、资源富集，打开事业新格局；获得“斯文在兹、道隐无名”的内涵式大发展。（摘编自教育部高等学校图书情报工作指导委员会网站）

新时代公共图书馆服务与建设创新研讨会

12 月 14—16 日，由中国图书馆学会公共图书馆分会主办、首都图书馆和北京市图书馆协会承办、同方知网（北京）技术有限公司支持的第四次新时代公共图书馆服务与建设创新研讨会以视频会议的形式在首都图书馆召开，全国各地的图书馆业界同人通过网络直播方式参与，共 8800 人次在直播期间参与学习交流，浏览量超过 1.5 万次。

开幕活动由北京市图书馆协会理事长、首都图书馆党委书记肖维平主持，中国图书馆学会副理事长、公共图书馆分会主任刘小琴和同方知网（北京）技术有限公司公共服务事业部总经理成鑫先后致辞。

上海社会科学院信息研究所研究员王世伟以《以七大结构优化提升“十四五”时期公共图书馆水平》为题，南开大学商学院信息资源管理系教授柯平以《面向“十四五”的公共图书馆品牌营销战略》为题，清华大学图书馆馆长王有强以《开创公共图书馆服务新格局》为题，分别做主题报告。

案例分享环节，内蒙古自治区通辽市科尔沁区图书馆馆长王黎、湖北省图书馆社会教育部副主任曹星月、山东省图书馆信息网络中心（省文化信息资源共享中心办公室）副主任周浩、武汉图书馆办公室主任鄢静慧、长沙市图书馆合作推广部副主任王璐、佛山市图书馆读者服务部主任庞建民、金陵图书馆馆员张俊、山西省晋中市图书馆副馆长胡萍，分别做经验交流并开放讨论。同方知网（北京）技术有限公司公共服务事业部运营总监王建为介绍了中华优秀传统文化推广服务新实践。

交流案例由广东图书馆学会理事长、广东省立中山图书馆馆长王惠君，辽宁省图书馆学会副理事长、辽宁省图书馆馆长杜希林，福建省图书馆学会理事长、福建省图书馆馆长郑智明，湖北省图书馆党委书记、馆长刘伟成，天津市图书馆学会理事长、天津图书馆馆长李培，武汉图书馆馆长李静霞分别进行点评。会议最后由公共图书馆分会副主任、重庆图书馆馆长任竞做会议总结。（中国图书馆学会公共图书馆分会）

全国数字图书馆建设与服务联席会议第二十一次会议

12 月 18 日，由中国社会科学院图书馆承办的全国数字图书馆建设与服务联席会议第二十一次会议在中国社会科学院举行。来自文化和旅游部、国家图书馆、文化和旅游部全国公共文化发展中心、上海图书馆、中国科学院文献情报中心、CALIS 管理中心（北京大学图书馆）、CADAL 项目管理中心（浙江大学图书馆）、中共中央党校（国家行政学院）图书和文化馆、中国社会科学院图书馆、中国社会科学院中国历史研究院、中国图书馆学会等单位的 30 余位代表参加此次会议，并围绕“十四五”数字图书馆发展规划这一议题展开相关研讨。

中国社会科学院图书馆馆长王岚，文化和旅游部公共服务司事业发展处处长王晓松，中国图书馆学会副理事长刘小琴先后致辞。中国社会科学院图书馆副馆长张大伟主持会议。王岚指出，数字图书馆建设与服务联席会议是推进全国数字图书馆建设的重要基地，在促进全国数字图书馆建设与发展方面发挥了重要的作用。党的十九届五中全会审议通过的《中共中央关于制定国民经济和社会发展第十四个五年规划和二〇三五年远景目标的建议》，对建设新一代数字图书馆具有重要的指导意义。他表示，未来数字图书馆发展规划工作的开展，要以习近平新时代中国特色社会主义思想为指导，贯彻落实党的十九届五中全会精神，以高水平服务为目标，以高质量发展为核心，以改革创新为动力，系统总结“十三五”，深入谋划“十四五”。王晓松肯定了联席会议在推进公共文化服务数字化建设方面发挥的重要价值和示范带动作用。他表示，数字图书馆的建设充分体现了十九届五中全会提出的坚持系统观念的原则，具有前瞻性。它作为公共文化服务领域的一个重要的环节，是带动和推动整个公共文化服务发展的一个重要的环节，也是推动2035年文化强国建设的一个重要载体。刘小琴表示，当前新一轮科技革命和产业变革正在深入推进，我国全面建成小康社会的工作取得决定性成就，即将开启全面建设社会主义现代化国家新征程。我国图书馆事业即将迎来新的重要发展机遇，也将面临许多亟须解决的问题。人民群众日益增长的多元文化需求，对图书馆的服务提出新的更高要求，数字图书馆建设与服务同样需要转型创新发展。

会上，各联席单位代表分别做主题发言，并对第二十二次联席会议的承办单位、主题等事宜进行商讨。会后，与会代表参观中国社会科学院图书馆。（摘编自中国社会科学院图书馆网站）

法律法规与政策性文件

法律法规与政策性文件综述

一、2020 年图书馆防疫政策

2019 年底，一场突如其来的新冠肺炎疫情在武汉爆发。面对这场新中国成立以来我国发生的传播速度最快、感染范围最广、防控难度最大的重大突发公共卫生事件，全国各地陆续采取突发公共卫生事件一级应急响应。图书馆作为人员密集的公共空间，为确保读者和职工身体健康，避免发生群体聚集性感染，各地公共图书馆相继闭馆以配合政府和社会抗击疫情。在国务院、国家卫生健康委员会、文化和旅游部、教育部以及各地方政府先后出台的一系列防控政策和部署中，大多都涉及图书馆疫情防控工作。2020 年发布的图书馆行业政策文件中最显著的特点就是强调疫情防控工作。

从《国务院应对新型冠状病毒肺炎疫情联防联控机制综合组关于印发重点场所重点单位重点人群新冠肺炎疫情防控相关防控技术指南的通知》《国务院应对新型冠状病毒感染肺炎疫情联防联控机制关于做好新冠肺炎疫情常态化防控工作的指导意见》，到文化和旅游部发布的《公共图书馆、文化馆（站）恢复开放工作指南》等多个国家政策文件，都对图书馆疫情防控工作做出指导。如文化和旅游部公共服务司于 2020 年 2 月 25 日印发的《公共图书馆、文化馆（站）恢复开放工作指南》，提出恢复开放的总体要求为：一是坚持分区分级，不搞“一刀切”；二是坚持防疫优先，做好恢复开放的预案和准备工作。随着我国疫情逐步得到有效控制，自 2 月 29 日起，全国部分省份公共图书馆通过读者预约入馆、限流错峰的方式，开始有序适度地恢复开放服务。各地结合国家、文化和旅游部的相关政策，相继制定本地区的疫情防控工作指导，据统计，全国 31 个省（自治区、直辖市）的疫情防控工作中都提及图书馆。有些地区还专门出台文旅行业的疫情防控工作政策，如《广西壮族自治区文化和旅游厅关于印发支持打赢疫情防控阻击战、全面振兴文旅经济若干措施的通知》《辽宁省新型冠状病毒感染的肺炎疫情防控指挥部关于印发辽宁省文化和旅游业复工复产疫情防控措施 20 条的通知》《内蒙古自治区文化和旅游厅关于进一步做好文化和旅游场所安全有序开放的通知》《吉林省文化和旅游厅关于全省文旅行业复工复产工作的指导意见》《湖南省文化和旅游厅、湖南省财政厅关于印发〈支持文化和旅游业战疫情促发展的若干措施〉的通知》等。

为了解高校图书馆在疫情防控中的作为，教育部高等学校图书情报工作指导委员会在 2 月 26 日发布《关于调研防控新型冠状病毒肺炎疫情期间高校图书馆开展服务情况的通知》，要求既要调研总体防控情况，又要重点了解在精准施策、创新服务方面的突出举措；既要调研疫情防控初、中期的情况，也要了解疫情后期为开学开馆所制订预案的情况。通知下发后，很快收到 29 个省（自治区、直辖市）高校图工委报送的本地高校图书馆在疫情防控中开展服务情况的报告。

二、“十三五”时期图书馆政策法规梳理

2020 年是“十三五”规划收官之年。总结梳理“十三五”时期的图书馆政策发展有着承前启后的重要意义。在 2016—2020 年期间，图书馆政策法规制定与发展的工作取得突破性进展，《中华人民共和国公共文化服务保障法》和《中华人民共和国公共图书馆法》相继出台，各个层级的图书馆“十三五”事业发展规划陆续发布。其中，文旅融合背景下的图书馆发展战略，以及保障公共文化服务均等化发展的政策等内容尤为丰富。

（一）《中华人民共和国公共文化服务保障法》和《中华人民共和国公共图书馆法》出台

1.《中华人民共和国公共文化服务保障法》

2015 年，中共中央办公厅、国务院印发《关于加快构建现代公共文化服务体系的意见》，要求在公共文化服务领域加紧制定一系列保障性的法律来促进广大人民群众在享受公共文化服务方面的标准化和均等化。2016 年 12 月，《中华人民共和国公共文化服务保障法》（以下简称《公共文化服务保障法》）由第十二届全国人民代表大会常务委员会第二十五次会议通过并正式颁布。这部法律的制定与颁行，

体现了党和国家对公共文化事业的高度重视。

《公共文化服务保障法》是文化领域的基础性、全局性、基本性重要法律，包括"总则""公共文化设施建设与管理""公共文化服务提供""保障措施""法律责任"和"附则"共6章、65条。它的出台落实了宪法精神，同时将党中央、国务院制定的公共文化服务的一些政策方针等法治化，以全面的、法律的形式保障广大人民群众的基本文化权益，对于完善公共文化服务体系，保障人民群众的公共文化权利，促进人民群众文化素质的提高都具有重要意义。

2.《中华人民共和国公共图书馆法》

一部完善的图书馆法律可以为图书馆的各项工作提供遵循的准则，也是图书馆各项事业正常发展的保证。2017年11月4日，第十二届全国人大常务委员会第三十次会议通过《中华人民共和国公共图书馆法》(以下简称《公共图书馆法》)。《公共图书馆法》是新中国成立以来第一部国家层面的图书馆法律，从启动制定到审议通过历经16载，它的出台，为公共图书馆建设、运行和服务提供了根本保障，对于完善我国文化法律制度、提高文化治理能力、推动公共图书馆事业持续健康发展具有重要意义。

《公共图书馆法》包括"总则""设立""运行""服务""法律责任""附则"，6章、55条。它的历史贡献主要体现在：对公共图书馆做出既体现国际一般规律又具有中国特色的法律界定；指引我国公共图书馆事业发展方向；呼应新时代社会主要矛盾转化的历史要求；明确政府设立和保障公共图书馆的责任；创新公共图书馆体制机制；促进公共图书馆服务与现代科技融合发展；确立引导和鼓励社会力量参与的基本方针；明确国家图书馆的性质功能，完善出版单位出版物交存制度。法律明确提出国家扶持革命老区、民族地区、边疆地区和贫困地区公共图书馆事业发展的基本原则，以促进全国各地文化的均衡发展和人民群众平等接受文化教育的权利。

为切实做好该法的学习宣传和贯彻落实工作，文化部办公厅发布《文化部办公厅关于学习宣传贯彻〈中华人民共和国公共图书馆法〉的通知》，要求各地方文化厅(局)、国家图书馆、文化部全国公共文化发展中心加强组织领导、抓好培训学习、开展普法宣传、完善配套制度、推进重点任务落实、加强执法监督检查。黑龙江省、福建省福州市等地也相应制定本地区贯彻落实《公共图书馆法》的文件。

《公共图书馆法》的颁布，为公共图书馆的建设与发展提供了法律依据，公共图书馆事业由此迈入法治化的发展轨道。

(二)"十三五"战略规划引领事业发展

图书馆事业发展规划是国家和地方政府管理图书馆事业的工具，也是图书馆事业管理的关键抓手。"十三五"时期是我国图书馆事业发展的关键时期，各级公共图书馆以战略规划为关键抓手，推动图书馆事业在政策制度、设备设施、服务效能和管理体制等方面取得历史性突破。

一方面，各类公共文化服务"十三五"规划陆续发布。从国家层面看，《文化部"十三五"时期公共数字文化建设规划》《"十三五"推进基本公共服务均等化规划》《文化部"十三五"时期文化产业发展规划》《"十三五"时期繁荣群众文艺发展规划》等系列文件在总结分析"十二五"事业发展成就和问题的基础上，部署安排"十三五"事业发展重点。一些地区，如山西省、内蒙古自治区、上海市、重庆市、湖北省武汉市、广东省佛山市等地，也结合本地区事业发展现状和需要，制定本地区文化事业或公共文化服务体系的"十三五"发展规划，对未来五年图书馆事业发展给出方向。如山西省人民政府印发的《山西省"十三五"文化强省规划》中，对图书馆的设施建设、数字图书馆建设、流动图书馆建设、图书馆免费开放、图书馆理事会制度建设以及图书馆事业法治化建设等都做出相应部署。而且，在国家层面或全国各地制定的教育"十三五"规划、科技发展"十三五"规划、老龄事业"十三五"规划、信息技术"十三五"规划等政策文件中，也多提及图书馆事业的发展。

另一方面，专门的图书馆战略发展规划也大量出台。2017年7月，文化部发布《"十三五"时期全国公共图书馆事业发展规划》，明确"十三五"时期全国公共图书馆事业发展主要目标、重点任务和保障措施。重点任务主要包括：完善公共图书馆设施服务网络；加强文献信息资源保障能力建设；提高服务效能，推进公共图书馆服务均等化建设；加强新技术应用，提升数字化服务能力；充分利用馆藏资源，传承和弘扬中华优秀传统文化；加强政策理论研究，完善相关法律法规和行业标准；创新管理体制机制，促进社会化发展；加强国际交流与合作，进一步提升国际影响力。该规划出台后，各地区及各图书馆在自身公共图书馆事业实践基础上相继出台符合全国公共图书馆事业发展规划要求的地区性公共图书馆事业发展规划，使其对公共图书馆事业发展的指导更具有针对性。据不完全统计，全国有28家省级公共图书馆制定了“十三五”时期发展规划，此外，全国各高校图书馆、专业图书馆、党校图书馆以及中国图书馆学会也都制定了发展规划。各图书馆的发展规划结合自身环境、服务对象和未来定位的不同，各有侧重地确定自身的重点任务。例如，辽宁省图书馆提出完成全省公共图书馆联盟的制度化建设；南京图书馆提出要强化科学研究，以多种形式鼓励员工开展图书馆学、国学以及相关课题的研究；重庆图书馆重点任务中涵盖图书馆事业发展顶层设计，包括对“公共图书馆立法”“构建决策层和管理层的权利责任清单”的推进等。此外，《“十三五”时期全国古籍保护工作规划》《全国图书馆标准化技术委员会“十三五”发展规划》等图书馆专项业务工作发展规划也陆续发布。

可以说，“十三五”期间是图书馆规划文本制定的一个爆发期。从全国公共图书馆事业发展规划到各个图书馆出台的发展规划，都对图书馆适应新环境、拓展服务能力、实现全面可持续发展起到了积极作用。

（三）政策保障公共文化服务均等化发展

2017年1月，国务院发布《“十三五”推进基本公共服务均等化规划》。作为“十三五”时期推进基本公共服务体系建设的综合性、基础性、指导性文件，该规划明确制度建设框架，提出系列政策措施，强调按照“兜住底线、引导预期，统筹资源、促进均等，政府主责、共享发展，完善制度、改革创新”的基本要求，稳步提高均等化水平，全面建立标准体系，巩固健全保障机制，衔接完善制度规范。规划设定的目标是力争到2020年，基本公共服务体系更加完善，体制机制更加健全，在学有所教、劳有所获、病有所医、老有所养、住有所居等方面持续取得新进展，总体实现基本公共服务均等化。

为推进公共文化服务均等化，相关政策制定主要从三个方面入手。

第一，推进城乡均等，促进公共文化服务均衡发展。2016年12月，文化部、国家新闻出版广电总局、国家体育总局、国家发展和改革委员会、财政部五部门联合印发《关于推进县级文化馆图书馆总分馆制建设的指导意见》。这一文件是在当时县级文化馆图书馆服务能力不强、县域内公共文化资源缺乏整合、城乡公共文化服务发展不均衡的背景下制定的。文件提出，到2020年，全国具备条件的地区因地制宜建立起上下联通、服务优质、有效覆盖的县级文化馆、图书馆总分馆制，广大基层群众享受的基本公共文化服务内容更加丰富，途径更加便捷，质量显著提升，均等化水平稳步提高。各地为推进基层公共文化服务均等化，也出台了一些地方性政策，如北京市文化局印发《北京市基层图书服务资源整合实施管理办法》，江苏省人民政府办公厅印发《省政府办公厅关于推进基层综合性文化服务中心建设的实施意见》，广西壮族自治区人民政府办公厅印发《广西“十三五”基本公共服务均等化规划》，甘肃省人民政府办公厅印发《甘肃省“十三五”推进基本公共服务均等化规划》等。2018年9月，中共中央、国务院印发《乡村振兴战略规划（2018—2022年）》，该规划提出要“推动县级图书馆、文化馆总分馆制，发挥县级公共文化机构辐射作用，加强基层综合性文化服务中心建设，实现乡村两级公共文化服务全覆盖，提升服务效能”。随后，江苏、安徽、山东、河南、广西、海南等地在制订本地乡村振兴发展政策文件中，也对公共图书馆事业均衡发展做出规定，如《中共江苏省委　江苏省人民政府关于贯彻落实乡村振兴战略的实施意见》提出要“加强基层文化资源整合，推进公共数字文化建设，实现县级图书馆、乡镇文化站、农家书屋资源共享”。

第二，推动地区均等，带动贫困地区发展。党的十八大报告指出：“扎实推进社会主义文化强国建设，坚持面向基层、服务群众，加快推进重点文化惠民工程，加大对农村和欠发达地区文化建设的帮扶力度，继续推动公共文化服务设施向社会免费开放。”在这一战略布局下，“十二五”时期就出台了《文化部“十二五”时期公共文化服务体系建设实施纲要》《关于推进基层综合性文化服务中心建设的指导意见》；到“十三五”时期，《公共文化服务保障法》《关于戏曲进乡村的实施方案》《“十三五”时期文化扶贫工作实施方案》等政策法规先后出台。特别是2017年5月文化部发布的《“十三五”时期文化扶贫工作实施方案》，进一步明确必须贯彻落实国务院"十三五"脱贫攻坚规划，同时对文化扶贫工作的指导思想、基本原则、阶段目标、主要任务、组织实施等方面做出具体部署，为充分发挥文化对脱贫攻坚工作的促进作用提供有力保障。

第三，推进群体均等，重点保障特殊人群的基本文化权益。在国家层面，文化部、国务院农民工工作领导小组办公室、全国总工会联合发布《关于进一步做好为农民工文化服务工作的意见》，中国残联、文化部、国家新闻出版广电总局、国家体育总局联合发布《关于印发残疾人文化体育工作"十三五"实施方案的通知》；在各地制定的保障特殊人群权益的政策文件中，也强调了为老年人、未成年人、残疾人、进城务工人员、农村留守妇女儿童、生活困难群众等特殊人群提供公共文化服务的内容，如《上海市老年人权益保障条例》《吉林省无障碍环境建设管理办法》《杭州市人民政府关于印发杭州市妇女发展"十三五"规划和杭州市儿童发展"十三五"规划的通知》等。

（四）文旅融合政策推动图书馆价值得以更深度开发

2018 年，国务院机构改革方案将文化部、国家旅游局的职责整合，组建文化和旅游部，4 月 8 日，新组建的文化和旅游部正式挂牌，统筹规划和管理文化与旅游事业，促进文旅融合发展。自此后，在国家和各地制定的旅游类相关政策文件中，也多处将图书馆事业纳入其中。《国务院办公厅关于促进全域旅游发展的指导意见》指出要加强旅游惠民便民服务，推动公共图书馆、文化馆、科技馆等免费开放；《中共中央　国务院关于完善促进消费体制机制进一步激发居民消费潜力的若干意见》中指出，文化旅游消费领域要"努力提供更多优秀文化产品和优质文化服务"；《文化和旅游部关于做好冬季旅游产品供给工作的通知》则提出要"把博物馆、图书馆、美术馆、文化馆、古籍展示馆、非物质文化遗产传习所等文化场所纳入旅游线路，推动更多文化资源和文化要素转化为旅游产品，以弥补传统旅游产品供给不足的短板"。

此外，各级地方政府在推进全域文化旅游产业、发展夜间文化旅游经济等的文件中都将图书馆作为促进旅游发展的一项重要内容。如广东省、云南省、广西壮族自治区南宁市等地在全域旅游发展规划中都对公共图书馆做出相应规定。《中共广西壮族自治区委员会、广西壮族自治区人民政府关于加快文化旅游产业高质量发展的意见》中指出要"结合推进基层综合性文化服务中心建设，完善市县公共图书馆、文化馆、博物馆等文化设施的旅游服务功能"；《中共四川省委、四川省人民政府关于大力发展文旅经济加快建设文化强省旅游强省的意见》指出要"推动文旅便民惠民利民。逐步实施公共图书馆、文化馆、博物馆、纪念馆、美术馆、科技馆、爱国主义教育基地等错时延时开放"；《山东省人民政府办公厅关于加快推进夜间旅游发展的实施意见》指出要"丰富夜游文化体验。延长博物馆、文化馆、图书馆、美术馆、工人文化宫和影剧院、音乐厅、体育馆等文体设施开放时间，鼓励开发'文博奇妙夜'、文艺演出、健身康养、体育赛事等夜间体验项目"；《甘肃省人民政府办公厅关于大力促进全省文化旅游产业提质增效的意见》提到"鼓励博物馆、图书馆、美术馆、文化馆、乡镇（社区）综合文化中心等公共文化场馆夜间开放，举办夜间活动，催生文化沙龙、深夜影院、音乐俱乐部、24 小时阅读空间等时尚文化业态，激活夜间文化艺术消费"。这些地方性政策性文件的推出，进一步推进文旅融合在各省（自治区、直辖市）的实际落地。

2020 年，虽然我国图书馆事业因突发的新冠肺炎疫情受到一些影响，但随着全国抗疫形势的不断向好，以及国家层面推动各项工作法治化、规范化的不断加强，在即将到来的"十四五"期间，我国图书馆法治化建设一定会迎来更好的发展。

（国家图书馆　王旭东　王秀香）

法律法规与政策性文件全文

文化和旅游部公共服务司关于印发《公共图书馆、文化馆（站）恢复开放工作指南》的通知
（公共函〔2020〕1号）①

各省、自治区、直辖市文化和旅游厅（局），新疆生产建设兵团文化体育广电和旅游局：

现将《公共图书馆、文化馆（站）恢复开放工作指南》印发给你们，请结合实际抓好贯彻落实。

特此通知。

文化和旅游部公共服务司
2020年2月25日

公共图书馆、文化馆（站）恢复开放工作指南

为落实中央关于统筹推进新冠肺炎疫情防控和经济社会发展工作的有关精神，指导全国公共图书馆、文化馆（站）继续实施疫情防控、稳步做好恢复开放相关工作，根据国务院应对新型冠状病毒感染肺炎疫情联防联控机制印发的《企事业单位复工复产疫情防控措施指南》，特制定本工作指南。

一、恢复开放的总体要求

（一）坚持分区分级，不搞“一刀切”。疫情高风险地区的公共图书馆、文化馆（站）继续闭馆。疫情中风险和低风险地区的公共图书馆、文化馆（站）恢复开放工作，由当地党委政府决定。

（二）坚持防疫优先，做好恢复开放的预案和准备工作。各级公共图书馆、文化馆（站）要继续把疫情防控放在首位，毫不放松地抓好防控工作。拟恢复开放的场馆，要提前做好预案，制定科学可行的具体措施，并根据当地防控部门最新指导意见及时进行动态调整，确保安全。场馆及邻近区域出现确诊或疑似病例的暂不恢复开放。

二、加强员工健康监测和管理

（三）做好员工健康监测和报告。按照当地要求做好员工健康管理，掌握员工出行轨迹等情况，对去过疫情严重地区的人员实行居家隔离观察。员工入馆（站）前要检测体温，出现发热、呼吸道症状时，要及时报告。

（四）指导员工做好个人防护。员工应减少不必要外出，避免去人群聚集场所；在人员密集的地方，应按照《不同人群预防新型冠状病毒感染口罩选择和使用技术指引》要求，正确佩戴口罩等防护用品。

（五）减少员工聚集。根据实际采取错时上下班、弹性工作制或居家办公方式。加强员工用餐管理，实行错峰就餐，有条件时使用餐盒、分散用餐。减少召开会议，必须召开的会议要缩短时间、控制规模，参会人员佩戴口罩并保持安全距离。

三、做好场馆防控工作

（六）分区域分项目恢复开放服务。各场馆要根据实际，分区域分项目逐步恢复开放，对不符合开放条件的场地以及容易形成人员聚集的项目等，应暂不开放。

（七）配备防护物资。各场馆要配备口罩、手套、消毒液、洗手液等防护物资，为员工和到馆群众提供必要防护保障。

（八）保持场馆通风。各场馆要保持通风状态，在条件允许情况下首选自然通风。如使用空调，应当确保供风安全充足。

（九）加强清洁消毒。各场馆的阅览室、文化活动室、展览厅、会议室、报告厅、餐厅、卫生间等区域以及图书期刊、自助借还机、演出器材、展览设备等，要进行定期消毒。

（十）加强疫情防控知识宣传。各场馆通过设置提示牌、LED显示屏播放等多种方式，加强疫情防治知识科普宣传，使员工和到馆群众充分了解掌握防治知识、支持配合防控工作。

（十一）持续做好线上服务。各级公共图书馆、文化馆（站）在逐步恢复场馆服务的同时，要

① 《文化和旅游部公共服务司关于印发〈公共图书馆、文化馆（站）恢复开放疫情防控措施指南（第二版）〉的通知》（公共函〔2020〕7号）于9月22日发布。

继续通过公共文化云等数字平台，加强内容更新，为群众提供优质公共数字文化服务。

四、加强对群众进出场馆的管理和服务

（十二）加强人员进出管理。各场馆要安排专人对所有进出通道严格管理，对进入人员进行登记；确保进馆人员佩戴口罩，并在入口处接受体温检测，体温正常方可进入；体温超过正常温度的，应禁止其入内并及时上报疫情防控部门；对不配合或干扰防疫工作的，要依法依规报告相关部门处置。

（十三）采取人员限流措施。各场馆可视情况实行实名预约服务，结合防控工作需要，对每日入馆人数进行总量控制。

（十四）避免形成人员聚集。各场馆要对到馆群众进行疏导、分流，阅览室、文化活动室、展厅等公共空间，人与人之间要保持安全距离。疫情防控期间，原则上不举办线下讲座、培训、演出、比赛等人员聚集活动。

五、做好异常情况处置

（十五）明确场馆防控责任。各场馆主要负责人是疫情防控第一责任人，要建立完善内部疫情防控组织体系，明确疫情防控应急措施和处置流程，把防控责任落实到部门和个人。

（十六）做好发现疫情的应对处置。发现疑似或确诊病例的场馆，要立即配合疾控部门采取隔离措施，加强密切接触者追踪、疫点消毒等工作，暂时关闭场馆。

贵州省人民代表大会常务委员会公告
（2020 第 11 号）

《贵州省公共图书馆条例》已于 2020 年 9 月 25 日经贵州省第十三届人民代表大会常务委员会第十九次会议通过，现予公布，自 2021 年 1 月 1 日起施行。

贵州省人民代表大会常务委员会
2020 年 9 月 25 日

贵州省公共图书馆条例

（2020 年 9 月 25 日贵州省第十三届人民代表大会常务委员会第十九次会议通过）

目　录

第一章　总　则

第一条　为了促进公共图书馆事业发展，发挥公共图书馆功能，保障公民基本文化权益，传承人类文明和多彩贵州文化，坚定文化自信，根据《中华人民共和国公共文化服务保障法》《中华人民共和国公共图书馆法》等法律、法规的规定，结合本省实际，制定本条例。

第二条　本条例适用于本省行政区域内公共图书馆的设立、运行与服务等活动。

本条例所称公共图书馆，是指向社会公众免费开放，收集、整理、保存文献信息（图书报刊、音像制品、缩微制品、数字资源等）并提供查询、借阅及相关服务，开展社会教育的公共文化设施。

第三条　省人民政府应当加强对全省公共图书馆事业的领导，促进公共图书馆服务的均等化、标准化、便捷化。

第四条　县级以上人民政府应当将公共图书馆事业纳入本级国民经济和社会发展规划，制定本行政区域的公共图书馆事业发展规划，加大对政府设立的公共图书馆投入，将所需经费列入同级财政预算，并及时足额拨付。

公共图书馆经费包括文献信息、人员、服务、设施、设备、图书馆运行与维护等方面的费用。政府设立的公共图书馆经费应当专款专用。

县级以上人民政府应当积极调动社会力量参与公共图书馆建设，鼓励和支持公民、法人和其他组织自筹资金设立公共图书馆，并按照国家有关规定给予政策扶持。

第五条　县级以上人民政府文化主管部门负责本行政区域内公共图书馆的管理工作。

县级以上人民政府发展改革、财政、人力资

源社会保障等有关部门按照各自职责，保障和支持公共图书馆事业的发展。

第六条 县级以上人民政府应当加强公共图书馆智能化、智慧化建设，支持公共图书馆在建设、管理和服务中运用大数据、互联网、人工智能等相关信息技术，提高公共图书馆的服务效能。

第七条 县级以上人民政府应当支持建立和发展公共图书馆行业组织。

公共图书馆行业组织应当制定行业规范，加强行业自律，发挥指导、协调、服务等作用，维护会员合法权益，指导、督促会员提升职业素养、提高服务质量。

第八条 对公共图书馆事业发展作出突出贡献的组织和个人，按照国家和省的有关规定给予表彰、奖励。

第二章 设 立

第九条 县级以上人民政府应当根据经济、社会、文化发展和人口分布状况、地理特征、交通条件等因素，统筹规划，合理布局，建立覆盖城乡、便捷高效的公共图书馆服务网络。

第十条 县级以上人民政府应当设立公共图书馆。

市州人民政府设立的公共图书馆为区域内的中心馆。县级人民政府设立的公共图书馆为区域内的区域总馆。

乡镇（街道）的图书馆（室）和村（社区）的农家（职工）书屋为区域分馆。

民族自治地方公共图书馆应当设置民族文献分馆或者民族文献阅览室。

第十一条 县级人民政府应当因地制宜推进乡镇（街道）、村（社区）图书馆（室）或者服务网点建设，可以在公园、车站、机场等人口密集的公共场所设立图书室或者服务网点。

车站、机场等单位应当根据实际情况，在场地、配套设施设备等方面为图书室或者服务网点建设提供必要支持。

第十二条 中心馆可以根据发展规划和实际需要，设立直属分馆。区域分馆或者服务网点可以与其他文化设施合建，或者利用其他现有建筑设立。

图书馆（室）与其他文化设施合建的，应当按照图书馆（室）的功能和环境要求独立分区。

鼓励和支持社会力量举办的图书馆（室）纳入总分馆体系。

第十三条 省公共图书馆负责全省的文献信息保障、地方文献信息收藏、古籍保护、学术研究、业务指导和培训、行业协作协调、业务标准制定、科技运用与信息化推广等业务，推动全民阅读，开展交流与合作。

第十四条 市州公共图书馆负责区域内公共图书馆业务的指导和协调，组织实施统一的业务标准和服务规范，推进信息化管理系统和图书馆数字化建设，组织专业化培训。

第十五条 县（市、区）公共图书馆应当实行总分馆制，负责对所属分馆的业务指导和资源调配，承担所属分馆或者服务网点的文献资源统一采购、编目、配送、通借通还和人员培训。

第十六条 设立公共图书馆应当具备下列条件：

（一）章程；

（二）固定的馆址；

（三）符合国家标准的馆舍面积，与其功能相适应的阅览座席、文献信息和设施设备；

（四）与其功能、馆藏规模、服务对象等相适应的工作人员；

（五）必要的办馆资金和稳定的运行经费来源；

（六）安全保障设施、制度及应急预案。

第十七条 公共图书馆选址应当位于人口相对集中、服务半径合理、公共交通便利、符合安全卫生和环保标准、市政配套设施良好的区域。

县级以上人民政府应当逐步完善配套公共交通、市政设施，并按照国家有关标准改善公共图书馆周边的环境、安全等。

第十八条 公共图书馆选址和建设方案应当组织行业专家论证，征集社会公众的意见。

第十九条 公共图书馆的设立、变更、终止应当按照有关法律、法规规定办理登记手续。

第二十条 县级以上人民政府文化主管部门应当在门户网站及时公布本行政区域内已备案的公共图书馆名称、地址、联系方式、馆藏文献信息概况、主要服务内容和方式等信息。

县级以上公共图书馆应当纳入路标、路牌、公共交通等城市公共标识系统。

第二十一条 任何单位和个人不得擅自拆除公共图书馆或者改变其功能。经依法批准拆除公共图书馆或者改变其功能的，应当先建设后拆除。重建、改建公共图书馆的设施配置标准、建筑面积等指标不得降低。

第二十二条 公共图书馆实行馆长负责制。

政府设立的公共图书馆馆长应当具备相应的文化素养、专业知识和组织管理能力，并具有三年以上图书馆工作经验。

第二十三条 县级以上人民政府应当通过多种方式，结合服务时间、馆舍规模、馆藏数量、读者服务量等因素，整合人力资源，按照国家标准合理配备相应数量的公共图书馆专职工作人员。

工作人员应当具备相关专业知识与技能。鼓励从事公共图书馆工作的人员按照本省有关规定评定专业技术职称。

民族地区公共图书馆应当适当配备通晓当地语言文字的工作人员。

第三章 运 行

第二十四条 县级以上人民政府应当推动公共图书馆建立健全法人治理结构，吸收有关方面代表、专业人士和社会公众参与管理。

第二十五条 公共图书馆应当根据办馆宗旨和服务对象需求制定馆藏发展规划，收集各类文献信息。

政府设立的公共图书馆应当系统收集地方文献信息，保护、传承地方历史文化和民族文化。

第二十六条 县级以上公共图书馆藏书总量应当不低于国家标准。乡镇（街道）、村（社区）图书馆（室）应当根据当地经济发展水平，逐年增加文献总量，丰富文献类型。

第二十七条 根据服务范围内常住人口数量，市州公共图书馆入藏纸质文献信息年人均应当不低于0.01册（件）；县（市、区）公共图书馆入藏纸质文献信息年人均应当不低于0.06册（件）。

第二十八条 公共图书馆应当提高馆藏纸质文献信息的利用率，定期对馆藏纸质文献信息进行清点，对于有利用价值但利用率相对较低的纸质文献信息，可以在图书馆之间调配使用，或者建立贮存图书馆进行收藏；对于陈旧或者破损严重等原因而无法使用的馆藏纸质文献信息可以根据有关程序予以剔除。

公共图书馆应当制定与本馆馆藏发展需要相适应的纸质文献信息剔除规定，报文化主管部门批准后执行。

第二十九条 县级以上人民政府应当推进公共图书馆数字化和数字服务平台建设，提供线上线下相结合的服务。

政府设立的公共图书馆应当建设具有民族特点、地域特色的数字信息资源体系。

第三十条 省内的出版单位应当自正式出版物发行之日起30日内，将正式出版物不低于2册（件）向省公共图书馆和所在地公共图书馆交存。

鼓励公民、法人和其他组织向公共图书馆捐赠正式出版物或者编印的内部资料。鼓励公民捐赠有价值的手稿及其他文献信息。公共图书馆受赠的，应当出具捐赠凭证。

第三十一条 公共图书馆应当建立古籍保护制度。

县级以上人民政府应当支持公共图书馆改善民族文化古籍的保护措施。

第四章 服 务

第三十二条 公共图书馆应当按照平等、开放、共享的要求向社会公众提供服务。

公共图书馆应当免费向社会公众提供下列服务：

（一）文献信息查询、借阅；

（二）阅览室、自习室等公共空间设施场地开放；

（三）流动服务和定点服务；

（四）公益性讲座、阅读推广、培训、展览及信息素养教育；

（五）国家规定的其他免费服务项目。

第三十三条 公共图书馆应当根据当地居民的年龄结构、文化程度、就业状况和民族特点等，配置文献信息，开展阅读指导和社会教育活动，提高服务水平。

公共图书馆应当从建筑设计、环境视觉、阅读空间、光线照明等方面完善阅读设施，优化阅读环境，营造阅读氛围。

公共图书馆应当为用户提供必要的数字服务空间和设施设备，加强图书馆数字阅读服务。

第三十四条 政府设立的公共图书馆应当设置少儿阅览区域。市州、县（市、区）公共图书馆少儿阅览区域面积不低于全馆借阅服务区域的20%。有条件的地区可以设立少年儿童图书馆。

政府设立的公共图书馆应当为未成年人、老年人、残疾人等提供适合其需要的文献信息、设施设备和服务。

第三十五条 公共图书馆的每周开放时间：

（一）省公共图书馆不少于72小时；

（二）市州公共图书馆不少于63小时；

（三）县（市、区）公共图书馆不少于56小时；

（四）乡镇（街道）、村（社区）图书馆（室）不少于48小时。

公共图书馆应当根据公众需求，推行错时开放。

公共图书馆在公休日应当开放，在国家法定节假日应当有开放时间。

第三十六条 公共图书馆应当将服务范围、服务内容、开放时间以及借阅规则等基本服务信息向社会公开。

公共图书馆闭馆或者变更开放时间，应当提前公告。

第三十七条 公共图书馆应当加强古籍及稀见文献的整理、出版和研究。通过展览、讲座、善本再造、创意产品开发等方式，加强古籍的宣传和利用。

第三十八条 公共图书馆应当做好文献信息的保存和保护工作，配备防火、防盗、防潮、防有害生物、消毒、容灾备份等必要设施，建立应急预案，落实有关的安全管理制度。

第三十九条 读者在公共图书馆内享有下列权利：

（一）平等获取信息和知识；

（二）免费、平等获得公共图书馆服务；

（三）向公共图书馆或者文化主管部门提出建议和意见，并及时获得回复；

（四）依照有关规定获得公共图书馆提供的其他服务。

第四十条 读者在公共图书馆内应当遵守下列规定：

（一）尊重知识产权，依法合理利用资源；

（二）爱护文献信息和设施设备，不得损毁、丢失；

（三）妥善保管并按照规定期限归还所借馆藏文献信息；

（四）服从管理，遵守公共秩序，不得追逐打闹、高声喧哗等干扰、影响其他读者；

（五）遵守公共图书馆的其他规章制度。

第四十一条 公共图书馆应当依法保护和使用读者信息，不得泄露、出售或者非法向他人提供。

第四十二条 公民、法人和其他组织设立的公共图书馆为社会公众提供服务的，政府采取购买服务等措施给予扶持。

鼓励和支持创新管理体制机制，促进公共图书馆服务社会化发展。

第四十三条 鼓励和支持公民参与公共图书馆志愿服务。县级以上人民政府文化主管部门应当对公共图书馆志愿服务给予必要的指导和支持。

第四十四条 公共图书馆应当改善服务条件、提高服务水平，定期公告服务开展情况，听取读者意见，建立诉求渠道，完善反馈机制，接受社会监督。

第四十五条 重大传染病疫情等突发事件发生后，公共图书馆应当支持、配合所在地人民政府采取的应急措施，通过部分开放、预约限流、清洁消毒、线上服务等方式，保障读者生命安全和身体健康。

第四十六条 各级人民政府应当加强公共图书馆的宣传，提高公共图书馆的知晓度，引导公众利用公共图书馆资源。广播电视、报刊等公共媒体应当将公共图书馆事业发展与服务的宣传纳入公益宣传内容。

第四十七条 省人民政府文化主管部门应当制定公共图书馆服务规范，建立公共图书馆的考核评价机制。考核应当吸收社会公众参与。考核结果应当向社会公布，并作为对公共图书馆给予补贴或者奖励等的依据。

第四十八条 鼓励和支持公共图书馆与学校图书馆、科研机构图书馆以及其他类型图书馆开展交流与合作，实现资源共享与协同服务。

鼓励和支持公共图书馆与书店或者其他机构开展合作，提供公共文化服务。

鼓励和支持学校图书馆、科研机构图书馆、其他类型图书馆以及社会组织和个人设立的图书馆向社会公众开放。

第五章　法律责任

第四十九条 有下列行为之一的，由主管部门，任免机关、单位或者监察机关责令限期改正；情节严重的，对直接负责的主管人员和其他直接责任人员依法给予处分：

（一）违反第二十一条规定，未经批准擅自拆除公共图书馆或者改变其功能，或者未按照规定原址重建或者先建设后拆除的；

（二）违反第二十三条第一款规定，政府设立的公共图书馆未按照国家标准合理配备相应数量专职工作人员的；

（三）违反第三十条第一款规定，出版单位未交存正式出版物的；

（四）其他违反本条例规定的行为。

第五十条 公共图书馆及其工作人员有下列行为之一的，由主管部门，任免机关、单位或者监察机关责令改正；情节严重的，对直接负责的主管人员和其他直接责任人员依法给予处分：

（一）违反第三十二条第二款规定，未免费向社会公众提供服务的；

（二）违反第三十五条规定，未按照规定向社会公众开放的；

（三）违反第三十六条规定，未公开相关服务信息的；

（四）违反第三十八条规定，未建立安全管理制度、采取安全管理措施的；

（五）其他违反本条例规定的行为。

第五十一条 读者违反第四十条第二项规定，损毁、丢失文献信息和设施设备的，应当依法赔偿。

读者违反第四十条第三项规定，公共图书馆可以按照服务合同的约定收取违约金；经公共图书馆合理催告后仍不归还的，公共图书馆可以暂停其读者证的使用权限。

读者违反第四十条第四项、第五项规定，公共图书馆工作人员有权予以劝阻、制止，情节严重的，予以劝离；违反治安管理规定的，由公安机关依法给予治安管理处罚。

第五十二条 违反本条例规定的其他行为，法律、法规有处罚规定的，从其规定。

第六章 附 则

第五十三条 本条例自2021年1月1日起施行。

图书馆相关法律法规及政策性文件目录

主题	标题	文号或公告号	发布与实施时间
综合性法律法规	文化和旅游部公共服务司关于印发《公共图书馆、文化馆（站）恢复开放工作指南》的通知	公共函〔2020〕1号	2020年2月25日发布并实施
	吉林省文化和旅游厅、吉林省文物局关于扩大公共文化场馆免费开放范围进一步提升服务效能的通知	吉文旅发〔2020〕57号	2020年3月3日发布并实施
	贵州省公共文化服务保障条例	贵州省人民代表大会常务委员会公告2020第5号	2020年6月3日发布，2020年8月1日实施
	重庆市实施《中华人民共和国公共文化服务保障法》办法	重庆市人民代表大会常务委员会公告〔5届〕第88号	2020年6月5日发布，2020年8月1日实施
	安徽省公共文化服务保障条例	安徽省人民代表大会常务委员会公告第27号	2020年7月2日发布，2020年9月1日实施
	广州市公共图书馆条例（2020修正）	广州市第十五届人民代表大会常务委员会公告第59号	2020年7月29日批准，2020年8月20日发布并实施
	湖南省实施《中华人民共和国公共文化服务保障法》办法	湖南省第十三届人民代表大会常务委员会公告第49号	2020年7月30日发布，2020年9月1日实施
	永州市人民政府办公室关于印发《永州市公共文化服务保障暂行办法》的通知	永政办发〔2020〕16号	2020年8月10日发布并实施
	中山市人民政府关于印发中山市推进公共文化服务高质量发展指导意见的通知	中府函〔2020〕255号	2020年9月18日发布并实施
	温州市人民政府办公室关于推进公共文化服务高质量发展的实施意见	温政办函〔2020〕28号	2020年9月19日发布并实施
	文化和旅游部公共服务司关于印发《公共图书馆、文化馆（站）恢复开放疫情防控措施指南（第二版）》的通知	公共函〔2020〕7号	2020年9月22日发布并实施
	贵州省公共图书馆条例	贵州省人民代表大会常务委员会公告2020第11号	2020年9月25日发布，2021年1月1日实施
	上海市长宁区人民政府关于印发《长宁区关于推进公共文化服务高质量发展的实施意见》的通知	长府〔2020〕46号	2020年10月1日发布并实施
	上海市公共文化服务保障与促进条例	上海市人民代表大会常务委员会公告第51号	2020年10月27日发布，2021年1月1日实施
	宁夏回族自治区全民阅读促进条例	宁夏回族自治区人民代表大会常务委员会公告第38号	2020年11月25日发布，2021年1月1日实施
文化建设	广西壮族自治区地方志工作办法	广西壮族自治区人民政府令第136号	2020年1月22日发布，2020年4月1日实施
	中共北京市委关于新时代繁荣兴盛首都文化的意见	—	2020年2月14日发布并实施

续表

主题	标题	文号或公告号	发布与实施时间
文化建设	浙江省文化和旅游厅、浙江省发展和改革委员会关于印发《高质量打造未来社区公共文化空间的实施意见》的通知	浙文旅公共〔2020〕1号	2020年3月25日发布并实施
	北京市文明行为促进条例	北京市人民代表大会常务委员会公告〔15届〕第27号	2020年4月24日发布，2020年6月1日实施
	青海省文化和旅游厅关于印发《青海省村级综合性文化服务中心管理办法（试行）》的通知	—	2020年6月3日发布并实施
	中华人民共和国档案法（2020修订）	中华人民共和国主席令第47号	2020年6月20日发布，2021年1月1日实施
	中山市文化广电旅游局关于印发《中山市文化和旅游志愿者管理制度》的通知	中文广旅规〔2020〕5号、中文广旅通〔2020〕74号	2020年8月5日发布并实施
	中山市人民政府办公室关于印发中山市公共文化服务绩效评价办法的通知	中府办函〔2020〕139号	2020年9月17日发布并实施
	中华人民共和国著作权法（2020修正）	中华人民共和国主席令第62号	2020年11月11日发布，2021年6月1日实施
	福建省数字档案共享管理办法（2020修订）	福建省人民政府令第215号	2020年11月12日发布并实施
	音像制品管理条例（2020修订）	中华人民共和国国务院令第732号	2020年11月29日发布并实施
	出版管理条例（2020修订）	中华人民共和国国务院令第732号	2020年11月29日发布并实施
	娱乐场所管理条例（2020修订）	中华人民共和国国务院令第732号	2020年11月29日发布并实施
	广西壮族自治区志愿服务条例	广西壮族自治区人大常委会公告13届第32号	2020年7月24日发布，2020年9月1日实施
	珠海市文化广电旅游体育局关于印发《珠海市文化繁荣发展专项资金（公共文化服务体系建设方向）实施细则》的通知	珠文广旅体字〔2020〕36号	2020年10月12日发布，2020年11月12日实施
	北京市志愿服务促进条例（2020修订）	北京市人民代表大会常务委员会公告〔15届〕第42号	2007年9月14日发布，2020年12月25日修订
	广东省志愿服务条例（2020修订）	广东省第十三届人民代表大会常务委员会公告第77号	1999年8月5日发布，2020年12月27日修订
文化遗产保护	新疆维吾尔自治区党委宣传部、新疆维吾尔自治区文化和旅游厅、新疆维吾尔自治区财政厅关于印发《关于进一步促进我区非物质文化遗产传承发展的实施意见》的通知	—	2020年1月7日发布并实施
	潍坊市文物保护条例（2020修正）	潍坊市人民代表大会常务委员会公告第46号	2020年1月15日发布并实施
	广州市非物质文化遗产保护办法	广州市人民政府令第171号	2020年2月8日发布，2020年5月1日实施

续表

主题	标题	文号或公告号	发布与实施时间
文化遗产保护	广州市人民政府办公厅关于印发广州市促进历史建筑合理利用实施办法的通知	穗府办规〔2020〕3号	2020年3月10日发布并实施
	可移动文物修复管理办法（2020修改）	文物政发〔2020〕6号	2020年4月30日发布并实施
	宁夏回族自治区实施《中华人民共和国文物保护法》办法（2020修正）	宁夏回族自治区人民代表大会常务委员会公告第33号	2020年6月9日发布并实施
	湖南省住房和城乡建设厅、湖南省文物局关于进一步做好历史文化名城名镇名村和传统村落保护利用管理工作的通知	湘建设函〔2020〕37号	2020年7月3日发布并实施
	北京市文物局关于进一步完善博物馆预约参观机制的通知	京文物〔2020〕940号	2020年7月31日发布并实施
	广州市文物保护规定（2020修正）	广州市第十五届人民代表大会常务委员会公告第59号	2020年8月20日发布并实施
	广东省工业和信息化厅关于印发《广东省工业和信息化厅关于广东省工业遗产的管理办法》的通知	粤工信规字〔2020〕5号	2020年11月26日发布，2021年1月1日实施
	汉中市人民政府办公室关于进一步加强全市非物质文化遗产保护工作的实施意见	汉政办发〔2020〕27号	2020年12月4日发布并实施
	江苏省政府办公厅关于印发江苏省文物安全责任制实施办法的通知	苏政办发〔2020〕80号	2020年12月16日发布，2021年2月1日实施
	财政部关于印发《罚没财物管理办法》的通知	财税〔2020〕54号	2020年12月17日发布，2021年1月1日实施
	大理白族自治州非物质文化遗产保护条例	大理白族自治州人民代表大会常务委员会公告第5号	2020年12月23日发布，2021年1月1日实施
教育事业	教育部关于印发《大中小学劳动教育指导纲要（试行）》的通知	教材〔2020〕4号	2020年7月7日发布并实施
	教育部、江西省人民政府关于整省推进职业教育综合改革提质创优的意见	赣府发〔2020〕16号	2020年7月30日发布并实施
	教育部办公厅关于举办2020年全民终身学习活动周的通知	教职成厅函〔2020〕12号	2020年8月31日发布并实施
特殊人群保护与服务	福建省家庭教育促进条例	福建省人民代表大会常务委员会公告〔13届〕第37号	2020年7月24日发布，2020年10月1日实施
	工业和信息化部、中国残疾人联合会关于推进信息无障碍的指导意见	工信部联信管〔2020〕146号	2020年9月11日发布并实施
	中华人民共和国未成年人保护法（2020修订）	中华人民共和国主席令第57号	2020年10月17日发布，2021年6月1日实施
	国务院办公厅印发关于切实解决老年人运用智能技术困难实施方案的通知	国办发〔2020〕45号	2020年11月15日发布并实施
	文化和旅游部办公厅、国家文物局办公室关于落实《关于切实解决老年人运用智能技术困难的实施方案》的通知	办公共发〔2020〕165号	2020年12月22日发布并实施

续表

主题	标题	文号或公告号	发布与实施时间
政府信息公开	河北省人民政府办公厅关于全面推进基层政务公开标准化规范化工作的实施意见	冀政办字〔2020〕22 号	2020 年 2 月 24 日发布并实施
	吉林省政务公开（政府信息公开）领导小组关于印发《吉林省全面推进基层政务公开标准化规范化工作实施方案》的通知	吉政公组〔2020〕1 号	2020 年 3 月 16 日发布并实施
	上海市政府信息公开规定（2020）	上海市人民政府令第 32 号	2020 年 4 月 26 日发布，2020 年 6 月 1 日实施
	山东省人民政府办公厅关于全面推进基层政务公开标准化规范化工作的实施意见	鲁政办发〔2020〕11 号	2020 年 5 月 19 日发布并实施
	广东省人民政府办公厅关于全面推进基层政务公开标准化规范化工作实施意见	粤府办〔2020〕10 号	2020 年 5 月 20 日发布并实施
	贵州省大数据局办公室关于印发省大数据局政务公开规范清单（修订）的通知	黔数办〔2020〕17 号	2020 年 5 月 25 日发布并实施
	云南省人民政府办公厅关于全面推进基层政务公开标准化规范化工作的实施意见	云政办发〔2020〕33 号	2020 年 5 月 27 日发布并实施
科技发展	山东省科学技术厅、中共山东省委宣传部、山东省委网信办等关于印发《关于加快推动山东省文化和科技深度融合的实施意见》的通知	鲁科字〔2020〕34 号	2020 年 4 月 3 日发布并实施
	湖北省人民政府关于印发湖北省数字政府建设总体规划（2020—2022 年）的通知	鄂政发〔2020〕12 号	2020 年 6 月 16 日发布并实施
	山东省人民政府办公厅关于加快推进新型智慧城市建设的指导意见	鲁政办字〔2020〕136 号	2020 年 10 月 11 日发布并实施
	北京市东城区人民政府、北京市科学技术委员会关于印发《关于进一步加强文化与科技融合发展的实施意见（2020—2022 年）》的通知	东政发〔2020〕13 号	2020 年 12 月 24 日发布并实施
政府工作	福建省人民代表大会常务委员会关于修改《福建省促进革命老区发展条例》的决定（2020）	福建省人民代表大会常务委员会公告〔13 届〕第 28 号	2020 年 1 月 9 日发布并实施
	广东省财政厅关于批复下达省直博物馆纪念馆、美术馆、公共图书馆、文化馆（站）免费开放省级补助资金绩效目标的通知	粤财科教〔2020〕108 号	2020 年 5 月 21 日发布并实施
	财政部关于下达 2020 年美术馆、公共图书馆、文化馆（站）免费开放补助资金预算的通知	财教〔2020〕93 号	2020 年 6 月 24 日发布并实施
	四川省财政厅、中共四川省委宣传部、四川省文化和旅游厅等关于印发《四川省公共文化服务体系建设专项资金管理办法》的通知	川财教〔2020〕109 号	2020 年 7 月 31 日发布，2020 年 8 月 30 日实施
	吉林省财政厅关于下达 2020 年美术馆公共图书馆文化馆（站）免费开放专项资金的通知	吉财教指〔2020〕719 号	2020 年 8 月 4 日发布并实施
	广东省财政厅关于下达 2020 年美术馆、公共图书馆、文化馆（站）免费开放补助资金的通知	粤财科教〔2020〕156 号	2020 年 8 月 7 日发布并实施
	深圳市财政局关于下达 2020 年公共图书馆、文化馆（站）免费开放补助资金（第二批）的通知	深财教〔2020〕75 号	2020 年 8 月 28 日发布并实施

续表

主题	标题	文号或公告号	发布与实施时间
政府工作	长春市财政局关于下达2020年中央补助美术馆公共图书馆文化馆（站）免费开放专项资金的通知	长财教指〔2020〕1295号	2020年9月9日发布并实施
	财政部、文化和旅游部关于印发《中央对地方公共图书馆　美术馆　文化馆（站）免费开放补助资金管理办法》的通知（2020修订）	财教〔2020〕156号	2020年10月28日发布，2020年1月1日起实施
	财政部关于提前下达2021年美术馆、公共图书馆、文化馆（站）免费开放补助资金预算的通知	财教〔2020〕206号	2020年10月30日发布并实施
	中共浙江省委关于制定浙江省国民经济和社会发展第十四个五年规划和二〇三五年远景目标的建议	—	2020年11月19日发布并实施
	中共上海市委关于制定上海市国民经济和社会发展第十四个五年规划和二〇三五年远景目标的建议	—	2020年11月25日发布并实施
	中共陕西省委关于制定国民经济和社会发展第十四个五年规划和二〇三五年远景目标的建议	—	2020年11月27日发布并实施
	中共山东省委关于制定山东省国民经济和社会发展第十四个五年规划和二〇三五年远景目标的建议	—	2020年12月2日发布并实施
	文化和旅游部关于进一步优化营商环境推动互联网上网服务行业规范发展的通知	文旅市场发〔2020〕86号	2020年12月4日发布并实施
	中共宁夏回族自治区委员会关于制定国民经济和社会发展第十四个五年规划和二〇三五年远景目标的建议	—	2020年12月7日发布并实施
	广东省财政厅关于提前下达2021年美术馆、公共图书馆、文化馆（站）免费开放补助资金的通知	粤财科教〔2020〕318号	2020年12月20日发布并实施
	内蒙古自治区财政厅关于提前下达2021年美术馆、公共图书馆、文化馆（站）免费开放补助资金的通知	内财科〔2020〕1633号	2020年12月21日发布并实施
	贵州省人民政府办公厅关于印发贵州省省以下公共文化领域财政事权和支出责任划分改革方案的通知	黔府办发〔2020〕33号	2020年12月24日发布，2021年1月1日实施
	中共海口市委关于制定国民经济和社会发展第十四个五年规划和二〇三五年远景目标的建议	—	2020年12月29日发布并实施
	湖北省发展和改革委员会、湖北省商务厅、湖北省文化和旅游厅等关于印发促进湖北省夜经济发展指导意见的通知	鄂发改就业〔2020〕498号	2020年12月29日发布并实施
	合肥市财政局关于提前下达2021年美术馆公共图书馆文化馆（站）免费开放市级配套资金的通知	合财教〔2020〕1671号	2020年12月30日发布并实施
	广州市财政局关于转提前下达2021年美术馆、公共图书馆、文化馆（站）免费开放补助资金的通知	穗财教〔2020〕223号	2020年12月31日发布并实施

续表

主题	标题	文号或公告号	发布与实施时间
安全卫生	山西省消防安全责任制实施办法（2020）	山西省人民政府令第267号	2020年1月2日发布，2020年3月1日实施
	宁夏回族自治区应对新型冠状病毒感染的肺炎疫情工作指挥部公告第2号——关于进一步做好疫情防控、防止疫情蔓延的公告	宁夏回族自治区应对新型冠状病毒感染的肺炎疫情工作指挥部公告第2号	2020年1月27日发布并实施
	贵州省应对新型冠状病毒感染的肺炎疫情防控领导小组办公室关于加强新型冠状病毒感染的肺炎疫情防范工作的通告	—	2020年1月29日发布并实施
	吉林省文化和旅游厅关于全省文旅行业复工复产工作的指导意见	吉文旅发〔2020〕36号	2020年2月20日发布并实施
	广东省教育厅防控新型冠状病毒肺炎疫情工作领导小组关于做好校园食堂、宿舍、图书馆、实验室等人群密集场所疫情防控工作的通知	粤教防组〔2020〕33号	2020年2月21日发布并实施
	广西壮族自治区文化和旅游厅关于印发支持打赢疫情防控阻击战、全面振兴文旅经济若干措施的通知	—	2020年2月21日发布并实施
	国务院应对新型冠状病毒肺炎疫情联防联控机制关于依法科学精准做好新冠肺炎疫情防控工作的通知	联防联控机制发〔2020〕28号	2020年2月24日发布并实施
	湖南省文化和旅游厅、湖南省财政厅关于印发《支持文化和旅游业战疫情促发展的若干措施》的通知	湘文旅财〔2020〕19号	2020年2月27日发布并实施
	上海市文化和旅游局关于印发《上海市文化和旅游行业疫情防控工作规范指引》的通知	沪文旅发〔2020〕25号	2020年3月19日发布并实施
	中共广东省委宣传部、广东省文化和旅游厅、广东省体育局关于印发《关于积极应对新冠肺炎疫情影响促进文化旅游体育业平稳健康发展扩大市场消费的若干政策措施》的通知	粤宣通〔2020〕10号	2020年3月20日发布并实施
	辽宁省新型冠状病毒感染的肺炎疫情防控指挥部关于印发辽宁省文化和旅游业复工复产疫情防控措施20条的通知	辽新疫防指〔2020〕32号	2020年3月26日发布并实施
	山东省委新冠肺炎疫情处置工作领导小组（指挥部）关于进一步统筹做好疫情防控和加快恢复生产生活秩序的通知	—	2020年3月28日发布并实施
	海南省新型冠状病毒肺炎疫情防控工作指挥部关于做好下阶段疫情防控工作的通知	—	2020年4月1日发布并实施
	国务院应对新型冠状病毒肺炎疫情联防联控机制综合组关于印发重点场所重点单位重点人群新冠肺炎疫情防控相关防控技术指南的通知	联防联控机制综发〔2020〕139号	2020年4月8日发布并实施
	国家卫生健康委办公厅、教育部办公厅关于印发大专院校新冠肺炎疫情防控技术方案的通知	国卫办疾控函〔2020〕304号	2020年4月30日发布并实施

续表

主题	标题	文号或公告号	发布与实施时间
安全卫生	国务院应对新型冠状病毒感染肺炎疫情联防联控机制关于做好新冠肺炎疫情常态化防控工作的指导意见	国发明电〔2020〕14号	2020年5月7日发布并实施
	广西壮族自治区新型冠状病毒感染的肺炎防控工作领导小组指挥部关于做好新冠肺炎疫情常态化防控工作的实施意见	桂新冠防指〔2020〕156号	2020年5月14日发布并实施
	贵州省应对新冠肺炎疫情防控领导小组办公室关于印发贵州省新冠肺炎疫情常态化防控工作实施方案的通知	黔府办发电〔2020〕176号	2020年5月17日发布并实施
	内蒙古自治区文化和旅游厅关于进一步做好文化和旅游场所安全有序开放的通知	内文旅办字〔2020〕20号	2020年5月18日发布并实施
	湖北省委办公厅、湖北省政府办公厅印发关于进一步做好新冠肺炎疫情常态化科学精准防控工作的实施意见	鄂办发〔2020〕7号	2020年5月24日发布并实施
	湖北省新型冠状病毒感染肺炎疫情防控指挥部关于调整全省新冠肺炎疫情防控应急响应级别有关事项的通知	—	2020年6月12日发布并实施
	住房和城乡建设部关于印发《建设工程消防设计审查验收工作细则》和《建设工程消防设计审查、消防验收、备案和抽查文书式样》的通知	建科规〔2020〕5号	2020年6月16日发布并实施
	国务院应对新型冠状病毒肺炎疫情联防联控机制综合组关于印发低风险地区夏季重点场所重点单位重点人群新冠肺炎疫情常态化防控相关防护指南（修订版）的通知	联防联控机制综发〔2020〕192号	2020年6月17日发布并实施
	四川省应对新型冠状病毒肺炎疫情应急指挥部关于进一步落实落细新冠肺炎疫情常态化防控措施的通知	川疫指发〔2020〕46号	2020年6月18日发布并实施
	教育部关于深入开展新时代校园爱国卫生运动的通知	教体艺函〔2020〕3号	2020年6月19日发布并实施
	广东省住房和城乡建设厅关于贯彻落实《建设工程消防设计审查验收工作细则》和《建设工程消防设计审查、消防验收、备案和抽查文书式样》的通知	粤建质函〔2020〕301号	2020年7月2日发布并实施
	山西省新冠肺炎疫情防控工作领导小组办公室关于印发《山西省疫情监测多点触发预警机制》的通知	晋疫情防控办发〔2020〕84号	2020年7月3日发布并实施
	银川市文化旅游广电局关于进一步加强全市文化旅游行业领域常态化疫情防控工作的通知	银文旅广发〔2020〕106号	2020年7月27日发布并实施
	国家卫生健康委办公厅、教育部办公厅关于印发高等学校、中小学校和托幼机构秋冬季新冠肺炎疫情防控技术方案的通知	国卫办疾控函〔2020〕668号	2020年8月13日发布并实施
	国家卫生健康委、教育部关于进一步加强无烟学校建设工作的通知	国卫规划函〔2020〕455号	2020年11月26日发布并实施

续表

主题	标题	文号或公告号	发布与实施时间
文旅融合	江西省人民政府关于进一步激发文化和旅游消费潜力的实施意见	赣府发〔2020〕9 号	2020 年 4 月 23 日发布并实施
	河南省人民政府办公厅关于进一步激发文化和旅游消费潜力的通知	豫政办〔2020〕17 号	2020 年 5 月 10 日发布并实施
	四川省文化和旅游厅、四川省财政厅关于印发《四川省文化和旅游品牌激励实施办法》的通知	川文旅发〔2020〕23 号	2020 年 5 月 11 日发布并实施
	青海省人民政府办公厅关于印发青海省进一步激发文化和旅游消费潜力实施方案的通知	青政办〔2020〕35 号	2020 年 5 月 16 日发布并实施
	福建省文化和旅游厅、福建省发展和改革委员会关于创建夜间文化旅游消费集聚区的实施意见（试行）	闽文旅产业〔2020〕9 号	2020 年 5 月 20 日发布并实施
	广西壮族自治区人民政府办公厅印发关于加快提振文化和旅游消费若干措施的通知	桂政办发〔2020〕37 号	2020 年 6 月 10 日发布并实施
	宁夏回族自治区文化和旅游厅关于印发《宁夏回族自治区文化和旅游厅关于推动全区文化和旅游深度融合发展的实施意见》的通知	宁文旅发〔2020〕118 号	2020 年 6 月 19 日发布，2020 年 7 月 20 日实施
	烟台市人民政府办公室关于进一步激发文化和旅游消费潜力争创国家文化和旅游消费试点城市的实施意见	烟政办字〔2020〕39 号	2020 年 7 月 3 日发布并实施
	黑龙江省人民政府办公厅关于进一步激发文化和旅游消费潜力的实施意见	黑政办规〔2020〕17 号	2020 年 8 月 25 日发布并实施
	淄博市人民政府关于印发《淄博市文旅融合高质量发展十大攻坚行动方案》《淄博市支持文旅融合高质量发展的若干政策》的通知	淄政发〔2020〕12 号	2020 年 9 月 17 日发布并实施
	忻州市人民政府办公室关于进一步激发文化和旅游消费潜力的实施意见	忻政办发〔2020〕111 号	2020 年 10 月 14 日发布并实施
	文化和旅游部、国家发展改革委、财政部关于开展文化和旅游消费试点示范工作的通知	文旅产业发〔2020〕71 号	2020 年 10 月 23 日发布并实施
	榆林市人民政府办公室关于激发文化和旅游消费潜力的实施意见	榆政办发〔2020〕30 号	2020 年 10 月 27 日发布并实施
	北京市密云区人民政府关于印发《密云区促进文化和旅游产业发展的支持办法（试行）》的通知	密政发〔2020〕43 号	2020 年 11 月 17 日发布并实施
	北京市密云区人民政府关于印发《关于加快推进密云区文化和旅游发展的工作意见》的通知	密政发〔2020〕45 号	2020 年 11 月 17 日发布，2021 年 1 月 1 日实施
其他	国家知识产权局办公室关于印发《国家知识产权信息公共服务网点备案实施办法》的通知	国知办发服字〔2020〕46 号	2020 年 11 月 5 日发布并实施
	国家知识产权局办公室关于印发《知识产权信息公共服务工作指引》的通知	国知办发服字〔2020〕43 号	2020 年 11 月 5 日发布并实施
	江苏省知识产权局关于印发《江苏省知识产权局关于新形势下加快建设知识产权信息公共服务体系的实施意见》的通知	苏知发〔2020〕157 号	2020 年 12 月 22 日发布并实施

（国家图书馆　王秀香整理）

专业文献

2020 年部分院校图书馆学情报学博士学位论文摘要 ①

［中文题名］国家科技安全治理中的情报能力研究

［英文题名］Research on Information Capabilities for National Scientific and Technological Security Governance

［论文作者］陈美华

［指导老师］陈峰

［学位授予单位］北京大学

［内容摘要］兼顾发展与安全是科技情报工作的核心要义，相应的情报能力建设和运用是情报学术不可忽视的研究议题。本研究以国家科技安全治理中的情报能力为研究对象，解析其在总体国家安全观下的运作机理，探索其提升路径。主要内容为：一是通过文献研究，在本项议题探索任务语境下界定国家科技安全治理和情报能力等概念，基于情报工作流程等理论工具，整理国家科技安全治理对情报能力的特殊要求；二是运用系统分析方法，阐明国家科技安全治理中情报能力的作用机理、运用形式和条件要求；三是剖析体系情报能力形成的生态基础，并通过案例分析法解析国家科技安全治理现实对情报能力的需求领域以及支持情报能力生成和运用的生态协作系统；四是推导出情报体系能力形成的基本架构和分析模型，构建情报能力分析与评价指标体系；五是从情报特色教育、情报法治建设等方面，对比分析中美两国在国家科技安全治理中的情报能力。

本研究的结论为：一是国家科技安全治理所涉对象领域突破了传统科技情报管理与服务的认知范畴，与国家发展战略紧密相关，在科技发展预警、技术预见和反情报能力等方面对情报能力提出特殊要求；二是情报工作要兼顾国家科技的安全与发展，体系情报能力的运用通过情报感知、情报刻画和情报响应三大核心环节得以实现；三是信息生态观的运用是厘清情报能力系统构成及生态主体关系的重要手段，也是构建情报能力协作体系过程中关键要素的把握抓手；四是提升情报能力，既要守住开展情报工作的初心，又要坚持中国特色。

［中文题名］我国公共图书馆评估工作的创新发展研究

［英文题名］On the Innovative Development of Public Library Evaluation in China

［论文作者］李丹

［指导老师］刘兹恒

［学位授予单位］北京大学

［内容摘要］评估是公共图书馆事业发展史上应用最为广泛、持久的管理工具之一。20 世纪 90 年代以来，全国县级以上公共图书馆评估定级作为一项长期制度确立下来，一直延续至今，在推动我国公共图书馆事业的规范化、现代化发展方面做出积极贡献，但与此同时，这项制度在评估的内容及方法、评估的组织实施过程，以及相关的配套管理制度方面均存在亟待解决的问题。为寻求解决方案，本研究对美、英、日、德、澳等国公共图书馆评估的制度及实践进行调研，从中提炼总结其共性特点和经验，包括政府绩效评估与图书馆行业评估并重，自评估与外部评估互为补充，评估制度与公共图书馆事业规划管理紧密结合等。在此基础上，对我国公共图书馆评估工作的创新发展提出对策建议，构建了以效能为导向的公共图书馆评估模型，提出其评估指标取舍的 SMART 原则和评估方法的创新策略。

本研究认为，应从推动公共图书馆纳入政府绩效考核，建立长周期一次性评估与日常动态评估相结合、综合评估与专项评估相结合、达标评估与竞争性评估相结合的多元评估体系，完善评估过程的公众参与机制，合理有序吸纳第三方参与，加强对评估过程的规范管理，以及促进评估结果的分析与利用等方面，推动我国公共图书馆评估工作机制的创新发展。此外，评估作为公共图书馆众多管理工具中的一种，必须要融入公共图书馆事业管理体系，与公共图

---

① 此部分内容分别由北京大学顾晓光、武汉大学徐晴提供本校信息，中国科学院大学（中国科学院文献情报中心）信息于 2021 年 9 月 30 日在中国知网检索获得。

书馆事业规划管理、公共图书馆标准规范建设、公共图书馆调查统计制度实施等有效结合，与公共图书馆行业在人才培养、科研合作及资源共享等方面的努力密切配合，才能充分发挥其在指导公共图书馆事业规划发展、监督公共图书馆政策贯彻执行、规范公共图书馆管理运行与服务等方面的积极作用。

［中文题名］网络中知识付费服务及模型研究

［英文题名］Research on Knowledge Payment Service and Model in Network

［论文作者］刘永君

［指导老师］栗琳

［学位授予单位］北京大学

［内容摘要］随着时代发展和技术进步，互联网已经成为知识的主要获取媒介之一。国内在 2016 年开始涌现出大量的知识付费服务现象，并迅速形成网络中知识付费服务新行业。本文以网络中知识付费服务为研究对象，主要研究内容及结论为：一是构建了网络中知识付费服务研究的整体框架。系统梳理相关研究和理论基础，厘清网络中知识付费服务中的主体、客体、必备要素、关键因素、逻辑关系等，展现出网络中知识付费服务能够为知识付费服务使用者提供的知识效用。二是对网络中知识付费服务的必备要素及关键因素进行阐述。通过文献梳理得出必备要素，通过实践调查数据得出关键因素，关键因素是网络中知识付费服务逐渐发展成熟的必然结果。三是构建网络中知识付费服务模型。通过深度访谈数据提炼出影响网络中知识付费服务的 17 条关联因素，在模型中对所有关联因素及互相之间的关系进行直观展示，并对各个关联因素进行深入分析。四是基于问卷调查法搜集的数据对网络中知识付费服务模型进行进一步验证。五是基于网络中知识付费服务模型提炼出研究结论，即“提高知识转化率能够提升网络中知识付费服务的效果”。此外，使用知识创造理论对研究结论进行理论阐释，并使用布鲁克斯方程式进行理论补充解释。基于研究结论对如何改进网络中知识付费服务提出策略建议。

［中文题名］互联网信息服务企业利用政府开放数据的影响因素研究

［英文题名］Research on the Influencing Factors of Internet Information Service Enterprises Using Government open Data

［论文作者］罗戎

［指导老师］周庆山

［学位授予单位］北京大学

［内容摘要］近十年来，国家持续推进政府开放数据建设。作为最大的数据拥有者，政府掌握了很多核心数据，政府数据的开放将会对我国的经济和社会带来巨大影响。本研究首先梳理政府开放数据的研究背景，提出研究互联网信息服务企业利用政府开放数据的影响因素的研究意义、研究思路和研究框架。其次，围绕政府开放数据的研究进展对国内外研究文献进行综述，着重从企业组角度出发研究借鉴技术—组织—环境（TOE）框架、创新扩散理论、基于信息处理视角的组织设计理论、新制度理论、适应性结构理论等组织采纳的主要理论模型，提出当前理论研究中存在的机会。随后，通过对当前互联网信息服务企业利用政府开放数据的现状分析以及重点城市的案例分析，提出从企业组织角度研究互联网信息服务企业利用政府开放数据的影响因素等的必要性。在此基础上，构建互联网信息服务企业利用政府开放数据的技术—组织—环境影响因素分析框架。之后通过定性方法，即半结构化访谈等方式对这一分析框架进行验证并优化。最后，设置量表进行问卷调查，综合利用回归分析和结构方程模型两种方法检验问卷结果，探索和寻找潜在的因果关系假设。其中，利用结构方程模型检验影响因素分析框架，不但验证回归分析的结论，而且发现了潜在的新的因果关系。据此，对影响因素分析框架进行完善和补充，即政府支持对企业用户满意度有显著的积极作用；个体创新性、信息质量、服务质量、管理层重视、感知商业机会对企业使用水平有显著的积极作用。通过建立政府—企业二元对策模型，分别从政府和企业角度提出相应的改进建议。

［中文题名］美国音乐图书馆员教育研究（1916—2019）

［英文题名］A Study on the Education for Music Librarianship in the United States of America,

1916–2019

［论文作者］王宁宁

［指导老师］刘兹恒

［学位授予单位］北京大学

［内容摘要］音乐图书馆员教育属于专门图书馆学教育，是音乐与图书馆学交叉领域。美国音乐图书馆员教育思想的萌发比教育实践的正式开启提前19年，最早可追溯至1916年。本研究以1916—2019年为时间跨度，运用文献研究法、统计分析法、典型案例法、访谈法等研究方法，尝试全面展示美国音乐图书馆员教育的百年风貌，深入探究教育思想背后的驱动力与教育实践发展的内在肌理，以为几近空白的我国音乐图书馆员教育研究与实践提供参考与借鉴。

本研究首先直击音乐图书馆员教育产生的根本动因；其次深挖美国音乐图书馆员教育的缘起，发现美国音乐图书馆事业、音乐学科以及专门图书馆员教育是孕育、滋养、萌发美国音乐图书馆员教育的关键因素。随后，全面梳理美国音乐图书馆员教育的发展脉络，以蕴含理念转折的重要声明发布时间为节点，将教育思想进程划分为“一元式”“二分法”“多元融合”“创新型”等四个时期，以实践取得的突破为线索将教育实践历程划分为萌芽、起步、成型、升华、转型等五个阶段。历经80余年的课程沿革，美国音乐图书馆员在校教育已经构建成较为成熟的硕士课程体系。

本研究的启示有：一是拓宽图书馆学教育思路，主动给予“图书馆+”就业方向一些思考；二是注意学科领域知识与图书馆学背景的平衡与融合；三是鼓励专业院校争当专门图书馆员教育实践的先行者和主力军；四是建立全国性音乐图书馆协会，从多渠道弥补我国音乐图书馆员继续教育的不足；五是重视学术型音乐图书馆员教育，也要兼顾公共型音乐图书馆员的培养，更要用发展的眼光看待教育供求关系；六是灵活运用线上授课方式，打造网络精品课程，全方位扩大教育覆盖面。

［中文题名］用户健康信息学视角下的在线问诊平台医生推荐研究

［英文题名］Research on Doctor Recommendation of Online “Ask the Doctor” Platform Based on the Perspective of Consumer Health Informatics

［论文作者］王若佳

［指导老师］王继民

［学位授予单位］北京大学

［内容摘要］近年来，互联网医疗在我国得到飞速发展。在线问诊作为互联网医疗中发展时间最长、活跃人数最多的服务之一，用户规模持续扩大，2020年初新冠肺炎疫情的爆发使人们对在线问诊平台的需求进一步提升。然而在线问诊服务存在着用户找错医生、医生服务质量参差不齐、用户满意度较低的困境，医生推荐系统是一种有效解决方式。已有研究多注重技术算法的应用，却忽略用户在性价比、服务质量等方面的需求。本研究基于用户健康信息学视角探讨在线问诊平台的医生推荐机制，以意义建构理论、感知价值理论和用户体验理论为指导依据，以“春雨医生”app中真实的问诊数据为例，探讨医生推荐模型建立与优化、医生评价维度识别与评估、医生推荐系统用户需求与设计实现这三个具体研究问题。

本研究主要开展如下工作：一是基于文本相似度技术构建医生推荐模型，提出基于意义建构理论的医生推荐模型优化方法，并通过真实的在线问诊平台数据对模型优化前后的效果进行验证与比较。二是基于感知价值理论，从用户角度出发识别在线问诊医生的多个评价维度，并将机器学习、深度学习技术应用于用户评论的情感分析中，实现在线问诊医生的多维度自动评估。三是基于用户体验理论，调查用户使用在线问诊医生推荐系统的需求，并进行系统设计与实现。

［中文题名］公共文化国际合作与交流的中国实践研究

［英文题名］A Study on Chinese Practice of International Cooperation and Exchange of Public Culture

［论文作者］张皓珏

［指导老师］李国新

［学位授予单位］北京大学

［内容摘要］近年来，公共文化国际合作与交流已全面融入我国对外文化交流大格局，是中华文化“走出去”的基础性工程。本研究通过对公共文化国际合作与交流的主要类型、发展现状、存在问题、产生影响等进行研究，发现

这些特色实践展现出讲好中国故事的公共文化贡献。

一是海外中国文化中心建设与公共文化发展紧密相关。二是国际性文化交流节已成为广大国内外民众触手可及、广阔艺术门类共同绽放、广泛国家和地区齐参与的公共文化国际合作与交流实践。三是城市文化外交为公众参与国际交往创造组织依托和强大动力。四是公共文化机构国际化发展既遵循文化间性的本质，也顺应文化强国、现代治理体系和治理能力的时代要求。

公共文化国际合作与交流是我国推动构建人类命运共同体、“一带一路”建设、国家治理体系和治理能力现代化、展现“中国声音、中国方案”等一系列思想、理念、战略的新体现，是中国特色大国外交的新亮点，是世界文明交流互鉴的新阐释，也是新时代对外文化交流格局中新的增长点与支撑点。为此，在世界加快构建人类命运共同体的进程中，应更加充分认识到公共文化在文化交流中的独特作用，以推进公共文化国际合作与交流领域的治理体系和治理能力现代化为目标，加强顶层设计和制度保障，准确挖掘和传播中华传统文化的现代价值，合理统筹各方资源，更有效地满足世界各族人民、各文化交流互鉴的现实需求，推动公共文化国际合作与交流向高质量、高标准、高水平迈进。

[中文题名] 开放式创新环境下智库的知识服务模式研究

[英文题名] Research on Knowledge Service Patterns of Think Tanks in the Open Innovation Environment

[论文作者] 张璐

[指导老师] 申静

[学位授予单位] 北京大学

[内容摘要] 智库，又称“思想库”（Think Tank），是针对国际或国内问题进行政策导向研究与分析，并提出建议，促使决策者和公众对公共政策做出明智决策的公共政策研究咨询机构。开放式创新环境给中国智库的建设与发展带来诸多机遇和挑战，中国智库要快速适应开放式创新环境的变化，面向客户各种类型的知识服务需求，充分利用内外部知识资源，采取有效的服务方式，创新知识服务模式，实现知识服务的不断增值。

本研究基于开放式创新理论，围绕四个研究问题对智库的知识服务模式进行系统研究：开放式创新环境下智库的知识服务模式是什么；开放式创新环境下为满足客户的知识服务需求，智库会形成哪些具体知识服务模式；开放式创新环境下智库的知识服务模式是否可行、有效；开放式创新环境下中国智库如何应用这些具体知识服务模式，促进其创新发展。

本研究的创新之处主要有：一是首次基于开放式创新理论，面向客户需求，构建智库知识服务模式的理论模型，丰富智库知识服务的理论研究；二是采用定性与定量分析相结合的研究方法，从客户需求角度识别出开放式创新环境下智库的四种具体知识服务模式，并从智库实践角度验证这四种知识服务模式的可行性和有效性，弥补国内智库知识服务实证研究的不足；三是建立的开放式创新环境下中国智库知识服务模式应用模型及其应用建议，能够指导中国智库开展有效的知识服务实践，解决“跟不上、不适应”客户需求的问题，推动中国智库的建设和创新发展。

[中文题名] 科研数据共享治理研究

[英文题名] Research on Research Data Sharing Governance

[论文作者] 郑琳

[指导老师] 赵志耕

[学位授予单位] 北京大学

[内容摘要] 科学研究已正式步入基于大规模数据分析与应用的数据密集型范式。科研人员的科研理念、方法、技术和工具都受到影响，数据在科研过程中扮演的角色和发挥的作用与日俱增。科学研究范式转变带来的影响涉及整个科研体系。在此背景下，科研数据共享的理念开始兴起，科研数据共享运动繁荣开展。经过多年发展，科研数据共享已进入运行与实施阶段，在这一阶段，科研数据共享的核心任务不再是“从无到有”的初期建设，而是“从有到优”的提质换挡，这一问题需要通过科研数据的共享治理来解决。

科研数据共享治理是科研数据共享过程中，治理主体通过制度手段对与科研数据共享活动相关的人员、组织机构以及科研数据资源进行管理和控制的措施的总称。本研究试图从治理研究入手，基于信息生态系统理论，构建科研数据共享治理的理论模型。本研究的成果主要有：一是将科研数据共享与科研数据治理理念相融合，不仅从共享的角度看治理，也从治理的角度看共享，构建二者兼而有之的科研数据共享治理模型，打造科研数据研究的全新视角；二是系统梳理国内外相关研究，厘清主要内容，明确现有研究进展与存在问题；三是引入信息生态系统理论，剖析科研数据共享治理模型形成的生态基础、基于信息生态系统理论“信息生态因子—生态位—系统运行机理”的模式构建基于“模型构成要素—模型结构框架—模型运行机理”的科研数据共享治理模型。

［中文题名］智慧图书馆建设评价模型与应用研究

［英文题名］Research on Evaluation Model and Application of Smart Library Development

［论文作者］段美珍

［指导老师］初景利

［学位授予单位］中国科学院大学（中国科学院文献情报中心）

［内容摘要］近年来，智慧图书馆建设受到广泛关注。本研究立足高校图书馆，致力于构建一套智慧图书馆建设评价指标体系，探讨构建智慧图书馆建设评价模型的相关理论问题。

本研究以智慧图书馆基本认知为基础，以评价体系的构建和测度为核心，以智慧图书馆的建设和发展策略为落脚点，试图回答什么是智慧图书馆、如何评价智慧图书馆、当前国内智慧图书馆建设现状如何、如何建设和发展智慧图书馆等问题。

针对“什么是智慧图书馆”的问题，本研究对国内外典型的智慧图书馆概念进行分析，并结合当前“智慧化”建设相关概念特点，从智慧图书馆本质出发，将智慧图书馆界定为“以人机交互的耦合方式致力于实现深层次服务的高级图书馆形态”，提出其内涵结构体系。同时构建智慧图书馆建设体系架构的认知模型，为其概念与评价指标体系之间搭建“桥梁”。

针对“如何评价智慧图书馆”的问题，本研究通过分析，确定智慧图书馆建设评价的指标维度和指标体系。此外，为了衡量智慧图书馆的发展阶段，引入能力成熟度模型，给出智慧图书馆建设评价流程，提出成熟度等级和智慧指数两个参数。

针对“当前国内智慧图书馆建设现状如何”的问题，利用问卷调查，调查国内所有“双一流”高校图书馆智慧化建设情况，对其成熟度等级和智慧指数进行评估。调查结果表明，当前总体处于起步阶段。

针对“如何建设和发展智慧图书馆”的问题，本研究基于所构建的智慧图书馆基本认知和“双一流”高校图书馆实证调查结果，从智慧图书馆建设的定位、战略规划、优先级、建设模式和评价工作5个方面提出宏观指导建议，从馆员队伍、基础设施、管理和服务4个维度提出微观实践策略。

［中文题名］Pub+Lab：融汇出版与科研的学术交流模式及其实践研究

［英文题名］Pub+Lab：Study and Experiment on a Scholarly Communication Mechanism Integrating Scholarly Publishing with Research Lifecycle

［论文作者］孟美任

［指导老师］张晓林

［学位授予单位］中国科学院大学（中国科学院文献情报中心）

［内容摘要］随着数字科研和数字信息网络的迅猛发展，几乎所有的科研要素都可以数字化表征、标注、揭示、发布、关联，几乎所有的科研过程及其科研要素都可以数字化地组织、描述、管理。这将深刻改变对学术交流模式的认识。因此，亟须分析学术交流体系可能的新模式、新形态，探索支持这类新模式、新形态的实施与运行机制，发现和设计这种机制嵌入过程、融汇流程、聚联社区、支持管理的措施与技术，试验从现有科研或出版机制相对平滑转换为新机制的可能路径。

本研究主要内容及成果为：一是面向科研全谱段的学术交流需求分析。本研究分析贯穿于科研生命周期的学术交流需求与行为，调研分析数字科研全流程及其可数字化表征的要素，调研国内外科研机构、科研社区和科技出版商服务于科研全过程的各种方法、工具和机制，并通过焦点访谈法调研“基于科研生命周期的学术交流需求”，重点分析阻碍科研人员学术交流的关键问题，为建立新型交流模型研究提供基础。二是提出融汇出版（Publishing）与科研（Laboratory）的新型学术交流支持模式Pub+Lab，并提出其核心框架设计的基本原则和应用场景。三是对科研生命周期的科研要素进行分析，重点分析设计能够描述各类科研要素的元数据规范。以科技期刊文献为切入点，对“文献知识元—科研要素”映射关系进行研究，实现基于科研要素的科技期刊文献结构化描述，从而支持将传统的科技期刊从科研结束后的静态知识产品转变为可嵌入到科研项目生命周期和科研社区的结构化、关联化的知识工具。四是设计 Pub+Lab 学术交流平台的功能框架和功能模块，在现有数字化出版平台基础上，设计试验实现科技期刊文献与科研要素的关联推荐等服务。

［**中文题名**］基于共被引耦合与 LDA 模型的研究前沿识别方法优化研究

［**英文题名**］Identification Optimization of Research Fronts Based on Co-citation-Coupling Network and LDA Model

［**论文作者**］李军莲

［**指导老师**］冷伏海

［**学位授予单位**］中国科学院大学（中国科学院文献情报中心）

［**内容摘要**］研究前沿是科学研究中最新、最具前瞻性和引领性的研究方向，其作为科技创新的突破口和新生长点备受关注。为了更符合科学家专业视野中的“研究前沿”，本研究尝试从识别信息域（聚类基础）和识别语义深度两个层面对引用—内容相结合的研究前沿识别方法进行优化，基于多种学术引用关系研究构建更新颖、更高学术关联、更好覆盖度的研究前沿域，利用 LDA 主题模型从文本内容语义层面直接进行研究前沿识别，全面拓展深化引用—内容结合方法的信息域与语义深度，切实提高研究前沿识别的新颖性与准确性。

本研究综合采用文献调研、归纳分析、文献计量、文本挖掘、实证、专家咨询与评价、对比研究等方法，重点围绕科学研究前沿识别相关理论方法，共被引耦合–LDA 法的设计、分析实验及效果评价开展研究。通过理论与实证研究，主要研究成果如下：一是理论研究方面，基于对研究前沿概念发展演化的深入分析，界定其内涵特征。二是方法研究方面，研究界定全新的研究前沿信息域；研究设计采用 Phrase LDA 模型进行研究主题抽取的具体方法和流程；设计构建综合文献主题与引用特征的复合研究前沿识别指标——研究前沿量值。三是试验研究方面，选取免疫学领域对新提出的研究前沿识别方法进行分析试验，依据“研究前沿量值”并结合专家评价，最终识别出 26 个免疫学研究前沿主题，研究前沿主题识别准确率达 86.7%，研究前沿主题的平均发表年均值为 2017.6，新颖度比经典的共被引分析法（2016.3）有较大提高。

［**中文题名**］基于主题扩散演化滞后的研究前沿识别研究

［**英文题名**］Research on Identification of Research Front Based on Topic Diffusion Evolution Lag

［**论文作者**］刘自强

［**指导老师**］方术

［**学位授予单位**］中国科学院大学（中国科学院文献情报中心）

［**内容摘要**］数据科学时代，科技情报分析与研究的问题往往更为综合，涉及要素更为多元，同时也更为细化，这导致单一数据源（论文或者专利等）不能满足前沿情报分析需求，需要不同类型的数据源相互补充。但是，目前的研究侧重于基金、论文和专利等科技文献数据简单融合分析的实践应用，基金、论文和专利等科技文献数据的研究主题之间的相互作用机制尚待探讨，即目前情报学界对于基金、论文和专利之间的科学知识传递、扩散演化规律研究不足，在一定程度上限制了基金、论文和专利等不同科技文献数据融合分析的科学性、有效性。因此，本研究从“主题扩散演化”这一角度切入，以基金和论文数据为研究对象，面向研究前沿识别及其预测的情报分析任务场景，研究基金、论文这两种不同科技数据和文献之间研究主题的扩散演化滞后现象，探索归纳其基本机制与规律，并提出一般、通用的基于主题扩散演化滞后的研究前沿识别方法，以期提高研究前沿识别结果的“前瞻价值”。

本研究的主要创新点及贡献为：一是提出

了基金和论文关联的主题扩散演化路径识别及其可视化方法，能够有效识别基金和论文主题之间的扩散演化路径并实现演化路径的可视化，可在一定程度上提高主题扩散演化路径结果的直观性、可读性；二是创新性地提出主题扩散演化滞后效应的测度方法，定量、客观测度基金和论文主题之间的扩散演化效应；三是提出一套系统的、基于主题扩散演化滞后的研究前沿识别及其预测的新方法。

[中文题名] 基于主题模型与知识图谱的电子公文主题标引方法研究

[英文题名] Research on Method of Subject Indexing in Electronic Records by Topic Model and Knowledge Graph

[论文作者] 武华维

[指导老师] 张志强

[学位授予单位] 中国科学院大学(中国科学院文献情报中心)

[内容摘要] 当前，社会发展已进入大数据时代，海量数据中很大一部分是用自然语言记录的文本数据。电子公文便是文本数据类型中的一种，需要适应发展需求，研究电子公文主题自动标引方法。

针对非结构化公文的主题分析和标引问题，本研究提出融合主题模型和知识图谱技术的电子公文主题自动标引方法，与主题自动标引方法相比，它将电子公文文档集作为一个整体识别主题，基于主题词表构建外部知识库，以实现对识别的主题用规范化的正式主题词和范畴进行统一标引。

本研究的主要内容有：一是基于主题模型的电子公文主题分析研究。开展电子公文的主题分析，应用多种自然语言处理技术将其转换成文档语料库，采用主题模型进行主题识别与分析，并用综合共词网络特征和层次主题模型进行主题层次结构分析。二是基于知识图谱的主题词表语义自动转换研究。基于知识图谱建立机器可识别的主题知识库，以弥补主题模型方法在非结构化文本的主题标引中存在的背景知识不足，以增强主题标引的语义性。在主题词表语义化表示及知识图谱技术基础上，构建一种利用知识图谱技术对传统纸质载体的叙词表进行语义化自动转换的方法，为电子公文主题的标引打下坚实知识基础。三是电子公文主题标引研究。提出综合应用主题模型和主题词表知识图谱进行电子公文主题标引的方法。在应用主题模型进行主题分析的基础上，运用知识图谱技术借助主题词表外部知识来进行主题的标引工作，使用正式主题词及范畴进行规范、控制和统一组织。

[中文题名] 科技论文引用对象识别方法研究

[英文题名] Research on Identification Method of Citation Objects in Scientific Papers

[论文作者] 马娜

[指导老师] 张智雄

[学位授予单位] 中国科学院大学(中国科学院文献情报中心)

[内容摘要] 传统引文分析主要考虑论文之间的引用数量联系，但引文之间存在着更为丰富的语义关联，如引用动机、引用情感倾向等。为了更加有效地揭示论文之间的内容联系，本研究提出引用对象的概念来描述论文与引文内容上的关联点，并探索应用当前信息技术的发展成果，实现引用对象的自动识别，揭示引文重要知识单元，有助于从语义角度评价引文的学术贡献。

本研究对国内外相关研究进行梳理，总结提出两种引用对象，即术语型引用对象和事实型引用对象。为了有效实现它们的自动识别，提出融合引用对象重要特征，优化深度学习模型的整体研究思路。明确本研究的三个关键问题：一是两种引用对象各自具有哪些重要特征；二是如何融合术语型引用对象重要特征，优化深度学习模型，提升术语型引用对象的识别性能；三是如何融合事实型引用对象重要特征，优化深度学习模型，提升事实型引用对象的识别性能。

针对上述三个关键问题，开展三方面研究：一是设计引用对象标注框架，构建包含 50 篇施引文献和 1438 个引用对象的人工标注数据集，从分布、内容、语法、位置等多个维度分析引用对象特征；二是提出融合语言学和引用语境特征的深度学习序列标注模型，增强引用对象的上下文特征表示，实现术语型引用对象自动识别；三是提出分类替代直接识别的策略，结合引用句在科技论文中逻辑结构分布特点，构建结合引用位置信息的事实型引用对象多任务分类模型，实现事实型引用对象自动识别。

［**中文题名**］弱连接社会化媒体环境下从众信息搜寻行为研究

［**英文题名**］Research on Herd Information Seeking Behavior in the Context of Social Media with Weak Ties

［**论文作者**］曹芬芳

［**指导老师**］查先进

［**学位授予单位**］武汉大学

［**内容摘要**］社会化媒体的繁荣发展为弱连接社会网络的形成和发展带来机遇，不认识和不熟悉的用户群体基于共同的目标、兴趣、需求或实践被关联在一起。信息搜寻行为留下的痕迹信息和从众搜寻信息行为现象在社会化媒体环境下大量涌现。从众信息搜寻行为指个体模仿多数人并以某种方式搜寻信息时所参与的活动，即使自己认为不应该这样做。本研究以弱连接社会化媒体环境下的从众信息搜寻行为为研究对象，具有较强的理论和现实意义，有利于推动从众行为理论的应用研究向信息层面拓展，有利于推动信息搜寻行为理论的创新和发展，有利于促进社会化媒体舆情有效传递和管控，推动社会化媒体应用得到健康发展，有利于推动用户从众信息搜寻行为的优化，并最终促进社会化媒体良好的信息生态和可持续发展。

本研究的主要内容有：一是阐述社会连接理论、从众行为理论、信息瀑布理论、认知负荷理论等的核心内容，为研究模型构建提供坚实的理论支持；二是以微博和微信为例，通过问卷调查剖析弱连接社会化媒体社会连接属性及其作用；三是选取微博为弱连接社会化媒体研究环境，应用从众信息搜寻行为信息瀑布理论模型构建及其存在性证明；四是构建从众信息搜寻行为影响因素研究模型，提出五个研究假设；五是检验从众信息搜寻行为影响因素研究模型；六是聚焦微博热搜榜进行案例研究，进一步考察弱连接社会化媒体环境下从众信息搜寻行为影响因素。

［**中文题名**］基于主要发现的病例报告文献检索研究

［**英文题名**］Clinical Case Reports Retrieval based on Main Finding

［**论文作者**］罗梦奇

［**指导老师**］陆伟

［**学位授予单位**］武汉大学

［**内容摘要**］临床病例报告文献是生物医学领域的“目击者报告”论文，它提供一种客观的、有价值、有意义的临床观察或实验的陈述。本研究主要对基于主要发现的临床病例报告文献检索进行研究，基于之前研究创建的语料库，对主要发现进行语义分析抽取，构建自动识别主要发现的模型，根据主要发现的特征信息对病例报告文献进行基于聚类算法的检索，并进行检索结果多样化的相关研究。研究内容主要为：

一是通过观察语料库中的句子，提出主要发现和非主要发现句子的区别信息的假设，结合利用自然语言处理与统计的方法，从词、词性、依存关系、句法结构、语义以及句子位置等方面选取特征信息，并确定模型中利用的特征信息。利用这些特征能够较精准地区分主要发现和非主要发现句子。二是将识别主要发现句子定义为二分类问题。通过上述特征信息，结合不同的机器学习方法调节不同的参数构建分类模型。使用随机交叉验证方法进行模型训练，将训练好的模型应用在新语料库上。由于本研究的新颖性，未能找到相关的基准线，因此根据主要发现句子特征从多个角度设置了不同基准线。评估指标使用 AUC 值、准确率（句子层面和摘要层面）、精确率、回归率和 F1 值。评价结果显示构建的模型呈现出较精准的预测能力，并且在对同类数据的预测性能上呈现出较强健的稳定性。识别出摘要中的主要发现句子后，可以结合标题内容对病例报告文献进行检索。三是研究基于主要发现的病例报告文献检索结果多样化，旨在保证检索结果相似的条件下，结果集中包含的内容层面尽可能多元化。四是基于相似的主要发现，本研究设计一种利用无监督共现网络图以及节点度中心性的方法对主要发现内容中的实体关系进行检索，人工检验检索结果有较高的准确率，为未来在主要发现内容中进行各个特定类型的实体及实体关系抽取打下基础。

[**中文题名**]学术论文内容创新力评价研究

[**英文题名**] Research on the Content Innovation Evaluation of Scientific Article

[**论文作者**]张心源

[**指导老师**]赵蓉英

[**学位授予单位**]武汉大学

[**内容摘要**] 学术论文是研究成果的重要形式，是科学共同体开展学术交流的重要载体，构建科学的学术论文评价体系，事关我国科技创新的高质量发展以及人才队伍的选拔和培养。学术论文内容的创新力是学术论文的核心价值，是评价学术论文创新质量和实际贡献的基础。系统、全面地设计指标体系，实现学术论文内容创新力的科学评价，有利于进一步完善学术论文科学评价的理论与方法体系，平衡科学空间系统的学术生态环境，促进科技创新的高质量发展。

本研究主要聚焦于学术论文内容创新力评价的理论和方法建构，主要围绕四个方面开展研究工作：一是通过系统梳理国内外学术论文评价的研究进展，构建学术论文内容创新力的基础理论，包括内容创新力的概念、要素、作用机制等；二是基于细粒度知识单元，系统、全面地提出学术论文内容创新力评价的指标体系，包括两大类 24 个指标；三是引入有监督机器学习方法，采用人工神经网络算法，通过构建评价模型，实现对学术论文内容创新力指标特征的自动提取、分类和预测；四是在提出的理论、指标体系和方法基础上，对多学科学术论文内容创新力评价进行实证检验。

本研究在学术论文内容创新力评价相关理论之间建立联系，详细辨析学术论文内容创新力及其相关概念的含义与联系，探讨并完善内容创新力评价要素的表现规律和评价原则，将人工神经网络方法应用到学术论文内容创新力的评价方法中，进行内容创新力评价方法的创新与评价效果的评估，为我国学术论文科学评价方法的创新提供建议方案和案例借鉴。

[**中文题名**] 数字化转型社会图书馆发展风险因素研究

[**英文题名**] Research on the Risk Factors of Library Development in Digital Transformation Society

[**论文作者**]李秋实

[**指导老师**]陈传夫

[**学位授予单位**]武汉大学

[**内容摘要**] 社会的数字化转型给图书馆的发展模式等方面带来挑战，图书馆面临着诸多风险因素。因此必须从解决图书馆发展风险因素识别问题入手，保障图书馆高质量发展。基于这一研究目的，本研究主要开展以下工作：

一是构建图书馆发展风险因素识别的理论基础。从理论视角阐释剖析图书馆发展风险因素的内涵特征，明确风险因素识别原则。二是系统识别图书馆发展风险因素。运用扎根理论研究方法，以 2010 年以来的新闻媒体为基本数据样本，逐级编码抽象、提炼图书馆发展的风险因素，并进一步以行业报告、研究文献等对识别出的风险因素进行补充、验证。三是对识别出的图书馆发展风险关键因素，即资源、服务、用户、管理和环境及层次体系进行剖析论证，论证各风险因素对图书馆高质量发展影响的内在逻辑和层次关系，为图书馆发展风险因素层次体系的构建奠定坚实基础。四是确定图书馆发展风险因素的权重分配，从定量的视角衡量测度风险因素的相对重要性，为图书馆发展风险因素的作用、演化及其预警、治理提供实证层面的依据。五是探究图书馆发展风险因素作用机制。分析不同风险因素之间的关系，深度剖析风险因素之间的作用过程、作用主体、作用程度等，阐释风险因素如何作用导致风险后果发生。六是以风险因素层次关系为基础，考察图书馆发展风险因素在长时间维度上的变化特征及内在机理。最后，提出图书馆发展风险因素理论的应用路径，以期为图书馆行业发展风险识别、预警和治理提供现实参考。

[**中文题名**] 协同治理视角下我国开放政府数据利用障碍与保障机制研究

[**英文题名**] Research on Obstacles and Guarantee Mechanisms of Using Open Government Data from the Perspective of Collaborative Governance

[**论文作者**]王春迎

[**指导老师**]黄如花

[**学位授予单位**]武汉大学

[**内容摘要**] 开放政府数据运动在全球蓬勃开展，我国也高度重视开放政府数据的利用。与

此同时，我国开放政府数据利用起步较晚，存在诸多问题，迫切需要理论的指导。因此，本研究拟就我国开放政府数据利用的障碍及其保障机制开展研究，希望能为此提供解决方案。

本研究的主要内容为：一是构建开放政府数据利用协同的模型。以政府服务提供协同模型为基础，结合我国开放政府数据利用实际情况，构建我国开放政府数据利用协同模型。二是识别与分析开放政府数据利用的利益相关者，将其划分为数据提供者、数据汇总者、数据开发者 / 丰富者、相关保障提供者、数据产品与服务用户等。三是分析识别我国开放政府数据利用中的障碍因素，在此基础上，采用半结构化访谈法，对上海、贵阳等多地的政府部门、企业和数据开发团队、非营利组织和公民进行访谈，进一步确定利益相关者在开放政府数据利用过程中面临的障碍因素。最后确定 44 个我国开放政府数据利用中的障碍因素。四是建立我国开放政府数据利用障碍因素依赖关系网络，并采用 Ucinet 和 Gephi 软件实现可视化。识别障碍网络中具有高影响力的关键障碍，并确定关键障碍间的链接关系，在此基础上探讨这些关键障碍问题背后的因果关系。五是提出我国开放政府数据利用协同治理保障机制，包括加强外部环境协同，推动利用目标协同，实现数据供需协同，增强组织管理协同，注重互动反馈协同，提升整体协同效能等。

[中文题名] 大数据环境下个人的数字囤积行为研究

[英文题名] Research on Personal Digital Hoarding Behaviors in the Big Data Environment

[论文作者] 赵栋祥

[指导老师] 马费成

[学位授予单位] 武汉大学

[内容摘要] 随着数字时代和大数据环境的不断深化、数字存储技术的发展普及和个人数字化记忆的蓬勃兴起，个人收集和累积数据信息的规模、类型和速度实现前所未有的增长，数字信息的组织、整理、删除和清理却极易被忽视，由此个人的数字囤积行为日益普遍。个人的数字囤积行为是指个体收集、保存和累积大量的数字信息内容（如照片、文档、邮件、音频、视频等）到个人数字信息空间（如手机、电脑、外置存储设备、社交媒体、云存储空间等），却没有进行有效的组织、删除和使用，致使数字信息内容大量堆积、个人数字信息空间错乱失序。个人如何应对数字囤积的诱惑、有效地管理和使用这些数据信息是大数据环境下的重要挑战。

本研究共分七章。第一章为引言，综合分析选题的研究背景、研究现状、提出过程和研究意义，分析当前研究的不足。第二章主要梳理和介绍相关概念、理论与方法论基础。第三章阐述本文的研究设计。明确基于扎根理论的研究过程，说明如何对收集到的访谈资料和相关网络数据进行三级编码分析，阐述如何进行个人数字囤积行为理论模型的完善。第四章从“是什么”的角度分析个人数字囤积行为特征、表现主体与异化。第五章从“为什么”的角度探究个人数字囤积行为前置因素。第六章从“怎么样”的角度分析个人数字囤积行为的影响及应对之策。第七章总结本研究的主要结论，提出思考及启示，指出研究不足与未来研究方向。

（国家图书馆　杨凡整理）

2020 年部分院校图书馆学情报学硕士学位论文目录

题目	作者	学校	导师	学科专业
基于多专利主体 Lotka-Volterra 模型的企业竞合关系研究——以 5G 通信技术为例	宁子晨	东北师范大学	魏　来	情报学
科研用户社交媒体学术信息交流行为及影响因素研究	彭　香	东北师范大学	徐　宽	情报学
硕士研究生科研信息分化影响因素研究	张　彤	东北师范大学	徐　宽	情报学
在线健康社区知识共享行为动机研究	洪　艳	东北师范大学	孙成江	情报学
突发事件下微博舆情情感分析研究	宋衍欣	东北师范大学	陈　凌	情报学
基于长尾关键词的领域新兴前沿探寻模型构建研究	廖鹏飞	东北师范大学	李明鑫	情报学
学者合作状态与学术表现的关联性研究	孙熊兰	东北师范大学	滕广青	情报学
基于 LDA 的国内竞争情报主题发现及演化分析	孙　婷	东北师范大学	孔庆杰	情报学
中美图书馆隐私政策比较研究	侯　睿	东北师范大学	孔庆杰	图书馆学
“双一流”建设高校图书馆管理机构重组研究	姜凯予	东北师范大学	刘万国	图书馆学
智慧图书馆的理论分析与实践探讨	贾司渤	东北师范大学	徐跃权	图书馆学
明至清中期私家藏书理论研究	卢艺丰	东北师范大学	徐跃权	图书馆学
高校图书馆场景化知识服务模式构建	张一丹	东北师范大学	王战林	图书馆学
中韩省级地方政府数据开放平台比较研究	卞悠美	东北师范大学	王翠萍	图书馆学
开放获取期刊价值的影响因素研究	张　伊	东北师范大学	魏　来	图书馆学
学习型搜索中的知识改变行为与策略研究	刘涵蕊	北京大学	刘　畅	情报学
学习型搜索任务中页面有用性与交互行为关系探究	赖　婷	北京大学	刘　畅	情报学
任务难度对用户搜索交互行为的影响及其预测	吕瑜婷	北京大学	刘　畅	情报学
面向人文研究流程和学者需求的数字人文工具分类与设计	刘姝然	北京大学	王　军	情报学
基于本体的中国古代学术史知识库构建	王林旭	北京大学	王　军	情报学
胡适与王重民先生往来书信的知识图谱设计与实现	王　珂	北京大学	王　军	情报学
大学生社交媒体信息分享行为研究	滕瑜阳	北京大学	徐　扬	情报学
基于客户忠诚度细分的线上超市用户购物行为模式探究	邓灵敏	北京大学	徐　扬	情报学
电子竞技用户粘性影响机制研究——以英雄联盟为例	陈智晖	北京大学	徐　扬	情报学
中国高校智库智力资本测评研究	许人杰	北京大学	申　静	情报学
非完全信息博弈的 CFR 算法优化研究，以德州扑克和 Kuhn 扑克智能软件为例	赵艺轩	北京大学	陈文广	情报学
基于专业知识体系的高校图书馆书籍推荐方法	张志豪	北京大学	陈文广	情报学
科技智库生态因子管理问题研究	秦小平	北京大学	王延飞	情报学
对人工智能颠覆性能力的情报感知研究	杜婉莹	北京大学	王延飞	情报学
情报感知中的数据融合研究	王郑冬如	北京大学	王延飞	情报学
在线社交群组用户消极使用行为研究	范　畅	北京大学	王益明	情报学
河北省电商扶贫政策的基本体系研究及其实践反思	赖纪瑶	北京大学	韩圣龙	情报学

续表

题目	作者	学校	导师	学科专业
知识型网红生命周期下受众持续关注之影响因素——以Youtube 平台为例	张家福	北京大学	韩圣龙	情报学
农民商户在线旅游信息平台采纳及影响因素研究	李　竹	北京大学	韩圣龙	情报学
Benford 法则在我国微观调查数据准确性评估中的应用研究	秦　玥	北京大学	王继民	情报学
基于机器学习的虚假新闻检测模型研究	吴晓均	北京大学	王继民	情报学
美国《商业管制清单》分析系统设计与实现	王　锴	北京大学	李广建	情报学
母婴在线健康社区女性用户画像研究	杨羽茜	北京大学	王益明	情报学
社会化问答社区用户知识贡献行为影响因素的研究——社会互动的调节作用	钟　滢	北京大学	李胜利	情报学
学术文献的创新点识别与挖掘研究	申泳国	北京大学	化柏林	情报学
金融事理图谱构建及其在股价预测的应用	白浩东	北京大学	黄文彬	情报学
LDA 主题模型的结果扩展研究	油梦圆	北京大学	陈文广	情报学
自闭症患者家长的健康信息行为研究	安佳鑫	北京大学	张鹏翼	图书馆学
1949 年以来中国图书馆馆史编撰研究	戴　珊	北京大学	王子舟	图书馆学
公共图书馆面向公众的信息素养教育研究	韩豫哲	北京大学	张久珍	图书馆学
墓志元数据体系研究——以唐代墓志为例	李坤洋	北京大学	张久珍	图书馆学
学术图书馆科研数据治理研究	宋天宇	北京大学	刘兹恒	图书馆学
高校图书馆数字素养教育研究	孙龙慧	北京大学	刘兹恒	图书馆学
图书馆要素与服务效能关系的研究——基于我国 31 个省域 2008—2017 年面板数据的实证分析	孙　卉	北京大学	梁兴堃	图书馆学
大数据环境下图书馆用户数据使用风险研究	王梦奇	北京大学	梁兴堃	图书馆学
面向学科知识问答的多源数据融合研究——以造血干细胞癌症治疗为例	刘蕾蕾	中国科学院大学（中国科学院文献情报中心）	胡正银	情报学
科技论文创新点原创性测度方法研究	褚婧丹	中国科学院大学（中国科学院文献情报中心）	乐小虬	情报学
对比关系段落文本生成方法研究	焦启航	中国科学院大学（中国科学院文献情报中心）	乐小虬	情报学
单篇论文核心“问题—方法—结论”共指三元组识别方法研究	邓思艺	中国科学院大学（中国科学院文献情报中心）	乐小虬	情报学
基于引文迭代的科学家评价方法研究	刘　强	中国科学院大学（中国科学院文献情报中心）	陈云伟	情报学
基于熵值的领域科学突破主题的识别与预测	罗　瑞	中国科学院大学（中国科学院文献情报中心）	许海云	情报学

续表

题目	作者	学校	导师	学科专业
专利转让视角下的技术转移特征研究	郑思远	中国科学院大学（中国科学院文献情报中心）	王学昭	情报学
基于 IPC 分类修订的技术演化研究	许景龙	中国科学院大学（中国科学院文献情报中心）	赵亚娟	情报学
基于随机森林算法的潜在高价值专利预测研究	王思培	中国科学院大学（中国科学院文献情报中心）	韩　涛	情报学
面向科技论文的化学键能数据智能识别方法研究	庞　娜	中国科学院大学（中国科学院文献情报中心）	钱　力	情报学
基于复杂网络离群节点识别潜在的新兴技术主题研究	周　萌	中国科学院大学（中国科学院文献情报中心）	朱相丽	情报学
面向科研院所科技成果转化的专业图书馆科技信息服务研究	苑亚坤	中国科学院大学（中国科学院文献情报中心）	张冬荣 吴　昊	图书馆学
面向研究生的学术出版素养教育服务研究	王钧钰	中国科学院大学（中国科学院文献情报中心）	李　玲	图书馆学
我国科研人员科研数据重用行为影响因素研究——以生物学领域为例	张潇月	中国科学院大学（中国科学院文献情报中心）	顾立平	图书馆学
中国优势学科学术期刊国际影响力发展态势研究——以化学学科为例	杨　畅	中国科学院大学（中国科学院文献情报中心）	翁彦琴	图书馆学
新型职业农民信息素养研究	侯欢欢	中国科学院大学（中国科学院文献情报中心）	杨志萍	图书馆学
科技查新服务的情景构建及在智能化查新平台的应用研究	李鑫鑫	中国科学院大学（中国科学院文献情报中心）	郑　菲	图书馆学
在校大学生使用科普短视频的影响因素研究	张昊云	中国科学院大学（中国科学院文献情报中心）	杨　琳	图书馆学
专业图书馆跨界合作“图书馆 +”模式研究	张若楠	中国科学院大学（中国科学院文献情报中心）	贾　苹	图书馆学
机构知识图谱构建中的机构变迁事件知识抽取技术研究	邱韵霏	中国科学院大学（中国科学院文献情报中心）	李春旺	图书馆学

续表

题目	作者	学校	导师	学科专业
城市信息产业劳动力吸引力模型构建及实证研究	王凤琪	河北大学	杨秀丹	情报学
中学生手机游戏信息交流模型及实证研究	张东冉	河北大学	杨秀丹	情报学
跨境进口零售平台信息生态化水平评价研究	许泽辉	河北大学	郭海玲	情报学
面向跨境电商企业智库的信息服务协同机制研究	马红雨	河北大学	郭海玲	情报学
大学生对网络招聘信息的感知风险评价研究	孙秋红	河北大学	宇文姝丽	情报学
开放政府数据政策文本分析	张美霞	河北大学	陈则谦	情报学
《唐三藏西游释厄传》校点本错误分析	夏金悦	河北大学	张社列	图书馆学
基于关联数据的近代篆刻艺术印人和印章知识发现研究	李世新	河北大学	任瑞娟	图书馆学
政府数据治理成熟度模型研究	牛丽雪	河北大学	白献阳	图书馆学
政府数据开放平台服务质量影响因素研究	蔡　昱	河北大学	白献阳	图书馆学
面向学生用户的高校图书馆科研支持服务研究	程　欢	河北大学	魏　蕊	图书馆学
可持续发展观视角下的公共图书馆评估研究	严晓宇	河北大学	金胜勇	图书馆学
网络百科信息质量用户感知影响因素研究	李明泽	河北大学	黄令贺	图书馆学
网络百科词条编辑冲突中用户合作动机影响因素研究	温田田	河北大学	黄令贺	图书馆学
我国开放政府数据政策现状及对策——基于省级政策文本分析	赵元晨	河北大学	陈兰杰	图书馆学
基于公众视角的开放政府数据价值研究	李乐诗	河北大学	陈兰杰	图书馆学
20 世纪 20 至 40 年代美国公共图书馆阅读指导服务研究	苑　艺	河北大学	赵俊玲	图书馆学
新中国成立初期图书馆阅读推广工作研究（1949—1956）	葛文娴	河北大学	赵俊玲	图书馆学
基于 Kano 模型的在线健康社区用户满意度影响因素研究	李长晴	郑州大学	金　燕	情报学
微博负面信息转发行为预测研究	李佳益	郑州大学	金　燕	情报学
数字保存的真实性风险研究	崔　燚	郑州大学	臧国全	情报学
国内科学计量学领域学术图书的引用特征研究	王小凯	郑州大学	周春雷	情报学
引文视角下国内图书情报学学术图书知识扩散研究	张　猛	郑州大学	周春雷	情报学
高校人文社科奖获奖图书影响力研究	郭　云	郑州大学	周春雷	情报学
公共图书馆用户行为规范配置的控制研究	袁　颖	郑州大学	付立宏	情报学
公共图书馆用户行为规范配置的整合研究	杜　洋	郑州大学	付立宏	情报学
公共图书馆用户权利义务规范配置评价指标体系研究	高珊珊	郑州大学	付立宏	情报学
移动短视频 APP 用户接受行为影响因素研究	付卫宁	郑州大学	王　娜	情报学
网络信息组织用户参与行为引动机制研究	陈　玲	郑州大学	王　娜	情报学
面向河南省基层公共图书馆的精准扶贫研究	吴少聪	郑州大学	尚新丽	情报学
河南省省市级公共图书馆弱势群体服务研究	邵畅畅	郑州大学	尚新丽	情报学
搜索引擎伦理失范评价研究	万珊珊	郑州大学	郭少友	情报学
论文关联分值的合并方法研究	闫　萌	郑州大学	郭　强	情报学
图书馆智能机器人应用研究	焦　洁	郑州大学	周拴龙	图书馆学
基于书目文献的满族信息资源元数据框架构建研究	丁　一	郑州大学	李　敏	图书馆学

续表

题目	作者	学校	导师	学科专业
公共图书馆创新服务模式研究——以洛阳城市书房“河洛书苑”为例	王小宝	郑州大学	李　敏	图书馆学
国内中小学生数字素养现状与提升	李　皓	郑州大学	王　平	图书馆学
农村中小学生互联网实践研究——基于河南省武陟县M村的民族志调查	杨利伟	郑州大学	王　平	图书馆学
图书馆学视域下的文献学课程研究	宋祖笑	郑州大学	王国强	图书馆学
面向“一带一路”的非洲国家信息咨询中心建设研究	Ibrahim Rashid Nyanza	郑州航空工业管理学院	常金玲	情报学
基于生命周期的政府开放数据质量管理研究	张　楠	郑州航空工业管理学院	莫祖英	情报学
数字人文研究领域知识扩散研究——基于WoS文献的引文分析	常人杰	郑州航空工业管理学院	苏芳荔	情报学
网络学习产品评论情感分析与可视化表示	白占俊	郑州航空工业管理学院	付永华	情报学
反转舆情中的网络意见领袖识别研究	李俞颉	郑州航空工业管理学院	刘焕成	情报学
PDCA循环在图书馆阅读推广项目中的应用研究	张志爽	郑州航空工业管理学院	周九常	图书馆学
引证指标与同行评议指标的关系——基于WoS和F1000的多学科比较研究	孟　君	新乡医学院	刘雪立	情报学
基于钻石模型的我国健康产业竞争力评价研究	霍豪爽	新乡医学院	张　帆	情报学
微博舆情群体观点极化的影响因素研究	许晓晨	吉林大学	黄　微	情报学
突发事件的微博舆情话题演化机理研究	万　雨	吉林大学	黄　微	情报学
基于多维图谱的网络舆情生态及文化引领机制研究	魏明珠	吉林大学	张海涛	情报学
基于在线评论数据挖掘的用户需求研究	曹　阳	吉林大学	李　贺	情报学
养老信息服务生态系统驱动发展研究	郭燕君	吉林大学	陈晓美	情报学
移动短视频用户使用行为影响因素及服务模式研究	李文乔	吉林大学	王晰巍	情报学
社交网络持续使用意向及其妨碍因素研究	Iloanya Paul Osita	吉林大学	王晰巍	情报学
移动商务增强现实用户信息采纳行为影响因素及信息服务模式研究	刘宇桐	吉林大学	王晰巍	情报学
政府数据开放技术优化	陈　琳	吉林大学	窦平安	情报学
社会化问答社区答题者发现研究	潘梦雅	吉林大学	沈　旺	情报学
高校智库联盟成员选择的影响因素及运作机制研究	鞠昕蓉	吉林大学	郑　荣	情报学
高校图书馆科研数据管理服务用户接受意愿影响因素研究	黄雨微	吉林大学	刘　佳	图书馆学
高校图书馆数字出版服务能力评价体系研究	徐　钰	吉林大学	刘　佳	图书馆学
面向中医诊疗知识库的医案元数据模型构建研究	李　璐	吉林大学	马　捷	图书馆学
高校图书馆科学数据服务模式研究	耿寒冰	吉林大学	马　捷	图书馆学

续表

题目	作者	学校	导师	学科专业
公共图书馆文化创意产业跨界合作研究	云　珊	辽宁大学	王筱雯	图书馆学
面向用户需求的高校图书馆空间再造研究	马春娇	辽宁大学	崔海兰	图书馆学
辽宁地区本科院校图书馆在线信息素养教育研究	钟涵宇	辽宁大学	张　羽	图书馆学
“双一流”高校图书馆学科服务平台建设研究	郭碧玉	辽宁大学	范艳芬	图书馆学
农村居民健康信息搜寻与采纳行为研究	张玉麟	南开大学	李月琳	情报学
基于 Web of Science 的作者合作关系分析研究	孟　涛	南京大学	苏新宁	情报学
基于神经网络的两阶段文本摘要模型研究	王梦颖	南京大学	杨建林	情报学
期刊论文引用内容的情感分析研究	耿树青	南京大学	杨建林	情报学
基于 DEA-Malmquist 模型的政府数据开放平台效率评估研究	韩　磊	南京大学	胡广伟	情报学
面向在线问诊平台的精准导医模型构建研究	郑姝雅	南京大学	黄　奇	情报学
基于新一代服务平台的高校智慧图书馆业务流程重组研究	单　轸	南京大学	邵　波	图书馆学
目录学视角下的高校图书馆网络导读服务体系研究	何志鹏	南京大学	郑建明	图书馆学
中美图书馆联盟网络影响力评价研究	吴萍萍	南京大学	叶继元	图书馆学
改革开放四十年来南京大学校园阅读状态及学风校风研究（1978—2019）	吴梦瑶	南京大学	徐　雁	图书馆学
当代江苏高校学生读书社团现状及可持续发展研究	谢文文	南京大学	徐　雁	图书馆学
财经舆情演化中网民负面情感模型检测研究	楚榕珍	南京理工大学	吴　鹏	情报学
基于 FACS 和多模态融合的网民情感分类研究	李　婷	南京理工大学	吴　鹏	情报学
基于深度学习的图文融合的网民情感识别研究	范　涛	南京理工大学	吴　鹏	情报学
基于产品卷入度与调节定向的冲动性购买行为研究	章　岩	南京理工大学	朱　鹏	情报学
媒介信息与投资者过度交易的关联性研究——基于目标依赖的细粒度情感分析的实证	潘熙艳	南京理工大学	岑咏华	情报学
学术文献被引片段识别与引用类型分类研究	徐　津	南京理工大学	章成志	情报学
基于学术论文全文内容的算法提及行为与影响力分析研究	丁睿祎	南京理工大学	章成志	情报学
轨道交通运行图节能案例库维护技术研究	杨云涛	南京理工大学	哈进兵	情报学
基于电子忠诚度细分的付费搜索广告效应测评研究	廖伟薇	南京理工大学	李　莉	情报学
考虑消费者有限理性的网店信息呈现策略研究	马海云	南京理工大学	戴建华	情报学
基于词嵌入模型的肿瘤文献主题知识发现研究	孙　豪	南京理工大学	沈　思	情报学
面向科研用户的知识创新服务需求与模式研究	李　堧	南京理工大学	王曰芬	情报学
面向知识创新的开放数据竞赛用户参与动机及协作模式研究	仝　冲	南京理工大学	赵宇翔	情报学
基于类比设计的潜在技术机会发现及其实现路径构建研究	于文倩	南京理工大学	张金柱	情报学
基于生命周期理论的高校专利质量评价研究	王培训	南京航空航天大学	李　曈	情报学
中国高校智库影响力影响因素模型构建与分析	李纪伦	南京航空航天大学	刘佳音	情报学
基于 LDA 和 Word2vec 的主题演化研究——以科学计量学领域为例	金心怡	南京航空航天大学	李小涛	情报学

续表

题目	作者	学校	导师	学科专业
基于中间件技术的地球科学数据资源组织与管理框架研究	黄　松	南京航空航天大学	袁红卫	情报学
跨境电子商务平台信息服务质量评价体系研究	刘　玮	天津师范大学	王　琳	情报学
天津地区老年人股票投资信息搜寻行为与影响因素研究	熊　颖	天津师范大学	王　琳	情报学
社会化问答社区用户知识分享的间歇性中辍行为研究	闫　肃	天津师范大学	王　琳	情报学
澳大利亚国家档案馆后保管模式研究	王　萌	天津师范大学	李福君	情报学
基于ACSI模型的社区基本公共文化服务公众满意度模型研究	郭潇洋	天津师范大学	高　洁	图书馆学
公共图书馆基本公共文化服务供需评估体系构建及实证研究	仝　欣	天津师范大学	高　洁	图书馆学
“双创”背景下高校图书馆创客空间构建与发展策略研究	桑　俊	天津工业大学	周秀会	图书馆学
“互联网+”背景下我国省级政府门户网站信息服务研究	李雪婷	天津工业大学	韩海涛	图书馆学
基于用户感知的移动阅读APP个人信息披露行为影响因素研究	吴　婷	天津工业大学	董永梅	图书馆学
基于UTAUT模型的高校图书馆用户使用VR技术意愿实证研究	任雪晴	天津工业大学	董永梅	图书馆学
一流大学图书馆微信阅读推广内容营销策略研究	崔永欣	天津工业大学	周凤飞	图书馆学
大学生对图书馆纸质图书的阅读行为意愿影响因素研究——以天津工业大学为例	王　术	天津工业大学	周凤飞	图书馆学
网络谣言辨别行为意愿影响因素研究	郑洲偲	山东大学	江三宝	图书馆学
基于计划行为理论的真人图书隐性知识分享行为研究	龙双花	山东大学	张　辉	图书馆学
基于S-O-R理论的移动互联网环境下信息偶遇影响因素研究	任旭莉	山东大学	张　辉	图书馆学
基于语义特征融合的深度学习网页分类研究	蔺　珍	山东科技大学	徐建国	情报学
基于潜在因子模型的音乐推荐系统研究	肖海峰	山东科技大学	徐建国	情报学
电子商务生态系统动态演化及其治理机制研究	白倩靖	山东科技大学	逄锦荣	情报学
基于网络文本数据挖掘的大学生关注点识别及情感分析研究	左　洋	山东科技大学	赵　华	情报学
基于模糊文本还原的不良文本过滤方法研究	徐春明	山东科技大学	赵　华	情报学
融合YOLO和ConvLSTM的暴力视频检测算法	田　坤	山东科技大学	李　冠	情报学
面向微博舆情文本的情感分类方法研究	李熠辉	山东科技大学	李　冠	情报学
基于改进凝聚层次聚类的人名消歧应用研究——以校友识别为例	刘义伟	山东科技大学	刘纪敏 赵慧奇	情报学
模式识别研究前沿演进与技术机会可视化分析	赵文斌	山东科技大学	张福俊	情报学
高校记忆视域下的“城市记忆工程”信息资源建设模式	李　仪	山东科技大学	贾文丽	情报学
学术新媒体环境下科研用户知识共享行为影响因素研究	李文婷	山东理工大学	尹玉吉	情报学
基于机构知识库的科研数据管理分析	刘　莉	山东理工大学	刘文云	情报学
基于竞争情报的化工企业风险预警体系研究	苏　航	青岛科技大学	邓玉勇	情报学

续表

题目	作者	学校	导师	学科专业
基于LDA模型的学科间知识流动研究——以图书情报学和新闻传播学为例	陈吉雨	曲阜师范大学	马秀峰	图书馆学
基于LDA的国内图书情报学学科交叉及演化研究	徐传舰	曲阜师范大学	马秀峰	图书馆学
高校图书馆创客空间学生用户使用意愿影响因素研究	李　越	曲阜师范大学	王焕景	图书馆学
基于AR技术的沉浸式儿童数字阅读资源设计与开发	崔晓天	曲阜师范大学	王焕景	图书馆学
基于被引质量和被引均衡性的期刊影响力评价指标研究	孔　月	曲阜师范大学	李秀霞	图书馆学
基于被引分布均衡性与被引时间异质性的学术期刊影响力评价指标研究	郝玉珊	曲阜师范大学	李秀霞	图书馆学
基于改进PageRank算法的作者影响力评价指标研究	臧思思	曲阜师范大学	李秀霞	图书馆学
“总体国家安全观”下的我国个人信息保护制度体系研究	李彦如	山西大学	相丽玲	情报学
我国个人征信信息保护法律制度的演化研究	陈秀兰	山西大学	相丽玲	情报学
中外个人数据保护标准体系研究	贾　昆	山西大学	相丽玲	情报学
基于Wikidata属性的人物词表属性互操作研究	崔西燕	山西大学	贾君枝	情报学
基于高校图书馆用户画像的精准阅读推荐研究	郭倩倩	山西大学	李　倩	情报学
高校图书馆用户信任对用户忠诚的影响研究	续晶晶	山西大学	齐向华	图书馆学
基于框架语义的在线医生服务评价主题识别	王世钰	山西大学	由丽萍	图书馆学
信息生态视角下消费者选择跨境电商平台的影响因素研究	张秋霞	山西财经大学	尚成国	情报学
基于Logistic模型的网络衍生舆情传播及预警机制研究	范晓萌	山西财经大学	韩雅鸣	情报学
我国地方本科院校图书馆创新服务研究	蓝紫琪	山西财经大学	吴汉华	情报学
精准扶贫背景下的图书馆众筹研究	袁小舒	山西财经大学	王　红	情报学
电子商务环境下阅读推广影响因素研究	郭　晟	山西财经大学	白才进	情报学
计数方法与科研人员职业生涯学术表现规律的相关研究	田　丹	山西财经大学	张丽华	情报学
G20国家间文化贸易网络特征——基于社会网络分析的研究	仝雷雷	上海社会科学院	王兴全	情报学
融合知识图谱和情感分析的推荐算法研究	史入文	上海社会科学院	唐　涛	情报学
我国大数据交易背景下数据权属问题研究	张　爽	上海社会科学院	唐　涛	情报学
基于LDA模型的国内人工智能政策对比研究	綦　然	上海社会科学院	丁波涛	情报学
政务微博及政务抖音的比较研究——以“上海发布”及“北京发布”为例	任宋洁	华东师范大学	袁　毅	情报学
新高考政策下的上海市高中生信息素养评价体系及影响因素研究	何韵秋	华东师范大学	袁　毅	情报学
高质量发展视角下公共数字文化云评价指标研究——以上海文化嘉定云为例	李　霜	华东师范大学	金武刚	情报学
全球管理学基金资助论文的计量测度与主题研究	杨　洁	华东师范大学	赵　星	情报学
基于异构数据源的疾病知识图谱构建研究——以高血压为例	何建平	武汉大学	范　昊	情报学
基于图文相关的突发事件相关图片采集研究	李显鑫	武汉大学	李　纲	情报学

续表

题目	作者	学校	导师	学科专业
基于机器学习的主题热度预测研究	潘荣清	武汉大学	李　纲	情报学
科学—技术主题关联识别及演化研究	王馨平	武汉大学	李　纲	情报学
学术社交网络问答平台信息流行度影响因素研究	仝晶晶	武汉大学	邓胜利	情报学
网络社群视角下潜在知识付费用户的识别研究	蒋雨婷	武汉大学	邓胜利	情报学
基于信号传递理论的在线健康社区医生收益预测研究	赵安琪	武汉大学	邓胜利	情报学
基于深度学习的开放域金融事件抽取方法研究	于　滔	武汉大学	李旭晖	情报学
事件视角下的词汇本体构建方法探讨	曾逸权	武汉大学	李旭晖	情报学
基于医学影像数据的中国婴儿脑图谱构建	袁梦雪	武汉大学	卢　龙	情报学
与股票关联的财经新闻文本分类分级研究	石　静	武汉大学	马费成	情报学
突发事件情境下在线问答社区回答采纳度影响因素研究	胡　哲	武汉大学	查先进	情报学
社交型移动阅读环境下用户粘度与支付意愿研究——以“微信读书”为例	俞承晨	武汉大学	查先进	情报学
网络音乐信息行为相关性研究：以网易云音乐为例	朱　静	武汉大学	宋恩梅	情报学
运动健身 APP 功能使用及其影响作用研究	高志辉	武汉大学	宋恩梅	情报学
本体和深度学习融合的细粒度情感分析	翟夏普	武汉大学	唐晓波	情报学
面向自动问答的学术搜索通用查询语言设计与实现	戚　越	武汉大学	陆　伟	情报学
基于纳米出版的学术论文信息资源聚合研究	杨　洋	武汉大学	罗　琳	情报学
基于专利分析的通信企业话语权评价研究	余慧妍	武汉大学	赵蓉英	情报学
基于 BERT_LSTM 模型的循证医学知识抽取研究	朱安琪	武汉大学	陆　泉	情报学
古籍版本研究成果在古籍数字化中的增值利用	卢　彤	武汉大学	李明杰	图书馆学
中文古籍数字资源整合研究	陈梦石	武汉大学	李明杰	图书馆学
《三国志》与《三国演义》的社会网络比较研究	樊　星	武汉大学	李明杰	图书馆学
澳门学校环境对小学生阅读的影响及对策研究	卢彦安	武汉大学	黄如花	图书馆学
面向公共数字文化工程融合创新发展的核心元数据标准构建	范冰玥	武汉大学	黄如花	图书馆学
澳门中小学图书馆信息资源建设研究	张嘉敏	武汉大学	黄如花	图书馆学
澳门公共图书馆数字资源建设研究	吕思慧	武汉大学	黄如花	图书馆学
澳门公共图书馆儿童阅读推广活动调研分析	吴慧灵	武汉大学	杨思洛	图书馆学
学科视角下学术图书影响力的比较研究	邢　欣	武汉大学	杨思洛	图书馆学
“一带一路”沿线国家多语种共享型经济管理数据库的功能设计	舒　婵	武汉大学	司　莉	图书馆学
“一带一路”沿线多语种、共享型经济管理数据库的元数据标准体系建设研究	王雨娃	武汉大学	司　莉	图书馆学
澳门地区图书馆员职业素质研究	王玉玗	武汉大学	司　莉	图书馆学
电子期刊对澳门高校图书馆期刊资源建设的影响与策略研究	郭倩雯	武汉大学	肖希明	图书馆学
图书情报硕士专业学位教育十年的发展与思考	温　阳	武汉大学	肖希明	图书馆学
虚拟知识社区潜水者参与意愿影响因素研究——以知乎为例	刘春香	武汉大学	吴　丹	图书馆学

续表

题目	作者	学校	导师	学科专业
电子商务 APP 收集用户个人信息问题和对策研究	刘子君	武汉大学	吴　丹	图书馆学
主权视角下国际反恐数据协作模式研究	陈贵容	武汉大学	冉从敬	图书馆学
国际数据权利体系演化及对我国的借鉴研究	张　沫	武汉大学	冉从敬	图书馆学
主权视角下的国际数据治理模式比较研究	王冰洁	武汉大学	冉从敬	图书馆学
面向领域知识服务的唐诗本体构建与智能应用研究	周莉娜	武汉大学	洪　亮	图书馆学
基于政策文本分析的“互联网 + 政务服务”实现路径研究	应鸣蕾	武汉大学	周力虹	图书馆学
基于混合研究方法的虚拟学术社区科研合作影响因素研究	汪　玲	华中师范大学	王战平	情报学
生活类微信群商品信息分享影响因素研究	杨　凡	华中师范大学	陈菁华	情报学
政府信息服务的新媒体组合模式及其选择策略研究	苏　玲	华中师范大学	娄策群	情报学
网络舆情信息公开时频统计研究	刘融冰	华中师范大学	李玉海	情报学
第三方电子商务交易平台个性化信息服务体系研究	张梦凡	华中师范大学	桂学文	情报学
业务流程再造视角下工业 4.0 系统在制造业中的价值创造研究	Valtteri Nättiaho	华中师范大学	陈　慧	情报学
信息生态视角下大学生网络健康信息搜寻行为的影响因素研究	姜富强	华中师范大学	李旭光	情报学
共享经济视角下省级科技情报机构知识服务研究	赵　维	湘潭大学	周永红	情报学
智慧城市信息安全服务质量影响因素研究	周丽颖	湘潭大学	邹　凯 刘武阳	情报学
智慧城市背景下社区图书馆发展策略研究	郭冠群	湘潭大学	蒋知义	情报学
大数据背景下智慧城市公共信息服务公众满意度研究	王　萌	湘潭大学	谭　旭 邹　凯	情报学
情报视角下一流高校智库咨询服务研究	徐阳泰	湘潭大学	毛太田	情报学
芷江红色文化资源价值评价与服务创新研究	何玉花	湘潭大学	李　勇 毛太田	情报学
公共图书馆数字文化服务绩效评价研究	杜礼玲	湘潭大学	唐　毅	情报学
食品安全信息化管理风险评估指标体系研究	郑　昱	湘潭大学	陈　旸 李　勇	情报学
面向科研数据开发利用的高校科研档案政策研究	汤雅静	湘潭大学	邢文明	情报学
基于多源数据的网络舆情事件文本情感分析——以中美贸易战为例	王新波	湘潭大学	朱红灿	情报学
突发事件中网民情感倾向分析与演化研究	阳　婧	湘潭大学	邓春林	情报学
出版智库知识服务模式研究	廉　强	黑龙江大学	刘春艳	情报学
科研数据开放共享的利益相关者博弈关系研究	王苑颖	黑龙江大学	陈媛媛	情报学
我国机构知识库开放获取政策评估研究	杜雨桐	黑龙江大学	牛晓宏	情报学
基于循证决策的开放数据政策制定研究	刘　瑞	黑龙江大学	马海群	情报学
我国政府开放数据的元数据标准规范优化研究	徐咪咪	黑龙江大学	马海群	情报学
基于视觉传达设计原理的微信自媒体信息获取行为研究	乔梦斌	黑龙江大学	李傲霜	情报学

续表

题目	作者	学校	导师	学科专业
微信订阅号作品侵权认定与版权保护研究	姜　爽	黑龙江大学	马小琪	情报学
多元数据驱动下高校智库创新情报服务研究	毕崇峰	黑龙江大学	孙瑞英	情报学
高校智库联盟工程化情报服务研究	贾旭楠	黑龙江大学	孙瑞英	情报学
基于词频统计的中美图书馆自律规范及其对比研究	王丽培	黑龙江大学	蒋永福	图书馆学
中国古代书目的文献价值揭示原理研究	关思雨	黑龙江大学	蒋永福	图书馆学
农村留守儿童阅读状况及引导策略研究	田　喆	黑龙江大学	王迎胜	图书馆学
社区图书馆公共信息服务研究	刘　丹	黑龙江大学	王迎胜	图书馆学
基于用户体验的公共图书馆文创产品开发模式研究	李　媛	黑龙江大学	黄丽霞	图书馆学
基于用户体验的公共图书馆微信服务质量评价研究	杨　敏	黑龙江大学	黄丽霞	图书馆学
均等化服务视角下公共图书馆阅读推广研究	曾　玲	黑龙江大学	黄丽霞	图书馆学
基于 SLA 的科学数据共享服务信任机制研究	韩　宇	黑龙江大学	赵丽梅	图书馆学
移动阅读用户付费意愿影响因素研究	张　花	黑龙江大学	赵丽梅	图书馆学
基于复杂网络的科研团队发现	孔邵玫	西安电子科技大学	王亚民	情报学
混合标签方法的用户采纳和意外发现的影响因素研究	刘亚希	西安电子科技大学	秦春秀	情报学
基于区块链技术的数字知识产权保护方案研究	宁梦月	西安电子科技大学	刘东苏	情报学
基于词嵌入模型的短文本主题发现研究	朱玉虎	西安电子科技大学	刘怀亮	情报学
基于多源异构数据的科研团队画像构建方法	莫君兰	西安电子科技大学	窦永香	情报学
基于多源异构数据的中文科技文献作者同名消歧研究	昌　宁	西安电子科技大学	窦永香	情报学
面向专利数据的技术创新主题发现及发展预测研究	玄洪升	西安电子科技大学	李　慧	情报学
面向重点科研项目实施的科学数据管理体系与方法研究	闫　淼	西安电子科技大学	赵捧未	图书馆学
基于概率矩阵分解的个性化图书推荐模型研究	王　奕	西安电子科技大学	李恩科	图书馆学
我国科研工作者科学数据引用行为模式研究	丁文姚	西南大学	韩　毅	情报学
关键词时间分布特征视角下的研究前沿探测研究	毕奕侃	西南大学	韩　毅	情报学
大学生学术阅读信息行为中的情感体验及其影响机制研究	张　可	西南大学	张　敏	情报学
大学生个人原生数字资源长期保存行为影响因素模型研究	柴　欢	西南大学	阮建海	情报学
Y 县农民交易过程中的信息传播研究	夏　洋	西南大学	周　剑	图书馆学
事故灾难网络舆情演化、预测及应对策略研究	杨茂青	西南科技大学	谢健民	情报学
虚拟学术社区科研人员合作影响因素研究	秦　宜	西南科技大学	吴景海	情报学
在线健康社区用户画像模型构建	李　星	西南科技大学	李端明	情报学
基于 PAD 情感模型的社会化问答社区用户信息行为研究	郭　燕	西南科技大学	王玉平	情报学
引入 Altmetrics 指标的科研机构学科竞争力评价研究	易淑琼	西南科技大学	余　波	情报学
旅游虚拟社区用户应急知识共享影响因素研究	秦　琴	西南科技大学	何晓兰	情报学
虚拟学术社区科研人员知识隐藏意愿评价研究	张　磊	西南科技大学	庞建刚 杜　鹃	情报学
公共图书馆信息扶贫影响因素的研究	王舒可	西南科技大学	胡翠红	情报学
军民融合战略背景下高校智库的服务模式探究	王艳霞	西南科技大学	周中林	情报学

续表

题目	作者	学校	导师	学科专业
数字人文中的数据众包运作策略研究	岑炅莲	广西民族大学	欧阳剑	情报学
面向东盟区域的旅游公共信息咨询服务实现路径研究	徐　峥	广西民族大学	苏瑞竹	图书馆学
大数据背景下高校图书馆东盟数据服务研究	闫静雅	广西民族大学	苏瑞竹	图书馆学
社会化标注环境下的知识网络构建与运用研究——以豆瓣网为例	刘　丹	福建师范大学	孟雪梅	情报学
高校研究生学术信息行为差异性分析——基于“有无学术成果”角度的调研发现	吴盛祥	福建师范大学	洪秋兰	情报学
图情专硕“工作室”人才培养机制研究	郭翊正	福建师范大学	洪秋兰	图书馆学
美国图书馆公众科学服务及启示	苏幼停	福建师范大学	许春漫	图书馆学
高校图书馆纸电图书资源协同建设绩效评价研究	郑诗枫	福建师范大学	傅文奇	图书馆学
高校图书馆员继续教育现状研究——基于福州主要高校的调查	李思诗	福建师范大学	张雪峰	图书馆学
基于本体的喹诺酮类药品不良反应语义检索模型研究	林　鑫	北京协和医学院	任慧玲	情报学
基于混合深度学习模型的临床医学文本分类研究	周永称	北京协和医学院	安新颖	情报学
基于深度学习的中文临床指南事件抽取研究	余　辉	北京协和医学院	高东平	情报学
基于数据包络分析的医学领域科研项目效率分析研究	崔春舜	北京协和医学院	高东平	情报学
基于科学—技术引用与文本关联的创新主题识别研究	李沛鑫	北京协和医学院	唐小利	情报学
基于句子抽取的共词聚类分析结果表达方法的研究	尹延洁	中国医科大学	崔　雷	情报学
基于专利与论文关联的领域潜在前沿识别研究	曾海娇	中国农业科学院	孙　巍	情报学

注：此部分内容主要于2021年9月30日在中国知网检索获得，此外北京大学顾晓光、武汉大学徐晴提供本校信息。

（国家图书馆　杨凡整理）

2020 年出版图书馆学情报学著作目录

序号	书名	责任者及著作方式	出版社	ISBN
1	北京大学中国古文献研究中心集刊.第二十辑	北京大学中国古文献研究中心编	北京大学出版社	978-7-301-31454-8
2	北京大学中国古文献研究中心集刊.第二十一辑	北京大学中国古文献研究中心编	北京大学出版社	978-7-301-31917-8
3	真人图书馆与阅读推广	毕洪秋，王政著	朝华出版社	978-7-5054-4541-3
4	分时阅读：读物愉悦性情	蔡思明等编著	海天出版社	978-7-5507-2773-1
5	大数据时代图书馆信息系统的系统分析与设计	曹祺著	武汉大学出版社	978-7-307-21475-0
6	中国情报学前沿	曹树金主编；王雅琪，岳文玉，赵浜编	国家图书馆出版社	978-7-5013-7117-4
7	守正创新：浦东图书馆规划实践重点项目总结报告	曹忠主编	上海辞书出版社	978-7-5326-5609-7
8	基于豪斯多夫距离的图像检索方法研究	车畅，兰文宝著	中国纺织出版社	978-7-5180-6492-2
9	科研主题演化过程中的词语迁移研究	陈柏彤著	中国社会科学出版社	978-7-5203-6249-8
10	国家图书馆藏民族文字古籍丛书（影印本）	陈红彦，萨仁高娃主编	北京大学出版社	978-7-301-31735-8
11	智慧图书馆知识服务创新策略研究	陈绘新，曹琰著	吉林大学出版社	978-7-5692-7255-0
12	互联网背景下图书馆服务与技术系统构建研究	陈绘新著	中南大学出版社	978-7-5487-3924-1
13	建本生香	陈莉娜编著	福建人民出版社	978-7-211-08368-8
14	孙星衍文献学研究	陈宁著	中国社会科学出版社	978-7-5203-7050-9
15	遇见图画书	陈萍主编	陕西人民出版社	978-7-224-13507-7
16	古籍善本（修订版）	陈先行著	上海人民出版社	978-7-208-16410-9
17	清代目录学研究	陈晓华著	光明日报出版社	978-7-5194-5615-3
18	公共图书馆服务体系发展中资源应用与推广研究	陈晓秦著	东北林业大学出版社	978-7-5674-2243-8
19	日本翻刻建本汉籍图释	陈旭东编著	福建人民出版社	978-7-211-08509-5
20	中国图书馆转型风险研究	陈一著	中国社会科学出版社	978-7-5203-6287-0
21	高校图书馆阅读推广理论与方法	陈幼华等著	朝华出版社	978-7-5054-4489-8
22	中国现代文学文献学十讲	陈子善著	复旦大学出版社	978-7-309-15213-5
23	中山大学图书馆学教育模式：面向国家文化传承和文化发展的图书馆学教育	程焕文等著	中山大学出版社	978-7-306-06798-2

续表

序号	书名	责任者及著作方式	出版社	ISBN
24	校雠广义.目录编(修订本)	程千帆,徐有富著	中华书局	978-7-101-13995-2
25	校雠广义.版本编(修订本)	程千帆,徐有富著	中华书局	978-7-101-14075-0
26	校雠广义.典藏编(修订本)	程千帆,徐有富著	中华书局	978-7-101-14040-8
27	校雠广义.校勘编(修订本)	程千帆,徐有富著	中华书局	978-7-101-14121-4
28	古典文献研究.第二十三辑.下卷	程章灿主编	凤凰出版社	978-7-5506-3369-8
29	第三届安徽省高校图书馆服务创新大赛案例汇编	储节旺主编	中国科学技术大学出版社	978-7-312-04962-0
30	16所世界一流大学图书馆服务特色及创新概览	淳姣,樊伟主编	四川大学出版社	978-7-5690-3260-4
31	研究数据管理和服务指南	崔海媛著	海洋出版社	978-7-5210-0492-2
32	现代数字图书馆发展研究	崔蕾著	北方妇女儿童出版社	978-7-5585-4307-4
33	图书馆管理与信息应用	崔英杰,王颖,王姣姣主编	天津科学技术出版社	978-7-5210-0492-2
34	新时代图书馆学与古籍整理研究	戴萍著	黑龙江教育出版社	978-7-5709-1338-1
35	一流大学图书馆治理能力现代化的探索与实践	党跃武主编	四川大学出版社	978-7-5690-3435-6
36	学术用户网络信息查寻行为研究:行为生态学与认知科学整合视角	邓小昭等著	科学出版社	978-7-03-065189-1
37	中国古典科技文献学	丁海斌,陈凡,刘维贵著	科学出版社	978-7-03-064641-5
38	图书馆发展变革与转型	董丽编著	北京工业大学出版社	978-7-5639-7256-2
39	中国古典学.第一卷	杜晓勤主编	中华书局	978-7-101-14370-6
40	基于内容的双目立体视频检索研究	段峰峰著	人民邮电出版社	978-7-115-54161-1
41	高校图书馆读者服务研究	段琼慧著	三秦出版社	978-7-5518-2182-7
42	中国公共图书馆创新案例	段宇锋,金晓明编著	上海交通大学出版社	978-7-313-23761-3
43	鄂州市图书馆馆史	樊小庆,张云著	经济管理出版社	978-7-5096-7203-7
44	中日图书馆学交流65年(一八九九—一九六四)历史探微	范凡著	海洋出版社	978-7-5210-0407-6
45	增订建阳刻书史	方彦寿著	福建人民出版社	978-7-211-07662-8
46	读书会运营与阅读推广	冯玲主编	朝华出版社	978-7-5054-4495-9
47	情报分析师开源工具箱之人员、物品、机构查询	冯文刚,石峰著	中国人民公安大学出版社	978-7-5653-3986-8
48	早期阅读研究:基于家庭的阅读指南	冯旭华,范华著	河海大学出版社	978-7-5630-6400-7
49	数字图书馆建设与用户服务	付超编著	吉林科学技术出版社	978-7-5578-7103-1

续表

序号	书名	责任者及著作方式	出版社	ISBN
50	近代书目与中国传统学术的学科化转型	傅荣贤著	社会科学文献出版社	978-7-5201-5950-0
51	图书馆电子借阅服务利益平衡机制研究	傅文奇著	科学出版社	978-7-03-058839-5
52	藏园老人手稿（影印本）	傅增湘著；傅熹年整理	中华书局	978-7-101-13680-7
53	北京地区察合台文古籍保护整理研究	高彩云著	民族出版社	978-7-105-16094-5
54	大学图书馆资源开发与应用研究	高华英，刘宝昌著	吉林出版集团股份有限公司	978-7-5581-8842-8
55	物联网时代智慧图书馆研究与创新实践	高庆殿著	吉林文史出版社	978-7-5472-6856-8
56	信息资源共享机制：一个多维驱动模型	高锡荣著	社会科学文献出版社	978-7-5201-6064-3
57	智慧图书馆信息化建设理论与实践	高岩，景玉枝，杨静编著	科学出版社	978-7-03-063725-3
58	数据开放浪潮	公共数据开放联合课题组著	社会科学文献出版社	978-7-5201-7155-7
59	中小学图书馆建设与阅读推广	宫昌俊主编	朝华出版社	978-7-5054-4488-1
60	高校图书馆管理与服务创新研究	宫磊著	吉林大学出版社	978-7-5692-7121-8
61	数字时代图书馆阅读推广体系建设与效能评价研究	苟宗杰著	陕西旅游出版社	978-7-5418-3987-0
62	图书馆管理与信息应用	顾志芹著	辽海出版社	978-7-5451-5201-2
63	圕人思忆：流年书香	管红星主编	南京师范大学出版社	978-7-5651-4669-5
64	均衡融合智慧：新时代图书馆的转型发展研究论文集	广西壮族自治区图书馆，广西图书馆学会编	广西科学技术出版社	978-7-5551-1360-7
65	广州图书馆年度报告：2019	广州图书馆编	广州出版社	978-7-5462-3123-5
66	《仪礼》文献探研录	郭超颖著	人民出版社	978-7-01-022203-5
67	全民阅读视域下高校图书馆阅读推广新探	郭婷，马雪梅主编	吉林大学出版社	978-7-5692-7260-4
68	读书方法与图书馆阅读推广	郭欣萍主编	朝华出版社	978-7-5054-4585-7
69	丝绸之路文献遗产保护和利用研究	国家档案局，国际档案理事会东亚地区分会，福建省档案馆编	福建人民出版社	978-7-211-08497-5
70	国家科技图书文献中心成立二十周年文集	国家科技图书文献中心编	科学技术文献出版社	978-7-5189-6635-6
71	图书馆·与时代同行国际学术研讨会论文集	国家图书馆编	国家图书馆出版社	978-7-5013-6928-7
72	照亮童年：儿童阅读推广研究	国丽莹著	辽宁大学出版社	978-7-5610-9806-6
73	语境视角下合作信息查寻与检索的行为机制及相关性模型	韩毅等著	科学出版社	978-7-03-066076-3

续表

序号	书名	责任者及著作方式	出版社	ISBN
74	图书馆信息资源建设发展研究	韩雨彤，常飞著	应急管理出版社	978-7-5020-8299-4
75	数字图书馆服务管理研究	郝芳著	天津科学技术出版社	978-7-5576-7813-5
76	中国古代典籍精讲	胡道静著	上海人民出版社	978-7-208-16416-1
77	立人读书沙龙：2016—2018 年卷	胡建文主编	西南交通大学出版社	978-7-5643-7298-9
78	基于网格资源与服务的决策支持方法与决策支持系统	胡小建，张水旺，张进军著	科学出版社	978-7-03-065378-9
79	全国地方文献工作与研究	湖南图书馆编	国家图书馆出版社	978-7-5013-6866-2
80	高校图书馆学科资源建设理论与实践	皇甫军，包海艳，杨静主编	文化发展出版社	978-7-5142-2853-3
81	社交网络信息检索与传播	黄河燕，李侃著	科学出版社	978-7-03-064477-0
82	基于 OPAC 日志的高校图书馆用户信息需求与检索行为研究	黄崑，张路路著	中国经济出版社	978-7-5136-6161-4
83	清代版刻一隅（汇编本）	黄裳著	山东人民出版社	978-7-209-12055-5
84	公共图书馆社区服务	黄小平著	国家图书馆出版社	978-7-5013-7002-3
85	甘州区图书馆志：1956—2019	黄岳年主编	甘肃文化出版社	978-7-5490-2027-0
86	三明公共图书馆“家·阅读”服务联盟案例研究	黄泽民主编	海峡文艺出版社	978-7-5550-2297-8
87	文化自信背景下我国图书馆的公共教育服务探索	冀萌萌等主编	内蒙古科学技术出版社	978-7-5380-3218-5
88	古刻名抄经眼录	江澄波著	北京联合出版公司	978-7-5596-4181-6
89	阅读引领未来	江富军著	清华大学出版社	978-7-302-56042-5
90	风帆正扬：江苏省科学技术情报研究所 2010—2020 年重大科研成果汇编	江苏省科学技术情报研究所编著	科学技术文献出版社	978-7-5189-6370-6
91	芳华绽放：江苏省科学技术情报研究所自主科研项目成果汇编：2018	江苏省科学技术情报研究所编著	科学技术文献出版社	978-7-5189-6209-9
92	基于信息资源建设与读者服务的高校图书馆发展研究	江莹著	吉林大学出版社	978-7-5692-6135-6
93	大学生信息素养能力与教育探索	蒋南著	延边大学出版社	978-7-5688-8832-5
94	文学叙事与儿童阅读研究	金莉莉著	光明日报出版社	978-7-5194-5597-2
95	往昔联书经眼录	景常春编著	团结出版社	978-7-5126-7823-1
96	现代复合图书馆对环境的影响研究	亢琦著	内蒙古人民出版社	978-7-204-16091-4
97	航空情报实践	赖欣主编	西南交通大学出版社	978-7-5643-7462-4
98	现代图书馆管理创新实践	蓝开强著	吉林出版集团股份有限公司	978-7-5581-4429-5
99	纸质文物修复技艺：古籍修复	李爱红著；何鸿主编	西泠印社出版社	978-7-5508-3038-7

续表

序号	书名	责任者及著作方式	出版社	ISBN
100	中医古典目录学概论	李鸿涛，张伟娜，佟琳编著	中医古籍出版社	978-7-5152-1985-1
101	儿童阅读的力量	李怀源著	华东师范大学出版社	978-7-5675-9962-8
102	网络信息资源的重组与应用：社会化标注环境下的标签聚类方法	李慧宗著	化学工业出版社	978-7-122-37642-8
103	图书馆参考咨询多维探索与研究	李佳培著	中国水利水电出版社	978-7-5170-7828-9
104	刘向文献编纂研究	李景文著	人民出版社	978-7-01-021993-6
105	图书馆管理与信息服务	李科萱著	光明日报出版社	978-7-5194-5484-5
106	千峰任去留：李渔著述版本图录	李良子主编	西北大学出版社	978-7-5604-4499-4
107	SEO 搜索引擎优化实战	李蒙主编	清华大学出版社	978-7-302-55248-2
108	情缘所系情业至臻：江苏省科学技术情报研究所建所 60 周年纪念文集	李敏，孙斌主编	江苏人民出版社	978-7-214-25473-3
109	高职院校图书馆基于高职生深阅读习惯培养的阅读推广工作研究	李明，朱敏婕，许冬玲著	吉林出版集团股份有限公司	978-7-5581-8168-9
110	期刊：连续出版的逻辑	李频著	中国传媒大学出版社	978-7-5657-2711-5
111	搜索引擎技术与应用开发	李群主编	清华大学出版社	978-7-302-56003-6
112	国外图书馆阅读推广	李世娟等编著	朝华出版社	978-7-5054-4572-7
113	中国书院与阅读推广	李西宁主编	朝华出版社	978-7-5054-4581-9
114	信息检索	李小燕，朱正伦编著	现代教育出版社	978-7-5106-7723-6
115	现代公共图书馆资源建设与服务的多维透视	李一男著	吉林大学出版社	978-7-5692-7443-1
116	日本公共图书馆思想的形成与发展：1853—1970	李易宁著	国家图书馆出版社	978-7-5013-6892-1
117	高校群体信息素养与创新行为的关系：理论与实证	李瑛著	科学出版社	978-7-03-063934-9
118	图情大数据	林鹤，曹磊，夏翠娟编著	上海科学技术出版社	978-7-5478-5094-7
119	基于查询转换的大规模 RDF 数据关键字查询技术研究	林晓庆著	吉林出版集团股份有限公司	978-7-5534-9625-2
120	如何共读一本书：高效引导社群学习	林扬程著	电子工业出版社	978-7-121-39518-5
121	分地阅读：读物联通文脉	凌冬梅等编著	海天出版社	978-7-5507-2777-9
122	图书馆管理艺术与信息化应用研究	凌霄娥著	西北工业大学出版社	978-7-5612-7189-6
123	公共图书馆服务及管理创新研究	刘波，管黎，谭进著	吉林摄影出版社	978-7-5498-4564-4
124	清前期内府本之翻刻研究	刘甲良著	北京联合出版公司	978-7-5596-4103-8

续表

序号	书名	责任者及著作方式	出版社	ISBN
125	图书馆管理与信息存储	刘聚斌，宋红梅著	辽海出版社	978-7-5451-4691-2
126	高校图书馆服务新职能研究	刘凯著	吉林人民出版社	978-7-206-16795-9
127	科学数据素养教育	刘敏主编	江苏大学出版社	978-7-5684-1367-1
128	移动互联网数字阅读环境下的文学传播研究	刘琴著	中国社会科学出版社	978-7-5203-6993-0
129	中学生多媒体浏览行为研究	刘世清，刘冰玉著	浙江大学出版社	978-7-308-20348-7
130	公共图书馆资源与服务体系建设研究	刘思光著	吉林出版集团股份有限公司	978-7-5581-9069-8
131	图书馆数字资源建设与学科服务研究	刘婷婷著	吉林出版集团股份有限公司	978-7-5581-8787-2
132	中国图书馆自动化系统发展研究：1974—2018	刘喜球，王灿荣著	科学出版社	978-7-03-064696-5
133	读图时代：儿童图画书阅读与出版	刘晓晔，王壮著	文化发展出版社	978-7-5142-2852-6
134	高校图书馆智慧化学科服务研究与应用	刘旭晖著	中国原子能出版社	978-7-5221-0526-0
135	面向专业领域的情报工程技术研究与实现	刘耀著	科学技术文献出版社	978-7-5189-6638-7
136	图书馆馆藏资源建设与共享研究	刘云著	天津人民出版社	978-7-201-16399-4
137	法律知识形式化管理理论及工程方法	刘振宇著	经济管理出版社	978-7-5096-7208-2
138	古有憙	柳向春著	广西师范大学出版社	978-7-5598-2553-7
139	图书情报精细化管理方法新探	龙春芳著	东北师范大学出版社	978-7-5681-7185-4
140	杭州的“书房”	龙长征，唐濛，章浩编著	杭州出版社	978-7-5565-1215-7
141	让阅读滋养孩子的心灵：儿童阅读的探索与实践	陆莉莉著	华东师范大学出版社	978-7-5760-0397-0
142	搜索引擎技术与发展	罗刚编著	电子工业出版社	978-7-121-39803-2
143	宋元文学与文献论考	罗鹭著	复旦大学出版社	978-7-309-14536-6
144	政府购买图书馆服务研究	马慧萍主编	吉林科学技术出版社	978-7-5578-6816-1
145	高校图书馆数字资源建设与服务创新研究	马亚玲著	吉林出版集团股份有限公司	978-7-5581-8288-4
146	古典文献研究论集	马亚中，钱锡生，周生杰主编	苏州大学出版社	978-7-5672-3277-8
147	数字阅读行为量化分析方法及应用	毛刚，章光琼著	华中师范大学出版社	978-7-5622-8925-8
148	中国藏书的历史与传统	毛旭，凌冬梅主编	朝华出版社	978-7-5054-4574-1
149	中外阅读推广案例拓展研究	蒙嫒编著	北京工业大学出版社	978-7-5639-7257-9
150	图书信息管理与阅读服务	孟玫著	吉林科学技术出版社	978-7-5578-6858-1

续表

序号	书名	责任者及著作方式	出版社	ISBN
151	志愿者与图书馆阅读推广	缪建新主编	朝华出版社	978-7-5054-4608-3
152	图书馆管理与阅读服务研究	穆桂苹，王鸿博，崔佳音著	辽海出版社	978-7-5451-5087-2
153	南海图书馆年报：2019	南海图书馆编	广东人民出版社	978-7-218-14469-6
154	南海区图书馆总分馆建设成果论文集	南海图书馆编	广东人民出版社	978-7-218-14647-8
155	螺蛳壳中的曼陀罗：古籍影印蠡探	南江涛著	北京联合出版有限责任公司	978-7-5596-3875-5
156	中国儿童阅读图画书的反应研究	宁欢著	海燕出版社	978-7-5350-7863-6
157	网络信息体系机理与方法	裴忠民，熊伟编著	国防工业出版社	978-7-118-12190-2
158	古典文献学经典导读	漆永祥主编	北京联合出版有限责任公司	978-7-5596-4277-6
159	SEO 搜索引擎优化：基础 + 案例 + 实战（慕课版）	千锋教育高教产品研发部编著	人民邮电出版社	978-7-115-52786-8
160	图书馆信息管理与多元化发展研究	乔红丽著	吉林大学出版社	978-7-5692-6543-9
161	归档网络信息价值判断模型研究	仇壮丽，吴绍龙，许冬玲著	湘潭大学出版社	978-7-5687-0465-6
162	阅读政策与图书馆阅读推广	屈义华主编	朝华出版社	978-7-5054-4487-4
163	人民音乐出版社总谱（电子版）投稿标准	人民音乐出版社编辑部编	人民音乐出版社	978-7-103-05969-2
164	图书馆理论及其实践的新发展探究	任杰，吴丽萍，郭瑞编著	上海交通大学出版社	978-7-313-22654-9
165	原生数字期刊馆藏建设模式研究	阮建海等著	科学出版社	978-7-03-064197-7
166	2019 年外文学术图书引证报告	上海交通大学出版传媒研究院编	上海交通大学出版社	978-7-313-22810-9
167	扩囊大典网罗众家：上海市杨浦区图书馆	上海市杨浦区图书馆编	上海人民美术出版社	978-7-5586-1580-1
168	上海市公共图书馆行业发展报告：2019	上海图书馆，上海市图书馆行业协会编	上海科学技术文献出版社	978-7-5439-8225-3
169	数字图书馆推广理论与实务	邵燕著	国家图书馆出版社	978-7-5013-7003-0
170	化学化工信息检索与文献管理	佘厚德，王其召，黄静伟编著	河海大学出版社	978-7-5630-6450-2
171	阅动全家：亲子阅读手册	沈红梅主编	国家图书馆出版社	978-7-5013-6955-3
172	版本目录学研究 . 第十一辑	沈乃文主编	国家图书馆出版社	978-7-5013-6948-5
173	版本目录学研究 . 第十二辑	沈乃文主编	国家图书馆出版社	978-7-5013-7075-7
174	图书馆职业能力研究	盛小平，刘泳洁著	武汉大学出版社	978-7-307-21665-5
175	书香致远正当时：浦东地区图书馆创新实践风采录	施丽主编	上海辞书出版社	978-7-5326-5553-3

续表

序号	书名	责任者及著作方式	出版社	ISBN
176	高校图书馆服务与大学生入馆教育研究	施纳著	辽海出版社	978-7-5451-5324-8
177	大数据、知识服务与当代图书馆学	施强著	浙江大学出版社	978-7-308-20338-8
178	文献辨伪学引论	司马朝军，赵争主编	武汉大学出版社	978-7-307-21777-5
179	大数据环境下高校图书馆信息资源建设与共享	宋丽萍，王颖，于君著	兵器工业出版社	978-7-5181-0568-7
180	图书馆空间设计与阅读推广	宋兆凯主编	朝华出版社	978-7-5054-4606-9
181	图书馆移动阅读服务研究	陶景冶著	吉林出版集团股份有限公司	978-7-5581-8164-1
182	江西省图书馆百年馆史：1920—2020	陶涛，程春焱主编	江西人民出版社	978-7-210-12525-9
183	天雨流芳：南方科技大学图书馆十年	田磊主编	国家图书馆出版社	978-7-5013-7034-4
184	图书馆管理与阅读推广服务	田倩著	辽海出版社	978-7-5451-5005-6
185	民族文献遗产隐性信息保护研究	仝艳锋著	中国社会科学出版社	978-7-5203-7076-9
186	分众阅读：读物给养头脑	万宇，王奕著	海天出版社	978-7-5507-2772-4
187	阅读与心理健康	王波主编	朝华出版社	978-7-5054-4542-0
188	汉籍与汉学．二〇二〇年第一辑（总第六辑）	王承略主编	山东人民出版社	978-7-209-12703-5
189	地市级数字图书馆资源建设与阅读推广研究	王春玲著	沈阳出版社	978-7-5716-0981-8
190	走进现场的体验与审考：《文艺生活》与南方现代文学	王丹著	清华大学出版社	978-7-302-56431-7
191	高职院校图书馆资源与服务体系建设研究	王芳著	吉林出版集团股份有限公司	978-7-5581-8482-6
192	“一流学科”建设高校图书馆支持体系创新研究	王凤翠著	华中科技大学出版社	978-7-5680-6033-2
193	四川省图书馆保存本暨特色文献计量分析研究报告	王纲编著	四川科学技术出版社	978-7-5364-9866-2
194	当前我国高校图书馆服务与管理微探	王广泽著	电子科技大学出版社	978-7-5647-7887-3
195	天一阁画史	王宏星撰文；童介眉绘画	宁波出版社	978-7-5526-3778-6
196	广东流动图书馆 16 年	王惠君主编；广东省立中山图书馆编	广东人民出版社	978-7-218-14709-3
197	民间历史文献整理概论	王蕾，叶湄，薛玉等著	广西师范大学出版社	978-7-5598-2648-0
198	信息素养	王宁著	云南大学出版社	978-7-5482-3610-8
199	公共图书馆数字文化建设	王鹏著	济南出版社	978-7-5488-4464-8

续表

序号	书名	责任者及著作方式	出版社	ISBN
200	数字图书馆服务模式与管理研究	王清，曹彩，庞云著	吉林科学技术出版社	978-7-5578-7019-5
201	新中国成立初期的大众阅读研究：1949—1956	王申红著	黄山书社	978-7-5461-8923-9
202	面向未来的公共图书馆问学问道	王世伟著	上海社会科学院出版社	978-7-5520-3202-4
203	互联网素养：21 世纪生存必备	王仕勇，张成琳主编	西南师范大学出版社	978-7-5621-9432-3
204	古籍保护与修复技术探究	王晓民著	辽海出版社	978-7-5451-5512-9
205	图书馆视角下的近代日本对华文化侵略	王一心著	国家图书馆出版社	978-7-5013-6699-6
206	地方文献与阅读推广	王以俭，廖晓飞主编	朝华出版社	978-7-5054-4493-5
207	高校图书馆信息管理与服务研究	王瑛琦，赵赫璠，张贺著	哈尔滨工业大学出版社	978-7-5603-8792-5
208	书楼探踪．江苏卷	韦力著	华文出版社	978-7-5075-5303-1
209	数字时代的科技知识服务	魏东原，张军主编	广东科技出版社	978-7-5359-7578-2
210	世纪华章：信息管理学院教师代表性学术论文专辑．上	吴江，陆泉，杨思洛主编	武汉大学出版社	978-7-307-21644-0
211	高校图书馆移动阅读服务研究	吴漂生著	吉林人民出版社	978-7-206-17472-8
212	“17 年”图书馆事业与学术思想史研究	吴稌年，顾烨青著	国家图书馆出版社	978-7-5013-6864-8
213	中国图书馆的历史与发展	吴晞著	朝华出版社	978-7-5054-4490-4
214	大数据环境下高校图书馆信息资源建设与共享	吴晓明，杨广锋，王晓玲编著	吉林大学出版社	978-7-5692-7441-7
215	中国人民大学复印报刊资料转载指数排名研究报告：2019	武宝瑞主编	中国人民大学出版社	978-7-300-28070-7
216	武汉地区公共图书馆发展史：1840—1949	武汉图书馆编	武汉出版社	978-7-5582-3005-9
217	采采荣木：中国古典书目与现代版本之学	向辉著	上海古籍出版社	978-7-5325-9680-5
218	图书馆全民阅读推广与服务模式构建研究	肖三霞著	吉林出版集团股份有限公司	978-7-5581-8318-8
219	图书馆资源建设与创新研究	肖舒，杨丽华，张敏著	吉林科学技术出版社	978-7-5578-7520-6
220	信息资源建设（2 版）	肖希明主编	武汉大学出版社	978-7-307-21962-5
221	高校图书馆文献采编与读者服务研究	肖竹青著	企业管理出版社	978-7-5164-2251-9
222	图书馆科普阅读推广	肖佐刚，杨秀丹主编	朝华出版社	978-7-5054-4485-0
223	出版物质量问题典例面面观	萧振华著	安徽教育出版社	978-7-5336-9121-9
224	“互联网 +”时代公民信息素养基础	谢斌，虎二梅编著	兰州大学出版社	978-7-311-05766-4

续表

序号	书名	责任者及著作方式	出版社	ISBN
225	田径运动科技文献知识图谱及影响机制研究	谢恩礼著	东南大学出版社	978-7-5641-8731-6
226	版本与目录	辛德勇著	生活·读书·新知三联书店	978-7-108-06900-9
227	数字环境下高校图书馆业务流程重组模式研究	徐军华著	国家图书馆出版社	978-7-5013-7004-7
228	分校阅读：读物增益才华	徐雁等编著	海天出版社	978-7-5507-2774-8
229	社区与乡村阅读推广	徐益波主编	朝华出版社	978-7-5054-4486-7
230	云计算环境下的数据共享技术研究	许灿著	吉林教育出版社	978-7-5553-5623-3
231	“双创”背景下适应高职教育发展的图书馆建设研究	许冬玲，李明，朱敏婕著	吉林出版集团股份有限公司	978-7-5581-8166-5
232	“一带一路”背景下的图书馆多元文化服务	许萍，陆金燕，朱晓雷著	天津古籍出版社	978-7-5528-0878-0
233	书事：近现代版本杂谈	薛冰著	天津人民出版社	978-7-201-16055-9
234	数字图书馆资源聚合质量评价及优化策略研究	闫晶著	人民出版社	978-7-01-021744-4
235	高校智慧图书馆服务创新研究	杨灿明著	吉林科学技术出版社	978-7-5578-7879-5
236	蕴籍：重庆市区域性公共图书馆联盟论文集. 第二辑	杨毅，蒲克玲，吴密主编	吉林大学出版社	978-7-5692-6629-0
237	智慧时代高校图书馆服务创新与发展研究	杨永华著	中国原子能出版社	978-7-5221-0487-4
238	中国阅读推广专题研究	杨峥，杨静，李灵杰编著	中国商务出版社	978-7-5103-3135-0
239	敦煌邈真赞与对应文献词汇研究	姚美玲，王泉著	上海古籍出版社	978-7-5325-9749-9
240	计算机辅助典籍英译研究	姚振军著	东北财经大学出版社	978-7-5654-3857-8
241	文献与问题：中国现代文学文献研究论衡	易彬著	社会科学文献出版社	978-7-5201-6398-9
242	深圳全民阅读发展报告：2020	尹昌龙主编	海天出版社	978-7-5507-2863-9
243	信息技术时代下图书编目工作创新研究	尹会红著	中国国际广播出版社	978-7-5078-4666-9
244	分级阅读：读物提升幸福	尹士亮等著	海天出版社	978-7-5507-2776-2
245	两汉乐书的文献学研究	余作胜著	中华书局	978-7-101-14817-6
246	图书馆管理策略与阅读服务创新研究	袁萍著	辽海出版社	978-7-5451-5293-7
247	阅读的进化：从深阅读到浅阅读	袁曦临著	东南大学出版社	978-7-5641-9016-3
248	民国时期图书馆学学术转型研究	曾凡菊著	科学出版社	978-7-03-062865-7
249	《汉语主题词表》构建研究	曾建勋等著	科学技术文献出版社	978-7-5189-6948-7

续表

序号	书名	责任者及著作方式	出版社	ISBN
250	中国书史说书小史导读(影印本)	查猛济，陈汝衡著	上海科学技术文献出版社	978-7-5439-8049-5
251	图苑足音：海南省高校图工委十年探索之路	詹长智，李春主编	国家图书馆出版社	978-7-5013-6841-9
252	湛庐珍藏历：大英图书馆：2021	湛庐文化编	中国纺织出版社	978-7-5180-7759-5
253	地方文献检索概论	张宝泉，孙秀惠，李志超著	敦煌文艺出版社	978-7-5468-1872-6
254	智慧图书馆技术及应用	张海波编著	河北科学技术出版社	978-7-5717-0341-7
255	高等院校图书馆学与信息化应用研究	张慧敏，肖静著	吉林人民出版社	978-7-206-16737-9
256	文化典籍．第二辑．汤勤福教授荣休纪念学术论文集	张剑光，钟翀，孔妮妮主编	中西书局	978-7-5475-1762-8
257	信息需求调节下社会化媒体用户学术信息搜寻行为研究	张晋朝著	武汉大学出版社	978-7-307-21599-3
258	图书情报专业硕士培养研究与实践	张靖，周旖，陈定权主编	社会科学文献出版社	978-7-5201-5969-2
259	中国现当代诗人传记版本辑录	张立群编著	社会科学文献出版社	978-7-5201-6615-7
260	全民阅读示范基地建设	张利娜，李东来主编	朝华出版社	978-7-5054-4517-8
261	泛在学科服务环境下的高校图书馆科学数据管理研究	张琳琳，陈晨，金颖华著	中国纺织出版社	978-7-5180-7602-4
262	技术演化路径探测方法研究：专利引用网络主路径视角	张娴著	科学出版社	978-7-03-065060-3
263	大学图书馆信息服务与信息素养教育理论与实践研究	张现龙主编	河海大学出版社	978-7-5630-6442-7
264	“互联网+”环境下图书馆的发展与管理探究	张欣著	吉林科学技术出版社	978-7-5578-6104-9
265	未述成分意义研究	张瑛著	中国社会科学出版社	978-7-5203-7067-7
266	信息检索、利用与评估	张毓晗著	电子科技大学出版社	978-7-5647-7757-9
267	档案管理与图书资料研究	张震雄，张丽明，鲍倩著	吉林摄影出版社	978-7-5498-4630-6
268	图书馆管理与信息服务研究	章先贵著	中国原子能出版社	978-7-5221-0774-5
269	图书馆管理与服务创新研究	赵赫璠，王瑛琦，姚敏著	哈尔滨工业大学出版社	978-7-5603-8908-0
270	民国时期图书馆学报刊资料分类汇编．图书馆老照片(影印本)	赵建爽主编	国家图书馆出版社	978-7-5013-6730-6
271	我国民间读书会研究	赵俊玲等著	国家图书馆出版社	978-7-5013-6870-9
272	工程科技核心资源元数据	赵瑞雪等编著	科学出版社	978-7-03-065000-9
273	中国古典学．第一辑	赵卫东主编	山东大学出版社	978-7-5607-6615-7
274	中古文献异文的语言学考察：以文字、词语为中心	真大成著	上海教育出版社	978-7-5444-9973-6

续表

序号	书名	责任者及著作方式	出版社	ISBN
275	移动图书馆服务质量评价及提升策略	郑德俊等著	光明日报出版社	978-7-5194-5352-7
276	网络信息体系构建方法和探索实践	中国电子科技集团公司发展战略研究中心编著	电子工业出版社	978-7-121-35370-3
277	情报学进展.第十三卷：2018—2019年度评论	中国国防科学技术信息学会编	航空工业出版社	978-7-5165-2269-1
278	中国图书馆学报年刊：2019	中国图书馆学报编	国家图书馆出版社	978-7-5013-7050-4
279	中国图书馆年鉴：2019	中国图书馆学会，国家图书馆编	国家图书馆出版社	978-7-5013-6508-1
280	中国图书馆学会年会论文集：2020年卷	中国图书馆学会编	国家图书馆出版社	978-7-5013-7162-4
281	图书馆学学科发展报告：2018—2019	中国图书馆学会编著	中国科学技术出版社	978-7-5046-8520-9
282	中山大学图书情报与档案管理学科建设40周年纪念论文集	中山大学信息管理学院编	中山大学出版社	978-7-306-07011-1
283	新时代图书馆少儿服务创新研究	周虹利著	辽海出版社	978-7-5507-2775-5
284	高校智慧图书馆知识服务研究	周娜著	中国国际广播出版社	978-7-5078-4665-2
285	信息资源开发与阅读文化建设研究	周卫，程传超著	东北林业大学出版社	978-7-5674-1885-1
286	大数据时代高校图书馆智慧化服务	周文学，顾洁主编；周文学，顾洁编著	哈尔滨出版社	978-7-5484-5526-4
287	分类阅读：读物优化气质	周燕妮等编著	海天出版社	978-7-5507-2775-5
288	高校图书馆管理与阅读服务模式创新	朱丹君著	辽海出版社	978-7-5451-5516-7
289	超级搜索术：帮你找到99%问题的答案	朱丹著	电子工业出版社	978-7-121-38478-3
290	图书馆数字化管理研究与档案资源建设	朱芳辉，旃群，石静著	吉林出版集团股份有限公司	978-7-5581-8487-1
291	公共图书馆服务体系研究与创新	朱芳辉，赵娜，张捷著	中国致公出版社	978-7-5145-1562-6
292	高职院校数字图书馆建设与阅读推广	朱敏婕，许冬玲，李明著	吉林出版集团股份有限公司	978-7-5581-8167-2
293	图书馆服务管理内化：概念、过程及整合因素	朱明，周倩著	中国社会科学出版社	978-7-5203-6084-5
294	中文图书编目理论与实践	朱青青编著	知识产权出版社	978-7-5130-7051-5
295	通识教育与阅读推广	朱小梅，王丽丽著	朝华出版社	978-7-5054-4540-6
296	网络环境下叙词表的应用研究	朱小梅著	中国书籍出版社	978-7-5068-7652-0
297	高校经典阅读推广理论与实践	朱原谅著	安徽师范大学出版社	978-7-5676-4684-1
298	宋人别集叙录（增订本）	祝尚书著	中华书局	978-7-101-13804-7

续表

序号	书名	责任者及著作方式	出版社	ISBN
299	云间韩氏藏书题识汇录	邹百耐纂；石菲整理	上海古籍出版社	978-7-5325-9486-3
300	生物安全情报	（澳）帕特里克·沃尔什（Patrick F. Walsh）著；王磊译	金城出版社	978-7-5155-2036-0
301	循证图书馆信息实践	（加）丹尼斯·寇福根纳基斯（Denise Koufogiannakis），（英）艾莉森·布雷特（Alison Brettle）著；刘勐，袁陇珍译	兰州大学出版社	978-7-311-05731-2
302	心智与阅读	（美）丹尼尔·T. 威林厄姆（Daniel T.Willingham）著；梁海燕译	浙江教育出版社	978-7-5536-6891-8
303	阅读的习得：对语言文化视角下的儿童读写能力发展研究（2版）	（美）凯瑟琳·麦克布莱德（Catherine McBride）著；莫剑宏译	北京师范大学出版社	978-7-303-25094-3
304	纸知识：关于文档的媒介历史	（美）丽莎·吉特尔曼著；王昀译	复旦大学出版社	978-7-309-15044-5
305	书店的灯光	（美）刘易斯·布兹比著；陈体仁译	上海三联书店	978-7-5426-7071-7
306	国家安全情报	（美）洛克·约翰逊（Loch K. Johnson）著；李岩译	金城出版社	978-7-5155-2007-0
307	美国社区学院图书馆员手册	（美）迈克尔·A. 克伦普顿（Michael A. Crumpton），（美）诺拉·J. 伯德（Nora J. Bird）著；顾健，（美）潘俊林译	国家图书馆出版社	978-7-5013-6490-9
308	美国法律文献检索	（美）莫里斯·L. 柯恩，（美）肯特·C. 奥尔森著；夏登峻，缪庆庆译	北京大学出版社	978-7-301-30692-5
309	中国访书记	（日）内藤湖南等著；钱婉约译	九州出版社	978-7-5108-6615-9
310	书的故事	（苏）米·伊林著；胡愈之译	晨光出版社	978-7-5715-0560-8
311	书的故事	（苏）米·伊林著；张腾腾，青川译	吉林大学出版社	978-7-5692-6197-4
312	敦煌西域古藏文社会历史文献（增订本）	（英）F. W. 托马斯编著；刘忠，杨铭译注	商务印书馆	978-7-100-17064-2
313	世界图书馆史：附图书馆经营手册	（英）爱德华·爱德华兹著	中西书局	978-7-5475-1766-6
314	书的大历史：六千年的演化与变迁	（英）基思·休斯敦著；伊玉岩，邵慧敏译	生活·读书·新知三联书店	978-7-108-06870-5

注：此部分内容于2021年4月20日在国家图书馆联机公共目录查询系统检索获得。

（国家图书馆　刘洁萍整理）

统计资料

2020年全国公共图书馆事业统计[①]

按年份全国公共图书馆主要业务活动情况

年份	机构数(个)	从业人员(人)	总藏量(万册/件)	总流通人次(万人次)		书刊、文献外借册次(万册次)	书架单层总长度(万米)	实际持证读者数(万个)	本年新购藏量(万册)
					外借人次				
1979年	1651		18353	7787		9625			
1980年	1732		19904	9045		11830			
1985年	2344	29350	25573	11614		18942			1343
1986年	2406	31849	26133	11722		16205	504	523	1359
1990年	2527	40247	29064	12435		20242	772	603	895
1991年	2535	42037	30614	20496	7949	13325	758	631	771
1992年	2558	43051	31175	18495	7653	12625	748	563	740
1993年	2572	44656	31410	16973	6970	11685	797	562	631
1994年	2589	44367	32332	14451	7232	11852	776	552	556
1995年	2615	45323	32850	14142	7160	11814	899	540	551
1996年	2620	46457	33686	14793	7731	13544	967	527	577
1997年	2628	47882	37549	16114	8561	15685	817	556	680
1998年	2662	48313	38514	17058	8910	15422	873	582	700
1999年	2669	48792	39539	18040	9075	16290	934	596	678
2000年	2675	51342	40953	18854	9600	16913	978	623	692
2001年	2696	48579	42130	20757	9829	17559	945	792	819
2002年	2697	48447	42683	21950	10428	20021	995	918	946
2003年	2709	49646	43776	21440	10666	18775	1035	943	1049
2004年	2720	49069	46152	22095	10140	18536	1247	1056	1228
2005年	2762	50423	48056	23332	10821	20269	1320	1062	1535
2006年	2778	51311	50024	25218	11408	21039	1413	1160	1686
2007年	2799	51650	52053	26103	11454	21319	1318	1273	1871
2008年	2820	52021	55064	28141	12251	23129	1112	1454	2071
2009年	2850	52688	58521	32167	13277	25857	1216	1749	2939
2010年	2884	53564	61726	32823	13934	26392	1200	2020	2956
2011年	2952	54475	63896	37423	15316	28452	1218	2214	3985
2012年	3076	54997	68827	43437	17402	33191	1216	2485	5826
2013年	3112	56320	74896	49232	20552	40868	1191	2877	4865
2014年	3117	56071	79092	53036	22737	46734	1210	3944	4742
2015年	3139	56422	83844	58892	23085	50896	1262	5721	5151
2016年	3154	57219	90163	66037	24892	54725	1335	5593	6275
2017年	3166	57567	96953	74450	25503	55091	1432	6736	7034
2018年	3176	57617	103659	81827	25503	58010	1487	7252	6895
2019年	3196	57796	111181	90135	26609	61373	1615	8627	6986
2020年	3212	57980	117930	54146	17467	42087	1612	10251	6732

① 数据由文化和旅游部财务司规划统计处提供。

按年份全国公共图书馆经费收支及设施情况

年份	收入合计(万元)	财政拨款	支出合计(万元)	新增藏量购置费	新购图书(万册)	实际使用房屋建筑面积(万平方米)	书库	阅览室	阅览室座席数(万个)
1979年	5040	5040	5206	2163		86.6	38.1	21.1	
1980年	5476	5476	5486	2273		92.0	42.1	23.5	
1985年	15272	15272	13393	4164	1343	172.0	64.1	46.1	23.1
1986年	19891	19070	17242	5300	1359	210.2	73.0	53.4	33.7
1990年	32328	29292	30271	8474	895	326.0	98.4	76.1	32.1
1991年	36764	32593	34388	8927	771	349.1	104.3	80.0	34.0
1992年	45354	39010	41132	9916	740	363.6	105.3	84.3	34.4
1993年	50917	42975	48211	10698	631	368.0	108.0	85.0	34.3
1994年	74586	60639	63295	9252	556	409.1	113.6	85.7	34.8
1995年	79685	65829	74080	16788	551	415.5	117.8	88.3	35.2
1996年	93235	76582	88963	19626	577	441.4	120.8	94.0	35.6
1997年	114004	93177	113927	25527	680	471.5	124.9	98.0	37.4
1998年	129082	107521	127032	28067	700	492.5	131.7	101.8	39.9
1999年	137430	115830	135826	30473	678	506.0	137.4	105.7	41.6
2000年	163799	139321	157173	37141	692	598.2	139.0	109.7	41.6
2001年	183368	152732	187661	36489	819	561.8	146.4	114.4	43.7
2002年	213322	176882	208929	41853	946	582.8	151.6	122.6	43.9
2003年	242188	205252	235819	44407	1049	588.6	156.0	129.7	46.1
2004年	281234	238141	275034	50780	1228	625.1	158.4	138.6	47.2
2005年	325880	277848	312571	59781	1535	677.0	170.0	150.0	48.0
2006年	366089	319479	344076	66095	1686	718.9	175.5	159.0	50.0
2007年	450512	395441	431326	78262	1871	741.4	181.6	169.2	52.7
2008年	531926	477616	519841	83832	2071	780.0	183.5	179.3	55.4
2009年	613175	550808	606630	104404	2939	850.3	194.7	203.5	60.2
2010年	646085	583685	643629	111093	2956	900.4	204.5	220.6	63.1
2011年	813232	756357	794778	141477	3985	994.9	212.9	245.3	68.1
2012年	1002068	934890	977556	147785	5826	1058.4	230.1	281.9	73.5
2013年	1151163	1070575	1130035	165959	4865	1158.5	240.2	318.9	81.0
2014年	1212979	1137210	1163583	170133	4742	1231.6	252.4	331.8	85.6
2015年	1358370	1270354	1340481	197468	5151	1301.5	268.4	358.0	91.1
2016年	1494998	1415668	1451469	216020	6275	1424.3	281.9	398.2	98.6
2017年	1801356	1722791	1692580	236506	7034	1515.3	302.7	433.5	106.4
2018年	1829159	1754512	1876015	204622	6894	1596.0	318.5	458.4	111.7
2019年	1912115	1835549	1928714	234890	6986	1699.7	335.1	497.6	119.1
2020年	1914647	1821282	1883153	225760	6732	1785.8	345.7	537.3	126.5

按年份各地区公共图书馆机构数

单位：个

地区	1995年	2000年	2005年	2010年	2015年	2018年	2019年	2020年
总计	**2615**	**2675**	**2762**	**2884**	**3139**	**3176**	**3196**	**3212**
北京	22	24	25	24	24	23	23	23
天津	31	31	32	31	31	29	29	27
河北	134	145	153	165	172	173	173	176
山西	119	121	122	126	126	128	128	128
内蒙古	107	108	110	113	117	117	117	117
辽宁	127	128	126	128	129	130	130	129
吉林	51	60	63	65	66	66	66	66
黑龙江	96	97	96	107	107	109	110	103
上海	31	31	28	28	25	23	23	23
江苏	94	101	103	111	114	116	117	120
浙江	81	83	90	97	100	103	103	104
安徽	83	84	88	88	122	126	127	131
福建	78	81	84	86	90	91	94	97
江西	104	104	104	108	114	113	114	114
山东	130	133	145	149	154	154	154	154
河南	132	134	136	142	158	160	164	166
湖北	100	103	102	107	112	115	116	117
湖南	116	115	120	124	137	140	141	143
广东	114	124	129	132	140	143	146	148
广西	99	94	95	108	112	116	116	116
海南	19	19	20	20	21	24	24	24
重庆		42	43	43	43	43	43	43
四川	166	129	141	161	203	204	206	207
贵州	87	89	91	93	96	98	98	100
云南	148	148	149	150	151	151	151	149
西藏	18	1	4	4	79	81	81	81
陕西	114	114	111	112	110	111	111	117
甘肃	86	91	92	94	103	103	104	104
青海	41	38	43	44	49	51	52	50
宁夏	20	22	20	20	26	27	27	27
新疆	66	80	96	103	107	107	107	107

按年份各地区公共图书馆从业人员

单位：人

地　区	1995年	2000年	2005年	2010年	2015年	2018年	2019年	2020年
总　计	**45323**	**51342**	**50423**	**53564**	**56422**	**57602**	**57796**	**57980**
北　京	886	1080	1219	1307	1263	1229	1218	1228
天　津	1084	1111	1057	1077	1189	1047	1060	1163
河　北	1592	1711	1690	1789	1855	1921	1892	2020
山　西	1370	1527	1631	1575	1554	1652	1670	1765
内蒙古	2015	1833	1776	1804	1942	1873	1795	1784
辽　宁	2859	4916	2888	3152	2805	2588	2423	2295
吉　林	1596	1724	1783	1661	1628	1556	1566	1471
黑龙江	2014	1846	1669	1846	1693	1659	1594	1535
上　海	1686	2513	2597	2180	2113	2110	2164	2112
江　苏	1953	2092	2363	2838	3183	3529	3617	3684
浙　江	1565	1936	2122	3040	3577	3849	4055	3876
安　徽	1168	1241	1217	1239	1510	1504	1509	1572
福　建	1077	1172	1110	1190	1330	1599	1612	1643
江　西	1386	1462	1373	1406	1395	1408	1372	1387
山　东	2318	2506	2690	2680	2750	2843	2816	2904
河　南	2352	2626	2742	2762	2949	2914	2910	2906
湖　北	2054	2299	2253	2151	2212	2128	2101	2089
湖　南	1733	1925	1963	1993	2092	2110	2063	2066
广　东	2355	2837	3252	3761	4159	4542	4729	5163
广　西	1335	1540	1459	1509	1509	1675	1680	1680
海　南	252	250	250	374	325	319	316	363
重　庆		785	755	854	874	1002	984	953
四　川	2415	1719	1869	1972	2261	2313	2295	2365
贵　州	869	876	905	937	1046	1089	1088	1084
云　南	1429	1571	1661	1760	1826	1770	1785	1755
西　藏	50	42	62	64	187	200	185	198
陕　西	1317	1572	1691	1988	2121	2085	2383	2056
甘　肃	979	1110	1179	1306	1443	1434	1433	1488
青　海	400	378	365	398	411	520	469	488
宁　夏	498	537	509	543	558	597	586	568
新　疆	770	907	951	978	1083	1093	1015	977

按年份各地区公共图书馆总藏量

单位：万册/件

地　区	1995年	2000年	2005年	2010年	2015年	2018年	2019年	2020年
总　计	**32850**	**40953**	**48056**	**61726**	**83844**	**103716**	**111181**	**117930**
北　京	670	767	1121	1715	2425	2876	3012	3133
天　津	677	786	869	1258	1697	1867	2099	2175
河　北	845	1081	1307	1611	2200	2717	3064	3432
山　西	777	867	963	1208	1548	1860	2026	2153
内蒙古	621	683	744	940	1513	1904	1996	2050
辽　宁	1786	1970	2326	2953	3736	4175	4395	4533
吉　林	921	1030	1202	1380	1768	2052	2168	2258
黑龙江	1094	1186	1291	1644	1827	2233	2319	2357
上　海	1586	5500	6049	6809	7568	7894	8063	8092
江　苏	2420	2669	3179	4370	6847	9323	9887	10546
浙　江	1511	1715	2324	3761	6250	8608	9433	9867
安　徽	752	787	847	1236	1942	2910	3123	3546
福　建	902	985	1274	1682	2821	3745	4254	4606
江　西	1070	1122	1282	1520	2159	2522	2659	2857
山　东	1724	1989	2746	3636	4727	6213	6616	6975
河　南	1062	1239	1429	1837	2472	3169	3409	4065
湖　北	1445	1678	1923	2361	3003	3910	4221	4416
湖　南	1362	1514	1667	1961	2555	3305	3567	3923
广　东	1651	2316	3119	4615	7008	9548	10543	11687
广　西	1243	1312	1491	1881	2606	2750	2902	3003
海　南	137	154	184	285	424	551	598	665
重　庆		811	768	1031	1304	1808	1901	1997
四　川	2356	1722	2002	2599	3328	3948	4172	4350
贵　州	616	681	764	812	1221	1467	1606	1674
云　南	1104	1254	1371	1566	1944	2154	2338	2344
西　藏	51	60	42	53	162	221	245	249
陕　西	733	837	887	1127	1506	1893	2097	2155
甘　肃	670	745	860	1042	1340	1560	1700	1814
青　海	280	286	324	358	415	479	494	582
宁　夏	338	380	378	462	706	732	749	803
新　疆	489	579	817	1113	1303	1420	1490	1513

按年份各地区人均拥有公共图书馆藏量

单位：册/件

地　区	1995年	2000年	2005年	2010年	2015年	2018年	2019年	2020年
全　国	**0.27**	**0.32**	**0.37**	**0.46**	**0.61**	**0.74**	**0.79**	**0.84**
北　京	0.54	0.55	0.73	0.87	1.12	1.34	1.40	1.43
天　津	0.72	0.79	0.83	0.97	1.10	1.20	1.34	1.57
河　北	0.13	0.16	0.19	0.22	0.30	0.36	0.40	0.46
山　西	0.25	0.26	0.29	0.34	0.42	0.50	0.54	0.62
内蒙古	0.27	0.29	0.31	0.38	0.60	0.75	0.79	0.85
辽　宁	0.44	0.46	0.55	0.68	0.85	0.96	1.01	1.06
吉　林	0.36	0.38	0.44	0.50	0.64	0.76	0.81	0.94
黑龙江	0.30	0.32	0.34	0.43	0.48	0.59	0.62	0.74
上　海	1.12	3.29	3.40	2.96	3.13	3.26	3.32	3.25
江　苏	0.34	0.36	0.43	0.56	0.86	1.16	1.23	1.24
浙　江	0.35	0.37	0.47	0.69	1.13	1.50	1.61	1.53
安　徽	0.13	0.13	0.14	0.21	0.32	0.46	0.49	0.58
福　建	0.28	0.28	0.36	0.46	0.73	0.95	1.07	1.11
江　西	0.26	0.27	0.30	0.34	0.47	0.54	0.57	0.63
山　东	0.20	0.22	0.30	0.38	0.48	0.62	0.66	0.69
河　南	0.12	0.13	0.15	0.20	0.26	0.33	0.35	0.41
湖　北	0.25	0.28	0.34	0.41	0.51	0.66	0.71	0.76
湖　南	0.21	0.24	0.26	0.30	0.38	0.48	0.52	0.59
广　东	0.24	0.27	0.34	0.44	0.65	0.84	0.92	0.93
广　西	0.27	0.29	0.32	0.41	0.54	0.56	0.59	0.60
海　南	0.19	0.20	0.22	0.33	0.47	0.59	0.63	0.66
重　庆		0.26	0.27	0.36	0.43	0.58	0.61	0.62
四　川	0.21	0.21	0.24	0.32	0.41	0.47	0.50	0.52
贵　州	0.18	0.19	0.20	0.23	0.35	0.41	0.44	0.43
云　南	0.28	0.29	0.31	0.34	0.41	0.45	0.48	0.50
西　藏	0.21	0.23	0.15	0.18	0.50	0.64	0.70	0.68
陕　西	0.21	0.23	0.24	0.30	0.40	0.49	0.54	0.55
甘　肃	0.27	0.29	0.33	0.41	0.52	0.59	0.64	0.73
青　海	0.58	0.55	0.60	0.64	0.70	0.79	0.81	0.98
宁　夏	0.66	0.68	0.63	0.73	1.06	1.06	1.08	1.11
新　疆	0.29	0.30	0.41	0.51	0.55	0.57	0.59	0.59

按年份各地区公共图书馆总流通人次

单位：万人次

地　区	1995年	2000年	2005年	2010年	2015年	2018年	2019年	2020年
总　计	**14142**	**18854**	**23332**	**32823**	**58892**	**82032**	**90135**	**54146**
北　京	272	320	715	775	1264	1903	1969	413
天　津	265	461	483	606	789	1226	1621	759
河　北	473	736	635	736	1428	2371	2563	857
山　西	227	261	256	374	830	1620	2030	989
内蒙古	282	270	380	312	649	1252	1377	744
辽　宁	829	1184	1133	1457	2068	2850	3123	1562
吉　林	385	409	505	503	732	812	971	415
黑龙江	631	608	505	622	968	1131	1152	396
上　海	687	1225	1249	1853	3931	3036	2734	668
江　苏	883	1227	1735	3006	6001	8114	8425	9047
浙　江	555	1140	1398	3454	7942	11875	13935	8461
安　徽	372	561	461	760	1739	3341	3582	2392
福　建	466	647	734	1193	2396	3355	3895	1660
江　西	413	485	534	639	1258	1754	1859	1396
山　东	509	795	1422	1717	2729	4578	5245	3574
河　南	650	713	828	1026	2233	3360	4295	2526
湖　北	559	714	1145	1516	1955	2577	2646	1293
湖　南	618	808	787	1028	1617	2478	2662	3118
广　东	1447	2235	3543	4540	7855	10518	12201	5494
广　西	809	927	896	1343	2065	2385	2113	1163
海　南	94	121	115	172	445	578	444	309
重　庆		266	595	621	1235	1604	1598	1190
四　川	776	554	766	1168	2010	2562	2739	1744
贵　州	462	228	187	369	594	882	930	705
云　南	559	654	735	907	1223	1695	1693	1073
西　藏		2	2	3	20	35	38	26
陕　西	242	275	365	519	982	1525	1538	825
甘　肃	225	185	317	468	678	834	907	588
青　海	39	58	68	89	112	156	168	106
宁　夏	140	142	167	163	282	512	531	339
新　疆	140	263	212	350	474	566	575	246

按年份各地区公共图书馆图书外借册次

单位：万册次

地区	1995年	2000年	2005年	2010年	2015年	2018年	2019年	2020年
总　计	**11814**	**16913**	**20269**	**26392**	**50896**	**58010**	**61373**	**42087**
北　京	283	442	678	804	940	1203	1266	309
天　津	237	274	380	572	859	1137	1067	459
河　北	379	673	469	493	972	1413	1713	892
山　西	204	207	272	282	547	961	1044	728
内蒙古	239	233	243	312	574	830	784	541
辽　宁	856	1119	1173	1456	1708	1914	1982	1387
吉　林	332	387	794	412	748	757	710	363
黑龙江	500	527	789	479	688	929	884	288
上　海	507	970	1028	1461	8681	2505	2151	786
江　苏	967	1269	1494	2542	4980	5956	6153	6240
浙　江	550	1054	1233	2924	5727	7149	7846	5546
安　徽	343	455	341	683	1481	2229	2340	1714
福　建	517	779	729	1097	2465	3497	4176	2268
江　西	383	543	723	562	1119	1584	1688	1271
山　东	573	718	1379	1514	2331	3329	3623	2412
河　南	517	695	647	915	1676	2271	2465	1602
湖　北	543	769	927	1846	1816	2210	2298	1211
湖　南	562	735	801	1059	1540	2275	2409	2151
广　东	687	1192	2037	2267	4377	7213	7933	5991
广　西	528	688	761	733	1155	1155	1061	596
海　南	49	64	28	86	222	223	228	158
重　庆		435	472	706	949	1313	1324	1064
四　川	691	564	651	924	1617	1785	1929	1317
贵　州	133	189	118	222	476	615	642	534
云　南	529	680	701	702	1072	1142	1056	793
西　藏		11	4	4	7	11	11	7
陕　西	238	305	264	305	681	888	1003	569
甘　肃	173	153	261	345	588	662	715	373
青　海	51	52	58	42	91	99	93	65
宁　夏	125	265	212	182	302	345	354	240
新　疆	91	251	175	317	440	345	362	200

按年份各地区公共图书馆财政拨款

单位：万元

地　区	1995年	2000年	2005年	2010年	2015年	2018年	2019年	2020年
总　计	**65829**	**139321**	**277848**	**583685**	**1270354**	**1754512**	**1835549**	**1821282**
北　京	1683	8734	15554	32746	58565	76091	74926	73607
天　津	1295	2751	10980	18500	37294	56947	64223	48730
河　北	1827	2980	6717	10034	28569	37758	35300	42593
山　西	1184	2150	4862	9838	22710	37935	42261	36189
内蒙古	1432	2452	5086	17898	38852	39714	36952	37436
辽　宁	3737	6822	15446	31121	48542	52805	52927	44701
吉　林	1707	3364	5861	12385	28732	31933	34036	31270
黑龙江	2088	3104	7752	13616	28784	28322	31013	27606
上　海	5558	22870	30636	56345	85027	154282	156373	188139
江　苏	3620	6729	16075	34240	82558	131931	136072	128116
浙　江	2356	6509	20316	43536	94626	138967	133723	132525
安　徽	1165	2054	5436	10008	24786	37970	45391	40791
福　建	1778	3681	6579	14975	35015	53594	49944	62688
江　西	1184	2022	3780	9726	24660	30253	31278	34008
山　东	2814	6129	12039	22996	54919	68445	74024	75597
河　南	1766	3591	5987	12252	33275	51314	55535	52687
湖　北	1649	2896	6498	29240	47629	59781	59526	57305
湖　南	1816	2550	5376	12154	29914	46738	45615	45329
广　东	6110	11868	28592	58296	127501	206621	234178	235388
广　西	1563	2851	5469	12191	32734	37156	43378	39641
海　南	378	322	631	3373	9758	16011	9955	24580
重　庆		1491	2957	7650	23778	30273	32073	32578
四　川	2591	2877	7229	16955	64020	60482	61442	62218
贵　州	746	1259	3401	5939	15290	25871	61815	39127
云　南	2178	5134	6096	11763	24864	37120	40968	49667
西　藏	72	111	336	1145	6932	6306	6245	8994
陕　西	934	2038	3973	11547	25922	36487	34586	32977
甘　肃	985	1752	4438	9648	22858	24827	25579	27046
青　海	724	678	1237	3096	9340	11669	10493	11784
宁　夏	408	786	1504	5067	12731	12120	11882	11266
新　疆	1062	1476	3360	8089	21635	28263	21600	19024

按年份各地区公共图书馆总支出

单位：万元

地　区	1995年	2000年	2005年	2010年	2015年	2018年	2019年	2020年
总　计	**74080**	**157173**	**312571**	**643629**	**1340481**	**1876015**	**1928714**	**1883153**
北　京	1851	5326	16840	26706	59616	74259	74400	71609
天　津	2128	3074	7548	20119	35517	53025	59775	51152
河　北	2044	3458	7208	11062	28024	37000	36871	42382
山　西	1170	2270	5085	10787	23050	38156	41861	43440
内蒙古	1458	2536	4959	15124	39865	44126	39053	38309
辽　宁	4392	7783	16225	32183	49577	52747	53354	47535
吉　林	1835	3520	6295	12613	29390	32914	32865	32279
黑龙江	2139	3409	8602	13500	31318	28415	31220	27753
上　海	7021	24425	36757	63728	93556	221557	141282	194038
江　苏	4046	8400	20630	37964	86604	136250	143067	129244
浙　江	3082	8500	22905	47316	100338	143649	166239	136592
安　徽	1384	2641	5767	11788	26927	37629	43534	42662
福　建	1710	3916	7446	15517	34971	54482	57532	65034
江　西	1323	2343	4343	10432	25599	31080	34173	35446
山　东	2968	6881	13242	23206	56509	66638	78346	77636
河　南	2140	3902	6377	13452	32060	52348	57976	54013
湖　北	2372	3952	8120	31444	50295	62461	62709	58583
湖　南	2329	3399	6431	13378	30504	47505	48584	47725
广　东	6807	14597	33777	61294	134518	202280	240520	232773
广　西	1769	3077	6288	13369	35915	39978	44243	40367
海　南	369	355	658	4320	9808	18571	12801	24021
重　庆		2026	3856	9335	24115	31361	35160	35355
四　川	3245	3462	8218	17841	59960	66352	68280	63570
贵　州	810	1428	3497	6736	17210	28614	64014	41620
云　南	2234	3928	6786	12632	27661	38999	40346	46813
西　藏	61	110	336	689	5146	6037	6550	8041
陕　西	951	2263	4405	11820	27944	39667	38002	40501
甘　肃	1011	1799	4399	9592	25254	27939	28366	29648
青　海	424	780	1315	3155	9074	15096	12007	12294
宁　夏	430	783	1574	5786	12828	13959	14135	12182
新　疆	1119	1677	3999	8890	26944	28480	25569	20076

按年份各地区公共图书馆新增藏量购置费

单位：万元

地　区	1995年	2000年	2005年	2010年	2015年	2018年	2019年	2020年
总　计	**16788**	**37141**	**59781**	**111093**	**197468**	**246475**	**234890**	**225760**
北　京	251	914	3413	4483	8392	10904	7382	7446
天　津	318	563	1527	3267	4870	9430	9331	6986
河　北	302	428	677	1524	4063	4754	4214	4555
山　西	131	292	385	1482	2466	3662	4469	5749
内蒙古	86	166	169	939	3209	7386	2940	3690
辽　宁	768	948	2027	5165	6801	5742	6509	4749
吉　林	250	459	777	1312	3877	3521	3367	3315
黑龙江	235	395	410	1584	2436	2213	2900	2231
上　海	2204	11210	10342	14950	19127	16829	16030	15410
江　苏	732	1780	3739	8279	15421	17566	18308	15090
浙　江	578	1577	3994	10908	17781	23273	25282	25214
安　徽	262	297	619	1454	4634	5410	6431	7664
福　建	311	716	1599	2801	6229	10053	9979	9299
江　西	99	302	646	1299	2624	3978	5080	4701
山　东	506	978	1868	4000	7665	10357	9515	10275
河　南	255	413	655	1449	4166	5500	6053	6996
湖　北	299	699	1296	1847	8752	11151	10400	7469
湖　南	207	415	900	1672	3933	6426	6344	5243
广　东	1186	2832	7394	12506	23670	33084	37892	31289
广　西	291	520	674	1863	5043	5117	5739	4735
海　南	59	41	92	874	873	1381	1434	1554
重　庆		330	569	1626	3230	3796	4858	3981
四　川	431	485	1095	2129	4912	5739	7259	6176
贵　州	100	166	301	682	1446	2896	2144	2309
云　南	441	538	720	1700	2699	2697	2312	2462
西　藏	14	16	43	119	1176	473	348	502
陕　西	104	117	701	1527	3270	4728	3972	7468
甘　肃	170	289	594	1177	2382	2736	2871	3242
青　海	33	54	72	153	785	660	848	1310
宁　夏	41	68	136	501	1355	1596	1162	959
新　疆	91	136	347	925	1480	1315	1117	1007

按年份各地区公共图书馆人均购书费

单位：元

地区	1995年	2000年	2005年	2010年	2015年	2018年	2019年	2020年
全国	**0.14**	**0.29**	**0.46**	**0.83**	**1.43**	**1.77**	**1.68**	**1.60**
北京	0.20	0.66	2.22	2.29	3.87	5.06	3.43	3.40
天津	0.34	0.56	1.46	2.53	3.15	6.05	5.97	5.04
河北	0.05	0.06	0.10	0.21	0.55	0.63	0.56	0.61
山西	0.04	0.09	0.12	0.42	0.67	0.99	1.20	1.65
内蒙古	0.04	0.07	0.07	0.38	1.28	2.92	1.16	1.53
辽宁	0.19	0.22	0.48	1.18	1.55	1.32	1.50	1.12
吉林	0.10	0.17	0.29	0.48	1.41	1.30	1.25	1.38
黑龙江	0.06	0.11	0.11	0.41	0.64	0.59	0.77	0.70
上海	1.56	6.70	5.82	6.49	7.92	6.94	6.60	6.20
江苏	0.10	0.24	0.50	1.05	1.93	2.18	2.27	1.78
浙江	0.13	0.34	0.82	2.00	3.21	4.06	4.32	3.91
安徽	0.04	0.05	0.10	0.24	0.75	0.86	1.01	1.26
福建	0.10	0.21	0.45	0.76	1.62	2.55	2.51	2.24
江西	0.02	0.07	0.15	0.29	0.58	0.86	1.09	1.04
山东	0.06	0.11	0.20	0.42	0.78	1.03	0.95	1.01
河南	0.03	0.05	0.07	0.15	0.44	0.57	0.63	0.70
湖北	0.05	0.12	0.23	0.32	1.50	1.89	1.76	1.29
湖南	0.03	0.06	0.14	0.25	0.58	0.93	0.92	0.79
广东	0.17	0.33	0.80	1.20	2.18	2.92	3.29	2.48
广西	0.06	0.12	0.15	0.41	1.05	1.04	1.16	0.94
海南	0.08	0.05	0.11	1.01	0.54	1.48	1.52	1.54
重庆		0.11	0.20	0.56	1.07	1.22	1.56	1.24
四川	0.04	0.06	0.13	0.27	0.60	0.69	0.87	0.74
贵州	0.03	0.05	0.08	0.20	0.41	0.80	0.59	0.60
云南	0.11	0.13	0.16	0.37	0.57	0.56	0.48	0.52
西藏	0.06	0.06	0.16	0.40	3.63	1.38	0.99	1.38
陕西	0.03	0.03	0.19	0.41	0.86	1.22	1.03	1.89
甘肃	0.07	0.11	0.23	0.46	0.92	1.04	1.08	1.30
青海	0.07	0.10	0.13	0.27	1.33	1.10	1.39	2.21
宁夏	0.08	0.12	0.23	0.80	2.03	2.32	1.67	1.33
新疆	0.06	0.07	0.17	0.42	0.63	0.53	0.44	0.39

按年份各地区公共图书馆购书费支出占总支出的比重

单位：%

地区	1995年	2000年	2005年	2010年	2015年	2018年	2019年	2020年
全国	**22.7**	**23.6**	**19.1**	**17.3**	**14.7**	**13.1**	**12.2**	**12.0**
北京	13.6	17.2	20.3	16.8	14.1	14.7	9.9	10.4
天津	14.9	18.3	20.2	16.2	13.7	17.8	15.6	13.7
河北	14.8	12.4	9.4	13.8	14.5	12.8	11.4	10.7
山西	11.2	12.9	7.6	13.7	10.7	9.6	10.7	13.2
内蒙古	5.9	6.5	3.4	6.2	8.0	16.7	7.5	9.6
辽宁	17.5	12.2	12.5	16.0	13.7	10.9	12.2	10.0
吉林	13.6	13.0	12.3	10.4	13.2	10.7	10.2	10.3
黑龙江	11.0	11.6	4.8	11.7	7.8	7.8	9.3	8.0
上海	31.4	45.9	28.1	23.5	20.4	7.6	11.3	7.9
江苏	18.1	21.2	18.1	21.8	17.8	12.9	12.8	11.7
浙江	18.8	18.6	17.4	23.1	17.7	16.2	15.2	18.5
安徽	18.9	11.2	10.7	12.3	17.2	14.4	14.8	18.0
福建	18.2	18.3	21.5	18.0	17.8	18.5	17.3	14.3
江西	7.5	12.9	14.9	12.4	10.3	12.8	14.9	13.3
山东	17.0	14.2	14.1	17.2	13.6	15.5	12.1	13.2
河南	11.9	10.6	10.3	10.8	13.0	10.5	10.4	13.0
湖北	12.6	17.7	16.0	5.9	17.4	17.9	16.6	12.7
湖南	8.9	12.2	14.0	12.5	12.9	13.5	13.1	11.0
广东	17.4	19.4	21.9	20.4	17.6	16.4	15.8	13.4
广西	16.4	16.9	10.7	13.9	14.0	12.8	13.0	11.7
海南	16.0	11.5	14.0	20.2	8.9	7.4	11.2	6.5
重庆		16.3	14.8	17.4	13.4	12.1	13.8	11.3
四川	13.3	14.0	13.3	11.9	8.2	8.6	10.6	9.7
贵州	12.3	11.6	8.6	10.1	8.4	10.1	3.3	5.5
云南	19.7	13.7	10.6	13.5	9.8	6.9	5.7	5.3
西藏	23.0	14.5	12.8	17.2	22.8	7.8	5.3	6.2
陕西	10.9	5.2	15.9	12.9	11.7	11.9	10.5	18.4
甘肃	16.8	16.1	13.5	12.3	9.4	9.8	10.1	10.9
青海	7.8	6.9	5.5	4.8	8.7	4.4	7.1	10.7
宁夏	9.5	8.7	8.6	8.7	10.6	11.4	8.2	7.9
新疆	8.1	8.1	8.7	10.4	5.5	4.6	4.4	5.0

按年份各地区公共图书馆新购图书册数

单位：万册

地 区	1995年	2000年	2005年	2010年	2015年	2018年	2019年	2020年
总 计	**551**	**692**	**1535**	**2956**	**5151**	**6894**	**6986**	**6732**
北 京	11	33	114	125	196	192	171	119
天 津	12	17	35	74	102	223	248	119
河 北	26	15	33	68	122	182	261	307
山 西	7	12	17	45	81	127	168	130
内蒙古	7	11	8	67	68	129	88	123
辽 宁	41	39	72	157	179	164	154	113
吉 林	14	14	32	52	96	85	117	94
黑龙江	17	17	26	71	88	91	86	70
上 海	44	67	100	176	242	184	184	161
江 苏	41	57	106	259	478	622	577	578
浙 江	33	54	142	337	643	673	816	894
安 徽	9	11	23	61	191	289	236	422
福 建	18	25	71	103	211	384	480	352
江 西	9	15	26	65	91	104	134	179
山 东	23	32	64	133	259	652	399	407
河 南	16	21	30	95	124	251	230	252
湖 北	23	28	43	60	185	359	304	185
湖 南	19	24	54	80	134	209	218	293
广 东	69	77	316	368	557	848	937	918
广 西	16	20	26	56	149	173	152	97
海 南	6	3	3	25	27	52	39	48
重 庆		12	23	52	104	124	105	100
四 川	25	21	47	95	211	191	217	200
贵 州	5	8	7	27	61	87	111	86
云 南	22	15	26	43	93	73	95	62
西 藏			2	2	39	26	13	15
陕 西	5	6	25	43	79	111	105	117
甘 肃	7	7	12	26	55	47	87	72
青 海	1	2	3	6	19	11	17	21
宁 夏	2	3	5	31	33	55	42	70
新 疆	6	5	15	32	93	45	59	57

按年份各地区公共图书馆阅览室座席数

单位：万个

地　区	1995年	2000年	2005年	2010年	2015年	2018年	2019年	2020年
总　计	**35.2**	**41.6**	**48.0**	**63.1**	**91.1**	**111.7**	**119.1**	**126.5**
北　京	0.5	0.8	1.1	1.3	1.5	1.6	1.6	1.6
天　津	0.5	0.7	1.0	0.9	1.5	1.9	2.0	2.1
河　北	1.4	1.8	2.0	2.2	3.3	4.3	4.6	4.8
山　西	0.9	1.1	1.2	1.6	2.7	3.7	3.9	4.2
内蒙古	1.2	1.3	1.4	1.7	2.6	3.1	3.3	3.6
辽　宁	1.7	2.0	2.3	3.0	3.5	4.0	4.1	4.2
吉　林	0.9	1.2	1.2	1.4	1.9	2.2	2.3	2.3
黑龙江	1.1	1.1	1.3	1.8	2.3	2.9	2.8	2.8
上　海	1.2	1.5	1.5	1.9	2.2	2.3	2.4	2.4
江　苏	1.8	2.2	2.5	3.9	5.1	7.0	7.3	7.7
浙　江	1.2	1.6	2.5	3.5	6.1	7.8	8.5	8.6
安　徽	0.9	0.8	1.0	1.6	3.3	4.3	4.6	4.9
福　建	1.3	1.3	1.7	2.5	3.2	4.0	4.5	4.6
江　西	1.6	1.6	1.7	2.2	3.1	3.7	4.0	4.8
山　东	1.4	2.0	2.7	3.7	5.6	6.4	6.4	7.0
河　南	1.2	1.6	1.7	2.4	4.2	5.4	6.2	6.5
湖　北	2.1	2.1	2.4	2.7	3.7	4.4	4.8	5.0
湖　南	2.2	2.5	2.3	3.0	3.3	4.0	4.2	4.6
广　东	2.6	3.0	4.0	5.9	9.0	10.0	11.0	12.5
广　西	1.8	2.0	1.8	2.5	2.8	3.3	3.4	3.7
海　南	0.3	0.3	0.3	0.4	0.6	0.7	0.7	0.7
重　庆		0.8	0.8	1.4	2.1	3.0	3.1	3.2
四　川	2.2	2.1	2.3	2.6	4.6	5.8	6.2	6.3
贵　州	0.8	1.0	1.1	1.2	2.0	2.5	2.7	2.9
云　南	1.5	1.9	1.9	2.1	2.6	3.2	3.3	3.2
西　藏					0.3	0.4	0.4	0.3
陕　西	0.9	0.9	1.3	1.4	2.0	2.6	2.8	3.2
甘　肃	0.7	0.8	1.0	1.3	1.9	2.3	2.8	3.3
青　海	0.2	0.2	0.2	0.3	0.4	0.5	0.5	0.7
宁　夏	0.4	0.4	0.5	0.5	0.9	1.2	1.3	1.4
新　疆	0.5	0.7	1.0	1.4	2.3	2.7	3.0	3.0

按年份各地区每万人公共图书馆建筑面积

单位：平方米

地区	1995年	2000年	2005年	2010年	2015年	2018年	2019年	2020年
全国	**34.3**	**47.3**	**51.8**	**67.2**	**94.7**	**114.4**	**121.4**	**126.5**
北京	56.7	75.3	99.5	86.6	113.6	138.6	138.4	136.6
天津	81.6	99.9	162.0	103.1	167.4	259.7	278.7	313.8
河北	26.9	33.5	38.5	34.6	59.2	71.5	75.0	81.4
山西	27.6	34.3	45.0	67.8	114.3	139.9	148.8	162.6
内蒙古	46.0	53.0	65.8	90.4	135.5	168.1	170.4	182.5
辽宁	53.8	61.6	81.3	100.8	126.7	137.3	141.2	144.5
吉林	35.5	39.6	50.1	53.3	98.9	106.5	114.2	128.4
黑龙江	33.6	36.6	48.2	65.0	76.6	89.0	91.8	110.2
上海	85.8	132.6	137.2	160.9	173.2	180.7	182.9	183.2
江苏	30.3	35.5	57.9	83.1	129.3	167.0	195.4	190.1
浙江	34.8	57.7	83.7	106.7	171.7	208.8	223.4	204.0
安徽	14.6	15.9	23.9	37.0	65.0	80.7	89.5	99.2
福建	42.2	47.5	65.9	117.1	99.1	143.0	152.2	148.3
江西	38.6	39.9	47.6	61.1	80.1	89.1	95.2	120.1
山东	22.6	26.9	42.3	49.7	83.8	116.5	107.2	113.0
河南	21.6	25.9	27.2	34.5	57.9	70.2	75.3	79.5
湖北	35.1	39.3	49.9	57.3	91.9	116.8	121.4	126.1
湖南	33.6	38.7	39.7	54.9	61.1	72.0	77.1	92.0
广东	43.2	132.1	57.8	80.6	115.9	120.8	131.2	134.5
广西	38.1	46.8	45.1	55.8	72.0	89.4	95.4	98.6
海南	36.0	41.9	53.1	98.2	88.5	94.6	97.0	95.6
重庆		37.5	47.2	70.8	97.6	116.7	118.4	119.4
四川	22.6	27.3	34.2	42.1	68.5	79.2	81.2	83.4
贵州	23.9	39.7	35.7	44.5	63.7	73.9	79.1	77.9
云南	44.6	48.5	78.4	65.5	75.1	84.1	84.7	85.9
西藏	52.1	61.1	104.7	89.6	156.2	170.0	168.3	169.1
陕西	32.8	33.8	52.7	53.5	64.4	83.4	93.8	104.5
甘肃	34.5	43.7	41.6	63.2	84.3	114.5	123.2	149.0
青海	60.5	73.4	68.1	78.9	105.9	132.0	151.4	188.9
宁夏	78.2	78.3	68.8	133.9	158.8	189.4	200.3	194.2
新疆	43.1	44.7	54.7	82.0	100.6	113.1	140.5	139.0

	机构数（个）	从业人员（人）	专业技术人才	正高级职称	副高级职称	中级职称
总　　计	**3212**	**57980**	**40396**	**923**	**6130**	**18868**
其中：少儿图书馆	146	2623	1851	59	305	841
按隶属关系分：						
中央	1	1342	1251	65	408	662
省区市	39	7443	6459	332	1362	3055
地市	382	15313	11700	345	2017	5608
县市区	2790	33882	20986	181	2343	9543
其中：县图书馆	1559	14471	9543	64	1102	4379

续表 1

	其他	在藏量中		音视频资源总量（千万小时）	电子文本、图片文献资源总量（万TB）	线上服务人次（万人次）
		开架书刊	少儿文献			
总　　计	**6687.84**	**62464.12**	**15110.07**	**1181.04**	**2066.85**	**160703.52**
其中：少儿图书馆	203.23	3684.84	2994.97	13.59	16.43	7588.73
按隶属关系分：						
中央	463.66	209.15	9.41	0.03	0.22	16661.66
省区市	2817.15	5661.88	1369.45	62.03	50.67	66571.00
地市	635.45	18870.27	5382.91	73.22	276.11	51169.83
县市区	2771.58	37722.82	8348.30	1045.76	1739.85	26301.03
其中：县图书馆	987.87	12129.83	2670.71	529.22	1060.81	7276.00

书馆基本情况

总藏量(万册)	图书	盲文图书	古籍	善本	报刊	视听文献	缩微制品
117929.99	**94789.34**	**126.52**	**2688.02**	**285.21**	**10145.50**	**2063.92**	**1556.95**
5747.73	5075.67	4.77	41.86	6.65	254.88	168.46	3.72
4107.98	1601.15	0.54	195.69	34.48	1628.37	47.88	171.22
22201.62	14165.98	13.06	1345.05	169.23	2167.28	408.31	1297.84
30660.16	26182.30	34.74	668.88	42.80	2466.06	695.84	11.76
60960.23	52839.91	78.18	478.40	38.70	3883.79	911.89	76.13
21790.72	18216.91	37.54	222.82	21.03	2024.23	303.99	36.00

书架单层总长度(米)	本年新增藏量(万册)	本年新增电子图书(万册)	当年购买的报刊种类(种)	实际持证读者数(个)	总流通人次(万人次)	书刊文献外借人次	书刊文献外借册次(万册次)
16120434	**6731.55**	**9580.21**	**1219986**	**102513123**	**54145.81**	**17466.62**	**42087.15**
455514	343.36	156.40	40654	2950284	3047.70	976.92	3011.16
	71.55	7.24	16722	4931441	67.23	6.50	11.55
3016840	509.58	1763.85	148294	12887169	4960.18	747.55	2658.06
6250245	1794.55	2186.28	498974	35700213	15402.03	4336.42	12894.35
6853349	4355.87	5622.84	555996	48994300	33716.37	12376.15	26523.19
2743016	1712.97	1585.92	224855	10581811	12006.65	5055.87	9412.56

续表 2

	为读者举办各种活动					
	组织各类讲座次数(次)	参加人次(万人次)	举办展览(个)	参加人次(万人次)	举办培训班(个)	培训人次(万人次)
总　计	**61660**	**2996.79**	**36439**	**5791.30**	**52614**	**491.24**
其中：少儿图书馆	6160	144.59	1429	204.82	3611	37.07
按隶属关系分：						
中央	34	0.51	8	12.80	791	3.37
省区市	2235	1323.04	1461	512.98	2163	50.83
地市	15368	446.63	8323	1856.77	15044	197.51
县市区	44023	1226.61	26647	3408.75	34616	239.53
其中：县图书馆	16271	219.58	11841	1029.22	12473	83.23

续表 3

	中央资金	购书专项经费	上级补助收入	事业预算收入	经营收入	附属单位上缴收入
总　计	**439453**	**2072762**	**115626**	**208877**	**3869**	**126**
其中：少儿图书馆	24162	118340	2493	3536	383	
按隶属关系分：						
中央		126000		86836	113	
省区市	43448	549933	43	82191	2544	
地市	106089	672816	15879	14601	928	
县市区	289916	724013	99704	25249	284	126
其中：县图书馆	173951	184417	52021	8434	162	115

开展基层培训辅导人次(万人次)	本单位受训人次(万人次)	计算机(台)	供读者使用电子阅览室终端数	图书馆网站访问量(人次)	本年收入合计(千元)	财政拨款预算收入	免费开放资金
125.66	**26.61**	**226234**	**143714**	**2296181287**	**19146467**	**18212816**	**1689613**
9.01	2.06	8876	4977	28607165	1128260	1051690	118380
0.10	0.96	4433	1563	961559094	793124	676740	
10.44	4.05	19325	8169	396131270	4790410	4314395	232747
23.11	7.42	53826	31040	575513307	5655905	5563726	619939
92.01	14.18	148650	102942	362977616	7907028	7657955	836927
36.02	5.49	69479	49604	190280781	2604832	2501438	309512

其他收入	本年支出合计(千元)	基本支出	项目支出	经营支出	在支出合计中：工资福利支出	商品和服务支出	差旅费
605153	**18831528**	**10019660**	**8297939**	**8551**	**7758022**	**4523490**	**60273**
70158	1128966	481753	630532	548	388770	214301	2714
29435	804591	400968	403623		303258	311817	993
391237	4456821	1834934	2616749	2463	1433246	1127564	10911
60771	5545909	2901979	2546729	1038	2317015	1270751	12246
123710	8024207	4881779	2730838	5050	3704503	1813358	36123
42662	2651224	1739703	753622	946	1316883	406552	17177

续表 4

	劳务费	福利费	各种税金支出	对个人和家庭补助支出	抚恤金和生活补助	其他资本性支出
总　计	**425644**	**63308**	**17822**	**624765**	**77115**	**3594034**
其中：少儿图书馆	15459	2991	1672	29640	5562	209054
按隶属关系分：						
中央	17059	99	6475	36517	1824	140043
省区市	62272	12297	3973	107569	14237	826942
地市	132593	17779	3504	245180	20970	1151495
县市区	213720	33133	3870	235499	40084	1475554
其中：县图书馆	54523	9208	1768	76483	13677	549876

续表 5

	阅览室面积	书刊阅览室面积	电子阅览室面积	实际拥有产权面积(万平方米)	阅览室座席数(个)	少儿阅览室座席数
总　计	**537.30**	**403.92**	**66.66**	**998.62**	**1264694**	**310373**
其中：少儿图书馆	21.82	15.98	2.14	30.19	51967	33843
按隶属关系分：						
中央	3.43	2.69	0.11	27.81	5427	300
省区市	51.36	43.64	3.51	127.25	86735	12180
地市	164.59	134.16	14.70	274.11	340588	74388
县市区	317.92	223.43	48.34	569.45	831944	223505
其中：县图书馆	127.22	82.89	23.21	257.82	355787	104373

各种设备、交通工具、图书购置费	新增藏量购置费	新增数字资源购置费	资产总计(千元)	固定资产净值	实际使用公用房屋建筑面积(万平方米)	书库面积
2998154	**1883227**	**374375**	**69982346**	**51102287**	**1785.77**	**345.67**
189303	94191	30922	2704419	1801704	62.14	10.63
135639	124468	2412	5423762	4019046	27.81	6.93
695536	401857	111240	21582686	13877284	193.57	42.55
985353	559132	161354	18892848	15415937	532.07	99.34
1181626	797770	99369	24083050	17790020	1032.32	196.85
363321	261537	23271	9644545	5797514	404.16	82.97

盲人阅览室座席数	志愿者服务队伍数(个)	志愿者服务队伍人数(人)	图书馆延伸服务情况			
			流动图书车数(辆)	流动服务书刊借阅人次(万人次)	流动图书馆车书刊借阅册次(万册次)	分馆数量(个)
30756	**10481**	**494755**	**2010**	**1444.53**	**2724.80**	**38631**
1118	367	26368	41	172.40	333.61	1319
12	9	62				18
896	988	68635	19	34.58	102.97	1120
6700	1257	170779	384	440.50	957.95	5311
23148	8227	255279	1607	969.45	1663.88	32182
11270	3365	62522	1089	485.42	777.02	12983

地　区	机构数(个)	从业人员(人)	专业技术人才	正高级职称	副高级职称	中级职称	总藏量(万册)
总　计	**3212**	**57980**	**40396**	**923**	**6130**	**18868**	**117929.99**
北　京	23	1228	997	15	86	390	3133.09
天　津	27	1163	857	17	149	367	2175.12
河　北	176	2020	1345	33	208	615	3432.31
山　西	128	1765	1065	21	116	456	2152.88
内蒙古	117	1784	1517	31	364	644	2049.59
辽　宁	129	2295	1727	76	272	970	4533.18
吉　林	66	1471	1244	57	305	503	2258.15
黑龙江	103	1535	1296	106	343	613	2356.53
上　海	23	2112	1900	56	180	821	8091.75
江　苏	120	3684	2384	55	360	1068	10546.24
浙　江	104	3876	2105	52	275	1034	9867.39
安　徽	131	1572	975	9	103	434	3545.81
福　建	97	1643	1061	14	95	514	4606.32
江　西	114	1387	863	13	81	379	2857.01
山　东	154	2904	2297	50	420	1066	6975.47
河　南	166	2906	1674	28	201	751	4065.30
湖　北	117	2089	1631	23	197	860	4416.10
湖　南	143	2066	1471	16	139	791	3922.77
广　东	148	5163	3101	56	302	1555	11687.33
广　西	116	1680	1307	17	151	605	3003.06
海　南	24	363	220	1	8	97	665.32
重　庆	43	953	596	32	103	277	1997.49
四　川	207	2365	1356	6	128	619	4350.47
贵　州	100	1084	808	10	110	333	1673.59
云　南	149	1755	1585	17	574	697	2344.02
西　藏	81	198	128	2	12	20	249.14
陕　西	117	2056	1298	10	101	612	2155.26
甘　肃	104	1488	917	15	100	425	1813.97
青　海	50	488	276	6	41	128	581.89
宁　夏	27	568	390	10	67	184	802.71
新　疆	107	977	754	4	131	378	1512.75

图书馆基本情况

图书	盲文图书	古籍	善本	报刊	视听文献	缩微制品	其他	在藏量中	
								开架书刊	少儿文献
94789.34	**126.52**	**2688.02**	**285.21**	**10145.50**	**2063.92**	**1556.95**	**6687.84**	**62464.12**	**15110.07**
2901.27	0.39	47.05	7.04	62.35	77.66	0.30	44.44	1746.87	437.60
1934.07	1.31	65.47	10.47	70.93	29.79	1.26	73.58	1102.08	313.02
2917.75	7.89	57.66	2.61	264.26	64.25	8.23	120.27	1924.29	395.56
1746.44	4.72	76.55	10.82	251.37	38.20	1.68	38.69	1168.29	231.61
1707.61	3.96	38.96	3.07	164.35	28.77	1.40	108.51	1067.01	173.28
3714.38	3.04	136.81	16.22	315.94	97.23	2.73	266.10	2614.41	673.72
1893.13	2.92	45.42	7.11	184.89	39.49	18.04	77.18	900.22	250.24
1917.23	2.46	43.36	2.40	273.05	43.92	34.66	44.40	1231.66	186.42
3791.26	1.87	200.79	19.70	394.83	142.07	1235.94	2326.85	2305.80	433.07
9293.89	7.40	352.72	27.58	592.13	151.52	4.70	151.34	5982.51	1429.96
8857.73	6.91	193.91	22.23	518.51	233.71	0.92	62.62	6274.21	1867.35
3121.84	7.94	62.97	5.42	191.22	48.12	1.03	120.67	1996.38	457.10
3744.78	2.89	47.15	3.57	300.67	79.93	2.79	430.97	2502.69	847.60
2341.43	5.15	78.73	10.22	287.78	23.17	0.90	125.06	1324.62	354.88
5984.38	8.33	140.87	24.45	538.45	61.18	5.18	245.54	4533.88	791.45
3272.24	10.15	110.20	8.42	389.42	44.37	1.67	247.51	2332.96	565.32
3695.16	5.39	96.15	8.23	408.96	67.31	37.56	111.04	2215.96	485.64
3331.77	7.05	116.56	8.48	347.32	66.23	1.97	59.02	2182.05	592.84
10066.24	7.35	76.95	5.04	576.82	313.32	2.79	651.30	7911.48	2369.37
2230.96	1.16	40.01	2.66	477.46	32.96	1.13	220.68	1342.84	397.26
581.89	0.29	1.20	0.06	36.90	40.97	0.82	3.59	433.13	75.62
1650.91	4.75	67.19	9.33	201.39	29.61	1.17	47.20	1203.42	301.45
3598.57	6.93	143.93	10.42	441.07	54.03	5.71	107.26	2279.65	464.95
1405.61	2.35	18.05	1.15	160.65	16.23	1.82	71.29	981.19	154.13
1733.33	2.74	92.63	6.50	333.47	84.70	1.24	98.68	1185.18	180.20
210.11	0.65	2.73	0.15	14.77	1.11	0.41	20.04	55.07	10.07
1832.63	3.24	55.88	6.12	180.61	20.47	0.41	65.35	1136.70	209.52
1434.62	3.03	52.11	9.70	238.25	12.20	5.67	71.18	1035.73	181.36
488.67	0.73	13.61	1.07	41.96	2.84	2.76	32.15	190.17	35.24
555.37	1.11	4.21	0.14	83.51	55.84	0.13	103.62	345.12	95.91
1232.92	1.88	12.50	0.35	173.84	14.84	0.71	78.05	749.40	138.92

续表 1

地　区	音视频资源总量（千万小时）	电子文本、图片文献资源总量（万TB）	线上服务人次（万人次）	书架单层总长度（米）	本年新购藏量（万册）	本年新增电子图书（万册）	当年购买的报刊种类（种）
总　计	**1181.04**	**2066.85**	**160703.52**	**16120434**	**6731.55**	**9580.21**	**1219986**
北　京	0.70	0.13	1936.52	307063	119.12	247.38	20835
天　津	0.11	0.15	2036.35	233476	118.52	389.82	22622
河　北	11.28	19.11	3237.23	510673	307.21	1709.08	29925
山　西	20.55	76.71	1294.81	274952	129.96	175.26	21483
内蒙古	9.98	167.67	2348.49	303571	122.73	128.30	20675
辽　宁	2.39	17.74	2361.78	538674	113.17	39.67	43254
吉　林	9.96	0.47	9051.24	274421	93.50	21.97	20453
黑龙江	46.50	43.10	5878.63	416670	70.32	267.70	24282
上　海	0.35	0.21	14010.19	631019	161.23	71.45	40704
江　苏	86.03	20.07	7791.04	1278079	577.84	465.97	78407
浙　江	8.73	0.32	16920.92	1236801	894.22	452.70	79787
安　徽	17.61	11.33	5300.97	380320	421.83	420.11	35230
福　建	2.77	33.14	7460.83	412493	352.10	168.14	36935
江　西	168.35	31.43	1445.86	264534	178.92	147.76	31188
山　东	171.16	273.32	17086.49	870940	407.01	458.07	53214
河　南	165.66	71.51	2685.10	481168	252.22	160.94	35175
湖　北	21.16	9.43	7493.24	586473	184.54	728.00	33758
湖　南	104.03	121.19	3884.83	868980	292.72	292.66	233296
广　东	16.96	92.91	11050.91	2167614	917.86	795.31	83954
广　西	0.11	21.76	4634.89	525091	96.92	237.40	33752
海　南	2.02	1.02	1558.32	91147	48.02	321.77	7556
重　庆	0.68	0.06	2180.29	422741	100.30	118.71	25271
四　川	0.17	0.06	1637.42	1479968	200.01	831.33	52429
贵　州	37.97	33.01	6606.28	214186	86.36	302.10	21857
云　南	140.63	6.29	780.98	497267	61.69	202.52	35899
西　藏	0.09		9.55	23780	14.88	16.20	3087
陕　西	84.14	918.75	1139.70	311447	117.06	73.25	24315
甘　肃	7.73	45.11	1165.81	198323	71.93	81.56	15340
青　海	0.54	0.63	381.21	82783	20.62	111.18	4442
宁　夏	42.57	50.00	410.24	102422	70.10	47.48	12087
新　疆	0.08		261.74	133358	57.09	89.18	22052

有效借书证数（个）	总流通人次（万人次）	书刊文献外借人次	书刊文献外借册次（万册次）	为读者举办各种活动					
				组织各类讲座次数（次）	参加人次（万人次）	举办展览（个）	参加人次（万人次）	举办培训班（个）	培训人次（万人次）
102513123	**54145.81**	**17466.62**	**42087.15**	**61660**	**2996.79**	**36439**	**5791.30**	**52614**	**491.24**
1802744	412.80	82.07	308.59	1268	55.28	467	56.72	267	1.46
1157946	758.91	133.07	458.91	543	3.97	435	57.66	739	1.69
1928620	857.25	394.43	892.39	1911	27.71	988	77.17	1151	9.30
1912732	989.18	403.46	728.36	1963	26.23	896	218.15	1047	5.66
810997	743.65	219.19	541.25	591	7.59	494	30.96	350	2.25
2304507	1561.92	450.64	1387.24	1533	36.69	996	194.49	1716	30.34
1069097	414.81	144.81	363.45	815	4.72	558	48.44	370	3.02
917756	396.14	126.98	288.21	537	4.91	604	40.01	914	4.69
5552618	668.32	169.22	785.75	876	6.88	292	76.72	361	2.72
28485472	9046.65	3369.57	6239.86	6364	150.09	4374	1559.81	6769	104.37
7176274	8460.87	1468.36	5545.95	5693	153.72	3623	558.46	7946	60.20
2964895	2391.79	880.48	1713.72	2848	39.65	1571	193.57	3167	43.71
2308947	1660.09	738.12	2267.99	1267	14.25	900	82.53	1000	4.67
1891582	1396.37	600.25	1271.25	1478	24.03	1763	164.52	884	6.31
7025679	3574.46	1489.43	2412.25	6488	132.34	2968	282.36	5232	49.70
2285507	2525.95	950.80	1602.10	4690	634.16	1424	204.82	1734	12.44
2639617	1292.85	621.83	1211.14	1305	63.97	947	78.92	809	5.80
2566365	3117.56	955.97	2150.62	3277	706.90	728	209.55	3168	39.35
9354974	5493.81	1432.10	5991.30	5345	701.61	2575	770.23	6078	41.74
1644658	1162.78	277.75	595.66	1384	46.04	1037	135.00	1475	14.52
335752	309.41	51.46	157.79	291	4.73	100	20.04	345	2.30
2803957	1190.20	399.64	1063.60	1381	25.23	1098	131.88	1158	9.10
4691446	1744.36	643.90	1316.63	2257	27.30	1269	181.32	1048	5.54
904890	705.00	296.66	534.45	840	32.50	759	55.22	503	3.64
656672	1073.05	351.90	793.12	2872	15.82	1782	125.55	1047	5.84
16459	26.44	3.46	7.34	76	0.73	205	2.08	35	0.36
724290	825.21	330.96	568.74	1335	25.36	1612	102.85	1308	10.40
567357	587.86	194.51	373.20	1258	11.95	620	52.87	386	2.35
184414	106.17	35.57	65.16	239	3.10	153	7.20	109	0.79
333177	338.73	119.23	240.04	190	1.54	160	13.84	138	0.73
562281	245.99	124.30	199.54	711	7.28	1033	45.56	569	2.88

续表 2

地　区	开展基层培训辅导人次（万人次）	本单位受训人次（万人次）	计算机（台）	供读者使用电子阅览室终端数	图书馆网站访问量（页次）	本年收入合计（千元）	财政拨款预算收入
总　计	**125.66**	**26.61**	**226234**	**143714**	**2296181287**	**19146467**	**18212816**
北　京	1.25	0.96	4540	2057	15278309	741400	736065
天　津	0.78	0.59	4690	3081	11214951	502168	487303
河　北	5.13	0.36	7911	5552	12589648	428023	425930
山　西	2.96	1.08	6906	4543	7715001	371875	361894
内蒙古	1.50	0.24	6626	4410	23635718	378536	374364
辽　宁	1.77	1.43	9747	5925	21504697	451262	447009
吉　林	0.63	0.49	4716	2952	3643022	321169	312698
黑龙江	0.45	0.05	5414	3316	25374717	278762	276062
上　海	1.04	1.27	6323	2835	60305435	2269938	1881390
江　苏	26.44	1.88	13957	7772	102070450	1305471	1281163
浙　江	8.35	2.20	11291	6886	308650797	1368673	1325251
安　徽	12.16	2.59	8351	5805	33404745	427726	407912
福　建	1.09	1.21	7679	4964	80761853	652674	626884
江　西	6.59	0.25	8080	5965	17631205	355479	340080
山　东	6.29	0.95	11737	7829	73409139	766298	755970
河　南	5.17	0.54	10677	7027	12851674	533163	526871
湖　北	4.80	1.08	7254	4510	57805855	589223	573053
湖　南	4.40	1.83	7464	4957	43249710	469711	453288
广　东	5.44	2.29	19732	12342	163372527	2393513	2353878
广　西	6.32	0.76	6705	4584	53246150	409163	396406
海　南	1.22	0.10	1680	1049	7436407	246919	245798
重　庆	3.74	0.36	4158	2858	49913646	351707	325783
四　川	7.13	0.10	10840	7357	40923637	628291	622175
贵　州	1.23	0.54	5057	3560	36204998	420082	391268
云　南	2.28	0.63	7514	4852	41717857	515931	496674
西　藏	0.05	0.01	1425	924	2392460	92624	89942
陕　西	3.11	0.61	6330	4333	19085651	356065	329767
甘　肃	1.56	0.23	5303	3348	4065560	286398	270456
青　海	0.17	0.04	2218	1248	1108818	126680	117837
宁　夏	0.45	0.15	2197	1516	2280924	115873	112663
新　疆	2.06	0.83	5279	3794	1776632	198546	190242

免费开放资金	中央资金	购书专项经费	上级补助收入	事业预算收入	经营收入	附属单位上缴收入	其他收入	本年支出合计(千元)
1689613	**439453**	**2072762**	**115626**	**208877**	**3869**	**126**	**605153**	**18831528**
17749	1950	71244		4658	77		600	716092
11520	2953	60554	410	3597			10858	511519
51185	20574	35855	690	488	45		870	423819
39664	17015	48544	3293	330	540		5818	434404
30802	17372	20357	657	90			3425	383091
45939	22299	33786	2170	1066			1017	475345
14482	8370	31294	1040	4117			3314	322794
21760	14397	18785	722	1642			336	277530
4098	3574	212083		50979	979		336590	1940379
58594	9639	144756	4071	5801			14436	1292443
59869	4165	240238	8644	3091	587		31100	1365922
34020	13628	61495	12160	226			7428	426622
37058	9838	81621	3718	1788	388		19896	650342
51620	21705	48988	6716	3005		121	5557	354458
64772	10691	88852	6777	2035			1516	776362
45417	21390	50435	1686	55	339		4212	540126
28519	11823	75512	5132	44	52		10942	585833
37301	15460	40235	4630	6512			5281	477248
674140	14033	299293	16941	8696			13998	2327727
34328	21080	36233	8019	421			4317	403674
13181	7371	8641	661	277			183	240214
30914	19043	40082	1540	10835			13549	353553
81824	38016	56317	1202	1321			3593	635699
26264	13953	33749	2994	1805			24015	416197
36685	25496	22567	1597	327	74		17259	468129
17824	12734	6771	642	1906	110		24	80409
31294	17556	34517	8412	4209	565		13112	405012
35585	14660	21688	8393	1881			5668	296475
10997	3594	7779	455	233		5	8150	122943
10907	5683	7355	1839	79			1292	121818
31301	19391	7136	415	527			7362	200758

续表 3

地　区	基本支出	项目支出	经营支出	工资福利支出	商品和服务支出	差旅费	劳务费
总　计	**10019660**	**8297939**	**8551**	**7758022**	**4523490**	**60273**	**425644**
北　京	435248	274818	955	343935	236434	108	9131
天　津	399337	104035		227639	158561	100	6589
河　北	216812	156732	602	169317	86038	1016	7765
山　西	160122	196455	540	137240	98180	1320	21681
内蒙古	264124	114895		196454	101684	1318	4465
辽　宁	294272	160276	1690	248497	116445	928	11523
吉　林	182981	136966		156231	76439	817	7569
黑龙江	217140	60387		164317	57022	538	2148
上　海	689425	1244069	1476	517778	408675	578	7821
江　苏	816348	454154	85	649427	321400	5198	30572
浙　江	746830	614038	9	592613	345844	2488	54598
安　徽	230392	178717	166	163630	92758	1575	5736
福　建	258457	378520	888	198615	131208	601	30115
江　西	216279	121109		169678	77048	2456	10819
山　东	462705	277079	14	366258	161847	1676	19696
河　南	330379	172655	339	252012	89692	1569	9746
湖　北	348440	229410	52	292810	123549	1695	15654
湖　南	304312	156569		196352	76498	2362	7202
广　东	1108645	1209843	160	852831	641044	1725	62895
广　西	228455	170183	12	187970	74480	3241	2957
海　南	47311	170684	450	37401	41020	801	8106
重　庆	183182	153360	22	141293	99663	11577	18565
四　川	309795	321417	35	261839	230945	6490	18146
贵　州	146089	248578	30	117679	59265	1462	4576
云　南	268323	180562	114	236192	74862	2505	7367
西　藏	31380	42741	152	21682	21110	238	141
陕　西	249044	136379	665	184284	72378	1920	7019
甘　肃	175350	100508	45	128742	57127	1650	6592
青　海	74631	41779		59162	22132	334	2528
宁　夏	87336	29200	15	68769	19280	528	2387
新　疆	135548	58198	35	114117	39045	466	4476

在支出合计中：								
福利费	各种税金支出	对个人和家庭补助支出	抚恤金和生活补助	其他资本性支出	各种设备购置费	新增藏量购置费	新增数字资源购置费	资产总计（千元）
63308	**17822**	**624765**	**77115**	**3594034**	**2998154**	**1883227**	**374375**	**69982346**
3358	646	16429	2681	101068	93749	59879	14577	2385736
2095	280	6733	822	100866	90551	50729	19130	1401778
884		22922	2309	107018	63147	41968	3583	1516141
1734	71	4964	576	155670	74659	45680	11809	1423370
1298	591	10316	3613	64353	53381	27706	9198	1336023
83	26	13962	4496	57362	52920	36500	10993	2857484
755	2	4337	1897	61392	49220	28995	4158	1069192
715	20	21829	2216	28459	24588	18520	3786	854423
6494	559	9296	1941	197489	169427	138672	15427	8114158
3174	733	47548	4105	220330	179987	126520	24380	4330733
19735	800	20076	3572	324156	305545	218039	34102	4230364
1457	457	18705	1999	96341	91218	65564	11075	2537197
245	1260	12175	1202	215713	129988	72030	20962	2475779
1414	253	11975	1541	76000	70703	40628	6378	1449642
499	664	37776	3284	157327	143069	87648	15098	2109487
1740	38	24019	3143	108885	94426	59316	10640	1969577
3888	136	19678	1210	109309	99296	60248	14443	2408056
2176	281	21887	3166	84959	71293	43426	9000	1092065
4273	1641	154998	3406	506031	422139	256935	55955	6983102
348	348	9629	3463	93593	82433	36644	10705	1237020
	20	556	189	24936	21790	9369	6169	380940
656	528	12918	5114	71728	50857	28848	10958	1044162
2016	38	18433	5021	81933	75551	49684	12075	1979128
258	252	12429	1853	136298	131761	19141	3950	1574445
1293	570	9813	4320	34104	30212	19770	4845	1201299
11		605		7626	6387	4511	511	193366
489	18	4000	1789	106602	90776	66116	8559	1146522
1292	604	24841	3340	66160	47744	24864	7552	1227656
300	9	5783	1225	17742	14657	4606	8496	2690238
33	171	4453	375	16065	10058	7862	1725	521695
496	331	5163	1423	24476	20983	8341	1724	817806

续表 4

地区	固定资产净值	实际使用公用房屋建筑面积（万平方米）	书库面积	阅览室面积	书刊阅览室面积	电子阅览室面积	实际拥有产权面积（万平方米）
总计	**51102287**	**1785.77**	**345.67**	**537.30**	**403.92**	**66.66**	**998.62**
北京	1565194	29.90	6.32	7.12	6.09	0.77	10.19
天津	1131159	43.51	7.61	11.61	7.58	0.89	3.41
河北	1125856	60.71	11.51	19.99	15.25	2.42	33.24
山西	1100455	56.79	8.25	18.08	13.40	2.72	49.18
内蒙古	1189089	43.90	6.51	13.85	9.87	2.16	19.08
辽宁	2534754	61.53	10.32	17.51	13.18	2.47	30.38
吉林	707370	30.92	5.12	10.16	7.93	1.10	17.51
黑龙江	663097	35.09	5.95	11.03	7.12	1.51	17.38
上海	4485608	45.56	9.35	11.14	9.50	0.98	27.91
江苏	3459994	161.09	19.72	40.82	31.10	3.59	67.46
浙江	3489209	131.73	23.41	38.40	31.90	3.85	51.92
安徽	2063966	60.52	10.27	20.49	13.93	2.45	38.53
福建	2012323	61.62	13.93	22.88	18.88	1.92	35.75
江西	1233941	54.26	13.42	16.64	11.63	2.13	35.91
山东	1632859	114.75	23.43	31.20	22.69	3.95	51.72
河南	1646164	79.02	17.10	22.51	16.65	3.48	46.12
湖北	2092746	72.83	17.05	24.82	17.63	3.16	56.78
湖南	844603	61.16	16.52	17.70	12.65	2.79	41.98
广东	6022201	169.45	31.55	57.26	47.19	5.72	95.74
广西	893692	49.42	12.68	12.07	9.07	2.03	24.40
海南	191945	9.64	2.46	3.51	2.93	0.37	6.00
重庆	906735	38.26	7.08	11.17	7.88	1.33	26.84
四川	1662991	69.79	14.09	25.55	19.54	3.89	46.23
贵州	631345	30.05	8.25	9.68	6.17	1.52	23.25
云南	883134	40.57	9.65	11.62	7.24	2.55	29.54
西藏	158188	6.17	1.36	1.73	0.91	0.41	4.67
陕西	758392	41.31	9.39	13.74	10.72	1.77	25.19
甘肃	668159	37.29	5.81	10.52	8.08	1.45	26.15
青海	445709	11.19	1.78	4.50	3.04	0.59	3.29
宁夏	454503	13.99	2.74	4.74	3.42	0.81	8.72
新疆	427860	35.94	6.11	11.83	8.06	1.77	16.34

阅览室座席数（个）			志愿者服务队伍数（个）	志愿者服务队伍人数（人）	图书馆延伸服务情况			
	少儿阅览室座席数	盲人阅览室座席数			流动图书车数（辆）	流动服务书刊借阅人次（万人次）	流动图书馆车书刊借阅册次（万册次）	分馆数量（个）
1264694	**310373**	**30756**	**10481**	**494755**	**2010**	**1444.53**	**2724.80**	**38631**
16275	3441	218	147	29047	13	3.94	31.16	483
21433	3738	273	93	5099	12	6.96	21.19	525
48494	10560	1201	306	9730	90	19.29	28.75	1122
41566	9985	1187	296	18609	154	52.79	112.52	2239
35826	7975	1077	177	8605	51	12.60	22.23	1056
42240	8393	973	397	14735	20	136.84	299.65	1229
23373	4723	574	112	5795	61	8.08	11.69	562
27639	6661	786	181	8629	44	10.55	25.80	820
23643	5716	301	282	7764	5	54.55	86.41	205
76682	20167	1539	457	58842	47	111.20	194.65	7469
85557	22256	1345	482	45218	74	166.50	389.35	2732
48653	12570	1582	290	12716	56	64.75	91.28	1373
45603	12373	920	235	12705	28	18.84	97.97	957
47745	12263	1672	1359	7393	39	26.46	46.68	825
69624	16588	2556	497	22671	48	77.08	112.24	1878
65361	18960	1723	439	11580	92	65.77	93.97	1453
50124	11900	1216	1059	10836	96	69.51	103.58	1226
45998	15307	1202	812	49097	63	58.89	96.26	2042
125331	29407	1481	284	96256	278	138.13	327.42	2530
36933	10268	642	199	8138	56	32.36	48.51	378
6983	2253	70	51	1802	7	6.72	8.04	115
31936	7045	812	113	5320	38	49.19	94.27	1454
62588	14814	1635	327	13831	139	46.64	77.85	1395
28863	6250	990	290	5448	82	50.50	66.96	630
31811	8385	1123	345	8169	99	45.32	59.24	1293
3461	659	101	94	1078	58	0.99	1.00	11
32021	7954	886	306	6991	100	34.38	42.95	841
33435	8300	1412	408	3963	57	21.43	30.74	850
6667	1428	168	72	887	39	10.33	20.08	88
13838	2803	369	83	1298	12	35.21	69.99	131
29564	6931	710	279	2441	52	8.73	12.37	701

地区	机构数(个)	从业人员(人)	专业技术人才	正高级职称	副高级职称	中级职称	总藏量(万册)
总计	**39**	**7443**	**6459**	**332**	**1362**	**3055**	**22201.62**
北京	1	360	322	11	40	149	925.75
天津	2	333	314	11	68	146	914.45
河北	1	203	137	10	40	64	351.97
山西	1	236	215	12	28	75	329.13
内蒙古	1	166	166	7	45	63	418.32
辽宁	1	223	196	19	44	89	750.53
吉林	1	171	160	11	45	47	511.70
黑龙江	1	171	151	9	30	89	431.91
上海	2	864	825	54	130	399	5834.65
江苏	1	520	400	25	113	188	1248.61
浙江	1	239	221	6	39	127	746.73
安徽	1	178	149	5	35	64	375.06
福建	2	215	198	4	33	104	489.87
江西	1	151	137	7	29	71	418.18
山东	1	224	219	17	40	98	927.89
河南	2	212	151	13	48	72	423.51
湖北	1	299	288	12	63	135	903.08
湖南	2	275	250	10	52	140	646.32
广东	1	283	255	8	49	133	976.27
广西	3	341	302	14	67	140	880.31
海南	1	92	84	1	4	51	195.78
重庆	2	296	223	16	51	104	503.99
四川	1	285	169	2	28	73	572.66
贵州	1	138	107	7	31	51	285.23
云南	1	177	169	7	87	59	371.88
西藏	1	52	40	2	9	11	55.02
陕西	1	202	183	6	20	100	551.21
甘肃	1	197	169	12	32	84	482.33
青海	1	128	71	4	13	30	184.05
宁夏	1	124	110	8	31	55	203.40
新疆	1	88	78	2	18	44	291.83

图书		古籍		报刊	视听文献	缩微制品	其他	在藏量中	
	盲文图书		善本					开架书刊	少儿文献
14165.98	**13.06**	**1345.05**	**169.23**	**2167.28**	**408.31**	**1297.84**	**2817.15**	**5661.88**	**1369.45**
774.81	0.08	41.88	6.71	46.43	50.18	0.03	12.42	122.42	141.34
812.18	0.09	59.05	10.08	15.17	19.14	1.21	7.69	449.39	160.91
284.75	0.53	8.17	0.56	43.38	12.16	2.80	0.72	117.64	18.48
204.74	0.51	29.68	5.02	89.85	2.73	0.40	1.73	198.59	36.76
323.70	1.56	22.00	2.00	20.70	1.66	0.52	49.75	103.69	12.79
614.28	0.35	48.25	12.39	62.32	10.83	0.63	14.21	219.76	31.76
416.73	0.15	23.14	5.35	55.22	2.21	2.60	11.80	69.07	11.67
329.99	0.33	13.37	0.66	49.83	4.19	34.53		79.23	12.50
1688.66	0.72	192.23	19.24	370.45	39.29	1235.93	2308.09	835.96	105.82
923.16	0.30	160.00	14.00	117.26	30.70	4.20	13.28	90.00	10.30
550.66	0.56	82.24	15.01	100.10	13.21	0.48	0.05	197.07	11.45
302.18	0.14	35.21	3.31	35.92	1.08	0.51	0.15	100.34	15.00
399.81	0.34	25.32	2.07	50.19	12.95	1.61		167.35	109.05
296.34	0.64	37.91	4.21	41.73	1.65	0.20	40.33	149.43	12.84
609.06	0.26	75.36	20.00	135.41	8.89	0.86	98.30	480.50	51.16
333.03	0.12	50.66	3.00	36.73	2.76	0.24	0.09	123.06	61.33
743.14	0.65	46.18	5.87	70.94	30.19	3.53	9.10	219.97	56.50
471.90	0.99	62.14	5.00	75.04	33.16	0.46	3.62	302.55	156.62
738.02	0.49	44.01	3.25	159.50	29.33	2.55	2.86	339.15	40.02
565.63	0.15	26.65	1.65	111.18	14.93	0.17	161.76	121.33	106.31
183.96	0.19	0.02	0.01	6.04	5.73		0.04	139.52	37.76
360.19	1.70	45.26	6.99	76.44	8.81	1.05	12.24	136.62	51.48
410.96	0.35	53.01	6.60	101.35	4.83	2.50	0.01	100.70	8.44
239.60	0.42	11.76	0.40	30.14	1.01	0.28	2.44	126.99	12.00
230.90	0.29	59.62	3.32	76.66	4.52	0.12	0.06	55.35	5.50
44.00	0.05	1.10		8.38	0.04		1.50	9.73	1.18
439.04	0.31	32.84	4.37	64.12	7.17	0.03	8.01	176.04	34.56
379.57	0.59	31.76	6.78	65.94	4.35	0.25	0.47	261.99	21.26
147.67	0.09	11.48	1.00	22.49	0.47	0.05	1.89	45.97	3.35
102.32	0.03	3.52	0.12	12.07	50.14	0.08	35.26	77.23	12.03
245.00	0.08	11.23	0.26	16.30		0.02	19.28	45.24	19.28

续表 1

地区	音视频资源总量（千万小时）	电子文本、图片文献资源总量（万TB）	线上服务人次（万人次）	书架单层总长度（米）	本年新购藏量（万册）	本年新增电子图书（万册）	当年购买的报刊种类（种）
总计	**62.03**	**50.67**	**66571.00**	**3016840**	**509.58**	**1763.85**	**148294**
北京	0.03	0.05	221.30	109063	19.34	9.28	7046
天津	0.05	0.02	406.68	136107	43.84	339.00	8488
河北			138.00	71800	10.24	310.00	5246
山西			54.96	36505	14.88	17.88	2566
内蒙古	0.54		1523.68	85196	13.37	24.15	2259
辽宁	0.01	0.07	1391.62	157878	20.95		5399
吉林			4932.00	101196	7.69		4040
黑龙江			3133.78	55472	10.34	10.00	2288
上海		0.07	12567.50	422696	45.95	1.38	13118
江苏	18.17		2090.29	260000	16.51	10.04	4305
浙江	0.02	0.01	4877.34	137420	25.93	44.99	7172
安徽	0.02	0.06	2224.46	60168	14.03	29.70	2966
福建	0.01	0.03	112.36	8658	17.89	40.99	6098
江西	0.01	0.03	626.61	8204	15.63	2.93	7659
山东		0.04	8396.38	154116	20.72	22.67	5911
河南			879.79	46016	9.87	0.78	2357
湖北	0.19		4687.86	163732	23.87	10.00	5492
湖南	0.07	0.04	2987.62	91888	18.35		3174
广东	0.12	0.04	2377.58	178841	23.99	5.35	8338
广西	0.02	0.07	4268.71	179230	33.87	150.57	8325
海南	0.01	0.02	40.30	33947	10.64	253.37	2262
重庆		0.03	1069.32	44901	12.40	34.21	4680
四川	0.04		43.39	40221	9.73	387.62	6347
贵州	0.02		5498.01	63056	27.50	10.00	3100
云南		0.01	116.48	129035	7.02	1.11	3567
西藏				22708	1.16		1033
陕西	0.02	0.04	542.99	115656	9.85	0.30	5147
甘肃	0.09	0.03	977.97	6000	12.21	13.30	4147
青海		0.01	228.42	48800	4.59	4.80	1395
宁夏	42.57	50.00	125.60	44896	7.22	15.43	1800
新疆	0.02		30.00	3434		14.00	2569

有效借书证数（个）	总流通人次（万人次）		书刊文献外借册次（万册次）	为读者举办各种活动					
		书刊文献外借人次		组织各类讲座次数（次）	参加人次（万人次）	举办展览（个）	参加人次（万人次）	举办培训班（个）	培训人次（万人次）
12887169	**4960.18**	**747.55**	**2658.06**	**2235**	**1323.04**	**1461**	**512.98**	**2163**	**50.83**
607308	131.09	10.10	45.92	13	0.16	46	21.54		
582452	89.12	38.64	174.84	11	0.28	15	20.79	2	0.03
366727	27.19	7.57	29.00	43	0.81	19	0.92	45	0.21
452105	68.60	26.30	79.88	168	3.20	50	7.10	16	0.53
139793	42.07	19.20	119.39	21	0.04	13	0.04	8	0.10
291585	311.33	10.21	70.45	26	8.19	26	92.50	435	10.26
183047	65.90	5.47	28.33	58	1.26	48	6.68		
25369	64.26	6.93	31.79	7	0.13	47	10.40	372	1.70
3675340	158.80	39.68	181.48	72	1.41	35	19.49	43	0.99
889426	156.59	51.36	58.16	19	0.08	29	10.19	176	2.71
66629	828.16	52.56	115.83	156	30.54	108	20.72	83	2.62
249472	112.33	14.81	63.91	67	1.27	48	2.99	166	0.55
401247	75.64	17.76	157.66	139	4.38	60	9.34	5	0.01
267144	64.49	7.84	37.59	6	0.26	462	44.70	21	0.58
52413	83.95	14.61	52.67	183	0.73	19	0.69	70	0.24
208947	73.64	35.87	87.62	90	575.61	28	3.91	32	0.16
665147	115.47	20.84	98.75	43	0.71	25	6.74	15	0.09
364967	841.29	35.52	169.74	373	660.69	58	13.11	153	15.01
735615	673.01	130.36	320.69	8	0.18	61	92.13	6	0.05
866788	302.94	39.69	114.91	214	13.01	85	44.83	52	6.97
218616	121.51	9.13	63.61	155	2.54	14	11.75	101	0.41
524551	160.64	32.91	128.91	107	3.21	43	15.93	187	2.21
299674	64.15	8.69	21.68	42	0.88	8	18.50	16	0.15
99971	24.00	16.77	16.77	2	0.02	16	0.03	8	0.10
120757	96.08	51.41	237.33	30	0.25	20	11.28	43	0.36
5282	12.60		1.40	27	0.20			3	0.01
51428	57.13	17.06	71.60	60	11.43	32	21.38	82	4.42
159216	58.86	10.47	28.73	35	0.52	7	1.09	7	0.13
59980	18.92	1.93	6.09	45	0.81	26	1.61	6	0.03
102176	48.01	7.35	26.85	8	0.17	10	2.10	2	0.06
153997	12.41	6.51	16.48	7	0.07	3	0.50	8	0.14

续表 2

地区	开展基层培训辅导人次（万人次）	本单位受训人次（万人次）	计算机（台）	供读者使用电子阅览室终端数	图书馆网站访问量（页次）	本年收入合计（千元）	财政拨款预算收入
总　计	**10.44**	**4.05**	**19325**	**8169**	**396131270**	**4790410**	**4314395**
北　京	0.66		955	523	6005021	233294	228154
天　津	0.10	0.03	1242	722	6159951	190931	186109
河　北	2.70	0.03	214	87	309449	60136	60115
山　西	1.26	0.28	670	267	415208	72458	67347
内蒙古	0.24		576	424	15440788	58372	58146
辽　宁	0.80	0.93	732	404	793746	105038	103739
吉　林	0.29	0.01	792	405	1427960	77407	77313
黑龙江	0.08	0.01	326	73	11729232	55132	53482
上　海	0.53		2421	661	41940824	1620648	1235580
江　苏	0.26	0.05	1091	114	23426413	223399	219315
浙　江	0.10		702	324	90907057	128675	124577
安　徽	0.19	0.22	359	117	339716	69004	68936
福　建	0.19	0.11	615	282	58148085	140718	140124
江　西	0.09		705	545	325106	85831	85831
山　东	0.04	0.01	510	250	723520	102945	102392
河　南		0.02	280	128	819150	64839	64437
湖　北	0.22	0.37	947	334	27439000	158491	158033
湖　南	0.21	1.24	491	102	8189812	99325	95641
广　东	0.05		1035	255	5369460	216778	213501
广　西	0.08	0.30	821	681	47581406	124393	121029
海　南	0.11		290	106	6278458	168915	168892
重　庆	0.64		458	191	14878658	110173	95777
四　川	0.15	0.02	490	200	11711915	131620	129471
贵　州	0.11	0.06	220	116	1035130	140928	120928
云　南	0.08	0.22	578	136	2053291	57757	56310
西　藏			127	73	2390000	39110	39110
陕　西	0.95	0.06	528	167	8989776	59115	48890
甘　肃	0.15	0.03	426	164	1100000	83417	82725
青　海	0.02	0.02	346	150	18000	42981	40361
宁　夏	0.06	0.01	250	114	126138	38500	38453
新　疆	0.08	0.02	128	54	59000	30080	29677

免费开放资金	中央资金	基建拨款	购书专项经费	上级补助收入	事业预算收入	经营收入	附属单位上缴收入	其他收入	本年支出合计（千元）
232747	**43448**	**990504**	**549933**	**43**	**82191**	**2544**		**391237**	**4456821**
5642	440		22962		4611			529	218844
2390			43270	40	3521			1261	187131
16310			9200					21	60137
13800			5510					5111	76176
8130			6600					226	59814
30184	16810		2000		576			723	109525
1135			8310		27			67	76541
3440			6500		1626			24	55132
		770590	137690		49012	979		335077	1289772
8100			20630		2765			1319	209596
1125			38390		2078	587		1433	126418
3536			9990					68	69107
8141	4440	50000	12317		73			521	154631
25000	10400		20000						85221
3990			15000		120			433	103185
6560			3890			339		63	67642
			39150					458	158032
4400			10900		1238			2446	99684
3980	3550	8355	36140		3277				209251
7511			16000		242			3122	123128
4745	3928	130000	3639		20			3	169047
5335	2523		18032		10835			3561	113133
25361			12998		1149			1000	131071
8188	1357	17059	13866					20000	140905
2500			7500		327	74		1046	57210
2000			1640						37704
6144			9047			565		9660	64557
13000		14500	12000		692				91971
3900			3792	3				2617	42374
2000			2970					47	38025
6200					2			401	31857

续表 3

地区	基本支出	项目支出	经营支出	工资福利支出	商品和服务支出	差旅费	劳务费
总计	**1834934**	**2616749**	**2463**	**1433246**	**1127564**	**10911**	**62272**
北京	142308	76536		92196	92100	60	529
天津	175408	11723		83020	57384	16	157
河北	29563	30574		25491	24170	424	2874
山西	30784	45392		26838	27056	157	10933
内蒙古	24385	35428		21814	26949	219	100
辽宁	51458	58067		42771	50033	574	3250
吉林	28114	48427		21172	31434	228	2076
黑龙江	31331	23800		22130	21330	139	2
上海	278174	1010122	1476	238342	191340	309	6582
江苏	137664	71932		139042	50126	260	4539
浙江	73645	52763	9	53484	27880	459	1792
安徽	33915	35192		27319	23409	197	1508
福建	43558	111073		38443	19445	144	3424
江西	23844	61377		30680	22518	193	5757
山东	55796	46596		47604	31034	273	2351
河南	39108	26473	339	32199	20491	214	960
湖北	68021	90011		63112	43087	203	4176
湖南	52129	47555		11620	7604	212	831
广东	128417	80834		101940	42395	113	269
广西	75863	47264		57144	33689	613	544
海南	18895	149998		12562	20809	254	587
重庆	64411	48722		52442	29675	3648	2366
四川	36166	94905		35076	79929	457	663
贵州	23003	117902		18735	32870	190	948
云南	32170	24966	74	29444	19623	241	634
西藏	14482	23222		10032	19968	103	58
陕西	24248	39743	565	22881	24976	346	296
甘肃	30745	61226		21836	22576	449	2129
青海	21889	20485		19659	9882	55	196
宁夏	28394	9631		21394	8037	66	901
新疆	17046	14810		12824	15745	95	840

在支出合计中：								资产总计（千元）
福利费	各种税金支出	对个人和家庭补助支出	抚恤金和生活补助	其他资本性支出	各种设备购置费	新增藏量购置费	新增数字资源购置费	
12297	**3973**	**107569**	**14237**	**826942**	**695536**	**401857**	**111240**	**21582686**
1193	622	3321	909	31227	30823	22933	4062	1321949
998	141	2266	486	44319	44319	35070	7834	653131
65		2637	385	7839	7839	7780		447405
386	14	1578	69	17012	11325	3410	2100	506007
386		754	111	10295	10295	4320	1488	272888
	26	1803	436	14918	14918	13400	1518	1203375
314		1209	614	22725	15558	5890	2420	189738
550		4607	679	6550	6550	4500	2000	237217
1879	556	5095	606	90444	90440	85200	5240	6158952
	397	1292	560	19136	19063	12978	3861	957741
2634	684	3720	2123	41334	41334	24615	14602	570209
577	103	5148	461	13231	13231	7468	1921	252032
	25	3722	149	93003	17103	8990	4955	443658
218	111	4800	110	27223	27223	10398	4000	243799
34		5791	748	18746	18746	13642	5104	452837
441	20	5544	213	8957	5513	1895	1995	177180
1538		2151		49682	49682	25997	9995	1187648
	225	7075	519	17512	11754	9445	1629	251517
3	316	16803	85	48113	41014	23396	1840	1200674
122	34	3850	1007	27960	27960	16003	3485	556432
	20	35	33	8412	7306	3639	1848	218319
25	521	4169	307	26047	21915	10279	7347	575601
301	4	2956	718	13086	13086	9415	3498	681225
		2714	302	86584	86584	8866		607285
5	154	440	167	7703	7703	5000	2500	223921
		542		1640	1640	1163	477	52601
176		623	267	16077	15232	8090	2721	561516
374		7101	883	40458	24088	12877	4706	525156
		2983	796	9850	9097	2228	6869	149378
		1735	139	6859	4195	2970	1225	291412
78		1105	355					411883

续表 4

地 区	固定资产净值	实际使用公用房屋建筑面积（万平方米）	书库面积	阅览室面积	书刊阅览室面积	电子阅览室面积	实际拥有产权面积（万平方米）
总 计	**13877284**	**193.57**	**42.55**	**51.36**	**43.64**	**3.51**	**127.25**
北 京	712666	9.40	1.25	2.43	2.25	0.18	
天 津	599650	12.78	2.03	5.08	2.67	0.25	0.14
河 北	416584	5.06	1.12	0.93	0.86	0.07	5.06
山 西	440567	7.49	1.07	1.71	1.66	0.04	7.49
内蒙古	251431	3.50	0.58	1.56	1.28	0.28	3.50
辽 宁	1043390	10.32	1.74	3.81	3.32	0.49	9.93
吉 林	160690	6.30	1.02	2.11	2.05	0.06	1.38
黑龙江	211180	3.39	0.34	1.28	1.20	0.08	3.05
上 海	2751705	14.49	5.58	1.29	1.12	0.18	13.38
江 苏	838174	10.30	1.03	1.80	1.69	0.10	3.40
浙 江	476396	5.52	2.18	1.10	1.06	0.04	4.99
安 徽	156848	3.69	0.77	0.90	0.75	0.06	3.69
福 建	227964	2.80	0.55	0.48	0.42	0.04	4.20
江 西	187786	9.62	3.27	1.26	1.16	0.11	9.62
山 东	365151	7.07	1.36	1.14	0.96	0.10	4.54
河 南	155227	3.89	1.04	1.46	1.38	0.08	2.95
湖 北	1008652	10.23	1.80	4.20	3.90	0.30	10.23
湖 南	179143	4.40	1.36	1.42	1.38	0.04	4.29
广 东	1098211	9.10	1.84	1.49	1.46	0.03	7.77
广 西	309516	10.60	3.86	2.59	2.32	0.19	5.09
海 南	62419	2.50	0.57	1.72	1.67	0.05	
重 庆	529202	5.61	1.07	1.47	1.04	0.08	
四 川	603901	5.19	0.52	1.45	1.38	0.07	5.19
贵 州	182550	2.52	1.64	0.88		0.03	2.74
云 南	182700	3.04	0.75	0.82	0.75	0.07	3.04
西 藏	38617	1.90	0.42	0.34	0.26	0.07	2.97
陕 西	257725	4.98	1.03	1.72	1.62	0.10	
甘 肃	15530	6.52	1.04	0.86	0.64	0.06	3.92
青 海	67221	2.40	0.26	1.23	0.76	0.04	1.37
宁 夏	256172	3.32	0.90	1.33	1.24	0.10	3.32
新 疆	90316	5.64	0.56	1.50	1.39	0.12	

阅览室座席数（个）			志愿者服务队伍数（个）	志愿者服务队伍人数（人）	图书馆延伸服务情况			
	少儿阅览室座席数	盲人阅览室座席数			流动图书车数（辆）	流动服务书刊借阅人次（万人次）	流动图书馆车书刊借阅册次（万册次）	分馆数量（个）
86735	**12180**	**896**	**988**	**68635**	**19**	**34.58**	**102.97**	**1120**
3317	570	41	59	11856		0.01	1.03	18
5008	577	16	2	1375	1	0.04	0.26	35
3670	280	22	18	247	1	0.01	0.02	50
3425	200	23	41	3685				286
2793	759	103	2	320				127
5862	196	80	76	4629	3	10.03	2.80	2
3308	120	8	14	620				1
2387	261	52	10	98				90
2149	472	8	95	1342	1	2.53	5.38	
1847	420	12	1	368		3.26	2.54	1
1625	62	42	4	1678				39
1545	320	36	7	298				9
948	746	30	23	772	1	0.09	61.71	58
6000	411	34	5	1184				44
1500	160	20	35	2600		1.70	1.91	2
2078	932	4	24	743	1			35
5543	1000	24	1	787	1	0.30	1.00	12
3194	1359	28	469	25317				61
8109	398	33	2	1760				95
3665	612	36	4	1658	2	5.33	6.19	19
1670	380	9	25	400				18
2324	610	32	7	1411	1	5.66	11.98	30
2958	150	8	26	3436	1	0.70	0.90	23
1142	95	30	3	320		2.00	1.50	4
1159	66	37	16	667				22
300	85	13	1	49	1			
1781	147	14	11	350	1	0.08	0.21	26
1576	150	30	3	531	1	0.12	0.37	7
1152	132	26	2	48	1			1
1700	350	25	1	12	1	2.72	5.17	
3000	160	20	1	74	1			5

2020年各地区地市级

地区	机构数(个)	从业人员(人)	专业技术人才	正高级职称	副高级职称	中级职称	总藏量(万册)
总计	**382**	**15313**	**11700**	**345**	**2017**	**5608**	**30660.16**
北京							
天津							
河北	12	567	420	22	81	198	1078.11
山西	10	534	242	7	41	102	609.52
内蒙古	12	506	465	10	123	196	548.01
辽宁	23	971	794	50	142	435	2237.99
吉林	10	481	436	32	143	167	896.59
黑龙江	13	559	445	49	108	225	951.84
上海							
江苏	17	1063	806	20	123	368	2925.48
浙江	13	1151	709	25	112	343	2650.82
安徽	22	527	336	3	35	157	1083.70
福建	13	649	374	8	34	199	1448.19
江西	11	327	259	3	32	126	691.01
山东	17	911	765	28	160	365	1957.69
河南	20	810	648	12	99	223	1345.95
湖北	16	632	560	10	101	278	1456.64
湖南	18	590	421	6	60	222	1021.70
广东	27	1735	1469	37	175	791	4800.78
广西	15	569	458	3	64	216	799.13
海南	4	63	46		3	20	147.67
重庆							
四川	22	625	421	3	60	207	1346.31
贵州	10	298	250	3	47	110	340.29
云南	17	448	402	8	119	195	530.82
西藏	6	54	35		1	6	67.99
陕西	10	301	210	1	31	103	444.54
甘肃	17	361	261	2	29	130	425.49
青海	8	155	93	1	18	48	200.78
宁夏	5	130	112	1	21	44	174.78
新疆	14	296	263	1	55	134	478.34

公共图书馆基本情况

图书	盲文图书	古籍	善本	报刊	视听文献	缩微制品	其他	在藏量中	
								开架书刊	少儿文献
26182.30	**34.74**	**668.88**	**42.80**	**2466.06**	**695.84**	**11.76**	**635.45**	**18870.27**	**5382.91**
821.71	2.07	43.54	1.55	120.25	20.08	4.31	68.24	695.58	140.92
515.37	2.22	18.43	1.43	48.53	23.95		3.23	378.01	94.58
484.28	1.03	11.89	0.67	43.34	7.10		1.39	346.05	56.76
1780.88	1.13	85.27	2.91	205.97	50.40	1.37	114.08	1489.94	388.05
770.33	0.74	21.03	1.73	74.04	18.99	0.14	12.03	303.67	140.26
726.38	0.57	29.58	1.73	142.26	33.84	0.05	19.74	485.15	72.63
2497.71	1.59	127.96	9.91	233.00	66.54	0.02	0.25	1761.36	524.00
2319.29	2.00	57.25	4.47	142.09	128.29	0.01	3.88	1317.10	611.08
969.13	2.12	15.61	1.72	64.00	19.40		15.53	731.04	160.06
1110.69	1.28	9.77	0.63	123.96	23.91	0.02	179.84	860.64	290.18
590.80	1.03	16.39	1.84	65.13	9.64	0.04	9.01	304.55	95.51
1740.64	1.64	41.05	2.10	135.87	11.67	0.51	27.97	1313.20	268.14
1143.59	1.53	44.63	4.21	141.74	10.66	0.69	4.67	844.34	240.79
1243.75	2.50	36.57	1.35	140.31	14.07	0.13	21.82	890.72	152.18
926.06	1.49	14.10	0.57	62.19	15.51	0.56	3.32	683.70	174.96
4338.38	4.02	19.76	0.66	215.84	171.17	0.03	55.65	3545.71	1370.18
661.00	0.54	6.88	0.85	111.54	10.31	0.01	9.43	559.53	168.74
130.82	0.06	0.58	0.01	12.69	2.49	0.02	1.08	100.32	12.09
1119.07	2.31	46.58	2.08	131.59	32.52	0.04	16.51	719.66	171.16
298.36	0.28	2.32	0.06	32.46	4.96		2.18	224.44	43.28
434.00	0.94	6.42	0.38	78.92	5.32		6.16	300.24	33.16
66.30	0.26	0.07	0.03	0.93	0.04		0.65	34.78	2.89
410.67	0.57	3.61	0.76	20.84	3.86		5.56	278.73	30.71
345.59	1.09	8.27	1.03	40.60	1.88	3.78	25.40	251.81	55.10
180.15	0.27	0.44	0.05	10.41	0.46	0.02	9.31	88.09	15.60
146.68	0.19	0.12		16.88	0.51		10.58	78.53	21.96
410.67	1.27	0.76	0.07	50.68	8.27	0.01	7.94	283.38	47.94

续表 1

地　区	音视频资源总量（千万小时）	电子文本、图片文献资源总量（万TB）	线上服务人次（万人次）	书架单层总长度（米）	本年新购藏量（万册）	本年新增电子图书（万册）	当年购买的报刊种类（种）
总　计	**73.22**	**276.11**	**51169.83**	**6250245**	**1794.55**	**2186.28**	**498974**
北　京							
天　津							
河　北	0.03	0.08	2932.12	145493	50.39	6.19	9270
山　西	7.82	7.87	1136.33	98123	51.45	130.60	6348
内蒙古			502.94	64560	30.86	30.62	4756
辽　宁	0.06	2.93	800.27	224607	59.56	22.38	23684
吉　林	0.31	0.01	4046.38	83393	44.78	10.27	8453
黑龙江	2.93	0.15	2663.67	258182	17.73	246.48	8228
上　海							
江　苏	13.09	0.03	2862.54	301912	137.72	33.68	28407
浙　江	5.96	0.12	5475.44	516314	285.70	43.49	22549
安　徽	2.02	0.06	2837.61	152350	71.03	57.95	15435
福　建	0.02	0.03	6270.58	185230	169.54	34.86	11080
江　西	2.07	0.01	520.27	53623	23.16	43.26	6705
山　东	6.98	0.13	7581.81	334307	139.44	59.15	18858
河　南	26.66	26.01	1564.01	199688	108.15	77.12	15142
湖　北	0.33	0.08	2170.41	209652	54.62	375.50	11969
湖　南	0.23	87.61	402.59	498013	63.89	172.09	210449
广　东	0.75	0.23	5761.03	1393348	296.15	448.86	35100
广　西	0.03	6.00	294.82	148298	29.53	49.81	9572
海　南	2.01		1453.50	20656	11.96	0.55	1753
重　庆							
四　川	0.02	0.02	702.51	988478	46.62	81.60	18204
贵　州	0.12	2.26	690.65	32766	12.74	51.70	4709
云　南	0.63	0.01	71.31	116845	14.30	37.07	7956
西　藏	0.06		2.36	18	7.50	13.80	825
陕　西	0.14	106.00	132.53	68174	21.07	15.30	6853
甘　肃	0.41	36.46	42.06	79932	8.81	2.69	3317
青　海	0.51	0.01	47.64	9961	3.09	102.10	966
宁　夏			94.06	19579	5.85		2276
新　疆	0.03		110.39	46743	28.91	39.16	6110

有效借书证数(个)	总流通人次(万人次)	书刊文献外借人次	书刊文献外借册次(万册次)	为读者举办各种活动					
				组织各类讲座次数(次)	参加人次(万人次)	举办展览(个)	参加人次(万人次)	举办培训班(个)	培训人次(万人次)
35700213	**15402.03**	**4336.42**	**12894.35**	**15368**	**446.63**	**8323**	**1856.77**	**15044**	**197.51**
781585	256.14	96.63	241.84	461	7.13	210	26.63	268	4.05
1032251	338.20	158.63	289.53	304	1.54	82	139.18	369	1.83
300236	261.12	53.24	121.79	133	1.70	107	10.37	37	0.31
1229176	663.19	177.94	696.94	890	18.13	472	56.02	801	17.05
713214	120.17	32.98	140.88	316	2.18	170	12.45	202	2.01
582590	169.71	47.45	99.45	88	1.40	171	6.53	297	1.63
10887267	3258.28	692.08	1811.99	1460	34.27	1706	490.13	1694	24.95
1899451	1622.53	314.69	1219.16	1695	45.52	906	197.28	2817	30.09
1500196	553.93	142.85	552.38	957	11.96	462	58.77	1124	30.78
1006778	579.46	262.42	735.32	281	2.28	185	33.87	253	1.04
741275	339.89	128.33	321.60	279	8.20	173	22.67	134	0.83
3607673	1357.96	386.64	674.86	1197	84.54	656	81.33	1475	30.58
970302	1000.34	270.02	477.08	2250	33.52	426	144.45	428	5.02
1047133	507.94	204.11	437.95	382	48.40	178	28.50	283	2.08
989764	593.04	218.78	582.05	884	15.33	157	102.72	1813	15.56
3861250	1841.12	597.27	3256.65	1839	59.43	636	283.86	1865	21.78
496810	456.92	76.69	198.21	393	25.87	362	45.69	498	3.02
61747	74.10	17.47	45.65	45	1.29	18	4.00	52	0.29
2749412	463.25	160.78	387.79	532	8.64	184	29.66	115	0.63
225819	159.24	62.89	136.78	114	25.75	117	16.21	60	0.97
168474	263.51	63.99	129.50	220	2.42	218	24.82	217	1.23
8666	6.43	0.52	1.52	11	0.10	99	0.25	2	0.02
219103	163.77	49.91	88.31	79	0.96	172	9.73	27	0.12
143408	125.32	33.18	86.13	277	3.05	116	10.72	101	0.53
99388	47.62	18.08	37.41	83	0.94	22	0.58	17	0.09
125534	99.99	34.18	63.39	57	0.64	47	3.78	21	0.24
251711	78.86	34.67	60.19	141	1.44	271	16.57	74	0.78

续表 2

地　区	开展基层培训辅导人次(万人次)	本单位受训人次(万人次)	计算机(台)	供读者使用电子阅览室终端数	图书馆网站访问量(页次)	本年收入合计(千元)	财政拨款预算收入
总　计	**23.11**	**7.42**	**53826**	**31040**	**575513307**	**5655905**	**5563726**
北　京							
天　津							
河　北	0.70	0.09	1703	995	5317293	184810	184359
山　西	0.33	0.51	1615	959	4542490	160221	159312
内蒙古	0.28	0.08	1447	868	4858932	128845	128813
辽　宁	0.22	0.36	3519	1825	11727876	203305	202011
吉　林	0.07	0.43	1256	757	618149	112751	107997
黑龙江	0.07	0.02	1340	619	12911329	102881	102603
上　海							
江　苏	1.41	0.67	5004	2526	47757036	524781	523388
浙　江	4.56	0.32	2714	1461	193544801	463666	452827
安　徽	6.76	0.43	2545	1664	25393783	184037	178223
福　建	0.06	0.92	2994	2010	18125051	287089	275947
江　西	0.30	0.17	1229	786	10971622	104221	103169
山　东	0.65	0.40	3442	1996	33175039	307513	306159
河　南	1.53	0.25	2893	1546	7157170	234989	231207
湖　北	0.28	0.37	1862	1089	16615015	191738	184797
湖　南	0.56	0.28	1734	1074	9013675	145135	139383
广　东	3.07	0.81	6547	3742	139364065	1202874	1194510
广　西	0.33	0.30	1787	1078	3436877	165596	160909
海　南	0.03	0.03	431	232	676227	33623	33613
重　庆							
四　川	0.96	0.04	2110	1256	13756098	165547	163666
贵　州	0.06	0.31	777	421	7763121	181343	177685
云　南	0.31	0.16	1616	869	3757407	237636	234599
西　藏			284	236	999	35506	33200
陕　西	0.16	0.26	1013	536	1755809	74697	74115
甘　肃	0.16	0.08	1133	692	603036	66509	62421
青　海	0.02	0.02	621	419	930451	44434	44186
宁　夏	0.04	0.06	610	403	1340747	29257	28353
新　疆	0.19	0.05	1600	981	399209	82901	76274

免费开放资金	中央资金	购书专项经费	上级补助收入	事业预算收入	经营收入	附属单位上缴收入	其他收入	本年支出合计(千元)
619939	**106089**	**672816**	**15879**	**14601**	**928**		**60771**	**5545909**
8700	3500	14152		100			351	178294
5280	3200	36091		120	540		249	152652
5842	4090	5479					32	132522
7586	2334	25078	1000				294	206349
3955	2530	17746	550	4090			114	110747
4569	3469	7770		16			262	103673
21156	6200	60301		130			1263	523421
10380	255	72429	973	1013			8853	463554
10550	5200	28577	1127				4687	182999
13835	2850	39475	115	1715	388		8924	268999
9161	3917	9400	547	463			42	97499
20954	6325	42651	1124				230	324118
12094	5400	23039	20				3762	236904
8273	4297	20267	1501				5440	191528
10671	4400	12786		5014			738	149222
404586	4145	176927	1497	24			6843	1154618
7800	6000	11809	4051				636	162430
1580	800	2870		10				27234
11967	8800	18836	148				1733	173018
4500	3600	14883	974				2684	178045
10340	6800	8080	35				3002	201207
2700	2200	2993	400	1906				28299
4170	2500	9434	300				282	76072
7117	4777	2490	540				3548	68039
3120	1600	2683	204				44	40587
2100	1300	1310	773				131	30764
6953	5600	5260					6627	83115

续表 3

地区	基本支出	项目支出	经营支出	工资福利支出	商品和服务支出	差旅费	劳务费
总计	**2901979**	**2546729**	**1038**	**2317015**	**1270751**	**12246**	**132593**
北京							
天津							
河北	92273	47711		66558	40786	347	1048
山西	31715	118385	540	32408	50576	303	7713
内蒙古	83704	48815		66075	34987	499	863
辽宁	114834	85716		100545	43270	158	4423
吉林	67725	43021		59595	24210	169	2697
黑龙江	83619	20053		63217	19105	135	1276
上海							
江苏	320666	201454		242519	144296	1630	13522
浙江	244078	219476		191802	139070	738	27713
安徽	80317	99395		63418	38228	454	1325
福建	97086	171324	498	76044	61689	314	12996
江西	65767	31732		55706	22898	372	1557
山东	181210	138207		135482	76197	381	10247
河南	120552	116023		96988	41229	357	5457
湖北	126977	64550		103830	43681	483	4339
湖南	96871	46417		75052	28840	486	2795
广东	593387	561162		464036	268974	741	11432
广西	69896	92403		68415	22080	1019	734
海南	9862	3107		9126	11269	77	3849
重庆							
四川	89178	83840		74762	56354	1150	6489
贵州	57713	120091		46063	16209	388	1682
云南	83236	111219		70331	22514	691	2146
西藏	6698	18783		6654	1109	115	82
陕西	34218	37767		34614	21314	253	1873
甘肃	48796	13306		29911	16822	418	1834
青海	29232	11355		23260	6339	177	1849
宁夏	22085	8679		19823	5118	192	170
新疆	50284	32738		40781	13587	199	2482

在支出合计中：								
福利费	各种税金支出	对个人和家庭补助支出	抚恤金和生活补助	其他资本性支出	各种设备购置费	新增藏量购置费	新增数字资源购置费	资产总计（千元）
17779	**3504**	**245180**	**20970**	**1151495**	**985353**	**559132**	**161354**	**18892848**
300		13665	748	56711	26789	14869	1537	438491
875	56	939	206	50172	44924	29898	8927	524863
500		2927	954	25410	22507	10549	6802	691026
21		4843	1607	31546	29193	19223	8081	945687
439	2	1304	241	24522	22524	16571	1243	366610
132	20	9097	671	11560	9847	7327	1290	269074
946	61	23746	1105	103105	73915	50538	12193	1181697
6850	16	5439	375	109771	100031	59710	12772	1381251
312	327	8170	665	39067	38228	27403	7504	1751403
79	1227	4999	476	69935	64073	27239	12150	1290946
352	1	2254	578	14195	13750	8118	1044	227361
311	57	17894	539	81571	75873	39419	8275	966319
846	10	10179	957	56743	50265	31115	3855	1142933
984	49	8982	533	25836	23357	16082	2379	570311
703	4	9266	2084	28992	26055	16289	3916	332469
1800	1228	86388	760	238369	202780	124950	46964	4001944
129	68	2332	992	50088	39888	12216	5604	430560
		131	111	5880	4868	2770	20	75260
804		7237	1345	27157	23462	14053	5435	437163
182	85	7004	989	36976	34918	3357	2969	327818
597	113	4374	2527	12055	11725	7415	1260	454055
		63		2994	2300	2040		85051
	9	322	186	17468	16639	7895	2991	221606
300		9272	1223	7888	7468	3010	1323	377285
		1613	361	3597	2702	1300	1220	119883
2	171	610	26	1732	1732	1399	200	88469
315		2130	711	18155	15540	4377	1400	193313

续表 4

地　区	固定资产净值	实际使用公用房屋建筑面积（万平方米）	书库面积	阅览室面积	书刊阅览室面积	电子阅览室面积	实际拥有产权面积（万平方米）
总　计	**15415937**	**532.07**	**99.34**	**164.59**	**134.16**	**14.70**	**274.11**
北　京							
天　津							
河　北	350131	16.75	2.10	4.75	4.26	0.33	10.09
山　西	324556	19.72	2.12	6.84	5.59	0.83	13.78
内蒙古	633589	14.72	1.90	3.64	2.90	0.50	5.16
辽　宁	833724	24.98	4.12	6.48	4.62	0.71	9.55
吉　林	307803	10.33	1.65	3.28	2.52	0.26	6.26
黑龙江	214680	13.56	2.54	3.71	2.38	0.26	5.80
上　海							
江　苏	967387	48.97	6.88	13.04	11.17	0.75	24.52
浙　江	929005	35.51	5.63	10.28	8.40	0.70	10.12
安　徽	1482329	23.66	4.20	8.69	6.84	0.56	14.53
福　建	1159415	29.87	5.77	13.04	11.97	0.82	13.14
江　西	185693	14.54	3.86	5.02	3.79	0.40	7.33
山　东	696046	41.29	8.26	13.09	10.76	1.00	19.79
河　南	935928	32.16	7.37	8.68	7.35	1.03	18.90
湖　北	524709	25.83	7.71	9.15	6.42	0.72	16.93
湖　南	286000	17.25	5.72	4.89	3.40	0.62	10.18
广　东	3523188	66.64	11.45	21.90	19.25	1.90	31.35
广　西	372923	19.68	3.40	4.09	3.03	0.63	5.66
海　南	55012	1.71	0.60	0.39	0.31	0.08	2.06
重　庆							
四　川	357472	14.69	3.47	4.86	4.19	0.43	11.76
贵　州	99602	6.68	1.83	1.63	1.43	0.15	4.87
云　南	249243	11.57	1.82	3.27	2.32	0.57	7.37
西　藏	67661	2.12	0.38	0.57	0.28	0.13	0.87
陕　西	174904	9.89	2.05	3.88	3.65	0.24	7.67
甘　肃	358528	10.16	1.59	4.07	3.30	0.35	7.58
青　海	103444	3.97	0.55	1.72	1.31	0.20	0.89
宁　夏	72204	4.08	0.45	0.71	0.56	0.13	1.50
新　疆	150761	11.74	1.92	2.92	2.16	0.40	6.45

阅览室座席数（个）	少儿阅览室座席数	盲人阅览室座席数	志愿者服务队伍数（个）	志愿者服务队伍人数（人）	图书馆延伸服务情况			
					流动图书车数（辆）	流动服务书刊借阅人次（万人次）	流动图书馆车书刊借阅册次（万册次）	分馆数量（个）
340588	**74388**	**6700**	**1257**	**170779**	**384**	**440.50**	**957.95**	**5311**
11668	1968	185	21	1547	4	2.80	2.69	119
13115	2867	135	67	9596	9	12.81	50.89	153
9463	1224	209	25	1505	2	1.25	2.61	165
14810	3092	352	81	4843	3	115.71	265.96	551
7210	930	173	28	2915	4	0.48	1.50	22
8070	1212	64	19	4811	3	5.31	14.51	128
23459	5419	369	94	38474	18	22.09	35.58	421
19700	5527	269	100	15968	17	40.44	106.68	390
18904	4062	432	62	5316	4	6.57	11.65	225
19779	3308	215	29	2209	6	6.03	13.26	297
10428	2683	341	21	1074	5	1.12	2.34	116
19107	4201	364	53	5670	12	17.07	23.47	341
22695	6677	460	45	4512	9	19.37	26.45	155
17912	3305	280	227	2475	11	21.35	36.27	327
10543	3153	189	107	8162	3	14.11	25.23	345
36666	8777	396	76	47022	234	79.43	201.14	1086
13406	3558	192	36	3745	4	6.06	11.38	51
1425	436	15	7	401		1.92	2.78	12
13389	3173	357	38	3382	10	12.45	21.88	105
5902	683	157	14	1240	2	11.36	16.87	50
7593	1542	376	19	2407	1	7.11	12.98	41
1160	221	70	3	45		0.05	0.20	3
7862	1672	134	17	1646	4	0.35	0.77	101
11095	2170	625	28	815	2	3.33	6.31	41
2389	296	36	15	83	9	6.00	14.59	5
3662	898	40	6	159	2	25.07	49.51	36
9176	1334	265	19	757	6	0.86	0.45	25

地区	机构数(个)	从业人员(人)	专业技术人才	正高级职称	副高级职称	中级职称	总藏量(万册)
总计	**2790**	**33882**	**20986**	**181**	**2343**	**9543**	**60960.23**
北京	22	868	675	4	46	241	2207.34
天津	25	830	543	6	81	221	1260.67
河北	163	1250	788	1	87	353	2002.23
山西	117	995	608	2	47	279	1214.23
内蒙古	104	1112	886	14	196	385	1083.26
辽宁	105	1101	737	7	86	446	1544.66
吉林	55	819	648	14	117	289	849.86
黑龙江	89	805	700	48	205	299	972.78
上海	21	1248	1075	2	50	422	2257.10
江苏	102	2101	1178	10	124	512	6372.15
浙江	90	2486	1175	21	124	564	6469.84
安徽	108	867	490	1	33	213	2087.05
福建	82	779	489	2	28	211	2668.26
江西	102	909	467	3	20	182	1747.82
山东	136	1769	1313	5	220	603	4089.89
河南	144	1884	875	3	54	456	2295.84
湖北	100	1158	783	1	33	447	2056.38
湖南	123	1201	800		27	429	2254.75
广东	120	3145	1377	11	78	631	5910.28
广西	98	770	547		20	249	1323.62
海南	19	208	90		1	26	321.87
重庆	41	657	373	16	52	173	1493.50
四川	184	1455	766	1	40	339	2431.50
贵州	89	648	451		32	172	1048.07
云南	131	1130	1014	2	368	443	1441.32
西藏	74	92	53		2	3	126.13
陕西	106	1553	905	3	50	409	1159.51
甘肃	86	930	487	1	39	211	906.15
青海	41	205	112	1	10	50	197.06
宁夏	21	314	168	1	15	85	424.53
新疆	92	593	413	1	58	200	742.58

公共图书馆基本情况

图书	盲文图书	古籍	善本	报刊	视听文献	缩微制品	其他	在藏量中	
								开架书刊	少儿文献
52839.91	**78.18**	**478.40**	**38.70**	**3883.79**	**911.89**	**76.13**	**2771.58**	**37722.82**	**8348.30**
2126.46	0.31	5.17	0.33	15.92	27.48	0.27	32.02	1624.45	296.26
1121.89	1.22	6.42	0.39	55.76	10.65	0.05	65.89	652.69	152.11
1811.29	5.29	5.95	0.50	100.63	32.01	1.12	51.31	1111.07	236.16
1026.33	1.99	28.44	4.37	112.99	11.52	1.28	33.73	591.69	100.27
899.63	1.37	5.07	0.40	100.31	20.01	0.88	57.37	617.27	103.73
1319.22	1.56	3.29	0.92	47.65	36.00	0.73	137.81	904.71	253.91
706.07	2.03	1.25	0.03	55.63	18.29	15.30	53.35	527.48	98.31
860.86	1.56	0.41	0.01	80.96	5.89	0.08	24.66	667.28	101.29
2102.60	1.15	8.56	0.46	24.38	102.78	0.01	18.76	1469.84	327.25
5873.02	5.51	64.76	3.67	241.87	54.28	0.48	137.81	4131.15	895.66
5987.78	4.35	54.42	2.75	276.32	92.21	0.43	58.69	4760.04	1244.82
1850.53	5.68	12.15	0.39	91.30	27.64	0.52	104.99	1165.00	282.04
2234.28	1.27	12.06	0.87	126.52	43.07	1.16	251.13	1474.70	448.37
1454.29	3.48	24.43	4.17	180.92	11.88	0.66	75.72	870.64	246.53
3634.68	6.43	24.46	2.35	267.17	40.62	3.81	119.27	2740.18	472.15
1795.62	8.50	14.91	1.21	210.95	30.95	0.74	242.75	1365.56	263.20
1708.27	2.24	13.40	1.01	197.71	23.05	33.90	80.12	1105.27	276.96
1933.81	4.57	40.32	2.91	210.09	17.56	0.95	52.08	1195.80	261.26
4989.84	2.84	13.18	1.13	201.48	112.82	0.21	592.79	4026.62	959.17
1004.33	0.47	6.48	0.16	254.74	7.72	0.95	49.49	661.98	122.21
267.11	0.04	0.60	0.04	18.17	32.75	0.80	2.47	193.29	25.77
1290.72	3.05	21.93	2.34	124.95	20.80	0.12	34.96	1066.80	249.97
2068.54	4.27	44.34	1.74	208.13	16.68	3.17	90.74	1459.29	285.35
867.65	1.65	3.97	0.69	98.05	10.26	1.54	66.67	629.76	98.85
1068.43	1.51	26.59	2.80	177.89	74.86	1.12	92.46	829.59	141.54
99.81	0.34	1.56	0.12	5.46	1.03	0.41	17.89	10.56	6.00
982.92	2.36	19.43	0.99	95.65	9.44	0.38	51.78	681.93	144.25
709.46	1.35	12.08	1.89	131.71	5.97	1.64	45.31	521.93	105.00
160.85	0.37	1.69	0.02	9.06	1.91	2.69	20.95	56.11	16.29
306.37	0.89	0.57	0.02	54.56	5.19	0.05	57.78	189.36	61.92
577.25	0.53	0.51	0.02	106.86	6.57	0.68	50.83	420.78	71.70

续表 1

地　区	音视频资源总量(千万小时)	电子文本、图片文献资源总量(万TB)	线上服务人次(万人次)	书架单层总长度(米)	本年新购藏量(万册)	本年新增电子图书(万册)	当年购买的报刊种类(种)
总　计	**1045.76**	**1739.85**	**26301.03**	**6853349**	**4355.87**	**5622.84**	**555996**
北　京	0.67	0.08	1715.22	198000	99.78	238.10	13789
天　津	0.06	0.13	1629.67	97369	74.68	50.82	14134
河　北	11.25	19.03	167.11	293380	246.58	1392.89	15409
山　西	12.73	68.84	103.52	140324	63.63	26.78	12569
内蒙古	9.44	167.67	321.87	153815	78.50	73.53	13660
辽　宁	2.32	14.74	169.89	156189	32.66	17.29	14171
吉　林	9.65	0.46	72.86	89832	41.03	11.70	7960
黑龙江	43.57	42.95	81.18	103016	42.25	11.22	13766
上　海	0.35	0.14	1442.69	208323	115.28	70.07	27586
江　苏	54.77	20.04	2838.21	716167	423.61	422.25	45695
浙　江	2.75	0.19	6568.14	583067	582.59	364.22	50066
安　徽	15.57	11.21	238.90	167802	336.77	332.46	16829
福　建	2.74	33.08	1077.89	218605	164.67	92.29	19757
江　西	166.27	31.39	298.98	202707	140.13	101.57	16824
山　东	164.18	273.15	1108.30	382517	246.85	376.25	28445
河　南	139.00	45.50	241.30	235464	134.20	83.04	17676
湖　北	20.64	9.35	634.97	213089	106.05	342.50	16297
湖　南	103.73	33.54	494.62	279079	210.48	120.57	19673
广　东	16.09	92.64	2912.30	595425	597.72	341.10	40516
广　西	0.06	15.69	71.36	197563	33.52	37.02	15855
海　南		1.00	64.52	36544	25.42	67.85	3541
重　庆	0.68	0.03	1110.97	377840	87.90	84.50	20591
四　川	0.11	0.04	891.52	451269	143.66	362.11	27878
贵　州	37.83	30.75	417.62	118364	46.12	240.40	14048
云　南	140.00	6.27	593.19	251387	40.37	164.34	24376
西　藏	0.03		7.19	1054	6.22	2.40	1229
陕　西	83.98	812.71	464.18	127617	86.14	57.65	12315
甘　肃	7.23	8.62	145.78	112391	50.91	65.57	7876
青　海	0.03	0.61	105.15	24022	12.94	4.28	2081
宁　夏			190.58	37947	57.03	32.05	8011
新　疆	0.03		121.35	83181	28.18	36.02	13373

有效借书证数（个）	总流通人次（万人次）	书刊文献外借人次	书刊文献外借册次（万册次）	为读者举办各种活动					
				组织各类讲座次数（次）	参加人次（万人次）	举办展览（个）	参加人次（万人次）	举办培训班（个）	培训人次（万人次）
48994300	**33716.37**	**12376.15**	**26523.19**	**44023**	**1226.61**	**26647**	**3408.75**	**34616**	**239.53**
1195436	281.71	71.97	262.67	1255	55.12	421	35.18	267	1.46
575494	669.79	94.43	284.07	532	3.69	420	36.87	737	1.66
780308	573.92	290.23	621.55	1407	19.77	759	49.62	838	5.04
428376	582.38	218.53	358.95	1491	21.49	764	71.87	662	3.30
370968	440.46	146.75	300.07	437	5.85	374	20.55	305	1.84
783746	587.40	262.49	619.85	617	10.37	498	45.97	480	3.03
172836	228.74	106.36	194.24	441	1.28	340	29.31	168	1.01
309797	162.17	72.60	156.97	442	3.38	386	23.08	245	1.36
1877278	509.52	129.54	604.27	804	5.47	257	57.23	318	1.73
16708779	5631.78	2626.13	4369.71	4885	115.74	2639	1059.49	4899	76.71
5210194	6010.18	1101.11	4210.96	3842	77.66	2609	340.46	5046	27.49
1215227	1725.53	722.82	1097.43	1824	26.42	1061	131.81	1877	12.38
900922	1004.99	457.94	1375.01	847	7.59	655	39.32	742	3.62
883163	991.99	464.08	912.06	1193	15.57	1128	97.15	729	4.90
3365593	2132.55	1088.18	1684.72	5108	47.07	2293	200.34	3687	18.88
1106258	1451.97	644.91	1037.40	2350	25.03	970	56.46	1274	7.26
927337	669.44	396.88	674.44	880	14.86	744	43.68	511	3.63
1211634	1683.23	701.67	1398.83	2020	30.88	513	93.72	1202	8.78
4758109	2979.68	704.47	2413.96	3498	642.00	1878	394.24	4207	19.91
281060	402.92	161.37	282.54	777	7.16	590	44.48	925	4.53
55389	113.80	24.86	48.53	91	0.90	68	4.29	192	1.60
2279406	1029.56	366.73	934.69	1274	22.02	1055	115.95	971	6.89
1642360	1216.96	474.43	907.16	1683	17.78	1077	133.16	917	4.76
579100	521.76	217.00	380.90	724	6.73	626	38.98	435	2.57
367441	713.46	236.50	426.29	2622	13.15	1544	89.45	787	4.25
2511	7.41	2.94	4.42	38	0.43	106	1.83	30	0.33
453759	604.31	263.99	408.83	1196	12.97	1408	71.74	1199	5.86
264733	403.68	150.86	258.34	946	8.38	497	41.06	278	1.69
25046	39.63	15.56	21.66	111	1.35	105	5.01	86	0.67
105467	190.73	77.70	149.80	125	0.73	103	7.96	115	0.43
156573	154.72	83.12	122.87	563	5.77	759	28.49	487	1.96

续表 2

地　区	开展基层培训辅导人次（万人次）	本单位受训人次（万人次）	计算机（台）	供读者使用电子阅览室终端数	图书馆网站访问量（页次）	本年收入合计（千元）	财政拨款预算收入
总　计	**92.01**	**14.18**	**148650**	**102942**	**362977616**	**7907028**	**7657955**
北　京	0.59	0.96	3585	1534	9273288	508106	507911
天　津	0.68	0.56	3448	2359	5055000	311237	301194
河　北	1.73	0.24	5994	4470	6962906	183077	181456
山　西	1.37	0.29	4621	3317	2757303	139196	135235
内蒙古	0.98	0.16	4603	3118	3335998	191319	187405
辽　宁	0.75	0.14	5496	3696	8983075	142919	141259
吉　林	0.27	0.05	2668	1790	1596913	131011	127388
黑龙江	0.30	0.02	3748	2624	734156	120749	119977
上　海	0.51	1.27	3902	2174	18364611	649290	645810
江　苏	24.77	1.16	7862	5132	30887001	557291	538460
浙　江	3.69	1.88	7875	5101	24198939	776332	747847
安　徽	5.21	1.94	5447	4024	7671246	174685	160753
福　建	0.84	0.18	4070	2672	4488717	224867	210813
江　西	6.20	0.08	6146	4634	6334477	165427	151080
山　东	5.60	0.54	7785	5583	39510580	355840	347419
河　南	3.64	0.27	7504	5353	4875354	233335	231227
湖　北	4.30	0.34	4445	3087	13751840	238994	230223
湖　南	3.63	0.31	5239	3781	26046223	225251	218264
广　东	2.32	1.48	12150	8345	18639002	973861	945867
广　西	5.91	0.16	4097	2825	2227867	119174	114468
海　南	1.08	0.07	959	711	481722	44381	43293
重　庆	3.10	0.36	3700	2667	35034988	241534	230006
四　川	6.02	0.04	8240	5901	15455624	331124	329038
贵　州	1.06	0.17	4060	3023	27406747	97811	92655
云　南	1.89	0.25	5320	3847	35907159	220538	205765
西　藏	0.05	0.01	1014	615	1461	18008	17632
陕　西	2.00	0.29	4789	3630	8340066	222253	206762
甘　肃	1.25	0.12	3744	2492	2362524	136472	125310
青　海	0.13		1251	679	160367	39265	33290
宁　夏	0.35	0.08	1337	999	814039	48116	45857
新　疆	1.79	0.76	3551	2759	1318423	85565	84291

免费开放资金	中央资金	基建拨款	购书专项经费	上级补助收入	事业预算收入	经营收入	附属单位上缴收入	其他收入	本年支出合计(千元)
836927	**289916**	**191543**	**724013**	**99704**	**25249**	**284**	**126**	**123710**	**8024207**
12107	1510		48282		47	77		71	497248
9130	2953	7909	17284	370	76			9597	324388
26175	17074	14482	12503	690	388	45		498	185388
20584	13815	1500	6943	3293	210			458	205576
16830	13282		8278	657	90			3167	190755
8169	3155	90	6708	1170	490				159471
9392	5840		5238	490				3133	135506
13751	10928		4515	722				50	118725
4098	3574	22968	74393		1967			1513	650607
29338	3439	9958	63825	4071	2906			11854	559426
48364	3910	18398	129419	7671				20814	775950
19934	8428	324	22928	11033	226			2673	174516
15082	2548	11261	29829	3603				10451	226712
17459	7388	205	19588	6169	2542		121	5515	171738
39828	4366		31201	5653	1915			853	349059
26763	15990		23506	1666	55			387	235580
20246	7526	6250	16095	3631	44	52		5044	236273
22230	11060	2741	16549	4630	260			2097	228342
265574	6338	64423	86226	15444	5395			7155	963858
19017	15080	8153	8424	3968	179			559	118116
6856	2643		2132	661	247			180	43933
25579	16520	9000	22050	1540				9988	240420
44496	29216	709	24483	1054	172			860	331610
13576	8996	152	5000	2020	1805			1331	97247
23845	18696	720	6987	1562				13211	209712
13124	10534		2138	242		110		24	14406
20980	15056	6900	16036	8112	4209			3170	264383
15468	9883	4400	7198	7853	1189			2120	136465
3977	1994	1000	1304	248	233		5	5489	39982
6807	4383		3075	1066	79			1114	53029
18148	13791		1876	415	525			334	85786

续表 3

地区	基本支出	项目支出	经营支出	工资福利支出	商品和服务支出	差旅费	劳务费
总计	**4881779**	**2730838**	**5050**	**3704503**	**1813358**	**36123**	**213720**
北京	292940	198282	955	251739	144334	48	8602
天津	223929	92312		144619	101177	84	6432
河北	94976	78447	602	77268	21082	245	3843
山西	97623	32678		77994	20548	860	3035
内蒙古	156035	30652		108565	39748	600	3502
辽宁	127980	16493	1690	105181	23142	196	3850
吉林	87142	45518		75464	20795	420	2796
黑龙江	102190	16534		78970	16587	264	870
上海	411251	233947		279436	217335	269	1239
江苏	358018	180768	85	267866	126978	3308	12511
浙江	429107	341799		347327	178894	1291	25093
安徽	116160	44130	166	72893	31121	924	2903
福建	117813	96123	390	84128	50074	143	13695
江西	126668	28000		83292	31632	1891	3505
山东	225699	92276	14	183172	54616	1022	7098
河南	170719	30159		122825	27972	998	3329
湖北	153442	74849	52	125868	36781	1009	7139
湖南	155312	62597		109680	40054	1664	3576
广东	386841	567847	160	286855	329675	871	51194
广西	82696	30516	12	62411	18711	1609	1679
海南	18554	17579	450	15713	8942	470	3670
重庆	118771	104638	22	88851	69988	7929	16199
四川	184451	142672	35	152001	94662	4883	10994
贵州	65373	10585	30	52881	10186	884	1946
云南	152917	44377	40	136417	32725	1573	4587
西藏	10200	736	152	4996	33	20	1
陕西	190578	58869	100	126789	26088	1321	4850
甘肃	95809	25976	45	76995	17729	783	2629
青海	23510	9939		16243	5911	102	483
宁夏	36857	10890	15	27552	6125	270	1316
新疆	68218	10650	35	60512	9713	172	1154

在支出合计中：								资产总计（千元）
福利费	各种税金支出	对个人和家庭补助支出	抚恤金和生活补助	其他资本性支出	各种设备购置费	新增藏量购置费	新增数字资源购置费	
33133	**3870**	**235499**	**40084**	**1475554**	**1181626**	**797770**	**99369**	**24083050**
2165	24	13108	1772	69841	62926	36946	10515	1063787
1097	139	4467	336	56547	46232	15659	11296	748647
519		6620	1176	42468	28519	19319	2046	630245
473	1	2447	301	88486	18410	12372	782	392500
412	591	6635	2548	28648	20579	12837	908	372109
62		7316	2453	10898	8809	3877	1394	708422
2		1824	1042	14145	11138	6534	495	512844
33		8125	866	10349	8191	6693	496	348132
4615	3	4201	1335	107045	78987	53472	10187	1955206
2228	275	22510	2440	98089	87009	63004	8326	2191295
10251	100	10917	1074	173051	164180	133714	6728	2278904
568	27	5387	873	44043	39759	30693	1650	533762
166	8	3454	577	52775	48812	35801	3857	741175
844	141	4921	853	34582	29730	22112	1334	978482
154	607	14091	1997	57010	48450	34587	1719	690331
453	8	8296	1973	43185	38648	26306	4790	649464
1366	87	8545	677	33791	26257	18169	2069	650097
1473	52	5546	563	38455	33484	17692	3455	508079
2470	97	51807	2561	219549	178345	108589	7151	1780484
97	246	3447	1464	15545	14585	8425	1616	250028
		390	45	10644	9616	2960	4301	87361
631	7	8749	4807	45681	28942	18569	3611	468561
911	34	8240	2958	41690	39003	26216	3142	860740
76	167	2711	562	12738	10259	6918	981	639342
691	303	4999	1626	14346	10784	7355	1085	523323
11				2992	2447	1308	34	55714
313	9	3055	1336	73057	58905	50131	2847	363400
618	604	8468	1234	17814	16188	8977	1523	325215
300	9	1187	68	4295	2858	1078	407	2420977
31		2108	210	7474	4131	3493	300	141814
103	331	1928	357	6321	5443	3964	324	212610

地区	固定资产净值	实际使用公用房屋建筑面积（万平方米）	书库面积	阅览室面积	书刊阅览室面积	电子阅览室面积	实际拥有产权面积（万平方米）
总　计	**17790020**	**1032.32**	**196.85**	**317.92**	**223.43**	**48.34**	**569.45**
北　京	852528	20.50	5.07	4.69	3.84	0.59	10.19
天　津	531509	30.73	5.58	6.53	4.91	0.64	3.27
河　北	359141	38.90	8.29	14.31	10.13	2.02	18.09
山　西	335332	29.58	5.06	9.53	6.15	1.85	27.91
内蒙古	304069	25.68	4.03	8.65	5.69	1.38	10.42
辽　宁	657640	26.23	4.46	7.22	5.24	1.27	10.90
吉　林	238877	14.29	2.45	4.77	3.36	0.78	9.87
黑龙江	237237	18.14	3.07	6.04	3.54	1.17	8.53
上　海	1733903	31.07	3.77	9.85	8.38	0.80	14.53
江　苏	1654433	101.82	11.81	25.98	18.24	2.74	39.54
浙　江	2083808	90.70	15.60	27.02	22.44	3.11	36.81
安　徽	424789	33.17	5.30	10.90	6.34	1.83	20.31
福　建	624944	28.95	7.61	9.36	6.49	1.06	18.41
江　西	860462	30.10	6.29	10.36	6.68	1.62	18.96
山　东	571662	66.39	13.81	16.97	10.97	2.85	27.39
河　南	555009	42.97	8.69	12.37	7.92	2.37	24.27
湖　北	559385	36.77	7.54	11.47	7.31	2.14	29.62
湖　南	379460	39.51	9.44	11.39	7.87	2.13	27.51
广　东	1400802	93.71	18.26	33.87	26.48	3.79	56.62
广　西	211253	19.14	5.42	5.39	3.72	1.21	13.65
海　南	74514	5.43	1.29	1.40	0.95	0.24	3.94
重　庆	377533	32.65	6.01	9.70	6.84	1.25	26.84
四　川	701618	49.91	10.10	19.24	13.97	3.39	29.28
贵　州	349193	20.85	4.78	7.17	4.74	1.34	15.64
云　南	451191	25.96	7.08	7.53	4.17	1.91	19.13
西　藏	51910	2.15	0.56	0.82	0.37	0.21	0.83
陕　西	325763	26.44	6.31	8.14	5.45	1.43	17.52
甘　肃	294101	20.61	3.18	5.59	4.14	1.04	14.65
青　海	275044	4.82	0.97	1.55	0.97	0.35	1.03
宁　夏	126127	6.59	1.39	2.70	1.62	0.58	3.90
新　疆	186783	18.56	3.63	7.41	4.51	1.25	9.89

阅览室座席数（个）	少儿阅览室座席数	盲人阅览室座席数	志愿者服务队伍数（个）	志愿者服务队伍人数（人）	图书馆延伸服务情况			
					流动图书车数（辆）	流动服务书刊借阅人次（万人次）	流动图书馆车书刊借阅册次（万册次）	分馆数量（个）
831944	**223505**	**23148**	**8227**	**255279**	**1607**	**969.45**	**1663.88**	**32182**
12958	2871	177	88	17191	13	3.93	30.13	465
16425	3161	257	91	3724	11	6.92	20.93	490
33156	8312	994	267	7936	85	16.48	26.04	953
25026	6918	1029	188	5328	145	39.98	61.63	1800
23570	5992	765	150	6780	49	11.35	19.62	764
21568	5105	541	240	5263	14	11.10	30.89	676
12855	3673	393	70	2260	57	7.60	10.19	539
17182	5188	670	152	3720	41	5.24	11.29	602
21494	5244	293	187	6422	4	52.02	81.03	205
51376	14328	1158	362	20000	29	85.85	156.53	7047
64232	16667	1034	378	27572	57	126.06	282.67	2303
28204	8188	1114	221	7102	52	58.18	79.63	1139
24876	8319	675	183	9724	21	12.72	23.00	602
31317	9169	1297	1333	5135	34	25.34	44.34	665
49017	12227	2172	409	14401	36	58.31	86.86	1535
40588	11351	1259	370	6325	82	46.40	67.52	1263
26669	7595	912	831	7574	84	47.86	66.31	887
32261	10795	985	236	15618	60	44.78	71.03	1636
80556	20232	1052	206	47474	44	58.70	126.28	1349
19862	6098	414	159	2735	50	20.97	30.94	308
3888	1437	46	19	1001	7	4.80	5.26	85
29612	6435	780	106	3909	37	43.53	82.29	1424
46241	11491	1270	263	7013	128	33.49	55.07	1267
21819	5472	803	273	3888	80	37.14	48.59	576
23059	6777	710	310	5095	98	38.21	46.26	1230
2001	353	18	90	984	57	0.94	0.80	8
22378	6135	738	278	4995	95	33.95	41.97	714
20764	5980	757	377	2617	54	17.98	24.06	802
3126	1000	106	55	756	29	4.33	5.49	82
8476	1555	304	76	1127	9	7.42	15.31	95
17388	5437	425	259	1610	45	7.87	11.92	671

主要统计指标解释

1．**藏量**：指本馆已编目的古籍、图书、期刊和报纸的合订本、小册子、手稿以及缩微制品、录像带、录音带、光盘等视听文献资料数量之和。

对同一书名，但分若干册（卷）的图书，按每一册（卷）作为一册统计。期刊和报纸均以每一合订本为一册统计。至填报本表时，尚未装订成册编目的期刊和报纸不应统计在内。

2．**图书**：指装订成册，不少于49页，并在“古籍”范围以外的纸介质图书。装订成册但不足49页的，按小册子统计到“其他”类中。

3．**盲文图书**：指供盲人读者阅读的图书。

4．**报刊**：指刊登当前事件的专题或综合新闻，每周至少出版一张并按年、月、日顺序或按编号排列的连续出版物。或者是同一刊名下，按顺序号或按年、月、日出版的定期或不定期的一种连续出版物。包括报纸和期刊。

5．**古籍、善本**：实际成书和出版年代在1911年（含1911年）以前的线装、卷轴装、经折装、蝴蝶装、包背装等书籍为古籍。其中清乾隆六十年即1795年（含1795年）以前的古籍为善本，1795年至1911年间的具有历史文献性、学术资料性和印刷装帧艺术代表性的也归为善本。

6．**视听文献**：包括各类型声频文献（唱片、录音带、盒式磁带等）、视频文献（例如幻灯片、透明正片等）和声频与视频混合文献（例如有声电影、录像片等）。

7．**缩微文献**：指所有经过缩微处理制成缩微胶卷和缩微平片，使用时需要放大的文献资料。

8．**其他**：指馆藏文献资源中，不在以上任何一类文献中的内容。

9．**开架书刊**：指图书馆总藏量中已上架并可用于外借或馆内阅读的图书、报刊等。

10．**少儿文献**：是指供少儿阅读的文献，包括图书、绘本、画册、连环画等，不论其是否装订成册，或页数是否达到49页，均按1个“册/件”计算在内。“少儿文献”不纳入“总藏量”加总计算，在图书、报刊、视听文献、缩微制品中，涉及少儿文献的，仍然分别统计在内。

11．**电子图书**：指本馆通过购买方式取得当前使用权的电子图书，以及本馆自建或与其他机构合作建设的电子图书。

本馆自建电子图书：指本馆通过数字化加工、网络采集、依法保存等方式获得，并在本地存储和保管的电子图书。

本馆外购电子图书：指本馆付费获得使用权不少于12个月的电子图书。

从其他机构免费共享的电子图书：指其他机构通过VPN共享、本地镜像或硬存储等方式免费授权给本馆使用的电子图书。

12．**书架单层总长度**：指馆藏实际占用书架、书柜单层单面长度之和。

13．**本年度新购藏量**：是指本年度内，通过购买、征集、竞拍等各种方式新入藏的各类型文献资源总量（不包括电子图书）。

14．**新增电子图书**：指图书馆本年度自建、购买（获得使用权不少于12个月）的电子图书总量。

15．**当年购买的报刊种类**：指图书馆当年购买的期刊和报纸种类之和。其计量原则同图书。

16．**有效借书证数**：是指由本馆或本馆所在总分馆体系中其他图书馆发放，并在当年内在本馆、本馆下辖分馆或本馆派出各类馆外服务设施中使用过至少一次的借书证数。

17．**总流通人次**：指本年度内到图书馆场馆接受图书馆服务的总人次，包括借阅书刊、咨询问题以及参加各类读者活动等。

18．**书刊文献外借人次**：指通过本馆或本馆所辖分馆以及本馆派出的馆外服务设施将本馆各类型文献资源借出阅读的读者人次。

19．**书刊文献外借册次**：指读者通过由本馆或本馆所辖分馆以及本馆派出的馆外服务设施借出阅读的本馆各类型文献册次。

20．**组织各类讲座次数、参加人次**：指由本馆举办或与外机构联合举办的各类讲座次数及参加这些讲座的人次。

21．**举办展览个数、参观人次**：指本馆举办或与外机构联合举办的在馆内或馆外展览的展览个数及参观人次。个数按展览的内容计算。同一内容的展览不论在哪些地点展出和展出时间多久，只计算一个。

22．**举办训练班班次、培训人次**：指本馆举办或与外机构联合举办的各种科普、文化、艺术等训练班，按截止到年底办完的班数及培训人数分别计算班次及培训人次。截止到年底未办完的班数和人数均在下一年度统计。

23．**为少儿举办的专场活动**：是指专门以少年儿童为受众组织的展览、讲座、读书、培训等活动，含亲子阅读类活动。

24．**图书馆网站访问量**：指本年度中图书馆网站中所有网页（含文件及动态网页）被访客浏览的总次数。图书馆网站指有独立域名的Web站点，其中包括cn和通用顶级域名下的Web站点。

25．**计算机台数**：指图书馆内列入固定资产管理并正在使用的计算机终端台数。

26．**供读者使用的终端数**：指图书馆内放置可供读者使用的计算机台数。

27．**新增藏量购置费**：指本馆本年购进图书、报刊、缩微制品、视听文献等藏品所用经费之和。

28．**新增电子图书购置费**：指图书馆本年度专门用于自建、购买电子图书的经费。

29．**少儿阅览室座席数**：指图书馆中专门提供给少年儿童使用的座位数。

30．**盲人阅览室座席数**：指图书馆中专门提供给盲人使用，并配置有专门的辅助阅读、视听设备的座位数。

31．**流动服务书刊借阅人次/册次**：指图书馆利用流动服务方式开展书刊借阅服务的读者人次和册次。

32．**分馆数量**：指在以本馆为中心馆的总分馆体系中，接受本馆统一管理，具有独立馆舍、一定数量的馆藏、专职管理人员的图书馆数量。总馆对分馆负有业务指导关系，并且总、分馆之间实现文献资源共建共享、通借通还。

2020年全国高校图书馆统计数据[①]

2020年1254所高校图书馆在编职工人数统计表

序号	图书馆名称	在编职工（人）	序号	图书馆名称	在编职工（人）
1	吉林大学图书馆	312	35	兰州大学图书馆	108
2	武汉大学图书馆	228	36	清华大学图书馆	106
3	山东大学图书馆	221	37	西南大学图书馆	104
4	中山大学图书馆	218	38	九江学院图书馆	104
5	上海交通大学图书馆	204	39	海南大学图书馆	103
6	浙江大学图书馆	184	40	河北科技大学图书馆	101
7	复旦大学图书馆	174	41	福州大学图书馆	100
8	四川大学图书馆	162	42	江苏师范大学图书馆	100
9	华中科技大学图书馆	154	43	哈尔滨师范大学图书馆	98
10	武汉理工大学图书馆	154	44	江苏大学图书馆	98
11	厦门大学图书馆	152	45	河海大学图书馆	97
12	北京大学图书馆	149	46	宁波大学图书馆	97
13	中南大学图书馆	134	47	河南科技大学图书馆	96
14	同济大学图书馆	128	48	浙江师范大学图书馆	96
15	华东师范大学图书馆	123	49	暨南大学图书馆	95
16	西北农林科技大学图书馆	122	50	北京师范大学图书馆	94
17	湖南大学图书馆	119	51	中国人民大学图书馆	94
18	南京大学图书馆	119	52	深圳大学城图书馆	94
19	天津大学图书馆	118	53	中国海洋大学图书馆	93
20	哈尔滨工业大学图书馆	117	54	华北理工大学图书馆	92
21	上海大学图书馆	117	55	黑龙江大学图书馆	92
22	深圳大学图书馆	117	56	江西财经大学图书馆	92
23	曲阜师范大学图书馆	116	57	临沂大学图书馆	92
24	南开大学图书馆	115	58	兰州理工大学图书馆	92
25	南昌大学图书馆	114	59	长沙理工大学图书馆	92
26	扬州大学图书馆	114	60	大连理工大学图书馆	91
27	东北师范大学图书馆	113	61	云南大学图书馆	91
28	东南大学图书馆	113	62	河北农业大学图书馆	90
29	河北大学图书馆	113	63	上海师范大学图书馆	90
30	苏州大学图书馆	112	64	长江大学图书馆	90
31	重庆大学图书馆	110	65	南京航空航天大学图书馆	89
32	华南理工大学图书馆	109	66	安徽师范大学图书馆	89
33	西安交通大学图书馆	109	67	华北电力大学图书馆	87
34	河南大学图书馆	109	68	南京师范大学图书馆	87

① 此部分统计数据出自“教育部高校图书馆事实数据库”，为各馆自报。版权归教育部高等学校图书情报工作指导委员会秘书处所有。

续表

序号	图书馆名称	在编职工（人）	序号	图书馆名称	在编职工（人）
69	中南财经政法大学图书馆	87	108	安徽工业大学图书馆	73
70	青岛科技大学图书馆	87	109	武汉科技大学图书馆	73
71	延边大学图书馆	85	110	山东科技大学图书馆	72
72	中国农业大学图书馆	83	111	云南师范大学图书馆	72
73	内蒙古师范大学图书馆	83	112	北华大学图书馆	71
74	江南大学图书馆	82	113	西安建筑科技大学图书馆	71
75	电子科技大学图书馆	81	114	安徽大学图书馆	70
76	华中师范大学图书馆	81	115	贵州大学图书馆	70
77	北京联合大学图书馆	81	116	太原理工大学图书馆	70
78	福建师范大学图书馆	81	117	湖北大学图书馆	70
79	广西师范大学图书馆	81	118	衡水学院图书馆	70
80	齐齐哈尔大学图书馆	81	119	首都师范大学图书馆	69
81	华东理工大学图书馆	80	120	中国石油大学（华东）图书馆	69
82	华南师范大学图书馆	80	121	安徽财经大学图书馆	69
83	河北师范大学图书馆	80	122	昆明理工大学图书馆	69
84	哈尔滨理工大学图书馆	80	123	武汉纺织大学图书馆	69
85	华南农业大学图书馆	80	124	烟台大学图书馆	69
86	佳木斯大学图书馆	80	125	辽宁大学图书馆	68
87	内蒙古工业大学图书馆	80	126	广东外语外贸大学图书馆	68
88	浙江工业大学图书馆	80	127	河北工程大学图书馆	68
89	东北林业大学图书馆	79	128	岭南师范学院图书馆	68
90	南京农业大学图书馆	79	129	内蒙古农业大学图书馆	68
91	新疆大学图书馆	78	130	四川师范大学图书馆	68
92	江汉大学图书馆	78	131	西安科技大学图书馆	68
93	南京财经大学图书馆	78	132	内蒙古大学图书馆	67
94	青岛大学图书馆	78	133	西北大学图书馆	67
95	山东理工大学图书馆	78	134	中南林业科技大学图书馆	67
96	宁夏大学图书馆	77	135	湖南科技大学图书馆	66
97	贵州师范大学图书馆	76	136	河南牧业经济学院图书馆	66
98	湘潭大学图书馆	76	137	湖南商学院图书馆	66
99	南通大学图书馆	75	138	廊坊师范学院图书馆	66
100	东北大学图书馆	74	139	山东农业大学图书馆	66
101	陕西师范大学图书馆	74	140	石家庄学院图书馆	66
102	中国矿业大学图书馆	74	141	中国药科大学图书馆	65
103	广州大学图书馆	74	142	华侨大学图书馆	65
104	集美大学图书馆	74	143	南京工业大学图书馆	65
105	上海中医药大学图书馆	74	144	山东师范大学图书馆	65
106	广西大学图书馆	73	145	中原工学院图书馆	65
107	长安大学图书馆	73	146	湖北工程学院图书馆	64

续表

序号	图书馆名称	在编职工（人）	序号	图书馆名称	在编职工（人）
147	淮阴师范学院图书馆	64	186	中国地质大学图书馆	56
148	吉首大学图书馆	64	187	常熟理工学院图书馆	56
149	内蒙古医科大学图书馆	64	188	大连大学图书馆	56
150	西北工业大学图书馆	63	189	深圳职业技术学院图书馆	56
151	湖北工业大学图书馆	63	190	河北工业大学图书馆	55
152	南华大学图书馆	63	191	石河子大学图书馆	55
153	邵阳学院图书馆	63	192	福建农林大学图书馆	55
154	哈尔滨工程大学图书馆	62	193	贵州财经大学图书馆	55
155	合肥工业大学图书馆	62	194	天津商业大学图书馆	55
156	中国科学技术大学图书馆	62	195	太原师范学院图书馆	55
157	湖北文理学院图书馆	62	196	西华大学图书馆	55
158	内蒙古民族大学图书馆	62	197	北京邮电大学图书馆	54
159	北京交通大学图书馆	61	198	阜阳师范大学图书馆	54
160	大连海事大学图书馆	61	199	黄冈师范学院图书馆	54
161	江西师范大学图书馆	61	200	吉林农业大学图书馆	54
162	三峡大学图书馆	61	201	重庆文理学院图书馆	54
163	西南民族大学图书馆	61	202	华中农业大学图书馆	53
164	东北财经大学图书馆	60	203	西安电子科技大学图书馆	53
165	内蒙古财经大学图书馆	60	204	中国政法大学图书馆	53
166	西北师范大学图书馆	60	205	成都大学图书馆	53
167	井冈山大学图书馆	59	206	黑龙江中医药大学图书馆	53
168	吉林师范大学图书馆	59	207	湖南理工学院图书馆	53
169	中国民航大学图书馆	59	208	辽东学院图书馆	53
170	西南财经大学图书馆	58	209	丽水学院图书馆	53
171	东北石油大学图书馆	58	210	沈阳大学图书馆	53
172	辽宁师范大学图书馆	58	211	天津理工大学图书馆	53
173	闽南师范大学图书馆	58	212	唐山学院图书馆	53
174	南京邮电大学图书馆	58	213	西北民族大学图书馆	53
175	山西大学图书馆	58	214	西华师范大学图书馆	53
176	成都理工大学图书馆	57	215	浙江财经大学图书馆	53
177	杭州师范大学图书馆	57	216	东北农业大学图书馆	52
178	江苏海洋大学图书馆	57	217	南京理工大学图书馆	52
179	江西理工大学图书馆	57	218	中央民族大学图书馆	52
180	聊城大学图书馆	57	219	大理大学图书馆	52
181	台州学院图书馆	57	220	广东药科大学图书馆	52
182	温州医科大学图书馆	57	221	贵州民族大学图书馆	52
183	西安财经大学图书馆	57	222	湖北科技学院图书馆	52
184	西安翻译学院图书馆	57	223	黄淮学院图书馆	52
185	重庆工商大学图书馆	57	224	上海理工大学图书馆	52

续表

序号	图书馆名称	在编职工（人）	序号	图书馆名称	在编职工（人）
225	沈阳理工大学图书馆	52	264	内蒙古科技大学图书馆	48
226	沈阳师范大学图书馆	52	265	齐鲁工业大学图书馆	48
227	燕山大学图书馆	52	266	山西农业大学图书馆	48
228	浙江树人大学图书馆	52	267	陕西学前师范学院图书馆	48
229	湖北民族大学图书馆	51	268	长春工程学院图书馆	48
230	淮北师范大学图书馆	51	269	长春理工大学图书馆	48
231	华东政法大学图书馆	51	270	江苏理工学院图书馆	48
232	韩山师范学院图书馆	51	271	山东交通职业学院图书馆	47
233	菏泽学院图书馆	51	272	广西财经学院图书馆	47
234	辽宁科技大学图书馆	51	273	河北地质大学图书馆	47
235	上海应用技术学院图书馆	51	274	湖北经济学院图书馆	47
236	天津科技大学图书馆	51	275	湖南城市学院图书馆	47
237	宜春学院图书馆	51	276	呼伦贝尔学院图书馆	47
238	四川农业大学图书馆	50	277	荆楚理工学院图书馆	47
239	上海财经大学图书馆	50	278	上海海事大学图书馆	47
240	广西民族大学图书馆	50	279	武昌首义学院图书馆	47
241	湖北理工学院图书馆	50	280	重庆三峡学院图书馆	47
242	南京信息工程大学图书馆	50	281	北京信息科技大学图书馆	46
243	南京中医药大学图书馆	50	282	广东金融学院图书馆	46
244	西南石油大学图书馆	50	283	河北经贸大学图书馆	46
245	西南政法大学图书馆	50	284	河南工程学院图书馆	46
246	永州职业技术学院图书馆	50	285	南京林业大学图书馆	46
247	武汉工程大学图书馆	50	286	山西财经大学图书馆	46
248	海南师范大学图书馆	49	287	苏州科技大学图书馆	46
249	滨州学院图书馆	49	288	天津财经大学图书馆	46
250	常州大学图书馆	49	289	西安理工大学图书馆	46
251	德州学院图书馆	49	290	西安文理学院图书馆	46
252	广东财经大学图书馆	49	291	延安大学图书馆	46
253	湖北师范大学图书馆	49	292	浙江海洋大学图书馆	46
254	湖州师范学院图书馆	49	293	上海外国语大学图书馆	45
255	辽宁石油化工大学图书馆	49	294	天津医科大学图书馆	45
256	四川轻化工大学图书馆	49	295	杭州电子科技大学图书馆	45
257	陕西科技大学图书馆	49	296	兰州财经大学图书馆	45
258	武汉轻工大学图书馆	49	297	南昌航空大学图书馆	45
259	西安工程大学图书馆	49	298	西安工业大学图书馆	45
260	浙江传媒学院图书馆	49	299	福建工程学院图书馆	44
261	桂林电子科技大学图书馆	48	300	赣南师范大学图书馆	44
262	哈尔滨商业大学图书馆	48	301	江西科技师范大学图书馆	44
263	湖南科技学院图书馆	48	302	四川外国语大学图书馆	44

续表

序号	图书馆名称	在编职工（人）	序号	图书馆名称	在编职工（人）
303	韶关学院图书馆	44	342	中南民族大学图书馆	41
304	云南民族大学图书馆	44	343	广西艺术学院图书馆	41
305	长春工业大学图书馆	44	344	北京科技大学图书馆	40
306	北京大学医学图书馆	43	345	大连工业大学图书馆	40
307	安徽农业大学图书馆	43	346	河北北方学院图书馆	40
308	保定学院图书馆	43	347	海口经济学院图书馆	40
309	北京工商大学图书馆	43	348	昆明医学院图书馆	40
310	广东技术师范大学图书馆	43	349	辽宁工程技术大学图书馆	40
311	广西科技大学图书馆	43	350	南京医科大学图书馆	40
312	淮阴工学院图书馆	43	351	南宁师范大学图书馆	40
313	兰州交通大学图书馆	43	352	沈阳农业大学图书馆	40
314	上海立信会计金融学院图书馆	43	353	四川工商学院图书馆	40
315	绍兴文理学院图书馆	43	354	河北科技师范学院图书馆	39
316	西北政法大学图书馆	43	355	邯郸学院图书馆	39
317	西南科技大学图书馆	43	356	河西学院图书馆	39
318	玉林师范学院图书馆	43	357	南京晓庄学院图书馆	39
319	云南财经大学图书馆	43	358	上海电力学院图书馆	39
320	中北大学图书馆	43	359	忻州师范学院图书馆	39
321	长江师范学院图书馆	43	360	中国计量大学图书馆	39
322	常州工学院图书馆	43	361	大连职业技术学院图书馆	39
323	北京理工大学图书馆	42	362	苏州市职业大学图书馆	39
324	宝鸡文理学院图书馆	42	363	楚雄师范学院图书馆	38
325	华东交通大学图书馆	42	364	湖南文理学院图书馆	38
326	湖南工学院图书馆	42	365	河套学院图书馆	38
327	闽江学院图书馆	42	366	衡阳师范学院图书馆	38
328	上海工程技术大学图书馆	42	367	济宁医学院图书馆	38
329	西藏大学图书馆	41	368	锦州医科大学图书馆	38
330	安徽医科大学图书馆	41	369	牡丹江师范学院图书馆	38
331	赤峰学院图书馆	41	370	内江师范学院图书馆	38
332	大连海洋大学图书馆	41	371	山东交通学院图书馆	38
333	河南农业大学图书馆	41	372	山东中医药大学图书馆	38
334	吉林财经大学图书馆	41	373	武汉东湖学院图书馆	38
335	昆明学院图书馆	41	374	西交利物浦大学图书馆	38
336	南京工程学院图书馆	41	375	中国人民公安大学图书馆	38
337	青岛农业大学图书馆	41	376	重庆科技学院图书馆	38
338	沈阳药科大学图书馆	41	377	包头师范学院图书馆	37
339	新疆财经大学图书馆	41	378	贵州工程应用技术学院图书馆	37
340	新乡医学院图书馆	41	379	海南热带海洋学院图书馆	37
341	盐城师范学院图书馆	41	380	龙岩学院图书馆	37

续表

序号	图书馆名称	在编职工（人）	序号	图书馆名称	在编职工（人）
381	南昌工程学院图书馆	37	420	福建技术师范学院图书馆	34
382	南阳师范学院图书馆	37	421	集宁师范学院图书馆	34
383	上海对外经贸大学图书馆	37	422	辽宁工业大学图书馆	34
384	武汉华夏理工学院图书馆	37	423	陕西理工大学图书馆	34
385	西南财经大学天府学院图书馆	37	424	沈阳工业大学图书馆	34
386	盐城工学院图书馆	37	425	太原大学图书馆	34
387	长春师范大学图书馆	37	426	西安石油大学图书馆	34
388	郑州航空工业管理学院图书馆	37	427	新乡学院图书馆	34
389	淄博职业学院图书馆	37	428	徐州工程学院图书馆	34
390	汉江师范学院图书馆	37	429	徐州医科大学图书馆	34
391	山西师范大学图书馆	37	430	浙江科技学院图书馆	34
392	东北电力大学图书馆	36	431	重庆理工大学图书馆	34
393	湖北医药学院图书馆	36	432	襄阳职业技术学院图书馆	34
394	黄河科技学院图书馆	36	433	贵阳学院图书馆	33
395	济宁学院图书馆	36	434	河北医科大学图书馆	33
396	江西科技学院图书馆	36	435	吉林艺术学院图书馆	33
397	辽宁中医药大学图书馆	36	436	江西中医药大学图书馆	33
398	南方医科大学图书馆	36	437	上饶师范学院图书馆	33
399	莆田学院图书馆	36	438	皖西学院图书馆	33
400	天津工业大学图书馆	36	439	西安欧亚学院图书馆	33
401	太原科技大学图书馆	36	440	西藏民族大学图书馆	33
402	日照职业技术学院图书馆	36	441	宜宾学院图书馆	33
403	扬州市职业大学图书馆	36	442	中国医科大学图书馆	33
404	鞍山师范学院图书馆	35	443	遵义医科大学图书馆	33
405	渤海大学图书馆	35	444	河南城建学院图书馆	33
406	北京第二外国语学院图书馆	35	445	湖南中医药大学图书馆	32
407	滨州医学院图书馆	35	446	吉林建筑大学图书馆	32
408	东华理工大学图书馆	35	447	南京审计大学图书馆	32
409	黄山学院图书馆	35	448	首都医科大学图书馆	32
410	兰州城市学院图书馆	35	449	沈阳工程学院图书馆	32
411	南昌理工学院图书馆	35	450	沈阳航空航天大学图书馆	32
412	泉州师范学院图书馆	35	451	三亚学院图书馆	32
413	山西医科大学图书馆	35	452	渭南师范学院图书馆	32
414	西安外国语大学图书馆	35	453	西安医学院图书馆	32
415	云南大学旅游文化学院图书馆	35	454	云南农业大学图书馆	32
416	遵义师范学院图书馆	35	455	中国民用航空飞行学院图书馆	32
417	枣庄学院图书馆	35	456	濮阳职业技术学院图书馆	32
418	西南林业大学图书馆	35	457	顺德职业技术学院图书馆	32
419	成都中医药大学图书馆	34	458	天津职业大学图书馆	32

续表

序号	图书馆名称	在编职工（人）	序号	图书馆名称	在编职工（人）
459	烟台职业学院图书馆	32	498	武汉工商学院图书馆	29
460	南京艺术学院图书馆	32	499	运城学院图书馆	29
461	安徽建筑大学图书馆	31	500	长治医学院图书馆	29
462	成都信息工程大学图书馆	31	501	宝鸡职业技术学院图书馆	29
463	赣南医学院图书馆	31	502	湖南财经工业职业技术学院图书馆	29
464	贵州师范学院图书馆	31	503	芜湖职业技术学院图书馆	29
465	江西农业大学图书馆	31	504	铜川职业技术学院图书馆	29
466	绵阳师范学院图书馆	31	505	安康学院图书馆	28
467	绥化学院图书馆	31	506	安阳师范学院图书馆	28
468	沈阳化工大学图书馆	31	507	沧州师范学院图书馆	28
469	浙江越秀外国语学院图书馆	31	508	广州中医药大学图书馆	28
470	郑州升达经贸管理学院图书馆	31	509	湖南警察学院图书馆	28
471	滨州职业学院图书馆	31	510	黔南民族师范学院图书馆	28
472	广州番禺职业技术学院图书馆	31	511	首都经济贸易大学图书馆	28
473	中央财经大学图书馆	30	512	上海电机学院图书馆	28
474	北京石油化工学院图书馆	30	513	天津农学院图书馆	28
475	甘肃农业大学图书馆	30	514	唐山师范学院图书馆	28
476	贵州医科大学图书馆	30	515	西安航空学院图书馆	28
477	凯里学院图书馆	30	516	长春大学图书馆	28
478	宁波财经学院图书馆	30	517	长春中医药大学图书馆	28
479	萍乡学院图书馆	30	518	重庆医科大学图书馆	28
480	攀枝花学院图书馆	30	519	达州职业技术学院图书馆	28
481	汕头大学图书馆	30	520	漯河职业技术学院图书馆	28
482	山西大同大学图书馆	30	521	陇南师范高等专科学校图书馆	28
483	信阳农林学院图书馆	30	522	安徽科技学院图书馆	27
484	周口师范学院图书馆	30	523	安徽中医药大学图书馆	27
485	无锡商业职业技术学院图书馆	30	524	蚌埠学院图书馆	27
486	梧州学院图书馆	30	525	北京理工大学珠海学院图书馆	27
487	白城师范学院图书馆	30	526	大连民族大学图书馆	27
488	北京师范大学珠海分校图书馆	29	527	广州医科大学图书馆	27
489	川北医学院图书馆	29	528	河北民族师范学院图书馆	27
490	大连医科大学图书馆	29	529	合肥师范学院图书馆	27
491	广西中医药大学图书馆	29	530	湖南女子学院图书馆	27
492	湖北汽车工业学院图书馆	29	531	景德镇陶瓷大学图书馆	27
493	河北中医学院图书馆	29	532	宁夏医科大学图书馆	27
494	湖北中医药大学图书馆	29	533	三明学院图书馆	27
495	红河学院图书馆	29	534	宿迁学院图书馆	27
496	河南工学院图书馆	29	535	沈阳建筑大学图书馆	27
497	吉林工商学院图书馆	29	536	武昌工学院图书馆	27

续表

序号	图书馆名称	在编职工（人）	序号	图书馆名称	在编职工（人）
537	武夷学院图书馆	27	576	武汉体育学院图书馆	25
538	西安思源学院图书馆	27	577	西安外事学院图书馆	25
539	新余学院图书馆	27	578	西南医科大学图书馆	25
540	浙江大学城市学院图书馆	27	579	河北对外经贸职业学院图书馆	25
541	郑州商学院图书馆	27	580	河南工业职业技术学院图书馆	25
542	河南职业技术学院图书馆	27	581	四川工程职业技术学院图书馆	25
543	昆明冶金高等专科学校图书馆	27	582	商洛职业技术学院图书馆	25
544	武汉职业技术学院图书馆	27	583	武汉船舶职业技术学院图书馆	25
545	温州科技职业学院图书馆	27	584	新疆工业高等专科学校图书馆	25
546	温州职业技术学院图书馆	27	585	长春职业技术学院图书馆	25
547	福建医科大学图书馆	27	586	宁波工程学院图书馆	24
548	福建中医药大学图书馆	26	587	石家庄铁道大学图书馆	24
549	河池学院图书馆	26	588	天水师范学院图书馆	24
550	惠州学院图书馆	26	589	西安邮电大学图书馆	24
551	吉林工程技术师范学院图书馆	26	590	云南大学滇池学院图书馆	24
552	江西服装学院图书馆	26	591	云南中医药大学图书馆	24
553	六盘水师范学院图书馆	26	592	浙江外国语学院图书馆	24
554	曲靖师范学院图书馆	26	593	白城医药高等专科学校图书馆	24
555	上海海洋大学图书馆	26	594	朝阳师范高等专科学校图书馆	24
556	商洛学院图书馆	26	595	河北政法职业学院图书馆	24
557	山西工商学院图书馆	26	596	哈尔滨职业技术学院图书馆	24
558	通化师范学院图书馆	26	597	湖南工业职业技术学院图书馆	24
559	西京学院图书馆	26	598	江苏农牧科技职业学院图书馆	24
560	沧州医学高等专科学校图书馆	26	599	连云港职业技术学院图书馆	24
561	河北建材职业技术学院图书馆	26	600	天津公安警官职业学院图书馆	24
562	聊城职业技术学院图书馆	26	601	中国传媒大学图书馆	24
563	陕西工业职业技术学院图书馆	26	602	巢湖学院图书馆	23
564	许昌职业技术学院图书馆	26	603	呼和浩特民族学院图书馆	23
565	杨凌职业技术学院图书馆	26	604	淮南师范学院图书馆	23
566	中国石油大学（北京）图书馆	25	605	鲁迅美术学院图书馆	23
567	包头医学院图书馆	25	606	厦门理工学院图书馆	23
568	东北师范大学人文学院图书馆	25	607	沈阳体育学院图书馆	23
569	桂林旅游学院图书馆	25	608	武汉生物工程学院图书馆	23
570	湖北警官学院图书馆	25	609	长春工业大学人文信息学院图书馆	23
571	吉林农业科技学院图书馆	25	610	北京电子科技职业学院图书馆	23
572	江苏第二师范学院图书馆	25	611	承德石油高等专科学校图书馆	23
573	喀什大学图书馆	25	612	呼和浩特职业学院图书馆	23
574	南昌职业大学图书馆	25	613	九江职业技术学院图书馆	23
575	山东青年政治学院图书馆	25	614	四川交通职业技术学院图书馆	23

续表

序号	图书馆名称	在编职工（人）	序号	图书馆名称	在编职工（人）
615	山东城市建设职业学院图书馆	23	654	新乡医学院三全学院图书馆	21
616	安徽工程大学图书馆	22	655	右江民族医学院图书馆	21
617	北部湾大学图书馆	22	656	浙江水利水电学院图书馆	21
618	北京服装学院图书馆	22	657	重庆师范大学涉外商贸学院图书馆	21
619	池州学院图书馆	22	658	常州工程职业技术学院图书馆	21
620	东莞理工学院城市学院图书馆	22	659	东莞职业技术学院图书馆	21
621	大连外国语大学图书馆	22	660	德州职业技术学院图书馆	21
622	福建江夏学院图书馆	22	661	湖北三峡职业技术学院图书馆	21
623	河北传媒学院图书馆	22	662	河南质量工程职业学院图书馆	21
624	河北建筑工程学院图书馆	22	663	闽西职业技术学院图书馆	21
625	合肥学院图书馆	22	664	内江职业技术学院图书馆	21
626	杭州医学院图书馆	22	665	盘锦职业技术学院图书馆	21
627	吉林化工学院图书馆	22	666	山东商业职业技术学院图书馆	21
628	陇东学院图书馆	22	667	通辽职业学院图书馆	21
629	宁德师范学院图书馆	22	668	威海职业学院图书馆	21
630	琼台师范学院图书馆	22	669	锡林郭勒职业学院图书馆	21
631	四川文理学院图书馆	22	670	北京中医药大学图书馆	20
632	山东政法学院图书馆	22	671	安顺学院图书馆	20
633	深圳技术大学图书馆	22	672	蚌埠医学院图书馆	20
634	武汉科技大学城市学院图书馆	22	673	甘肃政法大学图书馆	20
635	武汉设计工程学院图书馆	22	674	贵州理工学院图书馆	20
636	长春光华学院图书馆	22	675	聊城大学东昌学院图书馆	20
637	长春建筑学院图书馆	22	676	乐山师范学院图书馆	20
638	重庆第二师范学院图书馆	22	677	兰州文理学院图书馆	20
639	汉口学院图书馆	22	678	青岛恒星科技学院图书馆	20
640	包头职业技术学院图书馆	22	679	上海健康医学院图书馆	20
641	常德职业技术学院图书馆	22	680	上海体育学院图书馆	20
642	广州城市职业学院图书馆	22	681	陕西国际商贸学院图书馆	20
643	河南应用技术职业学院图书馆	22	682	沈阳医学院图书馆	20
644	临沂职业学院图书馆	22	683	云南开放大学图书馆	20
645	宁波职业技术学院图书馆	22	684	鄂州职业大学图书馆	20
646	中山职业技术学院图书馆	22	685	广东轻工职业技术学院图书馆	20
647	成都师范学院图书馆	22	686	黄冈职业技术学院图书馆	20
648	吉林外国语大学图书馆	21	687	河南农业职业学院图书馆	20
649	宁夏师范学院图书馆	21	688	开封文化艺术职业学院图书馆	20
650	上海第二工业大学图书馆	21	689	四川职业技术学院图书馆	20
651	上海建桥学院图书馆	21	690	苏州卫生职业技术学院图书馆	20
652	上海政法学院图书馆	21	691	西安航空职业技术学院图书馆	20
653	宿州学院图书馆	21	692	营口职业技术学院图书馆	20

续表

序号	图书馆名称	在编职工（人）	序号	图书馆名称	在编职工（人）
693	浙江交通职业技术学院图书馆	20	732	赣州师范高等专科学校图书馆	19
694	长沙民政职业技术学院图书馆	20	733	赣南师范大学科技学院图书馆	18
695	南宁学院图书馆	20	734	广西警察学院图书馆	18
696	四川商务职业学院图书馆	19	735	广州航海学院图书馆	18
697	北京科技大学天津学院图书馆	19	736	贵州商学院图书馆	18
698	承德医学院图书馆	19	737	广州体育学院图书馆	18
699	甘肃民族师范学院图书馆	19	738	河北水利电力学院图书馆	18
700	甘肃中医药大学图书馆	19	739	黑河学院图书馆	18
701	贵州中医药大学图书馆	19	740	金陵科技学院图书馆	18
702	河北金融学院图书馆	19	741	江西理工大学应用科学学院图书馆	18
703	南京森林警察学院图书馆	19	742	山东华宇工学院图书馆	18
704	齐鲁师范学院图书馆	19	743	上海师范大学天华学院图书馆	18
705	四川音乐学院图书馆	19	744	文华学院图书馆	18
706	山西工程技术学院图书馆	19	745	外交学院图书馆	18
707	山西警察学院图书馆	19	746	云南艺术学院图书馆	18
708	沈阳音乐学院图书馆	19	747	长春财经学院图书馆	18
709	武汉商学院图书馆	19	748	中山大学新华学院图书馆	18
710	西安交通大学城市学院图书馆	19	749	长沙医学院图书馆	18
711	仰恩大学图书馆	19	750	成都航空职业技术学院图书馆	18
712	榆林学院图书馆	19	751	成都职业技术学院图书馆	18
713	豫章师范学院图书馆	19	752	广安职业技术学院图书馆	18
714	浙江财经大学东方学院图书馆	19	753	广东工程职业技术学院图书馆	18
715	安康职业技术学院图书馆	19	754	广东省外语艺术职业学院图书馆	18
716	济南职业学院图书馆	19	755	邯郸职业技术学院图书馆	18
717	江苏建康职业学院图书馆	19	756	湖南城建职业技术学院图书馆	18
718	江西师范高等专科学校图书馆	19	757	江西理工大学应用科学学院图书馆	18
719	临汾职业技术学院图书馆	19	758	黎明职业大学图书馆	18
720	绵阳职业技术学院图书馆	19	759	潍坊工程职业学院图书馆	18
721	南京工业职业技术学院图书馆	19	760	四川幼儿师范高等专科学校图书馆	18
722	内蒙古机电职业技术学院图书馆	19	761	成都体育学院图书馆	17
723	宁夏职业技术学院图书馆	19	762	鄂尔多斯应用技术学院图书馆	17
724	四川文轩职业学院图书馆	19	763	福州外语外贸学院图书馆	17
725	山东理工职业学院图书馆	19	764	哈尔滨金融学院图书馆	17
726	山西工程职业技术学院图书馆	19	765	南开大学滨海学院图书馆	17
727	乌鲁木齐职业大学图书馆	19	766	内蒙古大学创业学院图书馆	17
728	咸阳职业技术学院图书馆	19	767	厦门华厦学院图书馆	17
729	淄博师范高等专科学校图书馆	19	768	武汉学院图书馆	17
730	南京医科大学康达学院图书馆	19	769	武汉音乐学院图书馆	17
731	福建信息职业技术学院图书馆	19	770	西安交通工程学院图书馆	17

续表

序号	图书馆名称	在编职工（人）	序号	图书馆名称	在编职工（人）
771	西安明德理工学院图书馆	17	810	宁夏工商职业技术学院图书馆	16
772	西安体育学院图书馆	17	811	厦门城市职业学院图书馆	16
773	玉溪师范学院图书馆	17	812	宜春职业技术学院图书馆	16
774	广东食品药品职业学院图书馆	17	813	浙江工贸职业技术学院图书馆	16
775	兰州职业技术学院图书馆	17	814	郑州旅游职业学院图书馆	16
776	内蒙古电子信息职业技术学院图书馆	17	815	长春医学高等专科学校图书馆	16
777	内蒙古化工职业学院图书馆	17	816	浙江师范大学知行学院图书馆	15
778	内蒙古交通职业技术学院图书馆	17	817	郑州经贸学院图书馆	15
779	四川文化产业职业学院图书馆	17	818	福建商学院图书馆	15
780	山西经济管理干部学院图书馆	17	819	广东财经大学华商学院图书馆	15
781	铁道警察学院图书馆	17	820	广东警官学院图书馆	15
782	浙江国际海运职业技术学院图书馆	17	821	广西科技大学鹿山学院图书馆	15
783	湖南艺术职业学院图书馆	17	822	吉林建筑科技学院图书馆	15
784	安徽职业技术学院图书馆	17	823	南京航空航天大学金城学院图书馆	15
785	江西工程学院图书馆	17	824	南京理工大学泰州科技学院图书馆	15
786	北方工业大学图书馆	16	825	三江学院图书馆	15
787	保山学院图书馆	16	826	山西中医药大学图书馆	15
788	成都艺术职业大学图书馆	16	827	陕西中医药大学图书馆	15
789	吉林体育学院图书馆	16	828	天津美术学院图书馆	15
790	茅台学院图书馆	16	829	天津商业大学宝德学院图书馆	15
791	普洱学院图书馆	16	830	西安培华学院图书馆	15
792	四川警察学院图书馆	16	831	西安音乐学院图书馆	15
793	四川美术学院图书馆	16	832	长春科技学院图书馆	15
794	四川民族学院图书馆	16	833	安徽商贸职业技术学院图书馆	15
795	山东女子学院图书馆	16	834	恩施职业技术学院图书馆	15
796	文山学院图书馆	16	835	阜阳职业技术学院图书馆	15
797	新疆艺术学院图书馆	16	836	合肥职业技术学院图书馆	15
798	兴义民族师范学院图书馆	16	837	河南经贸职业学院图书馆	15
799	中央司法警官学院图书馆	16	838	洛阳职业技术学院图书馆	15
800	安徽警官职业学院图书馆	16	839	湄洲湾职业技术学院图书馆	15
801	安庆医药高等专科学校图书馆	16	840	南充职业技术学院图书馆	15
802	广东农工商职业技术学院图书馆	16	841	青岛职业技术学院图书馆	15
803	湖南中医药高等专科学校图书馆	16	842	四川建筑职业技术学院图书馆	15
804	惠州经济职业技术学院图书馆	16	843	山东传媒职业学院图书馆	15
805	杭州科技职业技术学院图书馆	16	844	山东外贸职业学院图书馆	15
806	湖州职业技术学院图书馆	16	845	山西林业职业技术学院图书馆	15
807	吉林省教育学院图书馆	16	846	武汉铁路职业技术学院图书馆	15
808	辽宁省交通高等专科学校图书馆	16	847	邢台职业技术学院图书馆	15
809	闽江师范高等专科学校图书馆	16	848	云南国土资源职业学院图书馆	15

续表

序号	图书馆名称	在编职工（人）	序号	图书馆名称	在编职工（人）
849	长春金融高等专科学校图书馆	15	888	浙江纺织服装职业技术学院图书馆	14
850	长江职业学院图书馆	15	889	湖北生态工程职业技术学院图书馆	14
851	重庆工业职业技术学院图书馆	15	890	江西师范大学科技学院图书馆	13
852	呼伦贝尔职业技术学院图书馆	15	891	桂林航天工业学院图书馆	13
853	包头钢铁职业技术学院图书馆	15	892	河北环境工程学院图书馆	13
854	天津大学仁爱学院图书馆	14	893	江苏警官学院图书馆	13
855	安徽外国语学院图书馆	14	894	南昌大学科技学院图书馆	13
856	成都工业学院图书馆	14	895	四川旅游学院图书馆	13
857	贵州警察学院图书馆	14	896	上海海关学院图书馆	13
858	黄河交通学院图书馆	14	897	泰州学院图书馆	13
859	吕梁学院图书馆	14	898	西安美术学院图书馆	13
860	南昌工学院图书馆	14	899	延安大学西安创新学院图书馆	13
861	四川大学锦城学院图书馆	14	900	长春大学旅游学院图书馆	13
862	上海公安学院图书馆	14	901	长春电子科技学院图书馆	13
863	上海视觉艺术学院图书馆	14	902	中国石油大学胜利学院图书馆	13
864	天津体育学院图书馆	14	903	广州南方学院图书馆	13
865	西藏农牧学院图书馆	14	904	北京财贸职业学院图书馆	13
866	营口理工学院图书馆	14	905	广东舞蹈戏剧职业学院图书馆	13
867	长治学院图书馆	14	906	广东文理职业学院图书馆	13
868	北京工业职业技术学院图书馆	14	907	湖南信息职业技术学院图书馆	13
869	福建船政交通职业学院图书馆	14	908	吉林交通职业技术学院图书馆	13
870	广东工贸职业技术学院图书馆	14	909	克拉玛依职业技术学院图书馆	13
871	广东科学技术职业学院图书馆	14	910	内蒙古建筑职业技术学院图书馆	13
872	广州城建职业学院图书馆	14	911	黔南民族医学高等专科学校图书馆	13
873	鹤壁职业技术学院图书馆	14	912	山东医学高等专科学校图书馆	13
874	黑龙江农业经济职业学院图书馆	14	913	山东中医药高等专科学校图书馆	13
875	河南水利与环境职业学院图书馆	14	914	陕西交通职业技术学院图书馆	13
876	湖南生物机电职业技术学院图书馆	14	915	潍坊护理职业学院图书馆	13
877	菏泽医学专科学校图书馆	14	916	西安铁路职业技术学院图书馆	13
878	江西建设职业技术学院图书馆	14	917	西安职业技术学院图书馆	13
879	丽江师范高等专科学校图书馆	14	918	四川护理职业学院图书馆	13
880	南京科技职业学院图书馆	14	919	北京农学院图书馆	12
881	四川水利职业技术学院图书馆	14	920	成都医学院图书馆	12
882	山东轻工职业学院图书馆	14	921	福建警察学院图书馆	12
883	山东职业学院图书馆	14	922	广西教育学院图书馆	12
884	上海出版印刷高等专科学校图书馆	14	923	广州大学松田学院图书馆	12
885	陕西职业技术学院图书馆	14	924	湖南信息学院图书馆	12
886	湘中幼儿师范高等专科学校图书馆	14	925	景德镇学院图书馆	12
887	云南交通职业技术学院图书馆	14	926	兰州工业学院图书馆	12

续表

序号	图书馆名称	在编职工（人）	序号	图书馆名称	在编职工（人）
927	南昌大学共青学院图书馆	12	965	西北大学现代学院图书馆	11
928	天津天狮学院图书馆	12	966	云南师范大学商学院图书馆	11
929	西安科技大学高新学院图书馆	12	967	浙江警察学院图书馆	11
930	安阳职业技术学院图书馆	12	968	北京政法职业学院图书馆	11
931	成都纺织高等专科学校图书馆	12	969	赤峰工业职业技术学院图书馆	11
932	湖北城市建设职业技术学院图书馆	12	970	广州科技贸易职业学院图书馆	11
933	河南工业贸易职业学院图书馆	12	971	湖北科技职业学院图书馆	11
934	湖南理工职业技术学院图书馆	12	972	湖北水利水电职业技术学院图书馆	11
935	济南幼儿师范高等专科学校图书馆	12	973	哈尔滨铁道职业技术学院图书馆	11
936	嘉兴职业技术学院图书馆	12	974	吉林工程职业学院图书馆	11
937	江西中医药高等专科学校图书馆	12	975	江西交通职业技术学院图书馆	11
938	辽宁农业职业技术学院图书馆	12	976	江西医学高等专科学校图书馆	11
939	兰州资源环境职业技术学院图书馆	12	977	内蒙古商贸职业学院图书馆	11
940	泉州经贸职业技术学院图书馆	12	978	泉州幼儿师范高等专科学校图书馆	11
941	四川国际标榜职业学院图书馆	12	979	四川工商职业技术学院图书馆	11
942	厦门南洋职业学院图书馆	12	980	四川航天职业技术学院图书馆	11
943	陕西财经职业技术学院图书馆	12	981	四川卫生康复职业学院图书馆	11
944	陕西铁路工程职业技术学院图书馆	12	982	上海旅游高等专科学校图书馆	11
945	苏州健雄职业技术学院图书馆	12	983	上海闵行职业技术学院图书馆	11
946	天津电子信息职业技术学院图书馆	12	984	上饶幼儿师范高等专科学校图书馆	11
947	无锡职业技术学院图书馆	12	985	襄阳汽车职业技术学院图书馆	11
948	西藏职业技术学院图书馆	12	986	浙江工商职业技术学院图书馆	11
949	扬州工业职业技术学院图书馆	12	987	浙江旅游职业学院图书馆	11
950	长江工程职业技术学院图书馆	12	988	漳州职业技术学院图书馆	11
951	郑州电力职业技术学院图书馆	12	989	荆州理工职业学院图书馆	10
952	亳州学院图书馆	11	990	成都理工大学工程技术学院图书馆	10
953	大庆师范学院图书馆	11	991	滁州学院图书馆	10
954	滇西科技师范学院图书馆	11	992	吉林动画学院图书馆	10
955	甘肃医学院图书馆	11	993	南京大学金陵学院图书馆	10
956	湖北美术学院图书馆	11	994	内蒙古艺术学院图书馆	10
957	吉林医药学院图书馆	11	995	首钢工学院图书馆	10
958	江西经济管理干部学院图书馆	11	996	太原工业学院图书馆	10
959	昆明理工大学津桥学院图书馆	11	997	银川能源学院图书馆	10
960	南京中医药大学翰林学院图书馆	11	998	云南师范大学文理学院图书馆	10
961	宁夏理工学院图书馆	11	999	浙江大学宁波理工学院图书馆	10
962	上海科技大学图书馆	11	1000	重庆移通学院图书馆	10
963	陕西服装工程学院图书馆	11	1001	贵州广播电视大学图书馆	10
964	西安工业大学北方信息工程学院图书馆	11	1002	安徽工业经济职业技术学院图书馆	10

续表

序号	图书馆名称	在编职工（人）	序号	图书馆名称	在编职工（人）
1003	北京教育学院图书馆	10	1041	巴中职业技术学院图书馆	9
1004	大兴安岭职业学院图书馆	10	1042	鄂尔多斯生态环境职业学院图书馆	9
1005	甘肃林业职业技术学院图书馆	10	1043	广州南洋理工职业学院图书馆	9
1006	广西生态工程职业技术学院图书馆	10	1044	吉林工业职业技术学院图书馆	9
1007	广西壮族自治区经济管理干部学院图书馆	10	1045	江西现代职业技术学院图书馆	9
1008	海南外国语职业学院图书馆	10	1046	江西应用技术职业学院图书馆	9
1009	海南政法职业学院图书馆	10	1047	兰州外语职业学院图书馆	9
1010	惠州卫生职业技术学院图书馆	10	1048	满洲里俄语职业学院图书馆	9
1011	吉林司法警官职业学院图书馆	10	1049	山东旅游职业学院图书馆	9
1012	江西工业职业技术学院图书馆	10	1050	山东水利职业学院图书馆	9
1013	江西机电职业技术学院图书馆	10	1051	铜陵职业技术学院图书馆	9
1014	江西农业工程职业学院图书馆	10	1052	台州职业技术学院图书馆	9
1015	江西生物科技职业学院图书馆	10	1053	无锡工艺职业技术学院图书馆	9
1016	江西泰豪动漫职业学院图书馆	10	1054	云南机电职业技术学院图书馆	9
1017	四川畜牧兽医职业学院图书馆	10	1055	云南司法警官职业学院图书馆	9
1018	山东商务职业学院图书馆	10	1056	烟台黄金职业学院图书馆	9
1019	山东药品食品职业学院图书馆	10	1057	浙江同济科技职业学院图书馆	9
1020	上海电子信息职业技术学院图书馆	10	1058	重庆电力高等专科学校图书馆	9
1021	陕西青年职业学院图书馆	10	1059	漳州城市职业学院图书馆	9
1022	山西卫生健康职业学院图书馆	10	1060	漳州科技职业学院图书馆	9
1023	泰州职业技术学院图书馆	10	1061	郑州幼儿师范高等专科学校图书馆	9
1024	乌兰察布职业学院图书馆	10	1062	甘肃建筑职业技术学院图书馆	9
1025	西安电力高等专科学校图书馆	10	1063	福建卫生职业技术学院图书馆	9
1026	云南经济管理学院图书馆	10	1064	阿坝师范学院图书馆	8
1027	长春汽车工业高等专科学校图书馆	10	1065	武汉工程科技学院图书馆	8
1028	浙江经济职业技术学院图书馆	10	1066	西安财经大学行知学院图书馆	8
1029	重庆三峡医药高等专科学校图书馆	10	1067	安徽财贸职业学院图书馆	8
1030	郑州轨道工程职业学院图书馆	10	1068	保山中医药高等专科学校图书馆	8
1031	吉林铁道职业技术学院图书馆	10	1069	福建华南女子职业学院图书馆	8
1032	成都文理学院图书馆	9	1070	甘肃畜牧工程职业技术学院图书馆	8
1033	防灾科技学院图书馆	9	1071	甘肃工业职业技术学院图书馆	8
1034	福州理工学院图书馆	9	1072	广州华夏职业学院图书馆	8
1035	昆山杜克大学图书馆	9	1073	湖北交通职业技术学院图书馆	8
1036	山东农业工程学院图书馆	9	1074	杭州职业技术学院图书馆	8
1037	苏州科技大学天平学院图书馆	9	1075	吉安职业技术学院图书馆	8
1038	阳光学院图书馆	9	1076	江苏航空职业技术学院图书馆	8
1039	阿拉善职业技术学院图书馆	9	1077	江西信息应用职业技术学院图书馆	8
1040	包头铁道职业技术学院图书馆	9	1078	昆明工业职业技术学院图书馆	8

续表

序号	图书馆名称	在编职工（人）	序号	图书馆名称	在编职工（人）
1079	内蒙古警察职业学院图书馆	8	1115	四川化工职业技术学院图书馆	7
1080	四川三河职业学院图书馆	8	1116	上海工艺美术职业学院图书馆	7
1081	四川艺术职业学院图书馆	8	1117	上海农林职业技术学院图书馆	7
1082	山东工业职业学院图书馆	8	1118	石家庄幼儿师范高等专科学校图书馆	7
1083	山东科技职业学院图书馆	8	1119	神木职业技术学院图书馆	7
1084	上海震旦职业学院图书馆	8	1120	山西财贸职业技术学院图书馆	7
1085	天津滨海职业学院图书馆	8	1121	陕西警官职业学院图书馆	7
1086	天津国土资源和房屋职业学院图书馆	8	1122	山西水利职业技术学院图书馆	7
1087	太原幼儿师范高等专科学校图书馆	8	1123	三亚航空旅游职业学院图书馆	7
1088	许昌电气职业学院图书馆	8	1124	西双版纳职业技术学院图书馆	7
1089	新疆生产建设兵团兴新职业技术学院图书馆	8	1125	云南财经职业学院图书馆	7
1090	延边职业技术学院图书馆	8	1126	重庆城市管理职业学院图书馆	7
1091	浙江工业职业技术学院图书馆	8	1127	重庆建筑科技职业学院图书馆	7
1092	浙江体育职业技术学院图书馆	8	1128	山西传媒学院图书馆	6
1093	郑州职业技术学院图书馆	8	1129	西安汽车职业大学图书馆	6
1094	江苏城乡建设职业学院图书馆	8	1130	中国计量大学现代科技学院图书馆	6
1095	北京第二外国语学院中瑞酒店管理学院图书馆	7	1131	中国社会科学院大学图书馆	6
1096	吉林广播电视大学图书馆	7	1132	安徽电气工程职业技术学院图书馆	6
1097	江西警察学院图书馆	7	1133	安徽审计职业学院图书馆	6
1098	上海商学院图书馆	7	1134	楚雄医药高等专科学校图书馆	6
1099	厦门医学院图书馆	7	1135	福建农业职业技术学院图书馆	6
1100	川南幼儿师范高等专科学校图书馆	7	1136	抚州职业技术学院图书馆	6
1101	常州信息职业技术学院图书馆	7	1137	红河卫生职业学院图书馆	6
1102	德宏职业学院图书馆	7	1138	菏泽家政职业学院图书馆	6
1103	抚州幼儿师范高等专科学校图书馆	7	1139	汉中职业技术学院图书馆	6
1104	广州铁路职业技术学院图书馆	7	1140	吉林电子信息职业技术学院图书馆	6
1105	赣州卫生健康职业学院图书馆	7	1141	科尔沁艺术职业学院图书馆	6
1106	湖北国土资源职业学院图书馆	7	1142	拉萨师范高等专科学校图书馆	6
1107	河南交通职业技术学院图书馆	7	1143	宁波教育学院图书馆	6
1108	湖南现代物流职业技术学院图书馆	7	1144	内蒙古民族幼儿师范高等专科学校图书馆	6
1109	江西青年职业学院图书馆	7	1145	泉州轻工职业学院图书馆	6
1110	江西水利职业学院图书馆	7	1146	泉州职业技术大学图书馆	6
1111	江西先锋软件职业技术学院图书馆	7	1147	四川华新现代职业学院图书馆	6
1112	闽北职业技术学院图书馆	7	1148	四川托普信息技术职业学院图书馆	6
1113	宁夏财经职业技术学院图书馆	7	1149	上海工商职业技术学院图书馆	6
1114	青岛酒店管理职业技术学院图书馆	7	1150	四平职业大学图书馆	6

序号	图书馆名称	在编职工（人）	序号	图书馆名称	在编职工（人）
1151	松原职业技术学院图书馆	6	1189	三亚理工职业学院图书馆	5
1152	云南能源职业技术学院图书馆	6	1190	天津中德职业技术学院图书馆	5
1153	云南商务职业学院图书馆	6	1191	武汉电力职业技术学院图书馆	5
1154	正德职业技术学院图书馆	6	1192	榆林职业技术学院图书馆	5
1155	重庆电讯职业学院图书馆	6	1193	益阳职业技术学院图书馆	5
1156	重庆机电职业技术学院图书馆	6	1194	重庆水利电力职业技术学院图书馆	5
1157	中山火炬职业技术学院图书馆	6	1195	重庆幼儿师范高等专科学校图书馆	5
1158	江西艺术职业学院图书馆	6	1196	山西能源学院图书馆	4
1159	陕西邮电职业技术学院图书馆	6	1197	金华教育学院图书馆	4
1160	贵州交通职业技术学院图书馆	6	1198	广东碧桂园职业学院图书馆	4
1161	广州理工学院图书馆	5	1199	湖北财税职业学院图书馆	4
1162	绍兴文理学院元培学院图书馆	5	1200	河北化工医药职业技术学院图书馆	4
1163	天津理工大学中环信息学院图书馆	5	1201	河南检查职业学院图书馆	4
1164	西藏藏医大学图书馆	5	1202	河南医学高等专科学校图书馆	4
1165	长春开放大学图书馆	5	1203	吉林科技职业技术学院图书馆	4
1166	重庆警察学院图书馆	5	1204	江西陶瓷工艺美术职业技术学院图书馆	4
1167	安徽工商职业学院图书馆	5	1205	江西新能源科技学院图书馆	4
1168	安徽医学高等专科学校图书馆	5	1206	濮阳医学高等专科学校图书馆	4
1169	广东科贸职业学院图书馆	5	1207	庆阳职业技术学院图书馆	4
1170	甘肃警察职业学院图书馆	5	1208	上海思博职业技术学院图书馆	4
1171	甘肃交通职业技术学院图书馆	5	1209	厦门兴才职业技术学院图书馆	4
1172	广州松田职业学院图书馆	5	1210	三明职业技术学院图书馆	4
1173	河南测绘职业学院图书馆	5	1211	山西管理职业学院图书馆	4
1174	海南健康管理职业技术学院图书馆	5	1212	山西铁道职业技术学院图书馆	4
1175	吉林水利电力职业学院图书馆	5	1213	三亚中瑞酒店管理职业学院图书馆	4
1176	济南护理职业学院图书馆	5	1214	桐城师范高等专科学校图书馆	4
1177	江西财经职业学院图书馆	5	1215	天府新区信息职业学院图书馆	4
1178	江西司法警官职业学院图书馆	5	1216	威海海洋职业学院图书馆	4
1179	辽源职业技术学院图书馆	5	1217	皖西卫生职业学院图书馆	4
1180	南京广播电视大学图书馆	5	1218	云南工贸职业技术学院图书馆	4
1181	宁夏幼儿师范高等专科学校图书馆	5	1219	云南农业职业技术学院图书馆	4
1182	平凉职业技术学院图书馆	5	1220	云南外事外语职业学院图书馆	4
1183	泉州纺织服装职业学院图书馆	5	1221	阳泉师范高等专科学校图书馆	4
1184	四川信息职业技术学院图书馆	5	1222	长春师范高等专科学校图书馆	4
1185	四川邮电职业技术学院图书馆	5	1223	浙江特殊教育职业学院图书馆	4
1186	厦门海洋职业技术学院图书馆	5	1224	重庆能源职业学院图书馆	4
1187	厦门软件职业技术学院图书馆	5	1225	郑州财税金融职业学院图书馆	4
1188	山西青年职业学院图书馆	5	1226	山东艺术设计职业学院图书馆	4

续表

序号	图书馆名称	在编职工（人）	序号	图书馆名称	在编职工（人）
1227	宁夏大学新华学院图书馆	3	1241	长春教育学院图书馆	3
1228	上海兴伟学院图书馆	3	1242	重庆应用技术职业学院图书馆	3
1229	东南大学成贤学院图书馆	3	1243	福建电力职业技术学院图书馆	3
1230	北京劳动保障职业学院图书馆	3	1244	鹤壁能源化工职业学院图书馆	3
1231	川北幼儿师范高等专科学校图书馆	3	1245	漳州理工职业学院图书馆	3
1232	福建体育职业技术学院图书馆	3	1246	江西工业工程职业技术学院图书馆	2
1233	福州英华职业学院图书馆	3	1247	明达职业技术学院图书馆	2
1234	湖南体育职业学院图书馆	3	1248	上海行健职业学院图书馆	2
1235	江西枫林涉外经贸职业学院图书馆	3	1249	厦门安防科技职业学院图书馆	2
1236	江西工商职业技术学院图书馆	3	1250	陕西机电职业技术学院图书馆	2
1237	马鞍山师范高等专科学校图书馆	3	1251	天津滨海汽车工程职业学院图书馆	2
1238	内蒙古体育职业学院图书馆	3	1252	武夷山职业学院图书馆	2
1239	四川机电职业技术学院图书馆	3	1253	海南体育职业技术学院图书馆	1
1240	西藏警官高等专科学校图书馆	3	1254	民办四川天一学院图书馆	1

2020年1118所高校图书馆馆舍面积统计表

序号	图书馆名称	馆舍总面积（平方米）	序号	图书馆名称	馆舍总面积（平方米）
1	山东大学图书馆	130689.0	38	东南大学图书馆	66900.0
2	中山大学图书馆	119030.0	39	北京大学图书馆	66235.0
3	吉林大学图书馆	103245.0	40	复旦大学图书馆	66137.0
4	厦门大学图书馆	102596.0	41	华南理工大学图书馆	65850.0
5	浙江大学图书馆	91376.0	42	上海交通大学图书馆	65819.6
6	成都理工大学图书馆	85007.0	43	太原师范学院图书馆	64806.0
7	贵州大学图书馆	84339.0	44	华中科技大学图书馆	64581.0
8	延安大学图书馆	83000.0	45	南通大学图书馆	64512.0
9	广东药科大学图书馆	82641.0	46	西安建筑科技大学图书馆	64321.0
10	合肥工业大学图书馆	82614.2	47	东北大学图书馆	64210.0
11	沧州师范学院图书馆	82300.0	48	安徽大学图书馆	64045.0
12	华南师范大学图书馆	82000.0	49	贵州民族大学图书馆	64000.0
13	暨南大学图书馆	81596.0	50	南京理工大学图书馆	63662.0
14	温州医科大学图书馆	79418.3	51	贵州财经大学图书馆	63578.0
15	上海大学图书馆	79139.2	52	四川大学图书馆	63430.0
16	清华大学图书馆	78647.0	53	广西大学图书馆	63106.0
17	扬州大学图书馆	78577.0	54	贵州师范大学图书馆	61530.0
18	同济大学图书馆	77808.0	55	中国地质大学图书馆	61300.0
19	华北理工大学图书馆	77400.0	56	成都工业学院图书馆	61034.0
20	武汉大学图书馆	77389.0	57	兰州大学图书馆	61000.0
21	广西师范大学图书馆	77000.0	58	安徽工业大学图书馆	61000.0
22	河南科技大学图书馆	76304.4	59	中国农业大学图书馆	60740.0
23	云南大学图书馆	76293.0	60	长沙理工大学图书馆	60562.0
24	天津大学图书馆	75700.0	61	中国矿业大学图书馆	60000.0
25	河南大学图书馆	74258.0	62	延边大学图书馆	59530.0
26	武汉理工大学图书馆	73624.0	63	江西师范大学图书馆	59466.0
27	中南大学图书馆	73289.7	64	重庆大学图书馆	59362.0
28	南京大学图书馆	73100.0	65	哈尔滨工程大学图书馆	59156.0
29	西南大学图书馆	72718.0	66	南昌大学图书馆	59003.0
30	四川轻化工大学图书馆	72616.0	67	江西财经大学图书馆	58521.0
31	南开大学图书馆	71610.0	68	兰州工业学院图书馆	58410.2
32	浙江工业大学图书馆	70633.0	69	陕西师范大学图书馆	57758.0
33	广西民族大学图书馆	70127.0	70	云南师范大学图书馆	57300.0
34	福建农林大学图书馆	68200.0	71	太原理工大学图书馆	57049.0
35	中国石油大学（北京）图书馆	67596.0	72	兰州理工大学图书馆	57000.0
36	青岛科技大学图书馆	67457.0	73	长江大学图书馆	56700.0
37	电子科技大学图书馆	66974.0	74	华东师范大学图书馆	56397.2

续表

序号	图书馆名称	馆舍总面积（平方米）	序号	图书馆名称	馆舍总面积（平方米）
75	苏州大学图书馆	56363.3	114	兰州交通大学图书馆	49463.0
76	北京理工大学图书馆	55699.0	115	九江学院图书馆	49300.0
77	福建师范大学图书馆	55571.0	116	西南民族大学图书馆	49144.0
78	安徽科技学院图书馆	55174.0	117	湖北经济学院图书馆	49109.0
79	河北科技大学图书馆	55157.0	118	山东理工大学图书馆	49000.0
80	中国人民大学图书馆	54985.0	119	云南民族大学图书馆	48509.0
81	石河子大学图书馆	54700.0	120	安徽师范大学图书馆	48150.0
82	南昌理工学院图书馆	54602.0	121	广西财经学院图书馆	48143.0
83	武汉科技大学图书馆	54300.0	122	江西科技师范大学图书馆	48000.0
84	喀什大学图书馆	54000.0	123	成都大学图书馆	48000.0
85	武汉纺织大学图书馆	53826.6	124	南昌航空大学图书馆	47683.5
86	南京林业大学图书馆	53440.0	125	莆田学院图书馆	47539.0
87	广东财经大学图书馆	53185.0	126	中国石油大学（华东）图书馆	47300.0
88	河北工业大学图书馆	53100.0	127	南京财经大学图书馆	47300.0
89	贵州理工学院图书馆	52915.0	128	江苏大学图书馆	47270.0
90	浙江师范大学图书馆	52819.7	129	湖北大学图书馆	47251.0
91	西北大学图书馆	52661.0	130	山西医科大学图书馆	47063.0
92	重庆工商大学图书馆	52489.0	131	海南师范大学图书馆	46945.0
93	黄河科技学院图书馆	52402.3	132	华中师范大学图书馆	46875.0
94	河北农业大学图书馆	52237.8	133	华东理工大学图书馆	46766.0
95	江南大学图书馆	52217.0	134	西北师范大学图书馆	46752.0
96	北京邮电大学图书馆	52211.0	135	盐城工学院图书馆	46730.0
97	西安电子科技大学图书馆	52200.0	136	桂林电子科技大学图书馆	46600.0
98	广州大学图书馆	52000.0	137	安徽财经大学图书馆	46470.0
99	西安石油大学图书馆	51980.0	138	上海海事大学图书馆	46426.0
100	宁波大学图书馆	51936.0	139	中南民族大学图书馆	46217.0
101	深圳大学图书馆	51202.0	140	安徽中医药大学图书馆	46203.0
102	新疆大学图书馆	51000.0	141	西北工业大学图书馆	46161.0
103	山东师范大学图书馆	51000.0	142	哈尔滨商业大学图书馆	46106.0
104	武汉学院图书馆	50975.1	143	郑州大学图书馆	46000.0
105	郑州航空工业管理学院图书馆	50900.0	144	天津理工大学图书馆	46000.0
106	西安理工大学图书馆	50781.0	145	常熟理工学院图书馆	46000.0
107	河北大学图书馆	50775.0	146	遵义医科大学图书馆	45886.9
108	江西农业大学图书馆	50015.0	147	湖北工业大学图书馆	45874.9
109	西南财经大学图书馆	50000.0	148	河南牧业经济学院图书馆	45454.0
110	大连理工大学图书馆	50000.0	149	河北师范大学图书馆	45300.0
111	聊城大学图书馆	49970.0	150	辽宁工程技术大学图书馆	45000.0
112	兰州财经大学图书馆	49933.2	151	华侨大学图书馆	45000.0
113	西北民族大学图书馆	49808.0	152	东北石油大学图书馆	45000.0

续表

序号	图书馆名称	馆舍总面积（平方米）	序号	图书馆名称	馆舍总面积（平方米）
153	遵义师范学院图书馆	44977.0	192	合肥学院图书馆	41122.0
154	长安大学图书馆	44822.4	193	昆明学院图书馆	41093.0
155	海南热带海洋学院图书馆	44792.0	194	金陵科技学院图书馆	41056.0
156	徐州工程学院图书馆	44701.0	195	辽宁师范大学图书馆	41000.0
157	南方医科大学图书馆	44661.0	196	河南经贸职业学院图书馆	41000.0
158	四川农业大学图书馆	44607.0	197	内蒙古科技大学图书馆	40800.0
159	三亚学院图书馆	44400.0	198	三峡大学图书馆	40548.8
160	青岛大学图书馆	44200.0	199	上海师范大学图书馆	40371.5
161	中国人民公安大学图书馆	44000.0	200	河西学院图书馆	40300.0
162	内蒙古大学图书馆	44000.0	201	湖州师范学院图书馆	40299.0
163	哈尔滨师范大学图书馆	44000.0	202	西安外国语大学图书馆	40226.9
164	哈尔滨理工大学图书馆	44000.0	203	山西大同大学图书馆	40104.0
165	云南经济管理学院图书馆	43889.5	204	浙江树人大学图书馆	40000.0
166	西安交通大学图书馆	43794.0	205	深圳大学城图书馆	40000.0
167	绵阳师范学院图书馆	43753.4	206	沈阳理工大学图书馆	39950.0
168	哈尔滨工业大学图书馆	43534.0	207	淮阴师范学院图书馆	39900.0
169	盐城师范学院图书馆	43500.0	208	常州工学院图书馆	39898.9
170	湖北科技学院图书馆	43248.0	209	中南财经政法大学图书馆	39788.0
171	北京师范大学图书馆	43202.2	210	海南大学图书馆	39712.0
172	西安工业大学图书馆	43023.0	211	南京师范大学图书馆	39705.0
173	中国传媒大学图书馆	43000.0	212	芜湖职业技术学院图书馆	39426.7
174	福建工程学院图书馆	43000.0	213	淄博职业学院图书馆	39336.0
175	曲阜师范大学图书馆	42888.0	214	西南石油大学图书馆	39172.6
176	广西中医药大学图书馆	42700.0	215	河南工学院图书馆	39106.3
177	安徽农业大学图书馆	42546.0	216	云南师范大学商学院图书馆	39100.0
178	江西理工大学图书馆	42490.0	217	西安财经大学图书馆	39016.8
179	烟台大学图书馆	42300.0	218	神木职业技术学院图书馆	39000.0
180	湖南商学院图书馆	42144.0	219	克拉玛依职业技术学院图书馆	39000.0
181	浙江传媒学院图书馆	42029.0	220	湖北工程学院图书馆	39000.0
182	中国海洋大学图书馆	42000.0	221	江苏农牧科技职业学院图书馆	38994.0
183	深圳职业技术学院图书馆	42000.0	222	河南工业职业技术学院图书馆	38874.0
184	中国科学技术大学图书馆	41783.0	223	南京邮电大学图书馆	38749.0
185	东北林业大学图书馆	41765.0	224	东北师范大学图书馆	38675.0
186	东北电力大学图书馆	41700.0	225	安阳师范学院图书馆	38550.0
187	集美大学图书馆	41670.0	226	山西大学图书馆	38505.7
188	西安科技大学图书馆	41564.0	227	南京工程学院图书馆	38500.0
189	武汉轻工大学图书馆	41480.0	228	山西财经大学图书馆	38462.0
190	玉林师范学院图书馆	41470.0	229	东华理工大学图书馆	38329.0
191	中南林业科技大学图书馆	41196.5	230	济宁学院图书馆	38300.0

续表

序号	图书馆名称	馆舍总面积（平方米）	序号	图书馆名称	馆舍总面积（平方米）
231	淮阴工学院图书馆	38213.0	268	广州中医药大学图书馆	34880.0
232	佳木斯大学图书馆	38104.6	269	长沙医学院图书馆	34700.0
233	黄山学院图书馆	38076.0	270	贵州医科大学图书馆	34643.1
234	西南政法大学图书馆	37684.0	271	顺德职业技术学院图书馆	34630.8
235	台州学院图书馆	37500.0	272	中北大学图书馆	34606.8
236	成都信息工程大学图书馆	37487.3	273	宿州学院图书馆	34600.0
237	辽宁大学图书馆	37470.0	274	陕西科技大学图书馆	34600.0
238	广西科技大学图书馆	37450.0	275	西华大学图书馆	34576.0
239	福建商学院图书馆	37345.5	276	宁夏大学图书馆	34551.0
240	湖南科技大学图书馆	37239.4	277	广东工程职业技术学院图书馆	34525.0
241	西南科技大学图书馆	37202.0	278	南京晓庄学院图书馆	34411.0
242	陇东学院图书馆	37000.0	279	齐鲁工业大学图书馆	34339.9
243	湖南理工学院图书馆	37000.0	280	重庆医科大学图书馆	34170.0
244	湖北中医药大学图书馆	37000.0	281	中国民航大学图书馆	34000.0
245	阜阳师范大学图书馆	37000.0	282	西华师范大学图书馆	34000.0
246	泰州学院图书馆	36800.0	283	黑龙江大学图书馆	34000.0
247	南京理工大学泰州科技学院图书馆	36800.0	284	济宁医学院图书馆	33928.7
248	中央财经大学图书馆	36481.5	285	华北电力大学图书馆	33874.0
249	华东交通大学图书馆	36169.0	286	长春科技学院图书馆	33800.0
250	河北经贸大学图书馆	36059.0	287	石家庄学院图书馆	33800.0
251	杭州师范大学图书馆	36052.0	288	江苏理工学院图书馆	33800.0
252	南阳师范学院图书馆	36000.0	289	西南财经大学天府学院图书馆	33773.0
253	哈尔滨金融学院图书馆	36000.0	290	华南农业大学图书馆	33702.0
254	巴中职业技术学院图书馆	35955.8	291	大连民族大学图书馆	33694.0
255	四川工商学院图书馆	35877.0	292	广东科学技术职业学院图书馆	33656.0
256	中原工学院图书馆	35808.0	293	天津商业大学图书馆	33621.0
257	西北政法大学图书馆	35800.0	294	杭州医学院图书馆	33592.4
258	海口经济学院图书馆	35787.2	295	湖南大学图书馆	33497.9
259	山东交通学院图书馆	35694.6	296	合肥职业技术学院图书馆	33460.0
260	河南工程学院图书馆	35671.5	297	苏州市职业大学图书馆	33443.0
261	上海财经大学图书馆	35649.0	298	北京联合大学图书馆	33404.0
262	湖北师范大学图书馆	35477.0	299	南昌工程学院图书馆	33386.0
263	北京师范大学珠海分校图书馆	35144.0	300	西安工程大学图书馆	33337.0
264	吕梁学院图书馆	35019.0	301	河北传媒学院图书馆	33303.0
265	黄淮学院图书馆	35000.0	302	北华大学图书馆	33185.0
266	广西生态工程职业技术学院图书馆	35000.0	303	辽宁石油化工大学图书馆	33078.3
267	西京学院图书馆	34980.0	304	浙江师范大学知行学院图书馆	33059.1

续表

序号	图书馆名称	馆舍总面积（平方米）	序号	图书馆名称	馆舍总面积（平方米）
305	沈阳工业大学图书馆	33000.0	341	内蒙古师范大学图书馆	31327.0
306	江西科技学院图书馆	33000.0	342	吉林建筑大学图书馆	31310.0
307	安徽工程大学图书馆	33000.0	343	陕西理工大学图书馆	31240.0
308	黔南民族医学高等专科学校图书馆	32954.0	344	成都中医药大学图书馆	31200.0
309	广东轻工职业技术学院图书馆	32790.8	345	西安邮电大学图书馆	31125.0
310	闽南师范大学图书馆	32779.0	346	许昌职业技术学院图书馆	31120.0
311	黄冈师范学院图书馆	32762.0	347	永州职业技术学院图书馆	31112.0
312	长春理工大学图书馆	32720.0	348	江汉大学图书馆	31041.5
313	武夷学院图书馆	32600.0	349	武汉工程科技学院图书馆	31020.6
314	安康学院图书馆	32570.0	350	上海建桥学院图书馆	31000.0
315	武汉工商学院图书馆	32560.0	351	华中农业大学图书馆	31000.0
316	荆楚理工学院图书馆	32400.0	352	南昌职业大学图书馆	30990.6
317	周口师范学院图书馆	32298.0	353	大连外国语大学图书馆	30866.0
318	山东轻工职业学院图书馆	32220.0	354	宿迁学院图书馆	30704.0
319	大连大学图书馆	32150.0	355	渭南师范学院图书馆	30661.0
320	唐山师范学院图书馆	32142.0	356	江西中医药高等专科学校图书馆	30628.0
321	西北农林科技大学图书馆	32104.3	357	南京大学金陵学院图书馆	30510.0
322	成都文理学院图书馆	32099.0	358	内蒙古医科大学图书馆	30381.6
323	天津美术学院图书馆	32098.0	359	江西现代职业技术学院图书馆	30333.3
324	南京信息工程大学图书馆	32012.0	360	景德镇学院图书馆	30312.0
325	重庆科技学院图书馆	32000.0	361	广州医科大学图书馆	30311.0
326	银川能源学院图书馆	32000.0	362	上海应用技术学院图书馆	30300.0
327	西安医学院图书馆	32000.0	363	中国计量大学图书馆	30254.0
328	文华学院图书馆	32000.0	364	滨州医学院图书馆	30094.0
329	沈阳航空航天大学图书馆	32000.0	365	宜宾学院图书馆	30000.0
330	齐齐哈尔大学图书馆	32000.0	366	武汉东湖学院图书馆	30000.0
331	内蒙古民族大学图书馆	32000.0	367	绍兴文理学院元培学院图书馆	30000.0
332	南京农业大学图书馆	32000.0	368	南京中医药大学翰林学院图书馆	30000.0
333	韩山师范学院图书馆	32000.0	369	南华大学图书馆	30000.0
334	汉江师范学院图书馆	31913.5	370	吉林建筑科技学院图书馆	30000.0
335	重庆理工大学图书馆	31877.4	371	巢湖学院图书馆	30000.0
336	内蒙古财经大学图书馆	31700.0	372	西安交通工程学院图书馆	29736.0
337	西南林业大学图书馆	31594.0	373	湖南文理学院图书馆	29700.7
338	岭南师范学院图书馆	31543.0	374	西安汽车职业大学图书馆	29644.0
339	北京交通大学图书馆	31516.9	375	西藏大学图书馆	29470.1
340	长江师范学院图书馆	31335.0	376	常州工程职业技术学院图书馆	29462.0

续表

序号	图书馆名称	馆舍总面积（平方米）	序号	图书馆名称	馆舍总面积（平方米）
377	韶关学院图书馆	29426.0	415	西南医科大学图书馆	27400.9
378	重庆建筑科技职业学院图书馆	29400.0	416	信阳农林学院图书馆	27300.0
379	河北科技师范学院图书馆	29260.6	417	西安思源学院图书馆	27240.0
380	山东科技大学图书馆	29238.0	418	长春工程学院图书馆	27224.0
381	上海电力学院图书馆	29210.0	419	山西中医药大学图书馆	27200.0
382	广州南方学院图书馆	29092.0	420	兴义民族师范学院图书馆	27189.2
383	广东财经大学华商学院图书馆	29070.0	421	广东技术师范大学图书馆	27093.0
384	中国药科大学图书馆	29000.0	422	长春财经学院图书馆	27017.0
385	西安文理学院图书馆	29000.0	423	沈阳药科大学图书馆	27000.0
386	山东中医药大学图书馆	29000.0	424	上海工程技术大学图书馆	27000.0
387	赤峰学院图书馆	29000.0	425	日照职业技术学院图书馆	27000.0
388	兰州城市学院图书馆	28900.0	426	吉安职业技术学院图书馆	27000.0
389	甘肃民族师范学院图书馆	28879.3	427	桂林旅游学院图书馆	27000.0
390	吉林师范大学图书馆	28858.0	428	安徽医科大学图书馆	27000.0
391	浙江越秀外国语学院图书馆	28814.0	429	山东工业职业学院图书馆	26976.0
392	仰恩大学图书馆	28700.0	430	浙江工贸职业技术学院图书馆	26959.0
393	南京航空航天大学金城学院图书馆	28700.0	431	武汉工程大学图书馆	26859.0
394	成都师范学院图书馆	28634.0	432	云南艺术学院图书馆	26837.8
395	浙江大学城市学院图书馆	28600.0	433	吉林农业科技学院图书馆	26759.0
396	广州番禺职业技术学院图书馆	28447.6	434	山东商业职业技术学院图书馆	26748.0
397	湖南工学院图书馆	28287.0	435	河北地质大学图书馆	26700.0
398	首都师范大学图书馆	28243.0	436	常州信息职业技术学院图书馆	26700.0
399	南京审计大学图书馆	28208.0	437	江苏警官学院图书馆	26605.4
400	齐鲁师范学院图书馆	28127.1	438	合肥师范学院图书馆	26599.0
401	南宁师范大学图书馆	28093.0	439	重庆文理学院图书馆	26417.0
402	宝鸡文理学院图书馆	28088.9	440	赣南师范大学图书馆	26348.0
403	杭州电子科技大学图书馆	27995.0	441	重庆第二师范学院图书馆	26337.8
404	内蒙古工业大学图书馆	27995.0	442	天津科技大学图书馆	26326.0
405	襄阳职业技术学院图书馆	27800.0	443	吉林财经大学图书馆	26111.0
406	南京工业大学图书馆	27794.0	444	山西农业大学图书馆	26110.0
407	西安外事学院图书馆	27780.1	445	武汉设计工程学院图书馆	26000.0
408	东莞理工学院城市学院图书馆	27737.2	446	四川外国语大学图书馆	26000.0
409	山东青年政治学院图书馆	27711.4	447	辽宁工业大学图书馆	26000.0
410	凯里学院图书馆	27703.0	448	汉口学院图书馆	26000.0
411	大连职业技术学院图书馆	27700.0	449	北京科技大学图书馆	25892.0
412	徐州医科大学图书馆	27665.0	450	南宁学院图书馆	25804.0
413	上海电机学院图书馆	27559.2	451	天水师范学院图书馆	25800.0
414	天津农学院图书馆	27444.9	452	江西中医药大学图书馆	25800.0

续表

序号	图书馆名称	馆舍总面积（平方米）	序号	图书馆名称	馆舍总面积（平方米）
453	北京工商大学图书馆	25793.1	488	上海理工大学图书馆	24600.0
454	西安培华学院图书馆	25780.0	489	辽东学院图书馆	24548.5
455	扬州市职业大学图书馆	25737.5	490	中央民族大学图书馆	24500.0
456	长春师范大学图书馆	25701.6	491	江苏第二师范学院图书馆	24440.0
457	山东理工职业学院图书馆	25600.0	492	江西应用科技学院图书馆	24302.5
458	辽宁科技大学图书馆	25600.0	493	保定学院图书馆	24212.0
459	河北北方学院图书馆	25535.3	494	西藏民族大学图书馆	24187.0
460	长春建筑学院图书馆	25500.0	495	大连海事大学图书馆	24132.0
461	江西工程学院图书馆	25500.0	496	广西艺术学院图书馆	24087.1
462	淮北师范大学图书馆	25459.0	497	重庆工业职业技术学院图书馆	24061.1
463	白城师范学院图书馆	25443.0	498	中国政法大学图书馆	24050.0
464	包头师范学院图书馆	25414.0	499	上饶师范学院图书馆	24010.0
465	东北财经大学图书馆	25400.0	500	山西工程技术学院图书馆	24000.0
466	东北农业大学图书馆	25228.0	501	呼伦贝尔学院图书馆	24000.0
467	潍坊工程职业学院图书馆	25100.0	502	广东食品药品职业学院图书馆	24000.0
468	杭州科技职业技术学院图书馆	25054.0	503	鄂州职业大学图书馆	24000.0
469	常州大学图书馆	25003.0	504	河池学院图书馆	23990.0
470	浙江财经大学东方学院图书馆	25000.0	505	衡阳师范学院图书馆	23830.0
471	运城学院图书馆	25000.0	506	内蒙古电子信息职业技术学院图书馆	23800.0
472	天津职业大学图书馆	25000.0	507	吉林医药学院图书馆	23800.0
473	沈阳建筑大学图书馆	25000.0	508	辽宁中医药大学图书馆	23704.0
474	沈阳化工大学图书馆	25000.0	509	四川传媒学院图书馆	23630.0
475	陕西学前师范学院图书馆	25000.0	510	湖北城市建设职业技术学院图书馆	23623.6
476	山东商务职业学院图书馆	25000.0	511	西安翻译学院图书馆	23538.5
477	宁波工程学院图书馆	25000.0	512	丽水学院图书馆	23532.0
478	菏泽学院图书馆	24967.2	513	亳州学院图书馆	23500.0
479	江西泰豪动漫职业学院图书馆	24961.0	514	四川民族学院图书馆	23491.5
480	民办四川天一学院图书馆	24954.7	515	云南师范大学文理学院图书馆	23426.2
481	重庆三峡医药高等专科学校图书馆	24875.0	516	泉州师范学院图书馆	23395.0
482	昆明冶金高等专科学校图书馆	24856.0	517	西安工业大学北方信息工程学院图书馆	23370.0
483	湖南中医药大学图书馆	24808.0	518	西北大学现代学院图书馆	23316.3
484	云南大学滇池学院图书馆	24716.0	519	陕西中医药大学图书馆	23307.0
485	连云港职业技术学院图书馆	24711.0	520	武汉华夏理工学院图书馆	23278.0
486	茅台学院图书馆	24693.0	521	河北民族师范学院图书馆	23268.7
487	福建船政交通职业学院图书馆	24650.0	522	集宁师范学院图书馆	23257.0

续表

序号	图书馆名称	馆舍总面积（平方米）	序号	图书馆名称	馆舍总面积（平方米）
523	威海职业学院图书馆	23208.0	560	广安职业技术学院图书馆	21900.0
524	北京电子科技职业学院图书馆	23177.0	561	江西警察学院图书馆	21861.0
525	江苏海洋大学图书馆	23154.0	562	太原科技大学图书馆	21853.0
526	浙江工业职业技术学院图书馆	23045.0	563	湘潭大学图书馆	21633.0
527	铜陵职业技术学院图书馆	23000.0	564	东莞职业技术学院图书馆	21630.0
528	四川职业技术学院图书馆	23000.0	565	上海健康医学院图书馆	21627.0
529	萍乡学院图书馆	23000.0	566	白城医药高等专科学校图书馆	21605.0
530	湖北理工学院图书馆	23000.0	567	吉林铁道职业技术学院图书馆	21600.0
531	广东农工商职业技术学院图书馆	23000.0	568	宁夏理工学院图书馆	21581.0
532	楚雄医药高等专科学校图书馆	23000.0	569	温州职业技术学院图书馆	21529.0
533	四川护理职业学院图书馆	22912.0	570	重庆三峡学院图书馆	21431.0
534	安徽建筑大学图书馆	22900.0	571	濮阳职业技术学院图书馆	21346.0
535	大理大学图书馆	22820.3	572	陕西国际商贸学院图书馆	21300.0
536	上海对外经贸大学图书馆	22800.0	573	北京科技大学天津学院图书馆	21300.0
537	榆林学院图书馆	22750.0	574	汕头大学图书馆	21245.0
538	甘肃警察职业学院图书馆	22718.0	575	河套学院图书馆	21238.4
539	上海外国语大学图书馆	22700.0	576	浙江大学宁波理工学院图书馆	21159.0
540	山东农业大学图书馆	22630.2	577	大连医科大学图书馆	21100.0
541	浙江科技学院图书馆	22600.0	578	武汉铁路职业技术学院图书馆	21000.0
542	青岛恒星科技学院图书馆	22579.2	579	景德镇陶瓷大学图书馆	21000.0
543	乐山师范学院图书馆	22574.0	580	济南幼儿师范高等专科学校图书馆	21000.0
544	武汉商学院图书馆	22502.8	581	惠州学院图书馆	21000.0
545	广东警官学院图书馆	22445.0	582	黑龙江中医药大学图书馆	21000.0
546	普洱学院图书馆	22323.0	583	成都纺织高等专科学校图书馆	21000.0
547	三明学院图书馆	22078.0	584	滨州学院图书馆	21000.0
548	长春中医药大学图书馆	22000.0	585	六盘水师范学院图书馆	20931.9
549	阳光学院图书馆	22000.0	586	安徽医学高等专科学校图书馆	20911.8
550	西交利物浦大学图书馆	22000.0	587	黑河学院图书馆	20897.5
551	武昌工学院图书馆	22000.0	588	长治学院图书馆	20823.0
552	四川大学锦城学院图书馆	22000.0	589	云南财经大学图书馆	20760.4
553	上海视觉艺术学院图书馆	22000.0	590	江苏师范大学图书馆	20750.0
554	南京医科大学图书馆	22000.0	591	宁波职业技术学院图书馆	20723.8
555	湖南信息学院图书馆	22000.0	592	沈阳工程学院图书馆	20700.0
556	贵州中医药大学图书馆	22000.0	593	曲靖师范学院图书馆	20650.0
557	朝阳师范高等专科学校图书馆	22000.0	594	池州学院图书馆	20639.0
558	贵阳学院图书馆	21964.0	595	滁州学院图书馆	20601.0
559	兰州文理学院图书馆	21956.0	596	宁夏职业技术学院图书馆	20560.0

续表

序号	图书馆名称	馆舍总面积（平方米）	序号	图书馆名称	馆舍总面积（平方米）
597	咸阳职业技术学院图书馆	20558.0	632	三江学院图书馆	19816.0
598	广州体育学院图书馆	20552.0	633	新乡学院图书馆	19800.0
599	太原大学图书馆	20507.0	634	浙江工商职业技术学院图书馆	19763.0
600	蚌埠学院图书馆	20500.0	635	常德职业技术学院图书馆	19600.0
601	德州学院图书馆	20400.0	636	贵州师范学院图书馆	19490.0
602	福州外语外贸学院图书馆	20378.9	637	江苏城乡建设职业学院图书馆	19421.0
603	郑州商学院图书馆	20373.0	638	甘肃林业职业技术学院图书馆	19374.2
604	无锡职业技术学院图书馆	20316.0	639	沈阳大学图书馆	19300.0
605	皖西学院图书馆	20300.0	640	江西工商职业技术学院图书馆	19290.7
606	山东城市建设职业学院图书馆	20300.0	641	辽宁省交通高等专科学校图书馆	19270.0
607	牡丹江师范学院图书馆	20300.0	642	琼台师范学院图书馆	19200.0
608	武汉生物工程学院图书馆	20259.0	643	宁夏医科大学图书馆	19189.0
609	长春光华学院图书馆	20200.0	644	邢台职业技术学院图书馆	19092.7
610	云南国土资源职业学院图书馆	20200.0	645	重庆机电职业技术学院图书馆	19000.0
611	湖南城市学院图书馆	20200.0	646	长春工业大学人文信息学院图书馆	19000.0
612	成都医学院图书馆	20195.0	647	福建江夏学院图书馆	18950.0
613	江西服装学院图书馆	20162.5	648	滨州职业学院图书馆	18897.6
614	山东交通职业学院图书馆	20130.0	649	四川建筑职业技术学院图书馆	18829.7
615	锦州医科大学图书馆	20109.7	650	青岛职业技术学院图书馆	18800.0
616	四川幼儿师范高等专科学校图书馆	20095.7	651	龙岩学院图书馆	18760.0
617	重庆移通学院图书馆	20056.9	652	通化师范学院图书馆	18600.0
618	赣州师范高等专科学校图书馆	20014.0	653	郑州职业技术学院图书馆	18582.7
619	内蒙古化工职业学院图书馆	20009.7	654	鹤壁职业技术学院图书馆	18500.0
620	长春电子科技学院图书馆	20000.0	655	包头医学院图书馆	18500.0
621	烟台职业学院图书馆	20000.0	656	廊坊师范学院图书馆	18400.0
622	上海科技大学图书馆	20000.0	657	湖北民族大学图书馆	18385.6
623	上海海洋大学图书馆	20000.0	658	聊城职业技术学院图书馆	18276.0
624	商洛职业技术学院图书馆	20000.0	659	山东农业工程学院图书馆	18271.8
625	山西传媒学院图书馆	20000.0	660	蚌埠医学院图书馆	18257.0
626	宁夏幼儿师范高等专科学校图书馆	20000.0	661	河北水利电力学院图书馆	18203.0
627	吉林外国语大学图书馆	20000.0	662	四川工程职业技术学院图书馆	18200.0
628	菏泽医学专科学校图书馆	20000.0	663	江西理工大学应用科学学院图书馆	18200.0
629	邯郸学院图书馆	20000.0	664	黔南民族师范学院图书馆	18163.6
630	鄂尔多斯应用技术学院图书馆	19990.0	665	河北工程大学图书馆	18024.0
631	甘肃农业大学图书馆	19980.0	666	豫章师范学院图书馆	18000.0

续表

序号	图书馆名称	馆舍总面积（平方米）	序号	图书馆名称	馆舍总面积（平方米）
667	武汉职业技术学院图书馆	18000.0	700	中国石油大学胜利学院图书馆	16810.0
668	武昌首义学院图书馆	18000.0	701	太原工业学院图书馆	16810.0
669	厦门南洋职业学院图书馆	18000.0	702	湖北汽车工业学院图书馆	16802.0
670	湖南科技学院图书馆	18000.0	703	南京科技职业学院图书馆	16764.0
671	南昌工学院图书馆	17956.8	704	贵州警察学院图书馆	16674.0
672	绍兴文理学院图书馆	17940.0	705	北京中医药大学图书馆	16667.0
673	江西先锋软件职业技术学院图书馆	17820.0	706	泰州职业技术学院图书馆	16600.0
674	九江职业技术学院图书馆	17807.0	707	承德石油高等专科学校图书馆	16566.0
675	陕西服装工程学院图书馆	17751.0	708	厦门海洋职业技术学院图书馆	16460.0
676	中国民用航空飞行学院图书馆	17735.0	709	广东省外语艺术职业学院图书馆	16396.0
677	湖北警官学院图书馆	17694.4	710	三亚航空旅游职业学院图书馆	16391.0
678	西安航空学院图书馆	17693.0	711	大庆师范学院图书馆	16360.0
679	北方工业大学图书馆	17680.0	712	重庆师范大学涉外商贸学院图书馆	16300.0
680	昆明医科大学海源学院图书馆	17637.0	713	云南农业大学图书馆	16293.0
681	大连海洋大学图书馆	17511.0	714	长春汽车工业高等专科学校图书馆	16228.5
682	浙江海洋大学图书馆	17500.0	715	玉溪师范学院图书馆	16130.5
683	宜春学院图书馆	17500.0	716	绥化学院图书馆	16100.0
684	滇西科技师范学院图书馆	17500.0	717	汉中职业技术学院图书馆	16084.0
685	山东政法学院图书馆	17475.0	718	云南中医药大学图书馆	16000.0
686	天津财经大学图书馆	17468.0	719	四川音乐学院图书馆	16000.0
687	贵州工程应用技术学院图书馆	17453.0	720	厦门理工学院图书馆	16000.0
688	北京农学院图书馆	17250.0	721	陇南师范高等专科学校图书馆	16000.0
689	广西壮族自治区经济管理干部学院图书馆	17216.0	722	湖南生物机电职业技术学院图书馆	16000.0
690	楚雄师范学院图书馆	17190.0	723	河南交通职业技术学院图书馆	16000.0
691	厦门华厦学院图书馆	17072.7	724	河北金融学院图书馆	16000.0
692	浙江外国语学院图书馆	17000.0	725	东南大学成贤学院图书馆	16000.0
693	武汉船舶职业技术学院图书馆	17000.0	726	保山中医药高等专科学校图书馆	16000.0
694	山东职业学院图书馆	17000.0	727	保山学院图书馆	16000.0
695	广西科技大学鹿山学院图书馆	17000.0	728	襄阳汽车职业技术学院图书馆	15945.1
696	北京石油化工学院图书馆	16981.6	729	商洛学院图书馆	15860.0
697	昆明工业职业技术学院图书馆	16975.0	730	西安明德理工学院图书馆	15800.0
698	长春大学图书馆	16935.8	731	山东女子学院图书馆	15800.0
699	攀枝花学院图书馆	16889.0	732	南开大学滨海学院图书馆	15800.0

续表

序号	图书馆名称	馆舍总面积（平方米）	序号	图书馆名称	馆舍总面积（平方米）
733	湖北水利水电职业技术学院图书馆	15773.1	767	枣庄学院图书馆	14500.0
734	赣南医学院图书馆	15761.7	768	燕山大学图书馆	14500.0
735	兰州职业技术学院图书馆	15720.0	769	安康职业技术学院图书馆	14315.0
736	西安欧亚学院图书馆	15700.0	770	浙江国际海运职业技术学院图书馆	14095.0
737	泉州职业技术大学图书馆	15646.0	771	忻州师范学院图书馆	14092.0
738	温州科技职业学院图书馆	15635.0	772	嘉兴职业技术学院图书馆	14045.4
739	成都理工大学工程技术学院图书馆	15600.0	773	四川托普信息技术职业学院图书馆	14042.0
740	衡水学院图书馆	15500.0	774	重庆城市管理职业学院图书馆	14000.0
741	浙江水利水电学院图书馆	15404.0	775	郑州经贸学院图书馆	14000.0
742	成都艺术职业大学图书馆	15400.0	776	浙江旅游职业学院图书馆	14000.0
743	云南交通职业技术学院图书馆	15380.0	777	武汉科技大学城市学院图书馆	14000.0
744	郑州升达经贸管理学院图书馆	15350.0	778	昆明理工大学津桥学院图书馆	14000.0
745	陕西警官职业学院图书馆	15262.0	779	湖南财经工业职业技术学院图书馆	14000.0
746	防灾科技学院图书馆	15187.7	780	大连工业大学图书馆	14000.0
747	江西应用技术职业学院图书馆	15100.0	781	首都医科大学图书馆	13980.0
748	湖南女子学院图书馆	15036.9	782	陕西铁路工程职业技术学院图书馆	13954.1
749	南京森林警察学院图书馆	15019.0	783	安徽外国语学院图书馆	13949.6
750	重庆电讯职业学院图书馆	15000.0	784	四川工商职业技术学院图书馆	13870.0
751	天津体育学院图书馆	15000.0	785	吉林化工学院图书馆	13800.0
752	宁夏师范学院图书馆	15000.0	786	四川信息职业技术学院图书馆	13700.0
753	南京艺术学院图书馆	15000.0	787	安阳职业技术学院图书馆	13700.0
754	江西经济管理干部学院图书馆	15000.0	788	新疆财经大学图书馆	13671.5
755	黄冈职业技术学院图书馆	15000.0	789	成都航空职业技术学院图书馆	13600.0
756	东北师范大学人文学院图书馆	15000.0	790	湖北三峡职业技术学院图书馆	13533.0
757	石家庄铁道大学图书馆	14939.0	791	鞍山师范学院图书馆	13434.0
758	沈阳体育学院图书馆	14878.0	792	浙江经济职业技术学院图书馆	13403.0
759	四川美术学院图书馆	14871.0	793	山西工商学院图书馆	13349.4
760	广州航海学院图书馆	14864.0	794	河北政法职业学院图书馆	13313.0
761	哈尔滨铁道职业技术学院图书馆	14863.5	795	贵州广播电视大学图书馆	13295.0
762	河南农业职业学院图书馆	14857.0	796	广东碧桂园职业学院图书馆	13144.1
763	惠州经济职业技术学院图书馆	14800.0	797	杨凌职业技术学院图书馆	13125.0
764	甘肃政法大学图书馆	14700.5	798	四川文理学院图书馆	13074.7
765	江西师范大学科技学院图书馆	14575.2	799	安顺学院图书馆	13073.9
766	湖南警察学院图书馆	14543.0	800	广州城市职业学院图书馆	13035.0

续表

序号	图书馆名称	馆舍总面积（平方米）	序号	图书馆名称	馆舍总面积（平方米）
801	西安科技大学高新学院图书馆	13000.0	838	苏州卫生职业技术学院图书馆	12006.0
802	陕西工业职业技术学院图书馆	13000.0	839	云南开放大学图书馆	12000.0
803	山东水利职业学院图书馆	13000.0	840	湘中幼儿师范高等专科学校图书馆	12000.0
804	山东旅游职业学院图书馆	13000.0	841	皖西卫生职业学院图书馆	12000.0
805	厦门安防科技职业学院图书馆	13000.0	842	四川三河职业学院图书馆	12000.0
806	南京医科大学康达学院图书馆	13000.0	843	青岛酒店管理职业技术学院图书馆	12000.0
807	江西交通职业技术学院图书馆	13000.0	844	内蒙古商贸职业学院图书馆	12000.0
808	湖北医药学院图书馆	13000.0	845	满洲里俄语职业学院图书馆	12000.0
809	赣州卫生健康职业学院图书馆	13000.0	846	承德医学院图书馆	12000.0
810	外交学院图书馆	12977.0	847	四川旅游学院图书馆	11998.2
811	临沂职业学院图书馆	12900.0	848	山西能源学院图书馆	11948.3
812	湖州职业技术学院图书馆	12900.0	849	山西青年职业学院图书馆	11935.0
813	宁夏工商职业技术学院图书馆	12787.0	850	上海中医药大学图书馆	11854.0
814	山西师范大学图书馆	12706.0	851	江西工业职业技术学院图书馆	11844.0
815	厦门医学院图书馆	12700.0	852	台州职业技术学院图书馆	11836.0
816	北京理工大学珠海学院图书馆	12700.0	853	营口理工学院图书馆	11803.7
817	沈阳医学院图书馆	12616.0	854	山东外贸职业学院图书馆	11700.0
818	长春职业技术学院图书馆	12580.0	855	福建警察学院图书馆	11646.0
819	长春工业大学图书馆	12553.3	856	上海体育学院图书馆	11537.0
820	上海师范大学天华学院图书馆	12500.0	857	红河卫生职业学院图书馆	11501.0
821	内江师范学院图书馆	12500.0	858	安徽商贸职业技术学院图书馆	11480.0
822	广西警察学院图书馆	12500.0	859	郑州轨道工程职业学院图书馆	11404.0
823	北京财贸职业学院图书馆	12492.2	860	重庆电力高等专科学校图书馆	11300.0
824	呼和浩特民族学院图书馆	12464.0	861	四川航天职业技术学院图书馆	11278.5
825	辽宁农业职业技术学院图书馆	12430.0	862	扬州工业职业技术学院图书馆	11270.0
826	苏州健雄职业技术学院图书馆	12300.0	863	平凉职业技术学院图书馆	11262.3
827	四川文化产业职业学院图书馆	12289.3	864	江西财经职业学院图书馆	11200.0
828	四川警察学院图书馆	12282.6	865	四川邮电职业技术学院图书馆	10991.0
829	南京广播电视大学图书馆	12272.0	866	铜川职业技术学院图书馆	10827.0
830	天津大学仁爱学院图书馆	12256.0	867	绵阳职业技术学院图书馆	10740.0
831	闽江学院图书馆	12224.8	868	苏州科技大学天平学院图书馆	10700.0
832	天津医科大学图书馆	12200.0	869	南昌大学科技学院图书馆	10700.0
833	甘肃工业职业技术学院图书馆	12200.0	870	新余学院图书馆	10600.0
834	河北中医学院图书馆	12175.0	871	潍坊护理职业学院图书馆	10600.0
835	川北医学院图书馆	12104.9	872	云南商务职业学院图书馆	10480.0
836	南京工业职业技术学院图书馆	12075.0	873	福建技术师范学院图书馆	10461.3
837	中国社会科学院大学图书馆	12054.0	874	江西陶瓷工艺美术职业技术学院图书馆	10452.9

续表

序号	图书馆名称	馆舍总面积（平方米）	序号	图书馆名称	馆舍总面积（平方米）
875	吉林动画学院图书馆	10430.0	907	上海商学院图书馆	9200.0
876	内江职业技术学院图书馆	10351.1	908	桂林航天工业学院图书馆	9160.0
877	湖北交通职业技术学院图书馆	10155.0	909	漳州城市职业学院图书馆	9114.0
878	长治医学院图书馆	10132.2	910	闽江师范高等专科学校图书馆	9093.0
879	广州理工学院图书馆	10126.6	911	湖南城建职业技术学院图书馆	9044.0
880	福建卫生职业技术学院图书馆	10112.8	912	长春大学旅游学院图书馆	9019.0
881	云南财经职业学院图书馆	10100.0	913	中国计量大学现代科技学院图书馆	9000.0
882	泉州经贸职业技术学院图书馆	10097.0	914	闽西职业技术学院图书馆	9000.0
883	吉林工程技术师范学院图书馆	10002.1	915	陕西职业技术学院图书馆	8990.0
884	长江职业学院图书馆	10000.0	916	湖南理工职业技术学院图书馆	8969.0
885	天津国土资源和房屋职业学院图书馆	10000.0	917	昆明理工大学图书馆	8917.0
886	广东文理职业学院图书馆	10000.0	918	乌鲁木齐职业大学图书馆	8769.0
887	德州职业技术学院图书馆	10000.0	919	广州南洋理工职业学院图书馆	8714.0
888	北京工业职业技术学院图书馆	10000.0	920	上海电子信息职业技术学院图书馆	8488.0
889	江苏建康职业学院图书馆	9953.2	921	江西医学高等专科学校图书馆	8446.0
890	重庆警察学院图书馆	9936.9	922	吉林司法警官职业学院图书馆	8296.4
891	广东工贸职业技术学院图书馆	9920.0	923	新疆生产建设兵团兴新职业技术学院图书馆	8235.1
892	山西卫生健康职业学院图书馆	9879.3	924	黄河交通学院图书馆	8168.0
893	浙江纺织服装职业技术学院图书馆	9872.0	925	宁波教育学院图书馆	8153.2
894	赣南师范大学科技学院图书馆	9843.0	926	上海公安学院图书馆	8120.0
895	重庆水利电力职业技术学院图书馆	9777.0	927	湖北财税职业学院图书馆	8035.0
896	云南外事外语职业学院图书馆	9757.0	928	长江工程职业技术学院图书馆	8000.0
897	河南应用技术职业学院图书馆	9664.1	929	山东科技职业学院图书馆	8000.0
898	盘锦职业技术学院图书馆	9622.0	930	江西建设职业技术学院图书馆	8000.0
899	中央司法警官学院图书馆	9567.0	931	陕西机电职业技术学院图书馆	7992.2
900	北京信息科技大学图书馆	9525.0	932	邯郸职业技术学院图书馆	7960.0
901	福建华南女子职业学院图书馆	9490.0	933	湄洲湾职业技术学院图书馆	7888.0
902	武汉电力职业技术学院图书馆	9400.0	934	天津电子信息职业技术学院图书馆	7815.0
903	中山大学新华学院图书馆	9380.8	935	陕西交通职业技术学院图书馆	7800.0
904	益阳职业技术学院图书馆	9335.0	936	南昌大学共青学院图书馆	7800.0
905	泉州幼儿师范高等专科学校图书馆	9225.0	937	甘肃中医药大学图书馆	7800.0
906	武汉体育学院图书馆	9200.0	938	福建信息职业技术学院图书馆	7786.0

续表

序号	图书馆名称	馆舍总面积（平方米）	序号	图书馆名称	馆舍总面积（平方米）
939	河南医学高等专科学校图书馆	7755.0	974	郑州财税金融职业学院图书馆	6500.0
940	成都职业技术学院图书馆	7704.0	975	海南政法职业学院图书馆	6493.0
941	中山火炬职业技术学院图书馆	7700.0	976	新疆工业高等专科学校图书馆	6460.0
942	北京第二外国语学院图书馆	7643.0	977	广州华夏职业学院图书馆	6444.0
943	广州科技贸易职业学院图书馆	7600.0	978	首钢工学院图书馆	6400.0
944	北京第二外国语学院中瑞酒店管理学院图书馆	7600.0	979	浙江警察学院图书馆	6375.0
945	上海闵行职业技术学院图书馆	7599.0	980	四川文轩职业学院图书馆	6369.8
946	西藏农牧学院图书馆	7459.0	981	西安体育学院图书馆	6351.0
947	四川交通职业技术学院图书馆	7402.0	982	湖北生态工程职业技术学院图书馆	6156.0
948	山西工程职业技术学院图书馆	7400.0	983	西安美术学院图书馆	6152.0
949	阿拉善职业技术学院图书馆	7400.0	984	广东舞蹈戏剧职业学院图书馆	6148.9
950	成都体育学院图书馆	7390.0	985	上海旅游高等专科学校图书馆	6130.0
951	上海农林职业技术学院图书馆	7386.0	986	上海出版印刷高等专科学校图书馆	6100.0
952	达州职业技术学院图书馆	7372.0	987	江西机电职业技术学院图书馆	6057.1
953	安徽财贸职业学院图书馆	7200.0	988	宜春职业技术学院图书馆	6054.0
954	江苏航空职业技术学院图书馆	7136.0	989	福建农业职业技术学院图书馆	6050.0
955	上海海关学院图书馆	7121.0	990	天津中德职业技术学院图书馆	6049.7
956	宝鸡职业技术学院图书馆	7100.0	991	四川商务职业学院图书馆	6049.0
957	泉州轻工职业学院图书馆	7078.0	992	重庆能源职业学院图书馆	6000.0
958	北京服装学院图书馆	7042.0	993	浙江同济科技职业学院图书馆	6000.0
959	西安铁路职业技术学院图书馆	7031.5	994	漳州理工职业学院图书馆	6000.0
960	江西生物科技职业学院图书馆	7000.0	995	四平职业大学图书馆	6000.0
961	河北对外经贸职业学院图书馆	7000.0	996	南充职业技术学院图书馆	5867.0
962	杭州职业技术学院图书馆	7000.0	997	云南机电职业技术学院图书馆	5855.7
963	广东科贸职业学院图书馆	7000.0	998	广州大学松田学院图书馆	5648.0
964	安徽警官职业学院图书馆	7000.0	999	天津公安警官职业学院图书馆	5640.0
965	通辽职业学院图书馆	6898.7	1000	上海行健职业学院图书馆	5600.0
966	川南幼儿师范高等专科学校图书馆	6870.1	1001	郑州电力职业技术学院图书馆	5548.1
967	西安航空职业技术学院图书馆	6852.0	1002	海南外国语职业学院图书馆	5528.0
968	漯河职业技术学院图书馆	6848.0	1003	右江民族医学院图书馆	5500.0
969	威海海洋职业学院图书馆	6793.0	1004	吉林体育学院图书馆	5364.0
970	临汾职业技术学院图书馆	6732.8	1005	沈阳音乐学院图书馆	5350.0
971	四川机电职业技术学院图书馆	6602.0	1006	湖北美术学院图书馆	5282.0
972	天津滨海职业学院图书馆	6592.0	1007	浙江特殊教育职业学院图书馆	5256.0
973	桐城师范高等专科学校图书馆	6560.0	1008	上饶幼儿师范高等专科学校图书馆	5173.0

续表

序号	图书馆名称	馆舍总面积（平方米）	序号	图书馆名称	馆舍总面积（平方米）
1009	大兴安岭职业学院图书馆	5130.0	1040	明达职业技术学院图书馆	3806.0
1010	西安财经大学行知学院图书馆	5068.0	1041	吉林省教育学院图书馆	3800.0
1011	深圳技术大学图书馆	5010.0	1042	广州铁路职业技术学院图书馆	3777.0
1012	内蒙古交通职业技术学院图书馆	5000.0	1043	江西农业工程职业学院图书馆	3709.0
1013	内蒙古大学创业学院图书馆	4973.0	1044	吉林水利电力职业学院图书馆	3655.5
1014	武汉音乐学院图书馆	4870.1	1045	吉林交通职业技术学院图书馆	3600.0
1015	马鞍山师范高等专科学校图书馆	4800.0	1046	抚州职业技术学院图书馆	3517.0
1016	西藏职业技术学院图书馆	4706.0	1047	湖北国土资源职业学院图书馆	3500.0
1017	新疆艺术学院图书馆	4560.2	1048	福建中医药大学图书馆	3500.0
1018	乌兰察布职业学院图书馆	4500.0	1049	河南水利与环境职业学院图书馆	3445.0
1019	上海工艺美术职业学院图书馆	4500.0	1050	陕西财经职业技术学院图书馆	3367.0
1020	西安电力高等专科学校图书馆	4463.0	1051	西安职业技术学院图书馆	3309.0
1021	陕西青年职业学院图书馆	4458.0	1052	呼伦贝尔职业技术学院图书馆	3291.0
1022	开封文化艺术职业学院图书馆	4430.0	1053	吉林艺术学院图书馆	3263.0
1023	江西信息应用职业技术学院图书馆	4390.0	1054	延安大学西安创新学院图书馆	3250.0
1024	西安交通大学城市学院图书馆	4347.0	1055	北京教育学院图书馆	3220.0
1025	聊城大学东昌学院图书馆	4330.0	1056	厦门软件职业技术学院图书馆	3217.0
1026	湖北科技职业学院图书馆	4261.0	1057	包头职业技术学院图书馆	3184.0
1027	三亚理工职业学院图书馆	4232.0	1058	江西司法警官职业学院图书馆	3099.6
1028	三亚中瑞酒店管理职业学院图书馆	4133.0	1059	西安音乐学院图书馆	3048.0
1029	云南农业职业技术学院图书馆	4124.0	1060	厦门兴才职业技术学院图书馆	3041.0
1030	荆州理工职业学院图书馆	4090.0	1061	浙江体育职业技术学院图书馆	3000.0
1031	鄂尔多斯生态环境职业学院图书馆	4032.0	1062	山西林业职业技术学院图书馆	3000.0
1032	恩施职业技术学院图书馆	4015.0	1063	山西财贸职业技术学院图书馆	3000.0
1033	四川华新现代职业学院图书馆	4000.0	1064	宁夏大学新华学院图书馆	3000.0
1034	上海思博职业技术学院图书馆	4000.0	1065	河南质量工程职业学院图书馆	3000.0
1035	三明职业技术学院图书馆	4000.0	1066	川北幼儿师范高等专科学校图书馆	3000.0
1036	科尔沁艺术职业学院图书馆	4000.0	1067	吉林工程职业学院图书馆	2983.1
1037	长春金融高等专科学校图书馆	3935.0	1068	重庆幼儿师范高等专科学校图书馆	2825.7
1038	石家庄幼儿师范高等专科学校图书馆	3900.0	1069	陕西邮电职业技术学院图书馆	2803.0
1039	河南测绘职业学院图书馆	3877.0	1070	四川化工职业技术学院图书馆	2765.0

续表

序号	图书馆名称	馆舍总面积（平方米）	序号	图书馆名称	馆舍总面积（平方米）
1071	吉林电子信息职业技术学院图书馆	2729.1	1095	榆林职业技术学院图书馆	1980.0
1072	山西经济管理干部学院图书馆	2700.0	1096	重庆应用技术职业学院图书馆	1900.0
1073	闽北职业技术学院图书馆	2680.0	1097	广州松田职业学院图书馆	1900.0
1074	河北建材职业技术学院图书馆	2619.3	1098	江西青年职业学院图书馆	1830.0
1075	云南司法警官职业学院图书馆	2534.0	1099	新乡医学院图书馆	1800.0
1076	山西铁道职业技术学院图书馆	2500.0	1100	湖北文理学院图书馆	1793.4
1077	内蒙古艺术学院图书馆	2500.0	1101	北京劳动保障职业学院图书馆	1743.0
1078	济南护理职业学院图书馆	2500.0	1102	阜阳职业技术学院图书馆	1620.0
1079	郑州幼儿师范高等专科学校图书馆	2485.0	1103	内蒙古民族幼儿师范高等专科学校图书馆	1557.0
1080	上海工商职业技术学院图书馆	2356.0	1104	内蒙古警察职业学院图书馆	1550.0
1081	上海兴伟学院图书馆	2337.0	1105	内蒙古体育职业学院图书馆	1500.0
1082	西藏藏医大学图书馆	2300.0	1106	云南工贸职业技术学院图书馆	1357.0
1083	上海震旦职业学院图书馆	2295.0	1107	江西艺术职业学院图书馆	1067.0
1084	安徽电气工程职业技术学院图书馆	2237.0	1108	金华教育学院图书馆	1000.0
1085	抚州幼儿师范高等专科学校图书馆	2162.0	1109	海南健康管理职业技术学院图书馆	1000.0
1086	山西水利职业技术学院图书馆	2143.0	1110	吉林科技职业技术学院图书馆	960.0
1087	延边职业技术学院图书馆	2100.0	1111	湖南体育职业学院图书馆	869.2
1088	山西管理职业学院图书馆	2067.0	1112	庆阳职业技术学院图书馆	820.0
1089	武夷山职业学院图书馆	2015.9	1113	泉州纺织服装职业学院图书馆	800.0
1090	西双版纳职业技术学院图书馆	2002.4	1114	海南体育职业技术学院图书馆	600.0
1091	山东艺术设计职业学院图书馆	2000.0	1115	昆山杜克大学图书馆	481.0
1092	甘肃交通职业技术学院图书馆	2000.0	1116	洛阳职业技术学院图书馆	380.0
1093	包头铁道职业技术学院图书馆	2000.0	1117	吉林广播电视大学图书馆	330.7
1094	甘肃建筑职业技术学院图书馆	1987.0	1118	长春开放大学图书馆	300.0

2020 年 1204 所高校图书馆文献资源购置费统计表

序号	图书馆名称	文献资源购置费（元）	序号	图书馆名称	文献资源购置费（元）
1	中山大学图书馆	104892156.5	39	深圳大学图书馆	23583477.3
2	清华大学图书馆	65798116.0	40	山东艺术设计职业学院图书馆	23449546.0
3	上海交通大学图书馆	64038834.9	41	宁波大学图书馆	23000000.0
4	北京大学图书馆	58963701.9	42	浙江工业大学图书馆	22669617.2
5	浙江大学图书馆	52941132.5	43	燕山大学图书馆	22231172.9
6	山东大学图书馆	52759569.2	44	中国矿业大学图书馆	21858734.0
7	复旦大学图书馆	50309335.5	45	武汉理工大学图书馆	21239030.0
8	武汉大学图书馆	47331056.3	46	苏州大学图书馆	20644167.0
9	华中科技大学图书馆	46478533.0	47	上海财经大学图书馆	20533391.8
10	北京师范大学图书馆	45653237.6	48	湖南大学图书馆	20306384.1
11	同济大学图书馆	44624999.9	49	天津大学图书馆	20035430.7
12	中国人民大学图书馆	40192787.1	50	内蒙古大学图书馆	19933346.9
13	中国科学技术大学图书馆	38526081.8	51	南京航空航天大学图书馆	19925682.1
14	深圳大学城图书馆	38000000.0	52	陕西师范大学图书馆	19883585.0
15	吉林大学图书馆	37577707.2	53	西北大学图书馆	19874758.3
16	华东师范大学图书馆	37452813.2	54	海南大学图书馆	19794966.0
17	四川大学图书馆	36711012.1	55	华南师范大学图书馆	19689514.0
18	南京大学图书馆	36510000.3	56	中国海洋大学图书馆	19676286.5
19	暨南大学图书馆	32892004.7	57	北京交通大学图书馆	19671659.3
20	南开大学图书馆	30758287.6	58	华中农业大学图书馆	19636762.5
21	东南大学图书馆	30347106.7	59	贵州大学图书馆	19401500.0
22	大连理工大学图书馆	30161676.4	60	电子科技大学图书馆	19358977.3
23	中南大学图书馆	29990883.0	61	北京科技大学图书馆	19145295.2
24	厦门大学图书馆	29163071.2	62	哈尔滨工业大学图书馆	19047081.2
25	郑州大学图书馆	28740000.0	63	南昌大学图书馆	19047081.2
26	重庆大学图书馆	28310100.0	64	东北师范大学图书馆	18616662.2
27	云南大学图书馆	28268724.1	65	山西大学图书馆	18431798.8
28	西交利物浦大学图书馆	27222176.7	66	南京农业大学图书馆	18261165.6
29	首都师范大学图书馆	27182128.1	67	西安电子科技大学图书馆	17830955.1
30	华南理工大学图书馆	26867868.7	68	合肥工业大学图书馆	17460286.4
31	西北工业大学图书馆	26325749.3	69	南京理工大学图书馆	17451846.1
32	西南大学图书馆	25965434.0	70	杭州师范大学图书馆	17430036.8
33	兰州大学图书馆	25473722.2	71	浙江师范大学图书馆	17399999.5
34	上海师范大学图书馆	24990183.0	72	上海理工大学图书馆	17183519.8
35	南京师范大学图书馆	24906516.3	73	华东理工大学图书馆	17118539.2
36	西安交通大学图书馆	24789501.9	74	宁夏大学图书馆	17114135.7
37	新乡医学院三全学院图书馆	24420861.1	75	西南民族大学图书馆	17006231.8
38	上海大学图书馆	24206811.8	76	哈尔滨工程大学图书馆	16851651.4

续表

序号	图书馆名称	文献资源购置费（元）	序号	图书馆名称	文献资源购置费（元）
77	江苏大学图书馆	16803453.7	117	广州南方学院图书馆	13139786.5
78	中国农业大学图书馆	16800041.4	118	山东科技大学图书馆	13100419.0
79	西南财经大学图书馆	16491700.0	119	山东师范大学图书馆	12809370.8
80	华中师范大学图书馆	16366160.9	120	河北大学图书馆	12787750.3
81	齐鲁工业大学图书馆	16335500.0	121	中国地质大学图书馆	12685567.7
82	北京工商大学图书馆	16066860.6	122	江西工程学院图书馆	12577469.3
83	广西大学图书馆	15841465.6	123	中国石油大学（华东）图书馆	12524567.3
84	江南大学图书馆	15836559.8	124	广西师范大学图书馆	12518287.0
85	北京理工大学图书馆	15654931.9	125	中南民族大学图书馆	12465322.7
86	西北农林科技大学图书馆	15489392.0	126	盐城工学院图书馆	12448500.0
87	扬州大学图书馆	15349847.0	127	西北师范大学图书馆	12427978.4
88	河海大学图书馆	15214931.4	128	上海对外经贸大学图书馆	12399870.6
89	华侨大学图书馆	15188938.6	129	中国药科大学图书馆	12399500.0
90	西安外国语大学图书馆	14936101.0	130	汕头大学图书馆	12349451.6
91	江汉大学图书馆	14858218.0	131	内蒙古工业大学图书馆	12197887.0
92	上海科技大学图书馆	14856523.1	132	四川文轩职业学院图书馆	12190699.1
93	首都医科大学图书馆	14802920.3	133	南昌工学院图书馆	12141460.1
94	中南财经政法大学图书馆	14778619.8	134	南通大学图书馆	12105222.7
95	东北大学图书馆	14753351.2	135	河北工业大学图书馆	11993556.1
96	吉林工程技术师范学院图书馆	14570000.0	136	南京工业大学图书馆	11940941.3
97	福建师范大学图书馆	14552137.4	137	南方医科大学图书馆	11875495.0
98	重庆医科大学图书馆	14466716.4	138	华南农业大学图书馆	11853047.0
99	福建农林大学图书馆	14448588.8	139	上海外国语大学图书馆	11726374.5
100	云南师范大学图书馆	14368313.2	140	曲阜师范大学图书馆	11685000.0
101	昆明理工大学图书馆	14339888.1	141	深圳技术大学图书馆	11529124.2
102	成都理工大学图书馆	14301755.9	142	重庆工商大学图书馆	11433175.6
103	西华师范大学图书馆	14200000.0	143	西南科技大学图书馆	11418788.2
104	黑龙江大学图书馆	14123235.0	144	河北师范大学图书馆	11404378.2
105	江苏航空职业技术学院图书馆	14014933.0	145	杭州电子科技大学图书馆	11367188.9
106	安徽大学图书馆	13994603.0	146	北京邮电大学图书馆	11353488.6
107	桂林电子科技大学图书馆	13749775.0	147	中北大学图书馆	11351234.6
108	广州大学图书馆	13724927.0	148	武汉轻工大学图书馆	11262344.6
109	四川师范大学图书馆	13697791.1	149	大连海事大学图书馆	11257460.0
110	新疆大学图书馆	13696061.9	150	上海工程技术大学图书馆	11082634.7
111	广州医科大学图书馆	13543163.8	151	北京联合大学图书馆	11053305.5
112	安徽师范大学图书馆	13431773.3	152	四川农业大学图书馆	11030772.0
113	华北电力大学图书馆	13415394.0	153	山西师范大学图书馆	11025121.4
114	青岛大学图书馆	13223180.2	154	西南石油大学图书馆	11008964.0
115	中国民航大学图书馆	13203394.1	155	烟台大学图书馆	11001420.0
116	山东农业大学图书馆	13158962.5	156	中国医科大学图书馆	10980078.6

续表

序号	图书馆名称	文献资源购置费（元）	序号	图书馆名称	文献资源购置费（元）
157	南京林业大学图书馆	10815252.4	197	大连大学图书馆	8778262.6
158	集美大学图书馆	10773384.5	198	广州中医药大学图书馆	8734243.2
159	西安建筑科技大学图书馆	10720796.2	199	安徽建筑大学图书馆	8727103.0
160	长安大学图书馆	10716286.0	200	青岛农业大学图书馆	8689749.6
161	常州大学图书馆	10580000.0	201	聊城大学图书馆	8683919.0
162	江西财经大学图书馆	10539253.0	202	南京财经大学图书馆	8682800.0
163	海南热带海洋学院图书馆	10538956.7	203	北方工业大学图书馆	8647129.0
164	南京医科大学图书馆	10439752.8	204	青岛科技大学图书馆	8629616.5
165	南京审计大学图书馆	10433548.1	205	西南医科大学图书馆	8604131.0
166	厦门理工学院图书馆	10379528.3	206	江西理工大学图书馆	8585855.5
167	宜宾学院图书馆	10321190.2	207	闽江学院图书馆	8576693.6
168	太原理工大学图书馆	10293051.1	208	江西中医药大学图书馆	8541388.0
169	台州学院图书馆	10282197.8	209	延边大学图书馆	8498281.4
170	郑州升达经贸管理学院图书馆	10229919.5	210	天津工业大学图书馆	8480766.2
171	深圳职业技术学院图书馆	10197600.0	211	南京信息工程大学图书馆	8465910.9
172	安徽财经大学图书馆	10048915.5	212	中国政法大学图书馆	8433786.7
173	兰州交通大学图书馆	10005900.0	213	川北医学院图书馆	8423744.5
174	华北理工大学图书馆	9997000.0	214	安徽农业大学图书馆	8420000.0
175	成都中医药大学图书馆	9986815.6	215	北京中医药大学图书馆	8397086.0
176	中国民用航空飞行学院图书馆	9980567.4	216	南华大学图书馆	8361671.6
177	南京邮电大学图书馆	9959900.0	217	西安科技大学图书馆	8350988.0
178	湖州师范学院图书馆	9798051.0	218	云南经济管理学院图书馆	8348940.2
179	河北工程大学图书馆	9763000.0	219	河北中医学院图书馆	8300000.0
180	温州医科大学图书馆	9723687.0	220	中国计量大学图书馆	8258455.4
181	江西师范大学图书馆	9721932.8	221	闽南师范大学图书馆	8230363.0
182	广西科技大学图书馆	9699399.2	222	上海应用技术学院图书馆	8186578.7
183	兰州理工大学图书馆	9608280.5	223	西南政法大学图书馆	8179598.8
184	成都大学图书馆	9493815.3	224	天津科技大学图书馆	8114261.0
185	南昌航空大学图书馆	9404700.0	225	石家庄铁道大学图书馆	8095000.0
186	安徽医科大学图书馆	9399968.0	226	甘肃农业大学图书馆	8081800.0
187	黄淮学院图书馆	9329750.0	227	东华理工大学图书馆	8066650.2
188	河南大学图书馆	9325093.9	228	湖北大学图书馆	7996168.4
189	内蒙古科技大学图书馆	9303480.7	229	临沂大学图书馆	7974200.0
190	中国石油大学（北京）图书馆	9139569.0	230	上海海洋大学图书馆	7973547.6
191	东北林业大学图书馆	9124366.0	231	武汉科技大学图书馆	7960033.9
192	重庆理工大学图书馆	9058707.4	232	南京晓庄学院图书馆	7932493.7
193	河北医科大学图书馆	8967600.0	233	新疆财经大学图书馆	7910000.0
194	大连民族大学图书馆	8895380.0	234	内蒙古师范大学图书馆	7906327.0
195	三峡大学图书馆	8873376.0	235	太原科技大学图书馆	7884644.5
196	山西农业大学图书馆	8812755.2	236	厦门医学院图书馆	7883739.2

续表

序号	图书馆名称	文献资源购置费（元）	序号	图书馆名称	文献资源购置费（元）
237	绍兴文理学院图书馆	7883739.2	277	长沙理工大学图书馆	6535400.0
238	北京师范大学珠海分校图书馆	7875016.6	278	天津理工大学图书馆	6524351.1
239	河南科技大学图书馆	7860000.0	279	长江大学图书馆	6492488.9
240	北京大学医学图书馆	7825878.0	280	山西财经大学图书馆	6450700.5
241	上海海事大学图书馆	7777371.5	281	西华大学图书馆	6444625.6
242	中央民族大学图书馆	7742897.0	282	沈阳药科大学图书馆	6359949.6
243	湖北工业大学图书馆	7713597.9	283	大连外国语大学图书馆	6320000.0
244	惠州学院图书馆	7711251.7	284	贵州财经大学图书馆	6317333.7
245	广东财经大学华商学院图书馆	7692617.2	285	安徽中医药大学图书馆	6314176.5
246	中原工学院图书馆	7690700.0	286	河北科技大学图书馆	6302176.8
247	中央财经大学图书馆	7642442.6	287	武汉纺织大学图书馆	6300000.0
248	成都医学院图书馆	7560602.5	288	重庆三峡学院图书馆	6298500.0
249	上海电力学院图书馆	7550864.8	289	四川外国语大学图书馆	6272075.0
250	新乡学院图书馆	7542406.0	290	中南林业科技大学图书馆	6271352.5
251	云南财经大学图书馆	7480000.0	291	内江师范学院图书馆	6232424.0
252	西安理工大学图书馆	7454768.8	292	遵义医科大学图书馆	6217251.4
253	西北民族大学图书馆	7410100.0	293	重庆三峡医药高等专科学校图书馆	6200000.0
254	大连医科大学图书馆	7372420.6	294	山西大同大学图书馆	6181683.6
255	陕西科技大学图书馆	7328421.6	295	南京工业职业技术学院图书馆	6169994.0
256	贵州师范大学图书馆	7266735.8	296	长春师范大学图书馆	6071078.6
257	北京信息科技大学图书馆	7244674.9	297	兰州财经大学图书馆	6070086.0
258	辽宁大学图书馆	7210767.0	298	重庆第二师范学院图书馆	6042000.0
259	浙江海洋大学图书馆	7170870.7	299	山西医科大学图书馆	6027713.4
260	武汉商学院图书馆	7075253.1	300	江西农业大学图书馆	6014413.1
261	上海体育学院图书馆	7058651.1	301	四川轻化工大学图书馆	6001574.8
262	福建医科大学图书馆	7011701.3	302	内蒙古财经大学图书馆	5974974.2
263	广西民族大学图书馆	7006043.6	303	四川大学锦城学院图书馆	5969728.0
264	东北农业大学图书馆	6969749.3	304	合肥职业技术学院图书馆	5960000.0
265	赣南医学院图书馆	6969368.0	305	漳州理工职业学院图书馆	5926200.0
266	长春中医药大学图书馆	6930765.5	306	安阳师范学院图书馆	5914418.6
267	昆明医学院图书馆	6856519.0	307	南宁师范大学图书馆	5883496.0
268	包头师范学院图书馆	6846000.0	308	周口师范学院图书馆	5883461.0
269	浙江传媒学院图书馆	6826300.0	309	沈阳农业大学图书馆	5839469.8
270	东北财经大学图书馆	6733757.1	310	内蒙古医科大学图书馆	5820507.4
271	沈阳工业大学图书馆	6681477.8	311	湖南商学院图书馆	5820040.0
272	甘肃中医药大学图书馆	6653000.0	312	北京石油化工学院图书馆	5800195.0
273	贵州商学院图书馆	6641199.6	313	江西中医药高等专科学校图书馆	5773280.0
274	上海立信会计金融学院图书馆	6582672.2	314	河北农业大学图书馆	5764599.4
275	天津商业大学图书馆	6577711.2	315	西安航空学院图书馆	5744517.5
276	北京服装学院图书馆	6535697.8	316	吉林财经大学图书馆	5740305.7

序号	图书馆名称	文献资源购置费（元）	序号	图书馆名称	文献资源购置费（元）
317	湖北师范大学图书馆	5739716.8	357	陕西国际商贸学院图书馆	4972459.8
318	顺德职业技术学院图书馆	5730252.0	358	西安培华学院图书馆	4947842.5
319	北京理工大学珠海学院图书馆	5576000.0	359	南京工程学院图书馆	4923104.0
320	江苏理工学院图书馆	5570305.9	360	金陵科技学院图书馆	4913470.5
321	济宁医学院图书馆	5520952.6	361	广西财经学院图书馆	4906224.7
322	泉州职业技术大学图书馆	5509700.0	362	阜阳师范大学图书馆	4906103.3
323	湖南中医药大学图书馆	5500000.0	363	宁夏师范学院图书馆	4902200.0
324	韩山师范学院图书馆	5484864.5	364	贵州医科大学图书馆	4896913.1
325	广东药科大学图书馆	5477082.0	365	四川旅游学院图书馆	4894775.0
326	福州理工学院图书馆	5475509.0	366	江西科技师范大学图书馆	4880289.8
327	常熟理工学院图书馆	5464681.3	367	浙江外国语学院图书馆	4875452.0
328	河西学院图书馆	5421500.0	368	贵州民族大学图书馆	4844612.5
329	湖北科技学院图书馆	5391835.4	369	锦州医科大学图书馆	4831591.2
330	福建工程学院图书馆	5375941.5	370	河北北方学院图书馆	4830240.0
331	宁夏医科大学图书馆	5350805.0	371	北部湾大学图书馆	4824900.0
332	南昌理工学院图书馆	5349713.0	372	哈尔滨师范大学图书馆	4809648.7
333	赣南师范大学科技学院图书馆	5348180.4	373	湖南理工学院图书馆	4773104.6
334	湖南工业职业技术学院图书馆	5348000.0	374	中山大学新华学院图书馆	4757675.9
335	唐山师范学院图书馆	5310000.0	375	洛阳职业技术学院图书馆	4750000.0
336	湖北民族大学图书馆	5271200.0	376	陕西理工大学图书馆	4746197.9
337	河北经贸大学图书馆	5270000.0	377	河南工学院图书馆	4724600.0
338	淮阴师范学院图书馆	5263400.0	378	银川能源学院图书馆	4677381.7
339	东莞理工学院城市学院图书馆	5258005.0	379	沈阳航空航天大学图书馆	4671178.9
340	华东交通大学图书馆	5246301.7	380	四川美术学院图书馆	4666730.0
341	贵阳学院图书馆	5244819.8	381	吉林农业大学图书馆	4663144.9
342	长春理工大学图书馆	5229402.3	382	蚌埠医学院图书馆	4662797.6
343	淮阴工学院图书馆	5216600.0	383	西藏民族大学图书馆	4660863.8
344	成都文理学院图书馆	5213200.0	384	辽宁科技大学图书馆	4655808.1
345	盐城师范学院图书馆	5180000.0	385	西安工程大学图书馆	4645636.7
346	上海商学院图书馆	5164837.0	386	上海政法学院图书馆	4631227.9
347	九江学院图书馆	5147437.0	387	重庆工业职业技术学院图书馆	4608623.8
348	上海电机学院图书馆	5135437.0	388	运城学院图书馆	4565000.0
349	浙江科技学院图书馆	5127718.0	389	西安欧亚学院图书馆	4550895.0
350	湖北经济学院图书馆	5101222.0	390	哈尔滨理工大学图书馆	4523854.0
351	河北传媒学院图书馆	5069829.4	391	郑州航空工业管理学院图书馆	4511767.0
352	广东财经大学图书馆	5068329.7	392	西安交通工程学院图书馆	4500314.6
353	中国社会科学院大学图书馆	5062690.0	393	河南城建学院图书馆	4500000.0
354	浙江越秀外国语学院图书馆	5038256.0	394	泉州轻工职业学院图书馆	4477139.8
355	岭南师范学院图书馆	5001108.3	395	西安邮电大学图书馆	4461649.5
356	河南工业贸易职业学院图书馆	4990000.0	396	石河子大学图书馆	4458665.4

续表

序号	图书馆名称	文献资源购置费（元）	序号	图书馆名称	文献资源购置费（元）
397	广东技术师范大学图书馆	4450980.0	433	外交学院图书馆	4002498.4
398	合肥学院图书馆	4425823.6	434	西藏大学图书馆	4002136.0
399	徐州医科大学图书馆	4413838.6	435	齐齐哈尔大学图书馆	3999999.9
400	井冈山大学图书馆	4413544.6	436	吉首大学图书馆	3983000.0
401	河南工程学院图书馆	4397645.0	437	内蒙古民族大学图书馆	3981606.8
402	太原师范学院图书馆	4393533.8	438	南阳师范学院图书馆	3978011.9
403	黔南民族师范学院图书馆	4351400.0	439	北京电子科技职业学院图书馆	3963411.1
404	西安翻译学院图书馆	4323007.7	440	集宁师范学院图书馆	3956893.0
405	三明学院图书馆	4316291.4	441	昆明学院图书馆	3949965.0
406	西南林业大学图书馆	4289270.4	442	浙江旅游职业学院图书馆	3946080.0
407	武汉工程大学图书馆	4277670.0	443	江苏海洋大学图书馆	3940777.0
408	徐州工程学院图书馆	4271750.0	444	江西枫林涉外经贸职业学院图书馆	3914603.0
409	浙江树人大学图书馆	4266538.2	445	北京农学院图书馆	3899094.2
410	长春工业大学图书馆	4261655.7	446	山西传媒学院图书馆	3895500.0
411	浙江工业职业技术学院图书馆	4258000.0	447	郑州财税金融职业学院图书馆	3891534.7
412	云南民族大学图书馆	4239843.0	448	重庆水利电力职业技术学院图书馆	3874200.0
413	太原大学图书馆	4205886.0	449	吉林建筑大学图书馆	3870952.6
414	河南经贸职业学院图书馆	4205886.0	450	淮南师范学院图书馆	3849198.0
415	武昌首义学院图书馆	4192141.0	451	云南农业大学图书馆	3819041.5
416	湖南城市学院图书馆	4190000.0	452	云南师范大学商学院图书馆	3796600.0
417	大连工业大学图书馆	4188644.0	453	甘肃民族师范学院图书馆	3792400.0
418	辽宁中医药大学图书馆	4131951.0	454	白城师范学院图书馆	3788839.6
419	三江学院图书馆	4094312.0	455	上饶师范学院图书馆	3771413.4
420	东北电力大学图书馆	4075046.3	456	湖北文理学院图书馆	3760153.8
421	西安思源学院图书馆	4061833.6	457	山西工程技术学院图书馆	3750370.5
422	吉林师范大学图书馆	4056304.6	458	赤峰学院图书馆	3745000.0
423	衡阳师范学院图书馆	4054665.0	459	广东科学技术职业学院图书馆	3745000.0
424	喀什大学图书馆	4050000.0	460	赣南师范大学图书馆	3729883.3
425	延安大学图书馆	4047800.2	461	浙江大学城市学院图书馆	3727000.0
426	福建中医药大学图书馆	4034647.8	462	安徽商贸职业技术学院图书馆	3717117.4
427	西藏农牧学院图书馆	4028732.4	463	首都经济贸易大学图书馆	3714131.2
428	中国人民公安大学图书馆	4024420.0	464	山西中医药大学图书馆	3705072.0
429	武夷学院图书馆	4010330.6	465	广西生态工程职业技术学院图书馆	3681000.0
430	上海电子信息职业技术学院图书馆	4009291.9	466	宁波工程学院图书馆	3674114.7
431	成都艺术职业大学图书馆	4006494.8	467	南昌职业大学图书馆	3673416.4
432	中国传媒大学图书馆	4005504.3	468	上海第二工业大学图书馆	3672588.0

续表

序号	图书馆名称	文献资源购置费(元)	序号	图书馆名称	文献资源购置费(元)
469	南京艺术学院图书馆	3670500.0	507	湖南信息学院图书馆	3356937.3
470	贵州师范学院图书馆	3657666.2	508	宿迁学院图书馆	3354868.0
471	泰州学院图书馆	3656643.2	509	兴义民族师范学院图书馆	3339607.8
472	成都师范学院图书馆	3640872.0	510	江苏第二师范学院图书馆	3334400.0
473	右江民族医学院图书馆	3636607.0	511	天津滨海汽车工程职业学院图书馆	3332394.8
474	大理大学图书馆	3607233.1	512	重庆机电职业技术学院图书馆	3331500.0
475	滨州医学院图书馆	3604800.0	513	衡水学院图书馆	3330400.0
476	兰州城市学院图书馆	3600000.0	514	合肥师范学院图书馆	3324232.8
477	山东中医药大学图书馆	3593794.8	515	山西工商学院图书馆	3318037.7
478	芜湖职业技术学院图书馆	3593000.0	516	滁州学院图书馆	3309000.0
479	黄山学院图书馆	3592331.4	517	兰州工业学院图书馆	3303921.4
480	西京学院图书馆	3592323.0	518	哈尔滨商业大学图书馆	3270015.8
481	河南农业职业学院图书馆	3592213.1	519	广东金融学院图书馆	3265225.5
482	山东医学高等专科学校图书馆	3590134.0	520	常州信息职业技术学院图书馆	3232457.0
483	江西科技学院图书馆	3577842.7	521	沈阳建筑大学图书馆	3231974.2
484	福建江夏学院图书馆	3562126.4	522	山东理工职业学院图书馆	3230000.0
485	淮北师范大学图书馆	3557775.8	523	西安医学院图书馆	3209312.8
486	拉萨师范高等专科学校图书馆	3550088.2	524	河北环境工程学院图书馆	3195329.0
487	西安财经大学行知学院图书馆	3536301.1	525	辽宁石油化工大学图书馆	3189999.8
488	上海中医药大学图书馆	3526525.6	526	石家庄学院图书馆	3187000.0
489	昆明冶金高等专科学校图书馆	3524700.0	527	贵州中医药大学图书馆	3182999.2
490	成都体育学院图书馆	3512879.4	528	辽宁师范大学图书馆	3156222.6
491	湖北医药学院图书馆	3501000.0	529	上海海关学院图书馆	3151088.7
492	黑龙江中医药大学图书馆	3499396.4	530	遵义师范学院图书馆	3150000.0
493	广东轻工职业技术学院图书馆	3486844.9	531	三亚学院图书馆	3148000.0
494	渤海大学图书馆	3479199.4	532	皖西学院图书馆	3140000.0
495	包头医学院图书馆	3477643.0	533	茅台学院图书馆	3121622.0
496	陕西服装工程学院图书馆	3477584.0	534	榆林学院图书馆	3111600.0
497	南宁学院图书馆	3466495.0	535	淄博职业学院图书馆	3102000.0
498	琼台师范学院图书馆	3461240.0	536	安徽职业技术学院图书馆	3099850.0
499	甘肃政法大学图书馆	3459052.8	537	黄冈师范学院图书馆	3093583.0
500	西安工业大学图书馆	3453030.3	538	邢台职业技术学院图书馆	3055000.0
501	湖北城市建设职业技术学院图书馆	3438200.0	539	山东交通学院图书馆	3046000.0
502	新乡医学院图书馆	3430800.0	540	南昌工程学院图书馆	3038457.0
503	西南财经大学天府学院图书馆	3419271.9	541	攀枝花学院图书馆	3027604.0
504	安徽科技学院图书馆	3390000.0	542	湖北中医药大学图书馆	3025760.0
505	中国石油大学胜利学院图书馆	3388488.3	543	西安石油大学图书馆	3021643.1
506	蚌埠学院图书馆	3376600.0	544	东莞职业技术学院图书馆	3013200.0

续表

序号	图书馆名称	文献资源购置费（元）	序号	图书馆名称	文献资源购置费（元）
545	景德镇陶瓷大学图书馆	2998917.4	584	桂林航天工业学院图书馆	2699316.2
546	山东政法学院图书馆	2997700.0	585	惠州经济职业技术学院图书馆	2697471.1
547	沈阳医学院图书馆	2997338.2	586	抚州幼儿师范高等专科学校图书馆	2694391.0
548	枣庄学院图书馆	2994500.0	587	荆楚理工学院图书馆	2685200.0
549	乐山师范学院图书馆	2994138.0	588	营口理工学院图书馆	2679280.6
550	绵阳师范学院图书馆	2988400.0	589	铁道警察学院图书馆	2674000.4
551	杨凌职业技术学院图书馆	2973216.6	590	长江师范学院图书馆	2659383.7
552	陕西中医药大学图书馆	2957749.3	591	成都信息工程大学图书馆	2649788.2
553	无锡职业技术学院图书馆	2953533.0	592	安顺学院图书馆	2648611.7
554	武汉体育学院图书馆	2949950.0	593	武汉音乐学院图书馆	2645345.3
555	长春工程学院图书馆	2937203.4	594	巢湖学院图书馆	2640250.0
556	曲靖师范学院图书馆	2933448.0	595	聊城职业技术学院图书馆	2637961.0
557	阿坝师范学院图书馆	2928986.9	596	北京财贸职业学院图书馆	2634800.0
558	吉林医药学院图书馆	2915985.7	597	西安外事学院图书馆	2626583.3
559	广东农工商职业技术学院图书馆	2899000.0	598	南京森林警察学院图书馆	2620549.2
560	福州外语外贸学院图书馆	2894152.0	599	文华学院图书馆	2610301.3
561	昆山杜克大学图书馆	2881360.9	600	东南大学成贤学院图书馆	2603000.0
562	上海建桥学院图书馆	2845605.7	601	河北政法职业学院图书馆	2600000.0
563	吉林农业科技学院图书馆	2825525.3	602	长春建筑学院图书馆	2598309.5
564	宝鸡文理学院图书馆	2825297.4	603	浙江警察学院图书馆	2594398.3
565	浙江工商职业技术学院图书馆	2825166.7	604	西安航空职业技术学院图书馆	2587500.0
566	保定学院图书馆	2811391.0	605	安徽财贸职业学院图书馆	2580000.0
567	武汉科技大学城市学院图书馆	2809714.5	606	河南职业技术学院图书馆	2578000.0
568	云南艺术学院图书馆	2803105.0	607	四川警察学院图书馆	2577500.0
569	贵州工程应用技术学院图书馆	2795000.0	608	云南开放大学图书馆	2568500.0
570	山东科技职业学院图书馆	2786000.0	609	韶关学院图书馆	2557361.2
571	海口经济学院图书馆	2785425.0	610	四川交通职业技术学院图书馆	2549300.0
572	渭南师范学院图书馆	2774792.1	611	文山学院图书馆	2549086.4
573	广州番禺职业技术学院图书馆	2774419.5	612	武汉设计工程学院图书馆	2541224.0
574	广州航海学院图书馆	2769108.9	613	广西科技大学鹿山学院图书馆	2541190.1
575	绍兴文理学院元培学院图书馆	2754745.8	614	防灾科技学院图书馆	2531599.7
576	河池学院图书馆	2745407.0	615	邵阳学院图书馆	2520000.0
577	天水师范学院图书馆	2733891.0	616	常州工程职业技术学院图书馆	2520000.0
578	玉林师范学院图书馆	2733000.0	617	湖南信息职业技术学院图书馆	2501193.0
579	德州学院图书馆	2732493.0	618	湖南体育职业学院图书馆	2500400.0
580	苏州市职业大学图书馆	2726231.3	619	河南牧业经济学院图书馆	2500000.0
581	齐鲁师范学院图书馆	2709855.0	620	普洱学院图书馆	2500000.0
582	云南师范大学文理学院图书馆	2700421.4	621	闽江师范高等专科学校图书馆	2500000.0
583	山西警察学院图书馆	2700000.0	622	凯里学院图书馆	2498872.2

续表

序号	图书馆名称	文献资源购置费（元）	序号	图书馆名称	文献资源购置费（元）
623	长沙民政职业技术学院图书馆	2498000.0	661	河南工业职业技术学院图书馆	2250000.0
624	丽水学院图书馆	2486313.9	662	吉林外国语大学图书馆	2248697.7
625	扬州市职业大学图书馆	2471968.7	663	西北政法大学图书馆	2241869.2
626	湖南女子学院图书馆	2460800.0	664	莆田学院图书馆	2235504.6
627	郑州旅游职业学院图书馆	2458245.0	665	武汉生物工程学院图书馆	2216777.5
628	广西警察学院图书馆	2439398.3	666	浙江财经大学东方学院图书馆	2209115.3
629	山东商业职业技术学院图书馆	2433500.0	667	辽宁工程技术大学图书馆	2204797.3
630	南开大学滨海学院图书馆	2421337.2	668	济宁学院图书馆	2200000.0
631	宿州学院图书馆	2420000.0	669	北京工业职业技术学院图书馆	2200000.0
632	四川音乐学院图书馆	2417462.0	670	福建技术师范学院图书馆	2181913.4
633	黄河科技学院图书馆	2413741.0	671	江西经济管理干部学院图书馆	2179200.0
634	新疆工业高等专科学校图书馆	2407762.0	672	上海公安学院图书馆	2171178.0
635	四川民族学院图书馆	2404374.8	673	哈尔滨职业技术学院图书馆	2170110.0
636	赣州师范高等专科学校图书馆	2403000.0	674	临沂职业学院图书馆	2157090.4
637	佳木斯大学图书馆	2397636.0	675	山西能源学院图书馆	2148843.8
638	牡丹江师范学院图书馆	2394354.0	676	长春科技学院图书馆	2144152.0
639	湖北美术学院图书馆	2383271.0	677	鹤壁职业技术学院图书馆	2136916.0
640	内蒙古警察职业学院图书馆	2379638.0	678	龙岩学院图书馆	2135051.3
641	河北建筑工程学院图书馆	2373779.6	679	青岛恒星科技学院图书馆	2133500.0
642	广州城建职业学院图书馆	2372971.8	680	武汉学院图书馆	2131748.3
643	郑州职业技术学院图书馆	2366200.0	681	九江职业技术学院图书馆	2130438.5
644	南充职业技术学院图书馆	2365833.8	682	宜春学院图书馆	2129996.5
645	宁夏财经职业技术学院图书馆	2362749.0	683	大连海洋大学图书馆	2122241.1
646	吉林铁道职业技术学院图书馆	2360395.6	684	漳州科技职业学院图书馆	2114000.0
647	济南职业学院图书馆	2352000.0	685	郑州轨道工程职业学院图书馆	2110000.0
648	宁夏职业技术学院图书馆	2348609.7	686	吉林化工学院图书馆	2109003.0
649	豫章师范学院图书馆	2345000.0	687	北京政法职业学院图书馆	2105386.1
650	江西现代职业技术学院图书馆	2340000.0	688	陕西工业职业技术学院图书馆	2097281.1
651	江西服装学院图书馆	2339567.8	689	咸阳职业技术学院图书馆	2094501.0
652	鄂尔多斯应用技术学院图书馆	2337203.4	690	西安体育学院图书馆	2087216.7
653	阳光学院图书馆	2332189.2	691	浙江水利水电学院图书馆	2086403.2
654	邯郸学院图书馆	2316183.4	692	云南中医药大学图书馆	2080549.0
655	长治医学院图书馆	2299000.0	693	云南大学滇池学院图书馆	2077386.5
656	常州工学院图书馆	2297164.0	694	四川卫生康复职业学院图书馆	2077135.5
657	浙江大学宁波理工学院图书馆	2296535.0	695	湖北工程学院图书馆	2071524.2
658	郑州幼儿师范高等专科学校图书馆	2276000.0	696	河北化工医药职业技术学院图书馆	2067000.0
659	南京科技职业学院图书馆	2271643.1	697	四川建筑职业技术学院图书馆	2066565.8
660	广州大学松田学院图书馆	2261251.4	698	江西财经职业学院图书馆	2065000.0

续表

序号	图书馆名称	文献资源购置费（元）	序号	图书馆名称	文献资源购置费（元）
699	山东青年政治学院图书馆	2064743.0	735	宁波职业技术学院图书馆	1905492.9
700	黑河学院图书馆	2060739.8	736	四川工商职业技术学院图书馆	1905009.0
701	广州城市职业学院图书馆	2060000.0	737	四川护理职业学院图书馆	1898000.0
702	青岛职业技术学院图书馆	2057000.0	738	武汉工商学院图书馆	1897033.4
703	重庆移通学院图书馆	2046577.0	739	西安明德理工学院图书馆	1894164.5
704	浙江纺织服装职业技术学院图书馆	2044162.7	740	北京科技大学天津学院图书馆	1890140.0
705	湖南文理学院图书馆	2042869.0	741	重庆警察学院图书馆	1884494.8
706	兰州石化职业技术学院图书馆	2030000.0	742	红河学院图书馆	1884404.0
707	长治学院图书馆	2027400.0	743	江苏师范大学图书馆	1882364.2
708	哈尔滨金融学院图书馆	2020000.0	744	沧州师范学院图书馆	1880000.0
709	台州职业技术学院图书馆	2016455.4	745	南京医科大学康达学院图书馆	1875000.0
710	乌鲁木齐职业大学图书馆	2010000.0	746	梧州学院图书馆	1867937.6
711	吉林艺术学院图书馆	2002300.0	747	承德医学院图书馆	1860000.0
712	西安财经大学图书馆	2001855.4	748	长春光华学院图书馆	1858764.1
713	许昌职业技术学院图书馆	2001600.0	749	长春大学图书馆	1850966.4
714	安阳职业技术学院图书馆	2000000.0	750	海南政法职业学院图书馆	1850000.0
715	湖南工学院图书馆	1998000.0	751	四川文理学院图书馆	1843569.0
716	温州科技职业学院图书馆	1995524.8	752	河套学院图书馆	1823180.0
717	杭州医学院图书馆	1995241.2	753	安徽医学高等专科学校图书馆	1817295.0
718	沈阳大学图书馆	1993944.6	754	江苏农牧科技职业学院图书馆	1803057.4
719	沈阳工程学院图书馆	1991787.0	755	江西师范大学科技学院图书馆	1800059.0
720	江苏城乡建设职业学院图书馆	1990800.0	756	江苏警官学院图书馆	1796123.0
721	湖北理工学院图书馆	1989970.9	757	广州体育学院图书馆	1793894.2
722	湖州职业技术学院图书馆	1983457.7	758	六盘水师范学院图书馆	1780981.3
723	广东省外语艺术职业学院图书馆	1982277.0	759	河北科技师范学院图书馆	1780600.0
724	浙江经济职业技术学院图书馆	1977367.2	760	广安职业技术学院图书馆	1770632.2
725	浙江同济科技职业学院图书馆	1969183.5	761	苏州卫生职业技术学院图书馆	1768695.6
726	海南师范大学图书馆	1967316.0	762	陕西学前师范学院图书馆	1739116.6
727	西北大学现代学院图书馆	1946761.0	763	济南幼儿师范高等专科学校图书馆	1737714.7
728	重庆城市管理职业学院图书馆	1946500.0	764	四川三河职业学院图书馆	1736942.8
729	东北石油大学图书馆	1937931.0	765	安康学院图书馆	1733113.1
730	山东华宇工学院图书馆	1929349.5	766	南京大学金陵学院图书馆	1731100.0
731	重庆幼儿师范高等专科学校图书馆	1928099.8	767	泰州职业技术学院图书馆	1730510.3
732	江西应用科技学院图书馆	1923718.2	768	四川文化产业职业学院图书馆	1728463.1
733	嘉兴职业技术学院图书馆	1917378.0	769	广西艺术学院图书馆	1724796.5
734	辽东学院图书馆	1910677.6	770	广东食品药品职业学院图书馆	1720000.0

续表

序号	图书馆名称	文献资源购置费（元）	序号	图书馆名称	文献资源购置费（元）
771	成都航空职业技术学院图书馆	1712874.8	806	池州学院图书馆	1568290.0
772	浙江交通职业技术学院图书馆	1707837.3	807	福建警察学院图书馆	1562245.3
773	武汉工程科技学院图书馆	1701893.3	808	成都工业学院图书馆	1561108.0
774	浙江医药高等专科学校图书馆	1695489.2	809	河南医学高等专科学校图书馆	1560908.0
775	湖南科技学院图书馆	1693773.3	810	沈阳体育学院图书馆	1559143.1
776	贵州警察学院图书馆	1691735.3	811	西安铁路职业技术学院图书馆	1555332.2
777	汉江师范学院图书馆	1682817.0	812	内蒙古电子信息职业技术学院图书馆	1554839.8
778	玉溪师范学院图书馆	1680000.0	813	湖北警官学院图书馆	1554282.9
779	山东女子学院图书馆	1679672.6	814	宁夏理工学院图书馆	1539950.4
780	江西师范高等专科学校图书馆	1671000.0	815	通化师范学院图书馆	1536000.0
781	吉林动画学院图书馆	1666780.1	816	西安职业技术学院图书馆	1526724.8
782	绥化学院图书馆	1665736.3	817	湖南警察学院图书馆	1520928.0
783	广东工贸职业技术学院图书馆	1660000.0	818	四川工程职业技术学院图书馆	1520000.0
784	重庆文理学院图书馆	1656549.0	819	漳州职业技术学院图书馆	1518120.0
785	武汉华夏理工学院图书馆	1655295.3	820	保山学院图书馆	1516476.6
786	贵州理工学院图书馆	1651000.0	821	广州南洋理工职业学院图书馆	1514169.1
787	呼伦贝尔学院图书馆	1649970.7	822	日照职业技术学院图书馆	1510000.0
788	郑州商学院图书馆	1648808.4	823	呼和浩特民族学院图书馆	1505000.0
789	南京理工大学泰州科技学院图书馆	1645000.0	824	陕西交通职业技术学院图书馆	1500000.0
790	辽宁省交通高等专科学校图书馆	1644800.0	825	烟台职业学院图书馆	1500000.0
791	郑州电力职业技术学院图书馆	1636489.7	826	武昌工学院图书馆	1489081.8
792	承德石油高等专科学校图书馆	1636230.0	827	湘中幼儿师范高等专科学校图书馆	1461000.0
793	山东旅游职业学院图书馆	1630000.0	828	中山职业技术学院图书馆	1459986.0
794	浙江工贸职业技术学院图书馆	1624172.0	829	中央司法警官学院图书馆	1459488.0
795	陕西警官职业学院图书馆	1621315.6	830	甘肃警察职业学院图书馆	1457663.0
796	阿拉善职业技术学院图书馆	1615000.0	831	江苏建康职业学院图书馆	1455938.8
797	鞍山师范学院图书馆	1609301.8	832	三亚理工职业学院图书馆	1449603.0
798	广西壮族自治区经济管理干部学院图书馆	1600000.0	833	上海师范大学天华学院图书馆	1448741.2
799	无锡工艺职业技术学院图书馆	1600000.0	834	陕西财经职业技术学院图书馆	1448163.9
800	福建信息职业技术学院图书馆	1596738.9	835	西安美术学院图书馆	1438358.0
801	长沙医学院图书馆	1595264.0	836	仰恩大学图书馆	1435348.7
802	四川水利职业技术学院图书馆	1590005.0	837	皖西卫生职业学院图书馆	1430374.2
803	四川畜牧兽医职业学院图书馆	1580991.4	838	长春财经学院图书馆	1427993.1
804	山东外贸职业学院图书馆	1580000.0	839	呼和浩特职业学院图书馆	1425722.0
805	上海闵行职业技术学院图书馆	1579978.4	840	商洛学院图书馆	1424754.5

续表

序号	图书馆名称	文献资源购置费（元）	序号	图书馆名称	文献资源购置费（元）
841	四川国际标榜职业学院图书馆	1420000.0	878	河南检查职业学院图书馆	1277000.0
842	湖北汽车工业学院图书馆	1411527.0	879	天津滨海职业学院图书馆	1272232.1
843	云南商务职业学院图书馆	1402589.9	880	汉中职业技术学院图书馆	1270000.0
844	河南交通职业技术学院图书馆	1390000.0	881	河北水利电力学院图书馆	1267500.0
845	西安文理学院图书馆	1383094.3	882	厦门海洋职业技术学院图书馆	1260000.0
846	泉州师范学院图书馆	1380300.0	883	中山火炬职业技术学院图书馆	1258000.0
847	天津农学院图书馆	1380146.8	884	天津中德职业技术学院图书馆	1257519.0
848	邯郸职业技术学院图书馆	1378000.0	885	江西工业职业技术学院图书馆	1256000.0
849	江西生物科技职业学院图书馆	1376382.8	886	北华大学图书馆	1255800.0
850	云南国土资源职业学院图书馆	1374000.0	887	河北对外经贸职业学院图书馆	1251000.0
851	大连职业技术学院图书馆	1370000.0	888	北京劳动保障职业学院图书馆	1248101.3
852	河南应用技术职业学院图书馆	1362608.1	889	山东城市建设职业学院图书馆	1240000.0
853	忻州师范学院图书馆	1361499.4	890	扬州工业职业技术学院图书馆	1240000.0
854	太原工业学院图书馆	1360629.5	891	菏泽家政职业学院图书馆	1237000.0
855	山西工程职业技术学院图书馆	1358636.1	892	上海旅游高等专科学校图书馆	1234358.2
856	白城医药高等专科学校图书馆	1358223.1	893	宁波教育学院图书馆	1227888.5
857	内蒙古化工职业学院图书馆	1356826.0	894	四川工商学院图书馆	1210008.4
858	长春金融高等专科学校图书馆	1355256.1	895	南京广播电视大学图书馆	1205391.0
859	甘肃林业职业技术学院图书馆	1350000.0	896	辽宁农业职业技术学院图书馆	1205000.0
860	厦门城市职业学院图书馆	1350000.0	897	四川职业技术学院图书馆	1204500.0
861	山东药品食品职业学院图书馆	1339942.5	898	上海工艺美术职业学院图书馆	1202600.4
862	湖北科技职业学院图书馆	1339600.0	899	温州职业技术学院图书馆	1200565.7
863	江西交通职业技术学院图书馆	1339387.0	900	上海视觉艺术学院图书馆	1200000.0
864	成都理工大学工程技术学院图书馆	1336625.3	901	广州铁路职业技术学院图书馆	1200000.0
865	广西中医药大学图书馆	1336000.0	902	河北金融学院图书馆	1193639.5
866	淄博师范高等专科学校图书馆	1332316.5	903	德州职业技术学院图书馆	1191214.9
867	大庆师范学院图书馆	1329649.1	904	宜春职业技术学院图书馆	1191010.0
868	江西警察学院图书馆	1325685.1	905	襄阳职业技术学院图书馆	1190000.0
869	潍坊护理职业学院图书馆	1320000.0	906	武汉铁路职业技术学院图书馆	1186000.0
870	云南能源职业技术学院图书馆	1314000.0	907	江西青年职业学院图书馆	1175407.3
871	楚雄师范学院图书馆	1300000.0	908	湖北交通职业技术学院图书馆	1151600.0
872	廊坊师范学院图书馆	1300000.0	909	濮阳职业技术学院图书馆	1150000.0
873	信阳农林学院图书馆	1300000.0	910	福建卫生职业技术学院图书馆	1144850.0
874	四川化工职业技术学院图书馆	1295600.0	911	福建船政交通职业学院图书馆	1143463.8
875	桐城师范高等专科学校图书馆	1295549.4	912	甘肃交通职业技术学院图书馆	1140000.0
876	营口职业技术学院图书馆	1288000.0	913	天津天狮学院图书馆	1137500.0
877	沈阳理工大学图书馆	1283000.0	914	潍坊工程职业学院图书馆	1127049.0

续表

序号	图书馆名称	文献资源购置费（元）	序号	图书馆名称	文献资源购置费（元）
915	成都纺织高等专科学校图书馆	1126377.4	945	四川航天职业技术学院图书馆	1009983.0
916	安徽工业经济职业技术学院图书馆	1122000.0	946	滇西科技师范学院图书馆	1005600.0
917	苏州科技大学天平学院图书馆	1112654.5	947	吕梁学院图书馆	1003714.6
918	广东警官学院图书馆	1105660.9	948	海南外国语职业学院图书馆	1003154.2
919	吉林体育学院图书馆	1101637.9	949	漳州城市职业学院图书馆	1001312.1
920	北京教育学院图书馆	1101500.0	950	浙江特殊教育职业学院图书馆	1001197.9
921	开封文化艺术职业学院图书馆	1100377.8	951	安康职业技术学院图书馆	1000000.0
922	赣州卫生健康职业学院图书馆	1099416.0	952	甘肃工业职业技术学院图书馆	1000000.0
923	山东水利职业学院图书馆	1092563.0	953	菏泽医学专科学校图书馆	1000000.0
924	长春大学旅游学院图书馆	1088732.2	954	山东中医药高等专科学校图书馆	1000000.0
925	沈阳音乐学院图书馆	1088133.9	955	克拉玛依职业技术学院图书馆	999941.2
926	西安科技大学高新学院图书馆	1086264.0	956	兰州外语职业学院图书馆	986968.0
927	四川信息职业技术学院图书馆	1080000.0	957	内蒙古机电职业技术学院图书馆	985000.0
928	武汉船舶职业技术学院图书馆	1080000.0	958	成都职业技术学院图书馆	981700.0
929	福建商学院图书馆	1076852.4	959	吉安职业技术学院图书馆	980000.1
930	江西医学高等专科学校图书馆	1075917.1	960	广州理工学院图书馆	970000.0
931	天津体育学院图书馆	1073387.2	961	山东商务职业学院图书馆	958000.0
932	四川托普信息技术职业学院图书馆	1069780.0	962	东北师范大学人文学院图书馆	952271.0
933	庆阳职业技术学院图书馆	1066200.0	963	长春工业大学人文信息学院图书馆	949144.8
934	江西工业工程职业技术学院图书馆	1060000.0	964	厦门南洋职业学院图书馆	948567.0
935	西安工业大学北方信息工程学院图书馆	1059000.0	965	山东轻工职业学院图书馆	946700.0
936	滨州学院图书馆	1053800.0	966	西安交通大学城市学院图书馆	945582.7
937	上海出版印刷高等专科学校图书馆	1050000.0	967	湖南理工职业技术学院图书馆	944000.0
938	威海海洋职业学院图书馆	1045700.0	968	绵阳职业技术学院图书馆	939200.0
939	山东交通职业学院图书馆	1031129.0	969	江西建设职业技术学院图书馆	931614.8
940	杭州职业技术学院图书馆	1028620.0	970	内蒙古商贸职业学院图书馆	927833.7
941	景德镇学院图书馆	1025546.8	971	重庆师范大学涉外商贸学院图书馆	919871.3
942	浙江国际海运职业技术学院图书馆	1021718.3	972	神木职业技术学院图书馆	916800.0
943	西安音乐学院图书馆	1020601.3	973	川北幼儿师范高等专科学校图书馆	901777.7
944	四川商务职业学院图书馆	1016325.0	974	滨州职业学院图书馆	900000.0

续表

序号	图书馆名称	文献资源购置费（元）	序号	图书馆名称	文献资源购置费（元）
975	盘锦职业技术学院图书馆	900000.0	1006	云南机电职业技术学院图书馆	777000.0
976	武汉职业技术学院图书馆	898000.0	1007	重庆电力高等专科学校图书馆	774895.2
977	江西先锋软件职业技术学院图书馆	893312.2	1008	新疆艺术学院图书馆	771676.2
978	天津大学仁爱学院图书馆	891279.1	1009	闽西职业技术学院图书馆	771444.2
979	兰州文理学院图书馆	879900.0	1010	青岛酒店管理职业技术学院图书馆	770600.0
980	鄂州职业大学图书馆	879165.4	1011	湖南城建职业技术学院图书馆	762580.0
981	漯河职业技术学院图书馆	873000.0	1012	河北地质大学图书馆	760000.0
982	云南财经职业学院图书馆	872000.0	1013	陕西铁路工程职业技术学院图书馆	751750.0
983	黄河交通学院图书馆	868856.1	1014	威海职业学院图书馆	750000.0
984	宝鸡职业技术学院图书馆	865694.0	1015	河南质量工程职业学院图书馆	749936.0
985	河南水利与环境职业学院图书馆	863260.0	1016	湖北生态工程职业技术学院图书馆	733500.0
986	抚州职业技术学院图书馆	860000.0	1017	四川华新现代职业学院图书馆	729982.7
987	上海思博职业技术学院图书馆	854882.1	1018	石家庄幼儿师范高等专科学校图书馆	727000.0
988	宁夏幼儿师范高等专科学校图书馆	854620.5	1019	长江职业学院图书馆	726000.0
989	安庆医药高等专科学校图书馆	850000.0	1020	苏州健雄职业技术学院图书馆	715713.0
990	厦门华厦学院图书馆	845386.1	1021	山西水利职业技术学院图书馆	713000.0
991	鲁迅美术学院图书馆	842701.6	1022	厦门软件职业技术学院图书馆	706974.8
992	山东工业职业学院图书馆	835000.0	1023	广州华夏职业学院图书馆	704942.0
993	常德职业技术学院图书馆	830000.0	1024	山东传媒职业学院图书馆	700042.0
994	山东职业学院图书馆	820000.0	1025	萍乡学院图书馆	700000.0
995	云南农业职业技术学院图书馆	820000.0	1026	湖南生物机电职业技术学院图书馆	700000.0
996	四川邮电职业技术学院图书馆	813850.4	1027	广州松田职业学院图书馆	693552.1
997	首钢工学院图书馆	805669.5	1028	江西信息应用职业技术学院图书馆	691417.1
998	长江工程职业技术学院图书馆	800500.0	1029	湖南现代物流职业技术学院图书馆	690000.0
999	福建农业职业技术学院图书馆	800018.0	1030	湖南中医药高等专科学校图书馆	690000.0
1000	湖北三峡职业技术学院图书馆	798986.0	1031	内蒙古大学创业学院图书馆	689887.3
1001	榆林职业技术学院图书馆	796198.1	1032	荆州理工职业学院图书馆	683296.8
1002	黄冈职业技术学院图书馆	793186.0	1033	南京中医药大学翰林学院图书馆	675000.0
1003	福建华南女子职业学院图书馆	787009.3	1034	铜陵职业技术学院图书馆	670000.0
1004	上海行健职业学院图书馆	785077.1	1035	贵州广播电视大学图书馆	668000.0
1005	永州职业技术学院图书馆	780000.0	1036	宁夏大学新华学院图书馆	667748.0

序号	图书馆名称	文献资源购置费（元）	序号	图书馆名称	文献资源购置费（元）
1037	山西卫生健康职业学院图书馆	667385.8	1067	泉州幼儿师范高等专科学校图书馆	527831.4
1038	天津财经大学图书馆	664701.3	1068	福州英华职业学院图书馆	525000.0
1039	辽宁工业大学图书馆	664403.5	1069	江西应用技术职业学院图书馆	520000.0
1040	浙江师范大学知行学院图书馆	663285.0	1070	河北建材职业技术学院图书馆	513500.0
1041	上海农林职业技术学院图书馆	651679.3	1071	江西农业工程职业学院图书馆	507150.0
1042	新余学院图书馆	645137.9	1072	达州职业技术学院图书馆	507000.0
1043	江西泰豪动漫职业学院图书馆	641045.0	1073	吉林建筑科技学院图书馆	505510.0
1044	上饶幼儿师范高等专科学校图书馆	631677.0	1074	宁夏工商职业技术学院图书馆	500807.8
1045	连云港职业技术学院图书馆	628864.0	1075	保山中医药高等专科学校图书馆	500500.0
1046	乌兰察布职业学院图书馆	624000.0	1076	内蒙古建筑职业技术学院图书馆	500000.0
1047	黔南民族医学高等专科学校图书馆	615579.4	1077	广州科技贸易职业学院图书馆	498500.0
1048	昆明理工大学津桥学院图书馆	611886.9	1078	江西水利职业学院图书馆	497800.0
1049	浙江体育职业技术学院图书馆	611076.0	1079	海南健康管理职业技术学院图书馆	496964.6
1050	吉林电子信息职业技术学院图书馆	603686.4	1080	杭州科技职业技术学院图书馆	495000.0
1051	三亚中瑞酒店管理职业学院图书馆	602000.0	1081	厦门兴才职业技术学院图书馆	490302.7
1052	陇东学院图书馆	600190.1	1082	天津电子信息职业技术学院图书馆	482506.9
1053	陇南师范高等专科学校图书馆	600000.0	1083	楚雄医药高等专科学校图书馆	480353.6
1054	商洛职业技术学院图书馆	593449.0	1084	广东舞蹈戏剧职业学院图书馆	476822.0
1055	上海工商职业技术学院图书馆	590867.5	1085	临汾职业技术学院图书馆	473946.8
1056	江西机电职业技术学院图书馆	579898.4	1086	包头职业技术学院图书馆	470000.0
1057	吉林司法警官职业学院图书馆	571000.0	1087	内江职业技术学院图书馆	467078.0
1058	云南交通职业技术学院图书馆	570724.9	1088	恩施职业技术学院图书馆	466000.0
1059	江西司法警官职业学院图书馆	565000.0	1089	甘肃畜牧工程职业技术学院图书馆	462326.0
1060	湄洲湾职业技术学院图书馆	564000.0	1090	广东科贸职业学院图书馆	460000.0
1061	重庆科技学院图书馆	553334.2	1091	江西理工大学应用科学学院图书馆	450000.0
1062	丽江师范高等专科学校图书馆	551728.1	1092	包头轻工职业技术学院图书馆	445000.0
1063	吉林交通职业技术学院图书馆	551523.0	1093	湖南财经工业职业技术学院图书馆	441097.3
1064	西双版纳职业技术学院图书馆	551009.0	1094	湖北水利水电职业技术学院图书馆	440000.0
1065	吉林工业职业技术学院图书馆	540000.0	1095	红河卫生职业学院图书馆	439526.0
1066	濮阳医学高等专科学校图书馆	539780.2	1096	山西青年职业学院图书馆	430000.0

续表

序号	图书馆名称	文献资源购置费（元）	序号	图书馆名称	文献资源购置费（元）
1097	湖北国土资源职业学院图书馆	427962.0	1130	泉州经贸职业技术学院图书馆	272741.0
1098	黑龙江农业经济职业学院图书馆	422892.8	1131	朝阳师范高等专科学校图书馆	271180.4
1099	长春电子科技学院图书馆	420000.0	1132	辽源职业技术学院图书馆	267200.0
1100	兰州职业技术学院图书馆	420000.0	1133	铜川职业技术学院图书馆	265003.6
1101	益阳职业技术学院图书馆	420000.0	1134	金华教育学院图书馆	263270.0
1102	三明职业技术学院图书馆	415000.0	1135	湖南艺术职业学院图书馆	256117.2
1103	江西陶瓷工艺美术职业技术学院图书馆	409485.4	1136	长春师范高等专科学校图书馆	250000.0
1104	襄阳汽车职业技术学院图书馆	407653.8	1137	满洲里俄语职业学院图书馆	246000.0
1105	内蒙古艺术学院图书馆	406488.1	1138	昆明医科大学海源学院图书馆	243761.4
1106	天津美术学院图书馆	400075.5	1139	四川艺术职业学院图书馆	239000.0
1107	西安电力高等专科学校图书馆	399980.5	1140	山西铁道职业技术学院图书馆	228951.8
1108	陕西青年职业学院图书馆	393566.1	1141	安徽电气工程职业技术学院图书馆	223874.0
1109	长春职业技术学院图书馆	392631.0	1142	云南工贸职业技术学院图书馆	219746.4
1110	通辽职业学院图书馆	391300.0	1143	甘肃建筑职业技术学院图书馆	215000.0
1111	长春医学高等专科学校图书馆	383355.0	1144	河北民族师范学院图书馆	214000.0
1112	烟台黄金职业学院图书馆	382334.9	1145	福建电力职业技术学院图书馆	204335.3
1113	西藏警官高等专科学校图书馆	375000.0	1146	上海兴伟学院图书馆	201000.0
1114	西藏职业技术学院图书馆	373040.0	1147	广西教育学院图书馆	200000.0
1115	平凉职业技术学院图书馆	364703.0	1148	德宏职业学院图书馆	200000.0
1116	聊城大学东昌学院图书馆	360957.7	1149	马鞍山师范高等专科学校图书馆	195750.0
1117	广东碧桂园职业学院图书馆	353071.1	1150	南昌大学共青学院图书馆	195278.8
1118	武汉电力职业技术学院图书馆	350529.9	1151	哈尔滨铁道职业技术学院图书馆	187000.0
1119	湖北财税职业学院图书馆	345256.6	1152	陕西邮电职业技术学院图书馆	180000.0
1120	吉林省教育学院图书馆	340000.0	1153	上海震旦职业学院图书馆	179325.1
1121	西安汽车职业大学图书馆	335579.0	1154	南昌大学科技学院图书馆	160000.0
1122	福建体育职业技术学院图书馆	335000.0	1155	山西林业职业技术学院图书馆	160000.0
1123	闽北职业技术学院图书馆	325000.0	1156	赤峰工业职业技术学院图书馆	153773.0
1124	重庆建筑科技职业学院图书馆	304221.0	1157	北京第二外国语学院中瑞酒店管理学院图书馆	142691.6
1125	内蒙古交通职业技术学院图书馆	300000.0	1158	科尔沁艺术职业学院图书馆	142128.5
1126	四川幼儿师范高等专科学校图书馆	300000.0	1159	江西艺术职业学院图书馆	130000.0
1127	延安大学西安创新学院图书馆	295622.6	1160	山西财贸职业技术学院图书馆	126556.0
1128	包头铁道职业技术学院图书馆	283872.4	1161	山西经济管理干部学院图书馆	115812.0
1129	昆明工业职业技术学院图书馆	279976.3	1162	三亚航空旅游职业学院图书馆	112931.0

续表

序号	图书馆名称	文献资源购置费（元）	序号	图书馆名称	文献资源购置费（元）
1163	吉林水利电力职业学院图书馆	104026.0	1184	吉林科技职业技术学院图书馆	50000.0
1164	川南幼儿师范高等专科学校图书馆	104000.0	1185	山西管理职业学院图书馆	50000.0
1165	长春教育学院图书馆	102857.8	1186	呼伦贝尔职业技术学院图书馆	49752.6
1166	重庆能源职业学院图书馆	101600.0	1187	吉林工程职业学院图书馆	48600.0
1167	海南体育职业技术学院图书馆	100000.0	1188	重庆应用技术职业学院图书馆	46448.8
1168	四平职业大学图书馆	100000.0	1189	惠州卫生职业技术学院图书馆	45204.6
1169	天津国土资源和房屋职业学院图书馆	96746.6	1190	大兴安岭职业学院图书馆	38000.0
1170	天津公安警官职业学院图书馆	96212.8	1191	内蒙古体育职业学院图书馆	38000.0
1171	巴中职业技术学院图书馆	92967.2	1192	云南司法警官职业学院图书馆	36364.8
1172	延边职业技术学院图书馆	90791.6	1193	内蒙古民族幼儿师范高等专科学校图书馆	36066.8
1173	陕西职业技术学院图书馆	90399.3	1194	云南外事外语职业学院图书馆	36066.8
1174	河南测绘职业学院图书馆	90000.0	1195	松原职业技术学院图书馆	31198.6
1175	鹤壁能源化工职业学院图书馆	86000.0	1196	南京航空航天大学金城学院图书馆	27961.0
1176	民办四川天一学院图书馆	78632.8	1197	武夷山职业学院图书馆	27293.2
1177	广东文理职业学院图书馆	74869.7	1198	西藏藏医大学图书馆	25535.0
1178	包头钢铁职业技术学院图书馆	73965.0	1199	鄂尔多斯生态环境职业学院图书馆	22004.5
1179	长春开放大学图书馆	70000.0	1200	厦门安防科技职业学院图书馆	22000.0
1180	新疆生产建设兵团兴新职业技术学院图书馆	70000.0	1201	江西工商职业技术学院图书馆	21363.0
1181	四川机电职业技术学院图书馆	60709.8	1202	泉州纺织服装职业学院图书馆	21005.6
1182	吉林广播电视大学图书馆	57826.8	1203	陕西机电职业技术学院图书馆	16586.2
1183	明达职业技术学院图书馆	55843.4	1204	江西新能源科技学院图书馆	14705.0

2020年1192所高校图书馆纸质资源购置费统计表

序号	图书馆名称	纸质资源购置费（元）	序号	图书馆名称	纸质资源购置费（元）
1	中山大学图书馆	59452582.0	37	吉林大学图书馆	7647807.2
2	北京大学图书馆	23065422.9	38	云南师范大学图书馆	7494548.2
3	复旦大学图书馆	21527814.3	39	兰州大学图书馆	7457992.2
4	浙江大学图书馆	20325430.7	40	西南大学图书馆	7430434.0
5	武汉大学图书馆	19425556.0	41	广东财经大学华商学院图书馆	7417617.2
6	山东大学图书馆	19158543.2	42	华南理工大学图书馆	7403157.7
7	北京师范大学图书馆	17864542.3	43	吉林工程技术师范学院图书馆	7160000.0
8	南京大学图书馆	16524057.2	44	海南大学图书馆	7111171.0
9	华中科技大学图书馆	13481933.0	45	南开大学图书馆	7108644.9
10	清华大学图书馆	12999600.0	46	盐城工学院图书馆	7096958.0
11	暨南大学图书馆	12827765.7	47	杭州师范大学图书馆	6932616.8
12	广州南方学院图书馆	12357086.5	48	浙江工业大学图书馆	6931489.2
13	江西工程学院图书馆	12079469.3	49	南京农业大学图书馆	6446565.6
14	上海交通大学图书馆	12027707.0	50	厦门大学图书馆	6359694.1
15	南昌工学院图书馆	11745186.1	51	重庆大学图书馆	6315100.0
16	深圳大学城图书馆	11189073.8	52	深圳大学图书馆	6214685.4
17	西交利物浦大学图书馆	10685650.5	53	南京师范大学图书馆	6121796.3
18	华东师范大学图书馆	10204953.5	54	苏州大学图书馆	6031078.0
19	宁波大学图书馆	10055000.0	55	漳州理工职业学院图书馆	5926200.0
20	郑州升达经贸管理学院图书馆	9412274.5	56	华侨大学图书馆	5909256.6
21	河南大学图书馆	9325093.9	57	天津大学图书馆	5854743.7
22	四川大学图书馆	9193479.7	58	江南大学图书馆	5847979.2
23	同济大学图书馆	9187171.6	59	北京交通大学图书馆	5779427.3
24	中国农业大学图书馆	9101747.4	60	中国石油大学（华东）图书馆	5714219.3
25	郑州大学图书馆	8940000.0	61	南昌大学图书馆	5619655.2
26	云南大学图书馆	8932483.7	62	武汉理工大学图书馆	5473100.0
27	中国人民大学图书馆	8799300.1	63	北京联合大学图书馆	5442765.5
28	宜宾学院图书馆	8742190.2	64	上海对外经贸大学图书馆	5401803.6
29	西安外国语大学图书馆	8548961.0	65	贵州大学图书馆	5400000.0
30	华中师范大学图书馆	8271880.9	66	福州理工学院图书馆	5395509.0
31	上海师范大学图书馆	8048423.0	67	北京科技大学图书馆	5348392.9
32	中南大学图书馆	7929364.0	68	陕西师范大学图书馆	5319029.3
33	云南经济管理学院图书馆	7872940.2	69	泉州职业技术大学图书馆	5289700.0
34	海南热带海洋学院图书馆	7863956.7	70	东南大学图书馆	5263557.1
35	北京师范大学珠海分校图书馆	7845016.6	71	淮阴师范学院图书馆	5263400.0
36	东北大学图书馆	7706305.8	72	四川大学锦城学院图书馆	5232336.0

续表

序号	图书馆名称	纸质资源购置费（元）	序号	图书馆名称	纸质资源购置费（元）
73	重庆三峡医药高等专科学校图书馆	5200000.0	110	重庆工商大学图书馆	4354875.6
74	上海大学图书馆	5177377.9	111	西南科技大学图书馆	4327623.2
75	大连理工大学图书馆	5167977.2	112	长安大学图书馆	4296394.2
76	四川外国语大学图书馆	5165517.6	113	广西科技大学图书馆	4285568.2
77	河海大学图书馆	5156204.0	114	泉州轻工职业学院图书馆	4276139.8
78	湖南工业职业技术学院图书馆	5008000.0	115	西北农林科技大学图书馆	4240922.0
79	浙江师范大学图书馆	5005459.5	116	川北医学院图书馆	4217844.5
80	江西中医药高等专科学校图书馆	5000000.0	117	西安电子科技大学图书馆	4207307.1
81	山东科技大学图书馆	4984619.0	118	东莞理工学院城市学院图书馆	4200000.0
82	河南工业贸易职业学院图书馆	4920000.0	119	四川农业大学图书馆	4168481.0
83	黄淮学院图书馆	4860050.0	120	中国矿业大学图书馆	4140914.8
84	合肥职业技术学院图书馆	4860000.0	121	四川师范大学图书馆	4138645.1
85	山东师范大学图书馆	4822270.8	122	南京工业大学图书馆	4136224.3
86	南京理工大学图书馆	4807483.1	123	南京邮电大学图书馆	4132100.0
87	重庆理工大学图书馆	4758707.4	124	中央民族大学图书馆	4130731.0
88	中山大学新华学院图书馆	4757675.9	125	银川能源学院图书馆	4122381.7
89	中国民航大学图书馆	4750639.5	126	成都文理学院图书馆	4111200.0
90	西北工业大学图书馆	4740147.1	127	中国海洋大学图书馆	4059686.5
91	湖州师范学院图书馆	4722700.0	128	西南医科大学图书馆	4056169.0
92	重庆医科大学图书馆	4711066.4	129	西安培华学院图书馆	4051812.5
93	广州医科大学图书馆	4708093.5	130	首都师范大学图书馆	4041849.0
94	华南师范大学图书馆	4700000.0	131	北京工商大学图书馆	4040195.6
95	河北传媒学院图书馆	4681229.4	132	青岛农业大学图书馆	4029283.6
96	上海外国语大学图书馆	4677043.9	133	山西大同大学图书馆	4027583.6
97	电子科技大学图书馆	4659084.4	134	北京理工大学珠海学院图书馆	4026000.0
98	华北理工大学图书馆	4600000.0	135	安徽大学图书馆	4015194.0
99	重庆三峡学院图书馆	4600000.0	136	安徽医科大学图书馆	4000000.0
100	中国政法大学图书馆	4597350.3	137	洛阳职业技术学院图书馆	4000000.0
101	南昌理工学院图书馆	4590298.0	138	哈尔滨工程大学图书馆	3954640.4
102	成都医学院图书馆	4557202.5	139	合肥工业大学图书馆	3947815.9
103	惠州学院图书馆	4535942.7	140	中南财经政法大学图书馆	3934518.8
104	兰州财经大学图书馆	4499991.0	141	温州医科大学图书馆	3933699.0
105	东北师范大学图书馆	4481619.0	142	武汉商学院图书馆	3933384.1
106	石河子大学图书馆	4448665.4	143	西安交通工程学院图书馆	3930514.6
107	南通大学图书馆	4443100.7	144	韩山师范学院图书馆	3901399.5
108	成都理工大学图书馆	4404981.9	145	集美大学图书馆	3900454.2
109	内蒙古大学图书馆	4385550.9	146	湖南大学图书馆	3884230.6

续表

序号	图书馆名称	纸质资源购置费（元）	序号	图书馆名称	纸质资源购置费（元）
147	广州大学图书馆	3882261.0	185	成都中医药大学图书馆	3443958.6
148	华中农业大学图书馆	3878623.5	186	江西农业大学图书馆	3436643.1
149	燕山大学图书馆	3857397.9	187	江苏大学图书馆	3432118.0
150	浙江传媒学院图书馆	3812000.0	188	武昌首义学院图书馆	3422202.1
151	西安航空学院图书馆	3799835.5	189	扬州大学图书馆	3419064.0
152	新乡学院图书馆	3760974.0	190	湖北科技学院图书馆	3396835.4
153	内蒙古师范大学图书馆	3750000.0	191	中国石油大学（北京）图书馆	3385500.0
154	内江师范学院图书馆	3736324.0	192	浙江越秀外国语学院图书馆	3379751.5
155	山西大学图书馆	3729022.8	193	广西师范大学图书馆	3375047.0
156	福建师范大学图书馆	3724005.1	194	陕西国际商贸学院图书馆	3373409.8
157	贵州商学院图书馆	3714999.6	195	浙江海洋大学图书馆	3360870.7
158	首都经济贸易大学图书馆	3714131.2	196	包头师范学院图书馆	3350000.0
159	西安交通大学图书馆	3711872.6	197	云南师范大学商学院图书馆	3344300.0
160	南京林业大学图书馆	3710793.2	198	天津滨海汽车工程职业学院图书馆	3332394.8
161	浙江外国语学院图书馆	3693081.0	199	河北大学图书馆	3331990.3
162	成都大学图书馆	3667015.3	200	中国民用航空飞行学院图书馆	3328757.4
163	南京工业职业技术学院图书馆	3666651.0	201	上海财经大学图书馆	3322337.9
164	天津工业大学图书馆	3660688.2	202	甘肃中医药大学图书馆	3300000.0
165	宁夏大学图书馆	3638135.7	203	西华师范大学图书馆	3300000.0
166	南京晓庄学院图书馆	3637103.7	204	江汉大学图书馆	3273818.0
167	厦门医学院图书馆	3628514.3	205	浙江大学城市学院图书馆	3265800.0
168	绍兴文理学院图书馆	3628514.3	206	浙江旅游职业学院图书馆	3260000.0
169	齐鲁工业大学图书馆	3600000.0	207	昆明医学院图书馆	3256349.0
170	黔南民族师范学院图书馆	3596400.0	208	河西学院图书馆	3255500.0
171	河北工业大学图书馆	3587452.1	209	西安建筑科技大学图书馆	3254779.3
172	甘肃农业大学图书馆	3580000.0	210	河北经贸大学图书馆	3250000.0
173	浙江工业职业技术学院图书馆	3580000.0	211	西南民族大学图书馆	3232345.8
174	厦门理工学院图书馆	3559300.0	212	西安财经大学行知学院图书馆	3225101.1
175	拉萨师范高等专科学校图书馆	3550000.0	213	闽南师范大学图书馆	3224181.8
176	西安思源学院图书馆	3541833.6	214	三江学院图书馆	3220912.0
177	西安科技大学图书馆	3532978.0	215	重庆机电职业技术学院图书馆	3201500.0
178	云南财经大学图书馆	3520000.0	216	江西财经大学图书馆	3180000.0
179	河南工学院图书馆	3500000.0	217	哈尔滨工业大学图书馆	3167265.3
180	河南科技大学图书馆	3500000.0	218	北京服装学院图书馆	3137000.8
181	内蒙古科技大学图书馆	3499980.7	219	石家庄铁道大学图书馆	3119000.0
182	西安翻译学院图书馆	3473847.7	220	南京艺术学院图书馆	3105700.0
183	贵州师范大学图书馆	3460735.8	221	烟台大学图书馆	3100000.0
184	四川旅游学院图书馆	3451875.0	222	天津商业大学图书馆	3096167.2

续表

序号	图书馆名称	纸质资源购置费（元）	序号	图书馆名称	纸质资源购置费（元）
223	中国药科大学图书馆	3089400.0	259	西南政法大学图书馆	2838913.9
224	中国计量大学图书馆	3075361.6	260	首都医科大学图书馆	2819214.0
225	中南民族大学图书馆	3059659.7	261	南京信息工程大学图书馆	2815300.7
226	山东理工职业学院图书馆	3050000.0	262	贵州师范学院图书馆	2792466.2
227	湖南信息学院图书馆	3048937.3	263	天津科技大学图书馆	2772299.0
228	郑州财税金融职业学院图书馆	3048534.7	264	集宁师范学院图书馆	2765893.0
229	赣南师范大学科技学院图书馆	3047780.4	265	南宁师范大学图书馆	2763096.0
230	广西大学图书馆	3040759.6	266	宿迁学院图书馆	2754868.0
231	广西生态工程职业技术学院图书馆	3040000.0	267	大连民族大学图书馆	2747819.7
232	贵州财经大学图书馆	3012333.7	268	四川美术学院图书馆	2738208.0
233	杭州电子科技大学图书馆	3012166.1	269	天水师范学院图书馆	2733574.0
234	广州中医药大学图书馆	3000939.0	270	河北师范大学图书馆	2732559.0
235	兰州交通大学图书馆	3000000.0	271	绍兴文理学院元培学院图书馆	2732245.8
236	西南财经大学天府学院图书馆	2999751.9	272	安徽商贸职业技术学院图书馆	2717937.4
237	山东农业大学图书馆	2992762.5	273	闽江学院图书馆	2696693.6
238	周口师范学院图书馆	2987981.0	274	西南石油大学图书馆	2690585.0
239	重庆水利电力职业技术学院图书馆	2957000.0	275	东华理工大学图书馆	2677950.2
240	华东理工大学图书馆	2953780.9	276	南京审计大学图书馆	2644741.1
241	大连外国语大学图书馆	2950000.0	277	西安理工大学图书馆	2640015.8
242	汕头大学图书馆	2940353.6	278	三明学院图书馆	2630015.8
243	安徽建筑大学图书馆	2920000.0	279	西北师范大学图书馆	2624978.4
244	太原大学图书馆	2916686.0	280	广西民族大学图书馆	2607749.6
245	河南经贸职业学院图书馆	2916686.0	281	深圳职业技术学院图书馆	2605000.0
246	山西工程技术学院图书馆	2915420.5	282	喀什大学图书馆	2600000.0
247	哈尔滨理工大学图书馆	2908200.0	283	重庆第二师范学院图书馆	2600000.0
248	青岛科技大学图书馆	2906616.5	284	中国科学技术大学图书馆	2598111.5
249	江西理工大学图书馆	2900255.5	285	北京邮电大学图书馆	2596707.6
250	湖北城市建设职业技术学院图书馆	2892200.0	286	深圳技术大学图书馆	2591407.3
251	桂林电子科技大学图书馆	2890000.0	287	上海理工大学图书馆	2588433.4
252	广东科学技术职业学院图书馆	2880000.0	288	昆山杜克大学图书馆	2561641.6
253	江西科技学院图书馆	2871842.7	289	浙江树人大学图书馆	2551798.2
254	西藏民族大学图书馆	2869593.8	290	中国社会科学院大学图书馆	2550949.0
255	西北大学图书馆	2853762.0	291	宁夏医科大学图书馆	2541886.0
256	遵义医科大学图书馆	2849931.4	292	防灾科技学院图书馆	2531599.7
257	华北电力大学图书馆	2845172.0	293	北京大学医学图书馆	2524564.0
258	兴义民族师范学院图书馆	2842707.8	294	福州外语外贸学院图书馆	2517500.0

续表

序号	图书馆名称	纸质资源购置费（元）	序号	图书馆名称	纸质资源购置费（元）
295	湖北工业大学图书馆	2509797.9	333	云南师范大学文理学院图书馆	2326421.4
296	青岛大学图书馆	2509191.4	334	西安欧亚学院图书馆	2325241.0
297	贵州工程应用技术学院图书馆	2500000.0	335	济宁医学院图书馆	2320952.6
298	闽江师范高等专科学校图书馆	2500000.0	336	东南大学成贤学院图书馆	2319000.0
299	广西财经学院图书馆	2489970.7	337	河北中医学院图书馆	2300000.0
300	蚌埠医学院图书馆	2481397.6	338	浙江大学宁波理工学院图书馆	2296535.0
301	北方工业大学图书馆	2465887.0	339	广东农工商职业技术学院图书馆	2289000.0
302	九江学院图书馆	2463907.0	340	文华学院图书馆	2280301.3
303	南宁学院图书馆	2450000.0	341	无锡职业技术学院图书馆	2270833.0
304	西安航空职业技术学院图书馆	2450000.0	342	西京学院图书馆	2270723.0
305	泰州学院图书馆	2448209.9	343	包头医学院图书馆	2269743.0
306	邢台职业技术学院图书馆	2447000.0	344	广州航海学院图书馆	2247008.9
307	江西中医药大学图书馆	2441388.0	345	甘肃民族师范学院图书馆	2230000.0
308	西南林业大学图书馆	2429634.4	346	贵州医科大学图书馆	2225213.1
309	武汉科技大学城市学院图书馆	2427714.5	347	淄博职业学院图书馆	2220000.0
310	北京中医药大学图书馆	2426200.0	348	太原师范学院图书馆	2219983.8
311	中北大学图书馆	2423059.6	349	山西工商学院图书馆	2218037.7
312	南阳师范学院图书馆	2416156.9	350	贵州民族大学图书馆	2217483.5
313	常州信息职业技术学院图书馆	2413249.0	351	福建农林大学图书馆	2212325.1
314	兰州工业学院图书馆	2401121.4	352	岭南师范学院图书馆	2205764.3
315	山西警察学院图书馆	2400000.0	353	中国地质大学图书馆	2204507.7
316	抚州幼儿师范高等专科学校图书馆	2397391.0	354	中原工学院图书馆	2200700.0
317	长春建筑学院图书馆	2394309.5	355	临沂大学图书馆	2200000.0
318	三亚学院图书馆	2380000.0	356	运城学院图书馆	2200000.0
319	山东中医药大学图书馆	2373794.8	357	河北环境工程学院图书馆	2195829.0
320	江苏理工学院图书馆	2371057.9	358	武汉轻工大学图书馆	2193944.6
321	昆明理工大学图书馆	2368473.1	359	山西传媒学院图书馆	2190000.0
322	西南财经大学图书馆	2368300.0	360	北部湾大学图书馆	2188000.0
323	台州学院图书馆	2365600.8	361	广东轻工职业技术学院图书馆	2176844.9
324	吉林铁道职业技术学院图书馆	2360395.6	362	河南农业职业学院图书馆	2170943.1
325	武汉科技大学图书馆	2359834.9	363	吉林财经大学图书馆	2170705.7
326	陕西理工大学图书馆	2352789.9	364	大连海事大学图书馆	2170000.0
327	湖南体育职业学院图书馆	2350000.0	365	唐山师范学院图书馆	2170000.0
328	昆明学院图书馆	2349965.0	366	中央财经大学图书馆	2161963.6
329	安阳师范学院图书馆	2344485.6	367	河南城建学院图书馆	2160000.0
330	南华大学图书馆	2344391.6	368	普洱学院图书馆	2159000.0
331	惠州经济职业技术学院图书馆	2337471.1	369	武汉生物工程学院图书馆	2157377.5
332	阳光学院图书馆	2332189.2	370	武汉设计工程学院图书馆	2155000.0

序号	图书馆名称	纸质资源购置费（元）	序号	图书馆名称	纸质资源购置费（元）
371	芜湖职业技术学院图书馆	2153000.0	409	宁波工程学院图书馆	2000275.7
372	湖北民族大学图书馆	2150000.0	410	湖南中医药大学图书馆	2000000.0
373	安徽职业技术学院图书馆	2149850.0	411	衡水学院图书馆	2000000.0
374	右江民族医学院图书馆	2141800.0	412	内蒙古工业大学图书馆	2000000.0
375	扬州市职业大学图书馆	2131333.7	413	新疆财经大学图书馆	2000000.0
376	南京医科大学图书馆	2126381.8	414	郑州幼儿师范高等专科学校图书馆	2000000.0
377	南京工程学院图书馆	2111027.0	415	兰州理工大学图书馆	1999980.5
378	四川轻化工大学图书馆	2103473.8	416	南昌职业大学图书馆	1990666.4
379	云南民族大学图书馆	2103106.0	417	云南艺术学院图书馆	1987105.0
380	西安石油大学图书馆	2100303.1	418	上海建桥学院图书馆	1983105.7
381	湖南商学院图书馆	2100000.0	419	茅台学院图书馆	1978372.0
382	河南职业技术学院图书馆	2098000.0	420	宁夏师范学院图书馆	1974000.0
383	成都艺术职业大学图书馆	2096494.8	421	上海电机学院图书馆	1969023.0
384	山东科技职业学院图书馆	2086000.0	422	河北医科大学图书馆	1967600.0
385	南充职业技术学院图书馆	2078333.8	423	青岛职业技术学院图书馆	1960000.0
386	云南大学滇池学院图书馆	2077386.5	424	贵阳学院图书馆	1955819.8
387	湖南信息职业技术学院图书馆	2077193.0	425	云南开放大学图书馆	1955000.0
388	广州大学松田学院图书馆	2076251.4	426	黄冈师范学院图书馆	1954433.0
389	宁夏财经职业技术学院图书馆	2076149.0	427	南京财经大学图书馆	1950000.0
390	延安大学图书馆	2070400.2	428	西北大学现代学院图书馆	1945741.0
391	浙江财经大学东方学院图书馆	2068340.0	429	阿坝师范学院图书馆	1939886.9
392	西安外事学院图书馆	2063283.3	430	广州城建职业学院图书馆	1938371.8
393	黑河学院图书馆	2060739.8	431	山东华宇工学院图书馆	1929349.5
394	豫章师范学院图书馆	2055000.0	432	聊城职业技术学院图书馆	1924369.8
395	长春中医药大学图书馆	2051965.5	433	临沂职业学院图书馆	1918090.4
396	上海工程技术大学图书馆	2049838.8	434	安徽财经大学图书馆	1915015.5
397	宁夏职业技术学院图书馆	2049609.7	435	济南职业学院图书馆	1912000.0
398	顺德职业技术学院图书馆	2039488.1	436	渤海大学图书馆	1905999.4
399	武汉学院图书馆	2032748.3	437	淮阴工学院图书馆	1902600.0
400	东北农业大学图书馆	2032668.0	438	兰州城市学院图书馆	1900000.0
401	太原科技大学图书馆	2031441.5	439	河南工业职业技术学院图书馆	1900000.0
402	白城师范学院图书馆	2029539.6	440	浙江科技学院图书馆	1897890.0
403	赣南医学院图书馆	2022868.0	441	安徽师范大学图书馆	1893423.3
404	海口经济学院图书馆	2020425.0	442	上海体育学院图书馆	1888147.1
405	华东交通大学图书馆	2019920.7	443	江苏师范大学图书馆	1882364.2
406	内蒙古医科大学图书馆	2017552.4	444	苏州市职业大学图书馆	1881623.3
407	漳州科技职业学院图书馆	2014000.0	445	辽宁科技大学图书馆	1865136.9
408	中南林业科技大学图书馆	2010052.5	446	哈尔滨职业技术学院图书馆	1854110.0

续表

序号	图书馆名称	纸质资源购置费（元）	序号	图书馆名称	纸质资源购置费（元）
447	上海电力学院图书馆	1850167.8	484	郑州航空工业管理学院图书馆	1718797.0
448	山西能源学院图书馆	1849843.8	485	昆明冶金高等专科学校图书馆	1718600.0
449	陕西服装工程学院图书馆	1839621.0	486	西安工业大学图书馆	1718130.3
450	合肥师范学院图书馆	1825693.8	487	玉林师范学院图书馆	1713000.0
451	鹤壁职业技术学院图书馆	1822916.0	488	大连工业大学图书馆	1711593.0
452	河北工程大学图书馆	1821328.8	489	聊城大学图书馆	1706919.0
453	江西现代职业技术学院图书馆	1820000.0	490	湖南城市学院图书馆	1700000.0
454	长沙民政职业技术学院图书馆	1818000.0	491	河南牧业经济学院图书馆	1700000.0
455	阜阳师范大学图书馆	1809403.3	492	长春科技学院图书馆	1696152.0
456	吉林建筑大学图书馆	1802452.6	493	郑州职业技术学院图书馆	1690300.0
457	郑州旅游职业学院图书馆	1800000.0	494	大连大学图书馆	1688762.6
458	北京农学院图书馆	1799977.2	495	广东技术师范大学图书馆	1686380.0
459	江西枫林涉外经贸职业学院图书馆	1799767.0	496	郑州轨道工程职业学院图书馆	1660000.0
460	江西师范大学科技学院图书馆	1799659.0	497	上海商学院图书馆	1659267.0
461	广西科技大学鹿山学院图书馆	1796190.1	498	重庆幼儿师范高等专科学校图书馆	1654599.8
462	湖南理工学院图书馆	1793104.6	499	陕西科技大学图书馆	1652261.5
463	江苏第二师范学院图书馆	1790200.0	500	青岛恒星科技学院图书馆	1649500.0
464	福建江夏学院图书馆	1789346.4	501	内蒙古民族大学图书馆	1636606.8
465	中国人民公安大学图书馆	1786320.0	502	曲靖师范学院图书馆	1632023.0
466	吉林农业科技学院图书馆	1786025.3	503	重庆移通学院图书馆	1631777.0
467	兰州石化职业技术学院图书馆	1780000.0	504	常州大学图书馆	1630000.0
468	广西警察学院图书馆	1779398.3	505	上海电子信息职业技术学院图书馆	1629306.9
469	南开大学滨海学院图书馆	1775337.2	506	江西应用科技学院图书馆	1626893.7
470	常熟理工学院图书馆	1771550.3	507	上海海洋大学图书馆	1622001.8
471	西北民族大学图书馆	1770300.0	508	武夷学院图书馆	1618293.9
472	金陵科技学院图书馆	1764894.5	509	郑州电力职业技术学院图书馆	1616489.7
473	山东商业职业技术学院图书馆	1760000.0	510	吉林外国语大学图书馆	1607974.7
474	内蒙古财经大学图书馆	1756541.2	511	北京理工大学图书馆	1607674.9
475	保定学院图书馆	1752441.0	512	上海第二工业大学图书馆	1602450.0
476	河北政法职业学院图书馆	1750000.0	513	河北科技大学图书馆	1602176.8
477	四川交通职业技术学院图书馆	1750000.0	514	滨州医学院图书馆	1600100.0
478	广东财经大学图书馆	1746718.7	515	山东政法学院图书馆	1600000.0
479	黄山学院图书馆	1744331.4	516	安徽财贸职业学院图书馆	1600000.0
480	湖北经济学院图书馆	1742522.0	517	赣州师范高等专科学校图书馆	1600000.0
481	上海海事大学图书馆	1732727.5	518	荆楚理工学院图书馆	1591000.0
482	南京大学金陵学院图书馆	1731100.0	519	嘉兴职业技术学院图书馆	1589000.0
483	常州工程职业技术学院图书馆	1720000.0	520	黑龙江大学图书馆	1580135.0

续表

序号	图书馆名称	纸质资源购置费（元）	序号	图书馆名称	纸质资源购置费（元）
521	湖南女子学院图书馆	1580000.0	559	武汉工程大学图书馆	1498690.0
522	四川卫生康复职业学院图书馆	1579135.5	560	长春工程学院图书馆	1497203.4
523	武汉工商学院图书馆	1579033.4	561	西安明德理工学院图书馆	1491941.5
524	德州学院图书馆	1578663.0	562	河南工程学院图书馆	1489845.0
525	江苏城乡建设职业学院图书馆	1577000.0	563	福建技术师范学院图书馆	1488913.4
526	重庆城市管理职业学院图书馆	1574500.0	564	新疆工业高等专科学校图书馆	1485603.0
527	凯里学院图书馆	1569973.3	565	福建工程学院图书馆	1484274.5
528	吉林医药学院图书馆	1566785.7	566	九江职业技术学院图书馆	1481838.5
529	北京科技大学天津学院图书馆	1565000.0	567	贵州中医药大学图书馆	1480899.2
530	西藏大学图书馆	1562000.0	568	浙江同济科技职业学院图书馆	1476679.5
531	上海立信会计金融学院图书馆	1558872.2	569	北京电子科技职业学院图书馆	1470558.1
532	武汉音乐学院图书馆	1558251.3	570	山西医科大学图书馆	1470013.4
533	攀枝花学院图书馆	1552604.0	571	湖北美术学院图书馆	1461971.0
534	营口理工学院图书馆	1549280.6	572	琼台师范学院图书馆	1461240.0
535	山东交通学院图书馆	1546000.0	573	中国医科大学图书馆	1460640.0
536	成都师范学院图书馆	1542872.0	574	哈尔滨师范大学图书馆	1460241.7
537	宁夏理工学院图书馆	1539950.4	575	吉林师范大学图书馆	1450630.0
538	四川建筑职业技术学院图书馆	1537295.8	576	三亚理工职业学院图书馆	1449603.0
539	四川三河职业学院图书馆	1534942.8	577	湖州职业技术学院图书馆	1446573.7
540	榆林学院图书馆	1534895.0	578	四川民族学院图书馆	1446474.8
541	河北北方学院图书馆	1530240.0	579	湖北医药学院图书馆	1440000.0
542	内蒙古警察职业学院图书馆	1529638.0	580	东北财经大学图书馆	1438915.1
543	徐州医科大学图书馆	1529049.6	581	西安美术学院图书馆	1438358.0
544	中国石油大学胜利学院图书馆	1527328.3	582	赣南师范大学图书馆	1429483.3
545	华南农业大学图书馆	1525377.8	583	辽宁师范大学图书馆	1425647.6
546	上海政法学院图书馆	1512227.9	584	东莞职业技术学院图书馆	1420000.0
547	渭南师范学院图书馆	1510792.1	585	江苏农牧科技职业学院图书馆	1418489.4
548	广州番禺职业技术学院图书馆	1510079.5	586	武汉工程科技学院图书馆	1415393.3
549	沈阳建筑大学图书馆	1507731.2	587	南京医科大学康达学院图书馆	1415000.0
550	长春光华学院图书馆	1507464.1	588	延边大学图书馆	1412870.4
551	邯郸学院图书馆	1506000.0	589	温州科技职业学院图书馆	1411892.8
552	上海应用技术学院图书馆	1505366.7	590	山西中医药大学图书馆	1410072.0
553	淮南师范学院图书馆	1504198.0	591	齐齐哈尔大学图书馆	1405483.9
554	南昌航空大学图书馆	1500000.0	592	江西财经职业学院图书馆	1405000.0
555	新乡医学院图书馆	1500000.0	593	曲阜师范大学图书馆	1400000.0
556	许昌职业技术学院图书馆	1500000.0	594	北京财贸职业学院图书馆	1400000.0
557	桂林航天工业学院图书馆	1499866.2	595	吉林动画学院图书馆	1396480.1
558	广东省外语艺术职业学院图书馆	1499860.0	596	广西壮族自治区经济管理干部学院图书馆	1395000.0

续表

序号	图书馆名称	纸质资源购置费（元）	序号	图书馆名称	纸质资源购置费（元）
597	南京科技职业学院图书馆	1392344.1	633	广州城市职业学院图书馆	1260000.0
598	黄河科技学院图书馆	1391945.0	634	甘肃警察职业学院图书馆	1257663.0
599	四川护理职业学院图书馆	1378000.0	635	湖北工程学院图书馆	1254724.2
600	杨凌职业技术学院图书馆	1372516.6	636	安徽科技学院图书馆	1250000.0
601	宝鸡文理学院图书馆	1356377.4	637	江西经济管理干部学院图书馆	1250000.0
602	广安职业技术学院图书馆	1345632.2	638	遵义师范学院图书馆	1250000.0
603	赤峰学院图书馆	1345000.0	639	河北化工医药职业技术学院图书馆	1250000.0
604	山西财经大学图书馆	1343949.5	640	无锡工艺职业技术学院图书馆	1250000.0
605	河套学院图书馆	1342180.0	641	武昌工学院图书馆	1249081.8
606	广西中医药大学图书馆	1336000.0	642	菏泽家政职业学院图书馆	1237000.0
607	西安体育学院图书馆	1331516.7	643	西藏农牧学院图书馆	1233332.4
608	山东旅游职业学院图书馆	1330000.0	644	盐城师范学院图书馆	1230000.0
609	浙江经济职业技术学院图书馆	1329947.2	645	天津中德职业技术学院图书馆	1227819.0
610	外交学院图书馆	1329209.4	646	广州南洋理工职业学院图书馆	1227669.1
611	福建中医药大学图书馆	1325951.8	647	河北建筑工程学院图书馆	1223779.6
612	西安医学院图书馆	1322710.8	648	浙江医药高等专科学校图书馆	1223309.2
613	浙江工商职业技术学院图书馆	1305891.7	649	西北政法大学图书馆	1213801.3
614	江西师范高等专科学校图书馆	1304000.0	650	成都航空职业技术学院图书馆	1212484.8
615	台州职业技术学院图书馆	1300264.4	651	湘中幼儿师范高等专科学校图书馆	1211000.0
616	哈尔滨金融学院图书馆	1300000.0	652	齐鲁师范学院图书馆	1210575.0
617	武汉纺织大学图书馆	1300000.0	653	安徽医学高等专科学校图书馆	1208000.0
618	安阳职业技术学院图书馆	1300000.0	654	云南农业大学图书馆	1207578.5
619	黑龙江中医药大学图书馆	1299896.4	655	江西科技师范大学图书馆	1205695.8
620	东北电力大学图书馆	1293070.3	656	中国传媒大学图书馆	1205548.5
621	合肥学院图书馆	1288523.6	657	内蒙古电子信息职业技术学院图书馆	1205539.8
622	沈阳医学院图书馆	1284313.0	658	泰州职业技术学院图书馆	1204275.3
623	四川畜牧兽医职业学院图书馆	1280991.4	659	陕西工业职业技术学院图书馆	1200881.1
624	蚌埠学院图书馆	1276600.0	660	武汉体育学院图书馆	1200150.0
625	太原理工大学图书馆	1267148.1	661	绵阳师范学院图书馆	1200000.0
626	辽宁中医药大学图书馆	1266000.0	662	甘肃林业职业技术学院图书馆	1200000.0
627	山东青年政治学院图书馆	1265443.0	663	烟台职业学院图书馆	1200000.0
628	上海海关学院图书馆	1263186.7	664	浙江警察学院图书馆	1198398.3
629	浙江纺织服装职业技术学院图书馆	1262932.9	665	山东医学高等专科学校图书馆	1198134.0
630	四川警察学院图书馆	1261700.0	666	巢湖学院图书馆	1198000.0
631	北京信息科技大学图书馆	1261436.9	667	沈阳航空航天大学图书馆	1197461.9
632	安徽中医药大学图书馆	1261176.5	668	广西艺术学院图书馆	1196016.5

续表

序号	图书馆名称	纸质资源购置费（元）	序号	图书馆名称	纸质资源购置费（元）
669	咸阳职业技术学院图书馆	1195701.0	705	浙江交通职业技术学院图书馆	1111037.3
670	苏州卫生职业技术学院图书馆	1193422.6	706	枣庄学院图书馆	1108000.0
671	四川音乐学院图书馆	1191394.9	707	江西工业职业技术学院图书馆	1108000.0
672	上饶师范学院图书馆	1189755.4	708	南京森林警察学院图书馆	1106778.2
673	云南商务职业学院图书馆	1189621.2	709	景德镇陶瓷大学图书馆	1106527.4
674	安顺学院图书馆	1188311.7	710	西华大学图书馆	1104425.6
675	阿拉善职业技术学院图书馆	1180000.0	711	济宁学院图书馆	1100000.0
676	辽宁省交通高等专科学校图书馆	1180000.0	712	邵阳学院图书馆	1100000.0
677	辽宁大学图书馆	1179378.0	713	内蒙古化工职业学院图书馆	1100000.0
678	汉江师范学院图书馆	1174817.0	714	湖北文理学院图书馆	1099853.8
679	山西工程职业技术学院图书馆	1174136.1	715	赣州卫生健康职业学院图书馆	1099416.0
680	云南国土资源职业学院图书馆	1170000.0	716	承德石油高等专科学校图书馆	1085730.0
681	长治学院图书馆	1167200.0	717	上海闵行职业技术学院图书馆	1085178.4
682	河南检查职业学院图书馆	1165000.0	718	漳州职业技术学院图书馆	1084420.0
683	红河学院图书馆	1162004.0	719	陕西警官职业学院图书馆	1082015.6
684	滁州学院图书馆	1160000.0	720	山东外贸职业学院图书馆	1080000.0
685	四川国际标榜职业学院图书馆	1160000.0	721	长春师范大学图书馆	1073284.2
686	邯郸职业技术学院图书馆	1158000.0	722	辽宁石油化工大学图书馆	1070399.8
687	皖西卫生职业学院图书馆	1156874.2	723	四川托普信息技术职业学院图书馆	1069780.0
688	天津滨海职业学院图书馆	1156232.1	724	庆阳职业技术学院图书馆	1066200.0
689	南昌工程学院图书馆	1151457.0	725	承德医学院图书馆	1060000.0
690	安徽农业大学图书馆	1150000.0	726	广东工贸职业技术学院图书馆	1060000.0
691	贵州警察学院图书馆	1148735.3	727	云南能源职业技术学院图书馆	1060000.0
692	铁道警察学院图书馆	1148000.4	728	西安工业大学北方信息工程学院图书馆	1059000.0
693	锦州医科大学图书馆	1146935.4	729	四川工商学院图书馆	1058008.4
694	河南交通职业技术学院图书馆	1142000.0	730	德州职业技术学院图书馆	1055514.9
695	上海中医药大学图书馆	1138268.6	731	六盘水师范学院图书馆	1054981.3
696	石家庄学院图书馆	1137000.0	732	白城医药高等专科学校图书馆	1053223.1
697	浙江工贸职业技术学院图书馆	1135000.0	733	四川工程职业技术学院图书馆	1050000.0
698	浙江水利水电学院图书馆	1129321.2	734	湖北交通职业技术学院图书馆	1040000.0
699	江苏建康职业学院图书馆	1123638.8	735	沈阳工业大学图书馆	1039812.8
700	江西服装学院图书馆	1120566.8	736	西安科技大学高新学院图书馆	1032724.0
701	潍坊护理职业学院图书馆	1120000.0	737	湖北科技职业学院图书馆	1030900.0
702	长春财经学院图书馆	1117193.1	738	陕西交通职业技术学院图书馆	1030000.0
703	重庆工业职业技术学院图书馆	1115270.8	739	北京石油化工学院图书馆	1025000.0
704	通化师范学院图书馆	1112000.0	740	济南幼儿师范高等专科学校图书馆	1022214.7

续表

序号	图书馆名称	纸质资源购置费（元）	序号	图书馆名称	纸质资源购置费（元）
741	衡阳师范学院图书馆	1018665.0	779	山东水利职业学院图书馆	922563.0
742	江西师范大学图书馆	1014612.8	780	上海旅游高等专科学校图书馆	918858.2
743	常州工学院图书馆	1011793.0	781	神木职业技术学院图书馆	916800.0
744	江西生物科技职业学院图书馆	1009682.8	782	江苏警官学院图书馆	914423.0
745	湖北警官学院图书馆	1004682.9	783	北华大学图书馆	910600.0
746	上海出版印刷高等专科学校图书馆	1004000.0	784	甘肃政法大学图书馆	910112.8
747	上海视觉艺术学院图书馆	1000000.0	785	宁波职业技术学院图书馆	907054.9
748	玉溪师范学院图书馆	1000000.0	786	日照职业技术学院图书馆	900000.0
749	北京工业职业技术学院图书馆	1000000.0	787	厦门城市职业学院图书馆	900000.0
750	山东中医药高等专科学校图书馆	1000000.0	788	武汉船舶职业技术学院图书馆	900000.0
751	湖北师范大学图书馆	999616.8	789	克拉玛依职业技术学院图书馆	899941.2
752	大连医科大学图书馆	998710.6	790	吉首大学图书馆	899500.0
753	宁波教育学院图书馆	995888.5	791	长春大学旅游学院图书馆	898132.2
754	淄博师范高等专科学校图书馆	993516.5	792	鄂尔多斯应用技术学院图书馆	897203.4
755	杭州医学院图书馆	990441.2	793	南方医科大学图书馆	895000.0
756	忻州师范学院图书馆	987499.4	794	上海科技大学图书馆	892545.9
757	仰恩大学图书馆	985348.7	795	河北农业大学图书馆	883999.4
758	安康学院图书馆	981713.1	796	兰州文理学院图书馆	879900.0
759	开封文化艺术职业学院图书馆	980377.8	797	桐城师范高等专科学校图书馆	878549.4
760	上海师范大学天华学院图书馆	979741.2	798	福建信息职业技术学院图书馆	876768.9
761	南京广播电视大学图书馆	972091.0	799	潍坊工程职业学院图书馆	867049.0
762	山东药品食品职业学院图书馆	969942.5	800	陕西财经职业技术学院图书馆	866963.9
763	江西交通职业技术学院图书馆	968587.0	801	天津天狮学院图书馆	865000.0
764	陕西中医药大学图书馆	968049.3	802	商洛学院图书馆	864754.5
765	福建警察学院图书馆	961335.3	803	河南应用技术职业学院图书馆	863608.1
766	四川水利职业技术学院图书馆	950005.0	804	乌鲁木齐职业大学图书馆	860000.0
767	吉林化工学院图书馆	950003.0	805	文山学院图书馆	859814.4
768	河池学院图书馆	950000.0	806	哈尔滨商业大学图书馆	859731.8
769	濮阳职业技术学院图书馆	950000.0	807	四川文化产业职业学院图书馆	858463.1
770	西安职业技术学院图书馆	949024.8	808	长春理工大学图书馆	856445.9
771	沈阳工程学院图书馆	947846.0	809	威海海洋职业学院图书馆	855700.0
772	福建卫生职业技术学院图书馆	945800.0	810	辽宁农业职业技术学院图书馆	855000.0
773	徐州工程学院图书馆	942624.0	811	丽水学院图书馆	851653.9
774	山东女子学院图书馆	942372.6	812	江西建设职业技术学院图书馆	851614.8
775	江西医学高等专科学校图书馆	937717.1	813	四川化工职业技术学院图书馆	850000.0
776	山西农业大学图书馆	937510.2	814	襄阳职业技术学院图书馆	850000.0
777	三峡大学图书馆	935890.0	815	鞍山师范学院图书馆	848855.8
778	西安工程大学图书馆	932987.7	816	厦门南洋职业学院图书馆	848567.0

续表

序号	图书馆名称	纸质资源购置费（元）	序号	图书馆名称	纸质资源购置费（元）
817	佳木斯大学图书馆	845000.0	851	大庆师范学院图书馆	762749.1
818	江西警察学院图书馆	840685.1	852	韶关学院图书馆	761262.2
819	甘肃交通职业技术学院图书馆	840000.0	853	江西工业工程职业技术学院图书馆	760000.0
820	扬州工业职业技术学院图书馆	840000.0	854	中山火炬职业技术学院图书馆	760000.0
821	四川文理学院图书馆	838945.0	855	东北林业大学图书馆	756611.0
822	成都理工大学工程技术学院图书馆	836625.3	856	沈阳体育学院图书馆	754993.1
823	新疆大学图书馆	836336.9	857	西安铁路职业技术学院图书馆	751932.2
824	牡丹江师范学院图书馆	831354.0	858	四川信息职业技术学院图书馆	750000.0
825	山东交通职业学院图书馆	831129.0	859	山东城市建设职业学院图书馆	750000.0
826	广东食品药品职业学院图书馆	820000.0	860	中山职业技术学院图书馆	749986.0
827	营口职业技术学院图书馆	820000.0	861	长春工业大学图书馆	743626.1
828	广东警官学院图书馆	818660.9	862	江西先锋软件职业技术学院图书馆	743312.2
829	兰州外语职业学院图书馆	816968.0	863	云南机电职业技术学院图书馆	743000.0
830	南京理工大学泰州科技学院图书馆	810000.0	864	四川航天职业技术学院图书馆	740983.0
831	四川职业技术学院图书馆	810000.0	865	莆田学院图书馆	740601.8
832	内蒙古商贸职业学院图书馆	803333.7	866	大连海洋大学图书馆	735265.1
833	湖南工学院图书馆	800000.0	867	厦门华厦学院图书馆	731106.5
834	菏泽医学专科学校图书馆	800000.0	868	山东商务职业学院图书馆	730000.0
835	池州学院图书馆	799400.0	869	永州职业技术学院图书馆	730000.0
836	海南师范大学图书馆	797316.0	870	四川华新现代职业学院图书馆	729982.7
837	绥化学院图书馆	795736.3	871	沈阳音乐学院图书馆	728833.9
838	中央司法警官学院图书馆	795488.0	872	沈阳师范大学图书馆	723469.6
839	山西师范大学图书馆	795121.4	873	山东轻工职业学院图书馆	720000.0
840	西安邮电大学图书馆	783121.5	874	浙江国际海运职业技术学院图书馆	719818.3
841	呼伦贝尔学院图书馆	782470.7	875	辽宁工程技术大学图书馆	714997.3
842	郑州商学院图书馆	776808.4	876	龙岩学院图书馆	713700.4
843	吉林体育学院图书馆	775322.9	877	云南财经职业学院图书馆	712000.0
844	江苏海洋大学图书馆	775077.0	878	西安交通大学城市学院图书馆	709382.7
845	广州体育学院图书馆	773994.2	879	福建华南女子职业学院图书馆	707009.3
846	湖南科技学院图书馆	770273.3	880	厦门软件职业技术学院图书馆	706974.8
847	海南政法职业学院图书馆	769400.0	881	北京政法职业学院图书馆	705686.1
848	长江师范学院图书馆	764001.7	882	广东药科大学图书馆	700000.0
849	成都职业技术学院图书馆	764000.0	883	绵阳职业技术学院图书馆	700000.0
850	川北幼儿师范高等专科学校图书馆	763577.7	884	山东传媒职业学院图书馆	700000.0

续表

序号	图书馆名称	纸质资源购置费（元）	序号	图书馆名称	纸质资源购置费（元）
885	云南农业职业技术学院图书馆	700000.0	919	湖南警察学院图书馆	623928.0
886	湖北理工学院图书馆	695370.9	920	上海思博职业技术学院图书馆	619557.1
887	宜春职业技术学院图书馆	694210.0	921	长江大学图书馆	610078.9
888	沈阳药科大学图书馆	693610.6	922	荆州理工职业学院图书馆	608296.8
889	内蒙古大学创业学院图书馆	689887.3	923	长春金融高等专科学校图书馆	605256.1
890	河南医学高等专科学校图书馆	685000.0	924	吉林电子信息职业技术学院图书馆	603686.4
891	沧州师范学院图书馆	680000.0	925	汉中职业技术学院图书馆	601000.0
892	苏州科技大学天平学院图书馆	677154.5	926	温州职业技术学院图书馆	600445.7
893	武汉华夏理工学院图书馆	675295.3	927	陇东学院图书馆	600000.0
894	宁夏幼儿师范高等专科学校图书馆	674620.5	928	长沙理工大学图书馆	600000.0
895	云南中医药大学图书馆	672749.0	929	铜陵职业技术学院图书馆	600000.0
896	成都体育学院图书馆	671379.4	930	海南外国语职业学院图书馆	598854.2
897	漳州城市职业学院图书馆	671312.1	931	河北水利电力学院图书馆	590000.0
898	河北对外经贸职业学院图书馆	671000.0	932	南京中医药大学翰林学院图书馆	590000.0
899	石家庄幼儿师范高等专科学校图书馆	670000.0	933	长春工业大学人文信息学院图书馆	588644.8
900	湖北汽车工业学院图书馆	668527.0	934	黔南民族医学高等专科学校图书馆	585579.4
901	天津大学仁爱学院图书馆	668279.1	935	上海公安学院图书馆	584848.0
902	辽东学院图书馆	665677.6	936	广州华夏职业学院图书馆	583042.0
903	辽宁工业大学图书馆	663723.5	937	湖南文理学院图书馆	580869.0
904	天津财经大学图书馆	663701.3	938	河北科技师范学院图书馆	580000.0
905	广州松田职业学院图书馆	663552.1	939	漯河职业技术学院图书馆	573000.0
906	楚雄师范学院图书馆	651000.0	940	保山学院图书馆	571476.6
907	西安财经大学图书馆	650556.4	941	宁夏大学新华学院图书馆	567748.0
908	长治医学院图书馆	650000.0	942	吉林司法警官职业学院图书馆	566000.0
909	湖北三峡职业技术学院图书馆	648986.0	943	乐山师范学院图书馆	564438.0
910	呼和浩特职业学院图书馆	641322.0	944	上海工艺美术职业学院图书馆	562600.4
911	江西泰豪动漫职业学院图书馆	641045.0	945	厦门海洋职业技术学院图书馆	560000.0
912	浙江特殊教育职业学院图书馆	641035.9	946	福建船政交通职业学院图书馆	557663.8
913	安康职业技术学院图书馆	640000.0	947	重庆科技学院图书馆	553334.2
914	吉林艺术学院图书馆	635000.0	948	湖北中医药大学图书馆	550960.0
915	浙江师范大学知行学院图书馆	633285.0	949	湖南理工职业技术学院图书馆	550000.0
916	上饶幼儿师范高等专科学校图书馆	631677.0	950	杭州职业技术学院图书馆	550000.0
917	四川商务职业学院图书馆	630525.0	951	重庆警察学院图书馆	549994.8
918	山西卫生健康职业学院图书馆	628385.8	952	上海工商职业技术学院图书馆	543617.5

续表

序号	图书馆名称	纸质资源购置费（元）	序号	图书馆名称	纸质资源购置费（元）
953	西安音乐学院图书馆	540381.3	985	广东科贸职业学院图书馆	460000.0
954	鄂州职业大学图书馆	536165.4	986	淮北师范大学图书馆	459975.8
955	吉安职业技术学院图书馆	530000.0	987	吉林农业大学图书馆	459336.9
956	天津体育学院图书馆	525387.2	988	江西理工大学应用科学学院图书馆	450000.0
957	江西青年职业学院图书馆	521607.3	989	甘肃工业职业技术学院图书馆	450000.0
958	江西信息应用职业技术学院图书馆	521417.1	990	湖北生态工程职业技术学院图书馆	450000.0
959	云南交通职业技术学院图书馆	520724.9	991	河南质量工程职业学院图书馆	449936.0
960	盘锦职业技术学院图书馆	520000.0	992	苏州健雄职业技术学院图书馆	446713.0
961	宜春学院图书馆	511196.5	993	天津理工大学图书馆	444648.1
962	长沙医学院图书馆	508264.0	994	重庆师范大学涉外商贸学院图书馆	443195.3
963	四川邮电职业技术学院图书馆	505350.4	995	湖北水利水电职业技术学院图书馆	440000.0
964	沈阳农业大学图书馆	505082.8	996	成都信息工程大学图书馆	439988.2
965	山东工业职业学院图书馆	500000.0	997	红河卫生职业学院图书馆	439526.0
966	武汉铁路职业技术学院图书馆	500000.0	998	沈阳大学图书馆	433944.6
967	上海行健职业学院图书馆	499077.1	999	大连职业技术学院图书馆	420000.0
968	景德镇学院图书馆	496946.8	1000	兰州职业技术学院图书馆	420000.0
969	北京劳动保障职业学院图书馆	496101.3	1001	青岛酒店管理职业技术学院图书馆	415000.0
970	杭州科技职业技术学院图书馆	495000.0	1002	井冈山大学图书馆	414306.6
971	安徽工业经济职业技术学院图书馆	492000.0	1003	商洛职业技术学院图书馆	411949.0
972	皖西学院图书馆	490000.0	1004	厦门兴才职业技术学院图书馆	405302.7
973	长春大学图书馆	485316.4	1005	重庆文理学院图书馆	404104.0
974	山西水利职业技术学院图书馆	485000.0	1006	连云港职业技术学院图书馆	403864.0
975	广州铁路职业技术学院图书馆	484000.0	1007	广州理工学院图书馆	400000.0
976	楚雄医药高等专科学校图书馆	480353.6	1008	上海农林职业技术学院图书馆	399379.3
977	萍乡学院图书馆	480000.0	1009	河北金融学院图书馆	398839.5
978	滨州职业学院图书馆	480000.0	1010	成都纺织高等专科学校图书馆	391158.4
979	河南水利与环境职业学院图书馆	480000.0	1011	抚州职业技术学院图书馆	390000.0
980	丽江师范高等专科学校图书馆	477728.1	1012	浙江体育职业技术学院图书馆	386076.0
981	濮阳医学高等专科学校图书馆	475780.2	1013	西安文理学院图书馆	385394.3
982	天津农学院图书馆	470876.8	1014	宝鸡职业技术学院图书馆	384994.0
983	北京教育学院图书馆	460000.0	1015	天津电子信息职业技术学院图书馆	383506.9
984	常德职业技术学院图书馆	460000.0	1016	长江工程职业技术学院图书馆	381000.0

续表

序号	图书馆名称	纸质资源购置费（元）	序号	图书馆名称	纸质资源购置费（元）
1017	保山中医药高等专科学校图书馆	380000.0	1052	通辽职业学院图书馆	291300.0
1018	临汾职业技术学院图书馆	375946.8	1053	安庆医药高等专科学校图书馆	290000.0
1019	梧州学院图书馆	370672.6	1054	湖南生物机电职业技术学院图书馆	290000.0
1020	贵州广播电视大学图书馆	368000.0	1055	重庆建筑科技职业学院图书馆	285221.0
1021	内蒙古机电职业技术学院图书馆	360000.0	1056	甘肃畜牧工程职业技术学院图书馆	284326.0
1022	陕西青年职业学院图书馆	359516.1	1057	湖北国土资源职业学院图书馆	279462.0
1023	泉州师范学院图书馆	358300.0	1058	闽西职业技术学院图书馆	276229.2
1024	三亚中瑞酒店管理职业学院图书馆	357000.0	1059	昆明理工大学津桥学院图书馆	275138.9
1025	湖北大学图书馆	355468.4	1060	烟台黄金职业学院图书馆	272334.9
1026	威海职业学院图书馆	350000.0	1061	朝阳师范高等专科学校图书馆	271160.4
1027	吉林建筑科技学院图书馆	347510.0	1062	延安大学西安创新学院图书馆	270622.6
1028	廊坊师范学院图书馆	345000.0	1063	江西司法警官职业学院图书馆	270000.0
1029	吉林工业职业技术学院图书馆	345000.0	1064	益阳职业技术学院图书馆	270000.0
1030	湄洲湾职业技术学院图书馆	344000.0	1065	东北师范大学人文学院图书馆	268871.0
1031	滇西科技师范学院图书馆	340300.0	1066	黄冈职业技术学院图书馆	268186.0
1032	山西青年职业学院图书馆	340000.0	1067	江西水利职业学院图书馆	260000.0
1033	重庆电力高等专科学校图书馆	339895.2	1068	首钢工学院图书馆	251669.5
1034	大理大学图书馆	338383.1	1069	呼和浩特民族学院图书馆	250000.0
1035	内江职业技术学院图书馆	335078.0	1070	包头职业技术学院图书馆	250000.0
1036	福建体育职业技术学院图书馆	335000.0	1071	长春师范高等专科学校图书馆	250000.0
1037	黑龙江农业经济职业学院图书馆	327892.8	1072	满洲里俄语职业学院图书馆	246000.0
1038	江西机电职业技术学院图书馆	325398.4	1073	广东碧桂园职业学院图书馆	242371.1
1039	福州英华职业学院图书馆	320000.0	1074	武汉职业技术学院图书馆	240000.0
1040	山东职业学院图书馆	320000.0	1075	海南健康管理职业技术学院图书馆	238464.6
1041	吕梁学院图书馆	311214.6	1076	沈阳理工大学图书馆	238000.0
1042	广东舞蹈戏剧职业学院图书馆	310722.0	1077	福建商学院图书馆	226752.4
1043	襄阳汽车职业技术学院图书馆	307653.8	1078	西安电力高等专科学校图书馆	226480.5
1044	广东金融学院图书馆	306927.5	1079	宁夏工商职业技术学院图书馆	225707.8
1045	鲁迅美术学院图书馆	303901.6	1080	江西农业工程职业学院图书馆	223700.0
1046	福建农业职业技术学院图书馆	300018.0	1081	吉林省教育学院图书馆	220000.0
1047	河北建材职业技术学院图书馆	300000.0	1082	江西应用技术职业学院图书馆	220000.0
1048	内蒙古交通职业技术学院图书馆	300000.0	1083	云南工贸职业技术学院图书馆	219746.4
1049	黄河交通学院图书馆	298856.1	1084	河北民族师范学院图书馆	214000.0
1050	泉州幼儿师范高等专科学校图书馆	297431.4	1085	恩施职业技术学院图书馆	213000.0
1051	新疆艺术学院图书馆	291676.2	1086	天津美术学院图书馆	211075.5

序号	图书馆名称	纸质资源购置费（元）	序号	图书馆名称	纸质资源购置费（元）
1087	金华教育学院图书馆	209270.0	1121	内蒙古艺术学院图书馆	106488.1
1088	长江职业学院图书馆	206000.0	1122	长春医学高等专科学校图书馆	102675.0
1089	武汉电力职业技术学院图书馆	200529.9	1123	长春职业技术学院图书馆	101131.0
1090	信阳农林学院图书馆	200000.0	1124	河北地质大学图书馆	100000.0
1091	德宏职业学院图书馆	200000.0	1125	闽北职业技术学院图书馆	100000.0
1092	陇南师范高等专科学校图书馆	200000.0	1126	四平职业大学图书馆	100000.0
1093	湖南城建职业技术学院图书馆	199580.0	1127	山西林业职业技术学院图书馆	100000.0
1094	马鞍山师范高等专科学校图书馆	195750.0	1128	西藏警官高等专科学校图书馆	100000.0
1095	四川幼儿师范高等专科学校图书馆	190000.0	1129	泉州经贸职业技术学院图书馆	98421.0
1096	包头轻工职业技术学院图书馆	180000.0	1130	天津国土资源和房屋职业学院图书馆	96746.6
1097	陕西学前师范学院图书馆	176501.6	1131	天津公安警官职业学院图书馆	96212.8
1098	安徽电气工程职业技术学院图书馆	173874.0	1132	南昌大学共青学院图书馆	95278.8
1099	西安汽车职业大学图书馆	165579.0	1133	巴中职业技术学院图书馆	92967.2
1100	四川艺术职业学院图书馆	165000.0	1134	延边职业技术学院图书馆	90791.6
1101	乌兰察布职业学院图书馆	164000.0	1135	河南测绘职业学院图书馆	90000.0
1102	成都工业学院图书馆	161108.0	1136	榆林职业技术学院图书馆	86998.1
1103	湖南现代物流职业技术学院图书馆	160000.0	1137	民办四川天一学院图书馆	78632.8
1104	湖南中医药高等专科学校图书馆	160000.0	1138	湖南艺术职业学院图书馆	78317.2
1105	赤峰工业职业技术学院图书馆	153773.0	1139	三亚航空旅游职业学院图书馆	77931.0
1106	昆明医科大学海源学院图书馆	153761.4	1140	湖北财税职业学院图书馆	75256.6
1107	福建电力职业技术学院图书馆	146195.3	1141	陕西职业技术学院图书馆	74999.3
1108	昆明工业职业技术学院图书馆	145976.3	1142	广东文理职业学院图书馆	74869.7
1109	西双版纳职业技术学院图书馆	143009.0	1143	广西教育学院图书馆	74800.0
1110	湖南财经工业职业技术学院图书馆	133097.3	1144	包头铁道职业技术学院图书馆	74572.4
1111	江西艺术职业学院图书馆	130000.0	1145	包头钢铁职业技术学院图书馆	73965.0
1112	山西铁道职业技术学院图书馆	129951.8	1146	西藏职业技术学院图书馆	73040.0
1113	科尔沁艺术职业学院图书馆	127128.5	1147	新疆生产建设兵团兴新职业技术学院图书馆	70000.0
1114	达州职业技术学院图书馆	120000.0	1148	辽源职业技术学院图书馆	69200.0
1115	新余学院图书馆	119337.9	1149	铜川职业技术学院图书馆	67003.6
1116	吉林交通职业技术学院图书馆	116523.0	1150	长春教育学院图书馆	66857.8
1117	山西经济管理干部学院图书馆	115812.0	1151	重庆能源职业学院图书馆	65000.0
1118	三明职业技术学院图书馆	115000.0	1152	太原工业学院图书馆	60629.5
1119	上海震旦职业学院图书馆	114325.1	1153	明达职业技术学院图书馆	55843.4
1120	陕西邮电职业技术学院图书馆	110000.0	1154	吉林水利电力职业学院图书馆	54026.0

续表

序号	图书馆名称	纸质资源购置费（元）	序号	图书馆名称	纸质资源购置费（元）
1155	聊城大学东昌学院图书馆	52657.7	1174	云南外事外语职业学院图书馆	36066.8
1156	长春开放大学图书馆	50000.0	1175	东北石油大学图书馆	34000.0
1157	甘肃建筑职业技术学院图书馆	50000.0	1176	四川机电职业技术学院图书馆	33509.8
1158	吉林科技职业技术学院图书馆	50000.0	1177	松原职业技术学院图书馆	31198.6
1159	四川工商职业技术学院图书馆	50000.0	1178	长春电子科技学院图书馆	30000.0
1160	江西陶瓷工艺美术职业技术学院图书馆	49985.4	1179	山西管理职业学院图书馆	30000.0
1161	呼伦贝尔职业技术学院图书馆	49752.6	1180	南京航空航天大学金城学院图书馆	27961.0
1162	陕西铁路工程职业技术学院图书馆	49500.0	1181	武夷山职业学院图书馆	26321.2
1163	哈尔滨铁道职业技术学院图书馆	49000.0	1182	西藏藏医大学图书馆	25535.0
1164	平凉职业技术学院图书馆	48403.0	1183	鄂尔多斯生态环境职业学院图书馆	22004.5
1165	上海兴伟学院图书馆	48000.0	1184	厦门安防科技职业学院图书馆	22000.0
1166	吉林广播电视大学图书馆	47826.8	1185	江西工商职业技术学院图书馆	21363.0
1167	重庆应用技术职业学院图书馆	46448.8	1186	泉州纺织服装职业学院图书馆	21005.6
1168	惠州卫生职业技术学院图书馆	45204.6	1187	宿州学院图书馆	20000.0
1169	大兴安岭职业学院图书馆	38000.0	1188	川南幼儿师范高等专科学校图书馆	20000.0
1170	内蒙古体育职业学院图书馆	38000.0	1189	陕西机电职业技术学院图书馆	16586.2
1171	北京第二外国语学院中瑞酒店管理学院图书馆	37691.6	1190	山西财贸职业技术学院图书馆	16556.0
1172	云南司法警官职业学院图书馆	36364.8	1191	江西新能源科技学院图书馆	14705.0
1173	内蒙古民族幼儿师范高等专科学校图书馆	36066.8	1192	鹤壁能源化工职业学院图书馆	6000.0

2020年1117所高校图书馆电子资源购置费统计表

序号	图书馆名称	电子资源购置费（元）	序号	图书馆名称	电子资源购置费（元）
1	上海交通大学图书馆	51882378.0	38	兰州大学图书馆	17697085.0
2	清华大学图书馆	48858482.0	39	深圳大学图书馆	17368441.9
3	中山大学图书馆	40483615.5	40	上海财经大学图书馆	17188057.0
4	中国科学技术大学图书馆	35926845.3	41	西北大学图书馆	17000000.0
5	北京大学图书馆	35649091.5	42	上海师范大学图书馆	16941760.0
6	同济大学图书馆	35406363.6	43	西交利物浦大学图书馆	16476526.2
7	山东大学图书馆	33601026.0	44	湖南大学图书馆	16267646.0
8	华中科技大学图书馆	32993100.0	45	武汉理工大学图书馆	15765930.0
9	浙江大学图书馆	32198100.5	46	华中农业大学图书馆	15757139.0
10	中国人民大学图书馆	31387019.0	47	浙江工业大学图书馆	15738128.0
11	吉林大学图书馆	29929900.0	48	中国海洋大学图书馆	15616600.0
12	复旦大学图书馆	28582230.8	49	内蒙古大学图书馆	15544296.0
13	武汉大学图书馆	27818831.5	50	南京航空航天大学图书馆	15226295.0
14	四川大学图书馆	27473105.0	51	华南师范大学图书馆	14989514.0
15	华东师范大学图书馆	27049859.7	52	山西大学图书馆	14702776.0
16	深圳大学城图书馆	26810926.2	53	电子科技大学图书馆	14669658.0
17	北京师范大学图书馆	26473299.0	54	苏州大学图书馆	14611371.5
18	东南大学图书馆	25072772.0	55	上海理工大学图书馆	14592667.0
19	大连理工大学图书馆	24987037.3	56	陕西师范大学图书馆	14544284.2
20	南开大学图书馆	23549731.0	57	天津大学图书馆	14162467.0
21	首都师范大学图书馆	23125063.0	58	华东理工大学图书馆	14159599.2
22	厦门大学图书馆	22763236.6	59	西南财经大学图书馆	14123400.0
23	中南大学图书馆	22061519.0	60	东北师范大学图书馆	14103377.0
24	重庆大学图书馆	21995000.0	61	北京理工大学图书馆	14047257.0
25	西北工业大学图书馆	21577447.5	62	贵州大学图书馆	13971500.0
26	西安交通大学图书馆	21077629.3	63	北京交通大学图书馆	13892232.0
27	哈尔滨工业大学图书馆	20468907.6	64	北京科技大学图书馆	13796902.3
28	暨南大学图书馆	20064239.0	65	西南民族大学图书馆	13773885.9
29	南京大学图书馆	19985943.1	66	西安电子科技大学图书馆	13617848.0
30	郑州大学图书馆	19800000.0	67	上海科技大学图书馆	13563977.2
31	华南理工大学图书馆	19448711.0	68	宁夏大学图书馆	13476000.0
32	云南大学图书馆	19331612.0	69	南昌大学图书馆	13427426.0
33	上海大学图书馆	19001525.4	70	江苏大学图书馆	13370192.0
34	南京师范大学图书馆	18753466.5	71	宁波大学图书馆	12945000.0
35	西南大学图书馆	18535000.0	72	哈尔滨工程大学图书馆	12897011.0
36	燕山大学图书馆	18373775.0	73	新疆大学图书馆	12859725.0
37	中国矿业大学图书馆	17716706.5	74	广西大学图书馆	12800706.0

续表

序号	图书馆名称	电子资源购置费（元）	序号	图书馆名称	电子资源购置费（元）
75	合肥工业大学图书馆	12766170.5	114	中国药科大学图书馆	9310100.0
76	齐鲁工业大学图书馆	12735500.0	115	华侨大学图书馆	9279682.0
77	海南大学图书馆	12683795.0	116	汕头大学图书馆	9267098.0
78	南京理工大学图书馆	12643863.0	117	中国医科大学图书馆	9230151.0
79	黑龙江大学图书馆	12543100.0	118	广西师范大学图书馆	9143240.0
80	浙江师范大学图书馆	12394540.0	119	大连海事大学图书馆	9087460.0
81	福建农林大学图书馆	12233619.4	120	武汉轻工大学图书馆	9059400.0
82	北京工商大学图书馆	12026665.0	121	上海工程技术大学图书馆	9032795.9
83	首都医科大学图书馆	11983706.3	122	太原理工大学图书馆	9020903.0
84	昆明理工大学图书馆	11971415.0	123	常州大学图书馆	8950000.0
85	扬州大学图书馆	11917783.0	124	深圳技术大学图书馆	8931716.9
86	南京农业大学图书馆	11789600.0	125	中北大学图书馆	8928175.0
87	江汉大学图书馆	11582200.0	126	广州医科大学图书馆	8830220.3
88	安徽师范大学图书馆	11538350.0	127	北京邮电大学图书馆	8739781.0
89	西北农林科技大学图书馆	11248470.0	128	江西师范大学图书馆	8706000.0
90	南方医科大学图书馆	10924520.0	129	河北师范大学图书馆	8668860.0
91	西华师范大学图书馆	10900000.0	130	中国民航大学图书馆	8451285.0
92	桂林电子科技大学图书馆	10859775.0	131	河北工业大学图书馆	8405304.0
93	中南财经政法大学图书馆	10844101.0	132	东北林业大学图书馆	8367755.0
94	福建师范大学图书馆	10819189.0	133	杭州电子科技大学图书馆	8347750.0
95	青岛大学图书馆	10712438.9	134	南京医科大学图书馆	8313371.0
96	华北电力大学图书馆	10570222.0	135	西南石油大学图书馆	8309379.0
97	杭州师范大学图书馆	10497420.0	136	安徽财经大学图书馆	8133900.0
98	中国地质大学图书馆	10481060.0	137	山东科技大学图书馆	8115800.0
99	华南农业大学图书馆	10311672.5	138	华中师范大学图书馆	8088280.0
100	曲阜师范大学图书馆	10285000.0	139	山东师范大学图书馆	7987100.0
101	山西师范大学图书馆	10230000.0	140	河北工程大学图书馆	7941671.2
102	内蒙古工业大学图书馆	10197887.0	141	三峡大学图书馆	7937486.0
103	山东农业大学图书馆	10166200.0	142	台州学院图书馆	7913297.0
104	河海大学图书馆	10058727.4	143	烟台大学图书馆	7895920.0
105	江南大学图书馆	9987034.9	144	南昌航空大学图书馆	7879700.0
106	安徽大学图书馆	9979409.0	145	山西农业大学图书馆	7825245.0
107	成都理工大学图书馆	9896774.0	146	南京工业大学图书馆	7804717.0
108	广州大学图书馆	9842666.0	147	南京审计大学图书馆	7788807.0
109	西北师范大学图书馆	9800000.0	148	中国农业大学图书馆	7691245.0
110	重庆医科大学图书馆	9755650.0	149	南通大学图书馆	7662122.0
111	四川师范大学图书馆	9554146.0	150	湖北大学图书馆	7636700.0
112	河北大学图书馆	9455760.0	151	兰州理工大学图书馆	7608300.0
113	中南民族大学图书馆	9405663.0	152	深圳职业技术学院图书馆	7592600.0

续表

序号	图书馆名称	电子资源购置费（元）	序号	图书馆名称	电子资源购置费（元）
153	西安建筑科技大学图书馆	7463619.0	192	长江大学图书馆	5881410.0
154	吉林工程技术师范学院图书馆	7410000.0	193	闽江学院图书馆	5880000.0
155	江西财经大学图书馆	7359253.0	194	南华大学图书馆	5874280.0
156	安徽农业大学图书馆	7270000.0	195	太原科技大学图书馆	5851703.0
157	南京林业大学图书馆	7104459.2	196	南京邮电大学图书馆	5827800.0
158	大连大学图书馆	7089500.0	197	成都大学图书馆	5826800.0
159	西南科技大学图书馆	7088500.0	198	安徽建筑大学图书馆	5807103.0
160	延边大学图书馆	7085411.0	199	内蒙古科技大学图书馆	5798000.0
161	重庆工商大学图书馆	7078300.0	200	长沙理工大学图书馆	5787400.0
162	东北大学图书馆	7044320.4	201	温州医科大学图书馆	5777358.0
163	上海外国语大学图书馆	7037310.3	202	临沂大学图书馆	5774200.0
164	兰州交通大学图书馆	7005900.0	203	中国石油大学（北京）图书馆	5754069.0
165	河北医科大学图书馆	7000000.0	204	广州中医药大学图书馆	5733304.2
166	上海对外经贸大学图书馆	6998067.0	205	青岛科技大学图书馆	5723000.0
167	聊城大学图书馆	6977000.0	206	上海电力学院图书馆	5700697.0
168	云南师范大学图书馆	6873765.0	207	江西理工大学图书馆	5685600.0
169	四川农业大学图书馆	6856291.0	208	沈阳药科大学图书馆	5666339.0
170	厦门理工学院图书馆	6820228.3	209	陕西科技大学图书馆	5654087.0
171	中国石油大学（华东）图书馆	6808348.0	210	沈阳工业大学图书馆	5641665.0
172	南京财经大学图书馆	6710000.0	211	西北民族大学图书馆	5639800.0
173	上海应用技术学院图书馆	6681212.0	212	南京信息工程大学图书馆	5611250.0
174	集美大学图书馆	6673003.0	213	北京联合大学图书馆	5606540.0
175	中国民用航空飞行学院图书馆	6650100.0	214	武汉科技大学图书馆	5600199.0
176	长安大学图书馆	6417691.9	215	中原工学院图书馆	5490000.0
177	西安外国语大学图书馆	6385440.0	216	中央财经大学图书馆	5480479.0
178	大连医科大学图书馆	6371810.0	217	广西科技大学图书馆	5413831.0
179	上海海洋大学图书馆	6347345.8	218	安徽医科大学图书馆	5399968.0
180	成都中医药大学图书馆	6293857.0	219	华北理工大学图书馆	5397000.0
181	北方工业大学图书馆	6181242.0	220	福建医科大学图书馆	5370625.0
182	大连民族大学图书馆	6146686.0	221	东华理工大学图书馆	5368700.0
183	安徽工业大学图书馆	6106300.0	222	盐城工学院图书馆	5351542.0
184	江西中医药大学图书馆	6100000.0	223	天津科技大学图书馆	5341962.0
185	天津理工大学图书馆	6079703.0	224	西华大学图书馆	5340200.0
186	上海海事大学图书馆	6036744.0	225	西南政法大学图书馆	5339184.9
187	辽宁大学图书馆	6030987.0	226	沈阳农业大学图书馆	5334387.0
188	河北中医学院图书馆	6000000.0	227	北京大学医学图书馆	5300314.0
189	北京信息科技大学图书馆	5983238.0	228	东北财经大学图书馆	5274842.0
190	北京中医药大学图书馆	5970886.0	229	湖北工业大学图书馆	5192800.0
191	新疆财经大学图书馆	5910000.0	230	中国计量大学图书馆	5183093.8

续表

序号	图书馆名称	电子资源购置费（元）	序号	图书馆名称	电子资源购置费（元）
231	上海体育学院图书馆	5170504.0	270	盐城师范学院图书馆	3950000.0
232	山西财经大学图书馆	5104451.0	271	四川轻化工大学图书馆	3898101.0
233	新乡医学院三全学院图书馆	5084583.0	272	福建工程学院图书馆	3891667.0
234	湖州师范学院图书馆	5075351.0	273	中国政法大学图书馆	3816436.4
235	安徽中医药大学图书馆	5052200.0	274	浙江海洋大学图书馆	3810000.0
236	上海立信会计金融学院图书馆	5002300.0	275	贵州师范大学图书馆	3806000.0
237	武汉纺织大学图书馆	5000000.0	276	内蒙古医科大学图书馆	3802955.0
238	长春师范大学图书馆	4992000.0	277	新乡学院图书馆	3781432.0
239	闽南师范大学图书馆	4983551.0	278	湖南商学院图书馆	3720040.0
240	石家庄铁道大学图书馆	4976000.0	279	西安工程大学图书馆	3710329.0
241	赣南医学院图书馆	4946500.0	280	常熟理工学院图书馆	3693131.0
242	东北农业大学图书馆	4937081.3	281	锦州医科大学图书馆	3684655.8
243	河北农业大学图书馆	4880000.0	282	西安邮电大学图书馆	3677428.0
244	长春中医药大学图书馆	4878800.0	283	江西科技师范大学图书馆	3674594.0
245	天津工业大学图书馆	4820078.0	284	顺德职业技术学院图书馆	3654315.9
246	西安理工大学图书馆	4814753.0	285	中央民族大学图书馆	3612166.0
247	西安科技大学图书馆	4802010.0	286	昆明医学院图书馆	3600170.0
248	广东药科大学图书馆	4777082.0	287	安阳师范学院图书馆	3569933.0
249	北京石油化工学院图书馆	4773695.0	288	吉林财经大学图书馆	3569600.0
250	湖北师范大学图书馆	4740100.0	289	长春工业大学图书馆	3517400.0
251	河北科技大学图书馆	4700000.0	290	上海商学院图书馆	3505570.0
252	青岛农业大学图书馆	4660466.0	291	湖南中医药大学图书馆	3500000.0
253	山西医科大学图书馆	4557200.0	292	包头师范学院图书馆	3496000.0
254	西南医科大学图书馆	4547962.0	293	天津商业大学图书馆	3481544.0
255	甘肃农业大学图书馆	4501800.0	294	沈阳航空航天大学图书馆	3463717.0
256	黄淮学院图书馆	4469700.0	295	重庆第二师范学院图书馆	3442000.0
257	广西民族大学图书馆	4398294.0	296	北京服装学院图书馆	3398697.0
258	河南科技大学图书馆	4360000.0	297	大连外国语大学图书馆	3370000.0
259	长春理工大学图书馆	4327000.0	298	遵义医科大学图书馆	3367320.0
260	重庆理工大学图书馆	4300000.0	299	甘肃中医药大学图书馆	3353000.0
261	南京晓庄学院图书馆	4295390.0	300	哈尔滨师范大学图书馆	3349407.0
262	绍兴文理学院图书馆	4250583.0	301	湖北经济学院图书馆	3338700.0
263	内蒙古财经大学图书馆	4218433.0	302	徐州工程学院图书馆	3324126.0
264	川北医学院图书馆	4204700.0	303	广东财经大学图书馆	3321611.0
265	吉林农业大学图书馆	4198800.0	304	淮阴工学院图书馆	3314000.0
266	内蒙古师范大学图书馆	4156327.0	305	河北北方学院图书馆	3300000.0
267	中南林业科技大学图书馆	4129300.0	306	贵阳学院图书馆	3289000.0
268	井冈山大学图书馆	3999238.0	307	贵州财经大学图书馆	3285000.0
269	云南财经大学图书馆	3960000.0	308	大理大学图书馆	3268850.0

续表

序号	图书馆名称	电子资源购置费（元）	序号	图书馆名称	电子资源购置费（元）
309	浙江科技学院图书馆	3229828.0	348	福建中医药大学图书馆	2708696.0
310	华东交通大学图书馆	3226381.0	349	九江学院图书馆	2682930.0
311	济宁医学院图书馆	3200000.0	350	海南热带海洋学院图书馆	2675000.0
312	江苏理工学院图书馆	3199248.0	351	外交学院图书馆	2673289.0
313	惠州学院图书馆	3175309.0	352	贵州医科大学图书馆	2670600.0
314	上海电机学院图书馆	3166414.0	353	湖北文理学院图书馆	2660300.0
315	江苏海洋大学图书馆	3165700.0	354	北部湾大学图书馆	2636900.0
316	金陵科技学院图书馆	3148576.0	355	吉林师范大学图书馆	2605500.0
317	武汉商学院图书馆	3141869.0	356	皖西学院图书馆	2600000.0
318	唐山师范学院图书馆	3140000.0	357	齐齐哈尔大学图书馆	2594516.0
319	合肥学院图书馆	3137300.0	358	上饶师范学院图书馆	2581658.0
320	南宁师范大学图书馆	3120400.0	359	江西农业大学图书馆	2577770.0
321	湖北民族大学图书馆	3120000.0	360	贵州民族大学图书馆	2575329.0
322	上海政法学院图书馆	3099000.0	361	云南农业大学图书馆	2571463.0
323	淮北师范大学图书馆	3097800.0	362	甘肃政法大学图书馆	2528940.0
324	阜阳师范大学图书馆	3096700.0	363	中国社会科学院大学图书馆	2511741.0
325	吉首大学图书馆	3083500.0	364	南京工业职业技术学院图书馆	2503343.0
326	浙江传媒学院图书馆	3014300.0	365	内江师范学院图书馆	2495000.0
327	成都医学院图书馆	3003400.0	366	北京电子科技职业学院图书馆	2492853.0
328	湖南理工学院图书馆	2980000.0	367	沈阳师范大学图书馆	2484500.0
329	宁夏师范学院图书馆	2928200.0	368	大连工业大学图书馆	2477051.0
330	广东金融学院图书馆	2918298.0	369	湖北中医药大学图书馆	2473100.0
331	河南工程学院图书馆	2907800.0	370	西藏大学图书馆	2440136.0
332	贵州商学院图书馆	2896200.0	371	乐山师范学院图书馆	2429700.0
333	周口师范学院图书馆	2895480.0	372	广西财经学院图书馆	2413254.0
334	徐州医科大学图书馆	2884789.0	373	哈尔滨商业大学图书馆	2410284.0
335	衡阳师范学院图书馆	2876000.0	374	湖南城市学院图书馆	2410000.0
336	辽宁中医药大学图书馆	2865951.0	375	赤峰学院图书馆	2400000.0
337	成都体育学院图书馆	2841500.0	376	宿州学院图书馆	2400000.0
338	南京工程学院图书馆	2812077.0	377	山东医学高等专科学校图书馆	2392000.0
339	宁夏医科大学图书馆	2808919.0	378	武夷学院图书馆	2390750.0
340	中国传媒大学图书馆	2799955.8	379	上海中医药大学图书馆	2388257.0
341	西藏农牧学院图书馆	2795400.0	380	陕西理工大学图书馆	2388200.0
342	郑州航空工业管理学院图书馆	2792970.0	381	上海电子信息职业技术学院图书馆	2379985.0
343	辽宁科技大学图书馆	2789699.0	382	运城学院图书馆	2365000.0
344	东北电力大学图书馆	2781976.0	383	淮南师范学院图书馆	2345000.0
345	武汉工程大学图书馆	2778980.0	384	内蒙古民族大学图书馆	2345000.0
346	岭南师范学院图书馆	2775394.0	385	河南城建学院图书馆	2340000.0
347	广东技术师范大学图书馆	2764600.0	386	赣南师范大学科技学院图书馆	2300400.0

续表

序号	图书馆名称	电子资源购置费（元）	序号	图书馆名称	电子资源购置费（元）
387	赣南师范大学图书馆	2300400.0	425	南昌工程学院图书馆	1887000.0
388	山西中医药大学图书馆	2295000.0	426	枣庄学院图书馆	1886500.0
389	中国人民公安大学图书馆	2238100.0	427	西安医学院图书馆	1885512.0
390	西安欧亚学院图书馆	2219854.0	428	中国石油大学胜利学院图书馆	1861160.0
391	成都信息工程大学图书馆	2209800.0	429	西南林业大学图书馆	1859636.0
392	唐山学院图书馆	2200000.0	430	四川工商职业技术学院图书馆	1855009.0
393	黑龙江中医药大学图书馆	2198000.0	431	黄山学院图书馆	1848000.0
394	蚌埠医学院图书馆	2180600.0	432	长江师范学院图书馆	1817882.0
395	太原师范学院图书馆	2173550.0	433	昆明冶金高等专科学校图书馆	1806100.0
396	山西大同大学图书馆	2154100.0	434	辽宁工业大学图书馆	1800400.0
397	河西学院图书馆	2151500.0	435	韶关学院图书馆	1795700.0
398	厦门医学院图书馆	2150000.0	436	河池学院图书馆	1795407.0
399	滁州学院图书馆	2149000.0	437	绵阳师范学院图书馆	1788400.0
400	安徽科技学院图书馆	2140000.0	438	西藏民族大学图书馆	1787600.0
401	云南民族大学图书馆	2136737.0	439	福建江夏学院图书馆	1772780.0
402	辽宁石油化工大学图书馆	2119600.0	440	白城师范学院图书馆	1759000.0
403	江西枫林涉外经贸职业学院图书馆	2114836.0	441	武汉体育学院图书馆	1749800.0
404	蚌埠学院图书馆	2100000.0	442	西安工业大学图书馆	1733400.0
405	北京农学院图书馆	2099117.0	443	辽宁师范大学图书馆	1730575.0
406	成都师范学院图书馆	2098000.0	444	沈阳建筑大学图书馆	1724243.0
407	上海第二工业大学图书馆	2070138.0	445	浙江树人大学图书馆	1714740.0
408	吉林建筑大学图书馆	2068000.0	446	沈阳医学院图书馆	1713025.2
409	湖北医药学院图书馆	2061000.0	447	山西传媒学院图书馆	1704000.0
410	石家庄学院图书馆	2050000.0	448	贵州中医药大学图书馆	1700000.0
411	河北经贸大学图书馆	2000000.0	449	兰州城市学院图书馆	1700000.0
412	琼台师范学院图书馆	2000000.0	450	文山学院图书馆	1689272.0
413	湖北科技学院图书馆	1995000.0	451	南昌职业大学图书馆	1682750.0
414	陕西中医药大学图书馆	1988600.0	452	三明学院图书馆	1682750.0
415	滨州医学院图书馆	1984700.0	453	宁波工程学院图书馆	1673839.0
416	延安大学图书馆	1975600.0	454	浙江越秀外国语学院图书馆	1657452.0
417	西安航空学院图书馆	1940000.0	455	贵州理工学院图书馆	1651000.0
418	四川美术学院图书馆	1928522.0	456	长治医学院图书馆	1649000.0
419	成都艺术职业大学图书馆	1910000.0	457	陕西服装工程学院图书馆	1637963.0
420	东北石油大学图书馆	1903931.0	458	丽水学院图书馆	1634660.0
421	新乡医学院图书馆	1900000.0	459	重庆三峡学院图书馆	1621000.0
422	遵义师范学院图书馆	1900000.0	460	宜春学院图书馆	1618800.0
423	景德镇陶瓷大学图书馆	1892390.0	461	哈尔滨理工大学图书馆	1615654.0
424	上海海关学院图书馆	1887902.0	462	杨凌职业技术学院图书馆	1600700.0

续表

序号	图书馆名称	电子资源购置费（元）	序号	图书馆名称	电子资源购置费（元）
463	昆明学院图书馆	1600000.0	502	成都工业学院图书馆	1400000.0
464	陕西国际商贸学院图书馆	1598000.0	503	北京政法职业学院图书馆	1399700.0
465	东莞职业技术学院图书馆	1593200.0	504	山东政法学院图书馆	1397700.0
466	韩山师范学院图书馆	1583465.0	505	浙江警察学院图书馆	1394500.0
467	上海公安学院图书馆	1583330.0	506	大连海洋大学图书馆	1386976.0
468	宜宾学院图书馆	1579000.0	507	湖南文理学院图书馆	1372000.0
469	榆林学院图书馆	1575105.0	508	吉林艺术学院图书馆	1366800.0
470	渤海大学图书馆	1573200.0	509	长春大学图书馆	1365650.0
471	牡丹江师范学院图书馆	1563000.0	510	吉林医药学院图书馆	1347400.0
472	陕西学前师范学院图书馆	1562615.0	511	衡水学院图书馆	1330400.0
473	南阳师范学院图书馆	1561855.0	512	西京学院图书馆	1320000.0
474	沈阳大学图书馆	1560000.0	513	西安财经大学图书馆	1319989.0
475	佳木斯大学图书馆	1552636.0	514	四川警察学院图书馆	1315800.0
476	兰州财经大学图书馆	1550095.0	515	广东轻工职业技术学院图书馆	1310000.0
477	北京理工大学珠海学院图书馆	1550000.0	516	曲靖师范学院图书馆	1300425.0
478	江苏第二师范学院图书馆	1542200.0	517	太原工业学院图书馆	1300000.0
479	铁道警察学院图书馆	1526000.0	518	湖北理工学院图书馆	1294600.0
480	浙江工商职业技术学院图书馆	1519275.0	519	太原大学图书馆	1289200.0
481	南京森林警察学院图书馆	1513771.0	520	河南经贸职业学院图书馆	1289200.0
482	山东交通学院图书馆	1500000.0	521	常州工学院图书馆	1285371.0
483	齐鲁师范学院图书馆	1499280.0	522	重庆警察学院图书馆	1275800.0
484	合肥师范学院图书馆	1498539.0	523	广州番禺职业技术学院图书馆	1264340.0
485	梧州学院图书馆	1497265.0	524	渭南师范学院图书馆	1264000.0
486	右江民族医学院图书馆	1494807.0	525	呼和浩特民族学院图书馆	1255000.0
487	莆田学院图书馆	1494000.0	526	重庆文理学院图书馆	1252445.0
488	辽宁工程技术大学图书馆	1489800.0	527	辽东学院图书馆	1245000.0
489	攀枝花学院图书馆	1475000.0	528	北京财贸职业学院图书馆	1234800.0
490	宝鸡文理学院图书馆	1466500.0	529	河南工学院图书馆	1224600.0
491	安顺学院图书馆	1460300.0	530	山东中医药大学图书馆	1220000.0
492	喀什大学图书馆	1450000.0	531	江西服装学院图书馆	1219001.0
493	四川旅游学院图书馆	1442900.0	532	泰州学院图书馆	1208433.3
494	巢湖学院图书馆	1442250.0	533	包头医学院图书馆	1206700.0
495	鄂尔多斯应用技术学院图书馆	1440000.0	534	河北科技师范学院图书馆	1200600.0
496	长春工程学院图书馆	1440000.0	535	沧州师范学院图书馆	1200000.0
497	芜湖职业技术学院图书馆	1440000.0	536	四川音乐学院图书馆	1200000.0
498	河南农业职业学院图书馆	1421270.0	537	北京工业职业技术学院图书馆	1200000.0
499	邵阳学院图书馆	1420000.0	538	桂林航天工业学院图书馆	1199450.0
500	龙岩学院图书馆	1414170.0	539	集宁师范学院图书馆	1191000.0
501	云南中医药大学图书馆	1407800.0	540	浙江外国语学院图书馆	1180871.0

续表

序号	图书馆名称	电子资源购置费（元）	序号	图书馆名称	电子资源购置费（元）
541	湖南工学院图书馆	1178000.0	578	安徽商贸职业技术学院图书馆	999180.0
542	海南师范大学图书馆	1170000.0	579	宁波职业技术学院图书馆	998438.0
543	吉林化工学院图书馆	1158000.0	580	西安文理学院图书馆	995700.0
544	德州学院图书馆	1153830.0	581	阿坝师范学院图书馆	989100.0
545	河北建筑工程学院图书馆	1150000.0	582	武汉华夏理工学院图书馆	980000.0
546	乌鲁木齐职业大学图书馆	1150000.0	583	安徽财贸职业学院图书馆	980000.0
547	茅台学院图书馆	1143250.0	584	四川民族学院图书馆	957900.0
548	黄冈师范学院图书馆	1139150.0	585	廊坊师范学院图书馆	955000.0
549	营口理工学院图书馆	1129500.0	586	浙江水利水电学院图书馆	954782.0
550	成都文理学院图书馆	1102000.0	587	安徽职业技术学院图书馆	950000.0
551	济宁学院图书馆	1100000.0	588	大连职业技术学院图书馆	950000.0
552	山西工商学院图书馆	1100000.0	589	保山学院图书馆	945000.0
553	信阳农林学院图书馆	1100000.0	590	江西经济管理干部学院图书馆	929200.0
554	合肥职业技术学院图书馆	1100000.0	591	凯里学院图书馆	928098.9
555	荆楚理工学院图书馆	1094200.0	592	湖南科技学院图书馆	923500.0
556	四川外国语大学图书馆	1090205.0	593	新疆工业高等专科学校图书馆	922159.0
557	武汉音乐学院图书馆	1087094.0	594	湖北美术学院图书馆	920800.0
558	沧州医学高等专科学校图书馆	1085000.0	595	西安石油大学图书馆	920000.0
559	海南政法职业学院图书馆	1080600.0	596	重庆水利电力职业技术学院图书馆	917200.0
560	滨州学院图书馆	1053800.0	597	天津农学院图书馆	909270.0
561	甘肃民族师范学院图书馆	1051300.0	598	重庆工业职业技术学院图书馆	905750.0
562	保定学院图书馆	1050950.0	599	兰州工业学院图书馆	902800.0
563	沈阳理工大学图书馆	1045000.0	600	广东食品药品职业学院图书馆	900000.0
564	吉林农业科技学院图书馆	1039200.0	601	咸阳职业技术学院图书馆	898000.0
565	东莞理工学院城市学院图书馆	1038005.0	602	陕西工业职业技术学院图书馆	895400.0
566	长沙医学院图书馆	1027000.0	603	西安培华学院图书馆	888000.0
567	西北政法大学图书馆	1025000.0	604	淄博职业学院图书馆	882000.0
568	沈阳工程学院图书馆	1023641.0	605	江苏警官学院图书馆	881700.0
569	泉州师范学院图书馆	1022000.0	606	南京科技职业学院图书馆	879299.0
570	黄河科技学院图书馆	1021796.0	607	河南医学高等专科学校图书馆	875908.0
571	玉林师范学院图书馆	1020000.0	608	三江学院图书馆	873400.0
572	广州体育学院图书馆	1019900.0	609	绥化学院图书馆	870000.0
573	南宁学院图书馆	1016495.0	610	四川文化产业职业学院图书馆	870000.0
574	杭州医学院图书馆	1004800.0	611	贵州师范学院图书馆	865200.0
575	四川文理学院图书馆	1004004.0	612	呼伦贝尔学院图书馆	865000.0
576	重庆三峡医药高等专科学校图书馆	1000000.0	613	广东科学技术职业学院图书馆	865000.0
577	河北环境工程学院图书馆	999500.0	614	上海建桥学院图书馆	862500.0

续表

序号	图书馆名称	电子资源购置费（元）	序号	图书馆名称	电子资源购置费（元）
615	长治学院图书馆	860200.0	649	三亚学院图书馆	768000.0
616	福建商学院图书馆	850100.0	650	海口经济学院图书馆	765000.0
617	河北政法职业学院图书馆	850000.0	651	鞍山师范学院图书馆	759946.0
618	内蒙古警察职业学院图书馆	850000.0	652	南昌理工学院图书馆	759415.0
619	西安翻译学院图书馆	847230.0	653	西安体育学院图书馆	755700.0
620	苏州市职业大学图书馆	844608.0	654	黔南民族师范学院图书馆	755000.0
621	郑州财税金融职业学院图书馆	843000.0	655	北京劳动保障职业学院图书馆	752000.0
622	郑州商学院图书馆	842000.0	656	安康学院图书馆	751400.0
623	湖南警察学院图书馆	837000.0	657	洛阳职业技术学院图书馆	750000.0
624	南京理工大学泰州科技学院图书馆	835000.0	658	长春金融高等专科学校图书馆	750000.0
625	山西工程技术学院图书馆	834950.0	659	广西科技大学鹿山学院图书馆	745000.0
626	湖南女子学院图书馆	819800.0	660	湖北汽车工业学院图书馆	743000.0
627	常州信息职业技术学院图书馆	819208.0	661	四川大学锦城学院图书馆	737392.0
628	郑州升达经贸管理学院图书馆	817645.0	662	山东女子学院图书馆	737300.0
629	河北化工医药职业技术学院图书馆	817000.0	663	成都纺织高等专科学校图书馆	735219.0
630	湖北工程学院图书馆	816800.0	664	六盘水师范学院图书馆	726000.0
631	云南艺术学院图书馆	816000.0	665	红河学院图书馆	721000.0
632	邯郸学院图书馆	810183.4	666	福建信息职业技术学院图书馆	719970.0
633	沈阳体育学院图书馆	804150.0	667	台州职业技术学院图书馆	716191.0
634	西安铁路职业技术学院图书馆	803400.0	668	广州铁路职业技术学院图书馆	716000.0
635	赣州师范高等专科学校图书馆	803000.0	669	济南幼儿师范高等专科学校图书馆	715500.0
636	承德医学院图书馆	800000.0	670	中山职业技术学院图书馆	710000.0
637	河南牧业经济学院图书馆	800000.0	671	榆林职业技术学院图书馆	709200.0
638	常州工程职业技术学院图书馆	800000.0	672	江西科技学院图书馆	705000.0
639	广州城市职业学院图书馆	800000.0	673	陕西铁路工程职业技术学院图书馆	701700.0
640	山东青年政治学院图书馆	799300.0	674	哈尔滨金融学院图书馆	700000.0
641	四川交通职业技术学院图书馆	799300.0	675	安阳职业技术学院图书馆	700000.0
642	河北金融学院图书馆	794800.0	676	山东科技职业学院图书馆	700000.0
643	呼和浩特职业学院图书馆	784400.0	677	厦门海洋职业技术学院图书馆	700000.0
644	广州南方学院图书馆	782700.0	678	吕梁学院图书馆	692500.0
645	浙江纺织服装职业技术学院图书馆	781229.8	679	福建技术师范学院图书馆	692000.0
646	江西中医药高等专科学校图书馆	773280.0	680	浙江旅游职业学院图书馆	686080.0
647	池州学院图书馆	768890.0	681	武汉铁路职业技术学院图书馆	686000.0
648	武昌首义学院图书馆	768765.0	682	无锡职业技术学院图书馆	682700.0

续表

序号	图书馆名称	电子资源购置费（元）	序号	图书馆名称	电子资源购置费（元）
683	东北师范大学人文学院图书馆	682600.0	718	广东工贸职业技术学院图书馆	600000.0
684	玉溪师范学院图书馆	680000.0	719	浙江交通职业技术学院图书馆	596800.0
685	长沙民政职业技术学院图书馆	680000.0	720	福建船政交通职业学院图书馆	585800.0
686	浙江工业职业技术学院图书馆	678000.0	721	温州科技职业学院图书馆	583632.0
687	河北水利电力学院图书馆	677500.0	722	陕西财经职业技术学院图书馆	580700.0
688	郑州职业技术学院图书馆	675900.0	723	河北对外经贸职业学院图书馆	580000.0
689	山东商业职业技术学院图书馆	673500.0	724	日照职业技术学院图书馆	580000.0
690	聊城职业技术学院图书馆	671300.0	725	西安职业技术学院图书馆	577700.0
691	汉中职业技术学院图书馆	669000.0	726	苏州卫生职业技术学院图书馆	575273.0
692	滇西科技师范学院图书馆	665300.0	727	广州理工学院图书馆	570000.0
693	广西警察学院图书馆	660000.0	728	黄河交通学院图书馆	570000.0
694	河北地质大学图书馆	660000.0	729	西安交通工程学院图书馆	569800.0
695	江西财经职业学院图书馆	660000.0	730	大庆师范学院图书馆	566900.0
696	郑州旅游职业学院图书馆	658245.0	731	南京艺术学院图书馆	564800.0
697	武汉职业技术学院图书馆	658000.0	732	西安外事学院图书馆	563200.0
698	江西青年职业学院图书馆	653800.0	733	湖南城建职业技术学院图书馆	563000.0
699	楚雄师范学院图书馆	649000.0	734	安庆医药高等专科学校图书馆	560000.0
700	九江职业技术学院图书馆	648600.0	735	商洛学院图书馆	559000.0
701	浙江经济职业技术学院图书馆	647420.0	736	银川能源学院图书馆	555000.0
702	南开大学滨海学院图书馆	646000.0	737	首钢工学院图书馆	554000.0
703	北京教育学院图书馆	641500.0	738	承德石油高等专科学校图书馆	550500.0
704	广西生态工程职业技术学院图书馆	641000.0	739	甘肃工业职业技术学院图书馆	550000.0
705	吉林外国语大学图书馆	640723.0	740	天津体育学院图书馆	548000.0
706	四川水利职业技术学院图书馆	640000.0	741	湖北警官学院图书馆	546600.0
707	上海工艺美术职业学院图书馆	640000.0	742	湖北城市建设职业技术学院图书馆	546000.0
708	中央司法警官学院图书馆	634000.0	743	贵州警察学院图书馆	543000.0
709	安徽工业经济职业技术学院图书馆	630000.0	744	陕西警官职业学院图书馆	539000.0
710	内蒙古机电职业技术学院图书馆	625000.0	745	鲁迅美术学院图书馆	538800.0
711	云南开放大学图书馆	613500.0	746	湖州职业技术学院图书馆	536884.0
712	广东农工商职业技术学院图书馆	610000.0	747	湖南现代物流职业技术学院图书馆	530000.0
713	安徽医学高等专科学校图书馆	609295.0	748	湖南中医药高等专科学校图书馆	530000.0
714	邢台职业技术学院图书馆	608000.0	749	四川建筑职业技术学院图书馆	529270.0
715	福建警察学院图书馆	600910.0	750	广西艺术学院图书馆	528780.0
716	温州职业技术学院图书馆	600120.0	751	景德镇学院图书馆	528000.0
717	宿迁学院图书馆	600000.0	752	泰州职业技术学院图书馆	526235.0

续表

序号	图书馆名称	电子资源购置费（元）	序号	图书馆名称	电子资源购置费（元）
753	新余学院图书馆	525800.0	788	杭州职业技术学院图书馆	476620.0
754	黄冈职业技术学院图书馆	525000.0	789	云南经济管理学院图书馆	476000.0
755	广州航海学院图书馆	522100.0	790	浙江医药高等专科学校图书馆	472180.0
756	西安思源学院图书馆	520000.0	791	西安音乐学院图书馆	472000.0
757	江西现代职业技术学院图书馆	520000.0	792	抚州职业技术学院图书馆	470000.0
758	四川护理职业学院图书馆	520000.0	793	四川工程职业技术学院图书馆	470000.0
759	长江职业学院图书馆	520000.0	794	陕西交通职业技术学院图书馆	470000.0
760	汉江师范学院图书馆	508000.0	795	上海师范大学天华学院图书馆	469000.0
761	成都航空职业技术学院图书馆	500390.0	796	营口职业技术学院图书馆	468000.0
762	成都理工大学工程技术学院图书馆	500000.0	797	辽宁省交通高等专科学校图书馆	464800.0
763	福建农业职业技术学院图书馆	500000.0	798	浙江大学城市学院图书馆	461200.0
764	内蒙古建筑职业技术学院图书馆	500000.0	799	南京医科大学康达学院图书馆	460000.0
765	山东外贸职业学院图书馆	500000.0	800	乌兰察布职业学院图书馆	460000.0
766	山东职业学院图书馆	500000.0	801	云南师范大学商学院图书馆	452300.0
767	许昌职业技术学院图书馆	500000.0	802	吉安职业技术学院图书馆	450000.1
768	河南应用技术职业学院图书馆	499000.0	803	仰恩大学图书馆	450000.0
769	广州科技贸易职业学院图书馆	498500.0	804	厦门城市职业学院图书馆	450000.0
770	江西工程学院图书馆	498000.0	805	郑州轨道工程职业学院图书馆	450000.0
771	四川卫生康复职业学院图书馆	498000.0	806	长春科技学院图书馆	448000.0
772	中山火炬职业技术学院图书馆	498000.0	807	四川化工职业技术学院图书馆	445600.0
773	兴义民族师范学院图书馆	496900.0	808	济南职业学院图书馆	440000.0
774	宜春职业技术学院图书馆	496800.0	809	苏州科技大学天平学院图书馆	435500.0
775	闽西职业技术学院图书馆	495215.0	810	阿拉善职业技术学院图书馆	435000.0
776	上海闵行职业技术学院图书馆	494800.0	811	吉林交通职业技术学院图书馆	435000.0
777	浙江同济科技职业学院图书馆	492504.0	812	重庆电力高等专科学校图书馆	435000.0
778	山东城市建设职业学院图书馆	490000.0	813	广州城建职业学院图书馆	434600.0
779	浙江工贸职业技术学院图书馆	489172.0	814	漳州职业技术学院图书馆	433700.0
780	江西警察学院图书馆	485000.0	815	广安职业技术学院图书馆	425000.0
781	青岛恒星科技学院图书馆	484000.0	816	通化师范学院图书馆	424000.0
782	广东省外语艺术职业学院图书馆	482417.0	817	湖南信息职业技术学院图书馆	424000.0
783	河套学院图书馆	481000.0	818	滨州职业学院图书馆	420000.0
784	新疆艺术学院图书馆	480000.0	819	西南财经大学天府学院图书馆	419520.0
785	河南职业技术学院图书馆	480000.0	820	长江工程职业技术学院图书馆	419500.0
786	宝鸡职业技术学院图书馆	479400.0	821	桐城师范高等专科学校图书馆	417000.0
787	重庆师范大学涉外商贸学院图书馆	476676.0	822	重庆移通学院图书馆	414800.0

续表

序号	图书馆名称	电子资源购置费（元）	序号	图书馆名称	电子资源购置费（元）
823	江苏城乡建设职业学院图书馆	413800.0	857	青岛酒店管理职业技术学院图书馆	355600.0
824	湖南生物机电职业技术学院图书馆	410000.0	858	长春光华学院图书馆	350000.0
825	西双版纳职业技术学院图书馆	408000.0	859	河南工业职业技术学院图书馆	350000.0
826	海南外国语职业学院图书馆	404300.0	860	辽宁农业职业技术学院图书馆	350000.0
827	西安明德理工学院图书馆	401073.0	861	无锡工艺职业技术学院图书馆	350000.0
828	陇南师范高等专科学校图书馆	400000.0	862	内蒙古电子信息职业技术学院图书馆	349300.0
829	威海职业学院图书馆	400000.0	863	北华大学图书馆	345200.0
830	扬州工业职业技术学院图书馆	400000.0	864	鄂州职业大学图书馆	343000.0
831	南昌工学院图书馆	395874.0	865	普洱学院图书馆	341000.0
832	四川职业技术学院图书馆	394500.0	866	扬州市职业大学图书馆	340635.0
833	湖南理工职业技术学院图书馆	394000.0	867	安康职业技术学院图书馆	340000.0
834	长春电子科技学院图书馆	390000.0	868	湖南工业职业技术学院图书馆	340000.0
835	达州职业技术学院图书馆	387000.0	869	襄阳职业技术学院图书馆	340000.0
836	河北传媒学院图书馆	386600.0	870	淄博师范高等专科学校图书馆	338800.0
837	武汉设计工程学院图书馆	386224.0	871	昆明理工大学津桥学院图书馆	336148.0
838	四川商务职业学院图书馆	385800.0	872	山东工业职业学院图书馆	335000.0
839	江苏农牧科技职业学院图书馆	384568.0	873	江苏建康职业学院图书馆	332300.0
840	河南水利与环境职业学院图书馆	383260.0	874	文华学院图书馆	330000.0
841	武汉科技大学城市学院图书馆	382000.0	875	四川信息职业技术学院图书馆	330000.0
842	盘锦职业技术学院图书馆	380000.0	876	漳州城市职业学院图书馆	330000.0
843	福州外语外贸学院图书馆	376652.0	877	吉林体育学院图书馆	326315.0
844	忻州师范学院图书馆	374000.0	878	北京科技大学天津学院图书馆	325140.0
845	云南师范大学文理学院图书馆	374000.0	879	昆山杜克大学图书馆	319719.3
846	重庆城市管理职业学院图书馆	372000.0	880	武汉工商学院图书馆	318000.0
847	江西交通职业技术学院图书馆	370800.0	881	嘉兴职业技术学院图书馆	317878.0
848	常德职业技术学院图书馆	370000.0	882	平凉职业技术学院图书馆	316300.0
849	山东药品食品职业学院图书馆	370000.0	883	哈尔滨职业技术学院图书馆	316000.0
850	江西师范高等专科学校图书馆	367000.0	884	上海旅游高等专科学校图书馆	315500.0
851	江西生物科技职业学院图书馆	366700.0	885	鹤壁职业技术学院图书馆	314000.0
852	浙江特殊教育职业学院图书馆	360162.0	886	西安财经大学行知学院图书馆	310000.0
853	长春工业大学人文信息学院图书馆	360000.0	887	长春财经学院图书馆	310000.0
854	惠州经济职业技术学院图书馆	360000.0	888	湖北科技职业学院图书馆	308700.0
855	江西陶瓷工艺美术职业技术学院图书馆	359500.0	889	四川邮电职业技术学院图书馆	308500.0
856	沈阳音乐学院图书馆	359300.0	890	聊城大学东昌学院图书馆	308300.0

续表

序号	图书馆名称	电子资源购置费（元）	序号	图书馆名称	电子资源购置费（元）
891	湖南财经工业职业技术学院图书馆	308000.0	923	江西农业工程职业学院图书馆	283450.0
892	白城医药高等专科学校图书馆	305000.0	924	长春医学高等专科学校图书馆	280680.0
893	浙江国际海运职业技术学院图书馆	301900.0	925	郑州幼儿师范高等专科学校图书馆	276000.0
894	内蒙古艺术学院图书馆	300000.0	926	宁夏工商职业技术学院图书馆	275100.0
895	山西警察学院图书馆	300000.0	927	西藏警官高等专科学校图书馆	275000.0
896	贵州广播电视大学图书馆	300000.0	928	皖西卫生职业学院图书馆	273500.0
897	甘肃交通职业技术学院图书馆	300000.0	929	重庆幼儿师范高等专科学校图书馆	273500.0
898	河南质量工程职业学院图书馆	300000.0	930	天津天狮学院图书馆	272500.0
899	江西工业工程职业技术学院图书馆	300000.0	931	吉林动画学院图书馆	270000.0
900	江西应用技术职业学院图书馆	300000.0	932	湖北财税职业学院图书馆	270000.0
901	漯河职业技术学院图书馆	300000.0	933	四川航天职业技术学院图书馆	269000.0
902	四川畜牧兽医职业学院图书馆	300000.0	934	苏州健雄职业技术学院图书馆	269000.0
903	山东旅游职业学院图书馆	300000.0	935	湖南信息学院图书馆	268000.0
904	三明职业技术学院图书馆	300000.0	936	包头轻工职业技术学院图书馆	265000.0
905	西藏职业技术学院图书馆	300000.0	937	四川国际标榜职业学院图书馆	260000.0
906	烟台职业学院图书馆	300000.0	938	潍坊工程职业学院图书馆	260000.0
907	山西能源学院图书馆	299000.0	939	海南健康管理职业技术学院图书馆	258500.0
908	宁夏职业技术学院图书馆	299000.0	940	内蒙古化工职业学院图书馆	256826.0
909	抚州幼儿师范高等专科学校图书馆	297000.0	941	江西机电职业技术学院图书馆	254500.0
910	江西应用科技学院图书馆	296424.5	942	云南能源职业技术学院图书馆	254000.0
911	贵州工程应用技术学院图书馆	295000.0	943	恩施职业技术学院图书馆	253000.0
912	江西司法警官职业学院图书馆	295000.0	944	上海农林职业技术学院图书馆	252300.0
913	长春职业技术学院图书馆	291500.0	945	兰州石化职业技术学院图书馆	250000.0
914	豫章师范学院图书馆	290000.0	946	湘中幼儿师范高等专科学校图书馆	250000.0
915	南充职业技术学院图书馆	287500.0	947	河南交通职业技术学院图书馆	248000.0
916	广东警官学院图书馆	287000.0	948	广东财经大学华商学院图书馆	245000.0
917	宁夏财经职业技术学院图书馆	286600.0	949	三亚中瑞酒店管理职业学院图书馆	245000.0
918	武汉工程科技学院图书馆	286500.0	950	武昌工学院图书馆	240000.0
919	广州南洋理工职业学院图书馆	286500.0	951	绵阳职业技术学院图书馆	239200.0
920	上海行健职业学院图书馆	286000.0	952	临沂职业学院图书馆	239000.0
921	东南大学成贤学院图书馆	284000.0	953	江西水利职业学院图书馆	237800.0
922	湖北生态工程职业技术学院图书馆	283500.0	954	上海思博职业技术学院图书馆	235325.0

续表

序号	图书馆名称	电子资源购置费（元）	序号	图书馆名称	电子资源购置费（元）
955	西安交通大学城市学院图书馆	235000.0	988	铜川职业技术学院图书馆	198000.0
956	南京广播电视大学图书馆	233300.0	989	吉林工业职业技术学院图书馆	195000.0
957	宁波教育学院图书馆	232000.0	990	长春大学旅游学院图书馆	190000.0
958	泉州幼儿师范高等专科学校图书馆	230400.0	991	威海海洋职业学院图书馆	190000.0
959	山东商务职业学院图书馆	228000.0	992	天津美术学院图书馆	189000.0
960	山西水利职业技术学院图书馆	228000.0	993	广州大学松田学院图书馆	185000.0
961	山东轻工职业学院图书馆	226200.0	994	山西工程职业技术学院图书馆	184500.0
962	连云港职业技术学院图书馆	225000.0	995	商洛职业技术学院图书馆	181000.0
963	闽北职业技术学院图书馆	225000.0	996	宁夏幼儿师范高等专科学校图书馆	180000.0
964	浙江体育职业技术学院图书馆	225000.0	997	山东理工职业学院图书馆	180000.0
965	天津大学仁爱学院图书馆	223000.0	998	武汉船舶职业技术学院图书馆	180000.0
966	邯郸职业技术学院图书馆	220000.0	999	甘肃畜牧工程职业技术学院图书馆	178000.0
967	湄洲湾职业技术学院图书馆	220000.0	1000	湖南艺术职业学院图书馆	177800.0
968	泉州职业技术大学图书馆	220000.0	1001	泉州经贸职业技术学院图书馆	174320.0
969	成都职业技术学院图书馆	217700.0	1002	西安电力高等专科学校图书馆	173000.0
970	河北建材职业技术学院图书馆	213500.0	1003	西安汽车职业大学图书馆	170000.0
971	云南商务职业学院图书馆	212968.7	1004	江西信息应用职业技术学院图书馆	170000.0
972	包头铁道职业技术学院图书馆	209300.0	1005	兰州外语职业学院图书馆	170000.0
973	福州英华职业学院图书馆	205000.0	1006	山东水利职业学院图书馆	170000.0
974	广西壮族自治区经济管理干部学院图书馆	205000.0	1007	广东舞蹈戏剧职业学院图书馆	166100.0
975	长春建筑学院图书馆	204000.0	1008	甘肃建筑职业技术学院图书馆	165000.0
976	云南国土资源职业学院图书馆	204000.0	1009	南昌大学科技学院图书馆	160000.0
977	四川三河职业学院图书馆	202000.0	1010	云南财经职业学院图书馆	160000.0
978	泉州轻工职业学院图书馆	201000.0	1011	吉林建筑科技学院图书馆	158000.0
979	上海视觉艺术学院图书馆	200000.0	1012	萍乡学院图书馆	155000.0
980	甘肃警察职业学院图书馆	200000.0	1013	上海兴伟学院图书馆	153000.0
981	菏泽医学专科学校图书馆	200000.0	1014	四川工商学院图书馆	152000.0
982	濮阳职业技术学院图书馆	200000.0	1015	甘肃林业职业技术学院图书馆	150000.0
983	山东交通职业学院图书馆	200000.0	1016	湖北三峡职业技术学院图书馆	150000.0
984	潍坊护理职业学院图书馆	200000.0	1017	湖南体育职业学院图书馆	150000.0
985	朝阳师范高等专科学校图书馆	200000.0	1018	江西先锋软件职业技术学院图书馆	150000.0
986	福建卫生职业技术学院图书馆	199050.0	1019	武汉电力职业技术学院图书馆	150000.0
987	辽源职业技术学院图书馆	198000.0	1020	益阳职业技术学院图书馆	150000.0

续表

序号	图书馆名称	电子资源购置费（元）	序号	图书馆名称	电子资源购置费（元）
1021	湖北国土资源职业学院图书馆	148500.0	1053	海南体育职业技术学院图书馆	100000.0
1022	江西工业职业技术学院图书馆	148000.0	1054	克拉玛依职业技术学院图书馆	100000.0
1023	川北幼儿师范高等专科学校图书馆	138200.0	1055	厦门南洋职业学院图书馆	100000.0
1024	江西医学高等专科学校图书馆	138200.0	1056	通辽职业学院图书馆	100000.0
1025	哈尔滨铁道职业技术学院图书馆	138000.0	1057	襄阳汽车职业技术学院图书馆	100000.0
1026	西安航空职业技术学院图书馆	137500.0	1058	漳州科技职业学院图书馆	100000.0
1027	浙江财经大学东方学院图书馆	137275.4	1059	武汉学院图书馆	99000.0
1028	德州职业技术学院图书馆	135700.0	1060	山西铁道职业技术学院图书馆	99000.0
1029	昆明工业职业技术学院图书馆	134000.0	1061	天津电子信息职业技术学院图书馆	99000.0
1030	内江职业技术学院图书馆	132000.0	1062	临汾职业技术学院图书馆	98000.0
1031	重庆机电职业技术学院图书馆	130000.0	1063	青岛职业技术学院图书馆	97000.0
1032	广西教育学院图书馆	125200.0	1064	黑龙江农业经济职业学院图书馆	95000.0
1033	江苏航空职业技术学院图书馆	125010.0	1065	昆明医科大学海源学院图书馆	90000.0
1034	内蒙古商贸职业学院图书馆	124500.0	1066	山西青年职业学院图书馆	90000.0
1035	广州华夏职业学院图书馆	121900.0	1067	厦门兴才职业技术学院图书馆	85000.0
1036	保山中医药高等专科学校图书馆	120500.0	1068	川南幼儿师范高等专科学校图书馆	84000.0
1037	吉林省教育学院图书馆	120000.0	1069	福州理工学院图书馆	80000.0
1038	开封文化艺术职业学院图书馆	120000.0	1070	南京中医药大学翰林学院图书馆	80000.0
1039	云南农业职业技术学院图书馆	120000.0	1071	福建华南女子职业学院图书馆	80000.0
1040	天津滨海职业学院图书馆	116000.0	1072	鹤壁能源化工职业学院图书馆	80000.0
1041	厦门华厦学院图书馆	112980.0	1073	江西建设职业技术学院图书馆	80000.0
1042	河南检查职业学院图书馆	112000.0	1074	荆州理工职业学院图书馆	75000.0
1043	湖北交通职业技术学院图书馆	111600.0	1075	丽江师范高等专科学校图书馆	74000.0
1044	广东碧桂园职业学院图书馆	110700.0	1076	四川艺术职业学院图书馆	74000.0
1045	包头职业技术学院图书馆	110000.0	1077	河南工业贸易职业学院图书馆	70000.0
1046	四川文轩职业学院图书馆	110000.0	1078	陕西邮电职业技术学院图书馆	70000.0
1047	山西财贸职业技术学院图书馆	110000.0	1079	铜陵职业技术学院图书馆	70000.0
1048	烟台黄金职业学院图书馆	110000.0	1080	上海震旦职业学院图书馆	65000.0
1049	四川幼儿师范高等专科学校图书馆	110000.0	1081	濮阳医学高等专科学校图书馆	64000.0
1050	北京第二外国语学院中瑞酒店管理学院图书馆	105000.0	1082	山西林业职业技术学院图书馆	60000.0
1051	南昌大学共青学院图书馆	100000.0	1083	武汉生物工程学院图书馆	59400.0
1052	宁夏大学新华学院图书馆	100000.0	1084	福建电力职业技术学院图书馆	58140.0

续表

序号	图书馆名称	电子资源购置费（元）	序号	图书馆名称	电子资源购置费（元）
1085	石家庄幼儿师范高等专科学校图书馆	57000.0	1102	北京师范大学珠海分校图书馆	30000.0
1086	金华教育学院图书馆	54000.0	1103	浙江师范大学知行学院图书馆	30000.0
1087	西安科技大学高新学院图书馆	52500.0	1104	广州松田职业学院图书馆	30000.0
1088	安徽电气工程职业技术学院图书馆	50000.0	1105	黔南民族医学高等专科学校图书馆	30000.0
1089	吉林水利电力职业学院图书馆	50000.0	1106	天津中德职业技术学院图书馆	29700.0
1090	云南交通职业技术学院图书馆	50000.0	1107	四川机电职业技术学院图书馆	27200.0
1091	永州职业技术学院图书馆	50000.0	1108	延安大学西安创新学院图书馆	25000.0
1092	吉林工程职业学院图书馆	48600.0	1109	绍兴文理学院元培学院图书馆	20000.0
1093	上海工商职业技术学院图书馆	47250.0	1110	长春开放大学图书馆	20000.0
1094	上海出版印刷高等专科学校图书馆	46000.0	1111	山西管理职业学院图书馆	20000.0
1095	山西卫生健康职业学院图书馆	39000.0	1112	郑州电力职业技术学院图书馆	20000.0
1096	重庆能源职业学院图书馆	36600.0	1113	重庆建筑科技职业学院图书馆	19000.0
1097	长春教育学院图书馆	36000.0	1114	科尔沁艺术职业学院图书馆	15000.0
1098	三亚航空旅游职业学院图书馆	35000.0	1115	陕西职业技术学院图书馆	15000.0
1099	德宏职业学院图书馆	34800.0	1116	吉林广播电视大学图书馆	10000.0
1100	云南机电职业技术学院图书馆	34000.0	1117	吉林司法警官职业学院图书馆	5000.0
1101	陕西青年职业学院图书馆	33500.0			

2020 年 1207 所高校图书馆年度总经费统计表

序号	图书馆名称	年度总经费（元）	序号	图书馆名称	年度总经费（元）
1	中山大学图书馆	118401956.5	38	上海大学图书馆	25893507.3
2	北京大学图书馆	85794308.4	39	上海师范大学图书馆	25796136.0
3	上海交通大学图书馆	70933093.3	40	深圳大学图书馆	25312815.3
4	清华大学图书馆	65798116.0	41	北京工商大学图书馆	25114048.4
5	山东大学图书馆	60060092.3	42	南京师范大学图书馆	24973801.4
6	复旦大学图书馆	58262625.9	43	新乡医学院三全学院图书馆	24465559.1
7	武汉大学图书馆	55281056.3	44	贵州大学图书馆	24351000.0
8	浙江大学图书馆	54483377.8	45	中南民族大学图书馆	24234442.2
9	江苏大学图书馆	53791793.7	46	河北工业大学图书馆	24226784.1
10	同济大学图书馆	51666235.9	47	上海财经大学图书馆	23650795.1
11	北京师范大学图书馆	48629166.9	48	合肥工业大学图书馆	23648057.7
12	华中科技大学图书馆	48352532.0	49	宁波大学图书馆	23470440.8
13	中国人民大学图书馆	47808922.1	50	山东艺术设计职业学院图书馆	23449546.0
14	四川大学图书馆	43015059.7	51	武汉理工大学图书馆	22798555.4
15	中国科学技术大学图书馆	41223224.8	52	北京交通大学图书馆	22754028.3
16	华东师范大学图书馆	40084999.7	53	浙江工业大学图书馆	22749538.8
17	吉林大学图书馆	39705570.8	54	燕山大学图书馆	22701472.9
18	深圳大学城图书馆	38031840.5	55	太原理工大学图书馆	22564517.2
19	南京大学图书馆	37710000.3	56	南京农业大学图书馆	22474528.6
20	河北工程大学图书馆	34575124.0	57	苏州大学图书馆	22107123.8
21	南开大学图书馆	33101129.9	58	海南大学图书馆	21943547.1
22	暨南大学图书馆	32892004.7	59	中国矿业大学图书馆	21858734.0
23	大连理工大学图书馆	31889078.9	60	华南师范大学图书馆	21709374.3
24	云南大学图书馆	31868404.4	61	中国海洋大学图书馆	21433582.3
25	厦门大学图书馆	31444223.0	62	山西大学图书馆	21365122.7
26	东南大学图书馆	31391429.4	63	中国农业大学图书馆	21136868.4
27	中南大学图书馆	30656190.5	64	陕西师范大学图书馆	21121998.5
28	安徽师范大学图书馆	30241773.3	65	电子科技大学图书馆	21020055.6
29	首都师范大学图书馆	29080207.1	66	中央民族大学图书馆	21001257.0
30	郑州大学图书馆	28740000.0	67	湖南大学图书馆	20888302.1
31	西交利物浦大学图书馆	28640741.2	68	天津大学图书馆	20852847.9
32	重庆大学图书馆	28310100.0	69	内蒙古大学图书馆	20773346.9
33	华南理工大学图书馆	28169176.1	70	哈尔滨工程大学图书馆	20722589.4
34	西北工业大学图书馆	27108783.2	71	东北师范大学图书馆	20543844.1
35	西安交通大学图书馆	26925478.3	72	西北大学图书馆	20388335.8
36	兰州大学图书馆	26461962.2	73	南昌大学图书馆	20266471.2
37	西南大学图书馆	25965434.0	74	西安电子科技大学图书馆	20224014.1

续表

序号	图书馆名称	年度总经费（元）	序号	图书馆名称	年度总经费（元）
75	北京科技大学图书馆	20180063.8	113	西安外国语大学图书馆	15026949.0
76	华中农业大学图书馆	20095762.5	114	上海科技大学图书馆	14856523.1
77	内江师范学院图书馆	20080911.1	115	中国政法大学图书馆	14855438.2
78	南京航空航天大学图书馆	19995388.2	116	广州医科大学图书馆	14836985.0
79	内蒙古工业大学图书馆	19134887.0	117	西华师范大学图书馆	14834650.0
80	烟台大学图书馆	19086420.0	118	云南师范大学图书馆	14803200.0
81	哈尔滨工业大学图书馆	19047081.2	119	武汉科技大学图书馆	14723659.9
82	浙江师范大学图书馆	18857439.5	120	吉林工程技术师范学院图书馆	14658000.0
83	广西师范大学图书馆	18774303.5	121	重庆医科大学图书馆	14571536.4
84	宁夏大学图书馆	18283846.7	122	昆明理工大学图书馆	14448208.1
85	南京理工大学图书馆	18055093.1	123	山东科技大学图书馆	14392524.0
86	山东师范大学图书馆	18001123.2	124	黑龙江大学图书馆	14295575.0
87	福建农林大学图书馆	17951744.3	125	四川师范大学图书馆	14270884.8
88	华东理工大学图书馆	17715433.7	126	广州大学图书馆	14260315.0
89	杭州师范大学图书馆	17622703.3	127	南方医科大学图书馆	14222884.0
90	长春中医药大学图书馆	17609753.5	128	安徽大学图书馆	14101726.0
91	西南民族大学图书馆	17510389.8	129	桂林电子科技大学图书馆	14044775.0
92	上海理工大学图书馆	17203089.8	130	华北电力大学图书馆	13968497.4
93	江苏航空职业技术学院图书馆	17056991.0	131	新疆大学图书馆	13853782.9
94	江南大学图书馆	16951305.2	132	广州南方学院图书馆	13799027.3
95	西南财经大学图书馆	16844389.0	133	山东农业大学图书馆	13770713.4
96	西北师范大学图书馆	16838014.4	134	深圳技术大学图书馆	13763289.6
97	华中师范大学图书馆	16729265.0	135	山西财经大学图书馆	13615064.6
98	齐鲁工业大学图书馆	16706637.0	136	青岛大学图书馆	13612571.7
99	西北农林科技大学图书馆	16532644.0	137	常州大学图书馆	13604500.0
100	扬州大学图书馆	16154977.0	138	中国石油大学（华东）图书馆	13405672.3
101	广西大学图书馆	16021713.6	139	安徽财经大学图书馆	13345606.5
102	东北大学图书馆	16015051.2	140	中国民航大学图书馆	13273845.8
103	井冈山大学图书馆	15989612.1	141	北京联合大学图书馆	13187364.6
104	成都理工大学图书馆	15935647.5	142	南京工业大学图书馆	13116731.3
105	河海大学图书馆	15757982.4	143	中国地质大学图书馆	13109191.3
106	北京理工大学图书馆	15654931.9	144	南通大学图书馆	12953468.7
107	福建师范大学图书馆	15583058.5	145	长安大学图书馆	12905829.4
108	江汉大学图书馆	15473432.6	146	河北大学图书馆	12890650.3
109	中南财经政法大学图书馆	15454833.5	147	陕西科技大学图书馆	12805621.6
110	首都医科大学图书馆	15442786.3	148	南昌工学院图书馆	12773837.7
111	上海对外经贸大学图书馆	15372335.6	149	江西工程学院图书馆	12577469.3
112	华侨大学图书馆	15188938.6	150	曲阜师范大学图书馆	12551800.0

续表

序号	图书馆名称	年度总经费（元）	序号	图书馆名称	年度总经费（元）
151	江西师范大学图书馆	12502209.3	190	惠州学院图书馆	10747850.7
152	中国药科大学图书馆	12500000.0	191	南京审计大学图书馆	10716459.1
153	汕头大学图书馆	12483729.4	192	海南热带海洋学院图书馆	10682956.7
154	盐城工学院图书馆	12448500.0	193	江西财经大学图书馆	10539253.0
155	华南农业大学图书馆	12336521.5	194	宜宾学院图书馆	10411190.2
156	四川文轩职业学院图书馆	12206699.1	195	华北理工大学图书馆	10396640.0
157	上海外国语大学图书馆	12169139.1	196	西北民族大学图书馆	10393478.5
158	上海工程技术大学图书馆	12153420.7	197	中国民用航空飞行学院图书馆	10387822.0
159	武汉轻工大学图书馆	11946344.6	198	北方工业大学图书馆	10353399.0
160	成都中医药大学图书馆	11909755.7	199	江苏师范大学图书馆	10280760.2
161	四川护理职业学院图书馆	11900000.0	200	郑州升达经贸管理学院图书馆	10279487.5
162	集美大学图书馆	11872323.1	201	中国石油大学（北京）图书馆	10224385.0
163	西南科技大学图书馆	11814882.3	202	兰州交通大学图书馆	10193900.0
164	四川农业大学图书馆	11790772.0	203	温州医科大学图书馆	10137932.4
165	北京邮电大学图书馆	11766922.6	204	南京邮电大学图书馆	10121649.0
166	河北师范大学图书馆	11728139.3	205	喀什大学图书馆	10079522.0
167	唐山师范学院图书馆	11646000.0	206	广西科技大学图书馆	10070636.2
168	杭州电子科技大学图书馆	11615794.3	207	中国社会科学院大学图书馆	10061290.0
169	大连海事大学图书馆	11587460.0	208	安徽医科大学图书馆	10029968.0
170	西藏民族大学图书馆	11586934.8	209	兰州理工大学图书馆	9938251.8
171	重庆工商大学图书馆	11543589.6	210	广州中医药大学图书馆	9822679.2
172	中北大学图书馆	11351238.2	211	重庆理工大学图书馆	9812727.0
173	东北林业大学图书馆	11334366.0	212	徐州医科大学图书馆	9733969.6
174	南京医科大学图书馆	11311258.8	213	东华理工大学图书馆	9693980.2
175	台州学院图书馆	11307874.0	214	武汉商学院图书馆	9604216.7
176	三峡大学图书馆	11257373.0	215	南昌航空大学图书馆	9584700.0
177	西南石油大学图书馆	11229914.3	216	内蒙古科技大学图书馆	9510670.7
178	临沂大学图书馆	11202215.9	217	成都大学图书馆	9493815.3
179	江西中医药大学图书馆	11136388.0	218	大连民族大学图书馆	9422763.0
180	西安建筑科技大学图书馆	11104456.5	219	湖北工业大学图书馆	9421325.6
181	中国医科大学图书馆	11050764.6	220	黄淮学院图书馆	9329750.0
182	山西师范大学图书馆	11025121.4	221	内蒙古师范大学图书馆	9326327.0
183	大连外国语大学图书馆	11015000.0	222	河南大学图书馆	9325093.9
184	深圳职业技术学院图书馆	10988100.0	223	闽江学院图书馆	9316013.4
185	南京信息工程大学图书馆	10944729.4	224	大连大学图书馆	9301262.6
186	湖州师范学院图书馆	10929765.0	225	安徽建筑大学图书馆	9264708.0
187	厦门理工学院图书馆	10845602.3	226	河北医科大学图书馆	9194100.0
188	南京林业大学图书馆	10815252.4	227	浙江传媒学院图书馆	9188664.0
189	浙江外国语学院图书馆	10775901.0	228	南京财经大学图书馆	9152320.0

续表

序号	图书馆名称	年度总经费（元）	序号	图书馆名称	年度总经费（元）
229	北京服装学院图书馆	9075412.6	267	河南科技大学图书馆	8136000.0
230	安徽科技学院图书馆	9030000.0	268	太原科技大学图书馆	8118980.5
231	聊城大学图书馆	8990919.0	269	北京大学医学图书馆	8109644.0
232	闽南师范大学图书馆	8978495.6	270	新疆财经大学图书馆	7910000.0
233	河北中医学院图书馆	8920000.0	271	北京师范大学珠海分校图书馆	7875016.6
234	北京中医药大学图书馆	8912850.0	272	中原工学院图书馆	7730700.0
235	山西农业大学图书馆	8885591.8	273	贵州师范大学图书馆	7712547.5
236	青岛农业大学图书馆	8871749.6	274	四川外国语大学图书馆	7648175.0
237	安徽农业大学图书馆	8870000.0	275	东北财经大学图书馆	7641230.4
238	川北医学院图书馆	8844878.3	276	广东技术师范大学图书馆	7581536.0
239	天津工业大学图书馆	8805766.2	277	西安理工大学图书馆	7562677.8
240	延边大学图书馆	8798281.4	278	新乡学院图书馆	7556478.0
241	上海海洋大学图书馆	8777250.2	279	长江大学图书馆	7544353.1
242	西南政法大学图书馆	8759240.8	280	大连医科大学图书馆	7507843.8
243	西南医科大学图书馆	8738602.1	281	浙江海洋大学图书馆	7478741.7
244	青岛科技大学图书馆	8719264.5	282	西华大学图书馆	7467745.6
245	厦门医学院图书馆	8667763.8	283	江西农业大学图书馆	7449080.9
246	绍兴文理学院图书馆	8667763.8	284	福建医科大学图书馆	7387321.3
247	洛阳职业技术学院图书馆	8664978.0	285	上海立信会计金融学院图书馆	7376389.6
248	西安科技大学图书馆	8637119.0	286	北京电子科技职业学院图书馆	7360925.1
249	上海海事大学图书馆	8595732.6	287	北京信息科技大学图书馆	7293674.9
250	江西理工大学图书馆	8587855.5	288	天津理工大学图书馆	7293136.8
251	上海电力学院图书馆	8512644.8	289	西藏大学图书馆	7241336.0
252	上海应用技术学院图书馆	8502106.3	290	包头师范学院图书馆	7214600.0
253	上海体育学院图书馆	8402237.1	291	赣南医学院图书馆	7181514.0
254	甘肃农业大学图书馆	8399400.0	292	甘肃中医药大学图书馆	7170200.0
255	南华大学图书馆	8361671.6	293	兰州财经大学图书馆	7170086.0
256	云南经济管理学院图书馆	8361216.2	294	东北农业大学图书馆	7169749.3
257	中央财经大学图书馆	8344986.6	295	昆明医学院图书馆	7146519.0
258	中国计量大学图书馆	8275204.4	296	吉林师范大学图书馆	7135174.9
259	云南财经大学图书馆	8275000.0	297	沈阳工业大学图书馆	7116913.3
260	湖北大学图书馆	8254145.5	298	芜湖职业技术学院图书馆	7083000.0
261	天津科技大学图书馆	8244261.0	299	广西民族大学图书馆	7006043.6
262	成都医学院图书馆	8215282.5	300	西安翻译学院图书馆	6989602.5
263	石家庄铁道大学图书馆	8189416.0	301	潍坊工程职业学院图书馆	6982049.0
264	辽宁大学图书馆	8187767.0	302	华东交通大学图书馆	6963951.7
265	南京晓庄学院图书馆	8170366.7	303	河北科技大学图书馆	6843156.8
266	广东财经大学华商学院图书馆	8163207.2	304	常州信息职业技术学院图书馆	6796566.0

续表

序号	图书馆名称	年度总经费（元）	序号	图书馆名称	年度总经费（元）
305	重庆三峡医药高等专科学校图书馆	6770000.0	342	湖北医药学院图书馆	6061000.0
306	贵州商学院图书馆	6728219.6	343	西安航空学院图书馆	6060645.6
307	山西大同大学图书馆	6713503.2	344	浙江旅游职业学院图书馆	6042080.0
308	天津商业大学图书馆	6703711.2	345	南昌理工学院图书馆	5998403.0
309	顺德职业技术学院图书馆	6679602.7	346	广西财经学院图书馆	5995940.3
310	贵州财经大学图书馆	6617333.7	347	漳州理工职业学院图书馆	5984200.0
311	沈阳药科大学图书馆	6594899.6	348	福建工程学院图书馆	5982441.5
312	呼伦贝尔学院图书馆	6573270.7	349	盐城师范学院图书馆	5980000.0
313	中南林业科技大学图书馆	6547619.5	350	湖南商学院图书馆	5960040.0
314	长沙理工大学图书馆	6535400.0	351	沈阳农业大学图书馆	5958663.8
315	南京工业职业技术学院图书馆	6511294.0	352	北京石油化工学院图书馆	5940195.0
316	北京理工大学珠海学院图书馆	6491000.0	353	安阳师范学院图书馆	5928398.6
317	重庆第二师范学院图书馆	6482615.6	354	南宁师范大学图书馆	5914356.0
318	周口师范学院图书馆	6482439.0	355	河西学院图书馆	5906500.0
319	四川轻化工大学图书馆	6478044.8	356	陕西理工大学图书馆	5894767.9
320	安徽中医药大学图书馆	6468709.1	357	河北农业大学图书馆	5893599.4
321	武汉纺织大学图书馆	6457151.0	358	湖北科技学院图书馆	5889722.4
322	西藏农牧学院图书馆	6420732.4	359	九江学院图书馆	5888843.0
323	重庆三峡学院图书馆	6408500.0	360	东莞理工学院城市学院图书馆	5822605.0
324	遵义医科大学图书馆	6330262.4	361	吉林财经大学图书馆	5813749.2
325	合肥职业技术学院图书馆	6320000.0	362	江苏理工学院图书馆	5712000.0
326	长春师范大学图书馆	6317232.3	363	济宁医学院图书馆	5672360.6
327	金陵科技学院图书馆	6310500.3	364	广东药科大学图书馆	5664851.0
328	内蒙古医科大学图书馆	6307392.9	365	郑州航空工业管理学院图书馆	5658767.0
329	河南工业贸易职业学院图书馆	6290000.0	366	韩山师范学院图书馆	5655734.5
330	江西中医药高等专科学校图书馆	6254060.0	367	淮阴师范学院图书馆	5604067.4
331	宁夏医科大学图书馆	6246089.0	368	淮阴工学院图书馆	5590600.0
332	四川大学锦城学院图书馆	6220332.0	369	湖南工业职业技术学院图书馆	5578000.0
333	西安明德理工学院图书馆	6209801.4	370	贵州医科大学图书馆	5574036.1
334	上海电子信息职业技术学院图书馆	6203229.9	371	福州理工学院图书馆	5565726.0
335	河北经贸大学图书馆	6197630.0	372	湖北民族大学图书馆	5561700.0
336	浙江越秀外国语学院图书馆	6169332.5	373	常熟理工学院图书馆	5532682.9
337	内蒙古财经大学图书馆	6167674.2	374	泉州职业技术大学图书馆	5509700.0
338	辽宁中医药大学图书馆	6166651.0	375	湖南中医药大学图书馆	5500000.0
339	湖北师范大学图书馆	6163755.7	376	河北传媒学院图书馆	5492369.4
340	山西医科大学图书馆	6150484.4	377	广东财经大学图书馆	5470139.7
341	莆田学院图书馆	6070701.6	378	贵阳学院图书馆	5445724.7

续表

序号	图书馆名称	年度总经费（元）	序号	图书馆名称	年度总经费（元）
379	河北北方学院图书馆	5439240.0	417	湖南城市学院图书馆	4854390.0
380	赣南师范大学科技学院图书馆	5430980.4	418	中山大学新华学院图书馆	4843990.5
381	贵州民族大学图书馆	5397977.7	419	武汉工程大学图书馆	4833585.0
382	山东药品食品职业学院图书馆	5383222.5	420	吉林农业科技学院图书馆	4826291.3
383	长春理工大学图书馆	5363131.6	421	河南工学院图书馆	4812600.0
384	上海电机学院图书馆	5348385.2	422	哈尔滨师范大学图书馆	4809648.7
385	成都文理学院图书馆	5339500.0	423	西安工程大学图书馆	4801160.5
386	岭南师范学院图书馆	5310309.0	424	河南工程学院图书馆	4797075.9
387	山西传媒学院图书馆	5290000.0	425	聊城职业技术学院图书馆	4789864.1
388	昆明学院图书馆	5282257.0	426	云南农业大学图书馆	4708428.0
389	上海商学院图书馆	5268169.8	427	西安邮电大学图书馆	4697276.5
390	宁夏师范学院图书馆	5266400.0	428	三江学院图书馆	4695412.0
391	四川旅游学院图书馆	5206539.0	429	上海第二工业大学图书馆	4688588.0
392	北部湾大学图书馆	5201526.0	430	浙江树人大学图书馆	4679733.7
393	四川美术学院图书馆	5191730.0	431	银川能源学院图书馆	4677381.7
394	西安欧亚学院图书馆	5179295.0	432	淮北师范大学图书馆	4669053.6
395	郑州财税金融职业学院图书馆	5141017.6	433	淄博职业学院图书馆	4666100.0
396	蚌埠医学院图书馆	5139797.6	434	上海中医药大学图书馆	4663974.0
397	浙江科技学院图书馆	5127718.0	435	运城学院图书馆	4649864.0
398	上海政法学院图书馆	5119701.3	436	重庆工业职业技术学院图书馆	4649223.8
399	集宁师范学院图书馆	5115553.0	437	浙江大学城市学院图书馆	4638953.5
400	湖北经济学院图书馆	5104132.0	438	西北政法大学图书馆	4632522.1
401	陕西国际商贸学院图书馆	5089509.8	439	武汉学院图书馆	4627352.6
402	江西科技师范大学图书馆	5061349.8	440	六盘水师范学院图书馆	4626320.0
403	三明学院图书馆	5006041.7	441	河南城建学院图书馆	4625000.0
404	琼台师范学院图书馆	4983410.0	442	西南林业大学图书馆	4624270.4
405	北京农学院图书馆	4976854.2	443	攀枝花学院图书馆	4622694.5
406	西安培华学院图书馆	4966684.8	444	浙江工业职业技术学院图书馆	4622000.0
407	河南经贸职业学院图书馆	4960686.0	445	云南民族大学图书馆	4562793.0
408	阜阳师范大学图书馆	4932928.7	446	合肥学院图书馆	4533123.6
409	南京工程学院图书馆	4928350.0	447	哈尔滨理工大学图书馆	4523854.0
410	西安交通工程学院图书馆	4924314.6	448	江苏第二师范学院图书馆	4507860.0
411	安徽商贸职业技术学院图书馆	4901200.0	449	泉州轻工职业学院图书馆	4495139.8
412	湖南理工学院图书馆	4896688.6	450	太原大学图书馆	4477886.4
413	沈阳航空航天大学图书馆	4890569.9	451	中国人民公安大学图书馆	4470276.0
414	辽宁科技大学图书馆	4885808.1	452	广西科技大学鹿山学院图书馆	4465129.1
415	锦州医科大学图书馆	4885516.2	453	浙江医药高等专科学校图书馆	4446963.3
416	石河子大学图书馆	4884219.4	454	太原师范学院图书馆	4444814.6

序号	图书馆名称	年度总经费（元）	序号	图书馆名称	年度总经费（元）
455	泰州学院图书馆	4441472.2	490	玉林师范学院图书馆	4033000.0
456	延安大学图书馆	4440082.7	491	凯里学院图书馆	4030914.9
457	长春工业大学图书馆	4439358.2	492	江苏海洋大学图书馆	4027827.0
458	海口经济学院图书馆	4416842.0	493	昆山杜克大学图书馆	4026892.9
459	黔南民族师范学院图书馆	4392556.0	494	西安工业大学图书馆	4025343.5
460	徐州工程学院图书馆	4389997.2	495	成都艺术职业大学图书馆	4018516.8
461	大连工业大学图书馆	4388644.0	496	河南应用技术职业学院图书馆	4015608.1
462	合肥师范学院图书馆	4353046.8	497	中国传媒大学图书馆	4005504.3
463	西京学院图书馆	4312685.0	498	乐山师范学院图书馆	3996088.0
464	衡阳师范学院图书馆	4307113.0	499	山西工商学院图书馆	3993920.9
465	武昌首义学院图书馆	4288245.5	500	吉首大学图书馆	3983000.0
466	右江民族医学院图书馆	4254426.0	501	河南农业职业学院图书馆	3980613.1
467	内蒙古民族大学图书馆	4241306.8	502	上海建桥学院图书馆	3943540.7
468	辽宁石油化工大学图书馆	4237409.1	503	陕西中医药大学图书馆	3943211.9
469	淮南师范学院图书馆	4229898.0	504	吉林建筑大学图书馆	3905952.6
470	甘肃民族师范学院图书馆	4213226.0	505	新乡医学院图书馆	3903800.0
471	东北电力大学图书馆	4212846.3	506	海南师范大学图书馆	3888375.0
472	抚州幼儿师范高等专科学校图书馆	4201431.5	507	湖北文理学院图书馆	3885353.8
473	江西枫林涉外经贸职业学院图书馆	4197680.0	508	南京艺术学院图书馆	3872900.0
474	江西科技学院图书馆	4189847.7	509	广东科学技术职业学院图书馆	3865000.0
475	武夷学院图书馆	4188230.6	510	成都体育学院图书馆	3857136.5
476	重庆水利电力职业技术学院图书馆	4176704.0	511	池州学院图书馆	3836699.0
477	山西中医药大学图书馆	4173458.5	512	上饶师范学院图书馆	3832281.4
478	湖南信息学院图书馆	4162873.3	513	黄山学院图书馆	3801690.2
479	滨州医学院图书馆	4156907.4	514	白城师范学院图书馆	3798839.6
480	外交学院图书馆	4141587.4	515	云南师范大学商学院图书馆	3796600.0
481	南宁学院图书馆	4139495.0	516	福建江夏学院图书馆	3782126.4
482	遵义师范学院图书馆	4139108.0	517	广西生态工程职业技术学院图书馆	3781000.0
483	南阳师范学院图书馆	4131251.9	518	赣南师范大学图书馆	3779883.3
484	西安思源学院图书馆	4128073.6	519	赤峰学院图书馆	3765834.0
485	齐齐哈尔大学图书馆	4096019.9	520	成都师范学院图书馆	3757557.0
486	宁波工程学院图书馆	4088238.1	521	甘肃政法大学图书馆	3731510.8
487	南昌职业大学图书馆	4056208.7	522	三亚学院图书馆	3728000.0
488	山西工程技术学院图书馆	4048846.5	523	贵州师范学院图书馆	3717666.2
489	福建中医药大学图书馆	4034647.8	524	首都经济贸易大学图书馆	3714131.2

续表

序号	图书馆名称	年度总经费（元）	序号	图书馆名称	年度总经费（元）
525	陕西服装工程学院图书馆	3708984.0	561	兴义民族师范学院图书馆	3353197.1
526	兰州城市学院图书馆	3673554.0	562	兰州工业学院图书馆	3352586.4
527	中国石油大学胜利学院图书馆	3658918.3	563	许昌职业技术学院图书馆	3351600.0
528	苏州市职业大学图书馆	3644417.6	564	邢台职业技术学院图书馆	3350000.0
529	昆明冶金高等专科学校图书馆	3638800.0	565	黄冈师范学院图书馆	3346783.0
530	黑龙江中医药大学图书馆	3620582.4	566	湖北中医药大学图书馆	3338692.3
531	大理大学图书馆	3607233.1	567	重庆机电职业技术学院图书馆	3331500.0
532	哈尔滨商业大学图书馆	3596043.8	568	石家庄学院图书馆	3327000.0
533	广东轻工职业技术学院图书馆	3594092.9	569	河池学院图书馆	3325407.0
534	山东中医药大学图书馆	3593794.8	570	贵州中医药大学图书馆	3322771.7
535	山东医学高等专科学校图书馆	3590134.0	571	宝鸡文理学院图书馆	3293325.4
536	西安医学院图书馆	3581310.8	572	广东金融学院图书馆	3265225.5
537	苏州卫生职业技术学院图书馆	3568695.6	573	辽宁师范大学图书馆	3256521.1
538	湖北城市建设职业技术学院图书馆	3561000.0	574	山东理工职业学院图书馆	3255000.0
539	西安财经大学行知学院图书馆	3557931.1	575	沈阳建筑大学图书馆	3231974.2
540	拉萨师范高等专科学校图书馆	3550088.2	576	河北环境工程学院图书馆	3215329.0
541	江西财经职业学院图书馆	3550000.0	577	西安石油大学图书馆	3213530.1
542	呼和浩特民族学院图书馆	3546000.0	578	山东科技职业学院图书馆	3211000.0
543	滁州学院图书馆	3529000.0	579	枣庄学院图书馆	3187014.8
544	包头医学院图书馆	3522144.4	580	安徽工业经济职业技术学院图书馆	3172000.0
545	蚌埠学院图书馆	3511600.0	581	南昌大学科技学院图书馆	3168679.0
546	景德镇陶瓷大学图书馆	3509467.4	582	山东政法学院图书馆	3123989.3
547	渤海大学图书馆	3509199.4	583	茅台学院图书馆	3121622.0
548	浙江财经大学东方学院图书馆	3491591.3	584	咸阳职业技术学院图书馆	3115746.3
549	宿迁学院图书馆	3489638.0	585	榆林学院图书馆	3111600.0
550	云南师范大学文理学院图书馆	3450421.4	586	无锡职业技术学院图书馆	3109533.0
551	西南财经大学天府学院图书馆	3419271.9	587	荆楚理工学院图书馆	3102000.0
552	天津滨海汽车工程职业学院图书馆	3417394.8	588	安徽职业技术学院图书馆	3099850.0
553	新疆艺术学院图书馆	3417260.2	589	阿拉善职业技术学院图书馆	3095000.0
554	衡水学院图书馆	3416126.0	590	江西建设职业技术学院图书馆	3085376.8
555	河北政法职业学院图书馆	3394000.0	591	武汉体育学院图书馆	3058882.0
556	上海海关学院图书馆	3391483.7	592	山东交通学院图书馆	3046000.0
557	皖西学院图书馆	3374615.9	593	阿坝师范学院图书馆	3038986.9
558	广东农工商职业技术学院图书馆	3362180.0	594	南昌工程学院图书馆	3038457.0
559	北京工业职业技术学院图书馆	3355058.2	595	铁道警察学院图书馆	3034000.4
560	东莞职业技术学院图书馆	3354859.6	596	河南牧业经济学院图书馆	3028000.0

续表

序号	图书馆名称	年度总经费（元）	序号	图书馆名称	年度总经费（元）
597	杨凌职业技术学院图书馆	3025296.6	636	长江师范学院图书馆	2769255.9
598	广州番禺职业技术学院图书馆	3017782.5	637	东南大学成贤学院图书馆	2768000.0
599	青岛恒星科技学院图书馆	3013600.0	638	临沂职业学院图书馆	2766760.4
600	沈阳医学院图书馆	3007964.2	639	武汉音乐学院图书馆	2765345.3
601	营口理工学院图书馆	2993578.6	640	湖南警察学院图书馆	2758928.0
602	绵阳师范学院图书馆	2988400.0	641	文华学院图书馆	2740961.1
603	曲靖师范学院图书馆	2974368.0	642	山西警察学院图书馆	2720000.0
604	河套学院图书馆	2972006.6	643	文山学院图书馆	2717486.4
605	吉林医药学院图书馆	2967602.1	644	江西现代职业技术学院图书馆	2702600.0
606	云南艺术学院图书馆	2966798.0	645	常州工程职业技术学院图书馆	2674770.4
607	四川音乐学院图书馆	2961414.7	646	防灾科技学院图书馆	2672846.3
608	四川警察学院图书馆	2961100.0	647	云南开放大学图书馆	2662200.0
609	扬州市职业大学图书馆	2950758.7	648	呼伦贝尔职业技术学院图书馆	2652052.6
610	浙江工商职业技术学院图书馆	2943311.7	649	长春建筑学院图书馆	2641855.0
611	长春工程学院图书馆	2937203.4	650	山东轻工职业学院图书馆	2641550.0
612	保定学院图书馆	2924891.0	651	巢湖学院图书馆	2640250.0
613	贵州工程应用技术学院图书馆	2924000.0	652	西安航空职业技术学院图书馆	2638100.0
614	广州城建职业学院图书馆	2909041.3	653	长沙民政职业技术学院图书馆	2637595.0
615	福州外语外贸学院图书馆	2908408.0	654	北京财贸职业学院图书馆	2634800.0
616	成都信息工程大学图书馆	2899765.7	655	西安外事学院图书馆	2633083.3
617	河南工业职业技术学院图书馆	2894700.0	656	湖南信息职业技术学院图书馆	2632423.0
618	山东商业职业技术学院图书馆	2888000.0	657	湖南女子学院图书馆	2619178.0
619	齐鲁师范学院图书馆	2864655.0	658	山东青年政治学院图书馆	2605565.0
620	广州航海学院图书馆	2862908.9	659	福建华南女子职业学院图书馆	2601282.3
621	济南职业学院图书馆	2855900.0	660	承德石油高等专科学校图书馆	2600730.0
622	安顺学院图书馆	2854911.7	661	邵阳学院图书馆	2600000.0
623	渭南师范学院图书馆	2852006.8	662	宿州学院图书馆	2600000.0
624	浙江警察学院图书馆	2848873.3	663	湖南体育职业学院图书馆	2590900.0
625	安徽财贸职业学院图书馆	2847000.0	664	四川交通职业技术学院图书馆	2589300.0
626	武汉科技大学城市学院图书馆	2839266.8	665	韶关学院图书馆	2588386.7
627	宁夏职业技术学院图书馆	2838809.7	666	吉林动画学院图书馆	2582280.1
628	宁波教育学院图书馆	2823873.5	667	邯郸学院图书馆	2581183.4
629	天水师范学院图书馆	2822891.0	668	内蒙古警察职业学院图书馆	2578638.0
630	德州学院图书馆	2815525.0	669	河南职业技术学院图书馆	2578000.0
631	绍兴文理学院元培学院图书馆	2803275.8	670	丽水学院图书馆	2569768.9
632	惠州经济职业技术学院图书馆	2797471.1	671	信阳农林学院图书馆	2560000.0
633	普洱学院图书馆	2780000.0	672	广西警察学院图书馆	2557798.3
634	桂林航天工业学院图书馆	2771816.2	673	闽江师范高等专科学校图书馆	2548000.0
635	南京森林警察学院图书馆	2770349.2	674	武汉设计工程学院图书馆	2541224.0

续表

序号	图书馆名称	年度总经费（元）	序号	图书馆名称	年度总经费（元）
675	河北化工医药职业技术学院图书馆	2537000.0	710	长治医学院图书馆	2357512.0
676	郑州职业技术学院图书馆	2535200.0	711	武汉工商学院图书馆	2351360.9
677	西安财经大学图书馆	2512955.4	712	辽宁工程技术大学图书馆	2348022.9
678	四川民族学院图书馆	2510630.1	713	鄂尔多斯应用技术学院图书馆	2337203.4
679	佳木斯大学图书馆	2498809.0	714	阳光学院图书馆	2332189.2
680	湘中幼儿师范高等专科学校图书馆	2488000.0	715	浙江水利水电学院图书馆	2320621.2
681	南开大学滨海学院图书馆	2487000.2	716	沧州师范学院图书馆	2317140.0
682	广州城市职业学院图书馆	2480357.0	717	龙岩学院图书馆	2314751.3
683	常州工学院图书馆	2467152.0	718	浙江大学宁波理工学院图书馆	2306064.7
684	南京科技职业学院图书馆	2462443.1	719	宁波职业技术学院图书馆	2304492.9
685	郑州旅游职业学院图书馆	2458245.0	720	承德医学院图书馆	2286200.0
686	江西经济管理干部学院图书馆	2457900.0	721	郑州幼儿师范高等专科学校图书馆	2276000.0
687	江西服装学院图书馆	2456429.8	722	北京科技大学天津学院图书馆	2275140.0
688	安阳职业技术学院图书馆	2454000.0	723	广州大学松田学院图书馆	2270001.4
689	郑州轨道工程职业学院图书馆	2450000.0	724	江西生物科技职业学院图书馆	2264863.8
690	河北建筑工程学院图书馆	2448639.5	725	上海公安学院图书馆	2259628.0
691	牡丹江师范学院图书馆	2445354.0	726	安康学院图书馆	2253628.1
692	福建信息职业技术学院图书馆	2440234.9	727	吉林外国语大学图书馆	2248697.7
693	湖北美术学院图书馆	2434941.0	728	武汉生物工程学院图书馆	2238825.4
694	福建技术师范学院图书馆	2431578.9	729	杭州医学院图书馆	2238241.2
695	云南商务职业学院图书馆	2426377.5	730	长治学院图书馆	2238047.0
696	宁夏财经职业技术学院图书馆	2421049.0	731	大连海洋大学图书馆	2222241.1
697	嘉兴职业技术学院图书馆	2416033.0	732	九江职业技术学院图书馆	2220838.5
698	黄河科技学院图书馆	2413741.0	733	漳州科技职业学院图书馆	2217300.0
699	新疆工业高等专科学校图书馆	2412262.0	734	湖州职业技术学院图书馆	2213457.7
700	济宁学院图书馆	2410000.0	735	陕西工业职业技术学院图书馆	2207281.1
701	南充职业技术学院图书馆	2403083.8	736	山西能源学院图书馆	2206663.8
702	赣州师范高等专科学校图书馆	2403000.0	737	扬州工业职业技术学院图书馆	2196000.0
703	郑州商学院图书馆	2401571.4	738	四川卫生康复职业学院图书馆	2193535.5
704	江西应用科技学院图书馆	2386573.8	739	湖北理工学院图书馆	2192770.9
705	辽宁省交通高等专科学校图书馆	2379800.0	740	浙江国际海运职业技术学院图书馆	2186591.3
706	青岛职业技术学院图书馆	2369000.0	741	河北科技师范学院图书馆	2185693.9
707	豫章师范学院图书馆	2368000.0	742	沈阳工程学院图书馆	2185387.0
708	湖北工程学院图书馆	2360484.2	743	鹤壁职业技术学院图书馆	2176716.0
709	吉林铁道职业技术学院图书馆	2360395.6	744	哈尔滨职业技术学院图书馆	2170110.0

续表

序号	图书馆名称	年度总经费（元）	序号	图书馆名称	年度总经费（元）
745	北京政法职业学院图书馆	2158386.1	780	浙江经济职业技术学院图书馆	1997367.2
746	四川建筑职业技术学院图书馆	2155527.1	781	东北石油大学图书馆	1994931.0
747	宜春学院图书馆	2154996.5	782	浙江同济科技职业学院图书馆	1987183.5
748	江苏城乡建设职业学院图书馆	2151760.0	783	南京医科大学康达学院图书馆	1981000.0
749	长春科技学院图书馆	2144152.0	784	山东旅游职业学院图书馆	1981000.0
750	浙江纺织服装职业技术学院图书馆	2143233.0	785	泰州职业技术学院图书馆	1969010.3
751	湖南工学院图书馆	2142100.0	786	重庆警察学院图书馆	1965927.3
752	云南中医药大学图书馆	2135549.0	787	大庆师范学院图书馆	1962169.1
753	吉林化工学院图书馆	2132206.2	788	红河学院图书馆	1959104.0
754	湖南文理学院图书馆	2127269.0	789	西安文理学院图书馆	1954554.3
755	温州科技职业学院图书馆	2124423.8	790	辽东学院图书馆	1949777.6
756	武昌工学院图书馆	2121771.7	791	西北大学现代学院图书馆	1946761.0
757	云南大学滇池学院图书馆	2118793.0	792	江苏警官学院图书馆	1946622.0
758	广安职业技术学院图书馆	2110632.2	793	宁夏理工学院图书馆	1939950.4
759	内蒙古电子信息职业技术学院图书馆	2105997.0	794	长春光华学院图书馆	1929449.5
760	重庆幼儿师范高等专科学校图书馆	2100486.5	795	山东华宇工学院图书馆	1929349.5
761	江苏农牧科技职业学院图书馆	2098744.4	796	四川工商职业技术学院图书馆	1922609.0
762	西安体育学院图书馆	2087216.7	797	天津中德职业技术学院图书馆	1915319.0
763	乌鲁木齐职业大学图书馆	2080000.0	798	浙江工贸职业技术学院图书馆	1903222.0
764	长春大学图书馆	2078566.4	799	梧州学院图书馆	1897937.6
765	台州职业技术学院图书馆	2065655.4	800	汉江师范学院图书馆	1889882.6
766	陕西警官职业学院图书馆	2064915.6	801	西安职业技术学院图书馆	1887396.9
767	黑河学院图书馆	2060739.8	802	四川工程职业技术学院图书馆	1880000.0
768	重庆城市管理职业学院图书馆	2057500.0	803	安徽医学高等专科学校图书馆	1877095.0
769	福建卫生职业技术学院图书馆	2052002.2	804	南京大学金陵学院图书馆	1876646.2
770	沈阳大学图书馆	2050494.6	805	济南幼儿师范高等专科学校图书馆	1850782.7
771	重庆移通学院图书馆	2048977.0	806	海南政法职业学院图书馆	1850000.0
772	云南国土资源职业学院图书馆	2048500.0	807	重庆文理学院图书馆	1848549.0
773	兰州石化职业技术学院图书馆	2040000.0	808	保山学院图书馆	1843764.2
774	广东省外语艺术职业学院图书馆	2038760.0	809	江西师范大学科技学院图书馆	1843559.0
775	四川文理学院图书馆	2038502.8	810	成都航空职业技术学院图书馆	1841874.8
776	哈尔滨金融学院图书馆	2020000.0	811	四川航天职业技术学院图书馆	1836241.2
777	吉林艺术学院图书馆	2002300.0	812	湖南科技学院图书馆	1828169.3
778	永州职业技术学院图书馆	2002000.0	813	四川文化产业职业学院图书馆	1814463.1
779	内蒙古艺术学院图书馆	1999897.6	814	山东女子学院图书馆	1814247.1

续表

序号	图书馆名称	年度总经费（元）	序号	图书馆名称	年度总经费（元）
815	河南交通职业技术学院图书馆	1810000.0	851	郑州电力职业技术学院图书馆	1636489.7
816	广州体育学院图书馆	1806589.2	852	广西壮族自治区经济管理干部学院图书馆	1630310.0
817	日照职业技术学院图书馆	1804000.0	853	沈阳体育学院图书馆	1629143.1
818	陕西学前师范学院图书馆	1799116.6	854	湖北警官学院图书馆	1617282.9
819	山东外贸职业学院图书馆	1794000.0	855	漳州职业技术学院图书馆	1615692.1
820	商洛学院图书馆	1778831.5	856	上海闵行职业技术学院图书馆	1609978.4
821	河北对外经贸职业学院图书馆	1771000.0	857	四川水利职业技术学院图书馆	1604105.0
822	福建船政交通职业学院图书馆	1768430.4	858	中山火炬职业技术学院图书馆	1602750.0
823	浙江交通职业技术学院图书馆	1762837.3	859	四川国际标榜职业学院图书馆	1600000.0
824	四川三河职业学院图书馆	1759386.8	860	滇西科技师范学院图书馆	1599988.0
825	江西交通职业技术学院图书馆	1752387.0	861	河南医学高等专科学校图书馆	1596908.0
826	西安铁路职业技术学院图书馆	1737535.2	862	汉中职业技术学院图书馆	1587800.0
827	贵州警察学院图书馆	1733255.3	863	陕西交通职业技术学院图书馆	1585000.0
828	大连职业技术学院图书馆	1730000.0	864	河北水利电力学院图书馆	1577805.2
829	广东食品药品职业学院图书馆	1730000.0	865	长春财经学院图书馆	1574798.1
830	广西艺术学院图书馆	1724796.5	866	广州南洋理工职业学院图书馆	1565536.2
831	重庆电力高等专科学校图书馆	1709895.2	867	成都理工大学工程技术学院图书馆	1563446.3
832	武汉工程科技学院图书馆	1703385.4	868	呼和浩特职业学院图书馆	1560872.0
833	贵州理工学院图书馆	1701000.0	869	厦门海洋职业技术学院图书馆	1560000.0
834	湖北科技职业学院图书馆	1700500.0	870	白城医药高等专科学校图书馆	1557223.1
835	南京理工大学泰州科技学院图书馆	1700000.0	871	北京劳动保障职业学院图书馆	1547201.3
836	福建警察学院图书馆	1691731.2	872	通化师范学院图书馆	1536000.0
837	鞍山师范学院图书馆	1688274.2	873	中央司法警官学院图书馆	1519632.2
838	四川畜牧兽医职业学院图书馆	1680991.4	874	陕西财经职业技术学院图书馆	1515732.9
839	玉溪师范学院图书馆	1680000.0	875	楚雄师范学院图书馆	1510000.0
840	中山职业技术学院图书馆	1675321.0	876	烟台职业学院图书馆	1510000.0
841	江西师范高等专科学校图书馆	1675000.0	877	仰恩大学图书馆	1507168.7
842	泉州师范学院图书馆	1672300.0	878	桐城师范高等专科学校图书馆	1500349.4
843	长春大学旅游学院图书馆	1666417.2	879	湖北汽车工业学院图书馆	1481527.0
844	绥化学院图书馆	1665736.3	880	广州理工学院图书馆	1480000.0
845	广东工贸职业技术学院图书馆	1665000.0	881	甘肃警察职业学院图书馆	1477663.0
846	武汉华夏理工学院图书馆	1655295.3	882	上海旅游高等专科学校图书馆	1474358.2
847	无锡工艺职业技术学院图书馆	1650000.0	883	三亚理工职业学院图书馆	1469603.0
848	长沙医学院图书馆	1645264.0	884	山东水利职业学院图书馆	1460563.0
849	成都工业学院图书馆	1641108.0	885	江苏建康职业学院图书馆	1457841.8
850	廊坊师范学院图书馆	1640196.0	886	山西工程职业技术学院图书馆	1449635.1

序号	图书馆名称	年度总经费（元）	序号	图书馆名称	年度总经费（元）
887	上海师范大学天华学院图书馆	1448741.2	924	广州铁路职业技术学院图书馆	1290000.0
888	内蒙古化工职业学院图书馆	1444979.0	925	江西工业职业技术学院图书馆	1289000.0
889	四川职业技术学院图书馆	1441010.0	926	浙江特殊教育职业学院图书馆	1283197.9
890	上海视觉艺术学院图书馆	1440000.0	927	鄂州职业大学图书馆	1277165.4
891	西安美术学院图书馆	1438358.0	928	河南检查职业学院图书馆	1277000.0
892	皖西卫生职业学院图书馆	1430374.2	929	宁夏工商职业技术学院图书馆	1262971.8
893	淄博师范高等专科学校图书馆	1427316.5	930	菏泽家政职业学院图书馆	1262000.0
894	太原工业学院图书馆	1423288.2	931	山东城市建设职业学院图书馆	1260000.0
895	潍坊护理职业学院图书馆	1419000.0	932	北华大学图书馆	1255800.0
896	忻州师范学院图书馆	1415369.4	933	上海工艺美术职业学院图书馆	1252600.4
897	襄阳职业技术学院图书馆	1410000.0	934	温州职业技术学院图书馆	1245855.7
898	平凉职业技术学院图书馆	1406703.0	935	福建商学院图书馆	1235666.4
899	濮阳职业技术学院图书馆	1400000.0	936	西安音乐学院图书馆	1225325.6
900	武汉铁路职业技术学院图书馆	1395000.0	937	宜春职业技术学院图书馆	1211851.0
901	邯郸职业技术学院图书馆	1388900.0	938	四川托普信息技术职业学院图书馆	1210795.0
902	江西青年职业学院图书馆	1388477.3	939	四川信息职业技术学院图书馆	1200000.0
903	厦门城市职业学院图书馆	1385000.0	940	漳州城市职业学院图书馆	1192802.1
904	江西工业工程职业技术学院图书馆	1384000.0	941	北京教育学院图书馆	1181500.0
905	甘肃林业职业技术学院图书馆	1380300.0	942	成都纺织高等专科学校图书馆	1180604.0
906	天津农学院图书馆	1380146.8	943	湖北交通职业技术学院图书馆	1178600.0
907	赣州卫生健康职业学院图书馆	1373726.0	944	江西医学高等专科学校图书馆	1177017.1
908	四川工商学院图书馆	1369852.2	945	天津天狮学院图书馆	1176500.0
909	广西中医药大学图书馆	1369400.0	946	菏泽医学专科学校图书馆	1166000.0
910	天津滨海职业学院图书馆	1364632.1	947	威海海洋职业学院图书馆	1160600.0
911	长春金融高等专科学校图书馆	1355256.1	948	庆阳职业技术学院图书馆	1156200.0
912	河北金融学院图书馆	1350708.2	949	甘肃交通职业技术学院图书馆	1150000.0
913	营口职业技术学院图书馆	1341000.0	950	天津医科大学图书馆	1148977.3
914	沈阳理工大学图书馆	1339000.0	951	开封文化艺术职业学院图书馆	1145357.8
915	江西警察学院图书馆	1337836.7	952	濮阳医学高等专科学校图书馆	1139780.2
916	湖南中医药高等专科学校图书馆	1336402.0	953	滨州学院图书馆	1131879.7
917	湖北三峡职业技术学院图书馆	1325326.0	954	西安科技大学高新学院图书馆	1121264.0
918	辽宁农业职业技术学院图书馆	1323000.0	955	闽西职业技术学院图书馆	1119594.2
919	云南能源职业技术学院图书馆	1314688.0	956	杭州职业技术学院图书馆	1114086.0
920	东北师范大学人文学院图书馆	1313488.3	957	苏州科技大学天平学院图书馆	1112654.5
921	德州职业技术学院图书馆	1310114.9	958	广东警官学院图书馆	1105660.9
922	南京广播电视大学图书馆	1299631.0	959	漯河职业技术学院图书馆	1103000.0
923	四川化工职业技术学院图书馆	1295600.0	960	吉林体育学院图书馆	1101637.9

续表

序号	图书馆名称	年度总经费（元）	序号	图书馆名称	年度总经费（元）
961	沈阳音乐学院图书馆	1099533.9	991	兰州文理学院图书馆	955897.9
962	四川商务职业学院图书馆	1092125.0	992	长春工业大学人文信息学院图书馆	949144.8
963	景德镇学院图书馆	1080746.8	993	厦门南洋职业学院图书馆	948567.0
964	武汉船舶职业技术学院图书馆	1080000.0	994	绵阳职业技术学院图书馆	945200.0
965	天津体育学院图书馆	1078903.2	995	天津电子信息职业技术学院图书馆	942826.1
966	兰州外语职业学院图书馆	1076591.0	996	宝鸡职业技术学院图书馆	933304.0
967	神木职业技术学院图书馆	1071800.0	997	内蒙古商贸职业学院图书馆	927833.7
968	云南机电职业技术学院图书馆	1068000.0	998	川北幼儿师范高等专科学校图书馆	925777.7
969	山东传媒职业学院图书馆	1065042.0	999	江西先锋软件职业技术学院图书馆	923312.2
970	西安工业大学北方信息工程学院图书馆	1059000.0	1000	福建农业职业技术学院图书馆	920018.0
971	甘肃工业职业技术学院图书馆	1050000.0	1001	浙江体育职业技术学院图书馆	918376.0
972	上海出版印刷高等专科学校图书馆	1050000.0	1002	抚州职业技术学院图书馆	901440.0
973	湖北生态工程职业技术学院图书馆	1043500.0	1003	厦门软件职业技术学院图书馆	898230.1
974	吕梁学院图书馆	1036214.6	1004	上海思博职业技术学院图书馆	897776.4
975	山东商务职业学院图书馆	1033000.0	1005	黄冈职业技术学院图书馆	893186.0
976	山东交通职业学院图书馆	1031129.0	1006	山东职业学院图书馆	890000.0
977	安康职业技术学院图书馆	1030000.0	1007	云南财经职业学院图书馆	887400.0
978	成都职业技术学院图书馆	1028587.0	1008	黑龙江农业经济职业学院图书馆	871854.8
979	克拉玛依职业技术学院图书馆	1012117.7	1009	黄河交通学院图书馆	868856.1
980	吉安职业技术学院图书馆	1010000.1	1010	厦门华厦学院图书馆	866408.5
981	天津大学仁爱学院图书馆	1007008.1	1011	安庆医药高等专科学校图书馆	865000.0
982	海南外国语职业学院图书馆	1003154.2	1012	河南水利与环境职业学院图书馆	863260.0
983	山东中医药高等专科学校图书馆	1000000.0	1013	云南农业职业技术学院图书馆	861000.0
984	重庆师范大学涉外商贸学院图书馆	994871.3	1014	常德职业技术学院图书馆	860000.0
985	湖南理工职业技术学院图书馆	989000.0	1015	山东工业职业学院图书馆	860000.0
986	盘锦职业技术学院图书馆	987500.0	1016	宁夏幼儿师范高等专科学校图书馆	854620.5
987	内蒙古机电职业技术学院图书馆	985000.0	1017	昆明工业职业技术学院图书馆	853576.3
988	西安交通大学城市学院图书馆	973103.2	1018	首钢工学院图书馆	851669.5
989	武汉职业技术学院图书馆	968000.0	1019	陕西铁路工程职业技术学院图书馆	843705.0
990	滨州职业学院图书馆	962922.0	1020	鲁迅美术学院图书馆	842701.6

续表

序号	图书馆名称	年度总经费（元）	序号	图书馆名称	年度总经费（元）
1021	青岛酒店管理职业技术学院图书馆	840600.0	1053	黔南民族医学高等专科学校图书馆	678079.4
1022	四川邮电职业技术学院图书馆	834199.4	1054	陇南师范高等专科学校图书馆	678000.0
1023	天津美术学院图书馆	813810.8	1055	宁夏大学新华学院图书馆	677748.0
1024	南京中医药大学翰林学院图书馆	812000.0	1056	贵州广播电视大学图书馆	676660.0
1025	长江工程职业技术学院图书馆	810500.0	1057	河北建材职业技术学院图书馆	669300.0
1026	河北地质大学图书馆	810000.0	1058	天津财经大学图书馆	664701.3
1027	上海行健职业学院图书馆	804077.1	1059	上饶幼儿师范高等专科学校图书馆	657677.0
1028	长江职业学院图书馆	800000.0	1060	昆明理工大学津桥学院图书馆	656876.2
1029	榆林职业技术学院图书馆	796198.1	1061	连云港职业技术学院图书馆	648864.0
1030	广州华夏职业学院图书馆	784883.0	1062	新余学院图书馆	645137.9
1031	河南质量工程职业学院图书馆	783316.0	1063	三亚中瑞酒店管理职业学院图书馆	642000.0
1032	苏州健雄职业技术学院图书馆	775713.0	1064	江西泰豪动漫职业学院图书馆	641045.0
1033	湖南生物机电职业技术学院图书馆	775000.0	1065	红河卫生职业学院图书馆	630343.0
1034	商洛职业技术学院图书馆	767440.0	1066	吉林电子信息职业技术学院图书馆	626887.8
1035	山西卫生健康职业学院图书馆	767385.8	1067	乌兰察布职业学院图书馆	626000.0
1036	湖南城建职业技术学院图书馆	762580.0	1068	上海工商职业技术学院图书馆	611370.5
1037	湖南艺术职业学院图书馆	759517.2	1069	陇东学院图书馆	600190.1
1038	威海职业学院图书馆	750000.0	1070	江西机电职业技术学院图书馆	593107.7
1039	福州英华职业学院图书馆	745000.0	1071	丽江师范高等专科学校图书馆	581728.1
1040	四川华新现代职业学院图书馆	732982.7	1072	武汉电力职业技术学院图书馆	580529.9
1041	石家庄幼儿师范高等专科学校图书馆	727000.0	1073	湄洲湾职业技术学院图书馆	579000.0
1042	山西水利职业技术学院图书馆	718000.0	1074	吉林交通职业技术学院图书馆	576523.0
1043	浙江师范大学知行学院图书馆	711285.0	1075	云南交通职业技术学院图书馆	574042.9
1044	辽宁工业大学图书馆	709963.9	1076	吉林司法警官职业学院图书馆	571000.0
1045	内蒙古大学创业学院图书馆	702887.3	1077	江西司法警官职业学院图书馆	566000.0
1046	萍乡学院图书馆	700000.0	1078	西双版纳职业技术学院图书馆	556630.0
1047	铜陵职业技术学院图书馆	699374.2	1079	重庆科技学院图书馆	553334.2
1048	江西信息应用职业技术学院图书馆	695149.6	1080	吉林工业职业技术学院图书馆	551800.0
1049	广州松田职业学院图书馆	695052.1	1081	吉林建筑科技学院图书馆	551110.0
1050	湖南现代物流职业技术学院图书馆	695000.0	1082	达州职业技术学院图书馆	546400.0
1051	上海农林职业技术学院图书馆	686679.3	1083	保山中医药高等专科学校图书馆	545830.0
1052	荆州理工职业学院图书馆	683296.8	1084	泉州幼儿师范高等专科学校图书馆	538831.4

续表

序号	图书馆名称	年度总经费（元）	序号	图书馆名称	年度总经费（元）
1085	江西应用技术职业学院图书馆	535000.0	1117	内蒙古交通职业技术学院图书馆	414237.0
1086	三明职业技术学院图书馆	532800.0	1118	陕西青年职业学院图书馆	411283.0
1087	广州科技贸易职业学院图书馆	532418.0	1119	江西陶瓷工艺美术职业技术学院图书馆	409485.4
1088	内蒙古建筑职业技术学院图书馆	523000.0	1120	西安电力高等专科学校图书馆	407980.5
1089	江西水利职业学院图书馆	522600.0	1121	通辽职业学院图书馆	407300.0
1090	江西农业工程职业学院图书馆	519650.0	1122	闽北职业技术学院图书馆	389000.0
1091	河北民族师范学院图书馆	514000.0	1123	烟台黄金职业学院图书馆	387334.9
1092	恩施职业技术学院图书馆	509500.0	1124	广东碧桂园职业学院图书馆	383071.1
1093	包头职业技术学院图书馆	506320.0	1125	西藏警官高等专科学校图书馆	375000.0
1094	湖南财经工业职业技术学院图书馆	503897.3	1126	西藏职业技术学院图书馆	373047.2
1095	广东舞蹈戏剧职业学院图书馆	502622.0	1127	湖北财税职业学院图书馆	368406.6
1096	聊城大学东昌学院图书馆	500957.7	1128	北京第二外国语学院图书馆	340000.0
1097	海南健康管理职业技术学院图书馆	499397.6	1129	吉林省教育学院图书馆	340000.0
1098	厦门兴才职业技术学院图书馆	495128.7	1130	西安汽车职业大学图书馆	335579.0
1099	杭州科技职业技术学院图书馆	495000.0	1131	福建体育职业技术学院图书馆	335000.0
1100	内江职业技术学院图书馆	481078.0	1132	重庆建筑科技职业学院图书馆	309221.0
1101	楚雄医药高等专科学校图书馆	480353.6	1133	安徽电气工程职业技术学院图书馆	304527.7
1102	长春医学高等专科学校图书馆	479855.0	1134	延安大学西安创新学院图书馆	302122.6
1103	广东科贸职业学院图书馆	476000.0	1135	四川幼儿师范高等专科学校图书馆	300000.0
1104	临汾职业技术学院图书馆	473946.8	1136	泉州经贸职业技术学院图书馆	294341.0
1105	湖北水利水电职业技术学院图书馆	468800.0	1137	民办四川天一学院图书馆	291132.8
1106	朝阳师范高等专科学校图书馆	464180.4	1138	铜川职业技术学院图书馆	285003.6
1107	甘肃畜牧工程职业技术学院图书馆	462326.0	1139	包头铁道职业技术学院图书馆	283872.4
1108	湖北国土资源职业学院图书馆	454962.0	1140	辽源职业技术学院图书馆	282200.0
1109	襄阳汽车职业技术学院图书馆	454653.8	1141	南昌大学共青学院图书馆	268278.8
1110	江西理工大学应用科学学院图书馆	450000.0	1142	金华教育学院图书馆	264000.0
1111	兰州职业技术学院图书馆	450000.0	1143	昆明医科大学海源学院图书馆	256171.4
1112	益阳职业技术学院图书馆	447000.0	1144	长春师范高等专科学校图书馆	250000.0
1113	包头轻工职业技术学院图书馆	445000.0	1145	满洲里俄语职业学院图书馆	246000.0
1114	山西青年职业学院图书馆	431300.0	1146	甘肃建筑职业技术学院图书馆	240000.0
1115	长春职业技术学院图书馆	428633.2	1147	四川艺术职业学院图书馆	239000.0
1116	长春电子科技学院图书馆	420000.0	1148	南京航空航天大学金城学院图书馆	235661.0

续表

序号	图书馆名称	年度总经费（元）	序号	图书馆名称	年度总经费（元）
1149	广西教育学院图书馆	233500.0	1179	河南测绘职业学院图书馆	93300.0
1150	山西铁道职业技术学院图书馆	228951.8	1180	鹤壁能源化工职业学院图书馆	93000.0
1151	哈尔滨铁道职业技术学院图书馆	226000.0	1181	巴中职业技术学院图书馆	92967.2
1152	德宏职业学院图书馆	220090.0	1182	新疆生产建设兵团兴新职业技术学院图书馆	91200.0
1153	云南工贸职业技术学院图书馆	219746.4	1183	广东文理职业学院图书馆	74869.7
1154	陕西职业技术学院图书馆	210906.3	1184	大兴安岭职业学院图书馆	74000.0
1155	沈阳化工大学图书馆	210889.0	1185	包头钢铁职业技术学院图书馆	73965.0
1156	福建电力职业技术学院图书馆	204335.3	1186	长春开放大学图书馆	70000.0
1157	上海兴伟学院图书馆	201000.0	1187	吉林广播电视大学图书馆	67826.8
1158	马鞍山师范高等专科学校图书馆	195750.0	1188	四川机电职业技术学院图书馆	60709.8
1159	山西林业职业技术学院图书馆	195000.0	1189	山西管理职业学院图书馆	56000.0
1160	上海震旦职业学院图书馆	187020.1	1190	明达职业技术学院图书馆	55843.4
1161	陕西邮电职业技术学院图书馆	180000.0	1191	惠州卫生职业技术学院图书馆	52142.6
1162	北京第二外国语学院中瑞酒店管理学院图书馆	175691.6	1192	吉林科技职业技术学院图书馆	50000.0
1163	三亚航空旅游职业学院图书馆	168731.0	1193	吉林工程职业学院图书馆	48600.0
1164	赤峰工业职业技术学院图书馆	155273.0	1194	重庆应用技术职业学院图书馆	46448.8
1165	陕西机电职业技术学院图书馆	144859.1	1195	云南外事外语职业学院图书馆	45066.8
1166	科尔沁艺术职业学院图书馆	142128.5	1196	内蒙古民族幼儿师范高等专科学校图书馆	42066.8
1167	江西艺术职业学院图书馆	130000.0	1197	内蒙古体育职业学院图书馆	38000.0
1168	山西财贸职业技术学院图书馆	126556.0	1198	松原职业技术学院图书馆	31198.6
1169	山西经济管理干部学院图书馆	115812.0	1199	武夷山职业学院图书馆	30793.2
1170	海南体育职业技术学院图书馆	115000.0	1200	安徽工程大学图书馆	30000.0
1171	重庆能源职业学院图书馆	105100.0	1201	西藏藏医大学图书馆	25535.0
1172	吉林水利电力职业学院图书馆	104026.0	1202	鄂尔多斯生态环境职业学院图书馆	22004.5
1173	川南幼儿师范高等专科学校图书馆	104000.0	1203	厦门安防科技职业学院图书馆	22000.0
1174	长春教育学院图书馆	102857.8	1204	江西工商职业技术学院图书馆	21363.0
1175	天津国土资源和房屋职业学院图书馆	96746.6	1205	泉州纺织服装职业学院图书馆	21005.6
1176	天津公安警官职业学院图书馆	96212.8	1206	江西新能源科技学院图书馆	14705.0
1177	延边职业技术学院图书馆	95751.6	1207	四平职业大学图书馆	10000.0
1178	云南司法警官职业学院图书馆	94854.7			

2020年国家图书馆馆情数据

<table>
<tr><th colspan="2">类别</th><th>项目</th><th>数据</th></tr>
<tr><td colspan="2" rowspan="4">面积</td><td>总建筑面积</td><td>28 万平方米</td></tr>
<tr><td>总馆南区</td><td>17 万平方米</td></tr>
<tr><td>总馆北区</td><td>8 万平方米</td></tr>
<tr><td>古籍馆</td><td>3 万平方米</td></tr>
<tr><td rowspan="6">机构</td><td rowspan="4">处级机构</td><td>处级机构总数</td><td>33 个</td></tr>
<tr><td>职能部门</td><td>14 个</td></tr>
<tr><td>业务部门</td><td>18 个</td></tr>
<tr><td>后勤服务部门</td><td>1 个</td></tr>
<tr><td>党支部</td><td>党支部总数</td><td>22 个</td></tr>
<tr><td>科组</td><td>科组总数</td><td>114 个</td></tr>
<tr><td rowspan="13">人员结构</td><td rowspan="2">在编人员</td><td>在编人员总数</td><td>1336 人</td></tr>
<tr><td>党员总数</td><td>788 人</td></tr>
<tr><td rowspan="5">学历结构</td><td>博士</td><td>87 人</td></tr>
<tr><td>硕士</td><td>737 人</td></tr>
<tr><td>本科</td><td>413 人</td></tr>
<tr><td>大专</td><td>52 人</td></tr>
<tr><td>大专以下学历</td><td>47 人</td></tr>
<tr><td rowspan="4">专业技术人员职称结构</td><td>专业技术人员</td><td>1262 人</td></tr>
<tr><td>高级专业技术人员</td><td>524 人</td></tr>
<tr><td>中级专业技术人员</td><td>654 人</td></tr>
<tr><td>初级专业技术人员</td><td>84 人</td></tr>
<tr><td rowspan="2">离退休人员</td><td>离退休人员总数</td><td>1179 人</td></tr>
<tr><td>党员总数</td><td>451 人</td></tr>
<tr><td colspan="2" rowspan="3">经费</td><td>财政拨款总数</td><td>67673.97 万元</td></tr>
<tr><td>购书经费</td><td>12600 万元</td></tr>
<tr><td>事业经费</td><td>24089.09 万元</td></tr>
<tr><td colspan="2" rowspan="2">资产</td><td>资产总额</td><td>542376 万元</td></tr>
<tr><td>固定资产总额</td><td>401905 万元</td></tr>
<tr><td colspan="2" rowspan="8">馆藏</td><td>馆藏文献总量</td><td>4107.98 万册 / 件</td></tr>
<tr><td>中文文献总量</td><td>2871.09 万册 / 件</td></tr>
<tr><td>外文文献总量</td><td>1236.89 万册 / 件</td></tr>
<tr><td>善本古籍总量</td><td>34.46 万册 / 件</td></tr>
<tr><td>普通古籍总量</td><td>163.22 万册 / 件</td></tr>
<tr><td>善本特藏（不含古籍）</td><td>99.54 万册 / 件</td></tr>
<tr><td>数字资源总量</td><td>2274.5TB（馆藏特色数字资源 1710.54TB，外购数据库 270.82TB，网络采集资源 293.14TB）</td></tr>
<tr><td>外购数据库</td><td>251 个（中文数据库 134 个，外文数据库 117 个）</td></tr>
</table>

续表

类别	项目		数据
服务	开馆时间	总馆南区	周二至周日：上午 9：00—12：00， 下午 13：00—16：00； 周一闭馆
		总馆北区	周二至周日：上午 9：00—12：00， 下午 13：00—16：00； 周一闭馆
		古籍馆	周二至周六：上午 9：00—12：00， 下午 13：00—16：00； 周一、周日闭馆
		少年儿童馆	周二至周日：上午 9：00—12：00， 下午 13：00—16：00； 周一闭馆
		典籍博物馆	周二至周日：上午 9：00—12：00， 下午 13：00—16：00； 周一闭馆
	阅览室		25 个（总馆南区 14 个，总馆北区 9 个，古籍馆 2 个）
	阅览座位		5427 个（总馆南区 2007 个，总馆北区 3320 个，古籍馆 100 个）
	到馆读者		67.23 万人次
	流通书刊		213 万册次
	各类咨询		17.85 万件
	网站点击量		9.6 亿次
	办理读者证卡		17.29 万个（实体证卡 2.53 万个，网络实名注册 14.75 万个）
	公益讲座和培训		221 场 / 期，0.86 万人次
	公益展览		8 场，12.8 万人次
	馆际互借		717 家文献信息单位
	国际互借		63 个国家和地区的 535 家图书馆
	部委分馆		18 家
	全国图书馆联合编目中心	分中心	32 家
		成员馆	3375 家
		数据用户	694 家
国际交流	文献交换		117 个国家和地区的 556 家机构
	建立人员交流与合作关系的国家图书馆		53 个
	国际图联相关机构任职人员		15 名

（国家图书馆）

2020年图书馆相关国家标准、行业标准统计

2020年发布的图书馆相关国家标准、行业标准

序号	标准名称	标准号	发布时间	实施时间	采标情况
1	公共图书馆读写障碍人士服务规范	GB/T 39658-2020	2020-12-14	2020-12-14	IFLA 第70号专业报告
2	公共图书馆评估指标　第1部分：区域公共图书馆事业发展	WH/T 70.1-2020	2020-09-01	2021-01-01	—
3	公共图书馆评估指标　第2部分：省、市、县级公共图书馆	WH/T 70.2-2020	2020-09-01	2021-01-01	—
4	公共图书馆评估指标　第3部分：省、市、县级少年儿童图书馆	WH/T 70.3-2020	2020-09-01	2021-01-01	—
5	图书馆古籍文献虫霉防治指南	WH/T 88-2020	2020-03-06	2020-04-01	—
6	公共图书馆总分馆业务规范	WH/T 89-2020	2020-09-01	2021-01-01	—
7	汉语文古籍文字认同描述规范	WH/T 90-2020	2020-09-01	2021-01-01	—
8	汉文古籍集外字描述规范	WH/T 91-2020	2020-09-01	2021-01-01	—

2020年立项的图书馆相关标准制修订计划项目及标准化研究项目

序号	标准计划项目名称	计划编号	分类	制/修订	归口技术组织
1	信息与文献　创作者与机构名称标识符	20202545-T-469	推荐性国家标准	制订	全国信息与文献标准化技术委员会
2	信息与文献　馆际互借事务	20202940-T-469	推荐性国家标准	制订	全国信息与文献标准化技术委员会
3	信息与文献　基础和术语	20202562-T-469	推荐性国家标准	修订	全国信息与文献标准化技术委员会
4	信息与文献　可信赖的第三方数字记录存储库	20201600-T-469	推荐性国家标准	制订	全国信息与文献标准化技术委员会
5	信息与文献　文件（档案）管理体系　实施指南	20201599-T-469	推荐性国家标准	制订	全国信息与文献标准化技术委员会
6	信息与文献—开放系统互连—馆际互借应用协议规范　第一部分：协议说明书	20200836-T-469	推荐性国家标准	修订	全国信息与文献标准化技术委员会
7	科技论文编写规则	20200835-T-469	推荐性国家标准	修订	全国信息与文献标准化技术委员会
8	信息与文献—开放系统互连—馆际互借应用协议规范　第二部分：协议实施一致性声明（PICS）条文	20200834-T-469	推荐性国家标准	修订	全国信息与文献标准化技术委员会
9	图书馆公共安全应急管理规范	WH 2020-03	文化行业标准	制订	全国图书馆标准化技术委员会
10	公共图书馆志愿服务与管理指南	WH 2020-04	文化行业标准	制订	全国图书馆标准化技术委员会
11	公共图书馆建筑防火安全指南	WH 2020-05	文化行业标准	修订	全国图书馆标准化技术委员会
12	图书馆古籍影印标准规范研究	WH/Y 2020-02	文化和旅游行业标准化研究项目	—	全国图书馆标准化技术委员会
13	科学数据服务规范研究	WH/Y 2020-03	文化和旅游行业标准化研究项目	—	全国图书馆标准化技术委员会

（国家图书馆　田颖整理）

2020年图书馆界获得各类基金资助项目统计

2020 年国家社会科学基金重点项目

项目名称	负责人	工作单位	预期成果	批准号
中国图书馆学学科建设与创新研究	龚蛟腾	湘潭大学	专著	20ATQ001
北京大学图书馆藏未刊明代稿抄本整理与研究	李　云	北京大学	专著　电脑软件	20ATQ002
明代宫廷图书史	马学良	国家图书馆	专著	20ATQ003
总体国家安全观下的国家情报工作制度创新研究	马海群	黑龙江大学	论文集	20ATQ004
基于事理图谱的重大突发事件演变机制研究	张海涛	吉林大学	论文集	20ATQ005
大数据环境下领域知识加工与组织模式研究	苏新宁	南京大学	专著　论文集	20ATQ006
开放科学数据集统一发现的关键问题与平台构建研究	王继民	北京大学	论文集　电脑软件	20ATQ007
心理账户理论视角下在线健康社区精准信息服务研究	陆　泉	武汉大学	研究报告	20ATQ008
新中国档案学史研究	李财富	安徽大学	专著	20ATQ009

2020 年国家社会科学基金一般项目

项目名称	负责人	工作单位	预期成果	批准号
公共文化视角下政府购买图书馆服务的风险控制研究	傅文奇	福建师范大学	研究报告	20BTQ001
基于环境心理学视角的图书馆学习空间建设研究	陈　婧	湖南师范大学	论文集　研究报告	20BTQ002
民国时期图书馆社会价值认同研究	彭敏惠	武汉大学	论文集　研究报告	20BTQ003
我国古籍保护政策法规体系建设研究	李华伟	天津师范大学	专著	20BTQ004
延安时期红色文献的整理与研究	宋姬芳	中国人民大学	专著　电脑软件	20BTQ005
中国图书馆管理思想史论	张雪梅	哈尔滨师范大学	专著	20BTQ006
中外阅读推广学术思想史研究	赵俊玲	河北大学	专著	20BTQ007
AI赋能公共图书馆儿童数字阅读推广智慧化机制研究	徐军华	湘潭大学	专著	20BTQ008
文化自信视域下的经典阅读研究	潘　辉	华南理工大学	论文集	20BTQ009
阅读推广少数民族人才培育及其激励机制研究	金秋萍	广西财经学院	论文集	20BTQ010
儿童推荐书目的编制理论及方法研究	张慧丽	北京大学	专著	20BTQ011
基于中原地区家谱的中华优秀家风家训搜集、整理与研究	谢琳惠	洛阳理工学院	研究报告	20BTQ012

续表

项目名称	负责人	工作单位	预期成果	批准号
面向人文研究的国家数字人文网络基础设施研究	张久珍	北京大学	论文集　研究报告	20BTQ013
融合多种知识组织体系的认知搜索模式研究	孙　坦	中国农业科学院	研究报告　电脑软件	20BTQ014
数字人文视域下的数字方志馆建设	王　超	中国社会科学院	研究报告	20BTQ015
台湾地区藏南海资料搜集、整理与数据库构建研究	李　敏	海南师范大学	电脑软件	20BTQ016
图书馆编目数据化的理论与实践研究	宋琳琳	中山大学	研究报告	20BTQ017
湘中梅山傩戏口述史料的征编与数字化研究	徐　益	湖南人文科技学院	专著	20BTQ018
中国人文社会科学领域的学术诚信观念与行为研究	刘　宇	云南大学	专著	20BTQ019
中国图书馆碑铭序记类文献的搜集整理与研究	赵长海	郑州大学	专著	20BTQ020
高校图书馆知识产权信息服务绩效评价的体系构建与实证研究	李　剑	厦门大学	研究报告	20BTQ021
全民信息素养框架构建与提升策略研究	潘燕桃	中山大学	专著	20BTQ022
政府购买图书馆服务第三方评估机制研究	易　斌	宜春学院	论文集　研究报告	20BTQ023
藏文古籍藏版目录整理研究与数据库建设（藏文）	先　巴	中国民族图书馆	工具书	20BTQ024
贵州未刊汉字石刻文献搜集整理及数据库建设	龙仕平	贵州师范大学	专著　电脑软件	20BTQ025
国内外收藏蒙古文孤本典籍整理与研究	托　亚	内蒙古自治区社会科学院	专著	20BTQ026
海内外现存北宋刻本的调查与研究	刘　蔷	清华大学	专著　论文集	20BTQ027
清末民初温州士人日记中阅读书目与阅读行为研究	程彦霞	浙江工业大学	专著	20BTQ028
我国珍贵古籍图录所刊藏书印资源整理研究及数据库建设	莫　俊	暨南大学	论文集　其他	20BTQ029
浙江地方志书通考与研究	张　勤	宁波财经学院	专著　工具书	20BTQ030
百年来出土汉简《苍颉篇》文献整理与综合研究	张存良	西华师范大学	专著	20BTQ031
布达拉宫所藏宝藏寂著述梵本整理与研究	罗　鸿	四川大学	专著	20BTQ032
敦煌藏文伦理文献的整理与研究	索　南	西藏大学	专著	20BTQ033
敦煌藏文摩诃衍禅宗文献整理、翻译与研究	仁欠卓玛	西藏大学	研究报告	20BTQ034
日本藏中国戏曲戏单海报的整理与研究	谷曙光	中国人民大学	专著	20BTQ035
魏晋至隋唐女性碑刻整理与研究	曾晓梅	阿坝师范学院	专著	20BTQ036
武陵民族地区濒危传统技艺口述史料采辑与保护利用研究	彭　燕	吉首大学	专著	20BTQ037
新疆出土佉卢文土地契约文书整理与研究	张　婧	陕西中医药大学	专著	20BTQ038
云南民间历史文献整理与研究	王水乔	云南省图书馆	研究报告	20BTQ039
中日汉籍交流视域下的《古逸丛书》研究	蒋鹏翔	湖南大学	专著	20BTQ040

续表

项目名称	负责人	工作单位	预期成果	批准号
基于多源数据的情报学新兴趋势探测研究	黄晓斌	中山大学	研究报告	20BTQ041
基于政策文本引用分析的政策扩散时空规律及机制研究	沈建通	湖州师范学院	论文集	20BTQ042
基于知识观的政府数据开放整体能力构建研究	袁　莉	四川大学	研究报告	20BTQ043
情报学研究方法的知识图谱构建及其应用场景推荐研究	魏瑞斌	安徽财经大学	专著	20BTQ044
信息茧房形成机理及治理机制研究	朱红涛	郑州航空工业管理学院	论文集　研究报告	20BTQ045
政府大数据开放共享中个人信息流通的协同监管机制研究	李亚平	中共安徽省委党校（安徽行政学院）	研究报告	20BTQ046
政务社交媒体信息效用的影响因素、作用机制与提升路径研究	冯　缨	江苏大学	研究报告　论文集	20BTQ047
政务社交媒体用户信息获取中的情感体验及效用研究	张　敏	西南大学	论文集	20BTQ048
产品化思维下的国内外开源情报开发与利用机制研究	赵　宁	哈尔滨工业大学	研究报告　其他	20BTQ049
传播特征视角的重大突发事件网络谣言识别系统构建研究	朱礼龙	巢湖学院	专著	20BTQ050
大数据环境下突发事件中多模态危机情报智能挖掘与推荐研究	王静茹	北华大学	论文集	20BTQ051
基于“互联网＋”思维的新创企业风险识别与竞争情报预警研究	王克平	山东理工大学	研究报告	20BTQ052
基于多源异构数据的伪健康信息扩散模式判别与干预研究	钱爱兵	南京中医药大学	专著　论文集	20BTQ053
基于全文本分析的数据科学范式及其演化研究	黄文彬	北京大学	研究报告	20BTQ054
基于系统动力学的网络信息生态系统演进研究	杨　瑶	湖北工业大学	论文集　研究报告	20BTQ055
面向区域科技创新的竞争情报联动供给服务模式研究	龚花萍	南昌大学	研究报告	20BTQ056
情报治理体系和治理能力现代化视域下大规模情报监控监督制约问题研究	吴常青	天津商业大学	论文集	20BTQ057
社交媒体隐私信息的泄露风险评估、保护及追溯机制研究	谷　科	长沙理工大学	论文集　研究报告	20BTQ058
突发公共卫生事件下网络舆情引导机制及应急决策优化研究	陈庭贵	浙江工商大学	论文集　研究报告	20BTQ059
智联网环境下用户隐私风险与隐私保护研究	曲靖野	北华大学	论文集　研究报告	20BTQ060
重大公共卫生事件中弱势群体的应急信息获取研究	陈艳红	湘潭大学	专著	20BTQ061
大数据时代的中西医知识组织与知识图谱构建研究	李晓瑛	北京协和医学院	研究报告　电脑软件	20BTQ062

续表

项目名称	负责人	工作单位	预期成果	批准号
基于区块链的个人医疗信息语义组织与多粒度可信溯源方法研究	郭少友	郑州大学	研究报告	20BTQ063
基于生物医学实体网络的药物新价值发现研究	吕艳华	山西医科大学	论文集　电脑软件	20BTQ064
基于手语词汇语料库的语义知识挖掘研究	张艳琼	南京特殊教育师范学院	论文集　电脑软件	20BTQ065
基于数据语义化的电子病历数据质量研究	吴义熔	北京师范大学	论文集　研究报告	20BTQ066
基于信息控现的网络意见偏差及干预策略研究	梦　非	浙江警察学院	论文集	20BTQ067
基于自然语言处理的群体性事件演化机制研究	胡　珀	华中师范大学	论文集　研究报告	20BTQ068
开放创新环境下大数据知识生态系统协同演化与智慧涌现研究	储节旺	安徽大学	论文集　研究报告	20BTQ069
科学家书札特藏资源挖掘与应用研究	马翠凤	中国地质图书馆	论文集　研究报告	20BTQ070
数字人文视域下非遗知识图谱自动构建与长期演进研究	翟姗姗	华中师范大学	论文集　研究报告	20BTQ071
基于新媒体的用户学术搜索行为机理研究	黄传慧	中南民族大学	论文集	20BTQ072
基于知识规则的脑卒中日常生活风险用户画像构建研究	邵泽国	上海健康医学院	论文集　研究报告	20BTQ073
基于专利图谱和企业画像的专利推荐技术研究	许　侃	大连理工大学	论文集　电脑软件	20BTQ074
健康信息用户"搜索即学习"过程中的知识结构演化规律研究	陈忆金	华南师范大学	论文集　研究报告	20BTQ075
焦虑情绪下在线健康社区用户信息精细加工和健康行为研究	柯　青	南京大学	研究报告	20BTQ076
可行能力视域下农村居民信息贫困发生机理与整体性治理研究	樊振佳	南开大学	论文集	20BTQ077
情感体验视角下在线知识付费平台的用户信息行为研究	邓小昭	西南大学	研究报告	20BTQ078
信息弱势群体电子公共服务利用障碍及援助机制研究	周庆山	北京大学	研究报告	20BTQ079
在线健康社区用户画像构建及其参与行为影响机理研究	吕英杰	北京化工大学	论文集	20BTQ080
在线健康社区用户信息精细加工与健康行为的联动机制与促进策略研究	胡德华	中南大学	论文集　研究报告	20BTQ081
重大突发公共卫生事件中社交媒体用户信息行为及利用研究	潘旭伟	浙江理工大学	专著　论文集	20BTQ082
多视角下跨学科研究影响力综合评价研究	陈仕吉	杭州电子科技大学	论文集　研究报告	20BTQ083
基于区块链的科学论文开放式同行评议质量控制研究	贺　颖	天津师范大学	专著	20BTQ084
我国科技人才评价理论、方法体系与实现机制的创新研究	张　洋	中山大学	研究报告	20BTQ085
学术文献颠覆性创新评价的理论及实证研究	鞠秀芳	南京大学	研究报告	20BTQ086

续表

项目名称	负责人	工作单位	预期成果	批准号
治理视角下移动社交网络交友用户隐私保护机制与对策研究	李超良	湖南工商大学	研究报告	20BTQ087
智库利用社交媒体影响政策过程的实证研究	丁炫凯	盐城师范学院	专著　论文集	20BTQ088
自引视角下学者研究兴趣的演化路径与迁移规律研究	温芳芳	河南科技大学	研究报告	20BTQ089
大数据时代主流融媒体信息资源管理机制研究	崔金栋	东北电力大学	论文集	20BTQ090
基于技术综合集成的协同知识构建机理与方法研究	姜永常	哈尔滨商业大学	专著	20BTQ091
基于知识图谱推理的健康信息可信度计算研究	段宇锋	华东师范大学	论文集　电脑软件	20BTQ092
融合信任计算和深度学习的数字资源精准推荐服务研究	王瑞琴	湖州师范学院	研究报告	20BTQ093
演化视角下新兴技术形成机制与识别方法研究	吴新年	中国科学院西北生态环境资源研究院	研究报告	20BTQ094
大数据环境下档案数据治理标准体系构建研究	倪晓春	青岛大学	专著	20BTQ095
大型工程项目电子文件单轨制管理的理念与模型研究	张　宁	中国人民大学	研究报告	20BTQ096
档案部门协同合作与服务转型研究	王运彬	福建师范大学	专著	20BTQ097
改革开放以来湘江流域灾害档案文献整理与研究	王　晖	湘潭大学	专著	20BTQ098
国家非物质文化遗产数字档案资源协同整合机制研究	锅艳玲	河北大学	研究报告	20BTQ099
清代西藏地方档案及其管理研究	侯希文	西藏民族大学	专著	20BTQ100
我国社群档案记忆建构与传承研究	连志英	上海大学	专著	20BTQ101
新发现的仙居民间历史档案整理研究与数据库建设	梁继红	中国人民大学	研究报告　电脑软件	20BTQ102
信息网络技术驱动档案移动服务创新路径研究	陈　勇	广西民族大学	专著	20BTQ103
智慧社会背景下数字档案资源治理体系研究	杨智勇	上海大学	专著	20BTQ104
重大突发事件中社交媒体用户的情感体验及引导机制研究	邓春林	湘潭大学	专著	20BTQ105
综合档案馆社会影响力评价及提升策略研究	苏君华	上海大学	专著	20BTQ106

2020 年国家社会科学基金青年项目

项目名称	负责人	工作单位	预期成果	批准号
20 世纪中国女性图书馆学家思想研究	刘　菡	中山大学	论文集　工具书	20CTQ001
中国古代官修图书的学术文化贡献研究	孙　儒	哈尔滨师范大学	研究报告	20CTQ002
标准化推动乡村公共数字文化服务可及性的模式及实施路径研究	王　锰	江苏大学	专著　论文集	20CTQ003

续表

项目名称	负责人	工作单位	预期成果	批准号
农村留守儿童阅读素养培育路径研究	淳　姣	四川大学	研究报告	20CTQ004
图书馆阅读推广中的短视频技术应用研究	丁文祎	苏州大学	专著　研究报告	20CTQ005
移动互联视域下乡村公共文化服务可及性与实现路径研究	冯　献	北京市农林科学院	研究报告　专著	20CTQ006
基于知识图谱的领域知识结构构建方法研究	白林林	北京信息科技大学	论文集　研究报告	20CTQ007
数字学术驱动下高校图书馆空间需求演化与供给优化研究	朱前东	暨南大学	论文集	20CTQ008
学术大数据背景下科学论文的论证结构抽取及应用研究	曲佳彬	烟台大学	研究报告　论文集	20CTQ009
基于群智图谱的图书馆用户画像及知识服务优化研究	柏忠贤	浙江传媒学院	论文集	20CTQ010
基于用户画像的图书馆低幼儿主体阅读推广及阅读服务创新研究	周　昕	吉林大学	论文集	20CTQ011
融合用户智慧的图书馆知识服务模式研究	李永明	山东理工大学	研究报告	20CTQ012
传统再造视野下的民国古籍出版史料整理与研究	朱　琳	华东师范大学	研究报告	20CTQ013
民国年谱的著录与研究	赵元斌	河北大学	专著	20CTQ014
民国时期的尺牍出版与传播研究	王风丽	常州大学	专著	20CTQ015
西藏乡村俄巴家藏文献整理与研究	仁欠吉	西藏大学	专著	20CTQ016
中日典籍《唐历》文本的发掘整理和比较研究	姚晶晶	南通大学	专著	20CTQ017
开放政府数据用户接受度、品质缺口与推进策略研究	朱多刚	西安交通大学	研究报告	20CTQ018
中国农业科技政策扩散及路径优化研究	梁晓贺	中国农业科学院	研究报告　其他	20CTQ019
大数据驱动的中小企业竞争情报精准服务机制研究	沈　涛	河北经贸大学	论文集	20CTQ020
大数据视角下突发公共卫生事件信息协同体系研究	张连峰	吉林大学	论文集	20CTQ021
地方志文献中药用物产的知识挖掘与利用研究	李　娜	南京林业大学	论文集　研究报告	20CTQ022
媒体融合环境下用户健康信息搜索行为模式研究	王彦妍	中国人民大学	论文集　研究报告	20CTQ023
词汇范式功能视角下交叉领域知识生长机制研究	操玉杰	华中师范大学	研究报告	20CTQ024
领域学术观点库构建理论与方法研究	徐　健	南京农业大学	研究报告　电脑软件	20CTQ025
中文人文社会科学学术图书全文本引文分析模式研究	彭秋茹	南京农业大学	研究报告	20CTQ026
主题级学科交叉性测度与学科交叉主题识别方法研究	逯万辉	中国社会科学院	专著　电脑软件	20CTQ027
基于认知计算的网络问答社区知识的深度聚合及精准服务研究	郭顺利	曲阜师范大学	专著	20CTQ028
技术融合的学科知识关联机制与互动模式研究	祝　娜	西南大学	论文集	20CTQ029
科技政策大数据语义分析方法与决策支持研究	马雨萌	中国科学院文献情报中心	论文集　研究报告	20CTQ030

续表

项目名称	负责人	工作单位	预期成果	批准号
面向海量科技文献的潜在“精品”识别方法与应用研究	胡泽文	南京信息工程大学	论文集　研究报告	20CTQ031
知识流动视角下科技成果转化潜在路径预测与选择研究	董　坤	山东理工大学	研究报告	20CTQ032
档案文化要素的本质及其演化研究	谢诗艺	苏州大学	专著	20CTQ033
面向“三化融合”的非遗档案资源建设多元协同模式研究	赵　跃	四川大学	研究报告	20CTQ034
社会责任视角下国家综合档案馆服务能力提升路径研究	曹　玉	天津师范大学	专著	20CTQ035
世界记忆项目建设体系与中国策略研究	王玉珏	武汉大学	论文集	20CTQ036

2020 年国家社会科学基金重大项目

课题名称	首席专家	责任单位	批准号
总体国家安全观下重大突发事件的智能决策情报体系研究	张海涛	吉林大学	20&ZD125
国家重大突发事件信息公开质量研究	刘　冰	天津师范大学	20&ZD141
	李月琳	南开大学	20&ZD142
大数据驱动的城乡社区服务体系精准化构建研究	胡广伟	南京大学	20&ZD154
我国政府数据治理与利用能力研究	安小米	中国人民大学	20&ZD161
《刘国钧全集》编纂	张久珍	北京大学	20&ZD331
面向国家战略的情报学教育与发展研究	苏新宁	南京大学	20&ZD332

2020 年国家社会科学基金西部项目

项目名称	负责人	工作单位	预期成果	批准号
海南传统村落的现状调查与数字化保护研究	杨　莹	海南大学	论文集　其他	20XTQ001
近代日本在黄河内蒙古段流域资源调查资料整理与研究	文　宝	内蒙古自治区图书馆	工具书　专著	20XTQ002
现存明清杂剧文献版本考	窦开虎	宝鸡文理学院	专著	20XTQ003
明代诰封原始卷及民间石刻文本的收集整理研究与数据库建设	李　东	桂林师范高等专科学校	专著　其他	20XTQ004
敦煌古藏文契约文献整理翻译研究	万玛才让	甘肃民族师范学院	专著	20XTQ005
民间文献所见南明史料的收集、整理与研究	张启龙	宁夏大学	专著	20XTQ006
总体国际安全观下的社交网络舆情态势感知理论与应用研究	韩益亮	武装警察部队工程大学	专著	20XTQ007
创新经济学视野下的专利引用关系再认识及其评价意义再研究	李　睿	四川大学	专著	20XTQ008

2020年国家社会科学基金后期资助项目

项目名称	负责人	工作单位	项目类别
李斗《永报堂集》校注	许建中	扬州大学	重点项目
《段注》引书考证	鲁一帆	南阳师范学院	重点项目
我国公共文化数字资源融合的标准体系建设研究	黄如花	武汉大学	重点项目
武昌文华图书馆学专科学校教育与学术史事长编（1920—1949）	严　红	武汉大学	一般项目
刘国钧对中国图书馆学的历史性贡献研究	吴稌年	江南大学	一般项目
礼文化视域下的春秋官制整理与研究	赵晓斌	杭州电子科技大学	一般项目
四库总目辨证	王　勇	山东理工大学	一般项目
《尚书孔传》训诂研究	邵　妍	泰山学院	一般项目
云南省社科院藏云南少数民族手稿资料整理与研究	段晓林	上海师范大学	一般项目
面向用户需求的政府数据开放共享与服务研究	李白杨	武汉大学	一般项目
知识产权信息服务：理论、方法与实践	赵乃瑄	南京工业大学	一般项目
多维视角融合的在线健康社区用户信息交互行为研究	赵月华	南京大学	一般项目
安全情报学导论	王　秉	中南大学	一般项目
多维视角下的高校图书馆延伸服务理论创新与实践探索	罗亚泓	广东外语外贸大学	一般项目
智慧图书馆数据智能管理与深度利用	施晓华	上海交通大学	一般项目
明代政书解题	何朝晖	山东大学	一般项目
历代诗经著述总目提要	王承略	山东大学	一般项目
山东淄川张元祖孙三代诗文整理与研究	朱新林	山东大学	一般项目
故纸寻踪——北京地区近现代中医方笺探赜	陈子杰	北京中医药大学	一般项目
高校大数据整合与抽取推荐研究	张文德	福州大学	一般项目
公共卫生事件网络舆情的传播机制与演化模式研究	裴佳音	江南大学	一般项目
教育产品用户体验研究与应用	左伍衡	浙江工业大学	一般项目
基于短文本的学习分析理论与实践	叶俊民	华中师范大学	一般项目

2020年度教育部人文社会科学研究规划基金、青年基金项目

项目名称	项目类别	申请人	学校名称	批准号
档案文化创意产品开发策略研究	规划基金项目	薛　芳	安徽师范大学	20YJA870020
基于深度学习的海量视频档案知识发现技术研究	规划基金项目	刘　志	北方工业大学	20YJA870014
面向科研团队的高价值专利培育过程中的知识产权信息服务研究	规划基金项目	姜宇飞	东北大学	20YJA870009
海峡两岸图书馆标准规范体系语义互联及知识库构建研究	规划基金项目	鲍玉来	福建工程学院	20YJA870001
意大利罗马中央国立图书馆所藏中国典籍的整理与研究	规划基金项目	刘海燕	福建师范大学	20YJA870011

续表

项目名称	项目类别	申请人	学校名称	批准号
馆藏民国时期中医稿抄本目录编制与研究	规划基金项目	蔡鸿新	福建中医药大学	20YJA870002
中国环北部湾地区海道针经史料收集整理及其数字化建设研究	规划基金项目	葛梦兰	桂林理工大学	20YJA870007
大学图书馆服务创新生态系统的建构、运行与治理机制研究	规划基金项目	郝冬冬	哈尔滨工业大学	20YJA870008
面向社会科学第四范式的数据服务与保障研究	规划基金项目	魏银珍	黄冈师范学院	20YJA870017
乾嘉考据学家的历算学成就及其“科学精神”稽考	规划基金项目	刘　玲	江苏师范大学	20YJA870012
乡村振兴战略背景下图书馆精准服务及实现机制研究	规划基金项目	李光泉	江西农业大学	20YJA870010
深入理解用户意图的个性化跨媒体信息检索研究	规划基金项目	刘　峥	山东财经大学	20YJA870013
基于学术社交媒体的学科新兴趋势识别研究	规划基金项目	段庆锋	山西财经大学	20YJA870005
科学数据共享中的研究者认知偏差及引导政策研究	规划基金项目	沈婷婷	上海大学	20YJA870015
公共数字文化资源展示的语义描述体系研究：“用户体验＋数字人文”的视角	规划基金项目	张云中	上海大学	20YJA870022
新型机制下图书馆知识流形成及专家知识推荐系统构建研究	规划基金项目	高　丽	上海理工大学	20YJA870006
数字保存的成本计量与控制研究	规划基金项目	肖秋会	武汉大学	20YJA870018
科学出版物语义组织模式及其实现路径研究	规划基金项目	徐　雷	武汉大学	20YJA870019
唐代回鹘汗国汉文史料编年汇证	规划基金项目	王　东	宿迁学院	20YJA870016
突发事件中网络意见领袖的信息传播与引导研究	规划基金项目	张明莉	燕山大学	20YJA870021
基于动态用户画像的图书馆个性化资源推荐机制研究	规划基金项目	陈　阳	浙江传媒学院	20YJA870004
基于数据科学的信息资源管理研究范式创新	规划基金项目	朝乐门	中国人民大学	20YJA870003
移动图书馆情境化知识服务策略研究	青年基金项目	叶莎莎	北京联合大学	20YJC870011
框架理论视角下的图书馆媒介形象流变与建构研究	青年基金项目	张新兴	广州大学	20YJC870013
基于网络结构演化的学术社交传播模式与规律研究	青年基金项目	李佳培	河北地质大学	20YJC870005
移动阅读用户社交行为及影响因素分析研究	青年基金项目	王海燕	河南大学	20YJC870009
我国科学数据引用标准化的实现路径研究	青年基金项目	史雅莉	湖北大学	20YJC870007
基于深度学习的医疗众筹虚假信息识别与治理研究	青年基金项目	周利琴	华中科技大学	20YJC870016
谣言与政府辟谣信息在线扩散的交互作用机制及调控策略研究	青年基金项目	陈　娟	华中农业大学	20YJC870001
环境认知视阈下图书馆用户跨空间信息检索交互模型研究	青年基金项目	苏文成	江苏大学	20YJC870008
基于用户画像的高校图书馆精准服务模式构建及实证研究	青年基金项目	陈添源	闽南师范大学	20YJC870002
多源网络环境下虚假医疗健康信息智能识别研究	青年基金项目	赵月华	南京大学	20YJC870014

续表

项目名称	项目类别	申请人	学校名称	批准号
任务情境下社会化信息搜寻行为有效性及影响机理研究	青年基金项目	王雪芬	南京信息工程大学	20YJC870010
宋代诗经版本系统研究	青年基金项目	李振聚	山东大学	20YJC870006
民国时期图书馆学期刊研究	青年基金项目	张　敏	苏州大学	20YJC870012
知识付费平台用户忠诚度影响因素与服务质量提升机制研究	青年基金项目	金小璞	西交利物浦大学	20YJC870004
面向大规模协作的数字图书馆知识图谱构建与可信服务社会化推荐研究	青年基金项目	黄小玲	浙江财经大学	20YJC870003
多层科学文献网络的演化及应用研究	青年基金项目	周建林	中国地质大学（北京）	20YJC870015

2020 年度教育部人文社会科学研究西部和边疆地区项目

项目名称	项目类别	申请人	学校名称	批准号
区块链信任机制下医疗大数据共享模式研究	规划基金项目	向新银	西安财经大学	20XJA870001
铸牢中华民族共同体意识背景下的西部民族地区中小学图书馆建设研究	青年基金项目	亢　琦	内蒙古科技大学	20XJC870001
时序动态视角下基于密度算子的学者学术影响力跨学科评价方法研究	青年基金项目	舒　予	四川大学	20XJC870002

（国家图书馆　马祥涛整理）

2020年国内图书馆学专业硕士、博士学位授予单位名录

2020 年国内图书馆学专业硕士学位授予单位名录

序号	单位名称	序号	单位名称
1	北京大学信息管理系	26	江苏大学科技信息研究所
2	中国人民大学信息资源管理学院	27	南昌大学管理学院
3	北京师范大学政府管理学院	28	西安电子科技大学经济与管理学院
4	中国农业大学图书馆	29	西北大学公共管理学院
5	中国医学科学院　北京协和医学院　医学信息研究所 / 图书馆	30	山西大学经济与管理学院
6	中国科学院大学（中国科学院文献情报中心）	31	山东大学管理学院
7	中国科学技术信息研究所	32	曲阜师范大学传媒学院
8	中国中医科学院中医药信息研究所	33	河北大学管理学院
9	南开大学商学院	34	郑州大学信息管理学院
10	天津师范大学管理学院	35	河南科技大学图书馆
11	天津工业大学经济与管理学院	36	安徽大学管理学院
12	吉林大学管理学院	37	四川大学公共管理学院
13	东北师范大学信息科学与技术学院	38	中国科学院成都文献情报中心
14	黑龙江大学信息管理学院	39	西南大学计算机与信息科学学院　软件学院
15	辽宁师范大学管理学院	40	湘潭大学公共管理学院
16	辽宁大学历史学院	41	武汉大学信息管理学院
17	复旦大学图书馆文献信息中心	42	华中师范大学信息管理学院
18	上海大学图书情报档案系	43	福建师范大学社会历史学院（社会发展学院）
19	中国中医科学院中医药信息研究所	44	中山大学信息管理学院
20	国防大学政治学院军事信息与网络舆论系	45	华南师范大学经济与管理学院
21	南京大学信息管理学院	46	广西民族大学管理学院
22	东南大学经济管理学院	47	华东师范大学经济与管理学部
23	南京理工大学经济管理学院	48	郑州航空工业管理学院信息管理学院
24	南京农业大学信息管理学院	49	南京工业大学经济与管理学院
25	苏州大学社会学院	50	山东理工大学科技信息研究所

2020 年国内图书馆学专业博士学位授予单位名录

序号	单位名称	序号	单位名称
1	北京大学信息管理系	8	国防大学政治学院军事信息与网络舆论系
2	中国人民大学信息资源管理学院	9	河北大学管理学院
3	中国科学院大学（中国科学院文献情报中心）	10	南京农业大学信息管理学院
4	武汉大学信息管理学院	11	湘潭大学公共管理学院
5	南开大学商学院	12	华中师范大学信息管理学院
6	南京大学信息管理学院	13	中山大学信息管理学院
7	吉林大学管理学院		

（国家图书馆　杨凡整理）

年度大事记

2020年中国图书馆事业大事记

1 月

1 月 2 日，由国家图书馆摄制的国内首部图书馆口述史纪录片——《口述国图》在国家图书馆举行首映仪式。

1 月 6 日，全国数字图书馆建设与服务联席会议组织研制、中国科学院文献情报中心负责起草的《数字图书馆资源管理指南》正式发布。

2 月

2 月 15 日，“驰援武汉　共克时艰——全国图书馆界捐赠疫情防控急需物资行动”拉开帷幕。国家图书馆在得知武汉及湖北其他地区图书馆同人正在下沉社区，但面临防疫物品储备不足、购买难度很大的困难后，迅速筹集到一批防疫物资发往武汉图书馆；同时与中国图书馆学会联合全国 350 余家图书馆，通过捐赠物资或提供可靠采购渠道等方式，为武汉及湖北其他地区图书馆提供助力。

2 月 22 日，上海图书馆联手湖北省图书馆向湖北武汉方舱医院的患者和医护人员开通“上图方舱数字图书馆”，通过湖北省图书馆的方舱数字文化之窗的“浦江伴读”频道，把“‘上海书展 · 阅读的力量’2020 特别网聚活动”和上海图书馆优质数字资源送进武汉方舱医院。

3 月

3 月 2 日，由中国图书馆学会阅读推广委员会主办，广东东莞图书馆、武汉大学图书馆承办的第二届全国“图书馆杯”主题图像创意设计征集活动启动。

3 月 13 日，上海图书馆（上海科学技术情报研究所）有序恢复对外开放。

3 月 13 日，吉林省图书馆恢复开馆。

3 月 19 日，湖南图书馆适度有序开放。

3 月 27 日，广西壮族自治区图书馆恢复部分开放。

3 月 30 日，福建省图书馆有序恢复开放。

4 月

4 月 2 日，云南省图书馆逐步恢复开馆。

4 月 22 日，由湖北省委宣传部、湖北省文化和旅游厅指导，湖北省图书馆联动全省各级各类型图书馆共同举办的湖北省重要文化品牌活动——第五届长江读书节，以网络直播互动方式启动，吸引 177.4 万名网友关注参与。

4 月 23 日，中国图书馆学会联合全国各级各类图书馆启动“书香助力战‘疫’，阅读通达未来——图书馆员业务能力提升”主题活动。

4 月 23 日，由深圳少年儿童图书馆发起，全国 34 省市图书馆、少儿图书馆强强联手共同打造的大型少儿阅读推广活动——“2020‘我最喜爱的童书’阅读推广活动”正式启动。

4 月 23 日，国家图书馆与北京广播电视台共同举办“文心依旧　天雨流芳——文津图书奖 15 周年特别活动”。

4 月 23 日，国家图书馆正式启动中国战“疫”记忆库建设项目。

4 月 23 日，上海图书馆在“上图之夜——阅读点亮城市”特别直播中现场发布《上海市公共图书馆 2019 阅读报告》。

5 月

5 月 1 日，首都图书馆恢复开放。

5 月 12 日，国家图书馆有序恢复开馆，实行预约服务。

5 月 13 日，甘肃省图书馆有序恢复开放。

5 月 18 日，安徽省图书馆发布《关于恢复所有服务项目的公告》。

5 月 18 日，河北省图书馆恢复开馆。

5 月 21—31 日，在第 32 个公共图书馆服务宣传周期间，山东省图书馆学会“图林在线——图书馆员职业素养”系列培训开播上线。

5月22日，国家数字图书馆工程专家验收会在国家图书馆召开，该工程通过专家验收。

5月25日，在公共图书馆服务宣传周之际，上海图书馆、南京图书馆、浙江图书馆和安徽省图书馆共同发布《长三角“城市阅读一卡通”倡议书》。

5月25日，以“阅读沈阳，书香盛京”为主题的公共图书馆服务宣传周活动在沈阳市图书馆拉开帷幕。

5月25—29日，由湖南省图书馆学会主办、同方知网（北京）技术有限公司湖南分公司提供技术支持的2020年湖南省图书馆业务培训班以线上授课形式开展。

6月

6月3日，黑龙江省图书馆部分恢复开放。

6月9—10日，广西壮族自治区第十三次全区自治区、市级公共图书馆馆长培训班暨“走读广西·阅览三江”活动在三江侗族自治县举办。

6月11—12日，2020年中国高校图书馆发展论坛在哈尔滨工业大学图书馆举行，主题为“高校图书馆的初心使命与现代化发展”。

6月13日，由中国日报社、中国图书馆学会、首都图书馆、中国画报出版社联合主办的“百名摄影师聚焦COVID-19”图片巡展在首都图书馆正式启动首展。

6月15日，2020年苏陕扶贫协作公共图书馆第一期培训班在陕西安康开班。

6月30日—7月2日，由江苏省文化和旅游厅主办、南京图书馆承办的2020年江苏省公共数字文化线上培训班举办。

7月

7月8—10日，2020年吉林省公共图书馆馆员能力提升培训班开班，来自全省56家公共图书馆的700多名馆员在线听课。

7月19日，由山东省图书馆、山东教育出版社、鲁网联合主办，鲁网16地市新闻频道承办的“青春少年样样红·第二届山东少年马拉松阅读大赛”在济南启动。

7月22—24日，NSTL联合国家图书馆、中国高等教育文献保障系统举办NSTL科技文献信息开放服务云论坛暨国家科技文献保障模式研讨会。

8月

8月17—24日，由中国图书馆学会、吉林省图书馆学会、吉林省图书馆共同主办的“阅读推广人”培育行动（第十六期）在线举办。

8月18日，全国首家财商主题图书馆在杭州市下城区城北体育公园开馆。

8月19—21日，山东省图书馆、山东省图书馆学会组织实施“全省公共图书馆文创产品开发与推广项目”。

8月25日，NSTL成立二十周年专题研讨会在北京举行。

8月28日，2020北京出版高峰会议第一期首次采用线上、线下相结合的形式召开，主题为“智慧图书馆的馆藏与服务”。

8月31日，国家图书馆与阅文集团共同召开“珍藏时代经典　悦享网络文学”战略合作发布会，双方正式宣布达成战略合作。会上，阅文集团挂牌成为国家图书馆第二家互联网信息战略保存基地。

9月

9月1日，由国家图书馆（国家古籍保护中心、国家典籍博物馆）联合全国各省级古籍保护中心共同举办的“妙手补书书可春——全国古籍修复技艺竞赛暨成果展”开幕式在国家图书馆举行。

9月1日，由国家图书馆、中国图书馆学会主办的“革命文献与民国时期文献保护计划”线上专题培训班开班。

9月2日，国家图书馆召开纪念中国人民抗日战争胜利75周年暨抗战文献研究整理成果发布会。

9月4日，“纪念抗日战争胜利75周年·抗战时期典籍文献抢救保护学术研讨会”在国家图书馆召开。

9月7日，2020年北京市公共图书馆少儿工作研讨会在首都图书馆召开。

9月8日，国家图书馆举办“滋养民族心灵　培育文化自信——习近平总书记给国家图书馆老专家回信一周年暨建馆111周年”特别活动。

9月10日，学习贯彻习近平总书记给国图老专家回信精神一周年座谈会在国家图书馆召开。

9 月 12 日，由安徽省文化和旅游厅指导，安徽省图书馆、上海图书馆、浙江图书馆、南京图书馆和阅读马拉松组委会共同主办的“2020 长三角阅读马拉松大赛”拉开帷幕。

9 月 16 日，由中国图书进出口（集团）有限公司、中国图书馆学会专业图书馆分会、中国图书馆学会高校图书馆分会以及 NSTL 共同主办的第 12 届中国图书馆馆长与国际出版社高层对话论坛在北京举办。论坛以“AI 在学术出版和图书馆服务中的应用”为主题，以线上、线下相结合的方式举行。

9 月 22 日，湖北省图书馆全面恢复开放。

9 月 23 日，“新时代・新技术：文旅融合背景下地方文献工作研讨会”在长沙市图书馆召开。

9 月 23—24 日，西北五省（区）图书馆第十五次科学讨论会在兰州召开。会议由西北五省（区）图书馆和五省（区）图书馆学会联合主办，甘肃省图书馆和甘肃省图书馆学会轮值承办，主题为“均衡　融合　发展：新时代西北地区图书馆创新与发展”。

9 月 27 日，湖南、湖北、江西、安徽、山西、河南六省公共图书馆在南昌签署合作协议，成立中部六省（湘鄂赣皖晋豫）公共图书馆联盟。

9 月 27 日，由温州市人民政府和中国图书馆学会主办、温州市文化广电旅游局承办的 2020 图书馆总分馆制建设与城乡公共文化空间创新发展论坛暨“全国城市书房合作共享机制”成立仪式在温州举行。

9 月 28 日，2020 北京出版高峰会议第二期在线上举行，主题为“融合发展　智慧共赢”。

9 月 28 日，由上海市杨浦区图书馆倡议、“长三角”地区相关公共图书馆共同发起成立“长三角公共图书馆网借图书服务联盟”。

10 月

10 月 10 日，由南京市文化和旅游局主办、全市 14 家公共图书馆共同承办的“‘书香金陵’——第二届南京市公共图书馆读者节”启动。

10 月 12—14 日，2020 年北京市公共图书馆馆长培训班在海淀区举办。

10 月 13—15 日，河南省图书馆和江西省图书馆联合举办的公共数字文化工程建设与服务培训班在江西省图书馆举办。

10 月 13—16 日，由中国高等教育文献保障系统（CALIS）管理中心和高校图书馆数字资源采购联盟理事会主办的数字资源建设与长期保存研讨会暨 CALIS 第十八届引进数据库培训周在北京大学召开。

10 月 15—16 日，以“图书馆新时代：坚守、转型、颠覆”为主题的第十届上海国际图书馆论坛（SILF 2020）在上海图书馆召开。

10 月 18 日，“百年积淀，再启华章——武汉大学信息管理学院 100 周年暨图书情报与数据科学学科发展论坛”在武汉大学新图书馆举行。

10 月 19—21 日，以“积淀与超越：数字人文与中华文化”为主题的“2020 数字人文年会”在上海举行。

10 月 19—23 日，由 CALIS 联机合作编目中心主办、安徽省图书馆和安徽省图书馆学会承办的 2020 年 CALIS 中文图书编目培训研讨会在安徽省图书馆举行。

10 月 20—21 日，2020 中国开放获取推介周在中国科学院文献情报中心召开，并通过腾讯会议平台同步直播。

10 月 20—23 日，由四川省图书馆、四川省图书馆学会、四川省中心图书馆委员会办公室主办的 2020 年四川省公共数字文化工程暨阅读推广培训班在阆中市举行。

10 月 23—24 日，高校图书馆战“疫”时期服务教学优秀案例展示研讨会在四川大学召开。

10 月 27 日，中国国家图书馆、中国图书馆学会和英国国家图书馆联合举办“2020 中英图书馆论坛”视频会议。

10 月 27 日，由四川省图书馆、重庆图书馆联合主办的“‘成渝地・巴蜀情’2020 年度成渝两地公共图书馆现代管理研学班”在重庆举办。

10 月 28—31 日，由四川省图书馆、四川省图书馆学会承办的川吉苏冀桂五省（区）图书馆学会第十七届学术研讨会暨西南片区（川渝黔滇藏）图书馆学会公共服务研讨会在成都召开。

10 月 29—30 日，由教育部高等学校图书情报工作指导委员会及上海交通大学图书馆等单位联合主办，中国矿业大学图书馆承办的第十三届图书馆管理与服务创新论坛在徐州举行，主题为“数据、服务、管理：规划与突破——畅想 Lib2035”。

10 月 29 日—11 月 1 日，中部六省（湘鄂赣皖晋豫）公共图书馆联盟馆员基础业务和基本能力培训班在安徽省图书馆举办。

10月31日，由中国图书馆学会主办，中国图书馆学会阅读推广委员会、宁波图书馆承办的2020年“书香城市（区县级）”论坛在宁波举行。

11月

11月1—3日，由南京大学信息管理学院、图情档39青年学者沙龙等联合主办的2020图书情报与档案管理青年学者论坛在南京举行，主题为“学科理论与实践的对话”。

11月4日，法文本《论语导读》典藏仪式暨展览开幕式在国家图书馆举行。

11月4—6日，由国家古籍保护中心、中山大学资讯管理学院、中山大学国家文化遗产与文化发展研究院主办的首届全国大学生中华典籍文化保护与传承大赛决赛在广州举行。

11月11—12日，由中国图书馆学会公共图书馆分会主办、辽宁省图书馆学会承办的“十四五”公共图书馆发展战略研究专题论坛暨辽宁省图书馆学会2020年学术年会在沈阳召开。

11月12日，文化和旅游部发布公告，就《公共图书馆馆藏文献信息处置管理办法（征求意见稿）》向全社会公开征求意见。

11月12日，首都图书馆与北京大学信息管理系关于北京城市图书馆的交流座谈会暨战略合作签约仪式在首都图书馆举行。

11月12—13日，由中国图书馆学会主办、军事科学院图书馆承办的中国图书馆学会医学图书馆分会第28届学术研讨会暨2020年学术年会以在线会议形式召开。

11月18—19日，由中国图书馆学会公共图书馆分会主办，广州图书馆、广州市图书馆学会和广东图书馆学会联合承办的公共图书馆“十四五”规划学术研讨会在广州举办，主题是“规划·全视角　发展·高质量”。

11月20日，由中国图书馆学会主办，厦门市图书馆和厦门市图书馆学会承办的第32届全国十五城市公共图书馆工作研讨会在厦门举行，主题为“重大突发公共事件与图书馆事业发展”。

11月23—24日，2020河北省图书馆学会年会在河北省图书馆召开，会议主题是“开放·创新·构建发展新格局”。

11月23—26日，国家图书馆以线上直播的形式举办2020年基层数字图书馆建设培训班。

11月25日，中国图书馆学会第十次会员代表大会在国家图书馆召开。

11月25日，全国图书馆联合编目中心2020年度工作会议以线上会议的形式召开。

11月26日，由北京地区高校图书馆工作委员会、北京地区高校图书馆文献资源保障体系、中国传媒大学等单位共同主办的第二届中国高校智慧图书馆（馆长）论坛在中国传媒大学举行，主题为“展望‘十四五’，促进智慧图书馆大发展”。

12月

12月1—3日，以“讲好图书馆广东故事　引领新时代创新发展”为主题的2020年广东图书馆学会-广东省高校图工委联合学术年会在中山召开。

12月3—4日，由中国图书馆学会工会图书馆分会主办的第二届全国工会院校文献资源保障体系建设暨图书馆核心服务能力创新学术研讨会在山东管理学院举办。

12月4日，“一体化　大融合　高质量　新格局——胶东五市公共图书馆联盟成立大会”在青岛市图书馆举办。

12月5日，由教育部高等学校图书情报工作指导委员会高职高专院校分委员会、中国高等教育文献保障系统管理中心共同主办的“万方杯”2020年全国高职院校信息素养大赛决赛（线上）在北京举行。

12月5—7日，2020中国情报学年会暨情报学与情报工作发展论坛及第十届全国情报学博士生学术论坛在广州召开。

12月8日，中国图书馆学会专业图书馆分会2020年学术年会在中国科学院文献情报中心举办，主题为“聚焦科技创新新战略，拓展知识服务新技能”。

12月8—10日，在江西省图书馆百年馆庆之际，由中国图书馆学会、江西省文化和旅游厅主办，江西省图书馆、江西省图书馆学会承办的“智慧图书馆发展研究”主题研讨班在南昌举办。

12月11日，重庆市图书馆学会2020年学术年会暨第九届学术研讨会在重庆大学召开。

12月14—16日，2018—2022年教育部高等学校图书情报工作指导委员会第三次工作会议在北京大学举办。

12月14—16日，由中国图书馆学会公共图书馆分会主办的第四次新时代公共图书馆服务与建设创新研讨会以视频会议的形式在首都图书馆召开。

12 月 16 日，安徽省公共图书馆联盟 2020 年工作总结会议在安徽省图书馆召开。

12 月 17—18 日，2020 年宁夏图书馆学会年会暨宁夏图书馆学会理事会在吴忠召开。

12 月 18 日，全国数字图书馆建设与服务联席会议第二十一次会议在中国社会科学院举行，主题为“‘十四五’数字图书馆发展规划”。

12 月 27—28 日，由湖南省图书馆学会主办的“新时代 · 新机遇 · 新发展——‘十四五’时期公共图书馆高质量发展论坛”在长沙市图书馆召开。

（国家图书馆　罗欢整理）

综合主题索引

A

B

C

D

E

F

G

H

J

K

L

M

N

P

Q

R

S

T

W

X

Y

Z

（佛山科学技术学院　衡中青　李秋宇编制）